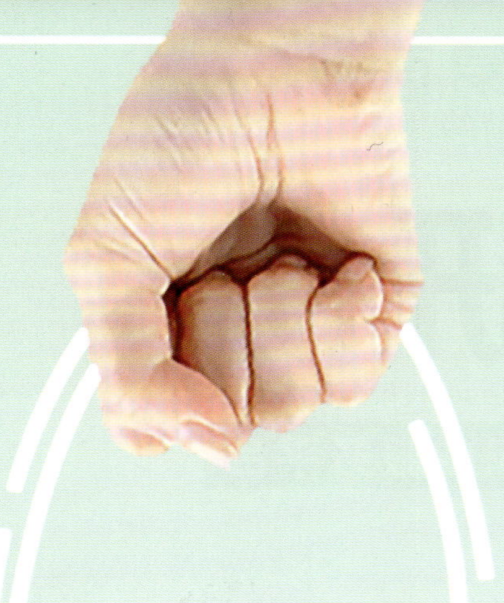

消费扶贫从社区开始
带一斤回家·做扶贫楷模

POVERTY ALLEVIATION BY CONSUMPTION

主办：

中国物业管理协会 CHINA PROPERTY MANAGEMENT INSTITUTE

中国扶贫志愿服务促进会 CHINA POVERTY-ALLEVIATION PROMOTION OF VOLUNTEER SERVICE

承办：
中国社区扶贫联盟 China Poverty Alleviation Community Association

协办：

中物研协

2019中国物业管理行业年鉴

中国物业管理协会　编

中国建筑工业出版社

图书在版编目（CIP）数据

2019 中国物业管理行业年鉴 / 中国物业管理协会编 .—北京：中国建筑工业出版社，2019.12
ISBN 978−7−112−19563−3

Ⅰ. ① 2… Ⅱ. ① 中… Ⅲ. ① 物业管理-服务业-中国-2019-年鉴 Ⅳ. ① F299.233.3-54

中国版本图书馆 CIP 数据核字（2019）第 273411 号

责任编辑：毕凤鸣 周方圆 封 毅
责任校对：赵听雨 王 瑞

2019中国物业管理行业年鉴
中国物业管理协会 编
*
中国建筑工业出版社出版、发行（北京海淀三里河路9号）
各地新华书店、建筑书店经销
北京建筑工业印刷厂制版
北京市白帆印务有限公司印刷
*
开本：889×1194毫米 1/16 印张：56½ 字数：1470千字
2020年2月第一版 2020年2月第一次印刷
定价：**498.00**元
ISBN 978-7-112-19563-3
（35037）

编 撰 说 明

新中国已经走过 70 年光辉历程，站在新的历史节点，回望物业管理行业令人振奋的峥嵘岁月，1981 年行业从深圳起步发展到覆盖全国所有不动产领域。截止 2018 年底，物业服务企业总数达到 23.4 万家，从业人数超过 636.9 万，经营总收入突破 9066.1 亿元，为稳定就业、消费升级、服务业产业结构优化和新经济发展作出了贡献，物业管理行业正逐步向现代服务业转型升级。

为全面反映我国物业管理行业发展状况，提升物业服务企业品牌知名度和影响力，提高社会各界对行业价值的认知。继《2018 中国物业管理行业年鉴》首次出版以来，中国物业管理协会将此项工作固定为年度的重点工作，组织行业力量编撰《2019 中国物业管理行业年鉴》（以下简称《年鉴》）。

《年鉴》全书共约 150 万字，所载内容由 2 篇主题报告、14 篇专题报告、36 篇地方报告、企业案例、政策法规、脱贫攻坚、卷首语、发展成就和大事记等篇章组成。

《物业管理行业发展报告》以全国经济普查数据为基础，分析了行业 10 年来发展的基本情况和发展趋势。《物业服务企业发展指数测评报告》首次提出物业管理行业发展指数和物业服务企业发展指数概念。宏观上反映物业管理行业以及各类物业服务企业的发展方向、变动程度，为相关行业管理部门提供参考，有利于引导物业管理行业健康发展；微观上帮助企业进行准确的市场定位，为企业发展战略经营方向提供决策依据，有利于提高企业在市场中的认可度和品牌影响力。《专题报告》篇涉及物业服务上市公司、品牌价值、媒体影响力、行业劳动力市场价格、舆情研究、智慧物业、社区养老等领域，以及住宅、写字楼、产业园区、高校、医院、公共场馆、商业综合体等业态。《地方报告》篇主要反映各地区物业管理发展的基本情况和当地特色工作的经验与成果。《企业案例》篇重点展示万科、绿城、碧桂园、保利、金碧等优秀物业服务企业的管理理念、服务特色和商业模式等内容。《政策法规》篇收录了近一年来出台的有关物业管理的法律、行政法规、部门规章和规范性文件。《脱贫攻坚》篇展示了党中央、国务院关于打赢脱贫攻坚战的相关政策，以及物业管理行业开展“社区的力量”消费扶贫攻坚战专项行动的情况。《卷首语》篇集结了沈建忠会长十二篇文章，是他伴随行业进步，那些感悟、感动与感慨心路历程的真实写照。

《发展成就》篇以“壮丽 70 年，奋斗新时代”为主题，展示了物业管理行业与伟大祖国同成长、共命运的故事，奏响物业管理人爱国、强国、报国的共鸣共振。《大事记》篇整理了行业发展大事，回顾物业管理行业值得纪念的 2019。

《年鉴》内容涉及广泛、合乎时代潮流、专业性强，已经成为见证中国物业管理行业发展最权威、最具影响力的参考文献，是国家机关、行业组织、企事业单位和科研机构了解和研究物业管理行业发展不可或缺的综合性工具书。在编撰过程中难免存在一定的局限和不足，我们愿意听取广大读者的意见，不断对《年鉴》进行改进和完善。

《年鉴》在编写过程中，得到住房和城乡建设部相关司局、中国房地产业协会、各地方物业管理行业协会、北京中物研协信息科技有限公司、《中国物业管理》杂志、上海易居房地产研究院中国房地产测评中心等机构和会员单位的大力协助，在此一并表示感谢！

《2019 中国物业管理行业年鉴》编审委员会

2020 年 1 月

《2019中国物业管理行业年鉴》

编审委员会

目　录

\ 行业发展 /

主题报告

专题报告

各地报告

企业案例

\ 政策法规 /

\ 脱贫攻坚 /

\ 卷首语 /

\ 发展成就 /

\ 大事记 /

行业发展

INDUSTRY DEVELOPMENT

主题报告

THEME REPORT

物业管理行业发展报告

2019 年是新中国成立 70 周年，中国特色社会主义事业取得新的伟大成就，全面建成小康社会取得新的重大进展，党的十九届四中全会胜利召开，为新时代坚持和完善中国特色社会主义制度、推进国家治理体系和治理能力现代化指明了前进方向。物业管理行业的发展取得了历史性成就，规模不断扩大、结构持续优化、竞争力显著增强，逐步向现代服务业转型升级。

一、物业管理行业在变革的时代迎来了新的发展机遇

当前，我国经济已由高速增长阶段转向高质量发展阶段，新一轮科技革命和产业变革持续深化，产业发展面临的内外部环境发生了深刻变化。2019 年 10 月，国家发展改革委修订发布了《产业结构调整指导目录（2019 年本）》，《目录》的实施对加强和改善宏观调控，引导社会投资方向，促进产业结构调整和优化升级将发挥重要作用。《目录》由鼓励、限制和淘汰三类组成，与 2013 年版相比，物业服务作为其他服务业首次被列入鼓励类项目新增加的 60 条之一，可见行业的发展已经得到国家的认可，并在促进形成强大国内市场，提高现代服务业效率和品质，推动公共服务领域补短板，加快发展现代服务业等方面，被寄予了新的期望，赋予了新的责任使命。

2019 年物业管理行业深入开展“不忘初心、牢记使命”主题教育，把人民群众对美好生活的向往化作锐意进取的生动实践和脚踏实地的务实行动；行业标准建设工作取得长足发展，标准化体系架构初步显现；品牌企业争相上市，资本风潮涌动不息，赋予行业无尽的新机遇；物业管理行业的数字化转型，正在突破时空局限与产业局限，颠覆传统商业模式和资源利用方式，衍生出行业服务的新模式；物业服务企业在各地政府的指导和组织下，在社会基层治理探索中扮演好服务者、参与者的新角色。行业开展了“社区的力量”消费扶贫攻坚战专项行动，行业先行者已经将企业视野延伸到城乡良性治理的新领域，承担起更多的社会责任。物业管理多元化、专业化服务正彰显更多的价值。

二、物业管理行业在变革的时代迎来了高速发展的十年

2019 年 11 月，国家统计局、国务院第四次全国经济普查领导小组办公室发布《第四次全国经济普查公

报（第四号）》①，《公报》显示，2018 年末全国共有物业服务企业 23.4 万个，从业人员 636.9 万人，企业资产总额为 30666.7 亿元，企业负债合计 21627.7 亿元，营业收入 9066.1 亿元，为全面把握我国物业管理行业的发展现状，提供了较为全面和真实准确的基础数据。从 2008 年的第二次全国经济普查到 2018 年第四次全国经济普查，物业管理行业迎来了高速发展的十年。

（一）全国物业管理行业营业收入近万亿

全国物业管理行业营业收入由 2008 年的 2076.7 亿元增长到 2018 年的 9066.1 亿元（图 1），年复合增长率达到 15.88%，远远高于第三产业 7.6% 的增长速度。2018 年行业产值已经占第三产业增加值 469575 亿元的 1.93%。以 2013 年第三次经济普查数据营业收入 4091.7 亿元做个划分看，近 5 年（2013 ～ 2018 年）营业收入增加值为 4974.4 亿元，实现了产值的翻倍增长，年营业收入近万亿，17.25% 的复合增长率高于前五年（2008 ～ 2013 年）14.53% 的复合增长率。

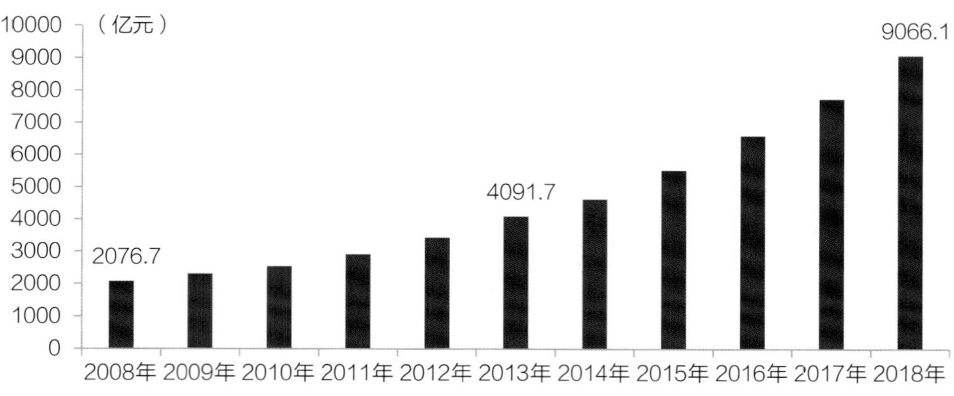

图 1　2008 ～ 2018 年全国物业管理行业经营收入

（二）全国物业管理行业面积覆盖持续提升

2018 年，全国物业管理行业管理面积达 279.3 亿平方米，相比 2008 年的 125.46 亿平方米，增加 153.84 亿平方米，年复合增长率 8.33%，行业管理规模持续扩大（图 2）。

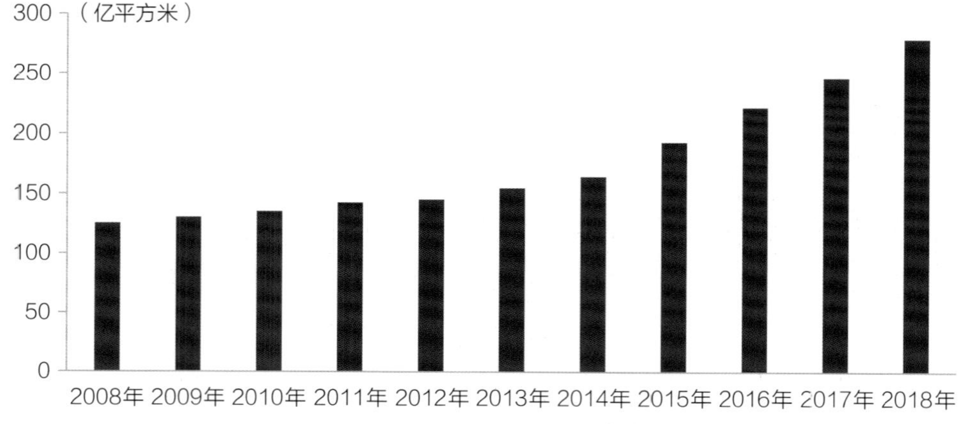

图 2　2008 ～ 2018 年全国物业管理行业管理规模

① 《第四次全国经济普查公报》于 2019 年 11 月发布，为物业管理行业提供了较为全面和真实准确的基础数据。中国物业管理协会依此对物业服务企业数量、从业人员数量、营业收入等数据进行修正。

从各省份面积分布上看，广东省、江苏省和浙江省物业管理面积均超过 20 亿平方米，分别为 25.6 亿平方米、25.4 亿平方米和 21.6 亿平方米。山东省、河南省、四川省、河北省、辽宁省、安徽省、重庆市和上海市物业管理面积均超过 10 亿平方米（图 3）。

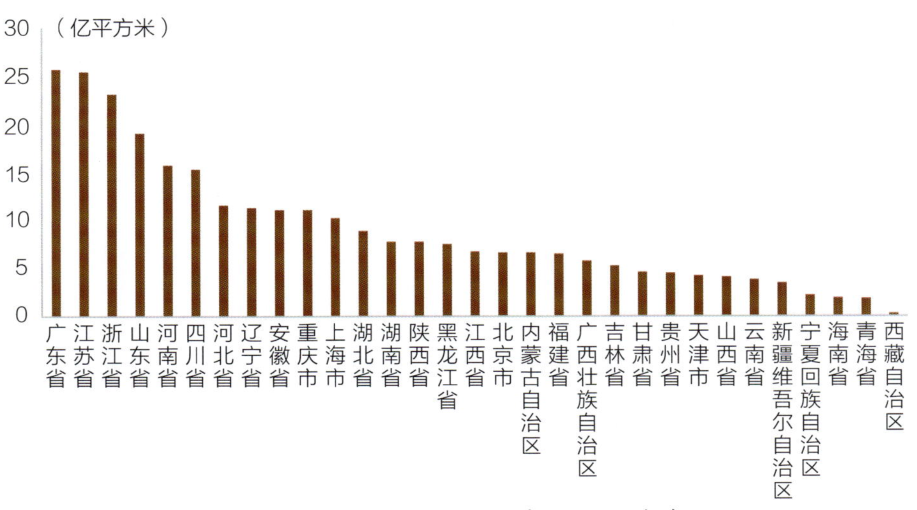

图 3　2018 年全国各省市物业管理规模分布情况

（三）全国物业管理行业年均吸收就业近 50 万人

随着我国人口结构的变化，就业人口的规模大体稳定在 7.7 亿多，城镇就业人口总数 4.3 亿左右。第四次全国经济普查显示，二、三产业单位从业人员 3.8 亿多，与 2013 年相比，近 5 年全国共有第二产业的从业人员 17255.8 万人，减少 2005 万人，下降 10.4%；第三产业的从业人员 21067.7 万人，增加 4726.2 万人，增长 28.9%，复合增长率为 5.21%，可以看出制造业的从业人员比重在下降，第三产业就业人员比重在大幅度上升。

10 年间，物业管理行业从业人员由 2008 年的 250.1 万人增长到 2013 年的 411.6 万人、2018 年的 636.9 万人（图 4）。近 5 年，物业管理行业从业人员增长 225.3 万人，增长 54.8%，复合增长率为 9.12%，高于第三产业的从业人员平均增长率近 4 个百分点，2018 年行业从业人员已经占到第三产业从业人员 21067.7 万人的 3.02%。物业管理行业点多面广，企业数量大量增加，每年吸收就业人数近 50 万人，在当前经济下行压力下，就业蓄水池的功能在不断地增强，为总体稳定就业起到了积极的作用。

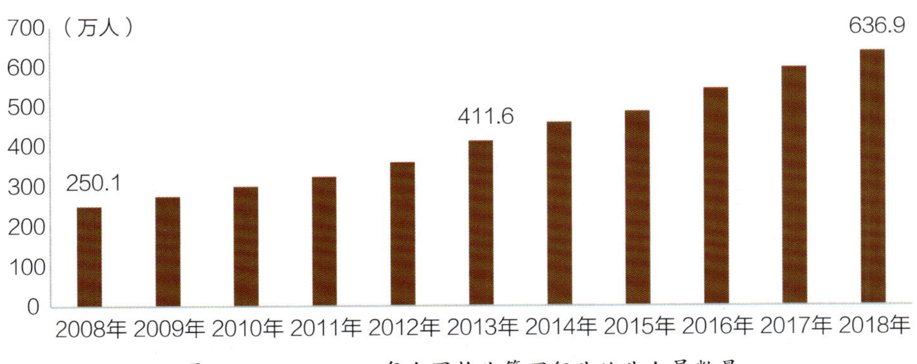

图 4　2008 ～ 2018 年全国物业管理行业从业人员数量

（四）全国物业管理行业企业数量翻倍增长

近些年，国家不断推进“放管服”改革，深化商事制度改革，优化营商环境，推动大众创业、万众创新，市场环境更好，为企业的创立创新营造了更多便利和更好环境。最近五年来普查结果显示，2018 年末，全国共有从事第二产业和第三产业活动的法人单位 2178.9 万个，比 2013 年末的 1085.7 万个增加 1093.23 个，增长 100.7%，复合增长率为 14.9%。10 年间物业管理行业企业数量由 2008 年的 5.8 万家增长到 2018 年的 23.4 万家（图 5），尤其是取消物业管理从业人员职业资格制度和物业服务企业资质管理制度之后，2018 年物业管理行业企业数量与 2013 年 10.5 万家相比增长了 122.8%，年复合增长率为 17.38%，这与国家第三产业法人单位增长速度大体相同，符合国家“放管服”改革、优化营商环境宏观调控的结果。

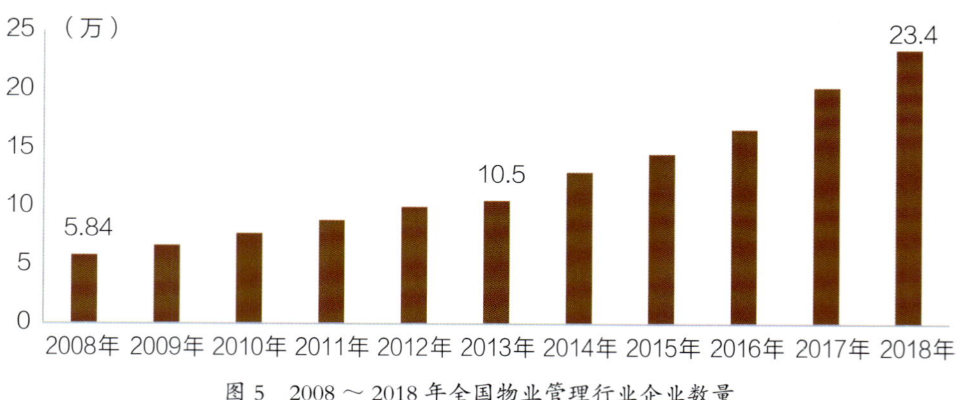

图 5　2008 ～ 2018 年全国物业管理行业企业数量

三、物业管理行业在变革的时代迎来了美好的明天

2020 年，行业要以创新为动力，不断提升产业集中度，提高科技含量和人员素质，加快向现代服务业转型升级，以共享理念加快资源整合，以协同精神汇聚行业智慧，充分分享数字化时代科技红利，加快产业升级和结构调整，推动行业做大做强做优，让物业服务更简单，更有价值。

2020 年，行业要以民生为导向，以城市更新和老旧住宅区改造为契机，拓宽物业服务领域，创新商业模式和服务，增强多层次、多样化、高品质的供给能力，更好实现社会效益和经济效益相统一，转变物业管理发展方式，提升物业管理发展质量和水平。

2020 年，行业要以国家治理能力建设为契机，积极践行推动社会治理和服务重心向基层下移，把更多资源下沉到基层，推进“美好环境与幸福生活共同缔造”活动，发挥物业管理在促进城市管理、治安防范、市政养护、社区养老、精神文明建设等领域的作用。

2020 年，行业要以问题为导向，着力解决行业区域发展不平衡不充分的问题，针对物业管理基础薄弱地区和中小物业服务企业，采用“送教上门”“公益讲堂”“对标学习”等形式，搭建薄弱地区与发达地区，标杆龙头企业与中小企业的交流沟通学习平台，促进物业管理区域协同和行业统筹发展。

2020 年，行业要以制度建设为抓手，推进行业良性发展机制，提升行业形象和地位。要加强行业研究，为行业发展提供战略性、前瞻性指引，切实提升贯彻新发展理念的能力水平。要在基础服务上下功夫，加快标准化体系建设，提升服务技能，提高设施设备保养水平。要努力做好舆论引导工作，讲好行业故事，切实扭转社会对物业管理行业评价不高，认知度较低的困境，为建立物业收费价格良性机制等各项制度建设创造良好的舆论环境。

物业管理行业自创立以来的近 40 年改革发展历程，是千万物业人接续奋斗的成果。行业美好的明天依然需要千万物业人万众一心，继往开来。这是中华民族大发展大作为的时代，是每一个奋斗者都能够梦想成真的时代，让我们只争朝夕，不负韶华，投身追梦新时代。

物业服务企业发展指数测评报告

一、测评背景

我国物业管理行业经过近 40 年的发展，逐渐走上法制化、专业化、市场化、规范化的发展路径，服务理念不断深化，管理技术不断提升，资本市场持续关注，企业实力快速提升，物业管理作为美好生活的服务者，迎来了重要发展机遇。

为了专业研判物业管理行业发展趋势，总结分析物业服务企业发展路径与策略，提升企业市场竞争力和品牌影响力，增强行业价值的社会认知，深入做好服务会员工作。2019 年年初中国物业管理协会下发《关于开展物业服务企业测评研究工作的通知》，旨在通过科学、公正、客观的评价指标体系、评价方法和专业分析研究，建立一套监测、分析和反映企业和行业发展轨迹的发展指数体系。激励优秀企业做大做强，发挥头部企业的示范引领作用，加快推动行业向现代服务业转型升级。

从政府角度来看，物业服务企业发展指数可以综合反映整个物业管理行业以及各类物业服务企业的发展方向、变动程度，强化对企业的外部监督，从而为相关行业管理部门提供参考，有利于引导物业管理行业健康发展。

从行业协会角度来看，物业服务企业发展指数可以客观反映物业服务企业的发展变化趋势，评判物业服务企业在市场竞争中的优势和特点，有利于促进物业管理产业可持续发展。

从企业角度来看，物业服务企业发展指数可以帮助企业进行准确的市场定位，为企业发展战略经营方向提供决策依据，有利于提高企业在市场中的认可度和品牌影响力。

在此背景下，中国物业管理协会、上海易居房地产研究院中国房地产测评中心联合开展了物业服务企业发展指数测评研究工作，由北京中物研协信息科技有限公司具体落实。在各地方行业协会和会员单位的大力支持下，2019 年首次发布《物业服务企业发展指数测评报告》，报告数据由企业申报，经地方协会核准，测评中心选取行业优秀的 500 家企业作为样本，进行测评研究。

本研究希望通过测评研究工作，能为政府部门、行业协会、物业服务企业以及其他相关机构提供有力的参考依据。同时也希望社会各界对测评研究工作给予指导和建议，中物研协将进一步提升样本质量、有效核实数据信息、科学调整指标体系、准确运用测评方法，逐步完善物业服务企业发展指数的研究工作。

二、物业管理行业发展指数及趋势

（一）物业管理行业发展指数

1. 物业管理行业发展指数定义

物业管理行业发展指数（Property Management Industry Development Index）是以全国经济普查数据为基础，从物业管理行业的管理规模、营业收入等方面，对物业管理行业的基本状况、发展规律进行量化评价，测算出物业管理行业的发展指数，用于衡量行业发展的总体发展水平以及反映行业发展态势。以2010年为基期，基期指数为100。

2. 物业管理行业发展指数说明

物业管理行业管理面积发展指数是以历年物业管理行业管理面积数据为基础，反映物业管理行业在不同时期管理规模涨增情况和发展趋势的指数。

物业管理行业营业收入发展指数是以历年物业管理行业营业收入数据为基础，反映物业管理行业在不同时期营业收入涨增情况和发展趋势的指数。

（二）物业管理行业发展指数测评方法

1. 计算基期物业管理行业发展指数

基期指数确定为100。

2. 计算第 t 期物业管理行业发展指数

计算物业管理行业第 t 期相较于 $t-1$ 管理面积和经营收入指标绝对值加权平均值的涨跌幅。

（三）物业管理行业发展指数趋势

1. 物业管理行业发展指数

2018年物业管理行业发展指数达到288.5点，相比2010年提高188.5个点，指数复合增长率14.16%，物业管理行业发展指数保持持续稳定提升的态势，我国物业管理行业持续稳定发展（图1）。

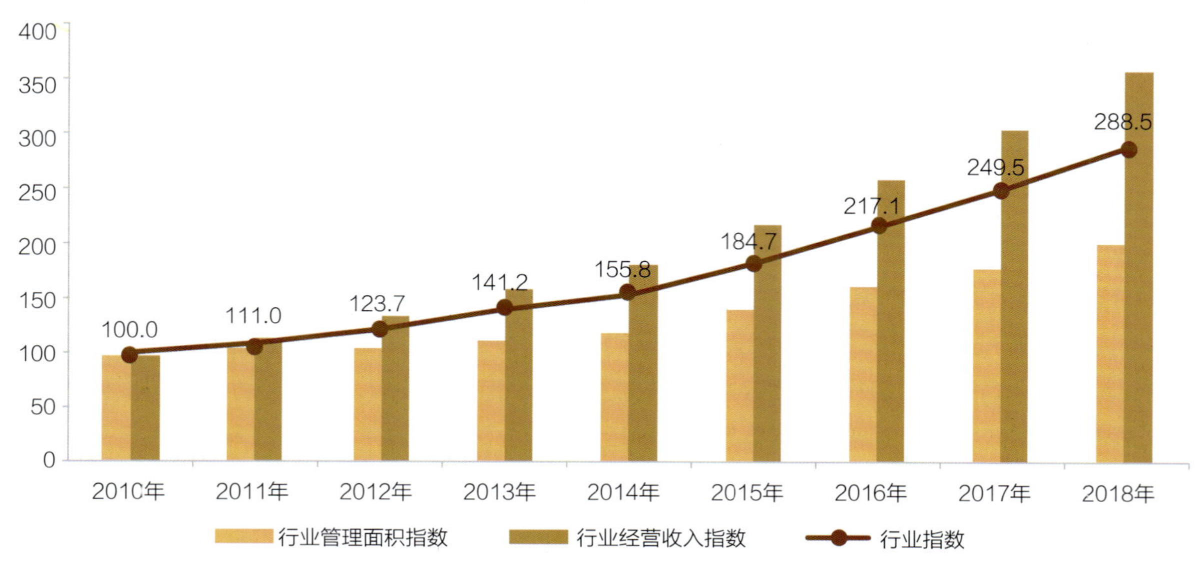

图1 2010～2018年物业管理行业发展指数走势

2. 物业管理行业营业收入发展指数

在消费升级的推动下，我国物业管理行业对服务质量提出了更高的要求，在基础物业服务的基础上，物业服务企业加大了对增值服务的开展，并向多业态布局，为物业管理行业的发展注入了更大的发展空间，增加了物业管理行业营业收入增收路径。

2018 年，物业管理行业营业收入发展指数为 357.2，较 2010 年提高了 257.2 个点，复合增长率达 17.25%（图 2），物业管理行业产值保持高速增长态势。

3. 物业管理行业管理面积发展指数

在新技术应用以及资本市场的关注下，我国物业管理行业加速整合。2018 年物业管理行业管理面积指数达 206.3，较 2010 年提高 106.3 个点，复合增长率为 9.47%（图 2）。

物业管理行业管理面积不断提高，集中度快速提升，物业管理行业管理规模保持稳定向上的发展态势。

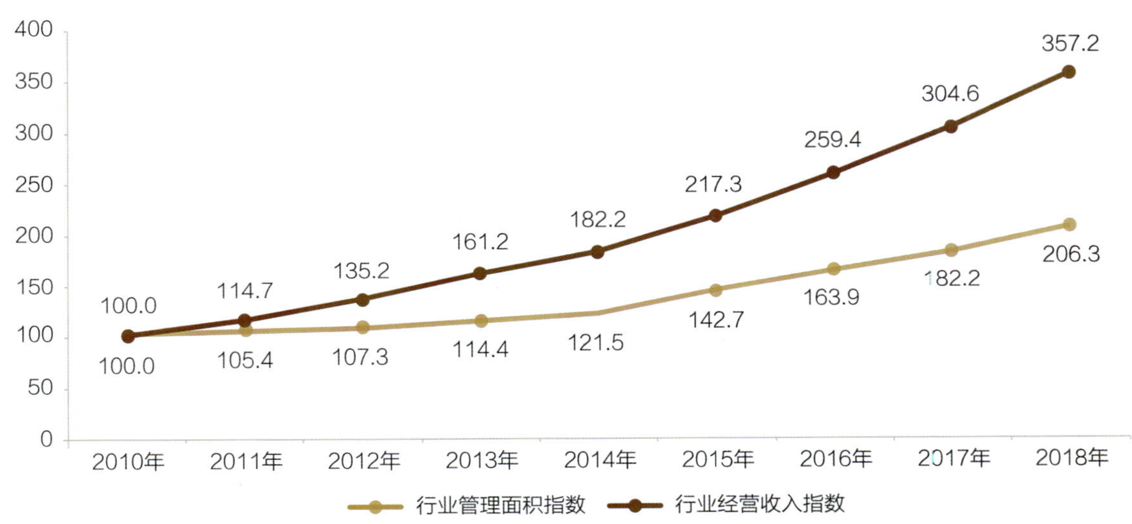

图 2　2010 ～ 2018 年物业管理行业营业收入和管理面积发展指数

三、物业服务企业发展指数及趋势

（一）物业服务企业发展指数

1. 物业服务企业发展指数定义

物业服务企业发展指数（Property Management Development Index，简称 PMDI）以企业年度数据为基础，根据物业服务企业发展指数的测评体系，从物业服务企业经营情况、管理规模、服务质量等维度，对物业服务企业发展的基础状况发展规律进行量化评价，测算出物业服务企业的发展指数，衡量企业发展的总体水平。物业服务企业发展指数横向体现出各企业发展状况的对比情况，纵向体现不同时期各企业的表现，动态反映企业发展状况，并通过选取一定数量的头部样本企业反映行业发展趋势。

2. 物业服务企业发展指数体系

PMDI500 指数是根据测评体系选取物业管理行业前 500 家企业（简称“500 强”）为样本，进行数据分析，衡量企业经营状况、管理规模、服务质量等整体发展情况，确定反映 500 家样本企业发展状况和发展趋势的综合指数。

PMDI100 指数是根据测评体系选取物业管理行业前 100 家企业（简称“百强”）为样本，进行数据分析，衡量企业经营状况、管理规模、服务质量等整体发展情况，确定反映 100 家样本企业发展状况和发展趋势的综合指数。PMDI100 指数以 2010 年为基期，基期指数设定为 100。

管理面积发展指数是以历年物业服务企业管理面积数据为基础，反映企业在不同时期管理规模涨增情况和发展趋势的指数。

营业收入发展指数是以历年物业服务企业营业收入数据为基础，反映企业在不同时期营收能力和发展趋势的指数。分为基础物业服务收入指数和多种经营服务收入指数。

从业人员发展指数是以历年物业服务企业从业人员数据为基础，反映企业在不同时期从业人员变动情况和发展趋势的指数。

外包人员发展指数是以历年物业服务企业投入外包人员数据为基础，反映企业在不同时期使用外包人员情况和发展趋势的指数。

住宅物业、办公写字楼物业、产业园区物业、学校物业、医院物业、商业物业、公众场馆物业等业态发展指数是根据测评体系选取物业管理行业头部企业为样本，进行数据分析，衡量该业态领域内企业的经营状况、管理规模、服务质量等整体发展情况，确定反映该业态发展状况和发展趋势的综合指数。

（二）物业服务企业发展指数

从物业服务企业发展指数来看，我国物业服务企业综合实力稳步提升，在管理规模、经营绩效、服务质量等多方面均取得明显的成效。2010 年 PMDI100 指数基期值为 100 点，2018 年 PMDI100 指数达到 720.4，指数复合增长率达 28.00%。分阶段看，2014 年之前 PMDI100 的复合增长率 25.04%，随着资本市场对物业管理的持续关注，2014 年之后 PMDI100 的复合增长率 31.02%，复合增长率增加 5.98 个百分点（图 3）。

2019 年首次将行业前 500 家企业数据纳入样本，综合考虑经营收入、管理面积、服务质量等内容，经测算 2018 年 PMDI500 指数为 1113.5。

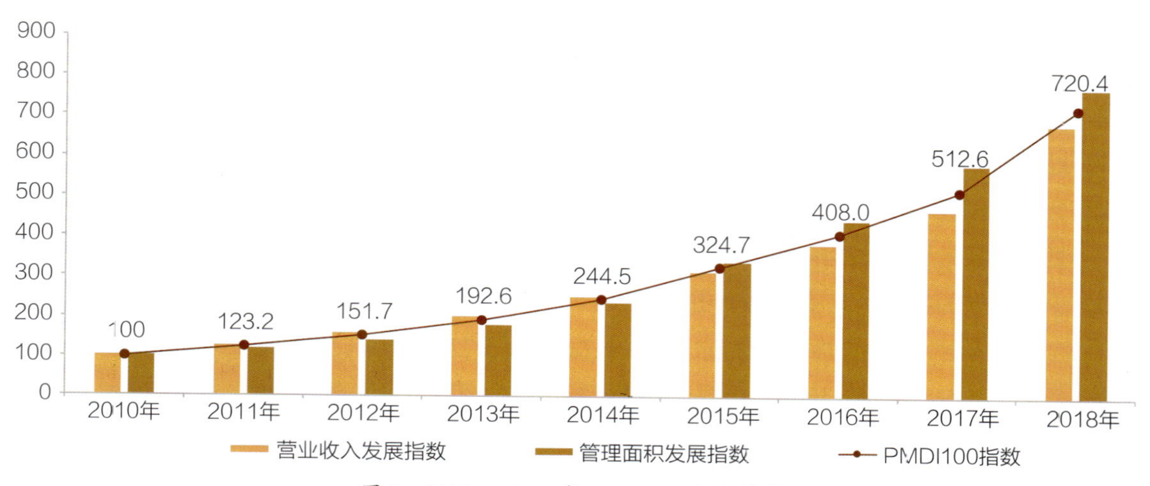

图 3　2010 ～ 2018 年 PMDI100 指数趋势

1. 物业服务企业营业收入发展指数

随着行业的不断发展，物业服务企业顺势而为持续提升经营能力，企业经营收入快速增长，基础物业服务占主导的同时，多种经营服务也在蓬勃发展。

2018 年 PMDI100 营业收入发展指数为 680.0，较 2010 年提高了 580.0 个点，翻了 5.8 倍。2010 至 2018 年 PMDI100 营业收入发展指数年复合增长率达 27.08%（图 4）。

2018 年 500 强物业服务企业营业收入总值为 2831.76 亿元。PMDI500 营业收入发展指数为 1080.7，基础物业服务收入指数为 861.5，多种经营服务收入指数为 219.2。

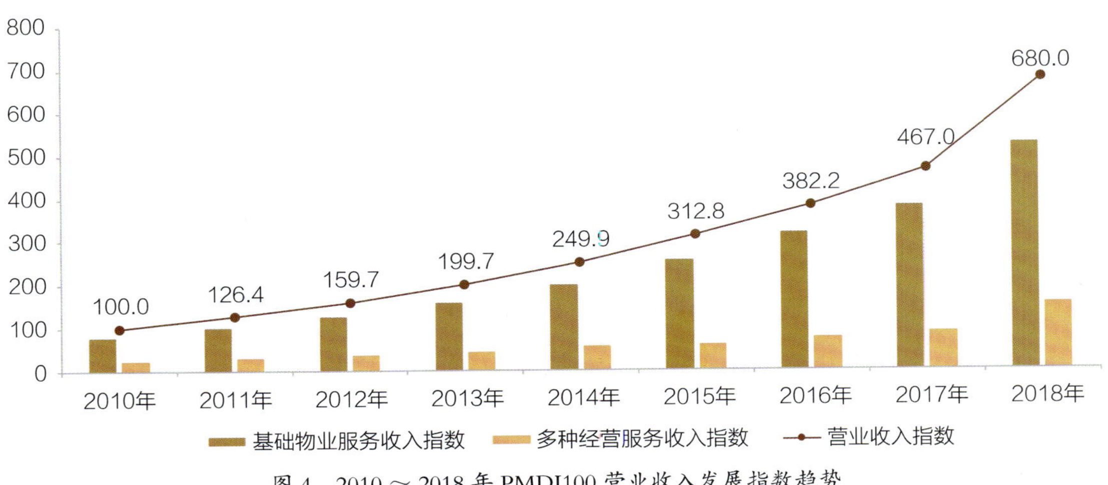

图 4　2010 ～ 2018 年 PMDI100 营业收入发展指数趋势

2. 物业服务企业管理面积发展指数

物业服务企业积极推进全国化布局，市场化拓展能力增强，管理半径不断拓宽，物业管理行业的管理规模快速提升。2018 年 PMDI100 管理面积发展指数达到 769.3，对比 2010 年增长 669.3 点（图 5）。

2018 年 500 强物业服务企业管理面积达 118.87 亿平方米。2018 年 PMDI500 管理面积发展指数为 1142.0。

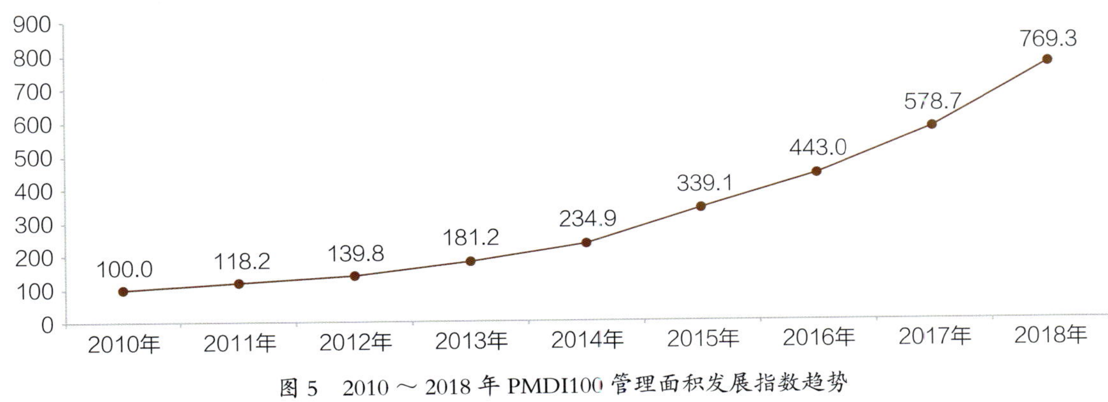

图 5　2010 ～ 2018 年 PMDI100 管理面积发展指数趋势

3. 物业服务企业从业人员发展指数

随着国家城镇化建设步伐的加快及深入，以及社会分工的专业化提升。物业服务市场的广度和深度都有很大的发展空间，物业管理行业正处于发展的黄金时期，市场潜力巨大，因此需要更加专业的人才，加快前进的步伐。

2018 年 PMDI100 从业人员发展指数为 313.0，比 2010 年提高 213.0 个点，PMDI100 从业人员发展指数复合增长率达 15.33%。

2018 年 PMDI100 外包人员发展指数为 540.5，对比 2010 年增长 440.5 点。2010 ～ 2018 年 PMDI100 外包人员发展指数复合增长率 23.48%（图 6）。

据测算，2018 年 PMDI500 从业人数发展指数为 584.6，外包人员发展指数为 774.4。

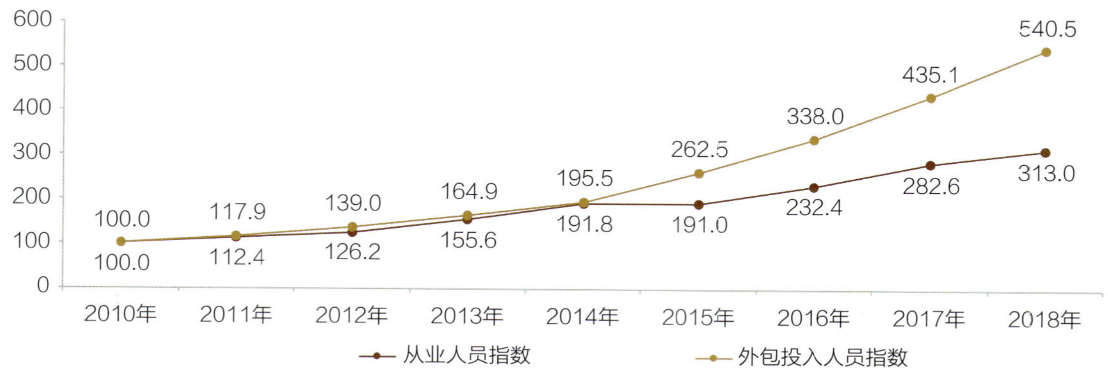

图 6　2010 ～ 2018 年 PMDI100 从业人员发展指数和外包人员发展指数趋势

四、测评结果

2019 物业服务企业综合实力 500 强　　表 1

排名	企业名称	排名	企业名称
1	万科物业发展股份有限公司	18	亿达物业服务集团有限公司
2	绿城物业服务集团有限公司	19	佳兆业物业管理（深圳）有限公司
3	碧桂园智慧物业服务集团股份有限公司	20	广州市时代物业管理有限公司
4	保利物业发展股份有限公司	21	幸福基业物业服务有限公司
5	金碧物业有限公司	22	深圳市明喆物业管理有限公司
6	彩生活服务集团有限公司	23	中奥到家集团有限公司
7	雅居乐雅生活服务股份有限公司	24	重庆新大正物业集团股份有限公司
8	长城物业集团股份有限公司	25	上海永升物业管理有限公司
9	金科物业服务集团有限公司	26	北京首开鸿城实业有限公司
10	中海物业集团有限公司	27	山东明德物业管理集团有限公司
11	深圳市金地物业管理有限公司	28	远洋亿家物业服务股份有限公司
12	中航物业管理有限公司	29	爱玛客服务产业（中国）有限公司
13	华润物业科技服务有限公司	30	富力物业服务集团
14	鑫苑科技服务集团有限公司	31	正荣物业服务有限公司
15	山东省诚信行物业管理有限公司	32	南都物业服务集团股份有限公司
16	重庆天骄爱生活服务股份有限公司	33	新城悦服务集团有限公司
17	河南建业新生活服务有限公司	34	上海保利物业酒店管理集团有限公司

续表

排名	企业名称	排名	企业名称
35	世茂天成物业服务集团有限公司	73	广东华信服务集团有限公司
36	广州广电城市服务集团股份有限公司	74	深圳市赛格物业管理有限公司
37	深圳市卓越物业管理股份有限公司	75	路劲物业服务集团有限公司
38	深圳市龙城物业管理有限公司	76	深圳市保利物业管理集团有限公司
39	宁波银亿物业管理有限公司	77	山东宏泰物业发展有限公司
40	浙江祥生物业服务有限公司	78	上海益中亘泰（集团）股份有限公司
41	厦门联发（集团）物业服务有限公司	79	浙江浙大新宇物业集团有限公司
42	上海文化银湾物业管理有限公司	80	重庆新鸥鹏物业管理（集团）有限公司
43	上海高地物业管理有限公司	81	湖南保利天创物业发展有限公司
44	上实服务集团公司	82	广州海伦堡物业管理有限公司
45	深圳市天健物业管理有限公司	83	深圳市之平物业发展有限公司
46	成都金房物业集团有限责任公司	84	广州市庆德物业管理有限公司
47	河北恒辉物业服务集团有限公司	85	重庆新东原物业管理有限公司
48	江苏银河物业管理有限公司	86	合肥美而特物业服务有限公司
49	苏州市东吴物业管理有限公司	87	上海浦江物业有限公司
50	广东康景物业服务有限公司	88	四川悦华置地物业管理有限公司
51	广东公诚设备资产服务有限公司	89	上海上房物业服务股份有限公司
52	兰州城关物业服务集团有限公司	90	重庆华宇第一太平戴维斯物业服务集团有限公司
53	广州越秀物业发展有限公司	91	湖南鸿运物业管理集团股份有限公司
54	南京金鹰物业资产管理有限公司	92	上海景瑞物业管理有限公司
55	珠海葆力物业管理有限公司	93	北京天鸿宝地物业管理经营有限公司
56	广东宏德科技物业有限公司	94	上海盛高物业服务有限公司
57	浙江亚太酒店物业服务有限公司	95	第一物业（北京）股份有限公司
58	广州粤华物业有限公司	96	上海吉晨卫生后勤服务管理有限公司
59	安徽省长城物业管理有限公司	97	重庆助友创美物业管理有限公司
60	上海科瑞物业管理发展有限公司	98	上海中建东孚物业管理有限公司
61	安徽创源物业管理有限公司	99	山东大正物业服务有限公司
62	上海东湖物业管理有限公司	100	江苏金枫物业服务有限责任公司
63	上海陆家嘴物业管理有限公司	101	新疆广汇物业管理有限公司
64	深圳市莲花物业管理有限公司	102	湖南都美物业管理有限公司
65	北京金隅投资物业管理集团有限公司	103	北京亿展资产管理有限公司
66	金融街物业股份有限公司	104	南京银城物业服务有限公司
67	珠海华发物业管理服务有限公司	105	深圳市科技园物业集团有限公司
68	成都嘉诚新悦物业管理集团有限公司	106	上海复医天健医疗服务产业股份有限公司
69	山东东晨物业管理有限公司	107	中天城投集团物业管理有限公司
70	安徽新亚物业管理发展有限公司	108	合肥阡陌物业服务有限公司
71	河南新康桥物业服务有限公司	109	江西燕兴物业管理有限公司
72	中土物业管理集团有限公司	110	湖南建工物业发展集团有限公司

续表

排名	企业名称	排名	企业名称
111	上海德律风置业有限公司	149	福建永安物业管理有限公司
112	上海锐翔上房物业管理有限公司	150	南京朗诗物业管理有限公司
113	广州和融物业管理有限公司	151	湖南中豪物业管理有限公司
114	合肥鸿鹤物业管理集团有限公司	152	浙江绿升物业服务有限公司
115	河南正商物业管理有限公司	153	深圳地铁物业管理发展有限公司
116	上海永绿置业有限公司	154	北京中铁第一太平物业服务有限公司
117	上海明华物业管理有限公司	155	厦门国贸物业管理有限公司
118	福建伯恩物业集团有限公司	156	四川新华物业有限公司
119	重庆海源物业管理有限公司	157	河南圆方物业管理有限公司
120	厦门合嘉源生活服务集团有限责任公司	158	深业集团（深圳）物业管理有限公司
121	河北隆泰物业服务有限责任公司	159	安徽华地物业管理服务有限公司
122	深圳市华侨城物业服务有限公司	160	新力物业集团有限公司
123	湖南建工兴发物业管理有限公司	161	安徽省通信产业服务有限公司
124	深圳市航天物业管理有限公司	162	湖南豪布斯卡物业管理股份有限公司
125	河南楷林物业管理有限公司	163	深圳市投控物业管理有限公司
126	深圳市福田物业发展有限公司	164	永旺永乐（江苏）物业服务有限公司
127	成都合达联行物业服务有限公司	165	湖南华天物业管理有限责任公司
128	江苏中南物业服务有限公司	166	安徽省鹏徽物业管理有限公司
129	广州市开物物业管理有限公司	167	深圳市深华物业集团有限公司
130	淮南东华实业（集团）有限责任公司	168	深圳市特科物业发展有限公司
131	福建冠深集团有限公司	169	北京住总北宇物业服务有限责任公司
132	中化金茂物业管理（北京）有限公司	170	合肥市新华物业管理有限公司
133	成都合能物业管理有限公司	171	深圳市大众物业管理有限公司
134	上海漕河泾开发区物业管理有限公司	172	合肥华邦物业服务有限公司
135	湖北中楚物业股份有限公司	173	江苏环宇物业服务有限公司
136	盛全物业服务股份有限公司	174	云南澜沧江物业服务有限公司
137	上海丰诚物业管理有限公司	175	北京首华物业管理有限公司
138	深圳市恒博物业管理有限公司	176	合肥安景物业服务有限责任公司
139	郑州新世纪物业服务有限公司	177	湖南省湘诚物业集团有限公司
140	武汉丽岛物业管理有限公司	178	山东嘉林达物业服务有限公司
141	北京国天健宇物业管理发展有限公司	179	乐生活智慧社区服务集团股份有限公司
142	海纳物业服务集团有限公司	180	合肥湖滨物业管理有限公司
143	江苏万园物业管理有限公司	181	奥联物业股份有限公司
144	厦门海投物业有限公司	182	北京北大资源物业经营管理集团有限公司
145	北京网信物业管理有限公司	183	重庆洪泉物业管理有限公司
146	长沙市万厦园丁物业管理有限公司	184	北京天岳恒房屋经营管理有限公司
147	中粮地产集团深圳物业管理有限公司	185	合肥市政文外滩物业管理有限公司
148	北京斯马特物业管理有限公司	186	北京安信行物业管理有限公司

续表

排名	企业名称	排名	企业名称
187	北京瑞赢酒店物业管理有限公司	225	上海润美物业管理有限公司
188	成都嘉善商务服务管理有限公司	226	宁波新日月酒店物业股份有限公司
189	北京晟邦物业管理有限公司	227	黑龙江省万联生活服务股份有限公司
190	安徽邦和物业管理有限责任公司	228	江苏通信置业管理有限公司
191	云南鸿园电力物业服务有限公司	229	上海农工商旺都物业管理有限公司
192	合肥居安物业管理有限公司	230	武汉惠之美物业服务有限公司
193	云南实力物业服务股份有限公司	231	四川艾明物业管理有限公司
194	合肥市房地产经营公司	232	江苏中住物业服务开发有限公司
195	滁州市万顺物业服务有限责任公司	233	北京二商怡和阳光物业管理有限公司
196	合肥顺昌物业管理有限公司	234	深圳华强物业管理有限公司
197	合肥昌顺物业管理有限公司	235	保丽金康物业管理有限公司
198	湖南逸欣物业管理有限公司	236	深圳市中洲物业管理有限公司
199	新汶矿业集团泰兴物业有限责任公司	237	山东润华物业管理股份有限公司
200	湖南鲲鹏物业服务有限公司	238	河南名门物业管理服务有限公司
201	北京亦庄置业有限公司	239	安徽诚和物业服务有限公司
202	浙江佳源物业服务集团有限公司	240	湖南思居园物业管理有限公司
203	深圳市万厦居业有限公司	241	银川中房物业集团股份有限公司
204	阳光壹佰物业发展有限公司	242	广东省华侨物业发展有限公司
205	上海启胜物业管理服务有限公司	243	深圳德诚物业服务有限公司
206	深圳市城铁物业服务股份有限公司	244	西安天朗物业管理有限公司
207	武汉市万吉物业管理有限公司	245	上海复欣物业管理发展有限公司
208	深圳天安智慧园区运营有限公司	246	深圳市城建物业管理有限公司
209	上海盈禧物业服务集团有限公司	247	武汉同济物业管理有限公司
210	蓝泰物业集团有限公司	248	安徽信联物业服务有限公司
211	深圳市新东升物业管理有限公司	249	长沙市长房物业管理有限公司
212	湖南金典物业管理有限公司	250	广州方圆现代生活服务股份有限公司
213	成都成飞物业服务有限责任公司	251	狮城怡安（上海）物业管理股份有限公司
214	北京市圣瑞物业服务有限公司	252	湖南华庭物业管理有限公司
215	广西华保盛物业服务集团有限公司	253	天津天孚物业管理有限公司
216	北京鸿坤瑞邦物业管理有限公司	254	福州融侨物业管理有限公司
217	北京首欣物业管理有限责任公司	255	北京城承物业管理有限责任公司
218	深圳市方益城市服务发展有限公司	256	勤好（北京）物业管理有限公司
219	上海生乐物业管理有限公司	257	昆明银海物业服务有限公司
220	上海航天实业有限公司	258	合肥元一物业管理有限公司
221	长江三峡实业有限公司	259	合肥华兴物业管理有限公司
222	深圳市绿清集团有限公司	260	福建实达物业有限公司
223	祥源物业服务有限公司	261	湖南省家园物业管理有限公司
224	四川民兴物业管理有限公司	262	湖南三昌物业管理有限公司

续表

排名	企业名称	排名	企业名称
263	扬州爱涛物业管理有限公司	301	美好幸福物业服务有限公司
264	江苏东恒国际物业服务有限公司	302	深圳市荣超物业管理股份有限公司
265	上海百联物业管理有限公司	303	河南绿都物业服务有限公司
266	北京闻达敏斯物业管理服务有限公司	304	北京中湾智地物业管理有限公司
267	北京首都机场物业管理有限公司	305	深圳市鸿荣源物业管理有限公司
268	北京悦豪物业管理有限公司	306	苏州华新国际物业管理有限公司
269	南京亿文物业管理有限责任公司	307	北京金隅大成物业管理有限公司
270	安徽州海物业管理有限公司	308	厦门友朋四方物业管理有限公司
271	山东鲁商物业服务有限公司	309	龙祥物业管理有限公司
272	深圳市嘉诚物业管理有限公司	310	杭州钱塘物业管理有限公司
273	上海中企物业管理有限公司	311	成都市银杏物业管理有限责任公司
274	福建南方物业管理有限公司	312	芜湖市鸠兹物业管理有限责任公司
275	深圳市东部物业管理有限公司	313	深圳市鹏基物业管理服务有限公司
276	安徽省高速地产物业管理服务有限公司	314	和信行物业服务有限公司
277	国贸物业酒店管理有限公司	315	西安曲江新区圣境物业管理有限公司
278	武汉天源物业管理有限责任公司	316	上海申能物业管理有限公司
279	苏州新港物业服务有限公司	317	苏州工业园区综保物业管理有限公司
280	上海紫泰物业管理有限公司	318	大连豪之英物业管理有限公司
281	河南新和昌物业服务有限公司	319	北京鹏盛物业管理有限公司
282	哈尔滨菱建物业管理有限公司	320	华之杰物业服务有限公司
283	青岛新时代物业服务有限公司	321	浙江盛元城市物业管理有限公司
284	深圳市缔之美物业管理有限公司	322	四川二滩实业发展有限责任公司
285	西安紫薇物业管理有限公司	323	深圳市宝晨物业管理有限公司
286	北京万通鼎安国际物业服务有限公司	324	大连中铁诺德物业服务有限公司
287	成都市金港物业管理有限责任公司	325	重庆渝高物业管理有限责任公司
288	上海延吉物业管理有限公司	326	深圳市盛孚物业管理有限公司
289	上海东渡物业管理有限责任公司	327	深圳市万厦世纪物业管理有限公司
290	深圳市恒基物业管理有限公司	328	四川长虹物业服务有限责任公司
291	安徽省文一物业管理有限公司	329	无锡市怡庭物业管理有限公司
292	山东蓝盾物业服务集团有限公司	330	海南珠江格瑞物业管理有限公司
293	浙江浙大求是物业管理有限公司	331	四川邦泰物业服务有限公司
294	上海海鸿福船物业管理有限公司	332	湖南中建物业服务有限公司
295	安徽一山物业服务有限公司	333	重庆市长安物业管理有限公司
296	广州东康物业服务有限公司	334	山东海恒物业服务有限公司
297	合肥高新物业管理有限责任公司	335	深圳市北方物业管理有限公司
298	河南浩创物业服务有限公司	336	广州侨鑫物业有限公司
299	成都诚悦时代物业服务有限公司	337	上海华鑫物业管理顾问有限公司
300	河南正美物业服务有限公司	338	深圳市午越物业管理有限公司

续表

排名	企业名称	排名	企业名称
339	河南六合物业管理服务有限公司	377	安徽鑫豪物业服务有限公司
340	上海申勤物业管理服务有限公司	378	河北旅投世纪物业发展有限公司
341	宁夏民生物业服务有限公司	379	上海中心大厦置业管理有限公司
342	合肥浩顺物业管理有限公司	380	上海中星集团申城物业有限公司
343	成都众和为物业集团有限公司	381	宁波新上海国际物业管理有限公司
344	深圳市华佳宏物业投资集团有限公司	382	深圳市大族物业管理有限公司
345	深圳市鹏基物业管理有限公司	383	天津市天房物业管理有限公司
346	河南万厦物业管理有限公司	384	兰州兰石物业服务有限公司
347	深圳历思联行物业管理有限公司	385	珠海中珠物业管理服务有限公司
348	安徽伟星物业管理有限公司	386	重庆锦宏物业管理有限公司
349	中节能（杭州）物业管理有限公司	387	北京信和物业管理有限责任公司
350	厦门兆翔物业服务有限公司	388	北京澳西物业管理有限公司
351	深圳市永红源物业服务有限公司	389	四川富临物业服务有限公司
352	万怡物业服务有限公司	390	港中旅物业管理（深圳）有限公司
353	山东联泰物业服务有限公司	391	上海嘉隆物业管理有限公司
354	山东济发物业管理有限公司	392	黑龙江万瑞物业管理有限公司
355	厦门市特房物业服务有限公司	393	西安高新枫叶物业服务管理有限责任公司
356	中国海洋置业有限公司	394	天利仁和物业服务股份有限公司
357	杭州宋都物业经营管理有限公司	395	北京市嘉宝物业管理有限公司
358	浙江捷达物业服务有限公司	396	厦门华菲物业管理有限公司
359	上海锦日物业管理有限公司	397	安徽天一物业管理有限公司
360	哈尔滨景阳物业管理有限公司	398	安徽宇豪物业服务集团有限责任公司
361	上海益镇物业管理有限公司	399	成都市洁虎物业发展有限责任公司
362	广东和顺物业管理有限公司	400	北京方佳物业管理有限公司
363	苏州物源物业管理有限公司	401	五矿物业服务（湖南）有限公司
364	江苏新能源物业服务有限公司	402	山东源泰物业管理有限公司
365	光大置业有限公司	403	河北华宝物业服务有限公司
366	安徽外滩物业管理有限公司	404	江苏南徐中天物业管理有限公司
367	银川建发物业服务有限责任公司	405	上海东方大学城物业管理有限公司
368	江苏紫京有限公司	406	乌鲁木齐华源物业服务有限公司
369	中信泰富（上海）物业管理有限公司	407	无锡永基物业股份有限公司
370	北京市新奥物业管理有限公司	408	北京城建物业管理有限责任公司
371	陕西诚悦物业管理有限责任公司	409	武汉市雨阳物业管理有限公司
372	苏州工业园区建屋物业发展有限公司	410	北京华特物业管理发展有限公司
373	安徽远成物业管理有限公司	411	长春市新鸿铭物业服务有限公司
374	深圳市富通物业管理有限公司	412	上海新长宁集团仙霞物业有限公司
375	湖南众维物业管理有限公司	413	中冶置业集团物业服务有限公司
376	西安旅游集团广瑞物业服务有限责任公司	414	上海孜诚置业有限公司

续表

排名	企业名称	排名	企业名称
415	安徽柏庄物业服务有限公司	453	北京兴银龙企业管理中心
416	温州市城市物业管理服务有限公司	454	浙江卓越物业服务有限公司
417	武汉地产集团东方物业管理有限公司	455	五矿物业管理有限公司
418	温州市康居物业管理有限公司	456	深圳市绿源物业环保产业有限公司
419	西安锦园物业管理有限公司	457	辽宁泓达物业服务有限公司
420	杭州品尚物业服务集团有限公司	458	黑龙江新天房地产集团有限责任公司
421	内蒙古仁和服务股份有限公司	459	北京山水文园物业管理服务有限公司
422	广西朋宇组物业服务有限责任公司	460	沈阳新湖绿城物业服务有限公司
423	天津市房信物业发展有限公司	461	深圳市龙宇物业服务有限公司
424	上海浦东房地产集团物业管理有限公司	462	北京冠城酒店物业管理有限公司
425	大庆捞捞福企业管理有限公司	463	江西日新物业管理有限公司
426	深圳中旅联合物业管理有限公司	464	四川高路物业服务有限公司
427	成都曲氏英联华物业服务有限公司	465	北京顺天通物业管理有限公司
428	天津滨海一号物业管理有限公司	466	武汉新康物业管理有限公司
429	株洲高科物业管理有限公司	467	广州盛扬物业管理有限公司
430	江苏洁霸物业管理有限公司	468	贵州深盛佳物业管理有限公司
431	昆明中林物业管理有限公司	469	昆明鸿基恒泰物业服务有限公司
432	上海强生物业有限公司	470	辽宁龙源教育产业投资管理集团物业管理有限公司
433	金服物业服务集团有限公司	471	海南第一成美物业管理股份有限公司
434	呼和浩特市富华物业服务有限公司	472	盐城市康居物业管理有限公司
435	深圳市中民物业管理有限公司	473	上海卫事康卫生管理服务有限公司
436	苏州工业园区金鸡湖物业管理有限公司	474	厦门豪亿物业管理有限公司
437	厦门安居物业管理有限公司	475	成都威斯顿经营管理有限责任公司
438	广东睿智国通服务管理有限公司	476	北京盛利达物业管理有限公司
439	杭州物华物业服务有限公司	477	深圳骏高物业服务有限公司
440	重庆宏声物业管理有限责任公司	478	桂林市富翔物业服务有限公司
441	大连华安物业管理有限公司	479	迪诺曼（苏州）科技服务有限公司
442	安徽洁雅物业有限公司	480	广州嘉邦酒店物业服务有限公司
443	青岛中天恒物业管理有限公司	481	广东金宇科技物业服务股份有限公司
444	湖南普瑞物业服务有限公司	482	赤峰绿城物业服务有限公司
445	四川环诚物业管理有限公司	483	北京北辰信诚物业管理有限责任公司
446	马鞍山华业物业管理有限公司	484	内蒙古卓越华物业服务有限责任公司
447	武汉顺诚物业管理有限公司	485	湖南金园物业发展有限公司
448	成都信谊物业股份有限公司	486	北京国兴三吉利物业管理有限责任公司
449	北京世纪美泰物业管理有限公司	487	四川佳兴雅居物业管理有限公司
450	深圳市德源物业管理有限公司	488	北京市久筑物业管理有限责任公司
451	西安雅荷易生活科技股份有限公司	489	株洲创通物业管理有限责任公司
452	佳美物业服务有限公司	490	河北省国控物业服务有限公司

续表

排名	企业名称	排名	企业名称
491	重庆鼎诺物业服务有限公司	496	丹东市锦绣物业服务有限公司
492	山西华杉物业管理有限公司	497	江苏百城物业股份有限公司
493	烟台福新物业管理有限公司	498	湖南省天心集团物业管理有限公司
494	安徽雅文物业服务有限公司	499	北京申迪物业管理有限公司
495	山东长江物业服务有限公司	500	天津市滨海新区轻纺经济区众联物业服务有限公司

2019 住宅物业服务领先企业　表 2

企业名称	企业名称
万科物业发展股份有限公司	四川蓝光嘉宝服务集团股份有限公司
绿城物业服务集团有限公司	世茂天成物业服务集团有限公司
碧桂园智慧物业服务集团股份有限公司	正荣物业服务有限公司
金碧物业有限公司	厦门联发（集团）物业服务有限公司
彩生活服务集团有限公司	合生活科技集团
深圳市金地物业管理有限公司	广东美的物业管理股份有限公司
中海物业集团有限公司	深圳市华侨城物业服务有限公司
雅居乐雅生活服务股份有限公司	盛全物业服务股份有限公司
广州市时代物业管理有限公司	江苏万园物业管理有限公司
河南建业新生活服务有限公司	北京晟邦物业管理有限公司

2019 办公写字楼物业服务领先企业　表 3

企业名称	企业名称
中航物业管理有限公司	山东省诚信行物业管理有限公司
上海东湖物业管理有限公司	保利物业发展股份有限公司
金融街物业股份有限公司	上实服务集团公司
广东公诚设备资产服务有限公司	福建永安物业管理有限公司
河南楷林物业管理有限公司	北京闻达敏斯物业管理服务有限公司
深圳市卓越物业管理股份有限公司	安徽省通信产业服务有限公司
上海陆家嘴物业管理有限公司	合肥昌顺物业管理有限公司
北京网信物业管理有限公司	合肥市政文外滩物业管理有限公司
上海德律风置业有限公司	重庆宏声物业管理有限责任公司
合肥市新华物业管理有限公司	贵州深盛佳物业管理有限公司

2019 产业园区物业服务领先企业　表 4

企业名称	企业名称
幸福基业物业服务有限公司	重庆天骄爱生活服务股份有限公司
金科物业服务集团有限公司	亿达物业服务集团有限公司

续表

企业名称	企业名称
苏州工业园区综保物业管理有限公司	四川鼎晟物业服务集团有限公司
云南鸿园电力物业服务有限公司	湖南建工物业发展集团有限公司
云南澜沧江物业服务有限公司	北京鹏盛物业管理有限公司
深圳市恒博物业管理有限公司	深圳地铁物业管理发展有限公司
深圳市投控物业管理有限公司	南京亿文物业管理有限责任公司
长江三峡实业有限公司	武汉丽岛物业管理有限公司
上海航天实业有限公司	新汶矿业集团泰兴物业有限责任公司
四川二滩实业发展有限责任公司	上海海鸿福船物业管理有限公司

2019 学校物业服务领先企业　　表 5

企业名称	企业名称
苏州市东吴物业管理有限公司	上海生乐物业管理有限公司
重庆新大正物业集团股份有限公司	安徽新亚物业管理发展有限公司
浙江浙大新宇物业集团有限公司	安徽省长城物业管理有限公司
山东明德物业管理集团有限公司	珠海葆力物业管理有限公司
重庆新鸥鹏物业管理（集团）有限公司	江苏环宇物业服务有限公司
广州市庆德物业管理有限公司	湖南保利天创物业发展有限公司
江苏银河物业管理有限公司	广州广电城市服务集团股份有限公司
广东宏德科技物业有限公司	深圳市特科物业发展有限公司
广州市开物物业管理有限公司	重庆助友创美物业管理有限公司
合肥阡陌物业服务有限公司	浙江浙大求是物业管理有限公司

2019 医院物业服务领先企业　　表 6

企业名称
爱玛客服务产业（中国）有限公司
深圳市明喆物业管理有限公司
上海吉晨卫生后勤服务管理有限公司
上海益中亘泰（集团）股份有限公司
上海复医天健医疗服务产业股份有限公司
北京国天健宇物业管理发展有限公司
合肥美而特物业服务有限公司
安徽创源物业管理有限公司
北京斯马特物业管理有限公司
山东大正物业服务有限公司

2019 公众场馆物业服务领先企业 表 7

企业名称
重庆新大正物业集团股份有限公司
上海复欣物业管理发展有限公司
中土物业管理集团有限公司
上海浦江物业有限公司
上海明华物业管理有限公司
保利物业发展股份有限公司
福建冠深集团有限公司
北京天鸿宝地物业管理经营有限公司
广东美的物业管理股份有限公司
合肥居安物业管理有限公司

2019 商业物业服务领先企业 表 8

企业名称
华润物业科技服务有限公司
鑫苑科技服务集团有限公司
河北恒辉物业服务集团有限公司
南京金鹰物业资产管理有限公司
富力物业服务集团
上海高地物业管理有限公司
江苏银河物业管理有限公司
中信泰富（上海）物业管理有限公司
国贸物业酒店管理有限公司
弘生活物业服务管理有限公司

2019 物业服务市场化运营领先企业 表 9

企业名称
长城物业集团股份有限公司
中奥到家集团有限公司
南都物业服务集团股份有限公司
浙江开元物业管理股份有限公司
河南圆方物业管理有限公司
成都嘉诚新悦物业管理集团有限公司
深圳市之平物业发展有限公司
四川悦华置地物业管理有限公司
万怡物业服务有限公司
苏州华新国际物业管理有限公司

2019 物业服务成长性领先企业　　表 10

企业名称
新城悦服务集团有限公司
重庆华宇第一太平戴维斯物业服务集团有限公司
新力物业集团有限公司
上海中建东孚物业管理有限公司
南京朗诗物业管理有限公司
成都合能物业管理有限公司
河南新和昌物业服务有限公司
山东蓝盾物业服务集团有限公司
云南实力物业服务股份有限公司
河南浩创物业服务有限公司

五、测评分析

（一）企业区域分析

本次研究甄选出在经营情况、管理规模、服务质量等多方面表现突出的 500 家物业服务企业，从区域分布①情况看，华东区域 500 强企业 188 家，占比 37.6%，分布数量最多；其次华南区域，企业数量 100 家，占比 20.0%；华北区域，企业数量 77 家，占比 15.4%；华中和西南区域 500 强企业分别为 57 家和 47 家，分别占比 11.4% 和 9.4%；此外，东北区域和西北区域 500 强企业分别为 16 家和 15 家，分别占比 3.2% 和 3.0%（图 7）。

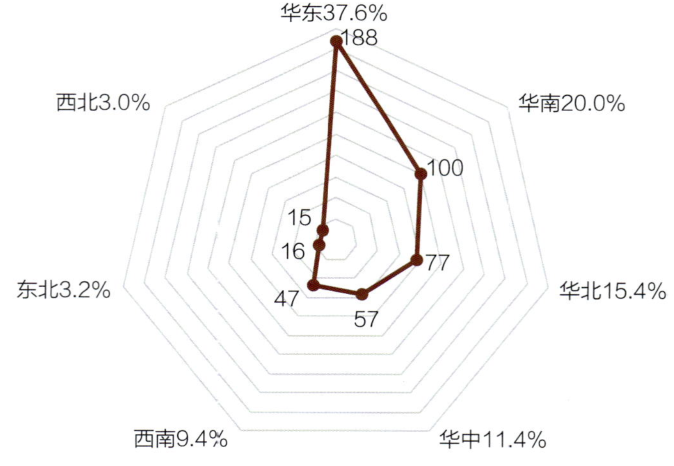

图 7　2018 年 500 强企业区域分布

① 华东地区包括山东、江苏、安徽、浙江、福建、上海；华南地区包括广东、广西、海南；华中地区包括湖北、湖南、河南、江西；华北地区包括北京、天津、河北、山西；西北地区包括宁夏、新疆、陕西、甘肃；西南地区包括四川、云南、贵州、重庆；东北地区包括辽宁、黑龙江、吉林。

从 500 强企业省份分布情况看，超八成的企业集中在广东省、北京市、上海市、安徽省、江苏省等 12 个省市。其中，处于广东省的企业最多，共 94 家，占 18.8%；北京和上海分别为 57 家和 55 家，占比 11.4% 和 11.0%；安徽省和江苏省企业分别为 43 家和 29 家，分别占比 8.6% 和 5.8%；湖南省、四川省企业分别为 27 家和 25 家，占比 5.4% 和 5.0%。此外，浙江省、山东省、福建省、河南省和重庆市 500 强企业分别为 23 家、20 家、18 家、15 家和 14 家（图 8）。

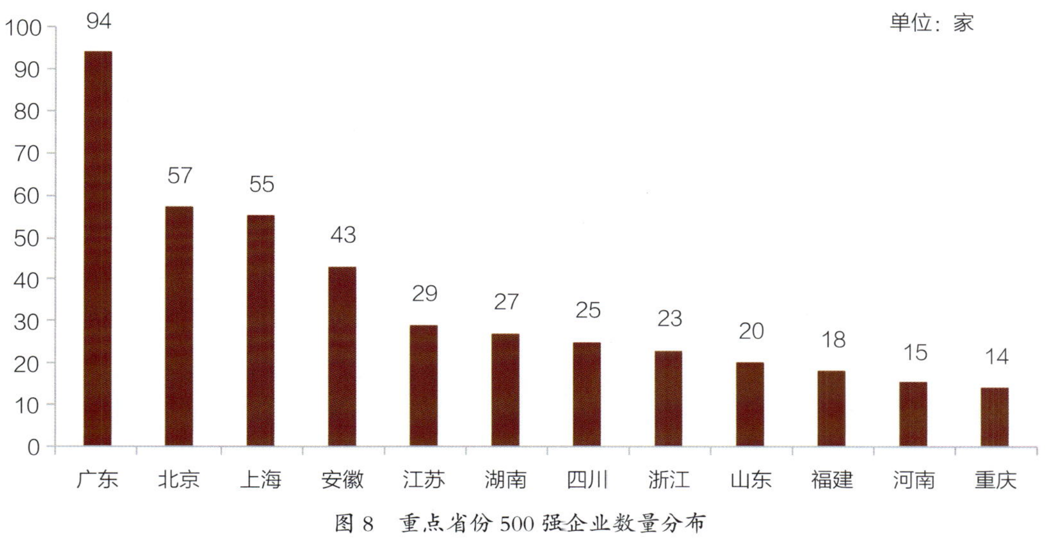

图 8　重点省份 500 强企业数量分布

此外，500 强企业主要集中在重点城市分布，其中深圳和广州分别为 64 家和 25 家，占广东省 500 强企业的 94.7%；合肥 35 家，占安徽省 500 强企业的 81.4%；长沙 24 家，占湖南省 500 强企业的 88.9%；成都 22 家，占四川省 500 强企业的 88.0%；此外，杭州、郑州和重庆均为 14 家（图 9）。

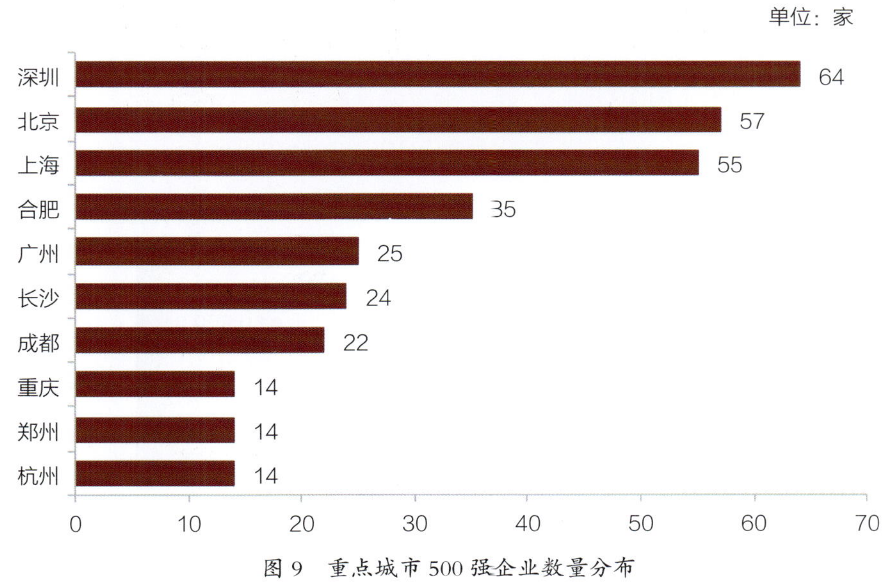

图 9　重点城市 500 强企业数量分布

受物业服务企业发展历史、区域经济等因素的影响，目前我国 500 强企业区域分布差异明显，呈现东南强，西北弱的格局。此外，500 强企业呈现区域聚集的趋势，重点城市集聚众多优秀物业服务企业，将有助于区域物业服务企业合作与资源共享，共同促进区域物业管理的提升，助力服务居民美好生活。

（二）管理规模分析

1. 管理面积超百亿平方米，市场集中度提升

得益于政策的支持、关联房地产公司的支持、企业市场化拓展能力的增强及资本市场的助推，500 强物业服务企业积极推进全国化布局，管理半径不断拓宽，管理规模快速提升。2018 年 500 强企业管理项目 70403 个，管理面积 118.87 亿平方米，平均管理项目 141 个，平均管理面积 2377.35 万平方米，单个项目贡献面积约 16.88 万平方米，占 2018 年物业管理行业管理总面积的 42.56%，市场集中率进一步提升（表 11）。

2018 年 500 强企业核心指标 表 11

核心指标	数　值
项目总数（个）	70403
平均管理项目（个）	141
面积（亿平方米）	118.87
平均管理面积（万平方米）	2377.35
单个项目贡献面积	16.88

500 强企业分化加剧，行业呈现强者恒强的态势，头部企业优势积累，管理面积不断拓展， 其中百强企业管理项目数 41514 个，管理面积总值达 80.08 亿平方米，在 2017 年（59.81 亿平方米）量级的基础上仍增加 33.89%。2018 年百强企业的管理面积为 2010 年的 7.54 倍，年均复合增长率分别达到 28.73%，企业的管理面积呈现稳定增长。同时，2018 年百强企业管理项目和管理面积占 500 强企业管理面积比例分别为 58.97% 和 67.37%，聚集了 500 强企业过半的管理项目和管理面积。此外，百强企业市场份额进一步提高至 28.67%，较 2017 年增长 4.42 个百分点，头部物业服务企业的管理规模市场份额不断扩大，行业管理规模集中度处于加速提升的阶段（图 10）。

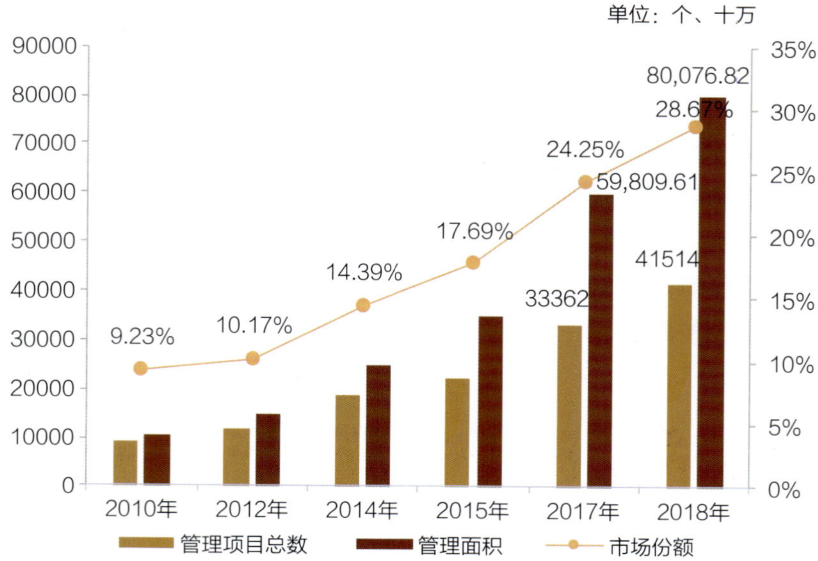

图 10　2010 ～ 2018 年度百强企业管理规模及市场份额变化情况

500强企业积极拓展管理面积，在管面积稳步增长，同时，企业居安思危，着眼于未来，企业加大项目储备，储备面积不断增加，为未来稳定、持续的在管面积的供应增加了确定性。2018 年，碧桂园服务、绿城服务和新城悦服务储备面积分别为 3.24 亿平方米、1.92 亿平方米和 6931.2 万平方米，同比增速 56.47%、28.07% 和 119.82%，分别为在管面积的 1.78 倍、1.13 倍和 1.63 倍；此外永升生活服务储备面积增速最快，达到 267.48%。储备面积不久后将会转化为产生收益的在管面积，企业管理规模未来的增长空间不容小觑（图 11）。

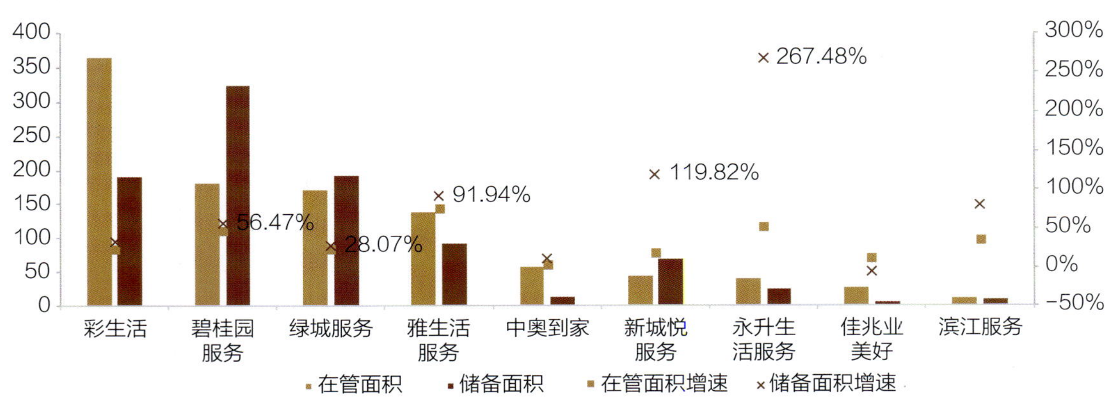

图 11　2018 年部分物业服务企业在管面积、储备面积及其增速分布

2. 大物业拓宽服务领域，企业业态多元拓展

在住宅领域建立了优势的头部企业，如绿城服务、保利物业、金科服务等希望将优势从住宅业态广泛延伸，纷纷在物业管理细分业态上布局，而大量的非地产关联型企业在激烈的竞争中，也选择了走向住宅之外的更多细分业态。当前，住宅物业是物业服务企业主要的布局业态，500 强 95.6% 的企业布局了该业态，包括恒大金碧物业、时代物业、康景物业、华侨城物业在该领域着力发展；此外，布局办公物业和商业物业的企业数量占比分别为 93% 和 74%，业态布局也较为广泛，中航物业、金融街物业、公诚设备资产服务、诚信行、网信物业等在写字楼物业领域具有领先优势；学校物业、产业园区物业、场馆物业、医院物业和其他物业分别占比 62.8%、54.4%、47.2%、41.6% 和 48.8%。东吴物业、幸福基业、新大正物业、爱玛客等分别成为各专业细分业态领先企业（图 12）。

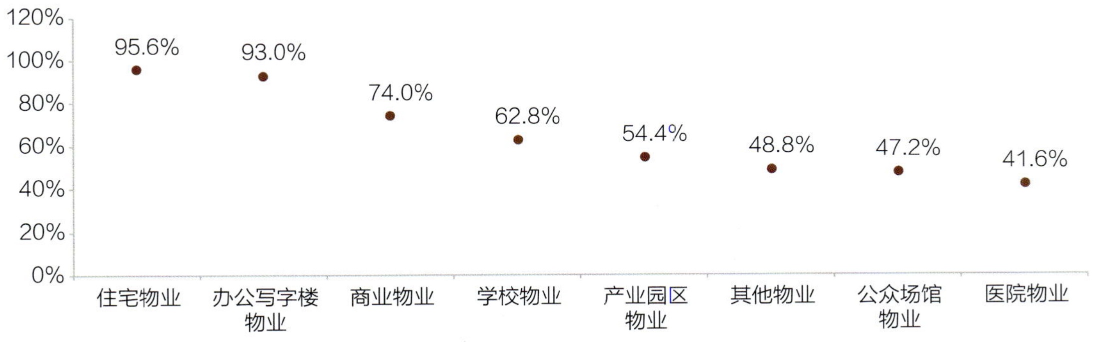

图 12　2018 年 500 强企业布局各业态的企业数量占比分布

物业服务企业的管理业态全面拓展，发展势头强劲。2018 年 500 强企业住宅物业管理项目 34218 个，管理面积 75.46 亿平方米，占比 63.48%，处于物业管理业态的主导地位；办公写字楼物业、产业园区物业、商业物业三者的管理面积占比之和超过 20%，为细分业态领域布局较为广泛的业态，其中办公物业管理项

目 16128 个，管理面积 10.98 亿平方米，占比 9.24%；产业园区物业管理项目 3278 个，管理面积 7.39 亿平方米，占比 6.21%；商业物业管理项目 6095 个，管理面积 6.94 亿平方米，占比 5.84%；学校物业布局亦较为广泛，管理项目 4645 个，管理面积 6.29 亿平方米，占比 5.30%；医院物业、公众场馆物业目前的布局较少，医院物业管理项目数 2192 个，管理面积 2.04 亿平方米，公众场馆物业管理项目 1384 个，管理面积 1.79 亿平方米，管理面积分别占比 1.72% 和 1.50%；此外，另有其他物业管理项目 2568 个，管理面积 7.98 亿平方米，占比 6.71%（图 13、图 14）。

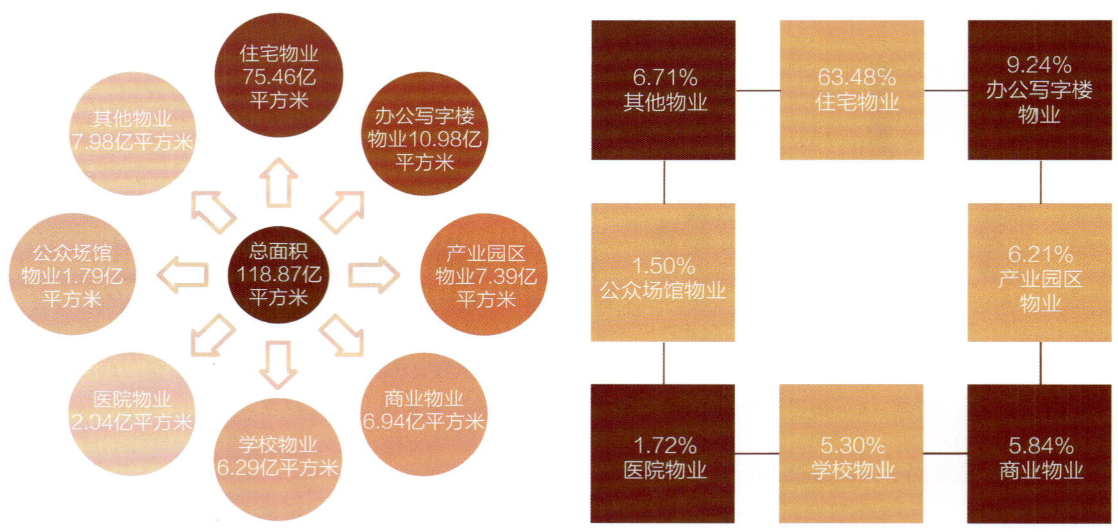

图 13　2018 年 500 强企业分业态管理面积分布情况　图 14　2018 年 500 强企业分业态管理面积占比分布情况

从单个项目的贡献面积上看，2018 年 500 强企业单项目贡献面积 16.88 万平方米。其中产业园区物业、住宅物业单项目贡献面积均超过 500 强企业单项目平均贡献面积，分别为 22.53 万平方米和 22.05 万平方米；学校物业、公众场馆物业、商业物业、医院物业和办公写字楼物业单项目管理面积较单项目平均贡献面积略低，分别为 13.55 万平方米、12.91 万平方米、11.38 万平方米、9.33 万平方米和 6.81 万平方米（图 15）。

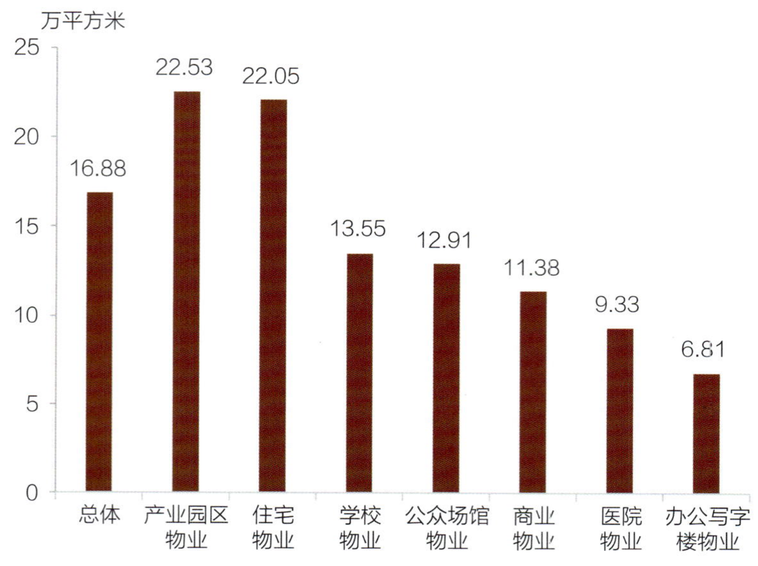

图 15　2018 年 500 强企业各业态单项目贡献面积分布

3. 业务布局广泛，亦重点布局加强城市深耕

从城市分布上看，2018 年 500 强企业在一线城市的管理面积为 15.13 亿平方米，占比 12.73%；二线城市管理面积 52.35 亿平方米，占比 44.04%；三四线城市管理面积 50.05 亿平方米，占比 42.11%；海外管理面积 13.30 亿平方米，占比 1.12%。500 强企业在四个一线城市（北京、上海、广州和深圳）中的管理面积占比较为集中，并在二线和三四线城市布局广泛。同时，500 强亦加强对重点城市的深耕，2018 年 500 强在重庆市的管理面积最大，达到 4.97 亿平方米，此外，500 强在上海、长沙、广州的管理面积亿超过 4 亿平方米，分别为 4.21 亿平方米、4.20 亿平方米和 4.09 亿平方米（图 16、图 17）。

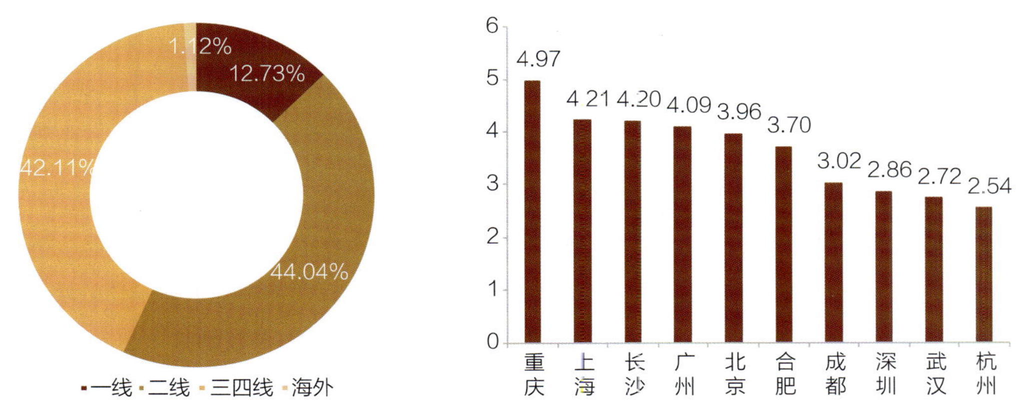

图 16 2018 年 500 强企业管理面积城市占比分布　图 17 2018 年 500 强企业在重点城市布局的管理面积

（三）经营绩效分析

1. 营业收入近 3000 亿元，企业创收能力强劲

凭借关联房地产企业的助力、自身优秀的市场拓展能力、企业的兼并收购以及平台输出等多种方式，500 强物业服务企业持续拓展管理规模，促进基础物业服务的增加，同时这也为多种经营业务的开展提供了的沃土，企业多元化业务全面发力，共同带动营收的强势增长。2018 年 500 强企业营业收入 2831.76 亿元，占物业管理行业营业总收入的 31.23%，头部物业服务企业创收能力强劲，极大提升物业服务企业在市场化竞争环境下的可持续发展能力（图 18）。

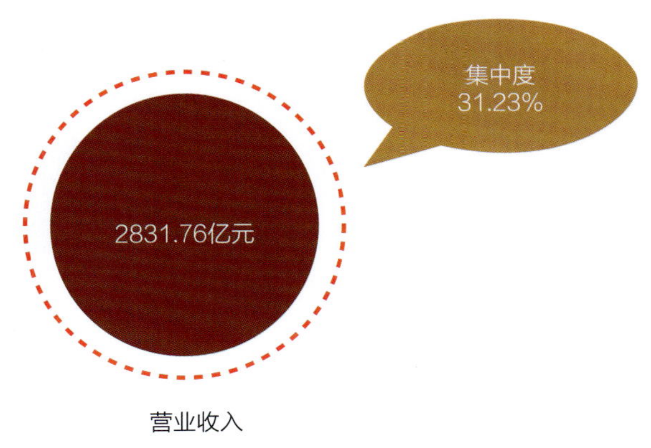

图 18 2018 年 500 强企业营业收入集中度

500 强企业的分化亦有加剧。2018 年百强企业营业收入 1781.85 亿元，同比增长 41.92%，增长态势依旧强劲。2018 年百强企业营业收入占 500 强企业营业收入比例 62.92%，百强企业营业收入占行业经营总收

入比重达到 19.65%，较 2017 年（16.24%）提升 3.41 个百分点（图 19、图 20）。

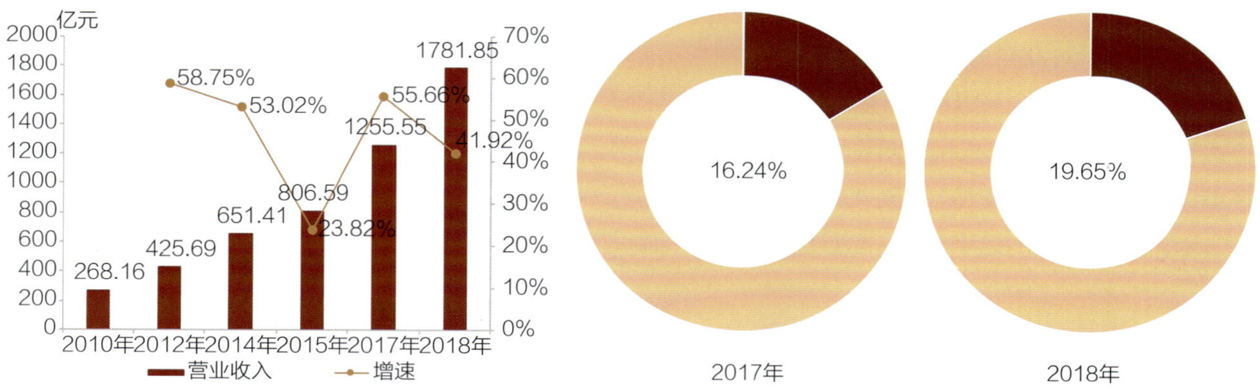

图 19　2010～2018 年百强企业营业收入及变化情况　　图 20　2017～2018 年百强企业营业收入行业市场占有率

2. 基础物业服务为本，多种经营发展向好

2018 年，500 强企业物业费收入 2257.33 亿元，占营业总收入的 79.71%，担负着企业创收的主力；500 强企业在提供优质基础服务的同时，也通过深入挖掘客户的需求，为客户提供多元化的增值服务，有效盘活基础物业的存量市场，并为企业的发展带来新的增长空间，年内，多种经营收入达到 574.43 亿元，占比 20.39%，具备进一步提升的潜力（图 21）。

其中，基础物业服务收入方面，2018 年 500 强企业住宅类物业收入占基础物业费总收入的比重最大，达 47.62%；办公写字楼物业费收入占比 22.03%；商业物业、产业园区物业、学校物业、医院物业、其他物业费收入和公众场馆物业费收入占比分别为 7.53%、5.56%、4.96%、4.92%、 5.44% 和 1.95%（图 22）。

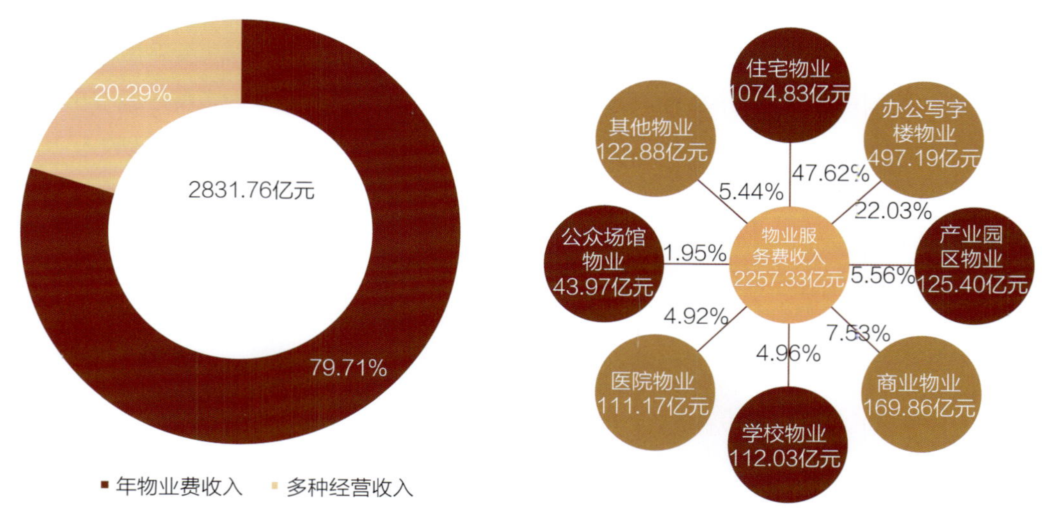

图 21　2018 年 500 强企业营业收入构成　　图 22　2018 年 500 强企业不同业态物业费收入及占比分布

在多种经营收入方面，2018 年 500 强企业中有 256 家企业开展了社区服务，社区服务收入 189.06 亿元，均值 0.74[①] 亿元，占多种经营收入的比重达到 32.91%。其中社区电商服务收入和社区房屋经纪收入是 500 强企业社区服务收入的主要内容，分别为 33.11 亿元和 40.40 亿元，分别占比 5.76% 和 7.03%；社区家政服务收入、社区养老服务收入和社区其他服务收入分别占比 2.58%、0.86% 和 16.68%。同时，部分 500 强企

① 500 强企业中有 256 家企业有社区服务收入，计算公式为 189.06/256=0.74。

业凭借丰富的管理经验、先进的管理模式、手段和管理技术，输出顾问咨询服务，收入达 74.20 亿元，占多种经营收入的比重为 12.92%。此外，500 强企业整合内外部优质资源，发挥自身专业领域和特色布局开展其他多元化服务，其他业务收入 311.18 亿元，占多种经营收入的比重为 54.17%（图 23）。

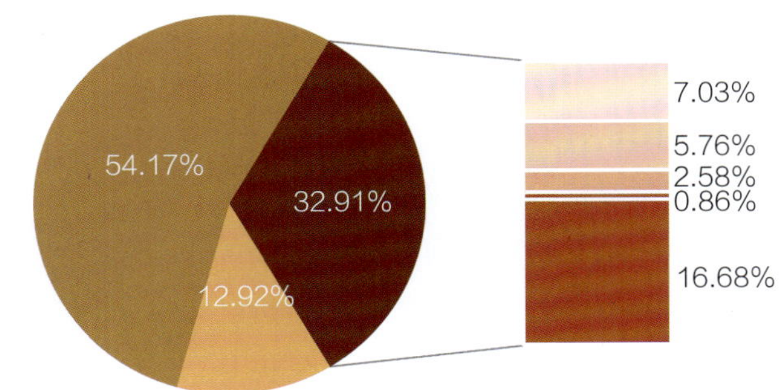

图 23　2018 年 500 强企业多种经营服务收入构成情况

3. 头部企业盈利能力凸显，多种经营净利润占比近三成

近年来，物业管理行业面临着人力成本及各项费用的快速提升，而物业费难以上涨的压力， 物业服务企业积极调整经营及管理策略，借助大数据、智能化等高新技术，不断优化管理流程，提高管理效率，降本增效，并在激烈的竞争环境中，不断深入挖掘业主需求和探求自身发展优势，推出各种增值服务，不断寻求企业新的盈利增长点。

随着企业管理规模快速增大，企业规模效应得到体现，且智能化、自动化管理的改善规范了企业管理流程，提升企业的营运效率，物业服务企业盈利能力不断提升。2018 年，500 强企业净利润总值 226.22 亿元，平均净利润 4524.33 万元，净利润率 7.99%。从盈利结构上看，500 强企业基础物业服务净利润为 158.42 亿元，占总净利润比重为 70.03%；多种经营服务净利润 67.80 亿元，占比 29.97%。500 强企业盈利模式仍以基础服务为主，多种经营服务为辅，且多种经营服务盈利能力较为显著（图 24）。

对比净利润和营收结构，2018 年，500 强物业服务收入在营业收入中占比 79.71%，物业服务净利润占比 70.03%；多种经营服务在营业收入中占比 20.29%，创造了 29.97% 的净利润，营业收入占比较少的多种经营服务净利润贡献能力更强（图 25）。

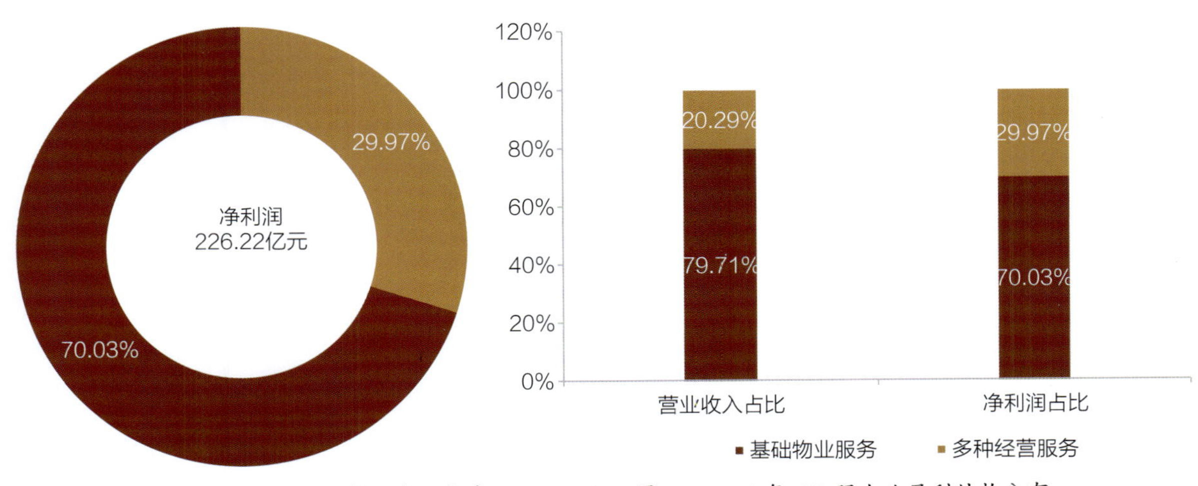

图 24　2018 年 500 强企业盈利结构及占比分布

图 25　2018 年 500 强企业盈利结构分布

500强企业净利润差异化较为明显，其中，2018年，百强企业净利润总值160.27亿元，相比2017年增长49.68%，增长显著，百强企业净利润集中了500强企业70.85%的净利润，头部企业的盈利能力较强。百强企业净利润率8.99%，同比微增0.47个百分点。总体上看，百强企业盈利能力方面仍保持上升态势，预计未来企业的盈利能力仍有较强的可持续性（图26）。

此外，物业管理行业属净资产收益率较高的行业，净利润均值得到进一步的提升，物业服务上市企业盈利能力向好发展，物业服务上市公司增收不增利的情况得到一定程度的扭转。2018年，14家上市物业服务企业净利润均值2.75亿元，同比增长62.26%。其中，碧桂园服务最会“赚钱”，年内净利润在上市物业服务企业中最高，达9.34亿元（图27）。

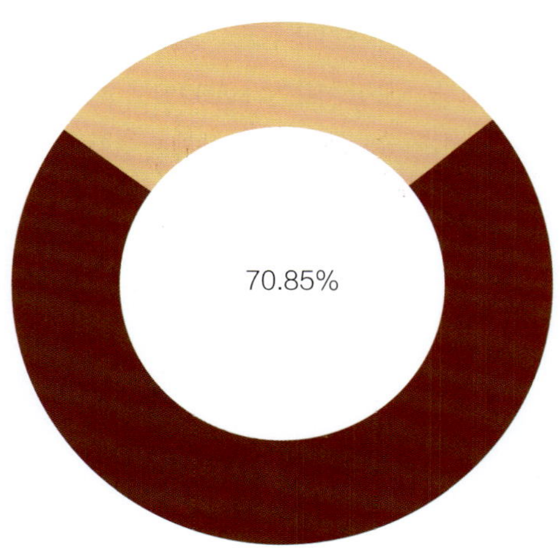

图26 2018年百强净利润在500强企业净利润总值中所占比重

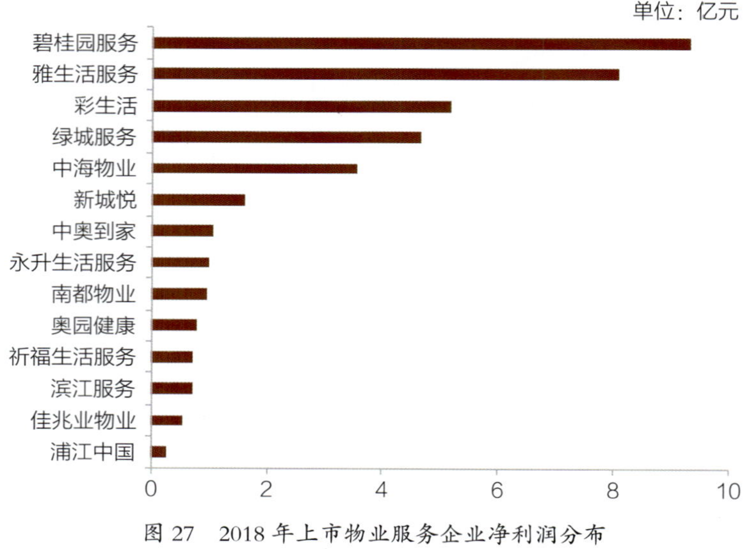

图27 2018年上市物业服务企业净利润分布

4. 营业成本

（1）营业成本人力成本占比过半

2018年500强企业营业成本总值达到1452.08亿元，营业成本率51.28%。从成本构成上看，人力成本仍是企业营业成本的主要部分。2018年，500强企业人员费用达到760.23亿元，占营业成本总值达52.35%，作为劳动密集型的行业，超半数的成本为人力成本；物业共用部分共用设施设备日常运行和维护费用、清洁卫生费、秩序维护费等三项在营业成本构成中亦占据较大的比重，占营业总成本的比例达到为25.16%，分别占比9.74%、8.78%和6.63%。此外绿化养护费和办公费用占比较小，分别为2.62%和3.01%（图28）。

（2）项目外包降低人工成本，企业运营效率提升

适度增加项目外包，可有效降低企业的刚性成本。物业服务企业可以将技术含量低而劳动密集的部分非核心业务寻求更专业的外包公司进行管理。目前，物业服务企业的外包业务以设备维修养护、秩序维护、保洁、绿化四项基础物业服务为主，物业服务向专业化、精细化方向发展。2018年，500强企业中有389家物业

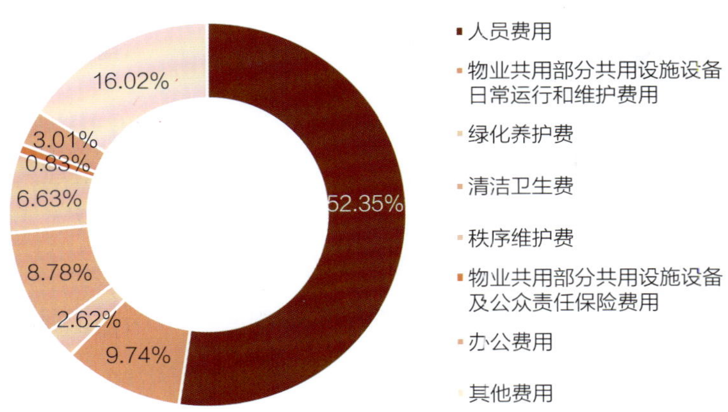

图 28　2018 年 500 强企业营业成本构成占比分布

服务企业将部分基础业务交由专业外包企业管理，外包项目数 77263 个，项目业务外包比重[①]为 109.74%。从企业外包项目的分布看，保洁业务项目外包在总外包项目中占比最高，占比 33.07%；设备维修养护业务外包占比 25.92%；绿化业务和秩序维护业务分别占比 22.73% 和 18.28%（图 29）。

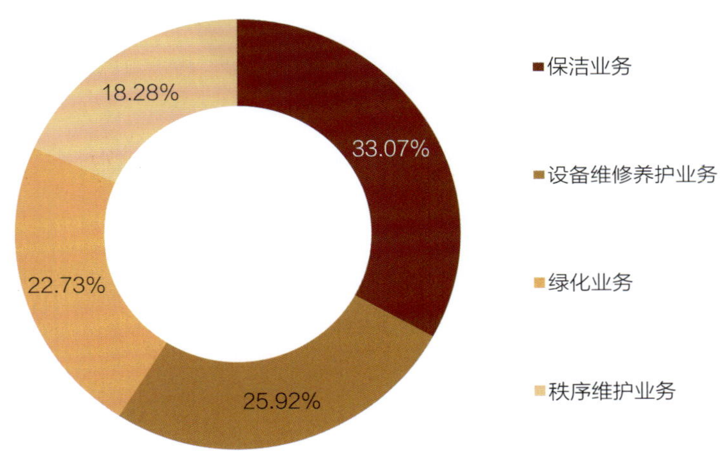

图 29　2018 年 500 强企业项目外包占比分布

（3）物业服务企业优势积累，人均效率不断提高

在物业费上涨缓慢的前提下，人力成本、管理费用等费用的不断上升致使物业服务企业总成本不断攀升，给企业的发展带来巨大的压力和挑战。企业不断优化服务流程，推进管理标准化， 并借助大数据、智能化等高新技术，实现基础设施的自动化，智能化，提升企业的管理效率，有效降低企业的成本，服务效率得到显著提升，提高了人均效率和人均产出。

2018 年 500 强企业人均管理面积和人均产出分别为 5342.85 平方米和 12.73 万元，企业人均管理面积和人均产出均得到显著的增加。一方面是物业管理项目的单盘大体量化，更便于物业服务的统一管理和统一服务，管理半径更广，人均效能更高。另一方面，物业服务企业通过信息化、智能化、自动化和集约化的管理，企业的管理效率和运营效率得到有效的提升，头部物业服务企业几乎都拥有或正在开发自己的信息化平台（图 30）。

图 30　2018 年 500 强企业人均管理面积和人均产出

① 项目业务外包比重＝各项外包业务项目数 / 管理物业项目总数，存在一个项目中有多项业务外包的情况。

（四）从业人员分析

1. 提供就业岗位超两百万，劳动密集特征显著

2018 年，500 强企业从业人员总数达 222.48 万人，行业劳动密集度仍较高。从人员岗位的分布上看，经营管理人员 30.44 万人，占从业人员总数的 13.68%；其中企业高层管理人员占 4.33%，管理处主任（项目经理）占 20.81%，管理员（主管）占 74.85%，500 强企业不断优化人才队伍，逐步呈现金字塔形，结构合理。操作人员 192.04 万人，占从业人员总数的 86.32%；其中秩序维护人员占 35.62%，数量最多；清洁工次之，占比 27.76%；此外工程维修工、绿化工及其他工种分别占比 12.84%、4.51% 和 19.26%（图 31）。

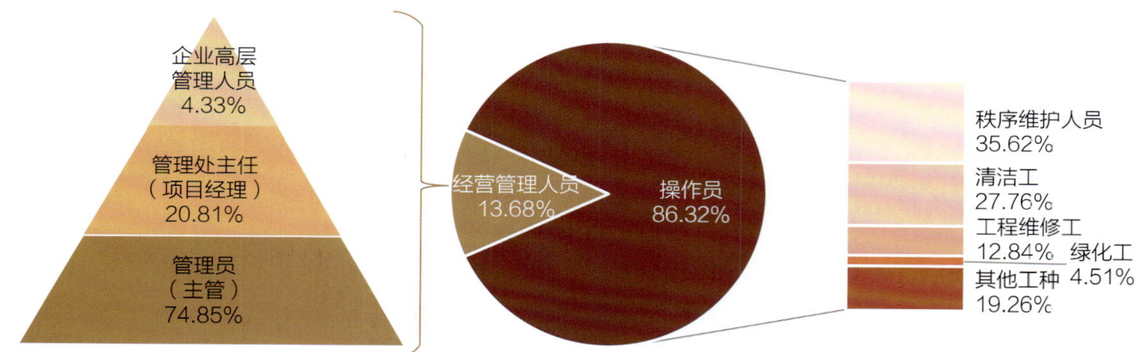

图 31　2018 年 500 强企业从业人员岗位构成情况

2. 学历结构差异较大，高素质人才有望扩大

近几年，物业管理行业从业人员的学历水平有所提升，但高素质人才仍较为匮乏。2018 年，500 强企业从业人员学历构成中，高学历从业人员相对较少，本科生、硕士研究生、博士研究生三者占比总和仍不足十成，分别占比 7.36%、0.24% 和 0.01%。高中以下占比较大，达到 57.76%；中专生、大专生次之，占比分别 19.26%、15.38%。随着行业的发展，特别是各项高新技术的应用，促使企业对人才结构的优化和调整，并强化自身，吸引更多的人才的入驻，促进企业合理的人才资源配置，增强企业的核心竞争力（图 32）。

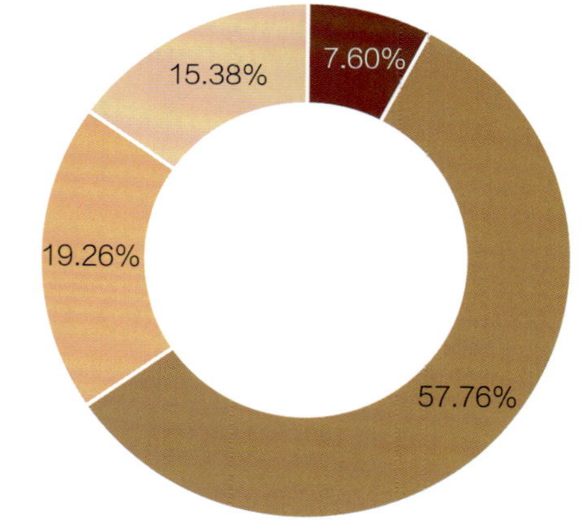

图 32　2018 年 500 强企业从业人员学历构成情况

3. 基础服务外包人员增加，企业人员结构得以优化

适当的业务外包，可以有效地降低物业服务企业成本，并有利于向业主提供专业化、精细化程度更高的服务，并提高物业服务的质量，增加业主的满意度和黏性。近些年，物业服务企业通过外包，在一定程度上优化员工的构成，提高企业人员的优化。2018 年，百强企业外包人数为 88.61 万人，占一线员工[①]总人数的 31.57%。分岗位来看，保洁业务外包项目人员投入占比最高，达到 53.74%，秩序维护业务、设备维护养护业务及绿化业务外包人员投入分别占比 28.09%、9.11% 和 9.06%。基础物业服务的外包，将推动企业人员结构的优化和调整（图 33、图 34）。

① 一线员工=企业操作人员+外包人员数

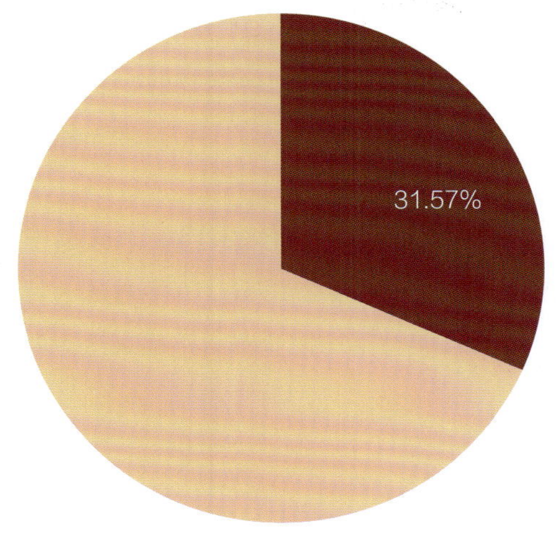

图 33　2018 年 500 强企业外包人员占一线人员比重

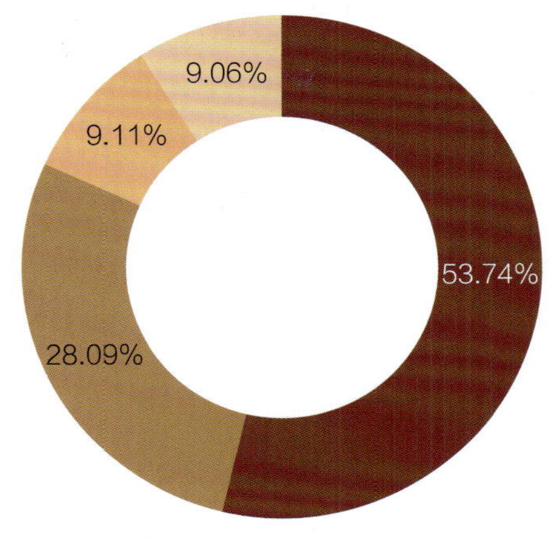

图 34　2018 年 500 强企业外包人员比重分布

（五）服务质量分析

1. 专注精益求精，业主满意度保持高位

2018 年，99.6% 的 500 强企业开展了业主满意度调查，调研内容主要包括客户服务、秩序维护服务、保洁服务、维修服务、绿化养护服务、便民服务、企业品牌、文化活动等基本服务指标，另外也包括配餐服务、特约服务、会务服务等专业服务，业主满意度均值①达 91.36，业主满意度持续保持高位（图 35）。

部分物业服务企业内外兼修提升服务质量，持续探索主动服务模式，定期或不定期委托专业第三方公司深入开展市场调研以及时了解客户需求，并及时获取社区居民的对管理服务的意见和反馈，并开展深入的专业调研，挖掘客户潜在需求，提前布局，为业主提供超越客户期望的服务和产品，营造幸福美好社区生活。

然而，当前满意度尚没有行业标准，未来中国物业管理协会将会引导标准统一，致力于整体服务质量提升和标准化建立。

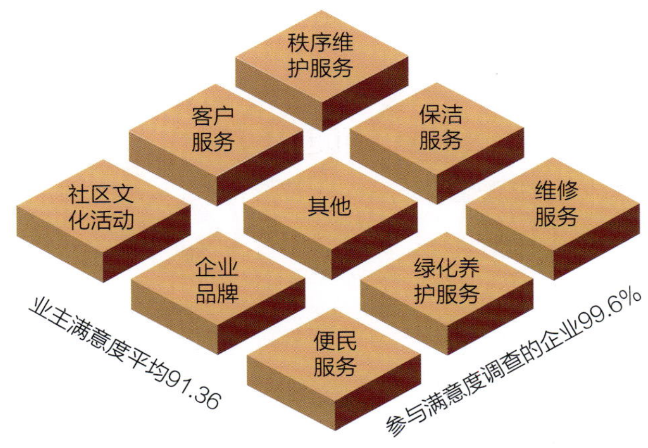

图 35　500 强企业业主满意度调查情况

2. 物业费水平各异，品质进阶收缴率提升

2018 年，500 强企业物业费平均水平②为 3.08 元 /（平方米 • 月）。分业态来看，商业物业和医院物业

① 由于各地企业满意度测评的口径和方法略有差异，结果仅供参考。

② 物业费平均水平为各业态平均值。

费水平较高，均为 6.19 元 /（平方米·月）；其次是办公写字楼物业费水平，为 5.94 元 /（平方米·月）；住宅物业费水平最低，为 2.10 元 /（平方米·月）。此外，公众场馆物业、产业园区物业、学校物业、其他物业费水平分别为 3.73 元 /（平方米·月）、3.41 元 /（平方米·月）、2.83 元 /（平方米·月）和 3.21 元 /（平方米·月）。

分城市等级来看，2018 年，一线城市的平均物业费水平为 4.84 元 /（平方米·月），远高于二线城市平均物业费水平 2.94 元 /（平方米·月）以及三四线城市平均物业费水平 2.42 元 /（平方米·月）。一线城市各业态平均物业费水平远高于二线及三四线城市，二线城市各业态平均物业费水平略高于三四线城市（图 36）。

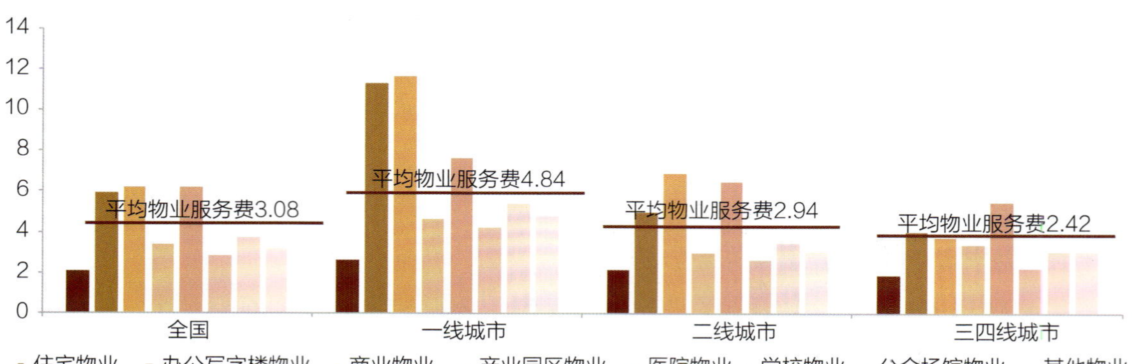

图 36　2018 年 500 强企业全国及不同城市级别平均物业服务费水平分布

物业服务企业重视客户的服务体验，深入挖掘客户需求，企业的管理水平和服务内容持续提升和改进，赢得客户信任度和依赖。高质量的物业服务在提高业主满意度的同时，亦提高了物业费的收缴率。2018 年，500 强企业物业费平均收缴率为 94.64%。分业态来看，住宅物业平均收缴率为 91.22%，医院物业、学校物业、办公写字楼物业、产业园区物业、公众场馆物业和其他物业平均收缴率均超过 97.00%，其中医院物业平均收缴率最高，达到 99.42%，学校物业 99.25%。此外，商业物业平均收缴率为 94.01%（图 37）。

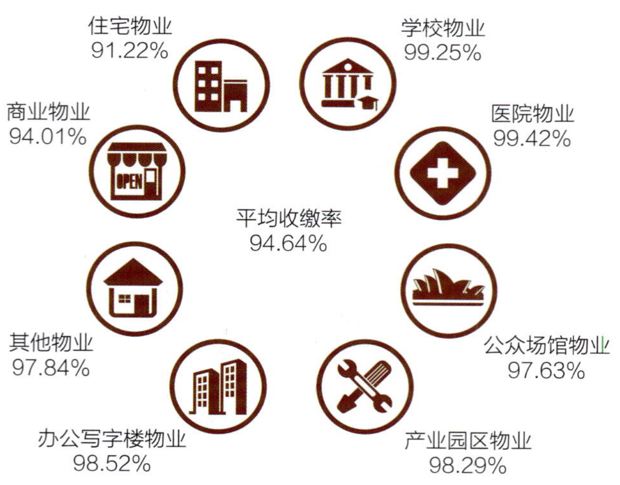

图 37　不同物业类型物业收缴率

总的来看，年内物业服务服务企业物业管理水平稳中有升、服务内容持续改进，优秀的物业服务企业以优质的服务赢得顾客长期、稳定的信任和满意，业主满意度、物业费收缴率均得到较大的提升。

（六）社会责任分析

近几年，在党和政府的支持下，物业服务企业紧跟时代步伐，充分发挥物业服务企业的服务力量，努力搭建物业、社区、业主之间的桥梁。其中，头部企业积极发挥示范带动和引领作用，规范党的组织和制度建设，发挥党组织战斗堡垒和党员的先锋模范作用。2018 年 500 强物业服务企业中，有 408 家企业实现党组织建立和党建工作双覆盖；在过往两年内共有河南圆方物业等 11 家物业服务企业获得省级（省会城市）政府以上部门表彰。物业服务企业党建工作的开展提升了企业管理水平，促进物业服务与管理的内在动力提升，成为提升党组织领导基层治理工作水平的重要举措，并强化了企业管理，提升企业管理水平，切实提高物业服务管理水平，助力社区服务升级。

为了响应党中央、国务院关于打赢脱贫攻坚战的决定，2019 年 4 月 12 日，中国物协下发《关于开展“社区的力量”消费扶贫攻坚战专项行动的通知》，以“带一斤回家”为行动理念，通过公益宣传、社区活动、大型市集、平台运营、团购集采、县域考察等多种参与方式，号召全国物业管理行业力量以实际行动助力打赢脱贫攻坚战。5 月 26 日，在中国物协第五次会员代表大会期间，隆重召开了专项行动动员大会。6 月 15 日，在国务院扶贫办召开了专项行动推进会，社会扶贫司曲天军司长指出“消费扶贫从社区开始”，明确了专项行动的纲领。随后，“一斤市集”相继在石家庄、重庆、成都、上海、深圳、杭州等地启动。9 月 20 日，国务院扶贫办党组成员、副主任洪天云出席深圳“一斤市集”暨社区消费扶贫月启动活动，对“社区的力量”行动给予了肯定。

作为物业管理行业的中坚力量，头部 500 强物业服务企业也纷纷响应中国物业管理协会号召，在各地方协会的动员组织下，纷纷参与“社区的力量”行动中来。截至 9 月 30 日，“社区的力量”参与地方协会 43 家，参与物业服务企业超过 500 家，参与项目超过 25000 个，覆盖高净值城市家庭超 3000 万户。通过专项行动，帮贫困县域共计销售超过 100 万斤农特产品。日最高订单量为 11491 个，平均日订单超过 2000 单，来自 1198 个发货地的不同农特产品，被送到了超过 116303 个家庭。在上海成为首个突破 10 万斤的城市后，合肥市仅用时 1 个半月，成为首个突破 50 万斤的城市，组委会更与碧桂园服务集团签署了 100 万斤的购销合同。物业服务企业在共享行业发展利好的同时，亦反哺社会，积极开展精准扶贫，并发挥了突出的贡献，为企业和社会带来显著的正面效应，增强企业的品牌影响力、公信力和社会形象。

结语

近些年，房地产市场在宏观政策的调控下， 市场发展趋于理性，作为美好生活的提供者，物业管理行业整个管理体系成为行业下半场重要的参数，物业服务企业迎来了重要的发展机遇。2018 年，在政策利好、高新技术的应用、居民消费升级等多方因素影响下，行业市场竞争加剧，物业管理行业加速整合，综合实力稳步提升，特别是 2014 年首家物业服务企业的赴港上市，打开了物业服务企业登陆资本市场的大门，自此，行业迅速受到资本的支持，多方利好助推，物业管理行业进入了发展的快车道。

在管理规模方面， 2018 年物业服务企业积极外拓，管理面积稳步增长，物业服务企业管理面积分化加剧，行业呈现强者恒强的态势，头部企业优势积累；在经营绩效方面，物业服务企业以基础服务为入口，充分挖掘多元化经营服务价值，整合多方资源，丰富社区服务内容，并凭借企业资源优势和内外部资源，扩大增值服务的范围，共同带动企业整体营收的增长，并寻找新的利润增长点。通过新技术的应用和适度的项目外包，有效降低人工成本，企业运营效率提升。在从业人员方面，500强企业提供就业岗位超两百万，从业人员学历水平有望提升、人员结构持续改善。在服务质量方面，物业服务企业秉承工匠精神和诚信服务，重视物业服务质量，深入挖掘客户需求，提高基础物业服务业务的服务质量， 企业服务向精细化、标准化、人性化方向发展， 年内企业满意度和收缴率均保持高位。此外，行业加强党建引领，积极响应国家号召和发挥行业优势，积极参与和推进精准扶贫。

同时，物业管理行业的快速发展，市场竞争加剧，国内融资渠道持续收紧，物业服务企业纷纷赴港上市，同时已上市物业服务企业在资本市场表现良好，相较于关联房地产企业市盈率较高，且拥有较高的估值，物业服务企业受到了资本市场广泛关注和青睐。2018年上市物业服务企业数量达6家，与过去几年上市的物业服务企业总和相当。2019年，滨江服务、奥园健康、和泓服务、保利物业、鑫苑服务、蓝光嘉宝、新大正等陆续登陆资本市场，物业服务企业在资本市场表现活跃。在资本市场的助力下，物业服务企业通过上市融资开展收并购，加大行业的整合，为行业的快速发展增加了腾飞的双翼。

在信息化、科技化的推进下，物业管理行业向集约化、智能化、互联化转变，服务理念不断更新升级，技术引领物业管理行业在新的发展阶段探索转型和升级。物联网、云计算、移动互联网等新一代信息技术的集成运营以及5G商用元年的开启，新模式、新理念不断涌现，为物业管理行业带来新的发展契机，众多物业服务企业纷纷涉足智慧社区领域。通过人工智能、大数据及5G技术的应用，物联网、互联网平台的搭建与沟通，将有助于物业服务企业实现万物互联，打破信息孤岛，实现智能生活，为居民社区智能化助力。

展望未来，行业加速整合，集中度持续提升，优秀的物业服务企业之间相互促进，有望加大上下游业务链资源共享，共同打造美好生活联盟，加上资本市场和5G等信息技术的应用，不断提高物业服务品质，助力高品质和智能化的生活服务空间。相信物业管理行业将呈现一个规模化、增速高的蓝海市场。

专题报告

SPECIAL REPORT

物业服务企业上市公司测评报告

一、测评背景

近年来，随着我国社会不断发展和进步，经济实力获得稳步提升，在居民消费升级、城乡居民收入倍差缩小、城镇化不断推进、固定资产投资缓中趋稳的背景下，房地产投资、销售稳增，社会物业服务意识逐渐增强，加上技术的广泛应用，使得物业管理工作更加科学、规范。政策、经济、社会、技术环境的利好都为物业管理行业提供了良好发展的土壤，我国的物业管理市场迎来了快速发展的黄金期，主要表现在管理规模不断扩大，企业并购事件频频，行业集中度虽仍较低，但保持持续上升态势。物业服务企业亦不断提升物业服务质量，推动智慧物业的应用和发展，优化业务结构，并不断开展多元化业务，加大增值服务，企业盈利能力得到进一步提升，加上资本市场的改革和完善，尤其是新三板的扩容、地方股权交易中心的建立等，为物业服务企业提供了资本运作和融资平台，为企业规模性扩张及兼并收购提供了资本支持，促成行业形成快速发展的新格局。由此，一大批优秀的物业服务企业纷纷加入资本市场，物业管理行业日渐成为资本市场的新宠。

2018 年是物业管理行业与资本市场关系紧密的一年。2 月 1 日，南都物业在 A 股上市，成为物业管理行业首家 A 股 IPO 上市的企业；紧随其后，2 月 9 日，雅生活服务登陆港股市场。仅 2018 年上市物业服务企业达到 6 家，与过去几年上市企业的总和相当，物业服务企业在资本市场表现十分活跃。资本市场能够增强物业服务企业的资金实力，丰富企业的激励手段，同时板块的高估值也刺激了其房地产关联公司对物业管理板块的重视，加大了关联房企对物业管理子公司的各项支持。2019 年以来，仅 3 月，滨江服务和奥园健康两家物业服务企业相继赴港上市，截至 2019 年 4 月，A 股和港股上市的物业服务企业分别为 1 家和 13 家，总计 14 家。

此外，自 2014 年物业服务企业相继在新三板市场挂牌，截至 2019 年 4 月，新三板累计挂牌企业共 77 家，目前仍挂牌的物业服务企业为 51 家，摘牌退市企业达 26 家（且均为主动终止挂牌）。2018 年新三板物业服务企业摘牌数首次大于挂牌数，物业服务企业密集挂牌新三板的趋势发生逆转。对诸多物业服务企业来说，新三板是其资本动作的跳板，不少物业公司在新三板挂牌一段时间后选择摘牌进而转向冲击港股或 A 股。除上述物业服务企业，有不少有潜力的物业服务企业也在积极筹备运作上市，期望抓住政策红利、资本红利，以扩大融资渠道，在运营、规模等多方面综合发展，提高企业的品牌知名度和市场认可度。预计，在未来的几年内，物业管理行业的马太效应会越来越明显，上市热潮不减，群雄逐鹿，行业竞争加剧。

在此背景下，中国物业管理协会、上海易居房地产研究院中国房地产测评中心联合开展了物业服务企业上市公司测评研究工作，并由北京中物研协信息科技有限公司具体落实。本次测评在中国物业管理协会的统筹和管理下，以准确翔实的数据，科学的评价体系和公正的立场对已上市及计划上市物业服务企业的发展进行全面梳理和持续跟踪，对资本市场不同板块的物业服务企业进行分析。

整体报告主体部分分为测评分析、测评结论以及典型企业案例展示，其中测评分析：第一，主要以资本市场表现、运营规模、盈利能力、抗风险能力、成长潜力和创新能力及社会责任六大方面 17 个二级指标，对 A 股和港股上市的 14 家物业服务企业进行全面深入的分析、客观的评价，从而形成物业服务企业上市公司测评报告，并发布 2019 物业服务企业上市公司 10 强榜单。第二，主要是对挂牌新三板和未来几年计划上市的物业服务企业进行跟踪和研究，并对其核心要点进行深入分析。测评结论主要从宏观角度分析行业未来发展特点和发展趋势。案例展示则主要是对部分已上市和计划上市的优秀物业服务企业进行案例展示，以披露企业的最新进展。本测评报告力求客观、科学、全面的研究和分析上市物业服务企业的综合发展状况，分析企业各指标的表现，使得企业明确自身的优劣势。同时，作为行业中率先进入资本市场的标杆企业，优秀的上市物业服务企业也可以为计划上市的企业提供参考。此外， 研究和分析挂牌新三板及计划上市的物业服务企业的状况，进一步明确其在资本市场的发展和状况，将有助于物业管理行业加深企业与资本市场双方的相互了解。

二、测评背景

2019 物业服务企业上市公司十强 表 1

排名	企业简称	股票代码
1	绿城服务	02869.HK
2	碧桂园服务	06098.HK
3	中海物业	02669.HK
4	彩生活	01778.HK
5	雅生活服务	03319.HK
6	新城悦	01755.HK
7	永升生活服务	01995.HK
8	中奥到家	01538.HK
9	南都物业	603506.SH
10	佳兆业物业	02168.HK
10	奥园健康	03662.HK

2019 物业服务企业潜力独角兽 表 2

企业名称	企业名称
四川蓝光嘉宝服务集团股份有限公司	河南新康桥物业服务有限公司
鑫苑科技服务集团有限公司	上海景瑞物业管理有限公司
保利物业发展股份有限公司	敏捷生活集团
河南建业新生活服务有限公司	深圳市之平物业发展有限公司
金科物业服务集团有限公司	重庆华宇第一太平戴维斯物业服务集团有限公司

续表

企业名称	企业名称
诚信行物业管理集团	四川鼎晟物业服务集团有限公司
重庆天骄爱生活服务股份有限公司	长春赢时物业服务股份有限公司
世茂天成物业服务集团	云南实力物业服务有限公司
上实服务集团	南京朗诗物业管理有限公司
融信物业服务集团	

三、测评分析

（一）上市物业服务企业测评分析

1. 入榜企业分析：绿城服务荣登榜首，碧桂园服务紧随其后

本次测评对上市物业服务企业进行了客观、公正、专业和科学的测评研究，形成了 2019 物业服务企业上市公司测评研究报告。从核心测评指标来看，2018 年上市物业服务企业营业收入均值为 20.78 亿元，同比上升 45.30%；在管面积均值为 9904.3 万平方米，同比上升 28.57%；净利润均值为 2.75 亿元，同比上升 62.26%；毛利均值为 5.93 亿元，同比上升 49.33%；毛利率均值为 29.61%，相较 2017 年增加 0.17 个百分点；总资产均值为 28.31 亿元，同比上升 67.18%（表 3）。

2016 ～ 2018 年上市物业服务企业部分核心测评指标均值比较　　表 3

（单位：亿元、百万平方米）

指标	2016 年均值	2017 年均值	2018 年均值
营业收入	10.55	14.30	20.78
管理面积	–	77.03	99.04
净利润	1.11	1.70	2.75
毛利	2.86	3.97	5.93
毛利率	27.82%	29.44%	29.61%
总资产	13.39	16.93	28.31

数据来源：企业年报、CRIC、中国房地产测评中心

榜单显示，绿城服务荣登榜首，碧桂园服务和中海物业紧随其后，位列第二和第三名；彩生活、雅生活服务、新城悦分别位列第四至第六名；永升生活服务、中奥到家、南都物业分别居于第七至第九名；佳兆业物业、奥园健康并列第十名。

2018 年绿城服务营业收入最高，达到 67.10 亿元，同比增长 30.54%。从规模扩张方面看，绿城服务在市场化拓展上充分展示了其优质品牌、服务品质和综合实力，在管面积达到 1.70 亿平方米，同比增长 23.66%，同时储备面积充足，达到 1.92 亿平方米，储备面积已连续 5 年高于在管面积，为其未来持续、稳定的在管面积的增加提供了确定性。管理规模的增长成为拉动绿城服务营业收入增长的主要原因之一。绿城服务的服务品质、平台打造及业务创新方面业内领先，企业将持续优化业务模式，渐成行业标杆。

年内，碧桂园服务物业管理服务、社区增值服务、非业主增值服务三条业务线均增长迅速， 营业收入

为 46.75 亿元，同比增长 49.78%。背靠碧桂园，管理规模迅速增加，合约面积和在管面积分别同比增加 53.26% 和 47.80% 至 5.05 亿平方米和 1.82 亿平方米，位列管理规模第二名。年内，碧桂园服务毛利和毛利率较 2017 年分别提升 7.26 亿元和 4.51 个百分点至 17.62 亿元和 37.68%。此外 2018 年开始着手接管“三供一业”业务，为国有企业提供物业管理及供热业务，此部分业务将为碧桂园服务带来新的利润增长点。

中海物业 2018 年管理经营稳健，背靠中国海外发展，管理面积相较 2017 年增长 9.82% 至 1.41 亿平方米，年内，营业收入达 41.55 亿港币（约相当于人民币 36.47 亿元）①，同比增长 23.73%。除依托关联地产公司稳定的管理项目供应外，中海物业正积极开展市场化拓展，并将成立商业物业管理事业部，以垂直化管理、专业化打造商业物业品牌。年内，依托母公司高端商业资源，借助国有企业背景与良好的政商关系，积极承接各类政府、公建项目，不断拓宽管理边界，努力打造成为商业、政务楼宇第一品牌。

此外，彩生活 2018 年营业收入同比增长 121.87% 至 36.14 亿元，增长幅度最大。其中物业管理服务仍是最大的收入来源，同比增长 149% 至 31 亿元，占总收入的 84.79%，这主要受益于收购万象美，推动包干制物业管理收入同比增长 185.86% 至 26.05 亿元。截至 2018 年年底，彩生活平台服务面积高达 11.2 亿平方米，合约管理面积约 5.54 亿平方米，同比增长 27.0%，其中已经产生收益的合约面积达 3.63 亿平方米，同比增长 23.71%。

雅生活服务依托雅居乐和绿地双品牌战略，并加速第三方项目的拓展，年内在管理规模方面提升显著，合约面积和在管面积分别同比增加 82.24% 和 76.37% 至 2.30 亿平方米和 1.38 亿平方米。营业收入达到 33.77 亿元，同比增长 91.78%，其中外延增值服务拓展表现亮眼，收入较 2017 年增长 222.7% 至 14.63 亿元，收入占比及毛利占比分别由 2017 年的 25.7% 和 37.8% 大幅增长至 43.3% 和 54.1%，超过传统物业管理服务成为企业收入和毛利增长贡献最大的业务。

新城悦背靠新城发展控股，受益于新城发展控股近几年突出的销售业绩，管理规模大幅增长，同时新城悦也积极调整加强第三方项目的拓展，重点拓展未交付的新社区。上市后企业的品牌影响力和资金实力均得到进一步的加强，储备面积充足，为之后在管面积的增长提供了强有力的保证。在增值服务方面，受益于新城发展控股的快速扩张和在管规模的提升，开发商增值服务和业主增值服务均得到快速的发展。年内，新城悦营业收入达到 11.50 亿元，同比增长 32.73%。

永升生活服务与旭辉集团关系密切，受益于旭辉集团的快速增长，同时其拥有多业态管理经验和较高的品牌影响力，第三方拓展能力突出， 规模扩张明显。截至 2018 年末，业务已遍布中国 43 座城市，业务涵盖多种物业形态，包括住宅物业、办公大楼、商场、学校及政府楼宇等，合约面积约 6555.1 万平方米，其中在管面积达 4023.9 万平方米，未来永升生活服务将进一步扩大业务规模及市场份额，旨在未来 5 年将地理覆盖扩张到至少 100 个城市。增值业务方面，进一步增强非业主增值服务的多样化，为业主和住户提供社区增值服务以提升其生活体验，并实现资产的保值和增值。同时，永升生活服务进一步投资技术和智慧化运营以提升企业的服务质量及运营效率，拓宽业务并提升品牌知名度。

中奥到家、南都物业均为中国领先的独立第三方物业服务企业。其中，中奥到家一直坚守稳健发展的理念，以物业管理为核心，逐步拓展上下游业务链，重新调整业务布局，致力于成为一家全产业链小区综合服务运营商。年内，在管面积同比增长 4.30% 至 5690.7 万平方米，促使物业管理服务收益增长 4.1% 至 9.48 亿元，总收入达到 10.23 亿元，同比增长 4.65%，营业收入、管理面积均得到小幅提升。因人力成本的上升等原因，

① 按照 2018 年 12 月 31 日汇率 1 港币＝0.8777 元人民币计算，下同。

毛利及毛利率略有下降，分别下降 4.96% 和 2.79 个百分点至 2.82 亿元和 27.58%。南都物业为首家登陆 A 股的物业服务企业，较早便发现市场机会，开展市场化运营，2006 年后成为完全独立的第三方物业公司。企业在管理机制、人员与组织、管理与品牌以及常年经营积累项目资源等方面优势明显。年内，公司在“3+X”战略指引下，深耕江浙沪地区，并逐步布局国内其他重要城市群，业务范围进一步扩大，增值服务、长租公寓成为企业新的增长点。年内，企业合约面积同比增长 42.7% 至 5542.56 万平方米，并实现 10.59 亿元的营业收入，同比增长 29.18%。

佳兆业物业与佳兆业集团建立长期合作，在物业管理业务拓展方面得到佳兆业集团的强劲支持，服务业态涵盖中至高端社区及非住宅物业。在管建筑面积同比增长 11.92% 至 2686.9 万平方米。企业收入主要源于在粤港澳大湾区、长三角、环渤海经济圈、华中区及华西区所提供的服务，并在非住宅物业方面不断开拓新的业态。物业管理组合的多元化发展，拓宽了企业的服务维度和营运收入来源，为企业带来新的市场商机。年内，营业收入较 2017 年的 6.69 亿元增长 33.9% 至 8.96 亿元。

奥园健康为中国知名的物业管理服务及商业运营服务供应商，为住宅及非住宅物业提供多样化物业管理服务及为购物广场中的中高端物业及综合用途物业开发项目提供全方位商业运营服务，并于在管物业中提供如中医及医美等多元化服务。年内，主要因在管面积由 2017 年的 856.6 万平方米增长 21.78% 至 1043.2 万平方米，物业管理服务收入增加。总收入较 2017 年增长 41.9% 至 6.19 亿元。

综上，前 10 强物业服务企业在营业收入、管理规模、盈利能力和业务拓展等方面均表现强劲，资本红利凸显。

此外，从物业服务企业的发展背景上看，关联房地产公司可为物业服务企业持续提供面积， 加大企业的规模扩张，同时，地产公司的强大，亦可以加强物业服务企业的知名度、增强业主对企业的信任度和依赖度，使其物业服务企业拥有更高的品牌价值。在入榜的前十强上市物业服务企业，除南都物业和中奥到家为独立第三方公司，另外九家企业均背靠关联房地产公司，且大多数房地产公司在中国房地产行业拥有较靠前的排名，优势效应集聚，强者恒强的态势明显（表 4）。

2019 上市物业服务企业排名及其关联房地产公司 500 强排名分布　　表 4

上市企业排名	企业简称	关联房地产公司 500 强排名	关联房地产公司
1	绿城服务	24	绿城中国
2	碧桂园服务	3	碧桂园
3	中海物业	6	中国海外发展
4	彩生活	72	花样年控股
5	雅生活服务	18	雅居乐集团
		11	绿地控股集团
6	新城悦	8	新城控股
7	永升生活服务	14	旭辉控股集团
8	中奥到家	–	–
9	南都物业	–	–
10	佳兆业物业	32	佳兆业集团
10	奥园健康	29	奥园集团

（注：房地产公司 500 强排名数据来源于中国房地产业协会、上海易居房地产研究院中国房地产测评中心发布的《2019 房地产开发企业 500 强测评报告》）

2. 资本市场表现：整体被资本市场看好，市盈率处于高位

当前，14 家上市的物业服务企业在资本市场上的表现良好，相较关联房地产企业市盈率较高，且拥有较高的估值，被资本市场看好，但不同企业之间的估值分化明显。具体来看，14 家上市的物业服务企业总市值均值为 57.72 亿元，较各物业服务企业上市首日的总市值均值的 42.71 亿元，增长 35.17%，标准差为 73.06 亿元，各企业之间离散程度较大；市盈率均值为 21.15 倍，标准差为 9.67 倍，离散程度较大；每股收益均值为 0.30 元，标准差为 0.24 元。

从总市值上看，14 家上市物业服务企业呈现“冰火两重天”的态势。碧桂园服务自上市就一直保持较高的总市值，2018 年底达到了港币 311 亿（约相当于 272.96 亿人民币）的市值，同时绿城服务和雅生活服务的市值也均超过百亿元，分别达到港币 166.67 亿（约相当于 146.28 亿人民币）和港币 141.60 亿（约相当于 124.28 亿人民币），绿城服务市值较上市首日增长最大，达到 172.73%（图 1）。

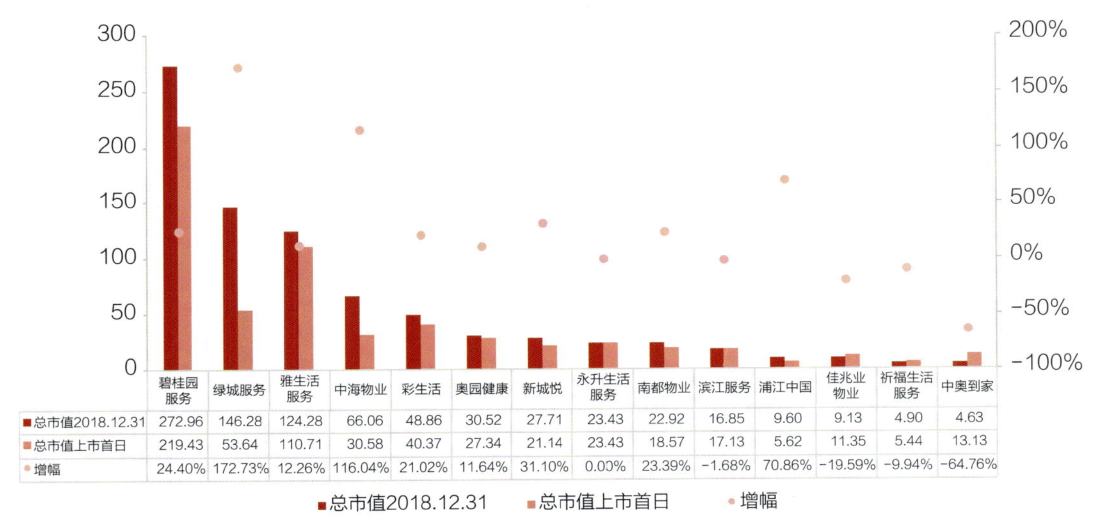

	碧桂园服务	绿城服务	雅生活服务	中海物业	彩生活	奥园健康	新城悦	永升生活服务	南都物业	滨江服务	浦江中国	佳兆业物业	祈福生活服务	中奥到家
总市值2018.12.31	272.96	146.28	124.28	66.06	48.86	30.52	27.71	23.43	22.92	16.85	9.60	9.13	4.90	4.63
总市值上市首日	219.43	53.64	110.71	30.58	40.37	27.34	21.14	23.43	18.57	17.13	5.62	11.35	5.44	13.13
增幅	24.40%	172.73%	12.26%	116.04%	21.02%	11.64%	31.10%	0.00%	23.39%	-1.68%	70.86%	-19.59%	-9.94%	-64.76%

图 1 上市物业服务企业总市值分布

数据来源：企业年报、CRIC、中国房地产测评中心

注：滨江服务和奥园健康市值数据为自其上市到 2019 年 4 月 26 日每周五市值的均值数据

企业市值水平受企业管理规模、盈利能力、成长潜力、发展模式、市场的认可度等各方面的综合影响，其中碧桂园服务净利润最高（9.34 亿元），绿城服务收入最高（67.10 亿元）、雅生活服务增长速度最快（管理面积增速 76.37%，净利润增速 170.10%），3 家从上市首日即取得较高的市值，且市值稳列前三。综合营收和盈利状况来看，市场明显偏爱成长潜力大、业绩增长明确的企业。其中一方面，管理规模扩大显得至关重要；另一方面，拥有高增长业务支撑的企业更受欢迎，规模大，业务增长良好的企业相应能够获得较高的估值。

从市盈率上看，上市物业服务企业市盈率均值为 21.15 倍，超过均值的企业占据半数，其中有房企背景的上市物业服务企业市盈率均高于其关联房企（图 2）。

从每股收益上看，作为物业 A 股市场第一股，南都物业每股收益最高，达到 0.91 元，雅生活服务、佳兆业物业、彩生活、碧桂园服务、滨江服务也均表现不凡，分别为 0.62、0.50、0.38、0.37 和 0.35 元（图 3）。

物业管理行业属于轻资产行业，拥有较为稳定的现金流，较其房企拥有更高的估值，受房地产下行风险的影响较小。

图 2　上市物业服务企业市盈率分布（2018.12.31）

数据来源：企业年报、CRIC、中国房地产测评中心

注：滨江服务和奥园健康市盈率数据为自其上市截 2019 年 4 月 26 日每周五数据的均值

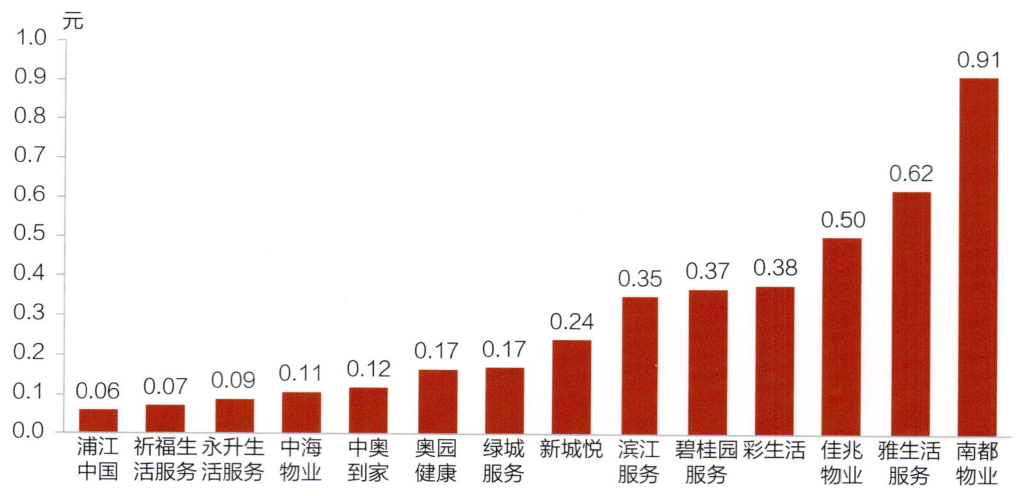

图 3　上市物业服务企业每股收益分布（2018.12.31）

数据来源：企业年报、CRIC、中国房地产测评中心

上市物业服务企业与其关联房地产公司市盈率比较　　　表 5

物业服务企业	市盈率（2018.12.31）	关联房地产公司	市盈率（2018.12.31）	物企市盈率 / 房企市盈率
绿城服务	30.22	绿城中国	11.14	2.71
奥园健康	34.93	中国奥园	4.84	7.21
碧桂园服务	29.52	碧桂园	5.22	5.65
滨江服务	24.37	滨江集团	10.18	2.40
永升生活服务	23.27	旭辉控股集团	5.22	4.46
中海物业	18.72	中国海外发展	6.56	2.85

续表

物业服务企业	市盈率（2018.12.31）	关联房地产公司	市盈率（2018.12.31）	物企市盈率 / 房企市盈率
新城悦	18.39	新城控股	5.10	3.61
佳兆业物业	16.86	佳兆业集团	4.83	3.49
雅生活服务	15.49	雅居乐集团	4.44	3.49
彩生活	10.06	花样年控股	6.24	1.61

数据来源：企业年报、CRIC、中国房地产测评中心

3. 运营规模分析：经营规模持续上升，营业能力逐渐增强

2018 年，上市物业服务企业运营规模持续增加，增速加快，管理面积、收入、总资产表现良好，市场集中度进一步加大。具体来看，在管面积均值为 9904.3 万平方米，同比上升 28.57%，标准差为 10.12 亿平方米；营业收入均值 20.78 亿元，同比上升 45.30%，标准差为 19.01 亿元；总资产均值 28.31 亿元，同比上升 67.18%，标准差为 29.18 亿元。在各项运营规模中，管理面积均值显著增加，其中，在管面积平均净增加 2202.7 万平方米，在管面积总值突破 10 亿平方米，达到 11.89 亿平方米，管理面积集中度进一步提高。营业收入均值和总资产均值均表出显著的增长，较 2017 年同比分别提升 9.73 和 40.75 个百分点。从离散程度上看，这三项指标的离散程度都很大，说明物业服务企业上市公司之间管理面积、营业收入和总资产均存在着明显的差异性（图 4、图 5）。

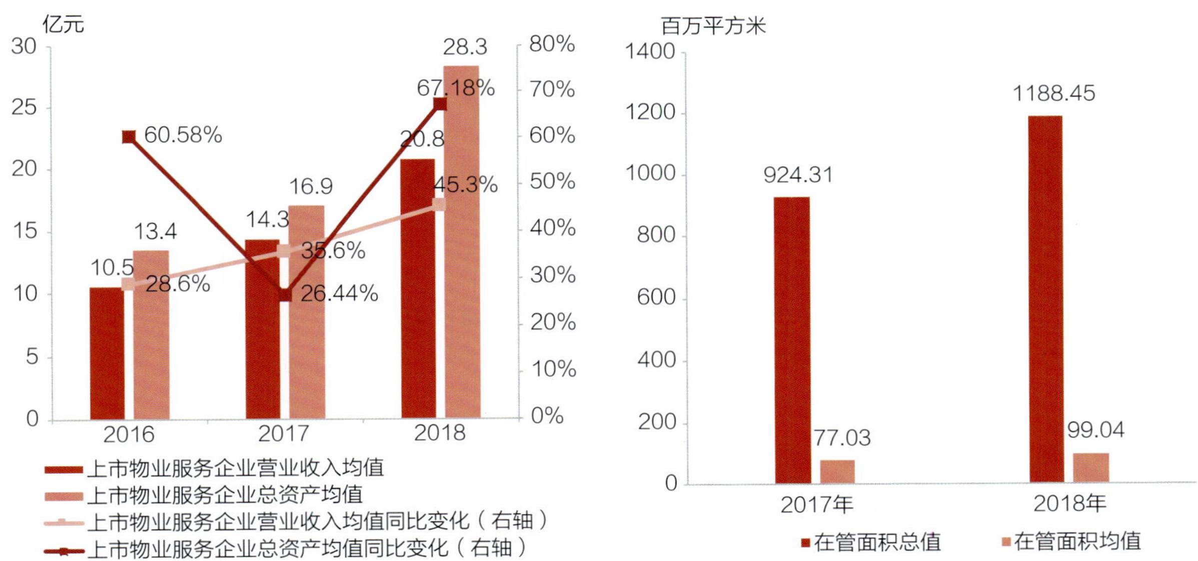

图 4　2016 ～ 2018 年上市物业服务企业运营规模指标
数据来源：企业年报、CRIC、中国房地产测评中心

图 5　2017 ～ 2018 年上市物业服务企业管理面积总值和均值数据来源：企业年报、CRIC、中国房地产测评中心

具体可以从营业收入，管理面积和总资产三个指标进行详细分析。

（1）营业收入

2018 年，上市物业服务企业管理规模大幅增加，营业收入增加明显，增速显著。其中绿城服务收入最高，达 67.10 亿元，彩生活同比增速最快，为 121.87%，碧桂园服务、中海物业、彩生活、雅生活服务营业收入均超过 30 亿元量级，上市物业服务企业在营业收入上逐渐形成梯队（图 6、图 7）。

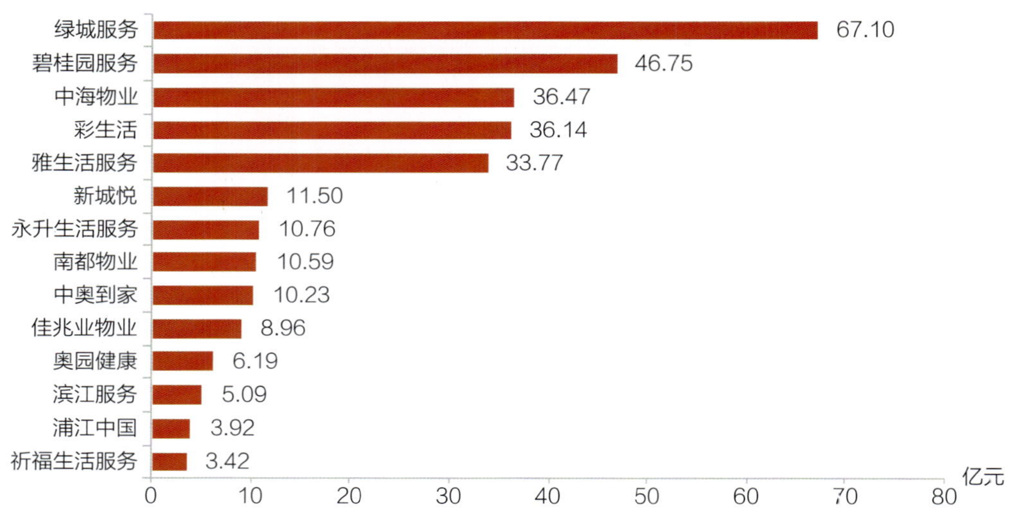

图 6　2018 年上市物业服务企业营收分布

数据来源：企业年报、CRIC、中国房地产测评中心

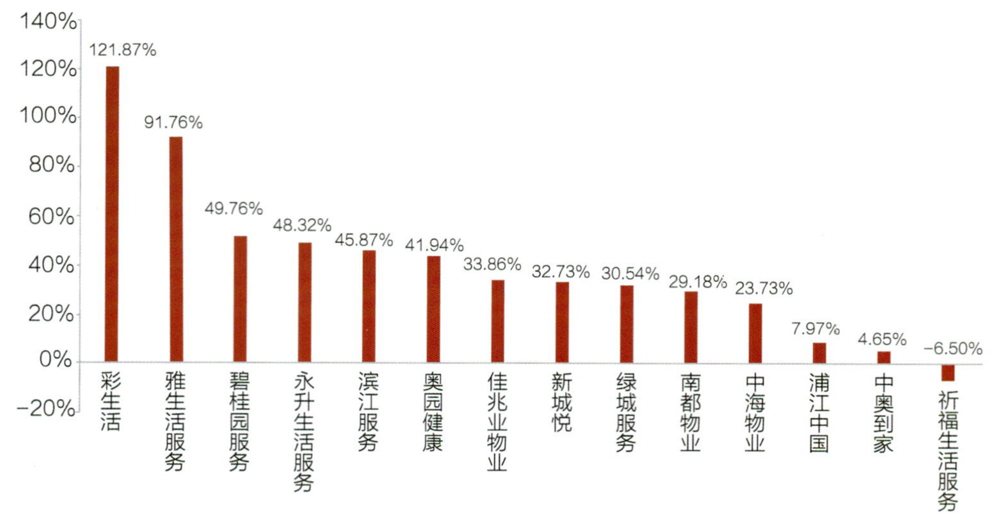

图 7　2018 上市物业服务企业营收增速分布

数据来源：企业年报、CRIC、中国房地产测评中心

第一梯队，营业收入在 30 亿元及 30 亿元以上量级

① 绿城服务注重内生增长，营业收入增长较快，年内营业收入最高，达到 67.10 亿元，同比增长 30.5%，位于上市物业服务企业营业收入首位。其中物业服务仍是公司最大收入来源，增长 25.3% 达到 44.61 亿元，占总收入的 66.5%。绿城服务坚持内生增长，审慎扩张的战略，在管面积的增加是拉动绿城物业管理服务收入增长的主要动力。同时，基于市场对高端物业的需求，绿城服务积极向存量市场拓展，年内，在管面积由 2017 年的 1.38 亿平方米，增至 1.70 亿平方米，同比增长 23.7%，与物业管理服务的营业收入增速保持一致。此外，绿城服务储备面积年内达到新高，同比增长了 28.1% 至 1.92 亿平方米，储备面积的增加，为企业未来在管面积的稳定增长提供了保障。园区服务是绿城服务增长速度最快的业务，其各项业务均得到了提升，营业收入达到 13.10 亿元，同比增长 45.5%，占总收入的 19.5%，其中年内公司加大园区空间资源整合力度，丰富空间服务的产品内容，园区空间服务在该板块增长最快。咨询服务业务方面，绿城服务不断实施服务创新以应对市场环境的变化，继续充实绿联盟服务的核心竞争力，提升市场感知度和认可度，

不断挖掘客户需求，年内，该板块营业收入达到 9.40 亿元，较 2017 年提升 38.1%，占总收入的 14.0%。绿城服务三大业务板块并驾齐驱，共同巩固营业收入占据首位。

② 碧桂园服务营业收入达到 46.75 亿元，同比增长 49.8%。其中，碧桂园服务业务结构进一步完善，增值服务板块的收入增速较快，可持续经营能力显著提高，表现出良好的营收能力。具体来看，碧桂园服务收入主要来自于物业管理服务、社区增值服务和非业主增值服务三大业务，其中受益于母公司的强力支持以及加力拓展第三方物业，碧桂园服务年内在管面积显著提升，由 2017 年的 1.23 亿平方米增值 1.82 亿平方米，同比增长 47.8%。在管面积的增加，拉动了物业服务收入的提升，年内收入增加 35.4% 达到了 34.46 亿元，占总收入的 73.7%。碧桂园服务社区增值服务业务收入结构不断优化，可持续经营能力显著提高，2018 年社区增值服务的收入同比增长 72.5%，达到 4.17 亿元，占公司总体收入的 8.9%，收入持续 3 年上升。年内，社区增值服务收入的增速明显高于同期的物业管理服务，成为碧桂园服务收入增长的主要动力之一。受益于碧桂园集团 2018 年良好的销售业绩和提供车位及房屋尾盘代销等非业主增值服务，碧桂园服务非业主增值服务的收入以 141.2% 增幅达到 7.91 亿元，占总收入的 16.9%。此外，碧桂园服务 2018 年着手接管“三供一业”业务的物业管理和供热业务，此部分业务将于 2019 年开始陆续产生收入。受益于碧桂园服务面积的快速增加以及新业务的开展和收入的增加，碧桂园服务未来收入能力可期。

③ 中海物业确立了持续提升客户满意度和经营规模的战略。年内，中海物业在管面积增速为 9.8%，达到 1.41 亿平方米。在管面积的扩张为企业收入的持续增加和提升市场竞争地位不断提供动力，年内中海物业营业收入达到港币 41.55 亿元（约相当于 36.47 亿元人民币），同比增加 23.7%。其中物业服务收入是最大的收入来源，同比增加 21.0% 至 37.45 亿港币，占总收入的 90.1%。增值服务收入增长 55.7% 至 4.10 亿港币，占总收入的 9.9%。

④ 紧随其后，彩生活和雅生活服务营业收入分别为 36.14 亿元和 33.77 亿元，增速分别高达 121.9% 和 91.8%。其中彩生活继续夯实主业，从多维度进行了提升再创造，在效率、运营、创新等方面取得了较大突破。彩生活由于并表万象美，在管面积大幅提升达到 3.63 亿平方米，同比增加 23.7%，同时，物业服务的营收大幅增长 148.9% 至 30.64 亿元，占总收入的 84.8%。雅生活服务受益于雅居乐、绿地双品牌战略，加上其优秀的第三方拓展能力和收并购，为雅生活服务带来在管面积的增长，较同期上升 76.3% 至 1.38 亿平方米，物业管理服务收入增长 34.8% 至 16.25 亿元，占总收入的 48.1%。增值服务亦取得较大的提升，其中外延增值服务同比大幅增长 222.7% 至 14.63 亿元，占总收入的 43.3%，成为收入增长贡献最大的业务板块。社区增值服务收入达到 2.89 亿元，同比增长 183.7%，占总收入的 8.6%。

第二梯队：营业收入在 10 亿元至 30 亿元量级。

新城悦、永升生活服务、南都物业和中奥到家，四家企业总收入均超过 10 亿元，增长显著。

① 新城悦物业管理服务持续稳定发展，增值服务持续保持强劲的增长势头，公司整体营业收入首破 10 亿元，达到 11.50 亿元，同比增速 32.7%，增值服务同比增长 39.7% 至 4.18 亿元。年内，新城悦受益于新城发展持续稳定的面积供应及第三方拓展能力的提升，在管面积达到 4288.7 万平方米，增长 18.2%，为物业管理服务的收入提供了持续稳定的来源。同时，年内新城悦合约面积达到 1.12 亿平方米，较 2017 年同期增长 65.5%，其中储备面积占合约面积的比例超过了 60%，为其未来的快速增长奠定良好的基础。

② 永升生活服务坚持快速扩大管理面积的战略目标，以双轮驱动业务策略实现合约面积和在管面积的快速增长，且社区增值服务的服务收入增长明显，其营业收入仅次于新城悦，达到 10.76 亿元，同比增长 48.3%。

③ 南都物业年度年累计合约面积 5542.56 万平方米，同比增长 42.7%，成为物业服务收入增加的基础，并实现营业收入 29.18% 的增长至 10.59 亿元。分业务看，物业服务收入仍占据主要的收入构成，且主要以包干制为主要收费模式。其中包干制物业管理服务收入 8.68 亿元，同比增长 30.1%，酬金制物业管理服务收入 670.92 万元，同比下降 9.9%

④ 中奥到家总收入 10.23 亿元，其中因物业管理服务业务内部增长，在管面积增加 234.6 万平方米至 5690.7 万平方米，促使物业管理服务收益增长 4.1% 至 9.48 亿元；由于在管项目的减少，协销服务收入较 2017 年减少 3.9% 至 4150.3 万元；因客户需求的增加，其他服务上升明显，增长 41.6% 至 3316.5 万元。

第三梯队，营业收入在 10 亿元量级以下。

佳兆业物业、奥园健康、滨江服务、浦江中国及祈福生活服务五家企业在管面积较小，营业收入均小于 10 亿元。

其中，佳兆业物业、滨江服务、奥园健康三者均背靠母公司，能为其带来稳定的管理面积，不过，三者现有面积都较小，在管面积分别为 2686.9 万平方米、1160.0 万平方米和 1043.2 万平方米，对应的营业收入分别为 8.96 亿元、6.19 亿元和 5.09 亿元。

浦江中国和祈福生活服务两者均为独立的第三方物业公司，且服务业态多元，浦江中国主要打造非住宅物业，在公众物业管理中表现优异。祈福生活服务涉及物业管理、零售、餐饮、配套生活服务等，服务组合多元。其中浦江中国在管面积为 545.2 万平方米，同比增长 11.1%，营业收入 3.92 亿元，同比增长 8.0%。祈福生活服务总签约面积为 962 万平方米，同比增长 41.5%。由于物业管理服务中家居助理服务及餐饮服务收入减少，营业收入同比下降 6.5% 至 3.65 亿元，成为 14 家上市的物业服务企业中唯一一家营业收入负增长的企业。

综上，年度营业收入增加和增速显著的企业，主要表现出以下特点：

一方面，物业服务企业或受益于母公司持续稳定的面积支持，或以其出色的市场拓展能力迅速地扩大管理规模，加速企业管理规模的扩张，从而保证目前仍占据企业主要收入的物业管理服务收入得到稳定而持续地增加；

另一方面，增值服务逐渐展现出较高的盈利能力，为物业服务企业营业收入的增长带来新的动力和盈利增长点。

（2）管理规模

“得管理规模者，得天下”，对于物业服务企业来说，管理规模的扩张所带来的物业管理服务的收入是其营业收入的主要来源和基础，也是其增值服务开展的主要阵地，因此管理规模的扩张对企业的健康发展起着至关重要的作用。考虑管理规模时，可以从合约面积，在管面积和储备面积三个角度进行分析。其中，合约面积为与企业签订合约的面积，包括已经产生收益的在管面积和尚未产生收益的储备面积，在管面积直接为企业提供持续稳定的收益，储备面积在一段时间后也将转换为在管面积，从而为企业的营收添砖加瓦。

① 在管面积：增量市场及存量并购共助规模稳健增长

截至 2018 年末，12 家上市物业服务企业（其中南都物业、祈福生活服务未公布在管面积，不在统计之内）在管面积达到 11.89 亿平方米，同比增长 28.6%，其中彩生活在管面积最高，达到 3.63 亿平方米；雅生活服务面积增长最快，高达 76.32%（图 8）。12 家上市物业服务企业各展其能，在管面积稳步增长，分梯队来看：

第一梯队：在管面积为 1 亿及 1 亿平方米以上的量级。

作为第一家赴港上市的物业服务企业，年内，彩生活在管面积最高，达到 3.63 亿平方米，社区数量达到 2294 个，分别同比增长 23.71% 和 19.11%，稳居在管面积第一名。

碧桂园服务和绿城服务在管面积分别是 1.82 亿平方米和 1.70 亿平方米，增速分别达到 47.86% 和 23.66%，两者在管面积旗鼓相当。从企业背景来看，两者均背靠优秀的关联房企，但在发展战略上两者却有明显的差异。目前看来，碧桂园服务逐渐加强第三方物业项目的拓展，年内第三方管理面积增幅约 170.3%，但其面积的增长仍主要依赖其关联公司碧桂园集团，年内，在管面积来自于碧桂园集团开发的物业项目占总面积的 88.6%。而绿城服务主要走品牌路线，在上市之初便已从绿城中国独立出来，对关联公司的依赖度较低，有较优秀的市场拓展能力，面积的扩张以第三方竞标为主，超过 70% 的在管面积来自于第三方房地产开发商（图 9）。

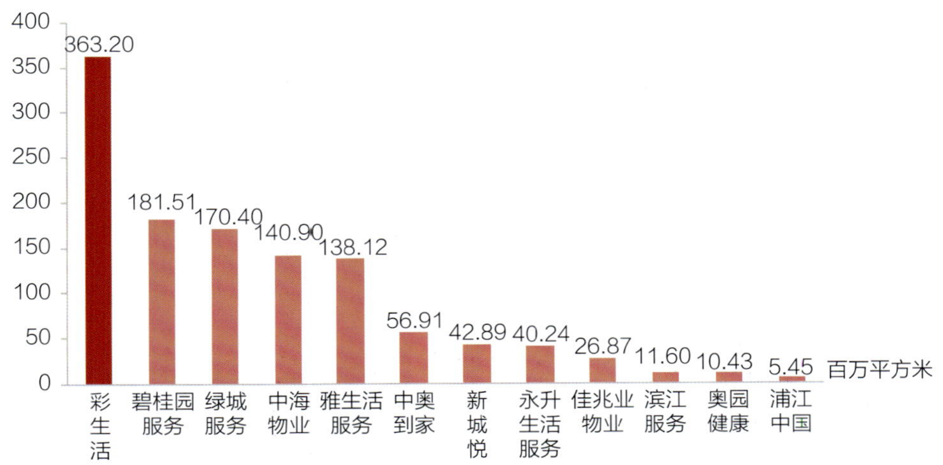

图 8　2018 上市物业服务企业在管面积

数据来源：企业年报、CRIC、中国房地产测评中心

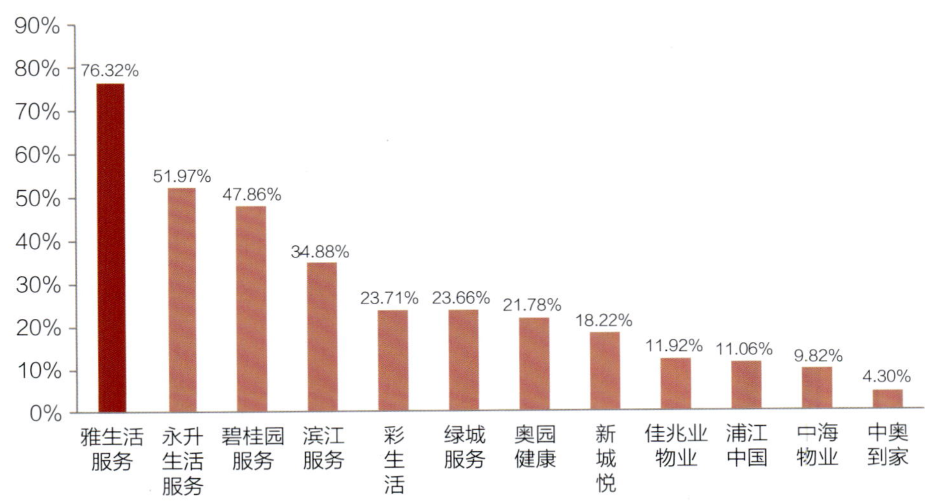

图 9　2018 上市物业服务企业在管面积同比增速

数据来源：企业年报、CRIC、中国房地产测评中心

紧随其后，中海物业和雅生活服务在管面积也均超过 1 亿平方米，分别达到 1.41 亿平方米和 1.38 亿平方米。从在管面积的来源结构上看，中海物业背靠中国海外发展集团，在管面积增量几乎全部来自于母公司

地产业务，管理规模增速达 9.82%。雅生活服务获雅居乐集团和绿地控股两个大股东支持，并积极拓展第三方业务和兼并收购，年度内，管理面积增速最快，达到了 76.37%。其新增的面积主要来自第三方项目的拓展和收并购，分别为其贡献 2238.48 万平方米和 2935.3 万平方米，这两项占年内在管面积净增值（5978.46 万平方米）比重的 86.62%。

第二梯队：在管面积为 4 千万至 1 亿平方米量级。

作为独立第三方物业服务企业，中奥到家透过现有业务拓展新业务并开发自有网络，从而提升内部增长，并继续寻找合适的收购目标，强化自身的业务组合及增加新城市的布局。年内，在管面积为 5690.7 万平方米，同比增加 4.30%。

另外两家快速增长的物业服务企业——新城悦和永升生活服务，管理面积基本相当，分别为 4288.7 万平方米和 4023.9 万平方米。新城悦和永升生活服务面积增长均受益于母公司的项目供应以及第三方业务拓展，面积增长来源模式相同，但面积来源的比例上却有差异。新城悦积极拓展第三方业务，但目前规模的扩张仍主要依靠强大的关联公司项目，年内，在管面积来源于新城控股项目超过 70%；永升生活服务逐渐加强第三方拓展能力，对旭辉集团的依赖逐年降低，来源于第三方的在管面积由 2015 年的 10.7% 增长至 2018 年的 63.6%（图 10）。

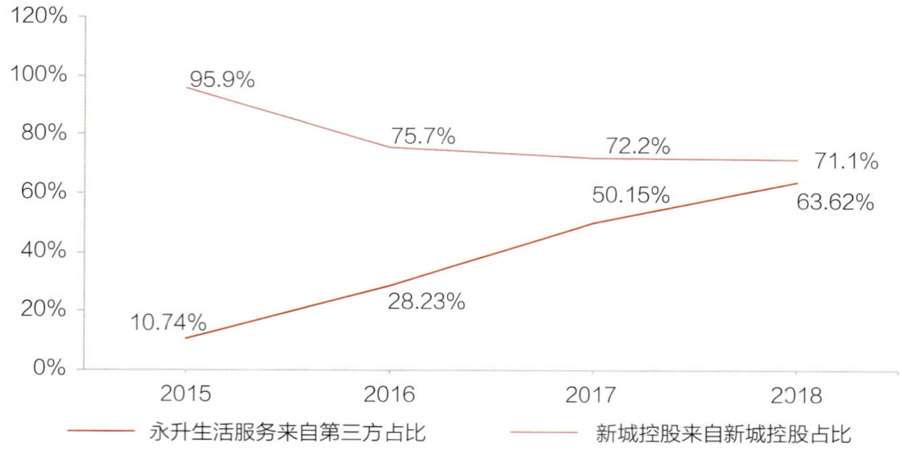

图 10　2015 ～ 2018 年新城悦、永升生活服务在管面积来源占比

数据来源：企业年报、CRIC、中国房地产测评中心

第三梯队：在管面积处于 4 千万平方米量级以下。

佳兆业物业、滨江服务、奥园健康和浦江中国相较上述企业的在管面积较少，分别为 2686.9 万、1160.0 万、1043.2 万和 545.2 万平方米，但增速表现良好。佳兆业物业、滨江服务和奥园健康三家企业上市时间均不超过 6 个月，且均背靠关联地产公司，对关联地产公司的依赖较强。其中，2018 年，佳兆业物业在管面积的 76.0% 来源于佳兆业集团开发的物业，滨江服务在管面积约 70% 来源于滨江集团，奥园健康从奥园集团取得的在管面积达到 94.7%。关联母公司销售面积的增长及拥有的土地储备均分别为三家物业服务企业持续提供稳定的管理面积，预计未来受益于母公司，并在资本的助推下，三家企业的管理面积会持续稳定增加。与上述三家企业不同的是，浦江中国为独立的第三方物业公司，主要专注于打造非住宅物业，并在公众物业管理中表现优异，非住宅在管面积占比超过 70%，并取得超过 90% 的收益，是内地第一家非住宅上市物业服务企业。

② 合约面积：增速较快集中度进一步提升

从合约面积上来看，其中 11 家（其中中海物业、浦江中国、奥园健康未公布合约面积，不在统计之内）

上市物业服务企业总合约面积已达到 20.17 亿平方米，同比增长 40.45%；其中，彩生活合约管理面积最大，达到 5.54 亿平方米；永升生活服务合约面积增速最快，达到 96.41%（图 11、图 12）。分梯度来看：

（单位：百万平方米）

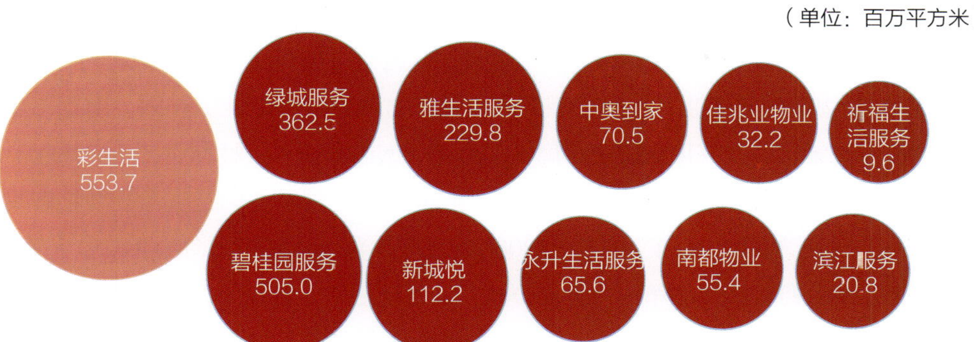

图 11 2018 年上市物业服务企业合约面积分布

数据来源：企业年报、CRIC、中国房地产测评中心

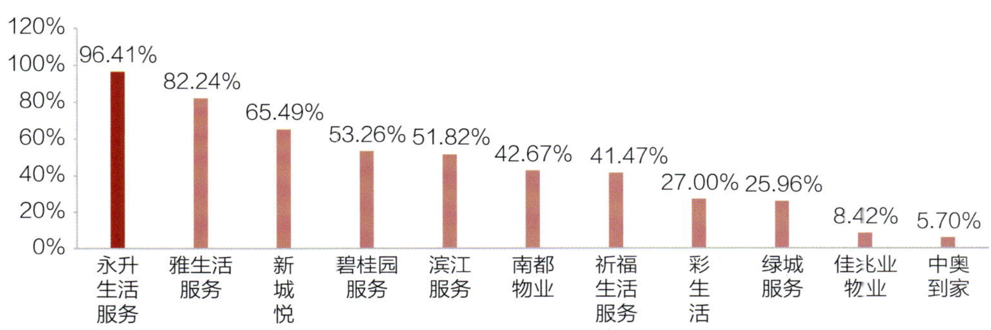

图 12 2018 上市物业服务企业合约面积同比增速

数据来源：企业年报、CRIC、中国房地产测评中心

第一梯队：合约面积在 3 亿平方米以上的量级。

彩生活和碧桂园服务合约面积均超过 5 亿平方米，其中彩生活合约面积为 5.54 亿平方米，仍占据第一的地位；碧桂园服务亦不甘落后，受益于强大母公司碧桂园集团的强力支持，企业上市后便位列上市物业服务企业合约管理面积第二位，合约面积达到 5.05 亿平方米，净增加 1.76 亿平方米，同比增长 53.26%。此外，碧桂园服务 2018 年着手接管“三供一业”业务的物业管理和供热业务，拟接管的物业项目管理面积约 9020 万平方米，供热项目管理面积约 4170 万平方米。绿城服务背靠绿城中国，且主要得益于服务质量和品牌影响力的提升，企业的第三方拓展力量强劲，合约面积达到 3.63 亿平方米，同比增长 25.96%，保持稳健增长态势。

第二梯队：合约面积在 1 亿至 3 亿平方米量级。

雅生活服务主要受益于双品牌战略及收并购，分别从雅居乐集团和绿地控股获取新合约面积分别达到 1169.44 万平方米和 1269.16 万平方米，并通过收购南京紫竹获得 2750 万平方米，年内，雅生活服务合约总面积达到 2.30 亿平方米，同比增长 82.24%。此外，年后雅生活服务收购了青岛华仁和哈尔滨景阳物业，两者分别贡献 610 万平方米和 1050 万平方米的合约面积。若考虑青岛华仁和哈尔滨景阳的合约面积，雅生活服务合约面积合计已达 2.46 亿平方米。

新城悦受益于新城发展的快速发展使其可以获得大量且优质的物业管理合约，此外新城悦也积极调整第三方项目拓展策略，重点拓展未交付的新社区，为新城悦带来合约面积 65.49% 的增长，年内合约面积达到 1.12

亿平方米。

第三梯队：合约管理面积在 1 亿平方米以下量级

年内中奥到家合约面积增速最慢，仅为 5.7%，总合约面积达到 7045.0 万平方米；而永升生活服务受益于旭辉及自身优秀的第三方拓展能力，加速赶超，增速最快，达到 96.41%，合约面积达到 6555.1 万平方米。南都物业为第一家 A 股物业服务企业，且是典型的独立第三方物业服务企业。年内，南都物业以“3+X”战略为指引，深耕江浙沪地区，并开拓全国化布局，三品牌（南都物业、采林物业、金枫物业）融合并进，累计总合约面积 5542.56 万平方米，同比增长 42.67%，业务规模再创新高。而佳兆业物业和滨江服务，两者合约面积相对较小，分别为 3219.0 万平方米和 2080.0 万平方米，分别同比增加 8.42% 和 52.16%，合约面积稳步提升。祈福生活服务为独立的第三方物业公司，业务包括物业管理服务、零售、餐饮和配套生活服务，服务组合多元，合约面积最小但增速明显，年内，合约面积同比增加 41.47% 至 962 万平方米。

③ 储备面积：在管面积可持续增加的基石

储备面积在一定时间内会转化为产生收益的在管面积，因此储备面积的增加，将为未来稳定、持续的在管面积的供应增加确定性。年内，其中九家（南都物业、中海物业、祈福生活服务、浦江中国、奥园健康未公布储备面积，不在统计之内）上市物业服务企业的储备面积总数已达到 9.20 亿平方米，较 2017 年同期增长 51.32%，储备面积增多，增速加快。其中碧桂园服务储备面积最多，达到 3.24 亿平方米，永升生活服务增速最快，达到 268.12%。具体来看，年内，碧桂园服务储备面积达到 3.24 亿平方米，同比增长 56.47%，成为面积储备最高的物业服务企业；绿城服务储备面积则在年内达到新高，为 1.92 亿平方米，较 2017 年 1.50 亿平方米，净增加 4210.0 万平方米，同比增长 28.1%，这是绿城连续第 5 年储备面积高于在管面积，绿城服务每年新获取项目面积总量不但填补了当年从储备转为交付的面积，更带来净增加扩大企业的面积储备，储备面积将为绿城服务的未来稳定增长提供强确定性；彩生活储备面积 1.91 亿平方米，同比增加 33.76%，储备面积及增速均平稳增加，亦为后续管理面积的增加提供强大的助力；快速发展的新城悦和永升生活服务，两者的储备面积分别为 6931.2 万平方米和 2531.2 万平方米，储备面积与前两梯队相差较大，但其增长率分别达到 267.48% 和 119.82%，成长潜力突出。储备面积将会在一段时间内转化为企业的在管管理，永升生活服务和新城悦未来管理面积的增长不可小觑。滨江服务、佳兆业物业两家企业储备面积分别为 920.0 万平方米和 532.1 万平方米，储备相对较小，但滨江服务增速较快，达到 81.46%。佳兆业物业在管面积增速大于合约面积增速，则致使其储备面积增速略下降 5.99% 至 532.1 万平方米（图 13、图 14）。

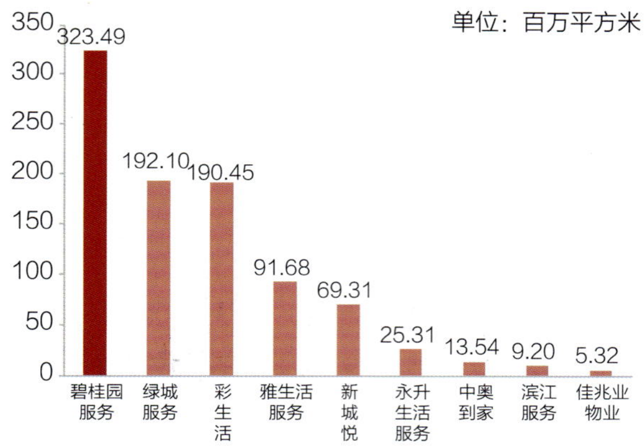

图 13　2018 上市物业服务企业储备面积分布
数据来源：企业年报、CRIC、中国房地产测评中心

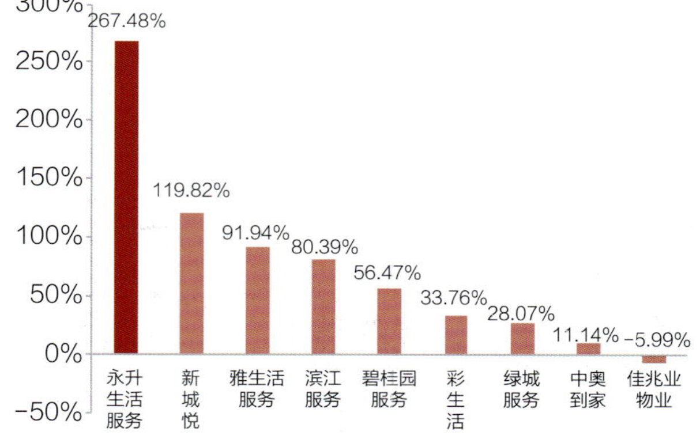

图 14　2018 上市服务企业储备面积同比增速
数据来源：企业年报、CRIC、中国房地产测评中心

（3）总资产

从总资产规模来看，截至 2018 年末，14 家上市物业服务企业的总资产超总资产平均值 (28.31 亿元) 的企业有 4 家：彩生活（100.66 亿元）、雅生活服务（72.97 亿元）、碧桂园服务（55.22 亿元）、绿城服务（53.44 亿元），且总资产前 4 位的企业资产合计达到 282.29 亿元，占总资产总值的 71.23%，总资产在分布上呈现出较大的差异。其中彩生活总资产遥遥领先，年度内总资产首次突破百亿元，同比增加 116.0% 达到 100.66 亿元。包括流动资产达到 57.84 亿元以及非流动资产达到 42.83 亿元，其中流动资产中现金及现金等价物达到 26.67 亿元，现金流充足。非流动资产中商誉及无形资产达到 33.95 亿元。商誉是彩生活并购其他物业服务企业所产生的无形资产溢价，主要产生自对所收购企业的预期未来发展、市场覆盖率的提升、服务组合的扩充、增值服务的整合以及管理效率的提升。

雅生活服务年度内总资产增速最快，达到了 190.61%，总资产至 72.97 亿元，包括流动资产 59.89 亿元和非流动资产 13.08 亿元，成为上市物业服务企业总资产的第二位。其中流动资产中现金及现金等价物 48.08 亿元，现金流较高，拥有稳定的现金流。非流动资产中商誉及无形资产达到 12.12 亿元，主要是年度内雅生活服务并购南京紫竹、京基物业等产生的无形资产溢价。

碧桂园服务和绿城服务总资产均超过 50 亿元，增速分别达到 58.81% 和 29.09% 至 55.22 亿元和 53.44 亿元。碧桂园服务总资产包括流动资产 46.71 亿元和非流动资产 8.51 亿元，其中流动资产中主要为现金及现金等价物 38.69 亿元，财务状况较好；非流动资产中的商誉及无形资产为 6.86 亿元。绿城服务包括流动资产 38.38 亿元，非流动资产 15.06 亿元，其中流动资产中的现金及现金等价物为 21.80 亿元，非流动资产中其他长期贷款为 6.20 亿元，商誉及无形资产为 1.56 亿元。中海物业总资产达到 31.17 亿港币（约相当于 27.35 亿元人民币），同比增加 4.79%。其中现金及现金等价物达到 21.01 亿港元，现金状况良好。

新城悦、永升生活服务、南都物业、中奥到家、佳兆业物业四家总资产均在 10 亿～ 20 亿元，分别为 15.51 亿元、14.93 亿元、13.42 亿元、13.41 亿元和 10.54 亿元。其中永升生活服务、新城悦和南都物业增速较为明显，分别达到了 112.55%、90.79% 和 65.68%，前两者均主要是因其现金及现金等价物增长明显，分别由 2017 年的 4.38 亿元和 6.33 亿元增至 11.60 亿元和 12.78 亿元，增速高达 164.8% 和 101.90%。南都物业总资产主要是货币资金和应收账款分别为 2.99 亿元和 2.90 亿元。中奥到家总资产略有增加，增速为 8.48%。佳兆业物业主要因收款项降低，年内总资产同比下降 11.52%。

滨江服务、奥园健康、祈福生活服务和浦江中国总资产均低于 10 亿元，分别为 5.51 亿元、5.03 亿元、4.42 亿元和 3.87 亿元，其中奥园健康主要因应收款项减少，总资产同比下降 11.88%，其他 3 家均同比增加，增速分别为 41.53%、24.15% 和 4.94%（图 15）。

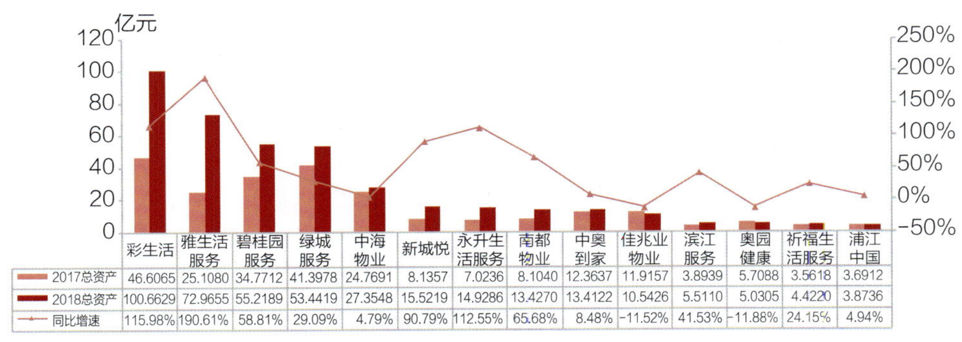

	彩生活	雅生活服务	碧桂园服务	绿城服务	中海物业	新城悦	永升生活服务	南都物业	中奥到家	佳兆业物业	滨江服务	奥园健康	祈福生活服务	浦江中国
2017总资产	46.6065	25.1080	34.7712	41.3978	24.7691	8.1357	7.0236	8.1040	12.3637	11.9157	3.8939	5.7088	3.5618	3.6912
2018总资产	100.6629	72.9655	55.2189	53.4419	27.3548	15.5219	14.9286	13.4270	13.4122	10.5426	5.5110	5.0305	4.4220	3.8736
同比增速	115.98%	190.61%	58.81%	29.09%	4.79%	90.79%	112.55%	65.68%	8.48%	-11.52%	41.53%	-11.88%	24.15%	4.94%

图 15　2017 ～ 2018 年上市物业服务企业总资产及增速分布

数据来源：企业年报、CRIC、中国房地产测评中心

从上述可以看出，总资产表现较好的企业，均表现出有较好的现金流，物业管理行业属轻资产模式，财务状况较好。

4．盈利能力分析：毛利率稳中有升，利润水平保持增长

2018 年上市物业服务企业净利润均值为 2.75 亿元，同比上升 62.26%，标准差为 2.88 亿元；毛利均值为 5.93 亿元，同比上升 49.33%，标准差为 5.35 亿元；毛利率均值为 29.61%，较 2017 年略升 0.17 个百分点，标准差为 8.47%；净资产收益率均值为 29.06%，较 2017 年下降 7.81 个百分点，标准差为 15.54%。总的来看，物业管理行业属净资产收益率较高的行业，净利润均值、毛利均值和毛利率均值均得到进一步的提升，物业服务上市企业盈利能力向好发展，物业服务上市公司增收不增利的情况得到一定程度的扭转。净资产收益率略有下降，但总体看盈利能力向好，业绩增长。此外，盈利效率指标的离散程度较大，表明不同物业服务上市公司之间盈利水平差异性较大（图 16）。

从整体来看，14 家上市物业服务企业净利润超过均值（2.75 亿元）的有 5 家企业，分别为碧桂园服务、雅生活服务、彩生活、绿城服务和中海物业，其中碧桂园服务最会“赚钱”，年内净利润最高，达到 9.34 亿元；雅生活服务净利润增速最快，同比上涨高达 170.10%。碧桂园毛利最高，达到 17.62 亿元，毛利增速最快为雅生活服务达到 118.42%。祈福生活服务的毛利率最高，达到 48.65%。奥园健康净资产收益率最高，达到 66.18%（图 17～图 20）。

图 16　2016-2018 上市物业服务企业盈利能力指标

数据来源：企业年报、CRIC、中国房地产测评中心

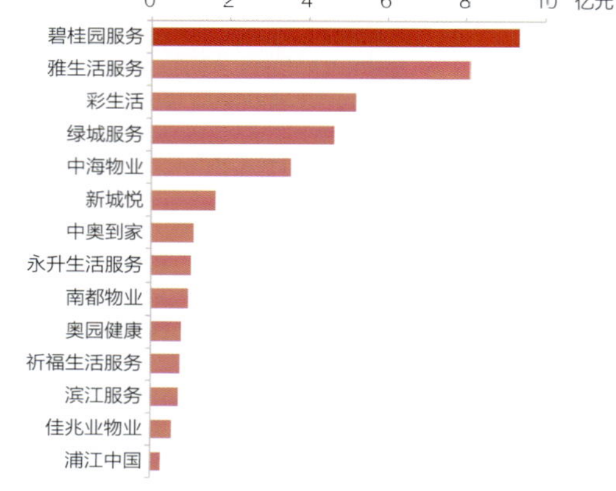

图 17　2018 上市物业服务企业净利润分布

数据来源：企业年报、CRIC、中国房地产测评中心

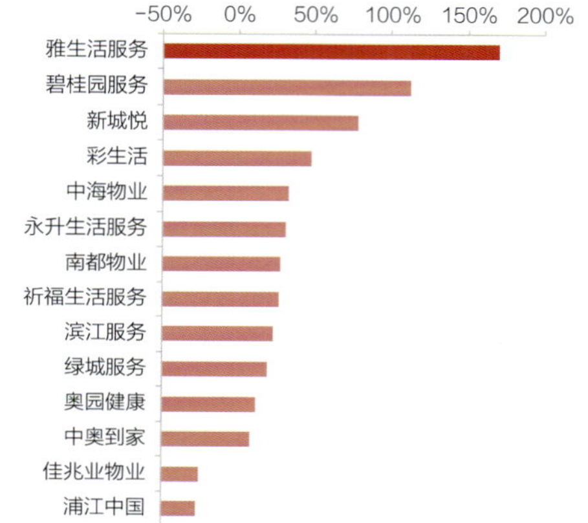

图 18　2018 上市物业服务企业净利润增速

数据来源：企业年报、CRIC、中国房地产测评中心

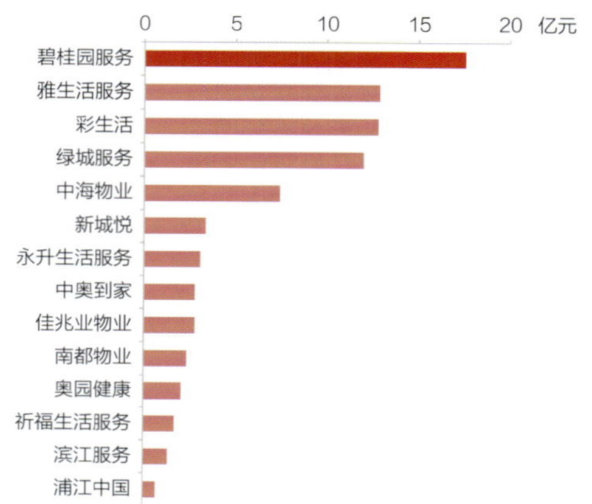

图 19　2018 上市物业服务企业毛利分布

数据来源：企业年报、CRIC、中国房地产测评中心

具体来看，碧桂园服务的净利润达 9.34 亿元，同比上升 129.8%，净利润率 19.97%，较 2017 年提升 5.86 个百分点，盈利能力最强。主要是因年内营业收入的快速增长以及年度内获得高新技术企业认证且获得 15% 所得税的优惠。此外受益于企业管理面积的扩张和管理效率的提升，碧桂园服务三大业务毛利率均有提升，整体毛利最高，达到 17.62 亿元，同比增长 70.11%，毛利率 37.68%，较去年提升 4.5 个百分点。

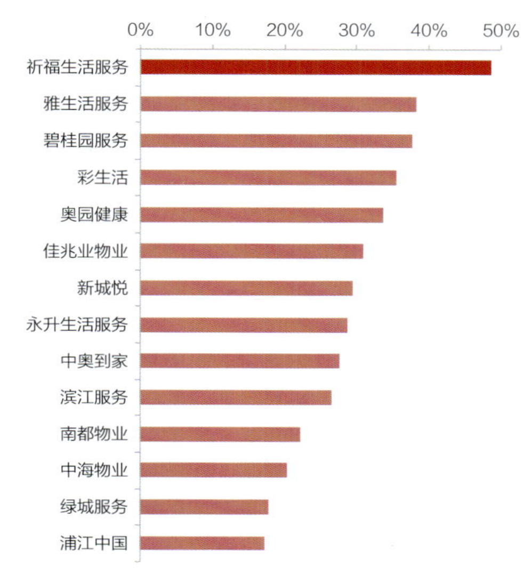

图 20　2018 上市物业服务企业毛利率分布

数据来源：企业年报、CRIC、中国房地产测评中心

雅生活服务净利润达到 8.11 亿，位于已上市物业服务企业中净利润的第二位，同比增速高达 170.10%，增速最快。这主要得益于雅生活服务业务迅速增长以及高利润业务的占比大幅提高和成本摊薄效应。年内，雅生活净利润率最高，达到 23.99%，同比提升 6.97 个百分点；毛利达到 12.90 亿元，同比增长 118.4%；因规模效应致使其传统物业管理服务和社区增值服务提升显著，拉高了整体业务的毛利率，年内，毛利率为 38.2%，较 2017 年增加 4.7 个百分点。

彩生活、绿城服务、中海物业净利润分别为 5.18 亿元、4.66 亿元和 4.06 亿港币（约相当于人民币 3.57 亿元），同比分别增加 47.73%、18.79% 和 32.28%，净利润率分别为 14.33%、6.94% 和 9.67%。其中彩生活毛利同比增长 75.52% 至 12.82 亿元。年内，由于并表万象美，包干制物业管理服务收益增加，而该服务模式毛利率较低，从而拉低了整体毛利率，毛利率较 2017 年下降 9.37 个百分点至 35.49%。不过，尽管彩生活毛利率有小幅下滑，盈利水平略呈下降趋势，但从行业整体来看，依然处于中上水平。绿城服务毛利达 11.98 亿元，较 2017 年增长 26.55%。此外主要受园区服务中物业资产管理服务毛利率下滑和文化教育服务持续亏损的拖累，年内，绿城服务毛利率较 2017 年下降 0.56 个百分点至 17.85%。中海物业毛利紧随绿城服务后，达到 8.49 亿港币（相当于人民币 7.45 亿元），同比增长 5.78%，毛利率下降 3.47 个百分点至 20.43%，主要由于其年内人力资源分配架构的调整及部分增值业务的毛利率下降，拉低了整体的毛利率。

此外，新城悦、中奥到家、永升生活服务净利润均超过 1 亿元，分别为 1.63 亿、1.07 亿和 1.00 亿元，分别同比增长 77.89%、7.71% 和 31.14%。净利润率分别为 14.19%、10.45% 和 9.31%，其中新城悦、中奥到家净利润率分别增加 3.60 个百分点和 0.32 个百分点，永升生活服务小幅下降 1.22 个百分点。此外，新城悦年内毛利达到 2.04 亿元，相对 2017 年上升 41.8%。年内新城悦实施新项目策略和管理优化，新项目比例提高使物业管理服务的毛利率大幅提高，同时业务规模的扩大和标准化管理体系的推广增强了开发商增值服务毛利率的提高，整体毛利率达到 29.48%，持续提升。中奥到家毛利和毛利率分别为 2.82 亿元和 27.58%，分别下降 4.96% 和 2.79 个百分点。永升生活服务则源于持续推进智慧社区及管理系统建设，降低了运营成本并提高了管理效率，提高了物业管理服务的毛利率，并且规模经济效应亦使得其增值服务的收入迅速增长，增值服务毛利率增长（非业主增值服务和社区增值服务毛利率分别为 21.6% 和 63.4%，同比增加 1.3 个百分点和 1.0 个百分点），带动了整体毛利率的提高，年内，毛利增长 68.93% 达到 3.09 亿元，毛利率为 28.72%，增长 3.5 个百分点。

南都物业、奥园健康、祈福生活服务、滨江服务、佳兆业物业、浦江中国六家企业管理规模均较小，营业收入相对较少，净利润均低于 1 亿元，分别为 0.96 亿元、0.78 亿元、0.73 亿元、0.70 亿元、0.54 亿元和 0.26 亿元，南都物业、奥园健康、祈福生活服务、滨江服务净利润分别同比增长 27.20%、11.91%、26.64%、22.36%，佳兆业物业、浦江中国同比分别下降 25.10% 和 27.45%。其中南都物业毛利达到 2.34 亿元，同比增长 16.97%。因人力成本上涨及项目服务品质的提升，毛利率较 2017 年下降 2.31 个百分点至 22.10%。奥园健康毛利同比增加 40.61% 至 2.09 亿元，毛利率达到 33.73% 与 2017 年同期的 34.05% 相比，基本维持稳定。祈福生活服务装修及设备装置服务、零售服务、资讯科技服务及配套生活服务项下的校外培训服务毛利增加，物业管理服务及餐饮服务毛利减少，两项相抵，使得其毛利由 2017 年的 1.52 亿元增加 9.64% 至 1.66 亿元，毛利率较 2017 年增长 7.16 个百分点至 48.65%。滨江服务毛利增加 49.81% 至 1.35 亿元，年内，主要因非业主增值服务和业主增值业务收益率进一步提升，毛利率小幅上升 0.7 个百分点至 26.49%。年内佳兆业物业毛利为 2.77 亿元，同比增加 35.61%，各分部的毛利增幅与各分部的收益增幅相一致，主要是其业务规模的扩大带来了毛利的增加。且整体毛利率上升 0.4 个百分点至 30.93%。浦江中国因年度收入的增长，毛利由 2017 年微增 0.76% 至 0.67 亿元，年度内，提供服务的成本增加使得毛利率下降 1.23 个百分点至 17.18%。

从净资产收益率看，14 家上市物业服务企业中，超过净资产收益率均值（29.06%）的有 5 家，其中奥园健康净资产收益率最高（66.18%），浦江中国最低（11.51%）。总的来说，物业管理行业属于轻资产行业，净资产收益率相对较高（图 21）。

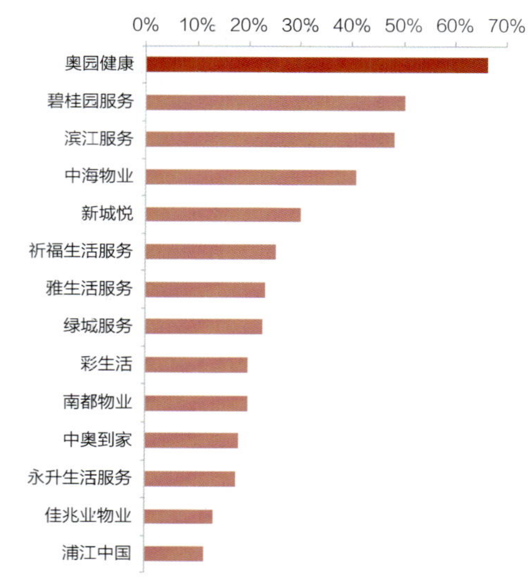

图 21　2018 物业服务企业净资产收益率分布

数据来源：企业年报、CRIC、中国房地产测评中心

部分上市物业服务企业盈利能力显著，毛利率稳中有升，这主要是由于龙头企业管理规模快速增大，企业规模效应得到体现，且智能化、自动化管理改善和规范了企业管理流程，提升了企业的营运效率。同时，企业对成本有效控制等都为不断寻求盈利增长点的企业带来盈利能力不断提升，预计未来企业的盈利能力有较强的可持续性。

5. 抗风险能力分析：偿债能力逐步增强，财务状况保持稳健

上市物业服务企业抗风险能力逐步增强，行业抗风险能力提高，整体来看风险可控。从长期偿债能力上看，上市物业服务企业资产负债率在 24% ～ 75%，资产负债率均值为 51.58%，较 2017 年下降 8.71 个百分点，财务风险小幅下降，标准差为 14.82%，离散程度较小。从短期偿债能力看，上市物业服务企业流动比率在 1.25 ～ 3.64，流动比率均值为 1.92，较 2017 年增长 33.75 个百分点，较接近一般企业流动比率为 2 的要求，企业偿债能力逐步增强，财务风险较小，标准差为 9.23%，离散程度较小。从整体上看，上市物业服务企业资产负债率均呈现下降的趋势，企业偿债能力提高，抗风险能力增强。流动比率逐渐接近 2，财务状况良好。其中奥园健康资产负债率最高，流动比率最低，分别达到 74.89% 和 1.26，较 2017 年同期资产负债率下降 5.66 个百分点，流动比率小幅增加 0.05 个百分点，财务负担略有减轻（图 22）。

年内，彩生活、绿城服务和碧桂园服务三家企业资产负债率上升，其中彩生活资产负债率增加最多，较 2017 年增加 6.85 个百分点至 67.65%。彩生活于 2017 年下半年开始逐渐利用自有资金偿还债务，至 2018 年末债务规模为 36.6 亿元，较中期净下降 10.3 亿元。此外 2019 年 1 月初，彩生活提前偿还 6.9 亿元债务，

图 22　2016–2018 年上市物业服务企业抗风险能力指标分布

数据来源：企业年报、CRIC、中国房地产测评中心

节省了其未来利息费用及改善了公司的资产负债比率，对其财务结构进一步优化，财务负担进一步减轻。彩生活流动比率约为 1.30，整体财务状况保持稳健。绿城服务年内维持优良财务状况，资金充沛，负债可控，年内资产负债率和流动比率分别为 55.00%、1.31 倍，与 2017 年度的 51.89%、1.37 倍基本持平。碧桂园服务资产负债率为 57.81%，较 2017 年同期 55.65% 略微上升 2.16 个百分点，基本持平。从财务状况上看，年内碧桂园服务维持净现金状态，2018 年末银行存款及现金总额达 38.74 亿元，经营活动产生的现金流量净额（15.49 亿元）流入为净利润（9.34 亿元）的 1.66 倍，流动比率为 1.5 倍，财务状况维持稳健。

此外，其他 10 家上市物业服务企业总资产负债率均下降，其中新城悦、永升生活服务、佳兆业物业、和南都物业均下降明显，分别下降 32.62、25.63、22.38 和 13.03 个百分点至 44.14%、39.54%、51.99% 和 51.86%，基本处于资产负债率 40% ～ 60% 的适宜水平，流动比率分别为 2.20、2.41、1.97 和 1.58，处于较为稳健的水平，反映了企业良好的收入状况，财务风险较小（图 23、图 24）。

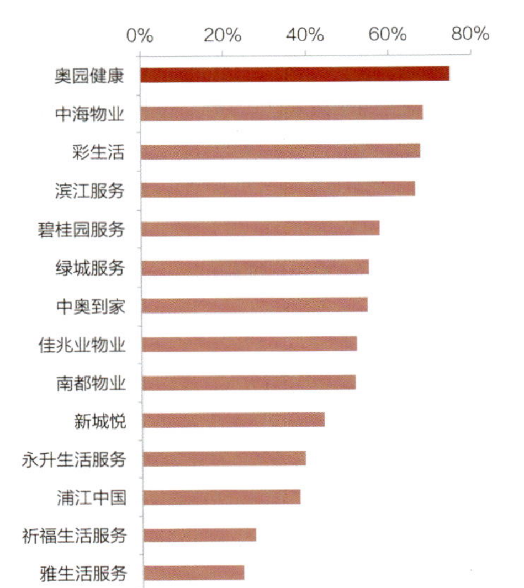

图 23　2018 上市物业服务企业总资产负债率分布

数据来源：企业年报、CRIC、中国房地产测评中心

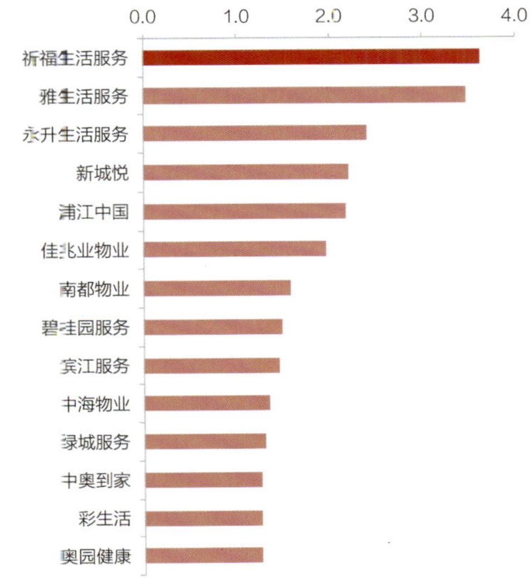

图 24　2018 上市物业服务企业流动比率分布

数据来源：企业年报、CRIC、中国房地产测评中心

6. 成长潜力分析：增长率指标处于上升，未来发展或有突破

2018 年，物业服务企业在物业服务市场上的竞争愈加激烈，各大企业争先通过内生增长、外延并购或

技术输出等手段拓展管理规模，物业服务企业规模优势愈加明显，营业收入增加，盈利能力增强，总资产呈上升态势。从整体上看，上市物业服务企业总资产增长率均值为 51.71%，较 2017 年增加 17.14 个百分点，标准差为 56.42%；营业收入增长率均值为 39.69%，较 2017 年增加 0.49 个百分点，标准差为 32.28%；净利润增长率均值（因中奥到家 2016 年负增长，2017 年同比增长率较大，对实际变化影响明显，故中奥到家不在净利润增长率的分析范围内）为 40.43%，较 2017 年下降 27.09 个百分点，标准差为 51.47%；12 家上市物业服务企业（南都物业、祈福生活服务未公布在管面积，不在统计之内）的在管面积增长率在 4% ～ 77%，均值为 27.96%，标准差 20.33%（图 25）。从成长潜力指标上看，除净利润均值下降外，其他指标均值均保持上升态势，表明其成长潜力增强，而离散程度高，表明不同物业服务企业上市公司的成长能力各异。其中雅生活服务总资产增长率、在管面积增长率、净利润增长率均位列上市物业服务企业第一，分别为 190.61%、76.32% 和 170.10%。彩生活营业收入增长率最高，达到 121.87%。

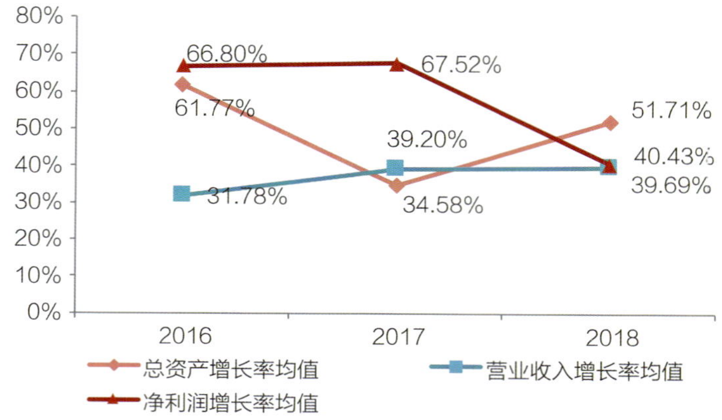

图 25　2016 ～ 2018 上市物业服务企业成长潜力指标分布

数据来源：企业年报、CRIC、中国房地产测评中心

具体来看，企业加大了规模扩张的力度，管理规模较 2017 年均有增加，物业服务企业在管面积增长率、营业收入增长率和净利润增长率总体表现良好（图 26）。其中雅生活服务在管面积增速最快，达到 76.32%，同时，受高利润业务占比大幅增加及成本规模效应的助力，雅生活服务营业收入（33.77 亿元）和净利润（8.11 亿元）增加显著，营业收入增长率及净利润增长率分别达到 91.78% 和 170.10%。彩生活主要由于并表万象美，在 2017 年在管面积已达到 2.94 亿平方米的基础上，仍取得 23.71% 增长。同时，营收大幅增长 121.87% 达到 36.14 亿元，，且其净利润增长率亦达到 47.73%。

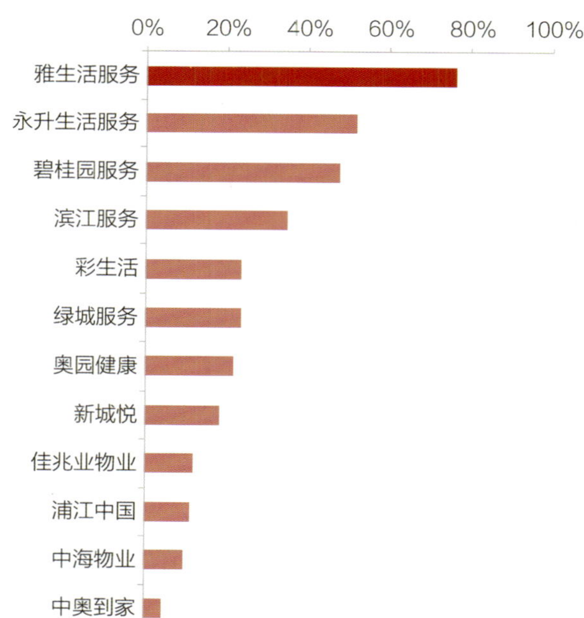

图 26　2018 上市物业服务企业在管面积增速

数据来源：企业年报、CRIC、中国房地产测评中心

永升生活服务、碧桂园服务管理面积增长率分别为 51.70% 和 47.80%。碧桂园服务管理面积增加、传统物业管理服务和增值服务齐发力，加上科技运用、降本增效，管理效率提升，营收达到 46.75 亿元，同比增长

49.76%，净利润同比大幅增长，增长率达 112.10% 至 9.34 亿元，盈利能力最强。绿城服务营业收入持续稳居第一，在 2017 年 51.40 亿元的基础上，仍得到 30.54% 的增长，达到 67.10 亿元，同时净净利润达到 4.66 亿元，同比增长 18.79%。在管面积亦得到 23.66% 的增长至 1.70 亿平方米，年内成长能力优势显著。年内，新城悦在管面积增长 18.22% 至 4288.7 万平方米，营业收入增长 32.73%，达到 11.50 亿元，净利润大幅增加 77.89% 至 1.63 亿元，盈利能力增强。同时，因调整第三方项目的拓展战略，公司着手重点拓展未交付的新社区，年内合约面积增长明显，同比增长 65.47% 至 1.12 亿平方米，储备面积大幅增长 119.82% 至 6931.2 万平方米，未来在管面积的增加潜力巨大，且受益于新城发展良好的销售业绩，企业在开发商增值服务方面也将得到较大的提升，未来营业收入、净利润也有望得到更大的提升和突破。

南都物业、滨江服务、奥园健康和浦江中国管理规模相对较小，但增速较快。其中南都物业年内合约管理面积增长 42.67% 至 5542.56 万平方米。滨江服务、奥园健康和浦江中国在管面积分别为 1160.0 万平方米、1043.2 万平方米和 545.2 万平方米，增速分别为 34.88%、21.78% 和 11.06%。营业收入增长率分别为 29.18%、45.87%、41.94% 和 45.87%，净利润增长率分别为 27.20%、22.36%、11.91% 和 −27.45%。

中海物业、中奥到家管理面积增速均小于 10%，相对增速较慢，但管理面积仍稳步增加，营业收入也小幅增加。而佳兆业物业因面积、收取的平均物业管理费率的增加，其营业收入达到 8.96 亿元，同比增长 33.86%，但因其上市费用及年度计提预扣税，致使其净利润由 2017 年的 0.71 亿元减少至 2018 年的 0.54 亿元，同比下降 25.10%。年内，祈福生活服务所管理的纯商业物业或项目数由三项增至七项，促使其合约面积由 680.6 万平方米增至 962 万平方米，增速高达 41.35%。然而由于物业管理服务中家居助理服务及餐饮服务收入减少，祈福生活服务营业收入同比下降 6.5% 至 3.65 亿元，成为 14 家上市的物业服务企业中唯一一家营业收入负增长的企业，不过其净利润同比增长 26.64% 至 0.73 亿元，盈利能力增强。

从总资产增长率看，雅生活服务、彩生活、永升生活服务均超过 100%，分别达到 190.61%、115.98% 和 112.55%，新城悦总资产增长率达 90.79%，增速显著。主要是其均拥有稳定的现金流和商誉及无形资产的提升，年内，雅生活服务、彩生活现金及现金等价物分别达到 48.08 亿元、26.67 亿元，因收购其他物业服务企业产生的无形资产溢价分别达到 12.12 亿元和 33.95 亿元，永升生活服务现金及现金等价物由 2017 年的 4.38 亿元增至 11.60 亿元，增速高达 164.8%。新城悦现金及现金等价物由 2017 年的 6.33 亿元增至 12.78 亿元，增速 101.90%。这均显示了企业财务状况良好，有利于企业提升市场覆盖率、扩充服务组合、整合增值服务以及提升管理效率。佳兆业物业和奥园健康总资产同比均略有下降，但现金及现金等价物均有增加，资金流动状况略有提升。

总的来看，获资本支持的物业服务企业的规模优势明显，且规模较大的上市物业服务企业的资源获取能力高于规模较小的上市物业服务企业，强者恒强的趋势逐渐在物业管理行业显现。排名靠前的企业在总资产、管理面积、营业收入、净利润等各方面均表现出较活跃和较为稳健的增长态势，这将有利于企业的长期稳定的发展，再加上一系列创新技术、智慧化的改造和应用，头部物业服务企业尽享政策、技术和时代发展的红利，不断地推进自身的发展，并持续对行业的发展带来正向的影响，成长潜力较大。

7. 创新与社会责任分析：贴合服务本质，社会责任意识加强

整体来看，上市物业服务企业的管理规模、营业收入和利润得到大幅的增长，管理运营状况良好。上市物业服务企业在追求业绩增长的同时，也主动承担起社会责任，社会服务意识不断增强，年内，得益于物业服务企业业绩的大幅提高，上市物业服务企业的纳税额提升显著，均值为 0.84 亿元，同比增加

41.67%（图 27）。

较 2017 年，年内上市物业服务企业营业收入增长显著，纳税额实现了较快的增长。其中，雅生活服务的纳税额最高，达到 2.64 亿元，同比增长 158.05%。绿城服务、彩生活、中海物业、碧桂园服务的纳税额均超过 1 亿元，分别为 1.6 亿元、1.52 亿元、1.49 亿元和 1.35 亿元，绿城服务、彩生活、中海物业纳税额同比分别增长 39.77%、43.34%、22.18%，年内，碧桂园服务主要附属公司碧桂园物业服务获得“高新科技企业”证书，可享受 15% 的优惠所得税率，纳税额下降 19.41%。另外 9 家企业在管面积规模和营业收入较上述企业小，年度纳税额均小于 1 亿元，除奥园健康同比小幅下降 0.75% 外，其他 8 家上市物业服务企业纳税额均同比增长，且浦江中国纳税额增速最快，达到 231.43%（图 28）。

图 27　2016～2018 年上市物业服务企业纳税额均值及增速

数据来源：企业年报、CRIC、中国房地产测评中心

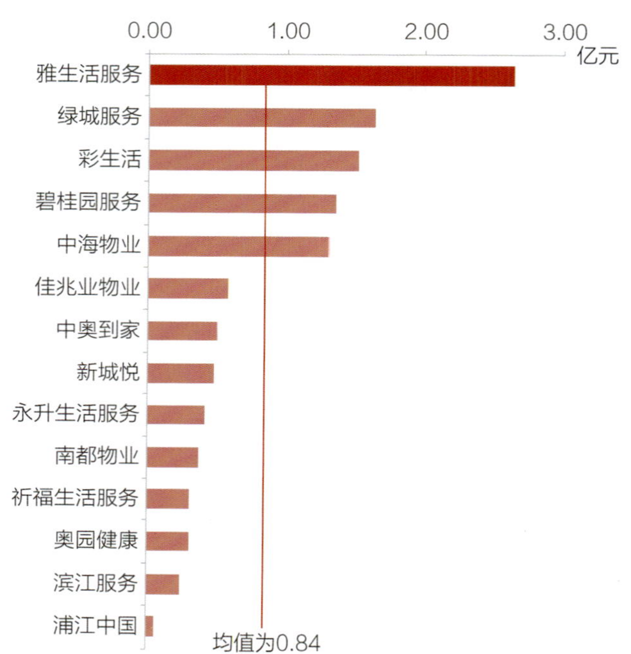

图 28　2018 年上市物业服务企业纳税额分布

数据来源：企业年报、CRIC、中国房地产测评中心

在精准扶贫方面，物业管理行业一直在行动，在中国物业管理协会和中国扶贫志愿服务促进会的指导监督下，易居乐农联合物业管理行业企业成立了首个全国化精准扶贫组织——中国社区扶贫联盟。自成立，中国社区扶贫联盟集聚各方优势，以新时代社区支持农业为基础，开创了“产业＋扶贫”的社区（群）“1＋1”精准扶贫模式，联盟机构的成员也已涵盖多个社会领域。其中，物业服务企业拥有巨量的人口流量，且更了解业主的需求，更容易建立起贫困地区农特产品与城市消费的链接，参与精准扶贫有着天然的优势。

上市物业服务企业积极响应国家战略，深入一线，借助自身优势，从教育、就业、助农等多维度切入，寻求服务的可持续发展，加大推进精准扶贫力度。如绿城服务积极投身扶贫事业并在 2018 年 12 月 11 日当选中国社区扶贫联盟首届副主席单位，在就业扶贫方面，绿城服务与贫困县的人力资源和社区保障局签订了用工扶贫协议，在符合行业标准和公司规定的前提下，尽可能提供就业上岗便利，促进贫困人口增收，努力实现“一人就业，全家脱贫”。碧桂园服务也加入扶贫联盟任副主席单位，积极参与社区精准扶贫。同时碧桂园服务以总公司为轴心，把扶贫工作向全国多个区域辐射展开，形成了村企党建扶贫、教育助学、就业扶贫、消费扶贫四大扶贫模式。2018 年在教育助学项目中，碧桂园服务累计有 21160 人次参与捐款结对，捐款总额达 80 多万元。2018 年 6 月，彩生活正式加入“中国社区扶贫联盟”，并将“扶贫助农”模式导入彩生活社区服务平台彩之云上，全国 592 个贫困县的优质农副产品可以通过线上展示、销售、配送到彩生活社区居民家中。此外，彩生活还积极深入扶贫一线，开展精准扶贫。南都物业积极参与公益类、社区联动类活动，积极投入社会公益事业，并积极响应国家和杭州地方用工政策，积极参与杭州市各大街道、社区的招聘活动，2018 年面向社会招聘 5000 余人，与 10 余所本科、专科学校建立长期合作关系，因人定岗、人尽其才，积极留住人才。中海物业积极参与社会公益建设，推动就业扶贫、消费扶贫、绿色环保和爱心志愿活动等，积极履行社会责任。

物业服务企业的服务内涵也在不断发展变化，日益贴合企业服务的本质。如“绿城服务”“碧桂园服务”“永升生活服务”“雅生活服务”，物业服务企业已经从名字入手，在定位上也改为“生活服务商”“综合服务商”等。

如绿城服务在服务质量和探索园区增值服务方面走在行业前端，服务创新度领先同业。碧桂园服务于 2018 年 12 月 26 日发布“城市共生计划”，推出城市公共服务的创新模式，提出要做新型城市治理公共服务的探行者，积极参与城市服务领域的市场化竞争，提升城市公共服务效率，促进城市病问题的解决，助力城市可持续发展，打造共建共治共享的城市服务新格局。同时，物业服务企业加大多元化布局，高铁、机场、公租房、乡村公共部分、政府物业等领域也已成为物业服务企业产业链的一部分。

（二）新三板及计划上市物业服务企业分析

物业管理行业从无到有到细分，挂牌新三板是物业服务企业探索资本市场的尝试，新三板亦为物业服务企业的成长提供了沃土。自 2014 年起，物业服务企业相继登陆挂牌，截至 2019 年 4 月，新三板累计挂牌物业服务企业达到 77 家，其中，2016 年新三板挂牌企业达 22 家，较 2015 年挂牌 14 家得到较大幅度的提升，并于 2017 年年迎来挂牌高峰（27 家挂牌新三板）。截至 2019 年 4 月，仍挂牌的物业服务企业 51 家，摘牌退市企业达 26 家，其中 2017 年、2018 年、2019 年分别摘牌 4 家、14 家和 8 家，2018 年新三板物业服务企业摘牌数量首次大于挂牌数量，物业服务企业密集登陆新三板的趋势发生逆转（图 29）。

从整体上看，挂牌新三板的企业已形成一定的规模，成长能力逐渐加强，属于我国物业服务企业中比较优秀的一批。根据 2018 年报数据显示，仍挂牌的 49 家物业服务企业（其中中广股份、保亿物业因年报尚未披露，不在统计范围）营业收入均值为 1.83 亿元，同比增长 25.24%，净利润均值为 1231.36 万元，同比增长 22.41%，毛利均值为 3437.93 万元，同比增长 22.52%，毛利率均值为 21.92%，相较 2017 年的 22.98% 略有下降。整体来看，年内，挂牌新三板的物业服务企业运营规模实现提升，盈利能力增幅明显（图 30）。

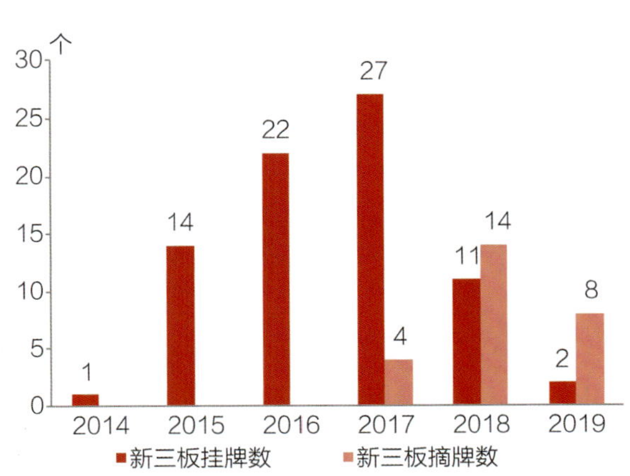

图 29　2014 ～ 2019 年 4 月新三板挂牌、摘牌情况分布

数据来源：企业年报、CRIC、中国房地产测评中心

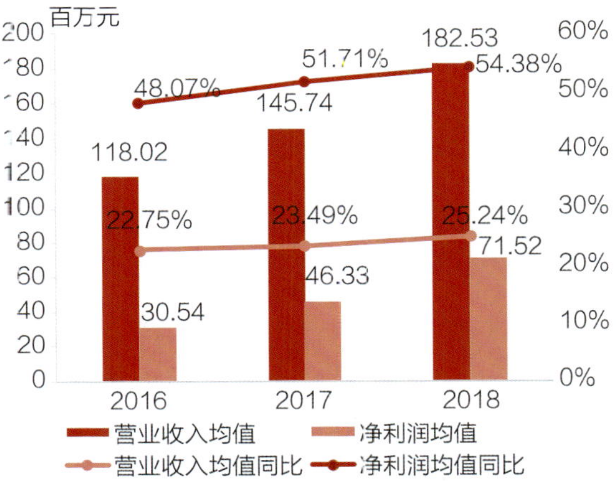

图 30　2016 ～ 2018 年挂牌新三板物业服务企业收入均值及净利润均值分布

数据来源：企业年报、CRIC、中国房地产测评中心

相较上市企业，新三板挂牌的物业服务企业仍有不小的差距。其中，上市物业服务企业营业收入均值（20.78 亿元）是新三板企业营业收入均值（1.83 亿元）的 11.38 倍；上市物业服务企业净利润均值（2.75 亿元）是新三板均值（0.12 亿元）的 22.35 倍。此外，2018 年物业管理行业在资本市场表现异常活跃，2 月 1 日南都物业成为首家 A 股上市的物业服务企业，紧随其后，雅居乐旗下雅生活服务，碧桂园旗下碧桂园服务，新城控股旗下新城悦，旭辉控股旗下永升生活服务等 5 家企业纷纷拆分登陆港交所，共享资本市场之红利。从登陆资本市场的物业服务企业数量和质量上来看，2018 年上市的物业服务企业数量与前几年的总和相当，物业服务企业也表现出较强的市盈率和估值。这进一步刺激了缺乏流动性的新三板企业开启冲击 A 股或港股的发展路径，一些优质的新三板物业服务企业也开始新的尝试，从新三板摘牌转向 A 股或港股，于是出现部分物业服务企业与新三板“闪婚闪离”的现象。

从摘牌的 26 家物业服务企业可以看到（表 6），企业平均挂牌时间仅为 20 个月，且有 5 家物业服务企业挂牌时间不足 1 年，包括鸿坤物业、恒昌物业、新大正、永升物业、紫竹物业。不少物业服务企业从新三板转战港股或 A 股，例如，永升物业在新三板挂牌仅 10 月，便于 2018 年 3 月摘牌，随后在 8 月向港交所提交招股书，并改名永升生活服务，于 2018 年 12 月 17 日成功在港上市，成为第一家在新三板摘牌后成功上市的物业服务企业，给同在新三板挂牌的物业服务企业做出了较好的示范；嘉宝股份自 2018 年 7 月 26 日正式从新三板摘牌，并于 2018 年 12 月提交上市资料，2019 年 3 月发布招股书；新大正挂牌仅 6 个月，便于 2017 年 8 月 18 日摘牌，2019 年 2 月 15 日正式报送了招股书计划冲击 A 股上市；保利物业于 2019 年 4 月 11 日从新三板摘牌，后宣布转道港交所；和泓服务（前身泓升股份）曾于 2016 年 1 月 5 日在新三板挂牌，而挂牌 27 个月后，于 2018 年 4 月 17 日终止挂牌，并于 2019 年 2 月 19 日递交招股书，拟赴港上市；鑫苑物业（前身鑫苑股份）挂牌 22 个月后，于 2019 年 1 月 24 日从新三板摘牌，并于 2019 年 4 月 30 日向联交所提交上市资料。对诸多物业服务企业来说，新三板仅是其进一步资本动作的跳板，新三板挂牌一段时间后选择摘牌并转向冲击港股或 A 股上市（表 7）。

2017 ～ 2018 新三板物业服务企业摘牌基本情况 表 6

证券代码	简　称	挂牌时间	退市时间	历时（月）
834070.OC	盛全服务	2015.11.10	2018.12.19	37
834669.OC	美易家	2015.12.09	2017.12.27	24
834858.OC	一卡通	2015.12.14	2019.01.24	37
834962.OC	嘉宝股份	2015.12.17	2018.07.26	31
835345.OC	泓升股份	2016.01.05	2018.04.17	27
835422.OC	天骄股份	2016.01.28	2018.03.06	25
836726.OC	银城物业	2016.04.21	2018.04.24	24
837149.OC	远洋亿家	2016.05.09	2018.03.02	24
838844.OC	荣超股份	2016.08.15	2018.10.24	26
839177.OC	仁和服务	2016.09.12	2018.10.25	17
870464.OC	世联君汇	2017.01.03	2018.04.17	15
870265.OC	天利仁和	2017.01.17	2019.01.09	5

续表

证券代码	简　称	挂牌时间	退市时间	历时（月）
870414.OC	紫竹物业	2017.01.19	2017.11.24	10
870564.OC	东方物业	2017.01.26	2019.03.04	25
870776.OC	新大正	2017.02.17	2017.08.18	6
870995.OC	伯恩物业	2017.03.02	2018.08.22	17
870929.OC	鑫苑股份	2017.03.16	2019.01.24	22
871270.OC	恒昌物业	2017.03.31	2017.09.05	5
871385.OC	永升物业	2017.04.14	2018.03.09	10
871437.OC	上房服务	2017.06.08	2018.12.10	18
871985.OC	彰泰物业	2017.08.15	2019.02.15	18
872075.OC	德利中天	2017.08.16	2018.10.15	13
872196.OC	兴业物联	2017.09.25	2019.01.21	17
872889.OC	鸿坤物业	2018.08.01	2018.12.19	4
871434.OC	康禧服务	2017.05.19	2019.03.14	22
871893.OC	保利物业	2017.08.29	2019.04.11	20

数据来源：CRIC、中国房地产测评中心

拟上市物业服务企业及动态　　表 7

企业名称	上市计划
蓝光嘉宝	2018 年 12 月 18 日企业提交的境外首次公开发行股份的行政许可申请已受理；2019 年 03 月 04 日港股上市申请已获证监会批准
开元物业	2018 年 12 月 19 日提交首次公开发行股票并在创业板上市的申请
新大正	2019 年 2 月 15 日首次公开发行股票招股说明书，拟 A 股上市
和泓服务	2019 年 2 月 19 日向联交所递交上市申请资料
保利物业	2019 年 4 月 11 日从新三板摘牌退市，4 月 16 日发布公告表示拟赴港上市
招商物业	2019 年 4 月 15 日招商物业发布与中航善达合作相关公告，两大央企“联姻”，招商蛇口拟拆分物业借道中航善达上市
鑫苑物业	2019 年 4 月 30 日递交招股书，拟港股上市

数据来源：企业公告、CRIC、中国房地产测评中心

若物业服务企业计划在港上市，从盈利方面看，需达到上市前 3 年利润总额 5000 万港币，即最近一年盈利至少 2000 万港币，前 2 年累计盈利至少 3000 万港币。上市时预期市值累计盈利至少 3000 万港币。上市时预期市值须至少达到 2 亿港币。根据测算，2019 年挂牌新三板的物业服务企业中符合香港上市基本要求的企业有 7 家。加上之前已经停牌摘牌，且有上市计划的企业，如鑫苑物业、新大正、蓝光嘉宝、保利物业等，预计 2019 年新三板转板储备企业超过 10 家（表 8）。

新三板中符合港股上市基本要求的物业服务企业　表 8

企业简称	2018 年净利润（万人民币）	2016-2017 年净利润（万人民币）	2016-2018 年净利润（万人民币）
开元物业	6,890.79	8,591.40	15,482.19
新鸿运	1,835.17	3,805.70	5,640.87
第一物业	5,956.66	9,515.42	15,472.08
美的物业	8,762.61	8,408.35	17,170.96
建投实业	3,411.24	5,661.54	9,072.78
银中物业	2,683.47	4,241.97	6,925.44
金发股份	1,928.63	3,285.24	5,213.87

数据来源：企业年报、CRIC、中国房地产测评中心

本次测评研究组广泛调研发现，当前也有一批物业服务企业正在储备力量，立足基础服务，不断创新和优化服务模式，扩大管理规模并寻求新的发展路径，来满足业主多元化的需求，并抓住市场机遇，开展外拓项目，追求规模价值，积极筹备，目前正在冲击资本市场或预计在未来几年上市。

例如作为西南地区领先的物业管理服务提供商，蓝光嘉宝以“物业管理＋商业运营”为主要产业，管理业态覆盖“住宅物业、商业物业、办公物业、城市综合体、总部基地、旅游地产”等 6 大运营服务产品，整合物业管理服务、咨询服务及社区增值服务，形成了涵盖物业管理全产业链的一体化服务范畴。2018 年蓝光嘉宝实现营业收入约为人民币 14.6 亿元较 2017 年增长 58.6%，净利润方面，2018 年较 2017 年增长 59.7%，增加至约 29700 万元。2019 年 3 月 4 日，四川蓝光嘉宝服务集团股份有限公司向港交所递交上市申请。

鑫苑物业以“一主多孵”商业模式为基础，依托企业服务优势与资源优势，创新构建出了“一体三翼五驱”的“135”发展模式，以社区服务为主体，将社区服务和社会资源有效链接，以大物管、大资管和大商管为龙头，具化为物业、资管、商业、科技、金融、产业延伸六大业务板块，构建以社区为基点、以城市为服务空间、以多元产业为支柱的泛物业产业生态圈，并以技术资本高效聚集融合、革新产业运营方式，致力于成为领先的泛物业产业运营商。鑫苑物业于 2019 年 4 月 30 日递交招股书，拟港股上市。

保利物业以“人文社区，价值生活”为品牌理念，推出“亲情和院”“东方礼遇”“镇兴中国”“星云企服”四大服务品牌，打造城市人文和美好生活服务商。在坚持市场化导向的同时，面向住宅、公共服务、商办等多业态领域提供服务，丰富多业态产品序列内涵，积极参与社区细分服务领域的深入挖掘，致力探索“大物业”布局上的广度和深度。在发展壮大和为客户提供服务过程中，保利物业始终不忘企业的社会责任，不忘回馈社会，与客户共创和谐社区。坚持诚信服务，维护客户利益，为客户创造更大价值。

金科服务以做美好生活服务商为理念，截至 2019 年 4 月，进入中国城市已达 149 个，管理规模超 2.8 亿平方米，管理项目超 700 个，服务业主 150 万家庭，超过 500 万业主，客户满意度连续 7 年超过 90%。管理业态涵盖住宅、商业中心、写字楼、高校、政府、酒店会所等多种类型。除了传统的物业服务，金科服务围绕“成长更好、居家更好、健康更好、便利更好、邻里更好”五大社区生活主张，为业主提供金融信息服务、租赁资产服务、旅游票务服务、智能家居服务、家庭生活服务、社区教育服务等多元化服务。2018 年，

金科服务启动“美好家园”和“生活方式”两大升级计划，打造了“金管家”“金慧家”“金悦家”三个子品牌，构造人、云、端的智慧社区生态。未来，金科服务将深耕“服务 +”战略，通过“服务 + 科技、服务 + 金融、服务 + 生态”三大战略为导向，打造以智慧服务为核心的科技型服务企业。

建业新生活依托建业集团品牌资源、社会美誉、客户资源及服务网络深耕河南。2002 年建业首创并践行“省域化发展战略”，2017 年建业实现“省、市、县、镇、村”五级联动，已覆盖河南省 18 地市、79 县级市、2 乡镇、1 村的广泛区域。目前建业新生活已开展涵盖物业管理、优选生活、智慧社区、品质居住、定制旅游、精致酒店、商业管理、现代农业、文旅运营、高端会员组织等多维度业务；并建立 1.0 物业社区基础服务、2.0 一家社区 O2O 增值服务和 3.0 君邻会服务三级服务体系，形成多层次闭环服务网络。同时，建业新生活利用人工智能、云计算、大数据等技术，通过互联网、物联网和线下实体网络，为河南用户提供分层分级会员制权益，满足消费升级、资产增值保值的需求，引领新型生活方式的服务体系。

诚信行物业融物业管理服务、顾问和增值服务全过程为一体，管理区域北至内蒙古，南至香港，在北京、上海、浙江、江苏、陕西等省份设有分、子公司 32 个。2017 年，诚信行物业营业收入 27.6 亿元，净利润 2.8 亿元，在管项目总建筑面积逐年增长，管理规模持续扩大，全球管理项目共计 693 个，管理面积高达 13205.31 万平米。诚信行物业服务领域包括中高端住宅，城市综合体，政府办公楼，商务写字楼，产业园区等类型。诚信行也是中国首家走向国际化的物业服务企业，目前公司在中国香港、韩国、柬埔寨、西班牙、英国、马来西亚、加拿大等地已经陆续开展业务。

天骄爱生活依托协信集团独有的商住产一体化资源优势，打造一战式全息生活服务模式，以商住产全息生活服务运营商为定位，从而实现跨区域、跨业态的协调发展。目前构建了住宅物业服务、商业物业服务、产业物业服务、公建物业服务、资产经营及管理、设施设备管理、大数据七大平台体系，管理和服务项目达到 300 余个，接管物业类型涵盖城市综合体、产业园区、物流园区、商业综合体、购物中心、商务写字楼、公共设施、高档公寓、住宅、别墅等，服务业态多元，并布局全国。同时，深耕社区资源，构建社区多种经营体系，“致力于成为全息生活服务运营商”。

世茂物业以打造“品质社区共生体智慧服务领航者”为战略目标，截至 2019 年 4 月，已入驻国内 40 余座核心城市，管理面积总数 4986 万平方米，在管项目近 180 个，管理项目类型涵盖住宅、商办、产业园、特色小镇、会所、城市公共建筑等。世茂物业以智慧科技赋能，不断深化服务领域和价值，提出“世茂 OceanX 深蓝”服务系统，探索家庭—社区—城市的大物业服务，为业主与用户带来品质智慧生活全新体验。

上实服务是上实集团整合旗下优势资源，以传统物业服务升级为契机，逐步向上下游服务及产业覆盖，延展到 FM 设施管理、空间规划管理、智慧能源、社区服务、健康养老等城市生活服务的各个领域的综合性品牌。业务布局方面，地域广泛、业态多元，管理了多项上海地区标志性建筑。截至 2018 年年底，公司在管面积 2516 万平方米，营业收入 127341 万元，利润 13178 万元。

融信服务深耕“美好 +”全生活服务系统，实行“1+N”发展战略，依托全生活服务系统，提供更智慧便捷的社区服务解决方案，聚焦物业服务，孵化资产管理、信息技术、园区保养、社区经营、养老健康、儿童教育等产业。目前融信服务在全国战略布局，在管项目达 120 余个，主要分布在上海、杭州、福州、闽南、郑州、天津、成都、广州等区域，合同管理面积近 5000 万平方米。

康桥物业致力于管理与服务水平的提升，以物业管理服务为主，逐步延伸拓展、多业并举，相互支撑、协调发展、实现企业战略目标。全新推出“心服务心生活”创新服务体系实现了康桥物业服务的全面升级。

康桥物业推出“1+5”服务理念，即匠心品质和五心服务，从前期介入到生活管家，从社区文化到社区商业，再到智慧社区服务，致力于打造优质的物业服务，提高业主的居住舒适度和幸福感，为业主打造美好生活社区。

景瑞物业立足上海，深耕长三角，布局全中国，先后在天津、重庆、浙江、江苏、合肥等地区设立分公司，入驻国内 7 个省份，34 个城市，承接了包括花园别墅、高档公寓、商业广场、政府行政办公楼、学校、医院等多种物业类型的物业服务工作，合同管理面积逾 2500 万平方米，同比增长 38%。2018 年实现营业收入 4.4 亿元，同比增长 30%。近年来，景瑞将传统物业重新升级定义为新海派物业，致力使服务产品专业化、服务手段智能化、服务模式平台化。

敏捷生活集团旗下业务遍布广州、佛山、中山、东莞、汕头、阳江、清远、韶关、肇庆、包头、鄂尔多斯、三亚等 28 个中大型城市，截至 2018 年年底，在管常规项目 97 个、服务家庭超 20 万户，年度营业收入较 2017 年增长约 70%。围绕对社区资源的运营和对客户资源的运营两点，敏捷生活将对外合作的切入点放到了经营权合作上，通过超出同行业平均水平的深耕能力，为合作方谋得更多利润，“星服务”已成为其独具特色的精品物业服务品牌。未来，敏捷生活将聚焦于物业服务、社区商业管理、教育、旅游、金融和智慧化六大板块，重新定位后的敏捷生活，将致力于成为社区综合服务商，为业主提供生活服务解决方案。

之平管理是物业管理市场化专业领域的先驱，客户遍及国内外 60 多个省市，其最大的特色和优势在于拥有并还在不断创新的四大系统：产品管理系统、组织管理系统、技术平台系统和商业模式系统。之平管理近 3 年营业收入平均增长 47.6%，高于行业平均水平，并在物业管理 + 社区商业、养老产业、资产管理等体现客户价值的领域持续发展，主导产业创变。

华宇 Savills 物业与第一太平戴维斯建立股权合作后，结合了本土与国际双重优势，搭建内外兼修的服务体系，全新导入“5C 钻石服务”“云服务智能 APP”，全面拓展升级物业管理体系，同时，以物业服务为核心，多元化服务场景为载体，携手具有国际化背景及视角的业务伙伴进行深度合作，旨在打造顶级普惠物业服务、精致生活服务、社区经济为基础的，涵盖智慧安防、智能维护、家庭陪护、社区颐养、惠邻金融、助邻资管等国际化泛生活服务价值有机生态。

新希望服务是新希望地产全资子公司，拥有国家一级物业管理资质，于 2012 年通过香港品质保障局 ISO 9001 质量体系认证。当前在成都、上海、杭州等全国 13 个城市开展物业服务工作，服务业态涵盖高端住宅、办公楼宇、家居卖场、城市综合体、产业园区、医疗机构等，注重营造精致、绿色的办公、生活空间。在住宅层面着力加强安全、便捷、智能化方面的建设，并进一步细分客群，以三种管家模式分别满足潮流青年、三代同堂、高净值人群的服务需求。

赢时物业是吉林省首家挂牌上市的物业服务企业，目前已布局东北区域、华中区域、华南区域、海南区域等，业务覆盖住宅类物业、商业类物业、开发商前介服务、开发商案场服务、物业社区生活服务、物业顾问培训咨询服务六大业务模块。坚持市场化运作是赢时物业一直坚持的原则，亦开启了赢时物业 + 新星宇物业双品牌市场拓展战略，赢时物业以服务集团地产旗下中高端住宅和商业物业项目为主，此外还积极拓展东北地区和全国市场。根据赢时物业的战略部署，新三板挂牌是赢时物业走向资本市场的第一步，未来两三年赢时物业将会寻求港股主板上市，力争成为东北地区上市第一股。

实力物业依托实力集团的资源优势和资本支持，以专业、严谨、创新的态度不断提升小区管理品质。根据自身发展特点，因地制宜融汇云南本土特色，形成一套专业、先进的管理体系。同时，在多年的物业项目管理中，实力物业积累了丰富的物业项目管理经验，在先进物业管理务场景为载体，携手具有国际化背景及视角的业务伙伴进行深度合作，旨在打造顶级普惠物业服务、精致生活服务、社区经济为基础的，涵盖智慧安防、智能维护、家庭陪护、社区颐养、惠邻金融、助邻资管等国际化泛生活服务价值有机生态。

新希望服务是新希望地产全资子公司，拥有国家一级物业管理资质，于 2012 年通过香港品质保障局 ISO 9001 质量体系认证。当前在成都、上海、杭州等全国 13 个城市开展物业服务工作，服务业态涵盖高端住宅、办公楼宇、家居卖场、城市综合体、产业园区、医疗机构等，注重营造精致、绿色的办公、生活空间。在住宅层面着力加强安全、便捷、智能化方面的建设，并进一步细分客群，以三种管家模式分别满足潮流青年、三代同堂、高净值人群的服务需求。

赢时物业是吉林省首家挂牌上市的物业服务企业，目前已布局东北区域、华中区域、华南区域、海南区域等，业务覆盖住宅类物业、商业类物业、开发商前介服务、开发商案场服务、物业社区生活服务、物业顾问培训咨询服务六大业务模块。坚持市场化运作是赢时物业一直坚持的原则，亦开启了赢时物业 + 新星宇物业双品牌市场拓展战略，赢时物业以服务集团地产旗下中高端住宅和商业物业项目为主，此外还积极拓展东北地区和全国市场。根据赢时物业的战略部署，新三板挂牌是赢时物业走向资本市场的第一步，未来两三年赢时物业将会寻求港股主板上市，力争成为东北地区上市第一股。

实力物业依托实力集团的资源优势和资本支持，以专业、严谨、创新的态度不断提升小区管理品质。根据自身发展特点，因地制宜融汇云南本土特色，形成一套专业、先进的管理体系。同时，在多年的物业项目管理中，实力物业积累了丰富的物业项目管理经验，在先进物业管理平台使用、专业第三方合作、团队建设、运行管理机制、品质管控等方面，具有较强的管理能力和品牌优势。

朗诗物业服务项目覆盖长三角及长江中上游，先后进入南京、常州、无锡、苏州、杭州、上海、成都、武汉等 19 个城市，截至 2018 年，管理面积达 1800 余万平方米。朗诗物业在科技住宅系统管理方面具备领先优势，依托朗诗集团“绿色开发全流程”运营的基础，十余年来坚持为开发企业、中高端家庭、公建客户提供一站式绿色、健康、人文生活服务。

根据企业近 3 年的营业记录，上述企业均得到较大幅度的增长，且在业务管理和开展过程中，各企业也不断创新发展，强化服务能力，发展态势向好，预计未来两三年将在资本市场上有重大突破。

物业管理行业的马太效应会越来越明显，想要快速做大规模占据行业有利位置，上市将成为优质物业服务企业的必然选择。不过拓展融资渠道并非只有上市一条道路，对于物业服务企业来说，亦需要想清楚上市的真实目的，坚持初心，不忘本心，真正用好资本的力量，支撑企业长远发展。

四、测评结论

（一）资本助力，管理规模增速加快

三年“建”，七十年“管”，在房地产白银时代，企业规模竞争逐渐从房地产开发业务延伸到物业管理等运营服务领域。根据《2018 年中国物业管理行业年鉴》，2017 年全国物业管理行业总面积约 246.65 亿平方米，预计 2023 年，物业管理总规模将达到 376.7 亿平方米，物业管理行业发展空间广阔。有先见之明的企业，快速反应，抓住政策支持、资本助推等利好因素，或受益于母公司的支持，或通过收并购、市场化

拓展第三方业务及开放平台的推广等各种途径加大规模的扩张，并以规模扩张为重要发展战略，重点布局，以增加市场占有率、提高品牌知名度和价值，以占据行业领先地位。

2018 年以来，多家房企分拆物业公司上市，在资本的助力下，上市物业服务企业的品牌影响力和资金实力均得到进一步的加强，企业跑马圈地，扩张明显，在管面积稳步增长，合约面积增速加快且高于在管面积的增速，储备面积充足，锁定企业未来的成长。年内，上市物业服务企业在管面积（统计范围：公布在管面积的 12 家企业）达到 11.89 亿平方米，同比增长 28.6%。合约面积（统计范围：公布合约面积的 11 家企业）同比增长 40.45% 至 20.17 亿平方米，增速明显。从增长率上看，上市物业服务企业在管面积均值增长率和营业收入均值增长率均得到显著的提升，分别为 27.96% 和 39.69%。受益于资本红利，预计未来上市企业将有较大的成长空间和潜力，营收能力随着规模的扩张，也将表现出强劲的增长潜力。

同时，各上市服务企业也纷纷在表示在 2019 年及之后的一段时期内扩大管理规模和增大市场份额仍是其发展主旋律，未来，物业服务企业将利用上市平台优势，并在资源优势的加持下，广开门路，深化战略布局，继续扩大服务覆盖范围，推动收入大幅增长，实现企业规模化扩张。

（二）多元化布局，服务业态多方拓展

近几年，房地产从增量向存量市场发展，各类型物业开发在未来几年的增速将会放缓。一方面由于非住宅市场物业费具有较大的溢价空间；另一方面物业服务企业也在为差异化竞争进行布局。因此，在深耕住宅物业的基础上，物业服务企业也纷纷开启多元化布局。根据《2018 年中国物业管理行业年鉴》，2017 年传统住宅物业的平均物业费水平和物业费收缴率均在行业内最低，且短期上涨难度较大，这均对物业服务企业的发展产生影响，促使物业服务企业纷纷在传统物业管理服务的基础上，探寻新的发展路径。

同时，“城市共生”概念的提出，也促使企业逐步开启探索城市服务新蓝海，着眼现代服务和综合生活配套服务，以满足居民多样化的需求。物业服务企业开始集中资源，进军细分市场，增加业务多元化布局。目前，非住宅业态尚有较大的开发空间，其物业费水平和增速相比传统住宅物业较高，且非住宅物业业主多是 B 端客户，增值服务消费能力强，物业费收缴率普遍高于传统住宅客户。因此具有资金和战略眼光的企业开始率先踏足该领域，业务布局逐渐从以住宅小区为基础，开始向商业物业、办公楼、产业园区、医院、学校、场馆、公众场所等多业态拓展。大物业、多业态经营在 2018 年备受瞩目，各大上市企业也发挥优势，大步迈向多业态服务。

南都物业自 2011 年起与银泰置地签订了华东区战略协议，全面进军综合商业物业市场，管理业态从传统的住宅物业、商业综合体、写字楼、产业园，拓展到学校、银行、政府公建及其他领域。碧桂园服务除了住宅物业的拓展，还包括“三供一业”以及商业、政府共建类项目的拓展，物业管理涵盖了商业物业、写字楼、多功能综合楼、政府、医院及其他公共设施、产业园、高速公路服务站。雅生活服务采用雅居乐物业和绿地物业双品牌战略，从传统的住宅物业管理与商业物业逐渐向多业态物业管理转变，积极开拓公共建筑物业服务，完成物业服务全产业链布局，目前服务类型涵盖住宅、旅游地产、商务办公楼和高端公寓等，实现了企业的快速健康发展。2018 年绿城服务拓宽了服务领域，签下了无锡国际金融中心（IFC）、西安中核长安印、台州天盛中心等为代表性的地标式超高建筑体，并由生活服务向城市综合服务纵深迈进，为上海浦东国际机场、温州机场、岳阳机场等城市窗口场所提供服务，目前绿城服务业态涵盖商务办公、城市综合体、产业园、城市公建、养老物业、度假物业等。中海物业进军商业物业市场，并依托强大的母公司，拓展政府物业项目，包括雄安市民服务中心、深圳当代艺术馆与城市规划馆，港珠澳大桥口岸、西九龙高铁站等知名地标项目等，

值得一提的是，中海物业囊括了全港 15 个出入境口岸中的 12 个服务合约，此外，中海物业还夺得香港司法机构辖下的所有物业的管理合约，并于 2019 年 4 月成功签约香港医院管理局大型服务——港岛西医院联网之保安及停车管理服务合约，为中海物业首次在香港投得医院管理局大型服务合约，4 月 26 日，成功签约韩国国际学校服务，首开港澳公司学校管理服务合约先河。永升生活服务已签约管理工业园区、医院、工厂、展览中心、体育场馆、公园及教育机构等，包括苏州创业园、青岛国际创新园、德州市第二人民医院及中国电信集团厦门分公司等。佳兆业物业服务业态涵盖中至高端社区及非住宅物业，包括商业物业、写字楼、表演场地和体育馆、政府建筑物、公共设施及工业园等，其中在管非住宅物业达 27 个，包括深圳世界大学生体育中心在内的体育场及竞技场、政府大楼等。

通过多元化发展战略，企业可以聚焦高附加值项目及通过多元化合作手段，优化收入结构，增强盈利能力，巩固行业领先地位。多元化拓展物业服务业务已成为大型物业服务企业的必然趋势。

（三）增值服务利刃出鞘，渐成营收增长之翼

从物业服务企业的经营情况看，受益于管理面积的快速扩张，多家物业服务企业的营业收入和利润均保持着较快速的增长。不过，第一，由于部分物业服务企业在管的项目以及新拓展和收并购的第三方物业服务企业的管理面积，包含不少老旧小区，这些项目物业费较低，且难以提价；第二，目前物业服务企业多采用包干制的收费模式，该模式毛利率较低。由此对物业服务企业营收和利润的增长产生一定的制约，企业在为业主提供优质基础服务的基础上，正不断寻找企业发展新的利润增长点。

根据《2018 中国物业管理行业年鉴》数据，中国物业服务百强企业的多种经营收入由 2015 年的 16.73% 提升至 2017 年的 17.17%，且 2017 年多种经营利润贡献占比达 30.54%，增值服务成为物业服务企业营业收入和利润增长的新引擎，这也使得增值服务成为物业服务企业重点布局的方向之一。

根据 2018 年各企业年报，上市物业服务企业增值服务也均表现增长态势，增值服务收入增长迅速，已经成为除企业管理面积之外营业收入增长最主要的原因之一。物业服务企业以基础服务为入口，充分挖掘增值服务价值，整合多方资源丰富社区服务内容，并向非业主增值服务延伸，不断地扩大业务服务半径，在物业服务的全链条渗透进居民的生活，增强业主的黏性和忠诚度。

社区增值服务是建立在巨大人口流量的基础上，不断挖掘居民的切身需求，增强客户的信任、忠诚度和黏性，从而得到快速的发展。非业主增值服务则主要是服务于房地产开发商，包含咨询服务、案场服务以及验房服务等，受益于母公司支持的企业，在该板块得到快速的提升。具体，从营业收入来看，各上市物业服务企业的增值服务收入增速明显，成为新的营收增长点。其中，绿城服务在社区增值服务（园区服务）方面不断探索，年度内，在二手房市场降温及教育行业政策调控的影响下，绿城服务的社区增值服务仍取得快速的增长，2018 年社区增值服务的收入高达 13.10 亿元，同比增长 45.5%，占公司总收入的 19.5%。非业主增值服务（咨询服务）亦达到 9.40 亿元，占公司总收入的 14%，较 2017 年同期增长 38.1%，增值服务收入成为驱动公司收入增长的主要因素之一；碧桂园服务致力于成为全周期社区生活服务整合运营商，围绕社区成熟发展周期、业主家庭成长周期和房产价值周期，为业主提供全方位的社区增值服务。年内，企业社区增值服务收入约为 4.17 亿元，占公司总体收入 8.9%，较 2017 年同比增加 72.5%，社区增值服务收入持续 3 年上升。非业主增值服务得益于碧桂园集团的支持，亦表现不凡，同比增加 141.2% 至 7.91 亿元，占公司总收入的 16.9%；雅生活服务的社区增值服务和非业主增值服务均表现出较显著的增长，同比增长分别高达 183.7% 和 222.7%，其中社区增值服务营业收入为 2.39 亿元。在非业主增值服务中，雅生活服务持续加强

与开发商战略合作，并深化市场化进程，加强在验房咨询服务、广告资源服务等多方面深挖社区经济价值，在非业主增值服务领域取得较大的突破，营业收入达到 14.63 亿元，为年度内上市物业服务企业中的最高值。总的来看，增值服务着力发展，扩大服务半径和服务深度，为行业带来了新的机遇和新的变化，为上市公司营业收入的增长带来持续动能。新城悦增值服务达 4.18 亿元，占总收入的 36.6%，较 2017 年增长 39.7%，持续保持强劲的增长势头。在增值服务领域新城悦正在努力开展一系列新的尝试，于 2018 年下半年开始重点发展资产管理业务，并加大新橙社 APP 与智慧社区融合的研发投入、加大拎包入住的业务模式的创新，以及在专业服务方面积极介入开发商新建专案的智慧化工程施工业务。新城悦明确表示 2019 年将进一步加大社区增值服务的高级人员配置及投入，提升业务能力，争取获得较高的增长，并在未来的三年里力争增值服务收入超过总收入的 50%（图 31 ～图 34）。

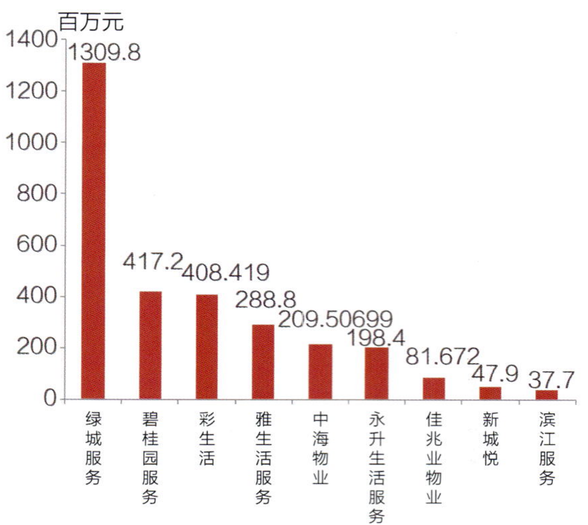

图 31　2018 上市物业服务企业社区增值服务收入分布
数据来源：企业年报、CRIC、中国房地产测评中心

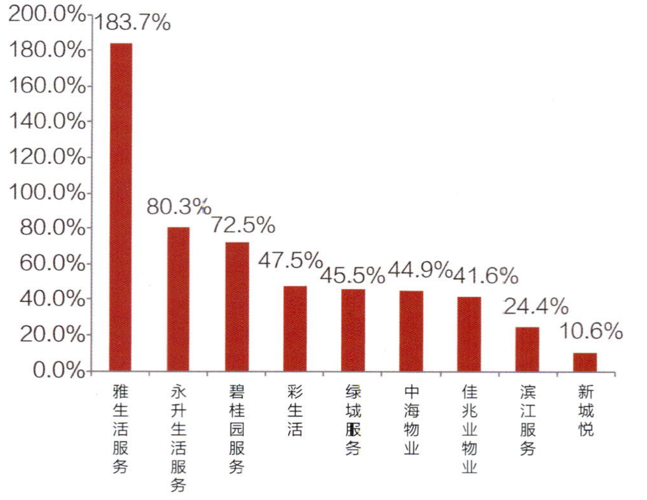

图 32　2018 上市物业服务企业社区增值服务收入同比增速分布
数据来源：企业年报、CRIC、中国房地产测评中心

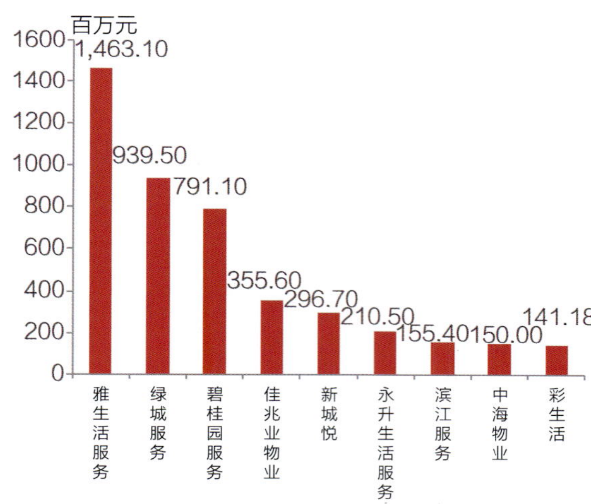

图 33　2018 上市物业服务企业非业主增值服务收入分布
数据来源：企业年报、CRIC、中国房地产测评中心

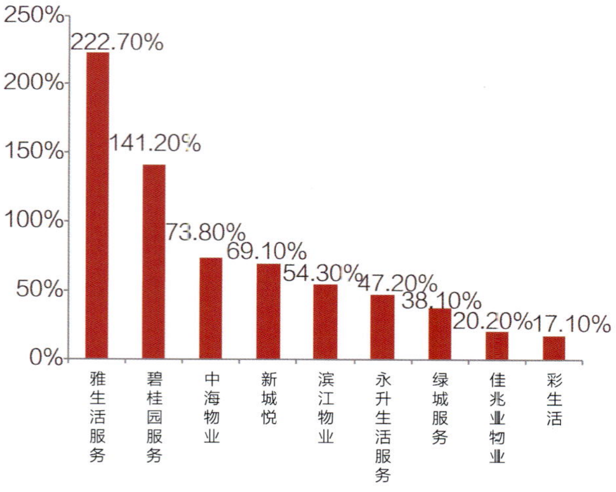

图 34　2018 上市物业服务企业非业主增值服务收入同比增速分布
数据来源：企业年报、CRIC、中国房地产测评中心

从增值服务的盈利能力方面看，上市物业服务企业的社区增值服务和非业主增值服务的毛利增速较快，毛利率也大多高于传统住宅服务业态。其中，新城悦因加大资产管理业务的开展，增加人员储备，从而提高

了员工成本，导致社区增值服务毛利率有所下降，但其毛利率依旧较高，达到 81.7%。碧桂园服务受益于物业管理面积的持续扩大，为社区增值服务的开展带来了大量的客户基础，并进一步挖掘社区生态圈的需要，与商家联合产品输出，从而为业主提供丰富多样的增值服务，年内碧桂园服务社区增值服务和非业主增值服务毛利率分别达到了 66.1% 和 48.01%。永升生活服务通过深入研究社区和服务人群，构建完整的增值服务品牌，如旭惠园、邻聚游、租售中心等子品牌，为业主提供切合其需求的增值服务，年内社区增值服务毛利率达到 63.4%。雅生活服务 2018 年积极开展生活服务、社区资源服务、拎包入住等服务，公司增值服务的不断丰富，在前期投入的基础上，本年度形成的规模经济效应致使整体毛利率提升，其中社区增值服务较 2017 年增长 9.2 个百分点，达到 50.9%（表 9）。

2018 上市物业服务企业毛利率分布　　表 9

企业名称	物业管理服务毛利率	社区增值服务毛利率	非业主增值服务毛利率	总毛利率
新城悦	27.8%	81.7%	25.5%	29.5%
中海物业	18.0%	49.9%	32.1%	20.4%
绿城服务	11.4%	25.5%	38.0%	17.8%
雅生活服务	27.40%	50.90%	47.70%	38.2%
碧桂园服务	31.9%	66.1%	48.1%	37.7%
佳兆业物业	33.0%	35.7%	28.8%	30.9%
永升生活服务	20.7%	63.4%	21.6%	28.7%
滨江服务	15.6%	49.5%	43.1%	26.5%

数据来源：企业年报、CRIC、中国房地产测评中心

总的来说，目前从收入占比来看，增值服务较基础物业服务仍较小，但其毛利率较高，成为各大物业服务企业发展的重点领域。物业服务企业拥有巨大的人口流量，将物业服务深入社区有其天然的优势，精准把握社区增值服务需求，逐渐从基础物业服务提供者向社区生活服务提供者转型，并开始为住户提供围绕社区生活的增值服务，以及针对非业主提供增值服务，同时通过 APP 搭建平台开展电商服务，销售商品。增值服务的商业模式日益成熟，服务品类和内容不断丰富。长期来看，高毛利的社区增值服务和非业主增值服务的广泛开展打通了物业服务的全链条布局，整个业务的营收和毛利率得到了的提升，成为企业未来业绩增长的重要因素。

因此，诸多物业服务企业加强增值服务布局，拓宽物业服务业务，并在多元化服务领域积极拓展，大力挖掘市场潜力。同时，企业着重提高服务质量，以提升企业品牌知名度，增加客户黏性和忠诚度，持续为其提供盈利的动力。

（四）兼并收购动态频频，行业整合力度增大

做大做强是每个物业服务企业的目标，因此一些物业服务企业在获得母公司持续供应及通过第三方拓展能力获取管理规模外，也积极寻求与自己发展模式类似及管理模式互补或区域互补的物业服务企业进行合作或收并购，以实现企业在空白地理区域的扩张和布局，管理规模的迅速扩大。

在资本的助力下，物业服务企业跑马圈地，通过收并购不断扩展企业管理规模，力求快速的提升市场占有率，占据行业有利的位置。部分上市物业服务企业将筹集资金的 55% 以上用于规模扩张（图 35）。

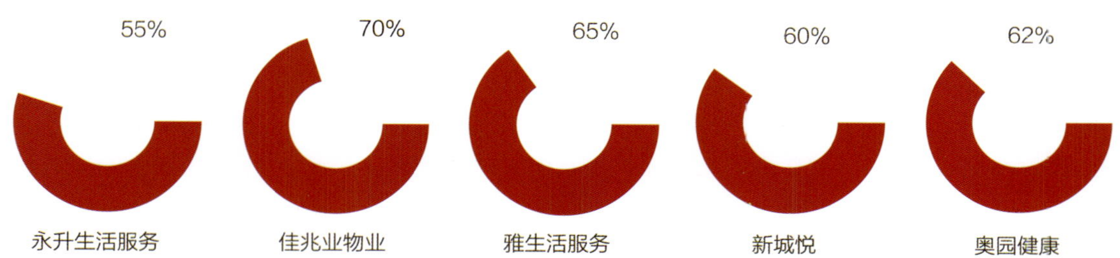

图 35 物业服务企业筹集资金用于规模扩张比例

数据来源：企业年报、CRIC、中国房地产测评中心

在收购目标选择上，企业也更加青睐于已经形成一定规模的优质物业服务企业，例如雅生活 2019 年 1 月收购的青岛华仁物业和哈尔滨景阳物业，3 月收购的广州粤华物业均为区域性优质龙头企业，收购事项将有助于雅生活服务的业务规模和覆盖范围进一步扩展，并将提升雅生活服务在山东及黑龙江的市场影响力及竞争力，填补了企业在华南区域公共建筑市场的业务空白，形成区域互补，进一步向物业管理多业态进行横向突破及形成企业多业态并行的全产业链战略布局。

此外，新三板企业数量较多，公司相对规范、信息披露度高且拥有较高的投资价值，便于企业寻找合适的标的，成为大型物业服务企业优先选择并购的目标池，例如 1 月份雅生活服务耗资 1.34 亿收购华仁物业 89.66% 的股权，新三板或成物业管理行业跑马圈地新标的。

收并购，加速了物业管理市场的扩张，并加速了行业的整合，然而收购完成后，企业也将面临因双方业务的性质及规模、新市场运营情况、企业文化差异、所收购企业的人员保留等多重因素的影响。更大、更强是每一个企业发展的愿景，收并购也是不少企业寻求发展的途径，但收并购不仅仅是简单的“1+1”，并购之后如何形成合力，如何更好地融合，也应是每家实施并购的企业最重视的问题。

2015 年以来上市物业服务企业部分典型并购 表 10

并购方	被并购方	并购时间	资金	占股
彩生活	开元国际物业	2015 年 6 月	3.3 亿元	100%
	万象美物业管理有限公司	2016 年 8 月	20 亿元	100%
中海物业	中海宏洋物业	2015 年 5 月	5000 元	100%
	中信物业	2017 年 10 月	1.9 亿元	100%
绿城服务	浙江浙元物业	2016 年 8 月	22.7 万元	40%
雅生活服务	绿地物业	2016 年 8 月	10 亿元	100%
	南京紫竹物业	2018 年 4 月	2.05 亿元	51%
	兰州城关物业服务有限公司	2018 年 7 月	1.48 亿元	51%
	青岛华仁物业	2019 年 1 月	1.34 亿元	89.66%
	哈尔滨景阳物业	2019 年 1 月	-	92%
	广州粤华物业有限公司	2019 年 3 月	1.95 亿元	51%
南都物业	江苏金枫物业服务	2018 年 6 月	1.008 亿元	70%

数据来源：企业年报、CRIC、中国房地产测评中心

附件

（一）研究对象

2019 年物业服务企业上市公司测评报告中研究对象为：

1. 上市测评分析的研究对象为，截至 2019 年 4 月在上海、香港等地上市，且主要业务位于中国大陆地区的 14 家物业服务企业（附表 1）。

2. 新三板测评分析的研究对象为，截至 2019 年 4 月仍在挂牌的 49 家物业服务企业（仍挂牌企业为 51 家，其中截至本报告结稿中广股份、保亿物业年报仍未披露，故不在统计范围）（附表 2）。

3. 计划上市的物业服务企业为部分业务开展良好，规模及盈利能力持续增加，并在未来几年有上市计划的部分物业服务企业（附表 3）。

2019 年物业服务企业上市公司测评名单　　附表 1

序号	股票代码	企业简称	序号	股票代码	企业简称
1	603506.SH	南都物业	8	3319.HK	雅生活服务
2	1778.HK	彩生活	9	6098.HK	碧桂园服务
3	2669.HK	中海物业	10	1755.HK	新城悦
4	1538.HK	中奥到家	11	2168.HK	佳兆业物业
5	2869.HK	绿城服务	12	1995.HK	永升生活服务
6	3686.HK	祈福生活服务	13	3316.HK	滨江服务
7	1417.HK	浦江中国	14	3662.HK	奥园健康

数据来源：企业年报、CRIC、中国房地产测评中心

2019 年物业服务企业新三板测评名单　　附表 2

序号	股票代码	企业简称	序号	股票代码	企业简称
1	430516.OC	文达通	13	835411.OC	润丰物业
2	831840.OC	东光股份	14	835232.OC	特毅股份
3	831971.OC	开元物业	15	835800.OC	万联生活
4	831947.OC	丹田股份	16	836007.OC	润华物业
5	832319.OC	华仁物业	17	836397.OC	智善生活
6	832816.OC	索克物业	18	837249.OC	乐生活
7	832925.OC	城投鹏基	19	837498.OC	第一物业
8	833440.OC	新鸿运	20	837530.OC	格力物业
9	833925.OC	兴业源	21	837496.OC	中广股份
10	834213.OC	物管股份	22	837976.OC	德商股份
11	834381.OC	方圆现代	23	838042.OC	中经世纪
12	835514.OC	雅荷科技	24	838474.OC	福强股份

续表

序号	股票代码	企业简称	序号	股票代码	企业简称
25	839277.OC	花千墅	39	872504.OC	新日月
26	839955.OC	美的物业	40	872548.OC	实力物业
27	870261.OC	建投实业	41	872514.OC	创美城市
28	870371.OC	鑫梓润	42	872718.OC	安信联行
29	870685.OC	银中物业	43	872657.OC	龙能股份
30	871589.OC	客都股份	44	872761.OC	永基物业
31	871807.OC	兴湃至美	45	872955.OC	中都物业
32	871971.OC	中楚物业	46	872978.OC	荣鑫物业
33	871702.OC	好生活	47	873068.OC	未来物业
34	871792.OC	栖霞物业	48	873058.OC	金新城
35	872176.OC	信谊股份	49	873067.OC	田森股份
36	872269.OC	保亿物业	50	873186.OC	津万事兴
37	872267.OC	金发股份	51	873269.OC	赢时物业
38	872373.OC	第一成美			

数据来源：企业年报、CRIC、中国房地产测评中心

计划上市物业服务企业名单

附表 3

企业名称	企业名称
蓝光嘉宝	康桥物业
鑫苑物业	景瑞物业
保利物业	敏捷生活集团
建业新生活	之平管理
金科物业	华宇 Savills 物业
诚信行物业	新希望服务
天骄爱生活	赢时物业
世茂物业	实力物业
上实服务	朗诗物业
融信服务	

数据来源：企业年报、CRIC、中国房地产测评中心

（二）指标体系和方法

1. 指标体系

物业服务企业上市公司测评从运营规模、盈利能力、抗风险能力、成长潜力、资本市场表现和创新能力与社会责任六大方面，采用总资产、营业收入、管理面积、净利润、毛利率、毛利、净资产收益率、资产负债率、流动比率、总资产增长率、营业收入增长率、净利润增长率、管理面积增长率、总市值、每股收益、纳税额、年度专利数等 17 个二级指标来全面衡量物业服务上市企业的综合实力（附图 1）。

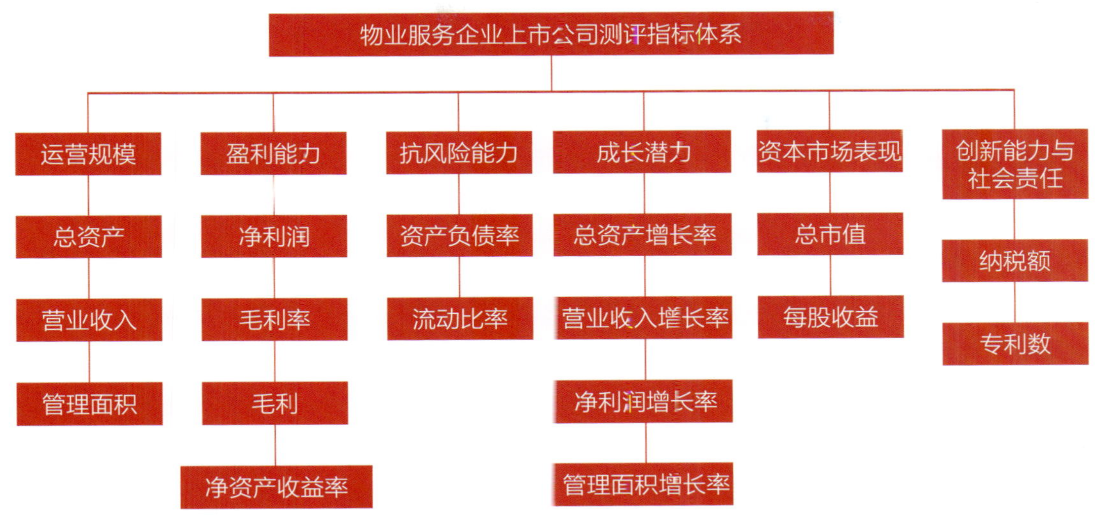

附图 1　物业服务企业上市公司测评指标体系

2. 模型方法

基于多指标评价的复杂性，物业服务上市企业测评模型既要尽可能全面地将各类反映企业经营绩效的指标包括进去，同时又要避免引入过多重复信息，夸大某一指标的相对影响，因此中国物业服务上市企业测评模型采取了主观评价和客观评价相结合的技术路线，运用了因子分析法（客观评价）、层次分析法（主观评价）以及功效系数法（客观评价）三种测评模型，对于这三种测评模型最后的结论采用了 Borda 组合评价法进行综合，有效地解决了不同测评模型测算结果的不一致现象，从而保证了测评结论尽可能客观、公正、专业和科学。

（1）因子分析法

因子分析法通过研究变量相关阵或协方差阵的内部依赖关系，将多个变量综合为少数的几个公共因子，将变量表示成公共因子的线性组合，以再现原始变量与公共因子之间的相关关系。

因子分析模型的构建：设有 m 家物业服务上市企业，n 个评价指标。设$X=(X_1,\cdots,X_n)'$ 为原始变量，$E(X)=\mu$，$D(X)=\Sigma$。由于不同指标具有不同的量纲和数量级，为避免量纲和数量级所造成的影响，将原始变量进行标准化处理，记标准化变量为$Y=(Y_1,\cdots,Y_n)'$，$E(Y)=0$，$D(Y)=1$。又设经过经转化后的公共因子变量为$F=(F_1,\cdots,F_p)'$，（$p<n$）。并设$\varepsilon=(\varepsilon_1,\cdots,\varepsilon_p)'$ 与 F 互不相关，$E(\varepsilon)=0$，$D(\varepsilon)=dias(\sigma_1^2,\cdots,\sigma_p^2)\underline{\text{def}}D$

则可得模型如下：

$$\begin{cases}Y_1=a_{11}F_1+a_{12}F_2+\cdots+a_{1p}F_p+\varepsilon_1\\Y_2=a_{31}F_1+a_{22}F_2+\cdots+a_{2p}F_p+\varepsilon_2\\\cdots\\Y_n=a_{n1}F_1+a_{n2}F_2+\cdots+a_{nP}F_p+\varepsilon_n\end{cases}$$

用矩阵可表示为$Y=AF+\varepsilon$。

模型中F_1,K,F_n是公共因子，$\varepsilon_1,K,\varepsilon_n$是 Y 的特殊因子；对于 Y 的每一个分量F_1、K,F_n都有作用，而 ε_i 只对 Y_i 起作用，各个特殊因子之间及特殊因子与其他所有公共因子都是互不相关的。矩阵$A=(a_{ij})_{n\times p}$称为因子载荷矩阵，a_{ij} 称为第 i 个变量在第 j 个因子上的载荷，即第 i 个变量在第 j 个公共因子的相对重要性，a_{ij} 的绝对值越大，说明与其相依程度就越大，即说明公共因子对其载荷量就越大。

（2）层次分析法

层次分析法（The analytic hierarchy process）简称 AHP，在 20 世纪 70 年代中期由美国运筹学家托马斯·塞蒂（T. L. Saaty）正式提出。它是一种定性和定量相结合的、系统化、层次化的分析方法。层次分析法的具体操作步骤如下：

① 建立层次结构模型。在深入分析实际问题的基础上，将有关的各个因素按照不同属性自上而下地分解成若干层次，同一层的诸因素从属于上一层的因素或对上层因素有影响，同时又支配下一层的因素或受到下层因素的作用。最上层为目标层，通常只有 1 个因素，最下层通常为方案或对象层，中间可以有一个或几个层次，通常为准则或指标层。当准则过多时（譬如多于 9 个）应进一步分解出子准则层。

② 构造成对比较阵。从层次结构模型的第 2 层开始，对于从属于（或影响）上一层每个因素的同一层诸因素，用成对比较法和 1 ～ 9 比较尺度构成对比较阵，直到最下层。

③ 计算权向量并做一致性检验。对于每一个成对比较矩阵计算最大特征根及对应特征向量，利用一致性指标、随机一致性指标和一致性比率做一致性检验。若检验通过，特征向量（归一化后）即为权向量：若不通过，需重新构追成对比较阵。

④ 计算组合权向量并做组合一致性检验。计算最下层对目标的组合权向量，并根据公式做组合一致性检验，若检验通过，则可按照组合权向量表示的结果进行决策，否则需要重新考虑模型或重新构造那些一致性比率较大的成对比较阵。

我们在主成分分析的基础上，结合层次分析法设计了物业服务上市企业综合评价的 CWPCA 模型，全面考虑了全体指标和 5 个二级指标子类的权重。这样既反映了全体指标的信息，又体现了指标（类）之间的重要性差异。

（3）功效系数法

功效系数法又叫功效函数法，它是根据多目标规划原理，对每一项评价指标确定一个满意值和不允许值，以满意值为上限，以不允许值为下限。计算各指标实现满意值的程度，并以此确定各指标的分数，再经过加权平均进行综合，从而评价被研究对象的综合状况。运用功效系数法进行业绩评价，企业中不同的业绩因素得以综合，包括财务的和非财务的、定量的和非定量的。

（4）组合评价 Borda 法

Borda 法是由 C. deBorda 在 1784 年提出的，最早是为了解决投票选举问题。其基本思想是，通过比较 m 位评价者所给出的对 n 个被评价对象的优序关系，最终确定 n 个被评价对象的 Borda 分，以 Borda 分为大小从高到低排序。

（三）数据来源

2019 物业服务企业上市公司测评研究的数据来源主要涉及如下几个方面：

1. 纳入测评研究的上市公司的年报、半年报、季报和各项公告；
2. 2018 中国物业管理行业年鉴；
3. CRIC 咨询决策系统的房地产市场实时跟踪数据；
4. 经交叉证实的公开渠道信息资源。

此外，基于沪深和香港会计准则方面的差异、数据指标的内涵、统计口径以及财务报表报告期间的不同等具体情况，测评研究中对大陆在港上市公司的数据统一进行了可比性修正，以便沪深房地产上市公司和大陆在港房地产上市公司能够在一致的基础上进行测评分析。

物业服务企业品牌价值测评报告

一、测评背景

近年来，房地产市场在政策宏观调控下，市场发展趋于理性，住房回归居住属性，物业服务企业作为美好生活的服务者，迎来了重要的发展机遇。2018 年，在政策利好、技术更迭、消费升级的发展背景下，物业管理行业全面提升物业服务质量，发展态势良好，管理规模不断扩大，盈利能力得到显著提升，并赢得了资本市场的广泛关注，一批优秀的物业服务企业登陆资本市场共享资本之红利。物业管理行业竞争日益激烈，通过行业整合，企业兼并收购，市场集中度不断提升，品牌之于企业的重要性更加凸显，品牌价值带来的溢价效应受到诸多物业服务企业的重视。强化品牌策略，完善品牌体系建设，全面提升品牌竞争力成为物业服务企业发展的重要内容。

为加强行业和企业的品牌影响力，行业协会和各企业也一直在行动。中国物业管理协会将 2018 年定义为“服务质量提升年”，各地物业管理协会及企业纷纷响应，积极参与并落实行动，加强和改进物业管理，切实提高物业管理水平和服务质量。2018 年，第二届国际物业管理产业博览会在深圳召开，汇聚了全国顶尖的物业服务企业和一流的物业服务供应商，加强了物业管理行业上下游企业的沟通与交流，也吸引了众多的中小型物业服务企业参观和经验学习，增进企业之间产品和技术的交流与互动，在行业内引起较大的反响并取得显著的成效。此外，中国物业管理协会编撰了第一本物业管理行业年鉴，内容包罗行业详实的数据，协会和企业优秀的案例，由点及面，多维度、全方面反映我国物业管理行业的发展现状，树立了典型优秀企业形象，扩大了企业品牌知名度和影响力，彰显行业的社会价值，为行业内外了解和研究物业管理行业提供了重要的参考。2018 年，行业发展一切向好，各界人士在行业地位塑造、品牌建设、品牌推广等方面均作出较好的促进作用。

2019 年行业持续开始新的征程，年初中国物业管理协会的会长工作会议一致讨论通过，将今年定义为行业的“标准建设年”。物业管理行业将举全行业之力，深化行业标准建设，全方位推动服务质量提升，以创新为魂、质量为本、诚信为根，打造物业服务品牌，为满足人民日益增长的美好生活需要作出更大的贡献。在中国品牌日上，李克强总理亦提出要加强品牌建设，促进现代服务业发展，是顺应消费升级、释放国内市场巨大潜力、推进高质量发展的重要举措。品牌成为企业乃至国家竞争力的综合体现，也是经济发展的引擎、企业文化的灵魂、供给结构和需求结构升级的重要方向。

但总体来看，目前物业管理行业处于成长期，行业地位较低，企业品牌知名度较弱。因此，提高行业和企业的社会地位和知名度仍是行业和企业亟待开展的工作。

在此背景下，中国物业管理协会、上海易居房地产研究院中国房地产测评中心联合开展了物业服务企业品牌价值测评研究工作，并由北京中物研协信息科技有限公司具体落实。本次测评综合运用品牌理论、价值评估理论和相关研究成果，客观展示物业管理行业和品牌物业服务企业的最新发展动态，对品牌物业服务企业的运行状况进行深入的分析研究，全面地衡量企业的综合发展状况，找到企业在品牌建设中的特征和运行规律，致力于市场认可度和品牌竞争力的提升，并对物业服务企业的品牌价值进行测评。同时发布2019物业服务企业品牌价值测评报告及榜单，研究和反映当前物业服务企业品牌价值和品牌影响力，挖掘一批品牌影响力较强的企业，在行业发挥品牌引领作用，为物业服务企业深化品牌战略培育思路和提供价值范本，特别是对发展经营情况较突出的典型品牌物业服务企业的研究和分析，可为物业服务企业的品牌建设和完善带来重要的借鉴和参考意义。

此外，在建设企业品牌的同时，诸多行业也在大力推进品牌集群建设，力求推动行业内涌现更多优秀品牌，由品牌建设升级为品牌集群的打造。对于物业服务企业来说，物业管理行业处于飞速发展的黄金时期，行业集中度得到进一步的提升，打造物业管理行业自己的品牌集群至关重要。物业管理行业"美好生活"物业品牌集群的打造和建设，将有助于提升行业品牌形象，可以让物业服务企业抱团发展，聚力前行，以集群为合力，以品牌为抓手，整合资源并形成行业发展的聚合力量，助力优秀企业快速发展。

二、2019"美好生活"物业品牌集群

在中国经济进入高质量发展阶段的当下，品牌是企业乃至国家竞争力的综合体现，也是经济发展的引擎、企业文化的灵魂、供给结构和需求结构升级的重要方向。中国产业经济中诸多行业正在大力推进品牌集群建设，力求通过集合行业强势力量，打造独具特色的行业品牌，最大限度地提高行业的市场影响力和价值。

在中国物业管理协会的指导下，物业服务企业自愿报名参与品牌测评的基础上，本次品牌价值测评倡议一批优秀的参评物业服务企业组成物业管理行业"美好生活"物业品牌集群，来集中展示物业管理行业的风范和力量，以集群为合力，以品牌为抓手，助力优秀品牌快速发展，聚力前行！

2019"美好生活"物业品牌集群　　表1

品牌集群企业名称	品牌集群企业名称
安徽创源物业管理有限公司	安徽省高速地产物业管理服务有限公司
安徽省长城物业管理有限公司	安徽新亚物业管理发展有限公司
安徽信联物业服务有限公司	保利物业发展股份有限公司
北京国天健宇物业管理发展有限公司	北京鸿坤瑞邦物业管理有限公司
北京金融街物业管理有限责任公司	北京鲁能物业服务有限责任公司
北京晟邦物业管理有限公司	北京斯马特物业管理有限公司
北京天鸿宝地物业管理经营有限公司	北京中际北视物业管理有限公司
北京中湾智地物业管理有限公司	碧桂园智慧物业服务集团股份有限公司
重庆海泰管理服务有限公司	重庆海源物业管理有限公司

续表

品牌集群企业名称	品牌集群企业名称
重庆华宇第一太平戴维斯物业服务集团有限公司	重庆天骄爱生活服务股份有限公司
重庆新大正物业集团股份有限公司	重庆新鸥鹏物业管理（集团）有限公司
成都成飞物业服务有限责任公司	成都合能物业管理有限公司
成都嘉诚新悦物业管理集团有限公司	成都嘉善商务服务管理有限公司
大连豪之英物业管理有限公司	第一物业（北京）股份有限公司
福建伯恩物业管理股份有限公司	福晟生活服务集团
高地城市服务产业集团	葛洲坝物业管理有限公司
广东公诚设备资产服务有限公司	广东华信服务集团有限公司
广州奥园物业服务有限公司	广州海伦堡物业管理有限公司
广州市时代物业管理有限公司	哈尔滨菱建物业管理有限公司
哈尔滨徐虎（上海）物业经营有限责任公司	合肥鸿鹤物业管理集团有限公司
合肥阡陌物业服务有限公司	合肥市房地产经营公司
合肥市新华物业管理有限公司	合肥市政文外滩物业管理有限公司
合肥顺昌物业管理公司	河北恒辉物业服务集团有限公司
河北旅投世纪物业发展有限公司	河南浩创物业服务有限公司
河南建业新生活服务有限公司	河南名门物业管理服务有限公司
河南新康桥物业服务有限公司	河南正美物业服务有限公司
河南正商物业管理有限公司	弘生活物业服务管理有限公司
华润物业科技服务有限公司	佳兆业物业集团有限公司
江苏万园物业管理有限公司	江苏银河物业管理有限公司
金碧物业有限公司	金科物业服务集团有限公司
龙湖物业服务集团有限公司	绿城物业服务集团有限公司
南都物业服务股份有限公司	南京金鹰物业资产管理有限公司
南京朗诗物业管理有限公司	南京亿文物业管理有限公司
融信物业服务集团	厦门联发（集团）物业服务有限公司
山东明德物业管理集团有限公司	山东省诚信行物业管理有限公司
陕西诚悦物业管理有限责任公司	上海保利物业酒店管理集团有限公司
上海漕河泾开发区物业管理有限公司	上海德律风置业有限公司
上海东湖物业管理有限公司	上海复欣物业管理发展有限公司
上海吉晨卫生后勤服务管理有限公司	上海景瑞物业管理有限公司
上海科瑞物业管理发展有限公司	上海陆家嘴物业管理有限公司
上海明华物业管理有限公司	上海锐翔上房物业管理有限公司
上海上坤物业管理有限公司	上海盛高物业服务有限公司
上海益镇物业管理有限公司	上海永升物业管理有限公司
上海中建东孚物业管理有限公司	上海中星集团申城物业有限公司
上实服务集团	深圳北方物业管理有限公司

续表

品牌集群企业名称	品牌集群企业名称
深圳市彩生活服务集团有限公司	深圳市福田物业发展有限公司
深圳市航天物业管理有限公司	深圳市恒基物业管理有限公司
深圳市嘉诚物业管理有限公司	深圳市金地物业管理有限公司
深圳市莲花物业管理有限公司	深圳市龙城物业管理有限公司
深圳市明喆物业管理有限公司	深圳市荣超物业管理股份有限公司
深圳市赛格物业管理有限公司	深圳市特科物业发展有限公司
深圳市天健物业管理有限公司	深圳市新东升物业管理有限公司
深圳市之平物业发展有限公司	盛全物业服务股份有限公司
世邦泰和（上海）物业管理有限公司	世纪金源物业服务集团
世茂天成物业服务集团有限公司	四川邦泰物业服务有限公司
四川鼎晟物业服务集团有限公司	四川汇丰物业服务有限公司
四川蓝光嘉宝服务集团股份有限公司	四川悦华置地物业管理有限公司
苏州工业园区综保物业管理有限公司	天津天孚物业管理有限公司
万科物业发展股份有限公司	西安曲江新区圣境物业管理有限公司
新城悦服务集团有限公司	新疆广汇物业管理有限公司
新力物业集团有限公司	鑫苑科技服务集团有限公司
雅居乐雅生活服务股份有限公司	亿达物业服务集团有限公司
云南鸿园电力物业服务有限公司	云南俊发物业服务有限公司
云南澜沧江物业服务有限公司	云南实力物业服务股份有限公司
长城物业集团股份有限公司	长春赢时物业服务股份有限公司
浙江开元物业管理股份有限公司	浙江祥生物业服务有限公司
浙江亚太酒店物业服务有限公司	浙江颐景园物业服务有限公司
正荣物业服务有限公司	中奥到家集团有限公司
中海物业集团有限公司	中航物业管理有限公司
中化金茂物业管理（北京）有限公司	中节能（杭州）物业管理有限公司
中天城投集团物业管理有限公司	中土物业管理集团有限公司

（排名顺序不分先后）

三、测评榜单

2019物业服务企业品牌价值50强

表2

企业名称	企业名称
万科物业发展股份有限公司	深圳市金地物业管理有限公司
碧桂园服务控股有限公司	保利物业发展股份有限公司
绿城物业服务集团有限公司	恒大金碧物业（金碧物业有限公司）
雅居乐雅生活服务股份有限公司	金科物业服务集团有限公司
龙湖物业服务集团有限公司	深圳市彩生活服务集团有限公司
长城物业集团股份有限公司	中海物业集团有限公司

续表

企业名称	企业名称
鑫苑科技服务集团有限公司	山东省诚信行物业管理有限公司
河南建业新生活服务有限公司	重庆天骄爱生活服务股份有限公司
亿达物业服务集团有限公司	华润物业科技服务有限公司
中航物业管理有限公司	四川蓝光嘉宝服务集团股份有限公司
新城悦服务集团有限公司	上海永升物业管理有限公司
正荣物业服务有限公司	南都物业服务股份有限公司
上海高地物业管理有限公司	融信物业服务集团
上实服务集团	广州市时代物业管理有限公司
重庆新大正物业集团股份有限公司	上海东湖物业管理有限公司
深圳市之平物业发展有限公司	深圳市天健物业管理有限公司
厦门联发（集团）物业服务有限公司	河南新康桥物业服务有限公司
重庆新鸥鹏物业管理（集团）有限公司	福晟生活服务集团
中奥到家集团有限公司	广州海伦堡物业管理有限公司
浙江祥生物业服务有限公司	山东明德物业管理集团有限公司
上海景瑞物业管理有限公司	广州奥园物业服务有限公司
重庆华宇第一太平戴维斯物业服务集团有限公司	上海中建东孚物业管理有限公司
安徽省长城物业管理有限公司	四川悦华置地物业管理有限公司
云南俊发物业服务有限公司	四川鼎晟物业服务集团有限公司
北京天鸿宝地物业管理经营有限公司	江苏银河物业管理有限公司

（排名顺序不分先后）

2019 特色物业服务品牌企业

表 3

企业名称	品牌特色
安徽创源物业管理有限公司	校园特色服务
浙江颐景园物业服务有限公司	卓越品质生活服务商
安徽新亚物业管理发展有限公司	校园特色服务
四川汇丰物业服务有限公司	健康生活服务商 新锐品牌物业
南京朗诗物业管理有限公司	有温度的服务
江苏万园物业管理有限公司	智慧生活服务商
云南鸿园电力物业服务有限公司	电力系统综合办公服务
弘生活物业服务管理有限公司	城市生活服务商
云南澜沧江物业服务有限公司	大型水电站工业区服务
成都合能物业管理有限公司	社区生活服务
新力物业集团有限公司	产城综合服务运营商
上海上坤物业管理有限公司	宜居智慧社区
河南浩创物业服务有限公司	匠心品质
云南实力物业服务有限公司	智慧科技物业
河南正美物业服务有限公司	新锐品牌物业

续表

企业名称	品牌特色
浙江开元物业管理股份有限公司	酒店式服务（祺服务）
保利物业发展股份有限公司	星云企服
绿城物业服务集团有限公司	“幸福里”业主自治模式
恒大金碧物业（金碧物业有限公司）	社区附加值提升
长城物业集团股份有限公司	社区生态运营商
鑫苑科技服务集团有限公司	鑫服务
山东省诚信行物业管理有限公司	全球资产价值管理服务商
河南建业新生活服务有限公司	新型生活方式服务商
重庆天骄爱生活服务股份有限公司	商住产全息服务
亿达物业服务集团有限公司	智慧园区服务
华润物业科技服务有限公司	创新智慧物业
深圳市天健物业管理有限公司	城市更新专业保障服务
河南新康桥物业服务有限公司	科技物业建设服务商
重庆新鸥鹏物业管理（集团）有限公司	知心服务管家
重庆华宇第一太平戴维斯物业服务集团有限公司	幸福生活泛服务商
上海中建东孚物业管理有限公司	主业后勤一体化

（排名顺序不分先后）

四、测评分析

（一）入榜企业分析

1. 物业服务企业实力递增，品牌崛起

本次测评对物业服务企业进行了客观、公正、专业和科学的测评研究，形成 2019 物业服务企业品牌价值测评研究报告同时出具企业品牌价值榜单。其中，有 50 家物业服务企业凭借良好的口碑、较强的品牌影响力，强劲的品牌竞争力及品牌溢价，为其带来超过行业平均利润的收益能力，强势入选 2019 物业服务企业品牌价值 50 强榜单。

数据显示，品牌价值 50 强物业服务企业在营业收入和管理面积上均表现出较显著的增长。2018 年营业收入均值约为 22.14 亿元，较 2017 年同期增长 63.0%；管理面积均值约为 1.17 亿平方米，较 2017 年同比增长 38.1%（图 1）。

同时，在市场化竞争日益激烈的今天，品牌物业服务企业也逐渐增强了对品牌的塑造和提升，企业品牌效应集聚，资源聚拢，物业服务企业加快开拓市场，品牌企业的品牌价值和综合实力均得到加强，品牌企业经营规模增长显著，市场占有率增大，品牌效应不断深化。其中，品牌价值 50 强企业在管项目数均值约 571 个，同比增长 33.1%；新增项目均值约 172 个，同比增长 60.6%；在管项目续签均值 331 个，同比增长 36.3%；年度进入城市数均值约 62 个，同比增长 33.8%（图 2）。

50 强企业在管项目数、新增项目数、在管项目续签和年度进入新城市的个数均值皆得到明显的提升，一定程度上说明品牌物业服务企业获得新项目和进入新城市的难度和门槛略有降低，市场对品牌企业的信任

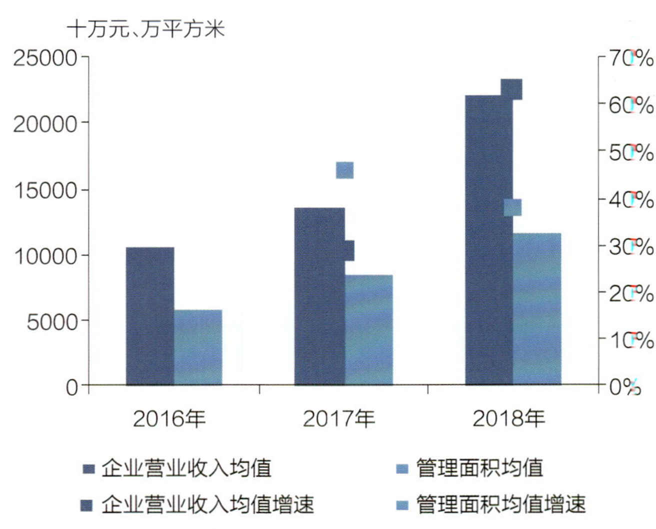

图 1　50 强企业营业收入、管理面积均值及增长率分布

数据来源：CRIC、中国房地产测评中心

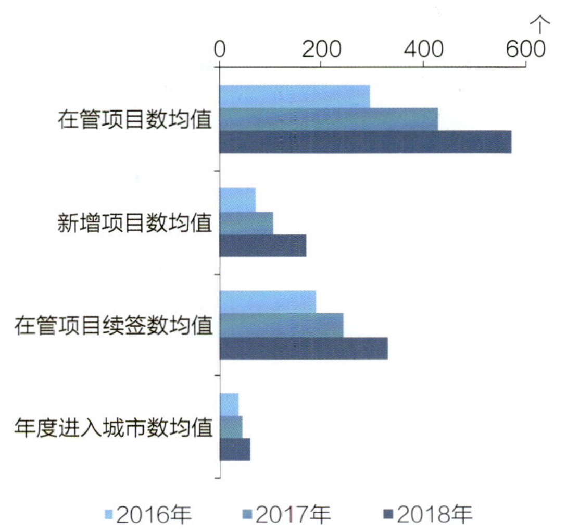

图 2　50 强企业 2016 ～ 2018 年项目及城市拓展情况

数据来源：CRIC、中国房地产测评中心

度增强，品牌物业服务企业在品牌认知度、美誉度和忠诚度上均得到一定的改善和提高。例如，绿城服务秉承“真诚、善意、精致、完美”的核心价值观，为广大业主提供充满人文关怀的服务，得到业内高度认可，截至 2018 年 12 月，绿城服务业务已覆盖全国 29 个省、直辖市和自治区以及 137 个城市；金地物业起步于深圳，在全国华南、华北、华东、华中、西北、东北、东南、西南等区域大中城市落子布局。截至目前，金地物业业务覆盖 100 余座大中城市，服务近 100 家政府机构、开发商、知名大型企业总部、物业服务企业，管理高档住宅、写字楼、商业等各种物业形态，合约服务面积近 6 亿平方米，服务客户 500 余万人；保利物业努力营造人文社区的生活味、人情味、文化味，同时努力与业主、客户、合作伙伴、员工共同创造一个“N 维价值空间”，倡导更有品质，更具价值的幸福生活。保利物业设有 20 家一级子公司、137 家分公司，业务遍及北京、上海、广州、成都、长春等全国多个大中城市，管理面积超过 1.6 亿平方米，员工总数两万余人；金科服务已布局全国 148 座城市，服务 700 多个项目，管理面积超过 2.8 亿平方米，为全国一线高端住宅、商业楼宇、产业园区、政府公建、文旅景区等业态在内的全球数百个合作伙伴，提供智慧服务综合解决方案；恒大金碧物业在管项目遍布全国 280 多个城市、数值超 1500 个，合约管理面积约 4 亿平方米，管理业态涵盖中高档住宅、甲级写字楼、旅游综合体、城市综合体、学校及会所运动中心等。

总的来看，入榜品牌价值 50 强的物业服务企业凭借着优秀的管理服务经验和长期的品牌积累，优势明显，品牌企业规模的快速扩张，形成规模效应，品牌影响力不断增大，并在众多物业服务企业中脱颖而出，赢得良好的口碑，获得了业主的依赖和信任。随着市场竞争日益激烈，物业服务企业为了赢得更大的发展，准确市场定位、抢占发展先机、建立良好的企业形象、树立优质的品牌、以客户需求为导向都是至关重要的。如今，物业服务企业越来越重视品牌的打造，逐渐加强品牌宣传，全方位的强化品牌意识，全面提升综合发展实力，优势不断积累，品牌效应渐现，物业服务企业品牌崛起。

2. 物企与房企相互联动，正向促进

物业服务企业的发展受房地产企业发展的影响，两者具有较强的联动性且呈正向促进作用。龙头房地产企业凭借雄厚的资金、强劲的销售表现和运营能力以及先进的技术等优势，着力业务拓展、产品研发、技术创新，资源集聚，优势明显，进一步扩大了企业的品牌影响力，同时也促进物业服务企业规模的扩张，增强企业及客户对品牌的信赖。物业服务企业知名度的提高，也利于业主资产的保值和增值，进一步促进房

地产企业的品牌知名度和品牌价值的提升，两者相互联动。本次测评，有37家入榜品牌价值榜单的物业服务企业背靠房地产企业，且其关联的房地产企业在行业综合实力测评研究中排名均取得较靠前的名次。例如恒大金碧物业、万科物业、碧桂园服务、保利物业、中海物业、龙湖物业、新城悦、华润物业八家入榜品牌价值榜单的品牌物业服务企业均背靠龙头房企，且其关联房企在2019房地产500强测评研究中均位列前十（表4）。

部分品牌物业服务企业及其关联房地产企业综合排名分布　　表4

企业名称	关联房地产企业	2019房企排名
金碧物业有限公司	恒大地产集团有限公司	1
万科物业发展股份有限公司	万科企业股份有限公司	2
碧桂园智慧物业服务集团股份有限公司	碧桂园控股有限公司	3
保利物业发展股份有限公司	保利房地产（集团）股份有限公司	5
中海物业集团有限公司	中国海外发展	6
龙湖物业服务集团有限公司	龙湖集团控股有限公司	7
新城悦服务集团有限公司	新城控股集团股份有限公司	8
华润物业科技服务有限公司	华润置地有限公司	9
上海永升物业管理有限公司	旭辉集团股份有限公司	14
深圳市金地物业管理有限公司	金地（集团）股份有限公司	16
雅居乐雅生活服务股份有限公司	雅居乐地产控股有限公司	18
正荣物业服务有限公司	正荣地产控股股份有限公司	19
金科物业服务集团有限公司	金科地产集团股份有限公司	21
融信物业服务集团	融信集团	21
绿城物业服务集团有限公司	绿城房地产集团有限公司	24
四川蓝光嘉宝服务集团股份有限公司	四川蓝光发展股份有限公司	26
浙江祥生物业服务有限公司	祥生地产集团有限公司	28
广州奥园物业服务有限公司	奥园集团有限公司	29
上海中建东孚物业管理有限公司	上海中建东孚投资发展有限公司	34
河南建业新生活服务有限公司	建业住宅集团（中国）有限公司	40
福晟生活服务集团	福晟集团	41
广州市时代物业管理有限公司	时代中国	42
云南俊发物业服务有限公司	俊发集团有限公司	48
海伦堡物业服务（集团）有限公司	广州海伦堡物业管理有限公司	53
厦门联发（集团）物业服务有限公司	联发集团	58
上海景瑞物业管理有限公司	景瑞地产（集团）有限公司	63
鑫苑科技服务集团有限公司	鑫苑中国	65
重庆华宇第一太平戴维斯物业服务集团有限公司	重庆华宇集团有限公司	68
重庆天骄爱生活服务股份有限公司	重庆协信远创实业有限公司	69
深圳市彩生活服务集团有限公司	花样年集团（中国）有限公司	72
河南新康桥物业服务有限公司	康桥集团	77
四川鼎晟物业服务集团有限公司	四川新希望房地产开发有限公司	81

续表

企业名称	关联房地产企业	2019 房企排名
亿达物业服务集团有限公司	亿达中国控股有限公司	98
重庆新鸥鹏物业管理（集团）有限公司	重庆新鸥鹏地产（集团）有限公司	124
深圳市天健物业管理有限公司	深圳市天健房地产开发实业有限公司	200

数据来源：CRIC、中国房地产测评中心

3. 华南华东品牌企业集聚，优势明显

物业服务企业品牌价值，一定程度上也受地域分布的影响。入榜品牌价值 50 强的物业服务企业位于华东和华南区域的数量占比最高，均为 34%，其中华东区域主要是上海地区占比最高，达 18%，华南区域主要是深圳和广州地区，品牌企业数总和占比达 32%；其次是西南区域占比达 22%，其中位于重庆的企业占比 12%；再次是华中区域占比 6%，东北和华北占比最少，均仅为 2%。品牌企业区域分布的特点也侧面反映出发展经济状况越好的地区，物业服务意识越强，物业服务企业也更注重对企业综合实力的提升和品牌形象的塑造（图 3）。

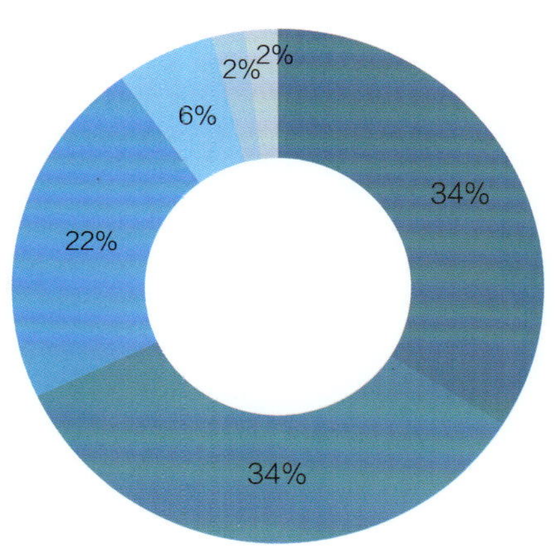

图 3 品牌价值 50 强企业区域占比分布

数据来源：CRIC、中国房地产测评中心

（二）品牌特征分析

1. 服务是品牌之本，品牌企业更注重客户体验

品牌特性是品牌定位和品牌个性的产物，是与其他品牌产生差异化的特性。对于物业管理行业来看，企业所提供的产品是一种无形的、持续的服务，这种服务无法量化，却直接作用于客户切身体验，对其最佳的衡量标准就是“品牌”价值。品牌价值对业主体验和企业的发展至关重要，对业主来说，物业品牌是其与物业服务企业沟通的重要桥梁，代表着业主的信任依赖，体现了业主居住的归属感和安全感，保证了企业文化和经营理念向业主准确的传达。对物业服务企业来说，房地产开发商或业主大会通过物业管理的招标投标选择物业服务企业时，物业的品牌是其被选择的重要因素之一。

品牌价值可以通过客户体验表现出来，加强业主与物业之间的互动、提升服务质量增强客户对品牌的依赖，增强两者之间的紧密程度，让物业服务工作由被动化为主动，致力于提供细致、负责、规范、深入人心的服务，在客户心中树立立体的服务形象，获得全方位的服务体验。因此优秀的品牌企业纷纷依托其综合实力及品牌影响力，拓展管理规模，并依托巨大的人口流量，深入挖掘客户需求，打造优质服务，品牌理念深入人心。总的来看，对物业服务企业来说，品牌是其发展的根源，是对外扩张的名片，品牌建设对物业服务企业的发展和品牌价值的提升尤为重要（图 4）。

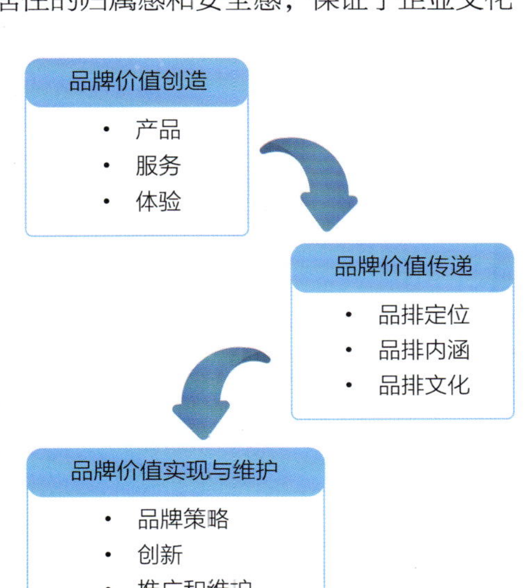

图 4 物业服务企业品牌建设关键因素及价值过程模型

资源整理：中国房地产测评中心

一般来说，客户对品牌的认知程度可以分为三个层次：品牌知名度、美誉度和忠诚度。即通过提高品牌的知名度，让客户认识、

了解到品牌，并吸引潜在客户；提升品牌美誉度，增强客户对品牌的口碑和信任；聚焦优质服务，并不断创新产品，致力于成为本行业的佼佼者，强化服务体验，增强品牌忠诚度留住客户，从而，进一步扩大和提高市场占有率，在激烈的品牌竞争中胜出。物业服务企业品牌的认知度即为企业品牌知名度，在市场拓展过程中，知名度的提高，促使企业更容易与客户接洽，降低了对客户的了解门槛，一定程度上决定企业年度内新接项目的情况；美誉度是业主对物业服务的评价、认可和信任程度，良好的品牌美誉度，更利于企业在市场上赢得客户的信任，具体可以通过业主的满意度和投诉情况来体现；忠诚度则是体现在竞品的影响下，业主对品牌的偏向性和信赖程度，市场拓展项目后，基于企业良好的口碑，更有利于项目续签，形成品牌忠诚度。此外，品牌价值的提升也可以激发客户口碑传播，助推企业规模的扩张（图 5）。

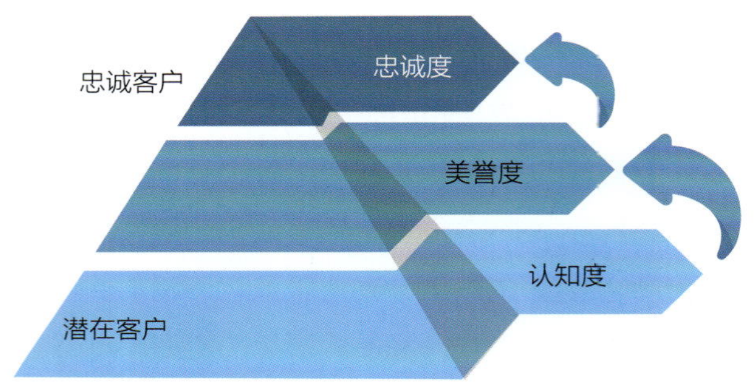

图 5 客户品牌认知程度模型

资源整理：中国房地产测评中心

从物业管理行业来看，物业管理从最初的住房福利化，向专业化、市场化、规范化转变。物业管理服务的定位，也由最初的房地产开发商的附属，在市场化推进下，转化为致力于为客户提供长期服务和便捷的生活体验。在市场化竞争环境下，各品牌企业各显其能，企业之间优胜劣汰加剧，加速了行业的专业化和规范化，企业发展也逐渐向品牌化方向迈进。实力不强、运营不佳、品牌效应较弱的企业将会逐渐被淘汰。反之，规模大，品牌影响力强的企业，发展运营状况良好，与品牌相互促进，共同促进企业的蓬勃发展，这也促使企业意识到必须建立品牌。而企业品牌的建立非一朝一夕，企业要想在众多竞品企业中胜出，并占据有利地位，与业主建立持久的关联，为业主提供优质的服务体验至关重要。

品牌物业服务企业深入挖掘客户需求，重视客户的服务体验，物业管理水平稳中有升，服务内容持续改进，以优质的服务赢得顾客长期、稳定的信任和满意，客户满意度、物业费收缴率和项目续约率均得到较大的提升，其中客户满意度和物业费收缴率普遍高于 90%、项目续签数更是接近 100%。例如，金科物业客户满意度连续 8 年超过 90%；金地物业业主总体满意度 97 分，项目续约率达 100%，2018 年度综合收缴率为 84.26%，其中当年物业费收缴率为 89.29%，清欠率达 52.56%；绿城服务致力于成为“幸福生活服务商”，全方位深层次的服务赢得了业主的认可，整体综合满意度持续保持高位，达到 89.9%，物业管理项目续签率达到 93%，最近两年物业费收缴率均达到 98% 以上。

此外，鑫苑物业管理的项目业主满意度达到 96.48%，物业费收缴率为 95.7%；新大正物业连续 3 年客户满意度上升，且 2018 年达到 91.61%，其中公共物业、学校物业 2018 年客户满意度分别为 96.05%、93.75%，均达到同行较高的水平；福晟生活业主满意度连续 3 年超 90%，为兄弟地产带来良好的客户感知，成为吸引客户再购的核心竞争力之一；悦华置地客服满意度调查以项目为单位，针对“业务好评度、满意度、合理化建立”三项开展，2018 年满意率为 85%，物业服务费收缴率为 90%；华宇第一太平戴维斯在品牌提升计划和社区文化活动的助力下，业主服务体验感和客户满意度持续提升，在 2018 年客户满意度同比增长

17.24%，物业服务费收缴率高达 93.5%，并且连续多年项目续约率达 100%；汇丰物业物业项目费用收缴率至 95% 以上，续约率达 98%（表 5）。

部分入榜企业业主满意度、项目续签率、收缴率分布　　表 5

企业名称	客户满意度	项目续签率	物业费收缴率
保利物业发展股份有限公司	80	98.32%	94.93%
绿城物业服务集团有限公司	89.90%	93%	98% 以上
中海物业集团有限公司	87 分	100%	100%
深圳市金地物业管理有限公司	97%	100%	89.29%
河南建业新生活服务有限公司	95%	100%	96%
亿达物业服务集团有限公司	99% 以上	100%	住宅：98%；产业物业：100%
厦门联发（集团）物业服务有限公司	非住宅：96%，住宅：88%	100%	94%
上海高地物业管理有限公司	94.75%	100%	94%
深圳市天健物业管理有限公司	94%	99%	95.56%
上海中建东孚物业管理有限公司	92 分	100%	93%
上海景瑞物业管理有限公司	90 分	100%	85%

数据来源：企业自报数据

总的来看，尽管我国物业服务企业逐渐加大对品牌价值的重视，满意度不断提升，但目前大多数的品牌还处于成长时期，物业服务企业对品牌的认知度、美誉度和忠诚度的重视不足，品牌的认知度、美誉度和美誉度仍需要提高。物业服务企业通过媒体的传播能够提高其品牌知名度，但是想要真正地提高品牌美誉度和忠诚度，物业服务企业需要回归服务的本质，以居民的需求为主要的入口，不断满足人民的消费生活的需要，用优质的服务优化居民的服务体验，通过技术的应用、品牌主题活动的开展、践行社会责任等多方面，将服务、沟通、情感、责任感等因素有效整合，促进企业与居民之间、邻里之间、企业与社会之间有效的沟通，展示全新的行业和企业形象，强化和传递品牌的文化和价值，塑造良好的社会形象，树立可信赖和深入人心的优质品牌，有效地维护老客户和培育新客户，持续提高企业的知名度、美誉度和忠诚度。

2. 品牌价值积累沉淀，溢价能力有效提升

优秀的品牌一般都经过较久的历史发展，品牌的价值也随着品牌的发展、深化，持续的积累和发展。品牌的年龄反映品牌进入市场的时间，率先进入市场的品牌，往往拥有较庞大的客户，具有较强的品牌效应。对于物业管理行业来说，最初出现是作为房地产的附属，主要是围绕房地产售后开展服务，独立性较差，企业行业整体品牌年龄相对其他行业较短。随着物业管理市场化进程的加快，市场竞争日益激烈，物业服务企业逐渐加强对品牌价值的重视。从行业内部来看，我国物业服务企业品牌价值与品牌年龄呈现相关性。数据显示，入榜品牌价值 50 强企业的品牌价值均值为 39.50 亿元，品牌年龄均值为 19.06 年，年龄在 16 ～ 25 年之间的企业占 66%，品牌年龄最久的为 30 年。具体来看，品牌年龄较大、具有房企背景的物业服务企业且其关联房地产企业为老牌龙头房企的品牌物企拥有较显著的品牌优势，例如保利物业、碧桂园服务、金地物业、金科服务、恒大金碧物业、绿城服务等品牌物业服务企业。在其关联企业的助力下，规模扩张明显，品牌价值受其关联房地产公司品牌的正向促进，品牌价值长期沉淀和积累，品牌影响力较为突出（图 6、图 7）。

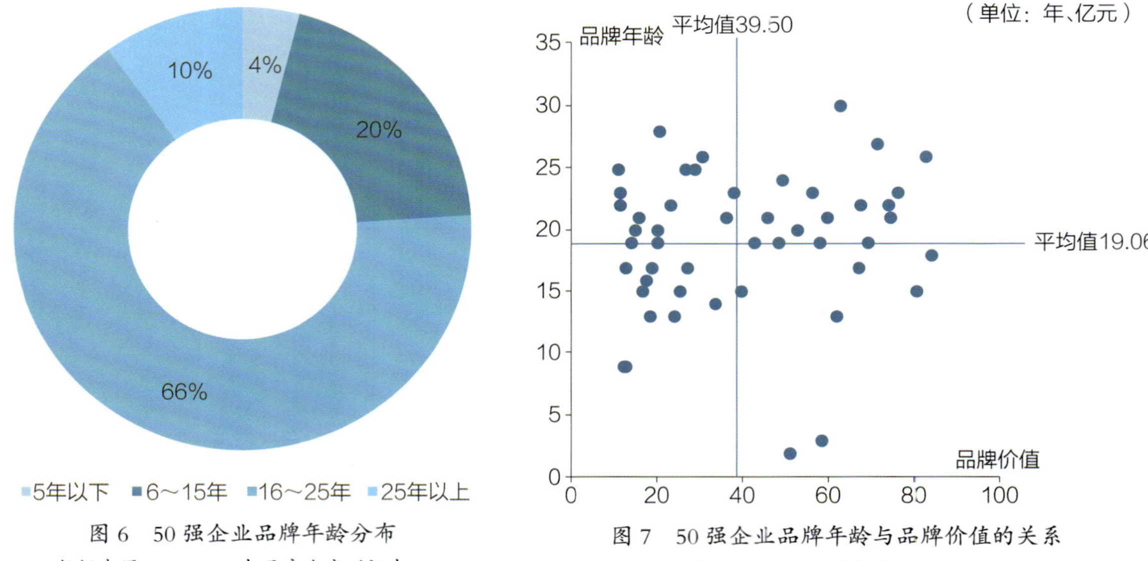

图 6　50 强企业品牌年龄分布

数据来源：CRIC、中国房地产测评中心

图 7　50 强企业品牌年龄与品牌价值的关系

数据来源：CRIC、中国房地产测评中心

同时，物业服务企业逐渐从服务、体验、以人为本等维度提升品牌沉淀。随着市场化的拓展，物业服务企业逐渐摆脱附属于房地产开发商的定位，企业逐渐加强业务的独立性，强化市场化拓展能力，服务逐渐从最初的基础物业管理服务向精细化、专业化、规范化、人性化方向发展。且为满足客户多元化需求，品牌企业亦加大挖掘多元化服务能力，开展高价值回报的增值服务，最大限度地服务于人，满足客户的需求，增强客户的服务体验。

此外，品牌积累可以有效地提升企业的竞争力和项目的溢价能力，而竞争力的提升也会强化企业的品牌价值，两者相互依存，双向促进。目前，越来越多的企业加强对企业品牌的重视，特别是有关联房地产企业背景的物业服务企业。一方面，受益于房地产开发企业品牌优势和规模优势的助力不断获得稳定的规模提升；另一方面，在市场竞争环境下，品牌物业服务企业亦主动拓展，以增强市场的拓展能力。品牌物业服务企业全方位，多角度地寻求企业拓展策略，以提高品牌意识，并逐步完善品牌管理体系，制定品牌管理的长期规划，关注于提升客户的全方面的体验，充分发挥好品牌的积淀和影响力，增强品牌的市场认可度，享有企业品牌所带来的溢价。

3. 横纵联合拓展，多途径提高市场占有率

行业洗牌升级，物业服务企业加速发展步伐，企业品牌的塑造可成为物业服务企业价值创造的重要资源。品牌价值可以提升企业的知名度，有利于提高企业项目拓展、收并购、融资、人才、合作等资源获取方面的议价能力。通过兼并收购，企业可以迅速地增加规模扩张，且多元业务服务，可以增进其与竞争企业之间的差异化布局，使其在细分市场中加速扩张。横纵联合拓展，增大企业的业务布局和多区域的扩张，多途径增强企业市场占有率和竞争力，形成品牌溢价。

以品牌企业兼并收购来说，兼并收购能够整合企业双方的资源，优势叠加，将利于企业进一步巩固行业地位，提升企业的业绩增长空间，成为企业扩张选择的重要方式之一。目前品牌物业服务企业积极寻求与自己发展模式类似、管理模式互补或区域互补的物业服务企业进行合作或并购，以实现企业在空白地理区域的扩张和布局，达到资源共享、优势互补，管理规模的迅速扩大。在收购目标选择上，品牌企业更加青睐于已经形成一定规模的优质物业服务企业，例如雅生活服务 2019 年 1 月收购的青岛华仁物业和哈尔滨景阳物业，3 月收购的广州粤华物业均为区域性优质龙头企业。收购完成将有助于雅生活服务的业务规模和覆盖范围进

一步扩展，并将提升雅生活服务在山东及黑龙江的市场影响力及竞争力，填补了企业在华南区域公共建筑市场的业务空白，形成区域互补，进一步向物业管理多业态进行横向突破及形成企业多业态并行的全产业链战略布局。目前雅生活服务管理范围覆盖全国24个省市自治区，服务类型涵盖主流住宅、高端豪宅、旅游地产、商业、写字楼等多种业态，合约总建筑面积为2.46亿平方米，拥有500多个项目，服务业主逾100万人。雅生活服务拥有雅居乐集团和绿地控股两大强力后盾，这两大品牌强势组合，品牌价值凸显，是行业通过并购合作实现双赢的经典案例（表6）。

部分品牌物业服务企业并购事项　　表6

并购方	被并购方	并购时间	资金	占股
彩生活	开元国际物业	2015年6月	3.3亿	100%
	万象美物业管理有限公司	2016年8月	20亿	100%
中海物业	中海宏洋物业	2015年5月	5000	100%
	中信物业	2017年10月	1.9亿	100%
绿城服务	浙江浙元物业	2016年8月	22.7万	40%
雅生活服务	绿地物业	2016年8月	10亿	100%
	南京紫竹物业	2018年4月	2.05亿	51%
	兰州城关物业服务有限公司	2018年7月	1.48亿	51%
	青岛华仁物业	2019年1月	1.34亿	89.66%
	哈尔滨景阳物业	2019年1月	-	92%
	广州粤华物业有限公司	2019年3月	1.95亿	51%
蓝光嘉宝	四川国嘉物业	2016年8月	1.04亿	100%
	杭州绿宇物业	2017年9月	6000万	76%
龙湖物业	富州物业	2018年3月	-	-
南都物业	江苏金枫物业服务	2018年6月	1.008亿	70%
佳兆业物业	嘉兴大树物业	2019年4月	3658万	60%

数据来源：CRIC、中国房地产测评中心

此外，品牌物业服务企业根据各自的战略布局，寻求差异化竞争，在细分领域进行品牌输出，从而促进市场渗透率，增强品牌影响力，提升市场占有率。品牌企业业务领域呈现多元化，布局向其优势业务领域展开。如，金地物业布局养老健康等新产业，打造"半径颐养"品牌；碧桂园服务拓展城市服务业务；绿城服务布局教育领域业务；鑫苑物业打造"一体三翼五驱"多元化发展模式，致力于成为领先的泛物业产业运营商；中奥到家借力资本市场，顺应时代，与互联网充分融合，寻求差异化竞争，引进白金管家经营模式，重新定义用户价值，打造社区O2O生态圈，充分利用互联网技术，开启"共享物管"经济圈；南都物业以物业A股第一股、25年品牌沉淀、独立第三方、商办优势等品牌核心价值优势，打造多元品牌阶梯，建立差异化品牌价值，以集团化、多元化的品牌形象服务市场，实现品牌形象清晰化、品牌发展全国化；"上实服务+"凭借上实集团整合旗下优势资源，以传统物业服务升级为契机，逐步向上下游服务及产业覆盖，延展到FM设施管理、空间规划管理、智慧能源、社区服务、健康养老等城市生活服务多个领域；

品牌物业服务企业，横纵联合，共同致力于拓展区域布局与业务拓展，品牌驱动战略，强强联合，优势互补，加大市场渗透率和市场占有率，共促品牌影响力和品牌价值，品牌物业服务企业的区域布局不断扩大（图8）。

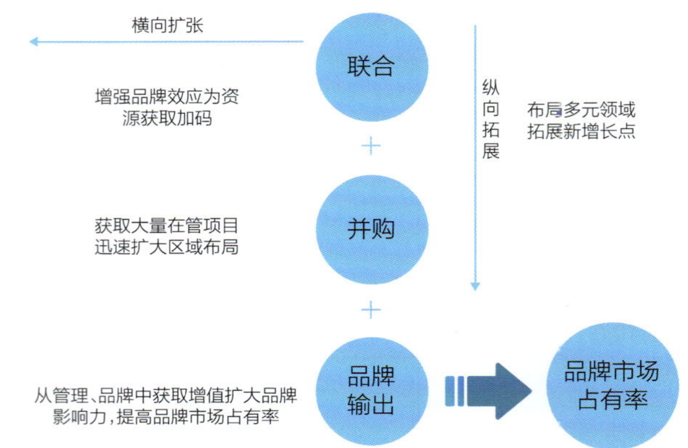

图8　品牌物业服务企业借助联合、并购、品牌输出进行品牌扩张
资源整理：中国房地产测评中心

（三）品牌效应分析

1. 品牌优势放大，助力企业多方扩张

三年“建”，七十年“管”，在房地产白银时代，企业规模竞争逐渐从房地产开发业务延伸到物业管理等运营服务领域。根据《2018 年中国物业管理行业年鉴》，2017 年全国物业管理行业总面积约 246.65 亿平方米，预计 2023 年，物业管理总规模将达到 376.7 亿平方米，物业管理行业发展空间广阔，迎来了行业快速发展的黄金时期。有先见之明的企业，快速反应，抓住政策支持、资本助推等利好因素，或受益于母公司的公司，或通过收并购、市场化拓展第三方业务及开放平台的推广等各种途径加大规模的扩张，并以规模扩张为重要发展战略，重点布局，不断推进专业化、智能化、标准化服务创新发展，进一步扩大品牌的覆盖面，增大企业市场占有率、提高品牌知名度和价值，以占据行业领先地位。总的来看，企业规模的扩张与品牌价值相互促进，共同发展（图9）。

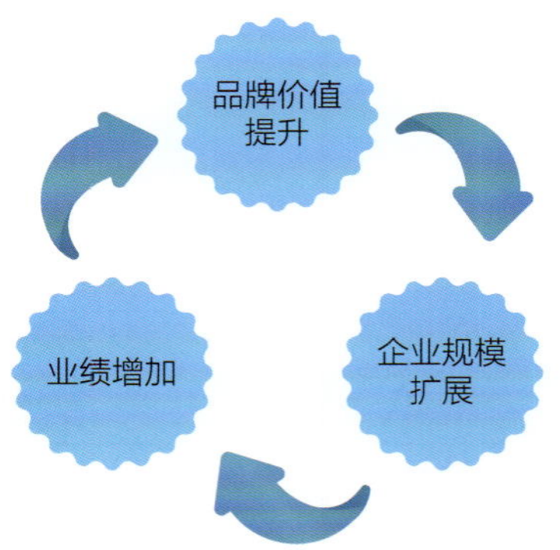

图9　物业服务企业规模扩张与品牌价值的促进关系
资源整理：中国房地产测评中心

“得规模者，得天下”，对物业服务企业来说，管理规模的扩张所带来的物业管理服务的收入是其营业收入的主要来源和基础，也是其增值服务开展的主要阵地，因此管理规模的扩张对企业的发展起着至关重要的作用。物业服务企业市场空间广阔，品牌物业服务企业抓住发展机遇，借助其强大的关联母公司、优秀的市场拓展能力以及平台输出等多种途径，助力企业管理面积的扩张，形成规模效应，与品牌价值相互促进，共同发展（图10）。

第一种是传统内生增长即承接关联地产企业建设项目增加企业的物业管理面积。从品牌物业服务企业背景上来看，50 强品牌物业服务企业中，37 家有关联房地产企业的背景，且关联房企综合实力排名靠前，房企品牌优势联动物业服务企业品牌影响力。这类品牌物业服务企业借助关联房地产企业优势，可优先获得其销售项目的交付权和管理权，从而实现管理规模的持续稳定增长，例如碧桂园服务、保利物业、新城悦管理面积中超过 70% 是承接其关联房地产企业开发和交付的项目，为其面积的持续稳增提高了确定性。

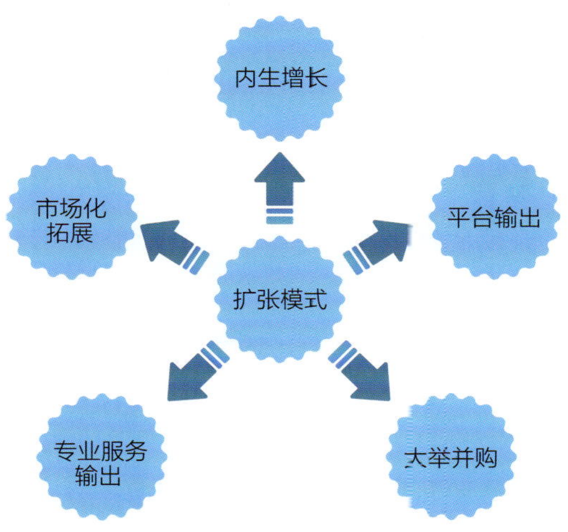

图 10　物业服务企业扩张模式
数据来源：CRIC、中国房地产测评中心

第二种是市场化拓展方式。品牌物业服务企业更容易获得第三方开发企业的信任和青睐，管理规模进一步扩大，正向促进企业的品牌知名度，从而实现良性的互动和促进。品牌企业参与房地产开发的前介阶段和后期维护，从源头出发使设计更加符合居民生活需求，在后期维护方面，提供高质量的服务亦可以促进项目增值及销售溢价，吸引更多的第三方开发商与品牌企业主动开展合作。企业显著的品牌优势和品牌影响力，更容易获得项目和扩大管理半径。如绿城服务，在上市之初便已从绿城中国独立出来，主要走品牌路线，面积的扩张以第三方竞标为主，对关联房地产企业的依赖度较低，超过 70% 的在管面积来自于第三方房地产开发商，市场拓展能力突出。

第三种是平台化输出。部分品牌企业依托优秀的高新技术，打造服务平台模式，通过技术输出，进一步扩大管理半径并实现多方共赢，例如长城物业的“一应云”。长城物业自 2015 年 5 月 24 日发起一应云联盟，现有联盟成员超过 560 家，覆盖物业管理面积超过 11 亿平方米，覆盖 160 个城市超过 8000 个社区，服务（业主）家庭达 900 万户，联盟伙伴遍布除港澳台之外所有的省、自治区、直辖市，是国内最大物业服务企业联盟组织。

第四，开展兼并收购，也是企业规模扩张的重要途径之一。企业通过寻求与自己发展模式类似及管理模式互补或区域互补的物业服务企业进行合作或收并购，以实现企业在空白地理区域或业务领域的扩张和布局，管理规模增长迅速。例如，雅生活收购的青岛华仁物业、哈尔滨景阳物业以及广州粤华物业均为区域性优质龙头企业，将有助于提升雅生活服务在山东及黑龙江的市场影响力及竞争力，填补了企业在华南区域公共建筑市场的业务空白。

第五种是专业服务输出，进行产品扩张，即品牌物业服务企业进行多元化业务转型。一方面，是从传统物业管理服务向更精细化地满足业主生活需求的多种增值服务转型；另一方面，是跨领域业务拓展，开展多领域的业务。例如，绿城服务开展的教育、社区零售等业务等等。

总的来看，企业规模扩张和品牌价值两者相联动，共同促进。品牌优势放大，助力企业多方扩张。

2. 品牌企业备受资本关注，联动效应显现

物业管理行业快速发展，迎来黄金发展阶段，未来成长空间较大，品牌房企业绩表现优异，备受资本市场青睐。自 2014 年开始，物业服务企业便陆续开启对资本市场的探索，一批优秀的品牌物业服务企业加快登陆资本市场的步伐。特别是 2018 年物业管理行业与资本市场关系最为紧密，2 月 1 日，南都物业在 A 股上市，成为物业管理行业首家A股IPO上市的企业；紧随其后，2月9日，雅生活服务登陆港股市场。仅2018年上市物业服务企业达到6家，与过去几年上市企业的总和相当。资本市场能够增强物业服务企业的资金实力，丰富企业的激励手段，同时上市物业服务企业的高估值也刺激了其房地产关联企业对物业管理业务的重视，加大了关联房企对物业管理子公司的各项资源支持。2019年以来，仅3月，滨江服务和奥园健康两家物业服务企业相继赴港上市，截至2019年6月份，A股和港股上市的物业服务企业分别为1家和13家，总计14家，仍挂牌新三板市场的物业服务企业达51家。A股、港股、新三板等多层次的资本市场为品牌物业服务企业的发展提供了更广阔的舞台，同时，也增强了企业的快速扩张，进一步促进品牌价值的提升（表7）。

50强物业服务企业上市情况分布　　表7

企业名称	进入资本市场的情况
南都物业	A股
彩生活	港股
中海物业	港股
中奥到家	港股
绿城服务	港股
雅生活服务	港股
碧桂园服务	港股
新城悦	港股
永升生活服务	港股
奥园健康	港股

资料来源：CRIC、中国房地产测评中心

品牌助力物业服务企业登陆资本市场，资本力量拉动品牌企业价值提升。品牌企业为行业中发展的佼佼者，凭借其品牌知名度和品牌价值，更容易获得资本市场的青睐。2019品牌价值50强的物业服务企业中，有10家品牌物业服务企业已登陆资本市场，其中1家A股、9家港股，占总上市物业服务企业数量的71.4%。另有4家品牌物业服务企业，如鑫苑物业、蓝光嘉宝、新大正物业、保利物业已公布上市计划。此外，如金科服务、建业新生活、诚信行物业、天骄爱生活、融信物业、上实服务、康桥物业、之平管理、新希望服务、景瑞物业、华宇第一太平戴维斯等多家企业为未来几年预计上市的潜力独角兽企业。

从上市的物业服务企业的发展来看，10家入榜品牌价值50强的上市物业服务企业其市值及市盈率总体表现良好。自上市以来，品牌物业服务企业的市值普遍呈现出较显著的增长。截至2019年6月8日，有8家企业的总市值均呈现出较大幅度的增长。其中碧桂园服务自上市以来总市值就一直在上市物业服务企业中保持首位，其最新总市值（6月8日）更是达到424.87亿港元的高位，较上市首日增长69.9%。另外中海物业、绿城服务、新城悦三家企业市值亦较上市首日增长明显（均超过140%），变化幅度分别为240.6%、175.5%和143.5%，总市值分别达到118.66亿港元、168.33亿港元和58.63亿港元。从市盈率上看，房地产企业市盈率普遍低于10倍，而品牌物业服务企业普遍高于25倍，远高于其关联房地产企业的市盈率。品牌物业服务企业优异的资本表现也说明了市场及投资者对物业管理行业及品牌物业服务企业的信心，同时也说明了资本市场对物业服务企业的认可拉动了企业品牌价值提升，上市的品牌物业服务企业拥有较强的发展潜力（图11、表8、表9）。

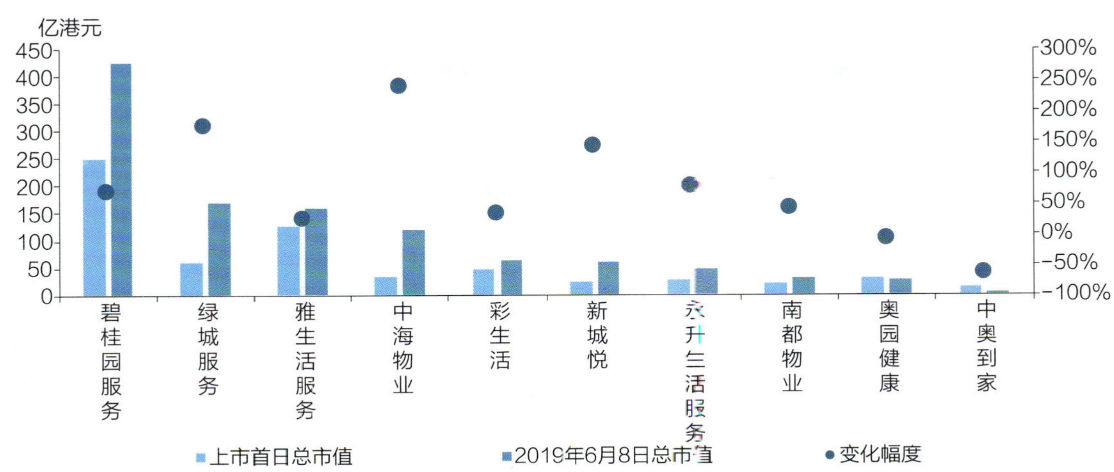

图 11 上市品牌物业服务企业总市值及变化分布情况

数据来源：CRIC、中国房地产测评中心

注：南都物业总市值按照 1 人民币等于 1.1354 港币换算

上市品牌物业服务企业及其关联房地产企业市盈率分布 表 8

企业简称	2019 年 6 月 8 日市盈率 PE（倍）	关联房企简称	2019 年 6 月 8 日市盈率 PE（倍）	倍数
永升生活服务	41.38	旭辉控股集团	5.86	7.06
碧桂园服务	40.33	碧桂园	5.78	6.98
新城悦	34.16	新城控股	8.14	4.20
奥园健康	31.76	中国奥园	8.99	3.53
绿城服务	30.52	绿城中国	10.11	3.02
中海物业	29.51	中国海外发展	6.71	4.40
南都物业	26.92	–	–	
雅生活服务	17.33	雅居乐集团	4.80	3.61
彩生活	11.19	花样年控股	8.74	1.28
中奥到家	4.77	–	–	

数据来源：CRIC、中国房地产测评中心

部分品牌物业服务企业上市动态 表 9

企业名称	上市动态
蓝光嘉宝	2018 年 12 月 18 日企业提交的境外首次公开发行股份的行政许可申请已受理 2019 年 3 月 4 日港股上市申请已获证监会批准
新大正物业	2019 年 2 月 15 日首次公开发行股票招股说明书，拟 A 股上市
保利物业	2019 年 4 月 11 日从新三板摘牌退市，4 月 16 日发布公告表示拟赴港上市
鑫苑物业	2019 年 4 月 30 日递交招股书，拟港股上市

资料来源：CRIC、中国房地产测评中心

登陆资本市场的物业服务企业享有较高的市盈率和市值，从而引发了示范效应，部分品牌物业服务企业也积极筹备登陆资本市场，以巩固品牌优势、加快企业的发展。目前蓝光嘉宝、鑫苑物业均已递交招股书，将陆续在港股上市；新大正物业拟冲击 A 股上市；保利物业从新三板摘牌，随后进一步增进对资本市场的探索，拟赴港上市。

总之，登陆资本市场机遇与挑战并存。物业服务企业的良好口碑和优异的业绩，促使其顺利登陆资本市场，资本市场的高估值印证了资本市场对物业服务企业的认可，资本化亦助力企业扩张和多业态业务覆盖，推动企业的进一步发展，提升企业品牌价值。

3. 品牌理念升级，定位与内涵日益贴合服务本质

为满足人民日益增长的需求及对美好生活的追求，在高新技术的助力下，品牌企业不断挖掘客户痛点和需求，精准定位，明确发展目标，品牌物业服务企业不断探索转型，日益贴合服务本质。同时，在品牌建设方面，品牌物业服务企业动作频频，不断探索战略布局，品牌企业的特色和专业性进一步得到改善和强化，品牌理念升级，助推企业品牌价值的快速增长。如华润物业科技于2018年5月11日正式推出全新物业战略品牌："悦+"，同时发布了"悦家""悦心"APP，全面洞察客户需求，满足不同时期的客户需求；2018年6月8日，长城物业宣布获得中美绿色基金、高和翰同和虔盛投资的战略入股，未来将顺应绿色发展和智慧城市建设的趋势，共同探索绿色智慧社区的发展之路；2018年6月27日福晟物业全新升级为福晟生活服务集团。福晟生活服务集团将通过"5+4+3+2+1"的战略规划，推动科技与物业服务相互赋能，以福晟生活服务集团价值链为核心，以资源、平台、标准、品牌为导向，未来按照"管理品质化、业务多元化、用户金融化、发展生态化"的四阶段升级演进过程，共享行业东风，拥抱资本市场，打造一个行业领先的幸福生活服务平台；2018年8月8日，龙湖物业正式启用"龙湖智慧服务"，通过立体式的深度战略升级，在纵向上延伸传统服务业务，在横向拓展创新业务，凸显"智慧"标签；2018年9月13日，保利物业亮相保利发展战略发布会将通过三大人文计划，叠加上四个新保利，创新住宅专服、资产专服、增值专服、公共领域服务，开展物业城市专项计划，从量变到质变全方位落地人文社区、价值生活；2018年12月26日，碧桂园服务借助已有技术平台和大盘运营经验，正式发布城市服务2.0产品，致力于做新型城市治理公共服务的探行者；2019年3月30日，绿城服务亮相2019绿城中国生活开发者大会，讲述服务向善的美好生活，并表示唯有专注极致，才能把最基础做到最优秀；4月16日，天骄爱生活举行增值服务发布会，详细介绍了天骄资产经营2019年战略规划和核心业务。天骄爱生活依托物业资产、业主和住户资源等大数据，积极发展创新业务和拓展多种经营服务。6月6日，建业新生活"建业+"服务体系发布暨APP上线启动仪式举行（图12）。

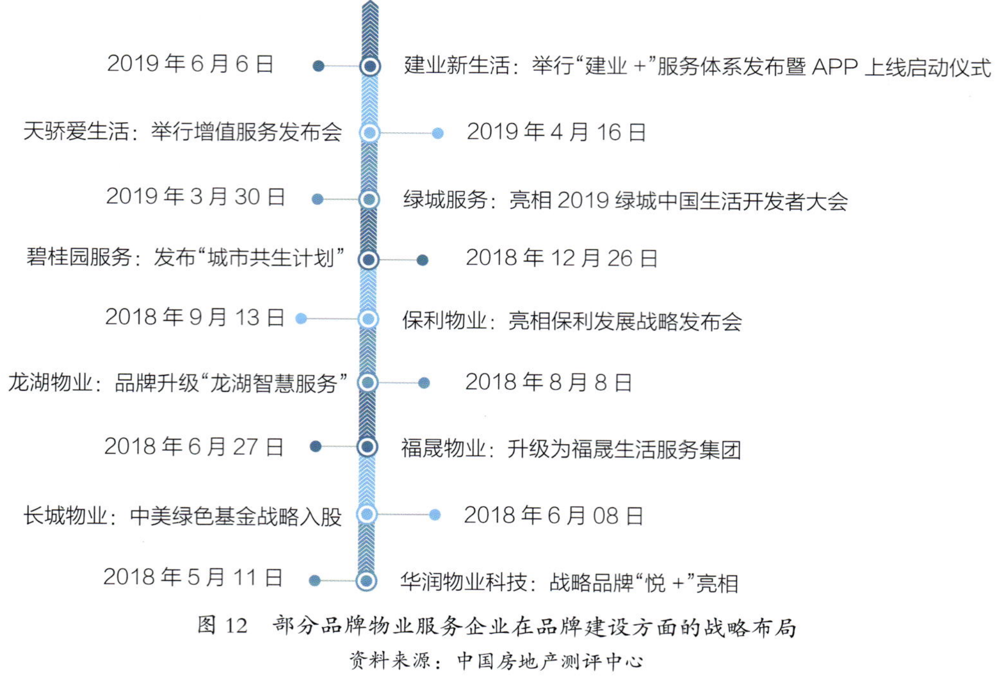

图12　部分品牌物业服务企业在品牌建设方面的战略布局

资料来源：中国房地产测评中心

此外，物业服务企业的服务内涵也在不断发展变化，日益贴合企业服务的本质。如碧桂园服务控股之全资附属公司“广东碧桂园服务股份有限公司”更名为“碧桂园智慧物业服务集团股份有限公司”；“佳兆业物业集团有限公司”更改为“佳兆业美好集团有限公司”；“龙湖物业”升级为“龙湖智慧服务”凸显“智慧”标签，以及“绿城服务”“永升生活服务”“雅生活服务”等，物业服务企业已经从名字入手，并在定位和发展愿景上也改为“科技型综合服务集团”“生活服务商”“综合服务商”等，强化品牌服务理念。

（四）品牌策略分析

1. 深入社区生活，品牌活动日益丰富

近年来，物业服务企业纷纷举办各种品牌活动来塑造企业文化，宣传企业的品牌理念和品牌价值，以树立、加深和巩固自身的品牌形象。物业服务企业依托巨大的人口流量，回归服务本质，着重开展品牌主题活动，一方面鼓励居民积极参与，缩小品牌与社区区民的距离，增强邻里互助和社区居民的服务体验，营造人文社区环境、传递家庭居住的幸福感和归属感，同时增强居民对品牌的认可和依赖度。另一方面，主题活动从社区走向社会，也进一步的拓展社会对企业品牌的了解和认知。

例如，2018年，万科物业承办“社区乐跑赛”，活动覆盖了全国34个城市的1407个社区，参与人数将近5万人，同时社区乐跑赛与“爱的每一步”孤独症关怀公益行动一起，用健康快乐的奔跑，践行“跑一步，爱满分”的活动理念，活动共募集善款1369370元，所有善款将用于为孤独症家庭提供关怀和帮助。此外，从2003年至2014年，万科物业共举办了12届Happy家庭节，2015年，“Happy家庭节”更名为“朴里节”，并且走出万科小区，辐射“睿联盟”社区；建业新生活重点关注老人、孩子及未入住业主三个群体，打造具有建业物业社区文化品牌标志的活动。2017年，建业物业全年开展阶段品牌主题活动、节日活动、邻里出游活动、业主协会及艺术团等各类社区文化活动708场活动，累计参与人次突破18万。2018年，建业物业社区文化品牌持续深化，全年开展各类社区文化活动共计2124场，累计参与人次近66万；高地物业开展家庭节，持续传播以爱家庭、爱社区、爱生活为核心的生活理念，营造高地社区独有的文化氛围。开展美居节总共接待到访业主3458户，为613户提供了高地美居中心的优质服务及产品，让广大业主真正体验到一站式装修服务的便捷与实惠（表10）。

部分品牌物业服务企业品牌社区活动开展情况　　表10

品牌物业服务企业名称	主要开展的品牌活动
万科物业发展股份有限公司	社区乐跑赛、“朴里节”
深圳市金地物业管理有限公司	金地物业“麦苗班”；金地物业“享家文化节”
碧桂园服务控股有限公司	“我要朗读”2017碧桂园社区百城公益行；“我们就是艺家人”文化传承活动；天籁唱将·2017碧桂园社区最强音；碧桂园敢爱家庭节；地球一小时·缤fun荧光跑
保利物业发展股份有限公司	万家灯和中秋活动、筑院行动
雅居乐雅生活服务股份有限公司	2018年，雅生活在社区举办了丰富多彩的文化活动，共举办业主兴趣协会135个，社区活动3387场，业主参与人数约32.7万人
金科物业服务集团有限公司	2018年共计实施开展15项品牌及社区文化活动，如：欢乐中国年、年会万家宴、大社区志愿者日、万人旅游季、浓情端午、中秋邻里艺术节、东方少儿艺术节、金科万里城墙跑等，累计516个社区实施活动，活动参与总人次累计达193874

续表

品牌物业服务企业名称	主要开展的品牌活动
龙湖物业服务集团有限公司	举办了开年大戏、善亲跑跑季、浓情端午艾满湖、奇妙电影业、乐善乐亲金秋月等大型社区活动
中海物业集团有限公司	绿动中海环保嘉年华；2018 小业主体验营；2018 欢乐家庭节
山东省诚信行物业管理有限公司	特别企划：2018，向爱成长；“管家制＋专业化双轮驱动”改革，强化服务，为品牌发展奠定服务基石；“24365”幸福享乐园计划，365 天 24 小时无缝链接幸福社区生活；18 周年特别企划，深度了解小诚物业的深度与高度
新城悦服务集团有限公司	“玖悦嘉年华”系列活动、“与奋斗者同行”大型徒步活动、“欢迎回家”业主见面会、“疯狂复活节”专题活动、“冬日童话”圣诞专题活动等
上海永升物业管理有限公司	永升物业在所管社区进行了大大小小，丰富多彩的社区活动，如针对全年的社区便民服务、亲子活动、女神节主题等系列活动，2018 首届“旭邻节”活动全国联动，营造有温度的社区
上海高地物业管理有限公司	社区家庭节、“党建引领，共建美丽家园”暨“红色物业”社区党建活动；夏季美居节活动；“浓情端午、快乐六一”高地温暖社区系列活动等
融信物业服务集团	在“和美睦邻”的文化属性下推出“融 shine 服务季”“睦邻生活季”“和美文化季”“安全无忧季”为主题的系列社区文化活动；针对儿童、老人、青年、时尚男女客户群体精心培育“融学堂”“融颐汇”“融悦跑”“融伊行”社团等
深圳市之平物业发展有限公司	2018 我是代言人、主题月、周年庆活动、四点半课堂等公司品牌活动；按标准每个住宅项目每月举办社区文化活动，2017 年—2018 年共举办社区文化活动近 1000 场，参与人次突破 10 万，社区活动参与率达到 24%
深圳市天健物业管理有限公司	2017 年共开展社区活动 185 场，2018 年共开展社区活动 191 场（春节活动 46 场、元宵节 17 场、妇女节 24 场、植树节 6 场、母亲节 29 场、儿童节 11 场、端午节 8 场、快乐暑假 16 场、国庆中秋 17 场、重阳节 8 场、圣诞元旦 9 场）
河南新康桥物业服务有限公司	以“邻里汇”为内核，先后开展暖心季、公益季、童心季三大主题社区文化活动，累计开展 10 余场公司级活动，包括郑开马拉松、康桥论坛、悦跑节、植树节、亲子趣味运动会、草莓采摘活动、烧烤主题活动、爱心助力高考活动、和平精英联谊赛等；开展近 200 场项目级社区文化活动，包括腊八节、社区年货节、魅力女神节、母亲节感恩活动、儿童节、端午主题活动等
重庆新鸥鹏物业管理（集团）有限公司	以好“鹏”友文化为主线，开展了一系列社区文化活动。如“播种希望”植树节活动、“因爱而美好”5 月主题活动、“一封家书”中秋节特别活动、七夕特别活动、“迎新年庆家节”系列活动等
福晟生活服务集团	福晟星空电影节、悦跑活动、党建文化节等；社区内组织的老年大学、艺术书画院、摄影协会、集邮协会、篮球、羽毛球、乒乓球联赛等文体活动
广州海伦堡物业管理有限公司	2018 年 10 月，海伦堡物业联动全国社区开展大型中秋佳节同贺活动，参与活动人次逾 4 万，创历年来新高
上海景瑞物业管理有限公司	为爱众筹·助梦希望、瑞令营、涂鸦比赛、幸福瑞跑、我为你代言、幸福社区节等
广州奥园物业服务有限公司	举办了开年大戏、善亲跑跑季、浓情端午艾满湖、奇妙电影业、乐善乐亲金秋月等大型社区活动
四川悦华置地物业管理有限公司	针对不同的业主、不同的节日节气，规划了完善的社区文化体系，创办“悦生活”艺术团、“翰悦”书画艺术协会、夕阳红俱乐部等社区文化传播团体，开展舞蹈、声乐、表演、茶艺、花艺等培训活动；组织春游、家庭运动会、成长营、业主开放日等各类社区文体交流活动，为业主生活增添情趣，推行“悦生活”星级服务方式

续表

品牌物业服务企业名称	主要开展的品牌活动
云南俊发物业服务有限公司	为业主打造了一个专属的“蜜糖圈子”，2018 年，共举办 1440 场业主关怀活动，覆盖 50 个项目、40 万名业主；2018 年 11 月，俊发集团成立 20 周年，俊发举办了首届“业主节”活动，规划了以“送健康、送实惠、送欢乐、送祝福”为主题的四大系列活动，包括趣味运动会、健康体检、线上房交会、年货节、业主春晚等
北京天鸿宝地物业管理经营有限公司	定期组织相关走访敬老院、孤儿院、留守儿童学校等单位进行慰问；在有关节日，定期策划相关志愿者活动，如“3.5 学雷锋日”“五一劳动节”“五四青年节”等

品牌活动增进了社区居民的参与感，充分带动了企业品牌影响力的拓展，提高了企业的品牌价值和品牌形象塑造。

2. 积极承担社会责任，塑造优质品牌形象

在政策、发展利好的市场环境下，品牌物业服务企业发展较快。在积极践行服务社区、服务业主的责任外，品牌企业亦反哺社会，积极承担起服务社会的责任，在社区公益、社会扶贫、抢险救灾、乡村振兴等多方面并发挥了突出作用。在实施过程中，品牌企业布局及时、专业，亦体现了大企业的远见卓识，同时也为企业和社会带来巨大的正面效应，增强企业的品牌影响力、公信力和社会形象。

在爱心捐赠、支持社会公益事业等方面，品牌物业服务企业发挥卓越贡献，2018 年纳税额均值达到 1.39 亿元，捐赠总额均值达到 1.16 千万元。在实施公益活动中，品牌物业服务企业也取得较显著的成果。如雅生活服务向香港公益金捐赠 100 万的善款，荣获“公益荣誉奖”；金科服务在全国开展“大社区志愿者日”活动，从社区孤寡老人帮扶、志愿者医生档案建立，到走进福利院、敬老院关心社会弱势群体等，对社区公益的 3 年坚持，至今已有近 8 万人次的金科业主为社会公益事业献出自己的一份力量；鑫苑物业围绕助残助老、关爱环卫工、关爱贫困留守儿童、爱心助农等四大主题，组织公益活动 24 次；长城物业每年向社会捐赠数额达到 500 万元。

在精准扶贫方面，品牌物业服务企业积极响应国家战略，响应中国物业管理协会号召、深入一线，借助自身优势，从教育、就业、助农等多维度切入，寻求服务的可持续发展，加大推进精准扶贫力度。如碧桂园服务加入中国扶贫联盟任副主席单位，积极参与社区精准扶贫。同时碧桂园服务以总公司为轴心，把扶贫工作向全国多个区域辐射展开，形成了村企党建扶贫、教育助学、就业扶贫、消费扶贫四大扶贫模式。2018 年在教育助学项目中，碧桂园服务累计有 21160 人次参与捐款结对，捐款总额达 80 多万元；保利物业响应国家号召，践行精准扶贫。开启星火班精准扶贫，与河曲县、五台县的扶贫开发中心分别签订了“教育＋就业”精准扶贫合作项目协会，与韶关协会启动结对帮扶合作，输出保利物业服务标准与经验，实现技术扶贫目标；绿城服务积极投身扶贫事业并当选中国社区扶贫联盟首届副主席单位，在就业扶贫方面，绿城服务与贫困县的人力资源和社区保障局签订了用工扶贫协议；中海物业积极参与社会公益建设，推动就业扶贫、消费扶贫、绿色环保和爱心志愿活动等，积极践行社会责任；南都物业积极参与公益类、社区联动类活动，积极投入社会公益事业，并积极响应国家和杭州地方用工政策，积极参与杭州市各大街道、社区的招聘活动，2018 年面向社会招聘 5000 余人，与 10 余所本科、专科学校建立长期合作关系，因人定岗、人尽其才，积极留住人才；高地物业积极加入健康扶贫行列，2017 年 12 月 29 日正式发起“乡村医生精准扶贫支持计划”。此外，品牌物业服务企业积极响应十九大报告提出的实施乡村振兴战略，如保利、明德物业等物业服务企业携手政府，积极创新工作方式，共同探讨以公共服务理论为基础，以政府为主导，以企业服务为主体，服务对象积极参与的“三位一体”新型公共服务管理模式，开创出城镇化社会治理的新格局（表 11）。

部分品牌物业服务企业践行社会责任的情况　　表 11

品牌物业服务企业名称	主要践行的社会责任
万科物业发展股份有限公司	“爱的每一步”孤独症关怀公益行动，总计捐出 136.937 万元善款
碧桂园服务控股有限公司	行业结对帮扶；精准扶贫：村企党建扶贫、就业扶贫、教学助学、消费扶贫等
保利物业发展股份有限公司	星火班精准扶贫；韶关技术扶贫；和院志愿服务队等
绿城物业服务集团有限公司	联合易居乐农，开展精准扶贫，贡献绿城力量；绿城服务积极投身扶贫事业并当选首届副主席单位；社区垃圾分类项目；志愿者服务队等
雅居乐雅生活服务股份有限公司	向香港公益金捐赠 100 万的善款，荣获“公益荣誉奖”；积极加入中国社区扶贫联盟，致力于行业和社区扶贫；在社区扶贫、教育公益、医疗卫生、西部援助等公益慈善方面持续发力
龙湖物业服务集团有限公司	通过与政府合作、提供就业培训，累计帮助 3 万余人解决就业问题；开办培训学校，输送专业物业人才；倡议业主组建“龙湖业主义工团”持续开展社区扶贫帮助，共捐赠百万物资等
长城物业集团股份有限公司	携手东方卫视、易居中国和新浪微博联合出品的《易居乐农——我们在行动》明星公益扶贫助农节目
中海物业集团有限公司	吸纳 3.5 万余基层员工，践行责任央企担当，保障基层员工劳动安全，提升基层员工服务技能；参加定点扶贫县农特产品消费扶贫活动等
鑫苑科技服务集团有限公司	围绕助残助老、关爱环卫工、关爱贫困留守儿童、爱心助农等四大主题，组织公益活动 24 次
山东省诚信行物业管理有限公司	绿丝带计划：策划并参与了“地球一小时”主题活动、“全民禁毒，为爱奔跑——全民马拉松活动”等，并加入中欧邓飞基金筹划的“e 农计划” - 通过诚信行智慧物业“e 农诚商”电商平台，立足销售乡村优质农产品与旅游资源，提升农民收入，进而帮助中国乡村自我造血与可持续发展，同时捐助非洲坦桑尼亚“国际免费午餐”项目
河南建业新生活服务有限公司	开展爱心助农活动；名副其实的义工；持续不断的琢玉行动；“建业在身边”活动；便民服务日；四点半课堂；打造高校毕业生就业见习基地；举办“建业杯”因爱而战公益足球联赛、高铁 VIP 室贵宾服务等
亿达物业服务集团有限公司	扶贫助学，捐赠五保户房屋维修基金 1 万元、贫困学生助学基金 1 万元、3 万元爱心助学基金以及价值 7 万余元的学习用品；成立义工站，开展敬老活动，致力于提高当地的护理水平，活动后多次进养老机构进行免费护理课程培训
新城悦服务集团有限公司	2018 年组织开展暖冬衣物捐赠西藏行社区公益活动
上海永升物业管理有限公司	于2018年成为中国社区扶贫联盟理事单位，全国260余个项目联动，参展“社区力量”专项行动，积极参与精准扶贫
上海高地物业管理有限公司	公益跑活动；乡村医生精准扶贫支持计划；关爱疾病儿童、贫困儿童等活动；环保活动；成立“爱心壹佰”红色基金，对辖区困难党员进行帮助等
融信物业服务集团	“以爱融行”公益活动；“焕新乐园”公益计划等
深圳市之平物业发展有限公司	成立了专门的养老机构——旬彩长者服务等
深圳市天健物业管理有限公司	公益事业：；开展“橙益起行、净蓝海岸”环保公益活动；2018 年组织各区域公司开展春节敬老院慰问共 17700 元、2018 年“六一”儿童节慰问培智儿童共 5100 元、“五．四”便民服务活动、献血活动；灾后重建等；慈善捐赠；定点扶贫活动等
厦门联发（集团）物业服务有限公司	社区文化事业；支持行业发展，通过人员支持、经费支持等方式促进行业精英交流、标准建设等工作；爱心捐款；献血活动等
河南新康桥物业服务有限公司	康桥物业成立爱心联盟康桥义工，积极践行公益事业。关注三农问题，帮扶滞销农产品销售；关爱乡村贫困儿童，捐赠图书、体育器材、爱心衣物等；参与抗震救灾活动，扶贫救弱、爱心帮扶等等，累计发起并参与活动 1500 余场

续表

品牌物业服务企业名称	主要践行的社会责任
福晟生活服务集团	2006-2018年度，金地物业全国各区域累计参与公益活动22次，情系灾区，奉献爱心，党员活动扶贫，关爱山区贫困儿童，捐赠图书、电器、文具、免费午餐、爱心衣物等物资累计金额643921元
上海景瑞物业管理有限公司	参与“青春聚力量·圆梦在行动”公益活动；社区义卖；为爱众筹等
上海中建东孚物业管理有限公司	关注生态保护，将低碳环保引入物业服务，带动就业，为在校生及社会人员提供岗位。保护弱势群体，资助大学生，为困难家庭发放慰问金，向特殊学校捐赠学习用品、体育器材。抗震救灾，投身公益，发起并参与公益活动千余次
四川悦华置地物业管理有限公司	精准扶贫；建立培训学校，完善人才输出链等

3. 品牌传播平台多样，新媒体成为品牌输出的窗口

移动互联网的爆发式增长，丰富了品牌宣传的渠道，促使物业服务企业纷纷抓住时代优势，积极引进新媒体拓展品牌输出的渠道。品牌物业服务企业利用新媒体传播快，互动性强，受众多且主动性强的特点，纷纷通过微博、微信、抖音等新的宣传途径设立集团官方号及各区域、板块、业务的专业账号，以进行精准品牌推广和宣传，将品牌理念、个性等传达给客户，物业管理行业的“微”时代显现峥嵘。

很多品牌物业服务企业建立了专门的自媒体运营部门，通过微信公众号平台等多种新媒体途径及时进行品牌信息分享，有效扩大了企业的知名度和影响力。新媒体带来的宣传渠道的创新有助于企业树立和塑造品牌形象、增强交流互动，将服务渗透入实际生活之中，强化企业品牌效应、增强品牌影响力，培养客户的品牌忠诚度、提高品牌黏性，并为企业的影响力的扩大加码。如保利物业搭建自媒体传播平台，充分利用自媒体对品牌进行内容传播，其微信公众号总粉丝人数超53万，阅读量高达155万次；金科服务拥有线上“金科大社区”官方微信平台以及“大社区”APP，粉丝数共计100万人，平均每篇文章阅读量为15375人，“金科大社区”官方微信平台主要发布文章分为品牌宣传类，业主旅游出行、家居生活等类型的文章，深受业主的欢迎；蓝光嘉宝构建嘉宝股份官微、嘉宝股份官网等嘉宝品牌自媒体传播平台。截至2018年12月31日，嘉宝股份官微粉丝数达31358人、阅读量达726294次；联发物业现有微信服务号（对外），微信订阅号（对外）以及企业微信号（对内）三大自媒体账号，搭建新媒体矩阵。其中“联发物业”服务号粉丝数59855人，2018年阅读量共计326637次，单篇最高阅读量41000次；祥生物业亦规范化运营其官方公众号、官方网站，打造地区（城市）公司宣传路径，打通信息传输通道，进一步加强了品牌体系建设。

新媒体的应用构建了行业、企业与媒体及居民信息互通的桥梁，优化企业服务，减少反馈流程，增强了相互之间的沟通互动，同时通过及时的信息反馈和企业新动向，营造良好的舆论氛围，扩大行业影响力，成为品牌企业品牌输出的重要出口。

（五）品牌趋势分析

1. 品牌效应不断深化，强者恒强态势显著

房地产存量房市场规模逐渐扩大，强调回归居住属性，加上人民对美好生活的需求，都促进服务于民的物业服务企业深化发展。品牌物业服务企业深耕社区服务，把握着巨大的人口流量，物业管理行业迎来黄金发展时期。

对于小规模的物业服务企业来说，主要通过价格优势获取项目，盈利水平低，非标准化的管理也使得业务拓展能力较差。大型品牌物业服务企业通过标准化的管理、优质的服务质量和品牌效应，加快拓展市场占

有率，盈利能力稳中有升。同时，近年来物业服务企业进入资本市场，上市物业服务企业呈现不断扩容的趋势。在资本的助推下，品牌物业服务企业纷纷加快对管理面积的拓展，一方面，收并购加剧，大型物业服务企业兼并收购中小物业公司和中小地产商的物业公司；另一方面，品牌物业服务企业利用自身品牌的影响力，通过轻资产运营，对中小物业公司进行品牌和管理平台输出以实现服务面积的增长。品牌企业管理规模持续扩大，行业集中度不断上升，强者恒强的马太效应明显，强势企业的品牌效应也将放大，行业呈分化的趋势。

领先的品牌物业服务企业具有较高的品牌信用，并获得资本市场的强力支持，同时具有资源获取优势、市场话语权，不断实现企业的市场化拓展，管理规模得到明显的提升。品牌物业服务企业持续挖掘客户需求，关注市场发展趋势，凭借良好的口碑和优质的服务体验，品牌企业获得市场的认可和信任，并不断升级服务和布局新的业态，加大品牌布局，强化品牌渗透性和影响力，提升企业的品牌实力，强势品牌亦引领行业的发展，品牌效应不断深化，强者恒强态势显著。

2. 多元战略转型进阶，增强品牌渗透性

为了应对物业管理市场日益激烈的竞争以及企业运营成本及人力成本不断上涨的压力，品牌物业服务企业纷纷通过丰富服务业态、拓展细分市场、挖掘服务需求，朝着物业服务多元化领域、多样化服务方向推进，以开拓多种服务模式，使物业服务更贴合服务的本质，并增加企业新的利润增长点。

品牌物业服务企业的多元化发展，可以从业务的多元化和服务的多元化两个方面着手分析，从长远看，业务的多元化布局和增值服务的开展将为品牌物业服务企业带来新的营收和利润增长点。从业务的多元化布局方向看，商办、工业园、产业园、科技园、场馆、空港、教育机构、特色小镇以及政府和公共设施等非住宅业态，因其物业服务费较高，增值服务消费能力强，拓展非住宅物业服务成为大型品牌物业服务企业的必然趋势。如金地物业开启“3+X 战略”，以住宅物业、商业物业和科技产业为主业组成部分，孵化资产管理、公寓运营、养老健康等新产业，形成了商业资产运营管理、住宅物业服务、科技智能化三大业务版图，楼宇工程、半径颐养、荣尚荟、智慧享联四大品牌齐头并进，全面提速多元化发展格局；天骄爱生活现已构建了住宅物业服务、商业物业服务、产业物业服务、公建物业服务、资产经营及管理、设施设备管理、大数据七大平台体系，形成物业服务全生命周期闭环生态圈；目前，华润物业科技在全国范围内管理物业项目700余个，涵盖住宅、商业、写字楼、综合型体育中心等多种业态；正荣物业坚持多业态管理路线，目前服务项目涵盖住宅、写字楼、商业、酒店公寓、别墅等多业态综合种类；时代物业服务业态覆盖大型商业综合体，甲级写字楼，高端别墅，高端住宅，安居房，机场、学校、医院、政府办公大楼、市政环卫、文化场馆、厂区、工业园等十多种服务业态；之平管理服务范围布局中国华南、华北、华东、东北和中西部地区等 60 多个省市自治区，涵盖住宅、公建、商业、写字楼、综合体、别墅；安徽长城物业建立一套完整的品牌管理体系，走多元化发展之路。无论是高档住宅、政府办公楼、商业办公楼、高等院校、回迁安置等项目的物业管理都有较为完善的内部管理标准、相应配套管理规章制度、质量检查标准及奖惩措施（图 13）。

从物业的服务内容的多元化上看，物业服务企业除了做好“四保”（清洁、绿化、秩序维护、设施设备维修）等传统基础服务，物业服务企业也逐渐将服务延伸至为企业营业收入和利润增长助力的物业增值服务上。主要包括满足业主生活服务的家政服务、电商服务、社区金融、社区教育、二手房经纪、装修和租赁，及致力于提升业主资产保值和增值的房屋资产管理服务等社区增值服务；此外还包括服务于房地产开发商的新盘服务、案场服务、新房销售代理、广告和顾问咨询等非业主增值服务。在业务领域的拓展上，品牌企业也均取得不错的成绩。例如，保利物业的养老服务，绿城服务的文化教育和社区零售，彩生活的社区零售；以及新希望服务为客户提供全生命周期物业服务，并依托新希望集团全产业链民生资源开展系列增值服务；

图 13 品牌物业服务企业多元化业务布局
资料整理：中国房地产测评中心

之平管理成立了专门的养老机构——旬彩长者服务，探索“物业服务 + 养老服务”模式的一大创新。品牌物业服务依托巨大的人口流量，深入挖掘居民的需求，多元化满足客户需求，提高居民服务体验，不断提升物业服务能力和服务品质，提高客户满意度和客户黏性，促进品牌价值的提升。增值服务赋能品牌形象，为美好生活添翼。

总之，品牌物业服务企业通过开展多元化业务和服务，以丰富的全业态物业管理经验，不断探索新的发展模式，以增强和提高企业综合实力和知名度。且较高的品牌知名度和良好的口碑，将利于物业服务企业赢得行业市场的支持、合作伙伴的协助和客户的依赖，并获得企业品牌的扩张和覆盖范围的增大，使企业占据更大的市场份额。

3. 品牌企业竞争中思变，服务呈差异化发展

物业管理市场竞争格局进一步加剧，为占据更大的市场份额，品牌物业服务企业一方面纷纷布局多元化业务和多样化服务，另一方面也加速整合优质资源，着手挖掘细分领域，打造个性化、精细化发展，聚焦物业服务企业差异化的发展路径。对于市场竞争环境下的物业服务企业来说，树立特色的品牌形象是物业服务企业的必由之路，建立企业特色的标签能够增强品牌的辨识度，且因其成长潜力较大以及良好的口碑，成为数十万家的物业服务企业中冉冉升起的新星，可以使其在众多发展模式和发展状况相似的物业服务企业中脱颖而出。以上物业服务企业不断挖掘客户的个性化需求，致力于为客户提供创新的个性化服务，坚持专业，在不断创新中提升企业的品牌机制，充分发挥企业品牌效应，增强企业市场竞争能力。

在物业服务企业特色服务建设方面，一大批物业服务企业表现良好，且独具特色。如安徽创源物业着重强调以服务为核心，将公司经营规划定位为生产性服务业、生活性服务业和公共服务业。并致力于用高端的服务，满足客户日益增长的个性化需求，为客户带来品质的生活，以赢得客户的认同感。经过多年发展经营，最终形成以医院和学校业态为特色，同时覆盖办公楼、商业、小区等全部物业业态的物业服务企业。

颐景园物业将以大集团化发展为方向，实施“一圈、两融合、三平台”战略布局，按照“平台驱动、科技赋能、金融助推、生态发展”的战略思路，继续恪守“用心服务，尽善尽美”的服务理念，“明德正行、敬业奉献”的企业精神，“坦诚、专业、共赢”发展理念，加快发展和多元化经营，致力于成为的卓越品质生活服务商。

安徽新亚物业坚持创新发展，聚焦学校物业的创新管理与实践，以校园物业为服务特色。针对院校的特点，安徽新亚物业除做好传统基础物业管理和服务外，也重点关注管理的信息化、流程的标准化、服务的专业化、项目的品牌化，并践行多元化的服务理念，助力智慧校园的建设，为广大师生提供优质的服务体验，致力于引领校园物业服务的新格局。

朗诗物业始终传承朗诗企业的文化精髓，以“成为有温度的社区生活服务引领者”为愿景，推崇人、社会、自然和谐共生的理念，通过探索并坚持可持续发展道路，实现服务社会、基业长青。通过研究和满足客户的真实需求，做有温度的社区服务，使社区生活更美好。

万园物业将以完善的管理体系、质量体系、文化体系、品牌体系引领行业发展，以红色、科技路线为指引，探索行业发展方向。并且为营造业主便捷的生活，万园物业借助高新性技术，深化智慧物业服务，致力于成为智慧生活服务商。

云南澜沧江物业面向西南，布局全国，以大型水电站工业区物业项目为立足点，依托澜沧江流域水电开发，凸显大型工业区综合体物业服务优势，深化公司管理服务专业化、规范化、特色化、精细化、个性化的品牌优势，提供专业、优质的大型水电站工业区服务。

弘生活以“以诚为道，以远为达”为品牌理念，以“最受信赖的城市生活服务商”为愿景。并且作为中国社区综合服务商的深入践行者和创新者，弘生活物业以全方位的社区综合服务体系，传递有温度的社区人文生活，为业主提供暖心的物业服务，致力于让更多人尊享社区美好生活之美好。

云南鸿园电力物业秉承“业主至上，服务至诚”的服务宗旨，恪守“守法服务重安全、整洁环保求健康、追求完美人为本”的管理方针，以客户需求为导向，强化内部管理，打造电力系统特色物业服务企业，进一步夯实云南电力系统内物业服务领导企业的市场地位。

合能物业聚焦“产品全周期，生活全周期”，进行专业细分，基于服务产业纵向深耕，生活服务横向发展，构筑“2 年好产品 +68 年好服务”的合能大生活服务体系。助推地产产品价值实现，让客户生活幸福、使员工工作有价值、为股东创造效益，致力于成为优秀的社区生活服务运营商。

新力物业定位于成为全产业链・产城综合服务运营商，一直潜心打造自身品牌，坚持“差异化思维”，将差异化服务打造成为品牌核心竞争力，已形成集团母品牌新力物业集团与新力绿化、洁诺清洁、品创酒店管理、新力工程等子品牌及各类合资品牌协同发展的品牌发展体系。

上坤物业秉承“客户至上、开拓创新、追求卓越、快乐经营、尊重信任、平等开放”的价值观，践行“倾心成就”的服务理念，“创新客户需求、超越客户期望”的使命，用严谨、科学、高效合理的管理制度，公平、公开、严格、透明的管理态度，成为一家给客户成就、受客户尊敬的全生命周期物业服务企业，为客户打造宜居智慧社区。

浩创物业通过规范、精致的服务体验，细意尽心的客户关怀，匠心的品质，为客户提供安全、安心的居住、营商、办公环境，通过物业的保值、增值及物超所值的专业服务赢得客户信赖。

实力物业集中建立远程监控系统，结合公司 400 全国呼叫中心，对各项目管理现场统一发布命令，并基于全视频智能化 + 移动互联网的技术模式，快速引进智能化停车管理系统，增值提效，打造智慧科技物业。

正美物业倡导并营造阳光、协同、担当的“家文化”，聚力搭建共创、共享、共荣的企业平台，通过“让员工释能、予客户聚能、为业主赋能、助社区智能”，打造行业领先的社区服务与资产运营平台，成为行业新锐品牌物业服务企业。

江苏银河物业综合购物广场、高端住宅、写字楼、精品酒店、连锁店、影城等城市圈业态，以“物业服务”为本源，挖掘用户和业主日益变化的服务诉求，链接苏宁全产业体系生态资源及社会优质资源，延展“企业服务”及“生活服务”，通过营造工作、生活、购物、教娱等各类场景服务体验，与企业同成长，予业主更便利，形成“一体两翼”三线并发的特色服务能力。

开元物业以酒店式服务为核心特色，专注提供专业化与差异化的服务，将服务定位为中高端。“祺服务”是传承开元旅业集团的品牌基因，延续和发挥开元酒店服务优势，不断推进以开元酒店式服务为特色的多业态综合物业服务，使其延伸到城市的各行各业、千家万户。“祺服务”品牌已成为开元物业的一张金名片。

为聚焦保利物业商办平台力量，彰显品牌价值，专注于“非居业态”服务领域的保利商业物业以保利物业商办平台为基，结合时代发展与企业成长需求，打造的全新商办品牌——星云企服。星云企服是一个专注于写字楼生态服务的商办品牌，以智能楼宇科技和数字化运营为驱动，输出高品质、专业化服务，重构写字楼空间、环境和服务场景，打造高效、智能化、人性化的企业办公新生态，是保利物业商办平台的品牌之举。

绿城服务倡导“让更多业主参与生活服务中来，每个人都能自治自为，人人都是服务者，人人都是被服务者”，并在其提供生活服务的社区开展“绿城幸福里”社区新型服务模式的探索，让富有想法的业主自愿参与到社区公益服务、社区教育、群防群治等项目中，以邻里文化为主线，营造共建、共治、共享的幸福社区。

恒大金碧物业不断完善管理架构及业务内容，积极探索资本化、市场化发展道路，深挖整合各类资源及信息，实施物业智慧化服务战略，不断赋予社区物业服务新元素，致力打造中国最具居住价值、人文价值的幸福社区，矢志成为客户首选物业标杆品牌，推进社区附加值提升。

长城物业秉承“让社区变得更美好”的组织使命，以“成为社区生活方式引领者”为愿景，恪守“诚意链接 + 满意服务”的核心价值观，着力打造“物业服务”“社区商务”及“楼宇科技”三驾马车的社区生态发展模式，以“科技化 + 人性化”的双驱动发展思路，持续创新引领行业转型升级发展。

2018 年，鑫苑物业推出 XIN 服务 3.0 体系，鑫服务 3.0 是鑫苑物业发展理念的迭代和升级，更是物业公司管理创新、技术创新、模式创新的集中体现，不仅为未来的发展提供理论指导，更为企业的快速稳健发展和商业模式的创新做理念、制度、流程、技术、数据支撑，助力鑫苑物业在资本市场的蝶变发展。

诚信行物业创造了大陆物业服务企业并购香港公司的首例，也是中国首家走向国际化的物业服务企业。目前公司在韩国、日本、英国、马来西亚、西班牙、加拿大、美国、意大利等国家陆续开展项目，拥有 500 个项目，业务类型主要有国际产业园、学生公寓、老年公寓、酒店式公寓各业态资产运营，海外房产销售及租赁代理。2017 年，诚信行正式启动“一带一路”资产联盟，2018 年，诚信行物业迎着“一带一路”发展的强势浪潮，继续挖掘海外市场，不断拓宽国际业务的领域与深度，共创国际发展的新高度。

建业新生活旗下涵盖三大业务版块——物业管理与增值服务版块、资产管理版块、生活服务版块，紧紧围绕人民的消费升级和需求多元，整合内外部优质资源，提供个性化、定制化、差异化的产品和服务，为中原人民构建起全维度美好生活图景。助力建业集团向新型生活方式服务商转型，推动社会全面进步和人民美好生活的实现。

借助信息化的手段，天骄爱生活建成全国集成指挥中心，并以“物业管理 + 互联网”思维，创新服务模式，推出小 A 智慧物业平台，将物业管理涉及的基础服务、公共服务、邻里互动、健康、财富、教育、产业，借由互联网、物联网、大数据进行整合，构建出商住产一体化的全息社区。

作为国内领先的产业园区服务物业服务企业，近年来，亿达服务集团依托在产业园区服务运营领域的丰富经验，大力发展智慧物业，借助全场景物业解决方案、大数据分析和物联网技术，建立园区管控体系，以专业技术团队打造一站式无忧服务。

华润物业科技立足高品质的物业服务，链接资产管理、智慧物联以及平台创新，搭建起“悦＋智慧生活服务平台”，将“智慧服务生活”做为核心，涵盖品质物业、资产托管、智慧物联、平台创新四个业务服务板块，为物业赋能，为业主及客户提供更好的生活解决方案，提升物业服务质量，以情感悉心服务，打造品质生活。

历经近30年的发展，天健物业凭借清晰的转型发展轨迹，基于特色服务所构建的多元品牌以及以精细化、市场化和平台化服务为主要内容的“一体两翼”商业模式，开始不断贴近“打造专业城市综合服务运营商”的角色定位，为城市更新提供专业保障服务。

康桥物业保持一贯的创新服务意识，尤其在移动互联网扩张的时代，通过信息化手段提升业务管控的能力和对客服务的效率，如物业管理系统、呼叫中心、康云APP、微信、现场管理软件等移动互联技术手段和信息化服务解决方案，致力于为业主们打造温馨的掌上生活家，形成一个美好的智慧社区生态圈，成为优秀的科技物业建设服务商。

经过20年的发展，新鸥鹏物管家打造出一支专家级的管理团队，构建精细化的管理和服务体系，担当创新服务领导者，推动行业发展，致力于成为业主的知心服务管家。

华宇第一太平戴维斯注重优质服务，秉承“和谐华宇，幸福一生”的服务理念，全力打造成幸福生活泛服务商，致力于成为中国最受赞誉的社区服务产业运营商。

中建东孚不断进行战略升级，以住宅物业服务、新型城镇化综合服务、商业服务及资产运营为核心板块，打造以社区为辐射的存量市场服务和运营模式，系统构建以社区为基点、以城市为服务空间、以多元产业为支柱的“东孚物业＋”大服务体系。并致力于打造主业后勤一体化。

综上，物业服务企业差异化竞争，不断细化服务领域和方向，特色企业百花齐放，竞相展示其发展优势，逐渐形成企业各自发展的特色化标签，优势聚集，获得更大的发展空间，品牌价值和业绩均且取得较明显的提升。

五、测评结论

随着行业市场化进程日益深入，为满足居民对美好生活的追求和向往，物业服务显得愈发重要并逐渐受到市场和客户的广泛重视。品牌企业，以其广泛的知名度、优质的服务、和良好的信誉，加大市场拓展力度，管理规模迅速扩大，行业发展的虹吸效应显著，行业集中度进一步提升。同时，新技术的应用，也助推品牌企业服务创新，加速管理模式和业务服务的转型升级，行业内外优势资源整合，品牌效应显现，品牌溢价明显，品牌价值得到快速的提升。

在日益激烈的竞争环境下，物业服务企业积极应对，主要通过在差异化定位、联合、兼并收购、品牌输出及增值服务上进行突破，以达到品牌的突破、扩张，扩大品牌的渗透性和品牌市场占有率。在发展的进程中，一方面有关联房企的物业服务企业借助关联房企可以获得稳定的面积供给，同时亦可利用品牌优势，强化竞争优势，获得更多的第三方项目。此外，品牌物业服务企业通过开展合作、兼并收购，强强联合，提高了企业获取资源的能力，增强了市场影响力，迅速扩大企业的市场布局。另一方面，在规模化浪潮中，通过经验积累沉淀，企业专注于某一专业细分领域，进行差异化、特色化、专业化发展也不失为一条适宜的发展路径。如在差异化定位中，行业形成了如安徽创源物业、颐景园物业、安徽新亚物业、朗诗物业、万园物业、云南澜沧江物业等为代表的、成长潜力大、品牌口碑佳且具有特色的物业服务企业。

此外，在品牌竞争时代，新媒体成为物业服务企业重要的品牌输出窗口，物业服务企业对新媒体的重视程度日益增加，纷纷建立专门的自媒体运营部门，通过微博、抖音、微信公众号平台及时进行信息分享，塑造企业形象，展示企业的气质，不断扩大企业的知名度和影响力。

总的来看，物业服务企业发展空间大，市场竞争激烈。依托目前的行业发展政策、经济、技术等利好因素，借助资本市场、高新技术、业务的拓展等手段，具有良好口碑和广泛品牌影响力的品牌物业服务企业将有望在竞争的浪潮中脱颖而出。因此全面提升企业服务品质，塑造全新品牌形象，展现自身的品牌价值将是企业当前及今后企业发展的主旋律。

附件

（一）研究对象

2019 物业服务企业品牌价值测评研究对象为物业服务企业。其中，

1. 在中国大陆地区依法设立并登记注册的物业服务企业；

2. 在全国范围或某一地区范围内具有影响力和知名度的物业服务企业；

3. 在某一专业领域具有较强专业度和影响力的特色物业服务企业；

4. 近两年有违反国家法律法规、《物业管理条例》以及相关的物业管理法律法规并经查实的，或者受到行业主管部门或协会通报批评、公开谴责，经查实的，以及有严重损害业主权益的投诉案件等不良记录的企业，并经查实的，不列入测评范围。

（二）研究时限

本报告主要以 2018 年数据为主，其中，为说明问题，部分分析也采用 2019 年上半年的数据和事例。

（三）指标体系和方法

1. 测评模型体系

该品牌价值评价模型是在充分研究 Interbrand、Financial World 等国际上通用的品牌价值评价模型的基础上，结合我国物业管理行业特点和物业服务企业特征，总结得出的。其具体公式为：

$$V=R\times S=Q\times RBI\times S$$

其中：

V：品牌价值额；

R：品牌超额获利能力，指物业服务企业所拥有的品牌能给它带来超过行业平均利润的收益的能力；

S：物业服务企业品牌的强度乘数；

Q：物业服务企业超额收益；

RBI：物业服务企业品牌作用指数。

测评模型的基本逻辑体系如附图 1 所示。

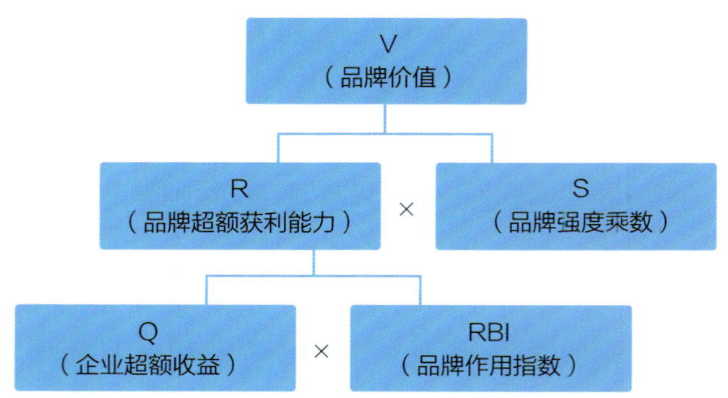

附图 1　中国物业服务企业品牌价值测评研究体系

2. 品牌超额获利能力的确定

品牌超额获利能力，衡量的是物业服务企业所拥有的品牌能给它带来超过行业平均利润的收益能力。其计算方法是在充分研究和借鉴国内外研究成果基础上，引入物业服务企业品牌作用指数 RBI，即根据物业服务企业品牌在物业服务企业超额收益中所产生的作用计算出品牌的超额获利能力：

品牌超额获利能力（R）= 超额收益（Q）× 品牌作用指数（RBI）。

（1）超额收益 Q

物业服务企业超额收益是指企业超过行业平均利润的收益水平，在数值上等于企业扣除成本、费用和税金后的净收益减去行业的平均净收益。在本模型中，选择税后营业利润作为计算超额收益的基础。一般取历史 3 年的算术平均值。年度超额收益计算公式为：$Q=(P-AP)\times SV$

其中：P 为待评估物业服务企业的税后营业利润率；

AP 为行业物业服务企业的平均税后营业利润率；

SV 为待评估物业服务企业的营业收入。

（2）品牌作用指数 RBI

品牌作用指数（RBI，Role of Branding Index）是指品牌对企业无形资产超额收益的贡献比例。企业超额收益的获取是企业多项无形资产共同作用的结果，主要包括人力资源类无形资产、企业管理类无形资产、品牌类无形资产以及其他类无形资产。一般来说，物业管理行业中，品牌所占贡献比例约为 0.8。当其他类型的无形资产占比较小时，该值会上升，反之会下降，变化范围约为 0.5 ～ 1。本模型根据无形资产超额收益构成的原理，采用层次分析法进行分割以确定物业服务企业品牌作用指数（最大数值为 1）。层次结构模型如附图 2，指标释义见附表 1。

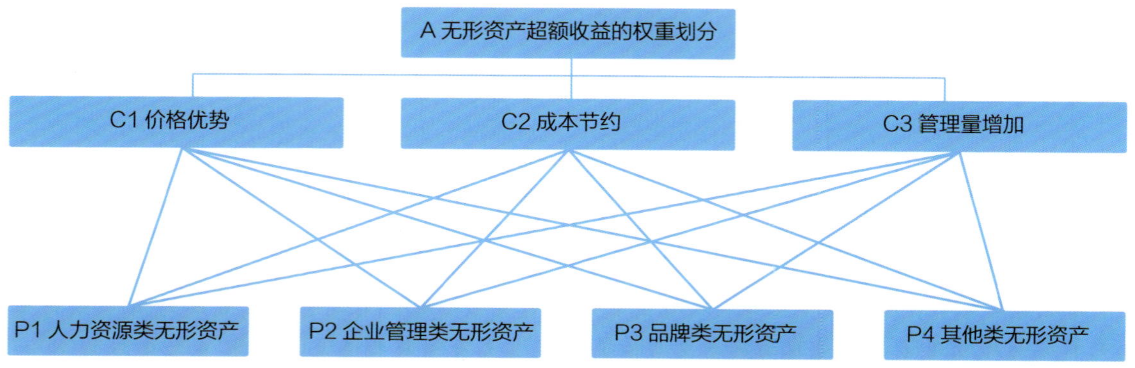

附图 2　中国物业服务企业品牌价值测评品牌作用指数层次结构模型图

中国物业服务企业品牌价值测评品牌作用指数指标释义　　附表 1

指　标	指标解释
P1 人力资源类无形资产	包括企业中管理类、设计类以及营销策划类等各种人才智力的总和
P2 企业管理类无形资产	包括合理的组织架构，健全的财务系统，有效的激励机制以及内部网络信息系统等
P3 品牌类无形资产	包括企业文化、企业管理理念及方法、商标权以及企业的品牌等
P4 其他类无形资产	包括顾客信息与业务伙伴关系的认可度、专利技术以及上面未提及的无形资产

3. 品牌强度乘数模型

物业服务企业品牌强度乘数是衡量企业品牌竞争力的指标，主要考察企业品牌预期获利年限，以此反映品牌实现未来超额获利能力的几率大小。品牌强度乘数包含 9 个重要指标，其中企业社会责任满分为 20 分，其余 8 个指标满分各为 10 分，总分 100 分。根据品牌强度乘数转化公式 $S = S' / 100 \times 30$ 可以得到企业品牌强度乘数，取值范围在 0 ～ 30。具体为

品牌强度评价模型如附图 3 所示。

指标释义见附表 2。

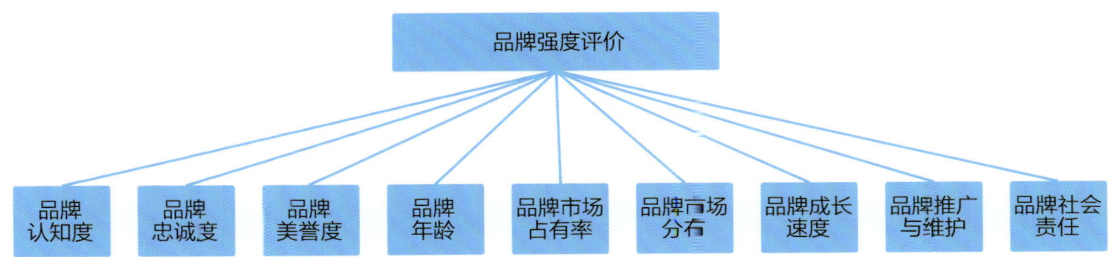

附图 3　中国物业服务企业品牌价值测评研究品牌强度评价模型

中国物业服务企业品牌价值测评品牌强度评价指标释义　　附表 2

指标	指标解释	观察点
品牌认知度	反映消费者对企业、产品、功能、服务等方面的认识	对企业品牌及服务的评价和感受及社会、媒体对企业品牌的反应和评价
品牌忠诚度	反映消费者对品牌的信赖程度	在其他替代服务产品的影响下，消费者对服务产品的选择偏向
品牌美誉度	反映消费者心目中对物业服务企业品牌的口碑和信任程度的情况	对物业服务企业及相关小区的评价、对企业服务质量等的信任程度
品牌年龄	反映品牌进入市场的时间，较早进入市场的品牌往往拥有更多的忠诚消费者，具有更强的品牌效应	企业管理项目最先进入市场的时间；品牌活跃度、品牌持续时间长短、消费者开始接受企业服务的长短
品牌市场占有率	反映企业品牌的经营收入、管理面积等指标的市场占有率情况	企业的经营收入、管理面积等运营指标在全国或进入城市的市场占有情况
品牌市场分布	反映企业品牌的区域市场分布情况和进入城市的数量	物业服务企业项目在全国分布及进入城市数量
品牌成长速度	反映企业品牌在经营收入、管理面积方面的增长速度	企业运营指标（经营收入、管理面积）的三年的增长速度
品牌推广与维护	反映品牌在建设费用、重点投资、持续推广和维护等情况	企业在品牌建设、品牌推广、品牌维护等方面的投入；广告宣传活动的投入及次数；企业高级管理层对品牌的重视程度
品牌企业社会责任	反映品牌在公益事业、慈善捐赠等方面的表现	企业在参与社会公益事业、慈善捐赠等方面的表现

（四）数据来源

2019 物业服务企业品牌价值测评研究的数据来源主要涉及如下几个方面：

1. 纳入测评研究的上市公司的年报、半年报、季报和各项公告；

2. 企业参与品牌测评自填数据；

3. CRIC 咨询决策系统。

4. 经交叉证实的公开渠道信息资源。从任何公开第三方信息渠道取得的相关信息，上海易居房地产研究院中国房地产测评中心一直以来专门对国内活跃上市和非上市房地产、物业服务企业的所有公开信息资料进行跟踪收集，经确认后，汇总、整理归档并录入中国房地产企业测评系统。

物业管理媒体影响力测评报告

一、导言

2019 年 4 月 25 日，中国物业管理协会面向全国物业管理行业媒体协作网成员单位，组织开展了物业管理媒体影响力测评工作，得到了各成员单位的热烈响应。截至 5 月 20 日，共收到符合申报要求的物业管理行业微信公众号 180 个、物业管理刊物 110 份，中国物业管理协会和清华大学新闻与传播学院对其中 100 个微信公众号和 70 份刊物的数据进行了研究和分析，并撰写形成《2019 物业管理媒体影响力测评报告》。

从统计数据看，目前全国物业管理行业的信息传播意识更为普遍，在已形成的较为完善的“传统媒体——新媒体”二元传播架构的基础上，传统媒体在 2019 年有了新的着力点，新媒体阵地也进一步得到夯实，一些媒体平台在知名度和业内影响力上持续保持较高水平。但整体而言，全行业信息传播状态在传播架构、传播内容等方面仍然能够得到有力提升。

本报告主要借助统计分析和文本分析方法以及归纳逻辑法，对全国物业管理行业媒体发展现状及趋势做出分析，并在此基础上做出总结、提出建议。

结合往年研究报告与现有研究理论，本报告的观察和分析首先建立在三个基础观念前提之上，其次利用已有的物业管理行业一手数据，依据行业属性进行分类考察，得到本报告的基本结论。

首先，一般而言，行业媒体的信息要实现有效传播，需要遵循三个基础前提：

1. **只有构建了自足的信息生态系统，行业媒体才能真正实现传播力的塑造与突破。这要求行业媒体在立足本行业的基础上，实现内容生产的边界跨越。**
2. **为提升全行业的信息传播力，需打造合理的全行业的信息传播格局，实现全行业的内容生产与代表性媒体的“点面结合”。**
3. **就传播形态而言，目前在我国信息传播领域内传播效能由高到低依次是微信公众号、杂志、报纸。**

其次，依照上述考量，结合本课题的具体情况，我们将得到的一手数据按照行业属性进行分类，初步得到全国物业管理行业信息传播主体的格局，并在此基础上进行进一步数据整理与分析：

物业服务企业（以下简称“企业”）微信公众号 76 个；物业管理协会（以下简称“协会”）微信公众号 23 个；企业报纸 28 份；协会报纸 2 份；企业杂志 40 家；协会杂志 18 家。另有杂志社 2 家，因情况较为特殊，故不在讨论范围之内。

在对上述媒体数据进行整理的基础上，本课题借助数理统计与逻辑归纳的方法，对物业管理行业的信息传播现状与趋势进行分析，并结合具体的案例进行剖析。

二、现状及趋势分析

1. **作为传播主体的企业媒体和协会媒体在信息传播的结构和效果上各有侧重，企业媒体面向用户实现了较好的服务功能，协会媒体面向会员企业实现了较好的宣传引导作用。在 2019 年的业态中，企业媒体呈现出新的特征：不断夯实用户忠诚度，着力提升内容传播用户黏性，以较少的内容实现较强的传播效果；协会媒体也呈现出新的特征：用户数量增长迅速，用户黏性和传播效果都略有提升。**

延续往年报告中基于对不同媒体平台的独特性的考虑，我们在这里主要比较五个关键指标的均值（用于描述统计值的平均水平）：① 微信公众号的用户人数；② 微信公众号的单篇文章平均阅读量；③ 微信公众号文章总数；④ 报纸和杂志的年总发行量；⑤ 报纸和杂志的单期发行量。

经比较企业和协会两类微信公号的关键指标，可发现：

（1）企业微信公众号用户人数均值为 66295.62，协会公众号用户人数均值为 21580.44，前者为后者的 3.07 倍，这表明二者的受众群体存在差异，企业微信公众号能够吸引普通用户，在业主和客户群体中获得较强的影响力。对比 2018 年数据可发现，协会公众号用户人数增长迅速，并且与企业微信用户人数的差距在不断缩小，这表明协会公众号的影响力在逐步提升。

（2）企业微信公众号单篇文章平均阅读量均值为 3686.48，协会公众号单篇文章平均阅读量均值为 905.72，前者为后者的 4.07 倍，这表明企业微信公众号面向普通公众传播的过程中能够收获较强的用户黏性，获得较好的传播效果。对比 2018 年数据可发现，企业微信公众号粘性与协会微信公众号的差距扩大。

（3）企业微信公众号发文总量均值为 257.12，协会公众号发文总量均值为 599.78，前者仅为后者的 43%，这表明企业微信公众号以相对很小的内容总量获得了相对很大的传播效果。对比 2018 年数据可以发现，企业微信公众号发文总量整体保持稳定，而协会公众号发文总量有所上升。

经比较企业和协会报纸、杂志的年总发行量及单期发行量均值，可发现：

（1）企业报纸的年总发行量均值为 223177.1，协会报纸的年总发行量均值为 216000。因协会报纸数量较少（仅 2 份）且差异巨大，上述两个统计值缺乏在统计学上进行比较的显著意义。对比 2018 年数据可以发现，企业报纸的年总发行量大幅回落，而协会报纸的年总发行量则稳定攀升。

（2）企业杂志的年总发行量均值为 21853.05，协会杂志的年总发行量为 16853.89，前者为后者的 1.30 倍，不考虑受众类别的情况下，这表明企业杂志在受众中影响力上略高于协会杂志。对比 2018 年数据可以发现，两类杂志在年总发行量上都不同程度有回落。

（3）企业报纸的单期发行量均值为 10624.29，协会报纸的单期发行量均值为 10500。因协会报纸数量较少（仅 2 份）且差异巨大，上述两个统计值缺乏在统计学上进行比较的显著意义。对比 2018 年数据可以发现，企业报纸的单期发行量大幅回落，这可能是导致企业报纸年总发行量下滑的主要原因。协会报纸的单期发行量整体保持稳定。

（4）企业杂志的单期发行量均值为 5355.35，协会杂志的单期发行量为 3203.61，前者为后者的 1.67 倍，这表明就绝对的发行量而言，企业杂志略高于协会杂志。对比 2018 年数据可以发现，企业杂志的单期发行量略有回落，协会杂志的单期发行量略有上升。

经过上述五个指标在均值上的比较，我们可以得出如下结论：

与往年业态整体相似，作为新媒体时代最重要的信息传播平台，微信公众号的运营状况于总体上代表了各企业和各协会的实际传播力。2019 年内，企业与协会的新媒体传播力都实现了不同程度的增长。虽然各项数据都呈现出不同的变化，但在两项关键指标上，企业的新媒体传播力均强于协会的新媒体传播力。经参考业内成熟的新媒体传播力计算方法，我们采用如下公式计算各机构的新媒体传播力：

$$微信公号传播力（P）=\frac{单篇文章阅读数(c)\times 用户人数(n)}{发文总数（a）\times 100,000}$$

经计算，企业微信公号的传播力均值为 9.51，而协会微信公号的传播力为 0.33，前者为后者的 28.82 倍。从数据中我们可以看到，企业微信公众号的传播力较 2018 年有了一倍的增长，协会微信公众号的传播力也有了较大的进步。这一状况折射出目标用户群体的差异对传播策略及传播效果的影响：企业微信公众号以业主为主要服务对象，因而可以树立更加精确的服务目标，通过对与受众息息相关的内容进行生产，借助鲜活的案例和生动的语言去吸引用户，实现微信公众号的传播力的不断攀升；协会公众号以政策解读与条例宣传为主要宗旨，虽然通过大量的发文量可以获得用户的关注，但整体文章的关注度缺乏增长动力，无法形成用户的进一步转发与传播热潮，产生二次乃至多次传播效果。

在传统媒体运营方面，因现有数据结构存在两个缺陷（协会报刊样本量太小，测评得票率较低），难以得出完全准确结论。但从现有的数据，仍可大致得出企业报刊运营状况比协会报刊运营状况更好的结论。从报刊内容、生产状况及用户定位来看：企业报刊多以服务为宗旨，尝试对读者的日常生活有直接的帮助和指导，内容较为“软性”，且发行频繁，能够实现空间覆盖范围和时间覆盖范围的双重扩张。

2. **作为行业信息传播主力的企业媒体，内部运营状况参差不齐，呈现出强者愈强、弱者愈弱的马太效应，而协会的媒体运营状况则相对处在较为稳定的水平。在 2019 年内，二者的用户人数标准差差距大幅缩小；内容黏性标准差差距大幅扩大；总体运营状况保持稳定。**

基于对不同媒体平台的独特性的考虑，我们主要比较三个关键指标的标准差（用于描述值分布的离散程度）：① 微信公众号的用户人数；② 微信公众号的单篇文章平均阅读量；③ 杂志的年总发行量。

经比较发现：

（1）企业微信公众号关注人数标准差高达 161680.99，协会公众号关注人数的标准差为 40686.23，前者比后者的标准差高 3.97 倍，这表明企业微信公众号在用户人数这一指标上，存在很高的不平衡状况，而协会微信公号运营水平则相对较为平稳。对比 2018 年数据，企业内部微信公众号差距不断增大，而企业与协会两个群体差距大幅缩小。

（2）企业微信公众号单篇文章平均阅读量标准差为 4995.23，协会公众号单篇文章平均阅读量的标准差为 857.80，前者比后者的标准差高 5.82 倍，这表明在用户黏度这一指标上，企业微信公号相对于协会微信公号拥有更高的不平衡状况。对比 2018 年数据，企业微信公众号内部的不均衡状况愈加严重，而企业与协会两个群体的差距也不断扩大。

（3）企业杂志的年总发行量标准差高达 26920.03，协会杂志年总发行量的标准差为 11913.74，前者比后者高 2.26 倍，可大致说明在总体运营水平上，企业杂志比协会杂志存在更为严重的不平衡状况。对比 2018 年数据，企业杂志内部的年总发行量大幅回落，说明企业杂志内部保持了较强的稳定；而企业杂志与协会杂志之间的差距也略有缩小。

经过上述五个指标在标准差上的比较，我们可以得出如下结论：**作为行业信息传播主力的企业媒体，尽管在总体上拥有更大的影响力，但其内部存在巨大的发展失衡状况，呈现出“有高峰、无高地”的总体态势。作为行业信息传播引导力量的协会媒体，在总体上呈现稳定的影响力，在内部发展也呈现出较为均衡的态势。**

在全部 76 个企业公号中，只有 14 个在用户人数上超过了均值，而这 14 家企业多为财力雄厚的知名物业服务企业，如其中碧桂园服务用户人数达到了 1142791 人；金科服务用户人数达到了 606015 人，保利物业用户人数达到了 535905 人。与往年数据相比，头部微信公众号略有变化，但变化程度不大；而另有 13 个企业的微信公号用户人数不足 5000 人。整体上来说，企业微信公众号的增长程度越来越大，差距也逐步扩大，用户最低数据为 1335 人。相比之下，协会微信公众号的发展状况更为平均，虽然只有长沙、上海、成都、合肥、北京、河北、广东的关注人数超过 20000，但只有 4 个公众号关注人数不足 5000，总体态势较为稳定。其中长沙物协微信用户人数达到了 199603 人，上海物协用户人数达到了 52957 人，成都市物协用户人数达到了 39698 人。

在全部 37 本杂志中，只有 12 本的年总发行量超过了均值，而这 12 家企业多位财力雄厚的知名物业服务企业，包括保利、高地等，像保利物业的单期发行量便达到了 27000 份。相比之下，协会杂志的发展状况更为平均，有 7 本杂志年总发行量超过均值，绝大部分杂志的年总发行量超过 5000 份。

碧桂园、保利、金科等物业服务企业仍然保持着强劲的势头，成为全国物业管理行业信息传播的支柱性力量，是当仁不让的头部企业。

3. **中国物业管理协会官方平台通过设立有效的文章录用（转载）机制，有效促进企业和协会媒体发展的策略起到显著效果，充分发挥了国家级协会应有的职能。在 2019 年内，中国物业管理协会微信公众号转载概率持续保持平衡，体现了中国物业管理协会平衡企业与协会媒体发展的重要作用。**

在这一部分，我们以中国物业管理协会官方平台（含《中国物业管理杂志》、中国物业管理协会微信公众号及网站）转载各媒体文章数量均值和各媒体年发稿总数均值的比值作为主要的分析公式，观察企业媒体和协会媒体在这一指标上的表现情况。

经比较发现：

企业微信公号转载文章数量均值为 6.95，企业微信年发稿总数均值为 257.12，其比值为 0.03。协会微信公号转载文章数量均值为 12.65，协会微信公号年发稿总数均值为 599.78，其比值为 0.02。企业报纸转载文章数量均值为 4.39，企业报纸年发稿总数均值为 102.24，其比值为 0.04。协会报纸转载文章数量均值为 13.5，协会报纸年发稿总数均值为 72，其比值为 0.19。企业杂志转载文章数量均值为 7.8，企业杂志年发稿总数均值为 160.21，其比值为 0.01。协会杂志转载文章数量均值为 21.22，协会杂志年发稿总数均值为 274.03，其比值为 0.08。与 2018 年数据相比，中国物业管理协会转载率保持稳定态势。

中国物业管理协会通过官方平台通过设立有效的文章录用（转载）机制，对行业内信息传播质量进行阶段性反映，较为成功地实现了对于企业及协会信息传播活动的良性引导。对比往年数据可发现：全国性权威平台对协会的文章转载数量大幅增加，体现出协会文章质量的稳定提升。

三、总结与建议

经上述分析，我们认为 2019 年全国物业管理行业的信息传播工作呈现出如下三个典型特征：

1. 传播渠道健全，传播内容丰富，围绕中国物业管理协会这一核心，形成了以物业服务企业和物业管理协会为主要主体，以微信公众号、行业报纸和行业杂志为主要载体的信息传播格局，在 2019 年内，各种渠道用户数量、用户黏性与信息传播力都进一步增长，信息传播整体畅通有效。
2. 整体上来说，物业服务企业呈现出较强的传播力，但物业服务企业内部的传播力量对比明显。物业服务企业形成了主要面向业主的信息传递渠道，不仅拥有较多的用户数量，也拥有较强的用户黏性，形成了较好的传播效果；但是，传播力较强的物业服务企业实际上只包括少数知名企业，大量企业媒体的传播能力较弱；物业管理协会呈现出稳定的传播力，内部对比较不明显，实现了较好的信息宣传的作用。

3. 中国物业管理协会通过官方平台设立有效的文章录用（转载）机制，较为成功地实现了对于企业及协会信息传播活动的良性引导。通过文章录用系统，中国物业管理协会可以实现对企业与协会的激励作用，达到平衡不同传播渠道，鼓励不同内容生产的作用，不断为全行业信息传播的健康发展提供动力。

鉴于此，我们为全国物业管理行业媒体的发展提出如下四个建议：

1. 中国物业管理协会通过进一步完善平台转载、录用、考评体系，对行业媒体进行积极有效地引导，该体系需进一步向微信公众号倾斜，以促使各物业服务企业和物业协会全面重视对微信公众号平台的建设。
2. 举行全行业微信公众号平台建设活动，推广头部微信公众号运营经验。当前，全行业内微信公众号建设仍然存在着强者越强，弱者越弱的格局。推广先进经验，实现微信公众号运营经验共享，可以从渠道建设、内容生产、粉丝管理与后台架构等多层面实现新媒体平台建设，进一步畅通新媒体信息传播渠道。
3. 促进全行业信息传播渠道实现综合化运营，突破行业边界，实现真正的社会传声筒建设。目前全国物业管理行业媒体在内容上仍普遍较多关注本机构、本行业内部信息，带有较强的宣传色彩。事实上，在媒介融合背景下，物业管理行业应该发挥自身面向业主的优势，实现服务信息与生活内容的结合，将物业信息与社会新闻融合起来，实现从行业定位到社会定位的转变，形成更为健全的成长模式。
4. 关注粉丝管理，盘活粉丝活力。当前物业管理行业的媒体渠道都带有较强的宣传色彩，较少进行互动性、趣味性内容生产，这在很大程度上降低了行业信息对受众的吸引力。如果能够逐步在新媒体渠道中尝试粉丝互动，辅以软性内容传播，可以增强媒体渠道的影响。

物业管理微信公众号影响力 TOP100　　表 1

排名	单　位	公众号
1	保利物业发展股份有限公司	保利物业
2	碧桂园智慧物业服务集团股份有限公司	碧桂园生活
3	金科物业服务集团有限公司	金科大社区
4	金碧物业	金碧物业
5	中海物业管理有限公司	中海物业
6	山东明德物业管理集团有限公司	明德物业管理集团
7	南都物业服务集团股份有限公司	南都物业
8	绿城物业服务集团有限公司	绿城服务集团
9	合肥市物业管理协会	合肥市物业管理协会
10	富力物业服务集团	富力物业服务集团
11	雅居乐雅生活服务股份有限公司	雅生活股份
12	卓达物业服务股份有限公司	卓达物业

续表

排名	单位	公众号
13	四川蓝光嘉宝服务集团股份有限公司	嘉宝股份
14	金地物业管理集团公司	金地物业集团
15	成都市物业管理协会	成都市物业管理协会
16	龙湖物业服务集团有限公司	龙湖智慧服务
17	上海高地物业管理有限公司	高地物业
18	长城物业集团股份有限公司	长城物业集团
19	深圳市之平物业发展有限公司	之平管理
20	中航物业管理有限公司	中航物业
21	深圳市物业管理行业协会	深圳市物业管理行业协会
22	长沙市物业管理协会	长沙市物业管理协会
23	北京首华物业管理有限公司	老房管快修
24	成都励志一行物业服务有限公司	励志蜀信物业
25	佳兆业物业集团有限公司	佳兆业物业集团
26	鑫苑科技服务集团有限公司	鑫苑物业官微
27	成都蜀信物业服务有限公司	蜀信励志物业
28	河南正弘物业管理有限公司	好生活在正弘
29	山东省诚信行物业管理有限公司	诚信行
30	上海永升物业管理有限公司	永升物业
31	成都麦可瑞教育咨询有限公司	物业观察
32	嘉诚新悦物业管理集团有限公司	嘉诚新悦
33	亿达物业服务集团有限公司	亿达服务集团
34	江苏路劲物业服务有限公司（深圳分公司）	路劲会
35	浙江开元物业管理股份有限公司	开元物业官微
36	彩生活服务集团	彩生活服务集团
37	河南省物业管理协会	河南省物业管理协会
38	广东省物业管理行业协会	广东省物业管理行业协会
39	上海市物业管理行业协会	上海物业管理行业
40	北京物业管理行业协会	北京物业管理行业协会
41	华润物业科技服务有限公司	华润物业科技
42	河南浩创物业服务有限公司	浩创物业
43	河南建业新生活服务有限公司	建业物业
44	重庆天骄爱生活服务股份有限公司	天骄爱生活
45	河南新康桥物业服务有限公司	康桥物业
46	《中国校园物业管理》杂志社	中国校园物业管理
47	北京首开鸿城实业有限公司	首开物业
48	江苏银河物业管理有限公司	苏宁银河 E 课堂
49	深圳市明喆物业管理有限公司	明喆集团
50	四川邦泰物业服务有限公司	邦物业汇生活

续表

排名	单　位	公众号
51	福建伯恩物业管理股份有限公司	伯恩物业
52	成都合能物业管理有限公司	合能汇
53	成都金房物业集团有限责任公司	成都金房物业集团
54	成都华昌物业发展有限责任公司	成都华昌物业
55	兰州市物业管理行业协会	物业大伽汇
56	武汉市物业管理协会	武汉市物业管理协会
57	河北省物业管理行业协会	河北省物业管理行业协会
58	福建省物业管理协会	福建省物业管理协会
59	厦门联发（集团）物业服务有限公司	联发物业
60	福州融侨物业管理有限公司	融侨生活
61	四川汇丰物业服务有限公司	领汇
62	深圳市龙城物业管理有限公司	龙城物业服务
63	西安经发物业管理有限责任公司	经发物业
64	苏州市物业管理协会	苏州物业
65	深圳市开元国际物业管理有限公司	开元国际物业管理
66	盛全物业服务股份有限公司	盛全服务
67	雅居乐雅生活服务股份有限公司	绿地物业
68	郑州市物业管理协会	郑州市物业管理协会
69	乌鲁木齐市物业管理协会	乌鲁木齐市物业管理协会
70	中天城投集团物业管理有限公司	中天城投物业
71	山东省房地产业协会	山东省房地产业协会
72	珠海华发物业管理服务有限公司	珠海华发物业
73	上海景瑞物业管理有限公司	景瑞生活汇
74	上海科瑞物业管理发展有限公司	科瑞物业
75	广东龙光集团物业管理有限公司	龙光物业
76	重庆市物业管理协会	重庆市物业管理协会
77	贵州省物业管理协会	贵州省物业管理协会
78	浙江亚太酒店物业服务有限公司	亚太酒店物业
79	天津市物业管理协会	天津市物业管理协会
80	上海明华物业管理有限公司	快乐明华
81	河北恒辉物业服务集团有限公司	恒辉物业
82	广州市物业管理行业协会	广州市物业管理行业协会
83	四川鼎晟物业服务集团有限公司	新希望服务
84	祥源物业服务有限公司	祥源物业服务有限公司
85	海南海航物业管理股份有限公司	海航物业 HNA PROPERTY
86	大连豪之英物业管理有限公司	豪之英 HOUSING
87	南充市物业管理协会	南充市物业管理协会
88	北京天鸿宝地物业管理经营有限公司	天鸿宝地说

续表

排名	单　　位	公众号
89	银川市物业管理协会	银川物业管理
90	北京鸿坤瑞邦物业管理有限公司	鸿坤物业
91	成都嘉善商务服务管理有限公司	成都嘉善商务
92	北京金融街物业管理有限责任公司	96018 金融街生活在线
93	天津隽丰物业管理有限公司	路劲会隽生活
94	上海盛高物业服务有限公司	盛高物业
95	成都成飞物业服务有限责任公司	成飞物业
95	天津市红磡物业经营管理有限公司	红磡物业
96	济南市物业管理行业协会	济南市物业管理行业协会
96	银川中房物业集团股份有限公司	银川中房物业
97	哈尔滨景阳物业管理有限公司	景阳服务
97	长春赢时物业服务股份有限公司	赢时物业说
98	天津天孚物业管理有限公司	天孚物业
98	兰州城关物业服务集团有限公司	兰州城关物业服务集团有限公司
99	杭州滨江物业管理有限公司	滨江物业
99	陕西诚悦物业管理有限责任公司	诚悦物业
100	西安高新枫叶物业服务管理有限责任公司	高新物业
100	福建永安物业管理有限公司	福建永安物业管理有限公司

物业管理刊物影响力 TOP50（杂志类）　　表 2

排名	单　　位	刊　　物
1	《中国物业管理》杂志社	《中国物业管理》
2	深圳市物业管理行业协会	《深圳物业管理》
3	保利物业发展股份有限公司	《和院・家事》
4	《中国校园物业管理》杂志社	《中国校园物业管理》
5	广州粤华物业有限公司	《粤华物业》
6	合肥市物业管理协会	《合肥物业管理》
7	重庆市物业管理协会	《重庆物业管理》
8	北京物业管理行业协会	《北京物业管理》
9	上海高地物业管理有限公司	《悦享高地》
10	雅居乐雅生活服务股份有限公司	《雅生活》
10	绿城物业服务集团有限公司	《绿城生活》
11	福建省物业管理协会	《东南物业》
12	广东省物业管理行业协会	《广东物业管理》
13	成都市物业管理协会	《成都物业》
14	长沙市物业管理协会	《长沙物业管理》
15	沈阳市物业管理协会	《沈阳物业》
16	四川蓝光嘉宝服务集团股份有限公司	《嘉园生活》

续表

排名	单　　位	刊　　物
17	深圳市明喆物业管理有限公司	《明喆》
18	上海市物业管理行业协会	《上海物业管理杂志》
19	天津市物业管理协会	《天津物业管理》
20	河北省物业管理行业协会	《河北物业管理》
20	广州市物业管理行业协会	《物业管理信息》
21	兰州市物业管理行业协会	《兰州物业管理》
21	河南新康桥物业服务有限公司	《咱家的事儿》
22	鑫苑科技服务集团有限公司	《鑫动时刻》
22	山东省房地产业协会	《山东房地产》
23	乌鲁木齐市物业管理协会	《乌鲁木齐物业管理》
23	武汉市物业管理协会	《武汉物业管理》
24	杭州市物业管理协会	《物语》
24	深圳市莲花物业管理有限公司	《莲花物业》
25	北京中湾智地物业管理有限公司	《蓝风》
25	安徽新亚物业管理发展有限公司	《安徽新亚物业》
25	河南正弘物业管理有限公司	《弘星故事汇》
26	北京天鸿宝地物业管理经营有限公司	《天鸿宝地物业管理人》
26	重庆新大正物业集团股份有限公司	《追求》
26	广东龙光集团物业管理有限公司	《智美生活》
27	中节能（杭州）物业管理有限公司	《节能物业》
27	中土物业管理集团有限公司	《中土物业》
28	重庆天骄爱生活服务股份有限公司	《天骄爱生活》
28	河南六合物业管理服务有限公司	《六合缘》
29	哈尔滨菱建物业管理有限公司	《菱建物业》
29	中天城投集团物业管理有限公司	《中天物业人》
30	四川邦泰物业服务有限公司	《品位》
30	深业集团（深圳）物业管理有限公司	《深业物业》

物业管理刊物影响力TOP50（报纸类）　　表3

排名	单　　位	刊　　物
1	卓达物业服务股份有限公司	《卓达社区报》
2	山东明德物业管理集团有限公司	《明德人》
3	上海科瑞物业管理发展有限公司	《新民晚报科瑞专刊》
4	重庆华宇第一太平戴维斯物业服务集团有限公司	《重庆晨报华宇社区报》
5	河北恒辉物业服务集团有限公司	《燕赵晚报恒辉社区周刊》
6	郑州市物业管理协会	《郑州物业》
7	山东绿地泉物业服务有限公司	《济南时报绿地泉物业报》
8	中航物业管理有限公司	《中航物业》

续表

排名	单　位	刊　物
9	哈尔滨市物业管理协会	《哈尔滨物业》
10	金科物业服务集团有限公司	《金科 service》
11	深圳市明喆物业管理有限公司	《明喆人》
12	成都励志一行物业服务有限公司	《励志 LIFE》
13	嘉诚新悦物业管理集团有限公司	《嘉讯》
14	上海上实物业管理有限公司	《上实物业》
15	四川艾明物业管理有限公司	《艾明之声》
15	西安经发物业管理有限责任公司	《润物》
16	江苏银河物业管理有限公司	《苏宁银河》
16	南都物业服务集团股份有限公司	《南都月报》
17	武汉同济物业管理有限公司	《同济物业之窗》
17	深圳市龙城物业管理有限公司	《龙城报》
18	河北旅投世纪物业发展有限公司	《世纪物业报》
18	深圳市恒基物业管理有限公司	《恒基物语》
19	北京首华物业管理有限公司	《首华天地》
19	上海嘉隆物业管理有限公司	《载物》
20	北京斯马特物业管理有限公司	《斯马特之窗》
20	北京中航大北物业管理有限公司	《大北物业简讯》

物业管理媒体影响力优秀奖　　表 4

序号	单　位	媒　体
1	广东华信服务集团有限公司	《华信文化》
2	新中物业管理（中国）有限公司	《新中之窗》
3	上海陆家嘴物业管理有限公司	《陆家嘴物业》
4	中电建五兴物业管理有限公司	《五兴视窗》
5	南京紫竹物业管理股份有限公司	《紫蕴竹祥》
6	杭州宋都物业经营管理有限公司	《住在宋都》
7	泛海物业管理有限公司	《四海一家》
8	广西朋宇组物业服务有限责任公司	《追求・朋宇组》
9	上海益镇物业管理有限公司	《益华悠生活》
10	上海上房物业服务股份有限公司	上房产业服务
11	索克物业发展股份有限公司	索克物业管理
12	上海中星集团申城物业有限公司	中星集团申城物业有限公司
13	浙江宜居物业管理有限公司	浙江宜居物业管理有限公司
14	武汉地产集团东方物业管理有限公司	武汉地产东方物业
15	天津国商人集团有限公司	天津国商人集团
16	安徽诚和物业服务有限公司	诚和生活
17	上海银钥匙网络有限公司	银钥匙物业联盟

续表

序号	单　位	媒　体
18	深圳吉祥服务集团有限公司	吉祥服务集团
19	河南正商物业管理有限公司	河南正商物业
20	上海漕河泾开发区物业管理有限公司	漕河泾园区管家
21	南京新百物业资产管理有限公司	新百物业资产公司
22	深圳市中洲物业管理有限公司	中洲物业
23	洛阳市物业管理协会	洛阳市物业管理协会
24	深圳市福田物业发展有限公司	福田物业
25	西安锦江物业服务有限公司	西安锦江物业
26	衡阳雅士林物业管理有限公司	雅士林物业
27	深圳市航天物业管理有限公司	深圳市航天物业管理有限公司
28	上海复医天健医疗服务产业股份有限公司	复医天健
29	深圳市特科物业发展有限公司	特科物业
30	成都威斯顿经营管理有限责任公司	威斯顿物业

注：1 ～ 9 为刊物，11 ～ 30 为微信公众号。优秀奖排名不分先后。

物业管理行业劳动力市场价格监测报告

前言

一、背景

2015 年 12 月，国家发展和改革委员会就业司、价格监测中心联合印发了《国家发展改革委办公厅关于印发全国劳动力市场价格监测工作方案的通知》（发改办就业〔2015〕3365 号），在全国 30 个省（区、市，西藏除外）的 207 个大中小城市，设立了 3500 余家监测定点单位，覆盖农业、制造业、建筑业和服务业等 4 大行业，涉及 16 类企业[①]24 个岗位[②]，基本形成了覆盖全国、面向重点行业和重点工种的劳动力市场监测体系。

国家发展和改革委员会价格监测中心和中国物业管理协会于 2016 年 5 月签订《价格监测工作合作意向书》，决定联合建立全国物业管理行业劳动力市场价格监测体系，重点监测物业管理行业住宅物业项目服务费标准、劳动力增减量、劳动力价格变化等方面信息。并于 2016 年 8 月下发《关于印发 < 全国物业管理行业劳动力市场价格监测工作实施方案 > 的通知》，正式启动全国物业管理行业劳动力市场价格监测工作。

二、组织实施

国家发展和改革委员会价格监测中心负责建立全国物业管理行业劳动力价格监测系统，制定劳动力价格监测数据上报方法，开展数据审核、指数编制、分析预测等相关工作。

中国物业管理协会负责选取物业服务企业及其住宅物业管理项目作为价格监测定点单位和监测项目，指

---

① 16 类企业：养猪企业、养牛企业、养羊企业、养鸡企业、轻工类企业、纺织类企业、机械制造类企业、电子工业类企业、建筑企业、餐厅、酒店、家政企业、物业服务企业、仓储企业、快递企业、超市。

② 24 个岗位：养殖雇工、轻工业一线操作工、织布工、缝纫工、机械企业一线操作工、电子工业一线操作工、钢筋工（木工、瓦工）、壮工（小工、杂工）、餐厅一线服务员、后厨一线厨师、后厨加工切配厨师、酒店客房服务员、家政服务员（老年人护理）、家政服务员（照看孩子、非婴儿）、家庭小时工、办公场所保洁员、小区物业保洁员、小区物业维护员、仓储收货员（理货员）、仓储装卸工、快递员、快递中心分拣员、超市理货员、超市收银员。

导、培训企业相关人员开展上报工作，定期对价格监测定点单位和监测项目进行调整。

价格监测定点单位负责开展全国价格监测具体工作，确定一名专职人员担任信息联络员，采集和审核本企业价格监测项目上报数据，按时报送数据信息。

三、主要任务

（一）监测指标：监测对象为普通住宅物业项目的物业服务费、停车服务费等指标和项目经理、保洁员、秩序维护员、维修员、物业管理员等一线员工每月实际在岗人数①、新增人数②、离职人数③和员工平均到手收入④等变化情况。

（二）监测方式和频率：监测工作以线下监测为主，主要采用互联网直报方式通过统一软件平台上报。价格监测工作实行月度监测，每月 20 ～ 25 日上报企业上月信息数据。

（三）价格监测定点单位：全国物业管理行业劳动力市场价格监测定点单位从中国物业管理协会会员中确定 28 家价格监测定点单位（附件 1）。

（四）价格监测项目：根据管理项目情况，各价格监测定点单位在全国 30 个省（区、市，西藏除外）的 53 个城市，选取 348⑤ 个普通住宅项目作为主要监测对象，每个项目管理面积在 5 万平方米以上，物业费标准在 0.5 ～ 8 元 /（平方米・月）。

四、数据说明

自2016年8月首次填报以来，截至2018年12月底，共完成29次数据填报工作，填报数据质量相对较好，通过对数据进行整理分析，能基本反映行业收入整体水平和变动情况。

（一）数据总量：每月每个监测项目共提交 22 条数据，348 个监测项目，29 期数据总计共 22.65 万余条。

（二）数据分布：348 个项目覆盖全国 30 个省（区、市），但各省份项目分布不同，个别省份项目数较少（如青海 2 个，甘肃 3 个），在编制全国及各省份收入指数时，会出现代表性不强的问题。

（三）数据修正：1. 对于原始数据中出现的“0”值及异常值均已作为缺失值处理，未计入数据统计；2. 项目数据中的“收入”出现“0”值，用相近项目数据代替，保证结果可靠性；3. 对于管理面积较大，主要因项目存在外包情况，“在岗人数”为“0”值或人数较少（如“1”“2”等）的情况，采用项目外包单位的人员数据进行补充。

---

① 实际在岗人数（月底最后一天同一项目同一岗位的实际在岗人数）。

② 新增人数（本月期间同一项目同一岗位新增的人数）。

③ 离职人数（本月期间同一项目同一岗位离职的人数）。

④ 员工平均到手收入（同一项目同一岗位扣除各种险金后实发到手的月平均收入，不计其他年终奖、一次性奖励等收入）。

⑤ 在 2017 年监测的 357 个项目中，2018 年 4 月与 9 月分别有 4 个、5 个项目因项目撤出而退出活动。

第一部分　全国物业管理行业价格监测数据填报的基本情况

一、填报总体情况

2018 年 1 月至 2018 年 12 月全国物业管理行业价格监测填报总体情况（表 1）良好，数据填报率为 100.00%，月均监测人数 23976 人，人均到手收入①2989.04 元 / 月，较上期 2784.40 元 / 月，同比上涨 7.35%。

价格监测填报总体情况　　表 1

期数	填报时间	实填项目数（个）	完成率（百分比）	总管理面积（万平米）	总人数（个）	收入总额（万元）	人均到手收入（元）
1	2017.12	357	100.00%	9301.28	24440	6958.62	2847.22
2	2018.1	357	100.00%	9301.28	24181	6941.86	2870.79
3	2018.2	357	100.00%	9301.28	24097	6940.15	2880.09
4	2018.3	357	100.00%	9301.28	23823	6990.52	2934.36
5	2018.4	357	100.00%	9233.63	23961	6973.96	2910.54
6	2018.5	352	100.00%	9179.24	24023	7054.73	2936.66
7	2018.6	352	100.00%	9179.24	23981	7124.79	2971.02
8	2018.7	352	100.00%	9179.24	23975	7201.87	3003.91
9	2018.8	352	100.00%	9179.24	24122	7296.78	3024.95
10	2018.9	352	100.00%	9179.24	24122	7296.78	3024.95
11	2018.10	348	100.00%	9025.82	23796	7306.47	3070.46
12	2018.11	348	100.00%	9025.82	23757	7515.86	3163.64
13	2018.12	348	100.00%	9025.82	23869	7344.77	3077.12
平均值		353	100.00%	9185.57	24011	7149.78	2978.13
中位值		352	100.00%	9179.24	23981	7124.79	2971.02

从收入总额看，年度涨幅为 5.55%，其中人均到手工资涨幅为 8.07%，总人员减少 2.34%。2018 年 11 月收入总额比其他月份较高，为 7515.86 万元，主要原因为发放国庆假期加班费用。总体上 2018 年收入总额与人均到手收入均稳步增长，主要与宏观经济增长及公司为应对人员流失提高岗位工资有关。尽管收入总额涨幅较 2017 年略有减小，因减少总人员，使得人均收入进一步增长。

① 到手收入为扣除各种保险、住房公积金、个人所得税等费用，实际到手里可支配收入。

从各工种年均到手收入看，较 2017 年，均有不同程度的提高。项目经理到手收入为各工种最高 89697 元，其他依次为物业管理员 41383 元、秩序维护员 40086 元、维修员 39955 元，保洁员到手收入最低为 25929 元。

二、各工种人员数量情况

从各工种人数情况（表 2）看，保洁员人员和秩序维护员数量较多，各占总人数 38.01% 和 36.35%，维修员及物业管理员分别占 9.92% 和 14.15%，项目经理占比 1.57%。各项数据平均数和中位数非常接近，表明各工种每月平均人数较为稳定。

价格监测各工种人员情况（单位：人） 表 2

期数	填报时间	项目经理	保洁员	秩序维护员	维修员	物业管理员
1	2017.12	384	9352	8949	2406	3349
2	2018.1	381	9246	8814	2419	3321
3	2018.2	381	9227	8756	2407	3316
4	2018.3	381	9171	8613	2382	3276
5	2018.4	380	9133	8664	2381	3403
6	2018.5	380	9148	8731	2383	3381
7	2018.6	377	9212	8738	2363	3291
8	2018.7	377	9195	8719	2338	3346
9	2018.8	377	9081	8805	2367	3492
10	2018.9	377	9081	8805	2367	3492
11	2018.10	372	8964	8659	2358	3443
12	2018.11	371	8951	8652	2349	3434
13	2018.12	376	8938	8632	2416	3507
平均值		377	9104	8710	2374	3397
中位数		377	9123	8718	2374	3395

从各工种人员就业岗位看，2018 年度新增加人员与离职人员数量相近。2018 年 1 月到 2018 年 12 月，新吸收就业人员 11084 人，离职人员 11052 人，净增加就业岗位 32 个。

2018 年 12 月相较 2017 年 12 月少 571 人，除物业管理员和维修员分别净增加 158 人、10 人，增长 4.72%、0.42% 外，保洁人员、秩序维护员、项目经理分别减少 414 人、317 人、8 人，下降 4.43%、2.54、2.08%。2018 年各工种人数总体变化平稳且呈下降趋势，其中维修员人数最为稳定。

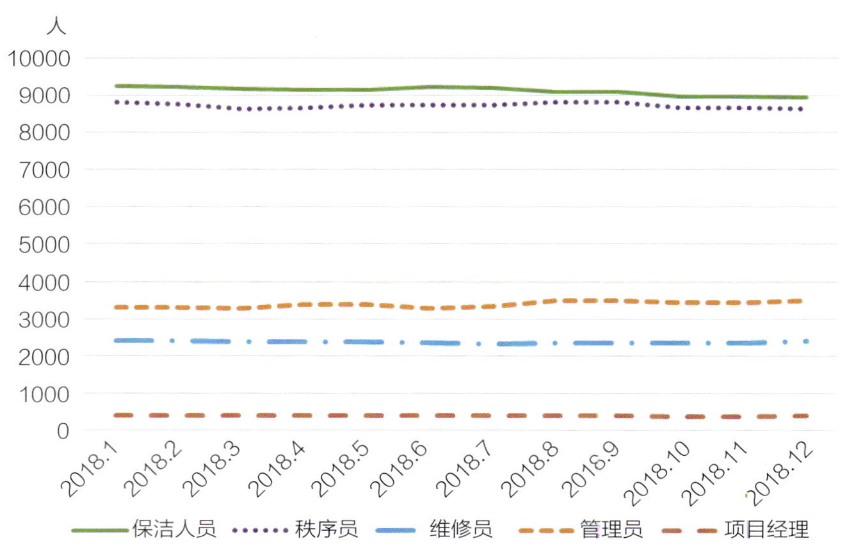

图 1　各工种人员数量情况

分析保洁员人员数量变化情况，175 个项目保洁人员数量无变化；89 个项目人员减少 867 人；84 个项目人员数量增加，增长人数为 712 人。分析原因：① 项目人员减少主要为正常人员流动；② 因规模增加或服务品质需要导致人员增加；③ 填补离职空缺所造成的正常人员增加。

2018 年，从各工种人员离职情况（表 3）看，平均离职率为 3.86%，其中物业管理员平均离职率最高，为 5.14%，秩序维护员、维修员、项目经理、保洁员的平均离职率分别为 4.63%、4.36%、2.67%、2.51%。从时间来看，二季度到三季度初各工种离职率上升趋势较为明显，后出现稳定回落迹象。

价格监测各工种离职率情况　　表 3

期数	填报时间	项目经理	保洁员	秩序维护员	维修员	物业管理员
1	2017.12	1.86%	1.98%	4.24%	4.10%	3.79%
2	2018.1	2.10%	3.09%	4.64%	3.43%	8.61%
3	2018.2	2.10%	2.33%	4.33%	3.82%	3.98%
4	2018.3	2.10%	2.97%	4.69%	3.82%	4.73%
5	2018.4	2.37%	2.42%	5.39%	4.24%	3.73%
6	2018.5	2.37%	2.43%	5.44%	4.74%	7.10%
7	2018.6	2.12%	2.40%	4.57%	5.67%	7.87%
8	2018.7	2.39%	2.68%	4.75%	5.90%	4.33%
9	2018.8	3.18%	2.41%	5.00%	4.77%	5.10%
10	2018.9	3.45%	2.41%	5.00%	4.82%	5.13%
11	2018.10	3.76%	2.43%	4.85%	4.20%	4.82%
12	2018.11	3.77%	2.82%	4.07%	3.96%	4.48%
13	2018.12	3.19%	2.29%	3.21%	3.23%	3.14%
平均值		2.67%	2.51%	4.63%	4.36%	5.14%

与 2017 年相比，平均离职率提高 0.33 个百分点，除保洁员和秩序维护员外，其他工种离职率均有提高，其中保洁员离职率仍保持最低水平。其中，项目经理和物业管理员离职率分别提高 0.94 个百分点、0.59 个百分点，保洁员、秩序员、维修员离职率均有降低，分别降低 0.2 个百分点、0.19 个百分点、0.56 个百分点。总体离职率保持平稳，一定程度上反映出物业管理行业岗位人员较为稳定，流动性较小。

三、各工种平均到手收入情况

从各工种月平均到手收入情况（表 4、图 2），秩序维护员、维修员及物业管理员月均到手收入差距不大，在 3200 ～ 3400 元；保洁员月均收入在 2100 元左右，明显低于其他工种；项目经理月均收入为 7474.75 元。较 2017 年，除保洁人员工资保持稳定外，其他岗位人员月均收入均有上涨，其中秩序维护员、维修员及物业管理员月均到手收入分别增加 155.77 元、115.61 元和 154.43 元。项目经理月均收入上涨最明显，增加 590.73 元，同比增长 8.55%。

国庆节后 2018 年 11 期数据秩序维护员、维修员和物业管理员平均到手收入有明显增加；其余月份各工种平均到手收入情况较为平稳且呈上涨趋势。

价格监测各工种月平均到手收入情况（单位：元）　　表 4

期数	填报时间	项目经理	保洁员	秩序维护员	维修员	物业管理员
1	2017.12	7128.58	2121.80	3171.55	3184.62	3273.01
2	2018.01	7191.45	2129.97	3207.91	3185.13	3313.95
3	2018.02	7156.28	2129.63	3231.86	3208.48	3308.69
4	2018.03	7176.40	2142.36	3323.88	3301.59	3367.03
5	2018.04	7444.70	2137.64	3227.45	3267.99	3421.63
6	2018.05	7434.16	2147.65	3299.81	3298.02	3373.50
7	2018.06	7814.65	2150.41	3331.89	3333.35	3494.83
8	2018.07	7856.97	2166.81	3370.79	3378.09	3540.04
9	2018.08	7540.84	2184.12	3409.17	3394.75	3504.52
10	2018.09	7540.84	2184.12	3409.17	3394.75	3504.52
11	2018.10	7813.56	2208.62	3450.01	3445.96	3564.97
12	2018.11	7569.69	2223.13	3629.15	3550.13	3701.91
13	2018.12	7503.59	2164.04	3354.64	3341.66	3463.23
平均值		7474.75	2160.79	3340.56	3329.58	3448.60
中位数		7489.17	2155.60	3336.23	3331.46	3455.92

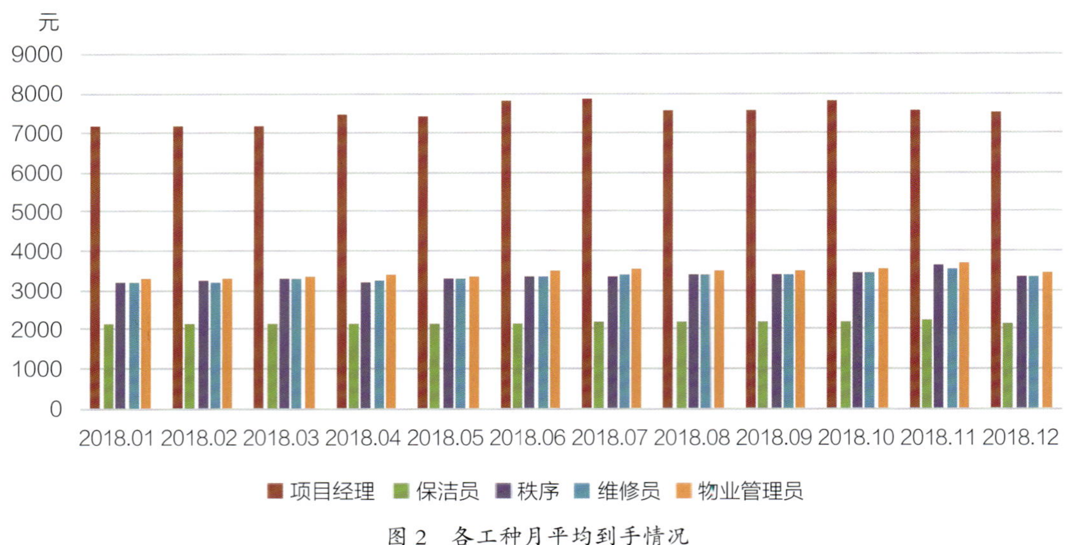

图 2　各工种月平均到手情况

30 个省（市、区）2018 年 1 月至 2018 年 12 月各工种年到手收入情况如表 5 所示。

价格监测各工种年到手收入情况（单位：元 / 年）　　表 5

序列	填报省份	项目经理	保洁员	秩序维护员	维修员	物业管理员
1	北京市	82968.54	29096.42	44967.3	57141.09	53092.13
2	天津市	89356.99	27986.25	37312.84	34228.53	32701.83
3	上海市	88520.43	31976.73	44995.15	49639.5	44470.25
4	重庆市	111791.94	26235.11	35909.95	39675.35	40674.47
5	河北省	95717.70	23448.09	35012.20	34071.83	29759.58
6	山西省	75141.53	24246.85	38091.03	34399.28	33412.05
7	内蒙古	68442.52	23381.19	34795.67	35787.37	37984.64
8	辽宁省	90011.74	24079.03	33347.84	34581.76	36610.11
9	吉林省	66639.45	21615.97	29660.53	31789.93	34426.19
10	黑龙江省	49445.01	18815.68	23968.56	26842.28	33530.23
11	江苏省	88045.21	27421.40	47132.46	41419.00	44374.57
12	浙江省	118020.24	34021.22	52417.34	49175.89	46977.85
13	安徽省	102847.53	26827.55	41901.79	42883.88	55340.10
14	福建省	75408.55	27234.03	45527.56	44901.57	45006.71
15	江西省	89931.60	23153.99	35636.19	40403.72	40108.36
16	山东省	94681.49	24121.33	47214.25	41091.81	39702.94

续表

序列	填报省份	项目经理	保洁员	秩序维护员	维修员	物业管理员
17	河南省	96007.43	24538.17	40007.02	37462.17	37367.75
18	湖北省	121362.32	26329.47	44926.14	42523.80	48477.09
19	湖南省	95971.56	25503.64	38847.34	43816.46	43074.65
20	广东省	114389.49	29824.39	51858.53	50724.98	49971.71
21	广西	60215.64	24064.05	25926.02	28103.41	27797.94
22	海南省	73520.81	24461.46	29879.07	31153.79	31578.62
23	四川省	78934.36	23582.53	32327.70	35381.33	46888.92
24	贵州省	114712.88	22478.54	42055.35	42267.44	40407.23
25	云南省	83339.61	22204.55	37039.53	38937.74	42533.06
26	陕西省	95341.76	25001.16	31598.10	36003.47	36291.2
27	甘肃省	61694.33	24474.37	30678.83	35818.18	36607.83
28	青海省	55247.00	21558.25	36287.85	40713.43	36104.82
29	宁夏	92283.67	28099.01	39349.66	39544.62	39826.61
30	新疆	76492.82	30210.87	47378.16	47205.13	40504.73
平均值		86882.81	25533.04	38565.00	39589.62	40186.81
中位数		88938.71	24506.27	37101.94	39609.99	39967.49
最小值		49445.01	18815.68	23968.56	26842.28	27797.94
最大值		121362.32	34021.22	52417.34	57141.09	55340.10

注：甘肃省及青海省因填报项目数较少，代表性不佳。

通过对不同省份的物业保洁员、秩序维护员、维修员、物业管理员、项目经理的年到手收入分别进行分析，选取各工种平均到手收入最高值和最低值进行对比如表 6 所示。

价格监测各工种平均到手收入水平对比表　　表 6

岗位	平均到手收入水平最高的省份	最高值（元/人）	平均到手收入水平最低的省份	最低值（元/人）
物业保洁员	浙江省	34021.22	黑龙江省	18815.68
秩序维护员	浙江省	52417.34	黑龙江省	23968.56
维修员	北京市	57141.09	黑龙江省	26842.28
物业管理员	安徽省	55340.10	广西省	27797.94
项目经理	湖北省	121362.32	黑龙江省	49445.01

以年到手收入最低的物业保洁员为例进行各省情况分析：

浙江省物业保洁员年到手收入最高，为 34021.22 元 / 人，其次为上海市 31976.73 元 / 人，此外，新疆的保洁员年到手收入也超过了 30000 元 / 人，为 30210.87 元 / 人；黑龙江省保洁员收入的平均水平最低，为 18815.68 元 / 人，低于 22000 元 / 人的省市还有青海省、吉林省。与 2017 年相比，重庆市保洁员年到手收入增长最快为 18.8%，增长率超 10% 的省份还有内蒙古、辽宁、河南。从全国区域看，东南地区保洁员年到手收入高于其他地区，东北地区显著较低的情况依旧没有改变。

从物业费的标准，对 348 个价格监测项目进行了划分，其中 1.5 元 /（平方米·月）及以下的监测项目 103 个；1.5 ～ 2.5 元 /（平方米·月）的监测项目 133 个；2.5 元 /（平方米·月）及以上的监测项目 112 个；从图 3 可以看出，随着物业费标准的提高，不同工种员工到手收入均有提高，其中，项目经理工资提高最为明显。

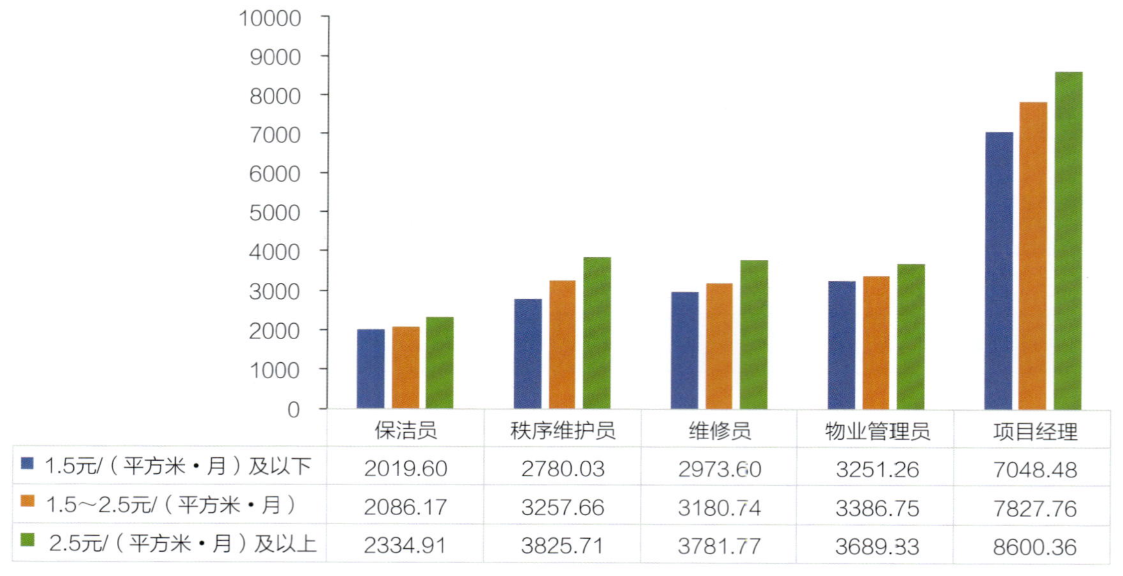

	保洁员	秩序维护员	维修员	物业管理员	项目经理
1.5元/（平方米·月）及以下	2019.60	2780.03	2973.60	3251.26	7048.48
1.5～2.5元/（平方米·月）	2086.17	3257.66	3180.74	3386.75	7827.76
2.5元/（平方米·月）及以上	2334.91	3825.71	3781.77	3689.33	8600.36

图 3　各工种不同物业费标准下平均每月到手收入情况

相比于 2017 年，物业费在 1.5 元 /（平方米·月）及以下的员工月均工资增长最多，保洁员、秩序维护员、维修员、物业管理员、项目经理月均工资分别增加 4.91%、4.10%、8.05%、16.96% 及 19.38%；物业费在 1.5 ～ 2.5 元 /（平方米·月）的项目员工月均工资相对增长较少，但总体增长率也达 25.65%。不同物业费水平下，员工到手收入增加主要为物业管理员和项目经理员工收入增长较快导致，前期物业费水平低的项目员工工资较低及基础工资提高等因素也使得物业费在 1.5 元 /（平方米·月）及以下的项目员工收入增加相对最多，但各岗位工资仍保持在最低水平。

第二部分　全国物业管理行业到手收入指数的编制与分析

平均到手收入指数是由两个不同时期的平均到手收入指标对比所形成的，用以反映平均到手收入升降变动的方向和程度。物业管理行业职工平均到手收入水平及其变动程度是反映行业发展前景的重要依据。根据价格监测项目数据，编制平均到手收入指数，对行业具有重要意义。

平均到手收入指数由两部分构成：① 结构影响指数反映不同岗位职工人数变动对总体平均到手收入变动的影响；② 固定构成指数反映职工收入水平对总体平均到手收入变动的影响。

一、编制反映年度收入数据变动程度的同比指数

（一）全国物业管理行业平均到手收入同比指数

根据 2018 年 12 月与 2017 年 12 月全国价格监测项目填报数据对比，物业管理行业职工平均到手收入增长较快，比 2017 年同期总体上涨 8.07%，到手收入增加了 216.30 元。职工收入受不同岗位职工人数结构变动影响，使得平均到手收入比 2017 年同期上升了 0.5%，增加了 14.49 元；职工岗位人数不变时单纯的收入变动影响，使得平均到手收入比 2017 年同期上涨了 7.02%，增加了 201.81 元。

（二）各省份物业管理行业收入指数

物业管理行业不同省份 2018 年 12 月与 2017 年同期对比的平均到手收入指数见表 7。

各省份物业管理行业平均到手收入指数对比表　　表 7

序号	省份	平均到手收入指数	差值	结构影响指数	差值	固定构成指数	差值	基期平均收入[①]	报告期平均收入[②]
1	北京市	105.32%	187.07	100.35%	12.36	104.96%	174.71	3513.54	3700.61
2	天津市	102.03%	55.61	99.97%	-0.77	102.06%	56.38	2737.24	2792.85
3	河北省	106.38%	156.53	101.96%	48.04	104.34%	108.49	2451.55	2608.08
4	山西省	109.12%	229.52	98.68%	-33.23	110.58%	262.75	2516.53	2746.05
5	内蒙古	107.59%	194.78	100.80%	20.61	106.73%	174.17	2567.2	2761.98
6	辽宁省	109.80%	236.84	101.65%	39.75	108.03%	197.09	2415.53	2652.37
7	吉林省	114.43%	308.25	100.37%	7.97	114.01%	300.28	2135.65	2443.9
8	黑龙江省	108.40%	158.53	99.85%	-2.83	108.57%	161.36	1886.69	2045.22
9	上海市	102.04%	71.2	99.68%	-11.31	102.37%	82.51	3492.64	3563.84
10	江苏省	103.06%	99.74	99.88%	-3.99	103.19%	103.73	3259.73	3359.47
11	浙江省	103.51%	127.99	98.81%	-43.5	104.76%	171.49	3643.64	3771.63
12	安徽省	108.07%	241.71	101.21%	36.28	106.77%	205.43	2996.98	3238.69
13	福建省	102.83%	88.61	100.08%	2.63	102.74%	85.98	3136.42	3225.03
14	江西省	110.71%	284.23	98.34%	-43.92	112.57%	328.15	2653.72	2937.95

① 基期平均收入：指 201712 期平均收入。

② 报告期平均收入：指 201812 期平均收入。

续表

序号	省份	平均到手收入指数	差值	结构影响指数	差值	固定构成指数	差值	基期平均收入①	报告期平均收入②
15	山东省	104.17%	119.63	99.54%	-13.18	104.65%	132.81	2866.88	2986.51
16	河南省	114.23%	387.19	106.59%	179.26	107.17%	207.93	2721.58	3108.77
17	湖北省	108.64%	258.09	99.44%	-16.64	109.25%	274.73	2985.74	3243.83
18	湖南省	111.45%	322.26	102.96%	83.38	108.24%	238.88	2814.62	3136.88
19	广东省	116.21%	544.87	102.91%	97.69	112.93%	447.18	3361.6	3906.47
20	广西	113.72%	280.49	101.15%	23.49	112.43%	257	2044.19	2324.68
21	海南省	100.05%	1.1	99.26%	-17.95	100.79%	19.05	2434.77	2435.87
22	重庆市	105.71%	156.14	100.53%	14.47	105.16%	141.67	2732.24	2888.38
23	四川省	104.64%	121.5	102.23%	58.29	102.36%	63.21	2619.34	2740.84
24	贵州省	99.06%	-26.38	98.47%	-43.04	100.60%	16.66	2812.24	2785.86
25	云南省	111.27%	296.42	101.36%	35.82	109.78%	260.6	2629.32	2925.74
26	陕西省	102.45%	61	100.17%	4.22	102.28%	56.78	2489.37	2550.37
27	甘肃省	118.91%	466.16	97.95%	-50.46	121.40%	516.62	2464.6	2930.76
28	青海省	119.41%	516.64	88.07%	-317.65	135.58%	834.29	2662.22	3178.86
29	宁夏	168.07%	1802.15	99.27%	-19.27	169.30%	1821.42	2647.4	4449.55
30	新疆	88.98%	-346.32	109.91%	311.39	80.96%	-657.71	3142.17	2795.85

注：平均到手收入指数只反映不同时期平均到手收入的变动程度，而未考虑不同省份物业管理行业平均到手收入基期水平存在的较大差距。如 2017 年 12 月平均到手收入最低值为黑龙江省的 1886.69，最高值为浙江省的 3643.64，而二者的平均到手收入同比指数分别为：108.40% 和 103.51%，此指数体现为不同基期水平的涨跌程度。

总体来看：2018 年 12 月与 2017 年 12 月对比，平均到手收入指数最高的省份是宁夏，达 168.07%，平均到手收入水平总体增加了 1802.15 元；最低的省份为新疆，为 88.98%，平均到手收入水平总体减少了 346.32 元。其中，平均到手收入指数降低的省份为新疆和贵州省，其他 28 个省份的平均到手收入指数均呈现上升态势。

单纯从平均到手收入指数来看，剔除极值影响后不同岗位职工人数变动对整体平均到手收入水平影响有限，其涨跌幅度为 99.06% ～ 119.41%，差值分布为 -26.38 ～ 544.87 元。未剔除宁夏与新疆两省极端值，其涨跌幅度为 88.98% ～ 168.07%，其基差分布为 -346.32 ～ 1802.15；而各省份项目收入水平的变动程度为：80.96% ～ 169.30%，其差值分布为：-657.71 ～ 1821.42 元。剔除宁夏与新疆两省极端值影响后，其涨跌幅度为 100.60% ～ 135.58%，其差值分布为：16.66 ～ 834.29 元。

如：北京市 2017 年 12 月与 2018 年 12 月相比，在 3513.54 元基础上，平均到手收入指数为 105.32%，平均到手收入增加了 187.07 元。这一方面是由于给出的北京市的 12 个项目中不同岗位人员结构变动影响使得平均到手收入上涨 0.35%，并因此增加了 12.36 元；另一方面，又因收入水平上涨使得平均到手收入上涨了 4.96%，并因此增加平均到手收入 174.71 元。

二、编制反映月度收入数据变动程度的环比指数

全国及各省份物业管理行业职工平均到手收入的月环比指数，即以前一期数据为基期所计算的平均到手收入指数，反映了全国和各省份职工平均到手收入数据逐月变动的趋势和程度。

（一）全国物业管理行业收入月环比指数

从全国平均到手收入指数计算情况来看，行业内人员收入有稳定上涨且上涨幅度较小。以 2017 年 12 月为初始基期计算的后 12 期月环比指数中有 10 期为上升，其余 2 期下降均发生在发放员工节假日加班费用的次月（2018 年 4 月、2018 年 12 月）。2018 年 11 月因国庆加班费用发放，导致月环比指数最高，达 103.03%，比上月平均到手收入整体增加 93.18 元；结构影响指数为 99.90%，因不同岗位人员结构发生变动，引起整体平均到手收入水平减少了 3.21 元；而固定构成指数则为 103.14%，因各岗位收入水平上涨引起平均到手收入增加 96.39 元。而 2018 年 12 月平均到手收入指数最低，为 97.27%，比上月平均到手收入整体减少了 86.52 元；其中结构影响指数为 99.66%，因不同岗位人员结构发生了轻微变动，引起平均到手收入整体减少了 10.74 元；而固定构成指数为 97.60%，因各岗位人员收入水平下降使得平均到手收入整体减少了 75.78 元。

全国物业管理行业收入月环比指数表　　表 8

月份	平均到手收入指数	差值	结构影响指数	差值	固定构成指数	差值
201712	100.26%	7.25	100.02%	0.60	100.24%	6.64
201801	100.83%	23.57	50.03%	-1422.82	201.54%	1446.39
201802	100.32%	9.30	99.96%	-1.03	100.36%	10.33
201803	101.88%	54.27	100.05%	1.46	101.83%	52.81
201804	99.19%	-23.81	100.64%	18.76	98.56%	-42.58
201805	100.90%	26.11	100.00%	-0.04	100.90%	26.16
201806	101.17%	34.36	99.65%	-10.27	101.52%	44.63
201807	101.11%	32.89	100.08%	2.29	101.03%	30.60
201808	100.70%	21.04	100.43%	13.00	100.27%	8.04
201809	100.00%	0.00	100.00%	0.09	100.00%	-0.09
201810	101.50%	45.51	99.96%	-1.19	101.54%	46.70
201811	103.03%	93.18	99.90%	-3.21	103.14%	96.39
201812	97.27%	-86.52	99.66%	-10.74	97.60%	-75.78

从全国来看，2018 年 1 月结构影响指数和固定构成指数出现异动，主要因年初各岗位人员结构调整与行业工资调整所导致。除 2018 年 1 月外，物业管理行业岗位人员结构变动较为不明显（各月结构影响指数变动范围为：99.66% ～ 100.64%，-10.74 ～ 18.76 元），整体平均到手收入水平的增减主要由于各岗位收入水平的变动（各月固定构成指数变动范围为：97.60% ～ 103.14%，-75.78 ～ 96.39 元）所致。

（二）各省份物业管理行业收入月环比指数

根据监测项目的 2017 年 12 月至 2018 年 12 月期间 348 个项目所属省份，分别计算各省份物业管理行业职工平均到手收入的月环比指数（附件 2）。

1. 平均到手收入指数分析

从总体来看，各省份物业管理行业收入月环比变动情况与全国情况类似。从平均到手收入指数变动来看，仍是 2018 年 11 月增幅最为明显。各省份来看，最高环比指数出现在宁夏 12 月，达 150.08%，整体增加了 1484.76 元；而最低环比指数仍然出现在 12 月，为新疆，达 78.69%，整体减少了 757.3 元。从宁夏的 5 个项目数据来看，2018 年 12 月收入水平增幅较大，职工收入总计达 2077939 元，比 2018 年 11 月收入总额的 1126619 元上涨了 84.44%；从新疆的 6 个项目看，新疆 2018 年 12 月的收入总额为 1045647 元，比 11 月下降了 5.48%。其中岗位人员结构变化并不明显，2018 年 12 月宁夏的结构影响指数为 100.59%，差值为 −4.26 元；而新疆的结构影响指数为 99.65%，差值为 −12.27 元。

2. 结构影响指数分析

从各省份数据来看，物业管理行业岗位人员结构变动仍然不明显。最大值为 2018 年 4 月湖南省的 102.61%，差值为 72.55 元，从湖南的 10 个项目数据来看，无明显变动。这 10 个项目中，2018 年 4 月保洁员比 3 月增加了 11 人，秩序维护员比 3 月减少了 17 人，维修员则比 3 月减少了 2 人，而物业管理员比 3 月增加了 11 人，致使结构影响指数上涨较大。全国各省份结构影响指数最小值为 2018 年 12 月四川省数据，为 92.52%，差值达 −210.39 元，但从四川省 18 个项目人员结构变动看，并无明显异动。四川省 18 个项目中，2018 年 12 月保洁员、秩序维护员、维修员分别比上月较少 1 人、11 人、3 人，而物业管理员比上月增加 3 人。排除四川省外，其他省份无明显变动。

3. 固定构成指数分析

另外，各省份数据中反映收入数量变动的固定构成指数变化情况趋于平均到手收入指数变动情况，最高为 2018 年 12 月宁夏指标，达 149.20%，差值为 1467.25 元；最低也为 2018 年 12 月新疆指标，达 78.96%，差值为 −745.03 元，分析过程同平均到手收入指数情况。

基于所选取的 348 个项目的收入数据分析可知，整体物业管理行业各岗位收入存在一定差距，且一线岗位职工收入偏低。而从编制的平均到手收入指数来看，无论是全国指数还是各省份指数，均可反映出：物业管理行业整体收入水平的逐月变动幅度较小，而这种较小的变动幅度也表明了整体行业收入在较长时间处于较低水平。

另外，上述计算的平均到手收入指数为名义收入指数，在上述同比与环比指数计算结束后，为剔除物价变动对职工收入的影响，还可根据 CPI 水平计算平均实际收入指数，这是反映实际收入变动情况的相对数，表明职工实际收入水平提高或降低的程度。

第三部分　数据相关分析

一、与社会平均收入差距较大

2018 年，全国城镇私营单位就业人员年平均工资为 49575 元，城镇非私营单位就业人员年平均工资为 82461 元，全部 19 个行业门类中，9 个行业平均工资增速超过 10%。根据数据显示，物业管理行业除项目经理年到手收入 90043.13 超过平均值外，秩序维护员 40255.73 元，维修员 40099.9 元，物业管理员 41558.82 元，保洁员 25968.5 元均低于社会平均收入水平。尤其是保洁员处于全国服务业普通员工平均收入最低水平。由此可见，无论是人员平均工资数量还是增速，物业管理行业均低于全国总体水平。

二、为社会提供大量就业岗位

在 348 个项目的 9025.82 万平方米管理面积中，约有 2.4 万工作人员为业主提供服务，劳动密集型行业特征显著。管理面积对各物业服务岗位在岗人数影响明显，具有显著相关关系（表 9）。项目经理的人均管理面积为 24 万平方米，维修员、物业管理员、秩序维护员、保洁员、人均管理面积分别为 3.74 万、2.57 万、1. 05 万和 1.01 万平方米。与 2017 年相比，在管理总面积不变的情况下，因各岗位人员正常变动导致人均管理面积总体略有变化。其中，保洁员和秩序维护员人均管理面积分别增加 0.02、0.01 平方米，维修员和物业管理员人均管理面积分别减少 0.11、0.18 平方米，项目经理人均管理面积保持不变。

管理面积与在岗人数相关关系　　表 9

		保洁平均在岗人数	秩序维护员平均在岗在数	维修员平均在岗人数	物业管理员平均在岗人数	项目经理平均在岗人数
管理面积	相关性	.60**	.50**	.55**	.53**	.17**
	显著性（双尾）	0.00	0.00	0.00	0.00	0.00
	个案数	348	348	348	348	348
注：f**. 在 0.01 级别（双尾），相关性显著。0.5 以上为强相关，0.3 ～ 0.5 为中等相关，0.3 以下为弱相关。						

三、平均到手收入与物业服务费为中等相关

分析住宅物业服务费水平与各岗位平均到手收入的相关性（表 10），除保洁和项目经理外，其他为中等相关，其相关关系程度强弱依次为：维修员、秩序维护员、物业管理员、保洁员和项目经理的平均收入。较高的物业服务费水平能给员工带来一定幅度的收入收益，吸收较高素质的人才，为提供较好的服务品质奠定经济基础。

物业服务费与平均到手收入相关关系　　表 10

		保洁平均收入	秩序维护员平均收入	维修员平均收入	物业管理员平均收入	项目经理平均收入
住宅物业服务费	皮尔逊相关性	.27**	.41**	.45**	.37*	.23**
	显著性（双尾）	0.00	0.00	0.00	0.00	0.00
	个案数	348	348	348	348	348
注：f**. 在 0.01 级别（双尾），相关性显著。0.5 以上为强相关，0.3 ～ 0.5 为中等相关，0.3 以下为弱相关。						

四、物业管理行业市场价格呈现上涨趋势

从物业服务费看，剔除一个极值 125873 元 /（平方米·月）影响，347 个项目的平均物业费为 2.24 元 /（平方米·月），在填报周期内有 42 个项目的物业服务费有过费用调整，占项目总数 12.10%。其中 32 个项目物业服务费有所上涨，10 个项目上涨一倍及以上，平均涨幅为 71.38%，主要由于前期物业服务费较低、物价和工资上涨导致服务成本提高；10 个项目物业费略有下调，平均降幅为 36.35%。其中 6 个降幅 30% 以上的项目，前期物业费都大于 3 元 /（平方米·月）。可见，物业服务费下调主要为前期物业服务费定价过高，收缴率难达预期导致。总体上，物业服务费稳中有涨，且平均上涨幅度较上期提高 45.94 个百分点。

从停车服务费看，全国各地停车服务费因产权、服务范围等因素存在差异较大，由 5 ～ 600 元 / 月不等，中位数为 80 元 / 月；涉及停车服务的 348 个项目，在 1 年的监测中价格调整情况较小，有 46 个项目有过调整，占总项目数的 13.22%。其中，39 个项目停车服务费上涨，导致整体费用有所上升，上升幅度为 9.66%，较上期降低 2.84 个百分点。下调项目集中于陕西省，主要受省内政策导向与市场因素影响。

五、行业人工成本逐年增加

在监测周期内，所有监测项目收入总额涨幅为 5.55%，人员减少 2.34%（主要为保洁员），管理面积未发生变化。在物业服务费普遍较低且上调压力较大的情况下，人员收入以 8.07% 的增长幅度逐年增加，给企业带来较大的成本压力。企业主要通过减员增效（保洁人员减少 4.43%、秩序维护员减少 2.54%、项目经理减少 2.08%）和增加其他经营服务内容补贴的方式来弥补物业费缺口。

结语

全国物业管理行业劳动力市场价格监测工作通过一年的数据填报，已经收集到价格监测定点单位提交的第一手数据 22.14 万余条，为行业宏观政策研究和决策提供了真实可靠的数据依据。

在此，感谢国家发展和改革委员会价格监测中心对工作的悉心指导，感谢北京中物研协信息科技有限公司和上海城建职业学院对报告撰写数据分析的大力支持，更感谢各价格监测定点单位对全国物业管理行业劳动力市场价格监测工作所做出的卓越贡献！

附件：

1. 全国物业管理行业价格监测定点单位
2. 全国各省份物业管理行业收入环比指数表

附件 1　全国物业管理行业价格监测定点单位

序　号	单位名称	序　号	单位名称
1	万科物业发展股份有限公司	17	卓达物业服务股份有限公司
2	绿城物业服务集团有限公司	18	上海锐翔上房物业管理有限公司
3	长城物业集团股份有限公司	19	鑫苑物业服务有限公司
4	中海物业集团有限公司	20	北京天鸿宝地物业管理经营有限公司
5	上海科瑞物业管理发展有限公司	21	广州珠江物业酒店管理有限公司
6	龙湖物业服务集团有限公司	22	深圳市之平物业发展有限公司
7	保利物业管理有限公司	23	福建永安物业管理有限公司
8	中航物业管理有限公司	24	内蒙古恒欣利和物业服务有限公司
9	华润物业科技服务有限公司	25	天津市天房物业管理有限公司
10	海南珠江物业酒店管理有限公司	26	上海东湖物业管理公司
11	四川嘉宝资产管理集团股份有限公司	27	陕西诚悦物业管理有限责任公司
12	碧桂园物业服务有限公司	28	哈尔滨景阳物业管理有限公司
13	北京首开鸿城实业有限公司	29	幸福基业物业服务有限公司
14	成都金房物业服务有限公司	30	兰州民召物业管理集团
15	河南正弘物业管理有限公司	31	云南建投物业管理有限公司
16	中化金茂物业管理（北京）有限公司		

附件 2　全国各省份物业管理行业收入环比指数表

北京市物业管理行业平均到手收入环比指数　　附表 1

月份	平均到手收入指数	差值	结构影响指数	差值	固定构成指数	差值
201712	96.59%	-117.59	100.08%	2.75	96.51%	-120.34
201801	98.81%	-41.82	99.96%	-1.48	98.85%	-40.34
201802	98.73%	-43.98	98.36%	-56.86	100.38%	12.88
201803	97.68%	-79.54	101.76%	60.18	95.99%	-139.72
201804	110.56%	353.44	100.28%	9.42	110.25%	344.02
201805	95.83%	-154.29	100.67%	24.69	95.20%	-178.98
201806	100.82%	28.95	99.34%	-23.33	101.48%	52.28
201807	102.51%	89.59	99.61%	-13.86	102.90%	103.45
201808	98.11%	-69.23	99.82%	-6.68	98.29%	-62.55
201809	100.00%	0	100.00%	0	100.00%	0
201810	104.28%	153.97	100.40%	14.28	103.87%	139.69
201811	101.70%	63.75	99.84%	-5.82	101.86%	69.57
201812	97.02%	-113.77	99.67%	-12.76	97.34%	-101.01

天津市物业管理行业平均到手收入环比指数　　附表 2

月份	平均到手收入指数	差值	结构影响指数	差值	固定构成指数	差值
201712	100.39%	10.52	99.94%	-1.72	100.45%	12.24
201801	99.69%	-8.61	99.93%	-1.86	99.75%	-6.75
201802	100.43%	11.74	100.02%	0.65	100.41%	11.09
201803	99.84%	-4.37	99.92%	-2.13	99.92%	-2.24
201804	99.55%	-12.36	99.93%	-1.87	99.62%	-10.49
201805	100.32%	8.83	100.00%	0.00	100.32%	8.83
201806	99.90%	-2.78	100.00%	0.00	99.90%	-2.78
201807	100.57%	15.69	100.02%	0.61	100.55%	15.08
201808	100.19%	5.17	100.03%	0.75	100.16%	4.42
201809	100.00%	0	100.00%	0.00	100.00%	0.00
201810	101.06%	29.06	100.00%	0.13	101.05%	28.93
201811	100.00%	-0.03	100.00%	-0.03	100.00%	0.00
201812	100.48%	13.27	100.01%	0.30	100.47%	12.97

河北省物业管理行业平均到手收入环比指数　　附表 3

月份	平均到手收入指数	差值	结构影响指数	差值	固定构成指数	差值
201712	99.49%	-12.57	101.05%	26.01	98.46%	-38.58
201801	99.36%	-15.7	100.09%	2.20	99.27%	-17.90
201802	102.39%	58.21	100.15%	3.75	102.23%	54.46
201803	103.54%	88.4	99.87%	-3.20	103.68%	91.60
201804	95.84%	-107.52	100.74%	19.18	95.13%	-126.70
201805	101.04%	25.64	99.69%	-7.73	101.35%	33.37
201806	99.66%	-8.50	100.00%	-0.04	99.66%	-8.46
201807	100.99%	24.58	100.00%	-0.06	100.99%	24.64
201808	100.94%	23.62	100.39%	9.93	100.54%	13.69
201809	100.00%	0	100.00%	0.00	100.00%	0.00
201810	98.48%	-38.67	100.39%	9.93	98.09%	-48.60
201811	103.02%	75.44	100.22%	5.60	102.79%	69.84
201812	101.20%	31.03	99.36%	-16.50	101.86%	47.53

山西省物业管理行业平均到手收入环比指数　　附表4

月份	平均到手收入指数	差值	结构影响指数	差值	固定构成指数	差值
201712	97.73%	-58.87	101.24%	32.27	96.53%	-91.14
201801	100.51%	12.86	100.14%	3.57	100.37%	9.29
201802	102.18%	55.24	100.57%	14.49	101.60%	40.75
201803	104.82%	124.69	98.80%	-31.03	106.10%	155.72
201804	99.10%	-24.43	101.38%	37.48	97.75%	-61.91
201805	102.25%	60.48	100.37%	9.98	101.87%	50.50
201806	98.91%	-29.84	97.95%	-56.35	100.99%	26.51
201807	101.84%	50.05	99.60%	-10.81	102.25%	60.86
201808	97.11%	-80.03	100.41%	11.22	96.71%	-91.25
201809	100.00%	0	100.00%	0.00	100.00%	0.00
201810	100.78%	20.82	99.40%	-16.01	101.38%	36.83
201811	103.77%	102.06	100.73%	19.89	103.01%	82.17
201812	97.78%	-62.38	99.48%	-14.50	98.29%	-47.88

内蒙古自治区物业管理行业平均到手收入环比指数　　附表5

月份	平均到手收入指数	差值	结构影响指数	差值	固定构成指数	差值
201712	99.95%	-1.14	100.00%	-0.03	99.95%	-1.10
201801	99.50%	-12.92	100.13%	3.25	99.37%	-16.17
201802	99.54%	-11.76	100.17%	4.25	99.37%	-16.01
201803	103.20%	81.28	100.19%	4.86	103.00%	76.42
201804	96.97%	-79.59	99.65%	-9.25	97.31%	-70.34
201805	105.58%	141.99	100.80%	20.39	104.74%	121.60
201806	97.56%	-65.59	98.85%	-30.85	98.69%	-34.74
201807	100.24%	6.38	100.00%	0.11	100.24%	6.27
201808	100.26%	6.75	100.29%	7.62	99.97%	-0.87
201809	100.00%	0	100.00%	0.00	100.00%	0.00
201810	102.28%	60.09	100.31%	8.26	101.96%	51.83
201811	105.84%	157.31	99.88%	-3.26	105.97%	160.57
201812	96.87%	-89.16	100.26%	7.34	96.62%	-96.50

辽宁省物业管理行业平均到手收入环比指数　附表 6

月份	平均到手收入指数	差值	结构影响指数	差值	固定构成指数	差值
201712	99.46%	-13.20	99.82%	-4.43	99.64%	-8.78
201801	100.81%	19.62	100.02%	0.50	100.79%	19.12
201802	100.43%	10.56	100.16%	3.92	100.27%	6.64
201803	106.68%	163.29	99.87%	-3.12	106.81%	166.41
201804	97.34%	-69.49	101.68%	43.83	95.73%	-113.32
201805	101.00%	25.44	100.03%	0.66	100.98%	24.78
201806	100.60%	15.35	99.72%	-7.19	100.88%	22.54
201807	100.17%	4.49	99.98%	-0.53	100.19%	5.02
201808	101.30%	33.54	100.45%	11.59	100.85%	21.95
201809	100.00%	0	100.00%	0.00	100.00%	0.00
201810	100.47%	12.24	100.16%	4.28	100.30%	7.96
201811	103.51%	92.31	99.99%	-0.19	103.52%	92.50
201812	97.41%	-70.51	99.67%	-9.07	97.74%	-61.44

吉林省物业管理行业平均到手收入环比指数　附表 7

月份	平均到手收入指数	差值	结构影响指数	差值	固定构成指数	差值
201712	99.90%	-2.10	100.03%	0.57	99.87%	-2.67
201801	100.58%	12.39	99.82%	-3.81	100.76%	16.20
201802	100.98%	21.15	99.95%	-1.03	101.03%	22.18
201803	102.95%	64	99.98%	-0.49	102.97%	64.49
201804	98.78%	-27.26	100.17%	3.72	98.62%	-30.98
201805	99.84%	-3.58	100.09%	1.96	99.75%	-5.54
201806	104.38%	96.36	99.96%	-0.79	104.41%	97.15
201807	100.01%	0.19	100.00%	-0.01	100.01%	0.20
201808	103.49%	80.18	100.91%	21.01	102.55%	59.17
201809	100.00%	0	100.00%	0.00	100.00%	0.00
201810	101.30%	31.03	96.33%	-87.27	105.16%	118.30
201811	102.32%	55.99	99.46%	-13.13	102.88%	69.12
201812	99.10%	-22.2	100.87%	21.50	98.24%	-43.70

黑龙江省物业管理行业平均到手收入环比指数　　附表8

月份	平均到手收入指数	差值	结构影响指数	差值	固定构成指数	差值
201712	100.13%	2.48	100.00%	0.00	100.13%	2.48
201801	99.58%	-7.9	99.58%	-7.90	100.00%	0.00
201802	100.00%	0	100.00%	0.00	100.00%	0.00
201803	99.90%	-1.97	99.90%	-1.97	100.00%	0.00
201804	103.83%	71.97	100.38%	7.10	103.44%	64.87
201805	99.87%	-2.63	99.87%	-2.63	100.00%	0.00
201806	100.00%	0	100.00%	0.00	100.00%	0.00
201807	103.81%	74.1	99.56%	-8.49	104.26%	82.59
201808	100.12%	2.51	100.00%	0.00	100.12%	2.51
201809	100.00%	0	100.00%	0.00	100.00%	0.00
201810	100.07%	1.44	100.07%	1.44	100.00%	0.00
201811	99.60%	-8.12	99.60%	-8.12	100.00%	0.00
201812	101.44%	29.13	101.25%	25.25	100.19%	3.88

上海市物业管理行业平均到手收入环比指数　　附表9

月份	平均到手收入指数	差值	结构影响指数	差值	固定构成指数	差值
201712	99.76%	-8.25	99.77%	-7.97	99.99%	-0.28
201801	99.92%	-2.90	99.99%	-0.32	99.93%	-2.58
201802	100.50%	17.35	99.67%	-11.54	100.83%	28.89
201803	100.44%	15.33	99.96%	-1.57	100.48%	16.90
201804	99.63%	-12.86	100.05%	1.77	99.58%	-14.63
201805	100.17%	5.91	99.82%	-6.40	100.35%	12.31
201806	100.17%	5.87	99.97%	-0.88	100.19%	6.75
201807	100.54%	19.12	100.04%	1.43	100.50%	17.69
201808	100.01%	0.27	100.30%	10.59	99.71%	-10.32
201809	100.00%	0	100.00%	0.00	100.00%	0.00
201810	100.45%	15.99	100.00%	0.00	100.45%	15.99
201811	100.88%	31.32	100.00%	0.00	100.88%	31.32
201812	99.33%	-24.20	99.78%	-7.92	99.55%	-16.28

江苏省物业管理行业平均到手收入环比指数

附表 10

月份	平均到手收入指数	差值	结构影响指数	差值	固定构成指数	差值
201712	98.87%	-36.62	100.11%	3.47	98.77%	-40.09
201801	99.83%	-5.60	99.91%	-2.83	99.91%	-2.77
201802	102.77%	90.28	100.38%	12.36	102.39%	77.92
201803	99.49%	-17.09	99.54%	-15.45	99.95%	-1.64
201804	96.14%	-128.59	100.15%	4.97	95.99%	-133.56
201805	102.61%	83.38	99.87%	-4.06	102.74%	87.44
201806	99.89%	-3.46	100.11%	3.71	99.78%	-7.17
201807	102.07%	67.94	99.92%	-2.49	102.15%	70.43
201808	99.35%	-21.68	100.03%	0.89	99.33%	-22.57
201809	100.00%	0	100.00%	0.00	100.00%	0.00
201810	101.67%	55.68	99.53%	-15.49	102.15%	71.17
201811	102.65%	89.45	100.06%	1.97	102.59%	87.48
201812	96.81%	-110.57	100.63%	21.73	96.21%	-132.30

浙江省物业管理行业平均到手收入环比指数

附表 11

月份	平均到手收入指数	差值	结构影响指数	差值	固定构成指数	差值
201712	100.98%	35.29	100.01%	0.33	100.97%	34.97
201801	102.16%	78.76	100.14%	5.00	102.02%	73.76
201802	98.71%	-48.17	99.56%	-16.52	99.15%	-31.65
201803	101.39%	51.04	99.76%	-8.72	101.63%	59.76
201804	95.84%	-155.11	100.25%	9.26	95.60%	-164.37
201805	103.13%	111.63	99.89%	-4.02	103.24%	115.65
201806	100.82%	30.05	99.77%	-8.33	101.04%	38.38
201807	100.80%	29.58	99.56%	-16.47	101.25%	46.05
201808	100.83%	31.14	100.78%	29.19	100.05%	1.95
201809	100.00%	0	100.00%	0.00	100.00%	0.00
201810	100.14%	5.12	99.62%	-14.34	100.52%	19.46
201811	104.07%	153.62	99.98%	-0.94	104.09%	154.56
201812	95.94%	-159.67	99.86%	-5.60	96.08%	-154.07

安徽省物业管理行业平均到手收入环比指数　　附表 12

月份	平均到手收入指数	差值	结构影响指数	差值	固定构成指数	差值
201712	104.22%	119.42	100.34%	9.52	103.87%	109.90
201801	104.48%	134.14	100.06%	1.74	104.42%	132.40
201802	97.26%	-85.68	100.47%	14.79	96.81%	-100.47
201803	99.99%	-0.23	99.92%	-2.33	100.07%	2.10
201804	96.83%	-96.64	101.40%	42.67	95.49%	-139.31
201805	106.79%	200.09	100.04%	1.12	106.75%	198.97
201806	105.51%	173.58	100.04%	1.39	105.47%	172.19
201807	101.34%	44.37	100.81%	26.80	100.52%	17.57
201808	98.84%	-39	99.77%	-7.73	99.07%	-31.27
201809	100.00%	0	100.00%	0.00	100.00%	0.00
201810	101.55%	51.54	98.87%	-37.70	102.71%	89.24
201811	105.69%	192.22	99.93%	-2.47	105.77%	194.69
201812	90.68%	-332.68	102.10%	74.90	88.82%	-407.58

福建省物业管理行业平均到手收入环比指数　　附表 13

月份	平均到手收入指数	差值	结构影响指数	差值	固定构成指数	差值
201712	101.16%	35.58	99.73%	-8.40	101.44%	43.98
201801	98.72%	-40.12	100.22%	6.98	98.50%	-47.10
201802	101.87%	57.84	99.18%	-25.37	102.71%	83.21
201803	104.96%	156.45	100.47%	14.83	104.47%	141.62
201804	96.74%	-107.88	100.38%	12.72	96.37%	-120.60
201805	100.50%	16.01	99.48%	-16.51	101.02%	32.52
201806	99.19%	-26.16	100.05%	1.69	99.14%	-27.85
201807	100.95%	30.3	99.74%	-8.26	101.21%	38.56
201808	98.73%	-41.08	101.23%	39.50	97.53%	-80.58
201809	100.00%	0	100.00%	0.00	100.00%	0.00
201810	101.68%	53.58	100.05%	1.65	101.63%	51.93
201811	106.17%	199.67	99.90%	-3.39	106.28%	203.06
201812	93.89%	-210	100.03%	1.07	93.86%	-211.07

江西省物业管理行业平均到手收入环比指数 附表 14

月份	平均到手收入指数	差值	结构影响指数	差值	固定构成指数	差值
201712	99.86%	-3.67	100.09%	2.49	99.77%	-6.15
201801	101.66%	43.92	100.08%	2.05	101.58%	41.87
201802	100.12%	3.19	100.74%	19.94	99.38%	-16.75
201803	103.54%	95.67	99.89%	-3.06	103.66%	98.73
201804	98.29%	-47.83	97.44%	-71.50	100.87%	23.67
201805	100.41%	11.18	99.96%	-1.06	100.45%	12.24
201806	101.46%	40.28	99.98%	-0.67	101.48%	40.95
201807	101.66%	46.57	99.81%	-5.21	101.85%	51.78
201808	98.42%	-44.99	100.09%	2.63	98.33%	-47.62
201809	100.00%	0	100.00%	0.00	100.00%	0.00
201810	104.56%	127.89	100.38%	10.75	104.17%	117.14
201811	100.05%	1.39	100.25%	7.42	99.79%	-6.03
201812	100.24%	6.96	100.04%	1.25	100.19%	5.71

山东省物业管理行业平均到手收入环比指数 附表 15

月份	平均到手收入指数	差值	结构影响指数	差值	固定构成指数	差值
201712	98.69%	-38.16	100.69%	20.15	98.02%	-58.31
201801	100.08%	2.43	99.94%	-1.85	100.15%	4.28
201802	101.25%	35.83	98.76%	-35.57	102.52%	71.40
201803	101.53%	44.36	99.46%	-15.81	102.08%	60.17
201804	95.64%	-128.57	100.67%	19.74	95.01%	-148.31
201805	103.30%	93.01	100.18%	5.13	103.11%	87.88
201806	101.20%	34.85	100.21%	6.15	100.98%	28.70
201807	107.44%	219.31	99.96%	-1.31	107.49%	220.62
201808	95.11%	-154.77	100.72%	22.86	94.43%	-177.63
201809	100.00%	0	100.00%	0.00	100.00%	0.00
201810	101.47%	44.33	99.37%	-19.07	102.12%	63.40
201811	103.26%	99.64	99.76%	-7.23	103.50%	106.87
201812	94.59%	-170.79	100.83%	26.26	93.81%	-197.05

河南省物业管理行业平均到手收入环比指数　　附表16

月份	平均到手收入指数	差值	结构影响指数	差值	固定构成指数	差值
201712	102.68%	71.67	100.02%	0.42	102.66%	71.25
201801	100.48%	13.13	99.99%	-0.28	100.49%	13.41
201802	101.27%	34.86	100.14%	3.77	101.14%	31.09
201803	103.39%	93.77	99.99%	-0.38	103.40%	94.15
201804	97.80%	-63	100.19%	5.35	97.62%	-68.35
201805	101.19%	33.42	100.48%	13.41	100.71%	20.01
201806	100.38%	10.66	100.11%	3.02	100.27%	7.64
201807	101.19%	33.84	100.01%	0.22	101.18%	33.62
201808	102.28%	65.66	99.83%	-4.89	102.46%	70.55
201809	100.00%	0	100.00%	0.00	100.00%	0.00
201810	98.66%	-42.42	99.67%	-10.50	98.99%	-31.92
201811	102.30%	71.54	99.77%	-7.07	102.53%	78.61
201812	97.49%	-79.92	99.03%	-30.90	98.45%	-49.02

湖北省物业管理行业平均到手收入环比指数　　附表17

月份	平均到手收入指数	差值	结构影响指数	差值	固定构成指数	差值
201712	99.56%	-12.63	100.15%	4.37	99.41%	-17.00
201801	110.91%	325.62	100.18%	5.47	110.70%	320.15
201802	97.21%	-92.35	100.07%	2.43	97.14%	-94.78
201803	97.27%	-87.98	99.45%	-17.72	97.81%	-70.26
201804	97.33%	-83.54	100.19%	5.87	97.15%	-89.41
201805	103.37%	102.64	99.22%	-23.64	104.18%	126.28
201806	115.05%	474.1	99.86%	-4.26	115.21%	478.36
201807	97.49%	-91.02	100.19%	6.76	97.31%	-97.78
201808	94.53%	-193.09	100.12%	4.13	94.42%	-197.22
201809	100.00%	0	100.00%	0.00	100.00%	0.00
201810	98.59%	-47.26	99.61%	-12.86	98.97%	-34.40
201811	110.48%	345.01	100.17%	5.44	110.30%	339.57
201812	89.17%	-394.04	101.72%	62.70	87.66%	-456.74

湖南省物业管理行业平均到手收入环比指数　　附表 18

月份	平均到手收入指数	差值	结构影响指数	差值	固定构成指数	差值
201712	100.34%	9.09	99.97%	-0.72	100.37%	9.81
201801	100.39%	10.92	100.02%	0.45	100.37%	10.47
201802	99.29%	-20.13	100.17%	4.84	99.12%	-24.97
201803	99.19%	-22.69	98.98%	-28.54	100.21%	5.85
201804	103.12%	86.89	102.61%	72.55	100.50%	14.34
201805	99.93%	-2.01	100.25%	7.15	99.68%	-9.16
201806	100.88%	25.36	95.95%	-116.07	105.14%	141.43
201807	99.75%	-7.25	99.54%	-13.45	100.22%	6.20
201808	106.93%	200	99.23%	-22.16	107.76%	222.16
201809	100.00%	0	100.00%	0.00	100.00%	0.00
201810	101.43%	44.03	100.93%	28.75	100.49%	15.28
201811	100.36%	11.37	100.64%	20.11	99.72%	-8.74
201812	99.87%	-4.23	99.64%	-11.42	100.23%	7.19

广东省物业管理行业平均到手收入环比指数　　附表 19

月份	平均到手收入指数	差值	结构影响指数	差值	固定构成指数	差值
201712	102.50%	83.38	100.04%	1.20	102.47%	82.19
201801	102.12%	71.4	99.93%	-2.34	102.20%	73.74
201802	100.59%	20.36	100.10%	3.59	100.49%	16.77
201803	102.38%	82.28	102.23%	77.12	100.15%	5.16
201804	105.50%	194.54	100.80%	28.30	104.66%	166.24
201805	95.43%	-170.46	100.07%	2.79	95.36%	-173.25
201806	103.51%	124.84	100.05%	1.78	103.46%	123.06
201807	99.75%	-9.34	100.17%	6.24	99.58%	-15.58
201808	104.99%	183.23	101.43%	52.56	103.51%	130.67
201809	100.00%	0	99.06%	-36.08	100.94%	36.08
201810	102.89%	111.68	99.11%	-34.49	103.82%	146.17
201811	105.16%	204.72	98.73%	-50.30	106.51%	255.02
201812	93.57%	-268.38	97.57%	-101.25	95.90%	-167.13

广西壮族自治区物业管理行业平均到手收入环比指数 附表 20

月份	平均到手收入指数	差值	结构影响指数	差值	固定构成指数	差值
201712	94.09%	-123.82	96.44%	-74.66	97.57%	-49.16
201801	100.60%	12.24	100.44%	9.02	100.16%	3.22
201802	102.22%	45.71	100.00%	-0.03	102.22%	45.74
201803	104.85%	101.96	100.43%	9.11	104.40%	92.85
201804	98.71%	-28.35	100.47%	10.42	98.25%	-38.77
201805	102.48%	53.95	99.75%	-5.50	102.74%	59.45
201806	101.44%	32.01	100.44%	9.72	101.00%	22.29
201807	101.59%	36.01	100.11%	2.44	101.48%	33.57
201808	96.74%	-75.02	99.81%	-4.26	96.91%	-70.76
201809	100.00%	0	100.00%	0.00	100.00%	0.00
201810	105.13%	113.99	100.18%	4.07	104.94%	109.92
201811	103.87%	90.41	100.17%	4.01	103.69%	86.40
201812	95.78%	-102.42	97.23%	-67.11	98.50%	-35.31

海南省物业管理行业平均到手收入环比指数 附表 21

月份	平均到手收入指数	差值	结构影响指数	差值	固定构成指数	差值
201712	100.32%	7.57	100.01%	0.14	100.31%	7.43
201801	100.21%	5.11	100.00%	-0.08	100.21%	5.19
201802	100.22%	5.42	100.05%	1.17	100.17%	4.25
201803	100.34%	8.4	100.00%	0.00	100.34%	8.40
201804	99.46%	-13.14	99.95%	-1.32	99.52%	-11.82
201805	99.81%	-4.59	99.84%	-3.87	99.97%	-0.72
201806	100.19%	4.68	100.03%	0.82	100.16%	3.86
201807	99.93%	-1.78	99.99%	-0.36	99.94%	-1.42
201808	100.31%	7.68	99.57%	-10.50	100.75%	18.18
201809	100.00%	0	100.00%	0.00	100.00%	0.00
201810	100.24%	5.85	100.07%	1.69	100.17%	4.16
201811	100.45%	11.08	99.99%	-0.34	100.47%	11.42
201812	98.83%	-27.61	100.37%	9.13	98.51%	-36.74

重庆市物业管理行业平均到手收入环比指数 附表 22

月份	平均到手收入指数	差值	结构影响指数	差值	固定构成指数	差值
201712	100.90%	24.71	99.22%	-21.48	101.70%	46.19
201801	98.72%	-34.84	99.35%	-17.82	99.37%	-17.02
201802	97.61%	-64.45	100.20%	5.30	97.42%	-69.75
201803	103.94%	103.81	99.44%	-14.66	104.52%	118.47
201804	101.39%	37.92	100.81%	22.16	100.57%	15.76
201805	100.71%	19.77	99.84%	-4.57	100.88%	24.34
201806	97.84%	-60.48	99.16%	-23.41	98.66%	-37.07
201807	99.70%	-8.32	100.84%	23.04	98.86%	-31.36
201808	106.55%	178.52	100.30%	8.14	106.23%	170.38
201809	100.00%	0	100.00%	0.00	100.00%	0.00
201810	99.43%	-16.52	99.16%	-24.32	100.27%	7.80
201811	99.47%	-15.39	99.53%	-13.46	99.93%	-1.93
201812	100.56%	16.12	100.05%	1.49	100.51%	14.63

四川省物业管理行业平均到手收入环比指数 附表 23

月份	平均到手收入指数	差值	结构影响指数	差值	固定构成指数	差值
201712	100.27%	7.22	98.91%	-28.92	101.38%	36.14
201801	101.08%	28.32	101.02%	26.61	100.06%	1.71
201802	99.19%	-21.38	99.93%	-1.95	99.27%	-19.43
201803	103.48%	91.34	99.49%	-13.27	104.00%	104.61
201804	97.91%	-56.78	100.36%	9.75	97.56%	-66.53
201805	101.17%	31.14	100.00%	-0.10	101.17%	31.24
201806	99.33%	-18.12	99.37%	-16.93	99.96%	-1.19
201807	101.02%	27.21	100.96%	25.68	100.06%	1.53
201808	100.02%	0.42	100.53%	14.33	99.49%	-13.91
201809	100.00%	0	100.00%	0.00	100.00%	0.00
201810	100.82%	22.18	99.85%	-4.12	100.98%	26.30
201811	103.10%	84.54	100.16%	4.48	102.93%	80.06
201812	97.60%	-67.37	92.51%	-210.39	105.51%	143.02

贵州省物业管理行业平均到手收入环比指数

附表 24

月份	平均到手收入指数	差值	结构影响指数	差值	固定构成指数	差值
201712	100.01%	0.35	99.04%	-25.75	100.99%	26.10
201801	102.64%	74.18	100.60%	16.83	102.03%	57.35
201802	100.48%	13.78	101.30%	37.52	99.19%	-23.74
201803	100.22%	6.26	98.72%	-37.03	101.51%	43.29
201804	99.91%	-2.55	101.57%	45.71	98.37%	-48.26
201805	99.17%	-24.22	100.43%	12.61	98.74%	-36.83
201806	99.15%	-24.46	99.53%	-13.50	99.62%	-10.96
201807	99.41%	-16.91	99.38%	-17.64	100.03%	0.73
201808	99.11%	-25.32	98.54%	-41.36	100.57%	16.04
201809	100.00%	0	100.00%	0.00	100.00%	0.00
201810	99.93%	-2.07	99.28%	-20.27	100.65%	18.20
201811	99.51%	-13.7	99.68%	-8.86	99.83%	-4.84
201812	99.59%	-11.37	101.29%	36.18	98.32%	-47.55

云南省物业管理行业平均到手收入环比指数

附表 25

月份	平均到手收入指数	差值	结构影响指数	差值	固定构成指数	差值
201712	101.22%	29.25	101.75%	41.75	99.49%	-12.50
201801	100.85%	22.34	99.62%	-9.87	101.23%	32.21
201802	100.69%	18.35	100.07%	1.82	100.62%	16.53
201803	98.94%	-28.24	99.22%	-20.90	99.72%	-7.34
201804	97.36%	-69.78	100.20%	5.20	97.17%	-74.98
201805	102.87%	73.93	100.87%	22.28	101.99%	51.65
201806	101.51%	40	98.26%	-45.94	103.31%	85.94
201807	98.37%	-43.83	101.85%	49.82	96.58%	-93.65
201808	103.32%	87.73	100.58%	15.23	102.73%	72.50
201809	100.00%	0	100.00%	0.00	100.00%	0.00
201810	101.98%	54.17	99.50%	-13.59	102.49%	67.76
201811	112.45%	346.64	100.04%	1.04	112.41%	345.60
201812	93.46%	-204.89	98.92%	-33.82	94.48%	-171.07

陕西省物业管理行业平均到手收入环比指数　　附表 26

月份	平均到手收入指数	差值	结构影响指数	差值	固定构成指数	差值
201712	100.21%	5.39	100.17%	4.27	100.04%	1.12
201801	99.27%	-18.1	99.96%	-0.89	99.31%	-17.21
201802	99.27%	-18.09	99.97%	-0.80	99.30%	-17.29
201803	103.72%	91.27	100.05%	1.34	103.66%	89.93
201804	98.29%	-43.59	100.52%	13.25	97.78%	-56.84
201805	99.57%	-10.73	99.38%	-15.54	100.19%	4.81
201806	100.60%	15.05	99.45%	-13.73	101.16%	28.78
201807	102.01%	50.3	100.38%	9.55	101.62%	40.75
201808	105.03%	128.5	101.65%	42.18	103.32%	86.32
201809	100.00%	0	100.00%	0.00	100.00%	0.00
201810	102.51%	67.46	100.48%	12.85	102.02%	54.61
201811	100.11%	2.93	99.43%	-15.76	100.68%	18.69
201812	92.59%	-204	99.11%	-24.61	93.43%	-179.39

甘肃省物业管理行业平均到手收入环比指数　　附表 27

月份	平均到手收入指数	差值	结构影响指数	差值	固定构成指数	差值
201712	100.00%	0.00	100.00%	0.00	100.00%	0.00
201801	99.83%	-4.07	99.83%	-4.07	100.00%	0.00
201802	100.00%	0	100.00%	0.00	100.00%	0.00
201803	100.00%	0	100.00%	0.00	100.00%	0.00
201804	100.00%	0	100.00%	0.00	100.00%	0.00
201805	100.00%	0	100.00%	0.00	100.00%	0.00
201806	100.53%	13.15	100.00%	0.00	100.53%	13.15
201807	100.00%	0	100.00%	0.00	100.00%	0.00
201808	100.00%	0	100.00%	0.00	100.00%	0.00
201809	100.00%	0	100.00%	0.00	100.00%	0.00
201810	100.00%	0	100.00%	0.00	100.00%	0.00
201811	100.00%	0	100.00%	0.00	100.00%	0.00
201812	118.48%	457.08	100.17%	4.20	118.28%	452.88

青海省物业管理行业平均到手收入环比指数　　附表28

月份	平均到手收入指数	差值	结构影响指数	差值	固定构成指数	差值
201712	103.92%	100.00	100.00%	0.00	103.92%	100.00
201801	100.00%	0	100.00%	0.00	100.00%	0.00
201802	100.00%	0	100.00%	0.00	100.00%	0.00
201803	100.00%	0	100.00%	0.00	100.00%	0.00
201804	100.00%	0	100.00%	0.00	100.00%	0.00
201805	100.00%	0	100.00%	0.00	100.00%	0.00
201806	100.00%	0	100.00%	0.00	100.00%	0.00
201807	100.00%	0	100.00%	0.00	100.00%	0.00
201808	101.94%	51.73	100.28%	7.55	101.65%	44.18
201809	100.00%	0	100.00%	0.00	100.00%	0.00
201810	99.57%	-11.68	100.24%	6.50	99.33%	-18.18
201811	100.00%	0	100.00%	0.00	100.00%	0.00
201812	117.64%	476.59	99.50%	-13.38	118.22%	489.97

宁夏回族自治区物业管理行业平均到手收入环比指数　　附表29

月份	平均到手收入指数	差值	结构影响指数	差值	固定构成指数	差值
201712	100.07%	1.85	100.07%	1.85	100.00%	0.00
201801	99.82%	-4.75	99.82%	-4.75	100.00%	0.00
201802	100.00%	0.06	100.00%	0.06	100.00%	0.00
201803	99.96%	-1.16	99.96%	-1.16	100.00%	0.00
201804	100.07%	1.93	100.07%	1.93	100.00%	0.00
201805	110.64%	281.38	100.10%	2.55	110.54%	278.83
201806	100.16%	4.72	100.16%	4.72	100.00%	0.00
201807	99.51%	-14.31	99.51%	-14.31	100.00%	0.00
201808	102.01%	58.73	99.70%	-8.72	102.32%	67.45
201809	100.00%	0	100.00%	0.00	100.00%	0.00
201810	99.70%	-8.81	99.65%	-10.49	100.06%	1.68
201811	99.99%	-0.4	99.99%	-0.40	100.00%	0.00
201812	150.08%	1484.76	100.59%	17.51	149.20%	1467.25

新疆维吾尔自治区物业管理行业平均到手收入环比指数 附表 30

月份	平均到手收入指数	差值	结构影响指数	差值	固定构成指数	差值
201712	99.20%	-25.18	99.78%	-6.74	99.41%	-18.45
201801	99.97%	-0.83	99.64%	-11.25	100.33%	10.42
201802	108.01%	251.69	100.89%	27.85	107.06%	223.84
201803	103.88%	131.52	100.02%	0.63	103.86%	130.89
201804	89.29%	-377.6	99.77%	-8.28	89.50%	-369.32
201805	102.71%	85.27	100.09%	2.72	102.62%	82.55
201806	103.69%	119.31	100.53%	17.14	103.14%	102.17
201807	102.44%	81.84	100.30%	10.05	102.14%	71.79
201808	98.93%	-36.81	100.99%	33.97	97.96%	-70.78
201809	100.00%	0	100.00%	0.00	100.00%	0.00
201810	104.44%	150.97	100.87%	29.58	103.54%	121.39
201811	100.16%	5.62	100.07%	2.37	100.09%	3.25
201812	78.69%	-757.3	99.65%	-12.27	78.96%	-745.03

物业管理行业舆情研究报告

物业管理行业与人们居家生活息息相关，在落实政府推动的社区治理等工作中，是重要的责任方，其服务内容和质量从多方面影响业主的居住感受。近年来，政府的减政放权进一步激活了市场，高质量发展的要求提升了物业管理行业整体服务水平，人民对美好生活的向往提高了居民品质消费需求，新一代信息技术的广泛应用催生了新的企业发展模式，物业管理行业发展步入向现代服务业转型升级的战略机遇期。

需要关注的是，业主与物业服务企业纠纷呈现多发态势，各地物业投诉日益增多，调解难度越来越大，对基层社会管理和社会稳定提出不小挑战。具体来看，物业服务定价机制不健全，物业管理政策体系有待完善，老旧小区“脱管、失管、弃管”，物业服务企业“小散乱”，新老物业冲突，业主物业消费观念滞后等问题突出。

中国物业管理协会联合新华社中国经济信息社舆情监测分析中心，梳理出 2018 年物业管理行业十大舆情事件。通过舆论场最关注的的行业事件，分析社会各界对物业管理工作的期待和诉求，以帮助物业服务企业有针对性地提升服务质量，推动全行业健康可持续发展。

一、国务院修改《物业管理条例》，各地推进物业信用体系建设

2018 年 3 月，《物业服务企业资质管理办法》废止。同月，国务院修改《物业管理条例》部分内容，删除了“资质管理”相关内容，将对物业服务企业的管理纳入整个社会诚信体系建设中，由国务院建设行政主管部门会同有关部门建立守信联合激励和失信联合惩戒机制，加强行业诚信管理。

在对相关舆情中的高频词汇进行综合统计后，可以看出媒体对国务院修改《物业管理条例》和各地出台本地条例的报道以事实性报道为主，条例具体内容是媒体报道重点。值得注意的是，在国务院修改《物业管理条例》的官方消息发出后不久，《法制日报》4 月 7 日发表政策解读文章《国务院出台条例了：这 8 种情形业主可拒缴物业费！》，此报道引发了舆论广泛关注，众多媒体与自媒体网站将“拒缴物业费”作为报道重点，导致了舆论失实与失焦。4 月 13 日，法制日报社发表更正致歉声明，称此报道“明显失实”，多省市的住房城乡建设等相关部门也对此进行辟谣。

从舆情传播渠道来看，除了较为传统的平面媒体和网络媒体，微信公众平台对新《物业管理条例》的关注程度显著偏高，舆情传播量占比接近一半，这充分说明物业服务与百姓生活息息相关，民众对于加强物业监管盼望已久。舆情监测显示，城市和小区文明养犬问题正成为物业纠纷的新热点，媒体在对由此引发的众

多事件进行报道的过程中，推高了《物业管理条例》有关信息在微信平台上的传播热度（图 1）。

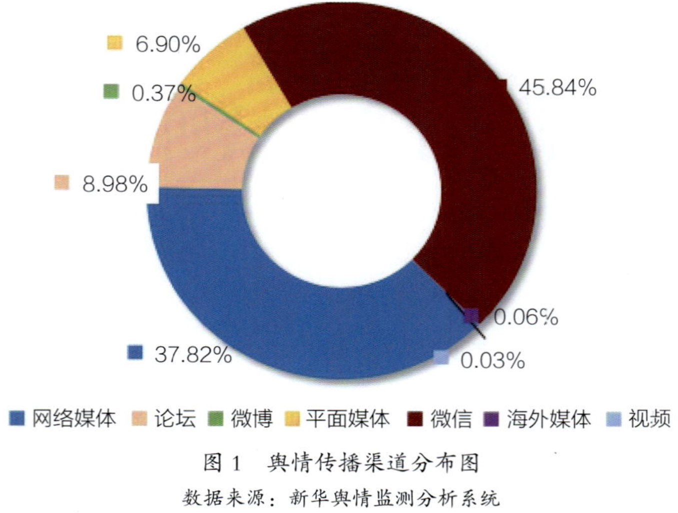

图 1　舆情传播渠道分布图

数据来源：新华舆情监测分析系统

二、坚持基层党建引领 建设“红色物业”

2018 年，物业管理行业不断加强党的建设。多地在物业管理工作中，坚持党建引领，发挥党员先锋模范作用，创新物业服务。党建引领可以将社区居委会、业主委员会、物业服务企业等各方力量拧成合力，创新党建引领物业服务管理新模式，打通服务业主“最后一百米”，进一步夯实了城市基层党建基础。

高频词汇综合统计分析显示，党建、党员、党支部等成了高频词汇，这直接反映出“红色物业”与基层党建之间密不可分的联系。在与“红色物业”有关的舆情中，各地通过加强党建引领提升物业管理水平的创新实践成为媒体报道的重点，特别是老旧小区改造提升、小区停车、楼道管理等传统难题。

梳理与“红色物业”有关的网络舆情，网络媒体和平面媒体成了报道和传播主力，而微信、微博、论坛等自媒体平台以及视频网站的存在感并不显著。这说明主流媒体在主流价值观宣传推广方面是当仁不让的中流砥柱，也是官方发声的主阵地（图 2）。

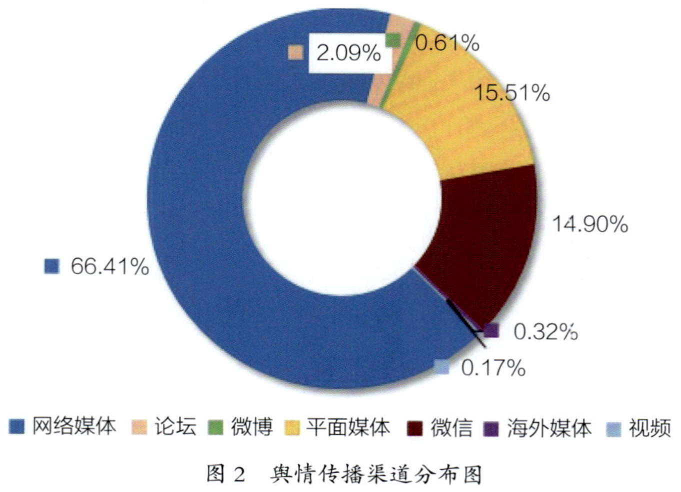

图 2　舆情传播渠道分布图

数据来源：新华舆情监测分析系统

从舆情地域热度的分布情况来看，2018 年全年湖北省在“红色物业”建设方面的表现都非常突出，而浙江多地也取得了出色成绩。全国各地在对“红色物业”这一主题的宣传过程中，主流媒体、党报党刊发挥了至关重要的作用，而且这些报道并不高大空洞，十分注重真情实感和小切口叙事，通过讲述基层工作人员的具体工作表现“党建引领物业发展”这一光辉主题。媒体在报道中传递这样一种信号：“红色物业”不但助力居民舒心生活，让老旧小区绽新颜，而且提高人民群众的获得感，让服务更有“温度”，这与我们党全心全意为人民服务的宗旨高度吻合。

三、第二届国际物业管理产业博览会成功举行

10 月 15 日至 17 日，以“融合发展 共创美好”为主题的第二届国际物业管理产业博览会在深圳会展中心举行。此次博览会由中国物业管理协会主办，深圳市住房和建设局、广东省物业管理行业协会、深圳市物业管理行业协会协办。来自物业管理产业链上的 120 多家国内外优秀展商参展。

在对高频词汇进行综合统计分析后，我们发现被提及较多的热词主要有“物业管理”“智慧”“社区”“服务”“博览会”“停车”“深圳”等。在本届博览会上，“智慧社区”的概念在受到业内热捧之余，也成为舆论关注的焦点，“智慧社区”成为未来中国物业的发展方向已经达成共识。

从传播渠道来看，网络媒体的关注热度占比达到 60%，包括新华网、中国网、中华网、中国新闻网、和讯网等多家媒体和网站对此进行了报道。其中，由中国新闻网刊发的《中国物业管理产业博览会开幕 智慧社区受热捧》一文被多家媒体转载。与此同时，微信公众平台的舆情传播占总量的 30%，体现出网民对本次盛会的高关注度。

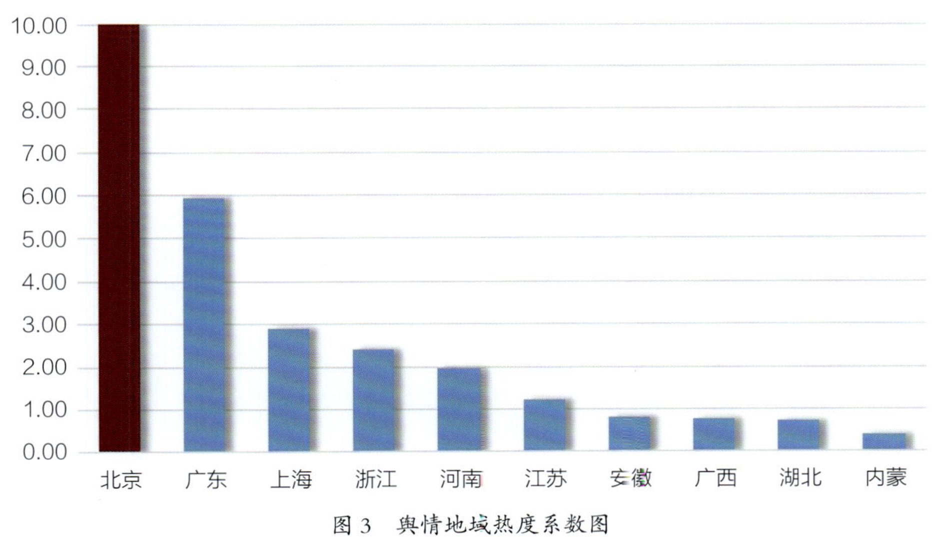

图 3　舆情地域热度系数图

数据来源：新华舆情监测分析系统

本届博览会以空前的盛况，在业界引起了强烈的反响，也吸引了舆论的广泛关注和认可。媒体从展区设置、组织形式、论坛议题、配套活动等多方面对本次博览会进行了全方位的跟踪报道。作为目前国内规格最高、规模最大的物业管理行业展会，博览会所取得的成果和具有的意义得到舆论的高度评价，被认为这是对物业管理产业发展成果的集中展示和检阅，也是分享新思想、新观点的最佳机会。在供给侧结构性改革的大

潮中，发展智慧物业已经成为物业服务发展的大方向和趋势。

四、《2018 全国物业管理行业发展报告》发布

10 月 15 日，以“新时代 新使命 新作为”为主题的第四届中国物业管理创新发展论坛暨中国物业管理协会第四次理事会第六次全体会议在深圳召开。中国物业管理协会发布《2018 年全国物业管理行业发展报告》。该报告对企业管理规模、经营情况、服务特色等方面进行综合分析，树立优秀企业典型，全面、客观、真实地反映物业服务企业发展状况和发展趋势。

在对高频词汇综合统计分析后，我们发现有关《2018 全国物业管理行业发展报告》发布的舆情中，出现较多的热词主要有“物业管理”“物业”“企业”“服务”“报告”“深圳”“智慧”等。通过这些热词可以看出，舆论的关注点主要集中在 2017 年全国以及各地物业管理行业、物业服务企业和生态链相关产业发展的所取得的成绩以及未来的发展趋势等方面。

在传播渠道方面，网络媒体和平面媒体均针对《2018 全国物业管理行业发展报告》刊发了报道，而微信、微博和论坛也对报告的发布和引发的话题展开热议。其中，网络媒体上涉及《2018 全国物业管理行业发展报告》的舆情传播最高，在总量中占比超过 6 成，主要体现在对相关新闻报道的大量转载。

从地域热度的分布来看，涉及《2018 全国物业管理行业发展报告》发布的舆情传播分布在全国多个地区。除北京和广东地区对本次报告发布的关注热度较高之外，上海、江苏、河南、浙江和安徽等地区对此的舆情传播热度并没表现出明显的差距（图 4）。

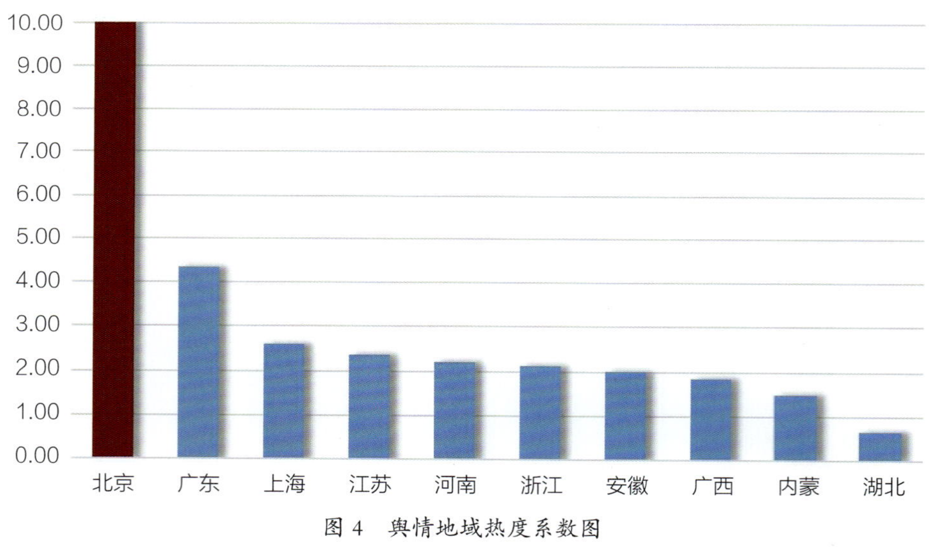

图 4 舆情地域热度系数图

数据来源：新华舆情监测分析系统

《2018 全国物业管理行业发展报告》一经发布，便吸引了舆论的广泛关注，大量媒体对此刊发报道，同时社交媒体也就此展开热烈的讨论，凸显出本次报告所产生的巨大影响力以及在行业内的权威性。经监测，绝大多数媒体在报道中均对新华社电文中有关 2017 年全国物业管理行业总面积约 246.65 亿平方米、物业服务企业共 11.8 万家、经营总收入为 6007.2 亿元等内容进行了转述。其中，多家媒体将“物业服务企业共 11.8 万家”作为报道的标题。

《报告》在真实而全面地反映我国物业管理行业取得飞速发展的同时，也对提升企业品牌知名度、提高舆论对物业管理行业社会价值的认知，具有极大促进作用。

五、物业服务企业集中挂牌上市

2018 年物业板块出现 A 股、港股上市潮，全年共有 6 家企业登陆主板市场，其中 1 家 A 股、5 家港股，主板市场上市数量等于过去 4 年之和，由此也吸引舆论场聚焦。

在对高频词汇进行综合分析后发现，舆论重点提及的高频热词主要有“港股”“分拆”“市盈率”“估值”等。结合媒体报道情况来看，2018 年物业公司成为独立上市公司情况较多，其中佳兆业物业和碧桂园服务分拆和赴港上市时间较为接近，媒体集中报道一定程度上拉高了舆论关注度，使得“港股”“分拆”等热词频现报端。此外，由于近年来房地产企业经营环境趋紧，不少媒体在报道中反复提及物业公司估值水平受到明显影响，从而使得“市盈率”“估值”等热词出现频率较高。

结合舆情传播渠道分布情况来看，网络媒体中门户网站及财经、房地产行业网站对这一议题报道和关注较多，合计占比已超五成。微信自媒体账号围绕这一议题也保持了较高的关注度，占比超过三成。此外，平面媒体、微博、海外媒体也刊发了相关报道和观点。

2018 年，物业服务企业集中上市引发舆论聚焦，不少媒体在新闻标题等突出位置使用“物业扎堆上市”“分拆物业上市热潮”等描述。这些成功案例更多被舆论认为起到了“风向标”作用，由此也引发舆论围绕“房企分拆物业上市目的何在？”“物业服务企业争相上市为哪般？”“为何纷纷选择赴港上市”等议题展开讨论。整体来看，大部分舆论认为后续将会有更多的房企将物业公司分拆上市，物业公司也将由此获得更好的发展机会。

六、物业管理行业标准化建设进一步加强

2018 年 5 月 15 日全国物业服务标准化技术委员会一届三次全体会议正式启动《物业管理术语》《物业服务顾客满意度测评》《物业服务安全与应急处置》三项物业管理行业国家标准的编制工作。

在对相关舆情高频词汇综合分析后发现，“服务”“国家标准”“立项”“规范”等词汇出现频率较高，并获得了舆论较高的关注热度。结合舆论发酵情况来看，主流媒体在报道中大多提及《物业管理术语》《物业服务顾客满意度测评》《物业服务安全与应急处置》是物业管理行业首次立项国家标准，由此也使得“国家标准”“立项”出现频率较高，进一步突出三个标准的战略高度。

结合舆情传播渠道分布情况来看，网络媒体依旧是对这一议题报道和关注较多的平台，占比超过六成。具体来看，在网络媒体方面，以新华网、中国网为代表的重点新闻网站发挥了主流舆论引导作用，并与长江网、楚天都市网等地方新闻媒体网站的持续报道形成舆论引导合力，有力提升了相关主题的舆论影响力。此外，微信平台方面，包括“中国标准化”“中国建设报 · 中国物业”等公众账号也对相关主题予以报道和转载，进一步扩大了相关议题的舆论影响范围。

近年来，标准化工作受到党中央、国务院的高度重视，标准化工作已上升到国家战略层面。在此舆论背

景下，物业管理行业首次立项编制国家标准自然受到舆论瞩目，包括新华网在内的中央重点媒体均对相关消息进行了报道，由此也使得相关报道的舆论影响力进一步扩大。

结合舆论反馈情况来看，舆论普遍认为当前物业管理行业各地标准体系不一，服务质量良莠不齐，行业标准化建设迫在眉睫。在此情形下，完善物业管理行业标准体系既是促进服务升级的客观需求，同时也是更好规范物业管理的必然选择。此外，也有舆论观点甚至称，《物业服务安全与应急处置》已纳入《城乡建设领域强制性产品标准体系》，作为物业服务领域唯一强制性标准为国家强制标准，相当于为物业管理行业“立法”。加强标准化建设有利于发挥标准化在物业管理行业转型升级过程中的基础支撑和战略引领作用，具有重要的战略指导作用。

七、新旧物管交接纠纷频发 引发社会舆论广泛关注

2018 年全国发生多起新旧物业服务企业交接纠纷事件，旧物业服务企业被业委会“辞退”拒不搬离，新物业服务企业到任却无法交接，给居民生活带来极大困扰，还有一些案例中双方走到对簿公堂的局面，最终在法院强制执行下才得以实现新旧物管的交接，引发社会舆论广泛关注。不少地方在其新出台的物业管理相关政策中对物业服务企业在合同终止后拒不退出等相关行为作出了限制。

在高频词汇进行综合统计后，我们发现有关新旧物管交接纠纷的舆情中，被提及较多的热词主要有“物业”“业主”“服务”“问题”“纠纷”“整改”“协调”等。从这些热词不难看出，当前因新旧物管交接导致的纠纷事件频发，具有较高的舆情风险性。而类似问题频发的内在原因，往往与业主对企业服务质量的不满以及对相关部门加强监管、做好协调整改工作的期盼有关。此外，“物业管理”“司法”“合同”等热词在相关报道中出现频次也较高，反映了当前社会各界普遍希望能对于物管的更换、交接等问题，能从法律、政策层面予以明确，并且在执行过程中落实到位。

从整体的传播渠道分布情况来看，网络媒体和社交网站对相关事件的传播占比最高，其中网络媒体传播占比超过四成，而以微信、微博为代表的社交网站传播量也与之持平。其次是论坛和平面媒体，在对相关事件的传播中二者占比均达到 5% 左右。

需要注意的是，与新旧物管交接纠纷事件有关的舆情中，有相当一部分是业主通过微博、微信等平台维权的声音，这也是社交网站数据量较大的重要原因之一；此外，网民对于相关事件中纠纷、对峙、流血冲突等的围观也极大地促进了舆情在社交网站上的发酵。

各地因新旧物管交接纠纷引发了不少的舆情事件，在类似事件的舆情中往往能发现一些呼吁相关部门加强监管的声音。为了稳定社会情绪，提升居民幸福感，同时也为了回应舆论关切，不少地方新出台相关管理规定，明确物业服务企业的退出机制。此外，还有一些地方尝试通过街道社区介入、成立物业纠纷调解委员会等方式化解纠纷和矛盾。上述举措都在一定程度上取得了正面效果，受到了舆论的肯定。

八、2018 物业管理行业“服务质量提升年”

中国物业管理协会将 2018 年定义为行业“服务质量提升年”，呼吁全行业从供给侧方面全面提升服务

质量，打造物业服务品牌，为经济社会高质量发展、满足消费者日益增长的美好生活需要而努力。

围绕第二届全国物业管理行业职业技能竞赛、第四届中国物业管理创新发展论坛、第二届国际物业管理产业博览会、第七届中国物业管理行业摄影大赛暨首届微视频大赛等重点活动，中国物协部署了主题年各项工作和宣传任务。

在对高频词汇进行综合统计后，我们发现被提及较多的热词主要有“物业”“服务”“企业”“管理”“质量”“提升”“安居”等。这些热词直观地展示了“服务质量提升”主题年“坚持质量第一、效益优先”的深刻内涵，体现了协会对物业服务企业通过提高质量和效益实现行业健康发展和竞争力提升的殷切希望。“竞赛”“职业技能”等关键词出现的频次也较高，反映了“服务质量提升”主题年通过组织职业技能竞赛，在提升从业人员的职业技能和综合素质以及宣传行业高质量发展方面所取得的进展和成效。

从传播渠道分布情况来看，对物业管理行业“服务质量提升年”相关舆情的传播主要以社交网站、网络媒体和平面媒体为主。其中，以微信、微博为代表的社交网站占比最高，合计占比接近总量的一半；其次是网络媒体，传播占比也比较高接近总量的四成；平面媒体对相关信息的传播占比接近一成。

改革开放40年来，我国经济高速发展，人民生活水平大幅提升，居民对于居住环境的要求也在不断提高，相应的对于物业服务质量的要求也明显提升。但从过去舆论场中不断曝光的问题来看，在物业管理领域中仍然存在一些问题和矛盾有待改进。“服务质量提升年”的提出，旨在呼吁全行业从供给侧全面提升服务质量，为经济社会高质量发展、满足业主日益增长的美好生活需要而努力。

九、第二届全国物业管理行业职业技能竞赛

2018 年 8 月 23 至 24 日，2018 中国技能大赛——“金融街物业杯”第二届全国物业管理行业职业技能竞赛决赛在北京落幕。来自全国 30 个省级赛区和 5 个企业赛区中选拔而来的 103 名物业管理员和 101 名电工选手，在决赛中进行了一场高水平的职业技能竞赛，共同践行工匠精神。

中国物协对本届技能竞赛在竞赛项目和内容、组织形式、赛区设置等多方面进行了周密考量和设计，旨在深化行业人力资源供给侧结构性改革，提高我国物业管理行业职业技能水平和物业服务品质，持续发挥物业管理在推动国家经济建设和社会发展领域的重要作用。

从舆情高频词汇统计情况来看，舆论聚焦此次竞赛呈现出三大特点：一是相关媒体报道紧扣“物业管理”“职业技能”主题，与首届赛事形成有效呼应，一定程度上有助于形成可持续传播的口碑形象；二是“全国”“行业”等热词突显出此项赛事在地域辐射广度与专业领域深度上的覆盖性；三是“工匠”“人才培养”等热词反映出中国物业管理协会积极开展供给侧改革，不断推动人力资源优化升级的精心筹备初衷。

从传播渠道情况来看，社交网络平台占比近五成，但其中微信公众号的活跃度大幅高于微博，网民参与讨论热度相对较低；网络媒体占比位居次席，其中不乏新华网等中央媒体以及大众网、红网等知名地方媒体相继发声。

总体来看，第二届全国物业管理行业职业技能竞赛在践行“服务质量提升”这一年度主题方面发挥了重要作用，舆论对于以此为抓手推动物业服务从劳动密集型向知识密集型行业转型发展给予充分肯定。

结合舆情传播特征及相关报道内容分析，建议在后续赛事筹备、地方选拔、决赛角逐等阶段形成系统性的宣传预案，逐渐将粗放式的“通稿群发”转为精细化的“定向投放”。

十、中国物业管理协会带动行业参与消费扶贫工作

2018 年，在中国物业管理协会和中国扶贫志愿服务促进会共同指导下，中国社区扶贫联盟成立。联盟是以“社区支持农业”为核心理念、以“消费扶贫”为主要抓手的社会化公益组织。联盟整合利用社区平台资源，为前端贫困县域的好产品和好生态打开销路，打通最后一公里的终端业主消费，尽力去构建一个产销链接的闭环，希望通过消费扶贫切实帮助到贫困乡县增收脱贫。

从舆情高频词汇统计情况来看，尽管未特别突出中国物业管理协会的发起属性，但诸如“精准扶贫”“扶贫开发”“订购”“特色”等热词则较为直观展现出成立联盟在推动消费扶贫方面的成功探索与实践。

从传播渠道情况来看，网络媒体活跃度较高，其中包括人民网、光明网等中央级媒体以及搜狐等知名门户网站资讯专区相继发声。《天津日报》《云南日报》等平面媒体报道也在多地引发关注，诸如“十万斤滞销红糯米认购一空”“《我们在行动》等由联盟协同组织的精准扶贫节目拍摄活动”等主题均得到充分展现（图 5）。

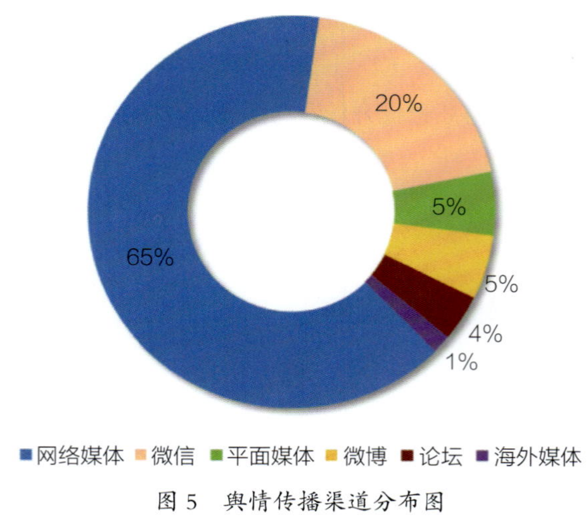

图 5　舆情传播渠道分布图

数据来源：新华舆情监测分析系统

物业管理行业探索助力精准扶贫的新模式，在满足居民多元化消费需求的同时打通“社区支持农业”的最后一公里，这一积极实践对于扭转提升物业管理行业的传统声誉形象具有标志性意义。鉴于脱贫攻坚战已进入冲刺阶段，媒体报道活跃度仍有待进一步提升，部分活动可探索以“线上＋线下”的生动形式加以推广，需谨防出现时间维度或地域分布上的“冷热不均”现象出现。

十一、未来物业管理行业舆情热点预测

一是老旧小区的物业管理问题。当前，我国城市建设已告别大拆大建，转入盘活存量的城市更新阶段。城市更新中老旧社区的物业管理将会受到关注。

二是智慧物业。随着 5G 时代的到来，物业管理服务技术升级、智慧社区建设也将会成为舆论热点。

三是住宅专项维修资金。早期一批商品房将进入维修甚至大修阶段，维修资金使用问题可能会成为媒体关注的新闻点。

四是物业费问题。物业服务定价机制不够市场化，大部分小区的物业费标准都是终身制。即使各种成本增加，加收物业费难度也很大。物业服务企业通过增值服务或者其他经营创收以弥补，这些操作同样存在新的矛盾隐患。

五是物业管理领域的扫黑除恶。中央启动扫黑除恶专项斗争以来，很多地方将物业管理行业列为重点领域，并公开发布了物业管理领域的涉黑涉恶行为，主要包括以暴力或软暴力手段垄断控制物业管理、垄断装修、非法控制水电气供应等损害业主合法权益的行为。

智慧物业管理调研报告

党的十九大报告在论述加快建设创新型国家时，将建设“智慧社会”与建设科技强国、质量强国、航天强国、交通强国、数字中国、网络强国等并列，作为建设现代化经济体系和创新型国家的重要举措。

早在2012年，住房和城乡建设部印发《国家智慧城市试点暂行管理办法》和《国家智慧城市（区、镇）试点指标体系（试行）》，提出建设智慧城市是创新驱动发展、推动新型城镇化、全面建成小康社会的重要举措。2013年，住房和城乡建设部公布第一批共90个国家智慧城市试点名单。

作为建设智慧城市和智慧社区的重要力量，物业服务企业在建设“智慧物业”方面也进行了积极的探索。2012年，万科物业牵手华为公司共建“智慧社区联合实验室”，并在当年万科青岛小镇项目推出智慧社区解决方案；同一年，彩生活服务集团与中国光大银行联合推出了“彩生活e卡通”打造新型智慧社区；长城物业推出“一应云智慧社区服务平台”；2013年，招商局物业推出“到家网”数字服务平台；2014年，绿城服务推出“智慧园区服务”；千丁互联正式起步；龙湖智慧服务推出智慧龙湖服务，碧桂园服务推出智慧物业平台。近两年，更多的物业服务企业推出了各具特色的智慧物业平台或系统，引领了智慧物业的发展和创新风潮。

智慧物业的深入开展，带动了物业管理行业拥抱信息技术，极大地优化了企业内部管理和运营，让物业服务有更高的价值和更好的体验感，并赋能企业拥有更大开疆拓土能力和服务海量业主客户的能力。由此，借助智慧物业赋能，业内一大批物业服务企业实现跨越式发展，管理项目面积达到数亿平方米，服务业主超过百万户、数百万人，更有部分企业凭借其在社区资源整合运营等方面的优势登陆资本市场。

为了交流学习物业管理行业应用新科技、建设智慧物业的宝贵经验，探寻智慧物业未来发展的逻辑和路径，2019年3～5月，由中国物业管理协会指导，《中国物业管理》杂志社主办，北京千丁互联科技有限公司承办，北京时代匠心大数据科技有限公司特别支持，开展了“2019首届智慧物业管理创新大赛”，共有90余家业内物业服务企业和40余家科技公司参赛。在举办大赛的基础上，由中国物业管理协会、杭州市住房保障和房产管理局联合指导，《中国物业管理》杂志社与杭州国际城市学研究中心联合主办的“2019首届人工智能与智慧物业高峰论坛”于5月28日在杭州市举办，围绕“智慧物业”话题，坐而论道。

张瑞敏曾经说过，没有成功的企业，只有时代的企业。

置身于云计算、大数据、AI等新兴技术迅猛发展的新时代，物业服务企业迎来了全新的机遇与挑战。顺应国家智慧社会建设战略，借助智能科技的力量，实现企业由传统的劳动密集型向新型智慧化、信息化转型，是大势所趋。庆幸的是，在 20 世纪 80 年代初期，初创的物业管理行业凭借城镇化和劳动力价值红利迅速起步发展，而今，物业管理行业再一次与新科技浪潮不期而遇，转型升级——物业管理准备好了吗？

一、智慧物业兴起

我国内地智慧物业的兴起，源自于企业应用科技创新发展的内动力，同时也离不开国家智慧城市和智慧社区的政策驱动。

（一）智慧物业提出的背景

2008 年 11 月，IBM 在纽约召开的外国关系理事会上提出了“智慧的地球”理念，引发了各国对“智慧城市”的关注和探索。在此之前，欧盟于 2006 年就发起了欧洲 Living Lab 组织，它采用新的工具和方法、先进的信息和通信技术来调动方方面面的“集体的智慧和创造力”，为解决社会问题提供机会，并发起了欧洲智慧城市网络。

我国智慧城市的建设工作发端于 2012 年。这一年，住房和城乡建设部发布《关于开展国家智慧城市试点工作的通知》，开始在全国开展国家智慧城市试点工作，并发布《国家智慧城市试点暂行管理办法》和《国家智慧城市（区、镇）试点指标体系（试行）》。继而全国各地开展了国家智慧城市试点城市（区、镇）的申报工作。

2013 年 1 月，住房和城乡建设部在北京组织召开智慧城市试点创建工作会议，公布首批 90 个国家智慧城市试点，其中地级市 37 个、区（县）50 个、镇 3 个。会上，住房和城乡建设部与第一批试点城市代表及其上级人民政府签订了共同推进智慧城市创建协议。这一举措激发了各地建设智慧城市的热情，并带动了包括智慧物业在内的智慧产业大发展。

在建设智慧城市的过程中，“智慧城市”概念被引入社区，提出了“智慧社区”的概念。智慧社区以社区群众的幸福感为出发点，通过智慧服务为社区百姓提供便利，从而加快和谐社区建设，推动社会进步。可以说，基于物联网、云计算等高新技术的“智慧社区”是“智慧城市”的一个“细胞”，它是一个以人为本的智能管理系统，使社区里的人们工作和生活更加便捷、舒适、高效和智慧。

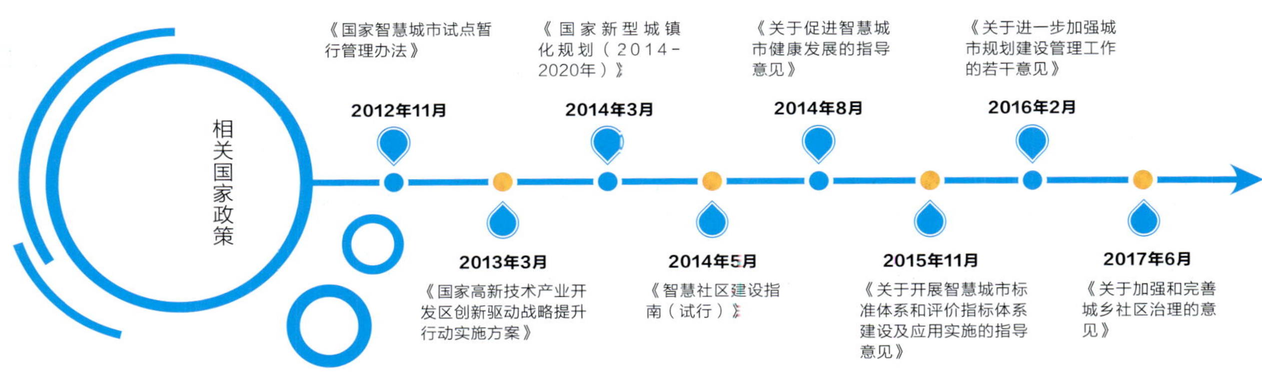

2013 年，在中国物协指导下，《中国物业管理》杂志社在扬州市举办主题为“智慧社区与物业管理”的年会。图片为部分与会领导嘉宾合影

“智慧社区”的概念一经提出，在社会上引起了广泛关注，特别是在物业管理行业，引发了广泛而深入的讨论。一时间，“物业管理在智慧社区建设中的角色和定位是什么？”“物业服务企业要不要参与智慧社区建设？”“物业服务企业如何参与智慧社区建设”等成为热门话题。为此，2013 年，《中国物业管理》杂志社将当年在扬州市举办的年会主题确定为“智慧社区与物业管理”。此次会议邀请到了当时已经在智慧社区建设探索中颇有建树的万科物业、招商局物业、长城物业、彩生活、龙湖物业、蓝光嘉宝、碧桂园物业、正弘物业等企业进行经验交流，并在会上观赏了由万科物业制作的《智慧社区 · 幸福生活》专题片，通过片中的服务场景对智慧服务进行了体验，引起与会代表的强烈反响。此次会上，时任中国物业管理协会会长谢家瑾、时任住房和城乡建设部房地产市场监管司司长沈建忠分别作了重要的讲话，对于物业管理行业参与智慧社区建设给出了指导意见，迅速厘清了当时物业管理行业中对智慧物业的一些模糊认识，引导业内企业积极主动而又理性冷静地投身智慧物业建设中。

因此，也可以说智慧物业是在智慧城市和智慧社区背景下物业服务企业的发展升级。随着互联网信息技术的发展，物业管理行业兴起了“互联网＋”“智能＋”热潮。在 2016 年由中国物业管理协会主办的第一届物业管理产业博览会上，赫然出现了物业服务智能机器人，同时，龙湖物业和千丁互联、彩生活服务、保利物业、长城物业等公司推出了各自的“智慧物业”平台，一时间惊艳了整个行业。在之后的 2017 年第二届、2018 年第三届中国物业管理产业博览会上，更多的“智慧物业”平台涌现了出来，并在其后几年形成了借助智慧物业平台并购的热潮，在各地“攻城略地”的彩生活、千丁互联、万科物业、碧桂园服务、绿城服务、长城物业、雅生活等品牌，成为家喻户晓的知名品牌。

（二）智慧物业的发展

几年前，一位业内同行赴美国参观美国环球影城，他惊讶地发现门口巨大的停车场和繁忙的道口只有一

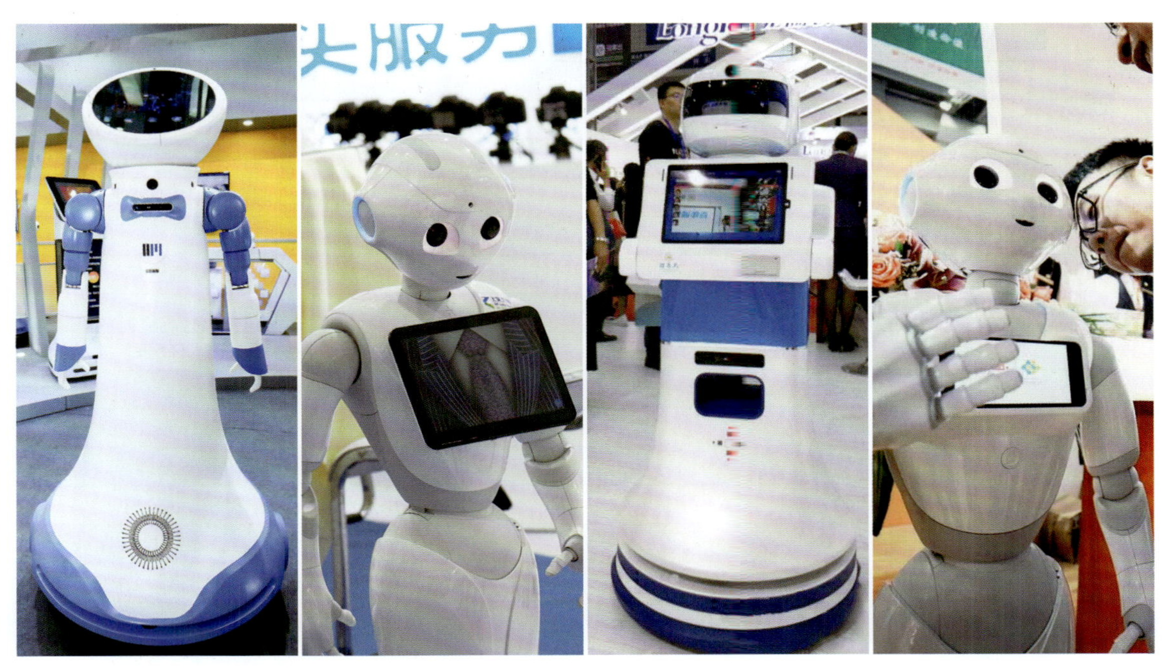

物业管理产业博览会上 AI 技术成为关注热点，图为部分参展企业推出的智能服务机器人

个秩序维护员，还是一名非常肥胖的、年龄较大的女秩序维护员，但交通指挥和现场维护却井井有条。当时，如果在国内，同样规模的停车场需要一个班（至少 8 人）年轻力壮的秩序维护员，而且还常常出现问题。这其中的关键是科技赋能，先进的管理设备和良好的管理系统发挥了关键作用。

当然了，像美国环球影城这样的场景近两年在国内已经很多见了。在一些住宅小区、写字楼、园区的停车场，甚至已经实现了无人值守，科技替代了人工，智慧物业平台发挥了充分的作用。近些年，伴随着移动互联网技术的兴起，一直以来以劳动密集而著称的物业管理行业正在悄然转型。很多基于智慧物业平台的服务相继出现，完成了以前传统服务无法实现的功能。比如，通过移动互联网和智能手机，将原本繁琐的维修流程简化，还可以在平台上预订服务、购买商品。今天，智能 APP 的开发与普及，俨然已经成为物业管理行业的流程和方向。

事实上，一些物业服务企业越来越扁平化的管理构架，其背后正是科技的力量在发挥作用。业内的千丁互联、绿城服务、彩生活、碧桂园服务、长城物业、龙湖物业等企业，纷纷将最新的智能科技引入物业服务体系中，并初步实现了对服务中大数据的收集、分析和应用。

2019 年 3 ～ 5 月，在中国物业管理协会的领导下，《中国物业管理》杂志社组织开展了“2019 首届智慧物业管理创新大赛”，得到了业内企业的积极响应。开赛以来不到 2 个月的赛期，共有 90 余家物业服务企业和 40 余家科技公司参赛。从参赛企业的地域分布来看，来自全国 20 多个省，数量最多的是广东省，约占总数的 1/4；从参赛物业服务企业管理项目的业态来看，包括了住宅、写字楼、产业园区、医院、院校、公建等；从参赛的科技公司来看，既有长期“浸润”物业管理行业的信息科技企业，也有近两年新兴的互联网企业。经过专家组评审，共有 62 家参赛企业的智慧物业方案入围。

2019 首届智慧物业管理创新大赛入围企业（排名不分先后）

碧桂园服务控股有限公司	广东公诚设备资产服务有限公司
彩生活服务集团	中铁建物业管理有限公司
北京千丁互联科技有限公司	北京首欣物业管理有限责任公司
龙湖物业服务集团有限公司	北京住总北宇物业服务有限责任公司
绿城物业服务集团有限公司	福晟生活服务集团
长城物业集团股份有限公司	广东龙光集团物业管理有限公司
浙江开元物业管理股份有限公司	江苏华南服务有限公司
招商局物业管理有限公司	北京中兵物业管理有限责任公司
华润物业科技服务有限公司	北京京东方物业发展有限公司
山东省诚信行物业管理有限公司	广西华保盛物业服务集团有限公司
中海物业集团有限公司	弘生活物业服务管理有限公司
四川蓝光嘉宝服务集团股份有限公司	四川鼎晟物业服务集团有限公司
花果园城市服务集团	云南俊发物业服务有限公司
鑫苑科技服务集团有限公司	广州广电城市服务集团股份有限公司
河南楷林物业管理有限公司	北京鹏盛物业管理有限公司
爱玛客服务产业（中国）有限公司	北京智辉空间科技有限责任公司
广州粤华物业有限公司	深圳我家云网络科技有限公司
广州海伦堡物业管理有限公司	中新智擎科技有限公司
深圳市汇生活科技技术有限公司	国邦清洁设备有限公司
深圳市卓越物业管理股份有限公司	上海高仙自动化科技发展有限公司
重庆海宇物业管理有限公司	广东嘉得力清洁科技股份有限公司
西安创业物业发展有限公司	熊猫智慧水务有限公司
西安经发物业管理有限责任公司	上海瑞眼科技有限公司
中节能（杭州）物业管理有限公司	智慧互通科技有限公司
时代邻里集团	苏州市会中慧智能科技有限公司
四川西部北斗地理信息产业管理有限公司	深圳市牛田机电设备工程有限公司
厦门联发（集团）物业服务有限公司	杭州数泊智能科技有限公司
新疆广汇物业管理有限公司	山西怡云智城信息科技有限公司
北京天鸿宝地物业管理经营有限公司	泰州房诚信息咨询有限公司
深圳市天健物业管理有限公司	济宁兴睿网络科技有限公司
深圳市福田物业发展有限公司	云筑智联科技有限公司

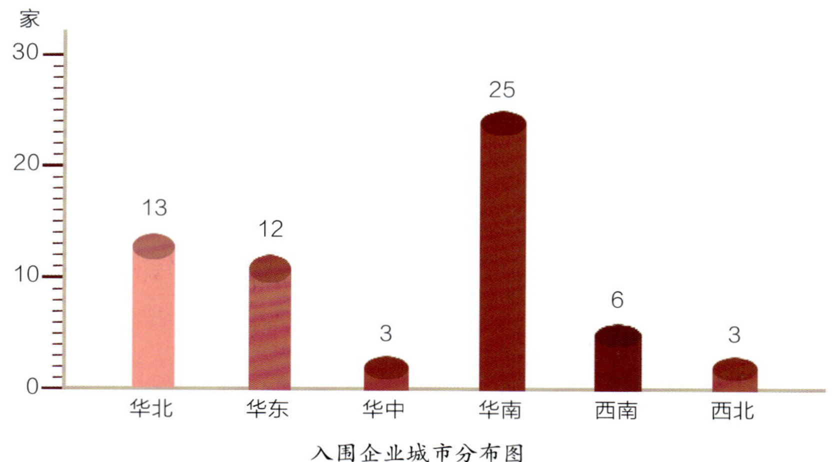

入围企业城市分布图

二、典型方案及借鉴

当下，物业管理行业正在进入一个存量为主、服务为王的时代，服务成为关键性的竞争因素。那么，对物业服务企业来说，如何提升服务品质并在未来的竞争中胜出呢？拥抱新科技，建设智慧物业是不二的选择。这也成为行业的共识。

通过智慧物业的深入开展，物业服务智能化、网络化、平台化已在变成不少企业常态化的标配。从本次智慧物业创新大赛各参赛企业的资料来看，物业服务企业在智能化、网络化、平台化的建设主要涵盖三大模块：针对建筑物本体的维护和管理系统、企业运营和业务管控系统、针对业主和客户的服务供给系统。比如，针对建筑物，集合智能硬件设施和软件操作系统，兼容暖通空调、视频监控等各个子系统，并将其集成为统一管控平台，实现在管住区或园区的万物互联，并初步实现系统智能诊断、智能响应、智能控制；针对企业运营和业务管控系统，则通过企业管控系统和服务系统，提升企业管控能力，扩张业务能力边界，极大增强接管项目和服务客户能力；针对业主和客户的服务供给系统，更多的是通过手机客户端，集成线下物业服务所涉及的功能，达成信息发布、报事报修、缴费、投诉、特约服务、社区公告、车位查找、活动预约、社区生活消费等功能，实现从传统物业服务到智慧物业服务的转变。

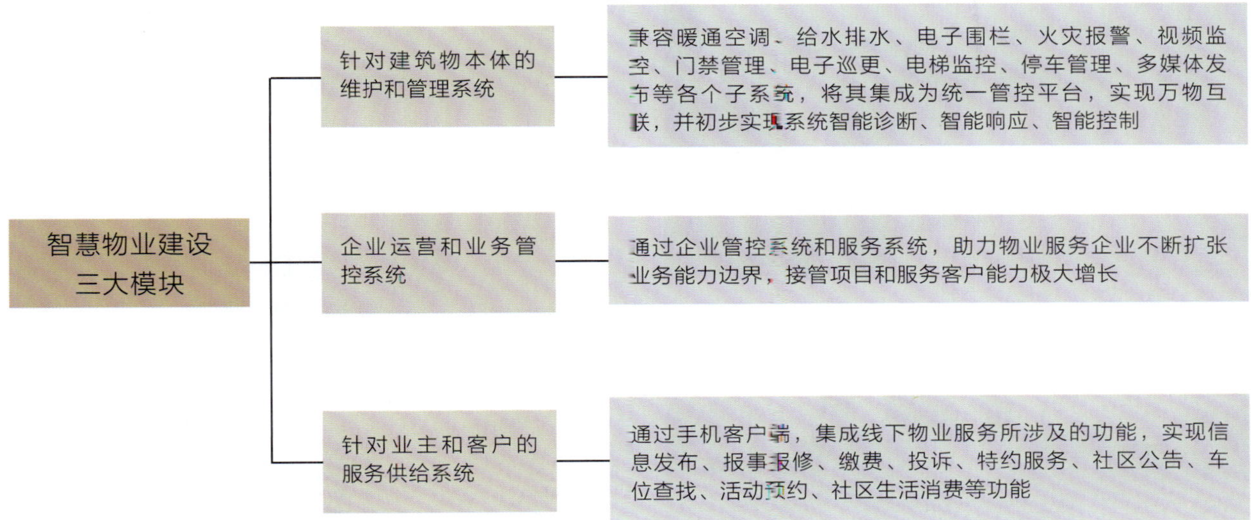

（一）调研采访

自 2019 年 4 月起，经对“2019 首届智慧物业管理创新大赛”申报材料的筛选，《中国物业管理》杂志记者先后深入北京、重庆、广州、深圳、杭州、郑州、成都、西安、厦门和乌鲁木齐等 10 多个城市，对部分物业服务企业和科技企业进行了调研，就这些企业在智慧物业建设方面的探索和经验，进行了现场采访和实地体验。

在调研采访过程中了解到，各地物业服务企业在智慧物业建设成果方面亮点纷呈。比如，为物业服务赋能模式，代表企业是千丁互联，已与全国 1610 家物业服务企业合作；还出现了楔入智慧城市管理的大智慧物业模式，代表企业是碧桂园服务，其与韩城、遵义等城市打造的“智领未来，与城共生”城市共生计划，是智慧物业建设的新亮点；再如花果园城市服务集团在全国最大的棚户区改造项目实施的智慧城市服务，也是在物业服务基础上融合了更多的城市服务；而北京住总北宇物业等企业推出的“智慧街巷管理系统服务平台”，将小区物业管理与社区服务相结合，也是物业服务参与城市治理的有益探索，并在 2019 年初得到了国家领导人的慰问和点赞。

1. 千丁互联（左二：王建辉）
2. 海宇物业（左五：高荣江）
3. 华润物业科技（中：李峰）
4. 彩生活（右：唐学斌）
5. 长城物业（中：陈耀忠）
6. 广汇物业（前右二：郑书平）
7. 经发物业（前右三：吴锁正）
8. 联发物业（中：卢欣）

（二）企业案例摘要

1. 千丁互联：智慧互联消弭物业数字化鸿沟

北京千丁互联科技有限公司成立于 2014 年 3 月，是一家面向社区布局的科技公司。

千丁互联通过物联网、云技术、大数据及人工智能等创新科技，实现了社区数字化、线上化和智慧化，同时，通过接驳更多商业服务及公共服务，持续赋能物业服务公司和服务业主，为社区家庭提供更快捷、更满意的增值服务，创领全新的智慧社区新体验。目前，千丁互联通过物业云、物联网、丁管家、千丁 APP 等十余条产品线，支撑传统物业服务企业的智慧化升级，并打造联接物业、商家、用户和政府的全息生态圈。在市场竞争力打造方面，千丁互联以顶层设计思路，通过企业战略探索、深度客户研究、IT 科技加持及优化服务流程与解决方案，提升企业市场竞争力。

2019 年 4 月 18 日，在中国信息协会主办的“赋能 · 数字化转型”主题大会上，千丁互联荣膺“2019 中国信息技术智慧社区领域优秀解决方案”，并入编《2019 中国信息技术优秀案例和产品》。

千丁互联网智慧社区综合解决方案——“物业云”

2. 碧桂园服务：智造社区，服务升级

碧桂园服务的智慧物业平台建设经历了信息化、数字化、智能化三个阶段：2016 年为云服务时代，全面应用云端化，构建云端信息化平台；2017 年进行了数字化升级，建立大数据平台，全面进入大数据时代；2018 年进入智能化元年，开始构建人工智能应用平台，融合行业场景，全面实现智能化运营。

2018 年末，碧桂园服务推出了城市服务 2.0 产品体系——碧桂园服务“城市共生计划”，其主要包含城市公共服务、数字城市综合管理服务、产业协同运营服务三大服务组合，通过深度拓展现代城市服务上下游产业链，为城市提供一套功能适用、经济实用的一体化公共服务解决方案。作为新型城市治理公共服务的探行者，碧桂园服务致力于城市管理者、城市广大市民、城市治理公共服务生态伙伴等多方共同打造共建共治共享的城市治理新格局。

依据全新的战略规划版图，碧桂园服务新的定位是科技型服务公司，意在通过云计算、大数据、物联网及人工智能等技术提升企业的服务水平和服务效率，为业主提供安全、绿色、舒适、科技的社区环境。

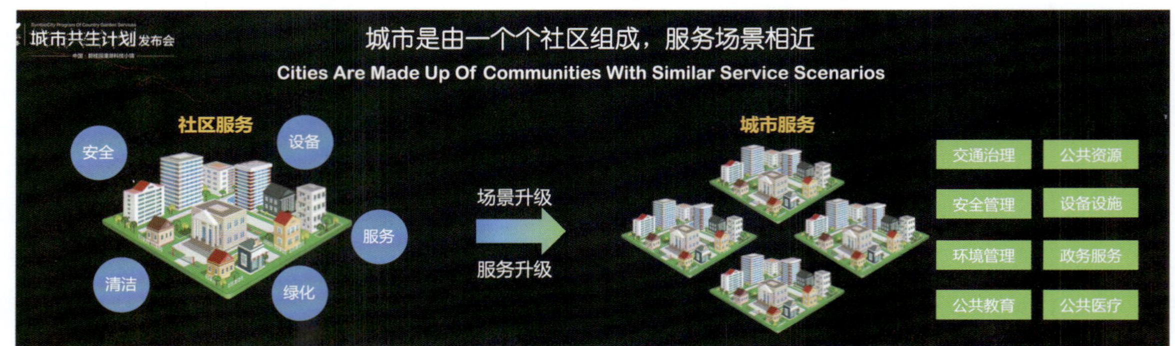

碧桂园服务城市共生计划

3. 彩生活：从再造生态到重构格局

从启动“平台化战略”到今天“彩之云社区服务平台”，彩生活以“互联网＋”、物联网、大数据、人工智能等技术手段，不断颠覆传统物业管理模式，重构物业服务商业模式。

2018 年 3 月，彩之云社区平台启动了“彩惠人生”，这是一个聚合社区衣、食、住、行、娱、购、游等供货商、服务商，把商家渠道费用直接让利给社区业主居民，实现 B2F（商家到家庭）的无缝对接，从而构建彩生活生态圈。目前，彩生活生态圈已涵盖 E 能源、E 停车等 30 多个线上线下一体化的 E 系列产品。作为增值服务主要载体，E 系列产品对社区发展产生了重要影响，O2O 商业模式下的增值服务亦成为彩生活第二大利润来源。

为进一步将企业管理“颗粒度”变小，提高服务效率，彩生活还提出了“北斗七星战略”，通过 E 维修、E 清洁、E 安全、E 绿化等七大方面的功能落地，初步实现了部分社区基础物业服务的订单化。

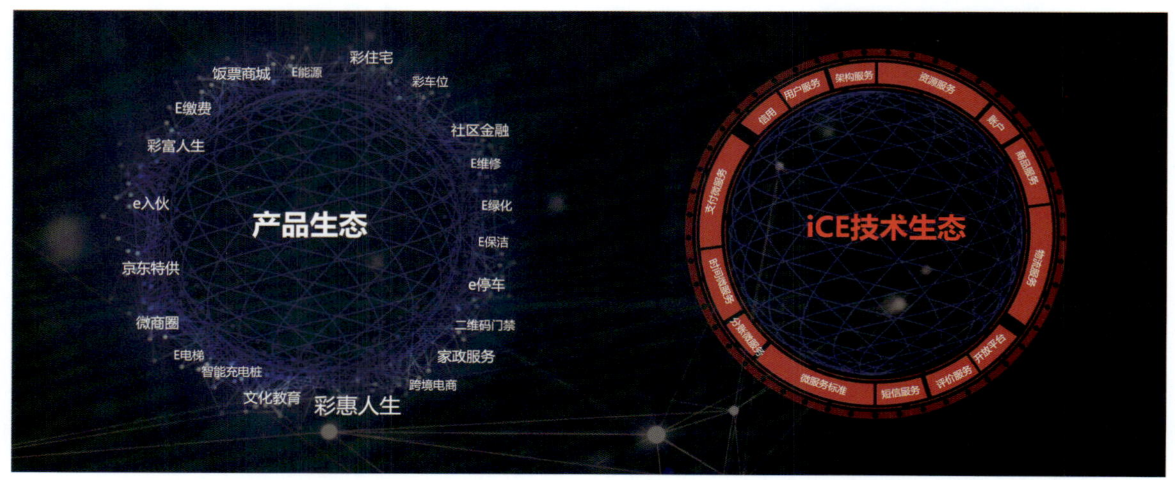

彩生活产品生态和 ICE 技术生态

4. 绿城服务：智慧园区服务体系营造幸福生活

绿城服务于 2014 年提出智慧园区服务体系，通过大数据平台的建立、智能设施设备的引入、移动互联网及应用软件的推行，打造全方位的一体化平台，让业主更方便地获取健康、文化教育、居家生活等各项服务，实现人与物、人与自然、人与人、人与社会的高度互通，提升业主的生活便捷度、服务参与度和居住幸福度。

绿城服务智慧园区服务体系应用的技术包括：智能人行车行道闸、智能门禁、智能电梯监测、智能设备监测、园区 WiFi、鹰眼监控、智能快递柜、智能访客机、人脸识别系统、环境监测、智能家居、智能消防、云图系统、IoT3D 智脑等。

基于 BIM 的“智慧园区管理智脑”，绿城服务通过 BIM ＋物联网再融合园区运行的大数据，打造了一个直观可视、软硬一体、线上线下相融合的智慧园区管理指挥系统，将园区人、事、物进行集中管理，实现了精准化、高效化、快速化、简单化的智慧园区管理。

绿城服务智慧园区服务体系中的 APP 也是物业管理行业规模最大的 APP 之一，覆盖项目 1400 余个，注册用户数超过 76 万，月活跃率超 65%；绿城服务的本体共享中心，可以适时为 22 家分子公司、29929 名员工提供薪酬核算、工时考勤、合同人事等服务。

绿城服务 APP 数据：

- APP覆盖项目 1400余个
- 注册用户数超 76万
- 月活跃率 超65%

5. 长城物业：一应平台助推转型升级

长城物业是较早开展智慧物业探索的企业之一。2008 年，长城物业开始进行物业服务信息化架构的整合，2012 年开始推广使用。在之后 7 年运营过程中，长城物业陆续推出一应生活、一应智能、一应楼控、一应通行、一应停车等社区服务 APP，投入研发人员上千人次，耗资近亿元。

2015 年，长城物业的一应云联盟创始启航，这是业内第一个联盟组织。通过一应云智慧平台及“三精化”网格管理模式的推广，长城物业将物业管理和社区经营进行深度融合，让“物业管理”和“社区经营”生态化发展产生更有价值的叠加效应。一应云智慧平台嵌入了长城物业 30 余年的管理经验，结合新兴的互联网思维、物联网技术与社区生态运营，融汇成物业服务企业转型升级的一体化解决方案。从长城物业一应云联盟的创始初衷来看，它致力于社区生态的共同繁殖成长，形成相互依存、相互促进的外生式发展生态系统，并最终促进物业管理的良性发展和社区生活方式的蝶变式进化。

作为目前业内最大的企业联盟组织之一，长城物业一应云联盟借助新技术，以科技化现代物业服务全面解决方案，为众多的加盟企业赋能。

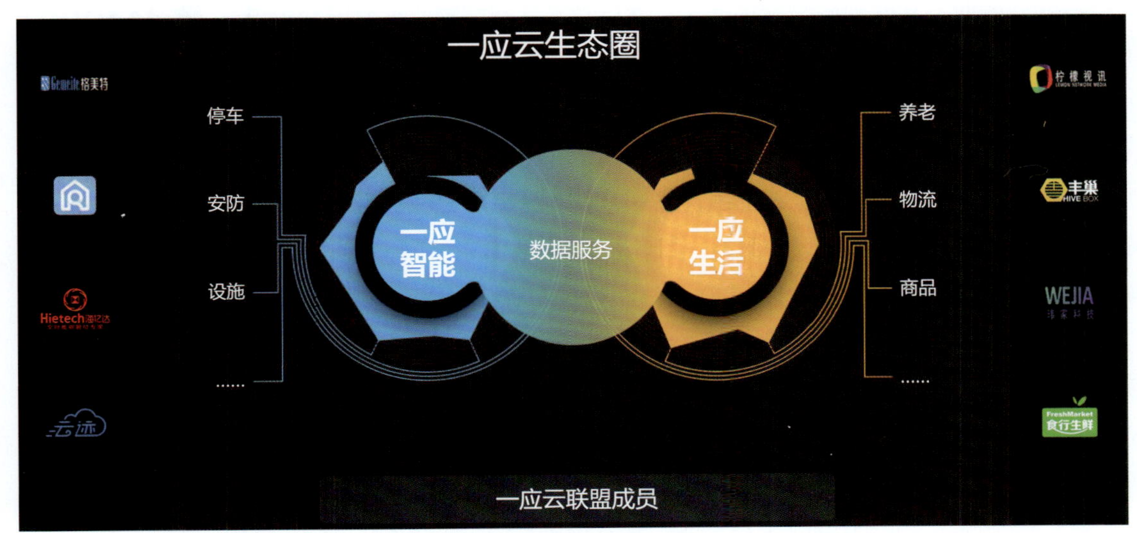

长城物业一应云生态圈

6. 开元物业：祺管家生活服务平台链接与业主的桥梁

开元物业的祺管家生活服务平台由财务管理、行政管理、运营管理、市场管理四大部分构成。该系统平台以智慧管理系统平台为基础，以数据化管理为支撑，通过管理与服务体系的创新、智能化应用的创新、智慧物业管理系统的开发应用，为住宅、公建、医院、办公及商业等物业业态提供专业的物业管理服务，提升服务产品科技含量，完善信息化管理模式，增加物业服务内涵，实现服务升级和消费升级。开元物业的祺管家生活服务平台集项目公告、办理指南、随手拍、报事维修、投诉建议、物业缴费、电子发票等功能于一体，业主足不出户，就可解决生活中各类物业服务相关问题，架起了业主与物业服务企业之间的桥梁。

目前，祺管家生活服务平台已实现了对大数据的汇聚、管理和初步应用，其已上线的各类智慧管理系统平台，为接下来向智慧物业的进一步探索打下了基础。

7. 华润物业科技：悦＋智慧生活服务平台智联美好

华润物业科技延续华润集团“与您携手改变生活”的品牌主张以及华润置地的“高品质战略”，以“科技＋服务”的理念为业主和客户提供专业解决方案，研发并运营全新产品体系——悦＋智慧生活服务平台，涵盖全流程解决方案的品质物业、资产托管、智慧物联、平台创新，从线上到线下，从员工到客户，以智慧服务生活。

截至目前，悦＋智慧生活服务平台已建立健全了覆盖各服务板块的悦＋收费系统、客服系统、悦家APP、智慧停车平台、悦家物联云平台等。其中，悦家收费系统以及客服系统已经完成了系统建设和项目推广，并实现了公司在管全国所有住宅项目的全面覆盖；悦家APP已经完成了功能开发以及在深圳的项目试点，正在进行全面推广；智慧停车平台已完成了平台的建设，上线项目逐日递增；悦家物联云平台已完成平台的搭建，正在打造典型项目标杆。

8. 诚信行物业：小诚智慧＋，幸福燃点全球小诚家

作为内地本土成长、走出国门的国际化物业服务企业，自2014年以来，诚信行物业用2年时间研发“幸福爱家”智慧物业平台。“幸福爱家”智慧物业平台“业主端”做到了日常生活全覆盖，“员工端”不仅可以配合“业主端”使用，同时也可以作为单独的管理工具应用于公司各项内部管理，而且可以全流程覆盖。随着诚信行物业的业务从国内向国际拓展，“幸福爱家”智慧物业平台已经走进诚信行物业在加拿大、西班牙等国外项目。

2018年，诚信行物业对智慧化管理系统进行了再升级，推出了“幸福爱家”“大美景区”“快乐校园”“政通人和”等集群化智慧管理服务系统。同时，基于电视机顶盒应用的“悦生活”系统也将上线，业主可以通过自家电视实现实时一对一的家教、医疗咨询以及健身指导等服务。目前，已经有130个项目纳入诚信行智慧物业平台管理，服务业主超过114000人，处理诉求3000余起，管理员工近2000人，完成巡查点位1947404个，处理内部报事162885起。

诚信行智慧平台数据:

- 纳入平台管理项目 130个
- 服务业主超过 114000人
- 处理诉求 3000余起
- 完成巡查点位 1947404个
- 处理内部报事 162885起

9. 招商物业：智慧服务平台让生活更美好

招商物业的招商通智慧服务平台是利用物联网、云计算、移动互联网、信息智能终端等新一代信息技术，以“到家汇，慧到家”为载体，连接客户、员工以及内外部资源，实现智慧交融互通体验，为客户提供“吃、住、行、购、娱 ”综合服务。平台包括CRM系统、设备设施系统、收费系统、停车系统、门禁系统、商城系统、置业系统、主数据系统等8个业务系统和客户端、员工端2个移动终端。招商通智慧服务平台构建起了一个智慧社区生态圈运营体系，让住户生活更智慧、更幸福、更安全、更和谐、更文明。

目前，招商物业已完成招商通智慧服务平台1.0建设；完成累计客服工单48万＋，完成率94%；客服电话177万＋，接通率95%；巡更工单74万＋，完成率95%；设备工单74万＋，完成率99%；线上缴费13万＋，金额2600万＋。

10. 中海物业：智慧园区整体解决方案

早在 2013 年，中海物业旗下科技公司兴海物联成为国内首批打造智慧社区战略的企业。2017 年底，兴海物联组建研发团队自主研发“建筑物联网运行平台”。之后，物联网平台已成为整个公司的核心，为主营的“智慧建筑”“设备运维”业务进行赋能并孵化“平台及智能硬件”的高价值业务。目前，兴海物联已向行业推出的基于“建筑物联网平台”的智慧工地、智慧售楼、智慧园区、智慧物管、智能家居、云对讲、机房远程监控等产品，得到中海地产、中海物业以及外部百强地产客户的信赖和认可。

从 2013 年起，中海物业启动并持续开展智慧园区建设专项工作，每年进行统一铺排。截至目前，中海物业已经实现近 300 个项目系统覆盖和平台接入，物联网运行平台已经接入海康、大华、捷顺、富士、三菱等 17 个品牌，5000 多个智能终端设备。

中海物业云上社区

11. 花果园城市服务：开创城市服务“大盘新路”

花果园城市服务集团服务的贵阳花果园，是全国最大的棚户区改造项目，也是贵阳市的城市新地标。花果园开放式街区的规划设计集聚了大量的人脉、商脉，已入住 14.3 万户、43 万人，吸纳商户、企业超过 2 万家，日均百万人流，给城市管理及智慧物业带来新的思考和空间。

2016 年，花果园城市服务智慧物业云平台管理系统上线，2018 年，初步完成了大数据整合及大数据分析。花果园城市服务在探索物业服务向城市服务转型的过程中，结合贵州省物联网、大数据发展背景，联手腾讯、华为、IBM 等顶尖科技企业，从智慧消防、智慧安防、智慧交通等方面打造花果园智慧之城。通过大数据、人工智能、物联网等科技手段赋能，花果园城市服务以物业服务、城市运营、商业运营、生态运营、社会责任五大主营业务为核心，以模块化“五大标准”抓好运营管理，总结出一套超大型社区的城市运营管理之路。

12. 楷林物业：重塑商写办公新生活

楷林物业以“写字楼物业”为核心，实施“基础物业、资产管理、咨询服务、智能生态圈”四轮驱动式平台发展。创推楷服务（The Service K）——楷林物业写字楼价值运营体系，通过精管理（建筑精细化管理系统）、悦体验（愉悦办公体验系统）、优资产（资产创新运营系统）、智互享（智慧平台互享系统）四大系统，把建筑管理好，把业主资产保值升值好，把写字楼平台搭建运营好，打造美好办公生活，实现人、企业和资源的链接与共享，多维度创造写字楼价值。

比社区拥有更多更为精准的高净值人群的高端写字楼，其背后的商业价值不容小觑。无疑，楷林物业深谙其中的商业逻辑。13 年来，楷林物业专注于高端写字楼运营管理，利用新科技、新技术以智慧力量赋予写字楼以全新的生命。先后成立了楷林上海研究院、O ＋事业部、信息技术中心等专业团队，建立了以互联网、物联网等技术为基础的信息化平台，打破了数据信息孤岛，形成信息闭环，数据可视化，数据价值最大化。

13. 爱玛客：一站式服务创新医院临床支持服务

爱玛客管理信息平台覆盖医院管理服务中的报修管理、巡检管理、保养管理、设备及物料台账管理，并导入全球领先的设施管理服务的运维经验，为医院提供可行、可控、可达标的能源一体化解决方案。

随着“互联网＋”与大数据等概念的兴起，医院临床信息化建设也经历了由最初的单机系统、内部局域网系统，向网络信息系统、数据仓库、数据建模、机器学习乃至人工智能方向不断发展，各大医院也在为通过 HIMSS 认证集中资源，进行内部的闭环式与无纸化管理的信息化探索。爱玛客中国团队在保持引进的美国 Facility Fit 国际版系统优势基础上，运用互联网、物联网、云计算、大数据、空间地理信息等新一代信息技术，依托临床服务支持系统，通过多维度自主研发，推出了智慧后勤＋一站式服务。

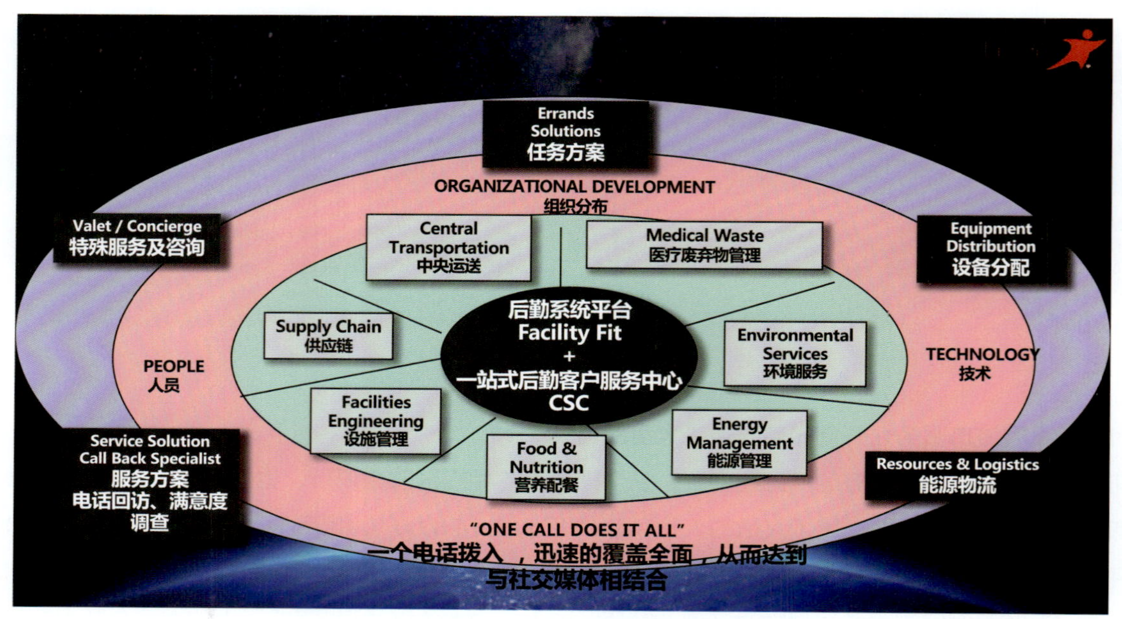

爱玛客一站式医院后勤信息化平台服务模型

14. 海伦堡物业：科技赋能美好生活

海伦堡物业在 2016 年底已开始布局智慧物业系统解决方案，并逐步扎根智慧物业建设，从有限的信息化管理、互联网场景搭建逐步深入精细化、细致入微的涵盖业主生活服务的全场景运营，以生态形式向外开发，打造全产业链的互联网生态圈，并逐步构建起美好生活全生命周期服务体系。

海伦堡物业美好生活全生命周期服务体系包括一个平台、三大体系。一个平台指的是海伦堡物业智慧生活服务平台，拥有核心共享数据库，通过数据的存储、运营、分析，实现业主画像、客户识别、品质提升和精准服务。三大体系分别是智慧物业服务体系、社区生活服务体系和信息化管理体系，通过流程再造，实现物业管理的数字化呈现，降本增效；通过社区生活和消费场景再造，整合资源，让员工出现在该出现的时间和地点，提供适时适度的服务，美好生活；通过管理数据的运营分析，挖掘未来管理的痛点、难点，发挥优势，控制风险。海伦堡物业智慧生活服务平台还围绕房地产价值链，专注健康人居的打造，通过房地产全链条和全周期服务，让业主感受更多生活的便利、健康和幸福。

15. 财信汇生活：特色智慧平台让服务更增值

重庆财信物业旗下的“财信汇生活”智慧物业平台，最早于 2016 年上线，其后在 2017-2018 年进一步升级和完善，将传统物业服务的线下沟通快速转变为手机 APP、微信等线上沟通模式，客户的诉求可快速反馈至物业服务企业，并通过科技工具实现线上自动流转。

财信汇生活的巡航管家系统主要针对内部品质管理方面，拥有巡查、拍照反馈、数据统计、服务评价等功能。巡航管家可制定项目巡检线路，工作人员按线路以及检查标准上传拍摄图片，实现对巡检结果评价、逐级审批、派发工单处理等目的，无需实地考察，即可实时了解项目情况。财信汇生活的智能工单系统、e 巡通设备巡检控制系统、IPMS 智慧物业管理系统等也具有强大的实用功能。e 巡通设备巡检控制系统由财信汇生活自主研发设计而成，拥有完全自主知识产权，可以对设备及设备房进行 24 小时监控；IPMS 智慧物业管理系统则包含智能办公、交流学习、品质管控、设备管理、业户服务等模块。

财信汇生活服务系统

16. 时代匠心：“互联网＋”战略解决方案提供者

随着“互联网＋”在物业管理行业的应用，共享经济和社区 O2O 建设成为企业的普遍需求。时代匠心面向业主工作和生活需求，为物业服务企业提供“互联网＋”战略的完整解决方案，帮助企业实现跨企业联合，并整合周边商业资源、服务资源，扩大客户规模，为客户提供个性化、顾问式的增值服务，推动传统物业管理向集成服务提供商的转型升级。

通过与地方政府、行业协会的合作，时代匠心于 2015 年至今，已先后在绵阳、北京、太原、苏州等城市试点运行，面向共享经济，打造智慧物业城市服务平台。从第一代的物业 ERP 系统至今，时代匠心的“‘互联网＋’战略完整解决方案”已历经四次升级变革，依托云计算和大数据，这一系统正在成为免费开放共享的智慧物业城市服务平台，以社会化的方式解决行业、企业发展痛点、难点问题，服务行业发展。

17. 海宇物业：“智凡优家”畅享智慧生活

重庆海宇物业打造的“智凡优家”起始于 2015 年，以微信公众号作为技术载体，集成了车牌自动识别系统、人脸识别系统、远程监控系统、配电房远程控制系统等先进技术，建成包括智慧社区系统、400 客服呼叫中心、二维码资产管理系统、人脸识别门禁和梯控系统、“E”特约维修服务、专变电智能管理系统、智能识别车库系统、远程监控系统、智能化重型设备等九大模块，实现了对全部在管项目设施设备远程监控的全覆盖。

“智凡优家”配置专门的科技人才团队，负责智慧物业平台的运行和监管。从运营效果来看，目前海宇物业的物业费收费率达到了 97%，非物业费收入占企业总营收的 40%。2018 年，重庆市住房和城乡建设委、重庆市城建开发办发布《关于申报 2018 年重庆市智慧小区的通知》，启动重庆市智慧小区建设工作，年度完成 60 个智慧小区建设。海宇物业管理的西湖山水项目成为首批获评智慧小区。

18. 创业物业：智慧“丝路”再出发

西安创业物业于2016年开始着手布局智慧物业，在西安高新区政府的支持下，创业物业与韵通网络联合研发“现代园区企业公共服务平台”，利用移动服务平台、城市“云”服务信息化系统，成功开创“智能化、可视化、数字化”的物业服务新模式，打造出极具竞争力的智慧服务平台。

随着创业物业现代园区企业公共服务平台的顺利上线，创业物业的智慧化社区一期工程顺利落地，专网铺设、服务器托管、大屏内容与园区视频监控内容整合。通过一期工程，创业物业成功地解决了诸多安全方面的顽疾、隐患，在电梯故障方向和办公软件文档保管方面，均做出了重大技术突破。同时，创业物业与战略合作伙伴韵通网络还共同开发了科技业务咨询平台，致力于帮助企业提升工作效率、加强沟通交流、提升内部管理水平。

创业物业现代园区企业公共服务平台

19. 经发物业：智慧物业提升服务品质

西安经发物业的智慧物业系统包括企业管理、设施设备管理和园区管理等板块。其中，企业管理系统涵盖公司ERP物业管理系统、CRM客服管理系统、e-HR绩效管理系统、移动APP和内部管理信息化系统；设施设备管理系统涵盖设备设施信息化管理平台、电梯物联网系统、智能停车管理云端支付系统、智能面部识别门禁系统和智能安防监控系统等，实现了企业管理的智能化；园区管理系统则应用了园区斑马线夜间亮化警示设备、高空巡逻无人机、机器人和智能扫地车等先进技术和设备，实现了公司作业的机械化、智能化和信息化，大幅降低了公司的人工成本。

为了盘活社区资源，打造社区经济生态圈，依托智慧物业平台，经发物业通过深入挖掘客户的潜在服务需求，目前已经在社区养老、房屋中介、社区家政服务、社区食堂、社区零售等方面小有成就，成功地拓宽了企业盈利渠道。

20. 中节能物业：科技创新撬动绿色新生

早在2015年，中节能实业公司与华为企业云就绿色产业园区共建专属数据中心签署战略合作协议，为旗下项目西溪首座等三个产业园区的企业客户提供一站式云计算服务，开启了中节能物业“智慧园区”建设的“智慧元年”。

在母公司央企——中节能实业发展有限公司的战略引领下，中节能物业融合绿色物业和智慧园区两大服务特色，根据园区实际运营需求，开发设计了园区物联网系统，加强了服务运营的平台化、信息化、智慧化建设，搭建了园区服务 APP 和科技平台，利用大数据技术做决策，不断挖掘、创新服务内容和手段。借助华为云存储，中节能物业在园区内建立专属数据中心，为园区用户提供“拎包入住”的 IT 基础设施服务。2016 年 8 月，在华为的全联接大会（HUAWEI CONNECT 2016）上，“拎包入住”智慧园区方案荣获了最佳解决方案奖。

中节能物业综合运营平台

21. 厦门联发：智慧赋能，让生活更美好

自 2015 年启动智慧社区建设以来，联发物业通过“生活家”专属社区服务平台为业主提供悠享服务，使业主实现了生活方式的转变；通过信息化手段使企业实现由传统物业服务向智慧物业服务的升级。在这一过程中，联发物业重塑了企业作业流程，提升了全员工作效率，实现了服务质量的提升和经营收益的增长；而依托公司智慧物业管理平台所开展的系列化主题社区活动、社区升级改造和便民服务，实现了“科技让业主生活更美好”的初心和发展目标。

联发物业智慧物业管理系统的各个信息系统相互对接，实现了互联互通，消除了信息孤岛。借助智慧物业平台，可以通过详尽的数据分析，深度挖掘客户需求，提高内部管理效率，为运营和服务提供有效支撑，最终提高业主在智慧社区的服务体验。通过智慧物业管理平台，联发物业实现了对公司财务管理、工程管理、人力资源管理、行政管理、品质管理等五个核心业务板块实现科学有效地管理。

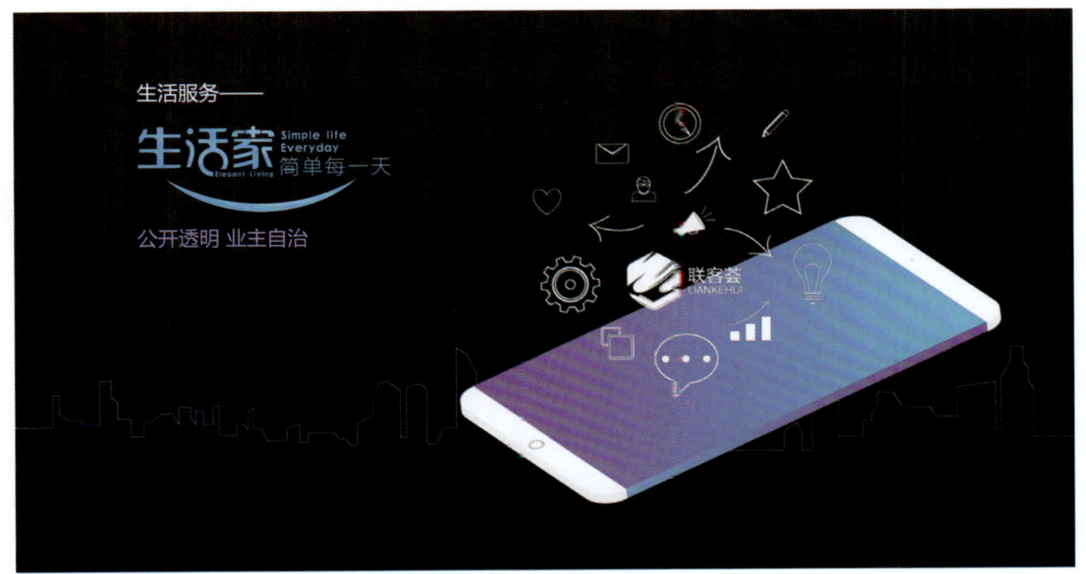

联发物业生活家智慧服务体系

22. 广汇物业：智慧物业助力企业转型

新疆广汇物业开发建设的智慧社区服务平台，充分利用了先进的智能化科技装备和智慧物业服务平台，

实现了“企业业务私有云平台”的上线开通，完成 ERP 平台、ERP 数据库系统、APP 系统、呼叫客服中心平台、汇图系统服务器、停车收费服务器组、物业收费系统、服务器环境等技术建设实施、指挥中心大屏建设实施、客服呼叫调度指挥系统的统一搭建和试点运行，提升了物业服务质量和管理水平，以优质的服务为客户创造舒适的居住体验，推进企业向现代物业服务企业转型升级。

为寻求新的利润增长点，广汇物业利用智慧物业服务平台，通过广泛开展增值 O2O 便民服务等业务，挖掘社区资源，丰富物业服务的产品和手段，大力发展社区经济，在提升业主居住便利性的同时，也增加了企业的多种经营收入，实现了社会效益和企业效益的双丰收。

23. 西部北斗：智慧服务提升园区服务质量与效率

四川西部北斗地理信息产业管理有限公司推出的“智慧北斗服务平台”以西部北斗产业园为基础，以地理信息产业为主导产业，通过云平台、云物业、智慧北斗 APP 等全方位智慧型系统，提升产业园区服务质量与效率，实现产、城、人一体的智慧园区服务闭环，为业主、员工提供智慧保障、发展保障。

西部北斗积极响应李克强总理指示的“地理信息产业既是高新技术产业，又与经济运行和人民生活息息相关，技术含量高、增长潜力大，要面向多层次、多样化的市场需求，壮大产业规模，更好地服务大局、服务社会、服务民生。”目前，已签约北京体院四维、21 世纪卫星、鱼鳞图、金土地等国内地理信息行业知名企业。

24. 天鸿宝地：“物业云”系统让服务更智慧

天鸿宝地的“物业云”系统技术应用是集成式的，设施设备管理系统采用的是龙湖物业的 RBA 设施设备实时监测系统，照明采用的是安杰智能照明节能系统，停车管理采用的是安杰智能停车管理机器人；视频监控采用的是海康威视萤石云视频平台，门禁系统采用的是千丁 APP 及物联网智能门禁系统。此外，天鸿宝地还自主研发了一套写字楼“物管系统”，2018 年 4 月，该系统在朔黄发展大厦项目正式使用。

截至 2018 年 12 月 31 日，天鸿宝地与北京千丁互联合作项目数累计 53 个，涉及 74716 户业主，合作项目总管理面积达 1085 万平方米。“物业云”系统的实施，实现了电子工单与品质巡检，工单处理过程透明化、可视化、数字化，有效提高了项目各部门间团队协作配合，在公司层面形成了过程可追溯、流程全监控的服务监督机制。

25. 北宇物业：智慧街巷管理服务打造平安街区

北京住总北宇物业推出的“智慧街巷管理服务系统平台”是为胡同平房物业服务打造的“物业＋互联网＋专项服务”。该平台始建于 2016 年，之后又进行了一系列的系统升级，应用物联、移动、定位以及云存储等产品，采用了大数据、语音识别等技术，形成了以驾驶舱管控中心为载体，穿透监督，链接管理以及品质管控为核心，形成公司两级管理、三级监督的管理服务模式。平台涵盖驾驶舱、PC 端、移动端 3 个应用载体，链接企业、政府、居民和基层 4 个角色，应用于工作计划、监督管控、服务跟进、增值服务以及城市治理协同 5 个场景。

北宇物业智慧街巷管理平台数据:

- 覆盖胡同 270条
- 完成管理服务计划 259123次
- 总结服务细项 4大类32子类
- 支撑公司业务市场收入增加 3000万元

“智慧街巷管理服务系统平台”推出以来，从最初的 2 条胡同到至今累计覆盖 270 条胡同，完成管理服务计划 259123 次。基于服务大数据的分析梳理，针对胡同平房物业总结出 4 大类 32 子类服务细项，并形成 3 种重点事项管理模式，支撑公司业务市场收入从 200 万元增加到 5000 多万元。

三、分析与思考

清华大学公共管理学院副院长孟庆国教授提出，新一代信息技术与创新是智慧城市的两大基因，缺一不可。

对照智慧物业近几年的发展历程，智慧物业的兴起、发展和创新，都与信息技术的发展相伴相生。2012 年，伴随着互联网的蓬勃发展，“互联网＋”理念被提出。2014 年 11 月，李克强总理出席首届世界互联网大会时指出，互联网是大众创业、万众创新的新工具，被称作中国经济提质增效升级的“新引擎”。2015 年 3 月的全国两会上，全国人大代表马化腾提交了《关于以“互联网＋”为驱动，推进我国经济社会创新发展的建议》的议案，之后李克强总理在政府工作报告中首次提出“互联网＋”行动计划，推动移动互联网、云计算、大数据、物联网等与现代制造业、服务业结合。也正是在 2012—2018 年，智慧物业从萌发、起步到创新发展，一大批物业服务企业和互联网公司在“智慧物业”的研发和模式上发力，一时间行业里百花齐放，并打造了一部分经济效益和社会效益俱佳的智慧物业品牌。

在本次“2019 首届智慧物业管理创新大赛”开展过程中，就智慧物业建设情况开展了 5 项调查，即平台建设历程、应用哪些技术和产品、人工智能技术应用、科技人才团队情况、信息化管理情况。本报告归纳为技术应用现状及未来发展，客户、用户及活跃度，科研与专业人才，知识产权保护等 4 个方面进行交流。

（一）技术应用情况

从参与本次大赛企业申报方案和资料看，普遍比较重视信息技术的应用。应用频次较多的有以下技术：

1. 语音识别、语义分析和语音合成技术；
2. 访客管理；
3. 智能快递柜；
4. 智慧门禁技术（二维码、网络远程、语音识别、人脸识别）；
5. FM 设施设备管理系统；

6. RBA 远程楼宇设备自控系统；
7. BI 分析大屏技术；
8. 智能电梯监测、层控技术；
9. 工程能源管理系统；
10. 智慧消防系统；
11. 无人值守停车管理系统等；
12. 鹰眼（慧眼）系统；
13. 智能巡检单兵系统；
14. 清洁（清洁＋安防）机器人；
15. 物联网信息技术（高压配电仪表、水温、液压、大气压等，管理设备可视化）；
16. 智能家居。

业内部分物业服务企业应用智能产品和使用智能技术情况（排名不分先后）

企业名称	智能产品 / 技术	应用场景和实际服务
千丁互联	智慧社区云平台	千丁云－智慧社区云平台：通过物业云、物联网、丁管家、千丁 APP 等 13 个业务产品、3 个移动端、4 项服务支持，赋能物业端和商家端，实现传统物业服务企业的智慧化升级。 实际服务包括：提供千丁云软硬件技术产品；千丁客户成功体系，支持千丁云产品价值兑现的服务保障，通过客户成功标准动作达成及 90 天赋能陪伴，助力物业服务企业顺利实现智慧社区的服务升级；提供物企智慧化升级过程中的管理咨询服务
碧桂园服务	人工智能应用平台	利用云计算、大数据与人工智能技术建立的信息化平台实现数据化运营，精细化管理，规模化扩张最大支撑超过 1 万个项目、15 亿平方米管理面积。 通过云服务为中小物业服务企业提供物业云解决方案，包括：企业级云计算服务，千万级数据分析在 1 分钟内完成；项目级的数据分析及预测服务，目前已积累 17 个数据模型；基于云端的业务支持和指导服务；实现私有云部署服务。 通过人工智能为中小物业服务企业提供社区垂直场景的人工智能服务，包括：社区 AI 的全解决方案，从硬件到 AI 算法；智慧、高效能的社区管理解决方案；链接家庭和社区的智能硬件。 通过机器人为中小物业服务企业提供机器人服务，从研发到生产的支持，辅以智能化方案
彩生活	彩多多智慧大脑	基于 ICE 中间件平台及微服务架构模型，结合 IM 引擎、知识库、深度学习引擎、语音网关、自然语言语义识别引擎、OCR、TTS、人脸识别、搜索引擎等微服务，结合实际业务场景，可产生具备自我进化能力的、形态多样及功能各异的互联网、物联网、语音网端的个性化产品或服务。 例如：语音网端智能催费机器人、投诉报修机器人、互联网端智能客服机器人、智能管家机器人、物联网端的智能安防机器人、社区大管家机器人、“彩生活智慧社区 5.0”场景相关服务已落地试点
绿城服务	远传物业服务机器人“小远”	7＊24 小时园区自动巡逻、语音对讲、异常检测、预警管理、数据分析和自动充电等，提升园区安全防护等级
中海物业	“小七客服”客服机器人	通过人脸识别判断人员身份信息，并通过语音识别的方式和语音输出方式，回答客户常见关于物业服务的问题，且支持物业缴费和停车缴费等客户服务
	“小七卫士”巡逻机器人	可对地面人行区域和地下停车场区域进行自动巡逻，自动进行人脸识别、车牌识别，支持夜间巡逻。针对安防事件可自动警示，支持自动避让和自动充电
	“小七管廊”地下管廊巡检机器人	全自动自主巡视检测、智能识别预警和故障应急处理等

续表

企业名称	智能产品 / 技术	应用场景和实际服务
长城物业	机器人“U 仔”	上门赠送礼物、大堂迎宾服务、回答业主问询、推广线上服务等
鑫苑物业	小爱管家	家庭智能管家，重点针对社区老人和儿童，提供智能对话、儿童教育、物业公告、远程视频、语音留言、生活娱乐等服务
	慷宝智能管家机器人	围绕大健康、大教育、大生活，连接内容、服务和人。具备视频通话，情绪识别，远程教学，安全应用，远程健康咨询，儿童教育，物业服务，生活＋家庭娱乐等全方位生活服务
	“秘奥”安保机器人	具备自主巡逻，业主识别，紧急情况报警，险情预警，远程对讲、语音对话等功能，可以实现 24 小时自主巡逻

物业服务企业平台输出情况（排名不分先后）

企业名称	输出方式	合作方式	收益方案	合作相关内容
彩生活	并购 / 小股操盘	参股比例 5% ～ 20%	物业收益分成与合作伙伴按股权比例分配，平台增值收益五五分成	输出平台和生态圈企业的产品及服务，增量业务共同开拓、增值业务合作收益共享
长城物业	“一应云”联盟	各子平台合作模式不同，包括：支付年费、效益分享、融资租赁、项目采购等形式。	如一应智能子平台，若采取效益分享的合作模式，增值收益将双方分成。	根据成员需求，提供各类子平台及相关服务；共同培训，共同采购；每年召开一次联盟年会。
碧桂园服务	“凤凰云服务”平台	在保证不获取合作方核心数据下，提供免费使用、支付租赁费等合作方式	帮助合作方提效降本，从而提升整体的经营收入	与阿里、腾讯等互联网公司战略合作构建的凤凰云服务平台，帮助企业实现互联网化、智能化升级。通过 iRBA、监控云等智能化改造降低人力成本，通过云计算、大数据、人工智能构建的数据化运营平台提升管理效率
时代邻里	“融物业”生态体系	（1）平台系统合作 （2）平台＋社区资源经营、用户资源经营等合作	（1）系统为使用合作费用； （2）社区资源收益部分以分成方式共享	（1）时代邻里“融平台”系统，分为通用版和定制版，通用版可用在基础物业服务，定制版为物业的个性化需求； （2）通过“融生活”开展物业资源增收合作，打造物业社区经营生态体系，在传统型业务合作商创收、增值
福星智慧家	慧生活服务平台	无需出让股权或关键合同权益，资源共享，价值共生，未来共赢	基础物业服务水平提升，效益分享合作模式，增值收益根据实际分成	（1）共享平台，根据联盟成员需求，提供各类相关产品和服务； （2）联盟年会，每年召开一次，分享实践经验和行业资讯； （3）共同培训； （4）社区资源合作开发
财信物业	财信生活＋	财信生活＋平台资源共享	社区资源收益采用分成方式	合作内容包含：房屋租售、旅游服务、家装服务、家政保洁、金融服务、汽车后市场服务、养老服务、教育

目前，千丁互联和龙湖物业在智慧物业技术应用方面较为系统，涵盖了共享服务平台400呼叫中心技术、业主APP、员工APP、FM设施设备管理系统、RBA远程楼宇设备自控系统、BI分析大屏、慧眼系统、智能门禁、智能车管等九个板块，几乎覆盖了物业服务全业务和全流程。以其RBA远程楼宇设备自控系统为例，这一系统检测范围覆盖9大类（供配电、给水排水、消防水电系统、弱电网络、电梯、暖通、医疗、环境、能源）以及18种设备（变压器、发电机、生活泵、提排泵、消防喷淋泵、消防室内消火栓、消防室外消火栓、消防报警主机、电梯、空调主机、热力锅炉，以及温湿度、PM2.5、二氧化碳、光照度、土壤温湿度、雨量、风速测量设备、医疗供氧设备、医疗负压系统设备、医疗正压系统设备）。

碧桂园服务已经将云计算、大数据、物联网及人工智能技术融入碧桂园服务的每一个运营环节，不仅体现在前端服务，更是贯穿前端服务、后台分析、决策支持与企业运营整个生命周期。比如，其智能品质巡检，替代了传统的人工巡检，利用物联网＋人工智能技术，实现了设备设施线上巡检，线下图像识别，做到全园区巡检，包括垃圾桶满溢、草地斑秃、车辆乱停乱放、消防通道堵塞、保安脱岗、游泳池安全等各类场景，进一步提升巡检效率，降低人员成本。

绿城服务基于BIM的“智慧园区管理智脑”，通过BIM＋物联网，再融合园区运行的温热大数据，打造了一个直观可视、软硬一体、线上线下相融合的智慧园区管理指挥系统。基于BIM打造的园区管理指挥一张图，是对管理可视界面的升级，是将园区人、事、物进行集中管理，实现精准化、高效化、快速化、简单化的智慧园区管理创新，为复杂项目的可管、可控、可服务提供了更多优化的可能。

部分企业智慧物业平台用户情况（排名不分先后）

公司名称	平台名称	覆盖项目数量	注册用户数
绿城物业服务集团有限公司	“幸福绿城”APP	1400余个	超76万人
山东省诚信行物业管理有限公司	幸福爱家	130个	管理业主超过11.4万人
中节能（杭州）物业管理有限公司	节能慧园APP	30余个	10000多人
彩生活服务集团	彩之云	268个城市	2640万人
四川鼎晟物业服务集团有限公司	漫生活APP	全覆盖100%	2.5万余人
碧桂园服务控股有限公司	凤凰会	2000余个	
广东公诚设备资产服务有限公司	慧云平台	104个	3264人
广州海伦堡物业管理有限公司	“Hi居”APP	近100个	逾15万人
长城物业集团股份有限公司	一应生活APP	1528个	140万人
四川蓝光嘉宝服务集团股份有限公司	嘉宝生活家APP	400余个	66.6万人
招商局物业管理有限公司	家汇APP	256个	8.6万人
深圳市卓越物业管理股份有限公司	O＋智慧平台	190个	
弘生活物业服务集团有限公司		36个	60000＋

（二）客户与用户情况

根据对参与本次大赛企业申报方案和资料的分析，这部分企业普遍通过APP或企业微信公众号等载体，搭建服务业主和客户的线上平台。

绿城服务的APP覆盖1400余个项目，注册用户数超76万，月活跃率超65%，2018年，业主通过终端“幸福绿城”APP和智能设备使用幸福驿站1086万次、报修报事536万次。

彩生活平台服务面积累计达到11.2亿平方米，服务社区近7000个，覆盖全国268个城市。同时，彩之云的注册用户数增加至2640万，活跃用户为1399万，活跃度达到53%。

长城物业主导的一应云联盟，已有566家物业服务企业加盟并使用一应云智慧平台进行智慧物业管理，管理面积12亿平方米，管理项目8200余个，服务家庭数达到910余万户。

中海物业已经实现近300个项目系统覆盖和平台接入，物联网运行平台已经接入海康、大华、捷顺、富士、三菱等17个品牌，5000多个智能终端设备。

龙湖智慧服务多种经营业绩近年呈快速增长，3年复合增长率达150%。其中房屋租售业务每年业绩增长保持在60%以上，年交易市值突破50亿元；旅游产品的复购率达34%，转介率达47%；车管家业务则成为42%的业主售卖爱车的首选，交易达成率52%。

北京北宇物业的“智慧街巷管理服务系统平台”至今累计覆盖270条胡同，完成管理服务计划259123次，完成883916个重点区域管理工作，累计处理各类事件89448件。

广东公诚设备资产服务有限公司智慧物业平台覆盖广东全省所有分支机构，业主用户超过3200人，使用员工2300多人，累计使用人数5612人。

（三）科研与专业人才

近几年来，专业人才特别是互联网和信息技术方面的人才，是物业管理行业的香饽饽，不少物业服务企业甚至重金从知名互联网公司挖人。本次大赛企业申报方案和资料显示，近两年这一状况有所缓解，但整体上仍是最大的一个专业人才缺口。

从2013年开始，万科物业每年从营业收入中拿出1.5个百分点，专门用于科技投入。以2018年为例，万科物业的营收突破98亿元人民币，其在科研方面的投入已经相当可观。

碧桂园服务目前拥有科技人才团队超过100人，设有信息管理中心与智能物联开发中心两个中心，超过5年工作经验技术专家占比约80%，硕士占比约15%。

龙湖智慧服务的科技人才团队超过70人，其中计算机专业硕士2人，本科27人。

绿城服务拥有超过200人的科技人才团队，本科及以上学历的技术人员占比95%以上。其中，有一个超过30人的智慧物业团队。

长城物业组建了100余人的专业IT团队，进行平台开发、运营、维护工作，投入资金逾亿元。

北京住总北宇物业科技人才团队有9人，其中研究生4人，本科3人，专科2人。专业分别涉及计算机网络、信息化、项目管理等专业。

中海物业旗下的源动力研发中心成立于2017年，目前研发人员超过60名，下设云计算物联平台、智能硬件及移动应用开发、人工智能实验室、用户视觉体验中心等团队。

花果园城市服务的科技发展中心团队人数为43人，分为四大板块：信息管理部（地产和物业），商业管理信息部，大数据中心，基础技术建设。

部分企业科研团队建设情况（排名不分先后）

公司名称	团　　队
浙江开元物业管理股份有限公司	技术团队人员有：浙江大学人工智能协同创新中心主任助理肖俊教授、杨强教授、邵健副教授、汤斯亮副教授，浙江大学计算机学院人工智能系主任杨洋副教授
碧桂园服务控股有限公司	智能物联开发中心负责物联网与人工智能技术和产品在社区的应用落地，总在职人数为 40 人；信息管理中心技术研发团队约 60 人
绿城物业服务集团有限公司	拥有超过 200 人的科技人才团队，本科及以上学历的技术人员占比 95% 以上
龙湖物业服务集团有限公司	科技人才团队 70 余人，其中计算机专业硕士 2 人、本科 27 人
彩生活服务集团	科技团队人数为 89 人，大专以上学历有 85 人
长城物业集团股份有限公司	组建了 100 余人的专业 IT 团队，进行平台开发、运营、维护工作
招商局物业管理有限公司	核心团队近 150 余人，其中 IT 团队 50 余人，设施技术专业人员 70 余人，智能建筑技术人员 20 余人
中海物业集团有限公司	前端研发人员超过 60 名
爱玛客服务产业（中国）有限公司	中心团队近 20 人
弘生活物业服务管理有限公司	团队 25 人
山东省诚信行物业管理有限公司	专业团队 9 人
北京住总北宇物业服务有限责任公司	团队共有 9 人，其中 4 人具有研究生，3 人具有本科学历
河南楷林物业管理有限公司	楷林上海研究院、O+ 事业部、信息技术中心等专业团队共 20 余人
中节能（杭州）物业管理有限公司	技术研发及实施人员近 30 人
贵阳花果园城市服务集团	科技发展中心共有 43 人，90% 有本科学历，15% 有硕士及以上学历
厦门联发（集团）物业服务有限公司	研发运行人员超过 77 人
四川鼎晟物业服务集团有限公司	专业信息化自有团队 20 余人
鑫苑科技服务集团有限公司	信息管理部共计 26 人，工程管理中心共计 20 人
广东公诚设备资产服务有限公司	组建科技人才团队“公诚 r&d 团队”，核心成员 6 名， 设有总部慧云建设团队及分支机构慧云建设团队 100 多人
江苏华南服务有限公司	项目团队有博士学历 1 人，硕士学历 1 人，本科学历 5 人
云南俊发物业服务有限公司	团队有硕士 1 人，本科学历 5 人，专科学历 2 人，外部合作团队 15 人
路劲物业服务集团有限公司	路劲智慧社区平台配置有近 30 人的技术团队
重庆海宇物业管理有限公司	科技人才团队共 5 人
华润物业科技服务有限公司	信息创新部团队 63 人
四川蓝光嘉宝服务集团股份有限公司	团队规模 30 余人
深圳市卓越物业管理股份有限公司	研发人员 40 人，本科及硕士以上占比超过 88%
深圳市天健物业管理有限公司	科研团队在岗 13 人
广西华保盛物业服务集团有限公司	团队共有 10 人

部分企业获取专利 / 著作权情况（排名不分先后）

公司名称	专利 / 著作权数量
北京千丁互联科技有限公司	135
碧桂园服务控股有限公司	51
绿城物业服务集团有限公司	7
龙湖物业服务集团有限公司	9
中海物业集团有限公司	16
华润物业科技服务有限公司	32
长城物业集团股份有限公司	23
广东公诚设备资产服务有限公司	33
深圳市卓越物业管理股份有限公司	13
浙江开元物业管理股份有限公司	8
四川鼎晟物业服务集团有限公司	2
广州粤华物业有限公司	22
北京住总北宇物业服务有限责任公司	3
中节能（杭州）物业管理有限公司	2
爱玛客服务产业（中国）有限公司	1
深圳汇生活科技技术有限公司	9
云南俊发物业服务有限公司	25
弘生活物业服务集团有限公司	4
中新智擎科技有限公司	41
智慧互通科技有限公司（AIpark，爱泊车）	150
杭州数泊智能科技有限公司	12

（四）知识产权保护

通过对参与本次大赛企业申报方案和资料的分析，在建设智慧物业的过程中，部分企业已经有较强的知识产权保护意识，对专利的申请和保护建立起较为完善的体系。

2017 年 6 月，绿城服务作为主编单位，与中国城市科学研究会共同编写的智慧园区国家行业标准《智慧园区建设指南》正式发布；2018 年，在国家标准委统筹下，绿城服务主编的《中国智慧社区建设标准体系研究》出版，为正在进行的智慧社区标准化建设提供了有价值的参考。

千丁互联的专利成果包括三大类：自主研发的智慧物业管理系统“物业云”获得多项国家软件著作权；自主研发的智慧社区解决方案“智能门禁”“智能门锁”“智能楼宇对讲”等硬件产品获得国家多项专利技术认证；自主研发的物业服务管理平台“丁管家”也获得了国家专利认证。

中海物业旗下的源动力研发中心研发成果丰硕，目前已获得 7 项软件著作权，发起 8 项专利、5 项计算机软著，目前正在规划中还有 5 项软件著作、7 项专利。目前，中海物业已经成为华为智慧园区业务核心伙伴、华为开发者联盟合作伙伴，并已建立“独立人工智能实验室”。

长城物业拥有 23 项软件著作权，同时，长城物业是“智能硬件国家标准”和“智慧社区建设评价标准”两项国家标准的参编、起草单位。集团旗下全资子公司——深圳一应社区科技集团于 2016 年获得国家高新技术企业称号。

华润物业科技已获得 32 项知识产权，涵盖 21 项专利权、11 项软件著作权。2018 年，华润集团与腾讯签署全方位战略合作框架协议，双方就智慧城市、物业管理、医疗健康、云和大数据以及智慧零售等领域展开合作。

四、未来瞻望

（一）智慧物业要紧紧抓住智能科技红利

5 月 16 日，第三届世界智能大会在天津市开幕。习近平主席在给大会的贺信中指出，当前，由人工智能引领的新一轮科技革命和产业变革方兴未艾。在移动互联网、大数据、超级计算、传感网、脑科学等新理论新技术驱动下，人工智能呈现深度学习、跨界融合、人机协同、群智开放、自主操控等新特征，正在对经济发展、社会进步、全球治理等方面产生重大而深远的影响。中国高度重视创新发展，把新一代人工智能作为推动科技跨越发展、产业优化升级、生产力整体跃升的驱动力量，努力实现高质量发展。

2019 年 3 月，中航物业受邀出席华为 2019 生态伙伴大会，向来自全国各个领域的近 20000 名嘉宾展现智能时代智能科技带来的变化。此次会上，中航物业就其“智慧物业 π 平台”做了主题分享。中航物业在华为 2019 生态伙伴大会上短短几十分钟演讲的背后，是内地物业管理行业近 40 年创新发展，特别是主动拥抱新科技的一个缩影。

自 1981 年在深圳兴起，内地物业管理行业这些年的发展得益于两大红利：一是国家城镇化战略红利，带动房地产业的迅猛发展；二是伴随城镇化发展产生的劳动力价值红利。近年来，物业管理的发展又不得不面对两大困境：一是作为典型的劳动力密集型行业，原本的人口红利逐渐消失，取而代之的是巨大的人工成本；二是传统的作业方式、固化的收入来源，限制了大多数物业服务企业的发展空间。

如何突破发展瓶颈？人工智能、大数据、互联网等高新技术，被认为是物业管理行业未来发展可凭借的新红利。例如，过去的 5 年，万科物业、彩生活、绿城服务等企业的管理规模增长了几倍，但是员工的数量却未出现相应比例增加，依赖科技的力量，这些企业的管理效率得到了极大的提高。当下，智慧物业小区的设备大都安装了传感器，电梯、路灯等公共设施上面都会有一个对应的二维码。当某个公共设施出现损坏或者故障，工作人员只要扫描该二维码，就能够看到该设施的所有信息以及故障处理步骤，同时通过这些二维码，可以将物理的小区进行数字化，为大数据分析提供样本。

事实上，智能科技浪潮对物业管理的影响远远不止于此，其对传统物业服务来说，将再造物业服务的作业流程，极大地提升工作效率，优化业主和客户的体验。

（二）智慧物业必须要融入智慧城市之中

2016 年，阿里云创始人王坚发出一个疑问：世界正在步入“数字经济”时代，但是，有多少人考虑过：现在这些城市基础设施能不能支撑一座城市的数字化发展？王坚的想法很简单，既然步入“数字经济”时代，那就用“数字”将基础设施的能力提升上去。王坚的这个想法与杭州规划局的想法不谋而合，于是在 2016 年的云栖大会上，得到杭州市政府大力支持的阿里云联合 13 家企业正式启动了“城市大脑”项目，杭州成为首个提出并探索“城市大脑”的中国城市。

智慧物业是智慧城市的细胞，也是智慧城市的基本服务支持。近几年来，各地政府都在打造城市天网工程，以政府为主导的平安小区得到规模化建设。平安小区的建设主要是依托于社区数据云平台，构建强大的社区人脸数据库，通过将人脸抓拍、门禁视频与人脸识别、特定行为识别相结合，同时也可与公安部门的数据库比对，有效改善社区和城市治安。平安小区的快速建设，带动了社区其他智能系统的完善和优化。未来，作为平安小区生态链上的企业，物业服务企业通过开展“智慧物业”建设，采用软件＋硬件的物联网平台方式把普通的住宅楼盘变成智能小区，然后通过社区云平台接入更多的智慧生态服务，为小区业主和社区居民提供一个安全、舒适、智慧的生活环境。

值得一提的是，在智慧城市体系之下，未来的建筑物将向着集成化、安全性、云端化和绿色节能方向发展。在此趋势下，未来的“智能建筑”必须通过物联网平台，才能将其楼宇自动化系统（BAS）、视频监控系统、消防及自动报警系统、办公自动化系统（OAS）和通信自动化系统（CAS）等子智能系统进行集成，并通过人工智能、物联网、云计算等对各智能系统之间的信息资源进行运算和共享。这是物业管理必须要面对的课题。

早在 2009 年，IBM 提出了“智慧城市”概念，并给出了智慧城市的三个特征：物联化、互联化和智能化。时至今日，杭州市、深圳市、贵阳市、福州市等一大批试点智慧城市开展了卓有成效的探索，并为智慧物业的发展提供了巨大的想象空间。

（三）美好生活是智慧物业的初衷和归属

2018 年，央视携手国家统计局、中国邮政集团公司、北京大学国家发展研究院三大权威机构开展了全球最大规模“美好生活”主题调查——《中国经济生活大调查（2017–2018）》，通过线上线下渠道，全网推送“美好生活指数”调查问卷。从 2006 年到 2017 年，大调查已经连续进行了 12 年，贯穿了“十一五”“十二五”“十三五”3 个五年规划，累计调查超过 100 万中国家庭，平均回收率超过 80%。从历年的调查结果来看，住房一直是影响中国人“美好生活”感受的核心指标之一。

在本次智慧物业创新大赛中，各参赛企业都十分重视对“美好生活”的营造，不少物业服务企业的智慧物业平台将服务业主作为重要的模块进行了设置。例如，业主发现厨房水龙头漏水，拍几张照片，上传到小区物业 APP，该业主的报修订单很快就会传到小区物业管理处后台，并通过系统通知到相应的维修人员，在规定的时间内，维修人员就会带着工具上门服务。而这些，不过是智慧物业最简单的场景，更多的服务往往只需业主在手机上一点就完成下单。

可以说，全球信息化已进入多维渗透、跨界融合的新阶段，以 AI（人工智能）为代表的先进技术正在迅速触发各领域的巨大改变。同时，场景化、复杂化的客户业务需求，驱动包括物业管理在内的各行各业数字化转型发生深刻变化。

随着 AI 智能技术的深入发展，越来越多的物业服务企业开始应用 AI 智能技术优化服务。例如，万科、绿城、长城、金地、中海、楷林、鑫苑等物业服务企业推出了专门服务业主的智能机器人，甚至业内的一家法律服务企业法眼集团推出了专门帮助解决物业法律纠纷的智能机器人；碧桂园服务、龙湖智慧服务、绿城服务、长城物业、华润物业科技等企业依托线上平台发起组织、线下开展丰富多彩的社区活动，为业主营造多姿多彩的美好生活。

中国物协沈建忠会长曾经指出，当科技红利降临到物业管理行业，一定会产生共振和巨变，一定会催生出新的业态和新的价值，将来全行业一定会进入智慧物业、智慧社区的时代。

“世上本无路，走的人多了，便有了路”。智慧物业还是一个新鲜的事物，目前还处于起步阶段，存在这样或那样的问题。作为物业服务企业，要走的路还很长，要做的事情还很多。就此来看，本次“2019智慧物业创新大赛”“2019人工智能与智慧物业高峰论坛”以及围绕“智慧物业”开展的一系列调研和采访活动，本身也是一次创新和尝试，为的是给行进中的智慧物业做一次注脚。

社区养老服务发展报告

近些年我国老龄人口人数不断攀升，2018 年 60 岁以上老龄人口已经达到约 2.5 亿人，约占人口比例的 17.88%，按照国际标准，我国已正式步入老龄化时代。人口老龄化催生出老年经济，老年人的衣食住行需要得到满足，未来养老服务市场空间广阔。

我国目前有三种基本的养老模式：家庭养老、社区养老和机构养老。家庭养老是传统的养老模式，机构养老是社会化的养老模式，社区养老是一种兼顾家庭和社会的养老模式。我国推行的养老模式主要为“9073”模式，这一模式最早在“十一五”规划中由上海率先提出，即 90% 的老年人由家庭自我照顾，7% 享受社区居家养老服务，3% 享受机构养老服务。按照这一比例，社区居家养老具有最大的市场空间 2.5 亿 ×7% ＝ 1750 万老年人。

社区养老服务是居家养老老人的重要支撑，具有社区日间照料和居家养老支持两类功能，主要面向家庭日间暂时无人或者无力照护的社区老年人提供服务，结合社区服务设施建设，增加托老设施网点，增强社区养老服务能力，打造居家养老服务平台。未来几年，我国 7% 的老年人将通过社区机构照料实现社区养老。

一、社区养老服务发展背景

（一）社区养老服务的社会背景

2018 年，我国 60 岁以上人口占比达 17.88%，65 岁以上人口比重占比 11.94%。根据联合国标准，当一个国家或地区其 65 岁以上老年人口数量占比超过 7% 时，即意味着这个国家或地区进入老龄化。由此来看，我国已经进入标准的老龄化社会，且未来老龄化程度将进一步加深。预计至 2050 年，我国 60 岁以上人口比例将达到 34.1%，将进入重度老龄化阶段。

从人口结构测算，自 2022 年开始，老龄人口对应的是 1961 年后的人口爆发式增长。自 2022 年开始，我国每年的新增老年人口将超过 1200 万，从 2022 年到 2050 年，我国将会进入加速老龄化阶段，我国养老产业将会进入黄金时期，养老需求的爆发将推动产业的飞速发展（图 1）。

养老产业涵盖老年人衣食住用行等各方面需求，产业链长。根据光大证券对我国养老产业市场空间的测算，2018 年国内养老潜在市场空间超 5000 亿元。其中，居家养老 3101 亿元，机构养老 1283 亿元，社区养老 725 亿元。若考虑老龄化加剧以及居民收入水平和退休待遇提升，产业潜在空间还会继续扩大。

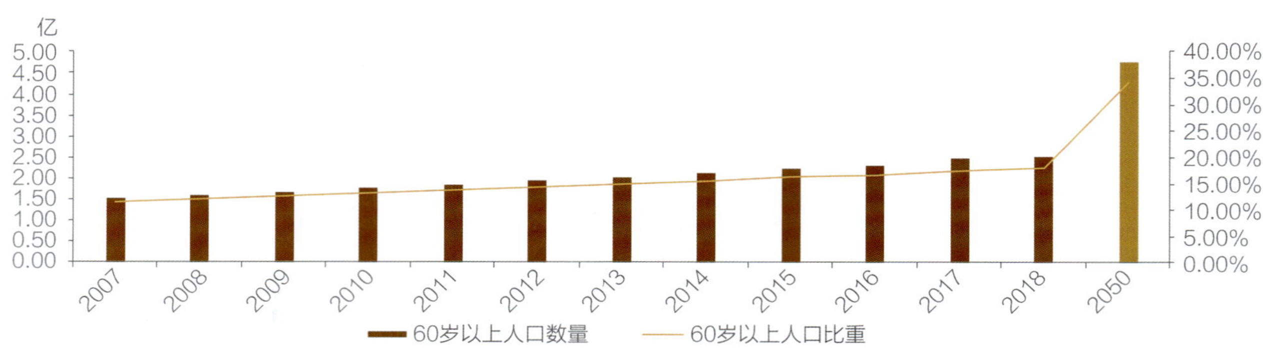

图 1 2007 ～ 2018 年中国 60 岁以上人口数量及比重

数据来源：国家统计局

一系列密集的政策红利和广阔的市场前景下，物业服务企业多元化经营将迎来新的机会。物业服务企业作为社区运营管理者，与养老机构相比，与业主具有更加密切的联系，同时能凭借优秀的基础服务质量获得业主的信任，在养老服务方面具备天然的优势。

（二）社区养老服务的政策背景

近年来，政府在国家层面密集发布了大量的政策，支持社区居家养老服务发展，从鼓励社会资本发挥品牌引领作用到鼓励社会力量参与老年教育，再到指导医养结合机构、养老机构营养配餐，侧重引入社会力量，激发市场活力；从将养老资源向居家社区服务倾斜，到鼓励和支持城乡社区社会组织和相关机构为失能老年人提供临时或短期托养照顾服务，再到探索“物业服务＋养老服务”模式，支持物业服务企业开展老年供餐、定期巡访等形式多样的养老服务，充分挖掘社会力量的能动性和创新性。除此之外，政府在养老服务补贴、金融支持、税费优惠、养老设施建设用地、养老服务体系建设、“互联网＋”养老、智慧健康养老、政府购买服务、社会资本进入、医养结合、标准化建设、人才培养等各个方面提供配套扶持政策，给各地社区居家养老服务政策出台提供指引（表 1）。

历年两会政府工作报告针对“养老”主题发言梳理　　表 1

年　份	本年规划
2019	大力发展养老特别是社区养老服务业，对在社区提供日间照料、康复护理、助餐助行等服务的机构给予税费减免、资金支持、水电气热价格优惠等扶持，新建居住区应配套建设社区养老服务设施，改革完善医养结合政策，扩大长期护理保险制度试点，让老年人拥有幸福的晚年，后来人就有可期的未来。 推进多层次养老保障体系建设，继续提高退休人员基本养老金。落实退役军人待遇保障，完善退役士兵基本养老、基本医疗保险接续政策
2018	支持社会力量增加医疗、养老、教育、文化、体育等服务供给。 全面放开一般制造业，扩大电信、医疗、教育、养老、新能源汽车等领域开放。 积极应对人口老龄化，发展居家、社区和互助式养老，推进医养结合，提高养老院服务质量
2017	支持社会力量提供教育、养老、医疗等服务，发展医养结合、文化创意等新兴消费。 放开养老服务市场

通过梳理历年政府工作报告发现，养老产业已迎来密集的政策红利。2018 年的变化则是提及降低企业

缴费负担、大力发展社区养老以及推进多层次养老保障体系建设，社区养老被重点提及，物业服务企业作为社区终端的服务者，在进行社区养老服务具有得天独厚的优势。

二、基于样本的物业服务企业社区养老服务布局分析

（一）2018 年度 500 强企业社区养老服务数据分析

1. 500 强企业社区养老服务数据概述

根据 2018 年 500 强企业数据，涉足社区养老业务的物业服务企业有 50 个，占比 10%，现阶段物业服务企业布局社区养老业务比例不高。其中，在养老服务获得的平均收入为 986.69 万元，而 500 强企业社区服务平均收入为 3781.21 万元，养老服务收入占其社区服务收入的 2.6%。整体而言，当前社区养老服务尚未给物业服务企业的收入带来明显的贡献。

50 家涉足社区养老服务的 500 强企业中，养老服务收入达到 1000 万以上达 9 家，其中已有 2 家企业在社区养老服务的收入达到了 1 亿元以上，养老服务收入占上述 2 家公司的社区服务总收入的比例分别为 12% 和 17%。

50 家涉足社区养老服务的 500 强企业中，收入达 500 万元以上的公司有 11 家，这 11 家企业的养老服务收入占社区服务比例皆较低，其较大的收入体量主要源于公司整体较大的规模。排除因收入计算方式不同的因素，仍然有不少百强企业在社区养老服务收入排名中并不靠前，反映出较多企业当前尚未深入涉足社区养老服务领域。当前养老产业的主要参与者仍是开发企业，涉足养老业务的物业服务企业中较多是承接了开发企业养老项目的社区服务功能。但我们仍然可以看到，当前已经有一批物业服务企业建立了自身的养老服务品牌，并开始逐步探索适合企业自身的发展社区养老业务的模式。

2. 500 强企业社区养老服务收入情况

2018 年，500 强企业社区养老服务总收入达 4.93 亿元，占 500 强企业社区服务总收入比例为 2.61%，50 家涉足社区养老服务企业在社区养老取得平均收入为 986.69 万元，当前养老业务占物业服务企业社区服务比例较低，对企业总营收的贡献则更加微小（表 2）。

500 强企业社区养老服务收入情况　　表 2

项　目	数　值
500 强企业社区养老服务总收入	4.93 亿
500 强企业社区养老服务收入均值	986.69 万
社区养老服务占社区服务收入比例	2.61%

从 500 强企业在社区服务的整体布局来看，当前物业服务企业在社区养老的布局尚处于初级阶段。在物业服务企业当前主要布局的几块社区服务业务中，社区房屋经纪的收入占比最高，占到 21.37%；其次是社区电商服务，占比 17.51%；社区家政服务位列第三，占比 7.81%；社区养老服务收入占社区服务总收入的 2.61%；在主要的几块社区服务业务中占比最小（图 2）。

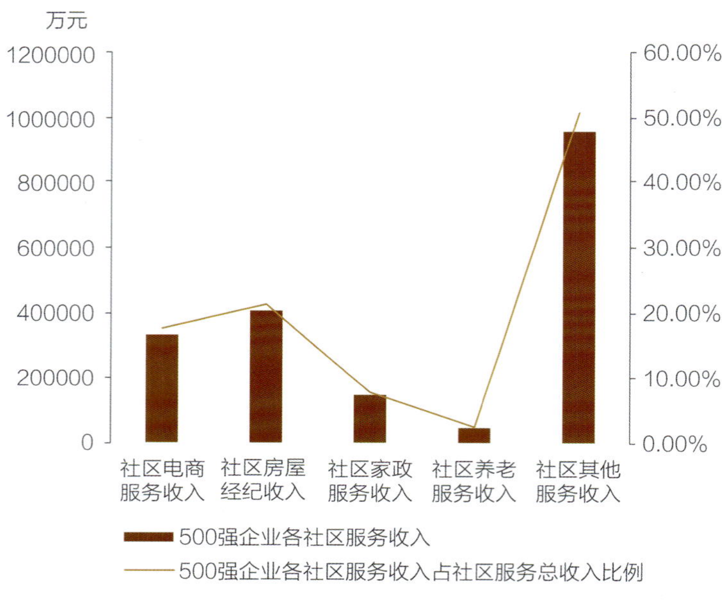

图 2 500 强企业各社区服务收入情况

3. 500 强企业社区养老服务布局程度

从 500 强企业中布局社区养老服务的 50 家企业来看，48% 的企业其社区养老服务收入仅占其社区服务收入的 10% 以内，30% 的企业社区养老服务收入仅占其社区服务收入的 10% ～ 20%，近八成企业在社区养老领域的布局尚浅。整体来看，当前物业服务企业对于社区养老服务的布局程度处于初级阶段，涉入深度还有待提升（表 3）。

社区养老服务收入占社区服务比例各区间段企业数量 表 3

社区养老服务收入占社区服务比例	企业数量	社区养老服务收入占社区服务比例	企业数量	占比
0 ～ 10%	24	0 ～ 10%	24	48%
0 ～ 20%	39	10% ～ 20%	15	30%
0 ～ 30%	42	20% ～ 30%	3	6%
0 ～ 40%	44	30% ～ 40%	2	4%
0 ～ 50%	45	40% ～ 50%	1	2%
0 ～ 60%	45	50% ～ 60%	0	0%
0 ～ 70%	47	60% ～ 70%	2	4%
0 ～ 80%	47	70% ～ 80%	0	0%
0 ～ 90%	47	80% ～ 90%	0	0%
0 ～ 100%	50	90% ～ 100%	3	6%
总计	50		50	100%

（二）2015—2018 年度百强企业社区养老服务分析

1. 百强企业社区养老服务布局情况

2018 年，百强企业布局社区养老服务比例为 20%，同比下降 5 个百分点。2015 ～ 2018 年度，该比例整体维持 20% 左右，反映当前物业服务企业布局社区养老服务还未出现明显的热度（图 3）。

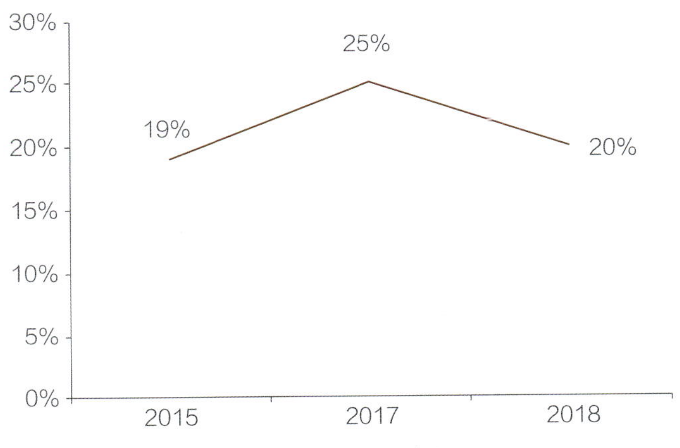

图 3 百强企业涉足社区养老服务比例

2. 百强企业社区养老服务收入情况

2018 年，百强企业社区养老服务收入总值为 3.70 亿元，同比增长 1.14 倍。与 2015 年的 8871.78 万元相比，增长了 2.81 亿，复合增长率高达 104%（图 4）。

2018 年，百强企业社区养老服务收入占 500 强企业社区养老服务收入比例为 74.98%，可见涉足社区养老服务的企业大部分集中在行业头部企业。2018 年百强企业社区养老服务收入占社区服务总收入比例为 2.46%，较 2017 年的 1.20% 高出 1.26 个百分点，较 2015 年 1.59% 的占比提升 0.87 个百分点，企业整体涉足社区养老服务的程度逐步加深（图 4）。

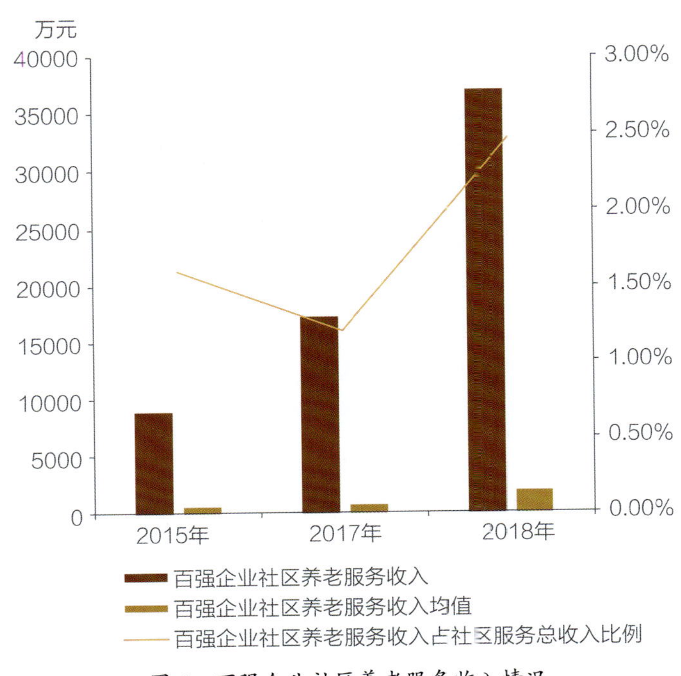

图 4 百强企业社区养老服务收入情况

此外，百强企业社区养老服务收入均值从 2015 年的 466.94 万元增长至 2018 年的 1849.61 万元，复合增长率为 99.03%，收入均值增长速度与总收入增长速度匹配（图 4）。

三、企业在社区养老的探索

纵观“物业＋养老”服务模式的探索，多数物业公司处于探索养老服务的初级阶段，停留在便民服务、居家上门巡视、紧急救助、老年助餐服务等基本生活需求，但也有部分物业服务企业在社区养老领域积极探索，尝试打造自身的品牌与服务特色，如保利物业、绿城服务、长城物业、之平管理、开元物业等多家物业服务企业对社区养老开展品牌化运营。

在社区养老服务领域，长城物业导入国外先进资源护明德居家养老，输出高质量服务，以服务增加客户黏性，此外还引入港式服务模式，与香港复康会合作，成立了深圳市共享之家护理服务有限公司，目前在运营 2 家 3H 颐养复康中心，其中一家于 2014 年 1 月开业，拥有 42 张床位的旗舰店百花园已实现满员入住，初步实现盈利。

保利物业 2014 年开展社区适老化改造，2015 年在保利成熟社区建设“和熹健康生活馆”，定位为社区健康养老活动中心；2016 年和熹健康生活馆升级为和院健康生活馆，定位为“社区嵌入型小规模多机能养老服务中心”，2017 年推出社区居家养老品牌——和悦会，2018 年 2 月成立专业养老公司保利和悦健康养老服务有限公司，以社区居家养老服务平台、嵌入式小微机构为切入点，目前在广州、北京、青岛、长沙四个城市 5 个项目开展养老服务（表 4）。

典型企业在社区养老产业的实践　　表 4

典型企业	养老业务实践
保利物业	成立专业的养老公司——保利和悦，以微小机构为切入点，展开养老服务
长城物业	与国外专业非医疗养老服务企业 HISC 合作，以“护明德居家养老”品牌开展养老服务
之平管理	成立专门养老机构—旬彩长者服务，探索“物业服务＋养老服务”模式
碧桂园服务	发起碧桂园·凤凰到家助老公益活动
永升生活服务	针对社区老年人日常娱乐、社交需求开设老年兴趣课堂
绿城服务	托管绿城集团的养老地产项目，提供学院式养老服务；相继设立包括保洁家政、健康促进等服务内容的独立公司，提供满足业主系统服务需求一体化的“园区生活服务体系”
万科物业	建设养老住宅，提供社区养老服务
卓达物业	推出全龄化社区养老新模式
开元物业	成立专业养老运营公司，开展离家型机构养老、近家型日照中心、在家型居家服务三大版块
彩生活	成立安康年老年服务中心，同时引入福泰年云健康智慧平台和福临老年公寓等产品

四、“物业＋养老”未来发展趋势分析

（一）企业发展社区养老业务将成趋势

大力发展社区养老服务是一个国际趋势，也符合我国养老服务业发展的政策指向。各地在推动社区养老服务的发展方面做出了诸多的政策实践，社区居家养老具有充分的社会需求和政策支持。

对于物业服务企业而言，其在小区服务中与业主有高频次接触，具有得天独厚的资源和能力发展社区养老。物业服务企业不但掌握各业主家庭的详细信息，而且还对小区中的场地、公共区域及设备设施拥有一定的管理权，相较于其他社会养老机构，物业服务企业开展社区养老投入成本更低，物业服务企业可以利用小区内现成的资源替老人服务，及时解决老人的需求。

当前物业服务企业对社区养老业务的投入较低，大部分涉足养老服务的企业仅处于试水该业务的初级阶段，但据调查与访谈，大部分物业服务企业对社区养老服务持有乐观观点，随着我国老龄化进程进一步加深，企业在社区养老服务的投入将进一步提升。

（二）社区养老发展长期缓慢，未来几年不会大规模井喷

根据对物业服务企业的调查，大多数企业对养老业务的定位是前期布局而非盈利。大部分物业服务企业认为，现阶段老龄人口的支付意愿低，养老业务盈利能力差是养老发展的阻碍，社区养老未来 5 至 10 年内都将会处于缓慢发展的阶段。预计 10 年后支付意愿和支付能力较强的人口步入老龄阶段，物业服务企业开展养老服务将会迎来井喷。

除了等待中国老龄化程度进一步加深外，物业服务企业还在等待政府对社区养老的政策扶持逐渐出台及养老产业配套的长期建设完成。 物业服务企业期待出台更多政策以支持发展社区养老服务，如部分收入减免税收等优惠措施，对保障房物业管理费和租金收入免征营业税，对参与居家养老的物业服务企业上缴的所得税实施“先征后返”，对营利性养老机构在能源、税费、床位补贴、保险补贴，人员培训补贴等方面逐步享受民办非营利性养老机构的政策等。另外，居家养老专业机构在规划、资质办理、运营过程中，物业服务企业也希望相关政府部门给予专业指导。

（三）产品定位及设计是影响养老服务盈利水平的主要因素

社区养老服务当前还面临供给与服务需求不匹配的问题。一是老年人对生活质量要求提高，对养老服务的需求也更加多样化，诸如生活照料、医疗护理、社会参与等，现阶段养老服务结构还比较单一；二是目前我国社区养老主要是以政府为主导的自上而下的服务供给和评估模式，各地纷纷出台社区居家养老服务相关政策，大多以机构数量、硬件设施等为目标，重设施建设和基本需求，轻持续服务质量和差异性需求。

而根据调查，养老产品定位和服务是影响入住率的最关键因素。一个好的产品定位的社区养老服务点能够实现较高的入住率，并且能获得盈利。未来大规模开展社区养老业务将更加考验运营和产品打造能力。

住宅物业管理发展报告

国内物业管理行业的诞生是从住宅物业服务开始的，为了配合房地产发展的要求，20 世纪 80 年代初，深圳市政府提出了“谁开发，谁管理” 和“建好一片，管好一片”的要求，深圳房地产从香港学习引进了物业管理服务。1981 年，中国第一家物业管理公司成立，并接管了深圳的一处社区，标志着中国的物业管理行业开始发展，至今已有 38 年历程，住宅物业服务也诞生了 38 年，目前住宅物业管理依旧是大部分物业服务企业的主要服务业态，亦是收入贡献的主要来源。

除了基础服务，住宅物业服务的广阔价值来源于物业服务企业累积与业主之间的信任后转化为业主消费场景的机会。2017 年以来，国家对“美好生活”的整体定位，激发了社会对服务品质的重视，物业服务企业产生新机遇。 与此同时，伴随着业主在健身、医疗、养老、教育、商业、金融理财等一系列需求，在用户黏性、获客成本、信息沟通上具有优势的物业服务企业，将顺势在这些领域上加大投入，提升业务多元性。

一、住宅物业发展驱动因素

（一）新开工房屋与城市更新助力住宅物业总量持续增长

据国家统计局数据，近十年，全国房屋新开工面积均值在 17 亿平方米，竣工面积年增 10 亿平方米左右。全国房屋新开工面积总值为 173.67 亿平方米，竣工面积为 94.49 亿平方米，所以目前约有一半待完工的房屋将在未来持续为物业管理行业添砖加瓦（图 1）。

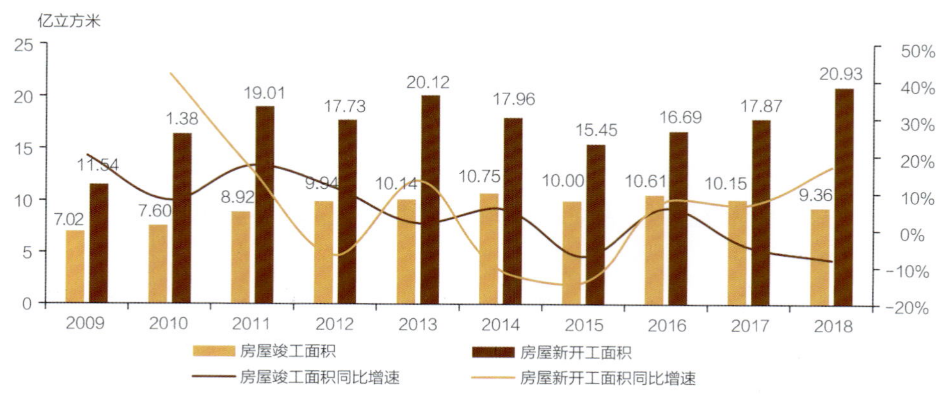

图 1 2009 ～ 2018 年度全国房屋新开工面积、竣工面积及其同比增速

数据来源：国家统计局

此外，城市更新实现城市资源再造。国务院发布的《国家新型城镇化规划》中明确提出了，“盘活利用现有城镇存量建设用地，建立存量建设用地退出机制，推进老城区、旧厂房、城中村的改造和保护型开发”。深圳、上海等少数城市已出台明确的城市更新办法，城市更新将给住宅物业服务带来新的增长空间。

（二）后房地产时代，开发商加深对物业管理的介入

截至 2019 年 8 月，中国上市物业服务企业共有 15 家，其中具有地产背景的企业约占 80%，在这些具有地产背景的企业中，其母公司基本上以住宅开发作为主营业务。以碧桂园服务为例，2018 年底，住宅物业服务面积占据总收费管理面积的 95%，住宅物业收入约占总收入的 70%（表 1）。

上市物业服务企业背景情况　　表 1

企业名称	上市地点	是否是开发企业背景	集团名称
碧桂园服务	香港	是	碧桂园集团
雅生活服务	香港	是	雅居乐集团
绿城服务	香港	是	中国绿城
彩生活	香港	是	花样年
中海物业	香港	是	中国海外发展
新城悦服务	香港	是	新城控股
永升生活服务	香港	是	旭辉集团
中奥到家	香港	否	无
佳兆业美好	香港	是	佳兆业集团
奥园健康	香港	是	奥园集团
滨江服务	香港	是	滨江集团
祈福生活服务	香港	是	祈福集团
浦江中国	香港	否	无
和泓服务	香港	是	和泓置地集团
南都物业	上海	否	无

“后房地产时代”的到来，使物业占据着越来越重要的地位。地产开发商将更多的注意力集中到物业管理行业，利用地产资源打造独立物业品牌，促进住宅物业品质发展。

（三）住宅物业社区服务未来将拥有万亿级市场

互联网、移动互联网的快速发展正重塑着传统社区商业。其中，住宅社区商业由于人群生活氛围浓厚，需求更丰富。参考中国社会消费品零售总额及变化，综合 CRIC 调研数据估测的住宅社区商业占比及住宅社区 O2O 渗透率，通过计算得出，2018 年，中国住宅社区 O2O 的市场规模达到人民币 9144 亿元（图 2）。

借助移动互联网、“服务业＋”政策等进一步深度发展，业主使用习惯的形成，未来，住宅社区 O2O 市场预期将继续增长。于 2023 年，住宅社区 O2O 市场的市场规模估计达到人民币 36274 亿元，2018—2023 年的复合年增长率为 31.7 个百分点。

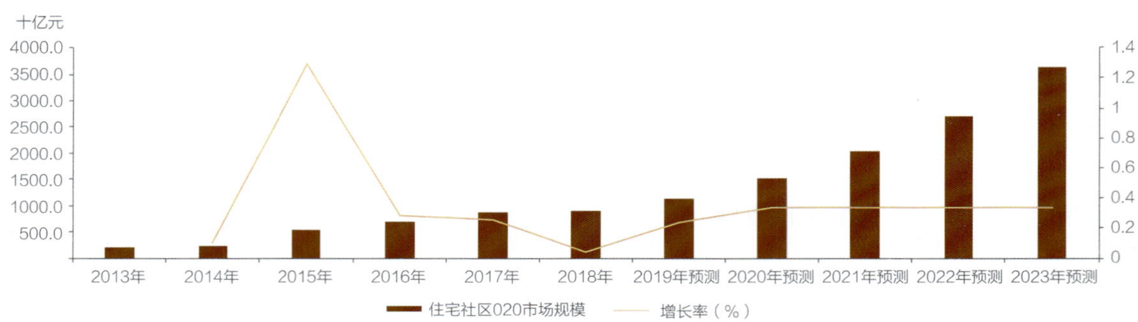

图 2　住宅社区 O2O 市场规模（2013 ～ 2023E）[①]

数据来源：CRIC

二、基于样本的住宅物业服务市场数据分析

（一）2018 年度住宅物业发展指数 434.6

物业服务企业发展指数（Property Management Development Index，简称 PMDI）是以企业年度数据为基础，根据物业服务企业发展指数的测评体系，从物业服务企业经营情况、管理规模、服务质量等方面，对物业服务企业发展的基础状况发展规律进行量化评价，测算出物业服务企业的发展指数，衡量企业发展的总体水平。物业服务企业发展指数横向上，体现出各企业发展状况的对比情况；纵向上，体现不同时期各企业的表现，并通过选取一定数量的头部样本企业反映行业发展趋势。

住宅物业发展指数是根据测评体系选取物业管理行业头部企业为样本，进行数据分析，衡量企业该业态经营状况、管理规模、服务质量等整体发展情况，确定反映该业态发展状况和发展走势的综合指数。

城镇化发展与房地产市场的扩张，诞生了庞大的存量物业市场。2009—2018 年全国房屋新开工面积总值为 173.67 亿平方米，竣工面积仅为一半，历年来累计的存量物业将成为住宅物业管理行业快速发展的基础动力。

2018 年，PMDI100 住宅物业发展指数 434.6，比 2015 年增加 234.7 个点，复合增长率为 29.54%，近 2 年住宅物业服务发展指数增速较快（图 3）。

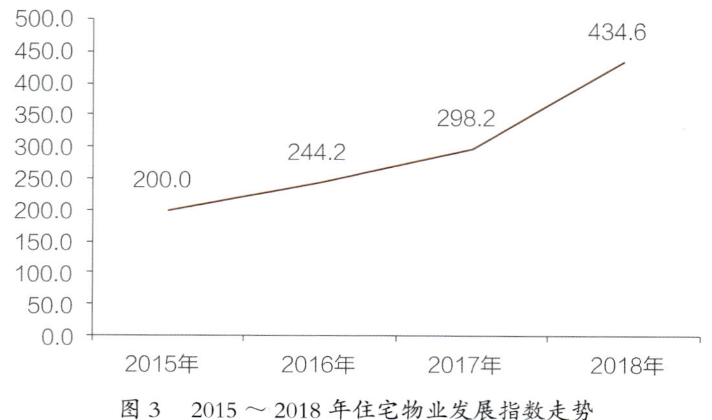

图 3　2015 ～ 2018 年住宅物业发展指数走势

① 2019 年至 2023 年的年度统计为预测得出；
中国住宅社区商业占社会消费品零售比例及社区 O2O 渗透率为估测；
住宅社区 O2O 包括所有通过线上线下结合方式为住宅社区提供商品和服务的领域。

（二）2018 年度 500 强企业整体数据分析

1. 500 强企业住宅物业服务企业背景

2018 年，500 强布局住宅物业服务企业数量为 478 家，占比 95.6%。其中，市场化的第三方企业占比 45%，关联开发商的企业占比 55%，后者中，与开发商存在隶属关系的企业占比 37%，与开发商属于合作关系的企业占比 18%（图 4）。

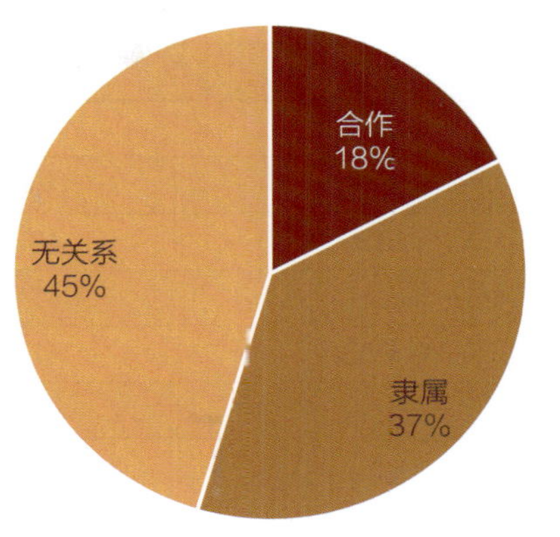

图 4　2018 年度 500 强企业开发商背景分布

2. 500 强企业住宅物业管理面积

2018 年，500 强企业住宅物业总管理面积达 75.46 亿平方米，占 500 强企业总管理面积比例为 63.48%，占行业总管理面积的比例为 27.02%（表 2）。

500 强企业住宅物业管理面积情况　表 2

项目	数值
总管理面积	75.46 亿平方米
占 500 强企业总管理面积比例	63.48%
占行业总管理面积比例	27.02%

从服务住宅类型来看，500 强企业住宅物业服务规模最大的是高层住宅，约占 500 强企业住宅物业服务总规模的 75.8%；其次是多层住宅和独立式住宅，分别占了 21.2% 和 2.9%（图 5）。

从企业角度看，涉足住宅物业服务企业的平均管理面积[①]为 1578.7 万平方米。有 72.4% 的企业住宅管理面积在 1000 万平方米以下，5000 万平方米以上管理面积的企业仅占 5.0%，其中 2.3% 的企业管理规模大于 1 亿平方米。该业态整体管理面积较大，但是中小型企业依旧占比较高（表 3、图 6）。

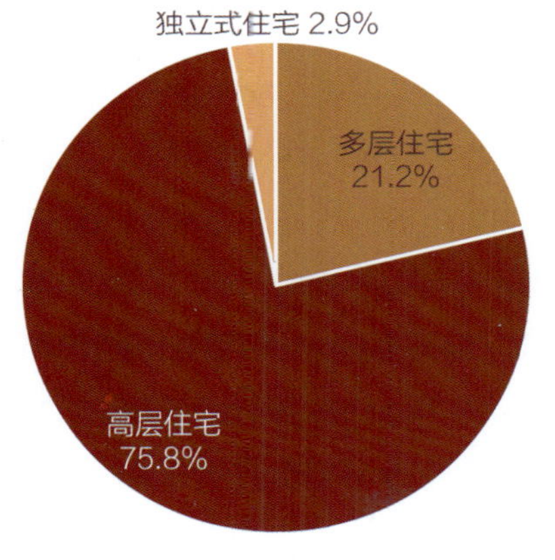

图 5　2018 年度 500 强企业住宅服务类型分布

2018 年度 500 强企业住宅物业管理面积各区间段企业分布　表 3

区间段（万平方米）	企业数量	区间段（万平方米）	企业数量	占比
0 ~ 500	250	0 ~ 500	250	52.3%
0 ~ 1000	346	500 ~ 1000	96	20.1%
0 ~ 2000	410	1000 ~ 2000	64	13.4%
0 ~ 3000	436	2000 ~ 3000	26	5.4%
0 ~ 4000	450	3000 ~ 4000	14	2.9%
0 ~ 5000	454	4000 ~ 5000	4	0.8%
0 ~ 6000	455	5000 ~ 6000	1	0.2%
0 ~ 7000	458	6000 ~ 7000	3	0.6%

① 本报告涉及均值类计算均以 500 强企业中涉及该业态的企业部分进行计算，下同。

续表

区间段（万平方米）	企业数量	区间段（万平方米）	企业数量	占比
0～8000	461	7000～8000	3	0.6%
0～9000	462	8000～9000	1	0.2%
0～10000	467	9000～10000	5	1.1%
0～20000	471	10000～20000	4	0.8%
0～30000	475	20000～30000	4	0.8%
总计	478	＞30000	3	0.6%

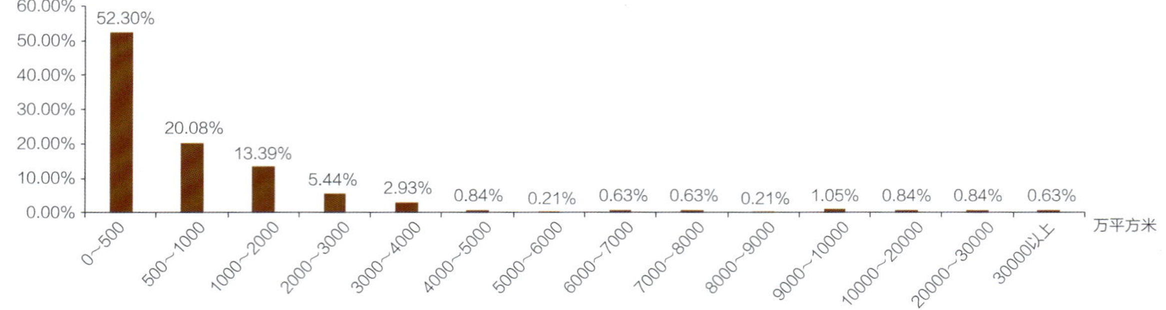

图 6　2018 年度 500 强企业住宅物业管理面积各区间段企业占比分布

从城市分布看，500 强企业住宅物业服务面积中，一线城市总量为 8.6 亿平方米，占比 11.4%；二线城市总量为 33.2 亿平方米，占比 44.0%；三四线城市总量为 32.3 亿平方米，占比 42.8%，海外城市总量 1.3 亿平方米，占比 1.7%（图 7）。

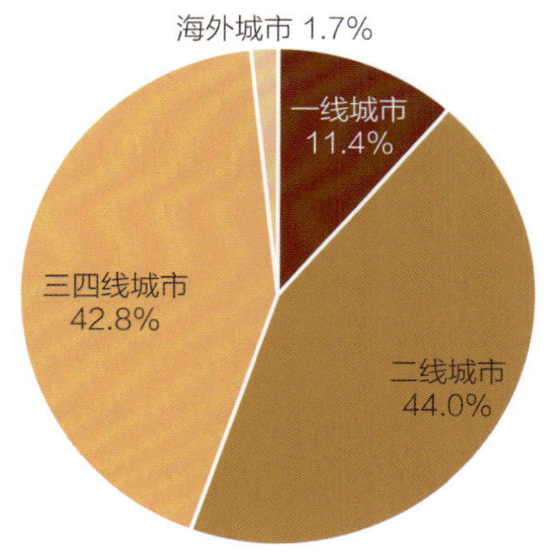

图 7　2018 年度 500 强企业住宅物业管理面积各城市分级分布

3. 500 强企业住宅物业管理项目情况

2018 年，500 强企业布局住宅物业管理项目总数为 34218 个，企业平均管理项目数量为 71.6 个，单项目贡献面积为 22 万平方米（表 4）。

500 强企业住宅物业管理面积情况　　　　表 4

项目	数值
管理项目总量	34218 个
平均管理项目数量	71.6 个
单项目贡献面积	22 万平方米

从城市角度看，500 强企业住宅物业服务项目中，一线城市项目数量为 5390 个，占比 15.8%；二线城市项目数量为 14558 个，占比 42.5%；三四线城市项目数量为 14011 个，占比 40.9%，海外城市项目数量为 259 个，占比 0.8%，该结构与管理面积的各城市分级分布基本相符（图 8）。

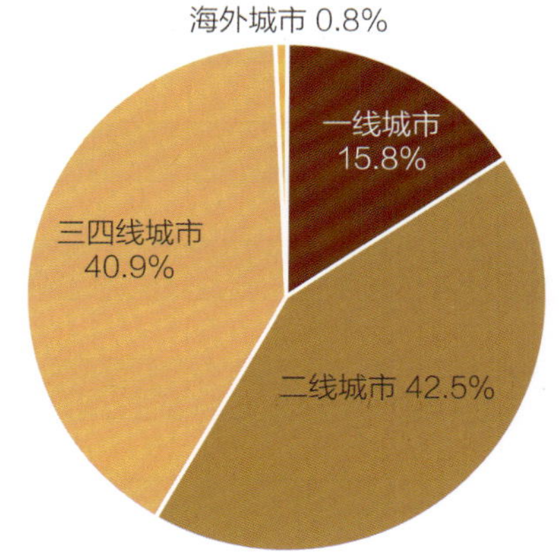

图 8　2018 年度 500 强企业住宅物业管理项目各城市分级分布

4. 500 强企业住宅物业服务收入情况

2018 年，500 强企业住宅物业服务总物业费收入达 1074.5 亿元，占 500 强企业总物业费收入比例为 49.0%（表 5）。

500 强企业住宅物业服务收入情况　　表 5

项目	数值
物业费总收入	1074.5 亿元
企业物业费收入均值	2.3 亿元
占 500 强企业物业费总收入比例	49.0%

从企业角度上看，500 强企业企业住宅物业物业费收入均值为 2.3 亿元。500 强企业涉足住宅物业服务企业中，有 76.6% 的企业住宅物业物业费收入在 2 亿以下，有 4.8% 的企业住宅物业物业费收入在 10 亿以上。住宅物业服务收入马太效应明显，头部企业收入较高，但是仍然存在大量中小型企业（表 6、图 9）。

2018 年度 500 强企业住宅物业服务收入各区间段企业分布　　表 6

区间段（万元）	企业数量	区间段（万元）	企业数量	占比
0 ~ 5000	174	0 ~ 5000	174	36.4%
0 ~ 10000	282	5000 ~ 10000	108	22.6%
0 ~ 20000	366	10000 ~ 20000	84	17.6%
0 ~ 30000	405	20000 ~ 30000	39	8.2%
0 ~ 40000	425	30000 ~ 40000	20	4.2%
0 ~ 50000	436	40000 ~ 50000	11	2.3%
0 ~ 60000	440	50000 ~ 60000	4	0.8%
0 ~ 70000	446	60000 ~ 70000	6	1.3%
0 ~ 80000	449	70000 ~ 80000	3	0.6%
0 ~ 90000	451	80000 ~ 90000	2	0.4%
0 ~ 100000	455	90000 ~ 100000	4	0.8%
总计	478	＞ 100000	23	4.8%

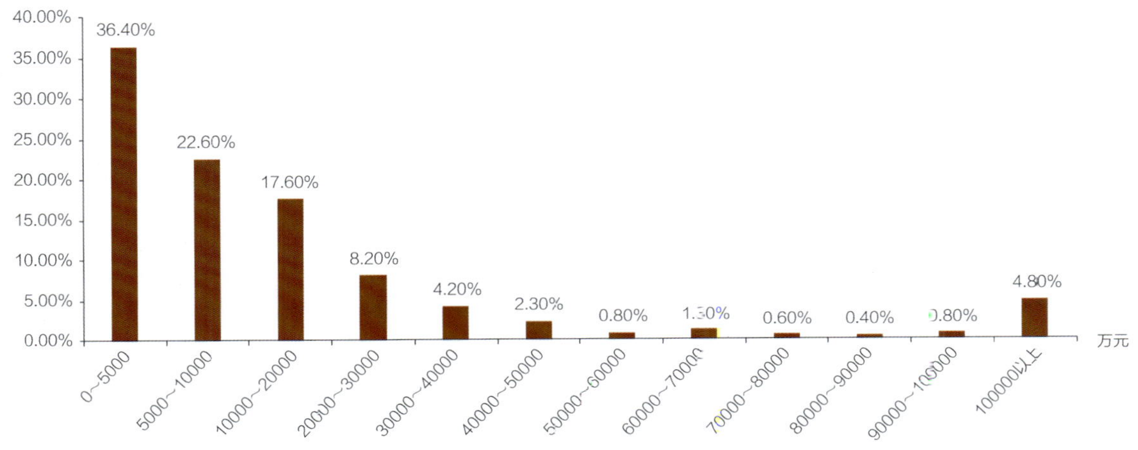

图 9　2018 年度 500 强企业住宅物业服务收入各区间段企业占比分布

5. 500 强企业住宅物业物业费水平

2018 年，500 强企业住宅服务项目中，酬金制项目仅占 11.1%，包干制的项目占比 88.9%（图 10）。

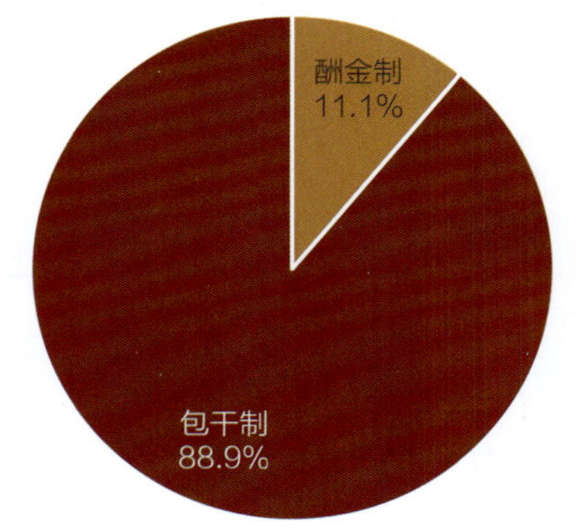

图 10　500 强企业住宅物业收费形成分布

2018 年，500 强企业住宅物业服务平均物业费为 2.10 元 /（平方米·月），其中，包干制项目平均物业费 2.08 元 /（平方米·月），酬金制项目平均物业费 2.25 元 /（平方米·月），包干制项目的平均物业费要低于酬金制项目平均物业费，物业费整体收缴率为 91.22%（图 11）。

从城市角度上看，500 强企业住宅物业服务项目中，一线城市平均物业费为 2.61 元 /（平方米·月）；二线城市平均物业费为 2.18 元 /（平方米·月）；三四线城市平均物业费为 1.88 元 /（平方米·月）（图 12）。

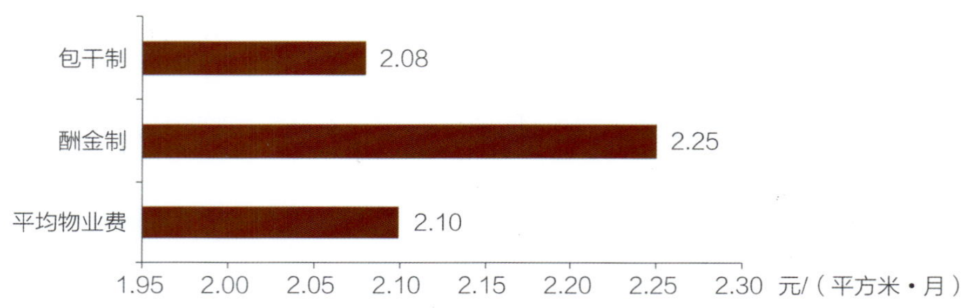

图 11　2018 年度 500 强企业住宅物业各收费形式物业费情况

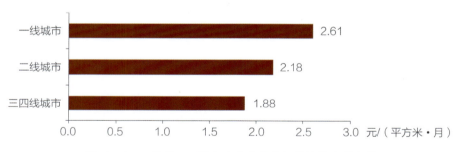

图 12　2018 年度 500 强企业各城市分级平均物业费水平

6. 500 强企业住宅物业服务社区服务收入情况

2018 年，500 强企业涉及社区服务的有 253 家，占比 50.6%，社区服务总收入达 188.4 亿元，占 500 强企业总收入比例为 9.4%（表 7）。

500 强企业住宅物业服务收入情况　　表 7

项目	数值
社区服务总收入	188.4 亿元
按企业社区服务收入均值	7447.8 万元
社区服务总收入占整体营业收入比例	9.4%

从业务分类来看，社区其他服务收入为 95.2 亿元，占比约为 50.5%，除此之外，社区房屋经纪收入为 40.4 亿元，约占 21.4%，其次为社区电商服务收入 33.1 亿元，占 17.6%（图 13）。

从企业角度上看，500 强企业社区服务收入均值为 7447.8 万元。500 强企业涉及社区服务企业中，有 60.5% 的企业社区服务收入在 3000 万元以下，有 17% 的企业社区服务收入在 1 亿以上（表 8、图 14）。

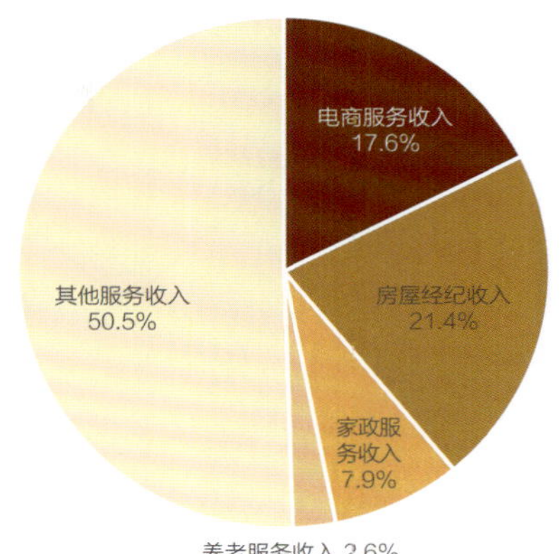

图 13　500 强企业社区服务收入类型

2018 年度 500 强企业社区服务收入各区间段企业分布　表 8

区间段（万元）	企业数量	区间段（万元）	企业数量	占比
0 ～ 1000	94	0 ～ 1000	94	37.2%
0 ～ 2000	126	1000 ～ 2000	32	12.7%
0 ～ 3000	153	2000 ～ 3000	27	10.7%
0 ～ 4000	167	3000 ～ 4000	14	5.5%
0 ～ 5000	178	4000 ～ 5000	11	4.4%
0 ～ 6000	185	5000 ～ 6000	7	2.8%
0 ～ 7000	192	6000 ～ 7000	7	2.8%
0 ～ 8000	201	7000 ～ 8000	9	3.6%
0 ～ 9000	206	8000 ～ 9000	5	2.0%
0 ～ 10000	210	9000 ～ 10000	4	1.6%
0 ～ 50000	246	10000 ～ 50000	36	14.2%
总计	253	＞ 50000	7	2.8%

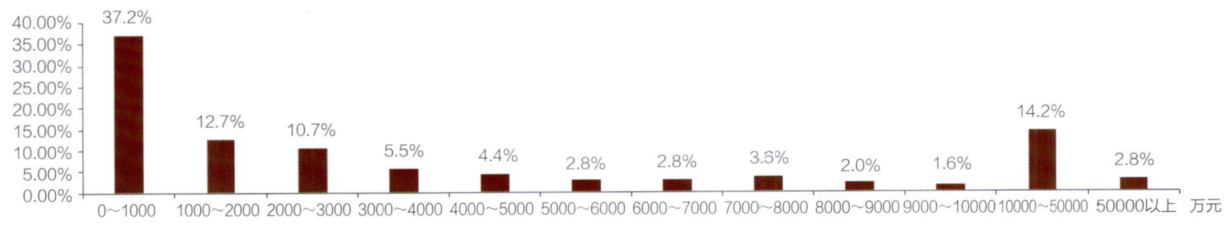

图 14　2018 年度 500 强企业社区服务收入各区间段企业分布

（三）2010 ～ 2018 年度百强企业整体数据分析

1. 百强企业住宅物业布局情况

2018 年，百强企业布局住宅物业比例为 98%，同比增长 3 个百分点。2010 ～ 2018 年度，该比例均保持在 95% 以上（图 15）。

2018 年，百强企业布局社区服务企业比例为 78%，同比增长 8 个百分点。2015 ～ 2018 年度，百强企业均有超过 60% 的企业布局了社区服务（图 16）。

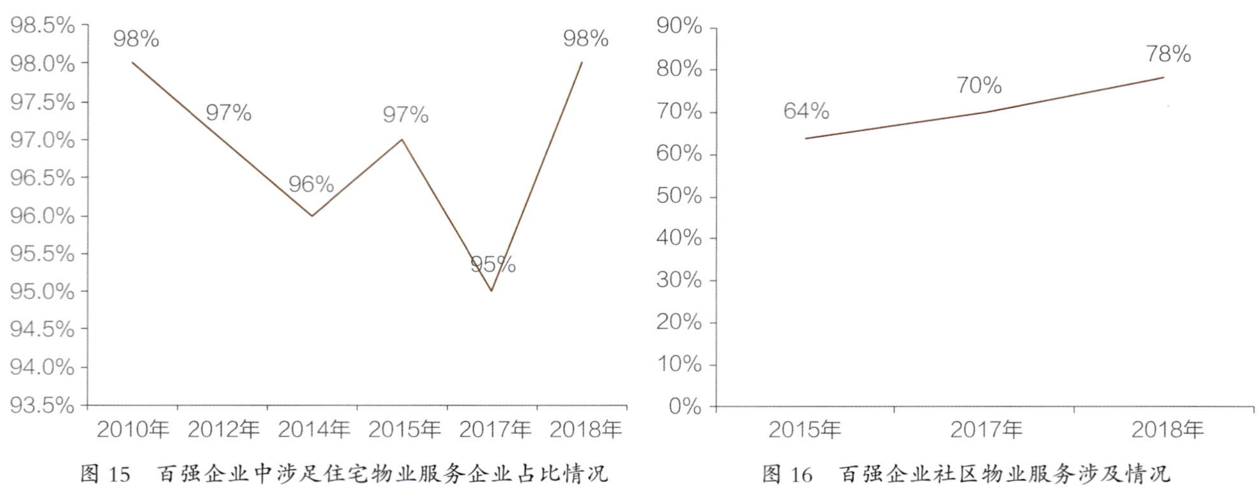

图 15　百强企业中涉足住宅物业服务企业占比情况

图 16　百强企业社区物业服务涉及情况

2. 百强企业住宅物业管理面积情况

2018 年，百强企业住宅物业服务总管理面积为 55.2 亿平方米，同比增长 33%。而百强企业住宅物业管理面积占百强企业总管理面积比例为 69.2%，2012 ～ 2018 年，百强企业住宅物业管理面积占百强企业总管理面积比例约维持在七成左右（图 17）。

2018 年，百强企业住宅物业管理面积占 500 强企业总住宅服务面积为 73.1%，证明头部企业占据了市场较大份额。与此同时，百强企业住宅物业管理总面积占整个行业的市场份额由 2012 年的 7.28% 提升至 2018 年的 19.74%，百强企业住宅物业服务集中度快速提升（图 17）。

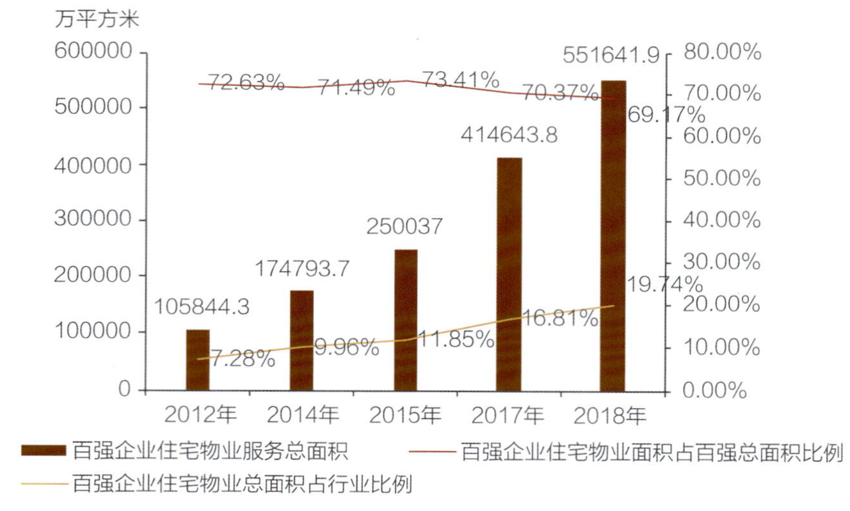

图 17　百强企业社区物业管理面积情况

2018 年，百强企业住宅物业的平均管理面积从 2010 年的 750.2 万平方米增至 2018 年的 5628.0 万平方米，年均增长 609.7 万平方米，2010 ～ 2018 年的平均管理面积复合增长率为 28.65%（图 18）。

3. 百强企业住宅物业管理项目情况

2018 年，百强企业布局住宅物业服务企业管理项目总数为 23142 个，同比增长 28.8%；2010 ～ 2018 年的复合增长率为 23.41%。百强企业管理的项目占 500 强企业总住宅物业管理项目的比例为 67.6%。

同时，百强企业住宅物业服务企业平均管理项目数量从 2010 年的 43.9 个增长至 2018 年的 236.1 个，单项目贡献面积持续增长，从 2010 年的 17.1 万平方米增至 2018 年的 23.8 万平方米（图 19）。

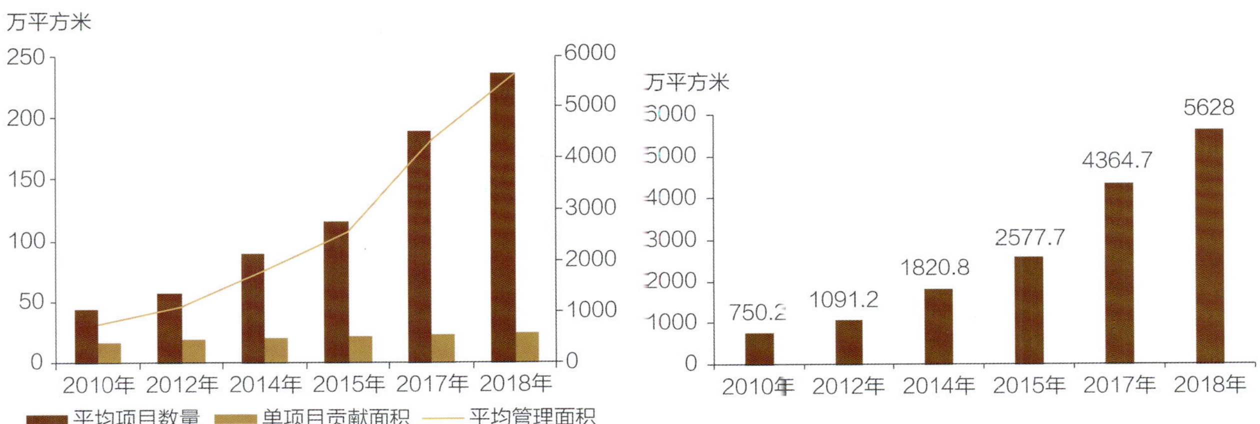

图 18 百强企业住宅物业服务企业平均管理面积情况

图 19 百强企业住宅物业服务企业平均管理项目情况

4. 百强企业住宅物业服务收入情况

2018 年，百强企业住宅物业费收入总值为 754.1 亿元，同比增长 45.1%。2015 ～ 2018 年复合增长率为 29.01%。百强企业住宅物业物业费收入占 500 强企业住宅物业的物业费收入比例为 70.2%，占百强企业总物业费收入比例为 55.2%，较 2017 年增加了 2.8 个百分点（图 20）。

2015 ～ 2018 年，百强企业住宅物业费收入均值由 3.6 亿元增长至 7.7 亿元，复合增长率为 28.57%（图 20）。

5. 百强企业社区服务收入情况

2018 年，百强企业社区收入总值为 150.1 亿元，同比增长 56.7%。2015 ～ 2018 年复合增长率为 39.54%，未来发展市场较为广阔。2018 年，百强企业社区服务收入占 500 强企业社区服务收入比例为 79.7%，头部企业几乎占据了大部分市场；百强企业社区服务收入占百强企业总收入比例为 8.5%，2015 ～ 2017 年一直在稳步增长中（图 21）。

2015 ～ 2018 年，百强企业社区收入均值由 8630.9 万元增长至 1.92 亿元，复合增长率为 30.64%（图 21）。

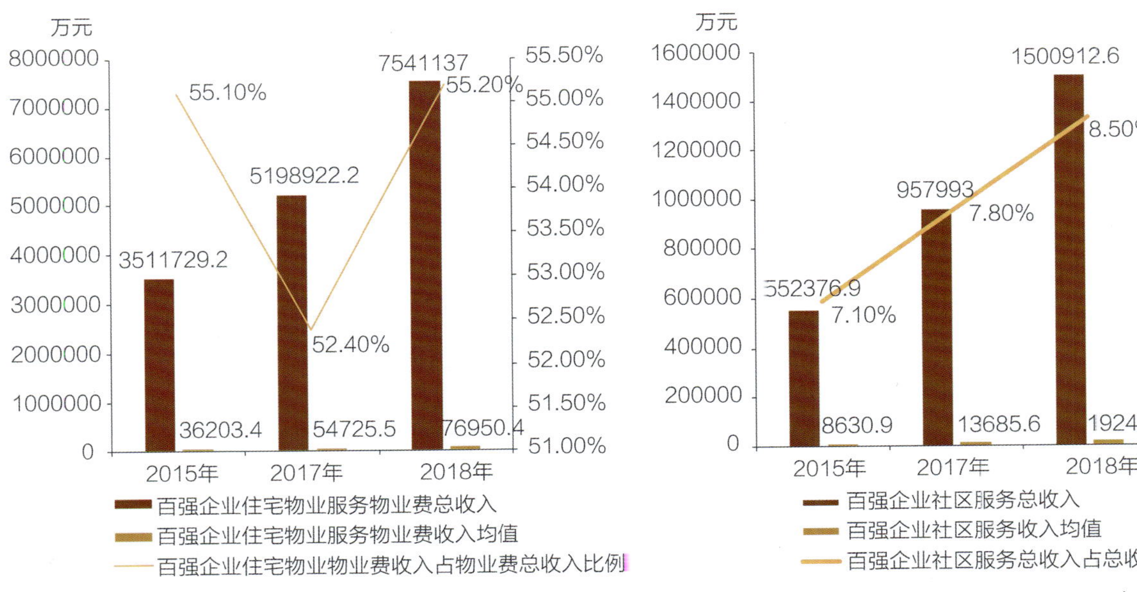

图 20 百强企业住宅物业服务收入情况

图 21 百强企业社区服务收入情况

三、住宅物业服务现状特点

（一）住宅仍是主流业态，高端物管初现端倪

通过上述数据显示，约 95% 的企业都会布局住宅物业，虽然近年来各家企业都在努力扩大非住宅物业管理面积，但是相较于住宅物业的增长速度来说，依然较为缓慢，住宅物业依然是主流业态。

与此同时，高端物管服务初现端倪。敏锐的物业服务企业早已捕捉到这一趋势，将自己服务的客户进行分层，为不同层级的客户提供不同的服务。通过服务提升业主居住体验，从而提升具备更高支付能力的那部分业主的服务费用，提升自身的价值感，也随之扩大了住宅物业的市场空间。

广州时代邻里在基础服务标准之上提炼出向日葵、金百合、郁金香三种不同类别的服务模式，为业主量身定制生活服务解决方案。向日葵客户专属服务是为业主提供全年 365 天每天 24 小时不间断的服务，做到对业主需求即时应答。金百合高端定制服务为业主提供“住户没想到，我们能想到，并主动提供给住户选择”的服务模式，有效地满足客户个性化的需求。郁金香服务模式是为时代物业外接、收购项目定制的服务模式，展现物业人的基本素养。

在规模快速增长的同时，保障优质服务才是企业安身立命之本，决定企业盈利的是手中所握资源的深度服务和运营能力。伴随着业主的支付能力和对优质服务的需求越来越强，高端物管将是未来物业服务市场的新增盈利点。

相较于刚需、刚改的住宅物业市场而言，针对高端住宅提供物业服务的市场体量较小，再加上这部分业主需求较为个性化，对于生活品质要求较高，所以，物业管理费用也会随之提升。以万科物业发布的高端物业管理调研报告的内容作为参考，将每月每平方米物业费大于 5 元的社区归为所涉及的高端物业范畴。根据企业数据显示，目前在管项目中，高端物管项目约占500强企业在管项目总数的5%，总面积高达2.5亿平方米，占 500 强企业住宅物业总在管面积的 3.3%，高端物业市场已经初具规模，物业服务企业可以依托自身有利条件，开始不同程度的尝试。

高端物业市场的背后是市场对物业管理行业整体服务水平提高的需求。目前市场上针对高端物管的产品较少，与用户需求匹配度仍有差距，企业需要加大用户需求研究投入力度，只有超出业主预期需求的企业才能占据未来市场发展的主动权（表 9）。

典型企业在高端物管的实践　　表 9

代表企业	独立品牌	管家服务	具　体
深圳华侨城物业	是	金管家＋华・管家	“金管家”包含基本特色服务和尊贵特色服务，后者专为别墅业主打造；“华・管家”是华侨城酒店服务理念导入高端物业管理之中
南都物业	是	南都物业＋南都管家	“南都物业”是服务于中高端规模型住宅和综合商业物业项目的子品牌；“南都管家”品牌是服务于顶级写字楼、豪宅、别墅等高端物业的子品牌
永升生活服务	是	铂悦管家＋全能管家	针对高端住宅，永升服务推出铂悦管家，针对中端住宅推出全能管家
万科物业	否	双管家服务模式	“双管家服务模式”是万科物业正在着力打造的“高端物管体系”中的重点板块，包括“业务管家中心”和“健康管家中心”

（二）多经模式各有特色，发展速度具有差异

多元业务的开展基于优质的基础服务，物业服务企业在开展多元业务时，从业主刚需出发，针对不同场景管理特色，发展定制化多种经营服务。

恒大集团旗下的金碧物业针对社区多种经营业务，提出了“社区标准商业配套”的战略计划，在社区中采取独立商业街或裙楼底商形式，布局开放式的商业群落，涵盖餐饮配套类、生活配套类、服务配套类三大类业态，目前已与全国 700 多个知名商家达成合作协议，可满足业主购物、娱乐、社交、休憩的全方位需求，极大增强了区域内商业氛围。

物业转型、增值服务布局是未来物业服务企业转型的大趋势，但是现在中国大部分老旧小区的物业管理还停留在基础物业服务上，并未对社区进行增值服务布局，物业管理行业的多种经营市场还待开发。

（三）加速布局智慧物业，打造社区运营载体

技术的发展为行业的升级提供了条件。目前，社区智能化所需软硬件发展已经初见雏形，虽然目前尚存在设备标准不统一、整体解决方案缺乏系统性等问题，但是入局各方都在以不同的角度切入，持续发力向前，在同一应用场景下的各方平台彼此寻求融合，共同为业主打造最便捷的生活环境。

从物业服务出发，目前已初步显现的小格局如下：平台方基于现有技术的支持，研发针对物业管理行业发展，尤其是社区智能化建设的现实需求的一个又一个服务组件； 再根据使用对象分别独立建设系统使用入口，将该对象所需要的服务系统的入口集中在一个终端；最后根据应用场景，将这些不同终端的入口进行组合，形成完成的一套解决方案。

以智慧物业著称的美的物业集团，将“智慧社区＋物联网”相结合，产生新一代的统一指挥调度管理中心，由客户关系管理、通行服务、视频安防、数字运维、业务办理、日常收费和品质核查等 12 大业务管理系统进行组成，将社区相关业务管理线上化，形成业务数据沉淀，为数字化驱动业务革新带来有力数据支撑。

目前，虽然智能化服务的深度及广度仍然有待提高，技术与标准的障碍仍待突破，但企业自我运营管理及物联网平台的使用都得到了各方的重视，伴随着技术的成熟，物业服务必将逐步实现转型，并基于户内与城市数据的连接而为业主的生活发挥更深刻的作用。

四、住宅物业未来趋势

（一）服务质量要求提升，亟需标准化建设

物业管理行业正处于传统服务业向集约型现代服务业转变的过程中，再加上物业服务企业发展迅猛、资本涌入、“互联网＋”模式的兴起，物业服务企业在管理方式、发展规模、服务质量等方面还未匹配行业的快速发展，提升物业服务质量，发展标准化建设成为了必然选择。

中国物业管理协会将 2018 年定义为“服务质量提升年”，启动工作以来，得到了各地方协会和会员单位的积极响应，以高质量的服务满足业主日益增长的生活需求。住宅物业作为物业管理行业体量最大、管理人数最多的业态，对于基础物业服务质量的要求极高，只有在业主对基础物业服务认可的基础上，物业服务企业才能打造出自己的行业口碑，从而扩大行业影响力，增加获取项目的能力。

2019 年是物业管理行业“标准建设年”，在国家层面，物业管理行业已经有了《物业管理术语》《物

业服务安全与应急处置》和《物业服务顾客满意度测评》等标准，在团体标准方面，中国物业管理协会已经发布了《物业管理示范项目服务规范》。对于住宅物业管理行业，2019 年 4 月，中国物业管理协会发布了《住宅物业服务规范（征求意见稿）》，从住宅物业范围、术语、管理要求、基础服务要求、特约服务要求等方面对住宅物业服务做了标准化规范，顺利实施之后，住宅物业服务质量建设将会更上一层楼。

（二）市场开放程度加深，第三方物业占比增多

随着物业管理行业规范化的发展，市场公平竞争的氛围已经形成，不同规模、不同背景的物业服务企业可以在同一个场合展开竞争，通过招投标等方式获得项目，再加上企事业单位后勤化改革的推进，“三供一业”服务移交社会物业服务企业，为物业服务企业提供了更多市场机会。例如碧桂园服务 2018 年就成立了合资公司，开始“三供一业”的探索，2019 年上半年为碧桂园服务创造了 4410 万元的收入。

上市的物业服务企业除了南都物业、中奥到家以及浦江中国之外，都拥有房地产开发商背景的母公司。通过对于部分上市企业第三方开发商项目占比的分析可以看出，企业在进行外拓时，除了依赖母公司的战略拓张外，随着市场竞争公平开放氛围形成，企业也会向外拓展第三方开发商项目（图 22）。

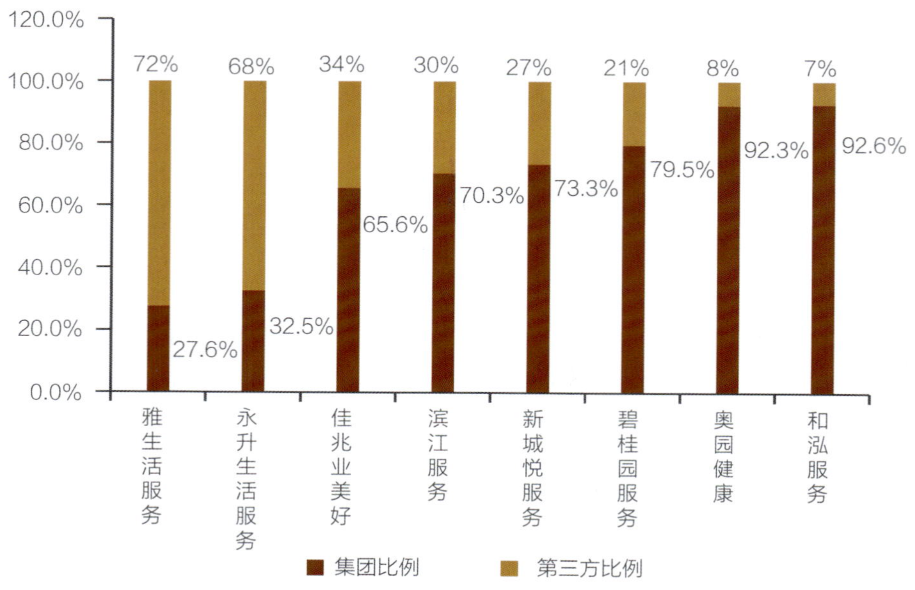

图 22　2019 年上半年上市物业服务企业第三方项目面积占比

资料来源：企业年报，choice

在上市企业中，对于母公司依赖度最高的是奥园健康和和泓服务，目前在管面积的 92% 来自于母公司。披露管理面积结构的企业中 第三方占比最高的是雅生活服务，虽然雅生活背后有雅居乐与绿地两家企业进行支撑，但是近年来外拓步伐加快，相较于母公司给予的面积增速来看，第三方的增速更可观。

（三）打造社区多种经营，或成新盈利增长点

住宅物业主要由基础物业服务和增值服务组成，而从企业收入结构来看，住宅物业服务收入占主要收入来源，但是由于住宅物业管理基数较大，人均收入较少，从而导致很多企业的基础物业服务收入仅够维持基本运营管理。在基础物业服务之外，物业服务企业会围绕社区生活场景以及业主需求，打造社区增值服务，

其较高的利润率可以为企业带来更大的增长空间。

广东康景物业是合生活科技服务集团中核心的物业服务企业，借助集团旗下六家多元化企业，形成了合生活专属“社区经营战略”，从公共资源运营和业务用户运营两个方面共同打造社区商业全场景代管运营，在传统空间运营之外，还打造了包含“社区 V-mall”、社区商业综合体和社区媒体运营等的创新空间运营。以北京某社区计划建设的7 2万平方米的“ 社区 V-mall”来说，其中有无人超市、健身房、亲子娱乐设备、共享教室等多种经营服务，建成后将会为此社区全年增加营收 66.6 万元。

目前企业的社区增值服务主要分为社区电商服务、社区房屋经纪服务、社区家政服务、社区养老服务和社区其他服务，通过对 500 强企业分析可知，社区其他服务由于包含种类校多，占据主要社区服务收入来源，其次分别为社区房屋经纪服务、社区电商服务、社区家政服务、社区养老服务。随着互联网服务的发展，社区电商服务占社区服务收入逐年上升，物业服务企业通过内部 APP、微信或者引入第三方电商平台进行电商服务的开展，为业主提供更多选择。

除了以上服务，近年来围绕社区生活展开的停车租赁、空间租赁、社区金融、社区教育、家居生活等也受到了企业以及业主的欢迎。2019 年，中海物业将业务结构进行了调整。对增值服务重新做了定义，扩大了范围，把停车服务单独划分为一项业务，2018 年 7 月 11 日，深圳兴海收购青岛中海及大连中海合共 244 个停车位的使用权，2018 年 11 月 29 日，与中海海外发展的附属公司订立停车位协议，接受转让位于上海及广州的合共 3101 个停车位使用权。截至 2019 年上半年，停车位买卖业务已经初现成效，6 个月的收入为 550 万，利润为 230 万，毛利率为 42.8%，为中海物业带来了较高的利润。

（四）推进智慧化建设，助力企业运营管理

目前，就社区智能化发展而言，已经聚集了不同服务层级的平台。比如千丁云、一应云、腾讯海纳等，都是与物业服务企业进行较多层次、直接连接的平台。同时，还有以雅观科技为代表打造以智能家居为入口的平台，将智慧发展延伸进户内；以及像通通易联打造的专注于车行、人行等某个单一领域的平台。

覆盖功能相对全面的平台已经有多方力量入局。首先是大型物业服务企业，作为直接的使用者和受益者，最有动力进行深度的智能化开发，尤其是设备管理及基础物业服务的智能化发展； 其次，是互联网企业凭借互联网经验及平台技术强势入局，社区经济的蓝海是首要驱动力，挖掘 ToB 的潜力；最后，还有以云智易、四格互联为代表的专门为物业管理行业赋能的平台公司，他们的平台范围则涵盖产业园、商业等多种业态，以及传统物业服务、房屋租赁、停车运营等物业服务的全链条业务服务。

（五）增加社区亲密度，增强业主归属感

住宅物业管理的社区是由众多家庭组成的，而物业服务企业可以接触到不同的家庭群体，通过物业服务串起不同家庭连接的链条。在一定程度上，社区居民之间的亲密程度会影响到社区整体生活环境氛围，在彩生活对于社区亲密程度的调查中发现，社区邻里之间亲密程度越高，社区的满意度也会随之提升，业主更容易产生自豪感，社区内的商业匹配度与交易程度也会提升。

金地物业推出的 26° 管家服务就是致力于打造有温度的居住社区，以“恰到好处的舒适” 为口号，要求管家服务要有高于书面标准的自我要求，同时对个性化精准服务群体提供“ 舒适”服务。

在未来的住宅物业管理发展中，不仅对企业要求科技化、标准化发展，更要求企业精准化、体贴化发展，打造有温度的社区服务。

写字楼物业管理发展报告

作为经济活动的一个单元，企业是激发国民经济动能的基础单元，以写字楼为代表的融合物理空间和各类配套服务的场所是现代企业经营的主要载体。随着城市经济的发展，在各级城市，写字楼物业的数量越来越多，诞生了巨大的服务市场。

国内写字楼的专业服务起始稍晚，从中国香港以及国外传入的服务理念对写字楼物业服务影响深远。与住宅物业不同，写字楼物业服务具备一定的特点，包括单一或少量业主、人员复杂、人流潮汐现象、对基础设施运行正常率要求高等。基于对写字楼物业服务的长期实践，该业态诞生了不少具备专业服务能力的企业，如中航物业、金融街物业等，并做出了品牌和影响力。

整体上看，国内写字楼物业服务标准化尚不足，虽然均在服务写字楼物业，但不同企业的服务深度差距较大，对该业态服务未来的发展方向亦存在不同理解。本报告基于中国物业管理协会百强企业及500强企业数据的分析以及专项案例调研，对写字楼物业服务领域的当下现状进行“切片”，以期对快速发展的写字楼服务市场进行认知，探讨写字楼物业服务未来的发展方向。

一、写字楼物业服务发展驱动因素

（一）写字楼物业存量走高，增量市场仍在扩大

根据国家统计数据，全国写字楼市场整体供应量持续飙升。1997～2018年写字楼物业累计新开工量达7.46亿平方米，其中，2014～2018年5年间新开工面积达3.25亿平方米，与之前10年新开工量的总和相当。虽然近几年写字楼新开工增速逐渐下滑，但是写字楼物业存量已形成较大的体量，成为优质物业服务企业生存的“土壤”（图1）。

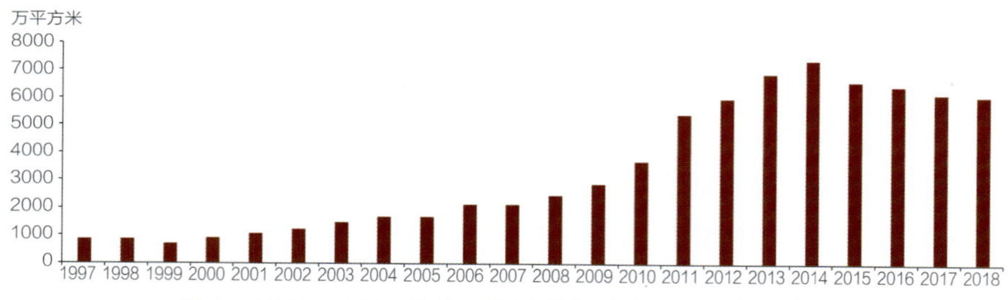

图1　1997～2018年度全国写字楼新开工面积变化情况

数据来源：国家统计局，CRIC

根据 CRIC 数据，在主要一二线城市，写字楼存量走高，同时，主要一二线城市 2019 ～ 2021 年增量供应快速上升，以北、上、广、深为代表的四大城市以接近 5% 的速率增长，一些二线城市增长更加迅猛，如杭州、武汉等，一二线城市增量物业为优质企业新拓展项目提供机遇（表 1）。

主要一二线城市甲级写字楼存量及增量情况　　表 1

城市	存量（万平方米）	空置面积（万平方米）	空置率（%）	2019—2021 年度增量预计
北京	2143.41	73.31	3	57.75
上海	1103.06	266.05	24	38.69
广州	704.09	91.89	13	32.36
深圳	749.45	95.57	13	98.81
杭州	734.77	153.75	21	318.63
南京	968.16	65.15	7	68.93
武汉	192.44	29.14	15	145.54

（二）全国写字楼物业服务市场规模在千亿以上

根据 CRIC 数据，若以 1997 ～ 2018 年写字楼物业累计新开工量达 7.46 亿平方米为基础，依据 2017 年写字楼物业平均物业费水平 8.54 元 /（平方米•月）进行测算，全国写字楼物业服务市场规模在 765 亿元左右，考虑到一些老旧物业及未纳入统计的写字楼物业的存在，预计全国写字楼物业市场规模超过千亿（表 2）。

44 个重点城市写字楼存量情况　　表 2

序号	城市	存量（万平方米）	序号	城市	存量（万平方米）
1	北京	2143.41	17	天津	230.15
2	上海	1103.06	18	烟台	77.34
3	广州	704.09	19	大连	75.91
4	深圳	749.45	20	南宁	156.1
5	合肥	505	21	惠州	68.36
6	厦门	125.49	22	贵阳	301.2
7	福州	48.77	23	武汉	192.44
8	太原	55.93	24	南京	968.16
9	长春	129.27	25	无锡	301.6
10	中山	69.02	26	南昌	139.68
11	昆明	159.45	27	漳州	—
12	银川	15.87	28	青岛	348.27
13	海口	83.47	29	唐山	84.51
14	宁波	211.54	30	哈尔滨	25.46
15	常州	82.07	31	东莞	93.98
16	连云港	8.15	32	成都	1145.72

续表

序号	城市	存量（万平方米）	序号	城市	存量（万平方米）
33	西安	310.57	39	济南	213.08
34	郑州	524.96	40	沈阳	291.98
35	杭州	734.77	41	佛山	312.73
36	苏州	346.69	42	重庆	585.93
37	徐州	50.46	43	兰州	40.05
38	淮安	18.85	44	长沙	180.53

数据来源：CRIC

二、基于样本的写字楼物业服务市场数据分析

（一）2018 年度写字楼物业发展指数 103.2

物业服务企业发展指数（Property Management Development Index，简称 PMDI ）是以企业年度数据为基础，根据物业服务企业发展指数的测评体系，从物业服务企业经营情况、管理规模、服务质量等方面，对物业服务企业发展的基础状况发展规律进行量化评价，测算出物业服务企业的发展指数，衡量企业发展的总体水平。物业服务企业发展指数横向上，体现出各企业发展状况的对比情况；纵向上，体现不同时期各企业的表现，并通过选取一定数量的头部样本企业反映行业发展趋势。

写字楼物业发展指数是根据测评体系选取物业管理行业头部企业为样本，进行数据分析，衡量企业该业态经营状况、管理规模、服务质量等整体发展情况，确定反映该业态发展状况和发展走势的综合指数。

近年来，物业管理行业受到关注愈发强烈，因居住和工作是现代人们生活的两大核心“场景”，作为工作主要空间载体的写字楼物业更受瞩目。从服务特点、盈利能力、挖掘潜力等角度考虑，不少原有的专业服务企业更加笃定地聚焦该业态，来自原本住宅物业服务板块的企业亦加速进入写字楼服务领域，推动该领域快速发展。

2018 年，PMDI100 写字楼物业发展指数 103.2，比 2015 年增加 48.0 个点，复合增长率为 23.19%，近 2 年写字楼物业服务发展指数呈现加速上升态势（图 2）。

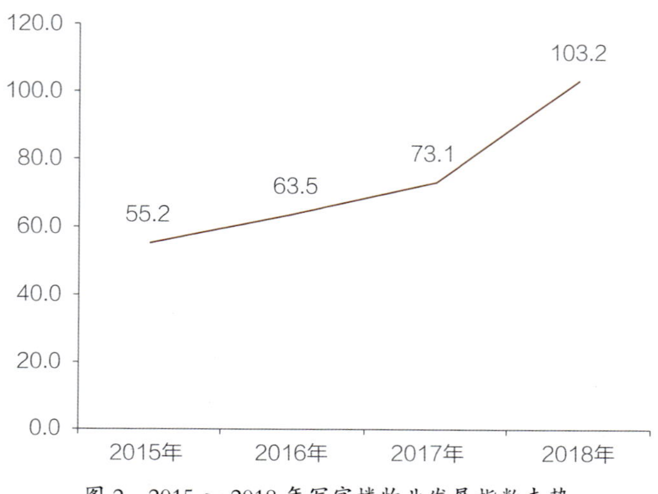

图 2　2015 ～ 2018 年写字楼物业发展指数走势

（二）2018 年度 500 强企业整体数据分析

1. 500 强企业写字楼物业管理面积情况

2018 年，500 强企业中有 465 家企业涉足写字楼服务，占比 93%，500 强企业写字楼物业总管理面积达 10.98 亿平方米，占 500 强企业总管理面积比例为 9.2%，占行业总管理面积的比例为 3.93%（表 3）。

500 强企业写字楼物业管理面积情况　　表 3

项目	数值
总管理面积	10.98 亿平方米
占 500 强企业总管理面积比例	9.2%
占行业总管理面积比例	3.93%

从企业角度看，写字楼物业服务企业的平均管理面积为 236.08 万平方米。[①] 有 55.7% 的企业写字楼管理面积在 100 万平方米以下，有 11.8% 的企业管理面积大于 500 万平方米，仅有 4.1% 的企业管理面积大于 1000 万平方米。该业态中小型企业比例较高（图 3、表 4）。

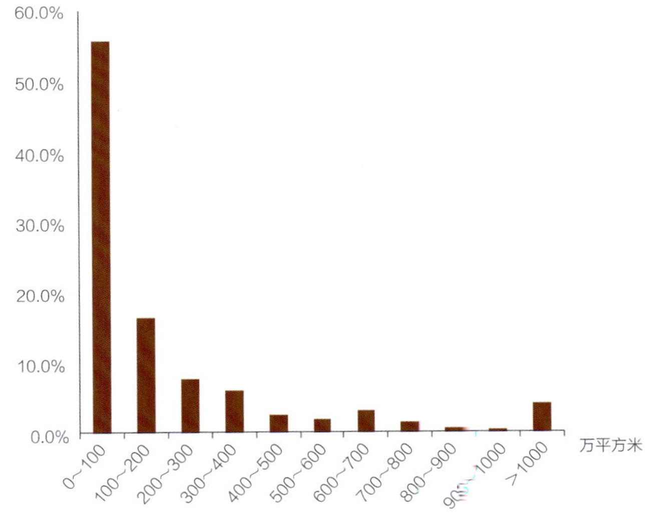

图 3　2018 年度 500 强企业写字楼物业管理面积各区间段企业占比分布

2018 年度 500 强企业写字楼物业管理面积各区间段企业分布　　表 4

区间段（万平方米）	企业数量	区间段（万平方米）	企业数量	占比
0 ~ 100	259	0 ~ 100	259	55.7%
0 ~ 200	335	100 ~ 200	76	16.3%
0 ~ 300	371	200 ~ 300	36	7.7%
0 ~ 400	399	300 ~ 400	28	6.0%
0 ~ 500	410	400 ~ 500	11	2.4%
0 ~ 600	419	500 ~ 600	9	1.9%
0 ~ 700	434	600 ~ 700	15	3.2%
0 ~ 800	441	700 ~ 800	7	1.5%

① 本报告涉均值类计算均以 500 强企业中涉及该业态的企业部分进行计算，下同。

续表

区间段（万平方米）	企业数量	区间段（万平方米）	企业数量	占比
0～900	444	800～900	3	0.6%
0～1000	446	900～1000	2	0.4%
总计	465	＞1000	19	4.1%

从城市分布看，500 强企业写字楼物业服务面积中，一线城市总量为 2.11 亿平方米，占比 19.2%；二线城市总量为 5.92 亿平方米，占比 54.0%；三四线城市总量为 2.93 亿平方米，占比 26.7%，海外城市总量 137.78 万平方米，占比 0.13 %。可以看出，500 强企业写字楼物业的市场相对集中在一二线城市，其占比达到 73.2%（图 4）。

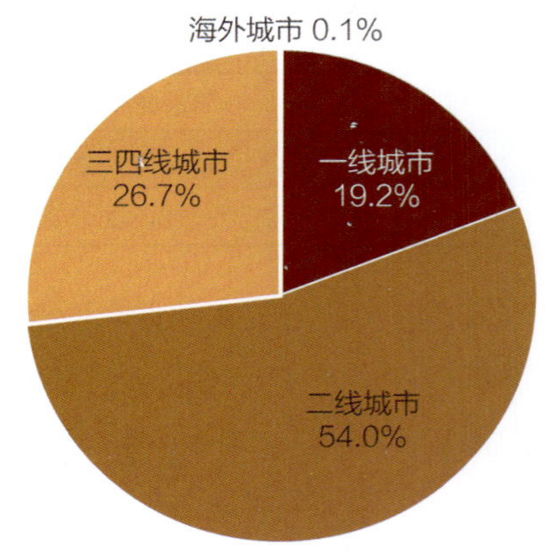

图 4　2018 年度 500 强企业写字楼物业管理面积各城市分级分布

2. 500 强企业写字楼物业管理项目情况

2018 年，500 强企业布局写字楼物业服务企业管理项目总数为 16128 个，企业平均管理项目数量为 34.7 个，单项目贡献面积为 6.81 万平方米（表 5）。

500 强企业写字楼物业管理项目情况　　表 5

项目	数值
管理项目总量	16128 个
平均管理项目数量	34.7 个
单项目贡献面积	6.81 万平方米

从城市角度看，500 强企业写字楼物业管理项目中，一线城市项目数量为 4174 个，占比 25.9%；二线城市项目数量为 7158 个，占比 44.4 %；三四线城市项目数量为 4784 个，占比 29.7%，海外城市项目数量为 12 个，占比 0.07%，该结构与管理面积的各城市分级分布相符（图 5）。

海外城市 0.1%
三四线城
29.7%
一线城市
25.9%
二线城市 44.4%

图 5　2018 年度 500 强企业写字楼物业管理项目各城市分级分布

3. 500 强企业写字楼物业服务收入情况

2018 年，500 强企业写字楼物业总物业费收入达 497.19 亿元，占 500 强企业总物业费收入比例为 22.03%，以 9.2% 的面积占比贡献了 22.03% 的收入占比（表 6）。

500 强写字楼物业服务收入情况　　表 6

项目	数值
物业费总收入	497.19 亿元
企业物业费收入均值	1.07 亿元
占 500 强企业物业费总收入比例	22.03%

从企业角度上看，500 强企业写字楼物业物业费收入均值为 1.07 亿元。500 强企业写字楼服务企业中，有 79.8% 的写字楼物业物业费收入在 1.5 亿元以下，有 4.5% 在 5 亿元以上。写字楼物业领域大量企业的规模仍然较小，但头部企业的收入水平已经较高。

在 465 家涉足写字楼服务的企业中，有 37 家写字楼物业管理面积占比超过 50%，有 85 家写字楼物业物业费收入占比超过 50%，以收入为标准，可以看出有 85 家企业以写字楼物业服务为主导发展，占 500 强企业比例为 17%（表 7、图 6）。

2018 年度 500 强企业写字楼物业服务收入各区间段企业分布　　表 7

区间段（万元）	企业数量	区间段（万元）	企业数量	占比
0 ~ 5000	260	0 ~ 5000	260	55.9%
0 ~ 10000	334	5000 ~ 10000	74	15.9%
0 ~ 15000	371	10000 ~ 15000	37	8.0%
0 ~ 20000	402	15000 ~ 20000	31	6.7%
0 ~ 25000	413	20000 ~ 25000	11	2.4%
0 ~ 30000	420	25000 ~ 30000	7	1.5%
0 ~ 35000	429	30000 ~ 35000	9	1.9%
0 ~ 40000	435	35000 ~ 40000	6	1.3%
0 ~ 45000	439	40000 ~ 45000	4	0.9%
0 ~ 50000	444	45000 ~ 50000	5	1.1%
总计	465	＞ 50000	21	4.5%

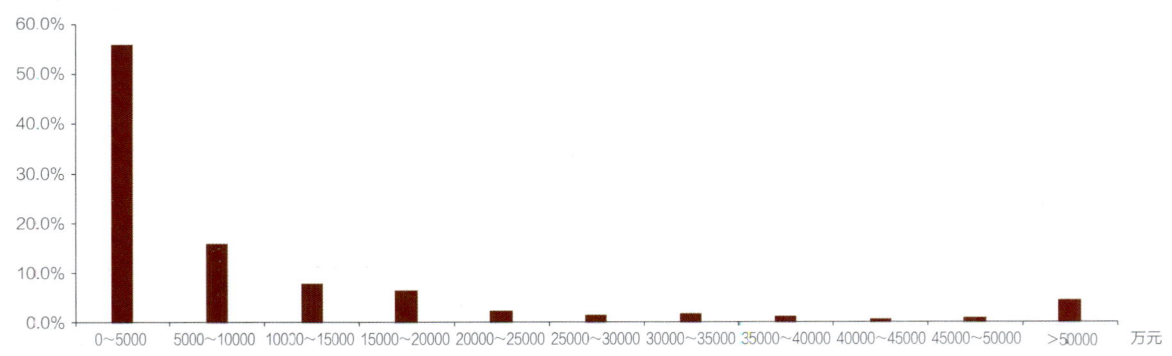

图 6　2018 年度 500 强企业写字楼物业服务收入各区间段企业占比分布

4. 500 强企业写字楼物业物业费水平

2018 年，500 强企业写字楼服务项目中，以酬金制形式服务的项目占比 16.3%，包干制形式服务的项目占比 83.7%；包干制仍为主流方式（图 7）。

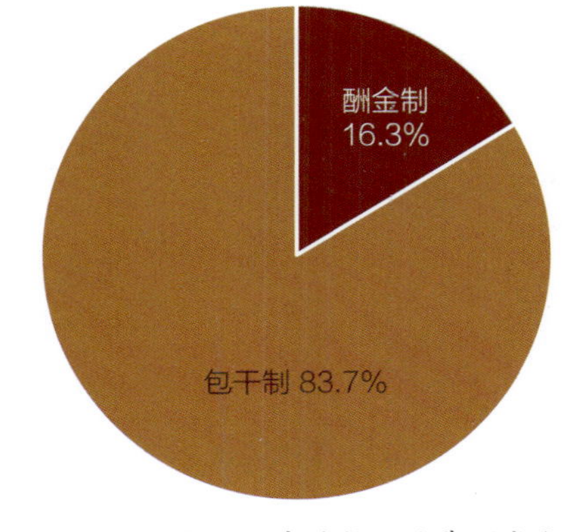

图 7　500 强企业写字楼物业收费形式分布

2018 年，500 强企业写字楼物业平均物业费为 5.94 元 /（平方米·月），其中，包干制项目平均物业费 5.41 元 /（平方米·月），酬金制项目平均物业费 9.07 元 /（平方米·月），物业费整体收缴率为 98.52%。500 强企业市场竞争力高，管理优质项目较多，其平均物业费水平高于行业平均水平（图 8）。

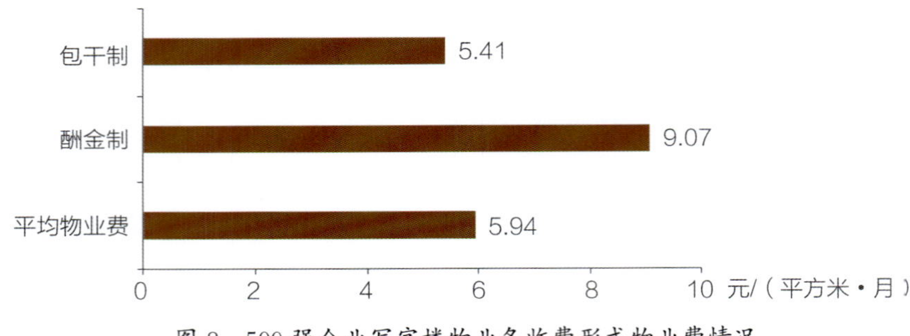

图 8 500 强企业写字楼物业各收费形式物业费情况

从城市角度上看，500 强企业写字楼物业服务项目中，一线城市平均物业费为 11.27 元 /（平方米·月）；二线城市写字楼物业平均物业费为 4.95 元 /（平方米·月）；三线城市写字楼物业平均物业费为 4.01 元 /（平方米·月）。一线城市写字楼物业费收入明显高于二三四线城市（图 9）。

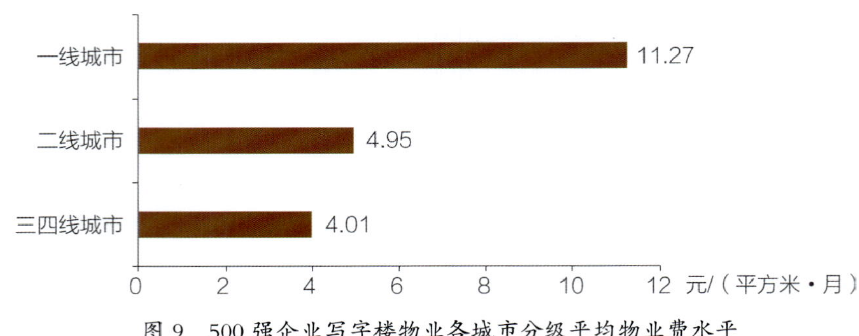

图 9 500 强企业写字楼物业各城市分级平均物业费水平

（三）2010 ～ 2018 年度百强企业整体数据分析

1. 百强企业写字楼物业布局情况

2018 年，百强企业布局写字楼物业的比例为 98%，同比增长 5 个百分点。2010 ～ 2018 年度，该比例均保持在 90% 以上。由于近年来，不少物业服务企业积极涉足写字楼物业服务，百强企业中布局写字楼服务的企业呈上升趋势（图 10）。

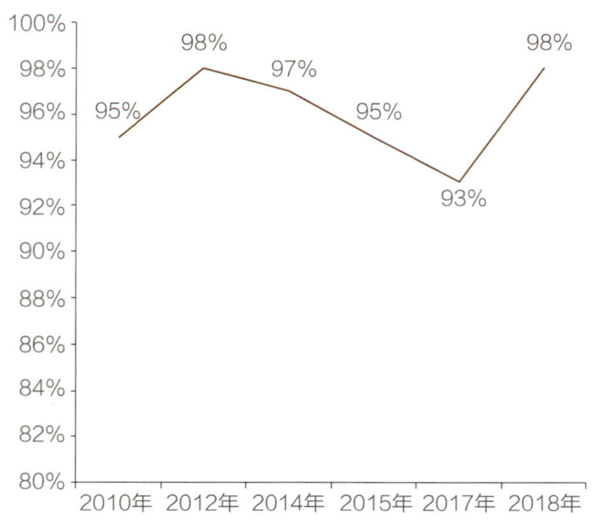

图 10 百强企业中涉足写字楼物业服务企业占比情况

2. 百强企业写字楼物业管理面积情况

2018 年，百强企业写字楼物业服务总管理面积为 6.27 亿平方米，同比增长 39.86%，增速大幅高于行业整体规模增速。而百强企业写字楼物业管理面积占百强企业总管理面积比例为 7.8%，由于百强企业总管理面积的提升速度更快，该比例略有下降趋势。

图 11　百强企业写字楼物业管理面积情况

2018 年，百强企业写字楼物业管理面积占 500 强企业写字楼服务总面积增至 57.1%，证明该领域领先企业市场份额较大。与此同时，百强企业写字楼物业管理总面积占整个行业的市场份额由 2012 年的 1.0% 提升至 2018 年的 2.2%，表明百强企业写字楼物业服务的集中度在提升（图 11）。

2018 年，百强企业写字楼物业的平均管理面积从 2010 年的 152.5 万平方米增至 2018 年的 640.06 万平方米，年均增长 60.9 万平方米，2015 ～ 2018 年的平均管理面积复合增长率为 26.38%，而 2017 ～ 2018 年该增速达 32.7%，表明近 2 年百强企业写字楼服务企业的写字楼物业拓展力度在加大（图 12）。

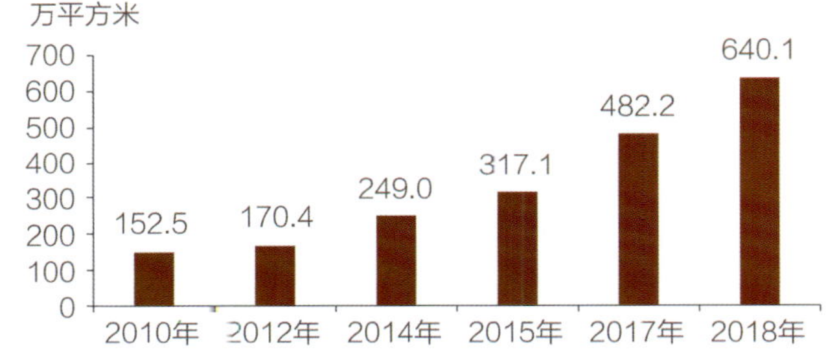

图 12　百强企业写字楼物业服务企业平均管理面积情况

3. 百强企业写字楼物业管理项目情况

2018 年，百强企业布局写字楼物业服务企业管理项目总数为 7785 个，同比增长 9.86%；2012 ～ 2018 年的复合增长率为 10.08%，项目增长相对平稳。百强企业管理的项目占 500 强企业总写字楼物业管理项目的比例为 48.3%。

同时百强企业写字楼物业服务企业平均管理项目数量从 2010 年的 38 个增长至 2018 年的 79.4 个，单项目贡献面积持续增长，从 2010 年的 4.01 万平方米增至 2018 年的 8.06 万平方米。由此可见，百强企业在保持项目增长稳步提升时，新拓展写字楼物业项目的规模在不断扩大（图 13）。

4. 百强企业写字楼物业服务收入情况

2018 年，百强企业写字楼物业费收入总值为 248.38 亿元，同比增长 31.04%。与 2015 年的 146.1 亿元相比，增长了 102.28 亿，复合增长率为 19.35%（图 14）。

2018 年，百强企业写字楼物业物业费收入占 500 强企业写字楼物业的物业费收入比例为 50%，头部集中度较高；占百强企业总物业费收入比例为 18.65%，较 2017 年减少 1.7 个百分点，与规模占比变化保持一致。百强企业中，写字楼物业以 7.8% 的管理面积，贡献了 18.65% 的物业费收入（图 14）。

此外，百强企业写字楼物业费收入均值从 2015 年的 15380.2 万元增长至 2018 年的 25344.7 万元，复合增长率为 18.12%；与平均管理面积变化相比，写字楼物业费收入增速（18.12%）不及写字楼平均管理面积的增速（26.38%），或因样本企业中部分大型写字楼项目单平方米收益降低所致。

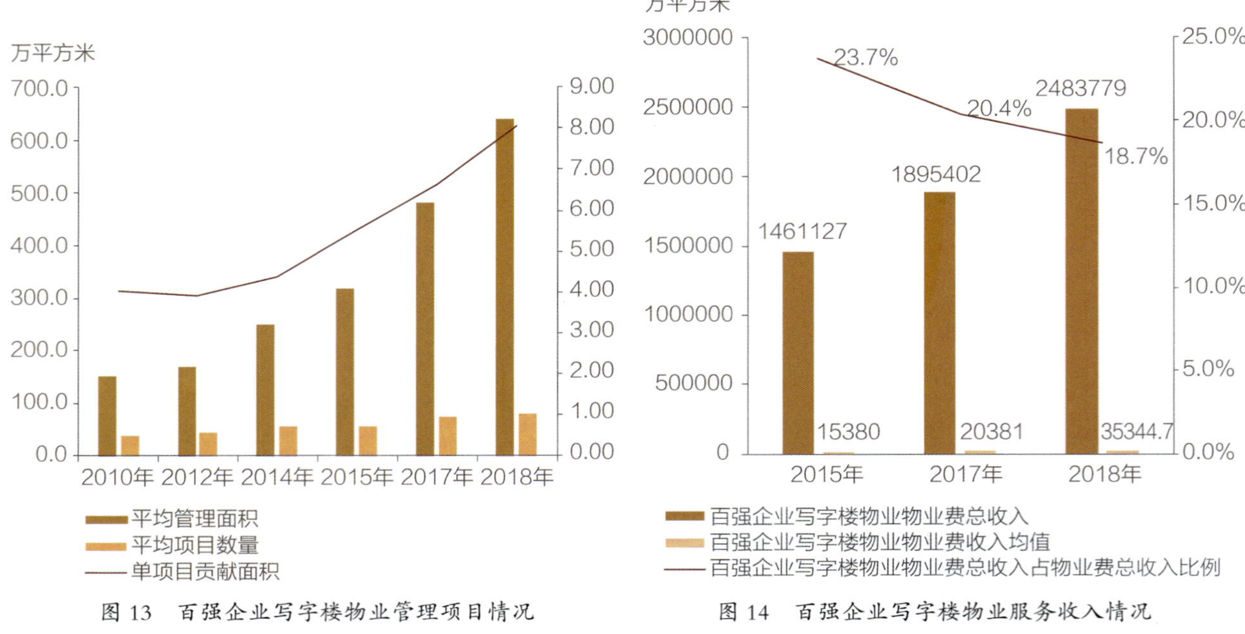

图 13　百强企业写字楼物业管理项目情况

图 14　百强企业写字楼物业服务收入情况

三、写字楼物业服务发展现状

根据 500 强企业数据及企业调研和访谈，当前写字楼物业服务发展具备以下几个特点：

（一）标准化程度较低，服务深度差异大

500 强企业数据显示，96.3% 涉足写字楼服务的企业在写字楼物业服务的同时，也服务住宅物业，且住宅物业服务体量大于写字楼物业占此类企业的 83.0%。此外，以写字楼物业服务作为主要服务业态的企业，即管理面积占比 50% 以上的企业仅占统计范围所有涉及写字楼服务企业的 5.37%。由此表明，写字楼物业服务领域专业服务商数量有限，更多是作为大多数企业布局非住宅业态布局中的一类。

在写字楼服务领域，由于物业费价格市场化程度低，不同年代写字楼物业收费差异大，且业主方对单项目的服务要求、个性化需求要求较大，写字楼物业的标准化服务程度目前仍较低，主要缘于：一方面，不同物业及不同业主的需求难以进行统一；另一方面，写字楼物业服务深度差异大，浅层次的服务仅包括保洁、秩序维护、设备管理，深度的服务则涉及企业内部的针对性服务，如定制前台、资产管理等。写字楼业态服务的持续良好发展，依赖于相关专业服务企业的开拓和探索。

在一些优质专业服务商的推动下，写字楼物业服务标准化开始起步，相关服务标准逐步建立。比如，中航物业 2015 年承担了写字楼物业服务标准化建设工作委员会的筹建工作；2019 年 5 月，中航物业参与的深圳市地方标准《物业服务要求—商务写字楼》正式发布，成为深圳市发布的首个物业管理行业服务认证标准。

再如，金融街物业深耕商务办公物业服务，创建了“贯标、创优、信息化”三位一体的管理模式，建立了标准化作业指导体系，形成了《金融街物业管理手册》《项目作业指导书》等标准化管理制度、流程及服务监测体系，确保所管理项目标准化、规范化、专业化、系统化运营。一些快速发展的企业，也具备了标准化复制能力，比如，合肥昌顺物业对外实施标准化服务，采用“昌顺模式”全面提高综合管理水平；合肥新

华物业引入现代化的管理理念、管理模式，建立、实施、保持、改进物业管理和服务质量管理体系，获得市场的拓展。

（二）竞争日趋激烈，高端领域壁垒亦加速形成

在住宅业态之外，写字楼物业服务具有良好的盈利能力和成熟的国外经验可借鉴，因此，在多业态扩张中，写字楼物业成为扩张的“重心”。

从主体上看，写字楼服务领域有不少深耕企业，发展势头较好，这些企业多以一个优势区域为根据地，经过多年发展，形成了一定的竞争优势和业务体量，未来表现值得关注。比如，安徽通服以服务通信运营商行业为先导，在既有专业物业服务力量基础上，依托设施管理和资产管理方面的独有能力，向多领域客户提供全方位专业化的写字楼物业和资产管理与服务。

另外有一批企业，专注写字楼业态的某一领域，打造专业领域服务深度，如合肥市政文外滩物业管理有限公司以高端政府办公类物业为主，成为政府办公楼物业服务特色；重庆宏声物管有限责任公司坚持走非住宅为主的专业化管理之路，形成具有特色的管理风格和服务经验；贵州深盛佳物业管理有限公司以管理政府办公楼宇为发展方向，形成一定品牌影响。

与此同时，不少以住宅服务为主的企业开始加大商业、写字楼物业的拓展力度，甚至成立专门的事业部或子公司以期取得开拓性发展，如保利物业、绿城服务等。其中，绿城服务 2019 年 9 月推出“绿城云享”商写品牌，携手 BOMA 进军高端商业、写字楼服务。

目前，国内一些专业的物业服务企业，特别是头部企业通过对标国际经验，加大投入，在技术和服务能力上大幅提升，在一定程度上树立了竞争“壁垒”，使得在优势区域、高端服务项目上，新进入企业面临的竞争环境更加严峻（表 8）。

物业服务企业深入写字楼服务领域主要事件　　表 8

项目	企业数量
万科物业	2018 年 10 月 15 日，正式推出“万物商企”子品牌
保利物业	2018 年，打造的全新商办品牌——星云企服
绿城服务	2019 年 9 月，推出“绿城云享”商写品牌

（三）个性化需求激增，创新业务涌现

写字楼物业服务面向的对象并不是单一的业主。由于场所开放及企业经营活动需求等因素，写字楼物业服务还必须面向在物理空间内流动的各类人群，包括企业主、员工、商户、访客等。就主要的服务对象企业主体和员工而言，写字楼物业服务方同时面临 To B 和 To C 两大群体。为了更好地满足对客服务，写字楼物业服务开始重视对物业使用人的直接服务，基于此，也诞生了更大的服务空间。

个性化需求凸显情况下，写字楼的服务创新成为物业服务企业保持长久竞争力的关键。在写字楼物业服务中，关注并照顾到相关方的诉求，可以使服务价值得到更大的发挥。除了在基础服务上更新服务理念，不断改进创新，在增值服务上，也不断提供特色化的管理项目，进而提升写字楼物业服务水平，最大限度满足客户需求。

当下，除了正常提供较为常见的增值服务以外，针对性的深度服务逐渐在新的项目中出现。比如，保利物业星云企服提出了“场景运营”的概念。所谓场景运营，是在写字楼物业管理的基础上，围绕人和企业在某个特定时刻和空间的诉求——也就是场景诉求，提出一套结合空间、服务、氛围、链接四个要素的综合解决方案。

上实服务也以传统物业服务升级为契机，逐步向上下游服务及产业覆盖，延展到FM设施管理、空间规划管理、智慧能源、社区服务、健康养老等城市生活服务的各个领域综合性品牌。

四、写字楼物业服务发展趋势

（一）智慧技术应用演变为“底层”竞争力

作为生活服务行业，智慧技术的渗透和应用在物业服务领域逐步深入，并深刻革新传统物业服务手段，提升物业服务的效率，给客户带来全新的物业服务体验。在写字楼物业中智慧技术的应用场景更明确，使用频率更高，效果更显著。

目前，以物联网为基础的远程设施监控技术已经成熟，成为写字楼物业服务的基础组件，加入人脸识别甚至光交互技术的门禁设备也已经大量应用，在高端写字楼、也开始配备迎宾机器人等辅助秩序维护、外卖机器人协助送餐，以手机APP为入口的服务平台也逐步为用户接受，这些变化正全方位重塑着写字楼物业服务的传统场景。

比如，中建东孚物业依托东孚的工科特色以及绿色地产建筑商形象，结合绿建三星及LEED金级建筑运作目标，辅以BIM＋FM平台的智慧管控手段，总结在设备节能、高效管理及绿色运维方面形成的经验以及各类绿色环保设备（中水处理、光伏热水及能源、冰蓄冷空调等）的管理运作经验，形成了强大的物业核心竞争力。

再如，福建永安物业，利用“巡航管家”物业品质实时管控，业务大数据分析，快速信息交流，解决沟通问题。广东公诚设备资产服务有限公司2018年引入“慧云”设备设施管理平台，通过数据云和管理大数据应用，极大提升了公司的管理水平，获得多个大型企事业机构的认可。

综合来看，智慧技术的应用带来两大方面的改变。一方面，通过显见的场景使客户的工作方式与生活方式更加科技、便捷，拥有了更多选择的可能；另一方面，通过传感设备和大数据统计，让写字楼物业服务的管理更加有序，在节能降耗、改善流程等方面发挥重要的作用。随着技术应用带来的效益、体验的进一步提升，这些技术将在未来被业主更加看重，基于智慧技术和大数据延伸的服务能力和壁垒将成为优质企业的底层竞争力。

（二）集成化、菜单式服务，助力企业业务升级

办公场景具备复杂性，企业日常经营中多种复杂需求交错，集成化服务是办公服务场景的必然需求。物业服务企业通过提供菜单式、集成化的服务，可以为入驻企业、员工的延伸需求提供服务。传统的需求多由多个第三方实现，但是在优质的服务要求下，由物业去满足企业方和员工不断增长的复合需求成为企业提供价值的重要考量因素。在此基础上，写字楼物业服务企业的业务从基础服务延伸至全链条服务，将改变企业的业务结构，助力企业业务升级。

在需求不断增大的时候，集成服务能力成为写字楼物业服务综合竞争力的体现，也成为不少优质项目方的核心诉求，将会对企业的综合实力产生越来越重要的影响。

（三）设施管理、资产管理能力渐成发展方向

长期的写字楼物业服务中，基础物业服务是企业较为“擅长”的服务内容，但是从国际上看，“设施管理”“资产管理”才是写字楼等物业的重要服务内容。以非住宅管理为主业的物业服务企业则可以尝试在其专业领域不断“做深做精”，形成专业服务特色和优势，引导和培育组织开展设施管理。这需要物业服务企业对组织发展战略目标具有深刻的理解，并具有主动适应组织变化的能力。

国内也有一些企业涉足资产管理板块，如诚信行早在数年前即涉足资产管理类业务，在全球各地运营的资产运营管理项目总面积约数百万平方米，打造了多个资产运营标杆项目。诚信行旗下亦衍生出一系列的产业链品牌，如益高健身、百事无忧家政、信通智能泊车、新能源汽车租赁等，为业主提供一系列的丰富生活体验。

以取得房地产投资收益为目的的资产管理定位于高端领域，因此注定只能由少数业界领先的企业来承担。优质物业服务企业应合理判断企业发展的战略和拥有的资源优势，在设施管理、资源管理方面形成自身的核心竞争力。

（四）“品质”和“品牌”仍将为市场拓展竞争核心

写字楼物业以单一业主形式居多，而单一业主对“品质”和“品牌”的重视程度更高。因此，在市场竞争中，“品牌”成为进驻优质物业的敲门砖，而在品牌之上，服务品质、服务精细化此类“硬核”能力将成为业主选择一家公司的核心考虑维度。

目前，以政府、总部型企业、品牌企业等为代表的写字楼业主对写字楼服务的需求和期望不断提高，均对写字楼物业管理服务提出新的、更高的求。因此，写字楼服务既要重视遵循标准化管理及执行，也有部分服务点需要进行精细化升级。不能只是解决客户目前的需求，还需不断适应和解决客户新的衍生需求。

从长远来看，服务品质仍为竞争的“核心”，特别是在优质、高端写字楼服务领域，基于服务品质延伸的竞争力，将成为龙头企业的真实“壁垒”。

产业园区物业管理发展报告

1984年，招商局物业承接深圳蛇口工业园区，产业园区物业由此诞生。诞生初期，产业园区物业以保证园区安全、维护清洁卫生、设备维修保养等基础物业服务为主。随着市场政策环境变化，产业园区发展迅速，产业园区的持有者除了产业地产商之外，住宅开发商、制造企业、电商、金融资本等非产业地产商开始涉足产业园区，这些企业对于园区运营缺乏经验，为了园区长久持续运营发展，会选择将运营服务委托给物业服务企业，于是产业园区物业开始由“三保一服”的基础物业服务转向产业运营与物业服务结合的综合型服务，担负着园区内外部发展和沟通平台的重要使命。

2018年，国际环境变化莫测，国内发展深受影响，整体宏观经济增速降低，金融环境发展受阻，融资难度加大，房地产行业受到了极大的冲击，再加上去地产化影响，无论是老牌产业运营商还是新进企业都面临着巨大的挑战，将园区管理关注点转向园区未来运营发展是必然趋势，产业园区物业迎来发展机遇。

一、产业园区物业发展驱动因素

（一）实体产业成经济着力点，园区发展环境优化

十九大报告指出：“建设现代化经济体系，必须把发展经济的着力点放在实体经济上，把提高供给体系质量作为主攻方向，显著增强我国经济质量优势”。随着产业结构调整，以制造业为主的实体经济得到了快速发展。2018年，第二产业、第三产业占国内生产总值的比例分别为40.7%和52.2%，对国内生产总值增长的贡献率分别为35.8%和60.1%，其中第二产业中的高科技制造业增加值比2017年同期增加了11.7%。

良好环境是发展实体经济的重要前提和有效保障。在十九大报告的基础上，各地政府因地制宜，发布了区域政策，而产业园区集中了国家政策、资金、技术等多方优势，成为实体经济发展强大助力的组成部分。2018年3月，杭州市政府发布了“1＋N10”系列产业新政，推进各产业领域改革创新，从环境优化、资金奖励、要素保障、人才支撑等各方面为园区和企业提供帮助。4月，北京市委宣传部发布了《关于保护利用老旧厂房拓展文化空间的指导意见》，针对不同区域、不同价值的老旧厂房以及工业设施提出要求，并鼓励老旧厂房的所有权主体和运营主体通过资产证券化等方式进行融资。

（二）园区年度供应量过亿，发展潜力巨大

工业用地是产业园区的主要用地类型，2008～2018年，全国工业用地成交总建筑面积达到了115.6

亿平方米，每年都保持着亿级的成交供应量。其中，2010—2011 年几乎实现了翻番的成交量，从 5.4 亿平方米增长到 11.6 亿平方米，此后一直到 2018 年，每年的工业用地成交建筑面积都在 10 亿平方米以上，而 2018 年 500 强企业中涉及产业园区物业服务的企业总在管面积仅为 7.4 亿平方米，对于产业园区这个业态来说，未来还有很大的发展空间，将会有更多物业服务企业加入此业态中来（图 1）。

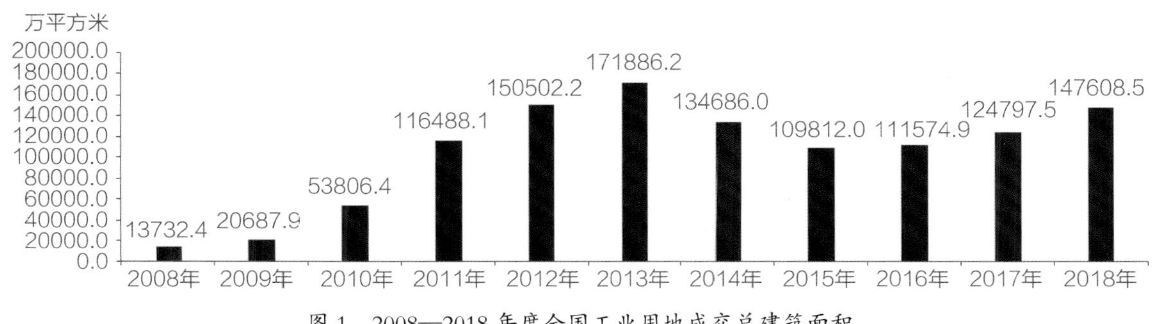

图 1　2008—2018 年度全国工业用地成交总建筑面积

产业园区物业对于进入企业的要求较高。除了在基础物业管理服务之外，物业服务企业在园区内将会更多聚焦于为园区内部客户提供定制化服务，根据每个园区的产业定位特点，有着显著差别。比如，针对软件类与医药类产业园区，需要物业服务企业 24 小时提供服务，并且在客户内部重要的设备管理方面需要专业人员进行定期维护，这些对于物业服务企业的要求都是极高的，需要具有相关经验的企业来承接。

产业园区物业市场尚未成熟，需要更多物业服务企业加入。目前产业园区物业服务企业较为稀少，主要是以具有产业园区背景的开发商为主，并且在管项目发展多聚焦于集团产业园区的开发，具有地域局限性，而大部分产业园区归属于地方政府管理，他们缺少一定的商业运营经验，需要一个具有运营与物业经验的企业来进行产业园区的后期运营，将政府资产盘活，为城市发展带来新活力。

（三）园区属性要求服务质量，客户为优质服务买单

鉴于产业园区面对的客户是企业和政府，其要求产业园区物业对于基础物业服务要有高度重视，在园区人员、车辆、设施设备等各方面做到标准化管理，对于产业园区内基础物业服务保障要求严格。例如，对于政府类开发商，园区绿化程度、设备损耗度等均是其对于产业园区物业的考核标准之一，所以物业服务企业在设施设备的维护方面关注度较高。

中国大部分“独角兽”企业以及世界 500 强企业集中在了产业园区，这些企业具有极大的发展潜力，而其中大部分企业会选择将内部后勤业务外包给物业服务企业，园区中大型企业要求统一标准化管理，小型企业要求精致化运营，不同园区类型要求不同，但是对于物业服务企业的高质量水平要求却是一致的，并且也逐步愿意为优质的服务和可持续的运营方案买单。

二、基于样本的产业园区物业服务市场数据分析

（一）2018 年度产业园区物业发展指数 31.6

物业服务企业发展指数（Property Management Development Index，简称 PMDI ）是以企业年度数据为基础，根据物业服务企业发展指数的测评体系，从物业服务企业经营情况、管理规模、服务质量等方

面，对物业服务企业发展的基础状况发展规律进行量化评价，测算出物业服务企业的发展指数，衡量企业发展的总体水平。物业服务企业发展指数横向上，体现出各企业发展状况的对比情况；纵向上，体现不同时期各企业的表现，并通过选取一定数量的头部样本企业反映行业发展趋势。

产业园区物业发展指数是根据测评体系选取物业管理行业头部企业为样本，进行数据分析，衡量企业该业态经营状况、管理规模、服务质量等整体发展情况，确定反映该业态发展状况和发展走势的综合指数。

产业园区作为反映中国经济模式变化的一面镜子，从 20 世纪单一的工业园区模式变化至现今的复合型综合园区，整个产业园区的生命周期也随之延长，而产业园区物业作为后期运营的重要组成部分，也受到了越来越多的关注。

2018 年，PMDI100 产业园区物业发展指数 31.6，比 2015 年增加 15.3 个点，复合增长率为 24.71%，近 2 年产业园区物业发展指数呈现上升态势（图 2）。

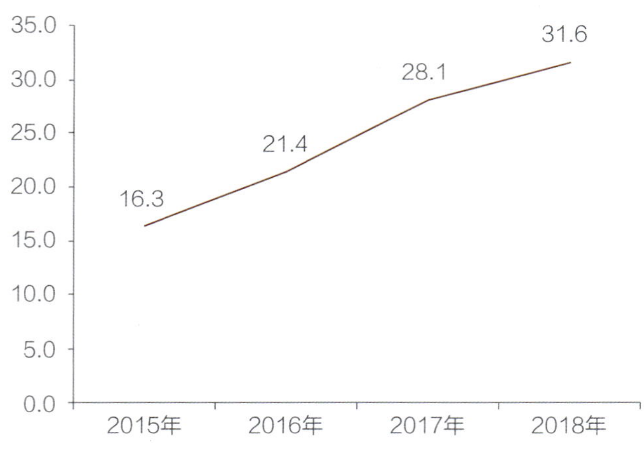

图 2　2015 ～ 2018 年度产业园区物业发展指数走势

（二）2018 年度 500 强企业整体数据分析

1. 500 强企业产业园区物业管理面积情况

2018 年，500 强企业中有 272 家涉足产业园区服务，占比 54.4%。

500 强企业产业园区物业管理面积情况　　表 1

项　目	数　值
总管理面积	7.39 亿平方米
占 500 强企业总管理面积比例	8.4%
占行业总管理面积比例	2.64%

从企业角度看，涉足产业园区物业服务企业的平均管理面积为 271.57 万平方米。[①] 有 56.6% 的企业产业园区管理面积在 100 万平方米以下，有 11.7% 的企业管理面积大于 500 万平方米，仅有 3.7% 的企业管理面积大于 1000 万平方米。由此可以看出，产业园区物业管理行业整体量级都偏小，企业管理规模都还有上升空间（表 2、图 3）。

① 本报告涉及均值类计算均以 500 强企业中布局该业态的企业部分进行计算，下同。

2018 年度 500 强企业产业园区物业管理面积各区间段企业分布　　表 2

区间段（万平方米）	企业数量	区间段（万平方米）	企业数量	占比
0 ~ 100	154	0 ~ 100	154	56.6%
0 ~ 200	199	100 ~ 200	45	16.5%
0 ~ 300	219	200 ~ 300	20	7.4%
0 ~ 400	231	300 ~ 400	12	4.4%
0 ~ 500	240	400 ~ 500	9	3.3%
0 ~ 600	246	500 ~ 600	6	2.2%
0 ~ 700	251	600 ~ 700	5	1.8%
0 ~ 800	259	700 ~ 800	8	2.9%
0 ~ 900	261	800 ~ 900	2	0.7%
0 ~ 1000	262	900 ~ 1000	1	0.4%
总计	272	＞ 1000	10	3.7%

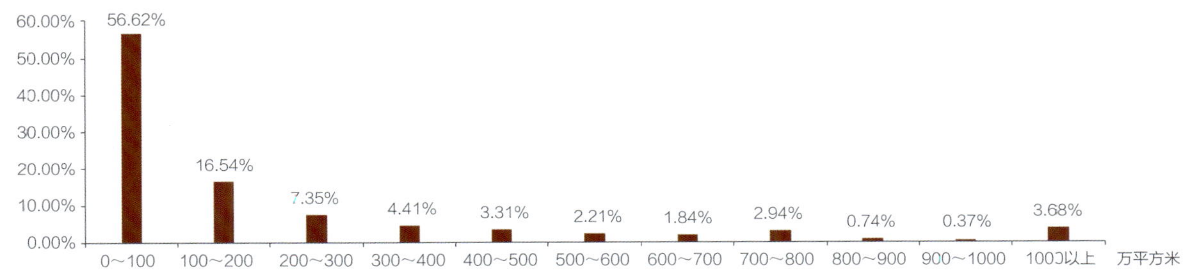

图 3　2018 年度 500 强企业产业园区物业管理面积各区间段企业占比分布

从城市分布看，500 强企业产业园区物业服务面积中，一线城市总量为 8095.87 万平方米，占比 11.0%；二线城市总量为 2.35 亿平方米，占比 31.8%；三四线城市总量为 4.23 亿平方米，占比 57.3%。可以看出，500 强企业产业园区物业的市场相对集中在三四线城市，其占比超过了 50%（图 4）。

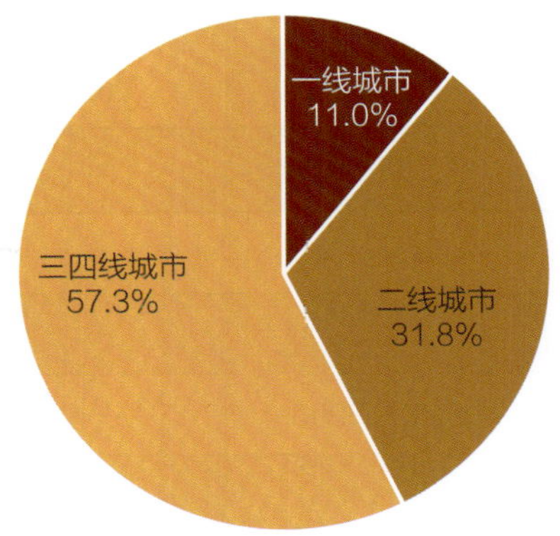

图 4　2018 年度 500 强企业产业园区物业管理面积各城市分级分布

2. 500 强企业产业园区物业管理项目情况

2018 年，500 强企业布局产业园区物业服务企业管理项目总数为 3278 个，企业平均管理项目数量为 12.1 个，单项目贡献面积为 22.5 万平方米（表 3）。

500 强企业产业园区物业管理项目情况　　表 3

项　目	数　值
管理项目总量	3278 个
平均管理项目数量	12.1 个
单项目贡献面积	22.5 万平方米

从城市角度看，500强企业产业园区物业服务项目中，一线城市项目数量为507个，占比15.5%；二线城市项目数量为1275个，占比38.9%；三四线城市项目数量为1496个，占比45.6%。由此可以看出，产业园区物业在二线城市管理项目多为中小型项目，面积偏小，在三四线城市管理的项目较大（图5）。

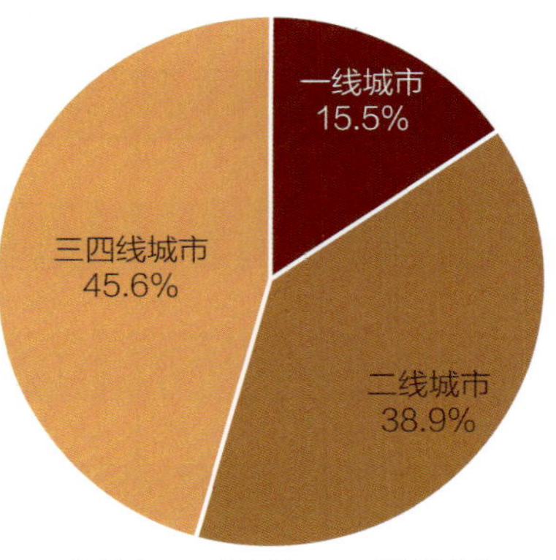

图5　2018年度500强企业产业园区物业管理项目各城市分级分布

3. 500强企业产业园区物业服务收入情况

2018年，500强企业产业园区物业总物业费收入达120.83亿元，占500强企业总物业费收入比例为8.1%（表4）。

从企业角度上看，500强企业产业园区物业物业费收入均值为4442.11万元。500强企业涉及产业园区服务企业中，有59.6%的企业产业园区物业费收入在200万元以下，有11.8%的企业产业园区物业费收入在1亿元以上。说明产业园区物业头部企业已经可以达到较高的收入水平，但是大部分企业仍然规模较小（表5、图6）。

500强企业产业园区物业服务收入情况　　表4

项　目	数　值
物业费总收入	120.83亿元
企业物业费收入均值	4442.11万元
占500强企业物业费总收入比例	8.1%

2018年度500强企业产业园区物业服务收入各区间段企业分布　　表5

区间段（万元）	企业数量	区间段（万元）	企业数量	占比
0～1000	125	0～1000	125	46.0%
0～2000	162	1000～2000	37	13.6%
0～3000	185	2000～3000	23	8.5%
0～4000	199	3000～4000	14	5.1%
0～5000	207	4000～5000	8	2.9%
0～6000	212	5000～6000	5	1.8%
0～7000	224	6000～7000	12	4.4%
0～8000	231	7000～8000	7	2.6%
0～9000	234	8000～9000	3	1.1%
0～10000	240	9000～10000	6	2.2%
总计	272	＞10000	32	11.8%

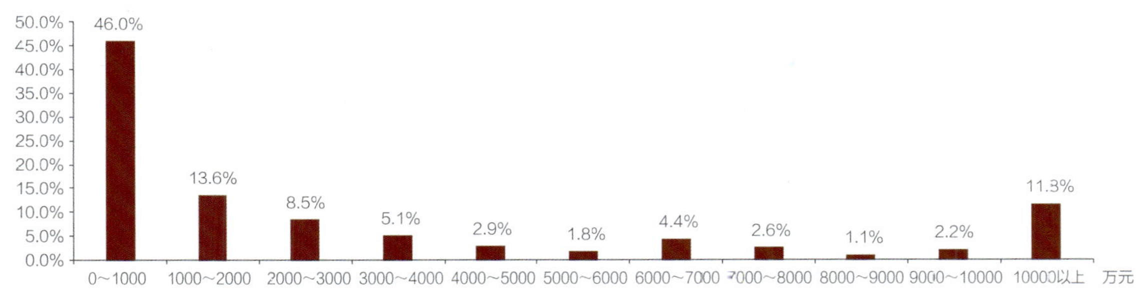

图 6　2018 年度 500 强企业产业园区服务收入各区间段企业占比分布

4. 500 强企业产业园区物业物业费水平

2018 年，500 强企业产业园区服务项目中，以酬金制形式服务的项目占比 18.6%，包干制形式服务的项目占比 81.4%，包干制仍为主流方式（图 7）。

2018 年，500 强企业产业园区物业服务平均物业费为 3.41 元 /（平方米 · 月），其中，包干制项目平均物业费 3.71 元 /（平方米 · 月），酬金制项目平均物业费 2.45 元 /（平方米 · 月），物业费整体收缴率为 98.29%（图 8）。

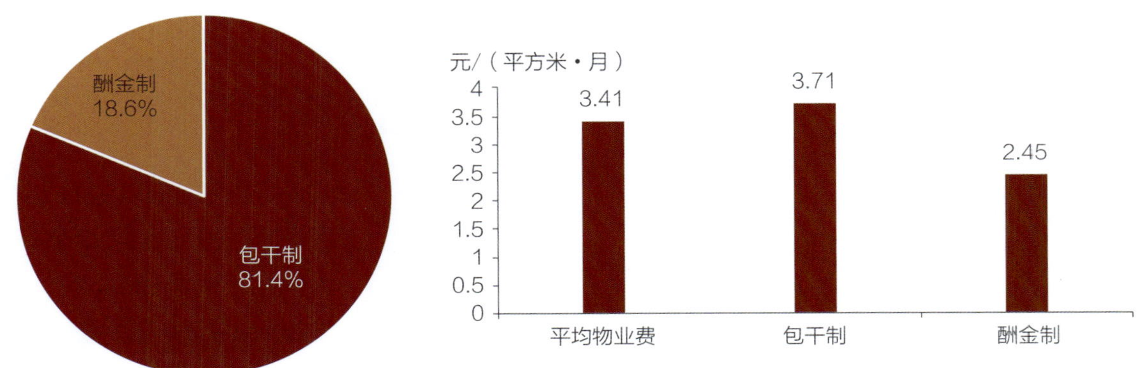

图 7　500 强企业产业园区物业收费形式分布　　图 8　500 强企业产业园区物业各收费形式物业费情况

从城市角度上看，500 强企业产业园区物业服务项目中，一线城市平均物业费为 4.59 元 /（平方米 · 月）；二线城市平均物业费为 3.01 元 /（平方米 · 月）；三四线城市平均物业费为 3.40 元 /（平方米 · 月）。二线城市产业园物业费收入低于一线以及三四线城市（图 9）。

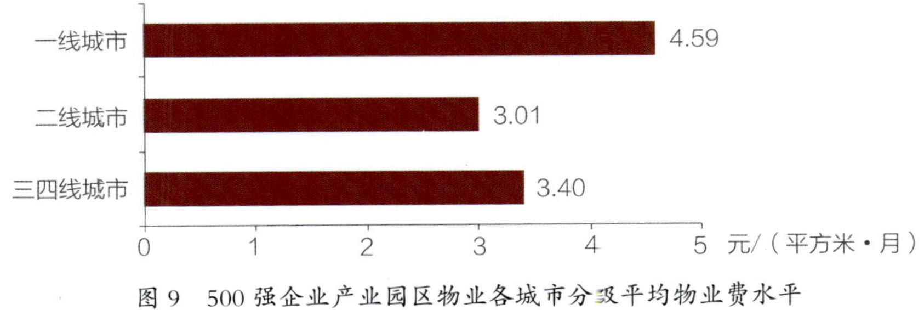

图 9　500 强企业产业园区物业各城市分级平均物业费水平

（三）2010 ～ 2018 年度百强企业整体数据分析

1. 百强企业产业园区物业布局情况

2018 年，百强企业布局产业园区物业服务企业比例为 70%，同比增加了 1 个百分点。2010 ～ 2015 年度，该比例均保持在 50% 以上，2017 ～ 2018 年度，约 70% 的百强企业都布局了产业园区物业（图 10）。

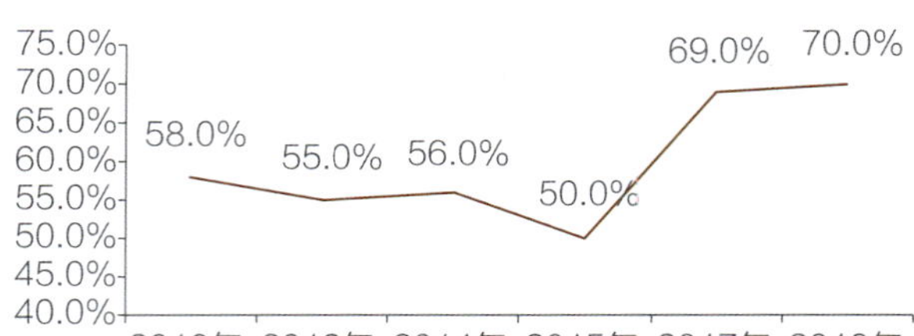

图 10　百强企业中涉足产业园区物业服务企业占比情况

2. 百强企业产业园区物业管理规模情况

2018 年，百强企业产业园区物业服务总规模为 4.25 亿平方米，同比增长 21.97%，增速略高于行业整体规模增速。2010 ～ 2018 年度，产业园区物业服务总规模复合增长率为 31.15%（图 11）。

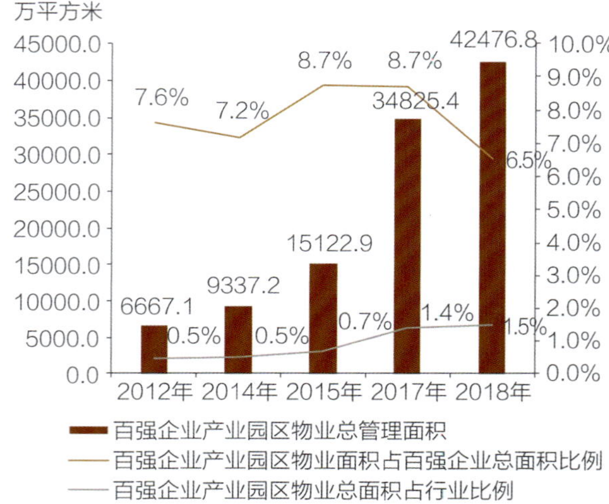

图 11　百强企业产业园区物业管理面积情况

百强企业产业园区物业服务规模占百强企业总服务规模比例为 6.5%，由于 2018 年百强企业总管理面积增速加快，该比例相较 2017 年下降了 2.2%。2018 年，百强企业产业园区物业管理面积占 500 强企业总产业园区管理面积为 57.5%，该业态管理面积的集中度较高（图 11）。

2012 ～ 2018 年度，百强企业产业园区物业管理总面积占物业管理行业总面积的比例由 0.5% 增加至 1.5%，表明百强企业产业园区物业服务规模在逐渐扩张（图 11）。

2018 年，百强企业产业园区物业的平均管理面积从 2010 年的 83.7 万平方米增至 2018 年的 606.8 万平方米，年均增长 65.4 万平方米，2010 ～ 2018 年度平均管理面积复合增长率为 28.1%，其中 2015 ～ 2017 年度的平均管理面积增加了约 202.3 万平方米（图 12）。

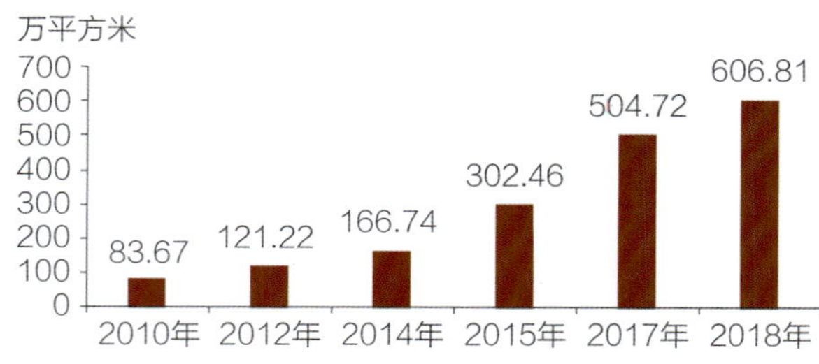

图 12　百强企业产业园区物业服务企业平均管理面积情况

3. 百强企业产业园区物业管理项目情况

2018 年，百强企业布局产业园区物业管理项目总数为 1604 个，同比增长 1.8%；2010 ～ 2018 年的复合增长率为 19.5%，低于产业园区物业管理面积总规模复合增长率。百强企业管理项目占 500 强企业总产业园区物业管理项目比例为 48.9%，说明百强企业管理的单个项目面积较大。

2010 ～ 2018 年度，百强企业产业园区物业服务企业平均管理项目数量保持稳步增长，由 7.0 个增加至 22.9 个。单项目贡献面积由 12.6 万平方米增加至 26.5 万平方米，但是在 2014 ～ 2015 年度出现了下降，这是由当年百强企业项目增速大于面积增速导致（图 13）。

图 13　百强企业产业园区物业管理项目情况

4. 百强企业产业园区物业服务收入情况

2018 年，百强企业产业园区物业费收入总值为 51.5 亿元，与 2015 年的 31.4 亿元相比，增长了 20.1 亿，复合增长率为 17.96%。百强企业产业园区物业费收入占 500 强企业产业园区物业费收入比例为 42.6%；占百强企业总物业费收入比例为 5.2%，与其管理面积占百强企业总面积比例相当（图 13）。

此外，百强企业产业园区物业费收入均值从 2015 年的 6273.7 万元增长至 2018 年的 7355.8 万元，复合增长率为 5.45%（图 14）。

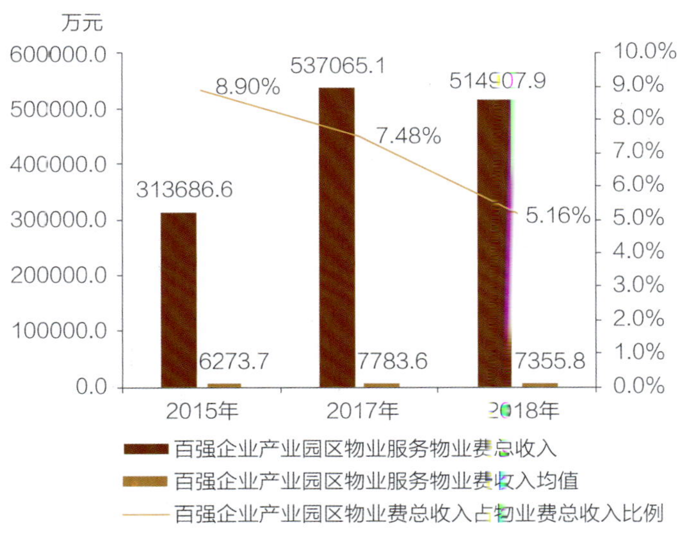

图 14　百强企业产业园区物业服务收入情况

三、产业园区物业发展现状

根据 500 强企业数据及企业调研和访谈，当前产业园区物业服务发展具备以下几个特点：

（一）服务标准化程度需提升

中国物业管理协会将 2019 年定义为“标准建设年”，将推动行业全面标准化的提升作为年度工作的重点。随着产业与资本、技术的深度融合，产业集中度提升，企业协同合作深化，多元化服务形式不断丰富，迫切需要解决行业标准化建设问题。通过中国物业管理协会标准化建设工作，近年来已经出台了《中国物业管理协会团体标准管理办法》和首项团体标准《物业服务示范项目服务规范》T/CPMI001—2017 等，而《停车场信息联网通用技术规范》《写字楼物业服务规范》《产业园区物业服务规范》《高校物业服务规范》《医院物业服务规范》等团体标准的规范工作也在进行中。

在产业园区物业管理上也存在标准化建设的问题，中国产业园区类型多种多样，不同定位的产业园区，例如工业园区、科技园区、生态工业园、创新园区等，对于物业服务的工作要求不同，不同物业服务企业在服务水平上也不尽相同，而服务行业是一个难以量化的行业，在集中了众多高端、专业产业的园区中，对于物业管理服务的标准要求更加宽泛与复杂。目前，园区物业在整个市场环境中亟需标准化的出台，促进行业健康发展。

（二）产业园区内服务链条延伸

产业园区内物业服务对象分为园区持有者、园区租赁者以及企业员工，针对不同服务对象需求，提供相应的服务。在园区生态链中，物业管理服务已经开始逐步渗透进了产业的每一个环节中，小至园区内企业内部花卉的摆放，大至引进企业投资方、政府业务办理等，产业园区物业服务企业都可以为园区客户提供服务。

苏州工业园区综保物业基于三方客户形成了服务于业主方、租户和客户员工的三大服务体系。在各产业园区项目以礼宾服务、机构餐饮、能源管理和服务供应链管理为核心业务。对于已进驻的产业园项目，在综保物业与甲方及租户产生了黏合度之后，为客户解决后顾之忧，帮助业主方实现资产保值增值，为租户提供安全、舒适、高效生产、办公环境。

苏宁银河物业为客户量身定制全区域化服务，打造产业园区运营氛围。苏宁银河物业在管的全国首家保险产业特色小镇宿迁保险小镇中，为了贴合产业需求，专门为其设置了保险客服、电商、结算、数据、灾备等全产业链服务，保证了园区内企业需求。

（三）科技化运营协助物业管理

时代高速发展，科技以极快的速度渗入企业管理中，智慧化建设成为行业发展趋势。产业园区涉及了众多高精尖企业，物业服务企业除了要对于园区人员、设施设备进行管理之外，对于企业运营配套设施也要进行管理，在园区运营时，物业服务企业必须保证水、电、网络等设备的正常运营，所以在管理的专业度以及精细度方面有着较高的要求。5G时代、物联网等的发展，使产业园区物业可以借助科技的力量，整合园区资源，实现统一管理。

利用智能化建设，升级园区配套设施。亿达服务在大连软件园天地园区开设了一家亿食百味智慧餐厅，集成了一系列智能化、自动化的应用设备，并应用在预定、充值、结算、就餐等各环节，对餐厅实施智能化布控，实现自动结算、自助充值、易付快取等功能，节省餐厅人工，降低运营成本，打造智能化、现代化的园区餐厅。通过“智盘”系统取代人工结算，3 秒钟即可刷脸结账，让员工就餐排队时间从十几分钟压缩至一到两分钟，2000 余平方米的就餐空间为园区 8000 余名 IBM 公司的企业员工提供舒适的就餐体验，解决园区远离市区、周边缺乏生活配套服务的痛点，并通过打造标准化可复制的商业模式，实现物业服务企业商业模式的创新。

四、产业园区物业未来发展趋势

（一）前期介入服务提前解决未来痛点

与其他产业不同，企业选择园区除了前期招商吸引的政策支持之外，后期运营和物业服务的能力也是企业入驻的重要考虑因素。

在产业园区企业的三大难点存在于停车位、餐饮配套以及商业配套。目前大部分产业园区都位于城市郊区地带，缺少配套设施，员工开车上下班，停车位供不应求，并且没有配套的商业服务，这些难点都给企业以及员工造成很大困扰，甚至会造成部分企业人才流失。

物业服务企业位于接触园区企业以及员工的一线，能够清楚地了解后期园区运营的痛点问题，在前期地产开发商进行涉及规划时，园区物业服务企业可以提前介入园区功能设计，给予运营团队招商规划建议，引入配套餐饮、零售店等，提前解决园区内未来运营发展的难点。

（二）运营物业进行统一管理

在地产商完成园区开发之后，招商运营团队就开始接手园区的全生命周期服务，从企业选择到园区发展，招商运营团队都需要参与，但是与物业服务不同的是，招商运营团队主要辅助企业主业发展。

企业业务发展是企业进入园区的主要目标，而涉及企业内部的非核心业务往往会消耗企业大量的人力、物力以及财力去管理，此时企业就会产生对于非主流业务承包的需求。这些需求包括园区公共服务平台孵化、产业公共关系运营、企业内部设备设施管理、会议礼仪等多个方面，特别是对于高精尖技术产业园、医药产业园、化工产业园等设备设施的管理具有专业性，必须要专业的物业服务企业来进行。

而物业服务企业作为园区日常工作的服务商，对于园区企业服务具有一线优势，在承接了日常基础物业服务之后，对于企业衍生的、具有共性的服务，例如会议礼仪等，可以进行统一规划，搭建平台，为园区内企业提供服务。

武汉丽岛物业的“园区通”系统为智慧园区提供全生命周期服务体系，分为办公端、商业端、运营端、政府端四个操作场景。办公端主要针对园区企业，从政策、人才、技术、资金、员工和设备管理等方面进行辅助；商业端为园区消费者提供统一支付平台，无缝对接商户；运营端为园区运营方提供与客户对接的平台，处理由企业端口传输来的报事保修、智能门禁、停车缴费等事件；政府端主要是讲政府、公安相关政策对接入平台，同时将园区安防事件、摄像头数据、人脸识别等数据汇入政府平台，二者形成正向联动，大大增加了园区的安全性。

现在越来越多的地产商将运营与物业管理结合起来，使用同一个团队，减少人力成本，既能为企业办理政府有关的工商、税务、财务等职能类事务，也可以为企业提供宣传、会议、咨询等中介服务，统筹企业内外部业务，完成资源整合。

（三）智慧园区实现一体化运营

园区面积大、人群多的特点，使园区内管理变得复杂起来。产业园区内主要集中了第二产业和第三产业的企业，当大量的同类型或上下游企业聚集，设备叠加之后，能耗加大，如何合理规划园区能源使用情况就成了园区物业运营的一个重要的问题。

随着科技发展，5G 进入了人们的视野，5G 增速让数据处理时间变短、数据容纳变大，物业服务企业可以通过打造物联网，实现园区内设施设备一体化链接，做到设备记录、自动运行、节能规划、及时警示等，减少园区管理的复杂性，提高企业运营的运营效率。

以城市的智慧园区运维为例，目前金科服务已经为山西智慧科技城、重庆两江科技健康城、湖南长沙科技新城、山东齐鲁创智园、江苏无锡生命科技园等全国 17 个城市的 30 多个项目提供智慧运营解决方案，极大地提高了产业园区的服务品质和运营效率。

（四）业务方向逐渐明晰化

从目前趋势来看，未来产业园区物业业务主要分为三类：

第一类是专业物业服务。物业管理服务依旧是园区服务的基础，园区物业通过对园区内安全保卫、卫生保洁、绿化管理、工程维修、客服服务等基础业务的开展，保证了园内企业运营环境干净整洁，设备安全无忧。特别是涉及专业设备管理的企业，物业服务企业的基础服务就显得尤为重要。

第二类是运营管理服务。对于前期重要在出售产业物业的地产商来说，持有运营产业园区具有一定难度，所以选择与园区企业接触较多的物业服务企业来进行运营是极好的选择。物业服务企业可以将园区内企业在运营方面的政府对接业务、企业宣传业务、企业孵化业务等，通过搭建园区平台，统一进行管理，为园区内企业减少运营负担，同时也可以增加服务内容，实现资源优化配置。

第三类是资产管理服务。对于现在一部分大量持有产业园区的国有企业来说，如何将这部分资产盘活成了主要问题，在物业服务企业融合了园区运营与园区物业服务两大业务模块后，能够很好地帮助这些具有大量存量资产却很难运营的企业，从产业园区的规划、招商、运营几个方面，完成资产管理服务。

（五）产业园区物业服务领域拓宽

产业园区属性要求配套设施的完善。产业园区，特别是涉及影响居民生活的园区，一般都设置在远离城市中心地带的郊区，周围缺少配套商业设施，但是却拥有大量员工，这些员工是园区客户的核心资本，为园区客户解决了员工的生活相关配套问题，可以极大地提高园区的竞争力。在园区周围增加配套的住宅和商业，与园区形成一个完整的生态链条，这种模式开始慢慢兴起。

例如，天骄爱生活传承协信集团基因，基于 2014 年协信提出的商、住、产一体化构想，将住宅、商业、产业融合在一个物业管理平台，形成 24 小时全息服务闭环。针对个人，形成从生活场景到工作场景的生活服务体系，构成全时段生活解决方案。针对企业，以公共运营服务平台为依托，提供从基础物业需求、到招商运营管理的全方位服务，实现产业资源对接。此举拓宽了产业园区物业的服务领域，让园区内的个人与企业需求都得到满足。

在未来发展中，对于具有产业园区物业服务背景的企业，服务的领域不仅限于产业园区，可能还会涉及配套的商业与住宅，这对于产业园区物业来说也是一项新的挑战。

学校物业管理发展报告

2019 年，我国学校后勤社会化改革稳健进行了 22 年，随着我国教育后勤社会化改革的持续深化，学校物业管理的重要性不断凸显，逐渐成为物业管理行业不可或缺的组成部分。

近年来，学校物业管理服务市场不断扩大，根据 2017 年各省份学校物业管理现状数据不完全统计，全国学校物业已达到将近 9 亿平方米的管理面积。在市场容量不断扩大的过程中，大批优秀的社会化物业服务企业崭露头角，品牌力量得到了学校和社会的广泛认可，市场份额不断扩大。

而学校方也从最初的单一模块外包，逐渐转变为学校物业服务整体外包，部分学校甚至将教学配合、公寓楼管理等环节也交由物业服务企业来提供服务，行业的市场容量进一步加大。当前学校物业管理服务市场中，已产生一批深耕学校业态的特色物业服务企业，对行业的发展和业务模式的探索起着引领作用。

一、行业市场空间及驱动因素分析

（一）2021 年高校后勤市场将突破 2000 亿元规模

根据教育部 2017 年 7 月 19 日发布的《2017 年全国教育事业发展统计公报》显示，全国共有各级各类学校 51.38 万所，其中，全国高等学校 2914 所；各级各类学历教育在校生 2.7 亿人，高等教育在学规模达到 3779 万人；专任教师 1626.89 万人。

随着高校系统的不断扩大，高校后勤市场规模有呈逐年上升趋势。据公开资料统计，2014 年我国高校后勤市场规模约 1568 亿元；2015 年我国高校后勤市场规模达 1652 亿元，同比增长 5.36%；预计到 2021 年，我国高校后勤市场规模将突破 2000 亿元大关，学校物业服务企业将受益于行业规模的增大（图 1）。

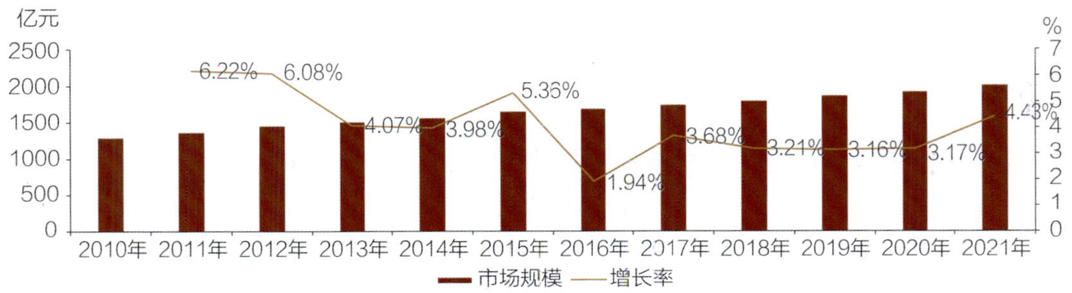

图 1　2010—2021 年中国高校后勤市场规模分析及预测

数据来源：教育部发展统计公报

（二）行业发展驱动因素分析

1．全国教育后勤社会化带来潜在市场空间的释放

业内专家预计，当前全国学校中 60% ～ 70% 的高校将其后勤服务向社会放开，而向社会放开的学校中仅 30% ～ 40% 的高校将其后勤所有项目全部放开，因此全国仅有大约 18% ～ 28% 的学校将其后勤业务全部向社会放开。随着全国教育后勤社会化改革的逐步推进，学校物业服务市场有较大的上升空间。

2．学校自有物业的市场化改革

我国教育后勤社会化改革经过多年的发展，很多高校已经认识到自管物业的弊端，逐渐放开部分自管项目，向专业的物业服务企业购买服务。重庆新大正物业、广州市庆德物业、山东明德物业、苏宁银河物业、安徽新亚物业等企业都是学校物业管理领域的优秀物业服务企业。

很多学校把改革的触角伸向学校内部，成立学校自有物业，作为学校的第三产业，除了为本校提供专业的物业服务，也面向社会承接项目。苏州市东吴物业管理有限公司、浙大求是物业管理公司、新宇物业管理有限公司和厦门大学的南强物业服务有限公司都是典型的例子。这些学校自有物业近些年迅速发展壮大，东吴物业、浙大求是、新宇物业等已成为学校物业市场的头部企业，管理项目向其他学校、其他区域扩张，积极进行市场化拓展。

3．服务业务多元化拓展

经过不断地发展，学校物业管理取得了长足进步。传统的维修、保洁、绿化、停车场、车辆、消防、治安等服务内容，已经不能满足广大师生的需求，学校物业服务企业在围绕学校物业管理延伸出的产业链具有广阔的拓展空间，如基于学校场景的各项增值服务，对保洁、维修、绿化等基础服务衍生出针对师生需求的各项服务。

此外，目前物业服务企业的贡献度较低，实现学校资产的保值增值的道路还很漫长，该方面也是学校物业服务企业切入的业务板块。以重庆新正大、中航物业为代表的企业，已开始聚焦学校的设备设施管理、节能降耗管理、智慧学校的投入，通过 FM、BIM 等新技术的研发应用来提升附属设备设施等维护与专业服务能力。能否有效实现学校资产的保值增值将会是未来学校物业服务价值评价的核心维度。

4．行业集中度低，提升潜力大

学校物业服务市场的集中度极低，根据 2018 年度 500 强企业数据，管理项目在 10 个以下的物业服务企业达到 78.4%，可看出当前大部分物业服务企业在学校物业市场布局较浅。近年来行业头部企业纷纷加快项目拓展的速度，此外大量以传统住宅业态为主的大型物业服务企业也竞标学校物业项目或收购学校物业服务企业，在这一领域加速布局。

二、基于样本的学校物业服务市场数据分析

（一）2018 年度学校物业服务企业发展指数 31.9

物业服务企业发展指数（Property Management Development Index，简称 PMDI）是以企业年度数据为基础，根据物业服务企业发展指数的测评体系，从物业服务企业经营情况、管理规模、服务质量等方面，对物业服务企业发展的基础状况发展规律进行量化评价，测算出物业服务企业的发展指数，衡量企业发展的总体水平。物业服务企业发展指数横向上，体现出各企业发展状况的对比情况；纵向上，体现不同时期各企

业的表现，并通过选取一定数量的头部样本企业反映行业发展趋势。

学校物业发展指数是根据测评体系选取物业管理行业头部企业为样本，进行数据分析，衡量企业该业态经营状况、管理规模、服务质量等整体发展情况，确定反映该业态发展状况和发展走势的综合指数。

近年来，随着教育后勤社会化改革持续推进，学校物业的市场空间加速释放，专注学校物业服务企业的规模得以快速扩张，而不少传统住宅物业服务板块的企业也认识到学校业态的价值，开始加速布局学校物业服务领域，推动学校物业服务快速发展。

2018 年，PMDI100 学校物业发展指数 31.9，比 2015 年增加了 23.1 个点，复合增长率 53.95%，发展指数稳步提升（图 2）。

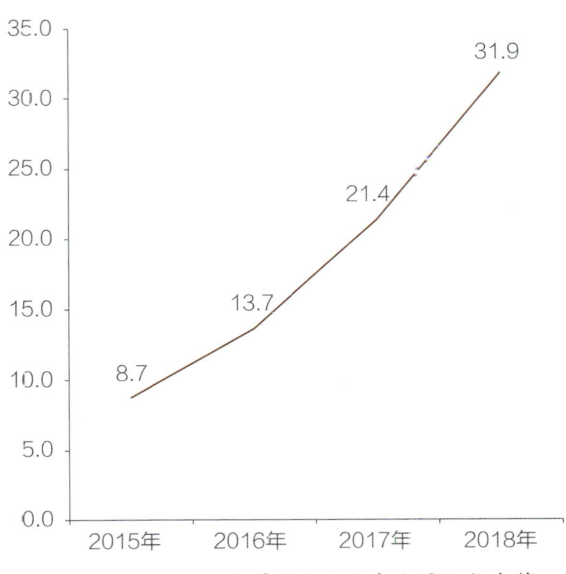

图 2　2015—2018 年学校物业服务发展指数走势

（二）2018 年度 500 强企业学校物业服务企业整体数据分析

1. 500 强企业学校物业管理面积情况

2018 年，500 强企业中涉足学校物业服务的企业有 314 个，占比 62.8%，500 强企业学校物业总管理面积达 6.3 亿平方米，占 500 强企业总管理面积比例为 5.3%，占行业总管理面积的比例为 2.3%（表 1）。

500 强企业学校物业管理面积情况　　表 1

项　目	数　值
总管理面积	6.3 亿平方米
占 500 强企业总管理面积比例	5.3%
占行业总管理面积比例	2.3%

从企业角度看，涉足学校物业服务企业的平均管理规模为 200.64 万平方米。拥有学校物业项目 10 个及以上的企业数量为 108 个，占比 21.6%，涉足学校物业的 314 家企业在学校业态的平均收入为 3662.15 万元，学校业态收入达 5000 万元以上的企业有 51 家，占 500 强企业的 10%（表 2）。

2018 年度 500 强企业 500 强企业学校物业管理面积各区间段企业分布　　表 2

区间段（万平方米）	企业数量	区间段（万平方米）	企业数量	占比
0 ～ 100	201	0 ～ 100	203	77.8%
0 ～ 200	245	100 ～ 200	44	8.8%
0 ～ 300	264	200 ～ 300	19	3.8%
0 ～ 400	273	300 ～ 400	9	1.8%
0 ～ 500	280	400 ～ 500	7	1.4%
0 ～ 600	290	500 ～ 600	10	2.0%
0 ～ 700	293	600 ～ 700	3	0.6%
0 ～ 800	296	700 ～ 800	3	0.6%
0 ～ 900	299	800 ～ 900	3	0.6%
0 ～ 1000	300	900 ～ 1000	1	0.2%
总计	314	＞ 1000	14	2.8%

从城市分布看，500 强企业学校物业服务企业面积中，一线城市总量为 1.18 亿平方米，占比 18.7%；二线城市总量为 3.25 亿平方米，占比 51.7%；三四线城市总量为 1.86 亿平方米，占比 29.6%，海外城市总量为 9.41 万平方米。可以看出，500 强企业学校物业的市场相对集中在一二线城市，其占比达到 70.4%（图 3）。

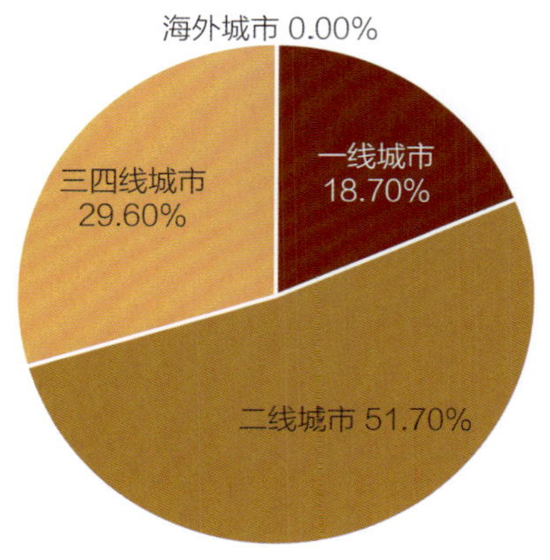

图 3　2018 年度 500 强企业学校物业管理面积各城市分级分布

2. 500 强企业学校物业管理项目情况

2018 年，500 强企业布局学校物业服务企业管理项目总数为 4645 个，企业平均管理项目数量为 15 个，单项目贡献面积为 13.55 万平方米（表 3）。

500 强企业学校物业管理面积情况　　表 3

项　目	数　值
管理项目总量	4645 个
平均管理项目数量	15 个
单项目贡献面积	13.55 万平方米

从城市角度看，500 强企业学校物业服务项目中， 一线城市项目数量为 1 6 9 1 个， 占比 36.40%；二线城市项目数量为 1702 个，占比 36.64%；三四线城市项目数量为 1251 个，占比 26.93%，海外城市项目数量为 1 个，该结构与管理面积的各城市能级分布相符（图 4）。

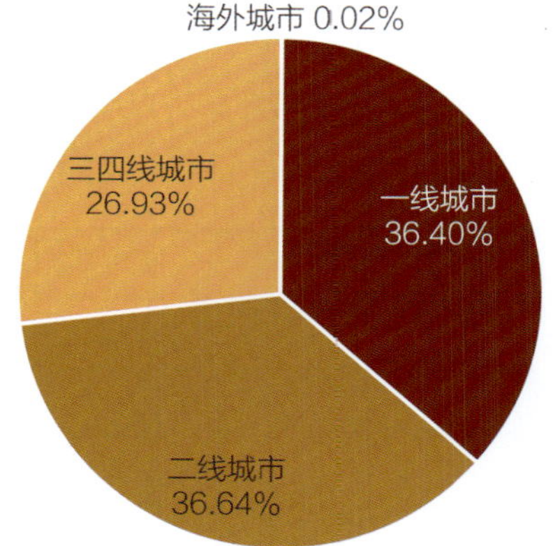

图 4　2018 年度 500 强企业学校物业管理项目各城市分级分布

3. 500 强企业学校物业服务收入情况

2018 年，500 强企业学校物业服务总物业费收入达 112.03 亿元，占 500 强企业总物业费收入比例为 5.0%（表 4）。

500 强企业学校物业服务收入情况　　表 4

项　目	数　值
物业费总收入	112.03 亿元
企业物业费收入均值	3362 万元
占 500 强企业物业费总收入比例	5.0%

从企业角度上看，500 强企业学校物业物业费收入均值为 3362 万元。500 强企业学校服务企业中，有 89.8% 的学校物业服务企业物业费收入在 5000 万元以下，仅有 0.4% 的学校物业服务企业物业费收入在 5 亿元以上。整体上学校物业领域大量企业的规模仍然较小，收入体量较大的头部企业仍有所欠缺（表 5）。

2018 年度 500 强企业学校物业服务收入各区间段企业分布　　表 5

区间段（万元）	企业数量	区间段（万元）	企业数量	占比
0 ~ 5000	263	0 ~ 5000	263	89.80%
0 ~ 10000	289	5000 ~ 10000	26	5.20%
0 ~ 15000	295	10000 ~ 15000	6	1.20%
0 ~ 20000	298	15000 ~ 20000	3	0.60%
0 ~ 25000	301	20000 ~ 25000	3	0.60%
0 ~ 30000	306	25000 ~ 30000	5	1.00%
0 ~ 35000	309	30000 ~ 35000	3	0.60%
0 ~ 40000	309	35000 ~ 40000	0	0.00%
0 ~ 45000	312	40000 ~ 45000	3	0.60%
0 ~ 50000	312	45000 ~ 50000	0	0.00%
总计	314	＞ 50000	2	0.40%

在 314 家涉足学校物业服务的企业中，有 12 家企业学校物业管理面积占比超过 50%，有 7 家企业学校物业物业费收入占比超过 50%，以收入为标准，可以看出有 7 家企业为以学校物业服务为主导发展，占 500 强企业比例为 1.4%。

4. 500 强企业学校物业费水平

2018 年，500 强企业学校物业服务项目中，以酬金制形式服务的项目占 16.3%，包干制形式服务的项目占 83.7%；包干制仍为主流方式（图 5）。

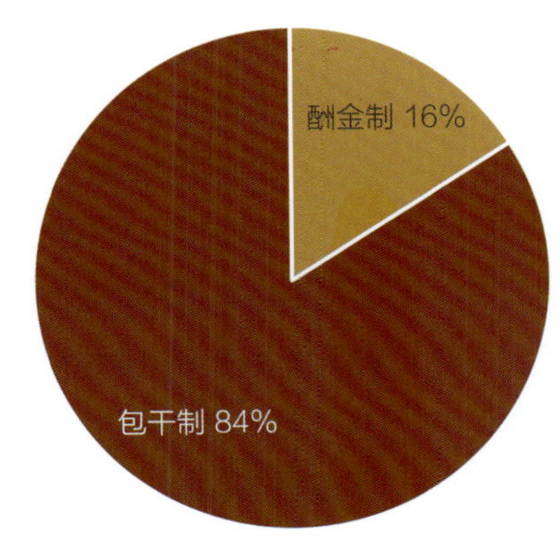

图 5　500 强企业学校物业收费形式分布

2018 年，500 强企业学校物业服务平均物业费为 2.83 元 /（平方米 • 月），其中，包干制项目平均物业费 2.80 元 /（平方米 • 月），酬金制项目平均物业费 3.27 元 /（平方米 • 月）。物业费整体收缴率为 99.25%（图 6）。

从城市角度上看，500 强企业学校物业服务项目中，一线城市平均物业费为 4.19 元 /（平方米 • 月）；二线城市平均物业费为 2.66 元 /（平方米·月）；三四线城市平均物业费为 2.24 元 /（平方米·月）。一线城市学校物业费收入明显高于二三四线城市（图 7）。

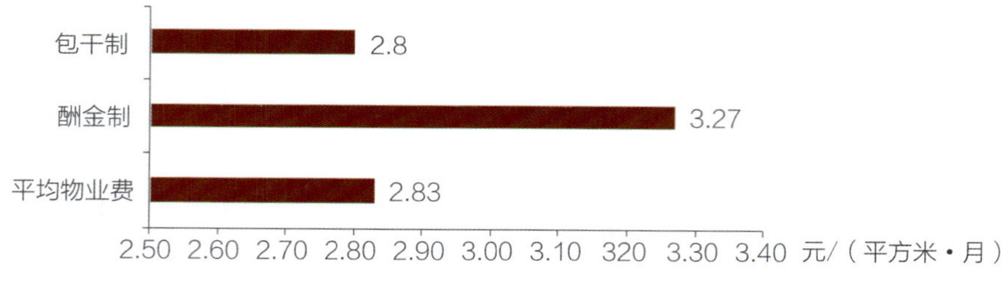

图 6　500 强企业学校物业各收费形式物业费情况

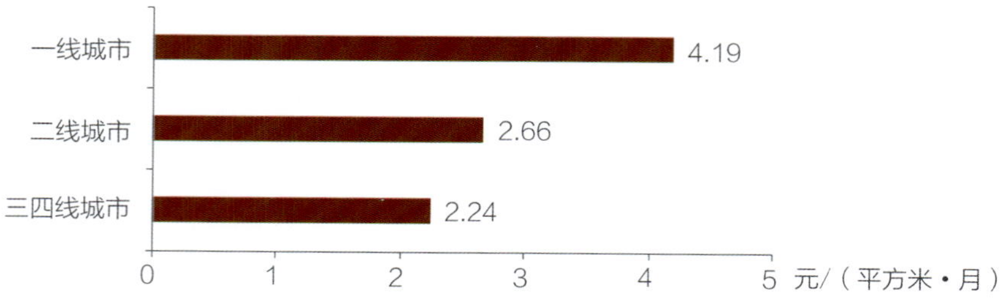

一线城市
4.19
二线城市
2.66
三四线城市
2.24
0
1
2
3
4
5
元/（平方米·月）

图 7　500 强企业学校物业各城市分级平均物业费水平

（三）2012—2018 年度百强企业整体数据分析

1. 百强企业学校物业布局情况

2018 年，百强企业布局学校物业服务的比例为 80%，同比增长 19 个百分点。2012-2018 年度，该比例均呈上升趋势，2018 年布局学校物业服务企业大幅上升，学校业态价值得到了物业服务企业的充分重视（图 8）。

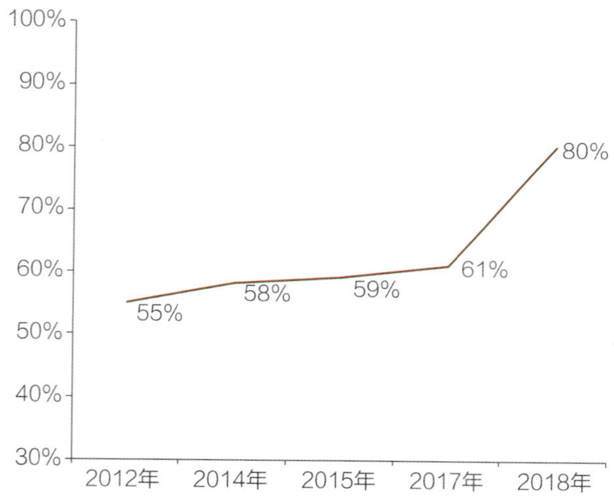

图 8　百强企业中涉足学校物业服务企业占比情况

2. 百强企业学校物业管理面积情况

2018 年，百强企业学校物业总管理面积为 3.59 亿平方米，同比增长 25.65%，增速大幅高于行业整体规模增速。而百强企业学校物业管理面积占百强企业总管理面积比例为 4.48%，由于百强企业总管理面积的提升速度更快，该比例较 2017 年略有下降趋势（图 9）。

2018 年，百强企业学校物业管理面积占 500 强企业学校物业服务面积增至 60.0%，该领域领先企业占据较大的市场份额。与此同时，百强企业学校物业管理总面积占整个行业的市场份额由 2012 年的 0.29% 提升至 2018 年的 1.28%，表明百强企业学校物业服务的集中度在提升（图 9）。

图 9　百强企业学校物业管理面积情况

2018 年，百强企业学校物业的平均管理面积从 2012 年的 41.69 万平方米增至 2018 年的 358.58 万平方米，年均增长 52.82 万平方米，2012 年至 2018 年的平均管理面积复合增长率为 53.78%，尤其是 2017 年学校物业管理平均面积增长了 2.39 倍，2018 年在 2017 年高增长基数的基础上仍然增长了 25.65%，反映近 2 年百强企业物业服务企业在学校物业领域的拓展力度在大幅增加（图 10）。

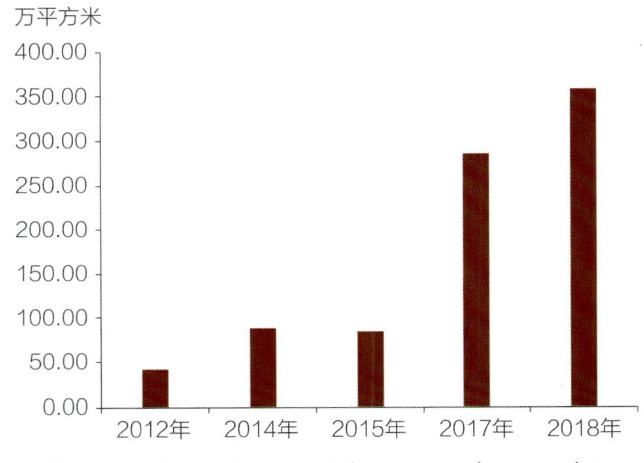

图 10　百强企业学校物业服务企业平均管理面积情况

3. 百强企业学校物业管理项目情况

2018 年，百强企业布局学校物业服务管理项目总数为 2206 个，同比增长 33.9%；2012—2018 年的复合增长率为 44.5%，增长态势强劲。百强企业企业管理的项目占 500 强企业总学校物业管理项目的比例为 74.0%，反映头部学校物业服务企业的市占率明显较高。

同时，百强企业学校物业服务企业平均管理项目数量从 2012 年的 3.51 个增长至 2018 年的 22.06 个，单项目贡献面积持续增长，从 2012 年的 11.88 万平方米增至 2018 年的 16.25 万平方米。由此可见，百强企业在保持项目增长稳步提升时，新拓展学校物业项目的规模在不断扩大（图 11）。

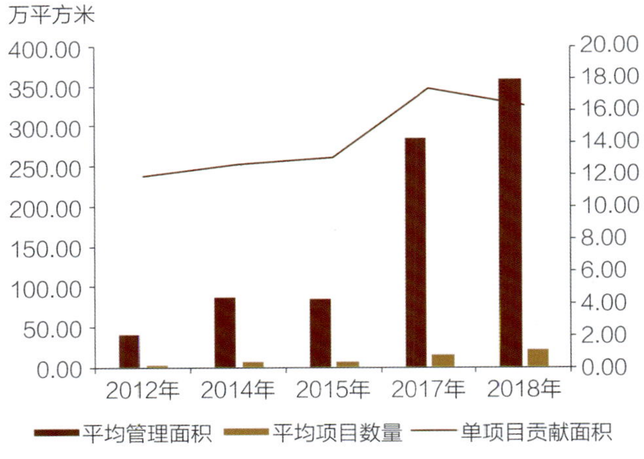

图 11　百强企业学校物业管理项目情况

4. 百强企业学校物业服务收入情况

2018 年，百强企业学校物业费收入总值为 60.56 亿元，同比增长 31.04%。与 2015 年的 15.48 亿元相比，增长了 45.09 亿，复合增长率为高达 97.82%（图 12）。

2018 年，百强企业学校物业物业费收入占 500 强企业学校物业物业费收入比例为 54.06%，头部集中度较高；占百强企业总物业费收入比例为 4.39%，较 2017 年的 3.78% 高出 0.61 个百分点。百强企业学校服务物业费收入的增长快于管理规模的增长，反映行业盈利能力的增强（图 12）。

此外，百强企业学校物业费收入均值从 2015 年的 2623.09 万元增长至 2018 年的 7570.62 万元，复合增长率为 69.89%，显现出强劲的增长趋势（图 12）。

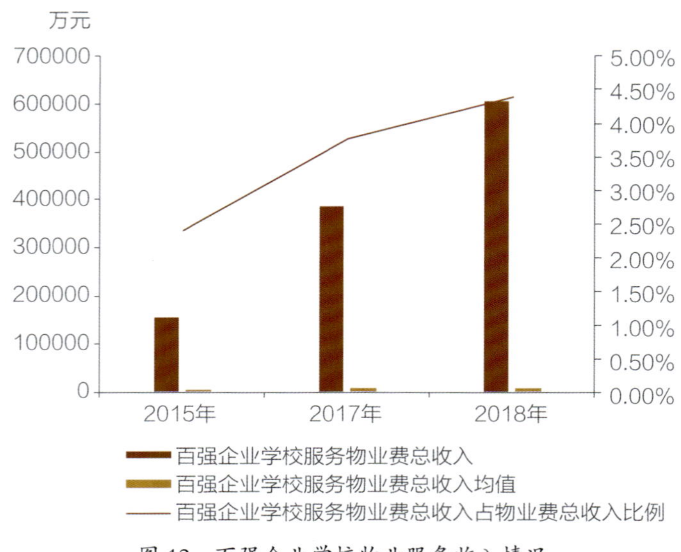

图 12　百强企业学校物业服务收入情况

三、学校物业管理特点

作为在学校场所进行的物业管理，学校物业服务企业面对的服务对象是学校学生及教职工，与服务其他社会群体有较多不同的地方；此外学校物业的构成复杂，例如一个大学园区里有教学楼、公寓楼、办公楼、大学生活动中心，还有学生食堂等多种类型的业态，需要实施不同的管理模式。因此相较其他业态，学校业态的管理具有一定的独特性。

（一）学校物业管理具有公益性

学校物业管理的目标主要是为师生创造一个良好的教学环境，日常的管理服务涉及学校治安维护、学校环境的综合管理等。与管理其他社会场所不同，学校内学生的生活服务费用低于市场价格，学校物业服务费需要由政府物价部门审批，不完全遵循市场经济原则，这样学校物业管理一定程度上就具有公益性质。

（二）存在双重管理机制

不同于一般住宅小区或商业楼宇的管理，学校里除了物业服务企业进行服务，学校本身也要对师生的生活与学习进行管理。以教室与宿舍管理为例，物业服务企业主要提供安全保障、环境卫生等方面的服务，而学校也要对学校的秩序进行管理。物业服务企业与校方的管理范围存在交叉性，因此学校物业管理存在双重管理机制。这种双重管理机制往往会引起权限不清和一方过度干涉的现象，需要双方进行良好的协调与沟通。

（三）服务对象多样性

学校物业管理的服务对象并不单是学校这个业主本身，更多时候是为校内的师生们服务，而学生与教师之间、教师与职员之间、甚至学生与学生、教师与教师之间也会因隶属于不同的院系学科，对教学、科研、生活上所使用的物业有不同要求。比如为化学与材料学院或环境工程学院的师生服务，可能涉及实验废品的回收、处理；为继续教育学院、外语学院的师生服务，可能会涉及外事接待方面的内容，这就要求物业服务企业在承担学校物业管理时，需要制订相应的服务方案，有针对性地提供服务。另外，学校物业有大量的公共建筑与场所，如教学楼、办公楼、报告厅、会议室、图书馆等，这些公共场所的人流量大，每天进出几千上万人，公共秩序管理及环境卫生的保持有较大的难度。服务对象的多样化对学校物业服务企业的综合素质构成挑战。

（四）物业收费方式较其他业态不同

学校物业管理服务费主要来源于校方支付的物业服务费，来源相对单一，但也较为稳定，一般不存在拖欠物业费的现象。

从经营的角度看，追求利润的最大化是一般物业服务企业的最高原则，但由于学校的政治性和育人功能，为学校服务的企业只能追求微利、保利，物业费不能完全按市场化方式进行核算。现在学校物业管理物业费多采用“成本倒推法”，即根据现有后勤实体的在编人数及临时用工数量的各种工资补贴标准、各种消耗及运行费用等测算出总价格，再用总价格除以总工作量费用，如单位面积维修、清洁费用等，这种测算方法与其他业态采用的物业收费标准存在很大不同，采取这种办法测算的物业费，各地区、各学校之间因各自不同的情况，标准难以统一。

学校物业管理相较其他业态具有独特性，如何打造成功的学校物业管理，已成为物业管理行业，乃至高等教育业的新课题。各学校情况千差万别，没有统一的管理模式可以采用，根据学校自身的特点进行针对化管理，将极大考验学校物业服务企业的管理水平。

四、学校物业业态的市场构成

伴着教育后勤服务社会化改革，学校物业市场不断被释放，行业规模持续扩大，根据 2017 年各省市学校物业管理现状数据统计，全国学校物业已达到近 9 亿平方米的管理面积。

学校物业服务企业规模也在逐渐成长，以苏州东吴物业管理有限公司为例，管理的高校项目达到 92 个，高校物业服务面积近 2330 万平方米，2018 年东吴物业学校物业年经营总收入同比增长 46.26%。学校物业都具有共性，当前大部分学校物业服务企业主要服务对象是高校，服务好高校的基础上，部分物业服务企业向中小学延伸。还有一部分物业服务企业将目光主要对准中小学，如重庆助友创美物业以中小学物业服务为特色，承接管理了 19 所中小学的物业服务。还有广州市庆德物业，将中小学学校与综合后勤管理服务结合打造管理特色。

当前该领域主要有三种类型的企业构成：

第一类是由教育后勤集团市场化，独立出来的学校后勤保障集团，该类企业是当前学校物业市场的主力军，具备面积拓展优势，同时在文化上更容易获得认同感，更了解服务对象的需求，业务以学校为中心展开，以浙大新宇物业和苏大东吴物业为代表。其中，新宇集团构建了涵盖学生公寓管理、餐饮、物业、节能、宾馆管理等多项业务的学校后勤服务全产业链。

第二类是市场化的物业服务企业进入学校物业业态，这一类企业在物业传统服务更具备优势，主要围绕传统的“四保”提供服务，在此基础延伸一些会议服务等增值服务，规模较大的市场化物业服务企业具有丰富的管理经验和技术优势，结合学校需求可以提供更多的服务内容。这一类企业分为三种：一种是以明德物业、新大正物业为代表的具有庞大管理规模的头部学校物业服务企业。就新大正物业来看，它除了基础服务和商务服务，还提供学生创业励志服务、勤工俭学基地、学生实习基地等，业务向多元化发展；第二种则是以学校物业为服务特色的市场化企业，这类企业在学校、住宅、写字楼等多种业态皆有涉足，但在学校物业这一业态探索出自身特色，如合肥阡陌物业，已形成“以高校物业为特色，多业态拓展齐头并进”的态势；第三种企业是近几年学校物业的新进入者，在物业管理行业集中度提升的趋势下，较多综合实力强劲的物业服务企业进入学校物业市场，凭借其强大的品牌知名度和服务质量，对原有的市场竞争环境产生了较大影响，如中航物业、保利物业等。

除了上述两种专业的后勤或物业服务公司，第三类是特色的专业服务企业。以新欧鹏物业为例，它是教育产业集团下的一家物业公司，集团从教育出发，进行“教育＋”全产业生态链布局。

新鸥鹏物业依托集团资源，从新生报到的前接服务到学期后的常规化运行，再到最后毕业离校，新鸥鹏全程提供精细化的服务。此外还有安徽长城物业，亦承接了大量的学校物业服务，并打造其特色服务体系（表6）。

学校物业服务内容　　表6

类　型	服务内容
基础物业服务	清洁绿化、学校安保、设备维修、宿舍公寓管理、图书馆管理、体育场管理、招待所管理、教学设施设备管理、门禁管控、能源管理、消防系统、风险及危机管理、环境健康安全管理、楼宇自动化管理。
个性化物业服务	健身房管理、洗衣配送、物流快递、运输及班车、餐厅配餐配送、便捷服务、热线服务、自动贩卖机服务、网络购物服务
管家 & 商务服务	定制专项清洁、行政服务、商务办公服务、礼宾及接待服务、收发室管理、高级活动策划、会议中心管理、专业助理

五、 学校物业服发展趋势研判

根据教育部《国家中长期教育改革和发展规划纲要（2010—2020）》的战略目标，到2020年，高校要形成以“政府履行职责、市场提供服务、学校自主选择、行业规范自律、部门依法监管”为主要特征的“新型高校后勤保障体系”。在学校物业市场化不断深入的情况下，当前学校物业呈现出几个明显发展趋势：

（一）社会化企业占比提升，后勤实体管理规模不断收缩

当前学校已逐渐将部分职能向社会化企业放开。如楼宇和学校的保洁委托给保洁公司，楼宇秩序维护员委托给安保公司，学校环境绿化美化委托给园林绿化公司，房屋修缮、工程修缮、机电维修委托给工程公司，店面摊点、商铺商场、宾馆酒店、娱乐影院等商业网点承包给个体经营者或商业公司，家属区物业整体承包给社会物业公司等。

除将部分业务外包给专业公司外，近年来越来越多学校向社会物业公司、自办物业公司或中心进行招投

标，引进多家物业公司共同管理学校物业，这一趋势正逐渐扩大。

（二）智能化技术应用促进管理效率提升

在行业标准化的推动下，学校物业服务企业坚持标准化作业，持续加大对技术的投入，将新技术信息化工具应用在学校物业管理上。如浙大求是物业运用大数据、物联网、人工智能、云计算等技术，构筑“互联网＋智能”后勤平台，打造物业管理升级版，通过运用先进的分析工具和人工智能，提升业务能力和服务水平，提升公司的组织效能；安徽新亚物业与四格互联合作探索深度信息化服务，实现对业务流程及设备的信息化覆盖，增强公司实时管控、业务流程化、标准强制执行等方面的能力，以提高效率、降低成本；江苏环宇物业打造的“智慧物业云服务平台”以及辽宁龙源物业服务公寓的 APP 试点推进等智能系统，将学校物业管理、学校生活服务及其他拓展服务形成线上线下联动的服务体系，为学校师生提供了快捷、高质量的学校生活服务。

同时，校方的后勤管理与监管体系也在不断完善，从物业管理项目的规划设计、到项目招标投标以及日常监管的科学化管理过程，校方愈加重视对物业项目精细化服务的数据分析，注重搭建与服务企业平等协同的工作平台，确保了学校物业管理愿景目标的实现。

（三）延伸服务或成为企业主要盈利增长点

学校物业管理具有一定的公益性，企业的物业费价格受到一定的管制。学生吃及住的管理属于学生生活管理的范围，其服务费用价格一般低于市场价格，主要由政府物价部门审批，因此学校物业服务企业的盈利受到一定的限制，物业费提价较困难。但物业服务企业围绕学校场所发展的各项延伸服务有潜力成为企业未来主要的盈利增长点。

随着社会经济的发展和消费水平的提升，学校师生对物业管理的需求不断增多、要求不断提高，不仅仅局限于基础物业管理服务，还衍生出其他多样化需求。提供更多的增值服务、拓宽物业服务的内容和范围是当前学校物业管理的一大趋势。如提供代洗衣物、代购日用品、代清洁卫生、代接送小孩、生活用品维修等增值服务；提供宿舍公共信息、水电交费提醒与预约、网络报修与考评、对残障学生的生活关照、为伤病学生煎药煮粥、在人流量大的地方设置垃圾自动回收机等。多元化的业务发展为物业服务企业带来新的业务发展与盈利增长点。

（四）大型物业服务企业纷纷布局学校业态，行业竞争加剧

近年来物业管理行业涌起一阵并购潮和上市潮，在资本的支持下，头部物业服务企业快速扩张，除了加快扩张传统的住宅业态外，其他业态的价值也逐渐凸显，以往未涉足学校物业的大型物业服务企业或通过市场化招投标试水学校物业，或是通过收购专业的学校物业服务企业进入这一业态。如苏宁银河物业近年来向科技办公、产业园区、公共服务等业态拓展，在学校物业领域的拓展也持续推进，2018 年已为全国 30 余所高校服务。

大型物业服务企业具有资金和品牌优势，给原有学校物业业态内的企业构成了一定的威胁；而专业的学校物业服务企业具有专业的学校管理经验，也积累了一定的技术优势，且在业内构建了一定的名声，两类企业各具优势，随着越来越多的企业进入这一业态，行业之间的竞争也将越发剧烈，这将给现有行业内竞争优势较弱的中小学校物业服务企业构成较大的压力。

医院物业管理发展报告

20 世纪 90 年代后期，医院后勤服务开始社会化，我国医院后勤服务开始兴起。伴随政府购买服务常态化，医院物业管理市场快速发展，已经具备一定规模。

伴随着市场的发展，供需双方日益成熟，医院对物业服务提出更高的要求。一方面，医院集中精力发展核心医疗业务，对外承包的非医疗业务范围日益广泛，要求物业服务企业具备更多元的服务能力；另一方面，社会的发展、科技的进步、人民需求提升，对医院物业服务的专业度、精细度、智能化发展提出要求。

医院物业服务企业在市场中不断成长，一些企业向集团化发展，开启全国化战略布局，并不断提升自己的服务能力。一方面积极进行智能化建设切实满足医院物业服务场景的需求；另一方面延展服务能力，提供餐饮、设备管理等服务。

伴随着行业服务的标准化发展、智能化平台建设带来的服务复制性，头部企业开启扩张之路，行业集中度日益提升，部分医院物业服务企业开始尝试吸引资本市场的介入，期望借助资本更好地做大做强。

一、医院物业发展驱动因素

（一）政策因素：中国医院后勤社会化改革，释放广阔医院物业服务市场

中国医院后勤社会化改革使医院物业服务市场从无到有，伴随着后勤社会化改革的深入，市场不断释放。基于医院的特殊社会属性，后勤社会化改革前医院是一个全封闭的单位，后勤人员及业务由院方自行配备管控，可释放的市场空间巨大。由于院方对后勤服务外包十分谨慎，因此，医院物业服务市场是基于医院、物业服务企业、社会多方发展不断释放的过程，中国医疗机构数量庞大，也为医院物业服务市场的成长奠定了基础。

根据上海吉晨卫生后勤服务管理有限公司提供资料预估：全国医院物业管理市场总容量为 1000 亿元以上。从医院物业的外包情况分析：目前一二线城市的医院物业已基本全部外包，三四线城市则仍有 30% ～40% 的医院物业并未完成外包。此外，由于历史原因，部分医院中仍有部分正式编制的后勤职工。同时，顺应需求，许多的医院正在进行新建、改建和扩建。综上所述，预计未来五 5 年内，全国会释放约 500 亿元的市场。

（二）市场因素：专业化分工促进服务标准成熟，后勤服务外包降低医院成本

医院发展竞争日益激烈，更多医院开始集中精力打造核心竞争力，将更多的后勤服务业务过渡给物业服务企业。医院将后勤服务外包不仅能够以更低的成本购买更好的服务，并能转移一定的运营风险。近年来医院自身配备专业岗位人员，资源利用效率低；许多新型医院逐年建立，新型的设施设备维护需要现代的物业管理服务模式，依托智能化建设，医院物业服务企业不仅能够提供更好的服务体验，同时能更便捷地复制服务标准，降低医院物业服务的边际成本。

（三）技术因素：物联网发展成就系统集成平台，促进医院物业后勤管理一体化

目前，通过智能化建设，医院物业服务多维度全面升级，物联网与互联网都具备连接的属性，通过人与人、人与物、物与物的连接将越来越多非医疗服务连接在一起，医院后勤服务整体性日益增强。鉴于智能化建设带来的便捷与高效，医院、患者、物业服务企业对智能化平台的依赖度都逐渐提升。

当前，智能化在保洁、安保、派修、运送等模块的应用已经相对成熟，在市场的驱动下，医院物业服务企业已经开始尝试搭建集成系统平台，将涉及的每一个服务模块都连接在一起。未来伴随着集成系统的成熟，一家服务企业将能够为医院后勤进行整体的规划与管理，医院物业服务企业与医院的合作模式将得到更新。

安徽创源物业管理有限公司目前已经建设“创源物业管理智能化平台”，根据医院项目管理的项目特点定制项目管理信息模块，根据医院物业的特殊管理要求，在运送管理方面创新信息化管理模式，提升运送服务效率。实现了业务标准化、管理透明化、流程规范化、管理集约化的目标，从传统的物业管理迈向现代化的管理模式，从而降低物业管理成本，提高物业管理效率。

二、基于样本的医院物业服务市场数据分析

（一）2018 年度医院物业服务企业发展指数 21.2

物业服务企业发展指数（Property Management Development Index，简称 PMDI）是以企业年度数据为基础，根据物业服务企业发展指数的测评体系，从物业服务企业经营情况、管理规模、服务质量等方面，对物业服务企业发展的基础状况发展规律进行量化评价，测算出物业服务企业的发展指数，衡量企业发展的总体水平。物业服务企业发展指数横向上，体现出各企业发展状况的对比情况；纵向上，体现不同时期各企业的表现，并通过选取一定数量的头部样本企业反映行业发展趋势。

医院物业发展指数是根据测评体系选取物业管理行业头部企业为样本，进行数据分析，衡量企业该业态经营状况、管理规模、服务质量等整体发展情况，确定反映该业态发展状况和发展走势的综合指数。

伴随着医疗机构后勤社会化改革，医院物业近 20 年得到了长足的发展。医院物业市场快速扩大，物业服务企业迅速成长，已经成长起一批专业的医院物业服务企业。伴随着行业的蓬勃发展，物业服务企业开启多元布局，更多其他领域的优质服务企业也开始进入医院物业，共同推进医院物业市场的繁荣。

2018 年，PMDI100 医院物业发展指数 21.2，比 2015 年增加了 14.4 个点，复合增长率为 46.24%，近两年医院物业服务发展指数呈现加速上升态势（图 1）。

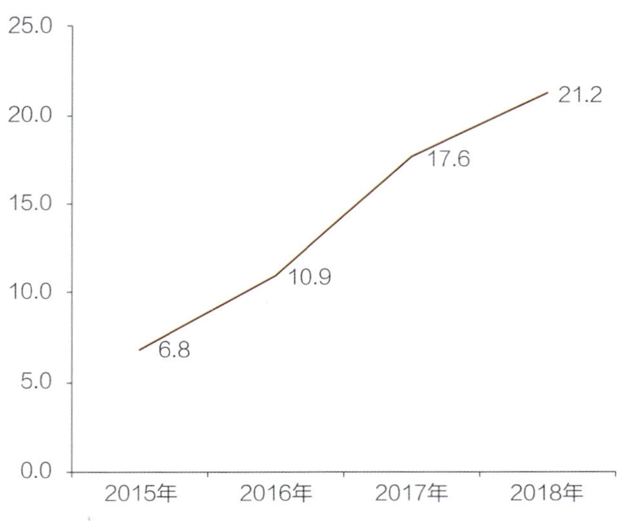

图 1　2015-2018 年度医院物业发展指数走势

（二）2018 年度 500 强企业整体数据分析

1. 500 强企业医院物业管理面积情况

2018 年，500 强企业中有 208 家企业涉足医院服务，占比 41.6%，500 强企业医院物业总管理面积达 2.04 亿平方米，占 500 强企业总管理面积比例为 1.7%，占行业总管理面积的比例为 0.73%（表 1）。

500 强企业医院物业管理面积情况　　表 1

项　目	数　值
总管理面积	2.04 亿平方米
占 500 强企业总管理面积比例	1.7%
占行业总管理面积的比例	0.73%

从企业角度看，涉足医院物业服务的企业平均管理规模为 3634.04 万平方米。有 82.2% 的企业医院服务规模在 100 万平方米以下，有 5.77% 的企业管理规模大于 500 万平方米，仅有 1.4% 的企业管理规模大于 1000 万平方米。该业态中小型企业比例较高（表 2）。

2018 年度 500 强企业医院物业管理面积各区间段企业分布　　表 2

区间段（万平方米）	企业数量	区间段（万平方米）	企业数量	占比
0～100	171	0～100	171	82.2%
0～200	181	100～200	10	4.8%
0～300	191	200～300	10	4.8%
0～400	194	300～400	3	1.4%
0～500	196	400～500	2	1.0%
0～600	198	500～600	2	1.0%
0～700	199	600～700	1	0.5%
0～800	201	700～800	2	1.0%

续表

区间段（万平方米）	企业数量	区间段（万平方米）	企业数量	占比
0 ~ 900	203	800 ~ 900	2	1.0%
0 ~ 1000	205	900 ~ 1000	2	1.0%
总计	208	＞ 1000	3	1.4%

从城市分布看，500 强企业医院物业服务面积中，一线城市总量为 3943.75 万平方米，占比 19.3%；二线城市总量为 6689.3 万平方米，占比 32.7%；三四线城市总量为 9807.77 万平方米，占比 48.0%（图 2）。

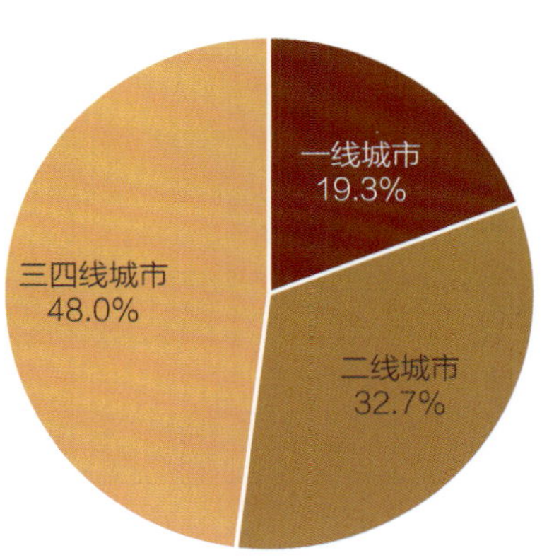

图 2　2018 年度 500 强企业医院物业服务面积各城市分级分布

2. 500 强企业医院物业管理项目情况

2018 年， 500 强企业布局医院物业服务企业管理项目总数为 2192 个，企业平均管理项目数量为 10.54 个，单项目贡献面积为 9.33 万平方米（表 3）。

500 强企业医院物业管理项目情况　　表 3

项　　目	数　　值
管理项目总量	2192 个
平均管理项目数量	10.54 个
单项目贡献面积	9.33 万平方米

从城市角度看，500 强企业医院物业服务项目中，一线城市项目数量为 550 个，占比 25.1%；二线城市项目数量为 646 个，占比 29.5%；三四线城市项目数量为 996 个，占比 45.4%，该结构与管理面积的各城市分级分布相符（图 3）。

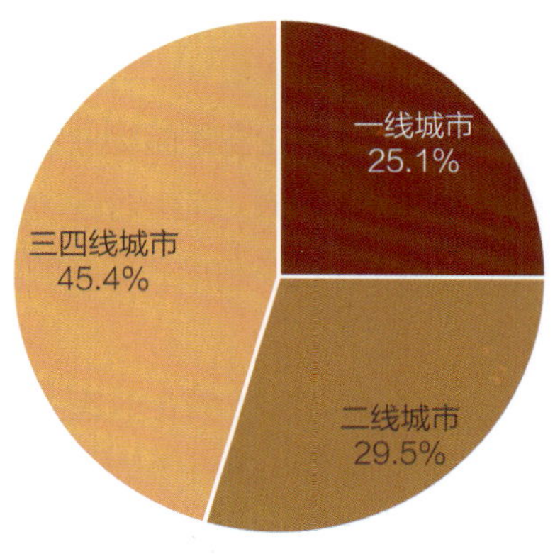

图 3　2018 年度 500 强企业医院物业管理项目各城市分级分布

3. 500 强企业医院物业服务收入情况

2018 年，500 强企业医院物业服务总物业费收入达 110.63 亿元，占 500 强企业总物业费收入比例为 4.9%，以 1.7% 的面积占比贡献了 4.9% 的收入占比（表 4）。

500 强企业医院物业服务收入情况　　表 4

项　　目	数　　值
物业费总收入	110.63 亿元
企业物业费收入均值	5318.54 万元
占 500 强企业物业费总收入比例	4.9%

从企业角度上看，500 强企业医院物业物业费收入均值为 5318.54 万元。500 强企业涉足医院服务的企业中，有 92.31% 的企业医院物业物业费收入在 1.5 亿元以下，有 3.4% 的企业医院物业物业费收入在 5 亿元以上。医院物业领域大量企业的规模仍然较小，但头部企业的收入水平已经较高（表 5）。

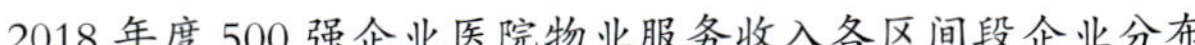

2018 年度 500 强企业医院物业服务收入各区间段企业分布　　表 5

区间段（万元）	企业数量	区间段（万元）	企业数量	占比
0～5000	176	0～5000	176	84.6%
0～10000	187	5000～10000	11	5.3%
0～15000	192	10000～15000	5	2.4%
0～20000	195	15000～20000	3	1.4%
0～25000	196	20000～25000	1	0.5%
0～30000	199	25000～30000	3	1.4%
0～35000	200	30000～35000	1	0.5%
0～40000	200	35000～40000	0	0.0%
0～45000	201	40000～45000	1	0.5%
0～50000	201	45000～50000	0	0.0%
总计	208	＞50000	7	3.4%

在 208 家涉足医院服务的企业中，有 10 家企业医院物业管理面积占比超过 50%，有 14 家企业医院物业物业费收入占比超过 50%，以收入为标准，可以看出有 14 家企业为以医院物业服务为主导发展，占 500 强企业比例为 2.8%。

4. 500 强企业医院物业物业水平

2018 年，500 强企业医院服务项目中，以酬金制形式服务的项目占比 9.44%，包干制形式服务的项目占比 90.56%；包干制仍为主流方式（图 4）。

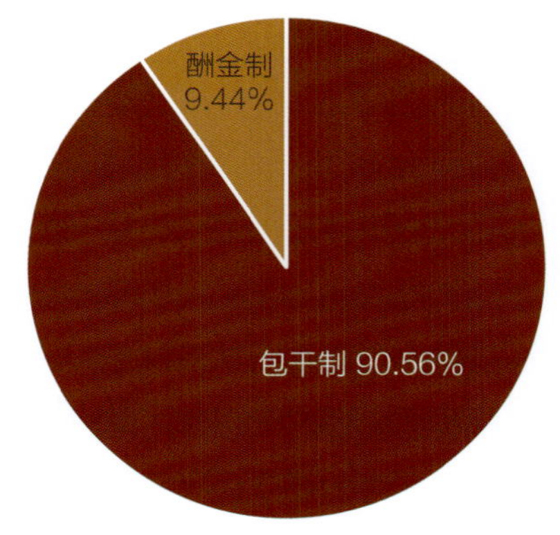

图 4　500 强企业医院物业收费形式分布情况

2018 年，500 强企业医院物业服务平均物业费为 6.19 元 /（平方米・月），其中，包干制项目平均物业费 5.946.19 元 /（平方米・月），酬金制项目平均物业费 8.526.19 元 /（平方米・月），物业费整体收缴率为 99.42%。500 强企业市场竞争力高，管理优质项目较多，其平均物业费水平高于行业平均水平（图 5）。

从城市角度上看，500 强企业医院物业服务项目中，一线城市平均物业费为 7.62 元 /（平方米・月）；二线城市平均物业费为 6.44 元 /（平方米・月）；三四线城市平均物业费为 5.47 元 /（平方米・月）（图 6）。

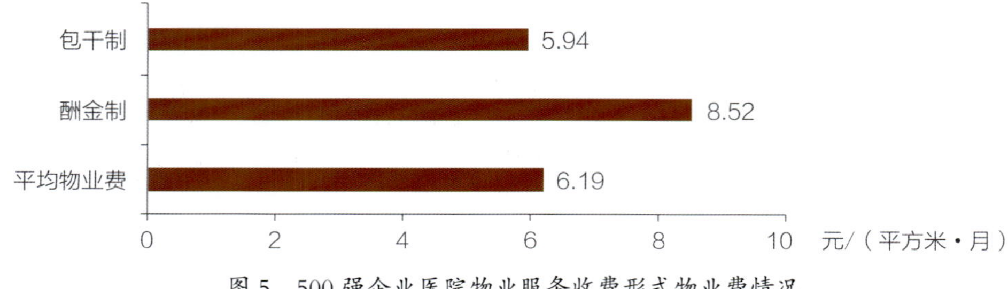

图 5　500 强企业医院物业服务收费形式物业费情况

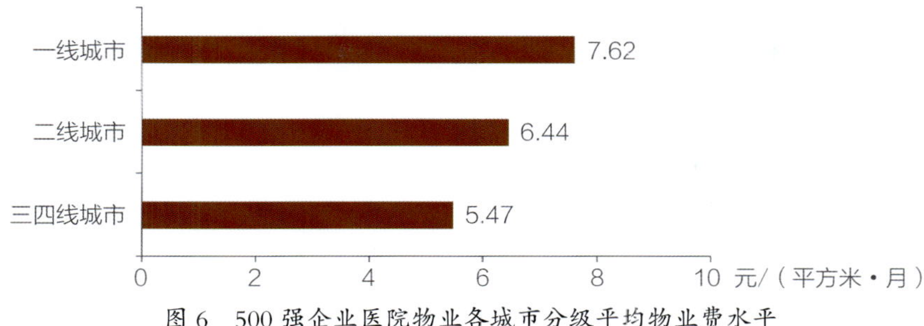

图 6　500 强企业医院物业各城市分级平均物业费水平

（三）2012-2018 年度百强企业整体数据分析

1. 百强企业医院物业布局情况

2018 年，百强企业布局医院物业服务企业比例为 60%。2012-2018 年度，复合增长率为 13.54%。由于近年来，不少物业服务企业积极涉足医院物业服务，百强企业中涉足医院服务的企业数量呈上升趋势（图 7）。

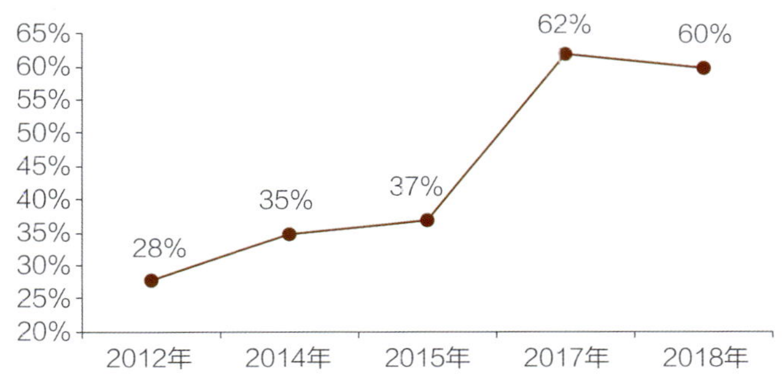

图 7　百强企业中涉及医院物业服务企业占比情况

2. 百强企业医院物业管理面积情况

2018 年，百强企业医院物业总管理面积为 9207.86 万平方米，同比增长 19.93%，增速高于行业整体规模增速。而百强企业医院物业管理面积占百强企业总管理面积比例为 1.1%，由于百强企业总管理面积的提升速度更快，该比例略有下降趋势（图 8）。

2018 年，百强企业医院物业管理面积占 500 强企业总医院服务面积增至 45.1%，证明该领域领先企业市场份额较大。与此同时，百强企业医院物业管理总面积占整个行业的市场份额由 2012 年的 0.2% 提升至 2018 年的 0.3%，表明百强企业医院物业服务的集中度在缓步提升（图 8）。

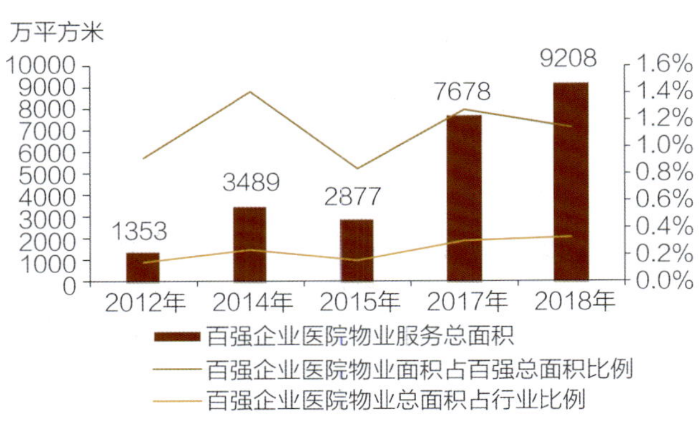

图 8　百强企业物业管理面积情况

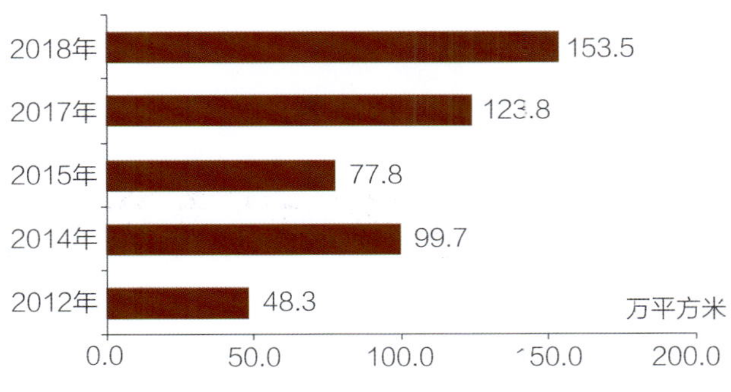

图 9　百强企业医院物业服务企业平均管理面积情况

2018 年，百强企业医院物业的平均管理面积从 2012 年的 48.3 万平方米增至 2018 年的 153.5 万平方米，年均增长 17.53 万平方米，2015—2018 年的平均管理面积复合增长率为 25.42%，近 3 年百强企业涉足医院服务企业的医院物业管理面积在快速增加（图 9）。

3. 百强企业医院物业管理项目情况

2018 年，百强企业布局医院物业服务企业管理项目总数为 948 个，同比增长 4.52%；2012—2018 年的复合增长率为 33.83%，项目增长快速。百强企业管理的项目占 500 强企业总医院物业管理项目的比例为 43.3%。

同时，百强企业医院物业服务企业平均管理项目数量从 2012 年的 5.9 个增长至 2018 年的 15.8 个，单项目贡献面积持续增长，从 2012 年的 8.2 万平方米增至 2018 年的 9.7 万平方米。由此可见，百强企业在保持项目增长稳步提升时，新拓展医院物业项目的规模也有所扩大（图 10）。

4. 百强企业医院物业服务收入情况

2018 年，百强企业企业医院物业费收入总值为 57.12 亿元，同比增长 14.8%。与 2015 年的 18.46 亿元相比，增长了 38.66 亿，复合增长率为 45.72%（图 11）。

2018 年，百强企业医院物业物业费收入占 500 强企业医院物业的物业费收入比例为

51. 63%，头部集中度较高；占百强企业总物业费收入比例为 6.3%，较 2017 年减少 1.9 个百分点。百强企业中，医院物业以 1.1% 的管理面积，贡献了 6.3% 的物业费收入（图 11）。

此外，百强企业医院物业费收入均值从 2015 年的 4989 万元增长至 2018 年的 9521 万元，复合增长率为 24.04%；与平均管理面积变化相比，医院物业费收入增速（24.04%）不及医院平均管理面积的增速（25.43%）（图 11）。

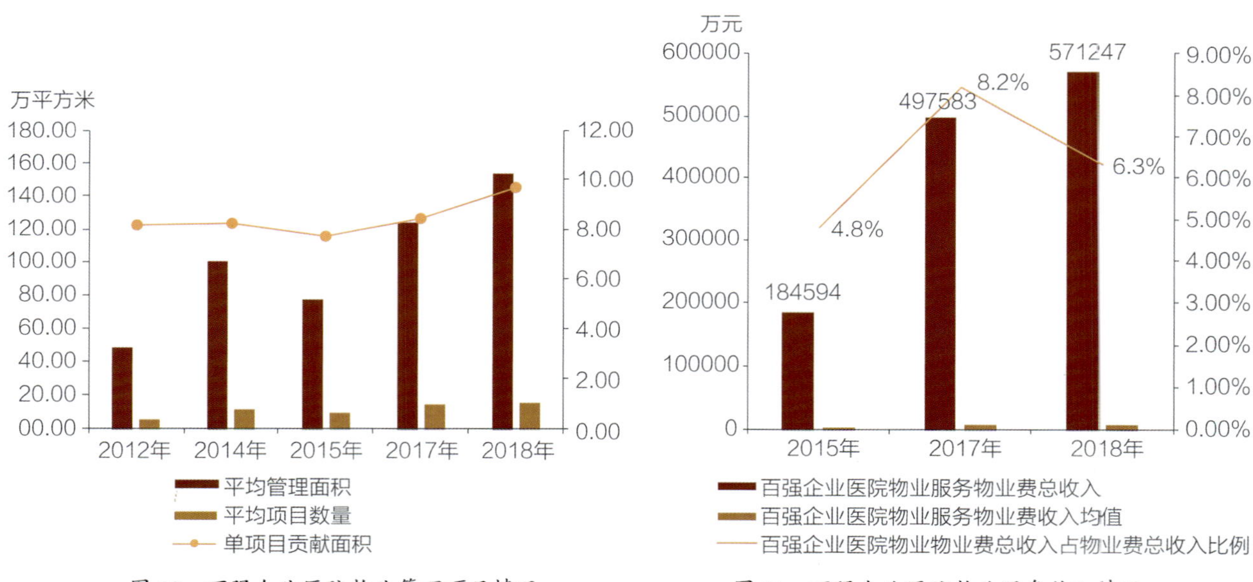

图 10　百强企业医院物业管理项目情况

图 11　百强企业医院物业服务收入情况

三、医院物业管理发展现状

我国的市场经济，尤其是医疗市场经济还需要一个长期的发展完善过程，医院物业管理行业的发展必将

受到医疗市场整体环境的制约。同时，医院物业管理行业发展也会影响和带动医疗市场的发展。历经 20 多年的发展我国公立医院，已经顺利地完成了医院后勤服务社会化的改革，传统的基础业务外包市场渐成规模。

（一）医院后勤服务外包需求释放，空间广阔

目前，医院物业服务市场发展空间巨大，未来医院领域物业费收入规模可观。

一方面医院数量基数大、增长快，为服务面积增长提供了保证；另一方面，医院物业服务的专业性，使其物业服务价值较高，加之医院的医疗设备持续更新升级，医院物业服务专业性更加突出。

伴随着社会化改革的深入，将医院后勤服务外包的医院数量日益增加，同时外包的业务内容日益丰富。目前，在保洁运送、保安养护、洗衣服务等基础服务方面，医院对后勤外包满意度很高；同时，将辅医、客服、导医等业务外包的医院数量逐渐增加。可见，医院物业服务企业的服务质量得到医院的认可。

现阶段，医院物业管理市场存在碎片化现象，各家企业在市场中管理份额较低。就现有的医院存量市场可以容纳几家大型企业成长为行业龙头，医院物业服务企业可以尝试借助资本的力量进行扩张，将优质的服务标准进行复制，打造行业服务规范。

（二）“外来者”入局，市场竞争加剧

房地产存量时代，房企纷纷拆分物业服务企业独立上市，在资本的助力下以传统住宅物业服务为主的企业开始进行规模竞速。传统住宅物业服务市场渐成格局，物业服务企业开启多业态布局。

医院物业服务目前集中度较低，市场也存在一定空白，为其他企业入局留有一定空间。伴随着城市化进程及人们生活水平的提高，医院物业市场的开发、升级、换代有大量新需求，同时，物业服务价值较高并存在较大的溢价空间。

医院物业服务的公共性、服务性等特性，要求新进入医院物业服务领域的企业具备足够的实力。非住宅物业服务企业延伸到医院物业服务领域时更具优势。入局医院物业，首先需要在行业内具备足够的品牌影响力，才能获得院方的信任；其次，企业需要具备足够的资本实力以支撑的智能化建设，提升竞争力。

由于医院物业服务专业性要求高，新进入医院物业服务的企业，一方面可以通过从医院物业服务企业挖掘专业人才提升软性实力；另一方面可以通过融资并购直接获取医院物业服务企业主体及其项目资源。

（三）市场集中度提高，中小企业面临洗牌

1. 头部企业加速市场化拓展。医院物业服务能力提高，区域品牌企业已经形成。在发达区域由于医院的定位及配套相对领先，该区域成长的物业服务企业也更能得到全国市场的认可，因此发展较为强势区域的服务企业开始在全国战略布局。接下来，医院物业管理行业集中度将持续提升。

2. 服务模式更新面临业务淘汰。物业服务企业需要业具备更多元的服务能力，除了传统的“四保”、电梯服务、导医等服务，医院也对餐饮、设施设备运营等多方面产生服务需求。其次，新医院的成立与旧医院的更新，要求物业服务企业对手术室、特殊病房等空间的维护、对专业医疗设施设备的运维都有更高的服务能力。同时，智能化应用日益深入，在大型企业进行医院后勤服务一体化系统集成平台建设后，不具备系统服务能力的企业将会逐步失去在市场中的竞争力。

3. 专业发展或成出路。目前，很多中小企业医院物业服务的主要业务仍然停留在保洁、保安、前台、食堂这样典型的低技术含量的服务。伴随医院物业服务市场的扩大以及智能化建设降本增效，这些基础业务

具备通过规模发展获取可观收益的市场空间。国外的医院物业服务企业在设施设备运营管理、餐饮服务等专项业务发展都取得优异的成绩。

四、医院运营类业务发展方向

医院物业的管理涵盖了非临床服务的方方面面，甚至正在逐步替代医院传统的后勤服务体系。同时，又派生出许多新的服务。目前医院物业管理项目繁多，以上海吉晨卫生后勤服务管理有限公司、北京斯马特物业管理有限公司、北京国天健宇物业管理发展有限公司、合肥美而特物业服务有限公司等医院物业服务企业的业务内容来看，细分服务市场包括秩序维护、保洁、护送、洗涤、护工、餐饮、安全消防管理、物业管理、消耗性物资采购供应、医疗废弃品处理等多种业务。

（一）医疗机构配餐外包处于早期，发展潜力巨大

医院场景的餐饮极具复杂性，涉及人员多样，并且在医院场景的就餐与健康、隔离等息息相关，同时，由于公立医院事业性单位的性质，餐饮外包在整个医疗机构后勤化改革进程中的进度是相对落后的。伴随着医院开放程度的增加以及物业服务企业在服务中逐步积累的信任，医院开始把餐饮服务向外承接，整个市场还处于早期阶段，市场空间巨大。

医院餐饮是一块广阔的市场。在医院内餐饮需求十分丰富，服务对象多元，类型多样，涉及职工餐饮、综合服务餐饮、营养餐。医院的餐饮市场空间基于医院后勤社会化程度不断扩大，同时，除员工餐饮之外，由于就餐人员特殊，单份餐饮附加值大。

医院物业服务企业对医院的整体运营能够积极融入，准确把握需求，同时，伴随着智能化建设，医院后勤服务一体化是必然趋势。因此，在医院尝试将餐饮外包时，以上海吉晨卫生后勤服务管理有限公司、众安康等为代表的企业已经积极承接并发展餐饮业务。

（二）基本医疗设备维护外包市场，需求有待满足

设备维护是医院的重要工作之一。医疗设备是医院的核心资产，也直接决定了一家医院的整体水平，在医疗市场竞争日益激烈的状态下，医院需要紧跟时代发展进行设备的更新换代。新成立的医院全面引进新设备，老医院则一面维护、一面逐步更新升级。同时，医疗设备在医院运行中扮演着核心角色，因此对医疗设备运维的需求会逐步增加。

医疗设备极具专业性，设备的正常运维是治病救人活动成功的必要条件，因此设备运维需要专业性支持，但由于较高的标准导致具备服务能力的企业少，服务价值高。因此在未来的竞争中，设备运维能力十分重要。

（三）医院后勤一体化管理系统输出具有市场潜力

医院发展需要一体化的后勤服务支持。一体化智能服务，有助于医院实现管理的透明化以及实现降本增效，同时提升了患者就医便利性以及医院的服务能力及形象。医院物业服务企业在多年的实践经验中沉淀的服务标准，通过进行智能化建设，将医院后勤服务集于一端，可以极大便利医院对非医疗业务运行的管理，

同时，可以基于大数据分析，最大化地发挥资源价值。

北京斯马特物业管理有限公司在管项目沧州中心医院、吉林大学第二医院均已正式运行“互联网＋医疗”模式，实现“一站式”服务，省去电话沟通下单环节，直接由电脑点对点下单，快速准确，甚至可以直接做到下派电子工作单，维修结束后，通过电子单回复到电子信息平台上，并可实现全员监督，科室人员随时可通过手机举报不规范操作行为，同时也可以实时上报需要运送的信息。最后可通过信息平台进行大数据分析每位运送员工的工时、数量、及时率等，一目了然。

五、医院物业服务企业发展趋势

（一）科技创新：打造后勤服务系统集成平台

技术的变革推动社会的变革，物联网、互联网、云计算等技术的发展深刻改变了人们的生活习惯和消费方式，并对各行业产生颠覆式的影响。物业管理行业也在面临着深刻的变革，在医这类大型公共服务场所，对智能化建设需求更为突出。

医院物业服务企业在医院后勤服务中已经进行了一定智能化的建设，积淀的实践经验通过线上管控形成了可复制的标准。针对医院物业日常服务中涉及的业务板块已经实现了智能化服务以及项目管控智能化。现在，伴随着各方的成熟，在智能化建设方面，医院物业服务企业谋求更进一步发展，打造后勤服务系统集成平台，实现一站式服务、中心集控。

医院后勤服务系统集成平台的建成对医院及物业服务企业都具有重大意义。首先，医院后勤服务涉及医院、物业、患者多方，集成平台的建成，可以简化多方沟通流程，提高效率，明确进度；其次，对于物业服务企业不仅可以更精准地调配资源、提高管理效率，同时能够将日常工作量化，避免纠纷；再次，对于患者及其家属而言则提升了服务体验；最后，具备后勤服务一体化智能建设的物业服务企业，在获取单个项目时有助于承接更广的业务内容，由于集成平台建设的门槛高，在市场竞争中也更有优势。因此，后勤服务一体化系统集成平台的建设符合多方需求，医院物业服务企业具有建设动力。

（二）服务创新：挖掘个性需求，创新服务方式

医院物业服务需要人性化关怀。医院物业服务在做好安保、消防等基础服务的同时，还应解决病患的个性化需求。患者及家属除了具备面对疾病的身心压力共性外，也具有不同的特点。不同年龄段病人的不同心理需求、不同类型病人的餐饮需求、不同家庭背景及教育层次病人的精神需求，当这些人汇聚在医院，除了接受医疗服务外，还有其他方面的个性需求。目前，针对不同类型的医院，比如儿童医院、中医医院、牙科医院等具有独特服务方向的医院，后勤服务处除基础服务外延伸服务各具特色。

一体化服务打造健康生态服务系统。医院物业服务都集中在一个出口，不仅保证整体运行高效，并极大简化了患者的看病流程。山东大正物业服务有限公司积极探索医院物业服务新模式，形成了医院物业“一站式”标准化服务新模式，支撑医院实现临床核心业务的剥离，使得医院能够集中精力于临床核心业务，让专业的人做专业的事。全面提升了医院的服务效率，促进了医院后勤工作的高标准、高质量发展。

医院物业后勤服务具有特殊的服务属性，是医疗服务的支持者和保障者，是特殊人群的服务者。服务见诸细节，精细、精准、温暖的服务在医院物业服务场景中是必须做到的。

（三）模式创新：集团式管控，规模发展全国布局

医院物业后勤社会化改革已经发展了一段时间，虽然医院物业服务市场仍然尚未成熟，行业集中度目前并不高，单个企业市场占有率有限，但是在科技、经济等社会因素营造的外部环境倒逼及物业服务企业自身的努力下，医院物业服务企业开始步入新的阶段。品牌价值开始显示，规模发展初入征程。

医院服务物业服务企业伴随着业务延伸及规模的增长，开始向集团化发展。以上海吉晨卫生后勤服务管理有限公司为例，在多年的发展中以物业服务为基础，从纵横两个维度——产业链和生态圈来打造集团化企业，成立多专业类子公司和区域分公司。区域分公司的成立代表着企业开拓新区域市场的决心，专业类子公司则是不同细分业务成熟，是以不同维度切分市场的体现。

医院物业服务企业全国布局开启规模化发展。目前，在医院物业服务市场中，不同的区域已经形成了具备足够影响力的物业服务企业，品牌价值开始得以发挥。以上海为例，上海吉晨卫生后勤服务管理有限公司等专业公司得到市场的高度认可。其次，这些品牌企业已经形成较为成熟的服务标准，也具备较强的实力进行智能化建设，因此在服务质量和服务能力方面较强。由于区域的市场空间终于上限，在具备外拓能力时，头部的企业开始走向全国。

由于整个医院物业服务市场形成的时间相对较短，医院物业后勤服务市场也还在逐步释放，医院物业服务企业也才初步成长到一个新阶段，因此市场化的竞争开始步入加速期，从现在到医院物业服务存量市场被覆盖前的阶段将是医院物业服务企业发展的黄金时期，也是企业发展规模基础的奠定时期。因此，集团化管控下全维度的扩张将是接下来医院物业服务企业的发展方向。

公共场馆物业管理发展报告

公众场馆物业重在“公众”，不以公建作为标准，而是以客流量大、安全标准高、开放性高为特性来衡量，即公众场馆物业的业主是流动的不是特定的。以此来划分，现在常见的公众场馆物业以美术馆、图书馆、科技馆、体育馆、大型会展中心以及高铁、飞机、地铁等交通枢纽为代表。

公众场馆物业市场相对于住宅物业市场仍处于发展早期，发展潜力巨大，伴随着物业服务企业多业态布局战略的落地，公众场馆物业在众多物业服务企业的努力下得到快速发展。

一、基于样本的公众场馆物业服务市场数据分析

（一）2018 年度公众场馆物业服务发展指数 10.8

物业服务企业发展指数（Property Management Development Index，简称 PMDI ）是以企业年度数据为基础，根据物业服务企业发展指数的测评体系，从物业服务企业经营情况、管理规模、服务质量等方面，对物业服务企业发展的基础状况发展规律进行量化评价，测算出物业服务企业的发展指数，衡量企业发展的总体水平。物业服务企业发展指数横向上，体现出各企业发展状况的对比情况；纵向上，体现不同时期各企业的表现，并通过选取一定数量的头部样本企业反映行业发展趋势。

公众场馆物业发展指数是根据测评体系选取物业管理行业头部企业为样本，进行数据分析，衡量企业该业态经营状况、管理规模、服务质量等整体发展情况，确定反映该业态发展状况和发展走势的综合指数。

2018 年，PMDI100 场馆物业发展指数 10.8，比 2015 年增加 7.1 个点，复合增长率分别为 43.18%，发展指数稳步提升（图 1）。

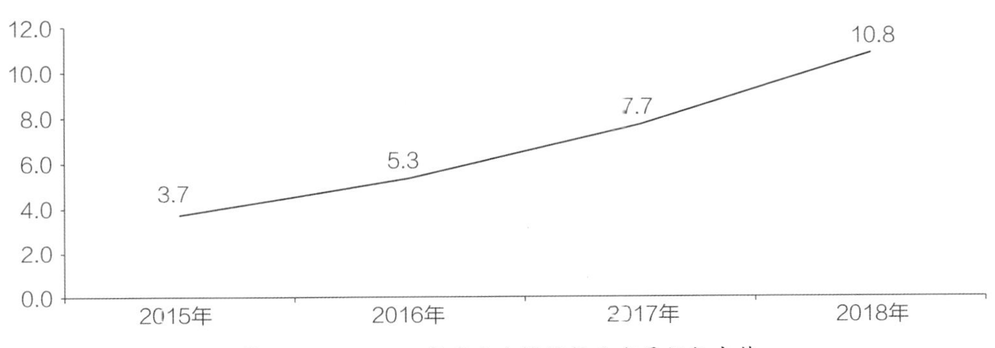

图 1　2015—2018 年度公众场馆物业发展指数走势

（二）2018 年度 500 强企业整体企业数据分析

1. 500 强企业公众场馆物业管理面积情况

2018 年，500 强企业中有 236 家企业涉足公众物业服务，占比 47.2%。500 强企业公众物业总管理面积达 1.79 亿平方米，占 500 强企业总管理面积比例为 1.51%，占行业总管理面积的比例为 0.64%（表 1）。

500 强企业公众场馆物业管理面积情况　　表 1

项　目	数　值
总管理面积	1.79 亿平方米
占 500 强企业管理面积比例	1.51%
占行业总管理面积的比例	0.64%

从企业角度看，涉及公众场馆物业服务企业的平均管理面积为 3093.33 万平方米。① 有 82.6% 的企业公众场馆物业管理面积在 100 万平方米以下，有 3.0% 的企业管理面积大于 500 万平方米，仅有 0.8% 的企业管理面积大于 1000 万平方米。该业态中小型企业比例较高（表 2）。

2018 年度 500 强企业公众场馆物业管理面积各区间段企业分布　　表 2

区间段（万平方米）	区间段（万平方米）	企业数量	占比
0 ～ 100	00 ～ 100	195	82.6%
0 ～ 200	100 ～ 200	13	5.5%
0 ～ 300	200 ～ 300	13	5.5%
0 ～ 400	300 ～ 400	5	2.1%
0 ～ 500	400 ～ 500	3	1.3%
0 ～ 600	500 ～ 600	3	1.3%
0 ～ 700	600 ～ 700	0	0.0%
0 ～ 800	700 ～ 800	0	0.0%
0 ～ 900	800 ～ 900	0	0.0%
0 ～ 1000	900 ～ 1000	2	0.8%
总计	＞ 1000	2	0.8%

从城市分布看，500 强企业公众场馆物业服务面积中，一线城市总量为 3957.49 万平方米，占比 22.19%；二线城市总量为 8250.82 万平方米，占比 46.27%；三四线城市总量为 5264.98 万平方米，占比 31.54%。可以看出，500 强企业公众场馆物业的市场相对集中在一二线城市，其占比达到 68.46%（图 2）。

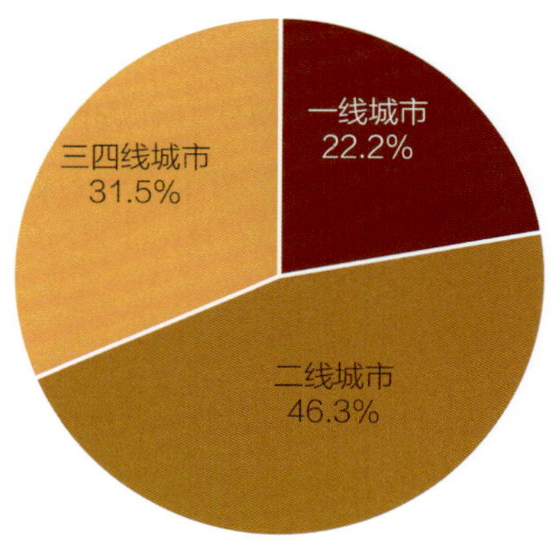

图 2　2018 年度 500 强企业公众场馆物业管理面积各城市分级分布

2. 500 强企业公众场馆物业管理项目情况

2018 年，500 强企业布局公众场馆物业服务企业管理项目总数为 1384 个，企业平均管理项目数量为 5.86 个，单项目贡献面积为 12.91 万平方米（表 3）。

① 本报告涉均值类计算均以 PMDI 500 中涉及该业态的企业部分进行计算，下同。

500 强企业公众场馆物业管理项目情况　　表 3

项　　目	数　　值
管理项目总量	1384 个
平均管理项目数量	5.86 个
单项目贡献面积	12.91 万平方米

从城市角度看，500 强企业公众场馆物业服务项目中，一线城市项目数量为 383 个，占比 27.7%；二线城市项目数量为 540 个，占比 39.0%；三四线城市项目数量为 461 个，占比 33.31%，该结构与管理面积的各城市能级分布相符（图 3）。

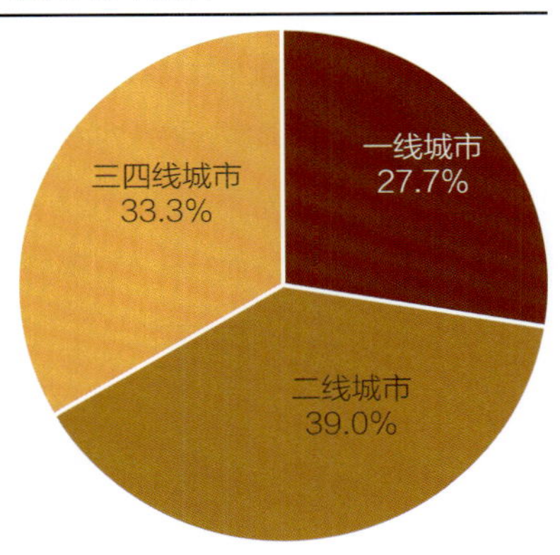

图 3　2018 年度 500 强企业公众场馆物业管理项目各城市分级分布

3. 500 强企业公众场馆物业服务收入情况

2018 年，500 强企业公众场馆物业服务总物业费收入达 40.0 亿元，占 500 强企业总物业费收入比例为 1.8%，以 1.51% 的面积占比贡献了 1.8% 的收入占比（表 4）。

500 强企业公众场馆物业服务收入情况　　表 4

项　　目	数　　值
物业费总收入	40.0 亿元
企业物业费收入均值	1690.7 万元
占 500 强物业物业费总收入比例	1.8%

从企业角度上看，500 强企业公众场馆物业物业费收入均值为 1690.7 万元。500 强企业公众企业中，有 92.0% 的企业公众场馆物业物业费收入在 2 亿元以下，有 0.8% 的企业公众场馆物业物业费收入在 5 亿元以上。公众场馆物业领域企业管理规模较小，且大量企业集中在 5000 万平方米以下（表 5）。

2018 年度 500 强企业公众场馆物业服务收入各区间段企业分布　　表 5

区间段（万元）	企业数量	区间段（万元）	企业数量	占比
0～5000	212	0～5000	212	89.8%
0～10000	226	5000～10000	14	5.9%
0～15000	233	10000～15000	7	3.0%
0～20000	234	15000～20000	1	0.4%
总计	236	＞20000 万	2	0.8%

在 236 家涉足公众场馆服务的企业中，仅有 1 家企业公众场馆物业管理面积占比超过 70%，有 9 家企业公众场馆物业物业费收入占比超过 30%，以收入为标准，仅有 1 家企业为以公众场馆物业服务为主导发展，有 9 家将公众场馆物业作为主营业务，占 500 强企业比例为 1.8%。

4. 500 强企业公众场馆物业物业费水平

2018 年，500 强企业公众场馆服务项目中，以酬金制形式服务的项目占比 17.4%，包干制形式服务的项目占比 82.6%，包干制仍为主流方式（图 4）。

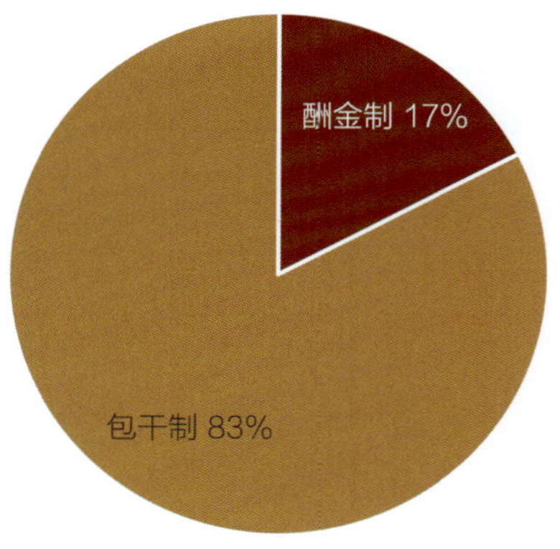

图 4 500 强企业公众场馆物业收费形式分布

2018 年，500 强企业公众场馆物业服务平均物业费为 3.73 元 /（平方米·月），其中，包干制项目平均物业费 3.43 元 /（平方米·月），酬金制项目平均物业费 5.51 元 /（平方米·月），物业费整体收缴率为 97.63%。

从城市角度上看，500 强企业公众场馆物业服务项目中，一线城市公众场馆物业平均物业费为 5.37 元 /（平方米·月）；二线城市公众场馆物业平均物业费为 3.49 元 /（平方米·月）；三四线城市公众场馆物业平均物业费为 3.02 元 /（平方米·月）；一线城市公众场馆物业费明显高于二线及三四线城市。

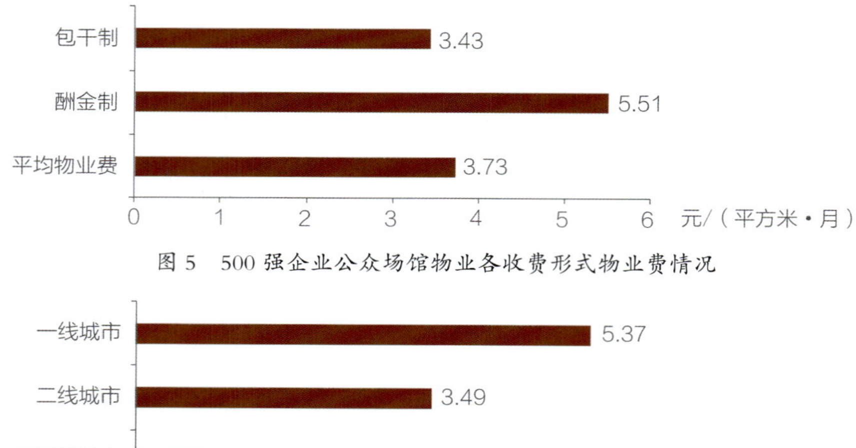

图 5 500 强企业公众场馆物业各收费形式物业费情况

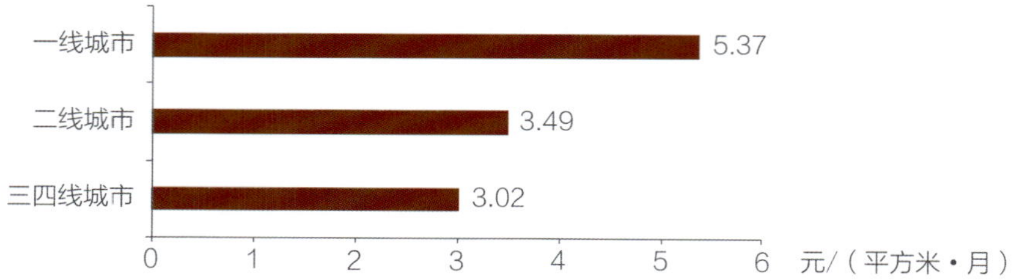

一线城市 5.37
二线城市 3.49
三四线城市 3.02
0 1 2 3 4 5 6 元/（平方米·月）

图 6 500 强企业公众场馆物业各城市分级平均物业费水平

（三）2012 ～ 2018 年度百强企业整体数据分析

1. 百强企业公众场馆物业服务布局情况

2018 年，百强企业布局公众场馆物业服务企业比例为 64%，同比增长 6 个百分点。2012 ～ 2018 年度，复合增长率为 6.85%，整体呈现上升趋势（图 7）。

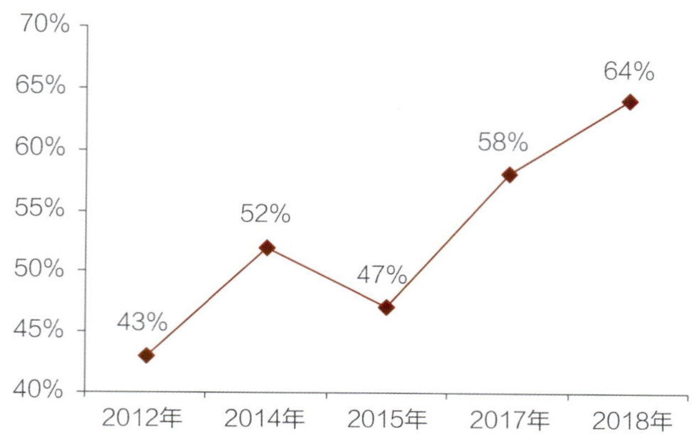

图 7 百强企业中涉足公众场馆物业服务企业占比情况

2. 百强企业公众场馆物业管理面积情况

2018 年，百强企业公众场馆物业总管理面积为 9890 万平方米，同比增长 7.7%，增速相对行业整体管理面积增速较慢。而百强企业公众场馆物业管理面积占百强企业总管理面积比例为 1.24%，由于百强企业总管理面积的提升速度更快，该比例较 2017 年略有下降趋势（图 8）。

2018 年，百强企业公众场馆物业管理面积占 500 强企业总公众场馆管理面积增至 55.4%，证明该领域领先企业市场份额较大。与此同时，百强企业公众场馆物业管理总面积占整个行业的市场份额由 2012 年的 0.21% 提升至 2018 年的 0.35%，表明百强企业公众场馆物业服务的集中度在提升（图 8）。

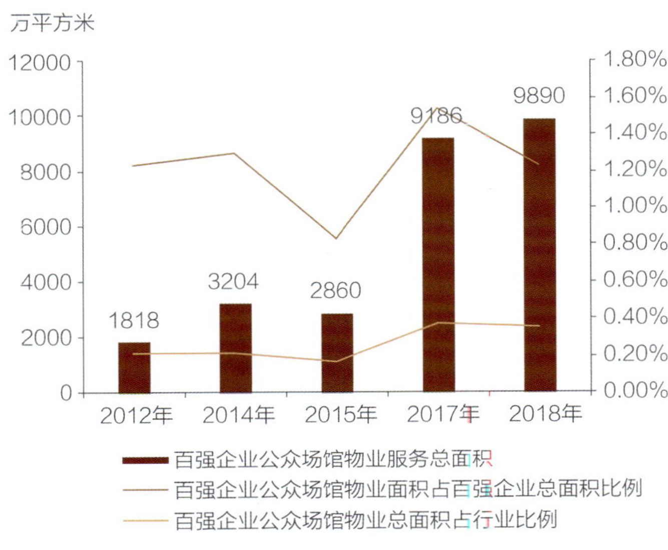

图 8　百强企业公众场馆物业管理面积情况

2018 年，百强企业公众场馆物业的平均管理面积从 2012 年的 42.3 万平方米增至 2018 年的 154.5 万平方米，年均增长 18.7 万平方米，整体呈波动上升趋势。2017 ～ 2018 年度百强企业公众场馆物业的平均管理面积出现大幅增长，2015 ～ 2018 年度复合增长率为 36.39%，表明近两 2 年百强企业涉足公众场馆物业的企业在该业务领域的拓展力度在加大（图 9）。

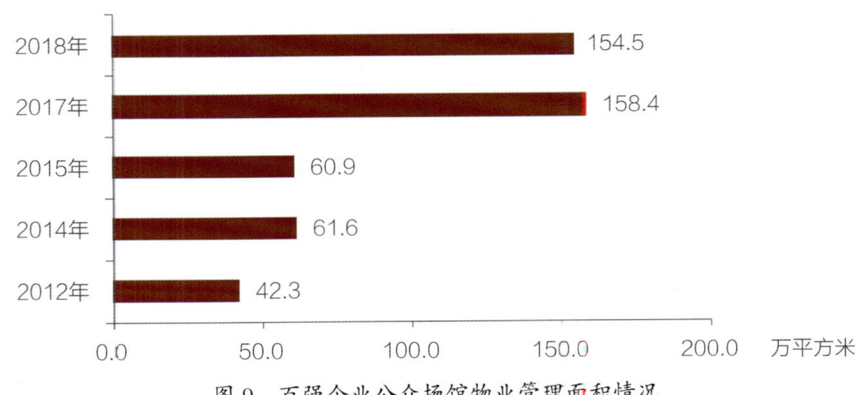

图 9　百强企业公众场馆物业管理面积情况

3. 百强企业公众场馆物业管理项目情况

2018 年，百强企业布局公众场馆物业的管理项目总数为 687 个，同比增长 30.86%；2012—2018 年的复合增长率为 21.8%，服务项目数量增长速度较快。百强企业公众场馆物业管理项目数量占 500 强企业公众场馆物业总管理项目数的比例为 49.64%。

同时，百强企业公众场馆物业服务企业平均管理项目数量从 2012 年的 5.07 个增长至 2018 年的 10.73 个，单项目贡献面积持续增长，从 2012 年的 8.34 万平方米增至 2018 年的 14.4 万平方米。由此可见，百强企业在保持项目增长稳步提升时，新拓展公众场馆物业项目的规模在不断扩大。

4. 百强企业公众物业服务收入情况

2018 年，百强企业公众场馆物业费收入总值为 22.61 亿元，同比增长 63.58%。与 2015 年的 9.39 亿元相比，增长了 13.22 亿元，复合增长率为 30.45%（图 11）。

2018 年，百强企业公众场馆物业物业费收入占 500 强企业公众场馆物业的物业费收入比例为 56.67%，头部集中度较高；占百强企业公众场馆物业总物业费收入比例为 2.5%，波动较小 2015 ～ 2017 年度占比均维持在 2% ～ 2.5%。百强企业中，公众场馆物业以 1.2% 的管理面积，贡献了 2.5% 的物业费收入。

此外，百强企业公众场馆物业费收入均值从 2015 年的 1997 万元增长至 2018 年的 3533 万元，复合增长率为 20.95%；与平均管理面积变化相比，公众场馆物业物业费收入增速（20.95%）不及公众场馆物业平均管理面积的增速（36.39%）（图 11）。

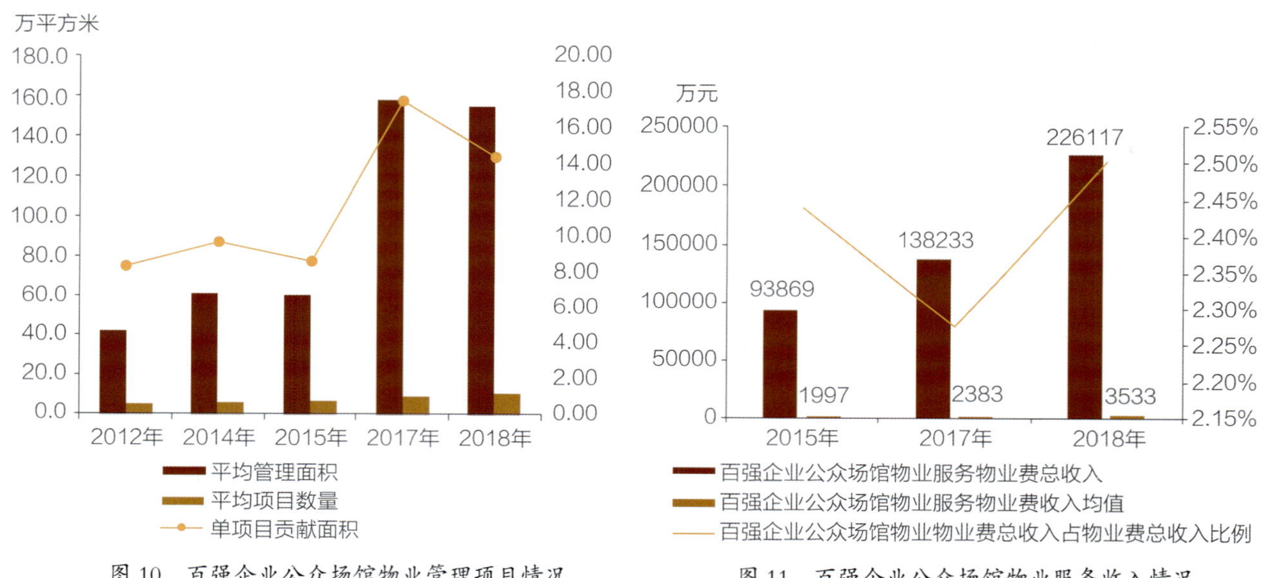

图 10　百强企业公众场馆物业管理项目情况

图 11　百强企业公众场馆物业服务收入情况

二、公众场馆物业服务市场发展现状

（一）区域深耕发展，市场竞争加剧

公众场馆物业服务项目获取存在一定门槛且项目服务品质要求高，单点布局成本高；公众场馆物业领域企业项目布局相对集中，比如，中土物业管理集团有限公司，主要聚焦于山东省，为山东省图书馆、烟台市体育公园、烟台机场等多个项目服务。

也有一些企业开拓了全国性布局，比如保利物业已经走进商业、写字楼、产城、公建、航空与交通枢纽、医疗养老等多重业态，在城市空间及服务面积上都有了标准化的推进。北京天鸿宝地物业依托 20 多年市场化发展中积累多物业类型管理经验，业务以北京为中心，延伸至天津、河北、山东、江苏、浙江、广东、陕西、内蒙古等地。

公众场馆物业目前被不少优质物业服务企业看重，美的物业、佳兆业物业等企业都非常看好公众场馆物业市场，并将持续发力。与此同时，在政府采购服务大趋势下，项目市场化程度会进一步加大，市场也将能够容纳企业成长。

目前，物业管理行业呈多元化发展的趋势，面对住宅物业增量天花板，传统的住宅物业服务企业纷纷开启多业态的布局。

涉及公众场馆物业的物业服务企业中，发展较为强势的企业多为第三方物业服务企业，以浦江中国、重庆新大正等为代表的企业抓住政府采购服务的机遇，发力公众场馆物业的服务市场，形成自己的优势，其中浦江中国已经作为非住宅物业服务商成功登陆资本市场。同时，以万科物业、彩生活为代表的传统住宅物业服务企业开始试水公众场馆物业服务。

当下的物业服务已经从狭义的社区服务走向广义的城市服务，公众场馆物业伴随着其服务对象的广泛度逐渐步入大众的视野，其热度越来越高。2019 年 6 月，保利物业发布大物业战略，在“大物业”战略布局下，保利物业不断拓展新的业态领域。除住宅业态外，还覆盖城市地标性写字楼、政府公建、城镇景区、特色产业园、院校、医院、机场等新业态，而作为深度参与基层社会治理的行业先行者，保利物业也在全域化公共服务方面积淀了丰富经验。

（二）服务对象复杂，品质要求更高

公众场馆物业具有开放性、公益性的特点，有许多不确定因素，表现在服务的对象及流量的动态变化。同时，公众场馆物业的公众属性决定了建筑项目要具备同时为大量公众服务的能力，任何一个服务的实施和调整都可能带来巨大的影响。

公众场馆物业具有自身的管理侧重点，在传统“四保”的基础上，更加突出设施设备的运维能力、大量人员的秩序及安全维护能力。

现阶段公众场馆物业服务除了基础物业服务，也依托公众项目的特殊属性延伸出一些特色服务。但不同的服务项目多需要依据项目特性进行定制，为服务的落地增加了难度，要求物业服务企业的服务能力不仅专业且要全面。

以中航物业服务的长沙滨江文化园为例，服务内容既有传统“三保”（保安、环境、工程），也有如场馆运营、游客接待、行政支持等延伸特色业务。深耕主业，以高质量的服务换取更高的收入是公众场馆物业的主要服务目标。对内，公众场馆物业服务企业要注重标准化建设，定制个性化的培训体系，提升员工的业务能力及素养，分岗、分级进行对应不同方面的能力训练；除此，要更具国际视野，引入外语人才，接待国际来宾，传递中国文化。

此外，公众场馆物业面临多方监督，决定了公众场馆物业具有高标准的服务质量要求，公众场馆物业服务需时刻注重公众服务体验、配合业主进行项目运营。

（三）设施设备管理，专业技能要求严格

基于公众场馆物业人员流动、人流量大、开放性高的特点，公众场馆物业日常工作中最主要的工作是对设施设备维护运营，在大型场馆、大型赛事等多种场景下，设备设备专业性高、规模大；其次，同时公众性也使其对失误率的容忍度低，代价大。

公众场馆物业项目中配备的设备，数量多、种类多，如果设备在运行过程中出现问题，小则影响客户体验，大则导致群体恐慌，背后直接应对的是发生群体事件的隐患。因此公众场馆物业对设施设备的运营能力要求极高。

特别是在机场、场馆等涉及多种复杂设施设备及配套设施，这要求物业服务具备更高的专业技能才能满足现代设施设备的运维需求。现阶段技术逐步深入公众场馆物业服务，比如，实现能耗实时监控，缩减了信息流通的成本；利用人脸识别技术等辅助秩序维护、安保，大大提升服务效率。

三、公众场馆物业服务市场发展趋势

（一）城市化进程推进，市场增长空间巨大

据国家文物局数据，截至 2018 年年底，全国博物馆已达 5354 家。城市化建设持续推进，人们精神文化需求持续增长，公共设施配套及科教文娱类公众场所持续增加，为公众场馆物业管理面积的增加奠定了基础。此外，机场、高铁等公共交通枢纽数量飞速增长，中航物业、中土物业管理集团有限公司、合肥居安物业管理有限公司等都为交通枢纽提供物业服务。

同时，政府开始尝试更多元的合作模式开展公众项目运营，为市场化的物业服务企业提供了更多的入局机会，随着城市化进程推进，公众场馆物业市场会保持一段增长期。

（二）高盈利空间吸引，具备运营增值潜力

公众场馆物业具有较高的盈利水平，保证了公众场馆物业服务企业可观的营收规模。公众场馆物业服务费水平持续保持在较高位，2018 年公众场馆物业费为 3.73 元 /（平方米·月），约为住宅物业费的 1.8 倍。而公众场馆物业多代表城市形象，服务好公众场馆物业同时也会赋予物业服务企业一定的美誉度。

此外，公众场馆物业主要由政府作为单一主体，服务场馆的同时，物业服务企业多协助场馆运营，公众项目运营具有极大的市场空间。以体育场馆为例，美国、日本的场馆运营在体育产业中占比 10% 左右，据此计算，若按照国家 2025 年实现 5 万亿元的体育产业总产值计算，体育场馆运营潜在市场空间 5000 亿元。

（三）服务方式智能化，服务内容更加多元

互联网、大数据、云计算等技术的发展，使人们生活的便捷性、及时性大大提高，公众场馆物业设施设备管理的专业性要求会进一步升高。公众场馆物业的智能化应用水平也在逐步提升，除物联网外，扫地机器人、智慧停车等以机器取代人工的服务场景逐渐增多。

与此同时，公众场馆物业服务需要有更多元的服务能力，既满足业主要求，也满足公众需求。就项目而言，在传统“四保”基础上，秩序维护、设备管理要具备应对人群的快速集聚及快速分散的能力。同时，公众场馆物业也在涉足场馆项目运营，从更全局的层面为公众项目业主提供服务，在公众场馆物业中扮演更重要的角色。

商业物业管理发展报告

新中国成立以来，我国城市规模不断扩大，经济实力持续增强，居民消费能力强劲，涌现出一批满足居民生活、娱乐、休闲等多种需求的商业综合体，并逐步成为城市地标和城市名片，与居民的生活紧密相连。同时，商业综合体的不断涌现和快速发展，带动整合产业链向纵深方向发展，商业物业迎来了巨大的发展机遇和挑战。商业物业服务业态复杂，服务人群流动性大、数量多，且包含大量的智能化设备，技术含量高、需要优秀的专业人才和专业的维护和操作。然而，目前商业物业管理的标准化建设尚不足，专业人才匮乏。在商业地产的转型升级及物业管理行业的加速发展下，商业物业逐步引起行业的重视，成为物业管理行业重点布局的细分业态之一。

在行业上下游产业链及相关企业的推动下，商业物业管理将逐步推进标准化建设，并加强物业前期介入，从源头上植入物业管理的理念，优化管理流程，为行业管理赋能。此外，在新技术的应用和电商等新经营业态的冲击下，商业物业管理也将借助物联网等新技术的应用，为管理和服务提质增效，并大力发展服务客户需求的多元化服务，强化精细化管理，注重客户体验。相信未来，商业物业管理将迎接更广阔的发展空间。

一、商业物业管理的驱动因素

（一）城镇化推进，赋予商业物业管理更大发展可能

国家统计局报告显示，新中国成立 70 年来，我国经历了世界历史上规模最大、速度最快的城镇化进程。2011 年我国常住人口城镇化率首次超过 50%，2012 年党的十八大提出“走中国特色新型城镇化道路”，我国城镇化进入以人为本、规模和质量并重的新阶段。2018 年末，我国常住人口城市化率达到 59.58%，比 1949 年末提高 48.94 个百分点，年均提高 0.71 个百分点。城市化进程推动城市化建设，综合体快速涌现，并为其上下游产业提供更多的发展空间，其中商业物业迎来了巨大的机遇和挑战，并赋予其更大的发展可能（图 1）。

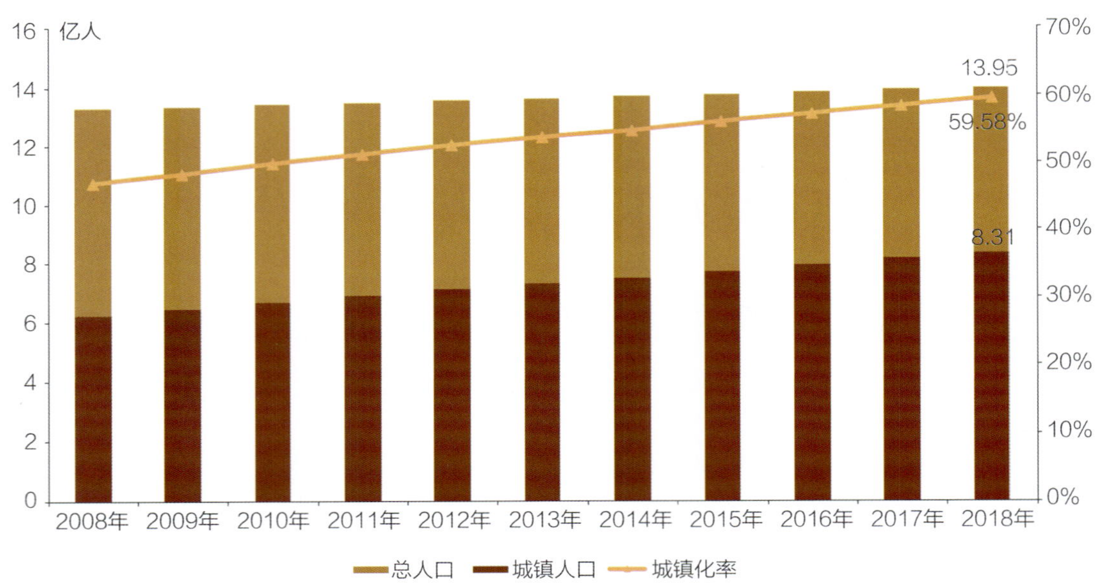

图 1　2008 ～ 2018 年我国总人口、城镇人口及城镇化率分布

（二）商业地产扩容，支撑商业物业服务供给

商业市场的发展受政府的力推、城市化进程的加快、消费升级、餐饮及零售丰富等多种因素的影响，商业地产的扩张和繁荣成为商业物业服务供给的基础。在选取指标时，本文将从商业营业用房的新开工面积和竣工面积的供给，从一定程度上反映商业物业服务的供给。

从商业营业用房的新开工面积来看，2008 ～ 2018 年，全国商业营业用房新开工面积由 10040.69 万平方米增长至 20065.69 万平方米，复合增长率 7.17%，其中新开工面积在 2013 年达到最大值，近 2 年，新开工面积增速减慢，但其存量仍旧可观。从竣工面积上看，2008 年至 2018 年，商业营业用房竣工面积由 5488.58 万平方米增长至 11258.68 万平方米，复合增长率为 7.45%。从竣工面积上看，2012 年首次突破 1 亿平方米的量级，2014 年、2017 年分别达到了阶段性物业供给小高峰，总体上看，自 2012 年以来，每年商业营业用房竣工均提供超 1 亿平方米的量级，为商业物业的增加提供了稳定的增量空间（图 2）。

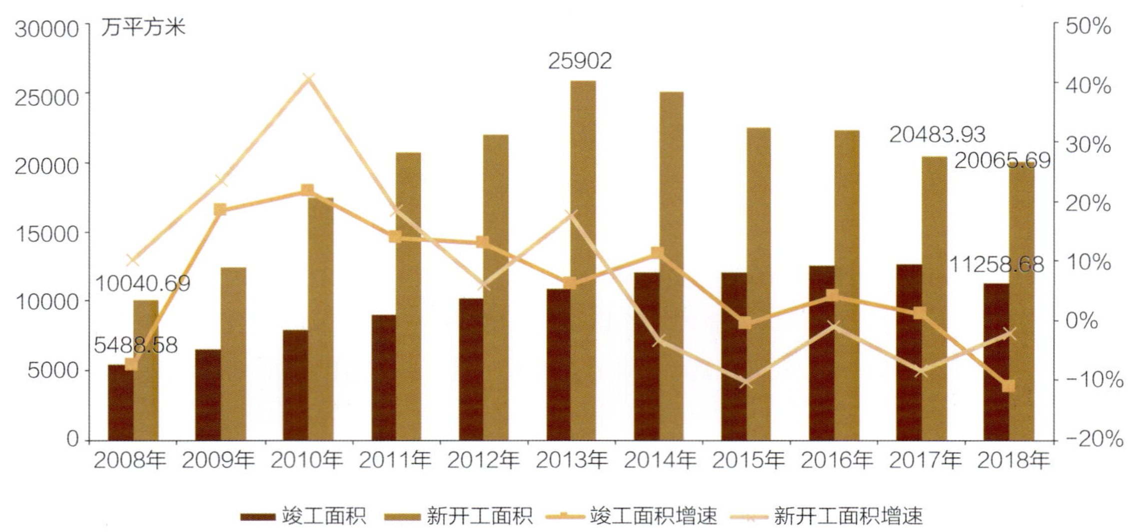

图 2　2008 ～ 2018 年商业营业用房新开工面积和竣工面积分布及增速

此外，根据国家统计局数据，我国大型商业综合体数量逐年增加，特别是 2011 年以来，城市商业综合体以每年新开业过 100 家的速度不断增加。截止到 2017 年底，全国共有城市商业综合体 1339 家，比 2016 年底增加 108 家。其中 2011—2017 年新开业近 1000 家，占全部综合体的 74.2%。商业综合体的不断涌现，为商业物业的发展创造了巨大的市场契机。在新经济业态逐渐丰富的今天，通过优质的物业服务为业主、顾客等提供良好体验，提升资产价值的重要性日益凸显。

（三）消费能力强劲，促进商业综合体物业崛起

根据国家统计局数据，2018 年全国国内生产总值（GDP）90.03 万亿元，比 2017 年增长 6.6%。全国社会消费品零售总额 38.10 万亿元，比 2017 年增长 9.0%，占 GDP 比例为 42.32%。总体来看，国民经济运营总体保持平稳、稳中有升，消费市场繁荣兴旺，国内消费需求快速增加，消费拉动经济增长作用进一步加强。同时，强劲的消费需求，促进了商业地产的发展，推动了集商业运营、休闲娱乐等多功能于一体的大型商业物业的迅速崛起，重视客户体验和服务的商业物业的重要性日趋显著（图 3）。

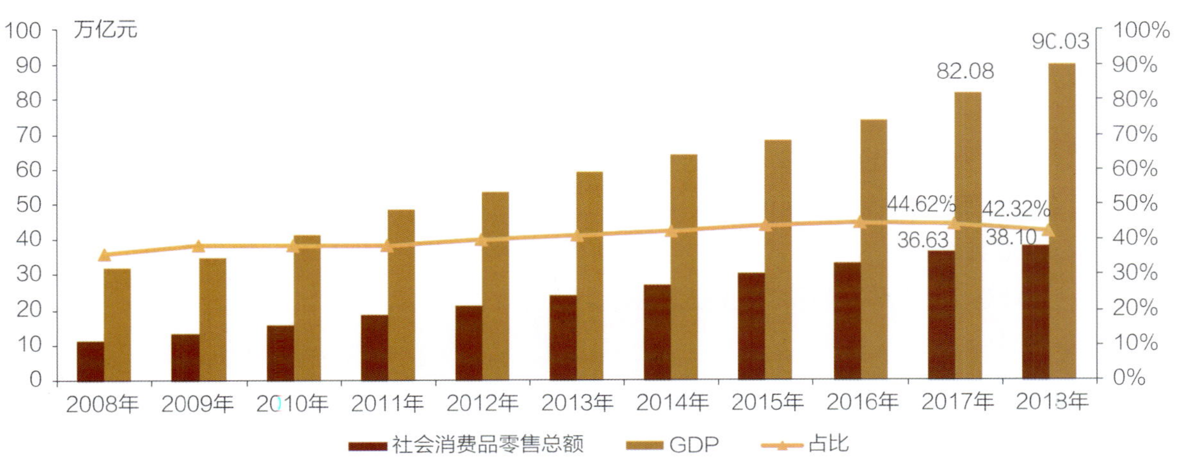

图 3　2008 ～ 2018 年全国社会消费品零售总额、GDP 及占比分布

数据来源：国家统计局

二、基于样本的商业物业服务市场数据分析

（一）百强企业商业物业发展指数 52.9

物业服务企业发展指数（Property Management Development Index，简称 PMDI ）是以企业年度数据为基础，根据物业服务企业发展指数的测评体系，从物业服务企业经营情况、管理规模、服务质量等方面，对物业服务企业发展的基础状况发展规律进行量化评价，测算出物业服务企业的发展指数，衡量企业发展的总体水平。物业服务企业发展指数横向上体现出各企业发展状况的对比情况；纵向上体现不同时期各企业的表现，并通过选取一定数量的头部样本企业反映行业发展趋势。

商业物业发展指数是根据测评体系选取物业管理行业头部企业为样本，进行数据分析，衡量企业该业态经营状况、管理规模、服务质量等整体发展情况，确定反映该业态发展状况和发展走势的综合指数。

得益于城镇化进程的加快，商业地产的扩容，居民消费能力的提升，商业综合体如雨后春笋般涌现，给商业物业的发展带来了新的机遇和挑战，商业物业成为众多物业服务企业重点布局的方向之一。2018 年商

业物业的发展态势良好，物业管理规模、物业服务收入、服务能力、服务水平稳步提高。2018 年商业物业发展指数 52.9，较 2017 年增加 16.9 个点，同比增长 46.90%；较 2015 年增加 32.4 个点，2015 ～ 2018 年复合增长率为 37.19%，发展指数稳步提升（图 4）。

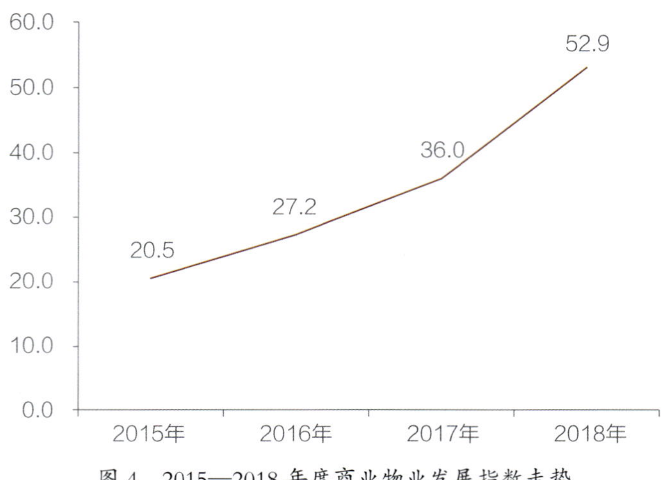

图 4　2015—2018 年度商业物业发展指数走势

（二）2018 年度 500 强企业整体数据分析

1. 500 强企业商业物业管理面积情况

2018 年，500 强企业中布局商业物业的企业数量为 370 家，占比 74%，商业物业总管理面积达到 6.94 亿平方米，占 500 强企业总管理面积的比例为 5.84%，占行业总管理面积的 2.48%（表 1）。

500 强企业商业物业管理面积情况　　表 1

项　目	数　值
总管理面积	6.94 亿平方米
占 500 强企业总管理面积的比例	5.84%
占行业总管理面积的比例	2.48%

2018 年，500 强企业布局商业物业的企业商业物业平均管理面积[①] 为 187.47 万平方米，布局商业物业服务企业的管理面积大于均值的企业占比 22.70%，即近 8 成的企业管理面积在均值之下。具体从管理面积的层次分布上看，其中 67.03% 布局商业物业的企业的管理面积在 100 万平方米以下，仅有 3.51% 布局商业物业的企业管理面积大于 1000 万平方米，物业管理面积集中在少数企业经营管理之中（表 2）。

2018 年度 500 强企业商业物业管理面积各区间段企业分布分层情况　　表 2

区间段（万平方米）	企业数量	区间段（万平方米）	企业数量	占比
0 ～ 100	248	0 ～ 100	248	67.03%
0 ～ 200	293	100 ～ 200	45	12.16%
0 ～ 300	311	200 ～ 300	18	4.86%
0 ～ 400	329	300 ～ 400	18	4.86%

① 本报告涉及均值类计算均为 500 强企业中布局该业态的企业进行计算，下同。

续表

区间段（万平方米）	企业数量	区间段（万平方米）	企业数量	占比
0～500	341	400～500	12	3.24%
0～600	348	500～600	7	1.89%
0～700	351	600～700	3	0.81%
0～800	351	700～800	0	0.00%
0～900	354	800～900	3	0.81%
0～1000	357	900～1000	3	0.81%
总计	370	＞1000	13	3.51%

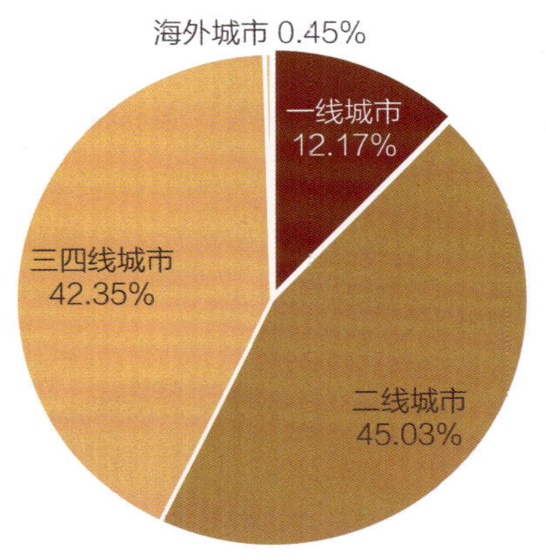

图 5　2015～2018 年度 500 强企业商业物业管理面积各城市分级分布

2. 500 强企业商业物业管理项目情况

2018 年，500 强企业布局商业物业管理项目总数为 6095 个，平均管理项目 16 个，单项目贡献面积 11.38 万平方米（表 3）。

500 强企业商业物业管理项目情况　　表 3

项　目	数　值
管理项目总数	6095 个
平均管理项目数	16 个
单项目贡献面积	11.38 万平方米

从城市分布结构来看，500 强企业商业物业管理项目中，一线城市项目数量 1072 个，占比 17.59%；二线城市项目数量 2627 个，占比 43.10%；三四线城市 2376 个，占比 38.98%；海外项目数量 20 个，占比 0.33%（图 6）。

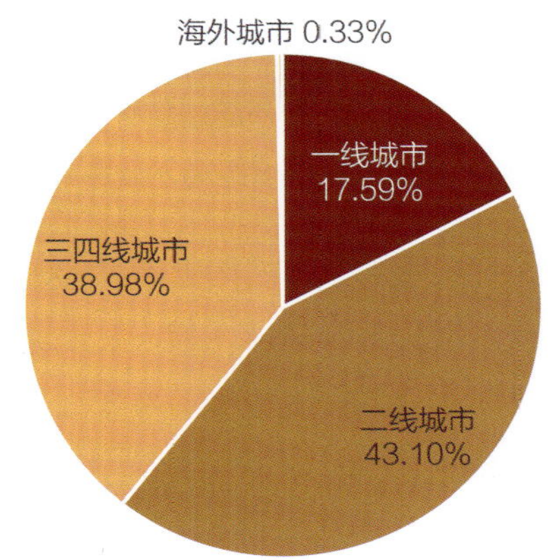

图 6　2018 年度 500 强企业商业物业管理项目各城市分级分布情况

3. 500 强企业商业物业服务收入情况

2018 年，500 强企业商业物业总物业费收入达 169.86 亿元，平均物业服务收入 4590.94 万元。此外，500 强企业商业物业总物业费收入占 500 强企业物业总收入的 7.53%，商业物业以 5.86% 的管理面积贡献了 7.53% 的物业费收入，单位管理面积价值较高（表 4）。

500 强企业商业物业服务收入情况　　表 4

项　目	数　值
物业费总收入	169.86 亿元
企业物业费收入均值	4590.94 万元
占物业服务费总收入比例	7.53%

占 500 强企业总物业服务总收入比例 7.53% 其中，商业物业的物业费收入超过商业物业平均物业费收入的企业占比 21.89%。具体从物业费收入的层次分布上看，其中 79.19% 布局商业物业的企业物业费收入在 5000 万元以下；物业费收入在 5000 万至 1 亿元之间的企业占比 10.54%；物业费收入超过亿元企业占比 10.27%，其中有 1.35% 商业物业的物业费收入大于 5 亿元，少数物业服务企业的商业物业服务创收能力较强（表 5）。

2018 年度 500 强企业商业物业服务收入各区间段企业分布　　表 5

区间段（万元）	企业数量	区间段（万元）	企业数量	占比
0 ～ 5000	293	0 ～ 5000	293	79.19%
0 ～ 10000	332	5000 ～ 10000	39	10.54%
0 ～ 20000	348	10000 ～ 20000	16	4.32%
0 ～ 30000	358	20000 ～ 30000	10	2.70%
0 ～ 40000	364	30000 ～ 40000	6	1.62%
0 ～ 50000	365	40000 ～ 50000	1	0.27%
＞ 50000	370	＞ 50000	5	1.35%

4. 500 强企业商业物业费水平

2018 年，500 强企业商业物业管理项目，以包干制收费形式的的项目占比 85.94%，以酬金制收费形式的项目占比 14.06%，包干制仍为商业物业的主流收费模式（图 7）。

2018 年，500 强企业商业物业平均物业费为 6.19 元 /（平方米・月），其中，包干制收费项目平均物业费为 5.88 元 /（平方米・月），酬金制收费项目平均物业费 7.85 元 /（平方米・月），物业费整体收缴率为 94.01%（图 8）。

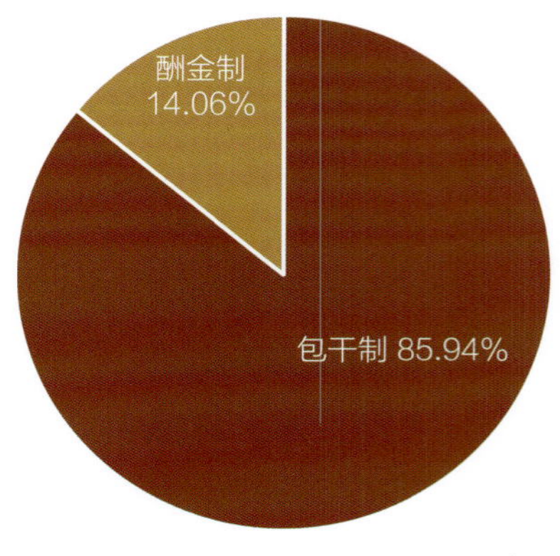

图 7　500 强企业商业物业收费形式占比分布

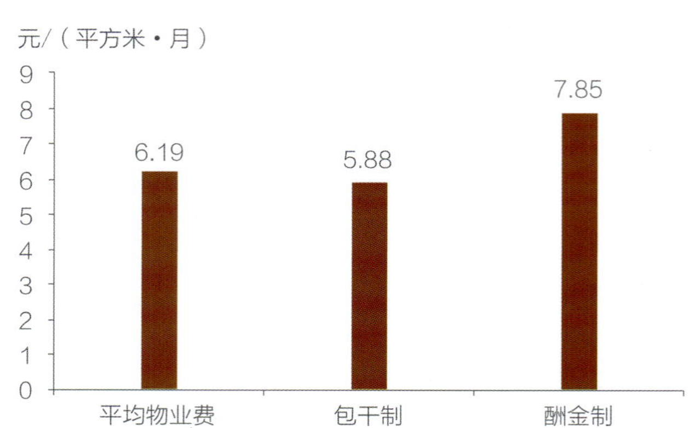

图 8　500 强企业商业物业收费形式物业费情况

从城市分布结构上看，500 强企业企业商业物业的服务项目中，一线城市商业物业平均物业费水平为 11.64 元 /（平方米・月）；二线城市商业物业平均物业费水平为 6.84 元 /（平方米・月）；三四线城市商业物业平均物业费水平为 3.71 元 /（平方米・月）；一线城市商业物业费收入明显高于二线和三四线城市（图 9）。

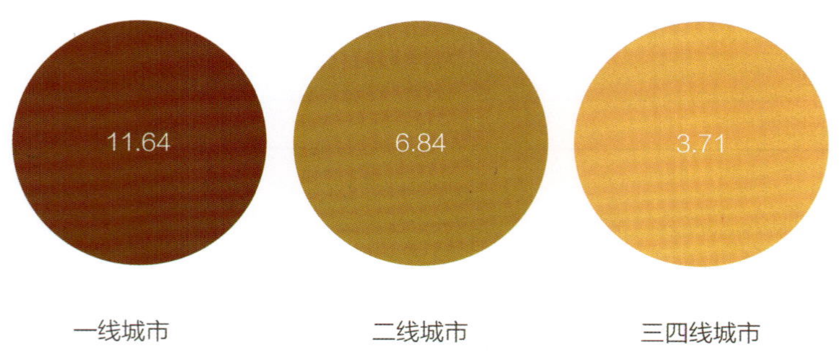

图 9　500 强企业商业物业各种城市分级平均物业费水平［单位：元 /（平方米・月）］

（三）2010—2018 年度百强企业整体数据分析

1. 百强企业商业物业服务企业增多，成重点发展方向

2018 年，百强企业布局商业物业的企业比例为 95%，同比增长 7 个百分点。2012 ～ 2018 年，百强企业布局商业物业的企业保持稳定增长态势，逐步成为物业服务企业重点布局的细分领域之一（图 10）。

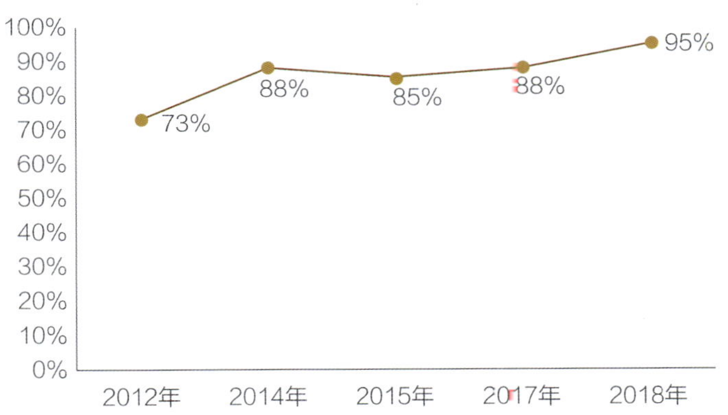

图 10　百强企业中涉足商业物业服务企业占比情况

2. 百强企业商业物业管理面积情况

2018 年，百强企业布局商业物业服务企业的管理总面积为 4.60 亿平方米，同比增长 46.10%，高于百强企业总面积的增速（33.89%）。2012 ～ 2018 年商业综合体管理面积复合增长率为 43.75%，增速较快。其中，管理规模在 2012 ～ 2014 年经历了快速的增长，之后遇到了拐点，随后又处于平稳快速增长。百强企业商业物业管理总面积占百强企业总面积的比例在 2014 年最高，为 6.82%，此后，由于百强企业总面积的快速提升，商业物业管理总面积占比略有下降，但仍占比 5% 以上，并呈上升态势（图 11）。

此外，2012 ～ 2018 年百强企业商业物业管理总面积占整个行业的市场份额由 0.36% 稳步提升至 1. 65%，百强企业商业物业服务的集中度稳步提升（图 11）。2018 年，百强企业商业物业管理面积占 500 强企业商业物业总面积的 66.31%，排名较靠前的物业服务企业在商业物业的布局上亦较大，一定程度上表明企业优势资源积累，强者恒强。

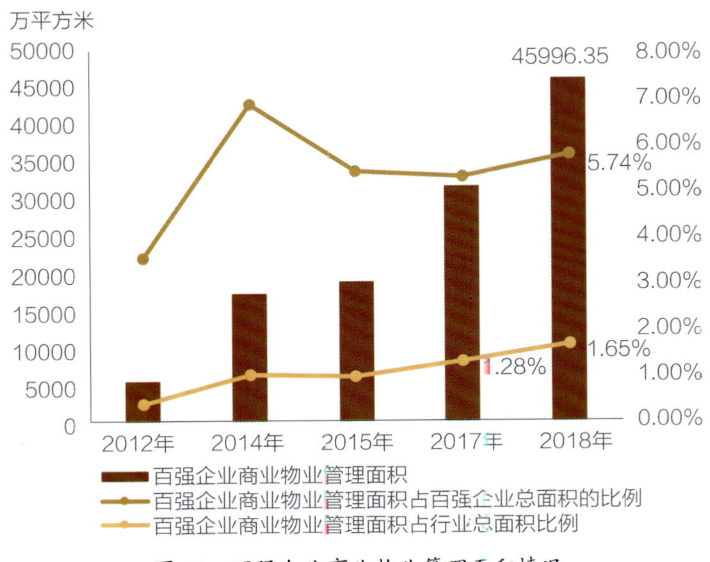

图 11　百强企业商业物业管理面积情况

2012 ～ 2018 年，百强商业物业平均管理面积由 71.39 万平方米增长至 484.17 万平方米，年均增长 68.80 万平方米，拓展力度进一步加大（图 12）。

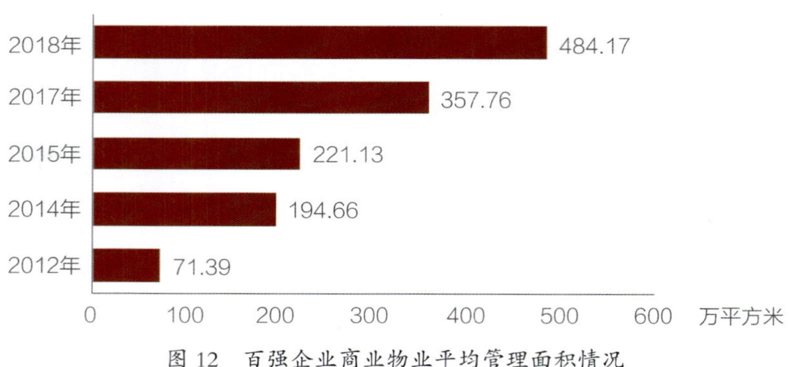

图 12　百强企业商业物业平均管理面积情况

3. 百强企业商业物业管理项目情况

2018 年，百强企业布局商业物业的企业管理项目总数为 3878 个，同比增长 32.22%。2012 ～ 2018 年复合增长率为 33.15%，商业物业的管理项目数稳步增长，且百强企业商业物业管理项目的总数占 500 强企业商业物业管理项目的 63.63%，超六成的管理项目集中在百强布局商业物业的企业之中。

此外，2012 ~ 2018 年，百强企业商业物业平均管理项目由 10 个增长至 41 个，单个项目贡献面积从 7.49 万平方米增长至 11.86 万平方米，管理项目和单个项目贡献面积均得到显著的提升。百强企业布局商业物业的企业管理服务的单个商业物业规模在不断扩大（图 13）。

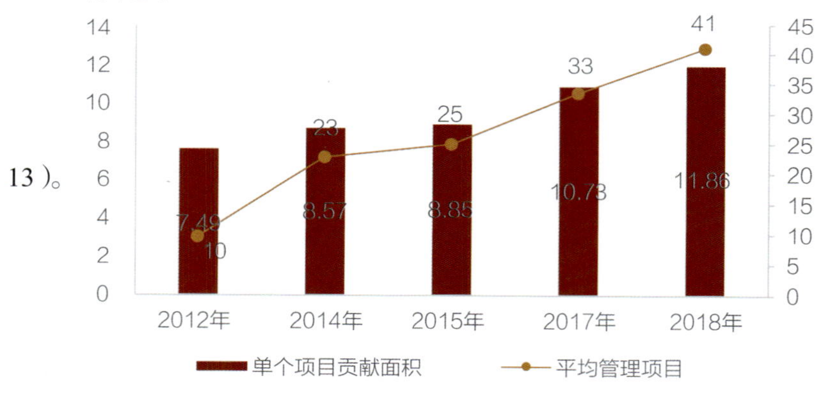

图 13　百强企业商业物业管理项目情况

4. 百强企业商业物业服务费收入

2018 年，百强企业布局商业物业的企业管理项目总数为 3878 个，同比增长 32.22%。2012 ～ 2018 年复合增长率为 33.15%，商业物业的管理项目数稳步增长，且百强企业商业物业管理项目的总数占 500 强企业商业物业管理项目的 63.63%，超六成的管理项目集中在 100 强布局商业物业的企业之中（图 14）。

此外，2012 ～ 2018 年，百强企业商业物业平均管理项目由 10 个增长至 41 个，单个项目贡献面积从 7.49 万平方米增长至 11.86 万平方米，管理项目和单个项目贡献面积均得到显著的提升。百强企业布局商业物业的企业管理服务的单个商业物业规模在不断扩大。

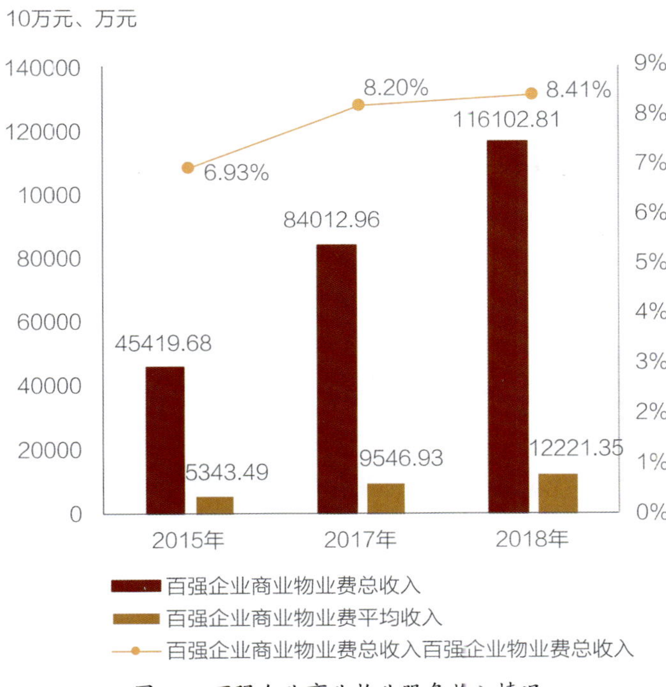

图 14　百强企业商业物业服务收入情况

三、商业物业发展现状

（一）标准化建设不足，制约业态发展

商业物业是集多种功能于一体的综合业态，在项目管理中包含大量智能化设备，例如楼宇自动化系统、智能化中央空调系统，技术含量高，需要较高的专业水平维护，管理复杂且难度较大。因此为规范商业综合体的管理水平、提高服务质量，提升客户的满意度，实现商业物业的保值和增值，建立规范化的商业物业管理标准至关重要。

为了规范物业管理行为，各级政府也陆续出台了一系列规章和规范性文件，推进了物业管理标准化的发展。但对于商业物业，物业通用标准及其他细分业态标准并不完全适用于业态复杂的商业物业。目前，商业物业缺乏契合该业态发展的统一标准，造成商业物业标准和规范水平参差不齐，为商业物业管理的推进带来一定的阻碍。

（二）物业定位逐渐明晰，服务深度得以延伸

对于商业综合体，后期运营是其关键问题，商业物业管理亦是一种经营性的服务行为，在商业物业的前期规划到后期运营的全生命周期均持续发挥着管理服务的作用。但目前商业物业在商业物业运营中的角色价值还较弱，提供的多为辅助性的服务，运营服务的布局较基础。

而商业物业服务的空间较大，服务业态、服务的人群和类别较丰富，有着天然的线下流量的优势。因此对于商业物业来说，部分优秀的物业服务企业借助其资源优势，尝试向更深层次的运营切入，对物业服务的定位也逐渐由基础的物业服务向更专业的运营的方向布局。商业物业可以借助于智慧管理系统和各业态商户资源优势，与其建立深入的联系，为其提供符合其业态运营的物业服务，并介入招商运营中，建立相互促进

和配合的商业物业各业态生态圈，实现资产的保值和增值。此外，物业服务企业结合本项目的特点与业态的特点，亦可介入租户二次装修过程，为其提供专业的装修建议和意见等。例如，苏宁银河物业围绕着资产、车场、场地、能耗资源及用户群体，提供满足不同阶段企业行政后勤服务和用户生活配套需求的多元增值服务。

（三）服务业态复杂，管理难度大

由于商业物业是收益性物业，一方面物业管理需要提供房屋及配套设备设施和相关场地的保洁、消防、维护、养护等物业支持性基础管理服务，保证经营活动的有序、健康运行。另一方面也要保障物业收益最大化，实现资产的保值和增值。而就商业物业本身来说，其涵盖的业态众多，服务人群结构复杂，对安全、消防的管理要求较高，交通管理压力大，要求对突发状况的应变能力强，对安全、保洁、消防和设备设施的运行等工作提出了较高的要求。且服务业态的多样，对物业服务的标准、收费、服务侧重点也均有一定的差异。

随着商业物业的大量涌入，对物业管理的合理化，商业物业的布局、规模、功能、服务质量以及管理能力、技术储备、人才资源、品质控制等方面也均提出较高的要求和标准，管理难度较大。

（四）培养力度较弱，专业人才匮乏

物业管理行业作为劳动密集型行业，一直存在着从业人员知识结构层次不高，服务水平参差不齐、综合素质偏低、人员流动性大，专业人员匮乏、人力成本占营业成本比重较大的特点。随着物业管理行业的不断扩容，物业服务的市场化，行业竞争激烈，物业管理行业正从传统服务业向现代服务业转型升级，物业管理专业人才的需求量巨大。

特别是对物业服务业态较为复杂的商业物业，在其物业管理运营和管理上，商业物业管理人员需要对产业链上游的房地产具有丰富的知识和管理经验，同时还需要很强的商业运作和管理的经验，而此类复合型管理人才较匮乏。从日常管理运行上看，商业物业包含了如楼宇自动化、智能化中央空调系统等大量的智能化设备，技术含量和管理要求较高，运营和维护亦需要专业的高技术管理人才。

然而从行业大环境看，目前物业服务企业对物业服务的重视度不足，从业人员的物业服务意识仍较为薄弱、职业认同感较低。从物业人才的培养上看，目前国内开设物业管理专业的院校较少，缺少统一的专业培养方案。从物业人才的培训上看，行业缺乏系统有效的专业培训。专业人才的匮乏已经成为制约行业发展的突出问题。

四、商业物业发展趋势

（一）推进物业管理标准化，为行业管理赋能

标准是构建行业互联互通最基础的必要条件，也是企业规模化、模块化、平台化发展，建立现代化管理的重要技术依据，实施标准化管理是一个行业成熟的标志。中国物业管理协会将2019年定义为“标准建设年”，将重点集中在行业标准化建设上，以此来加快推动行业标准体系建立，解决行业的规范发展、创新发展和规模化发展问题，促进行业高质量发展和产业升级。

事实上，自2015年底开始，在中国物业管理协会的主持和推进下，陆续出台和发布了一系列标准和规范。如《中国物业管理协会团体标准管理办法》、首项团体标准《物业服务示范项目服务规范》T/CPMI001—

2017，并参与了《绿色建筑运行维护技术规范》行业标准、《物业服务安全与应急处置》等三项国家标准的编撰工作等等。此外，行业内众多物业服务企业积极制定内部管理规范和服务标准，并取得了显著的成果。

相对行业标准化的建设，商业物业的标准化建设工作略显缓慢，建立商业物业统一的标准化体系建设势在必行。商业物业应以客户需求为中心，不断提升服务品质，从项目的评估、定位、功能、规模到产业经济的结构、布局、业态形态等物业管理相关的各个环节，建立全方位的服务标准化体系，助力商业物业管理提质增效，提升客户满意度，为企业赢得市场，为行业管理赋能，推进行业和业态的发展。例如，在标准化体系建设上，恒辉物业于 2010 年首次通过质量管理体系、环境管理体系、职业健康安全管理体系认证三体系审核，并于 2019 年加入金钥匙国际联盟，致力于为客户提供“满意＋惊喜”的服务。

（二）加强物业前期介入，从源头优化物业管理

长期以来，地产开发和商业经营脱节，且物业服务处于开发产业链的末端，并未受到足够的重视，致使后期物业管理的不合理，加大了物业管理的难度，影响客户体验。根据项目开发阶段的不同，物业管理的专业人员参与前期设计工作中，将可以发挥物业的资源优势，确保产品的人性化，从而平衡开发设计与管理运营的问题。对于商业物业来说，面对的客户群体较为复杂，数量较多，对设备设施管理维护、安全消防的管理以及交通等各个方面都有较高的要求。为加强商业物业的前期设计与后期运行相契合，商业物业尽早介入商业地产的前期规划至关重要。

商业物业从项目的开发、设计、招商、运营等环节全面参与商业地产前期设计，可以从物业管理的角度，对项目整体的动线设计、停车场的规划设计、项目出入口的规划、水、电、暖、气、消防等基础设施的设计、设施设备的选择、绿化和空间景观系统的设计、建筑外立面的管理维护和安全管理等多个方面提出合理化的意见和建议，使之既符合物业管理的要求，又满足客户的需求，尽可能地减少疏漏、优化流程，保证物业的质量，节约成本，并实现物业资产的保值和增值。

（三）植入智慧技术基因，为物业运营提质增效

商业物业的大量涌现，市场竞争激烈，对物业管理和服务提供了更高的要求，物业服务的优劣成为提升其竞争力的软实力之一。随着大数据、物联网、人工智能等高新技术的应用，促使物业服务发展方式发生转变，商业物业的发展迎来了重要的发展契机。

商业物业建筑规模大，客户群体较多且复杂，一旦出现问题将造成严重的运营事故，因此商业物业对新技术的敏感性和需求更强。商业物业更注重设施设备的完整配备和物联网、新技术与物业管理的结合运用，如智能安防、智能楼宇、数据中心、能耗监控、智能服务、协同办公、智慧停车、智慧小区等智能化系统等方面，物联网和新技术的应用将保障商业综合体安全、节约能耗，并保障物业服务的质量和品质的提升。此外，注入高新技术基因的商业物业在与新技术结合的过程中，不断构建各环节相互协同和配合，构建各板块信息管理一体化，从而降本增效，提高运营管理的效率，增强客户的体验。例如，苏宁银河物业不断丰富智慧服务场景，为客户提供智慧办公、智慧安防、智慧车场、智慧物管、智慧设备等智慧运营服务，并为其带来智慧、便捷、个性化的服务，激活终端资源，降低客户的生活成本、提升客户的满意度和幸福感。

（四）强化精细化管理，体验式服务成趋势

近几年，大型商业物业不断涌现，市场竞争异常激烈，其中，在商业物业中占比较大的百货、超市等传

统零售业态受到电商的冲击较大。面对复杂的市场环境，一方面，传统零售商不断寻求新的模式，试图转型，向体验式方向发展；另一方面商业地产在招商和运营过程中，也不断增加体验式商业的比重，并通过互动体验式营销，打通线上线下同步互联，带动商业物业的运行活力。

在这种环境下，优质的商业物业服务也是商业物业增加竞争力的一个至关重要的因素。除主要提供保洁、消防、安保、车辆管理、设施管理等日常基础性物业服务外，商业物业更应该具备对多元化物业服务需求的敏锐洞察力。一方面，商业物业管理和服务，应针对业主和租户的不同需求，个性化的满足其需求，如关注楼宇的安全运营，在节假日及大型活动期间，重视安保，实施人员分流，保障经营活动的正常进行，并提高客户的体验，实现租户的运营成效。另一方面，对顾客而言，除提供如智能指引、泊车等简单的增值服务外，也应深入挖掘顾客的需求，以客户需求为导向，为其提供精准、精细、个性化的高品质服务，持续提升客户满意度，从而增强客户的黏性和忠诚度，增加商业综合体的活力和持久生命力。

各地报告

REGILONAL REPORT

北京市物业管理行业发展报告

北京物业管理行业协会

一、北京市物业管理行业发展情况

（一）物业服务企业及物业管理项目

截至 2018 年第四季度，北京市物业服务企业总量为 3138 家，其中原一级企业 166 家、原二级企业 404 家、原三级企业 2237 家、原三级企业（暂定）198 家、外埠在京企业 133 家。全市物业管理项目备案 7070 个，总建筑面积约 6.6 亿平方米，各区分布如图 1 所示。

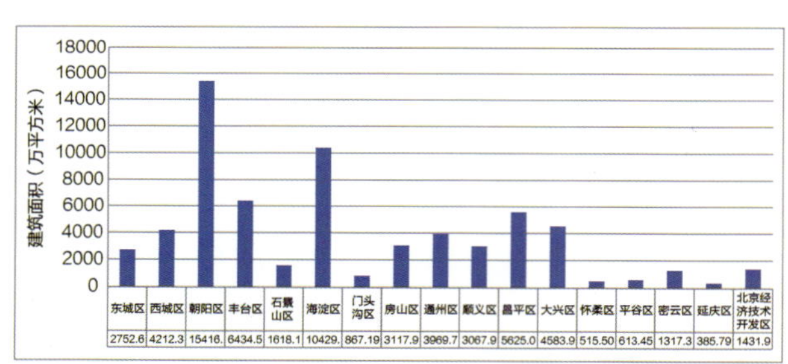

图 1 截至 2018 年第四季度各区项目备案建筑面积总数

（二）北京物业管理行业协会

北京物业管理行业协会现有会员 791 家，其中原一级企业 170 家、原二级企业 222 家、原三级企业（含暂定）235 家，会员企业管理总面积逾 4.7 亿平方米，占比超过在北京市住建委备案总面积的 70%。

北京物业管理行业协会以会员需求为导向，与会员单位建立定向联系，增强互动交流。同时，为给广大会员单位提供更有针对性、更专业化的服务，北京物业管理行业协会自 2016 年以来，陆续成立了法律、人力资源、设施设备管理、文化建设、公共维修资金使用、老旧小区物业管理问题研究、保障性住房物业管理问题研究等七个专业委员会，吸引了大批优秀物业人参与行业重点、难点问题的研究，共同为行业发展出谋划策。

二、北京市物业管理行业发展新特点

（一）党的领导成为推动行业发展的主动力

2019 年 2 月，中共北京市委、北京市政府发布了《关于加强新时代街道工作的意见》。

该意见要求，坚持党建引领。以基层党建引领基层治理创新，强化街道社区党组织在基层治理中的领导地位，充分发挥总揽全局、协调各方、服务群众的战斗堡垒作用，夯实党的执政基础。坚持共建共治共享，加强社会协同，扩大公众参与，促进社区自治，强化法治保障，激发基层治理活力。

该意见明确提出，要扩大业主委员会、物业服务企业党的组织覆盖，建立健全社区党组织领导，居民委员会、业主委员会、物业服务企业共同参与的小区治理机制。加强平房区、老旧小区等无物业小区的管理，鼓励区、街道组织物业服务企业统一管理或支持大型物业服务企业代管。暂时没有条件实施物业管理的老旧小区，实行准物业管理。强化街道对物业服务企业的监督管理，建立物业服务企业履约考评机制，考评结果作为企业信用评价的重要依据。

2019 年 5 月，中共中央办公厅印发了《关于加强和改进城市基层党的建设工作的意见》。该意见指出，加强和改进城市基层党建工作，把城市基层党组织建设成为宣传党的主张、贯彻党的决定、领导基层治理、团结动员群众、推动改革发展的坚强战斗堡垒，对于坚持和加强党对城市工作的全面领导，夯实党在城市的执政基础，推进城市治理体系和治理能力现代化，具有重要意义。

该意见要求，推进在业主委员会中建立党组织，符合条件的社区“两委”成员通过法定程序兼任业主委员会成员。通过发展党员、引导物业服务企业积极招聘党员员工、选派党建指导员等方式，加强社区物业党建联建，延伸党的工作手臂。建立党建引领下的社区居民委员会、业主委员会、物业服务企业协调运行机制，充分调动居民参与积极性，形成社区治理合力。

中央、北京市的文件中都直接关注到物业管理，并且把提升物业管理水平作为基层社会治理的重要内容，这是前所未有的。物业管理行业迎来了空前的发展机遇和推动行业发展的组织保障。

目前，物业服务企业、业主委员会的党建工作正在积极有序地开展。

（二）物业管理立法进程加快

2019 年，《北京物业管理条例》立法的进程提速，目前正在按照立法程序积极有序地开展工作，预计 2019 年底可以通过人大审议。《北京物业管理条例》如尽快颁布，将对北京市物业管理行业的发展，以及满足群众的获得感、幸福感和提高城市治理水平起到积极的促进作用。

（三）物业管理纳入社区治理的步伐加快

2019 年 4 月，北京市住建委印发《2019 年群众关注物业管理突出问题专项治理工作方案》，治理内容包括物业服务企业服务标准不规范、处置业主诉求不到位、侵占公共区域、限制宽带接入等四大方面。要求物业服务企业建立“接诉即办”服务机制和“随查立改”管理机制，及时解决业主合理诉求，定期自查，随时整改。

2019 年 5 月，北京市住建委会同北京市委社会工委、北京市民政局联合下发《关于做好住宅小区物业项目负责人到社区报到相关工作的通知》，要求北京市在岗的住宅物业项目负责人须于 6 月底前到所在社区居委会报到，积极参与社区议事，接受社区监督，进一步加强社区与物业服务企业的沟通和联系。

自 2018 年起，北京市政府加大对群众信访投诉问题的处理力度，充分发挥 12345 政府热线平台作用，要求“民有所呼，我有所应”，对群众反映的问题“事事有回应，件件有落实”，疑难问题，“街乡吹哨，部门报道”，集中力量，及时解决处理。一些物业管理问题得到了及时有效的化解。

政府引导和监管力量的加强，对规范物业管理行业的发展、纠正行业中的乱象、切实解决行业存在的问题都具有积极作用。

（四）行业主管部门以企业信用信息管理作为监管企业的主要手段

物业服务企业的资质管理取消后，北京市行业主管部门开展了以物业服务企业信用信息管理为主的监管工作。一方面综合各执法部门针对行业的处罚信息，统一汇总在北京市住建委官方网站“不良信息”栏目进行集中曝光；另一方面，将企业受表彰的信息在官方网站“优良信息”栏目中展示，供相关单位查询甄别。

2018 年 8 月，北京市住建委联合北京市经信委联合发布《关于加强物业服务信用信息管理的通知》，针对物业服务企业发布专项信用管理规定。同时，主管部门加强了对物业服务企业管理现场的执法检查，2018 年，北京市住建委累计检查了 6754 个物业项目，各区也加大执法检查力度，仅四季度各区执法检查就达 2585 项次，截至 2019 年一季度，北京市住建委信用系统累计公布了 192 条物业服务企业不良信息记录。

（五）安全生产常抓不懈

北京市住建委将 2018 年定为“安全生产年”，并印发《北京市 2018 年物业管理行业安全生产年工作方案》，详细梳理了安全检查要点。各区均完成辖区居住类项目全覆盖、其他类项目覆盖率不少于 10% 的检查要求。2018 年 11 月，北京市住建委印发《北京市住房和城乡建设委关于 2018 年今冬明春物业服务区域火灾防控工作方案的通知》；2019 年 4 月，北京市住建委印发《关于做好物业管理行业安全生产工作的通知》。一系列文件的出台，既彰显了主管部门的重视程度，也有效指导了物业服务企业的实际工作，提高了企业的安全管理水平，为保障实现行业安全生产奠定了基础。

2018 年，北京物业管理行业协会协助市物业服务指导中心完成对 110 个物业管理综合楼宇项目的二级安全生产标准化评审工作；分批次组织了“安全生产”专题培训，近两千名物业管理人员接受了培训。

（六）老旧小区物业管理长效机制逐渐建立

2018 年 5 月，北京市住建委联合多部门印发《关于建立我市实施综合改造老旧小区物业管理长效机制的指导意见》，要求实施综合改造的老旧小区，改造工作启动前物业管理与改造工程同步表决，业主同意实施物业管理并交纳物业服务费的，列入综合改造计划。改造中物业服务企业或其他管理单位要全程参与，提出合理化建议。改造后管理单位要无缝对接，及时有效开展物业服务。

各区针对自身特点，分类出台相关扶持政策。例如，通州区针对无物业管理的老旧小区，由政府给予相应补贴，牵头打包引入物业服务企业；东城、西城区继续扩大胡同物业的覆盖范围，增加服务内容；最早提出准物业管理概念的朝阳区，按照“党建引领、政府主导、国企支撑、社会协同、居民参与”的总体思路，率先成立国有企业负责该区老旧小区、特别是无人管理小区的物业工作，构建老旧小区物业服务联合体。

此外，部分社会资本也在积极介入老旧小区的物业管理，这有助于集合各方力量，共同来破解老旧小区的物业管理难题。

（七）技能竞赛激发行业学习的自觉性

2018 年，北京物业管理行业协会组织了“全国物业管理职业技能竞赛”北京赛区的选拔赛，并组队参加了全国总决赛。通过参与竞赛活动，选手们得到了系统学习，提高了专业能力。大赛中涌现出的优秀人才，得到企业重视和重用，正在逐渐成长为行业发展的中坚力量。同时，竞赛活动也带动了行业内技术学习自觉性的提高。

三、制约北京市物业管理行业发展的因素

（一）行业缺乏统一评价标准

物业服务企业的资质审批取消后，物业服务企业不再有资质等级的区分。根据民政部门对社团的管理要求，北京物业管理行业协会对物业服务企业、物业项目进行评比和表彰受到严格限制。目前北京市对物业服务企业的评价，仅仅局限于北京市住建委的信用信息公示。公示的处罚信息包括安监、卫生、消防等执法部门和住建系统自身的执法信息。但是，在处罚信公示中，大型物业服务企业上榜的概率明显高于小型物业服务企业，在管项目较多、被抽查的概率高是产生这种情况的主要原因。

此外，随着物业项目负责人等个人执业资格证书的停考，北京市尚未建立对物业从业人员新的评价机制。

评价机制的缺失不利于行业的正当竞争，也给物业管理的委托人选择满意的物业服务企业带来不便。

（二）业主组织缺位，有效的调价机制难以建立

2019 年，北京最低工资标准再次上调至 2200 元 / 月，从 2003 年设立最低工资标准制度以来，已经是连续 16 年上调。与之相反，2005 年北京市发改委发布的《北京市物业服务收费管理办法和经济适用房小区物业服务收费政府指导价收费标准》一直沿用至今，未做任何调整。截至 2018 年末，北京市业主委员会备案总数为 866 个，较一季度末备案总数的 909 个，数量进一步萎缩。业主组织成立难、运作难、规范难的问题依然突出。由于业主组织主体缺位，物业服务企业关于调整物业费的协商困难重重。物业经营成本的大幅增加和调价机制难以建立的矛盾，始终是困扰行业发展的关键问题所在。除去实行政府指导价的物业项目外，实行市场调节价的物业项目，也普遍存在调价难的问题。目前，北京大力推行的“北京业主”APP，将调价决策权归位业主，这虽然解决了无业委会无调价主体的问题，但最终能够成功实现调价的，仍然微乎其微。

（三）行业发展需要良好的舆论环境

物业管理的内容、物业费的用途、良好的物业管理与业主的关系等看似简单的问题，社会上存在很多的误解。新闻媒体把关注度主要放在负面新闻上，对物业管理行业的正面宣传很少。业主需要好的物业服务，物业服务企业需要业主的支持，但现实中更多体现的是物业和业主之间看似不可调和的矛盾。这一结果与物业管理行业所处的舆论环境密不可分。行业的良性发展，离不开社会的理解、政府和广大业主的支持，更需要一个和谐、宽松、正面而有温度的舆论环境。

（四）专项维修资金续筹的问题已无法回避

截至 2018 年底，北京市累计归集商品住宅专项维修资金 549.56 亿元，较一季度增加 13.88%；归集套数 372.4 万套；累计使用 44.36 亿元，较一季度大幅增加 22.91%，使用频率明显加快。数据显示，2018 年，商品住宅专项维修资金归集速度仍处高位运行，但资金使用的速度远超归集速度。随着商品房使用年限的增加，维修资金使用量会逐年增多，现在个别项目，已经逼近或达到续筹的法定标准，因此，如何建立可行的续筹模式，引导业主续缴维修资金，保障房屋的可持续性使用，是摆在行业和政府部门面前的一个新的课题。

2019 年是北京市物业管理行业迎来空前发展机遇的一年，困扰物业管理行业的多方面问题将有望化解。同时，形势也对北京市物业管理行业提出了更高的要求。北京物业人将牢牢抓住机遇，积极应对挑战。

天津市物业管理行业发展报告

天津市物业管理协会

一、天津市物业管理行业发展概况

截至 2018 年底，天津市实施物业管理的项目共有 4251 个、面积 4.22 亿平方米，其中，住宅 2750 个、面积 3.38 亿平方米，非住宅 1501 个、面积 0.84 亿平方米。天津市有项目的物业服务企业共计 1290 家，其中天津市企业 1071 家、外埠来津企业 219 家，行业从业人员达到 18 万。

通过建立物业服务企业日巡查月考评制度、各区季度检查年度全覆盖考评制度和市局月抽查季讲评通报年度公布考评结果制度，发挥主管部门行政监管作用，督促物业服务企业强化服务意识，履行合同约定，提升物业服务质量，进一步提高广大业主满意度。2018 年，依据四个不同服务等级，共对实施专业化物业管理的 1930 个住宅小区进行了等级化考评，整体合格率为 99.48%，优良率达到 49.90%。截至 2018 月底，天津市已有 997 个商品住宅小区成立业主大会，成立率达到 70%。

截至 2018 年 12 月底，天津市累计归集维修资金 501.2 亿元，涉及 4192 个项目、房屋 237.61 万套、2.5 亿平方米。累计划拨专项资金 5.15 亿元、应急资金 3.55 亿元，资金使用总量达 8.7 亿元，使 228.56 万户业主受益。

二、天津市物业管理行业发展经验

2018 年，天津市始终坚持以改革创新为引领，以法制建设和制度机制建设为抓手，充分发挥市场主体作用，强化物业管理活动监管，在完善政策法规、健全工作机制、规范服务秩序等方面上下功夫，全面提升物业服务整体水平。

（一）法制建设不断完善

着眼解决物业管理行业发展遇到的重难点问题，进一步健全完善物业管理政策法规。天津市第十七届人大第三次会议审议通过了《关于修改〈天津市物业管理条例〉的决定》，在全国率先把加强社区党组织对物业管理工作领导写入《条例》，为健全完善党建引领下的共商共建、共治共享的基层治理机制提供了法制保障。依据新修订的条例，及时修订了《天津市社区物业管理办法》，为更好地落实党组织对社区物业管理工作的领导、强化属地管理责任、加大行业监管力度、加强物业服务企业诚信建设等，发挥了很好的指导约束作用。

（二）加强企业诚信建设

着眼强化物业服务企业依法守信经营，通过企业自我评价、业主及业主委员会评价、街镇及居委会评价、市区行政主管部门评价以及行业专家评价等 5 方综合评定，重点抓诚信等级评为警示和不诚信企业的限期整改和处罚，有效促进了行业整体服务水平的提升。通过落实奖惩措施，鼓励诚信企业做大做强，依法惩处和逐步淘汰不诚信企业，初步形成了企业守法自律、行业依法监管、社区社会监督的良好局面。2018 年对天津市 1031 家物业服务企业信用等级考评进行全覆盖考评，信用等级达到优良水平的占 84%，天津市物业服务企业诚信意识和能力不断增强。

（三）为民服务思想落到实处

2018 年，天津市物业管理行业行政主管部门，在全行业部署开展物业服务“八大”行动，该项活动坚持问题导向，紧紧围绕人民群众的需求和行业发展方向，主题鲜明，任务明确，要求各物业服务企业牢固树立以人民为中心思想，组织开展敲开百家门、回应诉求“马上就办”“我的责任”清零、晾晒物业服务账单、岗位大练兵、文明礼仪、党员示范岗、安全生产宣传教育“进企业”八项行动。据统计，天津市 767 家物业服务企业积极响应，涉及物业小区 1858 个。走访业主 99.70 万户，征询意见 71129 条，采纳意见 37608 条。解决业主反映问题 29477 件，解决遗留问题 2134 件，物业服务事项公开公示制度落实率达到 95% 以上，区房管局、物业服务企业组织各类专业技术人员培训 22471 人次，有 165 个物业服务企业、物业项目建立了党组织，有 13 个党组织受到区级表彰、37 名党员受到区级或企业表彰。

天津市物业管理协会将行业行政主管部门组织开展的“八大”行动，作为协会的一项重点推进的工作任务，协会会长带领有关人员先后上门走访 16 个行政区行业管理部门和物业服务企业，了解和推动“八大”行动的落实情况，寻求发挥协会桥梁纽带作用的最佳切入点。在行业行政主管部门的指导下，天津市物业管理协会于 2018 年 12 月制定了《天津市物业管理行业自律公约（试行）》，自律公约对物业服务企业、对物业服务从业人员行为规范做出针对性指令性和禁止性规定和要求，并明确罚则。12 月 26 日，天津市物业管理协会召开天津市物业服务“八大”行动推动暨行业自律公约签署大会。会上，5 家物业服务企业交流了贯彻落实“八大”行动的经验做法，同时全体会员和部分非会员企业代表履行了自律公约签署手续。

天津市物业管理行业行政主管部门领导和天津市物业管理协会负责同志表示，正在天津市物业管理行业开展的“八大”行动是一项长期任务，要在取得阶段性成果的基础上持续开展。《天津市物业管理行业自律公约（试行）》的签署，标志着全行业自律工作迈上新的台阶。行业管理部门和物业协会将依据新修正的《天津市物业管理条例》和有关规定要求，进一步推进物业服务在社区治理和城区创文创卫活动中发挥行业功能和特点。

（四）市场秩序进一步规范

依法规范物业服务企业经营服务行为，提升物业服务水平，不断加大物业管理行政监管力度。行业行政主管部门严格监管物业服务企业退出项目，从严落实退出项目管理提前 3 个月预警报告制度，每季度召开天津市物业项目退出形势分析会，分析把握天津市物业管理小区退出动态，突出退出项目预警、指导选聘新企业和新老企业移交等重点环节，要求各区房管局认真落实属地管理责任，各街道（乡镇）、社区居委会充分发挥物业管理联席会议协调作用，依法调解矛盾纠纷，较好规范了物业服务企业退出行为，确保了新老企业衔接有序，维护了业主正常生活秩序。

（五）行业培训持续开展

为认真落实市委市政府工作要求，积极开展“双万双服促发展”活动，行业行政主管部门高度重视指导推动开展拟任项目经理培训工作。在推动各物业服务企业采取多种形式组织员工进行岗前、岗中培训基础上，为满足物业服务企业快速发展需要，解决项目经理短缺突出问题，行业行政主管部门坚持抓好拟任项目经理培训工作，严格报名条件，加强教学组织，注重培训质量。2018 年年内，指导开展培训 10 批次，培训人员 1124 人次。此外，还坚持送法进企业，进街镇，进社区，为 2338 人次宣讲物业管理政策法规知识。

（六）多种形式加强宣传工作

充分发挥主流媒体、现代传媒、社区宣传载体、企业报刊、行业杂志等综合宣传作用，营造全社会关心支持、理解参与、共建共享良好局面。坚持把营造行业发展良好舆论氛围列为重点工作；坚持问题导向，增强宣传内容针对性；坚持多措并举，实现宣传形式多样性。在电台开办的“物业管理直通车”“物业管理大家谈”专栏、在《今晚报》开办的“我的物业我的家”专栏等发挥了重要舆论引导作用。同时，将2017年“我的物业我的家”专栏汇集成册，印刷5000余册发放给物业服务企业、各区物业办、街道（乡镇）以及社区物业管理专职人员，深受大家欢迎。据统计，2018年，在国家级、市级媒体组织宣传报道95次。2018年6月，天津市在中国物业管理协会组织的全国媒体经验交流会上介绍了经验做法。此外，还牵头组织完成了《不忘初心，坚守使命，倾力唱响为民服务主旋律》纪实专题片制作，充分反映了近年来天津市物业管理行业发展成果。

《天津物业管理》杂志围绕市物业管理行业行政主管部门的工作部署，突出行业特色，体现企业风采，2018年共刊登稿件152篇，开辟“幸福都是奋斗出来的”“生活因你而美丽－妇女节专辑”“服务质量提升年”“广泛开展‘八大’行动努力提升服务水平”“公益扶贫奉献社会”等15大特色专栏，其中将“党建专栏”升级为“学习经典”固定栏目，形成常态化、系统化，重点学习习近平总书记重要讲话精神和党建相关文件，突出杂志的政治领导性。做好关注度较高的网站公告栏、行业信息、物业园地、会员动态等栏目的信息发布，2018年，上传信息510余篇。网站页面点击量32万次，网站访问6万人次。

（七）坚持改革创新促行业发展

一是组织开展物业服务标准课题研究。2018年，完成了《写字楼物业服务标准化研制》和《产业园区物业服务标准研制》两个课题研究，研究成果为申报天津地方标准奠定了基础。二是紧跟“互联网＋”发展的时代步伐，大力加强智慧物业服务平台建设，进一步优化平台结构、拓展使用功能、扩大应用范围、增强服务效益，解决物业服务企业日常管理服务手段滞后、沟通渠道不畅、收费方式落后、服务效率偏低等问题。2018年，开展智慧物业服务平台建设，与建设银行天津分行合作，研发智慧物业“天津e家”服务平台，具有报事报修、在线收费、政策法规宣传等多项功能，将会在拓宽业主与物业公司沟通渠道、促进提升物业服务水平以及实现物业服务企业转型升级等方面发挥积极作用。

（八）专项行动成效显著

天津市坚持把安全隐患排查整改和扫黑除恶治乱两个专项行动列为重点工作，扎实指导推动物业管理住宅小区安全隐患排查整改。一是认真部署安排。高度重视抓好市委、市政府有关安全生产工作的部署安排，组织召开会议部署安排，及时将各级抓安全生产的具体要求传达到企业、到项目。二是建立长效推动落实机制。突出预防火灾、预防电梯事故、预防硫化氢中毒、预防井盖破损缺失造成人员伤亡以及夏季防汛等重点，坚持季节性与长期性相结合、经常抓与抓经常相结合，并将共用设施设备安全隐患排查整改纳入住宅小区物业服务等级化考评内容。建立天津市安全生产季度形势分析会制度，组织开展安全生产月活动。三是坚持指导督促分类整改。针对存在安全隐患的复杂性，各区房管局加强指导推动，相关物业服务企业建立问题清单台账，分类制定整改措施，持续抓好隐患排查整改工作。市局、委建立督察工作机制，安排人员182次、深入156个物业管理小区督察，掌握安全隐患排查整改落实情况。通过持续不断指导推动抓排查、督整改，共消除安全隐患17316处。

大力推动开展扫黑除恶治乱专项斗争。始终把扫黑除恶治乱专项斗争列为重点工作，做到常议常抓，与日常受理信访投诉紧密结合，并对物业服务企业抓落实提出具体工作要求。2018年8月19日，在《今晚报》再次向社会公布市、区两级投诉举报电话，进一步畅通举报渠道，受理黑恶势力问题线索举报，对收到的问题线索及时上报给有关部门并协助调查核实。

（九）为行业打造法律服务新品牌

天津市物业管理协会在行业坚持每月举办一次法律咨询日活动，由协会法律咨询委员会律师为物业服务企业或业主提供法律咨询服务，以边实践、边总结、边提高的方法，坚持接地气追求实效的目标，把法律咨询日活动打造成为服务企业、服务行业、受会员企业欢迎的新品牌。目前这项旨在依法规范行业发展的活动已经形成常态化，通过每次活动的认真总结和不断创新，法律咨询日活动从形式到内容越发贴近行业、深入企业、服务项目，“法律咨询日”活动已然成为服务行业发展的新品牌。

上海市物业管理行业发展报告

上海市物业管理行业协会

2018年，在以习近平同志为核心的党中央坚强领导下，上海市以习近平新时代中国特色社会主义思想为指导，全面贯彻落实党的十九大和十九届二中、三中全会精神，按照当好全国改革开放排头兵、创新发展先行者的要求，坚持稳中求进工作总基调，全面贯彻新发展理念，全力以赴推动高质量发展、创造高品质生活，加快提升城市能级和核心竞争力，全市经济社会发展总体平稳、稳中有进、稳中向好，经济发展的韧性、活力和包容性增强，高质量发展态势显现。

作为承担着城市管理的重要基层服务者，上海市物业管理行业协会围绕着上海城市发展，按照《上海市住宅小区建设“美丽家园”三年行动计划（2018—2020）》的统一部署，在发展模式、服务领域、管理方法和新技术运用等方面不断开拓进取，提升服务水平，为上海勇创国际一流城市管理水平贡献力量。

本报告从上海物业管理行业市场环境分析着手，通过对2018年全物业管理行业的发展状况进行整体回顾和总结，研判上海物业管理行业后续发展趋势。希望能够全面展现上海物业管理行业的发展全貌，帮助物业管理行业同仁在未来的发展中寻找机遇。

一、行业发展的整体状况

（一）物业管理规模

据上海市统计局提供的数据显示，2018年上海房屋总建筑面积达到12.69亿平方米，比2014年增加9.99%，物业管理覆盖率为80.6%，即物业管理面积10.22亿平方米。其中2018年住宅建筑面积新增1648万平方米，达到6.75亿平方米；非住宅建筑面积新增1345万平方米，达到5.94亿平方米，住宅和非住宅占比分别为53.2%和46.8%。近年来全市房屋总量呈稳步增长趋势，但年同比增幅减少近7个百分点。

（二）物业市场价格

经过对全市5446个住宅小区（建筑面积约5.99亿平方米）和3236个非住宅项目（建筑面积约2.03亿平方米）物业管理费价格的调查统计，2018年住宅物业按住房类型的平均管理费价格为：

1. 多层住宅单价1.62元/（平方米·月）；
2. 高层住宅单价2.57元/（平方米·月）；
3. 独立式住宅单价3.56元/（平方米·月）。

调查结果显示，上海市主要非住宅物业的平均管理费价格分别为：

1. 办公物业单价14.95元/（平方米·月）；
2. 商业物业单价9.87元/（平方米·月）；
3. 园区物业单价2.74元/（平方米·月）；
4. 学校物业单价4.91元/（平方米·月）；
5. 公众物业单价2.92元/（平方米·月）；
6. 医院物业单价5.91元/（平方米·月）；
7. 机关物业单价18.27元/（平方米·月）。

经过与2017年同类物业管理费价格比较，

2018 年 12 月物业管理项目的管理费单价同比分别增减：

1. 多层住宅增长 12.4%；
2. 高层住宅增长 10.2%；
3. 独立式住宅下降 14.4%；
4. 办公物业增长 13.2%；
5. 商业物业下降 17.9%；
6. 园区物业下降 51.0%；
7. 学校物业增长 48.4%。

（三）物业服务企业

截至 2018 年 12 月，在上海市工商注册（上海市房屋管理局网站登记备案）物业服务企业 3947 家，其中上海市当地总部型企业 3807 家，同比增加 10.3%；外省市总部迁移上海市或在沪设立分公司的企业 140 家，同比增加 191.7%。统计数据表明，外省市来沪企业中，广东、北京、江苏和浙江企业数量合计占比 85.7%。

（四）行业协会成员

上海市物业管理行业协会共有登记注册的会员单位 1522 家，共增加 55 家。其中，物业服务企业 1306 家，占上海市物业服务企业总量 34.3%。全体会员单位中，物业服务企业占 85.8%，虫害防治（蚂蚁）占 4.2%，物资设备占 1.9%，信息科技占 1.5%，电梯工程占 1.1%。

会员单位中共有 924 家企业符合“诚信承诺”企业的标准，占会员总数的 60.7%。其中，物业服务企业 866 家、其他企业 58 家。

（五）从业人员队伍

截至 2018 年末，上海市共有从业人员约 89.00 万人，同比增加 1.65%。其中物业服务企业在职人员约为 52.10 万人，市场外包服务人员约 36.90 万人，分别占从业人员总人数的 58.54% 和 41.46%；物业服务企业在职人员同比减少 12.54%，市场外包服务人员同比增加 31.86%，服务的专业化分包趋势加快。

1. 年龄结构。上海市物业服务企业在编职工平均年龄 45.4 岁，同比上升 2.8 岁。其中 30 岁以下人员占 12.16%、30 ～ 39 岁占 19.42%、40 ～ 49 岁占 25.23%、50 ～ 59 岁占 36.60%、60 岁及以上占 6.58%。

2. 文化结构。上海市物业服务企业在编职工中，初中及以下文化占 33.6%，高中文化占 41.5%，大专文化占 17.3%，本科文化占 7.4%，硕士及以上占 0.2%。与 2017 年相比，企业职工大专及以上人员增加了约 6.8 个百分点，高中及以下人员同等降低了 6.8 个百分点，行业从业人员的文化结构进一步提升。

3. 技能结构。据不完全统计，上海市 2018 年物业服务企业职工队伍中，具备初级职称 3.37 万人，中级职称 1.99 万人，高级职称 280 多人；初级工 3.10 万人，中级工 0.65 万人，高级工 0.24 万人，技师和高级技师 400 多人。相比其他企业，规模企业员工技能结构优势明显。

4. 工资收入。根据对上海市物业管理行业管理协会会员单位提供的职工基本工资标准数据统计，行业从业人员各岗位整体工资收入水平保持微幅上涨，但秩序维护、清洁和绿化操作岗位人员的工资收入仍然低于“居民服务、修理和其他服务业”平均收入标准（2018 年，4.67 万元 / 年）。所有在职职工中，平均月基本工资在 3000 元及以下的占 51.13%、3000 ～ 5000 元占 40.09%、5000 元以上占 8.78%。物业管理行业员工整体收入较低。

（六）行业经营收益

据不完全统计，2018 年上海市物业管理行业营业总收入约为 978 亿元，同比增加 4.6%，占上海 GDP 总量的 2.99%。其中主营收入 795.36 亿元，同比增加约 2.4%；非主营业务收入 115.24 亿，同比略有下降。

二、行业发展的未来展望

（一）市场环境新挑战

1. 监管加强，规范性服务有待提升

随着上海市物业管理相关法规的不断完善，上海市对物业管理行业的服务规范的监管力度正不断加强。为了规范物业服务企业的经营活动，推进诚实信用的物业服务市场竞争环境，上海市于 2015 年出台了《上海市物业服务企业和项目经理信用信息管理办法》，对违反相关法律法规的物业服务企业及从业人员实施信用计分处罚。伴随物业管理行政管理重心下沉、网格化管理模式日趋成熟，上海已经建立起市房屋行政管理部门、区房屋行政管理部门和乡、镇人民政府、街道办事处三级物业服务规范监管体系。2019 年 7 月 1 日起，上海将建立全市统一的物业管理监督与服务信息平台，进一步完善物业服务企业及项目经理信用档案库，信用信息将向社会公示。

2. 盈利下降，企业经营压力不断增大

2018 年，无论是市场领先企业还是中小规模企业，利润率均呈现下滑趋势。其主要原因包括：

第一，市场竞争加剧。在上海市场的推动下，各大规模企业依靠其强大的市场拓展能力和资金优势，快速提升管理规模，但管理效率未能同步提升，规模效应未能显现。第二，成本持续上升。随着国家法律法规的完善和劳动力市场的变化，物业管理行业作为传统的劳动密集型的行业，人力成本持续快速上涨因素始终是企业经营的重大挑战。第三，物业调价困难。长期困扰物业管理行业的市场化价格形成机制失效困境仍未得到根本性解决。由于历史原因，物业管理费价格特别是住宅物业价格一直是困扰整个行业发展的主要难题。第四，转型发展受阻。在“互联网＋资本”的推动下，物业管理行业曾经大力推动“转型”，期望通过跨行业联合，探索和开拓其他经营渠道，弥补物业管理主业的盈利不足。但目前尚未形成成功的商业模式和成熟产品，“转型之路”举步维艰。

3. 人才缺乏，服务人员整体素质不尽如人意

物业管理行业从业人员整体工资水平较低，较难吸引高素质年轻人才。行业内高素质的项目管理人员和工程技术人员稀缺已经是普遍现象。行业盈利能力的下降，迫使物业服务企业削减保安、保洁等外包服务供应商的采购金额，一线服务团队的人员素质受到较大影响。而行业人员整体素质的下降将对行业未来发展带来巨大的隐患。

（二）政策引导新热点

1. 党建引领，行业发展新思路

根据中国共产党十九大报告的精神，党建引领已经成为全国促进社会发展、推动公共治理的指导思想。无论是新修订的《上海市住宅物业管理规定》还是《上海市住宅小区建设“美丽家园”三年行动计划（2018—2020）》，均将“党建引领”摆在社区治理以及物业管理的核心领导地位。

物业服务企业在行业党组织的指导下，近年来积极推动基层党组织的建设，凝聚行业内党员群众，做好“思想主心骨”；党员干部以身作则，投身服务第一线，做好“业务领头羊”；团结动员群众，凝心聚力，共同参与物业管理行业及企业发展工作。“党建引领”的成果已经初见成效，获得了社会各界和政府相关部门的认可。

2. 价格评估，行业进步新希望

物业管理行业价格机制市场化始终是物业管理行业的核心挑战。随着《上海市住宅物业管理规定》于 2019 年 3 月 1 日正式实施，明确了“物业服务收费实行市场调节价，由业主和物业服务企业遵循合理、公开、质价相符的原则进行协商，并在物业服务合同中予以约定”。2019 年 3 月 27 日，上海市房地产估价师协会按照市房管局的精神，印发了《上海市住宅物业服务价格管理办法（试行）》《上海市住宅物业服务价格评估规范》。2019 年 7 月，首批 8 家第三方评估机构 30 名评估人员实施了备案，开始试点住宅小区物业服务费价格评估工作。目前，已有相关政府部门和不少物业服务企业

敏锐地把握了这一政策动向，积极推动住宅项目的价格评估工作。预计该项工作会进一步普及化、常态化，会成为上海物业管理行业进步发展的重要推动手段。

3. 垃圾分类，行业服务新挑战

2019 年 7 月 1 日，《上海市生活垃圾管理条例》正式施行，标志着垃圾强制分类正式成为上海城市常态管理。根据《上海市生活垃圾管理条例》规定，物业服务企业必须履行生活垃圾分类投放管理责任人义务，负责设置生活垃圾分类收集容器、对投放人的分类投放行为进行指导以及将生活垃圾，分类驳运至生活垃圾收集运输交付点。物业服务企业履行分类投放管理责任情况，将纳入物业服务企业信用管理体系。

（三）行业发展新趋势

1. 规模竞争，市场竞争主旋律

根据近年数据统计，无论是全国还是上海市的物业管理行业集中度正呈现明显的逐年上升趋势。其主要推动因素包括以下几方面：

首先，我国的物业管理行业属于传统的劳动密集型服务业，规模经济效应明显。在物业管理行业刚性成本逐年快速上涨的不可逆的趋势下，提升产业规模是最有效地盈利模式；其次，受我国传统消费理念影响，需求方更倾向于与大型企业合作。市场规模作为最为显性的客观竞争因素，最易被消费者认可；再次，上海市场的“造富效应”推动企业管理层追求规模化发展。上海市场认可的最重要市场指标就是市场占有率，目前对物业管理行业而言，上海市场仍是处于窗口期，具有较强的吸引力和发展推动力。

2. 城市更新，物业服务新增长

上海作为中国乃至全球重要的经济中心，不断探索城市建设的新思路。《上海市城市更新实施办法》于 2018 年正式推出，标志着城市更新已经成为未来几年上海城市发展的主要思路和手段。城市更新包含了再开发、整治改善及保护三种方式。

其中，再开发，着眼于对城市存量地产的深度利用，例如强调混合用途模式，居住—工作—休闲融为一体。整治改善，关注社会弱势群体，体现包容性发展，《上海市住宅小区建设“美丽家园”三年行动计划》充分体现了该项工作的理念。注重历史文化遗产的保护和利用，标志着城市建设从传统偏重物质环境改善转向人文、社会环境的提升和传承。

3. 智慧物业，企业管理新模式

“智慧物业”的核心是企业对信息的使用。信息技术与物联网设备的结合，使物业管理行业能够将部分传统的劳动密集型服务方式升级为基于互联网技术的现代科技服务方式，提升了劳动生产率。目前，已经有物业服务企业探索将企业内部信息管理平台与委托方的平台实施对接，实现一体化运营的模式。未来，物业服务企业从“服务外包方”向“业务合作伙伴”的角色转变，将成为整个行业提升价值链的重要举措。

物业管理行业在新的形势下，虽然不断面临着严峻地挑战，但无论是政策环境还是行业自身能力建设均呈现不断进步的趋势。全行业的物业服务企业都需要审时度势、扬长避短，积极探索适合自身特点的发展道路，在全社会经济建设中共同进步。

重庆市物业管理行业发展报告

重庆市物业管理协会

一、重庆市物业管理行业发展概况

截至 2018 年，重庆市物业服务企业 3128 家，物业管理项目 10029 个，物业服务面积 8.25 亿平方米，从业人员约 35 万人，行业主营业务收入 69.3 亿元。

近年来，重庆市物业管理整体水平稳步提升，在中国物业管理协会发布的全国物业服务企业综合实力排名活动中，连续 3 年都有 10 家以上企业荣登“百强榜”，位居西部第一。与此同时，重庆物业管理的开放性和包容性日益凸显，“五大行”、万科物业、绿城服务等国内外知名企业都在重庆拥有了实管物业项目，而重庆的龙湖智慧服务、金科服务、新大正物业等一批本地标杆企业也将业务拓展到全国各地，形成友好交流、共同发展的良好态势。

二、党建引领，推动行业全面发展

近年来，重庆市物业管理行业学习贯彻党的十九大会议精神、习近平新时代中国特色社会主义思想，行业党建工作亮点纷呈：重庆助友创美物业公司党委按 ISO9001:2008 质量管理体系要求标准，制定了党委的管理作业文件，实现了党建工作标准化、程序化，取得较好的党建成绩，荣获全国两新党建“金雁奖”，党委书记刘小华同志受聘为全国两新党建“先锋导师”。重庆海源物业公司党委坚持把党建工作与生产经营挂钩，同部署、同检查、同考核，严格落实“一岗双责”制，通过实施“123 联”党建工作新方法，有效化解小区矛盾纠纷。重庆市物业管理协会党支部按照市住房城乡建设委党组和行业党委的整体部署，积极参与“不忘初心、牢记使命”主题教育，培养和提升行业党员的党性原则；积极推进“行业专项扶贫”工作，践行行业的社会责任；通过开设“健康养生讲座”，强化物业人关注健康、珍爱生命意识；通过筹备组织“新中国成立 70 周年”献礼活动，进一步激发全行业的爱国主义情怀；通过在会刊、重庆市物业管理行业协会网站开设党建专栏，加强对党建工作的宣传力度，让党的先进文化感染更多物业人，推进行业全面发展。

三、行业政策法规体系逐步建立完善

2009 年，制订出台《重庆市物业管理条例》，明确街道办事处、乡镇人民政府在物业管理中的职责；建立了基层“物业管理联席会议”制度；明确物业管理区域的划分、相关行政管理部门在物业管理中的职能以及业主违反禁止规定的处理等事项。

2010 年，《重庆市物业专项维修资金管理办法》颁布出台。在贯彻落实条例的立法精神和相关原则的基础上，对《住宅专项维修资金管理办法》（建设部 165 号令）的有关规定进行了细化，更具操作性和地方特色。

2011 年，编制了重庆市物业管理“十二五”规划；2012 年，重庆市政府办公厅又转发了《重庆市业主大会业主委员会活动规则》，基本构建了重庆物业管理政策法规体系。

2017 年，新的《重庆市物业服务收费管理办法》在全市施行，《办法》取消了政府定价管理形式，仅对按照《重庆市住宅物业服务等级标准》提供服务的住宅以及配套停车场的前期物业服务收费实行政府指导价，其他各类物业服务收费均实行市场调节价。办法调整了收费标准评定体系，并制定了《重庆市住宅物业服务等级标准》，各个等级和内容中的指标均进行了差异化量化，成为物业服务收费的重要依据。

2016 年拟定《重庆市物业管理实施细则》，对各项目物业服务工作的要点和责任划分进行了明确规定。

目前，重庆市人大常委会正主持修订《重庆市物业管理条例》。行业主管部门、协会、企业协同推进修订工作，积极组织行业专家参加条例修订的立法论证会、听证会，现场提出行业观点。通过举办专题座谈会、研讨会，对物业管理联席会议制度、业主委员会的监督指导、公共部位监督管理、物业区域划分等热点修订内容进行广泛研讨，形成行业修订建议报市人大参考。

四、加强市场监管、规范市场秩序，推进行业健康发展

制定《重庆市住宅物业等级服务标准》，最大限度地减少和消除不对称的信息，方便业主明明白白消费、清清楚楚维权。制定《重庆市城市物业管理服务实施办法》，促进质价相符机制的进一步形成。制定《前期物业管理招标投标管理暂行办法》及《补充意见》，进一步促进企业公平竞争和优胜劣汰，严格执行《物业承接查验办法》等规范性文件，实现对物业服务合同签订、履行和终止的全方位监管。形成“双随机一公开”检查长效机制，尤其是在二、三级物业服务企业资质行政审批取消后，在常规工作部署和督促检查基础上，政府部门每半年开展一次“双随机一公开”检查，督促物业服务企业依法履约。

五、行业诚信自律机制不断完善

在行业主管部门指导和委托下，重庆市物业管理行业协会共完成 1286 家物业服务企业信用档案的建立、数据录入及上网公示工作，并对企业信用档案数据进行了 3000 余次更新，及时发布企业良好行为记录和不良行为记录，为主管部门掌握行业动态、监督物业服务企业规范经营提供了基础支持。同时，进一步发挥“消费维权办公室”的指导、监督、协调作用，设专人接待和解决各类投诉与纠纷。共接到各类投诉 400 余条，进行政策解答 6000 多次，对“江北某小区保安站双岗”“南岸某小区业委会违规签订物业管理合同”等数一起典型纠纷，进行了现场调查、调解，并及时将纠纷中企业的违规行为记录到企业信用档案中。目前，行业主管部门正加紧制定《重庆市物业服务企业和物业项目负责人信用信息管理办法》，协会已起草完成《重庆市物业管理行业自律公约》，拟在行业施行和推广，进一步强化行业企业和从业人员诚信自律意识和经营执业行为。

六、创新服务领域，提升业主满意度

在行业主管部门引导下，重庆市物业服务企业抓住社区增值服务潜在需求机遇，不断创新服务领域，取得较好成效。龙湖智慧服务“千丁互联”、新东原物业“东驿站”、天骄爱生活“小 A 帮”、金科服务“金科云”等一批 APP 及微信公众号投

入使用，提供了如公开服务承诺、报事报修、家政预约、智能开门、房屋租赁、组团旅游、果蔬团购等服务，促进了小区邻里社交及企业与业主互动平台建设，方便了社区生活和促进了沟通互动。伴随着一批知名企业的先行先试，全市越来越多的物业服务企业关注社区增值服务平台建设，提升业主满意度。

七、企业进入资本市场形势趋于多样性

重庆物业服务企业收购、兼并市场活跃，领军企业快速扩张：龙湖智慧服务、金科服务、财信物业通过整体收购的形式扩大企业规模；天骄爱生活、海泰物业、华宇物业等物业公司通过并购、重组等方式整合资源，不断做大做强。部分优秀企业谋求股份上市发行，为企业增加发展活力：以天骄爱生活为代表的物业服务企业成功登陆新三板；财信物业、渝高物业、海泰物业等物业公司启动新三板上市筹备工作；新大正物业、金科服务等物业公司启动主板上市筹备工作。

八、智能物业小区建设取得成效

政府主导、协会推动、企业积极参加智能物业小区建设。2018 年，行业主管部门启动“智能物业小区建设工作”、制定了《智能物业小区评价指标体系》，一大批本土物业服务企业积极响应，通过综合运用大数据、云计算、物联网、人工智能等新技术，提高企业的服务质量和效率。重庆市物业管理行业协会与各区县行业协会联合开展“2018 年智能物业示范小区建设检查验收工”，共有 152 个物业小区达标，被授予智能物业示范小区称号。

九、加强对外交流合作，提升重庆物业管理影响力

近年来，重庆市物业管理协会先后组织数百家会员单位参加“第四届品质住宅物企联盟工作会议”“第二届国际物业管理产业博览会”“物业服务企业测评研究”“全国物管行业职业竞赛”“全国白蚁防治职业技能竞赛”等活动。今年 6 月，会长单位金科物业集团积极承办了中国物业管理协会来渝举办的“2019 物业服务企业物业服务企业品牌发展论坛暨全国物业管理行业媒体工作交流会”。

受中国物业管理协会委托，连续 3 年完成重庆企业参加“物业服务企业测评研究”活动的初审和推荐工作。连续 3 年组织举办物业管理行业全国职业竞赛活动的地区选拔赛，推荐地区技术标兵参加全国大赛。2019 年 5 月，重庆多名行业精英积极参选中国物业管理协会第五届理事会领导班子，取得可喜成绩，重庆市物业管理协会长罗传嵩当选中国物业管理协会第五届理事会副会长、重庆物业管理协会高级顾问陈庆芳当选中国物业管理协会第五届理事会高级顾问、重庆新大正物业集团总裁李茂顺当选中国物业管理协会第五届理事会名誉副会长，重庆物业管理协会副会长汪香澄当选中国物业管理协会第五届理事会常务理事。

河北省物业管理行业发展报告

河北省物业管理行业协会

一、河北省物业管理行业发展环境

（一）物业管理规模

在房地产市场由增量时代转变为存量时代的大背景下，企业和资本的关注点逐渐从前端开发向后端的服务和资产管理转移。国家统计局数据显示，2018 年 1—12 月，全省房地产开发投资完成额累计达 4476.4 亿元，同比下降 7.2%；商品房销售面积累计达 5251.93 万平方米，同比下降 18.3%，其中住宅销售面积下降 15.5%。

作为房地产下游的物业管理行业，在经济平稳增长、城镇化加速推进、房地产业转型、消费升级和居民收入水平提高的共同推动下，迎来了发展黄金期。截至 2018 年年底，河北省物业管理面积达 11.53 亿平方米，同比增长 5.8%，其中住宅物业管理面积 9.17 亿平方米、非住宅物业管理面积 2.36 亿平方米。从区域分布看，主要集中在石家庄、廊坊、唐山、邯郸，四市约占全省物业管理面积的 63.58%。截至 2018 年年底，全省物业服务企业共有 7452 家，同比增长 23.01%；其中，石家庄、唐山、邯郸、廊坊位居前四，约占 51.99%。

（二）专项维修资金

截至 2018 年年底，全省商品住宅专项维修资金已累计归集 390.58 亿元，同比增长 17.24%；商品住宅专项维修资金累计使用 19.31 亿元，同比增长 24.25%。随着商品住宅使用年限的推移，对维修资金的使用需求也逐年增加。河北省在简化程序方便使用上也出台了相关举措，大大提高了专项维修资金的使用效率。

（三）从业人员队伍

截至 2018 年年底，全省物业服务从业人员 35.01 万人，占同期全省常住人口总数的 4.6‰，同比增长 7.2%；其中石家庄、唐山、廊坊、沧州四市从业人员占全省 54.29%。

二、河北省物业管理行业发展经验

目前，河北省物业管理行业已形成政府主导、协会推动、企业积极参与的产业格局，并在供给侧结构性改革和物业管理创新实践中取得显著成效。

（一）党建引领日益增强

党的基层组织是党执政的组织基础，担负着直接教育党员、管理党员、监督党员和组织群众、宣传群众、凝聚群众、服务群众等重要职责。社会组织是党的工作和群众工作的重要阵地，是加强党的基层组织建设、培育和践行社会主义核心价值观的重要领域。2018 年，党的基层组织建设在河北省社会组织和物业管理行业中都得到了高度重视。

河北省物业管理行业协会按照《2018 年河北省社会组织党建工作要点》，以提升党的组织力为重点，深入有效地开展了多项工作：一是修订了《章程》，增加了党的建设和社会主义核心价值观有关内容，保证了河北省物业管理行业协会发展的政治方向。二是党支部在落实《中国共产党支部工作条例（试行）》和“三会一课”等基本制度的基础上，以推进“两学一做”学习教育常态化制度化为契机，通过日常学习座谈，加强对河北省物业管理行业协会党员和工作人员的思想教育、政治教育，为充分发挥党支部的战斗堡垒作用和党员的模范带头作用奠定了基础。三是制定河北省物业管理行业协会《党风廉政建设工作方案》，通过科学有效的责任体系，加强了协会党内监督，为推动协会工作改革创新、实现绿色发展提供了坚强有力的纪律和作风保证。四是通过制定行业标准和标准化考核等顶层设计，引导物业服务企业加强党建引领作用，并广泛参与到精神文明建设和社会公益事业中来。五是自觉按照国务院扶贫开发领导小组《关于广泛引导和动员社会组织参与脱贫攻坚的通知》有关精神和“京津冀社会组织跟党走——助力脱贫攻坚”系列活动工作安排，主动开展精准扶贫活动，并不断凝聚河北省内物业服务企业帮扶资源，提升脱贫攻坚实效。

河北省内各市也将党建工作融入行业发展蓝图，以石家庄市、秦皇岛市尤为突出。2019 年初，中共石家庄市委组织部、石家庄市住房和城乡建设局就加强党建引领、打造“红色物业”出台实施方案，把物业服务企业党建工作全面纳入基层党建体系。方案提出系列可行性措施，例如指导物业服务企业建立党组织、提倡物业党员佩戴党徽“亮牌”上岗、选派党建指导员到没有党员或尚未建立党组织的物业服务企业“一对一”开展党的工作、为老旧小区引入“红色物业”等，并在此基础上评选年度十大“金牌红色物业”。4 月，中共秦皇岛市委组织部、秦皇岛市物业管理协会组织开展“党建引领 邻里守望 幸福和美 互融共生”主题培训，邀请非公企业党建学院院长薛荣同志、中共秦皇岛市委党校基础理论教研部专职教授张永侠同志授课。党建工作的开展，有利于将党的组织有效嵌入物业服务企业，有利于全面提升服务质量水平。

（二）政策环境日益优化

发展现代服务业是深化供给侧结构性改革的重要内容、培育发展新动能的关键领域、推进产业转型升级的有力支撑。2018 年，省政府出台《关于加快推进现代服务业创新发展的实施意见》，明确指出生活性服务业应向高品质、精细化转变，提高发展质量、提升竞争优势，并列出了具体实施路径和提升行动。2018 年，全年服务业增加值增长 9.8%，快于全省生产总值 3.2 个百分点，对经济增长的贡献率达 65.5%。

在服务业加快壮大、稳步发展的背景下，河北省物业管理行业迅速成长，行业政策也日益完善。2018 年 8 月，河北省民政厅、河北省住房和城乡建设厅联合出台《关于开展城市社区协商共治工作的指导意见》，河北省物业管理行业协会参与了制定工作。该意见以巩固党的执政基础、增进民生福祉为目标，提出建立健全社区党组织、社区居民委员会、业主委员会、楼门长和物业服务企业议事协调机制，到 2020 年，基本形成规范有序的“五位一体”共治共建共管共享的社区治理格局，社区建设与物业服务管理融合协调发展。意见对全面提升物业服务水平和居民群众满意度，建设和谐有序、绿色文明、创新包容、共建共享的幸福家园，开创新时代全面建设经济强省、美丽河北新局面奠定了坚实基础。

同年 10 月，河北省政府办公厅发布《关于加强城镇新建小区配套非经营性公建设施建设管理的实施意见》，旨在解决 2015 年以来新建小区（含在建小区）设施功能不全，非经营性公建设施不配套、不到位、不移交、不落实等问题。受省住房和城乡建设厅委托，河北省物业管理行业协会参与实施意见制订工作，并强调物业管理用房面积应按照不低于开发住宅总建筑面积 3‰的比例配置，此项意见已在实施意见中得以明确。

2018 年，河北省市级物业管理政策陆续出台。

4 月，《秦皇岛市物业管理条例》颁布。该条例对业主自治组织成立和运行难、物业服务企业擅自弃管物业、物业服务成本变化与物业服务收费不能协同调整、私搭乱建和侵占公共场地、停车管理纠纷、住宅专项维修资金使用难、老旧小区物业管理等重点问题作出了规范。

6 月，张家口市 2 号政府令公布了《张家口市物业管理办法》。该办法提出，将物业管理纳入现代化服务业发展规划和智慧社区综合治理体系，建立住房城乡建设部门指导、街道办事处（乡镇人民政府）监管、社区居民委员会组织实施、业主、物业服务企业共同参与的“五位一体”物业管理联席会议制度并明确了各自职责。

10 月，廊坊市 2 号政府令公布了《廊坊市物业管理办法》。该办法明确，将物业管理服务纳入现代服务业发展规划、社区建设规划和社区治理体系，将物业管理工作经费纳入财政预算，行业协会依法加强行业自律管理并协助行政主管部门开展监督管理工作。

11 月，保定市调整了主城区住宅小区公共性物业服务等级和物业服务收费标准，并出台了《保定市保障性住房小区物业维修管理办法（试行）》。该办法明确，政府投资集中建设的保障性住房小区的房屋共用部位、共用设施设备的日常维护费用，由物业公司从物业费中支出，房屋共用部位、共用设施设备的维修、更新和改造费用，由市保障性住房管理中心作出维修预算报财政局审批，在财政审定的维修费范围内支付相应费用。

（三）行业监管持续加强

党的十九大报告提出“深化商事制度改革”“完善市场监管体制”等一系列有关市场监管的新要求。2018 年，河北省全面推进“双随机、一公开”和“互联网＋”监管方式，并就重点领域做了以下监管工作。

一是强化行业安全生产监管。2018 年省政府相继印发了《河北省消防安全责任制规定》《关于加强电梯质量安全工作的实施意见》，两个文件分别列出了物业服务企业在消防安全和电梯安全中的责任，并明确指出“物业服务企业应按照合同约定提供消防安全防范服务，对管理区域内的共用消防设施和疏散通道、安全出口、消防车通道进行维护管理，及时劝阻和制止占用、堵塞、封闭疏散通道、安全出口、消防车通道等行为，劝阻和制止无效的，立即向公安机关等主管部门报告。定期开展防火检查巡查和消防宣传教育。”“落实电梯使用单位责任，重点加强对承担电梯使用管理责任的物业服务企业经营行为的监督检查，指导和监督物业服务企业做好电梯的日常检查、维保监督、应急处理以及电梯收支费用的信息公布工作。”

结合《河北省安全生产“十三五”规划》，2018 年，河北省住房和城乡建设厅对物业服务企业开展了“双随机一公开”检查工作。河北省物业管理行业协会接受其委托起草了《河北省物业管理行业重大安全生产隐患认定标准》，并配合检查组对各市有物业服务的住宅小区进行了检查。检查中，对物业管理区域内消防设施、电梯设备维护保养和日常巡查不到位，有限空间作业、电气设备运行及高空作业安全管理不到位的项目提出整改意见。2018 年底，各抽检项目已悉数整改到位。

二是强化行业信用监管。《河北省社会信用信息条例》《河北省加快社会信用体系建设行动计划（2018—2020 年）》《河北省加强诚信建设专项行动实施方案》等文件对住房城乡建设部门在业务系统的基础上建成行业信用信息系统提出了相关要求。《关于加强和规范守信联合激励和失信联合惩戒对象名单管理工作的指导意见》（发改财金规〔2017〕1798 号）也就“国家有关部门可根据需要授权全国性行业协会商会和信用服务机构按照统一标准认定红黑名单。”目前，河北省物业服务企业基本信息及行政许可、行政处罚、守信红名单、受惩黑名单、实行被执行人信息均可在信用中国（河北）网站查询，并可生成信用查询报告。河北省住房和城乡建设厅也印发《河北省住房城乡建设行业信用信息管理办法》，全面开启全省住房城乡建设行业信用体系建设。

河北省物业管理行业协会也在此领域做了大量的工作，2016 年、2017 年相继发布了《河北省物业管理行业行规行约》《河北省物业服务企业信用信息管理办法》。行规行约从行业道德、物业服务企业行为规范、从业人员行为规范、规约施行、规约管理等方面提出针对性自律措施。《河北省物业服务企业信用信息管理办法》在记录物业服务企业基本信息、良好行为信息、不良行为信息的基础上，通过科学有效的评价体系，将企业分为信用优秀、良好、合格、欠佳、较差五个等级，并明确了相关激励和惩戒措施。

三是强化物业服务事项公开公示。物业服务事项公开公示，是提升物业服务企业诚信服务意识和能力，规范服务行为，增强物业服务透明度，保障业主知情权的重要举措。《河北省物业服务收费管理实施办法》要求“物业服务收费应按规定实行明码标价。物业服务企业应当在物业服务区域内的显著位置，将物业服务内容、服务标准（等级）、收费项目、收费标准等进行公示。”河北省内各地市物业管理条例、办法也都要求物业服务事项公开公示。《河北省电梯安全管理办法》第二十二条明确，“住宅小区电梯使用管理单位是物业服务企业的，物业服务企业应当公开电梯安全管理的相关记录，并明年公布一次电梯相关费用的收支情况，物业服务费中的电梯运行维护费用应当单独立账。物业服务企业应当在小区公示栏公布小区电梯最近一次维护保养信息。信息应当包括维护保养单位、维护保养人姓名、维护保养时间和内容等。”顶层设计有利于推动物业服务事项公开公示制度的建立。2018 年，河北省住建厅在对物业服务企业“双随机一公开”检查工作中，也重点检查了物业服务事项公开公示情况和物业服务企业按照合同约定、标准提供服务情况。

作为行业组织，河北省物业管理行业协会持续致力于物业服务事项公开公示制度的引导和推动。2018 年，河北省物业管理行业协会在主编的《住宅物业服务等级划分标准》中，就公开公示事项主要做出以下要求：一是应在显著位置公示物业服务企业营业执照、项目主要服务人员姓名、照片、岗位信息、物业服务事项、服务标准、收费项目、收费标准、24 小时服务电话、报修电话等相关信息。提供特约服务的，应公示服务项目、服务标准及收费标准；二是重要物业服务事项应在主要出入口、单元楼内以书面形式履行告知义务，并配有信息发布平台；三是每年应至少公示 1 次物业服务费收支情况和利用共用部位、共用设施设备经营收支情况；四是每年应至少公开进行 2 次物业服务满意度调查；五是机房内显著位置应张贴或悬挂设备系统图、管理制度、操作规程、维护保养规程、应急预案流程和特种作业人员资格证书；六是在电梯轿厢内或者主出入口的显著位置应标明电梯使用标志、安全注意事项、应急救援电话、电梯使用管理单位、维护保养单位等相关信息；七是应在小区公示栏公布小区电梯最近一次维护保养信息，信息应当包括维护保养单位、维护保养人员姓名、维护保养时间和内容等。

（四）行业标准逐步完善

2018 年河北省“两会”上，《关于加强河北省物业管理行业标准化建设的建议》（第 291 号提案）引起了政府、行业企业及媒体的广泛关注。中共河北省省委、省政府在《关于开展质量提升行动加快质量强省建设的实施意见》中坚持把标准作为提升质量的基础支撑。《河北省标准化体系建设发展规划（2016—2020 年）》要求，到 2020 年，在现代服务业、社会管理与公共服务等领域建立 200 个以上标准化示范试点项目。河北省住房和城乡建设厅在《河北省加强全面质量管理工作方案》中指出“到 2020 年，制定服务业地方标准 100 项以上，培育团体标准 30 项以上”。

物业服务作为服务业中重要的生力军，其标准化建设工作势在必行。河北省住建厅委托省物业管理行业协会作为主编单位开展河北省物业管理行业标准编制工作。2018 年下半年，河北省《住宅物业服务等级划分标准》编制工作启动，河北省内包含专业院校、物业服务企业在内的 13 家单位参与编写。该标准为地方推荐标准，规定了河北省内普通住宅物业五个等级的服务标准，包括综合服务、房屋共用部位管理与维护、共用设施设备管理与维护、公共秩序维护、环境卫生维护、绿化养护、社区精神文明建设七项具体内容。标准既结合了国家、河北省行业政策，又充分借鉴了国内先进标准，具有一定的操作性和前瞻性。同时，河北省物业管理行业协会号召省内物业服务企业参与《物业服务安全与应急处置》《物业服务顾客满意度测评》《物业管理术语》三项国家标准的起草工作，6 家企业申报并参与了此项工作。标准的制订，将对完善河北省物业管理行业标准体系、加快行业高质量发展步伐起到一定的推动作用。

（五）人才建设稳步增强

为加强知识型、技能型、创新型物业人才队伍建设，全面提高河北省物业管理行业整体服务能力和水平，结合《河北省住房和城乡建设行业人才队伍建设中长期规划（2012—2020 年）》及“人才强冀工程”安排，2018 年省物业管理行业协会组织了两场技能竞赛。

一是举办河北省第二届物业管理行业职业技能竞赛。经各市物业主管部门、行业协会预赛选拔、择优推荐，全省共有 34 名物业管理员、30 名电工入围大赛。经过激烈角逐，两个工种共评选出一等奖 2 名、二等奖 4 名、三等奖 9 名。竞赛组委会将两个工种前 3 名选手推荐至中物协参加第二届全国物业管理行业职业技能竞赛。全国大赛中，河北省选手取得了物业管理员组第 3 名和第 16 名的好成绩，较 2017 年全国第 4 名再次精进。河北省物业管理行业协会再次被评为“优秀组织奖”。

二是参与举办了 2018 年中国技能大赛——河北省物业管理行业“恒辉杯”职业技能竞赛。竞赛由河北省住建厅、河北省人力资源和社会保障厅主办，河北省物业管理行业协会受两厅委托进行整体策划和组织。在两厅的关心指导和各市物业主管部门、河北省物业管理行业协会的大力支持下，在参赛选手、裁判员、工作人员的密切配合下，大赛取得圆满成功。此次全省竞赛共设电工、保安员和物业管理员 3 个项目，共评选出一等奖 6 名、二等奖 12 名、三等奖 18 名。电工、保安员前 3 名选手，被河北省人力资源和社会保障厅授予“河北省技术能手”称号，并将晋升技师或高级技师资格。第 4 ～ 10 名选手，批准晋升为高级工或技师职业资格。3 个工种前 3 名选手同时获得“河北省建设行业技术能手”荣誉称号。

（六）绿色发展形成共识

绿色发展是构建高质量现代化经济体系的必然要求。近年来，河北省积极推进绿色建筑发展，2010—2017 年，全省累计新建绿色建筑 6781 万平方米，占同期新建建筑的 16.1%。2018 年前 10 个月，绿色建筑竣工面积 2200 万平方米，绿色建筑占新建建筑竣工面积的 50% 以上，在全国处于先进地位。2018 年 11 月，《河北省促进绿色建筑发展条例》新闻发布会召开，宣布该条例由河北省第十三届人大常委会第七次会议全票通过，于 2019 年 1 月 1 日起施行。《条例》第二十条明确规定，“建筑物所有权人或者使用权人与物业服务企业签订的服务合同，应当载明符合绿色建筑运营要求的物业管理内容。物业服务企业应当将绿色建筑运营要求纳入物业管理制度，由技术人员或者委托专业服务企业负责节能、节水等设施设备的维护和保养。”条例的颁布实施，对贯彻绿色发展理念，促进建筑业转型升级和高质量发展，提高物业服务企业的绿色建筑运营能力具有重要意义。

秦皇岛是河北省内较早开展新建绿色建筑的建设和管理工作的城市。2013 年，秦皇岛市政府颁布了《秦皇岛市绿色建筑管理办法》。该办法要求，新建建筑（不包括临时建筑）应按绿色建筑的标准进行规划、设计、建设和管理；物业管理公司应按照绿色建筑相关标准的要求进行运营管理，并按规定对项目资源消耗量实时分项计量监测。佳美物业服务有限公司于2014年率先通过了《能源管理体系　要求》GB/T 23331能源体系认证，其协同研究的《绿色建筑运营管理实施导则》获得国家版权局颁发的作品登记证书。秦皇岛和谐物业服务有限公司通过对“在水一方”小区中水设施设备科学的运行管理，每年可为业主节约水费55万元以上；该项目还曾荣获住房和城乡建设部“绿色建筑和低能耗建筑十佳设计项目”“建筑节能试点示范工程”等十余个国家、省级荣誉。

（七）智慧社区加速推进

新时期下，居民对便捷、高效、智能的社区服务需求与日俱增，建立多元化、多层次的智慧社区尤为重要。同时，互联网、物联网、大数据、云计算、人工智能等前沿技术也不断驱动着智慧社区的创新发展。智慧社区作为智慧城市的重要组成部分，是城市发展的大势所趋。河北省也积极探索物业服务模式和智慧社区建设的整合方式，并取得可喜成果。

目前，河北省内大中型物业服务企业均已着手通过智慧物业推进智慧社区建设。幸福基业物业服务有限公司自主研发的服务质量动态管控及改进平台“幸福—ECA”，整合了客服、秩序、清洁、绿化、工程五大模块手持终端与云端数据，实现了标准化的线下识别动作与改进动作的动态监控、跨区域精准智能管控。该平台已获得国家版权局的独立知识产权认证。安国市华海物业服务有限公司针对绿色智慧社区建设规划，依托其集团下属网络科技公司成功开发了智慧社区的7大智慧系统、5大智能终端、2大核心应用。该公司服务的“药都新城”项目荣获“2018中国智慧社区典范项目”，此项荣誉是全国智慧社区版块唯一入选项目，同时该项目入选河北省首个国家级绿色智慧社区试点。河北恒辉物业服务集团有限公司在一应云智慧平台的基础上，成功运用CSS客户服务系统、BMS楼宇管理系统、CCS社区商务系统、设施设备物联管控系统、RMP远程监控平台、400呼叫中心，充分实现了楼盘管控智能化、现场作业机械化、服务反馈及时化、品质监控远程化、业务管理网格化。

（八）养老服务成果显现

随着老龄人口的增加，养老问题日渐成为社会关注的焦点。2019年3月，国务院办公厅印发《关于推进养老服务发展的意见》，在推动居家、社区和机构养老融合发展中，特别提到了要“探索‘物业服务＋养老服务’模式”，支持物业服务企业开展老年供餐、定期巡访等形式多样的养老服务。可见，最接近居民生活的物业服务企业一直是推进社区养老服务的潜在力量，该意见的印发，更是为物业服务企业发展社区养老业务提供了政策支撑。

近年来，河北省多个物业服务企业也已启动养老服务业务。泊头市万佳物业服务有限公司就是将养老服务做成产业的杰出代表。该公司以“医疗、养护、康复、文化传承”为理念，成功运作福星园老年公寓，并在国内开创了独具特色的养老服务模式。福星园老年公寓先后获得“全国爱心护理工程建设基地”“全国爱心护理工程专家团成员单位”“2018年度五星级养老机构”等多项殊荣。河北帝华物业服务有限公司为改善社区老年群体生活质量，在龙洲新城项目部率先启用居家养老服务中心。该中心配有按摩椅、理疗仪、艾灸仪等设备，定期邀请专家免费为社区老年人提供按摩、理疗、健康咨询等保健康复服务；并购置了棋牌、钢琴、二胡、羽毛球、乒乓球、跑步机、健身车等器材，定期组织社区老年群体开展文体活动。

（九）社区文化丰富多彩

社区文化是推动和谐社区建设、实现文化繁荣的重要载体。创建特色社区文化，打造宜居和谐家园成为越来越多物业服务企业的工作目标。以石家庄深科物业服务公司为例，该公司提出了“深科·质生活”理念，并将社区文化分为“跃动人生”“爱心永恒”“睦邻计划”“艺鸣惊人”四大版块，涉及体育竞赛、公益活动、邻里互动、才艺展示等多项活动，使得社区管理更具人文情怀和亲情温度。该公司旗下的SENCO＋家居生活体验馆，是一家结合艺术与技术的新型智慧门店，在免费为业主提供家居策划的同时，店内开辟专区供业主休憩、读书、聚会，丰富了业主业余文化生活，满足了社区居民日益增长的精神文化需求。

石家庄市物业管理行业发展报告

石家庄市物业管理协会

一、石家庄市物业管理行业发展概况

截至2018年12月统计数据，石家庄市物业服务企业包含外埠共为1618家，其中年营业收入达到5000万元以上的物业服务企业58家。石家庄市物业管理覆盖面为76.2%，物业管理面积为2.61亿平方米，其中住宅物业面积为2.15亿平方米、非住宅物业面积为0.46亿平方米。城区具有一定规模的住宅小区项目为2607个，各县市区住宅小区项目为1598个，成立业主委员会126个，物业管理从业人员数量约10.5万人。新建住宅小区100%通过招标投标选聘物业服务企业，实行物业管理。

2018年石家庄市开展了老旧小区改造。共改造老旧小区275个，改造面积871.12万平方米，通过财政筹集、社会筹资、居民筹资等方式获得改造资金约为20957.38万元。

2017年，石家庄市修订了《石家庄市物业服务收费管理实施办法》，实现了前期物业服务基准价的调整，在全国范围内率先建立了社会平均工资水平联动的调价机制。

现就石家庄市物业管理行业基本统计情况分析如下。

（一）物业服务企业

2018年石家庄市物业服务企业数量1618家，与2017年相比，增加了53家，增幅3.39%。其中，原一级资质51家（含外埠），占被调查企业总数的3.15%，比2017年度增加13.33%，均是外埠来石企业，反映出石家庄物业管理市场对优秀企业吸引力增强的趋势；原二级资质89家，占5.5%，比2017年度增加3.49%；原三级资质及临时三级1301家，占80.41%，比2017年度增加0.308%；物业服务企业资质取消后注册成立的企业177家，占10.94%，其中2018年新增40家，比2017年度增加29.19%。从数据可以看出，石家庄市具有原三级资质（含临时三级）的物业服务企业和资质取消后成立的新企业数量较多，占比较大，需要加以引导，争取做优做大做强。部分外埠企业进入石家庄市场开展服务，尤其是一些优秀企业来石，对本地物业服务市场和服务创新，带来新的元素（表1、图1）。

石家庄市物业服务企业情况一览表　　表1

企业资质	企业数量（个）	比例（%）
一级	51	3.15
二级	89	5.5
三级及临时三级	1301	80.41
资质取消后注册成立（不完全统计）	177	10.94
合计	1618	100

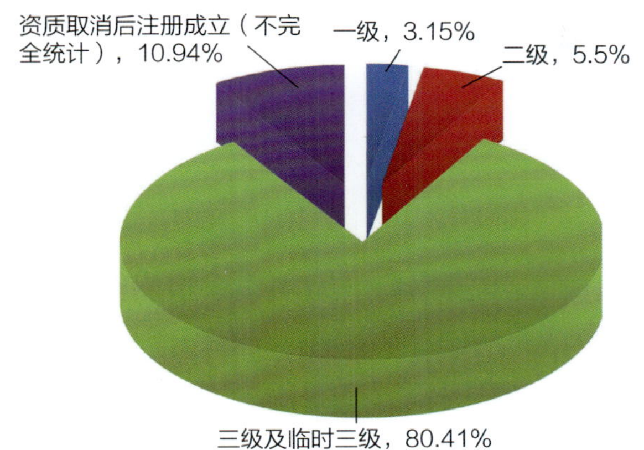

图 1　石家庄市物业服务企业情况分布图

（二）物业服务企业党组织组建情况

目前石家庄市主城区住宅区已经成立基层党支部的物业服务企业共 244 个，其中长安区 84 个、桥西区 47 个、新华区 50 个、裕华区 34 个、高新区 29 个。与 2017 年度相比，基层党组织数量和覆盖率大幅增长。已纳入党群联席会议制度的物业服务项目 816 个，完成“双向进入、交叉任职”的物业服务项目 817 个（表 2、图 2）。

石家庄市主城区住宅区物业服务企业、项目党组织组建一览表　　表 2

行政区	长安区	桥西区	新华区	裕华区	高新区	合计
个数（个）	84	47	50	34	29	244
比例（%）	34.43	19.26	20.49	13.93	11.89	100

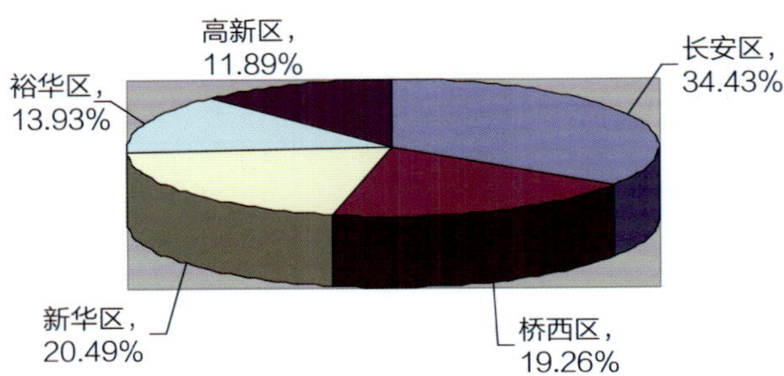

图 2　石家庄市主城区住宅区物业服务企业、项目党组织组建分布图

（三）物业管理项目区域分布

通过选取部分样本，对物业管理项目区域分布情况进行统计分析，数据包括在管物业项目共 1820 个。其中，桥西区 451 个，裕华区 356 个，新华区 251 个，高新区 107 个，长安区 335 个，市内五区项目占项目总量的 82.42%。其余各县市区物业样本项目 320 个，占 17.58%，与 2017 年相比占比下降 0.25%。

可以看出，物业管理项目的数量与经济发展水平成正相关，主城区项目数量明显多于周边县市。2018 年周边各县市项目数量占比小幅下降（表 3、图 3）。

石家主市物业管理项目区域分布一览表　　表 3

行政区	桥西区	裕华区	新华区	高新区	长安区	各县市区	合计
项目数（个）	451	356	251	107	335	320	1820
比例（%）	24.78	19.56	13.79	5.88	18.41	17.58	100

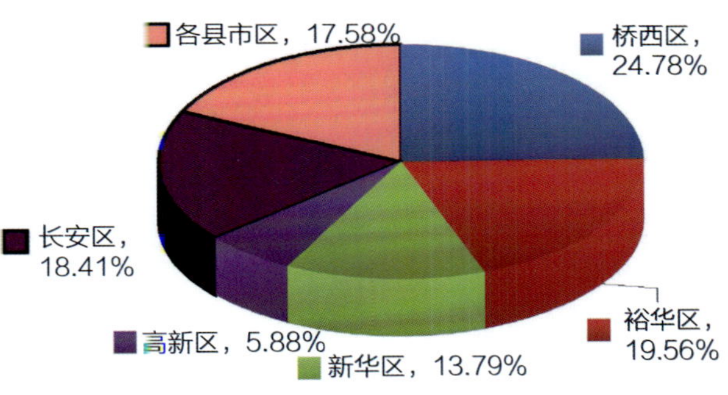

图 3　石家庄市物业管理项目区域分布图

（四）物业项目类型

石家庄市物业管理项目总面积为 2.61 亿平方米。其中，住宅 2.15 亿平方米，占总量的 82.38%；非住宅面积为 0.46 亿平方米，占总量的 17.62%（表 4、图 4）。

石家庄市物业管理项目类型一览表　　表 4

序号	项目类型	建筑面积（亿平方米）	比例（%）
1	住宅	2.15	82.38
2	非住宅	0.46	17.62
总面积		2.61	100

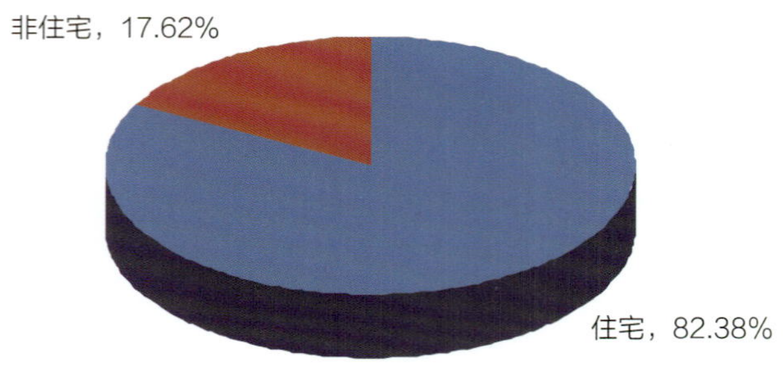

图 4　石家庄市物业管理项目类型分布图

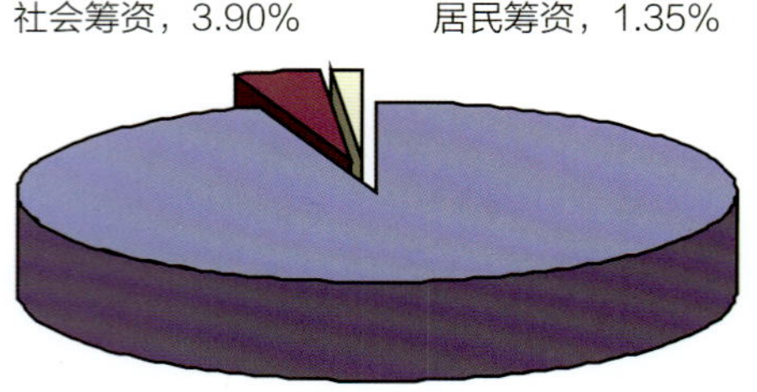

图 5　石家庄市物业管理老旧小区改造资金分布图

以上数据表明，石家庄市物业管理项目类型中，住宅物业仍占据主要地位，以服务民生为主。

（五）老旧小区改造情况

为进一步提升老旧小区面貌和管理水平，解决民生问题，石家庄市开展了老旧小区整治和管理工作。2018 年，共改造老旧小区 275 个，改造面积 8711231.81 平方米，分别由财政筹集、社会筹资、居民筹资等方式获得改造资金约为 20957.38 万元。其中，市区两级财政筹集资金 19856.18 万元，占比 94.75%；社会筹资 817.4 万元，占比 3.9%；居民筹资 283.8 万元，占比 1.35%。改造项目中，市区主城区共 212 个，占比 77.09%，包括桥西区 65 个、长安区 50 个、裕华区 34 个、新华区 61 个、高新区 2 个；各县市区 63 个，占比 22.91%（表 5、表 6、图 5、图 6）。

石家庄市物业管理老旧改造资金一览表　　表 5

行政区	市区两级财政筹集资金	社会筹资	居民筹资	合计
金额（万元）	19856.18	817.4	283.8	20957.38
比例（%）	94.75	3.9	1.35	100

石家庄市物业管理老旧小区改造一览表　　表 6

行政区	桥西区	裕华区	新华区	高新区	长安区	各县市区	合计
个数（个）	65	34	61	2	50	63	275
比例（%）	23.64	12.36	22.18	0.73	18.18	22.91	100

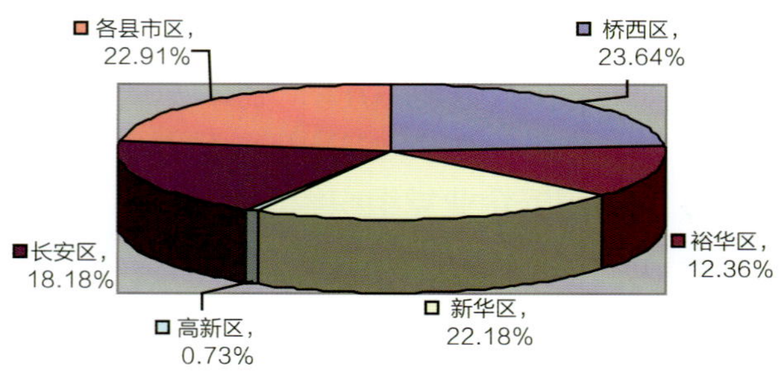

图 6　石家庄市物业管理老旧小区改造分布图

（六）从业人员状况

2018 年石家庄市物业管理从业人员数量约为 10.5 万人，与 2017 年相比，增加了近 0.3 万人，增幅 2.94%，与企业数量增长比例基本相当，呈正相关关系（图 7）。

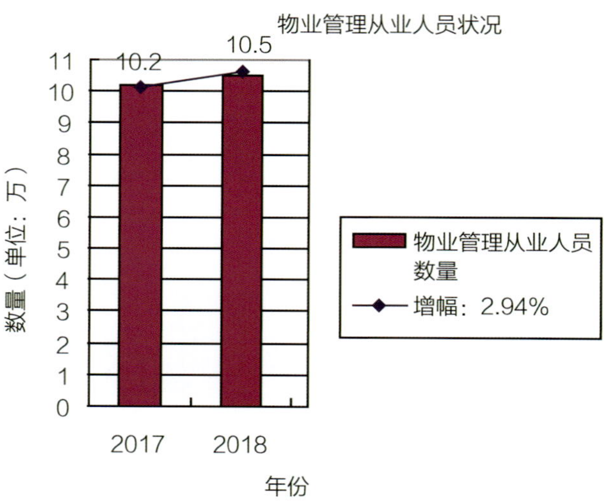

图 7　石家庄市物业管理从业人员状况（单位：万）

（七）调查样本显示，2018 年度物业费平均综合收缴率 89.5%

二、石家庄市物业管理行业发展建设成效显著

（一）做好行业党建工作，完善党建工作机制

以党建引领行业和企业发展方向，积极落实全面从严治党要求，向行业传导正确价值取向，在党的精神引领下，全面提升石家庄市物业服务工作水平。

1. 物业服务企业基层党组织建设。为加强物业管理行业党建工作，推进 “红色物业” 建设，石家庄市物业管理行业协会对全市物业服务企业及在管项目的基层党组织建设情况进行了调查。调查范围包括在石家庄市登记注册开展经营的物业服务企业、外埠来石的物业服务企业或分支机构及其在管物业项目。目前石家庄市主城区住宅区已经成立基层党支部的物业服务企业 244 个。与 2017 年度相比，基层党组织数量和覆盖率大幅增长。已纳入党群联席会议制度的物业服务项目数 816 个，完成“双向进入、交叉任职”的物业服务项目数 817 个。

2. 建立党建宣传阵地。石家庄市物协对“石家庄物业管理网”进行了改版，开辟“党建工作”专栏，同时充分发挥《石家庄物业管理》杂志、石家庄物业管理网、公众号“3 ＋”信息平台作用，组织征集物业服务闪光点、先进事迹、业主身边事，大力宣传和树立物业管理行业正面形象，全方位宣传党的政策。

3. 发挥物业服务企业党组织和党员模范作用。加强物业管理行业基层党组织建设，把党支部建到项目上来。加强非公企业党建工作，促进物业服务企业党组织积极开展活动，在物业服务过程中充分发挥作用。引导和鼓励广大物业服务企业开展丰富多彩的党建活动，推进党员“亮牌”上岗，发挥党员先锋模范作用，宣传推广物业管理行业优秀基层党组织、优秀党员。

4. 举办“红色七月 · 多彩党建”石家庄市物业管理行业书法、美术、摄影展。围绕十九大精神、物业管理行业职工的拼搏奉献、为业主创造幸福美好生活等内容，展现物业服务企业、职工、业主的真情实感、美好瞬间，反映物业管理行业精神风貌、感人故事。活动共收到来自物业职工和业主各类作品共 262 件，评出获奖作品 54 件。获奖作品、优秀参展作品印制成集，并在《石家庄物业管理》杂志、石家庄物业管理网、“石家庄物业管理”公众号刊登。

5. 推进“红色物业”建设，筹办“金牌红色物业”评选活动。2018 年底石家庄市开展“红色堡垒工程”，开展了以加强和创新城市基层社会治理为目标的“红色物业”建设。着力打造“红色物业”，开展“金牌红色物业”评选活动。推进城市社区“共治、共建、共管、共享”，使物业服务管理与社区治理融合协调发展，改善社区居住环境，建立健全城市社区治理制度机制。

（二）地方政策法规体系日趋完善，信用体系建设提速

1. 适应国家政策法规的修订调整，不断完善本地物业管理政策法规体系，形成了地方性法规为核心，地方政府规章、规范性文件等为支撑的本地法律框架，为物业管理活动的开展提供了有效的引导、监督和保障。先后制定修订了《石家庄市物业管理条例》《石家庄市住宅室内装饰装修管理办法》《石家庄市房屋安全管理办法》《石家庄市物业招投标管理办法》《石家庄市物业管理专家规定》《石家庄市住房和城乡建设局关于取消石家庄市物业服务企业三级及三级（暂定）资质认定的通知》《石家庄市物业服务收费管理实施办法》《石家庄市住房和城乡建设局、石家庄市发展和改革委员会关于市区住宅区前期物业服务等级和收费标准确定及调整程序的通知》等。同时，正在积极制定《石家庄市物业服务企业信用信息管理办法》，加速推进信用体系建设，建立物业服务企业、企业及项目负责人守信激励和失信惩戒制度。这些在不同阶段出台的政策法规，符合石家庄市的实际情况，工作措施具备良好的可行性，较好地保障了石家庄市物业管理

活动规范有序运行。

2. 建立物业服务费社平工资联动机制。为健全价格动态调整机制，解决物业管理行业调价难的痛点，2017 年修订的《石家庄市物业服务收费管理实施办法》，在全国范围内率先建立了物业服务费与社会平均工资水平联动的调价机制。

该机制以 2014 年市区社会平均工资（市统计部门公布的年度市区居民服务和其他服务业在岗职工平均工资）和当期等级基准价为基期标准，当年度社会平均工资与基期相比变动幅度达到 56% 及以上时，启动联动机制。社会平均工资变动幅度与等级基准价最高按 1：0.8 比例同方向联动，同时作为下一次联动的基期标准。

当社会平均工资变动幅度达到联动启动点时，由物业管理行业协会向市房地产行政主管部门和价格主管部门提出启动联动机制建议，经市政府批准后将联动结果向社会公布。

物业服务费与社平工资联动机制，将有利于推动物业服务费价格体系的重构。为物业管理行业提升服务品质、提高业主生活品质、建设幸福宜居社区，打下扎实的基础。

3. 按照《石家庄市物业管理条例》的规定，新规划建设的商品住宅项目，应当按照不低于开发建设住宅总建筑面积 3‰的比例配建物业管理用房。按照 4‰的比例配建物业经营用房，用于折抵物业服务费和弥补专项维修资金不足。在对项目进行的调查中发现，《物业管理条例》出台前建设的住宅小区，有的没有物业管理用房，部分 2010 年之前的住宅小区，物业管理用房面积占比偏小。2010 年之后样本项目，物业管理用房配建比例和建设标准基本达到规定的要求。物业经营用房的配建基本能够按照规划完成，但是移交业主或物业服务企业开展经营的比例偏低。

（三）物业管理行业成为经济社会民生建设的重要组成部分

1. 物业管理行业作为劳动密集型行业，从业人员的持续增长为社会创造了大量的就业机会。近 5 年以来，石家庄市物业从业人员超过 10.5 万人，增长 61.5%。为下岗失业、二次就业、进城务工等人员提供了大量的就业岗位，帮助政府和社会有效缓解了就业压力，为落实国家“稳就业”要求，维护社会稳定作出了突出贡献。

2. 承担大量社区公共事务，保障业主的幸福感、获得感。物业服务企业服务于接触广大人民群众的第一线，承担了大量社区公共事务和社会责任。全面配合做好文明城市创建工作、推进社区文明养犬、开展社区小广告清理整治、配合政府深化“扫黑除恶”专项斗争、整治拆除违建、清理电动车违规充电等事关群众生活的工作和任务，与经济发展及民生改善同频共振，润物无声地改变着社区居民生活品质。

3. 物业服务模式不断创新转变，提质升级。大量新理念、新设备、新技术在物业项目当中出现和应用，带来了新的服务内容、服务模式、经营管理模式。物业管理行业作为互联网新经济的重要节点，服务于庞大的业主群体，各类资源富集，持续受到社会和市场的关注，行业资本运作、物业服务企业上市、前后一公里等各种创新理念和模式不断出现，消费扶贫、社区扶贫、养老等社会公益事业日益成为更多物业服务企业承担社会责任的有效方式。但是，仍然存在大量物业服务企业管理模式转型升级速度较慢，对行业创新升级的发展趋势反应不敏感，中小物业服务企业较为突出；与部分先行企业依托互联网、信息化、标准化、服务创新等实现品质品牌升级、经营管理创新的情况共存。

（四）积极推进老旧小区整治工作

为进一步提升老旧小区面貌和管理水平，石家庄市连续多年开展了老旧小区整治和管理工作。石家庄市主城区共有 2000 年以前建设的老旧小区 1880 个，面积 3800 万平方米，平均每个老旧小区 2.02 万平方米，实施市场化物业管理难度较大。

2018 年，老旧小区整治工作作为中共省委、省政府、市委、市政府关注的重点工作和“利民惠民”十件实事之一，确定了三年（2018 ～ 2020 年）整治目标和整治计划，三年完成主城区 891 个老旧小区整治任务，其中，2018 年完成整治任务的 20%、2019 年累计完成至 70%、2020 年全部完成整治任务。2018 年已完成改造老旧小区 275 个，改造面积 8711231.81 平方米。

目前老旧小区管理存在一些普遍问题，需要较长的时间进行引导和改善。包括：（1）小区设施设备陈旧，硬件基础水平较低；（2）人员成分复杂，低收入人群占比大；（3）服务费用收取困难，居民花钱购买服务的意识淡薄；（4）多数没有住宅专项维修资金；（5）违法违规行为普遍，处置困难。私搭乱建、占用消防通道、违规装修、违规住改商、机动车乱停放等情况比较普遍；（6）政府补贴撤出后，收费率波动较大，影响物业管理延续性。

（五）举办“石家庄大讲堂”公益培训，培育骨干队伍，促进规范服务

石家庄市物业服务企业超过 1600 家，从业人员 10 万余人，很多从业人员专业知识和技能有限，又没有机会接受高水平的培训，而服务行业对人员的素质和服务能力又有较高的要求。石家庄市物业管理行业协会从 2014 年开始举办“石家庄物业大讲堂”公益培训，迄今共举办 21 期。协会广泛吸纳全国一流物业服务企业参与公益培训，先后引进戴德梁行、绿城等名企专家，邀请到住房和城乡建设部陈伟同志以及绿城物业服务集团杨掌法等全国物业管理行业顶级专家亲临主讲，先后有来自 600 多家物业服务企业的 10600 多人次参加了培训，受益企业和人员不断增长，对行业骨干队伍建设和从业人员技能实现了有体系的提升和改善。相关经验受到市建设工会肯定，上报中华全国总工会。

三、石家庄市物业管理行业发展存在的一些问题

当前石家庄市物业管理行业发展面临的困难和问题突出反映在以下几个方面：

（一）资质取消后，监管上容易出现脱节，信用管理等机制需尽快形成有效替代

物业服务企业资质取消，降低了行业进入门槛，但同时加剧了行业竞争，有利于提高物业服务市场活力，但增加了主管部门监管难度。

1. 新增企业监管上容易出现脱节。资质取消后，在石家庄市物业主管部门备案的新增物业服务企业 177 家。但是由于工商管理部门的企业登记信息尚不能实现共享，导致物业主管部门不能及时掌握新增物业服务企业实际数量、信息、经营管理状态，容易出现监管上的空白和脱节，也造成部分新成立的企业未能纳入物业主管部门的统计和有效监管之中。需要政府部门间加强协调，尽快实现物业服务企业登记信息联网和推送，以提升监管的及时性和有效性。

2. 部分企业尤其是个别新注册的物业服务企业存在专业能力不足，管理水平较低，服务品质和标准不能按照合同约定落实，甚至出现违法违规行为的现象。综合 12345 市长热线、主管部门和市物协受理的投诉统计，资质管理取消后，呈现出部分管理项目业主投诉率升高的趋势。亟需主管部门和行业协会加以规范和引导，制定和实施科学的行业服务导则、服务标准、信用评价体系等新机制。争取实现全市服务整体水平下限不下降，上线稳定提升，以品质求发展的良性循环。

（二）从业人员流动性较大，高素质人才紧缺

物业管理行业从业人员社会地位近年有所提升，但是基层员工仍然存在工资待遇低，社保比例低，专业技能水平低，企业招人难，留人难等情况。由于人员流动性较大，基层员工难以得到长期稳定

的培训和提升，相应也增加了企业人员培训和管理成本。同时，项目经理、工程维修等具有较高专业技术和综合能力要求的岗位，长期面临人才紧缺的情况。而没有高素质的员工，就难以提供高品质的服务，更难以创新和提高行业的服务理念。物业管理行业亟需形成一个基层员工和中高端专业技术人员相结合的人才培育机制。

（三）责任边界不清，对物业管理认知多有误区，改善营商环境，正视听是全行业之重任

1. 责任边界不清，营商环境亟待改善。水、电、暖等专业部门依法应当承担的责任和义务，包括设施设备、管线维护和收费等，被媒体、业主错误认定为物业服务企业的责任。甚至在政府立法、制定政策过程中，出现将错误认识“合法化”、将水电暖等专业经营单位责任转嫁给物业服务企业的做法，物业服务企业营商环境亟待改善。

2017 年《石家庄市城市供水用水管理条例》立法过程中，二次供水管理责任等转嫁给物业服务企业，石家庄市物业管理行业协会先后 3 次上书市人大，最终出台的《石家庄市城市供水用水管理条例》接纳了行业意见，删除、修改了二次供水设施设备及管线，由物业服务企业负责维修、养护并承担安全责任等加重物业服务企业责任和义务的相关条款。2018 年，继供水之后，供电又出现类似情况。

2018 年 8 月，河北省物价局下发《关于完善转供电环节电价政策有关事项的通知》等多个文件，要求物业服务企业无偿为用户安装、更换峰谷计量表、物业销售电价以平段电价加 6 分钱封顶、电价差额全额传导等规定。政策出台前未征求物业服务企业意见，未考虑供电主体应当是供电企业的法律规定，未考虑物业服务企业承担转供电服务是有合理成本的经营行为。增加了物业服务企业的不合理负担，造成物业服务企业转供电形成的合理成本无法解决。这些规定与《价格法》《物业管理条例》规定相违背，也不符合河北省定价目录的规定，严重损害了物业服务企业的合法权益。

石家庄市物协紧急召开转供电政策研讨会，并立即整理相关数据形成《转供电成本数据统计表》。统计表在分类上，覆盖了写字楼、综合体、商务楼、工业园、商住一体等各种物业转供电项目；在成本构成上，包括了供电企业供给电价、物业服务企业运行维护、维修、损耗成本、税费、管理等成本。用事实说话，一目了然地展示物业服务企业转供电过程中的合理成本。

在此基础上，石家庄市物协起草了《关于〈河北省物价局关于完善转供电环节电价政策有关事项的通知〉中存在问题的紧急报告》，与部分企业代表携带该紧急报告、《转供电成本数据统计表》及税务票据样本等材料，赴省住建厅、省物价局汇报情况。随即河北省物价局于 8 月底，下发了冀价管〔2018〕115 号文，以实事求是的做法，取消了由物业服务企业负责安装、更换峰谷计量表、电价差额全额传导等规定，有效维护了物业服务企业的合法权益。

综上，在政府立法和制定政策过程中尚且存在类似倾向和认知偏差，可知物业管理行业营商环境亟待改善，而改变政府各部门、媒体、业主和社会各方面的认知偏差，尤其需要广大物业同仁共同努力。

2. 业主对物业管理的认知尚有较大误区。物业服务企业应当是以合同为依据提供有限服务，现在则普遍呈现泛化趋势。一方面物业服务企业自己误导业主，有的企业以“满足业主的一切需要”为口号，使业主形成了“物业什么都管”的片面认识；另一方面，只要是和小区、业主相关的工作，物业公司都有责任和义务的片面观念，在业主乃至政府部门、媒体等方方面面，形成了一种普遍共识。这种认知上的偏差，造成了业主不满意、物业服务企业委屈，导致了大量矛盾和投诉，伤害了物业管理行业的社会形象。

在调查过程中，我们认为，在上述两个方面，依法依约，加强正向宣传和引导，利用 5 ～ 10 年的周期，有计划地面向社会，纠偏见，正视听，树

形象，改善物业服务企业营商环境，引导社会和业主对物业管理行业、企业逐步形成正向认知，事关物业管理行业未来健康成长，是全行业共同之重任。

（四）物业管理市场化竞争尚未真正形成，物业项目招标投标受建设单位影响深重

住宅物业强制招标投标已经施行 16 年，石家庄市 2018 年公开招标投标的住宅项目达到 81 个。但是，建设单位依然主导着物业服务企业的选聘权，难以实现真正的市场化。

1. 随着房地产行业发展趋势转变，出现了部分开发企业基于各种原因，试图改变既有招标结果，意图“收回”物业服务企业在管项目的问题。

2. 甚至有的建设单位在业主入住多年之后，依然越权选聘解聘物业服务企业，严重干扰了物业服务企业的正常运营，损害了业主的合法权益。

为缓解上述问题，在修改《石家庄市物业管理招投标管理办法》过程中，石家庄市物协针对前期物业服务企业撤出的项目，由建设单位选聘新物业的规定，提出修改为“建设单位应征求专有部分占建筑物总面积过半数的业主且占总人数过半数的业主同意后，另行选聘物业服务企业”的意见。从政策角度，以合法合规的形式，逐步扭转固有开发商一家独大的现象，为物业服务企业权益提供法律支撑。

（五）住宅专项维修资金使用率低，程序繁琐

1.“双三分之二”征求业主意见周期长，部分业主参与积极性不高，如屋面漏水等只涉及部分业主的维修资金使用项目，争取法定多数的业主同意较为困难。

2. 维修资金支取使用周期较长，程序较为繁琐，所需要件较多，影响了维修资金的及时支取和使用。

3. 2018 年，本地维修资金主管部门拟通过立法建立维修审价机制、电梯和消防维修需事先到质监部门办理检测报告等规定，给维修资金使用设置前置条件和新要件。石家庄市物业管理行业协会以住房城乡建设部维修资金管理办法的相关规定为依据，明确反对超出法定条件新设程序和要件，强调维修资金使用应当遵循方便快捷、公开透明等原则，以利充分发挥维修资金的作用，阻止了上述规定出台。

（六）业主违法违规行为处罚力度不够，违法成本过低，需建立执法进社区长效机制

住宅小区内的私搭乱建、私拉电线、宠物扰民、侵占绿地等违法违规行为，时有发生。物业服务企业依法制止、劝阻、报告有关主管部门，得不到重视，执法不进社区或者推诿扯皮现象仍然存在。

四、石家庄市物业管理行业发展与展望

（一）优化政府职能，理顺监管机制，加强事中事后监管

积极探索新形势下物业管理工作思路，出台石家庄市物业服务企业、从业人员诚信机制和企业信用等级评定办法，加强对物业服务企业事中事后监管，进一步规范物业服务企业的服务行为，为物业管理行业营造良好的市场秩序和经营管理环境。

（二）健全社区管理工作机制

明确各政府部门职责，落实综合执法进社区，打通社区公共秩序管理最后一公里。有效遏制小区私搭乱建、私拉电线、电动车违规充电、拆改承重结构、消防通道管理、住改商、宠物扰民等现象。

（三）加强政府各部门间协调，改善营商环境

目前在政府各项工作当中，存在物业服务企业责任泛化的趋势。一方面属地街道办、居委会、派出所等机构，大量工作委派物业服务企业执行，出人出钱出物资。另一方面，政府各部门之间缺乏协调，一些部门并不了解物业服务企业的责任和义务，

凡是涉及社区的事务，在制定政策过程中一律交由物业服务企业完成，甚至追责。类似现象，需要各部门加强协调，在制定政策过程中，按照国务院办公厅《关于在制定行政法规规章行政规范性文件过程中充分听取企业和行业协会商会意见的通知》要求，事先征求物业行政主管部门、行业协会意见，减轻企业不合理负担，改善营商环境。

（四）倡导诚信服务，力促品质提升

石家庄市物业管理行业协会通过加强诚信和品质监督委员会、设施设备管理委员会工作，切实开展行业自律，反对不正当竞争，以新收费办法出台为契机，推进诚信建设，加强设施设备管理，提升服务标准和品质等重点任务。

（五）加强舆论宣传，促进企业品牌建设，树立行业形象，为行业发展营造良好环境

不断完善和提升以石家庄物业管理网、石家庄物业管理公众号、《石家庄物业管理》杂志为基础的“3 ＋”平台体系，传播正能量，为行业发展服务，展示宣传企业形象，加强品牌企业培育，强化从业人员队伍建设，强化服务品质监管，深化诚信企业建设，提高业主满意度，创新经营管理模式。加强与媒体合作，合理引导舆论，化解负面新闻，为物业管理行业发声，争取良好发展环境，维护行业形象。

内蒙古自治区物业管理行业发展报告

内蒙古自治区物业管理协会

一、内蒙古自治区物业管理行业发展概况

截至 2018 年年底，内蒙古自治区共有备案可查询的物业服务企业 4758 家，其中年营业收入 5000 万元以上的有 22 家；物业管理总面积 58466.217 万平方米，其中住宅物业面积 52550.2258 万平方米；住宅小区项目 14048 个，成立业主委员会 5938 个；物业经营总收入 60.6981 亿元 / 年，其中主营业务收入 54.8453 亿元 / 年，从业人员数量 154008 人，专科以上人员数量 33127 人；住宅专项维修资金交存总额 112.92 亿元，使用 14.7 亿元，使用率约为 13.02%。

与 2017 年相比，备案物业服务企业数量增长 871 家，其中年营业收入 5000 万元以上的企业增加 5 家；物业管理总面积和住宅小区项目基本持平，成立业主委员会个数增长 526 个；物业经营总收入略有小幅增长，从业人员数量略有下降。

二、推进行业发展采取的主要措施

（一）不断完善行业制度建设

内蒙古自治区政府高度重视物业管理工作，先后印发了《内蒙古自治区人民政府关于加强物业管理促进物业服务业发展的意见》《关于进一步加强内蒙古自治区物业纠纷人民调解工作的实施意见》《内蒙古自治区物业服务企业行为准则》《关于建立物业接访日制度推进物业管理服务工作规范发展的通知》《关于加快推进组建业主委员会工作的通知》，出台了内蒙古自治区《居住物业管理服务标准》《商业物业管理服务标准》《办公楼物业管理服务标准》《医院物业管理服务标准》四个标准，并于 2018 年重新修订了《内蒙古自治区物业管理条例》。

法律法规、规章制度的出台规范了物业服务企业的行为，提升了物业服务质量，化解了企业和业主之间的矛盾纠纷，为内蒙古自治区物业管理行业的健康稳定发展提供了有力的制度保障。

（二）积极开展行业专项活动年工作

大力开展行业专项活动年工作，建立科学合理的工作目标，制定推进和提升物业服务质量的工作内容，以督查和考核为手段，全面提升内蒙古自治区物业服务水平。2012 年全区物业管理活动年的实施，增强了物业服务企业服务意识，引导了业主依法维权，加强了物业管理主管部门的监管力度，大力推动了老旧住宅小区整治改造工作，有效促进了物业管理行业健康有序发展。自 2015 年起，开始为期三年的“物业管理服务规范年”活动（2015—2017 年），规范了物业服务市场各方主体行为，全面推行物业服务招投标工作，建立健全物业管理工作体系，加强业主委员会建设，强化了老旧小区的综合整治改造，住宅小区环境明显改善，物业服务满意度明显上升。2018 年内蒙古自治区政府决定再用 3 年时间组织开展“物业管理服务质量提升年”活动，提升政府及相关部门监管能力，强化并提升物业项目综合服务功能，提升物业服务企业服务能力，进一步促进物业管理行业发展。

（三）加强老旧小区改造，提高物业管理覆盖面

内蒙古自治区将老旧小区改造作为民生工程列入重要议事日程，坚持政府主导、多措并举，把老旧小区改造资金列入政府年度预算，采取与既有建筑节能改造相结合等措施，通过维护结构保温、室内外管网改造、小区道路硬化、环境整治、绿化亮化、设施配套进行综合改造。截至 2018 年年底，全区共累计完成老旧小区整治改造（包括单体楼）6863 个、10212 万平方米，投入改造资金 187 亿元。对整治改造后的老旧住宅小区，推行市场化的物业管理或推行准物业管理。目前，全区老旧小区物业服务覆盖率达到 76% 以上，有效改善了老旧小区人居环境。

（四）举办全区物业管理服务技能大赛

从 2014 年开始每两年举办一次全区物业管理服务技能大赛，通过客户服务、工程维修、秩序维护、家居保洁四项内容的比赛，充分展现了全区物业管理行业从业人员的良好职业素养和精神风貌，促进了物业管理行业健康发展。

（五）建立健全物业纠纷调解机制

针对业主与物业服务企业之间的矛盾纠纷，各地积极建立居民委员会、业主委员会、公安派出所、物业主管部门等多方联动的调处机制。有些地区还设立了物业调解委员会、房产物业人民法庭等机构，专门负责调解物业管理纠纷，做到“小事不出社区、大事不出街道，疑难复杂纠纷不出市区”。同时，还建立了全区物业管理主管部门负责同志定期到住宅小区接访机制，变上访为下访，积极解决物业服务领域的疑难问题。截至目前，全区共受理物业纠纷 2000 余件，接待电话咨询近万次，接待群众来访 300 余人次，全部办结或转交相关部门解决。

（六）开展全区物业管理创优达标活动

每年内蒙古自治区住建厅组织相关专家对全区申报的物业管理创优达标项目按照标准和评分细则进行实地验收，对验收合格的项目进行通报表彰。通过开展全区物业管理创优达标活动，充分发挥物业服务企业典型示范引领作用，逐步带动提高全区物业服务质量和管理水平。

（七）加强培训交流学习

一是对内蒙古自治区《居住物业管理服务标准》等四项地方物业管理服务标准进行集中短期培训，全区近 3000 名物业从业人员参加了培训；二是内蒙古自治区住建厅与自治区党委组织部、人社厅联合在北京大学举办了自治区服务业“千人培训工程”物业服务企业人才培训班，全区 70 名物业服务企业管理负责人参加了培训；三是开展《内蒙古自治区物业管理条例》普法宣贯培训，自治区物业管理协会组织编写了《内蒙古自治区物业管理条例 100 问》作为培训教材，培训对象主要为各级物业行政主管部门，街道办事处、物业服务企业、社区居委会等单位部门物业相关工作人员，累计培训 3000 余人；四是承办由中国物业管理协会主办的全区物业管理行业公益大讲堂，邀请全国物业管理行业的专家和资深从业者，分别从建设美好生活、物业管理责任边界、企业核心运营能力打造及社区赋能等方面进行了精彩的分享和交流；五是开展会员单位之间的参观学习活动，主要学习企业文化、企业管理模式、项目管理服务标准以及经营理念等，同时对管理经验和服务技巧进行互动交流，取长补短，通过学习提高了认识，增进了感情，增强了行业凝聚力。

三、存在的问题

（一）政策制度贯彻执行方面

相关政策制度贯彻执行尚需加强，《内蒙古自治区人民政府关于加强物业管理促进物业服务业发

展的意见》中对物业服务企业的财政补贴、税收扶持、培训教育补贴、创优达标补贴部分盟市尚未落实，《内蒙古自治区物业管理条例》中建立联席会议制度、业委会的成立监督、加强行业自律等条款还需进一步落地。

（二）部门履职能力方面

部分盟市物业主管部门对物业管理工作的重要性认识不够、人手不足、投入不大，管理责任落实不到位。物业服务企业资质审批取消后，一些地区对物业管理感到没有抓手，工作的主动性不强，创新能力不足，监管力度有所弱化。

由于规划、价格、财政、生态环境、城市管理、公安、民政、卫生、市场监督管理、消防、自然资源、人民防空等部门，以及苏木乡镇人民政府、街道办事处、嘎查村民委员会、居民委员会等单位对《内蒙古自治区物业管理条例》中规定的相关监督管理工作执行力度不够，滋生了部分行业乱象，引发了矛盾纠纷。部分供水、供电、供热、供气、通信、有线电视等专营单位未按照《内蒙古自治区物业管理条例》规定履行其维修、保养、更新义务，加重了物业服务企业负担。

（三）物业管理市场机制方面

一是招投标管理机制不健全，政府采购招标和评价专家管理处于行业监管之外，造成随意设置招标条件、评分标准和外行评标的现象；二是承接查验管理机制有待进一步完善；三是还需进一步加强企业规范退出项目管理行为，减少影响行业声誉现象的发生。

（四）物业服务企业服务能力方面

一是服务能力较强的企业较少，因放宽企业准入门槛，物业服务企业数量增长较快，多数新注册成立的企业缺少专业的物业管理人才和管理服务意识，导致物业服务能力较低；二是未树立正确的服务观念，部分企业只注重经济利益，不注重服务品牌，降低服务标准，减少服务人员数量，导致业主不满、拒缴物业服务费，进入恶性循环；三是法律和安全意识薄弱，存在不签订物业服务合同或合同到期继续服务、不履行承接查验或项目退出手续、不制订火灾、电梯故障等各种应急预案或安防措施的行为。

（五）业主方面

一是个别业主不愿参与小区管理，维权意识较差；二是未形成花钱购买服务的消费理念；三是业委会筹备、选举、运行缺乏有效指导，程序不规范；四是存在业委会成立后不作为或乱作为，甚至以权谋私，降低服务价格，解聘物业服务公司，要求减免物业费等乱象。

（六）行业协会服务方面

一是内蒙古自治区物业管理行业协会受经费限制，人手不足、人才匮乏，在履行服务政府和服务企业，发挥桥梁纽带作用方面显得力量薄弱；二是行业自律工作方面缺乏相应的管理制约措施；三是未发挥好整合各方资源的优势，创新服务方式，增强服务能力。

（七）其他方面

一是部分开发建设单位成立的物业服务企业直接履行开发企业的维修保养义务，给业主或物业使用人造成物业服务企业就应履行房屋质量维保义务的错误认识；二是物业服务企业为了接管项目，将供水、供电、供热等专营服务单位应履行的维保责任划入自己的职责范围之内，给业主造成了供水、供电、供热等设施设备的维保责任也属于物业公司的错误认识；三是部分舆论对物业服务纠纷进行了不客观的报道，错误地引导了广大消费者的认识，给物业管理行业带来一定的社会负面影响。

四、未来行业发展的对策和思路

（一）加强党建引领行业发展

深入学习贯彻习近平新时代中国特色社会主义

思想，弘扬红色文化，健全物业管理行业党组织和基层物业服务监督制度，充分发挥党组织的领导核心作用和党员的模范带头作用，把党建工作融入日常的物业管理服务工作中，把物业服务企业打造成党组织联系服务群众的重要平台，引领行业高质量发展。

（二）进一步完善相关配套制度

按照新修订的《内蒙古自治区物业管理条例》，制订出台内蒙古自治区相关配套政策制度，明确划分物业管理区域，规范物业服务合同行为，规范业主大会和业主委员会的履职行为，规范物业服务项目招投标、承接查验、退出行为，强化行业自律，为解决行业热点难点问题提供法律依据，进一步推动行业健康快速发展。

（三）加快推进行业诚信体系的建设

尽快建立全区统一的监管和诚信一体化平台，制订全区物业服务企业综合信用评价办法，开展物业服务企业综合信用评价、诚信典型选树、联合奖惩、信用培训宣传、信用修复、失信治理等工作，探索建立物业服务项目经理信用评价机制，探索推进物业管理行业产业链上下游相关主体信用建设工作，构建以信用为核心的新型市场监管体系。

（四）加强物业服务区域内的安全防范工作

加强物业服务区域内房屋使用安全防范、消防安全防范、电梯安全防范、恶劣天气安全防范、二次供水安全管理、共用设施设备、共用部位安全防范以及装饰装修和建筑物高空安全防范，针对各项突发事件要制订应急防范预案。同时强化宣传，普及物业安全法律法规知识，强化居民安全意识，提高物业服务人员的安全素质，切实做到物业安全防范知识家喻户晓，遏制物业服务区域内各类安全事故的发生，保障人民群众生命财产安全。

（五）建立行业人才培养机制

加强行业人力资源需求的动态监测，摸清行业用工类型缺口和人才需求情况，建立高校、企业、人力资源输出机构、相关培训学校合作机制。逐步培养行业管理高端人才，解决企业人才需求；培训城镇4050名失业人员、复转军人、进城务工农牧民，填补行业保洁、保安用工缺口，满足社会就业需求。

（六）引导企业兼并重组转型升级

鼓励和引导物业服务企业通过加盟、兼并、重组等方式，加大市场资源整合力度，推行规模集约经营。对企业兼并、重组中涉及的物业项目移交、物业费托管资金划转、物业服务合同重签等事项，给予支持配合，帮助企业协调解决实际困难，促进企业资源快速、有序整合。

（七）引导物业管理服务向标准化、精细化、智能科技化发展

进一步加强内蒙古自治区《居住物业服务标准》等四个标准的推行落实，同时引进高端物业服务企业标准化管理服务流程，开展本地物业服务企业培训学习；鼓励企业用心服务，通过自身摸索开展精细化服务，赢得业主和社会认可好评；有条件的物业服务企业可以引进智能设备，应用现在科技手段，提升服务质量。对通过标准化、精细化、智能科技化手段提高服务质量，助推行业高质量发展的企业，将在今后的企业综合信用评价中给予加分。

（八）引导企业开展多种经营和拓展服务

物业管理行业作为与广大业主联系最为紧密的行业之一，在开展多种经营方面具有独特的优势。物业服务企业要利用互联网技术、企业媒体宣传平台、人力资源优势，开动脑筋，在社区家政、社区养老、居民消费或其他特定服务领域创新发展，开辟一条多种经营之路，增加企业盈利能力，助推企业快速发展。

辽宁省物业管理行业发展报告

辽宁省房地产行业协会物业管理专业委员会

一、辽宁省物业管理行业发展概况

截至2018年12月份，辽宁全省范围内工商注册可查询物业服务企业4123家（含外埠分公司），比2017年同期新增物业服务企业317家。

全省物业覆盖率达到27.3%，物业管理面积11.3亿平方米，其中：住宅物业管理面积90377万平方米；非住宅公建物业管理项目22623万平方米。

2018年前四季度，辽宁省规模以上营利性物业服务营业收入总计127.9亿元，同比增长5.1%，比2017年同期提升7.6个百分点。

全省住宅小区项目10973个，从业人数达到27.1万人，比2017年同期增加2.7万人。

全省物业管理行业营业收入连续3年稳定增长，带动其他营利性服务业营业收入增速提升。

辽宁全省物业管理行业发展总体平稳，但也存在一些问题：

第一，住宅物业体量最大，但营业收入同比增速低于其他营利性服务业总体增速；

第二，科学技术运用增速较高，但行业使用体量和投入比相对较小，对行业总体营业收入拉动作用有限。

总之，全省物业服务结构亟须改善，需大力进行体制建设和推动科技技术服务等新兴服务业发展。

二、辽宁省物业管理行业发展建设成果

（一）中共辽宁省委、省政府越来越重视物业管理行业的发展

2018年4月27日，辽宁省政府新闻办召开新闻发布会，根据中共辽宁省委、省政府的工作要求，从4月起至12月在全省范围内开展“物业服务质量提升年”行动。这在辽宁尚属首次，说明物业管理行业逐渐走入社会民生的更高层次，在和谐社会、人文社会的创建中，起到了至关重要的作用。

为了贯彻中共辽宁省委、省政府关于“物业服务质量提升年”的工作部署，辽宁省房协物业管理协会于5月8日举办物业管理电梯知识、消防知识及相关物业法律法规政策解读、宣讲方面的大型（公益）培训会。300余人到场聆听讲座并得到业界人士和辽宁省住房和城乡建设厅相关领导一致好评。

新版《辽宁省物业管理条例》的正式颁布和实施，为全省物业管理行业提供了坚实可靠的法规依据。辽宁省物业管理行业抓住此次条例修改契机，就新版条例的修订条款，进行集中学习、座谈，率先为物业服务企业提供权威、专业的政策解读。

（二）辽宁地区行物业管理行业政法规体系日益完善

以国务院修订的《物业管理条例》为基础，结合辽宁省本地的物业管理行业实情，制定出更适合

辽宁省物业管理的地方性政策法规，搭建科学合理的行政法规体系，为全省物业管理活动的正常开展提供了有效的引导、监管和保障提升。先后草拟了《辽宁省物业管理行业协会专家库管理办法》《辽宁省物业管理等级标准》《辽宁省物业服务评审细则（住宅、大厦、项目经理）》《辽宁省物业管理行业信用评估办法（征求意见稿）》等指导性很强的行业文件。为规范行业发展、建设和谐人居打下了坚实的基础。把物业服务工作推上了良性发展的轨道，更好地保障了辽宁地区物业管理行业的有序运行。

（三）正视辽宁地区物业发展瓶颈，以党建引领，促进行业实现质变

发挥基层党支部的战斗堡垒作用，坚持党对物业管理行业各项工作的领导，把党建工作放在全部工作的首位。以党员骨干为主，组成行业领导核心。完善工作会议形式，充分发挥集体智慧，民主议事，共同参与行业规则的制订和实施。

突出党支部的指导职能，牢固树立“四个意识”，把握正确的政治导向，确保党的路线、方针、政策的贯彻执行，从而引领各物业服务企业改进作风，提升服务水平，做好思想政治工作，把“红色基因”注入省内物业服务企业日常的管理工作当中。

（四）应对新形式、新变化，积极推物业管理行业技能、新政公益培训，发挥资源优势，对接行内需求，践行物业管理行业发展宗旨

辽宁省物业管理行业积极履行本地社会责任，在“三城连创”工作中，组织行业企业以座谈会、动员会等多种方式，响应政府号召，投入巨大的人力、物力，保证辖区达标，为城市面貌的根本性改变发挥了重要的作用。

（五）以中国物业管理协会组织的各项活动为契机，进不同区域的业内交流，积极构建沟通平台

中国物业管理协会作为行业的领军者，洞悉行业发展思路，引领行业发展方向。每年组织的各种活动针对性强，直指行业发展前沿。辽宁省地区物业管理行业从中吸取到很多最新的资讯，通过不断地吸收、转化，确定了本地区物业发展的正确方向。

通过参加国际物业管理产业博览会、高峰论坛会、工作交流座谈会等活动，增进了与其他地区物业管理行业的联络。从其他兄弟省份身上学习、借鉴优秀的管理模式和发展经验，对最新的前沿科技有了清晰明确的认识。

（六）通过大品牌物业服务企业的带动，探索跨界整合发展模式，促进辽宁地区物业管理行业转型升级

随着万科物业、绿城服务、碧桂园服务、中海物业、恒大金碧物业、金地物业、龙湖智慧服务等全国知名物业服务企业进入辽宁地区，带来了成熟的品牌管理经验，助推辽宁物业管理行业综合实力不断攀升，市场不断地被科学化的细分、重构。管理理念和服务意识的融入，为辽宁省地区物业管理行业积累了丰富的人才资源。实现了辽宁省地区物业管理的多元化发展，形成行业合力，体现出强大的规模效应，从本质上促进了辽宁地区物业管理行业的转型升级。

（七）通过举办高峰论坛、技能大赛、公益讲堂、理论培训等形式多样的活动，提升全省物业管理行业服务品质

2017 年 9 月 12 日，由辽宁省物业管理行业协会、雅生活集团主办的“科技助力辽宁物业升级暨智慧物业发展高峰论坛”在辽宁友谊宾馆隆重举行。来自全国各地的物业管理知名人士、各兄弟协会代表团、辽宁地区物业服务企业同仁 500 余人齐聚沈城，共同为发挥社会力量，提升行业管理和公共服务水平，破解行业发展的“难点”，解决业主需求的“痛点”，加强辽宁物业管理行业的同业交流与异业交流，共同助力辽宁物业管理行业的升级，推进辽宁物业管理行业的智慧发展献计献策。

随后举办的辽宁首届团膳大赛，是辽宁地区迄今为止规模最大的物业餐饮服务盛会。来自全省各地的 300 支参赛队伍，通过层层选拔，最终 50 支代表队进入总决赛。本次大赛总决赛聘请到了刘敬贤、李春林等辽菜大师为评委，奖项含金量非常高，分冷拼、热菜、快餐、餐服等 7 个小项进行激烈角逐。最终品选出 10 支优秀的代表队授牌，有力地推动了全省物业管理行业后勤餐饮管理的品质，体现了物业服务的专业价值和工匠精神。

仅 2018 年，辽宁省房协物业管理专业委员会举办高峰论坛会 3 场、大型的公益培训会 11 场、交流座谈会 23 场、参观交流互动 9 场，培训物业从业人员 7000 余人次。各企业均表示获益良多，对辽宁物业管理行业的队伍建设和从业人员的技能提升有着强力的推动作用。

三、辽宁省物业管理行业发展还存在着诸多问题

受地域环境偏北、起步时间晚等因素的制约，辽宁省物业管理的发展还面临着许多问题，具体体现在以下几个方面：

（一）后资质时代，相关评估、管理制度与快速膨胀的市场竞争相比未能及时跟进

伴随着 2017 年物业服务资质的取消，虽然有利于市场的公平竞争和为企业营造宽松的经济氛围，但也相应地降级了行业的准入门槛，导致大量社会资本涌入物业管理行业。据统计，2017 年取消资质后，辽宁省地区新增物业服务企业 329 家，使原本即将饱和的辽宁省物业管理行业再次受到冲击。有些企业专业能力不足，从业人员技术水平、管理水平低，业主反应强烈，物业矛盾呈上升趋势，亟需主管部门和物业协会加强规范引导和评估管控，尽快制定、实施地方性行业准则、服务准则和信用评估等新体系。

（二）省内物业服务企业普遍规模偏小，区域发展不平衡

截至目前，辽宁省内物业服务企业有 4123 家，主体的大型物业服务企业几乎都是东南沿海发达地区的物业公司，本地企业规模普遍偏小，物业市场份额偏低，未能形成规模化、产业化的发展模式。

在全省 14 个城市中，除沈阳、大连两市物业引入较早外，其他地市的物业管理行业水平发展缓慢，地方性法规、物业细则、管理制度都不健全，容易引发物业纠纷，而物业服务水平也有待进一步提高。

（三）物业管理高端人才缺乏，人才分布不均衡

随着高科技、新技术不断的应用到物业管理行业，全行业对高素质、高学历的创新型人才可谓求贤若渴。辽宁地区有限的人才资源都被大型的物业服务企业吸引，造成中小型物业服务企业管理人才匮乏，严重制约本地中小型物业服务企业的规模化发展。

（四）新技术的创新、引进及物业理论基础相对滞后

辽宁省在经济发展相对滞后的北方区域，物业管理行业的引入也较晚，再加上高端物业管理人才匮乏，很难形成成体系的管理创新和理论研究，目前都是借鉴沿海地区的物业管理经验和运行模式。对于辽宁省本地来说，还有很多不适应的地方，需要持续积累、转化和改进，以便打破物业转型升级的瓶颈，实现高速、可持续性发展。

四、辽宁省物业管理行业发展的方向

（一）以新时期党的思想理论武装头脑，努力提升协会党建工作，再上新台阶、实现新突破

辽宁省地区物业管理行业将以科学发展观为指导，深入贯彻落实党的十九大精神，以建设“红色

物业”“红色小区”为主线、紧紧围绕为民服务这一中心抓党建，充分发挥基层党组织的政治核心和战斗堡垒作用。从物业管理行业的实际出发，将党建工作与物业管理工作进行有机结合，开展以“红色物业”为主题的系列活动，采取走出去、请进来的方式，组织会员单位学习“红色物业”的精神内涵和呈献方式，拉动行业品质和社会形象的总体提高。

（二）坚持理论创新推动行业发展的理念，营造行业学术研究氛围

辽宁省房协物业管理专业委员会将以物业管理知识、理论推广为主要目标，结合行业特点、发展热点、管理基点，充分发挥专家库的资源优势。其一，细化培训方向，将决策层、管理层、操作层的培训工作，分级组织、各有侧重；其二，细化培训方式，逐步实施中小班学习方式，提高培训质量；其三，与专业院校合作，以提高培训工作的专业性、专属性。

（三）在行业内树立标杆典范，营造和谐有序的社会氛围

在认真贯彻落实中共辽宁省委、省政府“物业服务质量提升年”的基础上，结合辽宁省住房和城乡建设厅“在全省范围内树立物业服务标杆项目”的指示精神。按计划按步骤、分批次组织物业服务企业到标杆项目参观学习。

（四）继续贯彻、落实、宣传《辽宁省物业管理条例》

最近几年，辽宁省地区的社会、人居环境发生巨大的改变，城市化建设日新月异，物业管理行业也越来越多地得到社会的广泛关注，物业管理领域内的纠纷和矛盾也是逐年增长。

《辽宁省物业管理条例》的出台势必会对辽宁地区物业管理行业产生巨大的影响，对物业服务企业在经营服务中的细节作出具体的法规约束。辽宁省物业管理行业将组织专家对《辽宁省物业管理条例》进行细致的梳理和权威的解读，与业主共享改革红利，减少物业摩擦。

（五）做好辽宁地区物业管理行业的舆论宣传工作，激发行业活力

发挥媒体的舆论导向作用，深挖物业管理行业内在精神品质和行业精神。广泛宣传物业服务企业的优秀事迹和管理创新，增加广大从业人员的归属感和行业自豪感。

（六）推进辽宁地区物业管理行业内的诚信自律建设

辽宁省物业管理行业将瞄准先进物业管理体系，建立、完善第三方信用评估标准。尝试开展物业服务企业信用等级评价工作，从而全面提高辽宁地区物业服务企业和从业人员的道德品质和技术素养，营造和谐、美好的物业服务氛围和社会风气。

沈阳市物业管理行业发展报告

沈阳市物业管理协会

一、沈阳市物业管理行业发展概况

沈阳市共有物业服务企业 1030 家，经营总收入 43.45 亿元，其中主营业务收入 25.9 亿元，从业人员 11.2 万人；物业管理面积 2.56 亿平方米，其中住宅 1.79 亿平方米；在管物业小区项目 4470 个，成立业主委员会数量 996 个，年营业收入 5000 万以上的 16 家。

二、沈阳市物业管理协会主要工作

（一）努力在沈阳市“创城”攻坚战中当先锋、做表率

“创建国家卫生城”是 2018 年中共沈阳市委、市政府的中心工作，物业管理行业在这场攻坚战中义不容辞地当先锋、做表率。沈阳市物业管理协会密切配合政府部门组织专业人员参与“创城”的检查考核工作，同时量化考核结果，使之作为评价物业服务企业的参考依据。在此基础上，隆重召开“创卫最美物业人颁奖庆典”，宣传表彰在“创城”活动中涌现的先进企业、先进人物。

（二）着力推动行业信用体系建设，促进物业管理行业健康发展

沈阳市物业管理行业重视制度建设，先后制定《沈阳市物业管理协会行业自律管理办法》《沈阳市物业管理协会行业诚信服务公约》《沈阳市物业管理协会物业服务企业信用档案与评级管理办法（试行）》，在协会理事会上，物业服务企业共同签署《行业诚信服务公约》，通过推动行业信用体系建设，规范会员企业市场行为，自觉维护市场竞争秩序，促进物业管理行业健康发展。

（三）实行积分制管理，加强协会自身建设

为了调动会员企业参与协会建设的积极性，鼓励会员企业不断进取，不断为行业、为协会多作贡献，沈阳市物业管理协会通过积分制（奖分或扣分）的形式，对全体会员参与协会活动的综合表现进行量化考核，在协会理事晋升副会长单位，在评定行业工作中坚持积分制考核，到 2018 年底，27 个会员企业晋升为理事单位，9 个理事单位晋升为副会长单位，从而提高了全体会员参与协会建设的积极性。

（四）举办行业职业技能大赛，促进广大员工职业技能不断提升

为贯彻落实“物业服务质量提升年”行动，助力提升沈阳城市品质，5 月中旬，沈阳市物业管理协会隆重举办“‘保利杯’沈阳市物业管理行业职业技能竞赛”，共有 28 个单位 118 名选手报名参赛。经过逐级角逐，共有 12 名选手代表沈阳市物业管理协会参加了省房协举办的“职业技能竞赛”，取得佳绩；沈阳市物业管理协会有 4 名选手，在第二

届全国物业管理行业职业技能大赛中精彩亮相。

（五）开展“走进企业学标杆，推动行业促发展”活动

实施沈阳市房产局下发的《沈阳市物业服务质量提升年行动工作方案》，从6月至9月，分4批组织开展了“走进先进企业、走进优秀项目、走进和谐社区”的“三走进”活动，共有80多家会员企业的300多位公司高管、项目经理先后走进万科物业、华润物业、金地物业项目，达到了“开阔视野、交流互鉴、学习经验、补齐短板”的目的。“三走进”活动，受到业主热烈欢迎和媒体热切关注。

2019年结合中国物业管理协会“标准建设年”行动，沈阳市物业管理协会拟组织6批物业高管人员开展“走进企业学标杆，推动行业促发展”活动。目前，已先后走进万科物业、碧桂园服务两个项目，会员企业积极参加，效果空前。

（六）协办第二届国际物业管理产业博览会分论坛，荣获中国物业管理协会颁发的优秀组织奖

2018年10月中旬，受《中国物业管理》杂志社的委托，沈阳市物业管理协会协办了由中国物业管理协会主办的第二届国际物业管理产业博览会“品质清洁与高端物业”分论坛。分论坛上，陈忠杰会长代表沈阳市物协致辞，并与全国物业管理行业的专家们一起在论坛上谈经论道，发出沈阳声音。沈阳市物业管理协会组织20多家企业的主要领导亲临论坛，分享论坛成果。沈阳市物业管理协会在此次论坛荣获中国物业管理协会颁发的优秀组织奖。

（七）积极参与中国物协开展的各项活动，不断提升沈阳市物业的影响力

7月初，由中国物业管理协会主办了第七届中国物业管理行业摄影大赛暨首届微视频大赛。沈阳市物业管理协会陈忠杰会长受中国物业管理协会特邀担任评委。由沈阳市物业管理协会推荐的摄影作品《一丝不苟》和《驾驶》、微视频作品《不忘初心》获优秀作品奖。在中国物协举办的《我与改革开放共奋进》征文活动中，沈阳市物业管理协会推荐的作品《我与〈沈阳物业〉，我与改革开放共奋进》入选并发表，获得好评。

（八）市物协组建党支部，强化党建引领，积极参与精准扶贫

为了强化协会的党组织建设，沈阳市物业管理协会于2018年8月29日召开党员大会，组建起党支部，召开了专题民主生活会，学习讨论了《中国共产党支部工作条例》，建立支部党员学习、交流微信群，号召全体党员牢记党的宗旨，充分发挥先锋模范作用；坚持集中学习与网上自学相结合，认真学习习近平新时代中国特色社会主义思想；坚持“党建引领”积极参与沈阳市民政局社会组织“精准扶贫”活动，筹集扶贫资金36万元，为沈阳市贫困地区康平县高家街村建设三个现代化蔬菜大棚。签约仪式相关新闻经新华社转发，点击量超过61万人次。

（九）顺利通过4A级社会组织评定，市物协工作受到专家评委的高度评价

经过充分准备，沈阳市物业管理协会完成了申报4A级社会组织工作，2018年11月7日，沈阳市民政局社会组织管理局组织专家到沈阳市物业管理协会评估协会的工作情况，专家们在评估总结中，对沈阳市物业管理协会一年来的工作也给予高度评价，称“这是一群有心的人，在干有心的事儿”。经专家们评定，市物协被评定为4A级社会组织。

（十）沈阳市物业管理协会成立专家委员会、物业经理人委员会，规范专家队伍建设，提升物业经理人从业水平

为了规范行业专家队伍建设，提升物业经理人的从业水平，沈阳市物业管理协会成立了专家委员会、物业经理人委员会。沈阳市物业管理协会专家

委员会的105位专家，全部来自于市房产局物业专家库。为了表彰在沈阳市“创城”工作中物业管理行业涌现出的优秀群体，2018年12月中下旬，沈阳市物业管理协会组织了‘优秀住宅小区”“优秀大厦”的评比，有45位专家自荐，参加优秀项目评比活动。他们精心组织、周密安排、不计报酬、履职尽责，共评出优秀项目106个、优秀项目经理106人，包含三个收费等级、两种以上的业态，它们代表了沈阳市物业管理行业不同等级的高水平管理。

（十一）沈阳市物业管理协会履职尽责受到领导重视，为会员提供服务受到欢迎

一是沈阳市物业管理协会的工作得到政府主管部门的重视，先后参与了省、市《物业管理条例》等法规文件的修订工作。二是沈阳市物业管理协会参加沈阳市市长姜有为亲自主持召开的关于“老旧小区改造工作”的专题座谈会，建言献策得到市长的肯定。三是沈阳市物业管理协会努力为会员提供服务受到欢迎，针对“退还物业服务履约保证金”问题，经沈阳市物业管理协会与沈阳市房产局相关部门沟通，反映物业服务企业诉求，这一问题最近已得到圆满解决；针对物业服务企业缴纳的供暖费和水费，仍未执行《辽宁省物业管理条例》规定的“应当执行居民使用价格标准”，从而加大了物业服务企业成本问题，沈阳市物业管理协会致函沈阳市物价局，要求政府出面落实《辽宁省物业管理条例》的相关规定，此问题基本得到解决。四是沈阳市物业管理协会为物业服务设备供货商与会员单位牵线搭桥，提供优惠价格设备，助力提升了行业物业服务品质。五是沈阳市物业管理协会积极参与中国物业管理协会开展的系列重要活动。

（十二）隆重举办2019沈阳物业服务提升发展高峰论坛，反响强烈

2019年5月22日，由沈阳市房产局、沈阳市民政局、辽宁省房地产行业协会指导，沈阳市物业管理协会主办的“2019沈阳物业服务提升发展高峰论坛”在辽宁大厦多功能厅隆重举办。中国物业管理协会、辽宁省住建厅、沈阳市房产局、沈阳市民政局、辽宁省房地产业行业协会、辽宁省物业管理行业协会、沈阳市物业管理行业协会领导出席论坛。论坛上，沈阳市物业管理协会陈忠杰会长致欢迎词，中国物协副秘书长时树红致辞，沈阳市房产局领导刘戈同志在讲话中对市物协的工作给予厚望。来自国内物业管理行业重量级的6位嘉宾——长城物业集团股份有限公司董事长陈耀忠、保利物业发展股份有限公司党委书记黎家河、绿城服务集团行政总裁吴志华、金地物业管理集团副总经理姚平、广东碧桂园物业服务股份有限公司首席信息官袁鸿凯、龙湖智慧服务集团设施设备总工程师李伟伦分别围绕“新时代，新思维、新服务”的论题发表真知灼见，500多位与会物业同仁受益匪浅。《沈阳日报》《沈阳晚报》《沈阳地铁报》、沈阳电视台、沈阳网等多家媒体纷纷报道。

三、沈阳市物业管理行业发展存在的主要问题

（一）政府行政部门主体责任不清，难以落实

相关法规只是原则规定，有关行政管理部门应当按照各自职责，依法做好物业管理的相关工作。由于主体责任不清晰，导致物业管理行业相关政策、法规执行中阻力重重，难以落实。因此，有些文件或制度执行中，需要进一步明确政府行政部门主体责任，采取得力措施，跟踪检查，贯彻执行。

（二）业主委员会良莠不齐，作为不够

沈阳市成立业委会的园区约占1/3，由于当选条件过于宽泛，人员素质良莠不齐，加之任职前缺乏培训，依据法规和合同约定，履行监督责任作为不够，甚至假公济私，影响着物业管理行业健康发展。

（三）维修资金启动困难，酿成矛盾

启动维修基金流程繁杂，已成为多年的老大难问题。因此，造成物业公司与业主之间不必要的矛盾与冲突，同时也影响到业主的生活质量。

（四）市场监管亟待加强，防控出现恶意竞争

在部分物业服务项目中，存在恶意“低价中标”现象，违背了“质价相符”的基本原理，出现恶性循环，甚至以不正当手段竞争等扰乱市场秩序，不利于行业的健康有序发展。

四、沈阳市物业管理协会发展规划

中国物业管理协会将2019年定义为行业的“标准建设年”。沈阳市物业管理协会确定主要工作思路：以党建工作为统领，继续发挥协会服务政府，服务物业管理行业，服务会员企业作用，反映会员诉求，规范行业行为，诚信服务业主，整合行业资源，促进行业服务质量全面提升，促进社区和谐进步，以新的姿态推动物业管理行业健康可持续发展。为此，市物协将重点做好以下工作：

（一）以基层党建，促工作开展

深入学习贯彻习近平总书记系列重要讲话精神，以夯实基层党支部工作为基础，以政治建设、思想建设、责任延伸、制度落实、能力提升、工作推进为重点，充分发挥沈阳市物业管理协会党支部和企业基层党支部的战斗堡垒作用和共产党员的先锋模范作用，部署、检查、总结基层党建工作，把方向，抓队伍，树新风，强素质，促发展，为物业管理行业和谐发展提供坚强的政治保证。

（二）强化行业诚信自律建设，维护会员企业合法权益

号召会员单位要恪守《沈阳市物业管理协会行业诚信服务公约》，规范经营行为，自觉依法竞争，维护公平市场竞争秩序。积极协助政府主管部门开展信用管理体系建设，提高行业诚信管理水平，建立完善的行业自律性约束机制，对违反自律规约的，按照情节轻重，实行惩戒措施。同时，充分发挥沈阳市物业管理协会及专家委员会的作用，维护会员企业正当合法权益。

（三）深化积分制管理，促进协会健康发展

实践表明，实行积分制管理，对于充分调动会员单位积极、主动、自觉参与协会活动，为沈阳市物业管理协会工作排忧解难多作贡献，实现“多干不白干、多贡献不吃亏”，发挥着良好的促进作用。新的一年，将进步深化、细化、量化积分制管理，促进协会各项工作良性循环，促进协会健康发展。

（四）总结推广典型经验，走进企业学标杆，推动行业促发展

深入开展“走进企业学标杆，推动行业发展”活动，使“三走进”活动常态化，进一步提高行业服务水平和管理水平，促进提升沈阳城市品质。

（五）以沈阳物业服务提升发展高峰论坛为契机，推动行业发展上台阶

针对沈阳市物业管理行业发展面临的痛点和挑战，5月22日沈阳市物业管理协会举办以“新时代、新思维、新服务”为主题的“2019沈阳物业服务提升发展高峰论坛”，邀请行业主要领导、业界领军人物莅临论坛，发表真知灼见，在沈阳市物业管理行业产生强烈反响。我们将以高峰论坛的成功举办为契机，进一步推动沈阳物业管理行业发展上台阶，跟上全国行业发展的大趋势。

（六）以物业经理人委员会为抓手，搭建经理人交流平台

以物业经理人委员会为抓手，搭建经理人交流平台，发挥市物协培训基地作用，邀请业内专家开展对物业经理人培训，提高经理人专业素养；举办大讲堂、沙龙等活动，加强经理人之间的交流，分享企业管理的经验，取长补短；采取“走出去”的方法，适时开展省内外、境内外的信息交流、实地参访，促进工作。

（七）努力做好行业宣传舆论工作，扩大行业活动影响力

要进一步办好协会会刊《沈阳物业》、协会网站、微信公众号和协会微信群，加强宣传引导，及时发布行业最新政策、业界观点、案例分析，总结、推广好先进物业服务企业典型经验，讲好行业故事，传播行业声音，彰显行业价值；要加强与新闻媒体的沟通，建立行业与媒体通畅的信息沟通渠道，与主流媒体联合，建立宣传阵地，策划宣传活动，扩大行业活动的影响力。

（八）深入开展社会公益活动，自觉担当社会责任

充分利用春节、“六一”、“八一”、重阳节等节日，组织会员企业捐款捐物，为贫困地区贫困户开展送温暖活动；到沈阳市儿童福利院或贫困地区“希望小学”开展“大手拉小手”活动；到沈阳市光荣院、市养老院为老荣军和孤寡老人送上节日慰问品，开展尊老敬老活动；积极参与由沈阳市民政局组织的“精准脱贫”攻坚行动。

（九）继续发挥行业协会作用，扩大物业管理行业的社会影响力

通过各项工作的开展，彰显沈阳市物业管理协会的凝聚力、吸引力。加强与兄弟协会、物业边缘区域单位的广泛交流，资源共享，优势互补，吸引他们加入协会，扩大协会规模，更好地发挥协会的社会影响力。

大连市物业管理行业发展报告

大连市物业管理协会

一、大连市物业管理行业发展概况

据物业管理服务概况统计、物业服务企业经营状况统计，2018 年大连市物业服务企业 1002 家、企业从业人员总数 71015 人；业主委员会成立数量 2018 年底前统计 452 个；物业管理项目面积 18069 万平方米，其中住宅物业面积 16449 万平方米、非住宅物业面积 1620 万平方米。

物业管理服务业态较 2017 年略有发展，除住宅外，还有大厦、商业、医疗、金融、院校、企业、机关、交通运输等。

财务收支方面，2018 年收入总额 40.86 亿元，利润 0.95 亿元。

为把握新时期物业管理的时代特征，迎合时代发展、行业发展的新需求，2018 年大连市先后出台了多部物业管理相关法律法规及政策文件，主要有《大连市无人管理项目接管试点工作实施方案》《大连市住宅物业服务标准》《大连市居住小区物业服务质量考评办法》《关于打造“红色物业”的实施方案》《关于公布我市住宅前期物业服务收费政府指导价的通知》《大连市居住小区优化管理实施方案》《大连市物业管理行业专家管理办法》。通过行业法规的力量，进一步加强行业管理，规范行业秩序，加速发展。

二、行业发展做法与经验

（一）加强党的建设，落实党对物管工作的全面领导

物管对“物”而去，“物”的享用却是人。供给侧与需求侧交织之际，便衍生出纷纭复杂的势态。如何牢记使命，做到“民有所呼，我有所为”，基层党组织的作用就显得无比重要。大连市物业管理协会高度重视基层党组织建设，以多种举措强化“把人民记在心中”的情怀。召开退休老党员座谈会，强化党对行业领导的共识；召开红色物业党建引领工作推进会，以典型引路；借助辽宁特有的辽沈战役纪念馆和雷锋纪念馆组织党员参观，强化使命感。在夯实基层党组织建设的同时，大连市物业管理协会大力推广社区物业党小组、业委会党小组、社区党支部全面对接、通力合作，“三方联动”的典型经验，促行业基层党组织的作用得以彰显，进一步强化了党对物管工作的全面领导。

（二）倾力系“准绳”，宣贯省“条例”

2018 年初出台的《辽宁省物业管理条例》，系针对我国北方城市某些特点制定的行业规范性文件。该《辽宁省物业管理条例》的一系列新规，“准绳”般精细到位，对提升物业服务水平、维护业主权益，是极大的激励与鞭策。大连市物业管理协会第一时间与主流媒体合作，在大连电视台传递了这一新规，回答了市民关心的热点问题，引起了强烈反响。紧

接着大连市住建局联合大连市物业管理协会连续举办旨在领会《辽宁省物业管理条例》、贯彻《辽宁省物业管理条例》的四期培训，150 家街道、380 多个社区、90% 以上的物业项目代表，2200 余人参加培训；全市各物业管理区域广泛悬挂宣传《辽宁省物业管理条例》的条幅和宣传海报；与之同时，约请著名律师撰写解读《辽宁省物业管理条例》的文章，并在市物协杂志上发表。多方举措，扎实展开，从物业从业人员到广大市民，从对《辽宁省物业管理条例》的认知到贯彻执行，强化推动了大连市物业管理行业的发展。

（三）着力提升物业管理专业水平

当下，我国物业管理由粗放型向精细化发展已成趋势。大连物业管理协会理智顺应两大趋势，把提升物业服务专业化水平作为工作重点之一。北京东方雨虹建筑修缮（大连）服务中心等单位运用红外、超声等技术发现建筑缺陷成功维修、高性价比的保温节能材料在房屋维修中的应用取得理想效果，大连物协敏锐发现并予以高度重视，随即举办由 300 多人参加的“物业管理行业发展论坛”，诚邀北京东方雨虹介绍经验做法，大连诸多项目负责人眼界大开，运用先进科技成果，提升专业水平的意识有效提升。该论坛还聘请沈阳师范大学教授鲁捷作了以“新时代创新社会治理背景下物业管理事中事后监管”为题的学术报告。新思维、新理念让与会者耳目一新，大家回顾以往走过的路，对照学术报告中关于事中事后监管的精辟阐述，茅塞顿开。这一智力支撑，让大连市物业管理行业受益匪浅，遵循动作之际，精细化管理服务水平得以提升。2018 年，中国物业管理协会在大连召开辽宁地区“凝心聚力共谋发展”物业座谈会，大连市物业管理协会协助座谈会过程中，特别珍惜这一难得的“他山之石”。抓住契机，与会代表探究针对物业管理行业现状与未来发展所提意见和建议，由衷认知、再度发展，就必须在夯实基础物业服务提升品质的基础上，强化标准化建设、引入先进技术设备以及创新开发服务产品；再度发展，就必须弘扬“工匠精神”，踏实刻苦、精益求精、追求极致。高水平、超水平的第一线工作，是基础是根本。弘扬“工匠精神”的职业技能学习与实践活动中蓬勃开展，一大批职业能手脱颖而出，在 2018 年 6 月辽宁省首届物业管理行业“万维物业杯”职业技能大赛中获得团体电工第一和第七，两名电工将代表辽宁省参加全国物业管理行业职业技能竞赛。

（四）推进物业服务标准化进程

党和国家长期高度重视标准化工作。2018 年，大连市物业管理协会把制定实施物业服务标准纳入重要工作日程，自 2018 年初，多方联动，环环相扣，历时 5 个月将《大连市住宅物业服务标准》编制完成。

一月，大连市物业管理协会成立编制工作组，召开“标准化服务调研座谈会”，市物协、原国土局、各区行政主管部门负责人，共商确定了符合市场需求、项目需求、业主需求的五级物业服务标准的编制思路，月底又召开了《市住宅物业服务标准》研讨会，大连市物价局、原国土局、市物协、各区协会会长等参加并发表建设性意见。

编写过程中持续深入调查研究，广泛听取意见，历经四个阶段。第一阶段，确定由大连市物业管理协会、原国土局、市标准化研究院及七家物业服务企业为主要起草单位，先后深入市内各行政区调研、调阅 30 余份物业服务合同，听取部分员工、业主意见；邀请主管部门的领导、企业负责人、行业人大代表、政协委员、律师等召开专题研讨会，在广泛吸纳各方人士建议基础上由原国土局物业处主笔完成标准初稿。第二阶段，根据实际情况的需求，成立由 22 家企业组成的星级研讨小组，对五星级到一级（由高至低）五个服务标准深化研究，于 2 月末形成具体意见。第三阶段，起草组部分成员赴上海、天津、武汉等城市考察学习，吸收其多层次、差异化、人性化物业服务经验，归纳梳理若干意见，丰富了《市住宅物业服务标准》初稿中关于各星级服务的内容。第四阶段，原市国土局、大连市物业管理协会再度组织 12 家物业服务企业研讨沟通交流，达成正式文件。在市质监局标准化研究院和市国土局指导监督下，《大连市住宅服务标准》于 2018 年 8 月 22 日在全国标准信息公共服务平台发布，9 月 22 日正式实施。

该标准是大连市物业管理行业第一部经质监局审核的团体标准，是行业智慧的结晶，体现了市物协主动作为的责任意识。9 月 4 日，原市国土局颁发了关于做好《大连市住宅物业服务标准》推动工作的通知；9 月 7 日，大连市物价局发布与五星级服务标准对应的《关于公布我市住宅前期物业服务收费政府指导价的通知》；9 月 11 日行政主管部门与行业组织联手举办行业培训，街道社区、业主委员会、物业服务企业相关人员 1600 人接受培训。就此，开启了大连市实施《市住宅物业服务标准》物业服务标准化的新进程。

（五）推广互联网技术应用

对当代的科技成果，认知程度存有差异系客观自然。着眼行业发展，推广互联网技术应用乃时代之必然。大连市物业管理协会专门召开以“智慧党建＋智慧物业社区融建”为题的研讨会，通过典型介绍经验体会，彰显了微信第三方应用，支持多角度分级管理以及在缴费、报修、通知、建议、服务等方面的快捷与精准，让与会者振奋豁然，紧迫感顿生。大连市物业管理协会会刊连续报道集物业管理功能和便民生活功能为一体的综合化平台——“浦惠到家”物业管理软件，让互联网这一科技成果进一步扎根人们心中，使“互联网＋物业”的普及应用迅速推开。

三、大连市物业管理存在的主要问题

（一）老旧住宅小区物业服务费低，发展面临瓶颈

目前，大连市的物业服务费，政府有指导价，但效能轻微。这是因为，绝大部分居住区原有价格较低且运行甚久，提价艰难。以大连市锦绣居住区锦江园小区为例，1999 年 7 月 1 日，大连市物价局审批定价每平方米 0.20 元 / 月。随着社会物价飙升，物业成本剧增，无奈之下，2011 年 10 月依据《物权法》将物业费调整至 0.35 元 /（平方米·月）。这一价位，比政府指导价的底线还低，为什么调价“不容易”？主要原因是大部分业主观念意识滞后，没有花钱买服务的概念，仍在怀念曾经的无偿环卫保洁。由此，出现了收费低、调价难、物价涨、资金紧、企业压缩开支、降低人员聘用成本、设施设备维修保养更踉跄的现象，调价是摆脱困境的唯一出路，但却是一条漫长而又困难重重的路。

（二）业委会监管及业委会作用亟待提升

就比例关系看，大连市业委会还不及实有物业管理区域数量的 1/4。纵观全貌，问题不少，追溯原因，成立之初就有缺憾，可谓先天不足。社区是诸多政策的最终落实者，上面千条线，最终一根针，工作千头万绪，现又增加了对物业服务企业和业委会的监管，颇感困惑。由于监管意愿不强，在筹建业委会的候选人提名上，就没有尽到应有的审核与把关，出现了人员构成复杂、受教育水平和素质参差不齐，讲奉献重责任者比例偏低的情况。

一些业委会对物业相关法律法规认识不足，缺乏足够专业知识与业主及物业公司有效沟通；缺乏对自己职责的正确理解与认知。

一些业委会，只讲“监促”，不讲自律；只讲“维权”，不讲合作。

一些业委会工作的主观性和随意性较大，动作操作不规范，出现偏差反而拿不是当理讲。

由于业委会没有监督机构，没有问责机制，没有制度约束，与物业服务企业的矛盾悄然滋生。

业委会建设是当前重要课题，又是一项需多方联手的“系统工程”。

四、大连市物业管理行业下一步工作构想

（一）加强行业党建，激发奋进精神

以十九大精神为指针，全方位加强党对物业管理行业的领导。一方面，完成完善各级党组织的组建；另一方面，把推动企业党建工作纳入重要日程，塑造优秀基层党建组织。党组织要为担当作为的企业领导撑腰，给敢想、敢干、能干事、干成事的人提供舞台；崇尚干在实处、走在前列、勇于创新、唯旗誓夺的进取精神。2019 年着力完成以下工作。

一是落实大连市委组织部和大连市住建局联手打造"百家红色物业"通知精神。积极与街道社区党工委对接，先形成一定数量的示范小区，再通过学示范、学先进、逐步形成一个示范群体。二是以基层党建为基础，参战"社区力量"，进驻"初心惠农 365"，承担更多社会责任。号召各个会员单位以小区为切入点和突破口，更大范围、更宽领域、更深层次密织扶贫网络，将扶贫攻坚延伸到城市的每一个角落。

（二）更新传统观念，冲突保守藩篱

2018 年，大连市物业管理行业将持续开展以解放思想、更新观念为主线的系列活动。活动分为两个层次。第一层次，勇于面对，解剖自我。大连市物业管理协会组织或敦促企业走出去、请进来、开眼界、长见识。大连市物业管理协会还将召开多种形式的座谈会、专题研讨会，列出若干具体课题，刀刃向内，自我革命；对比外省市先进经验和做法，思考自身服务能力、服务内容，针对找到的差距，探究思想根源。系列活动的这一层次，旨在向顽瘴痼疾开刀，突破固化藩篱。系列活动第二层次，研讨面对差距怎么看、怎么办，旨在认识自己的传统与保守，从而认清当前既充满挑战又蕴藏机遇。整个系列活动的落脚点是：激活大连市物业管理行业的创新驱动内生动力，跳出观念"旧巢"，抖擞精神再出发。

（三）推进行政法规和行业规范的实施

没有规矩，不成方圆。作为与民生息息相关的物业管理行业，必须严格执行规章制度，依法经营，依规动作，实现物业管理的法制化、规范化、标准化。当前和今后一段时间，下力气做好以下几方面工作：

一是，学习贯彻新出台的《大连市物业管理条例》。市物协与主管部门联手举办辅导讲座，提升物业服务企业、街道社区、业主委员会以及行业、行政相关人员懂法、守法、用法的能力。

二是，推进《大连市住宅物业服务标准》的实施。把执行《大连市住宅物业服务标准》纳入重要日程。按照市局《关于做好〈大连市住宅物业服务标准〉推行工作的通知》要求，区分新建住宅项目、合同期项目、合同届满项目的不同状态，完成服务等级确定。同时，宣传大连市物价局据此制定的与之相匹配的收费指导价格，营造企业依标服务、业主依标缴费的良好气氛。

三是，全面贯彻《大连居住小区优化管理实施方案》，改善居住小区环境、提高生活质量、提高业主满意率、提升城市品质，使广大群众获得感、幸福感、安全感更加充实，更有保障，更可持续。打造设施完善、效能顺畅、治安良好、管理有序、环境优美、文明祥和、生态宜居的优质居住小区。

四是，汇编一部便于物业管理行业查阅的《物业管理文件汇编》。

（四）落实辽宁省《物业服务质量提升年》工作方案，开展物业服务企业向标杆项目学习活动

大力宣传 2018 年全省评选的十大标杆，做好走进企业学标杆活动。结合《大连市居住小区优化管理实施方案》《大连市居住小区管理工作考核办法》《关于打造"红色物业"的实施方案》和《大连市住宅物业服务标准》推进实施。与大连市委组织部、市住建局一起在物业管理行业从物业服务质量、物业服务标准、打造红色物业三个维度评选一批五个星级的物业优秀示范项目。

（五）提升诚信体系建设水平

诚信是中华民族的传统美德，是商品经济的必备法则，在社会主义核心价值观中占有重要位置。大连市原国土局《关于物业服务守信红榜和失信黑榜制度》实施以来，行业诚实守信的理念日益增加，诚信建设成果日渐丰富。2018 年的重点：

一是大连市物协将制度《大连市物业服务企业和项目经理信用管理办法》和《第三方评估管理办法》，引领企业把诚信为本的思想融入物业服务的各个方面、各个环节。

二是加强行业“监促”，由大连市物业管理协会牵头，会同区物协、企业所在地街道（社区），对企业诚信建设予以评估。

三是建立联合惩戒机制，对一经核实的失信行为，采取约谈、整顿、通报等措施，杜绝蔓延，挽回影响，情节严重者报告主管部门给予行政处罚，让失信行为付出代价。

四是建立企业和项目经理信用诚信档案，通过网络、信访、媒体等渠道广泛采集相关信息，经确认后录入档案，作为企业评先、投标、享受扶持政策的依据。

（六）扩大物业管理属地化的成果

秉承市物协创新管理体制、创新工作模式的思路，不断扩大物业管理属地化的成果。一要搞好社区融建工作。中共中央国务院《关于加强城市综合治理实施意见》要求强化社区党组织对物业、业主委员会的指导和监督。大连市物业管理协会着力推广中山区物协的典型经验，促进融建工作在全市开花结果。二要助推“北三市”协会筹建工作。与“北三市”主管部门保持密切联系，传递政府新政和协会应对信息，引导其协会筹备事宜，本着成熟一个组建一个的思路，尽快实现大连市物业管理行业组织横向到边、纵向到底，在行政区划内的全覆盖。

（七）聚焦和释放行业组织的正能量

完善大连市物业管理协会组织架构，为适应行业专业发展的需求，大连市物业管理协会拟吸纳具有专业技能、专门知识和特长的优秀人才，组成行业专业组织，为物业服务专业化提供智力支持。

精心组织行业活动。大连市物业管理协会高度重视会员单位关于举办行业活动的呼声，拟在 2019 年下半年精心组织两项大型活动。一是举办一次省、市《物业管理条例》、市《住宅物业服务标准》知识竞赛；二是开展一次包括摄影、书法、乒（羽）球在内的行业文化娱乐活动，推动企业文化建设，陶冶员工情操。

通过进一步加强与中国物业管理协会及其专业委员会之间的沟通，争取在大连市承办全国范围的行业专门会议、论坛，强化行业沟通、交流，开阔眼界，以提升大连市物业管理协会及各会员单位在行业的知名度和话语权。

密切会际交流。通过会际交流，互学互鉴，取长补短，以获取对行业发展的积极影响。一方面，做好兄弟协会来连考察交流的接待工作，主动听取对方的经验介绍；另一方面，根据工作需要，到国内和国外学习取经，寻求破解物业管理难题和途径和方法。

（八）沟通主流媒体，强化宣传力度

鉴于广大群众对行业政策法规及行业深层次内涵所知甚少的状况，大连市物业管理协会在 2018 年强化与广播 、电视、报纸等主流媒体的沟通协作，以提升塑造行业的社会政治站位。选定联络人，成立策划组，精心策划，不间断向主流媒体提供多种信息。提供信息坚持接地气，求生动。诸如通过感人动人的真实故事或事件，引申至行业政策法规，让广大群众认知理解，言行遵“准绳”。通过主流媒体的报道，展现物业管理行业“把责任扛在肩上”“把使命举过头顶”“把人民记在心中”的情怀。通过具体事例，彰显行为依法经营、依法运作的坚守。通过行业内具体举措展现与滨城描绘五届全国文明城相匹配的风采。

吉林省物业管理行业发展报告

吉林省房地产业协会物业管理专业委员会

物业管理行业作为城市建设的重要行业之一，在提高城区管理水平，改善人居环境，扩大住房消费，推动经济增长和解决就业等方面发挥着重要的作用。做好全省物业服务工作，努力建设现代服务业的绿色物业、环境优美的宜居物业、社会和谐的幸福物业是对物业管理行业发展的一个新要求。吉林省物业管理行业正处于快速发展阶段，整体处于全国中等偏低水平，有利于物业管理行业发展的政策、体制和舆论氛围已形成。

一、吉林省物业管理行业基本情况

（一）物业服务企业基本情况

目前全省共有物业服务企业 2395 家，其中一级资质 31 家，二级资质 98 家；从业人员 10 万人，其中管理和专业技术人员 1.68 万人。由物业服务企业实施物业服务项目 8108 个，102 个物业管理项目获得全国示范住宅小区（大厦）称号，876 个物业管理项目获得省优秀住宅小区（大厦）称号；物业服务面积 5.26 亿平方米；专业化物业服务覆盖率达到 73%。全省物业服务收费平均收费率为 75% 左右，收费标准区间一般为 0.3 ～ 3.5 元 /（月・平方米），根据地区和物业服务水平有所差别。

（二）地区行业政策制定情况

正在执行的有以省政府令形式出台的《吉林省物业管理办法》，以省级管理部门规范性文件形式出台的《吉林省物业服务查验接收办法》《吉林省物业专项维修资金管理办法》《吉林省物业服务收费管理实施细则（试行）》等；由吉林省质量技术监督局发布的吉林省地方标准《普通住宅物业服务规范》。长春市、吉林市和延边州出台了物业管理条例和相关配套文件，四平市、通化市、白城市、松原市等地出台了物业管理办法。正在研究制定的有《吉林省物业管理条例》《吉林省关于支持物业服务业发展的意见》等。

二、物业管理行业状况分析

（一）政府层面

1. 行业主管部门情况

各地区都设有独立的物业主管部门，根据各地区实际情况分别归住建局、执法局、公用局和房地局管理。有按照事业单位独立核算的，有作为政府局处室执行公务员编制的。主管部门人员业务能力和管理水平较强，了解当地物业基本情况；但普遍存在管理人员定编较少，管理力量薄弱，不利于属地监管；街道、社区对辖区物业服务企业和业主委员会的关注和监督还可加强。

2. 基层对物业重视程度

吉林省 10 个地区的物业管理行业主管部门都十分重视物业工作，监督指导服务比较到位。但个别县级政府还没有把物业管理服务工作作为当前的重大民生问题认真谋划，还没有作为创新社会管理、建设和谐社区的重要事项列入议事日程。缺乏对物业管理工作应有的关注度、关心度。物业管理法规的层次和效力较低。个别社区还没有发挥应有的作用。

3. 物业维修资金使用难

还没有完全发挥"养老"和"治病"的作用。《物权法》关于"双三分之二"的要求，在现实工作中难以达到；物业专项维修资金管理机构设定的百分之百归集率的使用条件等，限制了资金的使用。同时，个别管理部门本着"安全使用"某种程度上要比"方便使用"更加重要原则，在维修资金使用受理审核过程中，行政部门设定了多个监管环节，导致审批程序复杂。

4. 部分合力发挥不明显

物业管理涉及部门较多，个别小区内私搭乱建、侵占公共绿地、占用消防通道、饲养宠物等问题没能妥善解决。相关执法部门对住宅小区出现的侵害公共权益行为，没有依法履行监管职责。诸如小区违章建筑、侵占公共绿地、违规经营、饲养大型犬、噪声污染等行为得不到有效制止，这种行为的无序漫延，严重影响了小区正常的物业管理。

（二）物业服务企业层面

2017 年以来，吉林省房协物专委通过组织省内中小企业问卷调查了解分析行业从业人员的思想状况，通过参与中国物业管理协会《吉林省物业管理行业价格体系研究》课题项目了解省内 40 余家企业物业费标准与履行服务合同情况，通过参与组织《吉林省关于加强物业服务业发展若干意见》起草前的座谈交流掌握各方面对物业服务的满意度情况。

1. 物业服务企业富有正能量

在与近 500 家物业服务企业通过不同方式的接触中，虽然企业整体实力没达到全国领先水平，但企业对于物业管理行业的社会定位，社会效益与经济效益、民生公益项目与商业盈利项目、企业短期利益与长远发展、公平竞标和恶意低价竞标、鼓励诚信与惩戒失信、行业自律与社会监督等多个问题的看法相同，省内物业服务企业响应国家和吉林省行业主管部门扫黑除恶的要求，充满正能量。

2. 本土一级资质物业服务企业较少

省内的 31 家一级资质企业只有 12 家是本省发展起来的企业，本土一级资质企业占比仅为 0.58%，低于外埠企业。对省内 9 个市州近 400 家物业服务企业的问卷调查显示，物业服务企业资质以三级资质或暂定资质为主，占总数的 93%。全省物业服务企业中管理面积规模没有达到 500 万 m^2 以上的，管理面积规模达到 200 万 m^2 以上的物业服务企业不足 50 家，绝大多数物业服务企业只管理 1 ～ 4 个项目，管理面积不足 200 万 m^2，整个行业内企业以小、散居多，物业服务集中度比较低，难以形成规模效益，行业仍未培养出大型实力企业。

3. 专业管理人才短缺

2015 年 3 月国务院取消了物业管理师注册职业资格认证，2016 年 3 月又取消了物业服务企业从业人员持证上岗制度，物业从业人员市场准入条件放宽，物业服务企业聘用的人员绝大多数没有经过物业管理专业培训。据调查，57% 物业服务企业认为优秀管理、技术人才匮乏，难以提供优质服务。许多从业人员专业知识和专业能力有差距，导致物业服务企业服务水平还不能与行业先进水平和业主需求同步。部分物业服务企业为开发企业下属单位，承担其售后保修等职能，独立经营能力不强。尤其是注册物业管理师制度暂停后，此种现象更加明显。

2019 年中国物协在吉林长春举办了大型公益讲堂，省内共有 460 余名从业人员参与了学习，全国共有 12 万同行通过网络同步学习，与会人员普遍反映希望能有持续学习的机会，形成行业内良好的学习氛围，希望能通过执业资格来提高物业管理行业的从业素养和行业尊重，更好地发挥行业价值。

4. 重管理少服务意识仍有存在

吉林省多数物业服务企业仍在为业主提供最基础的物业管理服务，个别小型企业缺少服务意识，服务效率低，提供“质价不符”的服务。随着房屋使用时间增加，物业服务维修、养护等有增无减，同时受物价因素影响，物业服务企业运营成本加大，尤其人员工资支出，保洁、保安的工资翻了几番，占物业服务支出 70% 以上。小区物业费难以上调，企业方为保生存，往往采取降低标准的方法应对。

5. 信息化和智能化应用程度不高

利用互联网＋开展智能物业，创建智慧社区方面的投入和创建水平仍处于初级阶段，而且企业之间发展差距大，物业服务的科技融入度不高。物业服务企业只是提供最基本的保洁、保安、绿化和维修服务，业务领域单一。创新能力不强，据调查 39% 的物业服务企业现阶段没有考虑信息化建设问题，60% 的企业因投入软件开发建设资金困难导致企业信息化建设慢。围绕业主需求开展的增值服务有限。

6. 物业服务企业与全国同行企业发展不同步

在 2019 年 5 月召开的中国物业管理协会换届大会上，全国物业强企云集、行业大咖会聚一堂。在当选的新一届中国物协常务理事和理事中，吉林省仅有 4 位。这说明吉林省大集团性物业服务企业较少，在经营收入单一，跨地区物业服务企业较少，没有形成规模实力和全国影响力。

（三）业主层面

1. 业主对物业服务企业服务范围有误区

小区内侵占绿地、私搭乱建、占用消防通道、饲养宠物等方面的管理，业主认为物业公司管理不到位有意见，产生矛盾都算在物业服务企业头上，以此为借口不交物业费。

2. 多数业主缺乏物业服务的消费观念

个别业主“花钱买服务”的观念仍较淡薄，有问题找物业、找社区，但却以各种理由拒交或拖延缴纳物业费。按前期物业合同确定的物业服务收费价格，在后期管理中难以调整。许多业主不清楚在物业管理活动中应有的权利、责任和义务，不能按照《物业管理条例》《管理规约》等有关规定守法履约。

3. 业主委员会成立较难、作用发挥不明显

业主委员会自行管理小区属公益性行为，仅依靠业委会委员的责任心和公益心去开展工作，没有报酬，缺乏工作的积极性和主动性，一旦受到业委会换届、委员更迭、利益诉求矛盾等客观因素影响，自行管理模式缺乏长效性。

业主委员会成立比较困难。多数业委会人员的自身素质、组织能力、社会公信力等十分有限，看似整体、实际相对分散，难以承担替业主维权的责任；有的是企业需要树立自己品牌、使用物业专项维修资金、提高物业收费时候，主动撮合成立的业主委员会，这样业主委员会可能成为开发企业的附属物，没能有效维护广大业主的利益；有些业主对业主委员会经济问题提出疑问也无处诉求，导致矛盾更加突出。

4. 自治能力有待进一步增强

业主参与意识不强，业主大会成立召开难、业主委员会选举难。吉林省小区成立业主大会并选举业主委员会的比例偏低，50% 的小区没有业委会。业主委员会公信力还需提高，业委会成员的自身素质、法律知识、组织能力、社会公信力等有限，难以代表业主正当行使权利，难以规范操作业主大会流程，与物业服务企业、社区居委会、行政管理部门间缺乏有效的沟通与配合，桥梁纽带作用发挥不充分，业主委员会缺乏有效的工作机制和必要的工作保障，影响工作积极性。

5. 业主不缴费现象仍有存在

存在以各种理由拒绝缴费，甚至无任何理由拒缴费的“老赖”业主群体，不仅自身不缴费，往往还影响和带动其他业主不缴费，对物业服务收费产生恶劣影响。而绝大多数小区都存在这种问题，对小区物业管理带来极大影响。

不交物业费的原因之一是部分业主占用公用绿地、私搭乱建等侵害公共权益的行为时有发生，这种现象往往得不到有效遏制，进而产生“破窗效应”，影响其他业主对物业服务的认可和缴费。近两年，因侵占小区公共权益的信访投诉占物业信访投诉比

达到 22.6%。

业主诚信机制正在建立中，业主不交物业费的约束机制没有；媒体单位在宣传报道中讲物业服务企业问题多、说业主履行责任义务少。

（四）开发建设方面

开发过程遗留问题多，后期物业管理矛盾突出。主要表现在：

一是个别住宅项目的道路、绿化、监控、门禁等设施设备配套不能与住宅同步交付使用，导致业主入住时，物业服务企业无法提供正常的秩序维护、安全防范等服务，不仅业主意见大，而且物业管理和服务隐患多。

二是工程质量问题较多，诸如房屋窗户变形、透气、窗户渗水、室内墙体长毛等问题，特别是隐蔽工程的落水管、下水管线、消防设施管线存在的堵塞、敷设浅、渗漏、断裂现象时有发生。

三是保修期内开发建设单位不履行保修责任，出现问题推诿影响业主生活，个别开发建设单位将保修义务转嫁给物业服务企业，增加企业负担，引发物业矛盾。

四是开发建设单位延期交付房屋或前期开发建设验收手续不全，影响业主正常入住和房屋产权证办理，引发群体性上访。

五是高层住宅二次供水设施应由开发建设单位在项目竣工后，移交专业管理单位接收管理，但在实际执行过程中仍然没有完全落实到位。如某小区二次供水需交纳 1200 万移交费用，开发建设单位资金压力较大，小区业主因二次供水移交问题，多次群体上访。

还有如变更规划、公共配套设施不全、不切实际的超值物业服务承诺、商品房销售宣传不实等问题。或者因物业公司与开发公司有着“父子”关系，房屋查接验收工作形同虚设，把开发遗留问题带到了物业管理环节，物业公司往往要替开发公司“埋单”，进一步激化了业主和物业服务企业之间的矛盾。

（五）其他方面

1. 社区代管无法实现物业专业化服务

当前，基于城市管理重心下移，社区承担了辖区居民的低保、就业、卫生、物业等大量的公共管理事务性工作。通过实地调研，辖区内无物业管理小区越多，社区投入的精力越大，甚至部分社区 80% 以上的精力都投入到无物业管理的小区中，但实际管理效果并不理想，社区既面临着管理责任的巨大压力，同时也面临着管理能力不足和业主不理解带来的阻力。突出表现在：

一是社区不具备直接介入物业管理和服务的能力。社区非专业物业管理机构，没有编制专职物业管理和服务的人员，参与辖区日常物业管理服务，需聘用劳务人员，易产生安全风险和劳动纠纷。

二是没有相关政策明确社区可作为物业服务收费主体，社区直接向业主收物业服务费面临困难和尴尬。多数社区只能向辖区小区业主收取每月每户 10 元卫生服务费，用于小区外保洁，但收费率也达不到 90%。

三是社区受管理体制制约，财务收支上不独立，既缺乏创收的积极性，更没有专项物业管理资金来源，没有投入辖区物业管理的公益资金。

2. “老、旧、散”住宅区管理是难度大，高层住宅电梯安全隐患多

“老、旧、散”住宅区是管理的难点，集中了小区物业管理中的各类疑难问题，改造维修资金无着落，极大地增加了物业管理的难度。部分老旧电梯缺乏日常维修养护、部件陈旧老化、故障多，存在着极大的安全隐患，保养、维修、更新改造费用巨大。

3. 多种因素并存，导致物业服务收费难

一是社会舆论偏失，影响物业收费。一直以来，新闻媒体在报到物业矛盾纠纷时，往往只看到问题的表象，没有对物业矛盾纠纷原因和本质进行深层次挖掘，给物业管理行业带来了极大的负面影响，使广大业主缺乏对物业服务消费的认同感。

二是物业服务企业缺乏对业主正向宣传引导，

导致业主对物业服务企业提供的服务内容界定不清，非物业服务问题向物业服务企业转嫁，给企业管理和服务带来了反作用力。特别是个别物业服务企业由于服务不到位，服务质量差，使小区陷入服务差，收费难，服务更差，收费更难的恶性循环。

三是诸如前期开发质量、侵占公共权益等问题得不到有效解决，而业主只能以拒缴物业费作为维权的主要手段。加之前面所述因业主自身存在的种种问题，从而引发收费难。

三、促进全省物业管理行业发展的措施

（一）完善物业管理政策法规

一是提高物业管理法规的层次和效力。省物业主管部门正在着手制定《吉林省物业管理条例》。

二是争取形成《关于规范全省前期物业管理服务收费和保障性住房物业服务收费的意见》《吉林省物业管理招标投标管理办法》等文件，省物专委正在起草《吉林省物业服务企业信用综合》评价办法（试行）。

三是指导各地完善各项配套政策制度和实施细则，形成完善配套的物业管理法规体系，做到物业管理服务有法可依、有章可循。

（二）健全物业管理的工作体制机制

1. 完善物业服务标准

一是完善不同类型物业的服务标准和规范，鼓励行业协会和企业参与标准制定，引导物业服务企业开展标准化试点。

二是完善物业服务合同，规范物业服务委托方和受托方的责权利关系和行为；引导业主根据需求与物业服务企业通过合同约定提供菜单式服务。

2. 建立物业服务收费动态调节机制

一是公共租赁住房等保障性住房物业服务收费实行政府指导价，力争每三年对物业服务等级标准以及相应的基准价与浮动幅度进行评估，并根据评估结果适时进行调整。

二是普通住宅和商场、酒店、公寓、写字楼、办公楼等非住宅物业服务收费实行市场调节价，具体收费标准由业主、物业使用人与物业服务企业在物业服务合同中约定执行。

三是物业管理区域内供水、供电、供气、供热、通信、有线电视等专业经营单位向终端用户收取相关费用，委托物业服务企业代收的，应当支付手续费。

四是住宅小区内物业服务用房及共用设施设备维护管理、保洁、绿化、公共照明等物业服务过程中的用水、用电、用气、用热价格按照当地居民使用价格执行。

五是物业服务企业应当在物业管理区域内显著位置公示物业服务企业名称、服务项目、服务内容、服务等级、服务标准、服务质量、计费方式、收费标准以及收费依据，接受业主或物业使用人的监督，不得向业主或物业使用人收取任何未予标明的费用。

（三）规范物业管理行业市场主体行为

1. 加强业主大会、业主委员会建设和管理

完善业主委员会工作职责，健全各项制度，健全和完善业主大会制度，加强业主委员会委员的推选和培训，加强监督管理，落实财务公开制度，不断提高业主委员会委员的自我管理和守法能力。

2. 规范物业服务企业行为

一是把《吉林省普通住宅物业服务规范》作为推荐性标准，物业公司和业主结合自身物业项目的状况选择适用。

二是建立物业服务信用保证金制度。为遏制物业公司提前解除合同弃管小区的行为发生，推行物业公司缴纳物业服务信用保证金制度。

三是加强诚信体系建设。通过协会建立和完善物业服务企业信用档案，并向社会公示，规范物业市场管理秩序，全面实行物业服务信息公开制度。物业服务企业违规行为记入诚信档案，逐步推

行并完善市场竞争和退出机制，取缔信誉极差的企业。

四是建立物业项目退出查验机制。物业服务企业按照法定程序退出项目前，物业共用部位、共用设施设备须达到约定的完好程度或正常运行状态，未达到相关要求的，物业服务企业须承担维修责任。对于不履行维修义务的，由物业行政主管部门应责令企业限期改正，并处以罚金，交由社区或业主委员会专项用于维修养护。对拒不履行维修义务、擅自撤出、终止物业服务合同的，由物业行政主管部门责令限期改正，同时依法并处罚金。并视情况由吊销企业资质证书，限制其法定代表人、企业和项目主要负责人在本市从事物业管理活动。

3. 推行物业服务招投标制度

按照公开、公平、公正和诚实信用的原则，通过招投标方式选聘物业服务企业。既有住宅区的物业服务合同到期时，鼓励业主大会、业主委员会通过招投标方式选聘物业服务企业。目前情况下，老旧小区和弃管小区可由物业管理行业主管部门配合街道、社区向业主推荐信誉良好的企业名单，由业主委员会协商选聘物业服务企业。

（四）推进物业服务企业专业化和标准化建设

《国务院关于第三批取消中央指定地方实施行政许可事项的决定》的下发，吉林省房协物专委按照中国物协和吉林省建设厅的要求把加强物业服务企业和从业人员队伍建设作为加快物业服务业发展和“取消物业服务企业二级及以下资质认定”后促进行业发展的主要措施之一，继续推行了行业标准化建设和示范小区创建活动交流。

1. 推进物业服务专业化发展

在坚持提高物业服务企业综合服务能力和水平的基础上，大力扶持一批设备管理、保洁家政、园林养护、秩序维护等专业物业服务企业，鼓励物业服务企业将保洁、秩序维护、冰雪清理、绿化美化亮化、二次供水、公共设施维修等服务事项委托给专业化公司管理，提升专业化服务水平。

2. 拓宽物业服务领域和范围

支持和引导物业服务企业从单纯住宅物业服务加快向办公楼、工厂、医院、学校、商场、市政设施、城市综合体等多种物业服务延伸拓展，并提供包括基础物业服务、家政服务、养老服务、电子信息服务、理财服务等全方位服务延伸拓展，加快形成完备的现代物业服务体系。

3. 鼓励支持物业品牌建设

提高物业服务品牌的知名度、美誉度，充分发挥品牌的示范和集聚效应。对持有中国驰名商标、著名商标的物业服务企业，以及获得国家和省服务业标准化试点（示范）项目的企业，在物业项目招投标、信用等级评定时，分别给予适当加分的政策鼓励：

一是并对其承接的项目适当减免物业服务信用保证金；二是对参与建设规模10万平方米以上的物业项目招投标的，给予适当加分的政策鼓励；三是对财政投资建设的公共场所以及通过招投标方式实施物业管理的机关事业单位办公场所，原则上在品牌物业服务企业中招标产生；四是对政府组织开发建设的公租房、棚户区改造项目等，在物业招投标时同等条件下优先考虑品牌物业服务企业。

4. 发挥物业服务示范项目的推动作用

对所服务项目获国家、省物业管理示范住宅小区（大厦、工业区）称号的物业服务企业，市、县（市、区）应给予适当奖励，三年内在参加当地物业项目招标时给予适当加分。

5. 提高物业服务从业人员素质

一是引导物业服务企业改进对员工的管理，加强职业技能培训和职业道德建设，规范物业服务从业人员的服务行为。二是与高等院校、技工院校合作通过物业服务类专业培养物业优秀从业人员，推动校企合作、联合办学，形成物业服务定点培训机构，满足现代物业服务发展需要的专业人才。

二是通过全省物业管理行业职业技能竞赛推动从业人员素质的提升。全省竞赛已经举办了两届，赛事由省总工会和省住房和城乡建设厅主办，吉林建筑大学、长春工程学院和长春市职业技能考试鉴定中心负责竞赛具体环节。以“弘扬工匠精神，筑牢基础服务技能”作为主题的技能竞赛在各地区形成了学习物业法规、提高维修技能、增强职业能力，做工匠物业人的热潮。

三是落实优秀人才的待遇。吉林省总工会和省建设厅对成绩优秀人员给予奖励，并要求各地工会组织和物业主管部门认真落实当地获奖选手的待遇，弘扬“精益求精、爱岗敬业、持续专注、守正创新”的工匠精神。获得全省物业竞赛的电工和物业管理员第一名的两名选手推荐为吉林省创新标兵，前十名分别获得省总工会和省建设厅颁发的名次证书。各地物业管理行业主管部门和各地工会联合组织当地物业技术大赛，对获奖者给予相应荣誉奖励。

（五）规范物业服务的各环节

积极完善物业服务环节，实现从在建项目的物业前期介入，到建成项目的承接查验和物业项目服务的全程参与，加快形成完备的现代物业服务体系。

1. 加强开发项目的物业前期介入

一是预售项目要在办理商品房预售许可证之前通过招投标确定前期物业服务企业，并参与工程建设和综合验收。

二是现售项目应在现售前 30 日通过招投标确定物业服务企业；开发建设单位在销售房屋时不得对前期物业服务合同未约定的物业管理事项向买受人擅自做出承诺。

2. 加强对物业承接验收的监管

规范物业项目承接验收行为，维护业主和使用人的合法权益。

一是争取参与房地产主管部门组织的房地产开发建设单位和供水、供电、供气、供热、有线电视、通信、邮政以及路灯、道路、绿化、排水、安全技防等经营管理单位，做好物业项目相关公用设施的移交，并明确移交后维修管理责任。

二是收集开发建设单位按照招投标有关规定与物业服务企业办理物业承接验收手续，将项目开发建设图纸、资料等移交给物业服务企业。物业服务企业承接物业时，要做好物业共用部位、公用设施等有关事项的查验登记工作。

三是加强电梯、消防等设施设备的承接查验。

3. 建立完善的项目档案

一是物业服务企业对其管理的项目的相关图纸、资料等统一建档，并实行电子信息管理。

二是物业服务企业应完善相关制度，切实做好电梯的日常运行管理，确保电梯安全运行。物业服务企业应依法选择有资质的电梯维保单位与其签订维保合同，按照合同约定对住宅小区的电梯进行维修养护。

（六）加强住宅建设工程的质量及保修监管

1. 严格坚持建设工程质量验收标准

通过验收杜绝或减少工程质量方面的隐患，在源头上减少后期物业养护遇到的问题。对不履行保修责任的开发商记入不良行为档案，坚持建设部关于商品房销售的“两证一书”制度，把开发商的保修承诺明确写进商品房销售合同条款中。

2. 落实《吉林省物业承接验收办法》

重点是物业服务企业与开发商进行项目交接时“房屋售后”问题上的责任划分，明确权利和义务。做好工程图纸等资料的交接，为后续物业管理提供方便。因未开展承接验收工作的，物业公司要为开发公司的违约责任而承担连带责任。

3. 规范签订前期服务合同行为

要求开发商售房时，合理选择物业服务标准，不允做虚假的、不切实际的承诺，欺骗购房者，为物业管理增加负担；也不许可为迎合消费者，压低物业费，影响后期物业管理的正常进行。

4. 建立物业维修保证金制度

为解决在保修期内，开发企业不履行保修责任或无力履行保修责任的问题，促进开发企业提高质量责任意识，保障业主合法权益，减少物业服务纠纷，建议建立物业维修保证金制度。开发企业不履行保修责任的，业主大会或业主委员会可以申请在保证金中列支费用。同时制定物业维修保证金缴纳、使用审核、返还等相关工作制度。

（七）加强业主大会和业主委员会建设

一是业主委员会要按照法定程序依法取得社团法人资格，保证其正确行使权利和履行义务。

二是要加快修订业主大会议事规则、物业管理规约等示范文本。

三是要健全业主大会、业主委员会的组织建设，充分发挥其在物业管理中的积极作用。

四是注重组织引导业主大会和业主委员会对业主公共财产进行自主管理，不断提高业主委员会的管理水平。业主委员会在物业共用部位、公用设施经营收益中列支活动经费要做到财务公开。

五是房地产、公安、规划、建设、城管等部门要加强对业主委员会的对口业务指导和培训，不断提高业主委员会自我管理和自治能力。

（八）加大政府扶持力度

1. 价格支持

一是建立物业服务收费标准浮动机制。推广“菜单式服务、等级化收费”的物业服务费分级定价机制，积极推进酬金制收费方式。普通住宅小区前期物业服务收费实行政府指导价；别墅、排屋等非普通住宅小区和办公、商务楼宇等非住宅物业，以及业主大会成立后的普通住宅小区物业服务实行市场调节价。对普通住宅小区前期物业服务方案确定的服务标准超出当地最高政府指导价相对应服务标准的，建设单位可按照优质优价原则提出前期物业服务收费标准，报所在地价格主管部门和物业行政主管部门核定。廉租住房、政府投资建设运营的公共租赁住房委托专业机构提供物业服务的，所需物业服务费用由当地财政承担。

二是争取适度免缴向物业服务企业收取的行政事业性收费，不能免缴的按照最低标准收取。如适当减免残保基金、防洪基金和副食品价格调节基金等各项行政性收费项目，切实减轻物业服务企业负担。

2. 补贴支持

一是对老旧住宅小区、保障性住宅小区、农民工公寓、拆迁安置小区等实施专业化物业管理或准物业管理的，定期给予物业管理服务单位一定的资金补贴。

二是优先保障老旧电梯等直接涉及公共安全的基础设施大修、改造或更新所需经费。

3. 奖励支持

每年通过集中配置资金，用于引导和鼓励物业管理行业龙头企业、创新型企业和品牌企业的发展，支持物业管理行业人才培养、标准化和信息化建设，奖励在节能减排、安置就业、社区建设中作出突出贡献的物业管理单位等。

一是主动管理老旧小区的物业公司，在政策扶持的同时，实行一次性奖励。对接管改造后老旧住宅小区的物业服务企业，与业主委员会签订 3 年以上物业服务合同，在服务期限内业主满意率达到 80% 以上的给予各种奖励，鼓励企业承担社会责任。

二是每三年对省、市“十佳物业服务企业”进行表彰，并给予相应奖励。每年安排一定数量的物业服务业发展引导资金，集中用于引导和鼓励物业管理行业龙头企业、创新型企业和品牌企业的发展，支持物业管理行业人才培养、标准化和信息化建设，奖励在节能减排、安置就业、社区建设中做出突出贡献的物业管理单位等。

三是加大对创优达标物业服务企业的奖励力度，引导物业服务企业增加便民服务项目、扩大服务范围、提高服务质量，鼓励优秀企业做大做强，带动行业发展水平整体提升。对获得国家级物业管理示范项目的，按标准给予一次性奖励。

4. 征信支持

研究比照水电气行业，在制定修改《征信管理条例》时，将“业主个人物业费交纳情况”列入个人征信的内容与范围。

5. 节能优惠政策

建立健全物业服务节能减排考核目标责任制。

鼓励有条件的物业服务企业设立专业节能服务公司，加大节能减排工作力度。

在前期介入阶段，鼓励物业服务企业以顾问等方式提前介入房地产项目的开发建设，从建筑设计、施工以及建筑材料、设施设备的选择上提出合理化建议。

在日常服务阶段，鼓励物业服务企业主动排查高能耗及不符合环保要求的设施设备，开展技术革新和设备改造，提高能源利用效率。

对物业服务企业因节能减排而改造共用设施设备的费用支出，以及节能降耗成效突出的物业服务企业，建议当地政府给予一定比例的一次性费用补贴和奖励。

6. 加强组织协调，形成工作合力

积极争取将现代物业服务业发展纳入全省服务业发展工作目标责任考核体系，确保各项工作和扶持政策落实到位。

一是宣传加快发展物业服务业的重要性，把提高物业管理行业发展水平和服务能力、培育和规范物业服务市场、减轻物业服务企业负担、落实扶持政策工作列入重要议事日程，明确任务，落实责任，确保各项工作和扶持政策落实到位。

二是推进建立由省物业主管部门、发展改革、公安、民政、司法、财政、税务、工商、质监、安监、金融、电力等部门和单位组成的物业管理联席会议制度。

7. 规范物业专项维修资金管理

一是深入贯彻落实新修订的《吉林省物业专项维修资金管理办法》，建立健全物业专项维修资金应急机制，保证业主生产生活安全。

二是提高物业专项维修资金立法层次和效力，建议省政府将维修资金管理机构的编制全部改为全额拨款事业单位、落实属地化管理责任、加强维修资金的审计及整改等工作。

三是督导各地政府开展专项整改，限定时限追缴被挪用、占用及减免缓交的维修资金。

四是联合开展行政监督检查，及时纠正违反国家和省维修资金政策的现象。

五是开展业主大会自行管理维修资金、使用维修资金第三方审价、业主协议维修资金存储方式等试点工作。

六是指导各地制订《物业维修资金使用管理规程》，进一步优化维修资金使用申请程序。

七是完善《业主临时管理规约》，解决应急维修发生时业主的集体授权问题，增设应急维修的临时授权条款，引入侵权责任法的相关内容。

8. 建立物业服务抽检和纠纷处理机制

开展物业服务抽检活动。通过日常巡查和专项检查，规范市场行为和秩序，对群众投诉举报、舆情监测渠道反映出来的情况和问题，及时制止并向政府相关部门反映。

做好物业服务纠纷调解工作。一是构建人民调解、行政调解、司法调解相互衔接的“三调联动”的物业服务纠纷调解工作新模式。二是建立市、县、街道、社区四级物业管理投诉受理制度和物业服务纠纷快速处理调解组织体系，着力解决物业服务纠纷逐年增多的问题。

9. 减轻企业负担

一是严格执行相关法规规章，依法查处和纠正物业管理活动中的各种违法违规行为。

二是推进司法手段清缴拖欠物业费工作。

三是物业管理区域内供电、供暖、供水、供气、通讯等单位应当收费到户，依法承担业主专有部分以外相关管线和设施设备维修、养护、更新的责任和费用，承担经营服务过程中产生的损耗。

四是对不能实现终端收费，确需物业服务企业代收的，实行有偿服务。禁止以停水、停电、停气、停暖等形式强迫物业服务企业代收相关费用和承担损耗费用。

五是违反规定的经营单位，属地政府要及时督促整改落实，给业主、物业服务企业造成损失的，依法承担赔偿责任。

六是积极推进落实现有政策，住宅小区的公共照明用电、物业管理用房所发生的水、电、热费按照民用标准收取。

七是环卫部门不能再向物业服务企业收取二次垃圾清运费。

（九）推进老旧小区落实物业管理

老旧住宅区采取的社区代管、产权单位管理、业主自行管理模式，无论从专业化角度，还是管理主体能力水平，以及管理的长效性上都存在短板，既不利于老旧小区物业管理活动的健康发展，也不利于推进物业管理标准化落实。

1. 选聘优秀企业参与服务

可选聘优秀物业服务企业接管老旧住宅区和“三供一业”移交的国有企业职工家属区及保障性住房的物业管理。保证老旧小区基本物业服务，巩固小区整治成果。在此基础上，企业采取微利经营和优质服务策略，通过市场化运作，参与市场竞争，逐步淘汰规模小、服务差的物业服务企业。

2. 建立接管老旧小区的企业平台

依据物业服务企业信用等级评定结果，将信誉度好、愿意承接社会责任的物业服务企业纳入平台。以建成区为单位，每个城区在平台上选择２～３家物业服务企业，集中接管辖区内产权单位管理及其他无物业管理的住宅区。

3. 明确产权单位管理内容

对于原有产权单位管理房屋的共用部位维修养护工作委托社区，由社区依托平台选聘物业服务企业管理，产权单位只负责公房管理和收取房屋租金，并作为业主依法缴纳物业服务费。

4. 加强街道、社区对业主委员会的监管

老旧小区成立业主委员会时，街道、社区工作人员如果是该小区业主的，可优先推荐为业主委员会委员。由业主大会、业主委员会决定小区物业管理重大事项时，应在街道、社区监督指导下进行，确保业主大会、业主委员会依法依规，保障小区物业管理工作的正确导向。对于违反业主大会议事规则或者未经业主大会和业主委员会会议的决定，社区应当及时制止，制止无效的，街道办事处（乡镇人民政府）应当通告全体业主，责令限期改正；造成经济损失或者不良影响的，依法追究相关主体的法律责任。

（十）加强舆论宣传和引导

一是发挥物业服务企业的宣传优势，充分利用社区宣传设施，并通过举办各种形式的社区活动，大力宣传物业服务管理，增强业主的契约意识和消费意识。

二是积极与新闻媒体合作，进行专题宣传，扩大宣传的频度和覆盖面，进一步理清物业管理区域内物业服务企业、开发建设单位、专业经营服务单位等各方主体以及各有关行政管理部门在物业管理活动中的法定职责。在报道物业服务纠纷中宣传物业服务法规，引导广大业主依法理性维权，引导物业服务企业规范管理、提高服务水平。

三是要加强网站建设，及时发布物业管理法律法规以及物业服务企业信息，全面营造有利于行业发展的良好氛围。

四是开展吉林省最美物业人的评比。

（十一）着力加强协会建设

1. 成立吉林省物业协会

健全协会组织，修订完善协会章程和工作制度。

2. 加强各类职业技能培训

将物业服务从业人员作为职业技能培训的重点对象，与全国优秀培训机构合作，积极开展订单式培训、定向培训和在岗培训。针对当前物业服务市场准入门槛低，人员素质参差不齐的现状，依托行业协会，加强物业从业人员上岗培训，加强消防、设施设备等专业培训，加强企业经营者和管理者的培训。通过加强培训工作，强化行业从业人员服务意识，提高企业服务能力，提升行业整体服务水平。

3. 建立健全统计制度

加强物业服务业统计信息平台建设，完善统计报告制度和信息发布制度，加强物业服务业发展的动态监测和分析，为制订物业服务业发展规划、政策提供依据。

4. 加快推进行业诚信体系建设

引导物业服务企业开展物业承诺、履行社会责任，确保物业服务质价相符，努力构建和维护良好的物业服务市场秩序，促进物业服务业健康发展。

建立健全行业诚信体系。进一步完善物业服务企业诚信档案管理办法，搭建物业服务企业诚信档案和信息发布平台，及时向社会发布企业诚信信息和不良信用记录。要逐步将企业诚信体系建设与项目评选、企业资质管理挂钩，对信誉好、口碑佳的企业，在项目评选和资质升级中予以优先考虑；对社会形象差、服务不规范、管理水平低的企业坚决予以清理整顿，依法实施处罚；对无资质擅自从事物业管理以及合同期内擅自弃管物业的企业，要进行严肃处理。进一步建立物业市场准入清出机制，努力形成竞争有序、优胜劣汰的发展环境。

黑龙江省物业管理行业发展报告

黑龙江省房地产业协会物业管理专业委员会

黑龙江省物业管理行业起步于20世纪90年代初，历经28年的发展，当前已进入由高速发展迈向高质量发展的转型时期。为实现黑龙江省委省政府所提出的高质量发展总要求，满足全省人民更高的居住需求，黑龙江省物业管理行业积极探索物业管理更新服务理念、拓宽服务边界、改善服务手段、提升服务品质的路径和方法。

一、黑龙江省物业管理行业概况

截至2018年末，黑龙江省物业管理面积7.5亿平方米，其中住宅物业管理面积5.3亿平方米、非住宅物业管理面积近2.2亿平方米，其中哈尔滨、齐齐哈尔、牡丹江、佳木斯、大庆、绥化等6个中心城市管理面积近5亿平方米，全省城镇住宅物业管理覆盖率达到70%以上，哈尔滨、大庆2个城市的物业覆盖率达到95%以上。物业管理行业2017年度产值75亿元，2018年度产值80亿元左右，行业重要性凸显。

二、行业发展概况分析

在机遇和挑战并存的新时代，随着“放管服”改革的深入推进，政府不断简政放权，黑龙江省物业管理行业发展进入了快车道。与此同时，行业发展的大环境也在不断发生变化，显现出服务市场化、企业规模化、业主维权多样化、社区智能化等现代化特点。

（一）政策法规环境

2019年《黑龙江省人民政府工作报告》再次提及物业服务工作，在明确将物业服务作为惠民生为百姓办实事的重要工作的基础上，又提出开展城镇住宅小区物业服务管理专项整治，这也是强化社会治理创新的重要环节。

2018年11月，黑龙江省房地产业协会物业管理专业委员会积极配合省住建厅组织各地市行业主管部门及行业协会开展《黑龙江省物业管理条例（草案）》意见征询工作，收集各地市意见反馈信息，积极推进全省物业管理服务水平的提高。

为配合物业管理体制改革，各地市积极出台各项政策法规：哈尔滨拟修改《哈尔滨市物业管理条例》，以解决物业管理中存在的前期物业建管不分、业主大会及业主委员会成立难、依法履职难、老旧小区管理空白、住房维修资金使用难、相关部门执法不进小区等突出问题；《牡丹江市物业管理条例》自2018年5月1日起正式实施；《大庆市物业管理条例》自2018年9月1日起正式实施；《齐齐哈尔市物业管理条例》由市人大常委会于2018年11月26日通过。

（二）企业发展概况

2018年，黑龙江省年营业收入5000万元以上的独立法人物业服务企业数量有 28 家，其中年营业收入过亿元的有 8 家，2018 年中国物业服务企业综合实力测评 TOP100 中，黑龙江省两家物业服务企业上榜，哈尔滨菱建物业排名第 74 位，信行物业排名第 89 位。

总体来看，黑龙江省的物业优质资源分布在大中型物业服务企业，物业管理规模、服务水平表现出地区发展不均衡，中小企业数量偏多，本土物业具备核心竞争力的企业较少，创新与服务意识有待提高。由于地区发展不均衡，企业间管理与服务能力的差距也很大，很多小企业还只停留在传统的保洁保安服务阶段。物业管理业态分布广，特别是在医院、学校、行政机关、机场、展馆、景区、工业园区等非住宅物业管理工作方面很多企业积累了宝贵经验。

（三）行业发展趋势

服务是物业管理行业的看家本领，是兴业、立业的根本所在，服务质量提升是新时代对物业管理行业的必然要求，也是责任和使命所在。习近平总书记明确指出，新时代我国社会主要矛盾是人民日益增长的美好生活需要和不平衡不充分的发展之间的矛盾，由高速增长转向高质量发展，也已经是我国经济社会发展的一个基本国策。

物业管理行业的高质量发展阶段意味着新的消费需求、新的市场规模、新的机遇和新的商业模式以及新的产业企业家群体的崛起。目前，物业管理行业正在由传统服务业向现代服务业转型，我们面临着一个更加开放、更有魅力的市场。产业集中度正在提升，我们的科技含量正在提高，业主对物业服务质量的诉求也在提高，但是行业发展依旧存在不平衡不充分的问题，而我们的服务确实还存在一些不到位的地方，这些都要求我们提高物业服务质量，秉承工匠精神，在服务上精益求精。同时，物业管理服务应赋予更广泛的内涵，物业管理行业要以开放、包容、协同的积极心态去主动拥抱互联网技术，用技术赋能提升行业的效益和升级，打造物业服务的大格局——智慧社区、“物业＋互联网”，让业主足不出户就可以享受到物业服务企业带来的便捷与舒适的服务。目前黑龙江省物业管理行业已形成共识，聚焦高质量发展，聚焦人民群众对美好生活的向往，聚焦多样化、个性化服务需求，分享新技术革命的红利，通过科技创新促进物业服务质量的提升，让服务更有价值。

三、主要经验、做法与成果

黑龙江省地处东北老工业基地，经济发展相对滞后、物业市场活跃度较低，特别是在管理理念与发展水平上与先进省份有较大差距，黑龙江省委省政府、行业主管部门包括行业协会组织在推动行业发展过程中都做出了积极的努力与探索，物业管理行业的发展总体上开始进入了自我提升的良性发展阶段。

（一）加强组织机构建设 夯实行业发展根基

2018 年 5 月 18 日，黑龙江省房地产业协会物业管理专业委员会召开七届一次会议，顺利完成换届工作，并依次召开了秘书处会议、副主任会议、专家组会议，增补了副秘书长、拟增补了副主任，重新核定了黑龙江省房协物专委七届专家组成员名单，对秘书处进行了具体的分组、分工安排，内部组织机构建设得到进一步加强。

（二）持续探索行业转型升级之路 推动行业创新发展

为了改变传统经营格局，推动行业创新发展，黑龙江省房地产业协会物业管理专业委员会一直在寻找和探索行业的转型升级之路，提出两项重点研究课题项目，一是“物业＋互联网”；二是“行业联合保险”，自 2015 年以来，黑龙江省房地产业协会物业管理专业委员会一直在重点推动这两项工作内容。

1.“物业＋互联网”

2017 年 11 月，黑龙江省房地产业协会物业管理专业委员会经过多方考察，引进了广州雅生活集团作为合作伙伴，成立黑龙江雅天网络科技公司（以下简称“雅天科技”），致力于打造具有龙江特色的智慧社区、为黑龙江省物业管理行业创造生机和活力。2018 年，雅天科技积极进行市场拓展，共洽谈物业服务企业近 200 家，已完成签约 20 家，现阶段业务已覆盖哈尔滨、大庆、齐齐哈尔、牡丹江、鹤岗、沈阳、长春等城市，签约联盟伙伴共计覆盖管理面积5500余万平方米；在哈尔滨、牡丹江、大庆、齐齐哈尔、鹤岗、佳木斯、长春、沈阳等 8 个主要城市落地联盟小区近 100 个，配备智能门禁、智慧停车以及智能照明等核心产品，覆盖管理面积 2040 万平方米，服务业主近 15 万余户居民。目前就“物业＋互联网”这项工作，黑龙江省房地产业协会物业管理专业委员会还在持续探索过程中。

2.“行业联合保险”

物业服务涉及千家万户，不仅要维护业主的个人利益，更要考虑业主的公共利益，加之行业政策法规不够完善、责任边界不够清晰，物业服务风险时刻存在，如何利用全行业的智慧和资源来合理分散和转嫁风险始终是行业面临的重要课题。

黑龙江省自 2015 年启动行业联保工作以来，通过不断探索，积累了大量宝贵经验，形成了较为成熟的工作推进模式，越来越多的物业服务企业从中受益，参保积极性也空前高涨，但黑龙江省物业管理行业的联保工作在开展的过程中也存在着许多问题，合作的保险公司不能统筹满足全省各地市物业联保需求，联保项目没有形成规模，继而也限制了联保项目的开发深度，致使承保的保险公司和保险代理公司均产生了亏损，对物业保险采取了消极的态度。

2018 年，为了更好服务行业，黑龙江省房地产业协会物业管理专业委员会积极开展工作，认真分析研究行业发展形势，经过多方对比与筛选，选定平安保险公司推进全方位深度合作，于 11 月 29 日成功召开了以“共好、共赢、共建和谐平安新社区”为主题的黑龙江联保工作推进暨省级示范（十佳）项目发布会议。未来平安将借助集团“金融 生态 科技”的战略平台，解决物业难题，不单在保险方面，在社区安保、社区医疗等多方面，都将有完善的服务方案可以与物业相关部门一起解决社区居民的后顾之忧。在企业现场签约环节，各地市的物业服务企业积极参与现场投保。黑龙江省房地产业协会物业管理专业委员会通过推动行业资源整合与品牌强强联合，助力黑龙江省物业服务企业破解物业发展困局，开创了物业服务更主动，物业管理更智能的新局面。

（三）聚焦行业发展问题 主动寻求解决途径

2018 年，政府部门针对社保问题相继出台新政，新政的实施对黑龙江省物业管理行业产生了巨大影响，物业服务企业的管理成本大幅提升，物业管理行业面临着生存和发展的双重危机。黑龙江省房地产业协会物业管理专业委员会围绕社保政策调整后，企业面临的困境和问题采取了一系列的措施部署：

2018 年 6 月 15 日，黑龙江省地方税务局、黑龙江省人力资源和社会保障厅、黑龙江省财政厅联合发起了《关于依法规范企业基本养老保险参保缴费的通知》。黑龙江省房地产业协会物业管理专业委员会组织召开专题研讨会，与各地市行业协会、副主任委员深入解读物业从业人员养老保险征缴问题对黑龙江省物业管理行业未来发展带来的深远影响，搜集汇总了全省各地市共计 66 家物业服务企业员工的社保交缴情况，撰写了《全省物业管理行业关于落实规范基本养老保险参保缴费工作的情况报告》，分别呈送黑龙江省税务局、黑龙江省人力资源和社会保障厅、黑龙江省财政厅、黑龙江省政府办公厅。

针对媒体对物业管理行业宣传导向有失公允、负面报道阻碍整个物业管理行业的发展等问题，黑龙江省房地产业协会物业管理专业委员会成立了物业媒体宣传工作小组，选定《生活报》为合作伙伴，在《生活报》开辟专栏，为物业管理行业正面发声、宣传造势，让主流媒体和业主更加明晰物业的工作内容和责任边界，为黑龙江省物业管理行业的未来发展营造良好发展环境和舆论氛围。

2018 年 7 月 20 日，中共中央办公厅、国务院办公厅印发了《国税地税征管体制改革方案》，明确从 2019 年 1 月 1 日起，将基本养老保险费、基本医疗保险费、失业保险费、工伤保险费、生育保险费等各项社会保险费交由税务部门统一征收。为此，黑龙江省房地产业协会物业管理专业委员会精心筹划，于 2018 年 12 月 23 日举办了“解析社保入税困局、优化物企人资成本”专题讲座，围绕破解社保入税困局、优化物企人资成本等方面问题，以主题分享、现场互动的形式展开深度探讨，为黑龙江省物业服务企业如何在合规的基础上做到最大限度的减负提供新思路。

（四）着眼行业未来发展 积极参与交流活动

为了深入贯彻党的十九大精神，践行 2018 年物业管理行业“服务质量提升年”年度主题，展示物业管理从业人员的专业形象和精神风貌，黑龙江省房地产业协会物业管理专业委员会积极参加中国物协组织的各种活动，与全国优秀企业进行交流学习，展现黑龙江物业服务企业及物业人的风采。

2018 年 8 月份，黑龙江省房地产业协会物业管理专业委员会组织选派了三名物业管理员选手参加了第二届全国物业管理行业职业技能竞赛，其中参赛选手吕志强荣获物业管理员竞赛第二名的好成绩，展现了黑龙江物业人的才华、英姿和风采，获得“全国技术能手”的荣誉称号，纳入全国住房城乡建设行业高技能人才库，为黑龙江省物业管理行业争得了荣誉，在行业内也引起了广泛关注和热烈讨论。

10 月 15 ～ 17 日，黑龙江省房地产业协会物业管理专业委员会参加中国物业管理协会举办的第二届国际物业管理产业博览会暨第四届中国物业管理创新发展论坛，进行物业科技交流，共享行业资源，促进物业服务方式和盈利模式不断创新。

（五）推动行业高质量发展 共创行业美好未来

为大力推动黑龙江省物业管理行业新发展、创造新机会，黑龙江省房地产业协会物业管理专业委员会特邀中国物协和前海勤博教育机构在 2018 年 8 月 29 日、8 月 30 日召开了“提升服务质量、共建美好生活”公益大讲堂暨首届“智创融合、赋能未来”高峰论坛会议。

此次会议作为一次全国性的行业盛会，共邀请到二十余名知名企业家及行业教育专家，携手 500 余名黑龙江、吉林、辽宁东北地区的物业管理及相关行业精英，以主题演讲、圆桌对话的形式，紧紧围绕人民美好生活需求开展研究和探讨，共谋服务品质提升，展示了黑龙江省物业服务企业的风采，也为黑龙江省物业服务企业创造了非常难得的与全国比较知名的企业、企业家、专家进行思想交流与碰撞的机会。

（六）开展示范项目创建 充分发挥榜样力量

2018 年 9 月，黑龙江省房地产业协会物业管理专业委员会组织对全省范围内经十三地市物业主管部门申报且初审符合申报条件的 152 个项目的内外业进行了现场检查和考评。专家组考评成员先后赴哈尔滨、齐齐哈尔、牡丹江、大庆、鸡西、双鸭山、绥化等地进行考评，与受检单位进行深度交流，共同探讨项目经营管理中的优缺点，指导受检单位解决问题的方法和措施。考评期间，为了更加全面地了解和掌握行业发展现状，梳理行业发展存在的问题，黑龙江省房地产业协会物业管理专业委员会组成专项调研工作小组，带领专家组考评成员深入各地市与当地的行业主管部门、行业协会以及地方物业服务企业代表进行深度交流，共同探讨黑龙江省行业发展现状，分享了好的经验和做法。

江苏省物业管理行业发展报告

江苏省房地产业协会物业管理专业委员会

一、江苏省物业管理行业发展状况

2018 年 5 月 1 日，新修正的《江苏省物业管理条例》开始实施，全省各地不断建立健全物业管理规章制度，积极培养物业服务市场，探索创新物业市场监管机制，培训物业服务人员，努力规范市场主体行为。在此过程中，边实践，边治理，全省物业管理行业规模不断扩大，内容不断扩展，品质逐步提升，管理日趋规范，在完善城市治理、推动城市建设、建设和谐社区、改善人居环境、吸纳社会就业、促进服务业健康发展等方面的效果不断显现。

截至 2018 年底，全省共有物业服务企业 9149 家，物业项目 25924 个，总面积约 25.38 亿平方米，平均每家企业管理项目 3 个、管理面积 27.74 万平方米。物业形态涵盖了住宅、办公楼、学校、商业、工矿区、医院等。与 2017 年相比，物业服务企业数量增加 1103 家，增长率 13.7%；管理面积增加 6.38 亿平方米，增长率 33.6%。全省物业管理行业从业人员总数 678775 人。

2018 年全省物业服务企业主营业务收入 604.58 亿元，平均每家企业收入 660.8 万元。企业利润 24.74 亿元，总体利润率 4.1%，平均每家企业净利润 27.04 万元。

总体来看，江苏省物业管理行业发展与上海市、深圳市等相比还有一定的差距。在江苏省物业管理行业发展过程中，改革依然是主旋律，并且在新时代逐渐呈现出新的特点。首先，行业以市场为导向，诚信经营，积极探索转型升级，企业经营服务呈现多元性，为丰富社区服务作出了极大贡献；其次，企业利用互联网技术解决信息不对称的问题，提高效率，降低交易成本，提升了物业服务水平；另外，部分企业亦开始进行资本运作，企业联合、兼并重组逐步开始在行业内出现。

二、行业法规制度建设

自 2001 年《江苏省物业管理条例》颁布施行以来，至 2019 年中旬，江苏省物业管理行业发展已经迈向第三阶段。第一阶段从 2001 年《江苏省物业管理条例》实施到 2013 年。第二阶段从 2013 年 5 月 1 日修订的《江苏省物业管理条例》颁布实施至 2018 年 4 月 30 日。第三阶段从 2018 年 5 月 1 日新修订的《江苏省物业管理条例》颁布实施至今，本部分主要介绍第三阶段的制度建设情况。

（一）省级层面制度建设

自 2007 年物业管理制度首次以法律形式出台之后，物业管理行业不断加强立法工作。2018 年以来，全省各地区继续进一步完善相关法律法规，以保障物业管理行业的快速健康发展。

在全省各地有关部门认真贯彻落实《物权法》《物业管理条例》等法律法规的同时，也对相关规定进行及时的细化，基本形成了以 2018 年修订的《江苏省物业管理条例》为主干，以《江苏省物业服务收费管理办法》《江苏省省级示范物业管理项目服务质量评价标准》等相关规定为支撑的物业管理法规体系。继《江苏省物业管理条例》在 2013 年重新修订之后，江苏省在 2018 年对《江苏省物业管理条例》进行进一步修订并于 5 月 1 日正式实施。新修订的《江苏省物业管理条例》主要取消了物业服务企业资质管理的相关规定，并增加了建立守信联合激励和失信联合惩戒机制的有关内容。

2018 年江苏省物价局、江苏省住房和城乡建设厅联合对《江苏省物业服务收费管理办法》进行修改、补充和完善，并于 2019 年 1 月正式施行。这次修订，进一步放开了相关的物业服务收费，严格将物业服务收费管理的内容限定在定价目录规定的范围内。其中多处采用“双方协商定价”，主要涉及空置房物业费、建筑垃圾清运费用和处置费、新建住宅小区实行门禁出入证（卡）管理与收费等。该办法明确取消空置房物业服务收费减免的相关规定，明确业主应当从房屋买卖合同（符合竣工交付条件）、入住通知书约定的房屋交付日期开始，按月缴纳物业公共服务费用。另外，明确规定物业服务企业有超标准收费、强制或者变相强制收费、低于服务等级提供服务等行为的，由相关部门纳入失信企业名单并给予相应惩戒。业主或者物业使用人有拖欠物业服务费用等行为且经法院判决仍拒绝交纳的，纳入其个人信用档案。

2018 年，江苏省两会《政府工作报告》中，将改善居住环境列为十项民生实事之一，要建成多个省级宜居示范居住区。江苏省住建厅发布《省政府办公厅关于分解下达 2018 年度保障性安居工程和省级宜居示范居住区建设目标任务的通知》，对建设“省级宜居示范居住区”任务进行分解。江苏省财政厅、省住建厅联合印发《江苏省省级保障性安居工程（宜居住区）建设引导资金管理办法》，进一步加强省级保障性安居工程（宜居住区）建设引导资金管理，更快更好地实现“更舒适的居住条件”这一总体要求。

为深入贯彻落实习近平新时代中国特色社会主义思想，充分发挥党的政治优势和组织优势，进一步提高党组织领导下的物业服务管理和社区治理水平，中共江苏省委组织部于 2019 年 7 月下发《关于以党建引领推进物业管理行业建设的通知》，对党建引领物业管理行业建设进行整体布局、协调联动，努力形成党建引领作用明显、行业监管更加完备、运行机制科学有效、物业管理规范有序、人居环境舒适和谐的物业管理新局面，使居民群众获得感、幸福感、安全感更加充实、更有保障、更可持续。

（二）市级层面制度建设

由于各地区经济发展水平存在较大差异，在积极落实省条例的前提下，各地区根据自身情况，制定与完善物业管理制度相关法律法规。

南京市于 2016 年 7 月正式施行《南京市住宅物业管理条例》。为落实《南京市住宅物业管理条例》的进一步实施，南京市政府相继出台 22 个配套文件并配以专场培训。截至 2018 年底，已经组织 8 次专场培训，参培人次超过 1000 人。在贯彻落实政策过程中，针对热点、难点问题，进行深化与创新。针对老旧小区管理，出台了《鼓楼区加强老旧小区管理工作实施方案》（鼓政〔2018〕144 号）以及《区政府关于印发鼓楼区加强老旧小区管理工作实施方案的通知》（鼓政〔2018〕144 号）。进一步完善区级物业管理行业协会建设。通过行业协会加强自律行为，并将物业服务企业及项目负责人参与物业服务区域内的违法建设治理情况纳入社会信用评价考核体系和示范小区评选内容。南京市针对物业专业人才培训、旧小区管理、电梯等特种设备使用、物业服务企业诚信监管、住宅专项维修资金使用、物业管理纠纷化解等物业管理热点、难点问题，均已配套相应的法律法规。

2018 年中旬，苏州市住建局机关二支部与 7 家物业服务企业以及有关社区基层党组织召开会议，结为“1＋7”“红色管家”党建示范联盟，会议通过了苏州市“1＋7”“红色管家”党建示范联盟章程，充分发挥红色管家项目在行业中的影响力，不断提升服务品质，提高群众满意度。2019年初，苏州市为推进物业管理行业信用体系建设，促进物业服务企业诚信自律，维护公平竞争的物业服务市场秩序，市住房城乡建设局印发《苏州市物业服务企业信用管理办法（试行）》（苏住建规〔2019〕3号）。

《无锡市物业管理条例》于2015年9月1日正式实施，为了配合《无锡市物业管理条例》的落实，无锡市于2018年11月1日施行《无锡市前期物业管理招投标评委管理办法》（锡建规发〔2018〕5号），2019年5月1日施行《无锡市业主大会和业主委员会活动指导规则》（锡政办发〔2019〕17号）。《无锡市物业服务企业信用档案与评价管理办法（试行）》于2018年3月1日施行，在健全无锡市物业管理行业法制化的同时，通过立法加强企业诚信、信用管理方面的建设。

常州市结合市区物业管理行业发展实际情况，于2019年7月1日起正式施行《常州市住宅物业管理条例》。该条例新增加了物业保修金与住宅专项维修资金、信用管理和监督管理三部分内容，明确了政府及相关部门管理边界，推动综合行政执法向住宅小区公共场所拓展。目前《常州市住宅物业保修金管理暂行办法》正在制定，办法将明确交存、使用和退还、监督管理、法律责任等有关具体规定和要求，有望在2019年出台。《常州市住宅物业参与主体信用管理办法》也在制定中。除此之外，为响应省级宜居示范居住区目标，常州市在全省率先出台《关于以党建引领推进业委会和物业服务企业建设的指导意见》，围绕实现物业管理行业党建100%全覆盖、全规范、全统领的目标，以“龙城先锋”工程为龙头抓手，探索“党建引领、行业主管、基层主抓”的物业管理新模式，以党建引领高质量推进“住有宜居”物业管理工作，塑造常州“先锋管家”红色物业品牌，真正实现政治引领、理顺职能、因地制宜。

宿迁市于2018年6月30日正式实施《宿迁市住宅物业管理条例》，2018年市住房城乡建设局还发布了《关于印发市区住宅专项维修资金财务档案查阅管理规定》的规定，配合条例实施，以保障宿迁市物业管理行业稳健发展。

淮安市在2018年底至2019年中旬，积极开展《淮安市住宅物业管理条例（草案）》立法工作，积极吸取各地方法规优点、逐条斟酌、两次公开征求意见，并及时反馈修改结果。本条例在信用管理、应急机制、加装电梯、信息公开与监管、车位与充电设施等方面均明确规定，切实保障群众切身利益。

连云港市于2018年8月施行《连云港市物业服务企业信用评价管理办法（试行）》，响应江苏省物业管理条例的要求，进一步规范物业管理行业市场秩序。

除以上城市外，镇江市、徐州市等其他地区也在陆续酝酿完善建立物业管理相关的制度，规范物业管理行业健康有序发展。

（三）物业管理与城市治理

近几年，物业管理行业发展迅速，优秀物业服务企业迅速增长，示范项目层出不穷。涉及居民住宅、写字楼、商住楼、厂房等，服务范围不断扩展，服务水平显著提高。这些成果离不开政策引导、政府支持。同时，物业管理成为社会治理、社区治理的重要参与者与协助者。物业管理作为社区公共服务与专业服务的输出者，对完善城市精细化发展具有天然优势，不仅补齐了社会治理的短板，而且助力城市精细化发展。

江苏省委、省政府为进一步加快城市发展，规范物业管理的服务职责与责任要求，先后出台《关于加强城市社区治理与服务的意见》《江苏省省级示范物业管理项目服务质量评价标准（2019年版）》等，推动了物业管理行业制度体系的完善，明确了相关主体的责任。

各地区根据省部意见，从城市治理的角度出发，因地制宜的完善物业管理的法律体制，扶持与规范物业管理行业。苏州市 2019 年施行《苏州市房屋使用安全管理条例》、徐州市 2019 年施行《徐州市房屋使用安全管理条例》，规范房屋管理，厘清物业服务企业、房屋所有权人的责任，增强房屋安全责任人的安全意识。苏州市积极展开垃圾分类管理，《苏州市生活垃圾分类管理条例》作为苏州市人大常委会 2019 年立法计划正式项目，已于 2019 年 5 月底公布《苏州市生活垃圾分类管理条例（草案）》全文，广泛征求意见。此条例虽未针对物业管理行业，但是与物业管理行业息息相关，也是物业管理行业需要重视与配合的重要事项。

三、行业问题分析

物业管理行业紧随着中国经济社会发展的步伐不断成长壮大，在经济社会的高质量发展、满足人民日益增长的美好生活需要中，充当着重要角色。目前，物业管理行业正处于前所未有的快速发展阶段，行业规模稳步增长，服务领域不断拓展，服务品质取得显著提高，市场机制和管理体系初步形成，配套法规体系不断完善，物业服务消费观念渐入人心，全省物业管理行业的发展取得了较为突出的成绩，但也存在一些问题需要解决。

（一）关于法制建设与行政监管

江苏省各地各有关部门认真履行职责，严格落实有关规定，推进配套法规体系建设，强化物业服务市场监管，规范物业服务企业行为，增强物业管理行业自律，提升物业管理服务水平和覆盖面，各项工作取得了积极成效。但在法制建设和行政监管方面还存在一些问题需要厘清解决。

顶层设计滞后市场需求分析。由于物业管理涉及公共民生和城市社区治理诸多方面，物业管理立法的顶层设计非常必要，也将对社区治理的基层实践产生重大变革和影响。近些年，江苏省及各城市积极补充完善、修改制定物业管理相关法律法规、规章制度。然而，经济社会、信息技术、客户需求等的发展不断提出新的课题，从而使立法总是相对滞后。在今后一段时间内，这种状况仍将长期存在。对立法者来说，有必要综合各方面力量，结合市场需求分析，提出具有“顶层设计”性质的相对前瞻的总体的法律解决方案，使问题导向出发的物业管理顶层制度设计与市场化变革方向形成合力，以制度创新为改进物业服务管理奠定法律基础。

物业服务价格调整机制不健全。《江苏省物业管理条例》规定普通住宅的前期物业服务收费实行政府指导价，业主大会成立后，物业服务收费是否实行政府指导价由业主大会决定。价格行政主管部门应当每 3 年内对物业服务等级收费标准及相应的基准价与浮动幅度进行评估，并根据评估结果适时调整。但从实施情况看普遍不理想，部分城市仍然长期沿用老物业服务收费标准，有的城市使用统一标准长达 10 年多。另外业主大会成立前，调整物业服务费标准的“经专有部分面积占建筑物总面积半数以上的业主且占总人数半数以上业主同意”的调价条件在操作中存在很大阻碍，业主的投票率、业主投赞成票的比率都很难达到要求。政府指导价标准未能及时调整、调价条件较难实施，而物业服务成本不断攀升，给物业服务企业的经营、物业服务内容的提供带来很大困难。

物业管理行业信用体系建设不完善。2018 年 3 月，《物业管理条例》进行了修订，删去了第二十四条中的“具有相应资质的”；第三十二条第二款修改为：“国务院建设行政主管部门应当会同有关部门建立守信联合激励和失信联合惩戒机制，加强行业诚信管理”。物业服务资质取消，有利于提高企业自我发展和社会活力，但也降低了行业进入门槛，加剧了行业竞争，提高了监管难度，需要加强行业诚信监管。2016 年江苏省就着手研究并搭建江苏省物业服务企业和人员信用管理系统。南京、苏州、无锡、南通、宿迁等城市也都相继出台了本市物业服务信用信息管理办法，推进物业管理行业信用信息管理系统建设并初见成效，但从全省来看，已出台的物业服务信用管理办法，信用信息监管的主要对象是物业服务企业和项目负责人（或项目经理），缺乏对企业负责人、业主委员会（或物业管理委员会）委员、建设单位、业主等主体的监管，还未实现规范政府的行政管理行为和物业服务企业的市场行为的预期目标。

专项维修资金使用难、续筹难。根据《住宅专项维修资金管理办法》的规定，住宅专项维修资金，只能用于住宅共用部位、共用设施设备保修期满后的维修和更新、改造。该笔资金虽是业主的钱，但对于业主来说，住宅维修资金到底有多少，存放在哪里，由谁支配使用，用在了哪里，能否向社会公开等问题都缺乏了解。频频发生的维修资金被非法挪用或被冒领、资金使用效率低等问题，暴露了该专项资金在管理、使用、监管方面存在的诸多漏洞。另外资金使用的透明度、运行效率和增值收益率也需要提高。虽然省条例以及一些地方针对住宅专项维修资金应急使用问题做出了相应规定，但从全省面上来看，专项维修资金使用难问题没有得到根本解决。同时，对于住宅专项维修资金续筹问题，缺少具体的操作条款和机制，在实际操作中难以落实。

第三方评估机制缺失。物业服务的无形性特点导致物业服务的提供方即物业服务企业与物业服务的购买方即业主很难对物业服务质量给出客观一致的评价。而物业服务矛盾纠纷中，很突出的一点就是对于物业服务是否质价相符，物业服务企业和业主的分歧较大。从全省来看，南京市从 2017 年 7 月 1 日起已开始正式实施《南京市物业服务第三方评估管理暂行办法》，实现了业主对物业服务企业不满意可申请第三方评估。该办法规定，第三方机构将对物业服务进行专业的评估、分级。如果 10% 以上的业主对建设单位选聘的物业服务企业提供的物业服务质量不满意，可要求评估。但省内其他城市还未建立或正在建立类似的第三方评估管理机制。物业服务缺乏客观的评价反馈机制，直接影响到业主对物业服务的满意度、物业服务企业的品质提升，甚至影响到物业管理行业的健康发展。如果建立客观公正的第三方评价制度，引入物业服务第三方评估机构，由第三方机构对物业服务进行专业的评估，给业主与物业服务企业一把评价的客观标尺，就可以通过市场经济手段改变业主与物业服务企业间信息不对称格局，进而化解物业服务收费质价相符认定分歧大的难题。

物业服务纠纷调处机制不健全。物业管理行业诞生以来，一直伴随着各种矛盾纠纷的困扰。如何解决物业矛盾和纠纷，是行业主管部门、行业协会组织和物业服务企业必须应对的重大课题。多年来，江苏省不断探索如何解决物业服务矛盾和纠纷的方式方法，包括开通政府网络平台，受理网络投诉处理，加强信访工作等措施，并于 2017 年 4 月 11 日印发《关于建立健全物业纠纷多元化解机制的指导意见》，通过细化业主委员会、街道社区基层组织、物业行政主管部门、司法行政机关、公安机关、人民法院、综治部门等多方职责，完善人民调解、行政调解和司法调解等多种渠道的衔接机制，最大限度整合解决物业纠纷的各方力量，积极构建物业纠纷多元化解工作体系，努力实现物业纠纷的有效预防和及时化解，促进社会和谐稳定。虽然取得了一定的成效，但在实际执行过程中还是遇到种种困难，比如在当前司法资源相对有限的情况下，存在物业服务收费纠纷问题法院不受理、受理难的现象，使得通过法律途径解决物业服务收费纠纷的成功案例较少。

（二）关于物业服务企业经营管理

各地通过不断推进物业管理服务专业化、社会化和市场化，积极培育市场主体，物业服务企业得到稳健发展。物业管理服务范围由过去的单一住宅物业，逐步扩展到商业、办公、医疗、教育、军队、金融等各个行业；服务内容也由过去的基本服务逐步延伸到社区电子商务、社区养老、家政服务、短期租赁等不同领域服务。物业管理服务已成为社区公共事务管理、精神文明建设和社区文化建设的重要载体，群众满意度有效提升。但也存在一些问题需要进一步解决。

品牌、领军企业不多。虽然江苏省物业服务企业总体数量排在全国前列，但品牌企业、龙头企业较少。中国物业管理协会发布的《2018 年全国物业管理行业发展报告》公布的全国物业服务企业综合实力TOP100中，江苏只有不到10家，低于广东、浙江等省份，而且 TOP10 企业中没有江苏省的物业服务企业。

物业交接矛盾尖锐。随着城镇化加速，物业管理的覆盖面越来越广，业主对物业服务品质的要求提高、维权意识及维权行为增强，业主对原物业服务企业不满意要选聘新的物业服务企业的现象越来越多，当然也有物业服务企业主动撤出物业服务项目。在小区更换物业服务企业时，老物业不肯走、新物业进不来，老物业已撤走、新物业未选聘到位的现象比较普遍，有时甚至出现群架斗殴的伤人事件，主要原因有业主欠费的处理谈不拢、老物业不肯交接档案资料、设施设备交接不畅、业主对于更换物业服务企业的意见不统一等。物业交接矛盾容易激化，导致广大业主的利益受到伤害。

物业管理服务定位不准。一方面，一些物业服务企业还不能对自己的角色身份进行正确定位，仍然把自己当作管理者，而不是服务业主的身份，不符合新型城镇化建设要处处体现以人为核心，提高柔性化治理、精细化服务水平，让城市更加宜居，更具包容和人文关怀的要求。另一方面，一些物业服务企业对自己的服务不能进行准确的定位，比如对于刚性需求小区提供高端物业服务或者改善型需求小区提供基础服务，这样肯定会导致资源的错误配置，引起业主的不满，也影响企业的健康发展。

物业服务创新不足。在如今市场经济的飞速发展和激烈竞争的环境下，企业只有不断创新，才能求得长远的发展，物业服务企业也不例外。部分物业服务企业在服务理念、经营项目上，还只是定位在提供基础物业服务内容；对于不断更新的信息技术的应用，也是停滞不前。随着业主对物业服务品质要求不断提高、信息技术不断变革、业主消费需求不断变化、绿色理念不断深入人心等各种变化，物业服务企业必须不断创新，才能实现持续发展。

物业服务成本上涨快，物业服务企业经营压力大。随着中国老龄化程度不断加重，劳动力规模逐年下降，中国的人口红利正在消失，廉价劳动力的时代终结，而物业管理行业仍属于劳动密集型行业的特点短期未变，人工成本不断上升的压力较大。同时由于物业服务费合理调价机制的缺失，物业服务收费标准调整难度大，有的小区甚至交付十几年未调整过物业服务费标准，而业主对物业服务品质的要求却在不断提高，所以也加剧了物业服务企业与业主的矛盾，使得物业服务企业的利润空间不断被挤压，经营压力越来越大。

物业服务水平尚需提高。近年来各地新规的推出使物业管理更加规范化、细致化，也切实增强了人民群众的获得感，进一步提升了行业的市场化水平，行业更好地满足和呼应了人民日益增长的美好生活的需要和建设现代化国家经济体系的需要。但仍有一些物业服务企业存在服务标准质量不高，收费标准与收缴率均低的双重问题，恶性循环，导致业主满意度低，物业服务企业难以按照市场行情合理调整物业服务费，进而影响到物业服务的品质。部分物业服务企业“重利益、轻服务”倾向较严重，存在管理水平不高、服务标准不规范、诚信经营不足等问题，尤其是财务收支透明度不高、侵害业主权益的现象时有发生。

物业服务人员流动性大，高素质人才缺乏。物业管理行业准入门槛普遍偏低，而且由于人工成本不断攀升，物业服务收费标准调整难度大、物业管理行业社会地位低、物业服务矛盾纠纷突出等因素，使得物业服务企业人员流动性较大，招聘并留住高层次优秀物业管理人才较难。另外随着互联网和新技术的广泛应用，物业管理行业正在从传统劳动密集型企业向新思维、新理念、新技术方向转变，需要大量的互联网、金融、资本、智能科技等跨界人才。人才已经成为制约物业服务企业快速发展的最大瓶颈。

（三）关于业主委员会运行

小区是业主共同的家园，业主共同建设、共同治理才能共同分享。业主委员会由物业管理区域内业主代表组成，代表业主的利益，向社会各方反映业主意愿和要求，并监督物业管理公司管理运作，在业主自治、协调物业服务企业与业主矛盾等方面作出了很多贡献，但还存在一定的问题。

业主委员会运行不够规范。由于现代生活节奏较快、业主相互之间交际不多，对于业委会候选人的具体情况很难了解清楚，加上业主委员会成员只能兼职，没有客观的报酬，业主的参与意识不强，造成业委会成立比例较低，或者业委会成员素质不能保证。部分业主大会业主委员会虽然建立起来了，但由于业主委员会委员缺乏专业性，不能有效履行物业管理法规所赋予的职责，业主与业主之间、业主委员会内部矛盾等常引发物业管理权之争，造成物业服务公司进退两难，直接影响物业服务企业的正常运作；部分则为了一己私利，越权操作，重大事项的决定权不经过公开的业主大会讨论，自行行使决策权。由于业委会没有监督机构、没有问责机制，工作的主观性、随意性较大，运行操作不规范、工作效果不理想、履行职责不全面的情况屡见不鲜。

业主委员会缺乏法律地位。近年来，因业主组织不当维权、侵害业主共同利益所引发的矛盾纠纷日趋激烈。其问题关键在于业主组织缺乏明确的法律地位，从而无法形成有效的外部监督机制。南京等地在地方立法中通过民政备案尝试赋予业主委员会独立法人资格，但仍未根本解决问题。另外业委会法律地位的缺失，使业委会在遭遇业主恶意拖欠物业费或物业服务企业违法违规时，不能名正言顺地提起法律诉讼。

四、行业面临的机遇和挑战

近年来，江苏省综合实力和国际竞争力大幅提升，城市基础设施建设、管理模式创新、智慧城市推进等方面也在稳步推进，与此同时，物业管理行业也发生着显著变化。随着信息技术和科技手段的广泛应用、绿色发展的战略部署、标准化体系建设进程的不断推进、资本对物业管理行业的关注度越来越高，物业管理行业面临前所未有的发展机遇，但往往机遇与挑战并存，面对新形势，物业管理行业一定会把握住机遇，积极迎接挑战。

（一）实现深化改革、转型升级，应对新时代新要求

党的十九大报告明确指出："中国特色社会主义进入新时代，我国社会主要矛盾已经转化为人民日益增长的美好生活需要和不平衡不充分发展之间的矛盾"。作为一个与人民群众生活、工作息息相关的行业，物业服务质量不仅承载着人民对美好生活的向往，更关系到和谐社区的建设和城市文明程度。随着信息技术的变革，人们对物业服务的要求越来越高，高品质的物业服务也被重新定义。新时代背景下，物业服务企业应该思考如何提升服务品质，促进企业发展，适应新时代要求。

党中央、国务院高度重视深化"放管服"改革、优化营商环境工作，要进一步缩减市场准入负面清单，推动"非禁即入"普遍落实，近年来部署出台了一系列有针对性的政策措施，破除不合理体制机制障碍，更大激发市场活力和社会创造力。《2019江苏省政府工作报告》提出，要深化"放管服"改革，推动降低制度性交易成本，下硬功夫打造好发展的软环境。作为经济大省的江苏，一直将打造良好的营商环境作为重中之重。国家上下一致努力营造良好的营商环境，对于物业管理行业来说，无疑是前所未有的发展机遇。

《2019年国务院政府工作报告》指出，新型城镇化要处处体现以人为核心，提高柔性化治理、精细化服务水平，让城市更加宜居，更具包容和人文关怀。江苏省城镇化已接近相对稳定发展的阶段，应当更加重视品质的提升，迫切需要坚持以人民为中心的发展理念、顺应人民关切和需求，针对快速

发展时期出现的“城市病”问题，加快推动宜居城市建设和既有住区宜居化系统改善，打造兼具安全、包容、舒适、魅力、永续特质的城市，系统谋划推动建设更加协调、更加均衡、人民群众更加满意的宜居城市。而物业管理行业作为社区治理的重要组成部分，关乎人民群众生活，对于江苏省建设宜居城市，缔造美好环境与幸福生活责无旁贷。

站在新时代新起点，物业管理行业也进入深化改革、转型升级的关键时期，拥有开放创新精神和思想解放，应对新时代新要求，才能实现物业管理行业的长远发展。

（二）结合新一代信息技术，推进“智慧物业”建设

物业管理行业积极响应习总书记指出的网络强国、数字中国和智慧社会战略，把握好数字化、网络化、智能化融合发展的契机，让信息化、智能化为杠杆的新动能带动行业转型升级。移动互联网、云计算、大数据、物联网和人工智能等信息技术和科技手段在物业管理行业的广泛应用，给物业管理行业的转型升级带来了前所未有的机遇，很多企业都致力于搭建并输出信息化平台，进行“智慧物业”建设；通过智能硬件替代人工，提升物业服务企业多元化、信息化、智能化发展水平，降低运营成本，并通过不断为业主提供优质服务来提高业主满意度和信任度。

2018 年 5 月，国家标准化管理委员会下达了 2018 年第二批国家标准制修订计划，其中包括制定计划编号为 20180987-T-469 的《智慧城市 建筑及居住区 第 1 部分：智慧社区建设规范》，规范全国智慧社区建设，向从事智慧社区规划、设计、施工、运营、管理等单位提供支撑。这几年物业管理行业积极探索与科技的深度融合，努力分享科技红利，现在已经有一部分物业服务企业顺应大势技术求新，积极分享技术红利，实现物业管理成本、效率、用户体验的全面升级。

数字化时代与科技的结合，给物业服务企业带来了前所未有的机遇，但对于创新动力不足、急功近利的物业服务企业来说，无疑也是一种挑战。另外智慧物业的指向需要大批的复合型、创新型人才，这不可能完全靠跨界合作来解决，所以人才资源对于物业服务企业来说也是短期内难以解决的短板。

（三）坚持绿色发展理念，推进绿色物业管理

2018 年 6 月 27 日国务院发布《打赢蓝天保卫战三年行动计划》指出，打赢蓝天保卫战，是党的十九大作出的重大决策部署，事关满足人民日益增长的美好生活需要，事关全面建成小康社会，事关经济高质量发展和美丽中国建设。其中江苏省重点区域范围之一。

《江苏省“十三五”物业管理行业发展规划的通知》提出，以落实国家“创新、协调、绿色、开放、共享”五大发展理念为指导，通过管理方式、技术措施等方面的创新，积极推进绿色物业管理和低碳发展，建设美丽宜居新江苏。全面导入资源节约、环境保护理念，倡导绿色低碳生产生活方式，深入开展以节能、节水、垃圾减量分类、环境美化绿化为主要内容的绿色物业管理，不断提高物业管理对可再生能源、资源的循环利用率，有效降低各类物业运行能耗，最大限度地节约资源和保护环境，致力构建宜居小区、节能低碳居住区。

根据 2017 年 10 月发布的《江苏省生活垃圾分类制度实施办法》要求，到 2020 年，设区市城市建成区生活垃圾分类投放设施覆盖率将达 70% 以上；南京、苏州将实施生活垃圾强制分类。对照时间表，全省各地不断发力，探索推进垃圾分类的正确路径。从全省来看，各地都有独到做法。南京自 2011 年就启动垃圾分类工作，截至目前，南京小区、乡村、学校、机关事业单位等纷纷加入垃圾分类行列，主要以兑换奖励、设置智能回收箱等方式，引导市民自助投放垃圾；扬州市建立了“互联网＋垃圾分类”数据平台；在常州部分小区，居民参与垃圾分类获得的积分可以抵扣物业费等。数据显示，截至 2018 年底，全省 1.2 万个小区、近 1.8 万个

单位设置分类投放设施，公共区域共新增约 25 万组生活垃圾分类投放设施，垃圾分类推进工作不断提速。

《江苏省“十三五”美丽宜居城乡建设规划》指出，到 2020 年，全省 50% 的城镇新建建筑按二星及以上绿色建筑标准设计建造；对既有建筑和城市照明实施绿色化改造；鼓励开展适老社区改造，提升老旧住宅小区的绿色宜居性能；有序推进既有居住建筑节能改造试点，结合老旧小区出新和环境综合整治，同步推动节能改造。

绿色发展，已成为国家战略，全民共识。社区物业管理是城市管理的重要组成部分，在绿色发展、环境治理的大环境下，物业服务企业责无旁贷积极推动绿色物业管理模式，为社会绿色发展和节能降耗工作贡献一分力量。当然，这也对物业服务企业质量和人才储备提出了新的要求。

（四）推进标准化建设，提升物业服务质量

党的十九大报告指出，“标准决定质量，有什么样的标准就有什么样的质量，只有高标准才有高质量”，深刻阐述了标准建设的重要性和紧迫性。标准化建设是提升物业服务质量的必经之路，能够为企业带来质量稳定、成本优化、效率提升、风险控制等诸多利好。

近几年，中国物业管理协会一直在积极推进标准化基础建设。2015 年底开始，中国物业管理协会成立了标准化工作委员会来推动标准化工作，大量基础性工作得以落地，包括发布《中国物业管理协会团体标准管理办法》和首项团体标准《物业服务示范项目服务规范》T/CPMI001-2017，参与了《绿色建筑运行维护技术规范》行业标准、《物业服务安全与应急处置》等三项国家标准的编撰工作；主持开展《停车场信息联网通用技术规范》《写字楼物业服务规范》《产业园区物业服务规范》《高校物业服务规范》《医院物业服务规范》等团体标准的起草、审查和后续认证工作。2018 年立项的中国物业管理服务行业的三项国家标准：一项强制性标准——《物业服务安全与应急处置》，两项推荐性标准——《物业管理术语》《物业服务顾客满意度测评》也将在 2019 年通过审核发布实施。

《江苏省“十三五”物业管理行业发展规划的通知》提出，推进物业管理标准化工作，构建江苏省物业管理服务行业标准体系，把标准的制定与行业发展相结合，把标准的实施与规范从业行为相结合，不断扩大标准覆盖范围，提高标准适用性，逐步形成科学合理、层次分明、重点突出、能够满足整个行业发展要求的标准化体系，以标准化手段全力支持物业管理行业转型升级，助推全省物业管理行业可持续发展。2018 年，江苏省住房城乡建设厅发布《江苏省省级示范物业管理项目服务质量评价标准》；江苏省工商局与省住房和城乡建设厅、省消费者权益保护委员会联合发布了《江苏省住宅物业委托服务合同（示范文本）》，加强对住宅物业市场的规范引导，保护合同双方当事人的合法权益。

标准化体系建设进程的不断推进，必将推动物业管理行业向专业化、规范化发展。物业服务企业的标准化经营并不是指传统的循规蹈矩墨守成规，还需要充分考虑企业的可创新发展性。

（五）资本注入，提升物业管理行业集中度

随着物业管理行业的快速发展，资本市场对行业的关注度也越来越高。5 月 23 日，2019 中国房地产上市公司测评成果发布会暨首届物业服务企业上市公司测评成果发布会显示，从核心测评指标来看，2018 年上市物业服务企业营业收入均值为 20.78 亿元，同比上升 45.30%；在管面积（公布数据的 12 家上市企业）均值为 9904.3 万平方米，同比上升 28.57%；净利润均值为 2.75 亿元，同比上升 62.26%；毛利均值为 5.93 亿元，同比上升 49.33%；毛利率均值为 29.61%，相较 2017 年增加 0.17 个百分点；总资产均值为 28.31 亿元，同比上升 67.18%。物业管理行业整体被资本市场看好，市盈率处于高位。上市物业服务企业经营规模持续上升，营业能力逐渐增强；毛利率稳中有升，利润

水平保持增长；偿债能力逐步增强，财务状况保持稳健。

资本的注入，对于转型期的物业管理行业来说，带来的影响是多方面的，主要有人才结构向高端化、多元化、复合型的方向转变；行业的集中度进一步提升；企业商业模式的不断创新；信息化技术和科技手段的广泛应用。但行业获得资本市场的助力，是建立在对优质物业服务品牌认同的基础上的，物业服务企业想要得到资本市场的认同，必须要以高品质服务为前提，以高认知度的品牌为导向，在能持续创造价值的基础上，再借助资本的力量助推企业和行业高质量发展。党的十九大提出了美好生活的目标，作为现代服务业的物业管理行业，借力资本，有着更值得期待的发展前景。

五、行业未来发展的对策和建议

物业管理行业的可持续健康发展需要制度的进一步完善，需要政策的支持，以及行业企业的自我探索、创新与发展。

（一）制度层面

一是法规制度建设要与时俱进。在法律法规建设上，坚持与时俱进与问题导向，按照边实践边完善的原则对相关法规制度进行修订和完善，有效推进行业发展的规范化、制度化与长效化。配合实现《江苏省"十三五"物业管理行业发展规划》发展目标以及近两年新修订实施的《江苏省物业管理条例》《江苏省物业服务收费管理办法》等的贯彻实施，结合行业发展的新技术、新特点、新形势、新问题等，对诸如专项维修资金使用、信用管理、垃圾处理、社区养老等出台配套相应的制度办法，逐步实现物业管理政策法规建设的全覆盖，为依法规范物业管理工作提供法制保障。

二是进一步推动细化物业服务标准化建设工作。从标准的供给层面来看，目前发布的标准以管理标准为主，服务标准和技术标准，尤其是代表物业管理行业先进性的技术内容和优质服务水平的标准还较欠缺。应重视行业优秀资源、高校科研机构、社会力量等的协调配置，培养一批既懂专业又懂标准化的复合型人才，加大标准化经费投入，建立标准化长效运行和保障机制。

三是注重立法过程的科学性。开展专业调研，吸收听取多方意见；善于总结各地立法经验，借鉴先进做法；重视高校科研机构、社会专业力量在立法过程中的重要作用；重视利益相关群体的信息反馈等。

四是鼓励理论创新。通过科技基金、社会科学基金和自然科学基金及政府购买研究服务、横向课题等科研政策及项目给予专项资金支持物业管理研究。对物业管理体制改革的重要问题重要领域，以科学的态度和专门的立项研究，形成新思维、新框架、新机制。根据物业管理环境的变化和物业管理服务的特点规律，系统思考和研究物业行政管理宏观体制、物业管理行业中观自律管理体制和物业服务企业微观经营体制变革的主要问题、主要领域、关键要素，推进物业管理体制全面深化改革。

（二）政府层面

一是把握"党建引领"主心骨。十九大报告指出"党政军民学，东西南北中，党是领导一切的"。物业管理各项工作的开展应以党建为引领，切实发挥基层党组织的领导核心作用。应建立健全党组织领导下的物业服务管理体制机制，强化社区党组织对居委会和业主委员会的领导，推动有条件的物业管理区域党建联建，鼓励党组织活动开放共享，加强物业管理协会和物业服务机构党组织建设。聚焦党建工作，促进企业将党组织建到项目，创新党建与社区管理的融合；以党员的标杆影响员工以德修业，踏实诚信服务。

二是加强政策引导支持，营造物业服务专业价值的舆论环境。物业服务品质的提升离不开政府主管部门的指导和支持，离不开政策的引导。比如老旧小区改造问题，物业服务企业无法承担超越其能力的社会责任，政府应有相应的兜底政策，通过市场政策的引导来解决类似问题。政府可以联合协会、企业、业主、街道委员会等各方面力量协同提升物业服务品质，达到树立物业服务新形象的目的，让老百姓重新认识物业服务的价值，提高对物业服务工作的认可度和满意度。如国家倡导绿色工业，鼓励物业服务企业做节能改造，该项工作对业主生活和发展有益，但物业服务企业会增加成本，政府方面应给予一定的扶持和利好。

三是搭建合作交流平台。政府主管部门牵头发起建立沟通平台，联合优质物业服务企业，鼓励企业通过平台开展相互之间的考察学习、交流合作，实现优势互补，并可吸纳设备设施管理、保洁家政、园林绿化、秩序维护等专业服务企业参与，鼓励合作共赢，重构物业服务价值体系。

四是全覆盖推动行业培训。以提升物业服务质量为中心，推动物业服务标准化建设，提升物业从业人员素质与提高物业服务质量，促进全省物业管理服务水平跨越式提升。以近两年新修订实施的《江苏省物业管理条例》《江苏省物业服务收费管理办法》的贯彻为契机，行业主管部门坚持抓好各类人员培训工作，组建宣讲团，编写培训教材，统一安排授课，实现对物业管理人员、物业管理政策法规及业务培训的全覆盖，夯实业务基础；对各级物业管理行政人员进行业务强化培训，提高依法行政的专业素质和能力。

（三）行业层面

一是加强行业诚信体系建设，引领行业发展。国家取消物业管理师资格考试和企业资质管理相关规定后，物业管理行业协会应积极发挥其在行业自律管理方面的作用，与行业主管部门一起制定完善物业管理行业企业评价指标体系，进行企业诚信评价，建立健全企业诚信档案，开展宣传推广工作，规范会员行为，让企业守信、守规、守法成为自觉行为。

二是营造崇尚技能的行业新风。通过有规划、有制度、有措施、有保障地推进行业人才培养工作，为工匠精神厚植良好的行业土壤。探索建立终身职业技能培训制度，转变“重学历、轻能力，重理论、轻操作”的观念；举办职业技能竞赛，以竞赛促提升、以竞赛促发展，弘扬工匠精神，营造尊重劳动、崇尚技能的社会氛围。

三是积极参与课题研究。行业协会可以发挥会员单位的人才优势、管理优势、实践优势等，承接政府主管部门的课题项目，对行业发展的热点重点难点问题进行研究，为各项法规制度的出台和各项举措的实施奠定理论和实操基础。

（四）企业层面

一是加强人力队伍建设。针对互联网等现代科学信息技术在物业管理中的广泛应用，通过专项培训，使物业管理人才队伍的眼中有新视野；要加强对员工的职业技能培训和职业道德建设，规范员工的服务行为；与高等院校合作通过物业服务类专业培养优秀从业人员，推动校企合作、联合办学，形成物业服务定点培训机构；加速培养高层次、高技能、复合型人才，构筑满足企业发展需要的多层次、高素质、现代化人才队伍，为企业长远发展注入强大后劲。

二是创新商业模式。物业管理行业是一片蓝海，物业服务企业要想在物业管理行业的黄金十年有所作为，就应该积极主动借助于互联网、物联网、新技术等去创新服务模式和经营模式，进行服务升级，为用户创造全新的生活体验，进行营销升级，把为业主创造最大化价值宣传出去，实现企业思维向用户思维交易思维向运营思维的转变，掌握用户资源，挖掘用户价值，提供令业主满意的品质服务。物业服务企业应积极地寻找合适的科技伙伴，形成合力构建生态圈，达到优势互补、各取所长、各得其所、相得益彰的目的。

三是探索进军社区养老服务业。预计至2050年，我国60以上人口比例将达到34.1%，将进入重度老龄化阶段。养老特别是社区养老服务业市场广阔。物业服务企业应积极主动探索通过发挥自身对场地、服务以及设施管理拥有主导权的优势，整合或介入相关资源，逐渐形成以社区为依托，以老年人日间照料、生活护理、家政服务为主要内容，提供健康管理、康复理疗、老年大学、老年营养餐桌、老年用品销售等服务，以上门服务和社区日托为主要形式的居家养老服务体系，拓展多种经营。物业服务企业应根据社区养老的要求设立相应的前期物业管理组织以及介入标准，或在社区原有的公共设施上进行适当改造或扩建。融合社区现有配套服务体系，整合周边服务商，打造全方位养老平台。在资源整合方面，物业服务企业可以对部分自身存在短板的服务与第三方机构合作，将某些服务内容外包给第三方或者成立独立公司，以提供更专业化服务。

四是践行绿色发展。让社区环境更优美、设施设备运行更可靠、建筑运营更健康，是物业管理行业的本职工作，也是绿色发展的重要内容。物业服务企业在建筑运营、垃圾分类、雨水收集、中水利用、地下车库及公共部位照明改造等节能减排、社区环境维护、设备设施运行等方面大有可为，这些工作是物业服务企业转变管理模式践行社会责任的重要举措。

浙江省物业管理行业发展报告

浙江省房地产业协会物业管理专业委员会

自2012年出台《浙江省人民政府办公厅关于加快发展现代物业服务业的若干意见》（以下简称为《若干意见》，实施期限为5年）以来，浙江省物业管理行业在政策引领之下，于改善城市人居环境、提高居民生活品质、创新社会管理、促进社会和谐中发挥了积极而显著的作用。2018～2019年是浙江省物业管理行业后“若干意见”时代，行业承接发展惯性，巩固行业发展的政策，主动寻求新旧势能转换的能量。进入新时期，人民日益增长的美好生活需要和不平衡不充分的发展之间的矛盾，为物业管理行业的发展带来了新契机，也提出了新要求。浙江省物业管理行业发展方向定位为，在党建引领下，美好生活需求的设计者、推动者和实现者。

一、浙江省物业管理行业发展概况

（一）政策推动营建发展沃土

五年政策期限的浙江省《若干意见》形成强大的引领作用，在此利好政策下形成的长效机制，持续发挥营造良好发展环境的作用。例如由浙江省住建厅主导，省人力资源与社会保障厅针对物业管理行业举办的高级研修班，是提升物业服务管理者的权威培训。浙江省建设行业的最美评比，也将物业服务领军人物、基层最美人物纳入了评选范围，物业服务者跟众多城市建设者一起，成为政府与社会合力推举的标杆。《浙江省物业服务企业信用信息管理办法》出台，让行业自律意识加强，巩固了良好的行业发展成果。

而《若干意见》期限临近时，拥有改革之先的温州出台实施《温州物业管理条例》，义乌出台《促进我市现代物业服务业发展的若干意见》，杭州、宁波等地也将物业服务与社区基层治理相结合，从各个层面出台破解物业服务难题的政策。例如，杭州每年新增蓝领公寓超1000套，2019年更是增加到2000套以上，这些公寓低租金，设施齐全，拎包入住，直接在政策中将基层物业服务人员纳入主要惠及人群。此举为行业基础人才的安居稳定起到重要作用。

（二）数据之变显现做强端倪

截至2018年底，全省物业服务企业达到4403家，从业人员超过36.08万人，这两组数据分别比2017年仅增长5%和1%。而2017年，这两组数据的增量均为17%以上。企业数量与从业人数增长率双降，看似发展速度减弱，这正是跟整个中国经济发展情况一致，过去粗放型的增长刹车，逐步实现有质量的增长。企业总数增量少，主要是浙江省品牌物业服务企业发展并没有减速，特别是3家上市企业的年度报表中，都实现超过20%的增长，在浙江省内的物业服务份额进一步提升，相对成熟的区域市场中，企业数量超两位数的增长量大概率不会出现。企业数量不增长，而头部企业在科技应用抵岗等方面，又实现了多年投入后的新突破，由此新增就业人数也相应放缓。

2018 年，浙江省各类物业管理项目 1.55 万个，其中住宅项目占 66%，在管面积 11.36 亿平方米，其中住宅面积 6.41 亿平方米。住宅面积持续增长，这与浙江 2017 年加大人才引进，杭州等主要城市成为人才净流入全国前三名城市不无关联。这也显示，为更多志在城市安居乐业的人才服务，也为物业服务者提出了新的更高要求。

二、浙江省物业管理行业发展成果

（一）党建引领，为设计美好创造环境

2018 年，浙江省代表性物业服务企业负责人，大多当选市、区级行业协会党委委员，为强化基层党建工作奠定了组织基础。社区、业委会、协会党委将在基层党建中形成合力，在美好生活需求供给的一致目标中，唱响主旋律，释放正能量，为企业设计美好服务产品创造更好的环境。与此同时，开展基层党建过程中，切实发挥基层党委作用，树立解决诸如公共维修基金使用、公共设施设备改造、优质优价调整等突出难题的典型案例，以此更好疏通物业服务企业的痼疾，促进业主自治在有条件的小区创新施行。

（二）信用建设，为守护美好建档立案

国家全面取消物业管理行业的资质审批后，省住建厅房地产市场监管处，组织代表性物业服务企业深入一线调研，专业讨论，于 2018 年末编制成《浙江省物业服务企业信用信息管理办法》，并开发了线上申报及评价平台。2019 年，将积极展开信用信息申报、评定等工作，以信用体系建设为抓手，促进行业自律意识、诚信观念，促进行业在市场竞争中优胜劣汰，从而提升整个行业的服务质量，更好地守护与推动美好生活成果。

（三）智慧服务，为城市物联网留接口

为应对人口红利消失，也为摆脱行业劳动密集型的特征，2018 年一批龙头物业服务企业在科技化、平台化、生态型方面投重金、倾心力，服务线上化，监测智能化等物联网应用已初具规模。2019 年，将围绕生活服务的便捷性、丰富性与安全性等方面，树立不少于 3 家企业、不低于 10 个智慧小区的标杆，逐渐促使其成为智慧城市建设中，物联网应用的重要组成部分。

（四）垃圾分类，为政府工程出力献策

推进垃圾治理科学化，切实做好垃圾分类管理，是贯彻落实党的十九大精神、改善社会发展环境、践行绿色发展观念、推进生态文明建设的迫切要求。2018 年，物业服务企业在宣传、贯彻落实省委省政府关于垃圾分类的工作要求过程中，探索了一些新思路、新方法。例如，绿城服务与公益组织阿拉善合作，组织专家学者，共同研讨“社区垃圾”分类产业化实践，并为政府有关部门和物业管理行业企业做好垃圾分类工作提供科学、有效借鉴意见。2019 年，在垃圾分类方面，落地转化探索课题，出实效，见成果，在分类、减量中形成科学监测，为政府垃圾分类工作提供成功案例。市、区物业协会，广泛发动企业参与，持续为垃圾分类工作贡献创新、高效的力量。为了能够持续长远开展工作，积极探索物业费组成结构中，探讨能否给予垃圾分类的专项费用支撑。

三、浙江省物业管理行业发展规划

（一）未来社区，再现浙江改革锐气

浙江以省政府名义试点建设“未来社区”。未来社区以小区（街区）为主体，体现城市品质发展水平，适应新一轮科技革命和产业变革要求。过去几年，物业服务企业已与互联网、大数据、人工智能等形成一定融合，其预留出的物联网软硬件接口，

也为对了未来社区提供了便利，政府部门已将部门物业服务企业纳入未来社区的开发者团队之中，物业服务企业定位于“生活开发商”，从生活需求供应端，达成未来社区从建筑、数字到生活三级实现。

（二）社区扶贫，切进中国物业管理协会志愿服务

浙江省房地产协会物业管理专业委员会已将社区扶贫列入2019年重点工作，号召省内物业服务企业行动起来，响应中国物业管理协会和中国扶贫志愿服务促进会开展的“社区的力量”消费扶贫攻坚战专项行动，聚焦贫困地区和建档立卡贫困户。

目前，浙江省物业服务企业将已作试点的企业为标杆，为来实现区域联动形式，利用消费端需求优势，将贫困地区与人口的好产品和好生态作为消费目标，运用自身已建成的互联网平台，实现公益线上、线下相结合的扶贫模式。与此同时，针对物业服务企业用工特点，号召全国性布局的物业服务企业，对建档立卡的贫困户，开展就近职业培训，优先安排，就近就业的扶贫模式。

（三）资本引导，为高成长性企业赋能

目前，浙江省已有A股、H股上市公司3家，且业绩与资本市场表现较好。2019年，预计省内还将有物业服务企业成功实现IPO。行业主管部门，将积极鼓励以高成长为目标的企业，让其能够在美好生活需求设计、推动与实现道路上，升得更高，走得更远，主动为其发展给予方向把控与赋能支持。

（四）服务边界，厘清行业发展权责

目前，物业服务实务中，全行业都存在着物业服务企业责任边界不清的状况。浙江省房地产协会物业管理专业委员会联合法专委，进行《物业服务企业法律责任边界研究》，并确定为中国物业管理协会年度重点课题成果。

浙江省房地产协会物业管理专业委员会将依据此课题内容，从法定、合同约定等责任出发打破模糊边界，为企业发展吃定心丸，也将部分开发商、业主、行政监管部门对于物业服务企业所承担的法定、约定责任认识存在的偏差加以归纳，帮助中小物业服务企业实现无障碍发展。

总之，浙江省物业服务将在厚实发展的铺垫之下，继续强化党建引领，继续加大诚信促进，继续深化创新转型，突出彰显浙江在这个行业中的潮头意识与向上势能，真正让行业在美好生活设计、推动与实现的方向下，实现有质量、可持续发展。

杭州市物业管理行业发展报告

杭州市物业管理协会

一、物业管理发展基本情况

随着杭州市物业管理规模的快速增长，城市发展已经从“重建设”逐步进入“重管理”的新阶段。2018 年，杭州实行物业管理的小区或大厦总面积已达到 3.4 亿平方米。在全市行政区域范围内，实施专业化物业管理的项目（含住宅和非住宅）达到了 3052 个，实施社区化准物业管理或社区直接管理的小区有 429 个，实施业主自行管理的项目有 85 个。物业管理小区或大厦中，除去尚在前期物业管理阶段的以外，已成立业主委员会 1467 个。

目前，在杭州实际从事物业服务经营活动的物业服务企业共计 798 家，其中外地进杭企业约 200 家，行业从业人员约 12 万人，在解决社会人员就业方面发挥了巨大作用。根据市统计局统计数据，2018 年杭州 166 家物业服务企业实现营业收入 147 亿元，较 2017 年增长 16.1%；纳税额 8.3 亿元，较 2017 年增长 11%。历年来，共计 48 个物业管理小区或大厦荣获全国城市物业管理优秀示范小区（大厦）称号，并产生了绿城服务、南都物业、滨江物业、开元物业、盛全服务、保亿物业等多家在主板或新三板上市的本土物业服务企业。

随着行业经营逐渐多样化，物业服务企业在经营范围上，已不再局限于服务小区或大厦，而是延伸至医院、学校、公共场所、产业园区、风景名胜区等各种业态；在经营方式上，已不再局限于传统的低技术含量、高劳动密集，而是通过信息化、大数据等手段提高经营效率，提升服务水平；在营收来源上，已不再局限于收取物业费，而是通过多元化生活服务、高附加值增值服务等拓展服务领域、增加服务内容。

为规范行业自律，引导行业有序发展，2018 年相继出台了《关于以党建引领推进业主委员会和物业服务企业建设的指导意见》（杭组〔2018〕9 号）、《关于进一步做好业主委员会党建工作的通知》（杭房委〔2018〕44 号）、关于印发《临时管理规约》《管理规约》《业主大会议事规则》和《业主大会和业主委员会工作指导文书》等示范文本的通知（杭房局〔2018〕271 号）、关于印发《杭州市物业服务合同》等示范文本的通知（杭市管〔2018〕162 号）等物业管理相关法律法规及政策文件。

在行业互动互通方面，积极举办行业相关活动，重新梳理杭州市物业管理优秀项目考评专家库，开展杭州市物业管理优秀住宅小区（大厦）考评、复评工作，开展物业服务企业巡回培训，举办专项岗位职业资格证书培训及实操演练考核，举办第三届物业管理行业技能比武大赛，召开第四届第一次会员大员，举办首届物业管理行业运动会，开展“最美物业人”评选活动，并多次搭建物业管理行业交流平台，组织行业人员参加各地交流学习活动，了解行业最新动态，掌握行业发展趋势。

二、当地特色工作的经验与成果

（一）坚持党建引领工作

党的十九大报告指出，要“坚持党对一切工作的领导”，明确“带领人民创造美好生活，是我们党始终不渝的奋斗目标”。2018 年 5 月，经杭州市住保房管局党委批准，组建成立了中共杭州市物业管理行业协会党委，标志着杭州市物业管理行业党建引领工作机制的建立。制定党委相关制度，完善党委内部管理机制，召开党委委员（扩大）会议，开展书记上党课，并在平时通过新媒体平台，加强党委内部思想政治学习，为推进各项党建工作奠定基础。

为加速目标的实现，中共杭州市物业管理行业协会委员会充分发挥行业党委的政治优势和组织优势，切实贯彻落实《关于以党建引领推进业主委员会和物业服务企业建设的指导意见》（杭组〔2018〕9 号）文件要求，督促各区、县（市）加快落实以党建引领推进业主委员会和物业服务企业建设工作，通过不断扩大党的组织覆盖和工作覆盖，截至 2018 年底，全市已有 1316 个业委会和 1529 个物业项目实现了党的组织和工作覆盖。建立街道社区党组织领导下的居委会、业委会、物业服务企业三方联动机制，有效凝聚多方合力，提升基层社会治理能力。出台相关指导规则，为基层房管部门、街道社区对业主委员会开展指导监督和党建引领提供了更具操作性的依据。

通过下发《关于进一步推进物业管理行业协会和物业服务企业党的建设工作的通知》，召开市、区两级物业管理协会联席会议、协会党委扩大会议、协会会员大会。建立党建工作联系点制度，党委委员通过调研走访、谈心谈话、宣讲党课、参加组织生活会等形式，指导、监督相应的区、县（市）推进物业管理行业党建工作。各区、县（市）以及物业服务企业也充分发挥主管积极性，不断创新开拓，取得了诸多成效和亮点。例如，下城区物业管理协会党群服务中心正式落成，成为杭州市首个物业管理协会专属的党群服务中心。杭州万科物业服务有限公司城东管理中心党支部与九堡街道魅力之城社区就“同心圆工程”达成党建共建协议，并在小区设立了“党员示范岗”等。2018 年 11 月，中国建设报在全国范围内组织的“共建共治共享・中国幸福小区”案例征集活动经资料审核和专家实地调研评估等程序发布了调研报告，由杭州万科物业服务有限公司服务管理的杭州万科魅力之城入选《2018 中国“幸福小区”案例调研报告》，报告指出，“幸福小区”突出体现了“党建引领社区共建共治共享”的治理成效和经验。

按照新时代党的建设总体要求及杭州市基层党建“全域提升、全面提质”行动部署，开展了全市物业管理行业“最强党支部”创建评选活动，共计 19 个党支部（总支）被评为 2018 年度杭州市物业管理行业“最强党支部”暨党建示范点。这 19 个党支部日常党务工作到位，程序严密规范，各项制度得到有效执行，特别在参与基层社区治理多方联动机制和热情高效服务业主方面，体现出了物业服务企业党组织较高的凝聚力和较强的战斗力。

党建引领“杭州模式”也得到了多方肯定。国家级媒体、内刊对杭州以党建引领推动物业管理行业发展以及相关成功案例进行了报道，并对杭州模式表示肯定：新华通讯社《国内动态清样》2018 年第 1587 期报道《杭州党建聚焦“关键小事”增强群众获得感》，浙江省委书记车俊同志对该文批示肯定；中组部《全国基层组织建设工作情况通报》2018 年第 15 期报道杭州市江干区魅力城社区物业业委会党建工作；《中国组织人事报》11 月 30 日整版刊登文章《以党建引领推进业委会和物业服务企业建设——杭州这样破解小区治理难题》，报道杭州市经验做法；《光明日报》2018 年 9 月 11 日头版报道《拱墅成立浙江首个“三方办”》；《中国建设报》中国物业 2018 年 4 月 11 日第 13 期报道《物业服务开启“杭州模式”》；《中国建设报》中国物业 2018 年 9 月 26 日第 36 期报道《杭州以党建引领业委会和物业服务企业建设纪实》；《共产党员》杂志 2018 年 8 月报道《杭州：物管披“红装”》等等。

（二）加强对物业服务企业的监管和规范

探索建设物业服务监管信息平台，健全对物业服务企业的监管考核和满意度评价机制，在近年来物业服务企业资质管理取消的情况下，进一步加强事中事后监管，形成新的信用评价机制。对接细化浙江省物业服务企业信用信息管理平台要求，在省级政策和平台的框架下进一步完善考核措施。强化对物业服务企业和物管项目的季度、年度考核，考核情况进行公示并记入前期物业招投标评分范围。同时对 2017 年版《物管项目考核记扣分标准》进行新一轮调整完善，以适应党建引领和各项小区治理工作的需要。

为加快推进物业管理行业信用体系建设，构建以信用为核心的物业服务市场监管体制，根据《浙江省物业服务企业信用信息管理办法》（浙建〔2018〕19 号）、《关于启用浙江省物业信用平台开展物业企业信用管理工作的通知》（浙建房发〔2019〕9 号）等文件精神，并结合浙江省住建厅召开的专题培训会要求，全市物业服务企业贯彻落实积极做好“浙江省物业服务企业信用信息管理平台”的信息录入和管理工作，促进了物业服务企业诚信自律，健全了杭州市物业服务企业信用体系。

（三）开展杭州市“最美物业人”评选活动

作为“最美杭州”的重要组成部分，杭州已成功举办三届“最美物业人”评选活动，不仅向社会展示了新时代物业人的风采，也使社会公众进一步理解物业人、尊重物业人、关爱物业人。在积累前两届评选工作经验的基础上，为切合行业发展现状，2018 年第三届“最美物业人”评选活动也进行了创新改革，扩大了评选对象范围及宣传平台，在评选方式上改变评审标准、扩充评审渠道，同时，为激励表彰荣誉获得者，主办单位积极为其提供了荣誉运用平台，使第三届“最美物业人”充分得到了社会认知度，提升了物业管理行业的社会影响力。

（四）培训工作

在新时代中国特色社会主义背景下，物业管理行业全面加强技能人才队伍的培养建设工作任重道远。为进一步提升物业服务企业的服务能力，提高人们的生活居住品质，行业主管部门及相关职能部门在全市 12 个区开展了物业服务企业巡回培训，累计培训各物业管理项目主任及相关工作人员 2800 余人次。重点围绕消防、生活垃圾分类、文明城市创建等相关政策法规、知识进行讲解，并对物业管理工作进行详细解读。结合行业当前现状制订行业三年培训方案，开设专岗专项培训课程，建设《杭州市物业管理协会培训管理系统》，建立全市物业管理行业人才库，建立并试行培训积分制体系，以培训积分制模式鼓励企业对人才培养的重视性，协会拟将积分制列入物业管理行业信用评价体系，并作为杭州市物业管理优秀住宅小区（大厦）考评标准依据之一。

安徽省物业管理行业发展报告

安徽省物业管理协会

一、安徽省行业基本情况与分析

截至2018年底，全省物业服务从业人员近32万人，其中大专以上学历人员近6万人；物业服务经营总收入99亿多元，其中物业服务主营业务收入超过89.8亿元；物业管理面积近11.1亿平方米，其中住宅物业面积超过9亿平方米；物业服务企业4750多家，其中年营业收入5000万元以上的近120家。

总体来说，全省物业管理行业目前发展稳中有进，服务业态与内涵不断延伸扩展，本土服务企业品牌不断形成，服务水平不断提高，社会管理作用与价值进一步发挥，业主自律自治能力有所提高，全省区域发展总体平衡，行业生产率增长平稳。通过对数据分析，能更为客观、全面、科学地认识全省行业发展现状。

（一）年度增幅分析

2018年底较2017年底，物业服务从业人员增加0.8万人，其中大专以上从业人员增加0.2万人；物业服务经营总收入增加2.58亿元，其中主营业务收入增加1.64亿元；物业服务面积增加0.49万平方米，其中住宅物业服务面积增加0.25万平方米；物业服务企业增加49家，其中年营业收入5000万元以上企业未增加；住宅项目增加827个，业委会成立数增加91个。

2018年物业服务从业人员增幅远远低于2015～2017年年度年均增幅的2.6万人，但与2012～2014年年均增幅的0.5万人相近；物业服务企业增幅进一步降低，远远低于2015～2017年年均增幅的326家和2012～2014年年均增幅的436家；物业服务面积年均增幅与2015～2017年年均增幅的1.4亿平方米相差1亿平方米，与2012～2014年年均增幅的0.9亿平方米也相差一半；物业服务经营总收入增幅较2015～2017年年均增幅的5亿元相差一半，与2012～2014年年均增幅1.5亿元相比增超近1.1亿元。由此可见，全省行业发展步伐较2015～2017年年均有所放缓，但恰恰说明全省行业发展渐趋稳定，由规模效益转向注重服务效益、品牌效益、社会效益，更多地注重服务品质提升、企业结构优化、经营模式创新。

（二）数据结构分析

2018年底全省大专以上物业服务从业人员占从业人员总数的19%，与2017年底的18%相比增加1个百分点，说明行业从业人员结构有所调整优化，体现两个方面，一是大中专毕业生开始选择物业管理行业；二是企业对一些劳动密集型的专业业务加大专业分包力度。

2018底全省物业服务主营业务收入占物业服务总收入的90%，与2017年的91%减少1个百分点，这说明行业开始积极利用社区资源开展多种经营、延伸服务、创新经营方式、拓展盈利模式以获得更多利润。从主营业务收入数据可进一步印证这个判断。2018 年物业服务主营业务收入增长 2.58 亿元，但其中主营业务收入增长为 1.64 亿元，占总收入的 64%，说明约有 36% 近 1 亿元来源于非主营业务收入。

2018 年底全省物业服务住宅业态面积占物业服务总面积的 81%，与 2017 年底的 83% 降低 2 个百分点。这说明全省行业业态覆盖进一步多样化，办公楼、写字楼、商业综合体、医院、校园等业态在有所增加，道路、公园、景区有所覆盖。从住宅新增服务面积也可进一步印证。2018 年底新增住宅物业服务面积仅占新增物业服务总面积的 51%，这表明全省新增了近 2400 万的非住宅面积。

2018 年底全省物业服务住宅小区业委会成立数量占物业服务住宅小区总数的 31%，较 2017 年底的 33% 减少 2 个百分点。主要原因一是业委会成立程序需优化，规范力度需提高；二是新增住宅数量。

2018 年底全省年营业收入 5000 万物业服务企业数占物业服务企业总数的 2.46%，较 2017 年底的 2.48% 降低了 0.02 个百分点。另一方面，中国物业管理协会评选的全国百强物业服务企业中，全省获评数量由 2017 年之前的约 10 家到 2018 年增至 23 家。这说明全省物业服务企业中小规模居多，呈现出中小企业发展缓慢困难，而大型或品牌企业发展较为稳定。

2018 年底全省物业管理行业人均年产值 31236 元，较 2017 年底的 31166 元增加 70 元；2018 年底全省物业管理行业人均物业服务面积 3474 平方米，较 2017 年底的 3399 平方米增加 75 平方米。这也反映行业人均效益有所提高，但人力资源成本依然在增大，服务品质提升困难，经营环境不佳。

（三）全国比较分析

依据《2018 年全国物业管理行业发展报告》进行对比分析。

1. 从物业服务面积来看，2017 年底全国物业服务面积平均 7.96 万平方米，安徽省 2017 年、2018 年底面积数均超全国平均数。详见图 1。

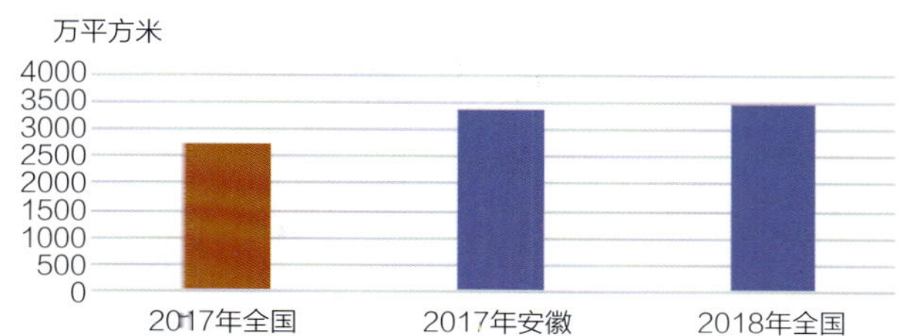

图 1 安徽省 2017 ～ 2018 年底物业服务企业平均服务面积与 2017 年全国比较

2. 从物业服务从业人员数量来看，2017 年底全国物业服务从业人数平均为 29.18 万人，安徽省 2017 年、2018 年底人员数均超全国平均数，如图 2 所示。

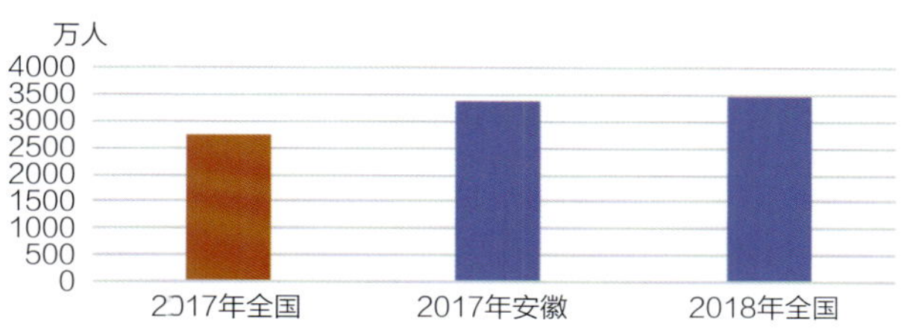

图 2 安徽与全国物业服务人员比较

3. 从物业服务企业数量来看，2017 年底全国物业服务企业数量平均为 3806 家，安徽省 2017 年、2018 年底企业数均超全国平均数，如图 3 所示。

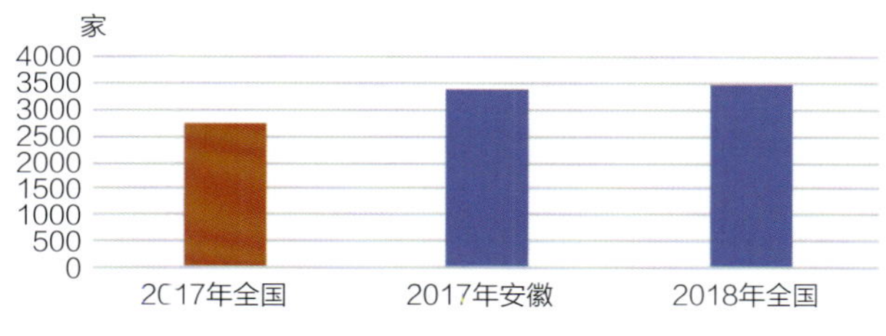

图 3 安徽与全国物业服务企业数量

4. 从物业服务经营收入来看，2017 年底全国物业服务经营收入平均为 193.78 亿元，安徽省 2017 年、2018 年底营收额仅达到全国平均数的一半，参见图 4。

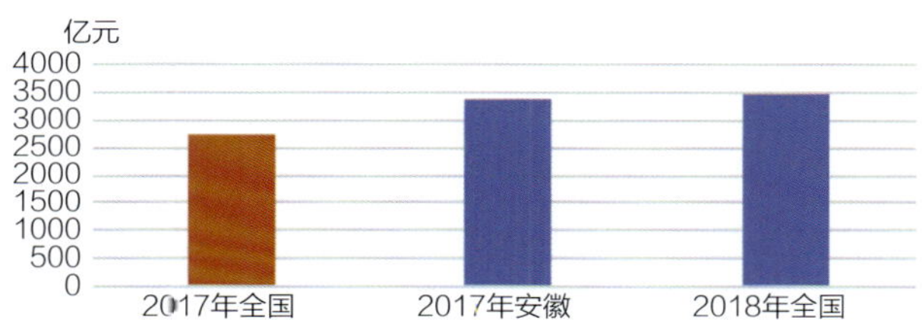

图 4 安徽与全国物业服务经营收入

5. 从人均产值来看，2017 年底全国人均年产值为 66410 元，安徽省 2017 年、2018 年底产值也仅近全国平均数的一半，参见图 5。

图 5　安徽与全国物业服务企业人均产值

6. 从每平方米产值来看，2017 年全国平均每平方米年产值达到 24.36 元，安徽省 2017 年、2018 年底每平方米年产值分别仅为全国平均值的 37.64%、36.86%，详见图 6。

图 6　安徽与全国物业服务单平产值

7. 从人均服务面积来看，2017 年底全国人均服务面积 2726 平方米，安徽省 2017 年、2018 年底服务面积均略超全国平均值，具体如图 7 所示。

图 7　安徽与全国物业服务企业人均服务面积

8. 从物业服务收费标准来看，2017 年底，安徽省独立式住宅、多层住宅、高层住宅、商业物业、办公物业服务收费标准平均数分别低于全国平均值的 1.05、0.77、0.95、2.8、2.23 元 /（平方米·月）。比全国（西藏、香港、澳门、台湾不纳入比较）独立式住宅最高价的 5.72 低 2.92 元 /（平方米·月）、多层住宅最高价 4.09 低 2.39 元 /（平方米·月）、高层住宅最高价 3.42 低 1.95 元 /（平方米·月）、商业物业最高价 13.49 低 9.28 元 /（平方米·月）、办公物业最高价 16.36 低 10.05 元 /（平方米·月）。另外，值得注意的是，此数据为统计样本的平均数，还没有考虑政府指导价因素。以全省指导价标准最高的合肥市为例，最高级甲级服务标准的多层住宅政府指导价最高标准仅 0.84 元 /（平方米·月），低全国平均价 1.63 元 /（平方米·月），比全省均价低一半（这可能存在统计口径的差别，样本企业将联排别墅、洋房等纳入多层住宅）。最高级甲级服务标准高层住宅指导价最高标准仅为 1.44 元 /（平方米·月），低全国平均价 0.98 元 /（平方米·月），也比全省均价低 0.03 元 /（平方米·月）。具体详见图 8。

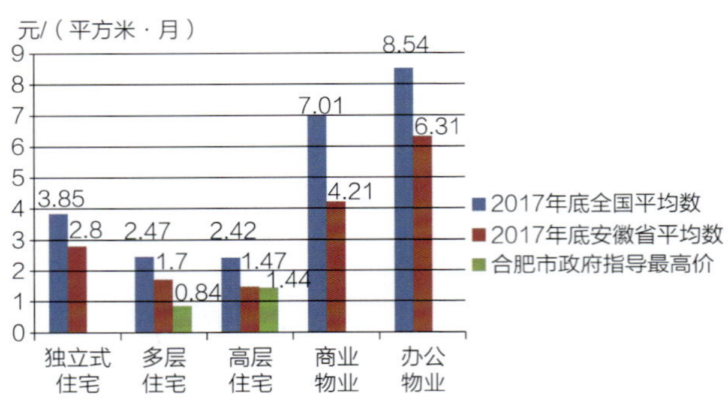

图 8　物业服务收费标准

虽然全省行业总体发展向上向好，但对以上数据综合分析可知，但行业存在的发展短板、局限、困难也十分明显。全省物业服务面积、数量、从业人员、人均服务面积较全国平均值较高或接近，但物业服务经营收入、人均产值、每平方米产值却远远低于全国平均值，这说明行业经济效益不高，技术含量偏低，劳动较为密集，服务水平有待提升，人力成本较高，再加上收费标准处于全国较低水平，行业经营发展环境不佳。当然，这也同时表明全省行业发展潜能尚未挖掘，还有很大的发展与进步空间。提高服务水平、加大技术投入、降低人力成本、优化和创新经营模式将会给全省行业发展带来机遇。

二、新时代社区治理赋予全省行业新使命

近年来，中共安徽省委、省政府加大了对物业管理的重视和支持力度。2016 年，省人大新修订实施的《安徽省物业管理条例》（以下简称《条例》）明确规定“县级以上人民政府应当将物业服务纳入社区建设和社区治理体系”。2017 年，省政府印发《关于扎实推进民生工作的意见》（皖政〔2017〕58 号）将物业管理相关内容纳入民生工作加以推动。2018 年，安徽省委省政府印发《关于加强和完善城乡社区治理的意见》（以下简称《意见》）提出“推动建立在社区党组织领导和社区居委会指导监督下的业主自治工作体系，完善社区党组织、社区居民委员会、业主委员会和物业服务企业‘四位一体’的工作联动机制”和“将业主大会建设及业主委员会工作纳入社区管理工作内容”随后安徽省社区建设领导小组印发《落实城乡社区治理工作行动方案》，安徽省住房和城乡建设厅、全省各市委市政府积极贯彻落实，较大程度推动了行业规范发展。2018 年的主要开展了以下工作：

（一）围绕“党建覆盖”，优化全省物业管理工作机制

根据《意见》新要求，抓好《条例》规定的“条块结合、以块为主、属地管理、多方协同”物业管理体制落实，将“四位一体”建设和工作开展情况纳入全省物业管理相关考评工作关键性内容，发挥优秀的示范引领作用。推进了党建工作全覆盖，突出党的领导，发挥居委会主导作用，规范业委会选举，把好筹备组成员、业委会委员候选人推荐提名关；把好《管理规约》《业主大会议事规则》相关文件制定关。目前，合肥市已建立全市物业管理行业党委；芜湖、池州、阜阳等市政府出台《住宅小区物业管理“四位一体”工作机制的实施意见》；阜阳、亳州全面落实住宅小区综合查验制度；马鞍山市在街道和乡镇建立物业管理联席会议制度；黄山市加强中心城区物业管理，在屯溪区政府设立物业管理处，街道设立物业管理站，社区配备物业管理专员；淮南市建设全市物业服务呼叫平台，引入人民调解机制化解物业管理纠纷；亳州市开展“住宅小区互联网＋”工作试点；宣城市开展物业服务质量第三方测评。

（二）围绕“诚信建设”，督促物业服务履职尽责

一是制定《安徽省物业服务企业信用管理暂行办法》。实施守信联合激励、失信联合惩戒，促进物业服务企业诚信自律，维护各方合法权益。二是继续开展“物业服务提升”行动。搭建落实《条例》《方案》实施载体，巩固服务提升成果。重点围绕违章搭建、毁绿种菜、违章停车、小区治安、服务项目退管等问题开展集中治理。积极受理业主投诉，及时查处违法违规行为，集中解决当前群众反映强烈的物业管理和服务存在的突出问题。三是优化专项维修资金申请使用制度。从方便业主的角度完善和优化专项维修资金使用实施细则。滁州市对八个方面应急维修动用维修资金使用简化程序，黄山市印发了《关于简化维修资金使用流程的实施意见》，亳州、淮南等市也相继制定或修订了专项维修资金的申请使用规定。四是推进物业服务履约监督制度落实。加大全省全面推行《物业服务监督告知单》《违规行为劝阻通知书》《违规行为报告书》等物业服务活动“三单制”，加大对物业服务企业履约行为监管，同时强化相关政府、职能部门开展对违规行为的依法查处工作力度。

（三）围绕“民生工程”，扎实推进老旧小区管理

大力推进城市老旧小区整治改造和管理，促进全省居住环境的改善、城市面貌的逐步提升。城市老旧小区改造工作自 2016 年开始至今，已累计完成老旧小区改造 1529 个，涉及住户 60 万户。对改造后的小区同步引入物业服务，建立长效管理机制，因地制宜采取多样化物业管理服务模式。

三、新时代社区治理为全省行业带来新机遇

社区治理是党和国家社会建设的又一重大部署。从社区管理到社区治理，是习近平新时代中国特色社会主义思想指导下，着力解决人民群众对美好生活向往这一主要矛盾的具体实践。社区治理背景下，物业管理行业只有不缺位、高站位，让行业不仅大有可为，还要有大作为！

（一）积极肩负物业管理社区治理新担当

优质的物业服务不仅能够补齐社区治理的短板，还能助力社区治理的完善。一是提高物业服务企业专业能力。有专业才不失业。日益复杂化和智能化的现代社区需要专业高效、诚实信用的物业服务企业，社区治理更需要物业管理的专业支撑。二是加大优质服务产品供给。推行供给侧结构性改革，不断提高精细化管理水平、创新商业模式，优化、细分和提供满足甚至超越业主期望的物业服务产品，为社区居民幸福感提供基础保障。三是化解物业管理矛盾纠纷。严格落实《安徽多元化解纠纷促进条例》建立规范性、行业性的调解组织和提供商事调解服务的要求，依托社区治理体系中的利益表达机制、心理疏导机制和矛盾纠纷调处机制，预防和化解物业管理矛盾纠纷，构建和谐互信的物业管理关系。四是建立良好的社区文化。以人文关怀为重心，营造以邻为善、以邻为伴、守望相助的社区氛围。物业服务企业既要借力，更要助力社区文化建设，通过发挥公序良俗对居民的教化作用和道德约束，使物业服务更有温度，更有力度。

（二）不断激发物业管理社区治理新动能

一是落实党政部门主导责任。在党政部门的领导下推动相关社区组织和市场主体依法行使事权，激发市场活力，实现政府行政权、居委会自治权、业主财产权、企业物管权的齐抓共管、共同发力。进一步提高政府公共服务能力，加大对相关政府部门目标考核，督促将法定职责履行到位、未定职责绝不作为；按照“放管服”要求划清政府、社会和市场的边界，为企业松绑减负增效。

二是坚持业主的物权主体定位。业主既是物业管理的权利主体，同时也是责任主体。尊重业主财产权同时也要激发业主积极履行职责，强调业主行使其专有部分所有权、共有部分共有和共同管理权利时，严格履行其义务。

三是规范业主大会买方主体。业主大会是物业管理市场的买方主体。规范物业管理市场，不仅要规范供方物业服务企业，还需要规范买方业主大会。成熟规范的业主大会有助于凝聚业主共识，提高决策效率，协调邻里关系，最大限度地维护业主共同利益。抓好规范业委会关键点：第一是党要统筹把关。在党的领导下把关好业主大会筹备组（换届小组）成员、业委会委员选举换届各阶段工作，加强党在酝酿人选、资格审核、投票选举工作的领导。已成立的业委会要设立党支部或设立党小组，通过党建促和谐。第二是政府要指导监督。法律法规虽然赋予政府部门相关指导、协助、监督职责，但一些基层力度不够、业务不专、能力不强，需要全面加强与提高，充分发挥物业管理联席会议制度功能和作用。第三居委会要落实兜底责任。居委会是宪法赋予地位，业主大会是《物权法》规定主体，居委会要加强对业主大会、业委会和物业服务企业的指导监督。建立业委会定期向党组织、居委会通报工作的制度，强化在物业服务企业选聘、工程改造、动用维修资金等重大事项事前通报、事后报备。完善业委会成员监督、考核和审计、责任追究机制；建立居委会、业委会、物业服务企业共管的公共资产、公共收益和资金管理制度和账户，切断个人“发财梦”。规范业主大会选聘企业工作机制与平台，防止恶意抄换企业。第四强化规约规则功能。管理规约、业主大会议事规则是物业管理的基本制度，要充分发挥其作为业主自律、律他的“小区宪法”功能，制定科学可行的相关示范文本予以强制推广和应用。

四是转变行业监管方式。① 推进行业党建工作。创新行业监管，推动企业讲政治、讲规矩、讲公共服务意识和社会责任；通过党员示范，提高企业员工奉献精神、职业道德。② 加强信用管理工作。建立各级物业管理部门、信用管理部门、招投标管理部门信用及“红黑榜”名单信息通报共享机制，推动守信联合奖励、失信联合惩戒，对严重失信的企业和个人实行强制退出制度，引导相关单位特别是业委会选聘信用良好的企业。③ 科学推行第三方测评。通过第三方对物业服务质量评价和满意度调查，是行业监管手段的探索，但需要加强三个方面管控：一要加强第三方测评单位的管理，保证第三方的专业性、客观性、公平性、公正性；二要加强测评内容指标、方法方式、分析依据等技术性，建立科学、系统、统一的测评指标与方法保证测评结果的权威性、可比性；三要加强测评结果的运用，作为企业评价、项目创优、诚信体系、收费标准调整、合同续签订等重要参考依据。

五是坚持专业化市场导向。坚持市场导向就必须尊重市场规律，尊重企业的经营自主权，厘清物业管理与社区治理的责任边界。要求企业履行合同本分，鼓励企业树立奉献精神。当前，全省大力推动老旧小区改造和安置小区、公租房、廉租房建设，调研发现，市场化物业管理程度不高。由于其物业服务费由财政资金支付或补贴，街道或居委会大多采取下属物业服务中心自行管理，提供基本物业服务，专业性维修养护和安全防范无法保障；街道或居委会既是运动员又是裁判员，存在以合法方式掩盖灰色交易，使政府投入巨资改造或建设的房屋难以保值升值，陷入老旧小区循环改造的“无底洞”。应大力推进专业化、市场化物业管理，制定相关政策、通过多种方式引入优质物业服务企业和服务。

合肥市物业管理行业发展报告

合肥市物业管理协会

一、合肥市物业管理行业发展概况

截至2018年，全市共有各类住宅小区2800个，其中物业服务面积近3.5亿平方米，占总面积的90%；2万平方米以上住宅小区物业覆盖面达95%以上，新建小区100%实行了物业管理，在合肥政府机关、国企等单位办公楼宇、学校、医院、机场、车站等公共物业全面无死角对物业管理行业开放。全市物业服务企业共有近1800家，行业从业人员近12万余人。

二、合肥市物业管理行业发展成果

（一）加强党建引领 推进“红色物业”建设

一是根据合肥市委组织部《关于同意设立中国共产党合肥市物业管理行业委员会的批复》（合组办字〔2018〕67号）文件精神，成立合肥市物业管理行业党委，由合肥市住房保障和房产管理局分管领导兼任党委书记，协会会长为党委委员。制定中国共产党合肥市物业管理行业党委工作职责，加强全市物业管理行业党的政治、思想、组织、作风、纪律建设；加强党对市物业协会工作的全面指导；指导和推进全市物业服务企业党建工作，加大党组织组建力度；指导各县（市）区物业管理行业党组织认真履行党建工作职责，建立物业服务企业党建工作台账和定期联系指导制度；推进物业管理行业党建与街道社区党建互联互动；指导全市物业管理行业党组织落实全面从严治党要求；创新物业管理行业党建工作活动方式；负责全市物业管理行业党建工作的评选表彰。

二是各县（市）区物业主管部门重点选取3～5个街道及5～10个不同类型的住宅小区展开“红色物业”试点工作，形成典型经验和示范效应。同时，在试点探索的基础上，以点代面，迅速推动以党建为引领的“红色物业”建设全面铺开。突出党组织对住宅小区综合治理工作的领导和引领，2年内物业服务企业党组织组建率力求达到50%，各县（市）区物业主管部门将物业服务企业党建工作情况作为信用评级、行业评比的重要依据，促进物业服务企业又“红”又“专”。

（二）管理制度体系基本建立，行业发展得到政策保障

合肥市物业管理协会始终抓住物业管理的规范市场、重心下移等工作重点，狠抓各项工作目标任务的落实，协助政府相关部门完善了物业管理配套政策文件的出台。先后协助合肥市房产局、市物价局相关部门就物业费调价事宜进行调研考察；召开物业管理招投标示范文本研讨会和住宅小区综合治理相关规定座谈会；根据修订后的《安徽省物业管理条例》和《安徽省定价目录》规定，协助合肥市市局对《安徽省物业管理收费管理办法》（皖价服〔2014〕122号）有关条款进行了修订和完善；

依据国务院《物业管理条例》《安徽省物业管理条例》等法律法规，参照住房城乡建设部《物业服务导则》、安徽省住建厅《住宅区物业服务标准》等相关内容，制定并实施《合肥市物业服务质量评价标准》及《合肥市物业管理优秀项目验收标准及评分细则》，完成《合肥市物业管理条例》立法前期调研报告，配套出台《合肥市业主大会和业主委员会指导规则》等一系列规章制度和示范文本，为行业依法、依规发展奠定了坚实的政策基础，指导会员单位落实合肥市物价局下发的关于转供电收费问题的文件精神。

（三）监督管理手段不断创新，管理水平得到稳步提升

一是建立“三位一体”工作机制，积极建立和完善在社区党组织领导下，社区居委会、业主委员会和物业服务企业共同参与的“三位一体”住宅小区议事协调机制。各街道（乡镇）是推进“三位一体”工作机制的责任主体，建立规范的工作制度、议事规则、执行和监督程序，业主委员会未成立的，可推选业主代表参加，定期召开会议，合肥市物业管理协会研究小区管理事项，排查纠纷，形成小区重大事项和问题共同研究、相互配合的局面。

二是加大矛盾纠纷调查处理力度。要求各级物业管理人员，深入社区、深入基层，在小区显著位置公示联系人和联系电话，及时解决物业矛盾纠纷。按照“基础调处、一线调处、及时调处”的原则，指导各县、区现场调查处理物业管理矛盾纠纷。

三是继续加快物业服务企业信用体系建设。探索在国家取消物业服务企业的资质管理后，对物业服务企业的监管方式。建立以信用为核心的新型市场监管体系，加快推动物业服务企业信用评价体系建设落到实处，建立信用体系“红黑榜”并定期发布，引导公共资源交易招标单位、开发建设单位、业主大会（业主大会授权的业主委员会）选聘信用良好的物业服务企业。对严重失信的物业服务企业和项目经理坚决实行强制退出，净化物业管理市场。

（四）推进老旧小区物业管理

合肥市积极采取专业化管理、委托属地管理等多种方式推进物业管理覆盖工作。一是编制《城市老旧小区整治改造项目规划》，确定总量任务和年度整治改造计划，依托“安徽老旧小区整治改造管理系统”，动态掌握全省老旧小区整治改造情况，督促各市按时保质推进工作。2018 年计划改造城市老旧小区 449 个，房屋建筑面积 1737.9 万平方米，涉及住户 19.8 万户。全年实际完成老旧小区改造 459 个，房屋建筑面积 1757.2 万平方米，涉及住户 20.2 万户，均超额完成年度目标任务。二是对可以单独实施市场化管理的小区，或经整治达到条件的小区通过宣传引导，积极创造条件，把管理权交给业主，引导其规范选聘市场化物业服务企业负责管理。三是对规模较小的小区，由基层部门（街道、乡镇）牵头组织，采取集中几个小区“统一打包”选聘物业服务企业。四是对不利于单独管理又无法和其他小区联合打包的小区，实施社区准物业市场化管理模式，由街道或社区成立的专门为本辖区无物管小区服务的物业服务中心，维持小区基本的卫生保洁和安全巡逻为主要内容的物业管理活动。针对老旧小区收费难的问题，合肥市采取了“财政补一点、公共收益贴一点、业主交一点”的方式予以逐步解决。

（五）业主委员会规范化建设，小区自治能力得到加强

一是抓组织，明确街道办事处、乡镇人民政府在县（市）、区（开发区）物业管理行政主管部门指导下，负责组织协调本辖区业主大会成立和业主委员会换届工作。二是抓自律，业主委员会委员不依法履行职责，由业主委员会 1/3 以上委员或者持有 20% 以上投票权数的业主提议，业主大会或者业主委员会根据业主大会授权，可以决定是否终止其委员资格。三是抓公开，业主委员会定期公布专项维修资金的筹集、使用情况；物业共用部位的使用和收益情况；业主大会和业主委员会活动经费的收支情况等情况。四是抓监督，针对业主委员会日

常工作不规范、财务账目管理不透明等问题提出了设立独立监事和财务工作由街居代管的解决办法。五是抓规范，印发《业主大会议事规则》《管理规约》《临时管理规约》三个示范文本，指导业委会正确行使公共管理权力，更好地维护小区业主合法权益。六是抓细节，印发《业主大会业主委员会工作指导文书》，为业委会规范开展工作提供了可以遵循的标准。七是抓落实，由合肥市物业管理协会赴社区开展业委会组建程序和政策培训会，进一步提高社居委物业工作人员的专业知识和法律意识，规范社区业委会选举工作的开展。

（六）文明创建、安全生产工作有效加强，住宅小区得到和谐稳定

将文明创建、安全生产工作作为对物业服务企业日常监管和考核的主要内容，结合“流动红旗”“市优项目”评比，组织开展对小区的安全生产和文明创建专项督查。一是认真落实安全生产“一岗双责”规定，明确职责分工，全面落实各级安全生产责任制；制定具有针对性和可操作性的应急预案；督促各企业对所服务小区进行全面的安全隐患排查，重点对住宅小区电梯、消防、水电气管道、给排水管网、围墙、消防通道、配电室、泵房、机房、公共区域防盗网、监控系统、门禁对讲系统、窨井盖、化粪池等设施设备安全使用情况进行检查，发现问题及时整改。二是积极推动文明创建工作。要求各物业服务企业做好小区的卫生清洁工作，彻底清除小区内积存垃圾和卫生死角，确保道路环境清洁、绿化整齐、下水道通畅；加强对住宅小区公共秩序维护，严格小区门卫值岗制度，加大巡查力度，加强小区内的车辆管理，确保良好的公共秩序；积极开展有益的文娱活动；认真做好公益广告的刊播工作；全面配合合肥市的文明创建工作。三是认真组织落实。合肥市物业管理协会适时组织召开物业服务项目充电安全管理专项会议，强调物业服务企业非机动车规范管理的重要性，坚守安全红线，为提高物业服务企业安全生产意识；并多次与相关部门进行沟通协调，在全市物业管理项目中开展对长期停放的僵尸车、老旧车进行专项统计清理工作。

（七）协会创新工作方法，规范行业发展

一是圆满完成了2018年各项工作，促进行业共同发展。“合肥市物业管理行业安全生产知识和岗位技能大赛”“‘筑梦·起航，我是物业经理人’演讲比赛”“合肥市2018年度物业管理行业消防技能竞赛”“合肥市物业管理行业第一届最美物业人摄影大赛”及“超高层建筑物业设施设备管理学习观摩”“合肥市物业管理协会20周年庆典”等大型主题活动的开展，促进了行业队伍的综合战斗力，展现行业发展的奕奕风采；完成了协会会歌《我们一直在路上》的创作和录制，会歌旋律优美、朗朗上口，歌词凝练有力、大气昂扬，会歌一经发布即得到了中国物业管理协会和地方协会的一片赞誉；《合肥物业管理》会刊和微信公众号荣获全国物业管理行业微信公众号影响力和刊物影响力TOP50强；2018年8月合肥市物业管理协会取得了由人社部和住房城乡建设部共同举办的第三届“全国物业管理行业技能大赛”的主办权，大赛将于2020年在合肥举办；更值得合肥市物业管理行业骄傲的是，2018年10月在中国物业管理协会发布的物业服务企业百强名单中，合肥市共有21家物业服务企业荣获“2018中国物业服务百强企业”荣誉称号，上榜企业数量排在深圳、上海之后，位列全国第三名，叫响了“合肥物业”名片，市房产局发文对21家上榜企业进行通报表彰并召开授牌大会，安徽省住建厅、市委、市政府、市人大、市政协等单位领导为上榜企业授牌；2018年12月协会被民政部门评估为最高等级社会组织——“5A级社会组织”，目前全市1400多家社团组织和非营利性社会机构，获得“5A级社会组织”的仅有近10家。

二是支持会员企业做大做强。为探索合肥市物业服务企业的规模化发展路径，切实提高物业服务企业的核心竞争力，推动行业的快速健康发展，协

会深入会员企业，分析物业管理市场，研判市场形势，把握市场信息，切实为会员企业提供服务，引导中小型企业走专业化市场化发展道路，培育合肥市年经营收入 1 亿元以上的物业服务企业，打造具有全国影响力的品牌物业服务企业，让企业面向开放的市场，进一步做大做强．近几年来，合肥本土企业在经营规模和服务质量都有了长足提高。涌现了一大批有规模、有水平的物业服务企业。

三、合肥市物业管理行业下一步工作安排

（一）牢牢把握“党建引领 红色物业”建设重点工作

一是组织开展物业管理行业党建摸底调查工作建立定期摸排机制，切实掌握党组织成立和推进情况；二是推进物业服务企业和住宅小区党组织覆盖，突出党组织对住宅小区综合治理工作的领导与引领，充分发挥市物业管理行业党委的统筹指导作用，力争在全市物业服务企业中建立一批基层党组织、发展一批新党员、树立一批先进典型，使党建工作与行业发展齐头并进。三是推进“三位一体”工作机制，通过实例典型、业务培训等形式对小区“三位一体”落实情况进行指导、监督，实行动态监管，做好“三位一体”工作机制报送制度，力争年内每个社区要有 1 ～ 2 个住宅小区推进落实“三位一体”工作机制。四是通过合肥市物业管理协会重点培育一批合肥市物业管理行业党建工作示范点，分享会员单位在基层党建实践探索中的心得感悟，总结、宣传、推广非公企业先进党组织、优秀党员，积极宣传党建工作的经验和做法，促进党建工作和协会日常工作的深度融合引导会员单位严守政治纪律、政治规矩，自觉做到纪律严明、令行禁止、敢于作为，同时加强“四个意识”“四个自信”“两个维护”教育，推进党的意识形态等工作向下扎根，增强会员单位的凝聚力、向心力，确保合肥市物业管理行业的正确政治方向。

（二）进一步完善物业管理监管体系

进一步推进重心下移，推进物业管理属地化进程，做强街道（镇）级物业管理综合管理平台，成立街道（镇）物业管理办公室、社区（村）物业管理工作站（社区物业服务中心），建全相关工作制度，落实办公场地、资金和人员，将小区物业管理纳街道、乡镇社区日常工作的范畴，理顺各部门在物业管理中的职责。

（三）创新物业服务企业监管手段

一是积极发挥市、区（市）县、街道（乡镇）三级物业管理行政监管体系作用，推动物业管理行政监管属地化。建立健全物业管理考核评价机制，推进实施第三方考核，将考核结果作为企业评价、项目创优、企业和项目经理信用档案、物业服务收费标准调整、物业服务企业选聘的重要参考依据。二是加强物业管理行业信用体系建设。加快完善物业服务企业及项目经理信用信息管理，优化信用信息的采集、处置等流程，建立守信联合奖励、失信联合惩戒的体制，进一步完善“红黑榜”的生成和发布机制，加大对黑榜企业和项目经理的惩戒力度。三是积极开展物业服务专项检查，严肃查处物业服务企业侵犯业主权益、挂靠经营、不履行服务合同等违规违约行为。

（四）提升物业管理矛盾纠纷综合调处能力

注重构建和谐的物业关系，从维护社会稳定的高度积极做好物业管理矛盾纠纷调处工作。成立合肥市房地产领域（物业）矛盾调解委员会，发挥矛盾纠纷调处的作用，进一步健全调解网络，指导和督促街道（乡镇）做好调处和化解工作，对辖区内重大矛盾纠纷进行集中处理。

（五）提升发展动力，引导企业做强做优，打造“合肥物业”名片

一是组织开展行业调查研究，了解、分析、研究行业发展中存在的问题和困难，由合肥市物业管

理协会向政府有关部门反映物业管理活动中存在的困难并提出建议，为政府有关部门决策提供依据。二是总结并推广行业标杆企业在战略转型、模式创新、市场拓展、质量管理、品牌建设等方面的做法，发挥先进企业的示范引领作用，培育一批年经营收入2亿元以上的物业服务企业，力争打造一批具有国际影响力的物业服务品牌企业，积极引导品牌企业进入资合肥市场，做好上市准备，推动“合肥物业”走向全国。三是作为继上海、北京之后第三个取得承办权的城市协会，合肥市物业管理协会将全力配合中国物业管理协会做好第三届“全国物业管理行业技能大赛”的各项前期准备工作。

（六）响应中国物业管理协会号召，积极加入“社区的力量”消费扶贫攻坚战

充分运用市场机制，指导并动员合肥物协会员单位积极参与到扶贫工作中，整合物业管理行业资源优势，以城市社区为核心载体，对接贫困地区特色农产品和劳务输出，开展消费扶贫、用工扶贫等扶贫活动，以实际行动践行精准扶贫。

（七）加强舆论宣传，为行业发展营造良好环境

不断完善和提升以合肥市物业管理协会网站，微信公众号，《合肥物业管理》杂志为基础的本地物业管理信息平台体系，传播正能量，为行业发展服务，展示宣传企业形象，加强品牌企业培训，强化从业人员队伍建设，加强与媒体合作合理引导舆论，为物业管理行业发声，争取良好发展环境，维护行业形象。

福建省物业管理行业发展报告

福建省物业管理协会

一、福建省物业管理行业发展基本情况

（一）物业服务企业数量

截至2018年年底，福建省物业服务企业数量为2685家。其中，沿海部分福州、厦门、漳州、泉州、宁德、莆田等6个地市数量总额为2037家，内陆部分龙岩、三明、南平等3个地市数量总额为648家。与2017年相比，全省物业服务企业数量增加192家，增幅为7.7%。

（二）物业服务规模

1. 住宅项目数量

截至2018年年底，福建省住宅项目数量为15576个，其中沿海6个地市的住宅项目数量为11453个，内陆3个地市项目住宅数量为4123个。与2017年相比，全省住宅项目数量增长448个，增幅为2.96%。

2. 物业服务面积

截至2018年底，福建省物业服务面积为65051万平方米，其中住宅面积为52364万平方米，占比为80.50%。与2017年相比，全省物业服务面积增长5245万平方米，增幅为8.77%；住宅面积增长5446.77万平方米，增幅为11.61%。2018年福建省住宅物业服务面积比例增加，其他类型物业服务项目比例减少。

3. 物业服务主营业务收入

截至2018年年底，福建省物业服务主营业务收入为183.549亿元，与2017年相比，增长35.934亿元，增幅为24.34%。

二、住宅项目业主委员会数量

截至2018年年底，福建省住宅项目业主委会数量为3693个，占全省住宅项目的23.71%。其中沿海6个地市业主委员会数量为2986个，占沿海6个地市住宅项目比例为26.07%；内陆3个地市业主委员会数量为707个，占内陆3个地市住宅项目比例为17.15%。与2017年相比，全省住宅项目业主委员数量增长1147个，增幅为45.05%。

三、福建省物业管理行业发展存在的主要问题

（一）物业服务企业数量少，规模小，能力弱

目前福建省物业服务企业规模偏小，经营管理水平偏弱，更多采用传统的物业管理观念和理念。但是随着互联网的冲击，传统的物业管理经营理念总体滞后已经不能适应社会大环境发展的需求。在信息化、知识化、网络化、全球化为主要特征的大环境下，一些企业对成本上涨给物业管理行业生存发展带来的困难无计可施，也不能在市场环境变化带来的新的市场需求和商机中运筹帷幄，没有从客

户价值、企业资源和能力、盈利方式等方面研究应对困难的路径，长期处于生存困境中，经营风险加剧，管理模式创新及新技术在传统服务中的运用仍处在被动局面。

（二）物业服务成本上涨，物业收支不平衡

虽然目前福建省物业服务企业管理规模都在不断增长，但对于坚守行业本质的物业服务企业来讲，随之而来的并不是规模效应所带来的经营改善，而是因物价、用工成本的刚性增长、项目设备设施老旧等原因造成运营成本的与日俱增。但是福建省物业服务收费普遍存在收费标准和收费率“双低”，对物业的转型升级、刚性服务造成制约。为维持运营，物业公司或减员节流降低人工成本，或通过降低服务标准达到降低服务成本，导致小区在安全、环境、设施等方面暴露出诸多问题和隐患，物业与业主纠纷不断，抛盘现象屡见不鲜。

（三）物业管理法规制度落实不理想，运行机制不顺畅

福建省目前关于物业管理的地方性法规已经不适应现实管理需要，上位法的实施细则规定也存在着盲区，政府行政管理体制与部门协调机制运转不畅，缺乏有效衔接。

1. 物业服务企业前置审批和资质评定的取消导致行业准入门槛降低，物业服务企业的准入、退出机制、招投标制度等方面都存在一定问题，出现鱼龙混杂现象，影响行业服务质量，亟需通过立法加以解决完善。

2. 业主委员会履职缺失：目前，全省只有3693个小区成立了业委会，占比为23.71%。但在实践中，业主委员会规范化建设还存在一些问题。一是部分业主委员会成员对自身权利和义务认知不足，存在履职不力、职责认识不清、活动不规范等问题，引发物业纠纷不断。二是缺乏有效的监管机制，造成业主委员会责任心不强，诱发业主委员会成员以权谋私。三是业主（业主大会）与业主委员会形成的委托代理机制不完善，导致业主委员会越权代理，损害业主利益。相当数量的业主委员会形同虚设，缺少联系业主、服务业主、参与小区治理的主动性，没有发挥业主与物业服务企业的桥梁作用。

四、提高福建省物业服务规范化水平的对策建议

（一）构建物业参考价数据模型，客观推动行业形成“质价相符”的价格机制

为解决目前市场经济环境下，物业服务的人工成本和建筑主体维护成本急剧上涨，而物业服务费却长期在一个低端水平徘徊，呈现出提高物业服务质量与物业费价格倒挂的突出现象和问题，福建省物业管理协会开展了《福建省住宅物业服务收费价格参考体系及相关数据模型构建项目》课题调研工作，并在调研的基础上进行了数据分析处理和项目成本模型的搭建工作。数据模型将合理、合规测算公布相关物业服务成本，建立质价相符的物业服务收费体系，化解物业服务收费纠纷，为政府及有关部门加强物业服务价格指导提供决策支持。

（二）健全法律法规，推动行业依法管理

一是尽快修订《福建省物业管理条例》及相关配套措施和细则。随着福建省城乡经济社会快速发展，现有条例部分条款表现出一定程度的滞后性和不适应性，修改条例、制定相应配套政策措施势在必行。二是建立物业纠纷调解机制。发挥街道、居委会在社区物业管理纠纷调解中的组织领导作用，立足现有人民调解组织，整合充实力量，及时化解矛盾纠纷。三是规范物业服务企业进入、退出机制。按照规则和行业管理要求，依法规范物业服务企业的进入。退出的企业要明确责任，做好各项移交工作，对移交不彻底或拒绝移交的企业，要纳入征信系统，必要时取消其经营资格。

（三）拓宽经营渠道，提高企业经营效益

引入新技术、新业态和新方式，开创全新商业模式，致力于提高物业服务的技术含量、增值服务和产品附加值，实现从粗放型传统服务业向集约型现代服务业的转变，是物业管理科学发展的必然选择。因此，推动行业转型升级是外部环境、形势发展的倒逼，也是行业摆脱当前困境、寻求可持续发展的内在要求。此外，物业服务企业还可以根据自身的优势，扩大经营范围，开展多种经营，壮大企业的经济实力，弥补物业管理服务收费的不足，实现企业发展的良性循环，改变福建省物业服务企业经营规模小、经济效益差的局面。

（四）建立信息化平台，加快智慧物业建设

建设社区物业信息服务与监管平台，搭建居民与物业沟通交流的信息平台和服务平台，方便居民、物业服务企业、政府通过互联网等现代信息手段更加便捷地参与社区管理；通过移动互联网技术和物业管理大数据，搭建业主、物业服务企业、政府和其他相关机构共用、共享的管理和便民服务平台，进一步强化物业管理行业监管，提高行政管理效能和物业服务能力。

江西省物业管理行业发展报告

江西省房协物业管理专业委员会

一、江西省物业管理行业发展基本状况

物业管理行业是“百年老店，千年行当”。房地产进入了一个白银时代，物业管理进入了一个黄金时代，而且市场巨大，江西省也不例外。江西省物业管理行业起步于20世纪90年代，近年来随着房地产的高速发展，物业管理行业也得到了快速成长。

（一）物业管理覆盖面不断扩大

近年来，江西省物业管理面积持续增加，截至2018年年底，全省物业服务企业管理的物业项目总数有7677个，管理面积达67820万平方米，服务类型不断扩展，已从住宅小区逐步扩展到办公楼、商场、医院、学校、工业厂房、机场、车站等多种物业类型，服务类型越来越广，物业管理覆盖率逐年提高。其中住宅项目数6754个，非住宅项目923个。

（二）物业服务企业快速成长

江西省首家物业服务公司1993年成立，经过20多年发展，截至2018年年底，全省物业服务企业已发展到4000余家。尚未计算物业服务企业带动的相关专业服务企业，如保安、保洁、设施设备维修等等。

（三）物业管理从业队伍逐渐壮大

1. 按人员构成分。据统计，全省物业服务企业从业人员约20万人，管理人员近2万人。

2. 按技术职称分。全省取得国家注册物业管理师资格的约600人，取得物业管理从业人员岗位证书的有8000多人。经营管理人员中具有中、高级职称的6000多人，初级职称的2000多人，无技术职称的约16000人。

3. 员工工资福利情况。根据抽样调查，2018年底江西省物业服务企业职工年平均工资约为27300元/人。

（四）物业管理行业产值明显增长

近年来，随着住房商品化和市场经济进程迅猛推进，为物业管理创造了良好的发展空间。物业管理行业为带动就业，促进服务业发展，发挥着越来越重要作用，物业管理产业经济在我国仍有巨大的发展空间。据估算，江西省物业管理行业主营业务收入约50亿元。新余市新达物业公司是一家不到100人的小规模物业服务企业，2016年主营业收入350万，利润40万；2017年主营业收入520万，利润58万；2018年主营收入710万，利润76万。连续3年稳步增长。

（五）物业费收缴率逐渐增长

根据对部分物业服务项目抽样调查，江西省物业服务企业依据不同物业服务类型，物业管理费收缴率测算如表1所示。

物业管理费收缴率　　表 1

序号	物业类型	收缴率 %
1	普通商品房	74.13
2	保障性住房	87.56
3	商业用房	93.60
4	办公用房	95.89
5	公共服务类用房	99.03

物业管理收费率关系物业管理行业的生存与发展，住宅类物业服务企业普遍反映“收费难”，虽然住宅物业市场规模庞大，但住宅物业管理的利润率较低，大部分住宅物业服务企业仅能实现微利，不少企业还存在亏损。物业管理收费难，收费率不高的问题已在一定程度上影响整个行业的健康发展。

（六）业主满意率稳步增长

业主满意率是物业服务质量的考核标准，江西省多数物业服务企业做到了每年开展 2 ～ 4 次的业主满意率调查，有的物业服务企业还委托专业公司开展业主满意率的调查。但在一些小规模的物业服务企业，服务项目主要是老旧住宅小区，在业主满意率调查方面做得不够。根据抽样调查，在一些新建住宅小区，物业服务企业管理较规范，并与业主有良好的沟通，业主满意率能达到 92% 以上，而在一些物业收费标准较低的老旧住宅小区，物业服务企业为了保证利润，降低服务质量，业主满意率普遍低于 80%。

影响业主满意率的原因除物业服务企业服务质量外，还有一个原因是业主将相当部分不属于物业服务企业管理范畴的职能和责任强加给物业服务企业，片面认为既然他们接受了物业管理并且还为此交了物业费，出了问题自然要找物业服务企业，如业主私搭乱建、房屋质量问题、邻里纠纷等，均找物业服务企业讨要说法。

（七）举办重大行业活动越来越多

一是建立以信用管理为核心的行业管理制度。建立了《江西省物业管理云平台》，将分散在各部门的企业信息收集起来，形成企业信用数据库，对企业的服务质量、信用评价进行监督。为了规范物业管理项目负责人从业行为，提升物业管理项目负责人的专业素质和服务水平，开展“物业项目负责人星级考核”。

二是开展了“规范物业管理行为，提高物业服务质量”主题活动。把“解决物业管理矛盾，提高业主满意度”作为检验主题活动成败的唯一标准，广泛发动街道办事处、乡镇人民政府、社区居委会和广大业主参与活动，以增进物业服务企业与业主、社区居委会之间的良性互动，以物业服务质量的提升带动社区管理整体水平的提高。

三是开展了物业服务质量抽样评估活动。曾通过随机抽取物业管理项目进行物业服务质量评估，并将评估结果在所在物业管理区域内显著位置进行公示，帮助业主了解本项目物业服务质量状况，促进物业服务企业规范服务行为。

四是组织物业服务企业开展业主满意度调查。号召全省物业服务企业每年至少要组织开展 2 次以上业主满意度调查，通过开展满意度调查，来广泛听取业主及使用人对物业服务的意见和建议，以帮助物业服务企业更好地提高其服务水平。

五是广泛开展物业管理示范项目创建。通过组织开展各级物业管理示范项目创建活动，树立物业管理示范典型，以示范典型进一步促进和提高全省物业服务企业的品牌服务意识和质量服务意识。

六是组织开展了全省物业服务企业向社会公开承诺“规范物业管理行为，提高物业服务质量”活动，全省参与公开承诺的物业服务企业有 3417 个，覆盖了 6125 个住宅物业管理项目。

二、存在的薄弱环节和发展瓶颈

江西省物业管理行业近年来尽管取得比较快的发展，但仍然处于行业发展的初级阶段。从调研情况分析，主要有以下问题：

（一）物业服务企业的规模普遍偏小，抗风险能力较弱

全省物业服务企业数量虽有 4000 多家，但低于二级资质（用取消资质前的标准进行统计）的物业服务企业占比高达 94.26%。如果用项目总数除以企业总数，每个物业服务企业平均管理的项目仅 2.1 个，这就意味着，如果有一个项目亏损，那这个物业服务企业就将面临难以经营下去的困局。在这种情形下，物业服务企业对其服务的项目是很少投入的，而这种只管收入不管投入的现状最终只会导致物业管理项目越管越差。

（二）物业管理专业化程度不高，管理水平有待提升

依据江西省统计局发布的数据，物业管理行业职工的平均工资待遇仅为城镇职工平均收入的 67.04%，造成物业服务企业人员队伍的流动性加大，物业服务企业在从业队伍不稳定的情况下，较难建立专业化队伍，专业化服务无法保障。另有一些物业服务企业自身认识上也存在问题，在服务过程中往往以管理者自居，侵占业主的利益，少服务、多收费、乱收费，更是增加了业主对物业服务企业的不信任感。

（三）物业服务企业员工受教育程度不高，文化素质较低

物业服务企业管理人员中具有中级以上职称的很少，操作人员中具有初级技工以上人员只占 10% 左右，多数从业人员为转岗和下岗再就业人员，年龄偏大，也无什么专业特长。究其原因主要是物业服务企业职工待遇低，劳动强度大，难以吸引有一定素质的人员入本行业从业。

（四）业主参与物业管理的意识薄弱，自治能力不强

很多业主对物业管理缺少必要的认识，往往不能正确认识享受权利和履行义务的对等关系，业主对物业管理的主动参与意识不强。街道、社区对业主大会的指导作用缺失。业主大会召开难，依法产生业主委员会更难。截至 2018 年年底，全省成立业主委员会的比例仅为 40.02%，只有极个别地方，比如吉安市成立业主委员会的比例达到了 80%。究其原因，一是组建难。由于部分小区开发期较长，区内物业管理区域难以确定，造成业主大会迟迟不能召开；部分小区规模较大、业主户数较多且相互之间大多又不熟悉，组织业主进行选举、决策等事务存在较大难度；部分小区业主公共意识和参与物业管理的意识不强，缺乏“有能力、有权威”的组织者。二是运转难。因为有些业主委员会成立滞后，运作不规范，管理机制不健全，不能真正代表业主共同利益，与物业服务企业、业主甚至内部成员易产生矛盾；有些开发建设单位留下的前期物业及成立的物业管理机构更愿意与政府主管部门和社区居委会打交道，对业主委员会态度敷衍导致其工作难开展。

（五）申请动用专项维资金过程漫长，使用难提取

按照条例规定，动用专项维修资金，应由业主委员会、物业服务企业或业主代表提出维修方案，经专有部分占建筑物总面积 2/3 以上的业主且占总人数 2/3 以上的业主同意，报送房管部门审核同意才可列支。但实际上要达到“双三分之二”的条件严格、程序复杂，造成了大量专项维修资金在沉睡，受惠者屈指可数。据统计，截至 2018 年年底，全省 11 个设区市中心城区累计归集物业专项维修资金 171.99 亿元，使用仅为 7.8162 亿元，使用率仅为 0.45%。

三、提高物业管理服务质量的意见和建议

（一）实行物业管理重心下移，齐抓共管

市、县人民政府要把物业管理工作纳入对街道（乡、镇）目标管理和绩效考核体系，推进物业管理工作重心下移。吉安市吉州区有一个香榭丽都老

旧小区，虽然房子有些陈旧，但是环境舒适整洁，小区活动室花样众多，有“开心老顽童”老年人活动中心，有读书阅览室，有棋牌室、会议室和儿童娱乐室等。走进这个小区，感到人人彬彬有礼，处处和谐有序。他们的管理经验是“把支部建在连上”，社区依托小区，小区和社区合署办公，有问题现场办公，及时解决。

市、县（区）人民政府要加快建立完善物业管理联席会议制度，下设办公室，办公室设在房管部门。联席会议由政府分管领导负责，房管、城管、建设、规划、环保、国土、工商、公安、消防、质监等部门和供水、供电等企业参加。市、县人民政府要明确相关部门物业管理工作职能，并督促相关部门履行职责，加快促进物业管理工作齐抓共管工作局面的形成。

（二）完善物业管理招投标规则，建章立制

要加强物业管理市场竞争主体的培育，物业管理市场的培育和发展，重要前提是要具有公平竞争的市场环境和机制，帮助物业服务企业练好内功，增强综合素质，凭企业品牌影响和整体实力参与市场竞争。

在部分地区存在招投标乱象丛生：（1）物业管理招投标无法可依。虽然已经有《中华人民共和国招标投标法》，但因其更侧重于设备采购和工程建设项目的招标活动，所以对于物业管理的招投标活动指导性较差，适用程度有限。（2）传统的谁开发谁管理的垄断经营模式仍未打破。部分开发商仍然固守“肥水不流外人田”的传统观念，在项目开发完毕后自己成立物业服务公司进行后期管理。这种做法的直接后果是：由于项目的开发人员普遍没有物业管理经验，故此类物业公司管理人员的素质普遍较低，专业性不强，服务意识较差，管理水平较低，广大业主和使用人满意率不高，投诉较多。（3）自发、隐性招标较多，甚至不招标，自行管理。此类招标多是为避开政府监控，冒竞争之名，行暗箱操作之实。招标方在招标前早已定好中标人，只是借用招投标的形式掩人耳目。物业服务不是请几个大妈扫地，请几个老人看门，设施设备的运行维护和绿化种养，离不开专业知识，需要专业的人来做专业的事。

根据以上问题，提出以下建议：（1）尽快制定全国性或本省的物业管理招标投标规则，使物业招标投标管理在操作中有法可依。（2）严格实行建管分离，真正建立起业主与物业服务企业双向选择的良性市场竞争机制。前期物业招投标由建设单位组织实施，业主大会成立后招投标由业主委员会根据业主大会授权组织实施。各地房管部门要加快推行物业管理项目统一招标投标信息平台建设，方便业主择优选聘物业服务企业。评标成员由招标人代表和随机抽取的省、市物业管理专家库成员组成。房管部门对参与竞标的物业服务企业信用情况要进行核查，并全过程进行监督。探索对 2 年内存在被相关行政部门处罚、出现安全生产事故或存在不良信用记录的物业服务企业，限制参与项目投标的措施。

（三）改进住宅专项维修资金使用流程，开辟应急通道

加强住宅专项维修资金监管，确保资金公开透明、专款专用。尽快建立住宅专项维修资金信息系统，实现维修资金网上查询、申请和审核。简化住宅专项维修资金使用流程，保障资金有效使用。继续大力推行“住宅专项维修资金应急使用”。符合电梯故障、外墙渗漏、供水排水故障、消防设施设备故障、外墙脱落、房屋结构安全等 6 类应急条件的，县（区）房管部门、街道（乡、镇）、社区（村、居委会）和相关管理部门、专业检测机构应当及时到现场予以确认，并按要求出具整改通知书或其他证明材料，明确需要维修、更新或改造的内容，以解决突发事件和快速抢修的资金需求。

（四）落实物业项目承接查验制度，减少遗留问题

县（市、区）房管部门要督促建设单位根据住

房和城乡建设部《物业承接查验办法》的有关规定，与物业服务企业办理交接手续，并参与监督。承接查验工作可以抽取物业专家协助，交接手续须经建设单位、物业服务企业和物业管理专家共同签字确认。对查验发现的问题物业服务企业要督促建设单位逐项整改落实。对建设单位未按规定要求落实整改的，房管部门应通报批评、记录不良信用，防止开发遗留问题给后续物业管理带来矛盾纠纷。

业主更换物业服务企业时，交接物业服务企业应当在业主委员会、街道办事处（乡、镇）、社区和房管部门监督指导下办理承接查验手续。交接手续由双方物业服务企业、业主委员会、街道办事处（乡、镇）、社区和房管部门人员共同签字确认。原物业服务企业对承接查验不配合的，作为不良经营行为记录企业信用档案，并依法进行处理。物业服务企业应当将承接查验有关的文件、资料和记录建立档案，并妥善保管。交接手续应当在物业项目内公示告知全体业主。

（五）健全物业收费管理调价机制，保证企业正常运行

随着居民生活水平的提高，居民对居住条件要求也越来越高，对物业公司的管理要求也日益“挑剔”，而七八年不变的物业收费标准让物业公司的日常支出捉襟见肘，更不要谈满足业主越来越高的要求。调研显示，多数设区市物业费标准还停留在每平方米 0.3 ～ 0.8 元。近年来随着各种物价的不断上涨，一系列小区相应养护费用的上调，员工工资及其劳动保险金的提高，导致物业服务成本也随之过快增长。要建立健全物业收费管理调价机制，但同时也要督促物业服务企业定期向全体业主公布物业服务费用收入情况。业主提出质询时，物业服务企业应当及时答复。建议在物业服务合同期内，业主委员会每 3 年可聘请第三方机构对物业服务费进行核算，并在物业管理区域内公示。物业服务费标准明显低于（或高于）同类物业服务市场价格的，业主委员会可提出调整物业服务费的议案，并提交业主大会表决。经业主大会同意后，业主委员会可以与物业服务企业签订补充协议调整物业服务费标准。未成立业主委员会的住宅小区，在物业所在地的街道（乡、镇）人民政府的组织下，调整物业服务费标准。按时足额缴纳物业服务费是业主的义务，对恶意拖欠物业服务费的业主，物业服务企业可以通过发送律师函、司法程序等方式催缴。经司法判决仍不履行缴纳义务的，将其行为纳入个人征信系统。

（六）多措并举解决拖欠物业费的问题，减轻企业压力

拖欠物业服务费是当前物业服务企业发展普遍面临的问题。建议从法院简化拖欠物业管理费审判程序，设立涉及拖欠物业管理费案件“小额速裁”的审判模式。这样既有利于减少物业服务企业的诉讼成本，也有利于警示业主，给社会正面引导。据了解，有的设区市法院不但没有给物业服务企业提供诉讼方便，还限制了起诉数量，每个物业服务企业一年之内只能起诉 10 起追缴物业费案件。有的设区市对物业服务企业追缴欠费支持力度又很大。比如，新余市的做法是：凡是体制内（行政机关、事业单位、国企）的干部职工欠缴物业费的，把名单交给文明办向社会公告。吉安的做法是：应交未交的，摸底后通知补交，若再不补交，交纪委处理。对欠交人所在单位，在创建文明单位时，把是否有人拖欠物业费作为一个考核指标。党员进社区，党员首先要交清自己的物业费，带头履行义务。

另外，能否考虑对拖欠物业费的行为采取限制物业交易措施。房屋交易部门在办理产权交易时，设立要求业主提供已交清物业管理费的证明为前置条件，防止业主恶意欠缴物业费。

（七）多部门联动加强物业矛盾纠纷调处，共创和谐社区

各地房管部门要督促物业服务企业建立业主报修、投诉、回访制度，公开监督投诉电话，配置专

人监督落实业主投诉情况。定期开展业主满意度调查，并及时整改，主动做好矛盾纠纷化解工作。

街道（乡、镇）要会同房管、城管、建设、规划、公安、消防、质监等相关部门和物业服务企业、业主委员会等及时协调解决业主群体上访、更换物业服务企业等突出矛盾纠纷，维护社会稳定。

住建厅、司法厅加快推进物业矛盾纠纷人民调解工作，指导市、县建立物业矛盾纠纷调解平台，充分发挥调解在物业服务纠纷处理中的积极作用。逐步构建人民调解、行政调解、司法调解及仲裁、诉讼相互衔接的解决纠纷新模式。

（八）加快物业管理行业诚信体系建设，倡导诚实守信

各地房管部门要建立健全以守法履约、履行安全生产职责、规范经营为主要内容的物业管理行业信用体系，省物业协会要与物业服务企业签订诚信自律公约，对失信物业服务企业限期整改、警示约谈，促进行业诚信经营。对无法及时整改到位的企业，记录失信主体信用记录，并通过国家企业信用信息公示系统向社会公示，逐步实现跨部门协同监管、联合惩戒，使得失信企业“一处失信、处处受限”。

（九）加大对物业管理工作的宣传力度，提高群众认识

各级政府要进一步加强社会舆论宣传，引导群众转变思想观念，使物业管理进一步得到广大群众的认同和支持，提高他们参与物业管理活动的主动性和积极性，帮助业主大会和业主委员会发挥其主体决策能力和行为能力。

（十）减轻物业服务企业负担，改善政策环境

根据物业管理行业特殊性，建议在财税上给予物业服务企业政策支持，以减轻物业服务企业经营负担。对住宅小区公用设施设备维护管理、保洁、绿化服务过程中的用水、用电、用气与民用同价，以降低物业服务企业管理成本。为物业服务企业成长提供更好发展空间。

物业管理涉及千家万户，不仅关系到群众切身利益，还事关社会和谐稳定，推进物业管理行业持续、健康、稳定的发展，任重而道远。我们将不断总结好的做法，从新形势、新任务、新要求出发，坚持问题导向、围绕民生诉求，实事求是、分类分步地解决好当前物业管理工作中存在的突出问题，推动全省物业管理行业又好又快地发展，不断开创物业管理工作新局面。

山东省物业管理行业发展报告

山东省房协物业管理专业委员会

一、山东省物业管理行业发展概况

山东省物业管理行业发展至今已将近30年，企业数量、管理面积、从业人数不断扩大。2018年，山东省物业服务企业数量已达10686家，从业人数644264人，在管物业管理项目29092个，服务面积达199347.02万平方米，企业主营业务收入突破200亿实现净利润14亿，从数据可以看出，山东省正向物业大省稳步迈进。山东省房地产业协会物业管理行业分会自成立以来配合主管部门、协调会员单位积极开展工作，尤其近年来，在山东省住建厅的高度重视下开展了物业管理行业文明创建活动，整个行业从服务质量到人员素质以及标准化的落地等方面取得了显著提升。

二、山东省物业管理行业标准化工作推进情况

2018年是山东省物业管理行业文明创建“标准建设年”，各市认真落实全省物业管理行业文明创建工作推进会议和《“标准建设年”活动实施方案》要求，各地市共同发力文明行业创建工作持续深化。济南市制定下发了《济南市2018年物业管理行业“标准建设年”活动实施方案》《济南市物业管理行业“传统文化进社区”工作方案》等，广泛动员、精心组织、积极营造行业文明创建的深厚氛围。为推进业主大会和业主委员会管理标准化，泰安市借鉴广州、珠海、成都等地区先进经验做法，结合本地区实际，研究起草了《泰安市业主大会和业主委员会指导规则》。菏泽市根据《山东省物业服务规范》，结合实际，研究制定了《菏泽市物业服务标准集》，标准集包含法律法规和物业服务标准两大部分，基本涵盖了物业服务全部内容，标准集的制定为全市物业管理起到指导作用，推动了物业管理行业良性发展。青岛市印发了《关于在全市物业管理区域深入推进扫黑除恶专项斗争工作的通知》《青岛市物业管理行业扫黑除恶专项斗争工作指导意见》，将扫黑除恶列入全行业重要议事日程。印发《全市物业管理行业安全生产分类分级动态管理指导意见》《青岛市物业管理行业应急管理预案》《全市物业管理区域安全生产大检查工作工作方案》《全市物业管理行业电动自行车消防安全综合治理工作实施方案》等，全面落实物业服务企业安全生产主体责任。

山东省房地产业协会物业管理协会协助山东省住房和城乡建设厅、山东省工商行政管理局组织起草了《山东省前期物业服务合同示范文本（征求意见稿）》（以下简称《示范文本》），并组织会员单位集中讨论修改。《示范文本》进一步规范了前期物业服务行为，保障了当事人的合法权益，维护了公平的物业服务市场秩序；同时负责山东省《物业服务规范》（以下简称《规范》）的修订和工作，通过分组调研、集中讨论等形式，将《规范》由原来的7个业态增加至10个业态，同时确保《规范》符合最新的政策法规以及《规范》的科学性和指导性。

三、山东省物业管理行业党建工作情况

山东省物业管理行业认真学习贯彻党的十九大精神和习近平新时代中国特色社会主义思想，以党建促发展以发展强党建，山东省住房和城乡建设厅积极探索构建“党建引领、社区抓总、多方联动、企业先行”的物业管理模式，各项工作取得新成效。各物业服务企业纷纷成立党组织，加强党的领导在发展中的引领作用，其中山东明德物业管理集团有限公司成立了山东省首个非公党委，淄博市拟定了《强化党建引领加强业主大会和业主委员会建设的指导意见》，充分发挥街道办事处、社区居民小区成立业主大会和业主委员会的指导作用，提高业委会履职水平，确保业委会组建规范、发挥作用到位。临沂市结合实际，拟定了《坚持党建引领打造沂蒙红色物业的指导意见（征求意见稿）》，打造沂蒙红色物业，推行以坚持党的领导，切实推进党建工作，注入“红色基因”，增强物业管理活力。

四、山东省物业管理行业智慧科技运用状况

为贯彻落实国家发展改革委、工信部等八部委《关于促进智慧城市健康发展的指导意见》中，公共服务便捷化、城市管理精细化、基础设施智能化的主要目标，以及《山东省人民政府办公厅关于开展“智慧山东”试点工作的意见》中，着力推动“智慧城区、社区”试点，加强和创新社会管理能力的试点内容，山东信息办、经信委出台了《山东省智慧城市体系规范和建设指南（试行）》，涉及医疗健康、居家养老、生活服务等几项民生服务，省政府印发了《山东省新一代信息技术产业专项规划（2018—2022 年）》，提出建设全国信息技术产业引领区的目标定位，大力推进大数据产业发展，“支持有能力的企业利用自有数据或公共数据资源，开展数据分析、咨询、应用等服务，大力发展数据资源服务、数据清洗、数据交换等新商业模式，形成数据汇聚、融通、交易、服务协同生态圈”，“围绕数字山东建设，在制造业数字化、智慧农业、政务服务、医养健康、智慧城市等领域发展智能化软件解决方案，探索‘软件＋硬件＋数据＋互联网’等新模式”。根据《国务院关于山东新旧动能转换综合试验区建设总体方案的批复》（国函〔2018〕1 号），2018 年 1 月国家发展改革委发布了《山东新旧动能转换综合试验区建设总体方案》，方案第五条“发展新兴产业培育壮大新动能”提到以新一代信息技术，推动互联网、大数据、人工智能和实体经济深度融合，完善“互联网＋”生态体系，开展数字经济发展相关试点。支持有条件的地区创建国家大数据综合试验区，鼓励建设新型智慧城市。目前淄博市已将智慧社区、智慧物业管理信息系统建设纳入《淄博市新型智慧城市总体规划纲要（2017—2021）》。

2018 年 5 月，山东省发布《山东省绿色智慧住区建设指南》的通知，通知中强调绿色智慧住区指标体系包括建筑物与基础设施、综合信息服务平台、物业管理与服务、社区管理与服务、智慧应用、保障体系等六大类，设立一级指标 6 个、二级指标 16 个、三级指标 47 个。三级指标分为控制项和优选项，控制项为必须完成的内容，鼓励有条件的住区尽量多建设优选项内容。其中，新建住区控制项 28 个、优选项 19 个，既有住区控制项 22 个、优选项 25 个。绿色智慧住区建设是智慧城市建设的重要组成部分。该指南的发布旨在综合运用现代信息技术，以综合信息服务平台为支撑，整合住区各类资源，与智慧城市等第三方平台对接，提升住区服务和治理能力，是住区建设、管理与服务的新模式，指南为山东省“智慧住区”建设提供制度路径，具有良好的政策、组织、人才、资金等保障条件。

五、山东省物业管理行业人才队伍建设情况

2018 年 5 月，山东省建设工会、山东省住房和城乡建设厅、山东省房地产业协会物业管理行业

分会共同举办了第二届山东省物业管理行业职业技能竞赛。在行业内掀起一场提升职业技能、磨砺匠心的热潮，为山东省物业管理行业培育出一批技术过硬、素质一流的知识型、技能型、创新型人才，切实推动了全省物业管理行业从业人员的整体水平。自2017年届全国物业管理行业职业技能竞赛后，山东省房协物业管理行业分会就开始着手筹备山东省第二届物业管理行业职业技能竞赛。2018年三月份发布预赛通知后，各地市积极响应认真组织报名、培训、筛选工作，全省近1200名选手参加了初赛，最终由17地市选拔出96名优秀选手进入5月的全省决赛，最终选拔出6名优胜者组成山东省代表队参加了八月份在北京举行的第二届全国物业管理行业职业技能竞赛决赛，并取得优异成绩。可以看出相较上届比赛，山东省选手整体水平有所提升，真正实现了“以赛促优”“以赛促进”的效果。

山东省房协物业管理行业分会自2017年6月起启动“物业公益大讲堂”（以下简称大讲堂）活动，大讲堂及时解读和传递行业发展新政策、新趋势、新模式，帮助企业解析工作难点热点问题，同时义务向社会各界普及物业管理和社区治理相关知识，为创建物业文明行业、构建和谐社区提供良好社会环境。根据行业发展和会员需求，围绕物业管理标准化、物业管理与互联网结合发展、物业管理政策法规解读、物业纠纷案例解析、物业管理安全风险防范、社区治理等主题，举办了一系列大讲堂活动，并于2018年5月4日在潍坊举办第四期大讲堂活动。本次大讲堂以“物业管理行业落实消防安全责任的工作标准”为主题，邀请全国消防监督检查、消防监督信息化专家、山东省消防法制专家现场授课，结合近年来火灾事故典型案例，深入分析了当前物业管理行业消防工作安全形势，对山东省《消防安全责任制规定》的主要内容、物业管理行业消防安全职责范围和主体责任进行了系统的梳理，同时介绍了防火重点部位的划分与管理，消防安全检查的主要内容和隐患整改的主要措施。进一步加强了物业服务企业消防安全责任意识，提高消防安全管理能力和水平。

六、山东省物业管理行业扶贫工作进展情况

脱贫攻坚是党中央、国务院和省委、省政府作出的重大战略部署，党的十九大把脱贫攻坚作为决胜全面建成小康社会三大攻坚战之一。2017年，山东省民政厅、山东省选派办和山东省扶贫办联合发文，动员省管社会组织、社会工作专业力量参加“双百扶贫行动”。省房协作为省管社会组织，认真响应中央和省号召，积极投身扶贫工作。

2018年8月1日，山东省房协印发通知发动和号召全省房物业管理行业特别是会员单位积极参与“双百扶贫行动”，确定菏泽市鄄城县董口镇宋楼村（臧庄村）作为帮扶对象。8月24日，山东省房协组织部分副会物业管理行业及地市协会负责同志20余人，赴帮扶村开展扶贫对接活动。实地扶贫对接后，有关单位积极帮扶，分两批共计40万元帮扶资金到位，用于村里安装太阳能路灯和完善有关基础设施建设，部分会员单位还通过认购公益农产品方式进行帮扶，取得较好帮扶效果。

七、山东省物业管理行业未来发展目标

山东省房协物业分会在积极开展各项工作的同时，以山东省房地产业协会微信公众号和《山东房地产舆情月报》杂志为阵地，加强行业和企业的宣传工作。对文明服务明星和文明创建示范项目、标兵企业、模范单位、优秀个人等先进经验做法进行集中宣传，进一步发挥示范引领作用，激发行业创建工作热情。2018年6月中国物业管理协会在贵阳举办了第四届物业管理行业媒体工作交流会，山东省物协的微信公众号和《舆情月报》分别入选物业管理微信公众号影响力TOP50和物业管理刊物（杂志）影响力TOP50，尤其是《舆情月报》取得了刊物（杂志）组第13名的好成绩。

河南省物业管理行业发展报告

河南省物业管理协会

一、河南省物业管理行业发展基本状况

物业管理作为人民美好生活需要的重要组成部分，在当前人民群众工作生活中位置更加突出、作用也日益凸显，各级政府也逐步将物业管理纳入重点民生问题加以推进。2018 年 1 月 1 日，新修订的《河南省物业管理条例》（以下简称《条例》）实施，明确了相关职能部门职责，加强了物业管理活动监管，完善了物业管理制度建设，规范了各类从业主体行为，确保每个主体权益能够在法律法规的框架下得到充分维护。河南省物业服务企业在各级行政主管部门及行业协会的指导和监督下，坚持诚信经营、优质服务、创新体验、专业高效的经营理念，不断为城市治理提供高质量的物业服务供给，满足人民群众对品质生活的美好向往需求。截至 2018 年底，全省物业服务企业总数量达到 8700 余家，从业总人数已达 40 余万人，在管物业项目总数约 1.45 万个，其中在管居住物业项目近 9000 个，管理总面积达到 17 亿平方米。

二、河南省物业管理行业发展趋势

（一）政策法规逐渐完善

根据《条例》要求，河南省先后制定印发了《河南省物业管理区域管理办法》《河南省物业管理用房管理办法》《河南省前期物业管理招投标管理暂行办法》《河南省业主大会和业主委员会指导规则》《河南省前期物业服务合同（示范文本）》《临时管理规约（示范文本）》《河南省物业服务规范（居住物业 / 公共物业）》等配套文件，完善了物业管理工作制度，有效规范了物业管理市场秩序，确保各级主管部门和物业管理行业从业主体各项工作开展有法可依、有章可循。

（二）监管措施创新不断

一是结合国家放管服改革、资质取消等内容，确定了以物业管理区域为核心的监管体系，由原来的以企业为核心的监管模式转变为以物业管理区域为核心的监管模式。二是结合国家要求建立以信用为核心的新型监管机制要求，《条例》明确要求制定省物业服务市场主体和从业人员信用标准，公开信用信息，河南省多次赴省外借鉴调研信用体系建设，部分地市已经出台物业服务企业诚信经营动态管理办法，行业组织针对会员单位也推行了会员承诺制，规范企业行为；三是针对不同的监管对象和物业管理活动行为，明确由不同的监管层级和部门实施，基本实现省、市、区、街道四级职责清晰，工作重心向基层下移，监管主体和内容向监管一线前移。

（三）信息技术应用广泛

互联网与物业管理进一步融合，政府主管部门物业管理综合监管平台进一步优化，物业管理行政备案、双随机一公开监督检查、业主大会备案、省级示范项目评价、维修资金信息统计在线办理，基本实现了“全省一张网、群众跑一趟”，切实提高了物业管理行政管理效率。随着物业服务企业互联网＋技术应用日益增多，智慧物业、智慧管家、在线缴费、在线投诉、在线系统监测等互联网应用得到多数企业认同。物业服务企业参与研发或订制的各类 APP 开始实现手机开门，在线参与小区活动等信息化应用极大方便了业主，降低了物业服务企业管理成本。目前，省里正在研究试推行业主决策平台，引导业主通过信息化方式参与公共事务、开展协商活动等。

（四）服务类型得到扩展

经过多年拓展，河南省物业服务企业服务类型已经从管理普通房改房、老旧小区到新建商品房，从住宅物业到办公、工业、医院、学校和商业物业，从小型配套到大型公建，从单一类型物业到综合性物业，从纯市场化的物业到机关、企事业单位后勤社会化的物业，从住宅小区拓展到不动产管理的各个领域，针对服务类型拓展中的部分物业类型，同时也涌现出了一批专业性物业服务企业。

（五）综合实力提升显著

物业服务企业从简单的专项服务到全方位的综合性服务，标准化、专业化得到质的提升，2018 年河南省新增省级示范项目达 104 个，截至 2018 年底，已有 645 个物业管理项目获得全国和省级物业管理示范、优秀项目称号。在 2018 年评选的全国百强物业服务企业中，河南省共 8 家企业进入全国百强，位居中部六省第一位。行业兼并重组现象涌现，规模物业服务企业增多，截至 2018 年底，全省在新三板上市的物业服务企业已有 4 家（索克物业、鑫苑物业、兴业物联物业、未来和谐物业）。

（六）发展环境优势凸显

为促进物业管理行业健康发展，按照《条例》确定的基本原则，各地政府适时制定了物业管理扶持政策和激励措施，开展物业服务项目规范化管理试点，推动省、市示范物业服务项目创建，推进物业服务企业依法享受国家和省现代服务业规定的优惠政策，进一步降低物业服务企业运行成本，激发了物业管理市场主体的活跃，促进了行业发展和文明小区建设。

三、河南省物业管理行业发展基础数据

（一）企业及管理服务项目情况

2018 年全省从事物业服务的企业总数达 8700 余家，企业之间的兼并、整合、合作数量明显增加，规模企业数量较往年增加明显。专业物业服务企业在管 14492 个项目，其中居住物业项目 9320 个，占比 64.31%，公共物业项目 5172 个，占比 35.68%。河南省市服务项目 13536 个，外省市服务项目 956 个，占比 6.6%。调查显示，河南省物业服务企业在省外接管项目较 2017 年增加近 200 个（图 1、图 2）。

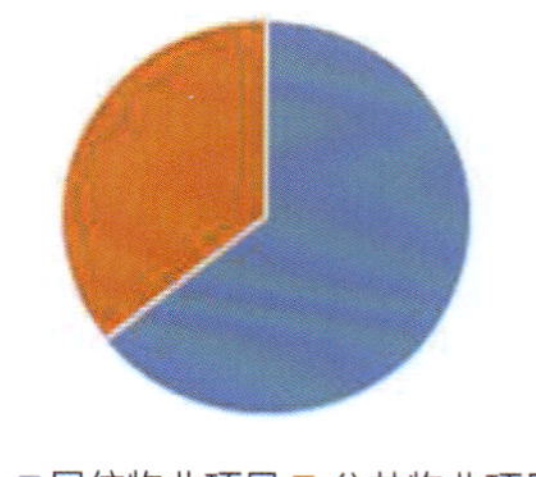

图 1　2018 年河南省物业服务在管项目情况

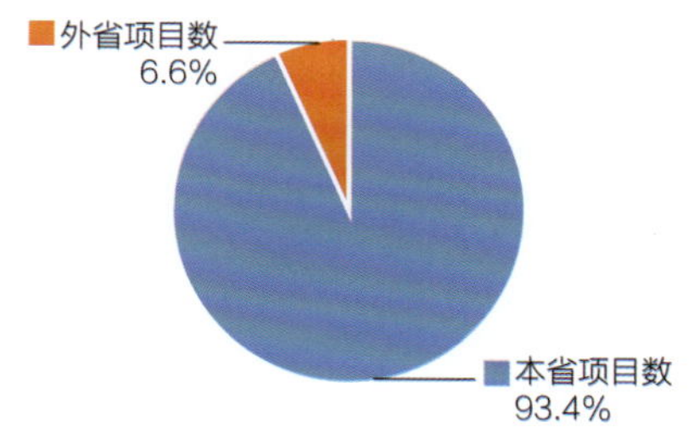

图 2　2018 年河南省物业服务项目分部情况

（二）从业人员情况

据统计，截至 2018 年，全省共有物业从业人员已达 40 余万人。其中经营管理人员达 12.63 万余人，占比 31.5%；各类操作人员 27.46 万余人，

占比 68.5%。在行业从业人员中，基层操作人员占比超过了 68%。在管理人员中，高层管理人员、项目经理人员与普通管理人员之比为 1∶1.83∶4.75（图 3、图 4）。

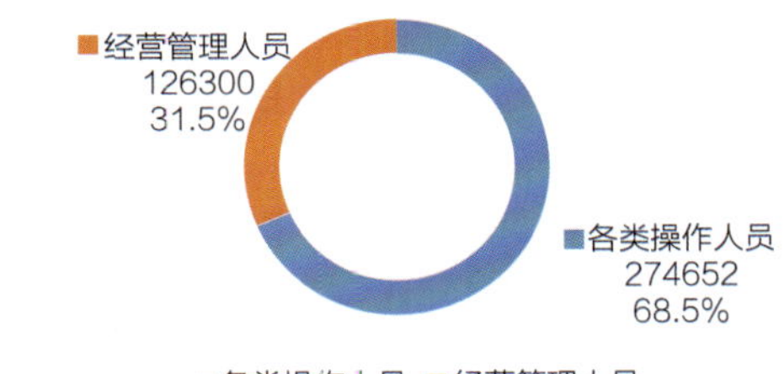

图 3　2018 年河南省物业管理行业从业人员情况

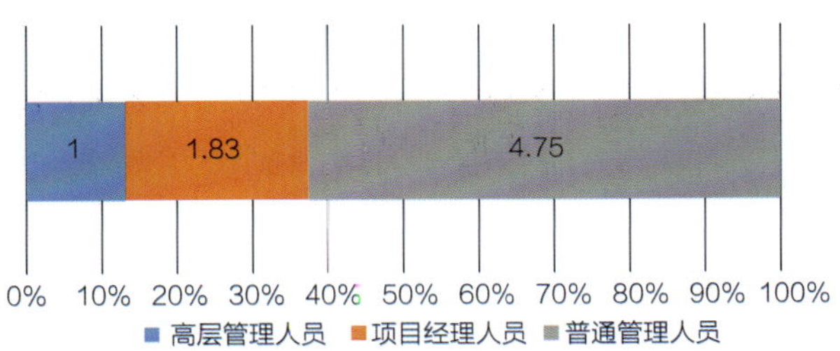

图 4　河南省物业管理行业从业人员情况占比情况

（三）企业经营与效益情况

企业经营收入实现多渠道发展，经营风险防范能力得到了进一步提升。业主主动交费意识明显提高，业主不交或者拖欠物业服务费情况得到了有效缓解。从企业年度经营数据来看，企业年度经营业绩盈利的有 2982 个，占比 34.3%；持平的有 3896 个，占比 44.8%；处于亏损状态的有 1822 个，占比 20.9%（图 5）。

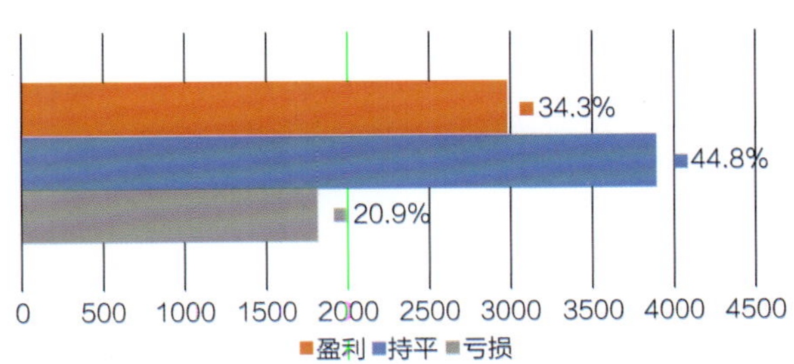

图 5　2018 年河南省物业服务企业经营情况

（四）业主大会业主委员会成立情况

2018 年，新修订《条例》对业主大会业主委员会的成立条件进行了调整，明确由辖区街道办事处负责监督管理。新《条例》实施后，全省新成立业主大会业主委员会 303 家（图 6）。

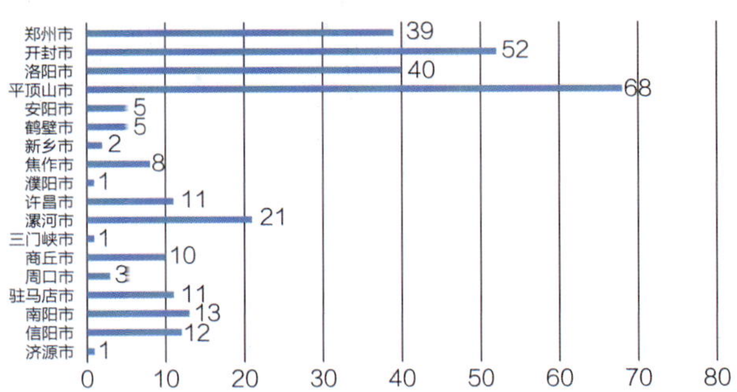

图 6　2018 年河南省物业管理区域新成立业委会情况

（五）维修资金归集和使用情况

据统计，截至 2018 年年底，全省维修资金累计归集 418.37 亿元，其中，2018 年新增维修资金 57.98 亿元，当年使用维修资金达 2.033 亿元，其中郑州、洛阳维修资金使用较其他地区数额较大（图 7）。

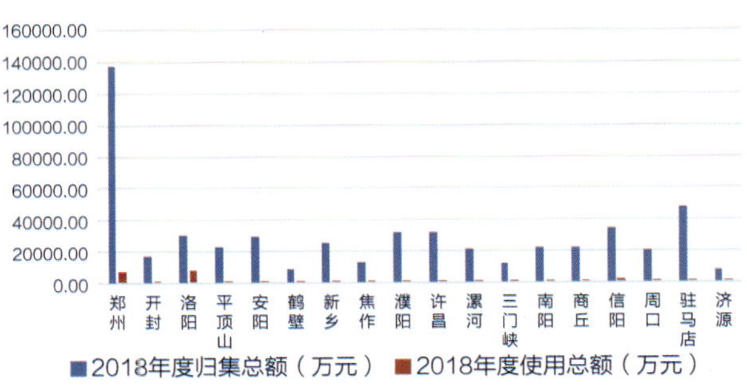

图 7　2018 年河南省物业专项维修资金归集使用情况

（六）物业管理行政管理情况

利用互联网依法推进物业管理区域备案、物业服务合同备案、前期物业招标备案、前期物业管理中标备案、业主大会业主委员会备案等行政管理备案工作。据统计，当前区域备案信息 8307 项、前期招标备案信息 2882 项、前期中标备案信息 1982 项、承接查验备案信息 464 条，合同备案信息 3442 项、业主大会业主委员会信息 886 项。

（七）行业组织建立情况

目前，河南省 18 个地市 10 个直管县和航空港区中，有23个地市（县）成立了物业管理协会或者专委会。

四、探索河南省物业管理行业发展路径

（一）严格落实法律法规

按照“政府主导、协会组织、企业参与、全社会发动”的原则，全省把《条例》宣贯工作作为重点工作。一是组织《条例》宣讲团深入全省各市、县开展专题培训，让更多的物业人接受行业政策法规的学习。二是以案例分析和专家解读相结合的方式，持续运用网站、微信公众号解读发布业主大会业主委员会、物业服务企业、专业经营单位权责处罚等专题报道，引导全社会关注、理解、运用、执行、落实《条例》中的各项制度。三是按照“省、市（县）联动 全面宣贯”的要求，建立地市物业协会工作沟通机制，引导地市协会将宣贯政策法规工作，作为协会本年度的首要任务，鼓励地市协会采取知识竞赛等形式，加大宣传物业管理政策法规力度。部分地市还将《条例》贯彻落实与百城提质、创文创卫相结合，为河南省物业服务市场发展营造了良好的氛围。

（二）关注民生热点难点

一是针对既有住宅加装电梯热点问题，2018年省住建厅联合发改、质检、财政、公安、国土、环保部门印发了《关于城市既有住宅加装电梯的指导意见》，分别从加装条件、申请主体、实施程序、资金筹集、保障措施等方面对既有住宅加装电梯予以政策细化，保证电梯加装方便快捷执行。目前《郑州市人民政府关于既有住宅加装电梯工作的实施意见》和《郑州市既有住宅加装电梯财政补贴申领办法》已经出台，进一步规范了既有住宅加装电梯的申请程序、补贴标准、矛盾协调等工作，推动加装电梯有规可依、有章可循。二是省发改委联合省住建厅出台《河南省生活垃圾分类管理制度实施方案》，加快建立生活垃圾分类投放、分类收集、分类运输、分类处理的垃圾处理系统，形成以法治为基础、政府推动、全民参与、城乡统筹、因地制宜的生活垃圾分类制度。三是省住建厅会同省发改委、财政厅对老旧小区改造工作进行了安排部署，力争通过百城建设提质工程，加快推动老旧小区改造工作。这些热点问题与物业管理行业密切相关，河南省要求物业服务企业积极参与、充分支持，在政府解决热点问题中主动践行社会责任。

（三）加强行业监管力度

一是按照“双随机一公开”监督检查工作计划，河南省住建厅随机抽取123家物业服务企业、定向57家物业服务企业开展了2018年度物业服务企业监督检查，针对监督检查中发现的问题，向物业管理行政主管部门下达了《督促整改通知书》105份，向城市管理执法部门下达了《行政执法建议书》11份，对91家存在违法违规和管理服务不规范的企业进行了公开通报。二是在全省范围内开展物业管理行业扫黑除恶专项斗争，引导物业服务企业通过制作宣传展板，印发宣传资料，印制宣传横幅、张贴宣传页及业主群内呼吁号召等配合当地做好行业扫黑除恶工作，增强了社会活动主体知法、懂法、守法的自觉性。三是省级行业协会运用自身资源及优势，建立会员积分管理制度，引导会员企业诚信经营、遵纪守法，推行会员入会诚信承诺制，各地行业协会（专委会）发布诚信自律倡议，引导物业服务企业严格落实法律法规规定，切实履行合同约定，用实际行动树立和维护物业管理行业良好形象。

（四）积极推动理论创新

一是制定了《河南省物业服务企业“双随机一公开”监督检查管理办法及事项清单》，为各级主管部门履行监督坚持提供了依据，减少了自由裁量对监督检查结果的影响。二是制定了《河南省物业服务规范》《河南省省级示范物业项目服务评价标

准（居住 / 公共物业）》等行业规范性文件，为业主和企业签订服务合同、物业服务质量评价提供了依据。三是开展《河南省居住物业服务等级及成本测算》课题研究，配合进行《写字楼能源管理指南》编写等，逐步建立健全河南省物业服务标准化建设体系。

（五）防范化解矛盾纠纷

按照《河南省物业管理条例》和河南省委省政府关于开展信访矛盾化解“四大战役”工作部署及有关要求，引导各地探索建立了物业管理矛盾纠纷处理机制，督促各地对排查出的各类矛盾、重大不稳定问题要统一标准逐一登记建册，逐步建立“全面排查、持续跟踪、分级负责、属地化解”的物业管理信访工作机制。河南省开封市、洛阳市、焦作市、汝州市等地坚持问题导向，补齐工作短板，主动摸排辖区物业管理中的新情况、新问题，建立物业管理矛盾研判、联席会议制度，开封市物协主动联合市消协联合成立了“物业管理行业投诉和解中心”，解决物业管理行业发展中的重点问题和影响群众切实利益的重大问题，在实际工作中取得良好实效。

（六）支持企业做优做强

一是深挖物业管理行业中涌现出来的先进典型和模范人物，开展“弘扬社会正能量 宣传出彩物业人”活动，为行业发展营造良好的舆论氛围和发展动力。二是河南省物业管理协会充分发挥地市协会、优秀物业服务企业能动性，主动与行业媒体建立联系，召开河南省物业服务企业品牌宣传工作会，对具有一定品牌价值的物业服务企业，通过宣传纪录片、网站、微信平台等形式，给予广泛宣传支持，提升了物业管理专业价值及服务形象。三是优质服务项目不断增加，2018 年全省申报省级示范物业项目 141 个，相较于 2017 年增长 56.66%。

（七）主动承担社会责任

一是河南省物业管理协会聚力地市协会及会员单位力量，组织开展了爱心帮扶等系列助困活动，并结合物业管理行业特点及实际需求，配合河南省贫困村（驻马店市上蔡县上岗村）筹建“拖把厂”，签订产业扶贫定向采购框架协议书，举行业之力助力河南省高质量打好打赢脱贫攻坚战。二是逐步建立健全省、市、县物业管理行业协会联动机制，定期组织召开各地市物业管理行业协会或者区域工作交流会议，沟通交流各地工作开展情况、存在问题及对省物协的工作建议和意见，促进了各地协会之间信息互通及资源共享。三是针对行业特点，采取“项目扶持，送教上门，跟岗内训”等方式启动物业服务结对帮扶计划，引导优秀物业服务企业开展一对一结对帮扶，免费指导当地物业项目基础服务品质提升，进一步缩小地市发展差距。

五、河南省物业管理行业存在的问题

（一）政府部门联动机制有待加强

物业管理涉及发改、住房城乡建设、规划、公安、城市管理等十多个部门，但各职能部门之间的信息还无法实现有效的互联互通，相关法律法规赋予主管部门的监管职能未能得到较好落实。在处理物业管理矛盾纠纷和行政执法时，政府、街道、社区工作未充分协调，未形成齐抓共管的工作合力。在当前的物业管理行政执法上，执法手段和执法力度与群众要求有一定差距，未能对违法违规行为形成有效震慑。

（二）物业服务企业履约意识不强

一方面，部分物业服务企业管理模式较为粗放，管理服务行为较为简单，未按照物业服务合同约定做好环境卫生、共用设施设备的维修、养护与管理等工作，造成业主投诉，引发矛盾纠纷。另一方面，在承接物业项目时，部分物业服务企业未开展承接查验工作或者擅自承接不符合要求的物业，与开发商权责交接不清楚，引发投诉。

（三）业主大会业主委员会不规范

河南省业主委员会成员普遍存在政策法规意识淡薄，多数业主委员会存在成立不规范、运作不透明、表决不全面等现象。街道办事处、乡镇人民政府指导参与工作积极性不高，工作人员专业知识掌握较少，人员流动性大，在具体组织、指导、协调本辖区业主大会业主委员会成立、化解矛盾纠纷时经验不足。

（四）维修资金使用和管理措施亟需提高

物业专项维修资金已经成为继住房公积金后最大一笔政府代管资金，目前河南省各地市维修资金的使用数额普遍较低，使用程序普遍较长，维修资金保值增值机制不健全，维修资金使用和管理的整体透明度不高，群众知情权未得到充分保障。

（五）行业专业人才短缺及区域发展不均衡

从行业从业人员整体分布情况来看，全省 80% 左右的物业管理专业人才主要集中在郑州、洛阳、南阳等经济发展较好的城市，其他地区的专业技能人员短缺严重，难以满足项目管理专业化发展需求。

六、河南省物业管理行业未来发展重点

（一）加强职能部门之间沟通联系

严格落实《河南省物业管理条例》中规定的住建、规划、城管、工商、物价、公安、质监、财政、审计、环保、人防等十个部门在物业管理区域内的监管职责，督促各级行政主管部门深入研究物业管理政策法规，理顺行业监管和属地管理的关系，加大与同级规划、城管、工商、质检等部门的沟通协调，进一步整合管理资源，促进监管信息共享互通，共同做好物业管理工作。

（二）加强物业服务质量日常监管

结合当前“放管服”改革，一是督促物业服务企业落实信息公开制度。严格按照《河南省物业管理条例》要求，在小区显著位置公示物业服务合同、服务标准、收费项目标准等情况，接受业主监督，充分保障业主的知情权。二是做好物业服务质量监督管理。通过实施“双随机一公开”监督检查，对于企业违法违规行为严格按照规定从严处理，实施联合惩戒。三是严格落实前期物业管理招投标制度和合同备案制度。建议行政主管部门尽快出台承接查验管理办法，明晰物业管理各方职责，实现建设单位、物业服务企业和业主的和谐共处，构建三方共赢的良好局面。

（三）夯实街道社区办工作职责

加强社区党组织、社区居民委员会对业主委员会和物业服务企业的指导和监督，引导各地建立健全社区党组织、社区居民委员会、业主委员会和物业服务企业议事协调机制，统筹解决本辖区物业管理中的重要问题。建议持续加强街道办、乡镇政府对《河南省业主大会和业主委员会指导规则》的理解运用能力，提高乡镇人民政府（街道办事处）依法履职能力，监督业主委员会规范运作，在适当条件下，探索开展在社区居民委员会下设环境和物业管理委员会试点工作。

（四）完善物业专项维修资金监管制度

鉴于目前河南省维修资金管理存在的问题和现状，借鉴外省物业专项维修资金管理经验，为维护广大业主的利益，不断提升人民群众安居质量和幸福指数，以省政府名义尽快出台《河南省物业专项维修资金管理办法》，进一步规范监管专项维修资金交存、使用情况，解决制度覆盖盲点，消除制度缺失痛点，健全维修资金法律体系，推动行业健康良性发展。

（五）抓好专业技能人才培养和储备

一是持续开展物业服务项目结对帮扶工作，注重抓好项目经理、从业人员在品质服务、运营管理

及创新思维上的转变，提高从业人员的业务水平。二是强化物业管理行业人才培养和人才队伍建设，发展一批符合河南省实际需求的从业人员和行业专家，为行业输出更多既懂物业管理又懂标准化的复合型人才，为创新河南省物业管理行业发展提供智力支持。三是开展行业技能竞赛活动，筑牢基础服务，提升从业人员的技能水平。

（六）探索新型社区物业管理模式

促进互联网与物业管理深度融合，一是鼓励物业服务企业运用信息及移动技术推动设施设备、运营管理、社区商务等物业管理智能化水平。二是引导物业服务企业在持续提升企业经营能力的基础上，积极探索开展房屋租售、房屋管理等专业化服务。三是鼓励物业服务企业构建社区养老机构、社区体育健康养生机构等战略联盟合作网络，强化社区服务平台，推动物业服务一体化发展。

（七）推进行业信用体系构建

尽快研究制定物业服务市场主体和从业人员信用标准，夯实物业管理基础信息数据，督促各地做好物业管理区域备案、物业管理招标备案、前期物业管理中标备案、前期物业服务合同备案、物业承接查验备案、物业小区业主委员会备案、物业服务合同备案等工作，主动积极与省工商局沟通对接，打通物业服务企业数据传输通道，推进部门及有关单位信息共享，加快推进联合惩戒，真正形成失信者寸土难行的机制。

郑州市物业管理行业发展报告

郑州市物业管理协会

一、郑州市物业管理行业基本概况

截至2018年底，郑州市物业服务企业已发展到2000多家，物业管理面积7亿平方米，物业服务项目8000多个，从业人员20万人，安置下岗职工再就业6万多人。物业服务主营业务收入占经营总收入的60%以上，业主满意度90%以上。共创建省级示范项目123个，省级优秀项目78个，市优项目398个，五星级小区、办公写字楼126个，各类示范样板项目500多个。

二、郑州市物业管理行业发展情况

2018年，郑州市物业管理协会的工作主题是"标准化建设推进年"，树立用标准化推动精细化管理，坚守"按标准做事、能够把事情做对，以精细做事、才能把事情做好"的工作理念。围绕行业"标准化建设推进年"这个中心，充分发挥协会的桥梁纽带作用，对推动行业标准化建设，优化物业管理行业发展环境，营造行业诚信良好氛围，全力推动协会各项工作再上新台阶，为全市物业管理行业持续健康发展做出不懈的努力。

（一）加强党组织建设，打牢组织基础

为进一步落实上级党委对提升基层党组织建设的有关要求，充分发挥党组织战斗堡垒作用，根据《中共郑州市物业管理协会支部委员会换届选举结果的报告》，郑州市物业管理协会圆满完成了支部委员会的换届工作，进一步完善了协会党组织的建设，增强了党支部的战斗力，为今后工作开展奠定了有力的组织保障，使各位党员认识到在自己的岗位上要充分发挥共产党员的先锋模范作用，为推动协会各项工作更快、更好发展奠定了组织基础。

（二）举办职业技能竞赛，弘扬物业工匠精神

为提高郑州市物业服务品质，推进行业标准化建设，树立行业良好形象，2018年5～6月，郑州市物业管理协会组织会员单位参加了郑州市第十五届职工技术运动会物业管理职业技能竞赛团体比赛和个人实操比赛。此次比赛共有26家企业，44支代表队1300多人参赛，其中25支秩序维护代表队、19支客户服务代表队，评选出秩序维护代表队一等奖3名、二等奖6名、三等奖16名；客户服务代表队一等奖3名、二等奖6名、三等奖10名。个人实操比赛采取理论知识和现场实操相结合的方式，从参赛的15家企业500多名选手中角逐出了秩序维护和客户服务两个工种的前20名。

这次职业技能比赛活动，是郑州市物业管理行业有史以来举办的规模最大、参与人员最多、质量最高、影响最广的一次大型竞赛活动，是对物业服务企业人员队伍素质的一次全面检阅，收效甚好。

（三）举办丛书免费辅导培训，提升企业员工素质

2017年，郑州物业管理协会组织编写了《物

业管理规范操作丛书》6 册，根据协会 2018 年下发的《关于开展〈物业管理规范操作丛书〉免费辅导学习班的通知》文件，各专委会高度重视、精心安排、专人负责设计课件，从 7 月至 9 月历时 3 个月，针对 6 册丛书的特点对购书单位和会员企业进行了系统性的培训，共有 2000 多人参加了免费培训学习，有效帮助了物业服务企业全面深入地学习理解使用丛书标准化内容。此次的丛书辅导培训，贴近企业实际，内容丰富，操作性强，让广大物业服务企业员工受益匪浅，达到了预期的效果，使丛书的运用得到了深化，这也是“标准化建设推进年”工作的重要举措。

（四）开展示范样板五星小区创建，树立了行业样板

示范样板和五星小区创建工作已经开展了 4 年，今年经过严格认真的考评验收，在申报的 369 个各类样板项目中，有 189 个项目荣获 2018 年示范样板项目，合格率为 51.2%，近 5 年来，郑州市物业管理协会示范样板项目累计合格达 400 多个；在申报五星级小区（办公写字楼）的 27 个项目中，有 21 个项目通过五星创建，合格率为 77.7%，近 5 年来，荣获五星级住宅小区（办公写字楼），已累计达到 150 多个。

同时，2018 年对 2017 年度表彰的示范样板，选取了 18 个具有代表性的精品项目，作为 2018 年行业免费参观交流的标杆项目，每月组织两次示范样板项目的参观交流学习，全年共有 1 万多人次参加免费学习活动，惠及广大企业，有效提升了广大物业服务企业服务水平，促进了行业均衡发展。

（五）推广先进科学技术，全面建设智慧物业

智慧物业信息化建设是物业管理行业的发展趋势。目前，郑州已有 400 多家企业，500 多个小区上线使用了“腾讯海纳”平台技术，使用企业降低了运营成本，提高了工作效率，收效显著。2018 年 10 月 10 日，腾讯中国智慧社区生态大会在郑州召开，大会以“云上海纳、惠聚百川”为主题，分享了腾讯云针对社区物业领域的解决方案、物业管理行业发展、物业管理行业数字化、社区金融、社区广告等先进技术应用在行业的相关实践经验和前景展望。为扩大智慧社区平台使用覆盖面，提升使用效率，拉近物业管理行业同仁的交流、探讨、研究智慧社区发展和建设，共同推动物业管理行业的信息化进步，达到资源共享、合作共赢的目的。

（六）推进行业自律承诺，建设诚实守信企业

为规范郑州市物业管理行业的经营行为，不断提升行业的管理服务质量和水平，郑州市物业管理协会制定了《郑州市物业管理行业自律公约》和《郑州市物业管理行业信用承诺》。要求各物业服务企业项目经理和部门经理以上从业人员，要认真学习并熟知自律公约和信用承诺，搞清楚弄明白，落实在工作中。在推进信用体系建设过程中，郑州市物业管理协会一直坚持积极发挥行业协会的引导作用，致力于通过行业自律推动物业管理行业信用体系建设深入开展，建设和谐物业、和谐社区。

（七）探索居家养老模式，解除业主后顾之忧

居家养老工作已成为物业服务工作的重要内容，为此，郑州市物业管理协会出台了《关于鼓励物业服务企业开展居家养老事业的意见》。2018 年 6 月，郑州市物业管理协会在陇东物业老年人日间照料中心召开了郑州市物业服务居家养老经验交流现场会，推广陇东物业在居家养老的做法和经验，鼓励企业投入养老事业，既扩大企业盈利空间，又密切了与业主的关系。此次会议是郑州市物业管理行业第一次有关居家养老的专题会议。物业服务企业搞好居家养老工作，是承担社会责任的具体体现，推进物业服务企业居家养老工作对适应人口老龄化快速发展态势、提高老年人生活质量、提升物业服务功能和文明程度、建设美丽郑州具有重要意义。

（八）加强行业技能培训，提升员工综合素质

郑州市物业管理协会坚持“办企业需要的事情，

干企业满意的事情，做企业有利的事情”的服务理念。2018 年在例行常规培训的基础上，积极扩大公益性免费培训的渠道和覆盖面，不断提升并完善此类培训的频次和种类，使会员企业享受应有的福利。2018 年，已培训了 200 多名项目经理，拿到了中国物业管理协会颁发的资格证书；与河南睿控消防培训学校联合，举办了消防员初级职业培训班，已有 300 多人参加学习拿到证书；举办了“法律服务进企业、提高风险防范能力”讲座，200 余人参加学习；组织企业参加郑州市消防支队举办的全市物业服务企业消防安全管理培训会 150 余人参加学习；举办《绿色建筑运行维护技术规范》行业标准培训班 100 余人参加学习；举办《物业管理规范操作丛书》免费辅导培训 6 期 2000 余人参加学习；联合新密市房管局共同举办档案管理专题培训 100 余人参加学习。全年为行业培训达 3000 多人次。

（九）加大行业宣传力度，树立协会良好形象

大力宣传行业重要会议、重大活动的措施和成果；充分发挥《郑州物业》报、郑州市物业管理协会网站、郑州市物业管理协会微信公众号的行业宣传作用，努力做到人人皆知，家喻户晓，不断提升企业和业主的认识度。在 2018 年中国物业管理行业微信公众号影响力和刊物影响 TOP50 评选中，“郑州市物业管理协会”微信公众号，荣获“物业管理微信公众号影响力 TOP50”第 44 位；郑州市物业管理协会主办的《郑州物业》报荣获刊物影响力 TOP50 第 10 位。

（十）贴近企业实际，真诚服务会员

郑州市物业管理协会秉承“服务会员、服务行业、服务政府、服务社会”的工作宗旨，坚持“强基础、接地气、办实事、管长远” 的工作原则，采取“联络、协调、指导、服务”的工作方式，确立了“规范、务实、创新、高效”的工作目标。建立和完善了副会长（副秘书长）轮值工作制度、专业委员会工作制度及大小协作组工作制度；开展了《河南省物业管理条例》学习宣传月活动；召开了物业服务创新发展总经理代表座谈会；先后接待了日照市、青岛市、济南市、沧州市等物业管理协会等行业同仁来郑交流参观；将 2017 年度理论研究文章汇编出刊，编印了《思想的火花》，内容丰富，真知灼见；注重做好了会员的管理与服务工作，充分发挥了 8 个专业委员会的专业特长和作用，促使物业服务企业更快更好的发展。

三、郑州市物业管理行业下一步工作计划

（一）发挥基层党建引领作用，促进物业管理行业发展

党的十九大报告指明了新时代和新任务，人民群众对美好居住生活的需要，就是物业管理行业的奋斗目标。2019 年我们将全力推进红色物业建设，引导符合《党章》要求的企业，按照属地原则成立党的基层组织，并且将党建工作纳入物业管理工作中来。一是为实现党建工作与行业、企业发展协同推进，大力推广圆方物业集团党委开展党建工作的好经验，组织学习交流，计划在圆方集团党委召开行业党建工作现场会，推动红色物业在全市生根开花结果。二是明确突出问题导向和目标导向，确保物业服务“红色”导向；进一步推进党组织工作全覆盖，推动符合条件的物业服务企业和物业服务项目建立党的基层组织，建设 30 个标准化的党组织。三是开展以“红色物业”为主题的系列活动，对全市物业服务企业成立党组织的情况进行了全面调查摸底统计，分类指导；开展“重走长征路，弘扬长征精神”的红色教育，带动全市物业管理行业党建工作再上新台阶。四是统筹党建合力，发挥协会党支部的指导作用，同时筹建行业党委，构建党建工作的新格局，更好地凝聚郑州市物业管理行业力量。五是七一建党节，开展评选表彰一批先进企业党组织、优秀共产党员的活动，以此给党的 98 岁生日献礼。六是以先进党组织为基地、以优秀共产党员为标杆，将榜样典型的感召力量融入物业服务工作

中，充分发挥党员的先锋示范作用，促进全市物业管理行业更好更快地发展。

（二）开展“标准化建设提升年”活动，确保扎实有效

2019年，郑州市物业管理协会工作的主题是“标准化建设提升年”，一切工作要围绕和服务这个中心。以“标准化建设提升年”为契机，一是在各县市建立设施设备和档案管理两个示范点，主要参照原国家、现省市物业管理示范项目的标准，统一要求，规范建设。二是建立协会设施设备、档案管理专家库，进一步规范专家人员管理，强化专家队伍建设，把标准化建设工作推向新高潮。三是继续开展5大示范样板、五星小区（办公写字楼）的创建工作。

为弘扬和践行新时代社会主义核心价值观，展示女性风采，激发广大职业女性在物业管理行业中做出更大贡献，3月份组织开展评选首届十佳“巾帼最美物业人”活动。在郑州市物业管理协会会员企业从事物业服务工作的优秀女性中，推选一批工作踏实、表现突出、积极向上、成绩优异的优秀女性进行表彰，进一步激励广大妇女弘扬自尊、自信、自立、自强精神，积极投身于物业管理行业工作，为广大妇女树立可敬可学的榜样，提升行业社会地位。

（三）发挥科技优势，推动智慧物业信息化建设

充分调动各方积极性，积极构建以协会为主导、企业为主体、市场为导向、各方力量相结合的推进体系，确保智慧物业信息化应用主体各方面的权益。积极鼓励多种形式、多种合作、多种投入的信息化建设。正确引导、鼓励物业服务企业使用信息化技术，特别是中小型物业服务企业，主动适应行业发展变化和要求，树立正确的创新思维，实现物业价值最大化，不仅提高企业的管理效率，而且降低了企业的运营成本。同时使广大业主充分享受智慧物业信息化发展的成果，不断提升市民的生活质量和幸福指数。

（四）积极发挥专委会优势，分享协会工作成果

各专业委员会是协会工作的重要组成部分和技术支撑力量，是协会工作的主要抓手。一是充分发挥设施设备、档案管理、绿化养护、政策法规、信息技术、环境保洁、秩序维护、客户服务8个专业委员会的专业技术优势和引领带动作用。二是各专业委员会要对全体委员、会员企业举办一、二期专业技能知识免费培训，切实抓好丛书的免费培训和执行落地，每专委会培训不少于300人。三是各专委会在创建各类示范样板中发挥好指导和带动作用，提高项目创建的质量和水平。

（五）强化行业宣传调研，树立行业良好形象

一要继续广泛宣传《河南省物业管理条例》，在全行业营造学习宣传、贯彻执行《条例》的浓厚氛围。二是深度挖掘和广泛宣传先进人物和先进事迹，讲好行业故事，传播好行业声音，阐释好行业价值。三要继续办好《郑州物业》报及网络版、郑州市物业管理协会官网、微信公众号，抓好特色栏目企业协办工作。四要充分发挥行业发展研究会的作用，建立激励机制，调动研究员的工作热情。注重转型升级、智慧物业、行业发展等热点难点问题的理论研究。五要加强与主流媒体的联系和合作，发挥新闻媒体对行业宣传的促进作用，通过多种渠道积极宣传行业对社会民生的贡献。六要大力推广郑州市物业管理协会微信公众号，及时传播行业动态。

2018年，郑州市物业管理行业虽然取得了一定的成绩，但仍存在着一些问题，与国内物业管理先进城市相比还有一定的差距。郑州市物业管理协会将虚心向其他先进城市学习，借鉴先进理念和经验，及时弥补工作中的不足，在习近平新时代中国特色社会主义思想和党的十九大精神指引下，以“标准化建设提升年”为抓手，以提升物业服务品质为目标，团结一致、奋发图强、乘势而上，共同开创郑州市物业管理行业的新局面！

湖北省物业管理行业发展报告

湖北省物业服务和管理协会

一、湖北省物业管理行业发展现状

近年来，“互联网＋”、大数据等新技术的应用发展，物业服务在发展社区经济中的价值不断凸显，加速了物业需求转型升级，物业服务企业正向现代社区综合服务商发展，从单一的物业服务逐步向多种经营、社区养老及社区电商等以社区为中心的综合服务方向发展；物业管理服务市场化程度越来越开放，政府机关单位、公共市政物业、医院学校等公共场所等购买服务意愿增强，给物业管理行业发展注入新的活力。从物业管理的业态来看，社会公共类物业、商业物业、写字楼物业、工业园区等类型物业面积占比越来越大，住宅类型物业面积占比逐渐走低，促使湖北省物业服务的多样性越来越丰富和精细化程度越来越高，物业服务企业由以前单一的住宅物业服务逐步向多元化、特色化发展，形成湖北省物业服务全面发展的局面。

随着湖北省经济高速发展进入新常态，供给侧结构性改革深入推进，新型城镇化建设步伐加快，湖北省房地产业发展迅猛，同时带动了物业管理行业的快速发展。截至 2018 年 12 月 31 日，全省共有 6161 家物业服务企业，从业人员 28.90 万人，管理面积 8.86 亿平方米，其中住宅面积 7.10 亿平方米（即服务了约 600 多万个家庭，2100 万市民），全年行业经济总产值 118 亿元，占全省第三产业生产总值的 0.68%。

二、湖北省物业管理行业发展环境

无论是全国还是湖北省，近几年物业管理行业发展环境都发生了巨大的变化。总体上讲，全省物业管理法规政策越来越健全、越来越规范，国内知名企业进入省内的数量逐年增加，业主从对居住生活需求逐渐向物业服务需求转变，在业主维权意识越来越强、竞争不断加剧、企业管理成本年年递增等不利因素影响下，反而成为驱动本土物业服务企业内生改革、提质增效的动力。

（一）政策环境

2016 年 3 月 1 日、2017 年 9 月 6 日，国务院分别取消物业管理行业从业人员准入资格和行业资质核准，物业管理市场大门完全放开。

2016 年底湖北省人大颁布了《湖北省物业服务和管理条例》，条例根据全省物业管理实际情况，从顶层设计上规范了业主的自我管理行为及物业管理市场等；2016 年，省政府颁布了《湖北省人民政府办公厅关于印发湖北省加快解决国有企业职工家属区“三供一业”分离移交等历史遗留问题工作实施方案的通知》，自此，全省国企住宅区拉开了移交专业化物业服务企业管理的序幕；2017 年 9 月，湖北省出台了省物业管理条例 5 个配套文件，《管理规约》《业主大会议事规则》《业主委员会工作规则》《前期物业服务合同》《物业服务合同》，为省条例的贯彻落实提供了具体实施途径，为业主自我管理、物业服务企业履行合同义务提供参照文本；2018 年 2 月，湖北省物价局联合湖北省住建厅颁布了《湖北省物业服务收费管理办法》，办法规范了物业服务收费行为，维护业主和物业服务企业合法权益，尤其是办法明确了物业管理区域总表与分表之间的水电正常损耗由业主分摊，得到了行业的支持与拥护。

（二）市场环境

目前湖北省物业管理行业在房地产行业发展的带动下，正在经历属于行业自身的重大变革，一方面传统的住宅物业服务销售模式的升级以及房地产行业稳定的增量开发，为物业管理行业带来较高的基础增速；另一方面，物业服务企业自身寻求多业务拓展和平台资源的嫁接，创新盈利模式和增加业绩附着点，增加企业盈利能力和拓展实力。

1. 国民经济的持续增长，将为物业管理行业的发展提供契机。2018 年全省生产总值增长 7.8%，三次产业结构由 2017 年的 10.0 ∶ 43.5 ∶ 46.5 调整为 9.0 ∶ 43.4 ∶ 47.6，2018 年全省商品房销售面积 8865.38 万平方米，同比增长 8.7%。另外，随着随城市老旧小区、棚户区改造，物业管理发展前景越来越广阔。

2. 城镇化进程为行业发展提供了巨大机遇。2018 年底，全省城镇化率达到 60.3%，距离发达国家主流的 80% 城镇化率水平，还有较大的距离。参考中国过去 10 年间的城镇化率发展情况，接下来的 10 ～ 20 年，依旧会是中国城市化高速增长的阶段。未来全省城镇化的发展，必然会将物业管理行业带上高速发展的快车。

3. 红色物业开展。截至 2017 年，在武汉市全面推行“红色物业”后，取得了良好的社会效果和成绩：一是基本实现物业服务企业党的组织和工作有效覆盖；二是物业力量与社区力量有效融合，街道社区“两委”成员担任物业服务企业义务质量总监，物业服务企业党员负责人兼任街道社区“两委”委员；三是增强物业管理行业“红色物业”导向作用，将物业服务企业建立党组织、开展党的工作情况与物业招投标、物业服务考评、行业评先评优等挂钩；四是选聘党员大学生成为党的工作力量，为全市物业服务队伍注入新生力量和红色基因。五是“红色物业”服务平台初步建成，各区组建公益性物业服务企业老旧小区，提供准市场化物业服务。武汉的“红色物业”经验，已被部分市、州开始复制推广。

4. 随着国民经济增长持续走强，湖北省城市居民对住房面积增长的需求越来越大、居住质量要求越来越高，从以往单纯的功能型需求逐渐向舒适型需求转变，在今后很长的一段时期内提高居民居住生活质量将是人民消费的热点，业主对美好生活的追求和不断提高的法律意识将促进物业服务越来越规范、性价比越来越高。

三、湖北省物业管理行业发展存在的问题

（一）湖北省物业服务总体还处于粗放式发展阶段，全省物业管理行业发展不平衡

全省 17 个市州，物业管理覆盖主要集中在武汉市，高质量的物业服务项目、本土知名品牌物业服务企业主要集中在武汉市。武汉市物业管理面积、从业人员分别占到全省 42.39% 和 42.82% 的比例；在行业专家评审中，武汉地区专家申报人数及通过评审专家人数占总人数比例分别为 71.58%、72.55%，由此可见一斑。

（二）业主尚未全面树立花钱购买物业服务的消费观念、消费意识

相对北上广深等沿海城市，全省住宅小区业主物业服务的消费观念、消费意识还得大力培育、大力引导。部分城市的物业管理市场是近些年才形成规模，大量由村民变市民新进城的业主，没有物业服务的消费意识；部分城市居民还停留在单位大包大揽的后勤服务意识上，只愿意支付较少的物业管理费；部分业主诚信意识差，以各种理由拒绝履行义务，这种权利与义务不对等的片面认识造成了全省物业

管理行业住宅物业小区收费率普遍不高的现象。

（三）物业服务和市场价格倒挂，物业服务企业生存艰难

湖北省住宅前期物业服务收费定价实行政府指导价，绝大多数的市州物价部门制定的前期物业服务费标准多年未调整，或者是定价过低，跟不上物价、人工成本上涨的速度，物业项目经营往往只能收支持平或略有盈余，一旦服务费收缴率低则造成部分物业服务企业入不敷出，甚至亏损严重。物业服务费定价过低，成了低价低质、业主满意度和市场积极性不高的根源，物业服务企业没有合理的利润回报，行业发展不健康，物业服务从业人员待遇不高、进入行业的从业人员素质低下、逃避社保费、缺乏培训、流动性大等现象较为普遍。

（四）物业管理纳入基层社会治理范围未严格落实，行政管理体制不顺、执法效率较低

物业服务企业依据物业服务合同对物业管理区域服务，对违反业主公约的行为进行劝阻、制止和报告，对拒不整改的行为，物业服务企业没有执法权，政府对物业管理在城市管理中的重要性未能引起足够的重视，未能整合行政执法力量，执法未进小区的情况普遍存在，或是部分行政主管部门不愿意激化矛盾，能推则推，不能推则大事化小息事宁人，执法效率低下，仅靠房产行政主管部门的力量难以担负起全面协调的作用，住宅小区近年来物业管理的水平进步并不明显。

（五）全省物业服务产出效率低下

2017 年全国物业管理行业营业收入 6007.2 亿元，占全国第三产业生产总值比重的 1.41%；湖北省物业管理总收入 118.75 亿元，占全省第三产业生产总值比重 0.65%；湖北省第三产业生产总值占全国比重 3.87%，湖北省物业管理行业产值占全国物业管理行业产值比重 1.78%；湖北省人均产值 5.45 万元 / 年，全国物业管理行业人均产值 6.64 万元 / 年，湖北省落后全国 17.92%，以上数据比较，均可以看出全省相比全国落后很多。劳动效率低下、物业服务价格偏低是湖北省物业管理行业和市场存在的主要原因。

（六）本地物业服务企业缺乏竞争力

湖北省缺少有品牌、有规模的龙头企业，本地物业服务企业缺乏核心竞争力，少有规模化走向全国开拓业务的物业服务企业。而外来物业服务企业进入湖北省数量越来越多，国内知名企业纷纷抢占湖北省物业管理项目，不断蚕食本地市场，本地物业服务企业显得无能为力。

四、近两年湖北省物业管理行业取得的成绩

（一）加强行业党组织建设，夯实行业发展根基

行业充分贯彻党的十九大精神，加强党对行业的领导，充分发挥党组织在行业中的战斗堡垒作用，一是行业协会、物业服务企业积极成立党支部，有条件的协会成立行业党委，强化党对物业服务企业的领导；二是以武汉市作为龙头带动，促进物业力量与社区力量的有机融合，发挥“红色物业”示范作用。

（二）湖北省物业管理服务面积和从业人员近年来直线上升

目前，湖北省物业服务已走向城镇千家万户，并已与水、电、气一样成为老百姓日常生活不可或缺的基础服务，物业服务企业成为社会服务一支重要的生力军。

（三）成立全省物业管理行业协会

2017 年 10 月 26 日，在行业主管部门的指导和协调下，湖北省房地产业协会物业管理专委会在省民政厅登记注册为湖北省物业服务和管理协会。根据

物业服务专业工种及行业发展，协会成立了 10 个专委会，并将在全省范围内通过严格考评筛选出的 100 名专家分配到各专委会。目前，以湖北省物业服务和管理协会为行业平台、以专委会为专业支柱、以秘书处为配合协调机构的创新运作模式已开始运行。

（四）参加全国职业技能竞赛取得优良成绩

经过各市州甄选、湖北省物业服务和管理协会组织初赛，2018 年 8 月 22 日、23 日，代表湖北省物业管理行业的 6 名物业管理员和电工选手，赴北京参加了“金融街物业杯”第二届全国物业管理行业职业技能竞赛决赛。王应明和刘颖分别获得了物业管理员工种第四名和第九名的好成绩，获得由住房与城乡建设部授予的“全国住房城乡建设职业技术能手”的称号。

（五）行业凝聚力越来越强

湖北省物业服务和管理协会成立以来，通过一是去年 5 月份行业乒乓球赛各会员单位的参与，二是见证各专委会日常工作开展，三是征集《湖北省物业服务收费管理办法（草案）》的意见和建议，四是 10 月份某广播媒体和某商务公司发起“寻找武汉最差物业”和“武汉最差物业管理小区”网络投票活动，会员单位的提议，五是 2019 年开始税务部门征管社保费，会员单位参与行业社保费调查，六是广大会员积极签订《湖北省物业管理行业自律公约》及《湖北省物业管理行业信用承诺书》，发现物业服务企业有事共同协商，紧密地团结在一起，形成了一股强大合力，行业会员凝集力越来越强。

五、湖北省物业管理行业的发展动向和趋势

（一）物业管理面积持续增加

根据发展规划，武汉市将建成为我国中部重要城市，其经济发展必然向周边市、州乃至外省辐射，同时进一步加快武汉城市化进程，扩大房地产市场需求和物业管理需求。在全省“三供一业”分离及棚户区改造，以及全省政府物业、市政公共场所及学校等后勤管理市场不断开放，预计未来湖北省物业管理面积和生产总值有望持续得到增加。

（二）多种经营业务将逐步成为物业管理行业的利润增长点

随着湖北省经济的发展及居民生活水平的提升，人们对于与物业相关服务的关注重点将不仅仅局限于基础的保安、保洁、绿化等物业管理服务上，能进一步提升居民生活质量的各类增值服务，如社区电商、社区家政、社区养老等各类多种经营业务将受到越来越多居民的关注。物业管理行业作为与居民日常社区生活联系最为紧密的行业之一，在开展物业相关服务方面具有得天独厚的优势，诸多物业服务企业也将多种经营业务作为其业务发展的新方向之一。同时，由于多种经营业务在物业管理平台上成立，对成本投入的要求相对较低，其利润率也通常高于传统的物业管理服务，未来将成为物业管理行业重要的利润增长点。

此外，随着移动互联网技术、云平台、大数据等技术的进一步发展，多种经营的经济附加值将得到进一步提升。

（三）物业管理专业分工越来越细分、基础性业务外包的比例越来越高

随着业主对于物业服务质量要求的提高及物业服务企业间竞争的加剧，越来越多物业服务企业选择将清洁、绿化、设备维修养护、秩序维护等基础物业服务外包给专业服务公司，专业服务公司更能发挥出专业的优势，实现优质优价，降低物业服务企业的经营成本，同时能够集中精力提升核心业务水平和能力。

（四）物业管理行业的竞争逐步变得更加激烈

一是业内企业通过不断扩张及兼并整合，借力

资本市场让物业公司快速发展并做大做强，寻求规模经济效应，一些发展后劲不足的小微企业待价而沽；二是行业内规模较大的物业服务企业已经形成了品牌效应，其提供高品质的物业管理服务并且取得了良好的市场反应，具备较强的竞争优势，有意扩大企业规模提高市场份额；三是行业企业资质和从业人员资格取消后，打破了物业管理市场原有门槛，大量新成立及无项目的空壳公司在偷偷觊觎着招标的物业项目，蓄势待发，物业管理市场竞争异常激烈。

（五）应用互联网和加快智能化建设，传统物业管理服务向现代服务转型

传统的物业服务企业盈利主要依赖物业服务费收入，在近年人工和生产资料成本不断攀升的情况下，企业面临压力越来越大。随着机械化、智能化、信息化等新技术应用和普及，物业服务企业一方面对传统物业服务软硬件方面进行更迭换代，开展远程监控、自动控制及节能等改造，大幅降低企业管理、运作、能耗及物耗方面的成本；一方面，力图使复杂业务和重复性人工作业变得扁平化、简洁和智能化，减少流程、工作人员或降低劳动强度，有效降低人工成本和提升客户体验；另一方面，积极探索和创新服务、管理模式，开拓新兴服务领域和业态，通过跨领域资源整合，向智慧型的现代服务业转型升级。

随“放管服”行政改革不断深化，政府管理理念、管理方式和管理手段不断创新，行业主管部门大幅精简了行政审批事项，监管方式转变为事中、事后动态监管；行业协会走上台前：引领行业发展，促进企业企业技术进步和产业升级；建立行业自律体系，大力推动行业诚信建设，促进行业健康发展。

武汉市物业管理行业发展报告

武汉市物业管理协会

一、武汉市物业管理行业基本情况

2018年是改革开放四十周年，武汉市紧紧围绕市委市政府深入开展贯彻落实党的十九大会议精神，贯彻落实“红色引擎工程”推动基层治理体系和治理能力现代化的总体要求和目标，全面推动“红色物业”拓面提质工作，引领物业管理行业蓬勃发展。截至2018年12月底，全市共有物业服务企业1931家，其中本地企业1759家、外地来汉备案企业172家。全市共有专业化物业小区2143个，建筑面积2.68亿平方米，总栋数4.43万栋，总户数209.95万户；老旧住宅小区（包括零星住宅片和物业弃管小区）约2460个，总面积约5892.03万平方米，总户数约79.55万户。物业从业人员近12万人。物业管理的发展，为老百姓创造了和谐的生活环境，提高了城市管理水平。

二、武汉市物业管理行业法制建设情况

（一）《武汉市物业管理条例》正式颁布

武汉市住房保障和房屋管理局配合武汉市人大法规室梳理研究《武汉市物业管理条例（修订草案）》一审、二审提出的意见建议，组织开展意见征求、立法调研、听证会等工作，修订完善《武汉市物业管理条例（修订草案）》，并经湖北省十三届人大常委会第七次会议审议通过，2019年1月1日起正式施行。

（二）推行《武汉市住宅物业服务等级标准》，配合发改部门制发《武汉市物业服务收费管理实施细则》

市房管局制发《关于做好〈武汉市住宅物业服务等级标准〉推行工作的通知》，指导开发建设单位、物业服务企业和业委会在招投标、合同签订等环节，根据《武汉市住宅物业服务等级标准》（以下简称《标准》）选择物业服务等级，签订物业服务合同；结合物业服务行政监管巡查，检查物业服务企业执行《标准》情况。依据《标准》，市房管局协同市发改部门做好物业服务分等级定价成本调查和政府指导价格测算，拟订《武汉市物业服务收费管理实施细则》（以下简称《细则》）和前期物业服务收费政府指导价，目前该《细则》已发布，并于2019年8月1日正式实施。

三、武汉市物业管理行业行政监管基本情况

（一）全面深化党建引领，筑牢行业政治堡垒

为贯彻落实“党建引领共治”要求，大力推进物业管理行业党建工作，在武汉市委组织指导下，成立“中共武汉市物业管理行业委员会”。行业党委成立后，一是对全行业党建情况进行了摸底调查，全面掌握行业中党员情况、党组织建设情况及党建活动开展情况；二是指导、引导物业服务企业加强

党建，推进行业党建组织全覆盖，将党建工作列入行业创先评优标准。

（二）全面推进“红色物业”工作，老旧小区拓面提质全覆盖

2018 年，根据武汉市委、武汉市政府部署，以老旧小区“红色物业”拓面提质为目标，将推进“红色物业”作为“抓党建，促民生”的重点工作，截至 2018 年 12 月，全市 2460 个老旧小区实现物业服务全覆盖；2040 个老旧小区开展了环境整治工作，覆盖率 82.93%；累计投入整治资金 4.39 亿元；发放物业服务补贴 1.14 亿元；建立党组织 861 个，委派党建指导员 1618 个。

（三）推进物业小区生活垃圾分类工作

根据武汉市《2018 年度全市生活垃圾分类工作要点》和《市生活垃圾分类工作领导小组办公室关于印发〈2018 年度全市生活垃圾试点工作推荐方案〉的通知》要求，全面推进全市物业小区生活垃圾分类试点工作，对各区生活垃圾分类先期试点小区调研，了解掌握试点工作情况，总结试点经验，开展全市物业小区生活垃圾分类工作培训，指导物业服务企业广泛开展垃圾分类宣传，2018 年武汉市共有 307 个物业小区开展垃圾分类试点。

（四）结合《武汉市住宅专项维修资金管理办法》修订，制定维修资金第三方监管相关制度措施

依据新修订的《武汉市住宅专项维修资金管理办法》，学习借鉴外地城市维修资金使用第三方监督服务经验做法，与交通银行协商议定免费提供维修资金使用第三方监督服务工作方案，明确服务范围、内容、方式和流程。选取 4 个维修项目开展先期试点，通过现场观摩、事后回访等方式指导和跟踪检查第三方监督服务工作开展情况。目前交通银行已免费为 345 个维修项目提供了第三方监督服务。

（五）拓展“互联网＋物业”应用，推广使用业主共同决策电子平台

按照武汉市纪委部署要求，武汉市房管局拟定《“家园共治享住武汉”住宅小区公共服务管理评议试点工作方案》，结合“双评议”工作开展，以业主共同决策电子平台为基础，研究开发全市住宅小区公共服务管理评议系统，采取“互联网＋评议＋整改”的形式，由业主（居民）对涉及小区公共安全、公共服务、公共管理和物业服务的 11 个政府职能部门、7 个公共服务单位、街道社区及物业服务企业进行线上评议。目前试点工作已拓展到 108 个物业小区。

（六）首次开展物业管理行业高级经济师的评审工作

为贯彻落实中共武汉市委《关于实施“红色引擎工程”推动基层治理体系和治理能力现代化》（武发〔2017〕5 号）与“红色物业”计划相配套，发挥职称的激励和导向作用，调动物业服务企业人才服务全市经济社会发展和促进创新驱动发展的积极性和创造性，武汉市职改办从 2017 年 6 月开始，与市物业协会对接交流，共同探索在物业管理行业中开展物业管理专业类高级经济师的评审工作。同年，职改办下发《武汉市完善物业服务人员职称评价工作试行意见》（武职改办〔2017〕28 号）及《2018 年度武汉市物业管理专业高级经济师职称评审申报工作指南的通知》，全市 36 家企业共 97 人进行了申报，经过资料审核、面试、终审，最终 18 人获得武汉市“物业管理”专业高级经济师职称。

四、武汉市物业管理行业发展变革趋势

2018 年，武汉市物业管理协会首次开展武汉市物业管理行业“综合实力五十强企业”及“管理及服务特色企业”的评选活动，全市共 53 家企业获得殊荣。从五十强企业排名发展变化来看，武汉

市物业管理行业发展已经发生和正在发生了系列的变革和趋势，主要体现在以下几点变化：

一是行业党组织建设已基本全覆盖，党建引领作用在物业服务过程中逐渐融入和形成了社区综合治理新格局。物业服务企业不再是单打独斗的乙方，而是社会治理不可或缺的重要元素，物业管理行业的作用和重要性得到了政府和社会的肯定和认可。

二是物业服务品质逐渐提升，物业服务企业越来越关注和满足业主服务需求作为企业的价值体现。随着房地产市场开发的发展，新建住宅小区物业服务市场份额空间越来越窄，物业服务的市场竞争越来越激烈，回归服务本质，提升服务标准，以品质促品牌，以品牌赢得市场，将成为行业的追求目标。

三是物业服务企业规模化发展优势趋势日益明显，互联网运用逐渐起到减员增效。近年来，外地地产大鳄下属物业公司以及国内品牌集团化的物业服务企业纷纷进驻武汉市场，“鲶鱼效应”将会激活武汉市物业管理行业发展的新机遇，新挑战，形成新的行业格局。

四是本土企业发展势头迅猛，一年一个台阶的进步明显，展示了本土行业发展的生命力。在五十强企业奖单中，最高管理面积已超过 2000 万平方米，营业收入已达 3.6 个亿。

五是行业为社会解决就业，交纳社保，创造税收等方面的社会贡献越来越大。

五、武汉市物业管理行业下一步工作举措

（一）完善配套文件，构建完整物业管理政策法规体系

一是继续做好新《武汉市物业管理条例》（以下简称《条例》）宣贯。加强新《条例》的学习、宣传和培训，利用报刊、广播、电视、网络等新闻媒体广泛宣传，通过举办短期培训、讲座，召开座谈会等形式认真组织学习，加强物业管理行政管理人员的学习与培训，增强法制观念，提高依法行政水平。二是加快修订完善相关配套政策文件。清理与原《条例》相配套的政策文件，对其中与新《条例》相抵触的内容逐一梳理，及时做好立、改、废工作。

（二）推进提档升级，扩大老旧小区“红色物业”覆盖面

以便民、利民、为民为宗旨，遵循“政府引导、立足社区、政策扶持、市场运作”的工作原则，以“稳定覆盖率、扩大参与率、提高收费率、提升满意率”为目标，推进老旧小区“红色物业”提档升级，构建与武汉市经济社会发展水平相适应的物业服务模式和长效管理机制，实现老旧小区物业服务健康可持续发展。一是稳定覆盖率，全市 2460 个老旧小区物业服务覆盖率保持 100%；二是扩大参与率，推动市场化和公益性物业服务企业与老旧小区结对帮扶共建；三是提高收费率，推进老旧小区启动物业服务和停车服务收费，形成自我造血机制，逐步减少政府补贴；四是提升满意率，改进服务方式，完善服务措施，提高服务水平，努力提升社会和人民群众对物业服务的满意度。

（三）加强探索实践，在有条件的农村社区开展物业服务试点

根据 2019 年武汉市政府工作报告和武汉市委市政府《关于加强和完善城乡社区治理的实施意见》相关要求，坚持属地化组织、推动，以改善和提高农村社区居住质量为根本原则，积极探索在有条件的农村社区开展物业服务。一是搞好调查摸底，摸清 8 个新城区农村物业管理现状，了解农村居民需求，合理确定物业服务方式。二是加强调研考察，学习了解兄弟城市先进经验和成熟做法，为顺利推进工作提供参考借鉴。三是做好梳理分析，对相关资料进行分析汇总，形成符合武汉市农村社区实际的物业管理工作思路。四是拟定工作方案，在广泛征求各方意见建议基础上，制发武汉市农村社区物业管理试点方案，重点明确农村社区开展物业服务的基本原则、目标任务、工作职责、方法步骤、管理方式、

服务内容。五是全力推进试点，在 8 个新城区各选取 1 ～ 2 个有条件的农村社区开展物业服务试点，组织召开动员部署会，做好相关宣传培训工作，引导农村居民树立正确的物业管理意识和物业服务质价相符的商品意识，提高相关各方参与度和服务能力。

（四）引领行业做好“迎军运、讲文明、树新风”相关活动的服务保障

为迎接 2019 年 10 月在武汉市举办的第七届世界军人运动会，市物业协会拟以“迎军运、讲文明、树新风”为主题，举办物业专业岗位技能比赛、提升岗位技能培训等活动；组织各区工作委员会积极动员，督促、检查辖区企业文明创建工作，对辖区物业服务项目对照《武汉市物业管理行业文明城市建设工作标准》进行全面大检查工作；开展社会主义核心价值观、学雷锋志愿服务、军运知识等内容的宣传活动，展现行业良好形象，为文明创建活动贡献力量。

长沙市物业管理行业发展报告

长沙市物业管理协会

一、长沙市物业管理行业发展概况

长沙市物业管理工作在长沙市委市政府的正确领导下，以全面贯彻落实《关于全面推进物业管理工作的实施意见》（以下简称《实施意见》）为中心，强化党建引领，各项工作稳步推进。《实施意见》要求的对物业管理进行属地管理市、区、街道、社区四级机构和人员配备到位，物业管理专职社工到岗履职，物业管理绩效考核稳步推进。截至2018年底，全市共有物业服务企业1180家，共管理各类物业项目3780余个，总建筑面积累计达到1.9亿平方米。

二、2018年长沙市物业管理行业主要发展成果

（一）加强党的领导，夯实行业工作基础

党是统领全局、领导一切的核心力量，长沙市物业管理协会党支部成立以来，始终坚持以“党建”促“行建”，以“党务”带“业务”为原则。一是加强党建学习。落实市委组织部关于推进党支部“五化”建设的要求，规范设置党支部阵地，深化“两学一做”学习教育，组织全体党员重温入党誓词，学习党的十九大会议精神、习近平总书记系列重要讲话精神等重要理论知识，组织赴刘少奇纪念馆开展“两学一做”专题党课，赴南宁参加“党旗领航红色物业服务自信共创美好”主题论坛，召开3次内部学习分享会，不断提升党支部的战斗堡垒作用。在中央组织部来长沙调研功能型党组织建设座谈会上，长沙市物业管理协会党支部有幸作为唯一的行业党组织专题就行业党建做了经验介绍，党支部书记被长沙市社会组织综合党委评为2018年“两争一创”优秀共产党员。二是完善行业标准体系。以年度的物业服务企业自律信息报送工作为契机，完善了923家物业服务企业的诚信数据。出台了《前期物业服务合同》《临时管理规约》等示范文本，对物业服务日常工作提供指导。

（二）开展工作调研，及时反馈行业诉求

一是开展立法调研。积极组织对湖南省人大《湖南省物业管理条例（草案）》和市消防支队《长沙市住宅消防安全管理办法（征求意见稿）》（以下简称《条例》和《办法》）进行了专题调研，及时向相关部门反馈了行业意见，《条例》和《办法》已经正式颁布并于2019年1月正式实施。在长沙市发改委组织对《关于加强长沙市物业服务收费管理的通知（征求意见稿）》征求意见的过程中，长沙市物业管理协会组织对涉及57家企业的251个项目的物业费收费标准、停车收费情况和垃圾清运费情况进行了调查统计并报长沙市发改委，配合长沙市发改委对长沙市部分物业服务项目物业费成本进行测算。该《通知》已于2019年颁布实施。二是做好重点工作调研。7月26日，

以长沙市住建委党委书记、主任王伟胜为组长的物业管理工作调研组对长沙市物业管理协会工作进行了专题调研，专门听取了长沙市物业管理协会工作情况，嘉盛物业、华天物业、万科物业、万厦园丁物业的负责人就相关问题提出了意见和建议，调研组一行对当前长沙市物业服务企业面临的问题和困难进行了深入了解，对长沙市物业管理协会工作予以高度肯定并提出了新的要求。三是研究行业热点问题。配合住房城乡建设部做好《物业服务导则》征求意见的相关工作，配合湖南省发改委对长沙市物业服务收费情况的调研，配合长沙市发改委和长沙市住建委做好清理规范一般工商业转供电加价行为调研，配合长沙市公安局做好《关于加强小区和单位来访人员及车俩治安管理工作的实施方案》的调研。

（三）组织行业交流，优化行业发展理念

一是打造行业公益培训平台。打造“长沙物业讲堂”行业学习平台，推广公益培训，3 月组织召开了新经济形势下的物业法律风险防范培训，4 月组织召开了物业法律热点问题探析培训会，5 月组织召开了物业讲堂消防培训会，6 月组织召开了新建物业项目管理的难点探讨沙龙，7 月组织召开了不动产经营管理主题沙龙，8 月组织召开了《湖南省物业管理条例》解读培训会，9 月份分别组织召开了 2018 年长沙市星级物业服务项目工作调度培训会和 2018 年最美物业人调度培训会，10 月组织召开了医院类物业服务沙龙，11 月组织召开了个人所得税改革与社保筹划培训会，12 月分别组织召开了物业服务及其法律实务高峰论坛和企业用工风险及防范培训会。先后有近 3000 人次参与了免费公益培训和主题沙龙。二是推进相互交流学习。组织会员单位赴上海、重庆、成都、郑州、杭州等外地交流学习 9 批次，接待了来自怀化、永州、鹰潭、株洲、郴州海南等外地来长交流学习 12 批次，组织行业内部交流学习 47 批次。三是发布行业动态信息。今年发行 4 期《长沙物业管理》杂志，通过长沙市物业管理协会网站、QQ 群和微信公众号定期发布了行业舆情动态 285 条，定期发布《长沙市新建物业服务项目综合数据》12 份，为物业服务定价提供参考。

（四）打造行业品牌，提升行业市场竞争力

一是创建全国品牌。在 2019 年 10 月，中国物业管理协会发布的 2018 年全国物业管理行业综合实力百强企业榜中，长沙市共有保利天创物业（第 24 名）、阳光壹佰物业（第 32 名）、鸿运物业（第 33 名）、鲲鹏物业（第 35 名）、中建物业（第 38 名）、都美物业（第 39 名）、万厦园丁物业（第 54 名）、长房物业（第 55 名）、建工兴发物业（第 76 名）等 9 家企业成功上榜，长沙市进入全国百强的企业逐步增加，长沙企业在全国的影响力日益提升。在中国物业管理协会举的第二届全国物业管理行业职业技能竞赛决赛上，湖南嘉盛物业汪锋荣获“电工职业技能赛”第四名、湖南保利物业吴生国荣获“电工职业技能赛”优胜奖，长沙市基层员工的服务技能得到了高度认可。二是打造星级标杆项目。为打造全省物业服务标杆项目，长沙市物业管理协会积极推荐优秀物业服务项目参加湖南省星级物业服务项目创建工作，2019 年长沙市共有 57 个项目获评 2018 年度湖南省星级物业服务项目荣誉称号，同时，长沙市共有 108 人被授予 2018 年度湖南省物业管理先进个人荣誉称号，长沙物业在全省物业管理行业的示范引领作用进一步增强。三是评选长沙市“最美物业人”。长沙市物业管理协会联合三湘都市报开展的“最美物业人”行业评选步入第四个年头，在总结前几届评选活动的成功经验基础上，长沙市物业管理协会进一步加大了与媒体的协调力度，华声在线连续发稿 26 篇，对 11 家企业和 11 个个人进行了专题宣传报道。12 月 8 日长沙市物业管理协会联合三湘都市报发布了 2018 年度长沙市最美物业人活动报告：保利天创物业、大田物业、华天物业、金典物业等 12 家企业荣获 2018 年度“十强物业服务企业”荣誉称号、湖南省通信产业服务有限公司

中信服务分公司等 8 家企业荣获“最具影响力物业服务企业”荣誉称号、长沙育天物业管理有限公司等 6 家企业荣获“最具成长性物业服务企业”荣誉称号、长沙市星润物业服务有限公司等 4 家企业荣获“最具创新型物业服务企业”荣誉称号、麓山恋•迪亚溪谷等 20 个小区荣获“最美物业小区”荣誉称号、湖南省公安厅省交警总队等 16 个项目荣誉“最美综合项目”荣誉称号，李娟、周杰、龚为荣、陈严勇、刘云峰等 5 人荣获“年度影响力人物”荣誉称号，刘莹、吕治国、曹珊、汤春南、胡卫强等 15 人荣获“最美物业人”荣誉称号。“最美物业人”活动影响力日渐增强，向社会各界展示了物业管理行业的正面形象。

（五）积极宣传造势，传递行业正能量

一是重点宣传行业优秀事迹。9 月，长沙市物业管理协会联合法制日报对长沙市物业管理协会、嘉盛物业、上海永升物业、鲲鹏物业、阳光壹佰物业、豪布斯卡物业、融科物业等 6 家单位负责人进行了专题宣传。12 月，长沙市物业管理协会联合湖南都市频道《都市一时间》栏目对 2018 年长沙市最美物业人活动开展专题报道，于 15 日开始陆续正面宣传报道了凯越物业、永升物业、华天物业、湘诚物业、德之瑞物业、融科物业、星润物业、中信分公司等企业和相关项目，取得了较好的社会反响。二是主动营造舆论氛围。11 月 27 日，长沙市物业管理协会联合长沙晚报《你说话吧》栏目召集大田物业、阳光城物业、自然物业、中建物业、润华物业等企业代表与网友一道就长沙市发改委、市住建委发布的《关于加强长沙市物业服务收费管理的通知（征求意见稿）》开展讨论，并于 12 月 5 日在《长沙晚报》A14 版专题报道，借助媒体的力量传递了行业诉求。组织行业力量发布和广泛宣传了《八种情况可以拒交物业费？谣传！》对法制日报微信公众号《国务院出台条例了：这 8 种情形业主可拒缴物业费》的不实报道进行了辟谣，法制日报公开道歉，及时消除了负面影响。三是举办行业主题活动。为展现长沙市物业服务企业和从业人员的良好形象，增强行业凝聚力，长沙市物业管理协会于 11 月组织举办了 2018 年长沙市物业管理行业男子篮球赛，篮球赛历时 15 天、经过 24 支球队的激烈角逐，在 11 月 23 日晚举办的篮球赛总决赛暨闭幕式上，长沙市住建委党委委员、副主任杜湘晖宣读获奖名单并为获得冠、亚、季军的湘江运营代表队、湘诚物业代表队、保利天创物业代表队颁奖，长沙市住建委副调研员马代方颁发了最佳前锋、中锋和后卫奖，长沙市住建委物业监管处处长高建文颁发了最佳组织奖，新湖南、三湘都市报、华声在线、今日头条、湖南都市频道进行了专题报道，向社会各界传递了物业管理行业团结拼搏、勇于进取的行业精神，展示了物业管理行业良好的精神风貌，凝聚了行业人心。

三、长沙市物业管理行业新一年工作思路

（一）深化党建引领，提升发展素质

党是领导一切的力量，行业协会工作的开展更需要把党建工作放在更重要的位置。一是加强长沙市物业管理协会党支部建设。2019 年，长沙市物业管理协会党支部建设将按照长沙市委非公经济组织和社会组织工委的工作要求，继续加强党支部内部建设、提升党支部工作能力，组织开展党建理论知识学习，参观两次革命教育基地，提高全体党员的党性认识。二是加强党建对行业工作的引领。在党建工作的引领下，组织开展精准扶贫、爱心捐赠等公益活动，利用行业宣传平台和公共媒体资源，对会员单位党建工作、公益活动的开展情况进行集中宣传，向社会各界宣传物业管理行业履行社会责任的情况，展示行业正面形象。

（二）强化宣传引导，改善发展环境

改善行业舆论氛围是长沙物协一直在坚持、在争取、在创造的一项长期工作。一是做好 2019 年

度“最美物业人”评选活动。“最美物业人”评选活动自2015年启动以来，已经连续成功举办四届，取得了较好是社会效益和宣传效益，2019年，长沙市物业管理协会将继续发扬传统，深入推广“最美物业人”行业评选活动，积极调动媒体宣传资源，以争取和创造更大的宣传效益，进一步提升行业社会影响。二是做好行业整体宣传工作。2019年将继续整合行业资源，深入挖掘物业管理行业宣传素材，打造行业亮点和特色，探索联合平面媒体、电视媒体和新媒体，逐步实现全媒体覆盖、多渠道发声，把物业管理行业的好人好事、特色亮点以及辛勤付出推荐给全社会，推动社会各界对物业管理行业认识的改观。

（三）优化行业资源，激发发展潜能

当前，物业管理行业正处在向现代服务业转型升级时期，随着长沙市物业管理行业的高速发展，物业服务企业对外采购产品和服务的需求日益增长，行业发展需要优质、高效的供应商来提供产品和服务，共同推动长沙市物业管理行业的转型升级和健康发展。2018年底，长沙市物业管理协会向全社会发布了征集行业供应商的工作，得到了广大供应商的积极响应，2019年，长沙物协将在对供需双方进行充分调研的基础上，初步建立长沙市物业管理行业供应商库，充分挖掘行业上下游资源，发挥物业管理行业对相关产业的带动作用，激发发展潜能。

株洲市物业管理行业发展报告

株洲市物业管理协会

一、株洲市物业管理行业基本情况

全市现有物业服务企业 323 家，5 万多从业人员中有 63.6％是安置的下岗、军队退伍、社会待业人员、大中专毕业生等。全市实行物业管理的各类项目 1200 个，总建筑面积 6800 万平方米，物业管理覆盖率为 78.3%。居全省前列。

株洲市物业管理行业有多项工作在全省处于领先地位：如：株洲市物业管理行业率先开办了地级市物业管理大讲堂，株洲市物业管理协会率先派企业经理、项目主任到广州跟班学习先进理念和管理方法，株洲市物业管理协会第一批荣获“全国优秀地方协会”奖牌，率先创立全省第一个物业服务纠纷调解委员会，率先建立全省第一个物业管理协会讲师团，在株洲市 1000 个社会组织中唯一被株洲市委市政府授予社会扶贫爱心组织，株洲市物协较早成为湖南省房地产行业副会长单位和中国物业管理协会理事单位，株洲市物业管理协会会长于 2019 年 3 月 21 日在全国物业管理行业协会党建工作座谈会上作主题发言等。

株洲市物业管理协会在优化人居环境、提升城市品位，推动经济发展、维护社会稳定、建设文明和谐美丽幸福株洲的同时，行业的影响力、凝聚力、战斗力不断得到提升。

二、株洲市物业管理行业取得的主要成绩

（一）党旗领航，物业管理行业基层党建稳步推进

党中央提出“四个全面”战略部署，其中重要一项就是全面从严治党，加强党的基层组织建设，发挥基层党组织的战斗堡垒作用和共产党员的先锋模范作用。

2018 年 5 月，株洲市房地产行业党委委员、株洲市物业处陈琪处长以一堂《党支部建设的五化标准》的生动党课，发布了株洲物业管理行业基层党建工作的动员令，株洲市房地产行业党委委员、株洲市物业管理协会会长马文新组织了物业管理行业主题党日活动。随后株洲市物业管理协会召开了党建工作专题会，对党建工作进行了动员和布置，株洲市物业管理协会组织人员对城市五区 246 家物业服务企业的党建工作、党员情况进行摸底调查，统计建档。

在此之前，已经成立的时代物业、创通物业、九方物业、火炬物业、蓝天物业、惠洁物业、高科物业、淞银物业、家和物业党支部等一大批在街道办事处党工委指导下成立的基层党支部，在物业管理工作中发挥了引领作用。

2018 年 5 月至 10 月，相继成立了隶属于株洲市房地产行党委的振兴物业、晋合物业、华晨物业、威威物业、永诚物业、宏达物业 6 个党支部，金碧物业、尚格物业等企业正在筹备成立党支部，党建工作在全行业稳步推进。员工骨干积极向党组织靠

拢，6个支部已有15人向党组织递交了入党申请书。党支部积极参与社区治理，在物业服务中真正发挥了战斗堡垒作用！

（二）建章建制，规范和强化株洲市物业管理协会服务能力建设

株洲市物业管理协会在2017年换届改选后，严格按照协会章程规定履职，进一步建章建制，合理设置协会的组织机构，调整了工作班子，加强协会自身建设，实行会长领导下的执行会长、副会长、秘书长、自律委主任、培训委主任等分工负责制。充分调动了大家的积极性，强化了组织管理，提升了服务效率。株洲市物业管理协会添置必要的办公设备，会议室装有监控视频设备，进一步规范全市的物业前期招投标工作。

株洲市物业管理协会建立微信公众号，积极主动宣传株洲市物业管理的法规政策、行业活动、好人好事，传播正能量，加强正面舆论引导发挥了良好作用。协会近八年来坚持每月向会员单位赠送《中国物业管理》杂志，使全行业及时学习中国物业管理的法规政策，学习全国同行的先进经验，确保了株洲市物业管理行业沿着正确的方向向前发展。

株洲市物业管理协会组织“三八妇女节”物业服务企业女经理座谈和赠书活动，组织了消防技能比武、歌咏赛、诗歌朗诵等活动，让更多的会员单位和不同层次的会员个人参与协会活动中来，增强行业凝聚力。

（三）交流互鉴，取人之长补己之短

加强与物业同行之间的交流互鉴，是株洲物业管理协会2018年的重要工作之一，把请进来与走出去相结合，学习同行兄弟协会和企业建设的先进理念和管理方法，取人之长补己之短。

2018新年伊始，湖南省房协宋泷会长一行到株洲市物协调研和指导工作，提出将星级项目创建全覆盖、常态化，要加强行业的信用信息及自律建设，物业服务要进一步规范，要努力提高服务品质和业主满意度；进一步规范物业项目的招投标工作，要反对不正当的竞争，维护物业市场良性竞争秩序和健康发展态势。2018年，株洲市物业管理协会先后接待邵阳市物业管理协会、深圳彩生活服务集团党委、合肥市房产局司局长、合肥市物业管理协会程纯洁会长等来到株洲市物业管理协会调研交流，共同交流物业管理行业管理经验和做法。

2018年9月，株洲市房产局党委委员、副局长刘波带队，株洲市物业处处长陈琪、株洲市物业管理协会马文新会长等到长沙市、武汉市考察学习以党建引领物业管理，协会组织积极参与社区治理的工作的先进经验。

株洲市物业管理协会与长沙市物协、深圳彩生活集团联合于2018年9月中旬在长沙市举办了提升服务品质、共创社区美好生活的高峰论坛。中国物业管理协会副会长兼秘书长王鹏、湖南省房协会长陈荣社以及14个市州主管部门领导、物协会长及物业服务企业负责人共1200多人参会，对外展示了株洲市物业管理行业良好形象，同时，向兄弟协会和专家学习了许多先进经验。

（四）培训先行，提升队伍素质选拔优秀人才

物业管理行业是劳动力密集型行业，也是矛盾较集中的行业，打铁还须自身硬，株洲市物业管理协会一直以来高度重视行业培训工作，以加强行业政策法规、业务知识和技能培训为核心，并结合组织开展职业技能竞赛，提升行业队伍素质，选拔行业所需的优秀人才。

2018年4月20日，由株洲市物业管理处和石峰区城市管理行政执法局联合主办的街道、社区负责人物业管理业务培训班开课，株洲市物业管理协会配合两个部门顺利圆满开展了本次培训。2018年9月19日，华晨物业杯大讲堂在华晨神农湾举行，请法律专家解读《湖南省物业管理条例》，市区物业主管部门领导及企业负责人共360人参会、株洲日报、晚报、电视台均进行了报道。株洲市物业管理协会从2018年10月开始，举办了“宏达物业杯”

有奖征文比赛，征集物业管理行业好人好事和标杆项目、优秀企业的创建经验，传播行业正能量。

2018 年 11 月，株洲市物业管理协会联合湖南省房协成功举办项目经理培训班，305 人参加培训学习，学员规模大、讲师规格高、组织纪律严、学习风气好，取得圆满成功，为提升株洲市物业管理行业队伍素质，起到了积极的作用。

株洲市物业管理协会还认真组织行业职业技能竞赛活动，3 月份下发了《关于举办第二届全国物业管理行业职业技能竞赛湖南赛区株洲“振兴杯”选拔赛的通知》。由全市各物业服务企业推荐的 101 名物业管理员、66 名电工在株洲市高科总部壹号大会议室参加理论知识竞赛，并分别选拔出物业管理员和电工的前 10 名在株洲市众康职业培训学校进行实操考试。通过理论知识成绩与实操成绩结合评出各工种一、二、三等奖。

2018 年 5 月 12 日，全市各工种前三名选手，到长沙参加湖南赛区竞赛，获得省赛区优秀组织奖，电工范浩宇理论竞赛获全省第二名。

（五）自律督查，及时调解矛盾促进行业健康发展

2017 年，株洲市物业管理协会改革一项重要内容就是设立株洲市物业管理行业自律督查委员会，开展行业自律专项工作，规范行业自身建设，及时发现和调解矛盾纠纷，促进行业和谐健康发展。

2018 年 2 月 2 日，株洲市物业管理协会 2017 年年会暨行业自律启动仪式在高科总部壹号隆重举行。株洲市房产局党委委员副局长刘波、市物业处处长陈琪及市、区物管部门有关领导和全体会员单位负责人参加大会，举行了诚信自律宣誓活动，对加强全行业的诚信自律工作进行了动员。

株洲市物业管理协会行业自律督察委员会多次组织召开会议，针对当前行业存在的突出问题，全年开展专项督查十多起，及时调查和核实情况，采取约谈相关负责人的必要措施进行自查自纠，加强行业自律管理，规范企业服务行为，维护行业正常秩序和良好形象，提升物业服务质量和业主满意度，推动行业健康发展。

株洲市物业管理人民调解委员会及时参加物业服务纠纷调解，做到及时化解纠纷。由于业绩突出，株洲市物业管理人民调解委会被省司法厅授予多元化解矛盾纠纷金牌组织。该调解委主任近日被省司法厅授予优秀人民调解员称号。

（六）以点带面，星级项目创建带动服务品质提升

株洲市物业管理协会围绕年初确定的“服务质量主题年”的中心工作，有计划有步骤地实施星级项目创建工作，以点带面，把星级项目创建与日常管理服务紧密结合起来，带动全市 1200 多个物业项目服务能力和品质的提升。

2018 年 3 月 21 日，受湖南省房地产业协会委托，株洲市物业管理协会举行了湖南省三星级物业服务项目授牌仪式，对 2017 年度湖南省三星级物业服务项目进行授牌，同时也是对 2018 年星级项目创建工作的动员，要求星级项目发挥示范作用，以点带面提升株洲市整个物业管理行业服务品质。

2018 年 11 月，株洲市物业管理协会、株洲市物业处积极配合湖南省房协组织的专家对株洲市申报的、四星、五星级物业项目进行考评。现已完成考评 19 个，18 个项目考评通过，四星五星项目通过率 95%，在全省仅次于省会长沙市，位列第二，涌现出中泰财富湘江、日盛山湖城、时代电子工业园、株洲市地税局等一批物业服务示范项目，受到考评专家和湖南省房协领导的高度评价，这些项目必将在株洲市今后的物业管理服务中发挥良好的示范和引领作用，带动全行业共同提升服务能力和品质。

（七）优化环境，株洲市物业管理协会主动与市有关部门协调

2018 年株洲市物协积极反映企业诉求，主动为会员单位排忧解难，加强与市有关部门协调沟通，为行业发展创造良好的外部环境。

1. 株洲市物业管理协会主要负责人到株洲市电力局营销部协调有关要求物业服务企业预存电费事宜，协会要求电力部门为物业服务企业减负，减轻了企业压力。

2. 株洲市物业管理协会会长负责人多次与株洲市城管局协调垃圾运输车等事宜，市城管局副局长邹外成、环卫科科长贺军接待了市物协人员，双方就《2018 年株洲市城市生活垃圾收运实施方案》在实施过程中存在的有关问题进行了充分协商，达成共识：一是减轻相关企业负担，在办理生活垃圾运输许可证时，取消注册资金 100 万的规定；二是株洲市城管部门积极解决装修建筑垃圾无处倾倒问题，拟在每个区设置一个倾倒点，已在天元区开始试点。

3. 株洲市物业处和株洲市物业管理协会主要负责人多次与株洲市发改委服务价格科有关同志深入沟通，反映物业管理行业诉求，协调新出台的株洲市城区物业服务收费标准事宜，2019 年 4 月 1 日，市发改委和市住建局已联合发文，出台了株洲市物业服务收费实施办法。

（八）勇担责任，积极参与创文工作和社会扶贫

株洲市物业管理协会积极响应市委市政府号召，组织和发挥全行业生力军和战斗队作用，全行业物业服务企业积极参与迎接 2018 年全国文明城市创建复检工作，认真对照标准，落实创建工作要求，做好各项目的现场管理和管务公开、文明劝导工作，构建文明和谐小区，为全市文明创建工作作出积极贡献。

株洲市物业管理协会还在物业处指导下，积极组织、动员全市物业服务企业参与社会扶贫捐款，物业人勇于担当，奉献爱心，在 2018 年 10 月 17 日全市扶贫攻坚总结表彰大会上，被株洲市委市政府授予社会扶贫爱心组织光荣称号，是全市 1000 家社会组织唯一获此殊荣的单位。

三、株洲物业管理行业目前面临的问题

株洲市物业管理行业虽然取得了许多骄人业绩，然而与许多内地城市一样，在其发展过程中仍然遇到了许多困难和问题。

（一）物业服务成本上涨快，收费价格调整难，难持续发展

物业服务费在一定合同期限内是既定不变的，而物业服务成本却每年发生变化。影响物业服务成本上涨的因素主要有：

1. 人力成本快速增加。各地最低工资标准在不断上调，株洲市的最低工资标准逐年增加，而随着《劳动合同法》和《社会保险法》的普遍实施，支出成本将增加 30%，可想而知，物业服务费没有增加的情况下，物业公司是无法支撑人员工资福利及社会保险的支出的，进而影响到从业队伍的稳定。

2. 水、电、电梯年检支出成本的快速上涨。水、电、电梯年检这三项支出具有一个共同的特点，就是水、电供应商和电梯年检机构利用手中掌握的垄断经营特权强行推动价格上涨，物业服务企业处于被动接受的不利地位。水价自 2005 年的 1.45 元 / 立方米至 2012 年的 2.51 元 / 立方米，7 年间上涨 73%，年均增长超过 10%。2019 年又将上调 0.2 元。

3. 物业耗材采购成本水涨船高。如物业常用的维修更换的路灯开关、灯具、水龙头、办公耗材、保洁用品等均随市场行情水涨船高，推高了物业服务成本。

以上三项中，对物业服务成本上涨影响最大的是前两项，而物业服务价格调整非常困难，在收入不增加的前提下物业服务企业难以支撑日益上涨的高成本压力，严重制约着物业服务企业的可持续发展。

（二）物业服务收费率偏低，企业经济效益不佳

由于物业服务不是一对一的服务，（既不像坐

公交车，不投币或不刷卡上不了车，也不像通信，欠费就会被停机），而是同时向一个小区内的业主群体提供：清扫保洁、绿化养护、公共秩序维护、设施设备维修等公共服务，所以给了少数不交费业主“搭便车”可乘之机，这种机制致使“收费难”愈演愈烈。

导致物业服务收费率低的因素主要还有：开发公司遗留问题未及时处理到位、开发公司未销售的空置房、业主已办理交付未装修入住的房屋、物业服务企业自身履行合同的服务质量不到位、业主缺乏物业消费意识而恶意欠费等。

目前，株洲市平均收费率 75％，个别小区业主拖欠物业费 100 万元之上。有的开发企业也拖欠物业公司前期服务费，全市业主方及开发企业拖欠的物业费在 1000 万元以上。全市约 50％的物业服务企业亏损，30％持平，20％有微利。整个行业经济效益不佳。

（三）业主委员会成立难或难以发挥作用，制约后续管理

业主大会、业主委员会是《物权法》《物业管理条例》中明确规定的业主自治性组织，同时又是一个住宅小区前期物业管理结束后重要的管理主体。依法应当担负起制订《业主管理规约》、聘请物业管理公司、管理和使用维修资金、决定小区重大事项、协调小区矛盾纠纷、协助物业公司对小区进行管理、协助物业公司催收物业服务费等职责。

但目前住宅小区普遍存在业主大会、业主委员会成立难、成立以后运作难，最终导致乱作为或不作为的现象，严重制约项目的后续管理，使项目陷入恶性循环。

（四）城市建筑垃圾倾倒难

城市建筑垃圾无处倾倒难题，至今没得到解决。一方面街道社区要求物业把建筑垃圾运出来，而小区外面无处可倒，使本来就很难的物业服务企业难上加难。

四、株洲市物业管理行业发展建议

（一）从开发建设源头规范，为物业管理创造有利条件

物业服务企业在管理过程中因房屋质量、开发商承诺无法兑现等问题，代人受过现象较为普遍，小区硬件设施不到位，再好的物业服务企业也难以实施物业管理。从源头抓起，科学规划、保证房屋质量是保障物业管理顺利实施的先天条件。

1. 规划设计部门在项目规划设计阶段应严把设计关，对公用、共有设施设备等予以量化、定位，按环保要求严格控制有可能影响小区环境的餐厅、歌厅等物业单位数量，由房产、规划等部门严格把关，督促开发建设单位不能随意变更设计，避免出现绿地率不足、房屋间距不够、公用配套设施缺失、技防设施不到位、环境污染等现象，并由进行前期物业管理的物业服务企业协助有关单位进行验收，确保建成后的住宅小区功能完备、设施齐全、质量过硬，避免物业投入使用后出现质量等问题而引发物业服务纠纷。

2. 对新接管项目，严格执行住房城乡建设部《物业承接查验办法》，对房屋质、设施设备、物管用房、开发建设及技术资料进行系统检查和验收，发现遗留问题，由开发商书面承诺限期整改。开发商未如期整改的，由政府有关部门责令期限期整改，并对造成的一切后果承担赔偿责任。同时，规定开发建设单位在办理房屋所有权初始登记时，提交物业承接查验备案书。房屋权属登记发证部门在开发建设单位申请房屋所有权初始登记时，应查验该物业承接查验备案情况，对未备案的物业，暂缓其房屋产权的初始登记。以确保物业承接查验制度的落实。

3. 由于物业服务企业对投入使用后的物业整体质量问题最为清楚，且物业使用人在房屋出现问题后首先也是向物业公司反映问题并要求解决。因此开发商在保修期内对建筑单位的质保控制，应让物业公司一同参与，保质期内的房屋维修维护及房屋质量保证金的退还，必须有物业服务企业签字方可

办理，明确开发公司、建设单位和物业服务企业的权利和义务，改变物业服务企业对开发和建设单位无法制约的局面。

4. 在办理房屋预售证时，房屋产权部门及物管部门一定要严格把关，没有按规定归集物业维修资金的和提供物业管理用房的，一律不办理预售许可证。以杜绝物业服务企业接管项目后，遭遇“工作没有场所”、“物业保修期满后维修没有经费”的尴尬！

（二）加大政策扶持力度，推动物业管理行业健康发展

1. 建议将住宅小区内直接为业主服务的绿化用水、消防用水、景观用水等按照居民用水的标准收费（郑州市已执行）。

2. 建议将住宅小区内直接为业主服务的电梯运行用电、消防及监控设备用电、庭院及楼道照明用电比照居用电标准收费（郑州市已执行）。

3. 合理调整税基，避免重复纳税。

（1）物业服务企业收入中有相当一部分是代收业主的费用然后支付给专业公司的，如公共水电费、电梯维保费、电梯年检费、中央空调维保费等，如果将转付给其他专业公司的支出计入物业服务企业的收入，全额计征营业税，就存在重复征税的问题，加重了物业服务企业税收负担。建议比照旅游业和广告代理业，将全部的旅游收入扣除替旅游者支付给其他单位的房费、餐费、门票、交通费后及扣除支付给其他专业公司的消防维保、中央空调维保、电梯维保、绿化养护、外墙清洁等外包项目支出后的余额为营业收入计征营业税。

（2）建议比照保安服务行业，扣除工资和五险一金后的余额才计征营业税。

根据国家财政部税务总局令第52号：《营业税暂行条例实施细则》第三条“但单位或个体工商户聘用的员工为本单位或者雇主提供条例规定的劳务不包括之内”之规定，物业管理行业的从业人员的工资、五险一金等由物业服务企业缴纳的上述费用，完全可以予以扣除上述人力成本支出后才计征营业税。

4. 适当增加对物业服务企业的税收优惠政策，减免物业服务中其他费用的征收

（1）建议对新成立物业服务企业给予一定阶段的税收减免政策，1～3年内免征营业税，扶持物业服务企业的生存和发展。

（2）建议政府和各有关职能部门应将该行业作为重点扶持行业，加大对物业服务费收取的营业税返还力度，对物业管理费收取标准较低的住宅小区物业管理，如拆迁安置小区、老旧小区可考虑全额返还。

5. 对投入使用30年以上的老旧小区进行适当补贴。

老旧小区大多居住老年人等困难人群，硬件差，收费低，政府对服务这类小区物业服务企业，对管理面积在10万平方米以上的，应视情况每年给予10万～30万元的补贴，以确保老旧小区的和谐稳定。

（三）建议各级政府尽快建立物业服务价格与服务成本的联动机制，以应对物业服务成本增长过快的问题

以服务成本加酬金的定价模式符合物业管理行业的本质特征和发展方向，也符合物业管理行业的国际惯例。住房和城乡建设部房地产市场监管司副巡视员陈伟在《物业管理的价格机制》一文中指出：“以服务成本定价为基础，要求物业服务收费标准应当根据服务成本的变化及时做出调整，借鉴煤炭电力价格联动和原油汽油价格联动的做法，建立物业服务价格和服务成本联动机制，促使物业服务收费标准与劳动力成本和物价指数同步增长，还政府指导价以本来面目，以保证服务价格真实反映服务价值，真正实现物业管理市场的等价交换原则。”因此，政府有关部门应尽快拿出方案，出台《物业服务价格和服务成本联动机制》的文件。

内地城市可以向沿海城市深圳、广州、扬州等城市的政府和同行学习。如江苏省扬州市政府办于

2011 年 3 月 30 日出台了文件：《进一步提升市区住宅小区物业服务管理水平的实施意见》第四条：

“四、建立住宅小区物业服务收费联动机制

市物价和物业管理行政主管部门每年公布一次市区普通住宅公共服务收费指导价标准。对已入住的普通商品房住宅小区，当物业公共服务收费指导价标准调整时，物业服务企业在履行相关程序并报经区物业服务行政主管部门和市物价部门备案后，可按与服务标准相对应的新标准进行收费。新建尚未入住的普通商品房住宅小区，按照前期物业服务协议的约定，在小区交付使用时，可直接对照物业服务企业进入时相应的普通住宅公共服务收费指导价标准收费。对非普通商品房住宅小区，放开物业服务收费。”

政府还未出台《建立物业服务价格和物业服务成本联动机制》的文件时候，物业服务企业与业主方或业主委员会签订合同时，也可在合同中约定：“随着政府每年出台的最低工资标准和物价上涨情况，物业服务费收费标准相应向上调整，以确保物业服务的正常开展”，确保行业和谐稳定。

（四）加大对物业管理人员的奖励力度，鼓励物业管理行业提振信心、提高服务水平

省、市可参照合肥、郑州、成都、台州、扬州等市及浙江省、江苏省的有关奖励办法。

1. 地级市政府每年对获市“十佳物业服务企业”、“十佳业主委员会”分别给予 5 万元、1 万元的奖励。每年给予“十佳企业经理”“十佳项目经理”“十佳物业服务明星” “十佳行业监管工作者”，给予适当奖励。

2. 地级市政府要引导物业服务企业创优争先、打造品牌，物业服务企业管理的住宅小区获得市优（三星级项目）、省优（四星）、国优（五星）的，分别奖励 1 万元、2 万元、3 万元。

3. 政府要对管理老旧小区的物业服务企业实施奖励。对新增老旧小区 5 万平方米以上，并签订 5 年以上合同的物业服务企业，给予 10 万元奖励，按 3：3：4 的比例按 3 年拨付到位。每年 12 月底由物业服务企业写出申请，经房管部门和财政部门确定后拨付。

（五）加强组织协调，形成合力，实现多赢

为了加强组织协调，省、市、县各级人民政府应参照全国物业管理先进城市——深圳市的做法，成立房屋与物业管理委员会，或者建立物业管理领导小组。如：地级市由市长、常务副市长担任顾问，由主管市长任组长，主管秘书长、房产局长、财政局长任副组长，发改、物价、规划、城管、环保、公安、地税、工商、劳动、民政、消防、园林、电力、自来水等各部门负责人及各区政府主管区长为成员，领导小组办公室设在市物业管理部门。领导小组定期召开联席会议，听取行业汇报，互通有关信息，协调解决行业难点问题，重点解决为企业减负、优化发展环境的问题。及时完善物业管理制度，各司其职，密切配合，形成合力，加快推进现代物业服务业的发展，为推动经济社会的快速发展、为建设社会主义和谐社会、小康社会贡献力量。

长风破浪会有时，直挂云帆济沧海。

株洲物业人一定把党的十九大确定的坚持以人民为中心发展思想作为物业管理行业工作的指导方针，以党建引领为总抓手，以建设“省内领先、全国一流”的物业协会为总目标，围绕中国物业管理协会开展的行业标准化建设年中心工作，不忘服务业主初心，牢记行业发展使命，坚持株洲市物业管理协会“服务、自律、协调、发展”工作方针，团结带领全行业 5 万多从业人员，爱岗敬业，扎实工作，加强制度建设，强化行业自律，规范服务行为，提升服务品质，促进行业转型升级，提高业主满意度和幸福指数，为实现习近平主席提出的“国家富强、民族振兴、人民幸福的中国梦”努力奋斗。

广东省物业管理行业发展报告

广东省物业管理行业协会

一、广东省物业管理行业重大活动与成效

（一）党建引领，全面落实党的十九大精神

为全面贯彻党的十九大精神，2018 年年会上，广东省物业管理行业协会率先将党建工作要求写入章程并发布《关于进一步推进广东省物业管理行业党建工作的决定》，秘书处在协会会议室打造党建墙，开辟党建新阵地；当值执行会长带队到会员单位调研、指导国企及非公经济党建工作，利用微信公众号宣传优秀企业的党建工作经验，推动会员单位加强党组织自身建设，提升了广东省物业管理行业党建工作水平，推动行业的健康发展。在当值执行会长的指导和帮助下，目前协会成立党支部申请已上报广东省社会组织党委，等待批复。广州、深圳及部分市、区协会成立了相应的行业党组织，加强行业党组织建设，引导物业管理有效开展红色物业管理活动。为深入贯彻中共中央、国务院《关于开展扫黑除恶专项斗争的通知》精神，在广东省物业管理行业倡导下配合各地有关政法机关全面推进扫黑除恶专项斗争工作。

（二）提升从业人员素质，推动行业健康发展

在广东省物业管理行业协会组织下，加强多元化多层次培训，不断提升从业人员专业素质。一是开展“物业服务专题培训”为主题的免费“送教上门”系列讲座，得到当地主管部门和企业的高度评价。二是针对广东省经济欠发达地区物业管理与服务落后现状，2018 年以来，广东省物协启动并实施了“广东省物业服务企业帮扶计划”，帮扶受益人员达到 5000 多人次，推动了全省物业管理行业的健康发展。

（三）练好内功，传递正能量，提高行业社会认可度

1. 加强行业企业自身规范化，练好内功，不断提升服务水平，赢得社会尊重。如开展 2018 年度广东省物业管理示范住宅小区（大厦、工业区）的项目进行验收，通过对各申报项目进行了详细的分析、点评，并提出专业的意见和建议。提升服务质量；举办“2018 年广东省物业管理行业职业技能竞赛”，进一步提高广东省物业管理行业从业人员的职业服务技能，展示物业管理行业的专业形象和精神风貌；举办“物业管理法律服务培训公益讲座”，近 1000 人参加；举办 2018 年“粤港澳大湾区现代服务业创新发展暨服务质量提升年”高峰论坛，探讨粤港澳三地物业管理同行创新合作机制，牢固树立和贯彻落实新发展理念，推动物业管理行业发展再上新台阶；举办 2018 年广东省物业管理工作座谈会，通过总结经验，建言献策，统一了认识，实现了全省“一盘棋”。

2. 广东省物业管理行业协会积极配合行政主管部门，协助做好诚信管理平台前期构建工作，研究制定物业服务诚信管理标准，通过建立失信目录制度、推进失信信息公开、推动行业自律等方式，加

强事中事后监管，促进物业服务企业和物业管理市场健康发展。

（四）加强制度建设，不断强化行业自律发展

通过两年多的探索实践与积极努力，在行业专家学者的支持下，完成了行业自律文件的起草，并于 2017 年 12 月广东省物业管理行业协会颁布了与国家政策相符、行业认可、具有可操作性的自律管理办法及配套文件。经过 1 年的试行，秘书处根据各市物协、房协的反馈建议，广东省物协组织行业自律管理专家组成员立足于现有法律法规，经多次论证，从合法性、合规性、逻辑性、实用性四个方面对颁布的三个行业自律管理制度进行修订完善，并发布。主要涉及制度包括：

1. 行业自律基本制度，包括《广东省物业管理行业自律管理暂行办法》《广东省物业管理行业自律管理惩戒实施暂行办法》《广东省物业服务企业失信名录管理暂行办法》。

2. 行业自律程序性规范，包括《广东省物业管理行业自律管理专门委员会工作规程（试行）》《广东省物业管理行自律管理案件办理规则（试行）》《广东省物业服务企业失信行为明细表》。广东省物业管理行业协会还印制《广东省物业管理行业自律管理系列文件》小册子，免费派发给会员单位，对违反行规的企业启动惩戒程序，以预防性教育、提醒与约谈、后置式惩戒以及自律惩戒的关联处理等方式，来进行具体的行业自律管理工作，切实维护物业管理行业协会、物业服务企业、物业管理从业人员和其他自律管理对象的合法权益。

（五）加强学术交流与问题研究，创新行业发展思路

1. 完成 2018 年和 2019 年“国际物业管理产业博览会”和“物业管理创新发展论坛”筹备工作，鼓励和发动广东省各市物协（房协）、各会员单位、业主及第三方合作单位共 6000 多人组团观展第二届国际物业管理产业博览会和第四届物业管理创新发展论坛，并成功协办“科技引领绿色驱动高质量发展”论坛和承办“粤港澳大湾区现代物业服务业创新发展”论坛，来自全国各省、市、自治区地方协会负责人和企业代表近 300 人参加，全面激发物业管理行业活力，助推行业高质量发展。

2. 出色完成《公共标识系统设置的安全问题研究》年度课题。2018 年 1 月，在广东省物业管理行业协会秘书处的全程参与下，公共配套服务专业委员会正式完成了相关课题的研究工作，果达到国内物业管理行业该领域研究的领先水平，在物业管理实践中具有指导意义和推广前景。验收结果为“优秀”，中国物业管理协会同意课题验收通过，颁发《中国物业管理协会研究课题验收证书》。未来，广东省物协将着力将课题研究成果转化为物业管理行业转型升级和健康发展的推动力，让更多的行业从业者共享课题研究成果。

（六）加快行业服务标准制定，促进行业规范有序发展

1. 充分发挥广东省物业管理行业协会在规范化发展中的专业化主要力量和主导作用，加强制定行业标准，规范行业健康发展。2018 年，广东省物协与省标委会建立沟通合作机制，委托省标委会起草完成了《物业管理项目服务规范》《物业管理项目服务认证实施细则》《物业管理项目服务认证管理办法》《广东省物业管理项目服务认证推进计划》《广东省物业管理行业协会团体标准管理办法》《广东省物业管理行业团体标准发展规划研究报告》5 个文件，预计在 2019 年完成相关文件的专家论证，修改完善后按相关程序颁布执行。并将在标准化示范项目认证验收、行业诚信建设、楼宇智能化管理、绿色物业等方向研制相关标准，充分发挥标准对政府监管、行业自律和未来发展的基础支撑和引领作用，共同推进物业服务标准化工作再上新台阶。

2. 针对行业发展中的常见问题，编写指导性案例文件，指导行业规范发展。如广东省物业管理行业协会设施设备技术委员会汇集全省数十家优秀物

业服务企业、优秀管理者、高级技术人员的经验积累和管理智慧，历时一年多的时间撰写完成《物业设施设备故障处理案例集》。该案例集根据物业服务企业的管理职责，紧扣物业设施设备故障的重点问题，对物业设备设施中包括房屋管理、强电、弱电、给排水、消防、电梯、空调等关键系统的故障处理工作进行了科学分类和阐述，具体讲解了物业设施设备故障的直接和间接原因、故障防范和故障处理的操作流程和注意事项，具有较强的指导性、实用性和可操作性。

二、广东省物业管理行业发展总体状况及分析

随着住房制度的改革发展和居民对于居住环境质量要求的不断提高，广东省物业管理行业市场也迅速发展，物业服务企业数量不断增加，物业服务人员队伍不断壮大，物业服务覆盖面积持续稳步增长。根据广东省统计局 2019 年 2 月 20 日发布的《2018 年广东国民经济和社会发展统计公报》和广东省住房和城乡建设厅统计，截至 2018 年年末，全省常住人口 11346 万人，人均住房建筑面积 38.5 平方米，广东省现有住房建筑总面积 436821 万平方米。物业管理总面积 205874 万平方米，同比增幅为 12.87%。物业管理覆盖率占全省建筑总面积的 52.86%，同比增长 8.65%，广州、深圳地区的物业覆盖率达 95% 以上，其中住宅类物业管理面积 154359 万平方米，非住宅类物业管理面积 51515 万平方米。

截至 2018 年年末，广东省现有物业服务企业约 10248 家，同比增长 7.1%，广东省物业服务企业 2018 年经营主营业务收入增长幅度较大，收入达 827.02 亿元，同比增长 29.8%，占广东 GDP 总量的 0.85%。主要原因：一是在行业集中化加快的趋势下，优秀物业服务企业有更多的资源可以在新技术和新管理平台上去发展创新业务，运用“互联网＋”进行资源整合的同时布局社区经济体系，从而获得越来越大的市场空间，也推动整个行业的发展和盈利水平的提高；二是通过积极承接外地项目、深耕细分市场、拓展延伸服务和开发智慧社区管理平台，收获了可喜的社会效益和经济效益。

物业管理行业从业总人数约为 111.2 万人，同比增幅 10.66%，从社会效益方面来看，物业服务企业的快速发展与壮大，导致需要更多的基层从业人员来提供不同的服务，同时从业人员的持续增长，在一定程度上缓解了社会就业压力。

截至 2018 年年末，广东省实有物业管理项目 27794 个，与 2017 年相比，在管物业项目数量增长 5.5%，其中住宅项目 19676 个（类型包括住宅、大厦、政府办公楼）、非住宅项目 8118 个（类型包括酒店、学校、医院、工业厂房等各类业态物业），物业项目数量及规模优势是物业服务企业降低经营成本、获取规模效益、提高综合实力的必备因素。广东省物业服务企业抓住难得的发展机遇，积极运用新技术、新工具及智慧管理平台来开发新的服务模式，通过创新服务内容、拓展业务范围和提高服务质量等措施，使得在管物业项目数量和总建筑面积都实现了持续增长。

物业管理在优化居住环境、改善城市管理、维护社会稳定等方面发挥了积极作用。广东物业管理越来越显示出广阔的市场发展前景，呈现出快速发展的态势，这既得益于珠三角总体经济发展水平，更得益于广东省物业管理制度化建设不断推进、广东省住房和城乡建设厅和各地市行业协会的有效引导，以及市场竞争机制得以建立并发挥作用。

虽然取得了一些成绩，但从全省范围来看，广东省物业管理行业各地市发展不平衡的问题仍然突出，业务主要集中在珠三角的发达地区。无论是从业人数、企业数量都接近全省总数一半，其中广州、深圳两城市的从业人数占全省比例是 15.3%、49.6%、企业数占全省比例 22.1%、14.24%，在从业人数方面，广州、深圳物业管理市场成熟，饱和

度高，单纯增量有限，而省内其他地区的物业管理行业都有了不同程度的发展。

近年来，随着企业的重视和资本市场的青睐，物业管理发展明显加速，行业迎来上市潮，截至2018年，已登陆港股市场的广东省物业服务企业有8家，分别是彩生活、中海物业、中奥到家、祈福生活服务、雅生活服务、碧桂园服务、佳兆业物业、奥园健康生活。

根据2019物业服务企业上市公司测评研究报告，2019物业服务企业上市公司10强中广东物业服务企业占了7家，其中碧桂园服务、中海物业位列第二和第三名。彩生活、雅生活服务分别位列第四、第五名，中奥到家居于第八名；佳兆业物业、奥园健康并列第十名。

广东物业服务企业上市公司经营规模持续上升，营业能力逐渐增强。从营业收入上看，彩生活同比增速最快，为121.87%，碧桂园服务、中海物业、彩生活、雅生活服务均超过30亿元的量级，从管理规模上看，截止2018年末，彩生活合约面积最多，达5.54亿平方米；盈利能力方面，碧桂园服务年内净利润最高，达到9.34亿元；雅生活服务净利润增速最快，同比上涨高达170.10%。碧桂园毛利最高，达到17.62亿元，毛利增速最快为雅生活服务达到118.42%。从成长潜力方面，雅生活服务总资产增长率、管理面积增长率、净利润增长率均位列上市物业服务企业第一，分别为190.61%、76.32%和170.10%。彩生活营业收入增长率最高，达到121.87%。

三、广东省物业管理行业存在的主要问题

（一）党建引领仍然在路上，需要在社区落地

随着十九大的召开，党中央国务院对物业管理行业更加重视，习总书记视察物业服务站，看望物业职工，表明物业管理行业的极度重要性。一年来广东省物业管理行业在基层党建方面做了大量探索，“红色物业”开始发展，行业协会普遍成立了党组织，物业服务企业也成立了党组织，但在物业项目区域，党建工作仍滞后，主要原因：① 观念没有更新，缺少主动性，认为党建工作是社区的事，是党组织的事，物业公司没有能力参与。② 社区党建工作缺少基础，城市社区相关工作缺少配套制度。③ 社区党员没有很好地组织，缺少活动抓手。

（二）物业公司在社区治理中的地位不稳固

在目前，物业管理作为社区治理的基础和平台的功能作用，还没有得到社会的普遍认可，特别是政府部门和官员的认可，行业地位并不稳固。主要原因：

企业管理层对此存在认识模糊问题。目前只是部分企业要求更高，期望更大，并将物业管理行业作为城乡社区治理的重要组成部分，要求补齐城乡社区治理中的物业管理短板。

从社区治理体系建设角度，对社区物业管理模式的探索非常不够。物业服务企业与业主之间关系处理处理经济利益博弈状态。

行业从业人员队伍素质偏低，人才缺少，制约了行业的良性发展，影响行业地位的提高。

（三）有关物业管理经费财务方面制度创新严重滞后

物业管理经费方面问题一直是困扰物业管理行业企业发展的瓶颈问题。

1. 物业收费标准低和收费率低。由于物价上涨和人口红利减少、广东省最低工资标准的提高等原因，使广东省物业服务企业人员工资等各项成本不断上调，由于物业服务费普遍低廉且长期得不到提升，企业不得已采取压缩人员、放宽人员聘用要求以控制成本的方式自然导致行业整体服务水平停滞不前甚至严重下降，费用入不敷出导致物业服务工作不能尽如人意，纠纷不断，拒缴和拖欠管理费的情况比比皆是，进一步影响企业的正常经营，形成

恶性循环。

2. 代收代缴费用问题依然对物业服务企业产生很大影响。目前水电费收取、管网线损等依然由物业服务企业承担，人力、物力的投入和不应由其承担的经济损失，严重影响企业的正常经营。近期价格行政主管部门颁布电价新规，临时台变电价的取消，使代收代缴电费企业增加了更多包括线损在内的服务成本。

3. 房产开发企业对物业管理行业的影响和掣肘依然存在。主要包括：项目规划时未充分考虑房屋交付后物业管理的实际运营成本，特别是公共水电能耗方面，导致物业承接后管理费入不敷出，造成后期部分景观因成本问题不能正常使用。

（四）业主自治存在制度漏洞，易引发矛盾纠纷

近年来，关于业委会方面的问题对行业影响颇深。目前的具体现象主要包括：

确实存在部分建设单位或物业服务企业视业委会为洪水猛兽，担心业委会会炒物业公司鱿鱼，触动其利益；

近年来个别物业服务企业基于上市目的，为扩大其管理面积，以非法利益引诱、拉拢或怂恿存在物业纠纷的小区业主成立业委会意图替换原物业服务企业，期间不乏采取一些非正常手段；

存在别有用心业主或其他个人利用召开业主大会更换物业公司、索取物业公司好处、私分小区公共部分经营收益的情况；

业主参与小区日常管理事务的整体热情普遍不高，小区居民自律自治意识有待加强。

（五）前期物业管理和物业交接管理工作有待进一步规范

前期物业管理和物业交接管理属于整个物业管理链条的薄弱环节，监管制度存在缺陷。

一是关于开发建设遗留问题。由于一些前期物业服务企业附属于房地产开发商，导致部分建设单位滥用其在前期物业管理阶段优势地位，与前期物业服务企业共同承接查验义务、规避矛盾，极易带来大量开发、入住等问题。

二是关于物业管理用房问题。许多小区物业管理用房面积没有达到“不少于总建筑面积 3‰”要求；个别开发建设单位将物业管理用房擅自收回。

三是关于新旧物业交接问题。主要存在移交资料或移交手续不健全情况，为后期物业管理埋下隐患。

（六）专项维修资金使用和管理政策有待进一步完善

一是启动难。条例中启动维修资金“应经占建筑物总面积 2/3 以上业主且占总人数 2/3 以上业主同意”的规定缺乏可操作性，往往是“主难找、票难投”，难以集体表决通过；鉴于“维修资金余额不足 30% 应续交”规定或出于“有利支持、不利反对”态度，许多业主对不关系自身利益的事项不愿表决动用维修资金。

二是使用少。由于表决难、审批程序繁琐、批复周期较长等原因，致使专项维修资金使用效率低下，难以应对一些紧急突发事件。

三是收益低。维修资金增值途径单一，银行存储利息或购买国债是其增值收益主要来源，这就造成大量维修资金长期处于“沉淀”状态，保值增值不理想。

四是监管弱。主要是对维修资金监督和管理不够公开透明。

五是电梯重大维修与更换资金不足问题。因电梯维修和更换成本较高，维修资金有限，难以保证电梯的重大维修和更换。

（七）业主、业主大会及业主委员会自治能力有待进一步增强

一是业主参与意识不强。许多业主不清楚在物业管理活动中应有的权利、责任和义务，不能按照《管理规约》《业主大会议事规则》有关规定参加

业主大会，导致业主大会召开难，无法及时发挥应有作用。二是业主委员会作用发挥不明显。目前，广东省多数小区还没有建立业主委员会；业主委员会成员大都是兼职，缺少懂管理、懂法律的专业人士；业主委员会与物业服务企业、社区居委会、行政管理部门间缺乏有效的联系和沟通，桥梁纽带作用发挥得不充分；业主委员会缺乏有效的工作机制和必要的工作保障，影响工作积极性，容易出现遇阻就放的情况。

（八）法律法规有待完善，省物业管理条例中的部分内容需与时俱进

鉴于《广东省物业管理行业条例》于 2008 年 11 月 28 日修订，部分内容已经不能完全满足当前形势和情况变化的需要，省物协将针对行业及企业的发展开展调研，更好地为政府部门制订相关法规政策提供行业支持与意见协助、配合广东省住房和城乡建设厅做好《广东省物业管理条例》的修订工作，从而进一步明确物业行政主管部门、相关行政管理部门、街道办事处事处、社区居委会、专业性经营单位等在物业管理中的职责；探索创新专项维修资金“双三分之二”使用表决办法，提高表决效率；对物业从业人员的评价由原来的证书认证评价调整为水平评价等。

（九）政府采购物业服务项目中最低价中标的问题

近年来，广东省进一步推进了以政府采购监管部门为主导的政府购买公共服务改革，制度不断完善，尤其是物业服务采取政府采购由市场主导，杜绝暗箱操作，有利于市场公平竞争体系的培育、建立。但是，由于一味偏重投标价格因素，导致目前广东省政府采购物业服务项目招投标或竞争性谈判中，屡屡出现非理性低价竞争现象，甚至招标价格明显低于成本价格，如：政府办公楼物业招标及安置房小区物业服务招标，这种非理性低价竞争主要存在以下问题：

在物业服务招投标中，因盲目压价恶性竞争，甚至使价格低于企业合理合法的运营成本，意味着投标人取得中标后在履行合同过程中，势必为了避免亏损、节省开支而想方设法偷工减员、降低服务质量、克扣雇佣员工的合理薪酬待遇，甚至触犯法律底线。如安保服务、工程设施设备保养维护服务等涉及安全的岗位，配置人数往往不达标，无证上岗等情况也较普遍。短时间内不会暴露问题，而随着时间推移、量变积累，有可能会给招标方带来难以挽回的损失。拆迁安置房是高层、中高层，消防、电梯都是专业性特别强的设施设备，如果因价格问题导致降低维护标准、次数，一旦出现安全隐患，后果将不可估量。

物业管理作为劳动密集型行业，企业成本支出的 80% ～ 85% 为人员工资，加上近年员工最低工资标准及投保基数连年递增，物业服务企业负担沉重。但用工规范是物业服务企业保质保量做好服务、合法获利的基础。由于政府采购实行“低价优先”的原则，“价格”成为物业服务企业能否中标的关键因素，这样会诱导企业陷入非理性的价格竞争的泥潭中，市场竞争机制也被扭曲，所导致的直接危害就是：物业服务企业合理利润无从保障，企业创新无力，落入“低价格低质量”的魔咒中，不仅影响企业核心竞争力的提升，也会阻碍整个行业的发展。除此之外，企业为了降低成本，应对价格水平过低的挑战，更倾向于以低水平的规模扩张在投机中获取微薄的利润，造成低水平物业服务。

以上这种偏重价格因素的招标规则，势必推动一部分物业服务企业为提升中标概率，牺牲企业自身基本经济效益、客服服务品质要求和利益、雇佣员工的合法权益及行业健康发展环境，“没有最低，只有更低”的竞价模式，严重影响甚至恶化了物业服务政府采购环境，甚至波及整个物业服务市场，与政府和市场主导的公平竞争、维护劳动者合法权益的基本主旨相背驰。

四、广东省物业管理行业企业发展的建议

（一）坚持以党建引领，夯实红色物业，构建和谐基础

首先要以习近平新时代中国特色社会主义思想为指导，加强广东省物业管理行业协会、各市、区县行业协会的党建工作，在各级行业会员中强调政治站位，“四个意识”，“四个自信”，“两个维护”，发挥党组织在协会重大事项决策中的政治核心作用，发挥党组织对地方物业协会党组织的辐射、带动、示范和引领作用。

其次在完善企业单位党组织建设，要将支部建在项目区域中，充分发挥行业企业党组织的战斗堡垒作用和党员的先锋模范作用，把党的建设作为推动行业发展、突破行业难点的关键。

再次要积极参与社区党建，充分发挥物业公司党组织在社区党建中的引领，示范和感化、教化作用，实现党建工作与行业、企业发展协同推进。

（二）创新发展理念，推动物业管理体制全面改革

广东省作为改革开放的前沿阵地，必须勇挑深化改革的重担，对物业管理行业自律管理方面，应建立适应中央深化改革要求和市场经济发展要求的全新制度体系。

其次要鼓励物业管理理论创新。通过科技基金、社会科学基金和自然科学基金及政府购买研究服务、公益创投、横向课题等科研政策及项目给予专项资金支持物业管理研究，将广东省建设成为中国物业管理理论创新中心。

（三）落实中央政策，补齐社区物业管理短板

广东省作为改革开放的先行区，社区治理创新早，成果多，成效大，物业管理行业作为社区治理的基础，应当成为社区治理创新的主阵地。因此，广东省物业管理行业成为物业管理融入社会管理体系的示范引领窗口，应探索创建“五位一体”社区物业管理模式。充分发挥社区党组织、街道办事处（乡镇人民政府）、物业服务企业、业主及业主自治组织和民间组织在社区治理中的主体作用，探索在物业管理区域建立党组织，在物业服务企业项目建立党支部，打造“红色物业”模式，突出并发挥物业管理在社区资源整合中的枢纽地位与基础作用。

（四）全面深化行业管理体制改革，提升行业自律水平

首先要加强广东省物业管理行业自律管理基础能力建设。这主要是从广东省行业实际出发，加强“五自”建设。“五自”即自我规范、自我管理、自我教育、自我约束、自我发展。

其次要加强行业自律管理制度建设。要尽快建立行业自律管理制度。应根据中国物业管理行业发展的趋势和广东省物业管理行业发展的需要，率先探索物业管理行业自律管理制度。特别是在“五自”建设方面，做好制度和运作机构建设，开展卓有成效的相关活动，形成自律建设的特色创新经验。要建立以行业自律管理为主的物业服务企业信用等级评价制度，并请求行政管理部门做相应的行政管理配套改革安排。

（五）逐步完成行业标准制度，全面推进行业规范化发展

深化物业行政体制改革，完善物业管理组织体系，重新明确各级物业行政主管部门的职责。重点解决市、区、街镇物业行政机构设置、人员编制和经费预算问题。

转变物业行政管理方式，研究制定物业服务标准规范、通过建立黑名单制度、信息公开制度和推动行业自律管理等方式，加强事前事中事后监督。要建立信用管理制度，不良行为惩戒制度；第三方进行物业服务企业信用等评价制度和物业服务质量评价制度；物业管理专项工作定期检查、随机抽查和全面评估考核制度等，促进物业管理服务主体行

为的优化，促进公平、公正、客观的物业管理服务环境和有序竞争秩序的形成。

重心下移，强化基层组织建设。物业管理服务作为社区治理的基础部分，不但关系居民业主的财产权益，更是基层政权建设的重点，民生问题的热点，物业管理纠纷的重点，应当通过补足社区物业管理的短板。

改进创新物业行政管理工作思路、方法和手段。首先要加强对物业管理服务主体的教育培训。

通过制定或运用物业管理激励政策，促进物业管理规范建设。应当充分利用国家和各省市对物业管理行业、物业服务企业、社区服务改造、城中村改造、社区教育卫生健康、老年教育、社区智能化、社区电子商务等方面的奖励、补贴、项目资助、政府购买社会服务等诸多优惠政策、激励、扶持政策，配套制定相关落实政策措施，促进物业管理规范化建设。

（六）创新政府管理方式，适应全面转型发展需要

首先是物业管理行业协会应当加大企业经营管理体制改革的指导和混业经营问题的重视，逐步推进物业管理行业企业完善现代企业制度，优化公司股权结构，建立物业服务企业独立运作模式，实现物业服务企业与房地产企业分开运营，充分体现物业管理行业和物业经理人的价值。

其次是转变政府管理观念和方式方法，支持行业的发展。深化改革的重要目标就是要发挥市场的主导作用，这就需要改变以前的行政色彩较浓的作法。

政府应当转变管理方式方法，由直接行政管理包办一切，转变宏观经济政策、法律手段、行政指导、经济杠杆等宏观调控组合运用，同时给予物业管理行业协会发展空间，放手让行业协会做好行业协会职责范围内的工作，使行业协会与政府部门相互补充、相得益彰。

政府应当在经济政策和财政资金上给予必要的支持与扶持。市场经济条件政府更多是用“看不见的手”进行调控。将绿色、生态、“互联网＋”、社区公益扶持、社区教育、“三旧改造”、“城中村微改造”等有鼓励性、激励性、奖励性、补贴性的相关政策落实到物业管理行业发展宏观经济政策之中，将物业管理服务纳入政府购买社区服务的提供主体范围、进行物业管理正面表彰和不良行为负面信息披露、为物业服务企业的技术革新、员工培训和物业管理理论研究、人才培养、学术会议（论坛）提供专项资金支持，对物业管理行为重要方面进行规范标准制定、业务工作指导等。

物业行政管理部门强化行业行政监督管理，要研究制定物业服务标准规范、通过建立黑名单制度、信息公开制度和推动行业自律管理等方式，加强事前事中事后监督。物业行政管理部门在物业管理行业自律管理改革过程中，应当提供必要的行政支持和指导，不断推动建立物业管理行业自律制度体系建设。

应当支持、鼓励和资助各级政府有关部门在物业服务企业及与物业管理相关的社区主体、骨干人员力量的素质能力建设，优化物业管理环境等做出努力，改善物业服务质量，增进居民、业主的物业服务获得感。

2018 年广东省物业服务企业基本情况

截止时间：2018 年末

地区	年末实有企业个数	年末实有企业从业人员人数	年末实有物业管理区域个数	年末实有业主大会个数	年末实有物业服务项目个数			年末实有物业服务面积			年末实有业主自管项目个数	年末实有其他管理人管理项目个数	年末实有社区居委会代管项目个数	本年度企业主营业务收入	本年度企业利润
						其中：住宅	非住宅		其中：住宅	非住宅					
	单位：个	人	个	个	个	个	个	万平方米	万平方米	万平方米	个	个	个	亿元	亿元
广东省	10248	1112870	29132	5482	27794	19676	8118	205874	154359	51515	1283	16	39	827.02	90.36
广州市	2273	171236	5474	1076	5426	3260	2166	33190	23600	9590	48	0	0	22.95	1.4
深圳市	1460	553000	6829	1476	6813	3632	3181	56491	34347	22144	16	0	0	653	77
珠海市	500	48000	1900	370	1820	1300	520	15000	10000	5000	70	0	10	30	1.9
汕头市	226	13800	672	25	672	535	137	5933	5000	933	0	0	0	0	0
佛山市	751	41699	2055	238	2007	1666	341	21434	17766	3668	48	0	0	25.59	1.53
韶关市	153	7458	377	151	375	270	105	2433	1996	437	2	0	0	4.44	0.03
河源市	291	12657	555	130	544	423	121	2044	1809	235	11	0	0	3.48	0.39
梅州市	272	3301	532	228	477	457	20	1141	1072	69	55	0	0	0.12	0
惠州市	865	38975	1539	357	1539	1251	288	18627	15071	3556	0	0	0	12.3	-0.69
汕尾市	67	1992	89	20	84	84	0	834	834	0	5	0	0	7.47	0
东莞市	620	62860	2066	283	2046	1636	410	1670	1618	52	0	0	20	38	2.8
中山市	582	59000	1867	425	1865	1463	402	16725	14234	2491	1	0	1	19.11	4.68
江门市	395	16906	640	120	614	557	57	5732	5407	324	26	0	0	0	0
阳江市	266	6212	469	62	447	412	35	2959	2818	141	22	0	0	0	0
湛江市	252	30000	630	73	560	480	80	4000	2200	1800	70	0	0	3	0.5
茂名市	345	18040	1539	99	730	675	55	2907	2688	219	808	1	0	0.22	0
肇庆市	272	4800	587	138	550	512	38	4354	4127	227	37	0	0	1.83	0.15
清远市	308	12601	609	165	569	479	90	6553	6326	227	32	0	8	0.45	0.15
潮州市	35	1475	113	10	76	55	21	620	550	70	22	15	0	1.51	0.21
揭阳市	170	5435	271	2	271	232	39	1586	1414	172	0	0	0	1.46	0.24
云浮市	145	3423	319	34	309	297	12	1642	1482	160	10	0	0	2.09	0.07

数据来源：《2018 年房地产统计年报》

（陈映兰）

深圳市物业管理行业发展报告

深圳市物业管理行业协会

一、深圳市物业管理行业党建工作情况

（一）深圳市物业管理行业党委、纪委获批成立

党的十九大以来，党建工作在各行各业全面深入开展，深圳市物业管理行业协会也在上级党组织的直接领导下创造性地开展了党建工作。经过近一年的筹备，2018年11月，深圳市物业管理行业党委、纪委经市住建局机关党委批转并经深圳市社会组织党委正式批准。组建成立行业党委和纪委，是新时代为加强党对物业管理行业的全面领导而做出的一项重大决策，是物业管理行业历史上具有开创性意义的重大举措，标志物业管理行业站在一个全新的起点，跨入了一个全新的历史阶段。

（二）以党风廉政建设为抓手，开展物业管理行业廉洁自律工作

1. 深入开展行业廉洁自律工作，在筹备行业党委、纪委工作的同时，根据深圳市纪委、市两新组织党工委和市民政局联合召开的全市行业自律试点总结推进工作会上的决定，深圳市物业管理行业协会被列入第二批推进行业廉洁自律试点单位。

2. 2018 年 6 月召开深圳市物业管理行业协会会员代表大会暨廉洁从业动员大会，会上印发了《深圳市物业管理行业廉洁从业工作方案》《深圳市物业管理行业廉洁从业委员会工作规则》《深圳市物业管理行业廉洁自律公约》三份文件，并正式成立了廉洁从业委员会。

3. 深圳市物业管理行业协会还对《深圳市物业管理行业自律规范》《深圳市物业管理行业制裁规则》的修订，将行业自律制裁的主体由原来的权益保障与自律督查委员会调整为和廉洁从业委员会共同负责形成自律委与廉洁委齐抓共管，并明确规定廉洁从业委员会作出的行业制裁和复查决定应当报行业党委备案，使其充分发挥在规范会员企业服务和经营行为、引导本行业的经营者依法从业、自觉维护市场竞争秩序等方面的作用。

4. 2018 年，深圳市物业管理行业协会还印发了《关于印发〈深圳市物业管理行业廉洁自律公约〉的通知》（深物协〔2018〕24 号），要求物业服务企业限期签订廉洁自律公约。同时，结合深圳市物业管理行业发展实际，编制了《深圳市物业管理行业反贿赂管理体系（试行）》，明确反贿赂的目标任务，从而筑牢行业廉政底线，树立行业廉洁新风尚。

5. 深圳市物业管理行业协会结合媒体曝光、装修管理、机动车停放和充电管理等突出问题，出台了《关于发布〈深圳市物业管理矛盾纠纷媒体曝光事件报告制度〉的通知》《关于加强物业装修监管严格履行报告责任的警示通知》《关于进一步规范物业管理区域电动车停放和充电管理的警示通知》三个指导规范性自律文件。2018 年，深圳市物业管理行业协会共对 20 家物业服务企业和 9 名从业

人员进行了行业制裁。

6. 根据市两新组织纪工委、市社会组织党委有关廉洁从业工作的总体部署以及深圳市物业管理行业协会制定的《深圳市物业管理行业廉洁从业示范活动方案》的有关要求，于7月份首批选定5家物业服务企业为“廉洁从业示范单位”，5个物业服务项目为“廉洁从业示范项目”。同时，协会还在总结试点工作经验的基础上发布《关于进一步做好深圳市物业管理行业廉洁示范活动的通知》，经主管部门同意，对创建单位再提出五项具体要求。

7. 根据党中央关于做好扶贫济困、公益慈善活动的精神，总结深圳物业管理行业在“扶贫、济困捐助、公益慈善”等方面所取得的成果，深圳市物业管理行业协会借成立25周年契机，对在公益慈善工作中表现突出的22家爱心企业、231家热心企业进行了表彰。

（三）深入开展物业管理领域扫黑除恶治乱专项斗争

为深入贯彻中共中央、国务院《关于开展扫黑除恶专项斗争的通知》精神，落实《深圳市住房和建设局扫黑除恶专项斗争公告》《深圳市物业领域扫黑除恶治乱专项整治工作方（2018—2020年）》具体工作部署，8月深圳市物业管理行业协会发布了《关于在深圳市物业管理领域开展扫黑除恶专项斗争的通知》；9月召开物业管理领域扫黑除恶专项会议，并发布了《深圳市物业管理领域扫黑除恶专项斗争工作方案》，工作方案以廉洁从业委员会为核心，成立扫黑除恶领导小组，具体领导扫黑除恶治乱推进工作。

二、深圳市物业管理行业的发展状况及分析

2018年深圳市物业管理行业持续稳步发展，主要表现在以下两个方面：一是在管物业项目数量持续增加，其中深圳区域以外的增长幅度更高，与2017年相比，在管深圳市物业项目数量和在管外地物业项目数量分别增长5.2%和17.5%；二是行业营业总收入和主营业务收入增长幅度较大，营业总收入达到907.2亿元，同比增长为33.5%，其中主营业务收入达875亿元。

（一）在管项目数量及建筑面积

物业项目数量及规模优势是物业服务企业降低经营成本、获取规模效益、提高综合实力的必备因素。深圳市物业服务企业抓住难得的发展机遇，积极运用新技术、新工具及智慧管理平台来开发新的服务模式，通过创新服务内容、拓展业务范围和提高服务质量等措施，使得在管物业项目数量和总建筑面积都实现了持续增长。2018年深圳市物业服务企业在管物业项目数量达到20208个，较2017年增加2303个，同比增长12.9%；在管物业项目的总建筑面积为26.68亿 m^2，同比增幅为3.5%。在管物业项目管理面积超过1亿 m^2 的物业服务企业共有5家，与2017年数据持平，其中在管物业项目管理面积超过2亿平方米的物业服务企业有2家（图1、图2）。

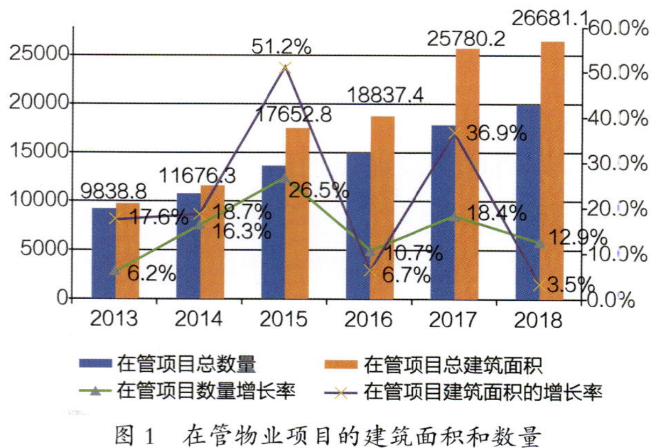

图1　在管物业项目的建筑面积和数量
（单位：个、十万平方米）

1. 在管深圳市物业项目数量和建筑面积

统计数据显示，2018年在管深圳市物业项目的数量略有增加。2018年在管深圳市物业项目的

数量为 7098 个，较 2017 年增加 348 个，同比增长 5.2%；而在管深圳市物业项目的建筑面积为 5.76 亿平方米，同比增长 3.9%。

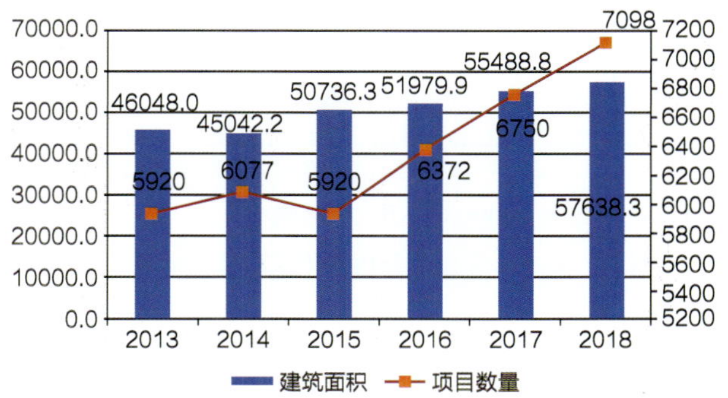

图 2　在管深圳市物业项目数量及建筑面积（单位：个、万平方米）

2. 在管外地物业项目数量和面积

调查显示，2018 年深圳市物业服务企业在管外地项目数量和在管外地项目的建筑面积持续增长。其中，在管外地项目数量有 13110 个，同比增长为 17.5%；在管外地项目的建筑面积为 20.92 亿平方米，同比增长为 3.4%（图 3）。

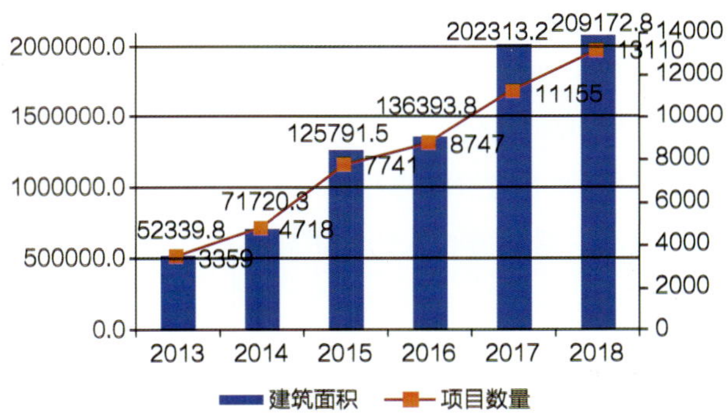

图 3　在管外地物业项目的数量和建筑面积（单位：个、万平方米）

跨区域扩张一直是深圳市物业服务企业最为重要的发展策略之一。过去几年深圳市物业服务企业更加注重在品牌建设、资深圳市场和社区经济上的开发，这也使得深圳市在管外地物业项目数量和建筑面积增速维持在较高水平。结果显示，2018 年在管外地项目数量的增速远超在管外地物业建筑面积的增速。究其原因，一是深圳市物业服务企业在全国创建了良好的品牌优势，利用高效的管理手段，积极承接各地优质物业项目；二是经过持续跨区域扩张经营，深圳市部分龙头企业更注重拓展外地小而精且高质量的项目，同时也加快了市场化运作及品牌化开拓的步伐，有部分外地小型物业项目慕名而来寻求合作。

（二）在管物业项目的主要类型

数据显示，在各类型的物业项目中，住宅物业项目在项目数量和建筑面积上都占有主导地位，但相较于 2017 年，在管深圳市住宅物业项目在项目数量和建筑面积上的占比均有下降。

从项目数量来看，2018 年深圳市物业服务企业在管深圳市住宅物业项目个数为 3645 个，占在管深圳市物业项目的 51.4%，较 2017 年（53.4%）降低了 2 个百分点；在管外地住宅物业项目个数为 7373 个，占在管外地物业项目总量的 56.2%，较 2017 年（55.9%）上升了 0.3 个百分点（图 4）。

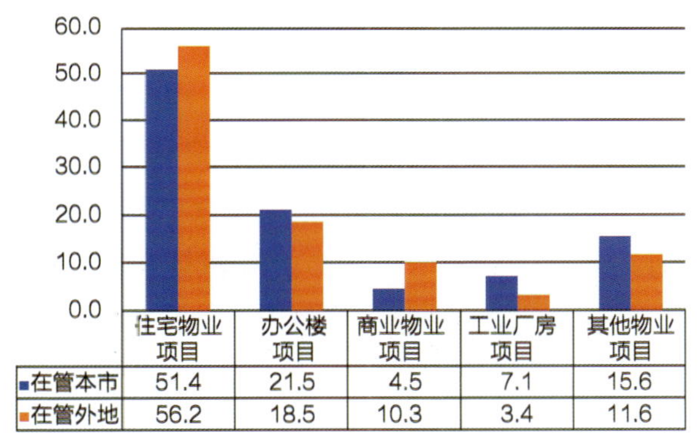

	住宅物业项目	办公楼项目	商业物业项目	工业厂房项目	其他物业项目
在管本市	51.4	21.5	4.5	7.1	15.6
在管外地	56.2	18.5	10.3	3.4	11.6

图 4　在管深圳市和在管外地主要类型物业项目分布情况（单位：%）

从建筑面积来看，2018 年深圳市物业服务企业在管深圳市住宅物业项目建筑面积为 3.43 亿平方米，占在管深圳市物业项目的 59.5%，较 2017 年（60.6%）降低了 1.1 个百分点；在管外地住宅物业项目建筑面积为 15.54 亿平方米，占在管外地物业项目的 74.3%，较 2017 年（69.1%）上升了 5.2 个百分点（图 5）。

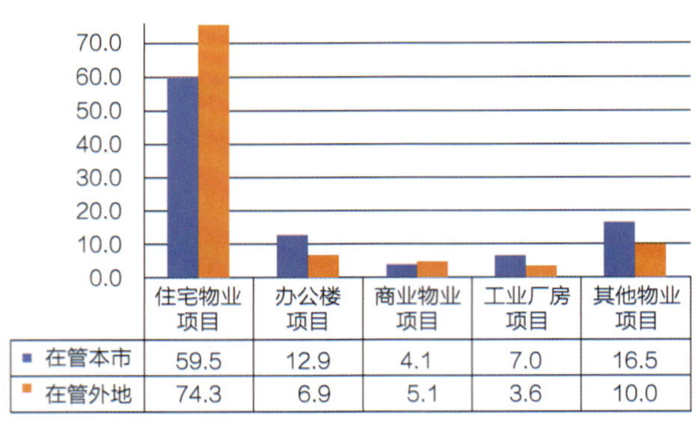

	住宅物业项目	办公楼项目	商业物业项目	工业厂房项目	其他物业项目
在管本市	59.5	12.9	4.1	7.0	16.5
在管外地	74.3	6.9	5.1	3.6	10.0

图 5 在管深圳市和在管外地主要类型物业项目的建筑面积占比（单位：%）

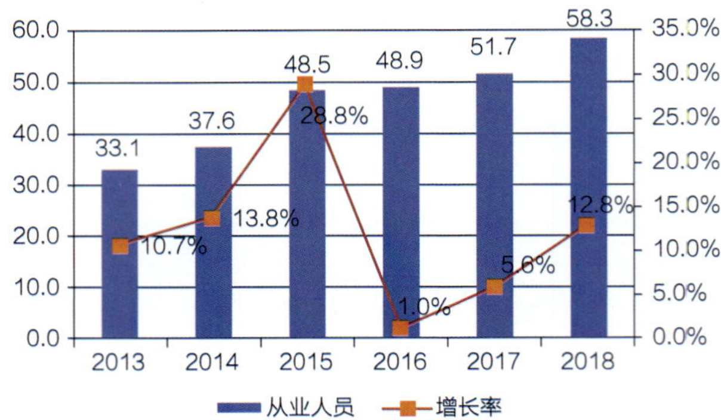

图 6 从业人员数量和增长率（单位：万人、%）

（三）从业人员状况

根据统计数据，物业管理行业从业人员目前仍以传统作业人员为主，就业门槛相对较低。从社会效益方面来看，物业服务企业的快速发展与壮大，导致需要更多的基层从业人员来提供不同的服务，同时从业人员的持续增长，在一定程度上缓解了社会就业压力。2018 年深圳市物业管理行业从业人员数量为 58.3 万人，较 2017 年新增 6.6 万个就业岗位（图 6）。

（四）行业整体经营情况

1. 总收入大幅增加，达到 907.2 亿元

深圳市物业管理行业的规模持续扩大，带动了行业总收入的稳步增长，2018 年深圳市物业服务企业的总收入达到 907.2 亿元，同比增长 33.5%，其中主营业务收入达 875 亿元，主要原因：一是在行业集中化加快的趋势下，优秀物业服务企业有更多的资源可以在新技术和新管理平台上去发展创新业务，运用“互联网＋”进行资源整合的同时布局社区经济体系，从而获得越来越大的市场空间，也推动整个行业的发展和盈利水平的提高；二是通过积极承接外地项目、深耕细分市场、拓展延伸服务和开发智慧社区管理平台，收获了可喜的社会效益和经济效益。今年出现首个总收入超百亿的企业；超过 30 亿的企业有 6 家；超过 10 亿的企业更高达 16 家，同比 2017 年增加近五成。

此外，2018 年企业物业管理费收入稳步增长，达到 576.6 亿元，同比增长 29.3%，占主营业务收入的比重达 65.9%。2013 ～ 2018 年，管理费收入占主营业务收入的比重总体呈波动上升趋势（图 7）。

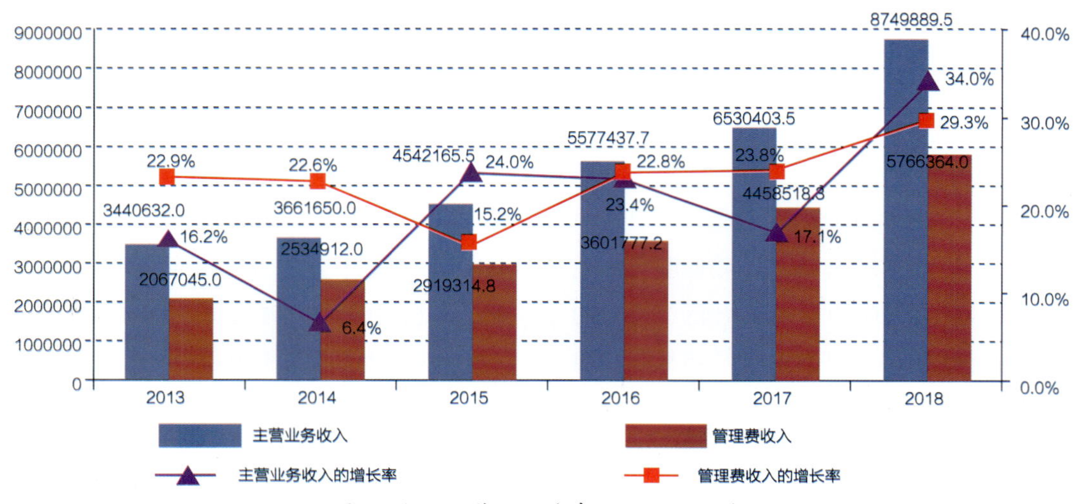

图 7 行业经营状况（单位：万元、%）

2. 盈利能力保持稳定

经过积极的业务探索和经营方式调整，物业服务企业的盈利模式趋于完善，盈利水平稳步提升，2013 ～ 2018 年度主营业务利润率维持在 20% 左右。2018 年度主营业务的利润率较 2017 年略有减少，减少了 1.7 个百分点，表明 2018 年每单位的主营业务收入带来的营业利润较2017年有所减少。2018 年成本费用利润率为 8.8%，较 2017 年下降了 1.9 个百分点，表明每单位成本费用可获得的利润较 2017 年有所下降，说明深圳市物业服务企业虽然通过集约化经营，维持了主营业务利润率的稳定，但还是需要面临成本上涨的经营压力（图 8）。

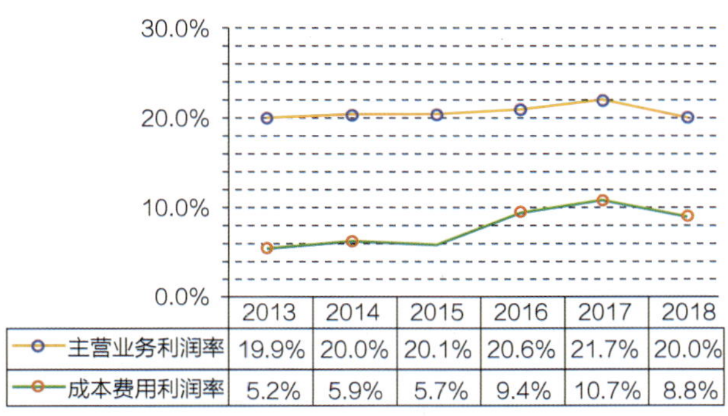

	2013	2014	2015	2016	2017	2018
主营业务利润率	19.9%	20.0%	20.1%	20.6%	21.7%	20.0%
成本费用利润率	5.2%	5.9%	5.7%	9.4%	10.7%	8.8%

图 8　行业盈利状况（单位：%）

注释：主营业务利润率＝主营业务利润 ÷ 主营业务收入 ×100%，反映企业主营业务的获利能力

成本费用利润率＝利润总额 ÷ 成本费用总额 ×100%，体现了经营耗费所带来的经营成果

（五）物业管理行业集中度（CR8）

如图 9 所示，2018 年深圳物业管理行业集中度达到 54.9%，较 2017 年上升了 0.5 个百分点。物业管理行业集中度提升幅度开始减缓，主要有以下几点的原因：一是政策因素方面，随着“一带一路”倡议等国家战略的规划实施，城乡居民收入快速增长，物业服务消费意识增强，各种新的小型物业项目出现，提供了难得的发展机会；二是市场竞争方面，深圳市市场竞争激烈，企业间兼并重组等行为持续进行，部分企业依靠在深圳市取得的优秀经验，在其他市场不激烈的地区承接物业服务项目，帮助企业自身避免竞争，这也在一定程度上延缓了行业集中度的提升；三是技术水平方面，大批优秀企业积极利用“互联网＋”等创新手段，整合其现有资源，发展创新业务、引入智慧社区平台，深耕物业使用者的真实需求，深耕细分市场，提高业主的忠诚度的同时也提升了企业口碑。

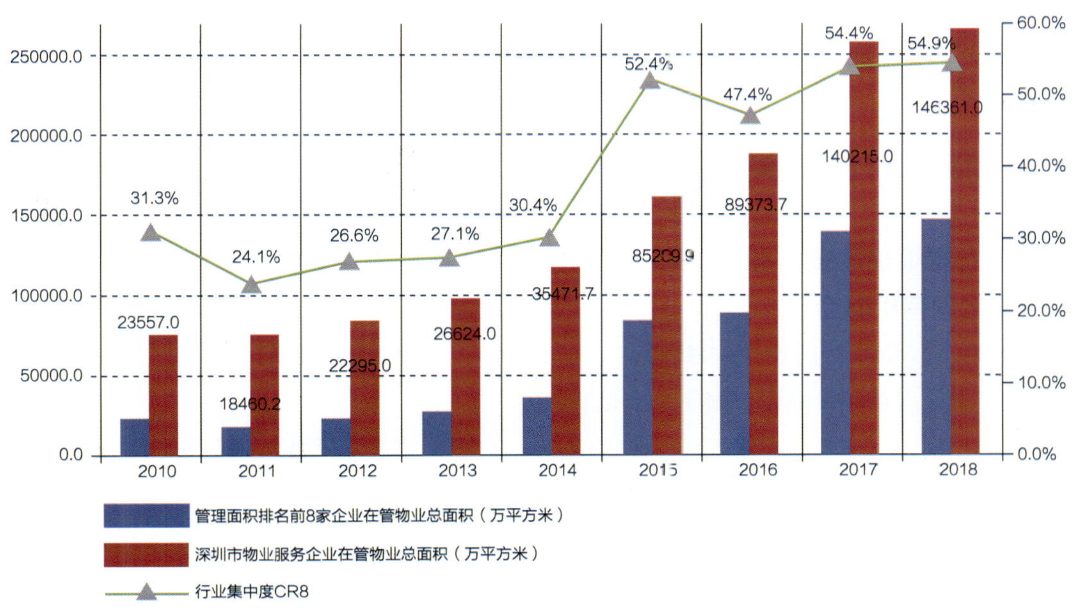

图 9　2010 ～ 2018 年行业集中度 CR8（单位：%）

成都市物业管理行业发展报告

成都市物业管理协会

一、成都市物业管理行业发展概况

成都市物业管理起步于 1992 年。截至 2018 年 12 月，全市共有物业管理区域 7116 个，其中住宅 5879 个、非住宅 1237 个；依法设立业主大会的物管区域 3363 个，物业服务总建筑面积 55740 万平方米；全市共有物业服务企业 2819 家，其中年产值 5000 万元以上企业 138 家，年产值上亿企业 33 家，年产值超过 5 亿的企业 6 家；全市共有物业服务从业人员 19.2 万人。2018 年全市物业管理行业实现总产值约 362.9 亿元。截至 2018 年底，全市累计归集专项维修资金 257.98 亿元，累计使用 6.47 亿元，其中 2018 年度归集 34.12 亿元，使用资金 8493.07 万元。

二、成都市物业管理行业发展重点

（一）加强行业党组织建设，推动物业管理与城乡社区发展治理有机融合

2018 年以来，按照成都市党建引领集中攻坚行动安排，成都市住房和城乡建设局聚焦城乡基层党组织领导核心作用，以加强物业管理行业党组织建设为统揽，着力发挥好自治、法治、德治作用，会同市委组织部、市委社治委、市民政局，印发了《关于全面提升物业服务管理水平 建设高品质和谐宜居生活社区的实施意见》，提出物业服务管理“党建引领共治、美好家园共建、品质提升共享、创新发展共进、失信惩戒共鉴”五项举措。2018 年，推进全市物业小区成立党组织 236 个，物业服务企业成立党组织 161 个，业主委员会成立党组织 124 个，同时成都市物业管理协会成立了党支部。

（二）完善物业管理体制机制，充分发挥基层党组织领导核心作用

2018 年 7 月，在对部分区先行试点经验进行认真研究和充分总结的基础上，成都市住房和城乡建设局印发了《关于选准配强业主委员会推进业主委员会规范运行的指导意见》，推广温江区破解业委会成立难的“四步工作法”和高新区物业服务管理“三联三共”机制，并研究编印了《业主大会和业主委员会工作手册》《业主自治常见问题百问百答》，加强社区“两委”监督作用，选准配强业主委员会，引领进业主委员会规范运行。与此同时，成都市住房和城乡建设局成立了工作领导小组，加快推进成都市智慧物业管理服务系统的建设工作，着力优化业主大会的表决方式，不断夯实共建共治共享发展治理基础。

（三）夯实基层物业管理工作基础，推动社区环境和物业管理委员会设立

2017 年 11 月，成都市住房和城乡建设局推动在青羊区苏坡街道清江社区居委会开展设立环境和物业管理委员会（以下简称“环物委”）的试点，

打造了全国“第一个吃螃蟹”的社区。为规范环物委运行，监督促进业委会和物业服务企业履职尽责，在总结青羊区苏坡街道清江社区试点和成华、金堂等区县先行先试经验的基础上，会同成都市委社治委、成都市民政局出台《关于在社区居委会下设环境和物业管理委员会的指导意见》，明确了环物委的机构设置、产生办法、工作职责、工作制度等。2018 年，全市环物委共设立 739 个，设立率达 40%，打破传统社区治理和小区物业服务“两张皮”的现象。

三、成都市物业管理行业党建引领共治的典型案例

（一）高新区“三联三共”工作机制

成都市高新区御府花都小区以社区党组织为核心，创新物业、社区、业主“三联三共”管理模式，共同建设美丽宜居幸福小区。“三联”即党支部、业主委员会、物业公司三方联动；“三共”即共存、共管、共享的社区治理局面。

一是组织联建、机构共存。在基层党组织的领导下，吸纳物业服务机构、业主委员会以及业主中的流动党员，推动社区党委下设党支部或党小组。由社区居委会或环境和物业管理委员会牵头，以物业管理区域为单位，推动成立业主志愿服务组织、业主文体活动组织，推举选拔优秀党员干部担任相关组织的负责人。落实党组织结对共建和党员“双报到”制度，组织驻区机构党组织和组织关系不在本社区的党员，积极参与社区党的建设和社区各项事务。

二是事务联议、工作共管。建立社区环境和物业管理事务联席会议制度。会议由社区居委会或环境和物业管理委员会召集，物业服务机构、业主委员会、业主活动组织以及其他驻区机构代表参加，共同协商讨论社区公共事务。在物业管理区域设立“民意快递中心”，建立“社情民意”微信群等互联网交流平台，选拔聘任“业主义务监督员”“党群联络员”，广泛收集社区居民和广大业主对社区公共事务、物业管理工作的意见和建议。建立健全社区突发公共事件和矛盾纠纷联合应对机制，完善应急预案，成立联合应急处置小组，充分吸纳驻区机构、社会组织、业主团体以及社区党员群众参与突发公共事件预防预警、处置应对和矛盾纠纷调解。

三是阵地联用、资源共享。按照资源充分整合、高效利用的原则，鼓励有条件的物业管理区域设立党员活动中心、党建活动室或党员服务站，鼓励业主委员会议事活动用房有条件向业主志愿服务组织、业主文体活动组织开放共享。扩大管务公开范围，将社区环境和物业管理委员会、业主委员会工作情况纳入管务公开栏的公开内容。通过物业管理区域内的宣传平台和物业服务机构自有平台，宣传展示党建工作、社区公共事务和物业管理相关工作。整合社会公共资源、社区资源和物业管理区域资源，鼓励引入智能自助终端服务设施，开设一站式便民生活服务点，完善社区综合服务功能，为居民提供更全面、更便利的生活服务。

（二）温江区“四步工作法”

突出党建引领，选准配强业主委员会“四步工作法”在成都市温江区得到成功实践，成为破解业委会成立难的重要举措。

一是广泛“找”，甄选“贤能人”。社区党组织领导，环境和物业管理委员会具体实施，通过“社区访、组织推、团队荐、活动引”等方式，建立“社区贤能名录”，组成人员包括社区人大代表、政协委员、党员代表、各业主团体的负责人、各类社区活动的组织召集人和各行各业专家等。

二是组织“带”，打造“主心骨”。发挥社区环境和物业管理委员会组织、培训作用，加强对“社区贤能”的教育培训。通过党性教育、思想沟通，了解和掌握“社区贤能”的思想动态。通过跟班学习、导师带领、任务训练等方式，让“社区贤能”参与

社区治理事务，熟悉社区情况、掌握社区工作的方式方法。

三是精心“培”，增强“向心力”。引导“社区贤能”积极参与社区公共事务和物业管理工作，推选“社区贤能”进入社区“网格员”队伍，在社区矛盾纠纷调处、社区公共服务、社区物业服务管理等公共事务推动方面，发挥“社区贤能”的主观能动性和专业特长。

四是严格“选”，把好“入门关”。鼓励符合条件的“社区贤能”业主参与业主大会筹备、参选业主委员会委员。由社区党组织和社区环境与物业管理委员会牵头，对辖区内的业主委员会委员的履约履职、行为规范、道德品行等进行定期评议，对评议不合格的业主委员会委员，进行培训、劝诫、帮扶和指导，评议情况在小区公布。

四、成都市物业管理行业未来工作思路

下一步，成都市将坚持以党的十九大精神和习近平总书记关于城市工作和社区发展治理的新思想新理念新要求为指引，围绕建设“全面体现新发展理念的城市”的总体目标，持续深入推进党建引领共治、美好家园共建、品质提升共享、创新发展共进、失信惩戒共鉴五项举措落地生根，进一步发挥物业服务管理在推进城乡社区发展治理中的基础作用，以满足人民日益增长的美好生活需要。

（一）充分发挥基层党组织在小区治理中的引领作用

出台《关于充分发挥基层党组织推动业主大会建设的指导意见》，推动社区党组织对小区治理工作的深度参与，充分发挥小区党组织在业主大会设立、业主委员会选举、物业服务企业选聘续聘及物业服务费调整等小区重大事项中的引领作用，让业主群体在“有领导、有组织、有秩序”的环境中开展自治管理。将成都市切实有效的“四步工作法”“三联三共”治理经验形成固化制度推广。由物业服务企业党组织与小区党组织签订《住宅小区党建“三联三共”协议》，明确“三联三共”具体内容和工作要求。

（二）强化业主委员会委员的选举和履职监督

制定《业主委员会委员候选人推荐程序和选任资格指引》《业主委员会履职责任和委员负面行为清单》，实现业委会委员“进入有要求、工作有标准、退出有程序”。推行业主委员会委员履职承诺制度、业主委员会履职评议和公示制度，制定《业主委员会委员履职承诺书（示范文本）》《业主委员会履职评议办法》，实现业委会履职有责任、工作有考核。

（三）补齐社区物业管理短板

坚持基层主导、属地管理，多种模式推动街道办事处（乡、镇人民政府）设立物业服务管理工作机构，将物业服务管理工作列入社区工作事项清单，纳入社区综合考核评价内容。细化物业服务管理矛盾纠纷台账建立标准和销账管理体系，推动物业服务管理执法检查队伍建设，建立“双随机、一公开”抽查机制，全面推行“随机确定检查对象，随机选派检查人员，公开检查情况和处理结果”机制，加大违法行为的查处力度。

（四）营造公开透明的物业服务市场环境

建立健全智慧物业服务公开平台，鼓励物业服务机构通过APP、微信公众号、业主微信群等互联网平台，公开物业服务管理相关信息；严格落实物业服务相关费用公示公开制度。依法督促物业服务企业和业主委员会定期公开物业共有部分经营收益和分配使用情况。实行酬金制收费模式的，督促物业服务企业每年定期公布物业服务资金年度预决算和物业服务资金收支情况，并定期对年度预决算和收支情况进行审计。

（五）完善物业服务价格机制和质量评价机制

由成都市物业管理协会定期发布不同类别住宅小区的物业服务收费市场价格信息，以及劳动力成本、能耗及维护成本等各类物业服务成本信息。探索建立物业服务价格第三方评估机制，推动物业服务费调整前收支情况审计或第三方评估。培育物业服务第三方监测评估市场，引导第三方力量介入物业服务质量评价、物业服务价格监测评估、物业服务管理矛盾纠纷调处、业主大会设立和业委会工作指导、维修资金使用方案审定等，促进物业服务“质价相符”。

云南省物业管理行业发展报告

云南省房地产业协会物业管理分会

一、云南省物业管理行业发展概况

云南省现有物业管理总面积37640.66万平方米，其中住宅类物业服务面积31649.99万平方米、非住宅物业服务面积5990.67万平方米，住宅类物业管理面积占总物业管理面积的84%。

2018年底云南省物业服务企业2696家，物业管理项目共计6109个，其中住宅物业项目共计4919个、非住宅物业项目1190个。

云南省物业管理范围主要集中在住宅物业、办公物业、产业园物业、学校物业、医院物业、商业物业、公众物业等领域。

2018年行业主营业务总收入23.25亿元，占云南省GDP总量的0.14%，本年度企业利润占主营业务收入的6.37%，总利润为1.48亿元。

云南省物业管理行业从业人员约34.6万人。

二、云南省物业管理行业特色工作经验与成果

（一）尝试多方位创新发展，推广新技术，探索新模式，提高物业管理行业服务水平，加强企业竞争活力

新技术的推广，为提升物业服务水平，推广使用先进设备和智慧社区APP等，如昆明中海物业管理有限公司在中海锦苑等小区引入手机门禁系统，提高门禁服务的安全性和便捷性，同时提高了业主对于物业服务参与感与认同感。云南省80%的物业服务企业已将项目停车升级为方便快捷的车牌识别系统。俊发物业、匠心物业等多家物业服务企业探索开展与腾讯、宝库等互联网企业合作，打造互联网O2O智慧社区和安全人文社区服务，将物业项目内的设备整合起来，实现数字化和信息化，让管理更加高效，业主更加放心。在昆明市推广使用的快递存放柜既能方便物流运输，又能够方便业主取件，受到广大用户的欢迎，同时减少了包裹丢失而与物业产生纠纷的风险。

探索服务模式创新。现代物业已经不能局限于传统服务，而需要更加注重向精细化、情感型服务转型。这种升级，也是现代化服务企业转型升级。云南省多家物业服务企业通过组织社区邻里活动，业主参与积极性很高，不仅提升了业主邻里的融洽度，增进了情感交流，物业服务企业也在业主中得到了广泛好评。如银海物业开展的“邻里节”等社区活动，提高了业主居住品质。昆明市对开放社区探索获得了物业服务企业的积极响应，运用智慧社区的硬件设施及物业服务企业对于人员配置和服务模式的创新。为配合安宁市党政机关分时段对外停车的新举措，安宁市的物业管理公司采取了新的值班、门禁措施，妥善管理停车人员，避免不文明停车、不安全停车、不规范停车的行为，获得市民积极点赞。

鼓励良性竞争，提升行业活力与企业竞争力，规范物业服务行为。云南省红河州在全州范围内组

织示范住宅小区评比。临沧市以“平安小区”为载体，着力打造一批“治安形势良好、车辆停放有序、卫生环境整洁、服务品质优良”的平安小区，2018年达到“平安小区”创建标准小区 69 个，县级平安小区创建达 67%。云南建投物业管理有限公司下属餐饮公司建设发展大厦职工食堂项目荣获云南省总工会授予的“2018 年云南省五一巾帼标兵岗”称号，云南云投盈科物业管理股份有限公司凭借优质的服务于 2019 年获得云南省总工会授予的“云南省五一劳动奖章”，成为大力弘扬时代风采和工匠精神的榜样，宣传展示了物业人员时代风采和卓越贡献的窗口，持续激励全省广大物业从业人员立足岗位、建功立业，在平凡的工作岗位上争创一流业绩。

（二）加强人员培训，提升从业人员服务意识和服务能力，促进物业管理行业向更加专业化、规范化的方向发展

人员培训方面。为提升从业人员素质和服务水平，在全省范围积极开展法律法规、消防技能等各项相关培训活动。云南省消防总队联合云南省住建厅分三期对全省物业消防管理人员进行了消防安全培训，以发动物业管理力量深入推进高层建筑、电气火灾消防综合治理和消防安全社区创建，强化消防措施，确保火灾形势稳定，共计 2.49 万人参加了培训。昆明市、丽江市、红河州等举办“物业服务企业从业人员法律法规知识培训”公益讲座活动，以帮助物业服务企业解决当前所遇到的法律法规难题，提升从业人员的法律法规知识水平。

法规及服务标准建立方面。为进一步完善云南省物业管理行业地方法规和标准。2018 年 4 月云南省住建厅牵头成立了“《云南省物业服务导则》和《云南省物业服务企业信用评价体系》起草工作小组”，在全省范围内抽调以云南省房地产协会会长梁炳辉为代表的 12 名知名专家组成编写小组，负责上述两部规范性文件的编写。历经 15 个月努力，编写小组起草的《云南省物业服务导则》和《云南省物业服务企业信用评价体系》先后通过云南省住建厅审核，并先后于 2019 年 7 月 1 日、8 月 1 日公布实施。两部规范性文件的实施，极大地提升了云南省物业服务的规范性和服务水平。

促进企业交流，提升服务品质，树立行业标杆。2018 年举行云南省第二届物业管理服务技能竞赛，各州、市物业服务企业积极参与，最终 52 家企业的 191 人进入省决赛。通过技能竞赛促进了行业内物业公司间的交流，在行业中掀起强技能、拼服务的浪潮。2019 年 7 月云南省房地产业协会物业管理分会举行“优秀物业服务企业”和“百名匠心物业服务工作者”评选活动，通过宣传为物业服务企业及从业人员提供管理及服务品质标准，树立优秀企业及个人标杆，使物业管理产业更加优化。原云南建投物业管理有限公司董事长张仪姬，主持制定了《物业管理示范项目评优标准作业手册》细致而严格的标准，带领着她的团队将云南建投物业管理有限公司打造成云南省物业管理行业的标杆企业，他本人于 2015 年获“全国劳动模范”荣誉称号，于 2016 年获“最美云岭国企人”先进称号，于 2017 年被评为第六届云南省敬业奉献模范，成为云南省物业管理行业的标杆与榜样。

（三）企业积极寻求战略合作，初步尝试市场外拓，整合优势资源，进军中高端物业服务市场

近几年来，云南省本土物业服务企业积极拓展视野，扩大合作范围，强化资源整合，寻求强强联合，以提升核心竞争力为目标，组建资源共享、风险分担、优势互补的战略合作关系。如云南云投盈科物业管理股份有限公司与北京中水物业管理有限公司签订合作协议，迈出了国有物业服务企业与民营企业混改的第一步，将北京中水物业的技术、理念、人才充分融合云投盈科物业在云南省本地的管理经验，双方在混改后发挥彼此优势在管理、运营、技术和市场拓展方面实现无缝共享，不断突破创新，为业主带来了更高效、更美好、更优质的服务体验。

物业服务企业积极探索实践“走出去”发展道

路，拓展省外市场空间，填补省内市场空白。实力物业于2018年1月31日在全国中小企业股份转让系统第1235期正式隆重挂牌。这是云南省本地物业走向资本市场、开放发展的重要标志。云南保利物业公司与外地地产项目金湖盛景达成合作协议，正式接管位于安宁的物业管理项目。云南俊发物业与云南奥斯迪百爵房地产公司签署协议，正式接管万宏国际物业项目，是俊发物业首次品牌外拓接盘。

三、云南省物业管理行业发展方向

（一）推进转型升级，寻求创新发展新路径

物业管理行业想要快速健康发展，物业服务企业想要在市场化竞争中取得优势，必须不断提升服务水平和服务品质，做好转型升级，追求粗放式管理向精细化服务的转变，推广运用新兴技术、整合优势资源，发挥平台优势，发掘市场潜力，拓展多元化经营新模式。

鼓励企业对内提升技术管理，对外发掘市场潜力，拓展多元化服务。物业服务企业利用物联网、大数据、人工智能等高新技术将简单密集型劳动输出转变为针对不同业主需求的集约型现代物业服务模式，提升服务效率和服务质量，实现服务标准化、技术现代化、业务多元化、人才专业化。此外，积极做好物业服务的平台属性建设，抓紧社区入口，把持续的服务和价值做到最大化，将物业服务延伸到更多领域，如快递包裹存放机、空调清洗、金融服务、家政服务、社区养老、二次装修等更多增值社区服务，促进物业服务模式从传统单一向新型化、多元化、电子商务一体化综合模式发展。

（二）发挥纽带作用，促进市场规范化、标准化发展

云南省房地产业协会物业管理分会要更好地发挥纽带作用，在学习先进工作经验和过去工作基础上，创造性地开展工作，努力把协会办成“企业之家、政府助手”，充分发挥自身优势，借力国家政策机遇，推动云南省物业管理行业健康发展。

在协助政府方面，以《云南省物业服务导则》和《云南省物业服务企业信用评价体系》颁布实施作为云南省物业管理行业规范、诚信发展的一个良好契机，积极推进物业管理规范和诚信发展建设，将物业服务企业和主要物业从业人员纳入诚信评价体系，逐步建立起云南省物业管理行业诚信体系。

在服务企业方面，云南省房地产业协会物业管理分会充分发挥信息平台作用，为企业在行业政策、经营战略、市场营销、人才选聘、相关产业链供应商等方面提供信息服务。树立先进企业和示范项目样板，积极运用宣传载体的力量，构建企业交流学习的平台，推广业内成功实践经验，弘扬业内正能量。

（三）加强职业培训体系建设，提升从业人员素质

加强职业技能培训力度，提高从业人员技能水平，为从业人员提供清晰的上升通道，积极组建省级物业管理专家库，积极筹建起设施设备技术专家组、标准化综合业务专家组、技能教育培训专家组、法律纠纷调解专家组、专项维修资金专家组、业主委员会工作专家组等六个专家委员会，提升培训的针对性和专业性，努力为更多从业人员提高职业技能水平和就业能力创造条件。此外积极做好宣传工作，提高从业人员的职业认同感、自豪感和归属感，吸引更多有识之士投身物业管理行业，培养和发掘行业领军人才，缓解物业服务企业招工难用工难的矛盾。也让更多的人了解物业、信任物业，构建起物业和业主相互理解、相互支持、共同发展的和谐社会新风尚。

甘肃省物业管理行业发展报告

甘肃省物业管理行业协会

一、甘肃省物业管理行业发展概况

截至2018年年底，甘肃省注册登记的物业服务企业共有2806家，从业人员数量达198932人，其中专科以上从业人员数量达89763人，占全省从业人员总数的45.1%。物业管理总面积45602.184万平方米，其中住宅项目7434个，管理面积39299.661万平方米，占物业管理总面积的86.2%。成立业主委员会1754个。全省全行业年经营总收入达到54.2053亿元，主营业务收入占全行业总收入的86.5%。年营业收入达5000万以上的物业服务企业有21家。

二、甘肃省物业管理行业发展特点

（一）行业整体发展不均衡

甘肃省物业服务企业发展不均衡，整体规模小，中小微型企业数量庞大，与大型企业在经营能力、服务质量水平上存在较大差距。受物业管理行业发展法制环境和相关政策等因素的影响，甘肃省各州、市的物业管理行业发展水平也存在较大差异。集约化、规模化的公司多集中在兰州市，周边州、市的物业服务企业多呈现出小、散、差的问题，有些物业服务企业的服务水平还停留在最传统最低层次的服务水平上，根本无法满足业主日益增长的美好生活需求。

（二）物业服务企业生存状况不容乐观

刚性成本急剧上升，税负居高不下，加上甘肃省物业服务收费标准普遍偏低，社会各界对行业的重要性认识不足，随着国家劳动法的不断完善和社保全覆盖，物业服务企业经营风险日益加剧，部分数量的物业服务企业陷入生存困境。

从整体分析来看，全省物业管理从业人员薪酬水平较低、人才流动较大、流失率较高、素质参差不齐。从业人员总体学历普遍偏低，大专学历及以上仅占23%。另外，从业人员普遍存在技术力量薄弱，缺乏知法律、懂技术、善管理的综合型人才，物业服务企业生存状况不容乐观。

（三）行业监管引导不到位，企业活力不足

国家取消物业服务企业资质和价格行政许可后，行业部门存在等待观望心态，相应的监管措施跟进不到位，协商定价机制没有形成。行业监管信息平台、行业诚信系统没有建立，对一些企业的违规行为，缺乏有效的惩戒措施。从全行业来看“谁开发、谁管理”的格局没有根本改变，物业服务招投标制度没有得到全面落实，市场竞争机制没有完全形成，企业规模小、效益差的局面长期、大量存在。

（四）业主委员会和物业服务企业矛盾频发

截至2019年，甘肃省已成立的业主委员会总数与住宅管理项目数之比为1∶4.2，物业管理基层民主建设仍然比较薄弱，普遍存在着业主委员会运作不

规范、作用难发挥等问题。个别业主和物业服务企业之间的矛盾因缺乏沟通渠道而难以解决，为小区正常管理服务埋下隐患。少数业主利用业主大会故意滋生事端以达到个人目的。有的业委会不能代表大多数业主的利益，任意决定业主共同事务，致使业主、业委会和物业服务企业之间纠纷不断，矛盾频发。

（五）相关主体法律责任边界不清

物业管理涉及多方主体，相互之间权责不清、没有明确界定，矛盾和纠纷多发。比如，消防维保问题和二次加压供水及水箱清洗费用问题等。

三、甘肃省物业管理行业协会主要工作成果

（一）组织开展各类活动，切实服务会员

举办全省物业管理行业职业技能大赛，彰显物业人风采。为践行2018年物业管理行业“服务质量提升年”年度主题，弘扬工匠精神，夯实行业基础服务技能，增强优质服务供给能力，提高全省物业管理行业职业技能水平和物业服务品质，展示物业管理从业人员的专业形象和精神风貌，甘肃省物业管理行业协会于2018年6月9日在兰州举办了第二届甘肃省物业管理行业职业技能竞赛。竞赛设置了物业管理员、电工和消防员三个工种进行比赛。经过最终笔试和实操考核，各工种按综合成绩由高到低分别产生一等奖1名、二等奖2名、三等奖7名。获奖人员由协会统一推荐为2018年度“甘肃省技术标兵”。

深入考察调研，切实服务会员。2018年6月25日，甘肃省物业管理行业协会组成由会长任组长的五个调研小组，赴全省各市州物业管理行政主管部门、物业协会和物业服务企业进行深入的调研，收集行业发展数据。调研期间，先后与全省14个市州物业管理行业主管部门、6个市州物业协会、20余家物业服务企业举行了座谈，听取各地物业管理行业发展情况汇报，并就行业存在的问题进行了深入的沟通交流。通过座谈、考察，梳理、分析甘肃省地方物业管理行业、物业服务企业及相关产业的发展现状、取得的成就、存在的问题和发展趋势，形成了甘肃省物业管理行业发展情况报告，并上报甘肃省住房和城乡建设厅，为行业主管部门作出行业决策提供了资料数据支撑。

（二）成立西部物业协会联盟，实现资源共享

由甘肃省物业管理行业协会发起，青海省、贵州省、西安市、银川市、拉萨市、呼和浩特市七省市物业管理行业协会及深圳物管学院通过横向联合，在平等和友好协商的基础上，就建立物业协会＋物管学院联盟和开展相关合作事宜达成协议，并于2018年7月17日在兰州隆重举行西部物业管理行业协会联盟成立大会暨2018中国西部首届物业管理行业发展论坛。西部物业管理行业联盟的成立是为加强西部物业管理行业协会间的学习与交流，应对新时代对物业管理行业带来的机遇和挑战，响应国家“一带一路”倡议，整合西部物业管理行业资源，结合供给侧改革，推进物业服务企业与互联网经济的深度融合，实现物业服务企业从传统服务业向现代服务业的转变，把人民群众日益增长的对美好生活的追求作为物业服务企业的目标追求，把握机遇，共享资源，共谋发展，把西部物业服务企业发展提高到一个新水平。

（三）提高物业从业者的法律意识，传递物业法律力量

2018年8月25日由甘肃省物业管理行业协会和法眼云律集团联合举办的物业法律公益大讲堂在兰州市隆重召开。举办物业法律公益大讲堂的目的就是为物业服务企业提供强有力的法律服务和援助，通过学法、用法来规范行业服务行为，提高甘肃省物业管理服务水平，增强物业服务企业法律意识和物业法律风险防范能力。

（四）创先争优、树立典型，为行业发展打造品牌

为提升物业管理服务水平和业主满意度，树立行业典型和标杆，向社会展示物业管理行业的良好形象，以促进甘肃省物业管理行业规范化发展。甘肃省物业管理行业协会根据新修订的《甘肃省物业管理条例》，结合甘肃省实际制定完成了《甘肃省省级示范物业项目服务评价标准（居住物业）》和《甘肃省省级示范物业项目服务评价标准（公共物业）》，并根据新制定的标准开展了 2018 年甘肃省优秀示范物业服务项目评选工作，经评委会严格评审，最终评出“甘肃省优秀示范大厦”项目 19 个，“甘肃省优秀示范工业区”项目 1 个，“甘肃省优秀示范小区”项目 41 个。评选结果在全省范围内起到了模范引领作用，得到了社会各界的肯定和业主的认可，展示了甘肃省物业服务企业的良好形象和积极作为。

2018 年 9 月，由甘肃省精神文明建设指导委员会办公室、甘肃省总工会、共青团甘肃省委、甘肃省妇联、甘肃省广播电影电视总台联合主办，甘肃省物业管理行业协会、甘肃电视台少儿频道承办的 2018 年度甘肃省首届百佳物业服务企业、百名最美物业人行业双百评选活动拉开帷幕，并于 9 月 17 日举行了新闻发布会。整个评选活动，历时近 4 个月，充分利用省级 10 余家新闻媒体单位，立体式、全方位开展宣传、发动，各物业服务企业和物业员工积极参与申报工作，经评委会严格评审，最终评出最佳物业服务企业 11 家、最佳物业服务企业提名 21 家、最美物业人 10 名、最美物业人提名 10 名。并于 2019 年 1 月对获奖企业和个人进行了表彰，通过行评工作的开展，在全省物业管理行业树立了典型，打造了品牌。

（五）致敬改革开放 40 周年、讴歌甘肃物业管理行业新成就

2018 年是改革开放 40 周年，为了纪念改革开放 40 年来甘肃省物业管理行业发展取得的巨大成就，甘肃省物业管理行业协会委托甘肃省委党校编撰出版了《改革开放四十周年——甘肃物业管理行业发展蓝皮书》，歌颂改革开放的好政策，弘扬物业服务企业主旋律和正能量、赞美物业服务企业和物业人为全省改革开放做出的新贡献，向改革开放四十周年献礼。

四、甘肃省物业管理行业下一步发展方向

（一）加大行业标准化建设力度，促进甘肃省物业管理行业规范化发展

甘肃省物业管理行业协会将继续与甘肃省住建厅联系，着力促成甘肃省物业管理标准化技术委员会的成立，由协会牵头起草工作，制定甘肃省物业管理行业标准和技术规范，建立和完善包括物业服务基础通用标准、服务质量标准、信息技术标准和行业标准体系以及物业管理行业自律管理暂行办法（包括物业管理行业自律管理惩戒实施暂行办法和物业服务企业失信名录管理暂行办法），以促进甘肃省物业管理行业的规范化、跨越式发展。

（二）加快推进行业诚信体系建设，努力营造自律规范的市场环境

为适应取消资质给物业管理行业带来的新要求，甘肃省物业管理行业协会将进一步加快推进行业诚信体系建设，借鉴诚信体系建设做得好的省份的经验，制定适合甘肃省物业管理行业的诚信评定标准，开展全省物业管理行业诚信单位评定工作，推动物业服务企业诚信承诺全覆盖。在逐步健全物业服务企业和项目经理信用管理制度、信息发布和失信惩戒机制的基础上，将企业信用作为项目招投标和省、市优项目评选的必要条件，努力营造诚信自律规范的市场环境。

（三）维护行业合法权益，向会员企业提供专业性的法律服务

甘肃省物业管理行业协会将继续围绕行业价格调整机制不完善，行业责任边界不明确等难点问题，

加大与相关部门的协调力度，积极促进相关政策法规在制定和修改中采纳企业的合理诉求。在企业合法权益受到重大侵害并对行业发展有重大影响的事件中，主张行业立场，表达行业观点，营造公平、公开、公正的市场竞争氛围，维护行业的合法权益。与专业的行业法律机构合作，健全和完善法律事务信息通道，引导物业服务企业规范服务行为、规避经营风险，帮助企业解决面临的法律问题。通过举办不同形式的法律专题活动，进一步提高会员企业的法律风险意识，规范从业行为。

（四）加强学习交流，借鉴先进地区物业经验，引导甘肃省物业管理行业转型升级

甘肃省物业管理行业协会将积极应对物业管理行业“社区O2O”“互联网+”“供给侧改革”“营改增税制改革”等一系列变革，采取“请进来，走出去”的办法，组织会员单位赴外地考察学习，请专家学者举办各类讲座、论坛、培训，引进沿海发达城市物业管理的新理念、新技术和先进经验，引导甘肃省物业管理行业转型升级。

（五）做好行业培训工作，提高物业服务从业人员的综合素质

甘肃省物业管理行业协会将组织安排多期有针对性的、物业管理行业内急需的培训，积极与政府相关部门联系，按照国家对物业管理行业的持证要求，通过培训取得权威部门（包括劳动人社、职业教育、公安消防、安全质监等）颁发的相关职业资格证、操作证、上岗证等。通过一系列的培训，使甘肃省物业从业人员的管理能力、服务意识、操作技能上一个台阶。

五、甘肃省物业管理行业发展思路及政策建议

（一）加大物业管理行业的宣传力度，提高物业服务质量和水平

加大物业管理行业的宣传力度，帮助老百姓正确认识物业管理行业，理解物业管理行业，关心物业管理行业，支持物业管理行业。广泛宣传物业管理相关政策法规，增强业主法律意识和诚信意识，提高业主缴纳物业费的自觉性，加快物业管理行业的健康发展。客观公正对待居民有关物业管理问题的投诉，改变物业管理行业的形象，宣传报道物业管理给人民安居乐业带来的好处，引导人们树立正确的物业管理消费观念。

（二）充分利用行业的扶持政策，支持行业良性发展

物业管理行业承担了很多城市的公共服务和公共责任，如维护社会稳定，维护社会治安、开展社区文化，这些公共服务的担当，政府可否以专项资金形式，购买行业所承担的不属于自身服务范围的公共服务业务，从而支持行业良性发展。同时，建议政府相关部门加大对物业服务企业的用工扶持力度，针对企业对员工的技能培训予以补贴，对于吸纳下岗失业人员、农民工达到一定比率的企业，政府给予公益性质补贴和社会保险补贴。

（三）完善定价机制，改善行业生存现状

积极与政府相关部门沟通，研究完善现行的物业收费管理办法，全面落实“菜单式服务，等级化收费”的物业服务费分级定价机制。选择有条件的住宅小区开展物业服务酬金制收费方式。鼓励物业服务企业提供“菜单式服务”，由业主自由选择“服务套餐”并按照相应的标准交纳物业费。建立对恶意拖欠物业费案件快速审判的绿色通道，对一些恶意拖欠物业费的行为，依法快速处理。

（四）培养品牌企业，推动行业转型升级

拟在今后三五年内着力引导甘肃省企业通过整合、收购、兼并做大做强做优，培养打造10～15家物业服务品牌企业，并通过品牌的示范作用推动

全省整个行业的转型升级、向现代服务业迈进。

（五）着力塑造先进典型，树立行业标杆

继续把树立行业先进典型作为推进行业发展的重要手段，以提高物业从业人员综合素质为宗旨，以评选行业先进为抓手，以提升物业管理行业管理服务能力和水平为目的，开展百佳物业服务企业、百名最美物业人、省级优秀示范物业服务项目等评选活动，为行业发展树立先进典型。

实践证明，开展物业管理示范项目创建工作，对甘肃省物业服务上台阶、提水平起到了积极的促进作用。各物业服务企业要明确创建目的，积极参与，把严格规范服务行为，努力提高服务水平作为创建的出发点，把提高企业知名度、增加业主满意度、增强市场竞争力作为创建工作追求的目标，通过广泛的创建活动，树立行业典型和标杆，向社会展示物业管理行业的良好形象，促进甘肃省行业规范健康发展。

兰州市物业管理行业发展报告

兰州市物业管理行业协会

一、兰州市物业管理行业基本情况

据《2018 年度兰州市第三产业增值发展报告（物业管理行业）》显示，在管理规模上，2018 年兰州市物业服务企业管理面积达到 26137.9917 万平方米，占全国物业管理面积的 1.49%，较前 3 年提升 45.22%；从经营绩效看，全市物业服务企业实现营业收入 38.81 亿元，同比增幅达到 4.02%，其中，物业服务收入总值 32.23 亿元，与 2017 年相较有所减少；多种经营收入总值 6.58 亿元，占营业收入的 16.95%，同比增长幅达 121.55%，较 2017 年有长足的发展，成为企业盈利部分的主要因素。

随着兰州市物业管理行业市场不断成熟，物业服务企业间的竞争不断加剧。截至 2018 年 12 月，兰州市物业管理行业已拥有 859 家企业，15.35 万从业人员，管理各类房屋面积 2.61 亿平方米，年营业收入超过 30 亿元，与 2017 年度同期略有增长。具有竞争优势、经营特色的 3A、4A 级物业服务企业主要分布在城关、七里河等四区，经营状况较 2017 年度有所回升，2A 及以下一般物业服务企业则同质性强，缺乏服务新手段和新技术，业务范围主要以提供普通的公共服务为主，如清洁卫生、秩序维护、车辆管理、绿化管理等，在物业管理行业转型时期面临着优胜劣汰的严峻考验。

全市物业管理范围主要集中在住宅物业、写字楼办公物业、企事业单位后勤物业、产业园区物业、学校物业、医院物业、商业物业、公众物业等领域。行业年均人员流动率约 29%，其中秩序维护人员年均流动率 40%，个别企业秩序维护人员年均流动率高达 50% 以上。年龄结构层次偏高，基层员工主要人群的年龄段集中在 40 ～ 45 岁，管理人员中 42% 的人员为 30 岁以下，每月薪酬水平在 3000 元以下的占 81.23%，3000 ～ 5000 元的占 16.38%，5000 元以上的占 2.39%。薪酬收入水平明显得到了提升，3000 元以下与上一年度相较减少了近 7 个百分点，其他均有相应程度地提升。

二、兰州市物业管理行业发展特色

随着兰州市经济持续稳定的增长，人们居住的硬件条件得到了很大的改善。2019 年，将新增城市住宅 5 万套，这将大大改善市民的居住条件。这些硬件问题基本解决后，自然会对居住服务、居住环境等软件方面的物业管理服务质量提出更高的要求。这种高质量的要求，对现有物业服务企业的服务意识和管理水平提出了挑战。同样作为服务行业的物业管理行业，如果企业服务意识差、服务水平低、观念不及时更新，这样的企业在今后市场竞争中将不可避免地被淘汰出局。

随着互联网技术、通信技术等高新科技的迅速发展，物业服务企业的信息化水平不断提高。在物业管理中引入诸多高新科技的设施设备，已经是大势所趋。特别是当前 AI 人工智能技术的迅速普及推广，为物业服务企业服务手段的革新提供了新的平台，网络化、智能化管理服务已经成为当前物业服务企业竞争制胜的关键筹码，今后还将成为物业服务企业的基本管理服务手段，如何借助先进的物联网技术手段进一步提高服务水平，物业服务企业将无法回避。

目前，兰州市物业管理行业的发展，表现出了专业化与社会化两个重要特征。从专业化角度来看，物业管理一般是由专业的物业管理机构按合同或契约，为业主提供维修、绿化、保安、清洁等专业服务。当然这种专业服务的提供者是多元化的，即除了物业管理公司外，也包括绿化公司、保安公司、清洁公司等专业化公司。从我国物业管理实践来看，这种专业化趋势发展得很快。然而，兰州市的物业管理专业机构、组织一般都是劳动密集型企业；它们所提供的服务也多为专业层次较低的保安、清洁等专项服务；而为众多企事业机构提供物业寿命期内高层次经营管理服务的机构，则相当之少。因此，目前的物业管理服务，仍然处于低级阶段，表现出低层次化的特征。

从社会化角度来看，除了带有房屋管理的性质外，还带有比较明显的社会服务性质，其具体表现在以下方面：

1. 专业服务的社会化。如物业管理中，除了房地产管理本身涉及的房屋维修、设备维修之外，还包括了清洁、保安、绿化等属于社会服务性质的内容。

2. 非专业服务进入物业管理。物业管理中的非专业服务业务，是指物业管理中的特约服务或多种经营服务。这些服务目前已渐渐融入物业管理中，成为物业管理的一个必要的组成部分。如在住宅物业管理中已渐渐融入了家务代办、教育、卫生、文化娱乐、商业网点、社会福利等社区服务的项目。

由此可见，兰州市物业管理行业、物业服务企业的职能，已不仅仅停留在房地产管理的职能方面。它还结合了社会服务业的众多服务内容，出现了服务范围的大众化与管理职能的社会化。而这种特征，在国外物业管理的开展中是比较少见的。因此，物业管理的社会化，是兰州市物业管理行业实践的一个比较突出的特征和创新，也是未来市场拓展的重要切入点，是实现企业盈利的最大化关键点。

2019 年是兰州市物业管理行业进入发展、完善和成熟的重要阶段，依托协会党总支、行业系统工会、行业妇联的资源，调动企业职工的参与性，充分发挥行业“文明智慧，共享共建”的作用，利用现有网格化资源，实施目标工作的推进，将企业、行业有机地嫁接到网格中来，以点成线，以线推面，简化管理流程，促使管理手段有效化，充分履行监管的责任，起到督促企业进步的辅助作用。协会在行业范畴加强与外地先进企业、协会的沟通，2018 年创新性地作为首家行业协会参展单位参与了第二届物博会，今后会加强此方面的工作，把兰州物业推上更好、更高的平台。加强物业基础管理在物业小区发挥的重要作用，加快优质物业服务的有效供给，以物业服务质量的提升，从“管理”向“服务”方向发展，引领全行业从传统的单一化物业管理模式转化为全新的多元化物业小区服务模式转变。

目前，市内各县区的物业管理覆盖面积都在逐年增长，可供扩展的空间越来越小。随着外地物业服务企业的大举进入，市场的竞争程度将进一步加剧。当务之急则是加强行业管理，提升行业服务水平，提高物业服务企业核心竞争力。

根据 2017 年、2018 年兰州市物业服务企业信用等级评定和星级服务测评的工作，对于 2019 年的测评工作要进行改良升级，实行电子化、动态化的双渠道管理，统一系统数据库，保障企业信息能够传递畅通，实现资源共享，将物业服务企业、行业主管部门、业主、行业协会四方统一纳入到统一的动态管理系统中，采用人工、电子信息化双管齐下的途径，加强对物业服务企业和物业小区进行全方位动态化监管，保障企业动态化管理的顺利进行。

物业服务企业通过为业主提供所需的服务，获得他们的认同，“让业主满意”将成为企业发展的动力。从当初物业管理公司提供什么服务给业主，业主只能得到什么服务，发展成为业主需要什么服务，物业管理公司就能提供什么服务。这不只是观念上的转变，更是一个新兴的服务行业向市场化迈进的重要转变。另一方面，前期为扩大在管面积、增加市场份额而不计成本接盘的企业，将逐步转为理性接盘，真正体现企业的市场本质，是以经营获利去管理，而不再是以价格为主战场。

建设“智慧小区”、挖掘“安居小区”、打造“标准化”小区，以提升业主的幸福感作为基本出发点，通过打造智慧社区为百姓提供便利，服务社区客户、满足客户多元化的生活需求、不断提升竞争力，将超前的服务意识向居民小区延伸，不断更新物业小区智能设备，打通居民联动渠道，探讨便民亲民服务进小区工作，创新探索出一条“互联网＋物业”服务社区、服务居民的新路径。

市场意识和市场竞争，对于物业管理行业来说，既是机遇又是挑战。面对即将到来的挑战，物业服务企业要生存、要发展，就必须走进市场参与竞争。因此，物业服务企业应当在国内物业管理规章制度不断健全、物业管理市场容量不断扩展的机遇下，坚持“以人为本”服务理念，不断创新服务平台，才能获得市场。要规避物业管理服务中可能出现的风险，物业公司要策划和实施好同业主和其他相关方之间多方位、多层次的责任约定，做好“预防性提示服务”，有言在先，晓之以理，向业主做好宣传，让业主自觉履行合同义务和遵守各项公众管理规定，提高自我防范和保护意识；向业主宣传并增强业主保险意识，同时物业公司也要注重在物业服务的过程中尽量做到周到、细致、完善，增强服务意识和安全意识，为业主创造安全舒适的居住环境。

2018—2019 年，行业工作的侧重点是要加强行业文明建设，进一步在小区进行社区核心文化体系打造、宣传，做好 2019 年的“创文”“扫黑除恶专项斗争”的双攻坚工作，要紧紧围绕三年大期目标，持续发力、善作善成，推动创文工作和扫黑除恶专项斗争取得新突破、新成效，打造人居安宁的“安居小区”，维护社区安定的长治久安。

加快社区循环经济圈的建设进程工作，联动线上线下体系，通过对接兰州市民生物业的系列策略，将对接的线下产品从食品土产发展到日用百货，充分打造方便业主的优惠日常生活产品，将社区 O2O 真正进行到“一对一”，即业主——物业服务企业，而将社区 O2O 放置在统一的平台上，达到了行业、市场的自主有效监管，起到了行业推动运维作用，充分体现“以民为本、为民解困、为民服务”的工作宗旨，打造兰州市物业管理终端服务网点从“物业管理办公室”到“一站式集合服务中心”的转变，打造“共建社区命运共同体，共建社区美好生活共同体”。

以服务物业、服务家庭、服务社会、服务民生为核心理念，在 2019 年将继续以饱满的工作态度，积极服务，让行业协会发展成为推动行业高质量发展中不可或缺的平台和模式融合下的效力支撑。结合物业服务企业“八大员”抓手配合行业向市场化进行转型，加强产效，形成政府向社会、行业购买资源的良好市场氛围。推动社区生态产业链工作落实到实处，把社区打造成集中化、一体化的产业自营体，将社区文化融入社区经济中，完善产业生态链闭合圈，体现服务水平增强化，服务体验基础化，服务价值普及化，为建设和谐美丽新兰州的物业管理行业添砖加瓦。争取 2020 年前达到全市物业从业人员人员“四会”，让和谐企业展智慧，光荣传统现光辉，宁静家园有余晖，物业价值能发挥，必将抢抓机遇，兴利除弊，实现兰州物业管理行业跨越性发展的宏伟目标。

青海省物业管理行业发展报告

青海省物业管理协会

一、青海省物业管理行业发展概况

截至 2019 年第一季度，青海省物业服务企业登记备案的共有 792 家，总面积 1.82 亿 m^2，成立业主委员会 213 个，从业人员数量 8 万余人；物业管理项目类型包括住宅、办公楼、工业园区、保障性住房、学校、医院、商业等。其中，住宅小区项目 2748 个，面积 1.456 亿平方米；非住宅项目 628 个，面积 0.364 万平方米。

二、青海省物业管理行业发展特色、工作经验与成果

（一）专委会工作机制日趋完善

专委会是青海省物业管理协会机构下承担专门工作的组织，协会秘书处将物业服务过程中产生的焦点、难点、热点问题，按职责分解到各专委会，专委会在各自职责范围内，独立的开展工作，帮助企业协调解决困难，形成处理意见，按时向会长办公会议汇报工作计划及落实情况。

第一，为贯彻落实青海省发改委下发的《关于清理规范转供电加价的通告》文件精神，帮助物业服务企业防范风险，维护广大业主及物业服务企业的合法权益，青海省物业管理协会起草下发了《关于贯彻落实清理规范电网和转供电环节收费有关事项的操作细则建议》，加强政策宣传，帮助企业做好清理规范转供电加价的基础工作，严格按照青海省电网销售电价表收取电费，确保政策落到实处。

第二，西宁市集中开展公共临时停车场专项整治行动。将市区范围内道路两侧的所有公共临时停车场纳入市政府管理并收回经营权，权益保障协调工作专委会就收回经营权问题进行调研，并上报相关部门，切实保障物业服务企业的正常经营管理活动有序开展，提升西宁市公共临时停车场服务质量和管理水平。

第三，前往海北、海西、海东等地区进行实地调研工作，征求企业意见建议，充分发挥专委会服务、咨询、沟通、协调的专业优势，专业化解答如何化解各种问题，在政府和企业，企业和企业、企业和业主之间搭建沟通的桥梁，提升青海省物业管理协会在行业内的凝聚力和影响力。青海省物业管理协会接待工作专委会是展现协会风貌的一扇窗口，作为协会工作的有机组成部分，它在对外塑造形象，对内促进建设、协调关系等各方面发挥着重要作用。

第四，接待工作专委会接待来自省内外参观交流的物业同行共 7 批次，共同探讨物业管理行业发展的新挑战与新形势，传播正能量，相互学习创新管理模式，加强企业品牌建设。

（二）举办行业技能竞赛，弘扬工匠精神

为引导和规范物业服务内容和标准，树立物业

人爱岗敬业理念，青海省物业管理协会举办了全省物业管理行业职业技能竞赛。全省 259 名选手通过比赛的形式，不断加强从业人员队伍素质能力建设，适应人民群众不断增长的美好需求。青海省 6 名选手代表在全国比赛中经过紧张激烈的比拼，电工选手获得全国竞赛第 27 名的好成绩，名列西北五省第二名，参赛选手综合素质和技能水平的展示，激励了青海省物业管理行业塑造精品、弘扬行业工匠精神的热潮。

（三）组团参加行业博览会，学习先进经验

为全面推动物业信息化发展，走进物业新时代，引领优质生活，青海省物业管理协会组织会员单位和企业代表赴深圳参加了第二届国际物业管理产业博览会暨第四届中国物业管理创新发展论坛。在供给侧结构性改革的大潮中，抓住新科技和产业革命给物业管理行业带来的新机遇，加大科技创新力度，如运筹帷幄管控千里的平台体系、随时出没的管家机器人、会自动拍照的水表等等，它们的出现将更多地惠及社会，让更多的企业分享新技术红利。青海省物业管理协会将继续发挥组织协调优势，为企业搭建相互交流学习的平台，使企业开阔眼界、拓宽思维，在今后的工作中取其之长，补己之短，推动青海省物业管理服务工作资源互补。

（四）行业培训和公益讲座持续开展

人才的素质和结构是物业管理行业发展的最根本保障，行业越来越需要复合型、创新型的人才。为解决青海省物业服务企业去省外培训较困难的情况，青海省物业管理协会积极与专业培训机构和省外专业院校合作，打造培训共享平台，为企业提供种类多、价格适中且实用性强的培训课程，以节省企业开支，方便企业学习。一是举办“青海省物业管理从业人员岗位培训班”，学员们秉着积极上进的心态认真学习，培训成效显著，二是举办“第二期物业管理从业人员继续教育培训班”，引导学员从被动学习转向主动学习，提高行业人员综合素质，三是青海省物业管理协会联合深圳房地产和物业管理进修学院举办“项目经理岗位技能（精品）培训班”，围绕物业管理法律法规、方案编制、经营策略等方面，采用项目沙盘分组推演、个人展示、理论考试与方案答辩相结合的形式，考察和提升学员能力。后续，青海省物业管理协会还将继续推出更多的培训项目供物业服务企业选择学习。

为增强学法、用法、守法意识，规范物业管理行业依法服务行为，青海省物业管理协会举办了物业管理行业法律知识公益讲座，共 800 余名物业从业者聆听了讲座。参会人员纷纷表示受益匪浅，增强了物业服务企业法律意识和物业法律风险防范能力，学会通过正当的法律途径来解决矛盾，以有效的管理来推动物业管理的规范运行。

（五）开展扶贫帮困活动，展现红色物业人责任担当

组织开展多种社会公益活动，展现物业管理行业的社会责任担当，扩大青海省物业管理协会的凝聚力和影响力，转变社会各界对物业管理行业存在的偏见。一是开展玉树州物业服务企业提质帮扶工作。以玉树州物业服务企业为试点，组织省内多家优秀物业服务企业到玉树进行结对帮扶，通过优秀企业的带动及当地政府主管部门的支持，无偿帮助边远地区物业服务企业提高服务质量，推动全省物业管理行业规范管理、平衡发展。二是组织多家物业服务企业赴化隆县石大仓乡开展捐赠帮扶活动，为当地贫困人口捐赠面油、棉衣等物资和现金等，弘扬中华民族孝老爱亲的传统美德。三是在全省物业管理行业内发出倡议，鼓励物业服务企业关注行业困难企业和贫困家庭员工，献爱心，搞帮扶，共同创建文明、整洁、安全、有序的美丽生态城市。

（六）参与“西部联盟”，共同联合发展

西部与东南部地区相比较落后，为赶上发达城市物业管理水平，正确把握物业管理行业发展态势，

引导行业健康发展。青海与甘肃、西藏、宁夏、贵州、呼和浩特等八省市物业协会成立了西部物业管理行业协会联盟，带动西部物业服务企业和从业人员，不断强化服务意识，应对新时代下物业管理行业带来的机遇和挑战，加快西部地区发展，改善居住环境，提高生活品质，实现物业服务企业从传统服务业向现代服务业的转变，也为青海省发展交流搭建了更好的平台。

（七）注重物业管理行业调研工作

当前正处于物业管理行业的转型关键期，出现了一系列制约和影响物业管理工作的现象。如多收费少服务甚至乱收费以及行业内低价恶意竞争，扰乱行业经营秩序；业主大会和业主委员会运作不规范，纠纷不断等，青海省物业管理协会积极开展行业发展现状调查研究，了解青海省物业服务企业在实际工作中存在的困难和问题，针对以上问题草拟了《关于青海省物业管理行业发展现状及存在的困难和建议的报告》以及《关于青海省物业管理行业发展现状的调研报告》上报相关行政主管部门，得到行业领导充分肯定。

三、制约青海省物业管理行业发展的因素

（一）生存现状不乐观

五部委联合召开的社会保险费和非税收入征管职责划转工作动员部署会议上明确，从 2019 年 1 月 1 日起，企业将全部实行全员缴纳基本养老保险费、基本医疗保险费、失业保险费、工伤保险费、生育保险费等“五险一金”，税负居高不下，企业所面临的人力成本过高，成本急剧上升，青海省物业服务收费标准普遍偏低，物业费还是执行 2004 年价格，仅仅属于维持物业服务企业的基本生存，有些企业入不抵支。加上社会各界对行业的重要性认识不足，行业技术含量偏低，随着国家劳动法的不断完善，物业服务企业经营风险日益加剧部分物业服务企业陷入生存困境。

（二）行业监管引导不到位

物业服务企业资质和价格行政许可取消，既有利于提高企业自我发展和市场活力，也降低了行业进入门槛，加剧了行业竞争。物业管理行业不仅仅是房地产主管部门一家的工作，而是由城市管理、民政、公安、价格等有关部门共同完成对物业服务企业的管理服务的监管工作。行业部门存在等待观望心态，相应的监管措施跟进不到位，协商定价机制没有形成。行业监管信息平台、行业诚信系统还有完善，对一些新注册企业的违规行为，缺乏有效的惩戒措施。从全行业来看“谁开发、谁管理”的格局没有根本改变，物业服务招投标制度没有得到全面落实，市场竞争机制没有完全形成。企业规模小、效益差的局面长期、大量存在。

（三）房地产开发遗留问题多

部分房地产开发企业重销售，轻建设，没有按照国家有关规定和房屋买卖合同约定的标准交付物业，在房屋质量、公共配套设施、产权办证等方面遗留了不少问题。尽管业内公认，实行物业管理早期介入有助于协调开发企业解决上述问题，但国家目前对物业管理早期介入没有强制性规定，开发企业更不积极。交房时，有的开发企业强势要求物业服务企业承接未经查验或查验不合格的项目，致使大量开发遗留问题带入后期的物业管理。

（四）业主委员会运作不规范

《物业管理条例》尽管也规定了业主和业主大会都有权监督业主委员会的工作，但是对如何行使监督权却没有明确具体的规定，这就很容易造成“人人监督、人人都没法监督”的局面。另外，《物业管理条例》第十六条第二款规定“业主委员会委员应当由热心公益事业、责任心强、具有一定组织能力的业主担任”。在市场经济条件下，业主委员会成员要花费大量的时间和精力做好自己的工作却又

不能取得合理报酬，长此以往，在没有有效监督制约机制的情况下，业主委员会成员利用自己手中的职权为谋求私利而不惜损害其他业主利益的行为，难以避免。

四、青海省物业管理行业发展的新思路

（一）党建工作引领行业发展方向

充分认清新形势面临的新挑战，以党建引领促发展。遵循“党建引领、政府主导，政策支持、市场运作，立足社区、长效管理”的工作原则，推进红色物业服务全覆盖工作。一是积极筹备成立省物业管理行业党支部，发挥党支部战斗堡垒全作用，引领会员单位找准党建工作与企业发展之间的契合点，推进物业管理行业健康有序向前发展。二是创新思路，探索物业管理行业党建工作模式，形成青海省物业管理协会、企业与街道社区党组织、居委会、业委会等相关党组织和部门的党建联动机制，凝聚多方合力，创新服务机制。三是要脚踏实地，避免形式主义。保持青海省物业管理协会的政治敏锐性和社会责任感。四是组织举办全省物业服务企业行业技能竞赛，弘扬工匠精神，筑牢基础服务技能，提升青海省物业管理行业职业技能水平和物业服务品质。五是积极组织参加由中国物业管理协会主办的全国物业管理博览会，接收行业发展新思想、新观点、新科技，了解新产品，开阔视野，推动物业信息化发展，为行业发展储备正能量。六是举办红色物业讲座。加强对物业党员队伍的培训，落实社区、业主委员会和物业服务企业“三方联动”服务机制，并能及时在“三方联动”的密切配合协调下解决物业服务过程中遇到的问题，将社区建设成为和谐宜居的幸福家园。

（二）标准化建设引领行业规范化

围绕中国物协标准建设年工作中心，稳步推进标准化建设工作。一是大力培育和发展物业服务市场，不断提高物业管理覆盖面；二是建立和充实行业专家库，集中专家的智慧为行业建立服务规范、工作标准、规章制度，不断提升行业的专业水准和服务水平；三是加大对标准和标准化工作的培训力度，帮助企业建立一支高素质的标准建设专业队伍，实现标准与业务的良好对接。四是持之以恒抓好物业服务安全工作，建立隐患排查台账，严防各类安全事故发生。五是打造“互联网＋”新业态，用互联网的思维模式和技术改进提升行业发展水平，努力打造“一站式人居服务”，促进行业变革升级。六是开展全省“最美物业人”评选活动，把优秀物业从业者（项目经理、物业管理员、秩序维护员、工程维修人员、保洁绿化人员）评选出来作榜样，展示物业管理行业的良好社会形象和新时代物业人的新风采。

（三）诚信自律建设引领行业良性发展

物业管理行业的自律是指物业服务企业以及物业服务从业人员依据物业管理行业的政策法规、合同承诺、行业标准规范、行业公约、职业操守、社会公德而进行自我约束，更是提升行业社会形象及行业成员的社会地位和社会信任度的需要，因此推进诚信建设必须要从建立自律管理制度着手。青海省物业管理条例及相关法规的出台促进了全行业管理水平的提升，大量经过正规教育，有志投身物业管理行业的有识之士加入物业管理行业，市场对服务专业化、规范化的呼声也越来越高。制定行业认可、具有可操作性的《青海省物业管理行业诚信自建公约》及《青海省物业管理行业从业人员职业道德规范》，引导企业以信立业、以诚经营，将诚信落实在每一项物业服务承诺之中，踏踏实实做好每一项分内工作；对违反行规的企业启动惩戒程序，条件成熟时推出有第三方参与的物业服务企业诚信等级评定；营造“有信者荣、失信者耻、无信者忧”的行业良好氛围，让每个辖区的业主们真正感受到离不开物业，享受到优质的物业服务带来的幸福感。

（四）培训教育引领行业人才队伍建设

人才是实现行业发展的战略资源，为满足青海省物业管理行业发展的需要，青海省物业管理协会科学制定了一系列行业教育培训规划。一是组织青海省行业专家库专家对各州地市进行专题培训，帮助边远地区物业服务企业了解最新的企业经营、管理、服务方面的理念与模式，引导青海省物业管理行业均衡发展。二是邀请深圳物业管理学院的资深专家在全省范围内开展企业经营管理、项目经理职业技能等培训，同时举办以“党建引领协同发展”为内容的扶贫帮扶培训，全面提高物业管理从业人员的职业技能和综合素质。三是组织承办中国物协7月份在青海省举办的全国物业承接查验与设施设备管理专业培训工作，提升物业承接查验与设施设备管理这一核心任务的管理水平和人员素质。四是组织会员单位在省内和省外分别开展交流考察活动，学习先进理念和经验，学习新技术的运用，找到适合自己的好方法，促进青海省物业服务企业平稳健康发展。

（五）智慧物业转型升级，引领行业科技发展

未来，物业管理行业最核心的价值将是数据，涵盖业主信息、员工信息、设备信息、社区信息日常运营信息等各个方面的数据，面对新的格局，用互联网的思维模式和技术改进提升行业发展水平，研究和运用物联网这一先进的客户管理系统运营的模式，形成一张由天网（虚拟电子网络）、地网（物业服务人员）和人网（业主/客户及商家）组成的巨大网络，整合互联网和物业服务人流网的社会资源，向业主提供网上一站式服务。借助大数据分析可以掌握社区信息，与其他相关产业建立无缝链接，构建面向业主、商户和物业之间全新的智慧社区生态圈；还可以通过新一代信息化技术，提升物业管理对城市方方面面信息的感知能力、信息的分析和处理能力。从而进一步提供有针对性的新服务和新模式，逐步扭转“看大门的、掂拖把的、挖阴沟的”传统低端物业服务形象，为业主提供现代新型、和谐温馨的数字化、智能化、信息化、网络化高素质服务。

银川市物业管理行业发展报告

银川市物业管理协会

一、银川市物业管理行业发展概况

银川市1995年正式成立第一家专业化物业服务企业，伴随着房地产业的迅猛发展，物业服务也快速进入社会经济生活，并得到了迅速的发展，成为城市管理、社区建设和国民经济发展不可或缺的重要组成部分。截至目前，已纳入银川市物业管理行业监管平台的物业服务企业有398家，完成物业服务企业信用信息备案的310家，对1112个物业服务项目及355名项目负责人信息进行了完善备案，共出具物业服务企业诚信证明154份，物业从业人员36067人，涉及管理面积15752万平方米，其中住宅面积9707.99万平方米。成立业主委员会121个。全市有市级物业服务示范项目171个，自治区级物业服务示范项目28个，国家级物业服务示范小区7个、示范大厦2个。

（一）建立物业服务企业及从业人员信用信息诚信体系，启用信用信息软件平台系统

为加强物业管理行业信用体系建设，规范物业服务企业行为，构建诚实信用的市场环境，建立多方监督机制，促进物业管理行业健康有序发展，结合物业管理行业管理现状，修订出台了《银川市物业服务企业及物业从业人员信用信息管理办法》，将银川市物业服务企业分成AAA、AA、A、B、C五个等级，通过等级和信用体系结合差别化管理物业服务企业。结合《银川市物业服务企业及物业从业人员信用信息管理办法》全面启用银川市物业管理行业监管平台，建立物业服务企业及从业人员的监管体系。

（二）规范前期物业管理招投标行为，起草并出台《银川市前期物业管理招标投标管理办法（试行）》

为了规范银川市前期物业管理招标投标活动，保护招标投标当事人的合法权益，促进物业管理市场的公平竞争，起草并出台了《银川市前期物业管理招标投标管理办法（试行）》。

（三）加强物业管理工作，起草并出台《银川市物业服务项目差别化管理实施方案》

为了促进银川市物业管理行业健康有序发展，提升银川市物业管理区域服务质量，加强有效监管措施，结合物业服务项目现状和潜力，充分利用有限资源，通过差别化管理促进物业管理行业的持续健康发展，提高物业管理行业的收益水平和管理效率，起草并出台了《银川市物业服务项目差别化管理实施方案》。

（四）规范房地产企业和物业服务企业物业承接查验，起草并出台《银川市物业承接查验实施细则》

为进一步细化物业服务企业和开发建设单位或业主委员会间物业配套设施交付验收标准，强化物业配套设施交付使用监督管理；保障广大业主的合

法权益，规范物业承接查验流程和行为，起草并出台了《银川市物业承接查验实施细则》。

（五）提升老旧小区、保障性住房、拆迁安置小区物业服务质量，下发《关于公布银川市住宅小区、公共建筑（非住宅）、保障类住宅等物业管理示范项目评分标准的通知》

为增强老旧小区、保障性住房、拆迁安置小区的物业管理积极性，树立物业服务先进示范典型，推动物业服务质量的提升，银川市起草下发了《关于公布银川市住宅小区、公共建筑（非住宅）、保障类住宅等物业管理示范项目评分标准的通知》，明确老旧小区、保障性住房、拆迁安置房屋等示范项目评定标准。

（六）出台《银川市业主委员会行为规范》

为贯彻落实十九大加强社区物业党建工作，推进党的工作向行业延伸，努力整合社区党建资源、行政资源和社会资源，银川市委办公厅、市政府办公厅联合出台了《关于加强物业管理行业党的建设推动基层社会治理创新的实施办法》，办法明确由市民政局牵头制定加强业委会组建和履职管理的规范性文件。

（七）加强物业管理行业党建工作，推动基层社会治理创新

根据银川市委办公厅、市政府办公厅《关于加强物业管理行业党的建设推动基层社会治理创新的实施办法》，银川市出台了《关于印发〈关于加强物业管理行业党的建设推动基层社会治理创新的实施方案〉的通知》，要求进一步加强社区物业党建工作，推进党的工作向行业延伸，努力整合社区党建资源、行政资源和社会资源，以服务群众为重点，充分发挥基层党组织在物业管理小区中的桥梁和纽带作用，街道党工委指导有条件的企业建立党组织，建立“六方联动”机制，倡导业主树立自治意识，合力解决社区中存在的实际问题，将基层党组织战斗堡垒和党员示范带头作用的发挥最终体现在实际生产经营过程中，提高物业服务企业可持续发展的能力。为加快物业管理行业党建工作的开展，银川市将根据三区上报的“红色物业”党建工作示范点的情况，按照不同的物业业态最终确定一部分示范点，在银川市下一步物业管理行业党建工作中起到引领作用。

（八）规范银川市物业管理行业市场行为，出台《关于规范银川市物业服务企业市场经营行为的通知》

为加强银川市物业管理行业监督管理，规范物业服务企业经营行为，提高整体物业服务水平，根据《物业管理条例》、《宁夏回族自治区物业管理条例》、《银川市物业管理条例》、《关于做好取消物业服务企业资质核定相关工作的通知》、自治区住建厅《关于切实做好取消物业服务企业资质核定相关工作的通知》等法规规章制度，结合国家发改委、住房城乡建设部等 20 部委（局）《关于印发〈关于对房地产领域相关失信责任主体实施联合惩戒的合作备忘录〉的通知》和银川市物业管理实际，制定出台《关于规范银川市物业服务企业市场经营行为的通知》，规范在银所有物业服务企业的经营行为，全面实行物业信用体系建设，建立良好的物业市场发展环境。

（九）推行既有住宅加装电梯工作

针对银川市既有多层住宅小区中部分业主提出加装电梯的需求，为保证既有住宅加装电梯工作有序开展，规范加装电梯工作的流程，结合外省市加装电梯的成功经验，起草并讨论完成了《银川市既有住宅加装电梯指导意见》（讨论稿）。

二、银川市物业管理行业下一步发展方向

通过推进建立物业管理行业诚信监管体系、住宅小区物业服务行为专项整治、物业服务企业管理、

合同文本使用、物业管理招投标、业主委员会建设、物业服务事项公开公示、住宅专项维修资金使用等各项工作的标准化建设，到2019年年底，物业服务整体水平明显提升，业主委员会作用充分发挥，业主自我管理、自我约束意识显著提高，逐步形成和谐、文明、协作、共赢的物业管理新格局。

（一）启动《银川市物业管理条例》修订工作

按照银川市人大修订《银川市物业管理条例》的要求，银川市计划于2019年启动《银川市物业管理条例》的修订工作，以实现银川市物业管理地方性法规与法律、行政法规的衔接，从而提升银川市的物业管理水平。

（二）完善物业管理行业诚信监管体系

组织各县（市）区物业行政主管部门按照《银川市物业服务企业及物业从业人员信用信息管理办法》规定，对辖区内物业服务企业的诚信状况进行一次全面梳理筛查。对诚信状况已不符合规定的企业，责令限期整改，整改不到位的，按要求予以限制手续办理、限制接管物业项目或清退出物业服务市场；对无业绩、无人员、无办公场所的“僵尸”企业直接予以清退；对未建立信用信息台账或备案，承接物业管理项目时未经过招投标程序、未经过业主大会同意、未经过物业主管部门批准的物业服务企业，三年内不得新接管物业项目，情节严重的清退出银川市物业市场。尽快出台银川市物业管理行业“红黑名单”制度，完善物业服务企业市场准入、市场退出机制，建立物业服务企业信用“红黑名单”档案，将各项业务的日常监管与企业信用挂钩，全面推行对物业服务企业、物业从业人员（项目经理）的动态管理机制。按照2017年6月宁夏回族自治区人民政府《关于建立守信联合激励和失信联合惩戒制度的通知》要求，进一步建立完善守信联合激励和失信联合惩戒制度工作，依靠跨地区、跨领域、跨部门的信用信息共享，定期向社会公布物业管理行业信用信息，依法依规实行守信联合激励和失信联合惩戒，构建以信用为核心的物业服务市场监管体制，逐步实现“事前管标准、事中管检查、事后管处罚、信用管终身”的监管机制。让守信者处处受益、失信者寸步难行，促进行业健康发展。

（三）推进物业管理行业标准化建设

一是规范全市物业管理行业使用统一制定的（前期）物业服务合同、（临时）管理规约、物业服务合同备案登记表、业主委员会登记备案表、物业项目撤出登记备案表、业主大会议事规则、物业巡查限期整改通知书等一系列示范文本，推进物业服务标准化、规范化。

二是规范物业招投标市场，建立市场公平竞争机制。出台并落实《银川市物业管理招投标暂行办法》，从市场准入、资格审查、招标代理、标书编制、开标评标、专家库管理等各个环节，规范物业管理招标投标行为，维护良好的市场竞争秩序。

三是规范业主委员会工作。配合市民政部门制定出台《银川市业主委员会行为规范》，依法规范业主委员会在解聘、选聘物业服务企业，签订物业服务合同、使用住宅专项维修资金等方面的行为。

四是规范物业公开公示标准化建设工作。要求各县（市）区物业行政主管部门严格落实物业服务事项公开公示制度，在物业项目推广实施标准化公开公示栏。具备条件的县（市）、区物业行政主管部门可以争取财政资金统一制作安装，做到公示规程统一、公示栏尺寸、外观统一。不具备条件的住宅小区，由项目所在地物业行政主管部门明确统一要求，落实公开公示栏的安装事宜。

五是建立物业项目撤出备案登记制度。根据《关于银川市物业服务项目撤出备案登记管理的通知》要求，规范物业服务企业撤出、进入物业项目行为，维护物业管理行业市场的稳定性、连续性。

六是规范住宅专项维修资金的使用管理。要求各县（市）区物业行政主管部门要依据《住宅专项维修资金管理办法》、《关于进一步发挥住宅专项维修资金在老旧小区和电梯更新改造中支持作用的通知》及《银川市住宅专项维修资金管理办法》等规定，进一步完善住宅专项维修资金使用程序，指导和监督辖区物业主管部门规范使用流程中的各项业务，实行程序化、标准化，在提高使用效率的同时，保障资金安全、科学、合理使用。

（四）加快传统物业管理向现代服务业转变

1. 完善企业管理制度，提高业主满意度

指导物业服务企业进一步完善和规范管理机制、激励机制、竞争机制、约束机制和管控机制，以此疏通企业管理渠道，延伸管理触角，规范管理行为，建立专业的工作指引，实现公开透明管理，堵截管理漏洞，消除服务盲点，全面夯实企业的基础管理，提高服务效率。

2. 规范管理流程，量化服务标准

指导物业服务企业制定统一的服务标准和管理规范，建立物业服务规范化、表格化、标准化、数据化、理论化的管理体制及量化标准，导入国际质量体系标准，通过质量、环境和职业健康安全管理体系的认证，在职责权限、资源配置、工作规范等方面有严谨、系统的要求及较强的流程性和系统性，与物业服务管理人员绩效工资挂钩，从制度上充分调动物业服务管理人员的工作积极性和创新能力。

3. 加强人力资源管理，建立选人用人新机制

依据《银川市物业服务企业及物业从业人员信用信息管理办法》，通过银川市物业监管平台中物业从业人员信用信息管理，促进物业服务企业实现精细化管理，提升物业服务从业人员知识结构层次、业务水平和综合素质。指导各物业服务企业建立竞争机制，科学核定用人数量，因岗设人。督促银川市物业管理协会加强从业人员培训，通过培训提高从业人员的整体素质和操作技能，培养一专多能的复合型专业管理人才，逐步达到服务质量不降低的前提下减员增效的科学管理。

4. 鼓励采用新技术、新方法，依靠科技进步提高物业管理和服务水平

随着城市建设的快速发展，物业服务也随之成长和发展，新技术的应用成为行业转型升级的关注点。目前银川市大多数小区已陆续完成了部分智能化系统建设，如小区安防系统、门禁管理系统、物业服务信息化系统等，也有一些高端项目进行了更高层次的智能化建设，如智能化室内恒温、恒湿及恒氧系统，直饮水及人脸识别系统建设等，较大地提升了小区公共服务设施服务功能。银川市将持续通过物业示范项目评定、物业服务企业评先评优等方式鼓励有条件的物业服务企业充分利用物联网智慧平台，创新性提升物业服务品质，建立安全、环保、节能、舒适的生活环境。

5. 物业服务企业拓展服务外延，实行多种经营管理

物业管理行业发展应在公共物业服务基础上开展多元化服务，增加增值服务，延伸服务内涵，创新服务模式，发挥自身的特色服务，挖掘物业资源潜力，加强与业主的信息交流，有效地提供有偿服务，实现资源最优化、利益最大化的服务经营模式。

（五）加快推进实施“红色物业”工作

根据银川市委、市政府办公厅《关于加强物业管理行业党的建设推动基层社会治理创新的实施办法》，加强社区物业党建工作，努力整合社区党建资源、行政资源和社会资源，以服务群众为重点，建立“六方联动”机制，倡导业主树立自治意识，合力解决社区中存在的实际问题，实现党的建设与中心任务同心、同向、同力，提高银川市物业管理行业可持续发展的能力。

新疆维吾尔自治区物业管理行业发展报告

新疆维吾尔自治区房地产业协会物业管理专业委员会

一、新疆物业管理行业发展现状

新疆物业管理行业起步于 1994 年，截至 2018 年年底，全疆共有物业服务企业 1823 家，从业人员达到 11.6 万人，物业管理面积达到 3.47 亿平方米。其中住宅物业面积 2.95 亿平方米。占建筑总面积的 75.6%；住宅小区项目 7930 个，成立业主委员会 304 个。

近年来，物业管理行业积极履行社会责任，在扶贫、维稳、抢险救灾、乡村振兴等方面发挥了突出作用，部分企业也将社会责任纳入企业战略发展目标。新疆的物业服务企业，按照习近平总书记在第二次中央新疆工作会议上提出的“社会稳定和长治久安是新疆工作的总目标”，积极承担起社区安全防范职责，在新疆社区维稳第一线发挥出了极为重要的作用。

二、新疆物业管理行业主要工作成果

1. 为进一步指导和规范住宅物业管理活动，提高物业服务水平。2018 年 7 月，根据自治区住建厅标准编制推进会的有关要求开展了《新疆维吾尔自治区住宅物业服务标准》修订工作，目前已完成修编，将以地方标准的形式进行发布。

2. 按照上级主管部门要求，起草了《自治区示范物业管理项目服务质量评价标准（试行）（征求意见稿）》，并于今年 3 月发送至有关单位和企业征询意见后，呈报住建厅业务主管部门；拟定了《新疆维吾尔自治区物业管理行业诚信管理（暂行）办法》及《新疆维吾尔自治区物业服务企业信用信息评分标准（试行）》，目前已报送给业务主管部门，正在修订、审核当中。

3. 按照自治区住建厅业务主管部门工作安排，结合政策法规入社区的要求，制作了《新疆维吾尔自治区物业管理条例》宣传展板，进一步加强各族人民群众对条例的认知和了解。

4. 2018 年 6 月 22 日召开了全区物业管理行业经验交流现场会，会上物业服务企业代表针对行业发展、互联网建设等主题发表了演讲并做了经验分享，大会还对全国物业职业技能大赛新疆赛区选拔赛中取得优异成绩的选手颁发了奖牌和证书。

5. 积极配合中国物协举办的“第二届全国物业管理行业职业技能竞赛”新疆赛区选拔工作，自 2018 年 2 月收到中国物协的通知和实施方案起，就全面展开了竞赛组织筹备工作：及时发布了《关于举办 2018 年新疆物业管理行业职业技能竞赛的通知》，并组织了竞赛筹备会，确定新疆赛区选拔赛的具体实施方案及实操竞赛方案，审核通过了 90 名参赛选手（物业管理员 61 人、电工 29 人）；5 月 10 日召开了新疆赛区选拔赛启动会及竞赛理论知识的笔试，评选出 10 名电工、18 名物业管理员选手进行新疆赛区总决赛，比赛结果最终推选出 6 名优秀选手参加全国大赛。在 8 月 21 日至 23 日的全国比赛中，经过激烈角逐，新疆房协荣获了“优秀组织奖”、电工选手张克洪获得了“决赛优胜奖”的好成绩。

三、新疆物业管理行业存在的主要问题

1. 物业服务收费缺乏科学合理的动态调价机制，物业收费标准偏离服务成本，是制约新疆维吾尔自治区物业管理市场健康发展的一个重要因素。目前普通住宅前期物业管理实行的是政府指导价，已成立业主大会（业主委员会）的普通住宅物业服务收费实行市场调节价。由于业主大会成立困难、物业管理市场主体协商机制不健全、业主对物业费上调普遍存在排斥心理等多种原因，物业费难以上涨，严重背离质价相符的基本市场规律，物业服务企业普遍亏损，普通住宅和老旧小区尤为严重。

2. 物业服务企业承担的社会责任，与行业的生存状况、社会地位不成正比。小区安保设施设备投入金额较大、成本高，目前按照相关单位工作要求，增加小区秩序维护员的数量、增添防爆器材器具、增补高清摄像监控系统，对原有门禁对讲系统、报警与视频系统、人脸识别、人证合一系统、辊闸门、无感知设备等全部进行更新改造并入公安专网，这些费用额度巨大，已远超物业服务费的成本构成，大大加重了物业服务企业的经济负担，企业投入大、成本高、亏损严重。

3. 企业从业人员人均收入水平普遍偏低，行业社会地位有待提高。据有关统计数据显示，物业服务企业职工人均收入仅为城镇职工平均收入的一半，近六成企业的人均月收入低于平均水平，这在很大程度上造成了物业服务企业的“用工荒”，物业从业人员的受尊重程度、行业的社会地位明显低于其他服务业，这都严重制约了物业管理行业的发展，从业人员较 2017 年度明显减少正说明了这一问题。保洁、秩序维护员等一线员工招工难、老龄化现象严重。社区要求小区秩序维护员按保安标准配置，相关人员成本较高，加之人员流动频繁，离职现象尤为突出，企业负担过重。

4. 产权不够明晰，纠纷较多。如管道维修、小区健身器材维护等责任划分问题，部分物业公司仍然代收水电费，过度承担水、电的相关损耗。

5. 新疆物业管理多年来，仍然处于粗放型发展阶段，现有的人才结构中传统管理型多，服务创新型的少，专业人才缺失，人才匮乏的局面已严重制约了行业的发展。

四、新疆物业管理行业下一步工作思路

适时推出《新疆维吾尔自治区物业管理行业诚信管理办法》，建立健全新疆物业服务企业信用体系，促进物业服务企业诚信自律，维护公平竞争的物业管理市场秩序，维护业主和物业服务企业的合法权益。

继续加强《新疆维吾尔自治区物业管理条例》（以下简称《条例》）宣传贯彻力度，以多种形式，开展多样活动，加强对《条例》的宣传，不断提高物业管理行业的管理水平，促进行业健康发展。

成立新疆房地产业协会物业管理专业委员会，努力提升物业管理行业自律水平，规范行业行为。通过增强行业自律行为，建立行规、行约制度，开展行业创优、物业技能竞赛、管理人员培训等活动，引导物业服务企业不断增加服务项目、提高物业服务品质，树立行业形象，更好地为全区各族人民群众的居住生活提供优质服务。

乌鲁木齐市物业管理行业发展报告

乌鲁木齐市物业管理协会

一、乌鲁木齐市物业管理行业基本情况

（一）行业发展规模及概况

截至 2018 年底，乌鲁木齐市登记备案物业服务企业共计 618 家，其中按要求上报年度统计数据的企业 606 家。物业管理总建筑面积 1.42 亿平方米，较上年度增长 7.01%，其中住宅 1.27 亿平方米，占总面积的 89.4%；非住宅 1500 万平方米，占总面积的 10.6%。如图 1 所示。

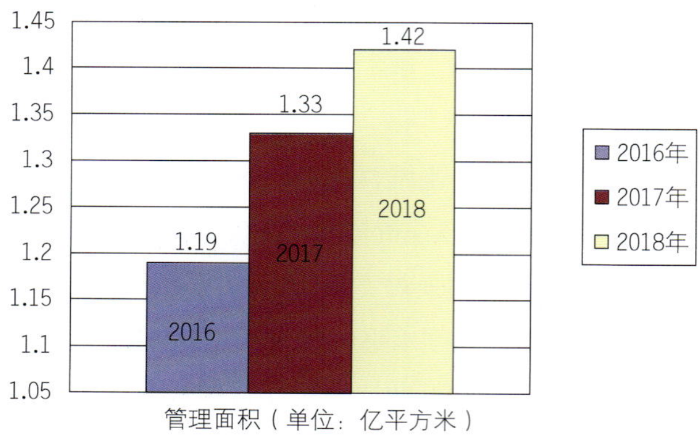

图 1　近三年专业化物业管理面积对比图

近年来乌鲁木齐市企业数量增长速度放缓，一方面由于行业诚信管理加快了市场优胜劣汰，部分企业不适应当前市场环境被市场所淘汰；另一方面少数企业利用资本优势，通过兼并收购并整合其他企业，增强自身实力，提升综合优势和能力。同时。随着新疆生产建设兵团房管局物业行政主管机构的健全和完善，一部分兵团企业因未在市属行政区域接管项目而注销了在乌鲁木齐市的企业备案。

物业管理面积增长率趋于平稳，且新建物业服务项目大多类型复杂，规模较大，商住综合体居多。

（二）从业人员情况

据年报统计，物业管理行业从业人员近 3.94 万人，其中管理技术人员 7000 余人（包括项目经理和其他管理人员），其他人员 3.2 万余人（包括秩序维护、保洁、绿化养护等人员）。行业从业人员总数较上年度增加 3.66%，其中秩序维护人员数量增加较多，较上年度增加 8.08%。

调查结果显示，2018 年乌鲁木齐市物业服务企业职工人均收入为 3103 元 / 月，其中人均收入 3000 元 / 月以下的企业占企业总数的 59.65%、人均收入 5000 元 / 月以上的企业占企业总数约 1.39%，行业整体人均收入偏低。

（三）管理服务项目情况

2018 年全市新增新建物业项目 120 个，建筑面积 1760 万 m^2。截至 2018 年底，全市实施专业化物业管理的项目 1546 个，涵盖 1.93 万栋建筑物，服务对象涉及各族群众 109 万余户、314 万余人口。

所管理服务的物业类型也从普通住宅、别墅、办公、商业、工业仓储物业延伸到了学校、医院、大型场馆、武警训练基地等特殊物业类型，已覆盖了人们生活和工作的各个领域。如图 2 所示：

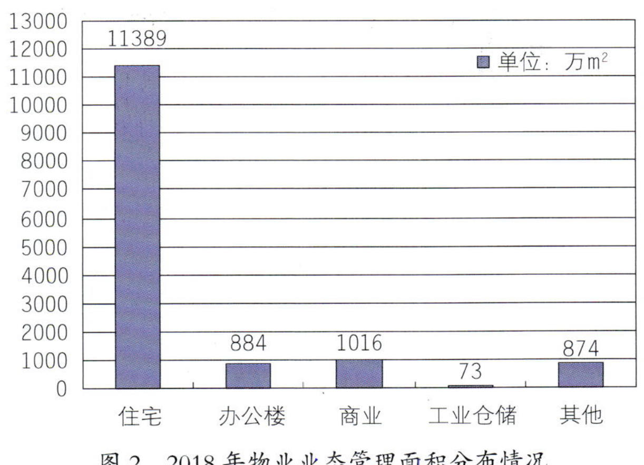

图 2　2018 年物业业态管理面积分布情况

从物业管理面积在乌鲁木齐市七区一县的区域分布来看，高新区、沙依巴克区、水磨沟区位居前三，与 2017 年相比水磨沟区物业管理面积增幅较大，增长了 17.3%。从物业项目数量来看，高新区、沙依巴克区、天山区位居前三。

（四）行业经营情况

随着物业管理项目数量的逐步增加，经营业态不断丰富，物业管理行业的营业收入也得到了同步增长。2018 年全市物业管理行业经营收入约 47.2 亿元，总利润 3.05 亿元，平均利润率 6.46%。利润额与上年度基本持平。近三年企业经营情况如图 3 所示：

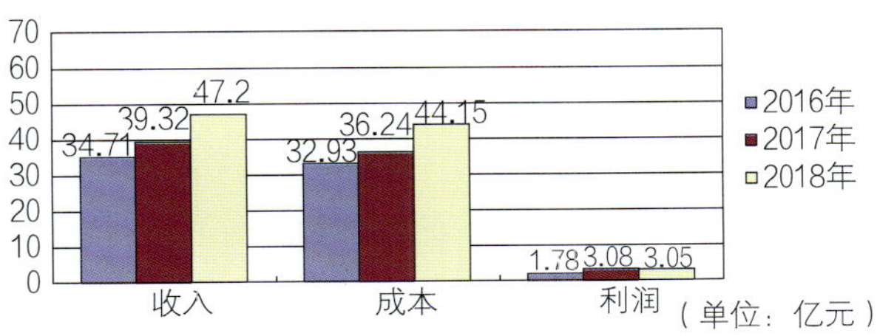

图 3　近三年企业经营情况

从统计数据看，2018 年，606 家企业中亏损企业 293 家，占 48.35%，较去年降低了 2.57 个百分点，亏损额 1.61 亿元；盈利企业 279 家，占 46.04%，较去年提高了近 1 个百分点，盈利总额 4.66 亿。其中盈利 20 万以下企业 147 家，占企业总数的 24.26%；盈利 20 万以上 100 万以下的企业 83 家，占企业总数的 13.7%；盈利 100 万以上企业 49 家，占企业总数的 8.09%。全市 53.96% 的物业服务企业处于亏损或持平状态。图 4 所示为 2018 年行业经营统计情况。

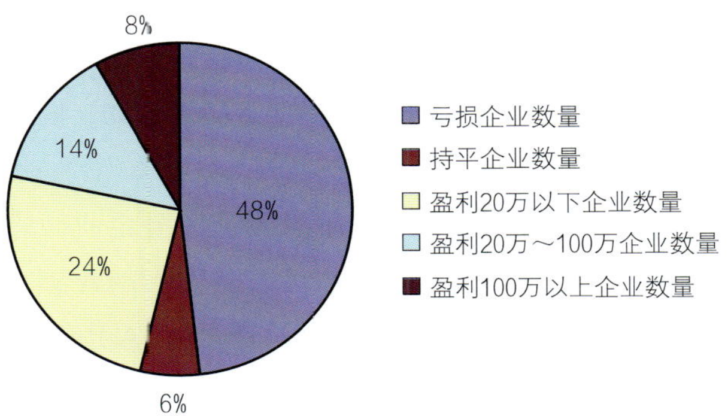

图 4　2018 年行业经营情况占比

二、乌鲁木齐市物业管理行业发展特点

（一）企业诚信体系和行业监管体系的运行收效显著

一是大力推进信息化建设工作，推动监管方式的改革和创新。

自国家全面取消物业服务企业资质审批事项以来，乌鲁木齐市物业管理行业行政主管部门深入推进放管服改革工作，建立并逐步完善了物业管理行业监管平台，涵盖物业服务企业备案、企业诚信档案、项目经理诚信、项目招投标、项目承接查验、物业服务合同备案、物业服务管理工作考核、矛盾纠纷受理、年报数据采集、上情下达、下情上报等业务工作流程。运用信息化手段，对全市既有企业、新申办企业进行了信息登记备案工作，准确掌握了 600 多家企业的人员、项目、经营管理等基本信息。目前乌鲁木齐市的物业管理信息化水平已位居全国前列，为推动物业管理行业诚信体系建设奠定了坚实的基础。

二是加强诚信信息动态监管，实施等级评定，发挥评定效能。

在建立行业诚信信息动态监管机制的基础上，明确了市、区（县）、管委会（街道或乡镇）、社区及行业协会对企业诚信信息的采集、确认及逐级上报工作，进行每月收集、每季公示及年度评定。以诚信等级评定结果作为企业信息登记备案管理、创先评优、招投标、日常监管等工作的重要依据。同时，建立“黑名单”制度，对不合格企业实施重点监管，限制参与创先评优、招投标等活动，大幅提高失信成本，充分发挥诚信评定结果效能，推进行业诚信制度建设。

2018年度，对全市636家物业服务企业诚信等级进行了评定、公示，其中优秀企业（AAA级）338家、良好企业（AA）59家、合格企业（A）80家、不合格企业（B）45家，另有114家企业因当年无管理项目未从事经营活动而未予评定。

三是实现对相关职能部门、企业和项目考核全覆盖。

加快推进物业管理工作重心的下移，进一步厘清了各部门的物业管理工作职责。依据《乌鲁木齐市物业管理工作考核办法》，对涉及物业管理工作的市建委、城管委、发改委、规划局等职能部门纳入到市委组织部的年终绩效考核范围。在健全完善市、区（县）、管委会（街道或乡镇）、社区四级监管体系的基础上，将全市七区一县、90多个管委会（街道、乡镇）、930多个社区纳入考核范围，实现四级监管体系的考核全覆盖。其中重点开展了针对物业服务企业和项目的管理服务工作考核，考核结果通过媒体和官方网站向社会进行了报道和公示，得到广大群众的普遍关注。

（二）项目经理数据库和诚信档案初步建立

物业公司项目经理作为物业管理行业的中坚力量，其职业能力直接影响到行业的服务质量水平，为了提高全市物业项目经理的专业水平和综合能力，乌鲁木齐市物业管理行业行政主管部门申请了政府专项资金，分批次对全市1200余名在岗项目经理开展岗位培训工作，课程内容包括物业管理法律法规、诚信管理、团队建设、客户管理、物业经营与成本控制以及项目管理各专业岗位管理知识等课程，培训考核合格者由市住房保障和房产管理局统一核发项目经理岗位培训合格证。

通过开办项目经理岗位培训班，推动了全市物业项目经理队伍专业化水平的提升，夯实了项目经理的理论基础，提高了业务技能，为提升乌鲁木齐市物业服务水平，更好地为主业提供优质服务打下了良好的基础。并对全市所有在岗项目经理建立了数据库和诚信档案，设立了项目经理基本信息、业绩信息、警示信息等5大类60项信息。

（三）安全生产成为行业管理重要内容

一是按照自治区和乌鲁木齐市安委会的部署，认真开展安全隐患排查整治活动，落实各项安全规章制度，切实增强安全监管力度。严格按照《新疆维吾尔自治区人民政府安全生产职责规定》和乌鲁木齐市安委会有关文件精神，切实加强领导，认真履行行业安全监管职责。按照“管行业必须管安全、管业务必须管安全、管生产经营必须管安全”工作要求，依法对物业管理行业全面实施监督管理，严格落实消防工作“一岗双责”和责任追究制度。

二是结合物业管理工作实际，制定了《物业管理行业消防安全工作实施方案》《安全生产月活动实施方案》《安全生产事故警示教育活动工作方案》《夏季消防检查工作方案》《安全生产大检查工作方案》等工作方案，对物业管理行业消防安全隐患进行认真排查和整改，涉及线路老化、消防通道堆放杂物、安全通道指示灯不亮、灭火器过期、私拉电线、用电不规范等各类安全隐患得到了及时治理。

三是为了增强物业服务企业和广大业主的安全意识，扎实推进物业管理行业消防安全工作，有效运用报纸、电台、网络、行业杂志、微信公众号等媒体，同时要求物业服务企业充分利用小区（大厦）内的宣传展板、电子屏幕以及印制发放宣传册等方式，开展了一系列的消防安全方面的宣传教育活动。各区县行业主管部门还会同消防大队对物业服务企业开展各类消防安全培训，以专业的角度向物业服务企业普及消防安全知识。

（四）物业管理行业在社会维稳中发挥着极为重要的作用

近年来，随着新疆“社会稳定 长治久安”这一社会发展总目标的确定和维稳工作的日益深入，物业服务企业作为社区服务与管理的主要力量和基石，在维护社会稳定、构建首府社会和谐等方面发挥出了越来越重要的作用。特别值得一提的是，为了贯彻落实政府维稳工作部署，不断加强社区安全防范工作，承担着小区安全防范职责的物业服务企业，按照各级政府相关工作要求，在维稳经费投入完全超出物业服务费成本构成且没有任何形式补贴的情况下，付出大量的人力、物力和财力，采取了一系列行之有效的维稳安保措施，为新疆社会维稳工作做出了极大的贡献。

一是增加安保人员。各物业服务企业按照维稳工作要求，在各物业服务项目入口处增加安保人员检查车辆后备厢，2018 年起又按要求在各住宅小区增设专职“护区队”，每天两班每班不少于 5 人。按乌鲁木齐市物业管理行业普遍用工标准，物业服务企业承担了每人每年不低于 4 万元的用工成本。

二是增设各类维稳设施和器材。包括安装电动门、防尾随滚闸门，增设硬隔离墩，购置盾牌、头盔、大头棒、警棍、警叉、防刺服等防暴器材，商业、写字楼项目入口处购置安检门、探测仪、安检透视机等。其中防尾随滚闸门每套 1 万余元（每个出入口均须配置），安检透视机每台价格高达数万元。

三是配合政府“三网建设”，增加监控设施等。包括安装监控、一键报警系统，2018 年起各物业服务项目按要求安装人脸识别系统、智能访客系统、社区对讲系统、无感知识别系统等，并按照所有视频监控接入公安网的要求，将住宅区视频监控系统全部更换为 1080P 数字信号系统，更换老旧监控线路及监控录像机、更换增加摄像头等。除了设备购置安装费之外，物业服务企业还必须长期负担起这些智能化系统的网络通信费。

四是树立“稳定压倒一切”的思想，努力克服困难做好维稳工作。乌鲁木齐市物业管理行业目前仍处在初期发展阶段，过半数的企业依然维持在生存线上。经调查统计，乌鲁木齐市管理面积 10 万平方米以下的小型企业有 290 家，这些企业 2017 年维稳经费投入占到全年物业费收入超过 15%。即使如此，全市物业服务企业一方便积极向相关部门反映客观情况，另一方面依然在克服困难承担着维稳任务，尽心尽力履行着企业的社会责任。

（五）乌鲁木齐市物业管理协会各项工作稳步推进

乌鲁木齐市物业管理协会成立于 2002 年，目前已成为全市物业管理行业最大、最集中的信息中心和资源平台，在宣传沟通、信息交流、行业人才队伍建设、标杆项目和品牌企业打造、行业社会形象塑造、加强行业自律等方便做了大量卓有成效的工作，获得了广大物业服务企业、行业行政主管部门和社会各界的认可。

2018 年，乌鲁木齐市物业管理协会面向全市各物业服务企业开展了行业调研工作，发放、收集并汇总《物业服务企业相关工作调查表》，深入了解和掌握乌鲁木齐市物业服务企业的经营情况，以及在管理服务过程中遇到的实际问题，对调查中反映比较突出的维稳经费投入超出物业服务成本构成的问题进行分析并形成专题报告，通过多种途径向政府相关部门送达，就解决企业面临的困难做出了积极不懈的努力。

（六）物业费调价机制缺失的现状有望得到改善

缺乏合理的动态调价机制、物业收费标准偏离服务成本，多年来始终是制约乌鲁木齐市物业管理市场健康发展的一个重要因素。

调查数据显示，乌鲁木齐市物业服务企业经营状况和管理水平相对内地城市整体偏低，且存在较明显的两极分化。2018 年全市 606 家物业服务企业创造了年经营总收入 47.2 亿元的业绩，而其中年收入 5000 万元以上的企业只有 19 家。另有 290

家企业的物业管理面积尚不足10万平方米，占企业总数的近48%。一定规模的商业项目仍然具有较强的盈利能力，且拉升了整个行业的利润水平。从整体来看，盈利情况较2017年有所好转，但仍不乐观。

2018年，自治区和市两级价格行政主管部门开始组织专家并面向物业管理行业，就《新疆维吾尔自治区物业服务收费管理办法》的修订广泛征求意见，维稳经费投入超出物业服务成本构成、物业收费标准偏离服务成本等问题均被正式提出。乌鲁木齐市物业费调价缺乏科学合理机制的现状有望得到改善。

（七）做好老旧小区物业管理全覆盖成为行业面临的新挑战

经统计，截至2018年底，全市实施专业化物业管理的住宅项目1250个，而无物业管理小区则有1450个，其中业主自管162个，单位自管304个，社区代管984个。

2019年，乌鲁木齐市委、市政府将实现乌鲁木齐市老旧居民小区物业管理全覆盖工作确定为乌鲁木齐市民生建设十大实事之一，乌鲁木齐市住房保障和房产管理局高度重视，在实地调研、广泛征求意见的基础上制定了《乌鲁木齐市居民小区物业管理全覆盖工作实施方案》，明确了政府主导、属地管理，综合施策、多措并举，创新模式、分类管理以及物业消费引导、市场化运作的基本原则，提出了以专业物业服务企业市场化运作为主，财政资金补贴、成立社区准备物业管理机构为辅的管理模式，力争在2019年底前，建立健全物业管理长效机制，基本实现全市居民小区物业管理全覆盖，确保居民小区保持文明、安全、整洁、有序的居住环境。

企业案例

COMPANY DEVELOPMENT

让更多用户体验物业服务之美好

万科物业发展股份有限公司

万科物业发展股份有限公司（简称万科物业）是万科企业股份有限公司下属控股子公司，成立于1990年。万科物业致力于让更多用户体验物业服务之美好，围绕业主不动产保值增值提供全生命周期服务，业务布局涵盖社区不动产空间与资产管理、商业不动产空间与资产管理、城市空间与资产管理等。截至2019年12月底，万科物业已布局中国99个最具发展潜力的大中城市，合同项目共计3258个，其中住宅项目2626个，政企项目632个，合同面积突破6.3亿平方米，服务520万户家庭，在职员工人数超10万名。

历经近三十年发展，万科物业以“物业＋互联网”的创新实践，以“科技＋人文”的多元综合服务，以本土化经验与国际化视野的相交，始终致力于让更多用户体验物业服务之美好，持续引领行业。

一、企业现状：持续领跑，积极进取

过去的29年，作为中国物业管理行业的领跑者，万科物业打破陈规，勇于创新，尤其是在进入新世纪以后，更是迅猛发展：2000年，万科集团正式成立物业管理部，2009年万科集团正式成立物业事业部。2014年依托移动互联网和合伙人制度，万科物业发布睿服务体系1.0，正式步入“睿”时代。2015年万科物业开启全面市场化之路。2018年，万科物业与珠海大横琴投资有限公司携手打造中国首个“物业城市”。同年，万科物业正式对外发布“住宅商企-两翼齐飞”的发展战略。而万科物业也在这一年成为中国物业管理行业首个年度营收破百亿的物业服务企业。

2019年之于万科物业，依然是高歌猛进的一年，回望整年历程：2月5日，由万科物业出品的“一种实现无人值守的车道控制方法及系统”的发明专利正式审批通过，获得国家知识产权局专利授权，4月22日，万科物业与深圳税务局、腾讯合作，结合区块链技术，在深圳万科麓城开出万科物业首张区块链电子发票，万科物业正式成为物业管理行业的全国首家区块链电子发票服务商。

9 月 6 日，万科物业中标“深圳市河流水质科技管控项目”，通过物业管理与环境保护的跨界融合，尝试城市环境保护业务。9 月 9 日，由中国雄安集团城市发展投资有限公司与万科物业发展股份有限公司共同出资的河北雄安城市资源经营管理有限公司正式注册成立。9 月 23 日，在北京世园会举办的万科南方区域媒体交流会上，万科集团合伙人、高级副总裁兼物业事业本部首席执行官朱保全对外公布，正式接管万科集团“沃土计划”。12 月 12 日，万科物业与戴德梁行签约成立合资公司，进一步强化双方的战略合作，着重于商业物业及设施管理等服务上的强强联合，以适应中国商业物业及资产管理方面的重大变化，更好把握中国城市化进程中的发展机遇。另外，2019 年是全国地级及以上城市全面启动生活垃圾分类工作的“元年”，万科物业积极响应，认真配合政府推动垃圾分类工作。

二、经营理念：以客户为中心，围绕资产保值增值展开服务

（一）以客户为中心

自 1990 年承接第一个物业项目以来，万科物业始终坚持“让更多用户体验物业服务之美好”的企业使命和“安心、参与、信任、共生”的核心价值观，提出了“客户无错、无功即过、敢为人先、诚信礼廉”的行为准则和“生活因幸福而改变”的品牌愿景，持续为客户提供专业优质的物业服务。

2012 年，万科物业首家“幸福驿站”开业，幸福驿站为业主提供邮包代收、租售、业务代办、家政、便民服务等一站式服务。2013 年 11 月，万科物业独立研发的万科物业业主专属 APP“住这儿”上线，让业主足不出户即可随时了解社区动态。

万科物业还在国内物业管理行业提出了“管家模式”，为每位业主配备真人专属管家，并在“住这儿”APP 上推出管家“一键直呼”服务，以回应业主“在线服务更加本地化”的诉求，其中包括装修申请、报修、投诉、服务咨询等。

为丰富业主的社区生活，万科物业定期组织丰富多样的社区活动。譬如，“朴里节”（英文名称“Please Day”）就是回馈业主、促进社区邻里和谐、推动社区文化建设的大型社区公益活动。“朴里节”的前身是万科物业“Happy 家庭节”，从 2003 年至 2014 年，万科物业共举办了 12 届 Happy 家庭节，2015 年，“Happy 家庭节”更名为“朴里节”，并且走出万科小区，辐射“睿联盟”社区。2019 年“朴里节”中，73 个城市的 2000 多个社区共举办了 2624 场主题活动。

万科物业致力于为客户搭建幸福的平台，住户对物业管理的“满意度”则是衡量这项工作是否到位的重要指标。万科物业设有呼叫中心，每月通过 4009 电话开展客户满意度调查、投诉追踪回访，以此保障万科物业服务闭环。

（二）围绕客户资产保值增值展开服务

让“客户感受物业服务之美好”，不仅要在服务上“动人”，还要在助力客户实现资产的保值增值上“用心”。2016 年 8 月，万科物业对 15 个大中城市近 1500 万平方米的 10 年以上住宅项目进行抽样调查，并将其对标周边 2km 范围内同类型、同时间、同价格的楼盘。结果显示，98.3% 的万科物业在管住宅价格高于周边，溢价空间达 26.77%。以天景花园为例，这一项目由万科 1990 年在深圳开发，在万科物业的精心养护和服务下，目前售价远超一街之隔同期小区的售价。

切实的数据反映出物业服务“资产管理”的本质。围绕这个本质，万科物业在传统的物业服务之外，还开展了资产的交易、管理、配套服务。“万科物业资产服务”是万科物业旗下基于房屋资产服务的业务单元集合，包含房产经纪、自营装修、美居平台、物业维修、公寓运营、生活服务等。万科物业资产服务以住宅物业服务为基础，基于业主利益为出发点，激活社区房屋价值链条，打造并提供资产的交易、管理和配套等服务，实现社区资产的综合价值。

万科物业六大资产服务覆盖房产生命周期，可帮助业主解决从买房租房、出租出售、改造翻新、家居配置、维修保养、房屋托管、运营打理到生活服务等一系列难题。专属管家的服务模式，专业贴心的服务团队，让资产打理变得简单，让居住生活更为幸福。

更重要的是，万科物业资产服务团队专注于万科物业服务的社区，基于对客户需求的深刻了解和对社区价值的深入洞察，为客户提供更符合心意的服务，让资产彰显其应有的价值。

三、服务特色：住宅商企　两翼齐飞

在当今科技与经济的高速发展下，中国企业迅猛发展，对高品质综合管理和泛行政管理的标准和需求日盛。如何满足各类物业管理业务需求，培育新的经济增长点，谋求多元化发展，已成为许多物业公司所面临的新课题。

面对市场日益细分、多元化、个性化的服务需求，万科物业提出了“依托住宅物业、商企物业，两翼共同发展”的战略方向，整合了商企物业的管理资源和专业能力，推出子品牌“万物商企”。2018 年，万物商企陆续与国际建筑业主与管理者协会（BOMA）、国际设施管理协会（IFMA）、英国皇家特许测量师学会（RICS）三大商业地产专业组织达成合作，向最先进国际商业地产管理企业与协会学习、交流。2018 年 7 月，万科物业战略投资戴德梁行。

为进一步强化商企“一翼”，2019 年 12 月 12 日，万科物业与戴德梁行签约成立合资公司，进一步强化双方的战略合作，着重于商业物业及设施管理等服务上的强强联合，以适应中国商业物业及资产管理方面的重大变化，更好把握中国城市化进程中的发展机遇。

新公司由双方股东注入资产包构成，在大中华区的商业物业和设施管理领域将形成强强联合的市场影响力，其业务规模、创新能力以及服务团队，将使其成为大中华区内首屈一指的商业物业及设施管理龙头服务商。此次战略合作是大中华区商业物业资产服务领域的一次重量级、里程碑式的整合。双方的合作不仅是业务整合，更是优势资源的联盟。新公司集中了股东方的各自优势，将持续提升其在大中华区的引领地位。而通过此次整合，新公司不仅能在中国商业物业与设施管理领域领先领跑，更在资产服务领域进入第一阵营。

四、不断创新：探索城市空间整合服务

创新的基因一直流淌在万科物业的血液之中，从推动全国首个业委会成立，到对不同服务模式地创新性探索，再到“睿服务”的不断更新迭代……万科物业始终致力于推动物业管理行业的升级、进化。近年来，对城市空间整合服务的创新性探索是万科物业发力的方向之一。

2018年5月24日，珠海大横琴投资有限公司与万科物业发展有限公司签订战略合作框架协议，双方携手打造中国首个“物业城市”。9月20日，珠海大横琴城市公共资源经营管理有限公司完成工商变更，标志着“物业城市”从城市治理新概念向实体运作新模式转变。2019年9月9日，万科物业与中国雄安集团城市发展投资有限公司出资组建的河北雄安城市资源经营管理有限公司揭牌成立，共同探索新型城市治理模式。与雄安的合作，也是万科物业“城市空间整合服务”的重要实践。

城市空间整合服务是万科物业基于珠海横琴“物业城市”的创新管理实践，推出的新型空间管理模式。旨在运用市场化机制，通过“专业服务+智慧平台+行政力量”相融合的方式，对城市公共空间与公共资源、公共项目实行全流程“管理+服务+运营”，最终实现政府主导、企业运作、社会广泛参与的新型城市治理生态圈，让城市生活更美好、让城市更具吸引力与竞争力。

从管理一个社区，到管理一个街区，再到管理一座城市，这是万科物业的业态进化逻辑，也是万科物业沿着既有业务范围横向延伸的必然。

五、科技助力：信息化、数字化、智能化的不断升级

万科物业是物业管理行业中较早开始做信息化投入的一家公司，从六年前开始，每年从营业收入拿出1.5个百分点，专门投入科技研发。万科物业的科技转型之路经历了信息化、数字化、智能化的多个阶段。2013年，万科物业开启科技转型。牵手华为，共同研发智慧社区，成立联合实验室，着力于提升物业服务效率、创新社区运营模式的系统功能。同年底，业主专属住这儿APP上线公测。同时，呼叫中心，CRM系统上线。

2014年是万科物业“信息化”建设和“品质把控”极具里程碑意义的一年。万科物业发布“睿服务1.0”体系，利用互联网技术，将万科物业流程和体系“信息化”。在睿服务体系内，包含了多款自主研发的系统和设备，如黑猫一号人行出入口系统、黑猫二号车行出入口系统、住这儿APP、战图系统、EBA远程监控系统、营账系统等。

此后，睿服务共经历了三次产品迭代，睿服务1.0实现人和物基础数据的上线，睿服务2.0实现了人和物的连接，睿服务3.0则实现了人、财、物的连接，不仅将合同系统与营账系统进行连接，还上线了资源系统对员工进行管控，实现了对人、财、物管理的数据化。

从实际效果来看，过去的六年里，管理规模大

幅增加，但是人员并没有增加这么多，为管理效率带来非常大的提升。此外，在客户体验及员工工作体验上，也增进了幸福感。

2017 年，万科物业在人、财、物管理的信息化基本完成后，进入到打通数据孤岛，整合数据资产，建设数据中台、主数据平台的数据化建设阶段。这一艰辛的努力过程还在进行当中。

随着智能科技，物联网的发展，乃至 5G 时代的到来，万科物业将继续积极推进科技转型，针对行业场景开发产品和服务，搭建高效能的智慧社区、智慧园区、智慧城市平台。

2019 年 9 月 23 日，在北京世园会举办的万科南方区域媒体交流会上，万科集团合伙人、高级副总裁兼物业事业本部首席执行官朱保全表示正式接管万科集团“沃土计划”。沃土计划为期 9 年，已发展了三年，并已完成了一系列的基于万科内部的布局，未来的 3 年或者 6 年将由其接管负责。万科物业接近 500 人的团队，加上沃土计划的 500 人团队，共计超过 1000 人的团队会主要从一些应用级的技术和底层技术两方面往前发展。

时代的发展给物业管理行业提出了更多新的命题。面对着机遇和挑战，万科物业将始终以“让更多用户体验物业服务之美好”为使命，为客户提供不断迭代的优质服务。同时，万科物业将持续借助移动互联网思维、机制创新、组织优化等工作，进一步向现代服务业转型。另外，万科物业也将始终与同行并肩，共同探索行业的持续升维。

服务，让生活更美好

绿城服务集团有限公司

绿城服务集团有限公司（以下简称绿城服务）于 1998 年 10 月成立，是一家以物业服务为根基，以服务平台为介质，以智慧科技为手段的大型综合服务企业。公司为中国物业管理协会副会长单位，现注册资金 2 亿元。

截至 2018 年年底，绿城服务业务已覆盖全国 29 个省、直辖市和自治区的 137 个城市，与近千个房地产商或政府机构拥有合作关系，为其开发或经营的住宅、写字楼、高科技产业园、酒店、学校、保障房、城市综合体、医院、银行、足球基地等提供物业管理服务，接管、咨询及代管的合同数目逾2000个，总合同服务面积约 3.9 亿平方米。

绿城服务始终秉承“真诚、善意、精致、完美”的核心价值观，秉持“服务改善生活”的服务理念与“以人为本”的服务宗旨，始终坚持以“为员工创造平台、为业主创造价值、为城市创造美丽、为社会创造和谐”的企业使命，致力于成为中国领先的幸福生活服务商，坚持以日臻完善的服务体系和先进科学的服务模式，在传统小行业打开了生活服务大局面。

领先的业主满意度是绿城服务最大价值所在，也一直是其孜孜追求的目标。公司连年获得“中国物业服务综合实力百强企业”等殊荣。自 2016 年上市以来，基于创新的管理模式、稳健的经营业绩，公司于 2017 年 3 月获准入选“深港通”名单，2019 年 3 月获准入选“沪港通”，并先后荣获“2016 年度‘金港股’最具投资价值上市公司”“2016 年度‘金港股’最具成长性上

市公司”“2017 年‘金港股’最具价值成长上市公司”“2018 年‘金港股’最具价值大消费及服务股公司”“2019 物业服务企业上市公司十强”第一名。

20 多年来，绿城服务始终把安全与品质视为服务感知的双重标准，以工匠精神打造基础服务流程，追求服务过程中的业主体验与感知，以 ISO 和 OHSAS 系列标准的建立和对业主需求的持续调研为基础，通过标准的制定和执行，来固化和提升基础服务价值，开展“全面、有感、共治、成长”的安全管理体系建设工作。通过监督管控体系。坚持督导内容点面结合、督导主体内外兼顾，通过“底线督导”和“神秘访客”环节、标准的逐年升级和完善，结合既有督导结果实施区别性督导。

在守住安全底线的基础上，绿城服务不断挑战服务高线，开展服务的升级与创新，公司引入卓越绩效管理体系，从“人机料法环”五个维度，系统性改善服务品质。在人员培训上，通过“以督代培”、轮岗培训、专业技能比武等方式，提升品质系统人员服务专业水平；在科技应用上，通过智慧管理运营，增强业主、员工智慧服务感知，提高整体管理效能；在服务内容上，升级案场服务（E・O 服务）和管家服务。

除了标准和管控，服务品质同样体现在围绕业主的全生命周期，不断追求服务内容的丰富、服务模式的创新和服务内涵的延伸。2018 年，绿城服务开展“绿城幸福里”业主自治共管模式的探索实践，打造“1 ＋ 1 ＋ N”网格化管理体系，以众筹、共建、自治、分享的未来邻里关系为指引，众筹业主的服务时间和专业技能，共建人人都是服务者、人人都是被服务者的自治模式，以进一步促进园区业主参与园区管理，营造自治共管的园区氛围。

截至目前，“绿城幸福里”已覆盖 224 个园区，拥有 50000 名志愿者。在业主主导之下，“绿城幸福里”开展了安全检查、文明监督、邻里守望、爱心义工、健康生活等主题活动，营造起彼此互助、和谐共处的邻里文化。绿城服务以各个节点为载体，全面融入园区共治元素，塑造全景服务场景体验；以未来邻里为基础，激发园区创造力，共同打造社

区共治模式的“绿城样本”。

针对业主的多样化、个性化需求，绿城服务都将通过公司所打造的线上线下融合平台来满足、来实现，不断审视内外部环境变化，结合自身优势，制定和践行自身发展战略。

公司从成立之初推行的第一代基础物业服务，到 2007 年创立的第二代园区生活服务体系，再到 2014 年升级推出的智慧园区服务体系是绿城服务第三代服务产品，园区生活服务体系在持续传承和发展。绿城服务智慧园区，以幸福为基点，通过大数据平台的建立、智能设施设备的引入、移动互联网及应用程式的推行，让业主方便地获取健康、文化教育、居家生活等各项服务，实现人与物、人与自然、人与人、人与社会的高度互通，提升业主的生活便捷度、服务参与度和居住幸福度。

公司科技建设的目标是连接自我与外界的资源及流量，实现用户体验和企业效率的双向提升。持续构建应用层、业务层、数据层“三维融合”，管理、服务、物联网、数据“四位一体”的技术承载系统，通过科技实现服务享受者、服务提供者、智能设备之间的互联、物联和智联，通过数据驱动实现对人、对物和对事的全面管理。在拥抱科技、互联网的同时，公司开始科技标准化的探索和创新，力争实现科技让服务更便捷，让管理更高效，让产业更智慧，让生活更美好的愿景。

绿城服务开启园区生活服务体系时，已经以生活全要素作为服务的方向，以幸福生活服务商为发展愿景定位，努力成为幸福生活的设计者、保障者、推动者、实现者。绿城服务也是从这四个角色定位来不断迭代服务产品组合。围绕业主的生活需求，绿城服务目前已构建起以文化教育、健康养老、新零售、到家服务、资产运营五大生态于一体，线上线下相融合的生活服务平台。

生活服务平台的打造，实现服务广度与客户深度的良性互动。在五大生态之中，我们尤其关注“一老一小”，着力将少儿教育、健康颐养等打造成为区别于他人的核心产品。关注业主健康，持续构建线上线下相融合的园区健康服务体系，延续“颐”“乐”“学”“为”的学院式养老，探索养老新模式；关爱小业主成长，在全国范围内开办以“时时有养、处处有教、教养融合”三位一体教养体系为核心的早幼教服务机构——奇妙园，展开教养服务新布局。

“人是出发点也是目的地。”是整个绿城服务一直秉持的理念。绿城将人力资源部称之为本体建设部，即崇尚人是公司发展的唯一根本。在绿城服务 20 多年的积累过程中，形成了“4 + 4 + 1”的本体建设体系：第一个“4”是选、育、用、留的体系，第二个“4”是组织体系、岗位体系、能力体系及信息化体系，最后一个“1”是整个人力资源队伍自身的能力建设。

员工被视为企业的第一产品。我们相信员工是公司的本体，唯有优秀的员工才能为客户提供满意的服务，唯有满意的客户才能持续购买公司的产品并愿意接受更高的溢价，而客户的重复购买又能为员工创造更好的收入和成长平台。以上就是服务价值链的良性循环。

为了营造和谐的学习工作氛围，完善员工职业发展全周期的培养体系，绿城服务围绕“全位链接”“全员覆盖”“全景呈现”三大维度打造“美

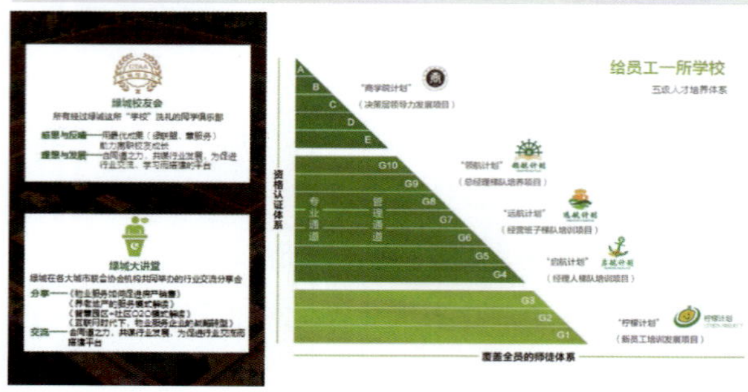

好生活服务学院”，通过整合各类“具有显著效果”的学习形式，开发各类“行业前瞻性”的研究课题，打造从大学生到CEO的五级人才培养体系，聚焦领导力、专业能力、核心能力的绿城干部人才培养体系，并打通“管理＋专业”双通道，绘制学习全景地图，在专业通道上，建立了业务前端、职能专业、工程师体系和管家体系等29个专业族群，让不同类别的员工在不同的职业生涯发展阶段都有相应的学习内容支持成长。

绿城服务将始终坚守以人为本、服务向善的价值理念，以科技文明和人本文明为主线，谋划如何“管好大门，敲开房门，面对每一个人”的课题，谋划如何营建以服务价值链为方法论、以管家为连接、以信息技术平台和生活服务平台为支撑的美好生活生态圈。

2019年，公司将以“幸福生活服务商”为核心，围绕客户需求，持续营造善意的员工队伍、创造善意的生活场景、传达善意的企业文化、传递善意的服务价值，形成服务向善的美好生活生态圈，参与社区扶贫与阿拉善慈善公益活动；坚持以“人本文明”和“科技文明”为主线，以“物业集团”“园区集团”“咨询集团”为三驾马车，以“学院化”“共治化”“科技化”“平台化”为四项举措，一手抓组织、一手抓产品，内聚众力、外联共生、慧聚生活、共筑美好。

双轮驱动，打造国际领先的科技型综合服务集团

碧桂园服务控股有限公司

碧桂园服务控股有限公司（简称“碧桂园服务”，股票代码 HK.6098）创立于 1992 年。于 2018 年 6 月 19 日正式登陆港交所，是目前市值最高、盈利能力最强的物业服务企业。经过 27 年的稳健发展，公司业务涵盖住宅、商业、写字楼、产业园、学校、公园及公建等多种业态。截至 2018 年 12 月 31 日，碧桂园服务遍及全国 31 个省、市及自治区，覆盖 280 多个城市，合同管理总面积约为 5.05 亿平方米。超 3.3 万人的服务团队为约 140 万户业主提供专业细致的社区服务。

2018 年，碧桂园服务增长势头强劲。合同管理总面积同比增长 53.3%，2015-2018 年复合增长率达到 46.2%，服务规模稳健扩张。2018 年实现营业收入 46.75 亿元，同比增长 49.8%；净利润 9.34 亿元，同比增长 112.1%，盈利能力持续提升。

2018 年度企业重要发展里程碑

3 月，联合广东省红十字会开展凤凰管家应急救护培训，培训管家 100% 获得红十字救护员资格证。培训覆盖 28 个省、240 个城市，惠及百万业主，受到央视、凤凰卫视等多家媒体的报道。

6 月，签约科技巨头腾讯，在“云平台服务”和“云监控服务”两个领域启动联合研发项目，率先共建国内首个“AI ＋服务”社区。

10 月，携手金汇通航，空中应急救援服务落地碧桂园社区，在业内率先搭建空地救援模式。

12 月，在惠州潼湖科技小镇举行“智领未来，与城共生”发布会，发布城市服务 2.0 产品“城市共生计划”，做新型城市治理公共服务的探行者。

一、三大业务覆盖全价值链，“三供一业”、城市服务开拓新蓝海

2018 年，碧桂园服务持续深耕物业管理服务、社区增值服务、非业主增值服务三大业务板块，向客户提供覆盖全价值链的综合服务。

（一）物业管理服务

碧桂园服务为社区业主、房产开发商提供一系列的物业管理服务，现阶段住宅社区是服务的重点。同时碧桂园服务具有丰富的业务组合，服务物业亦涵盖商写、医院、学校、产业园区、公园、高速公路、景区及其他公共设施等非住宅项目。

截至 2018 年 12 月 31 日，碧桂园服务合同管理总面积约为 5.05 亿平方米。收缴率保持 2017 年同期高位水平，并继续提升达到 95.37%。

除了承接碧桂园集团的开发项目，碧桂园服务通过采取有质量的市场拓展策略，服务的项目构成越来越丰富、多元。2018 年，碧桂园服务向独立第三方开发商提供物业管理服务的合同管理总面积为 9656 万平方米，同比增长 106.2%。

（二）社区增值服务

在社区增值服务领域，碧桂园服务致力于成为“全周期社区生活服务整合运营商”，以客户需求为核心，依托强大的线下服务体系，整合社区商业资源，提供全生命周期服务。

2018 年，碧桂园服务社区增值服务收入约为 4.17 亿元，占公司总收入的 8.9%，同比增长 72.5%。

目前，碧桂园服务主要为社区业主及住户提供的增值服务有：家居生活服务，如购物协助、家政、绿化、园艺、拎包入住、生活团购及其他定制服务；房地产经纪服务，包括房产中介、房产投资咨询、房屋短租、托管服务、财产保险等；园区空间服务，包括场地运营以及社区传媒等。

（三）非业主增值服务

紧密协同房地产开发节点，通过专业化的服务运营，真正实现“到访即销售”。让客户在案场提前感受物业服务之美好，增强准业主对未来小区物业服务的感知和认可，对销售起到有力支撑。2018 年，非业主增值服务在公司总收入中占比约为 16.9%，较 2017 年同期上升约 6.4 个百分点。

碧桂园服务提供的非业主增值服务主要包括开发商的售前业务管理咨询服务，以及为其他物业管理公司的物业提供咨询服务；在交付前阶段向开发商提供开荒清洁、绿化及维修保养服务；车位及房屋尾盘的代理销售及租赁服务。

（四）“三供一业”和城市服务

2018 年，碧桂园服务积极布局新业态，发布城市服务 2.0 产品体系，同时试水“三供一业”改革新蓝海，以实现多层次的有机增长。

（五）“三供一业”

2018 年，碧桂园服务成立合资公司进入国有企业“三供一业”（供水、供电、供热及物业管理）分离移交改革领域，并开始着手接管物业管理及供热业务。接管的物业项目覆盖全国 11 个省的 53 个城市，管理面积约 90.2 万平方米。

（六）城市服务

2018 年底碧桂园服务发布“城市共生计划”，其主要包含城市公共服务、数字城市综合管理服务、产业协同运营服务三大服务组合，为城市提供一套功能适用、经济实用的一体化公共服务解决方案。

早在 2015 年，碧桂园服务率先与陕西韩城市政府达成战略框架协议，将多年积累的大盘新城运营经验运用于更大服务空间的城市，开创城市服务模式。目前，碧桂园服务已与陕西韩城、辽宁开原、四川西昌等 10 余个城市开展深度战略合作，其中开原项目也已进入落地实施阶段，并已取得初步成效。

二、一切以业主、客户为中心，把服务做到极致

作为中国社区服务领导品牌，碧桂园服务秉持“急业主所急，想业主所想”“一切以业主为中心”的服务理念，以扎实的业务能力，精益化的管理模式，为社区业主、客户打造极致的服务体验。

凤凰管家服务。凤凰管家作为碧桂园服务的核心服务载体，已成为企业名片，“有事找管家”也成了碧桂园业主的习惯。目前，碧桂园服务共有超 3000 名凤凰管家，业主识别率达 100%，业主满意率达 97.88%，要求 100% 取得红十字救护员资格证，让业主真正感受到好服务带来的安心、舒适、尊贵。

安全管理服务。碧桂园服务在社区实行四级安防体系，配置智能化先进科技安防管理系统，专业安防人员与智能科技相结合，对门岗、消防、停车场及周界等重点部位实施全时管控巡查。同时，与业户联动举办消防应急和电梯困人等突发事件处置演练，实现人防、物防、技防、联防高效结合。

绿化维护服务。通过先进的机械设备以及规范的养护标准，维护碧桂园社区特色立体园林景观。同时，鼓励业主绿化房屋阳台等对外展示空间，共同营造园林式、花园式的社区“绿色氧吧”；创新绿化养护方式，在国内率先落地“景观共治”计划，与广大业主共同打造、照顾小区的绿化园林。

环境清洁服务。采取零打扰服务方案，避开业主的出行高峰期，完成一系列清洁服务。引进环保型清洁车、洒水车、落叶清扫机等新型清洁设备，大幅提高清洁工作效率，为广大业主创造更为优质的园区环境。

工程维修服务。利用智能报修平台，及时响应业主的维修需求，实现维修工单的智能调度，大大提高维修服务效率。通过智能在线设备管控系统，实时掌握设备运行状况，对故障征兆提前预判，打造设备设施安全节能社区。

三、聚焦标准化建设，助力降本增效、客户体验升级

一直以来，碧桂园服务重视客户需求，基于以客户体验为导向的原则，聚焦服务标准化建设，形成“浮标”项目、服务分级、SOP、“N ＋ X ＋ Y”服务体系等几大抓手，实现管理与服务的降本增效，提升客户的服务体验与满意度水平。

（一）“浮标”项目，服务水平随着业主需求的提升而提升

2016 年底碧桂园服务开始“浮标”项目，将服务看作是一个浮标，随着业主要求的提升不断提高要求。在 2017 年，碧桂园服务根据物业服务的特性，梳理总结出 31 个物业公司与业主的关键接触点。并基于调研分析结果，重点围绕门岗、管家、诉求处理三个触点开始专项提升，落地有效的、可持续的整改举措，业主满意度不断提升。

（二）服务分级，首家引入精益管理理念的物业服务企业

碧桂园服务持续推进服务分级，将“四保＋管家（客服）”服务内容梳理成服务菜单，供业主个性化选择，实现按需服务，优化资源配置。同时，对服务实行模块化定价，业主自主选择所需要的服务内容后便可生成服务定价。目前，碧桂园服务正不断推动菜单式服务的深化落地和模块化定价方式，真正实现物业费透明化和业主共治理想社区。

（三）推行 SOP，体系化、标准化指导一线作业

2018 年，碧桂园服务开始推进 SOP（标准操作程序），本着“面向一线、知行合一”的理念进行设计和实施，切实做到用最简单、最直接、最有效的方式，面向项目经理以及现场各条线一线人员提供标准化的作业指导书、操作演示视频和一页纸指导卡。

（四）“N ＋ X ＋ Y”服务体系，标准化与个性化并存不断升级服务体验

在服务分级的基础上，碧桂园服务推行“N ＋ X ＋ Y”服务体系，致力于实现“一盘一策、质价相符”，为各区域、各项目提供标准化的基础服务以及个性化、定制化的“惊喜”服务。“N”，指物管企业为业主提供的基准服务，必须落实；“X”，指根据不同项目和业主差异化需求提供的备选服务，据实际需求而定；“Y”，指孵化的创新类服务，为业主提供惊喜。层层递进，碧桂园服务不断升级业主的服务体验，那些受到客户广泛认可的备选服务、创新服务，成了各个社区独特的服务“名片”。

四、服务注入科技基因，实现效能与体验双重提升

碧桂园服务大力投入科技与智能化领域，近三年来累计投入约人民币 3 亿元，逐步打造“AI ＋服务”的核心技术、核心团队。

近一年来，碧桂园服务在物业服务技术升级、企业数字化转型方面动作频频，亮点不断：

2018 年，与腾讯签署战略合作协议，打造基于云端的 AI 智能平台和 AI 算法训练平台，并率先共建国内首个“AI ＋服务”社区；

2018 年，与海康威视签订战略合作协议，成立行业内首家“AI 联合创新实验室”，共同研发边缘服务器和图像人工智能算法；

2019 年，与海康威视联合成立的“AI 联合创新实验室”正式揭牌，发布边缘端产品“AI 凤凰魔盒”，推动人工智能与社区场景的融合；

2019 年，与联通战略合作，共同打造 5G 智慧社区，基于 5G 技术构建社区无线网络。

同时，碧桂园服务成功推出行业首个、基于 AI ＋物联的人工智能全栈解决方案产品体系，包含了云、边、端三个结构内所有的产品，可实现将云端的数据通过边缘服务器与生活场景融合，从而让智能真正落地社区。目前，碧桂园服务是行业内唯一拥有完整的智能物联产品体系——包括 AI 开放平台、社区边缘服务器（AI 凤凰魔盒）等平台的公司，领跑物业管理行业智慧社区建设。

碧桂园服务不断累积创新应用成果，形成了：基于人工智能平台的社区综合管理体系；基于大数据和云计算的数字化经营管理体系；基于物联网和人工智能相结合的设备运维体系。

这些技术已经广泛应用于智能安防、智能门禁系统、车辆出入及车场管理、智能物联设备设施管理、应急响应管理、消防监控、报事报修、垃圾处理、人工智能客服、电子商务、能源管理、环境治理、ERP 及 CRM 及其他管理信息系统，等等。

科技带来了服务效能与体验的双重提升。在 2015 年，碧桂园服务作业人员的人均管理面积为 4720 平方米。而到了 2018 年，这个数字已上升到 5285 平方米，年复合增长率为 3%。其中节省的人力则更多是基于人工智能的建议，为业户提供更有温度、个性化的服务。同时，科技基因注入社区服务场景，优化服务触点的体验，通过智能安防、智

能品质巡检等技术，实时保障全苑区的安全与服务质量，不断升级服务水平及业户的居住体验。

五、积极履行企业社会责任，致力于为社会各方创造长远价值

碧桂园服务积极投身参与志愿服务行动，对接团中央青年志愿者行动指导中心，助力承办中国青年志愿服务交流会，推动志愿服务制度化建设、志愿文化自信心打造，持续立足社区开展志愿服务工作。

在精准扶贫方面，2018 年碧桂园服务率先加入中国社区扶贫联盟，积极引导和扶持贫困村发展特色产业，创新性地将优质而苦于销路的农产品引入社区，满足业主消费需求，同时助力贫困地区产业发展。期间，与山东日照五莲县精准结对，认购贫困户自产的国光小苹果，发挥社区消费力，销售苹果 15 万斤，直接带动贫困户 21 户。

作为中国社区扶贫联盟第一届理事单位，碧桂园服务于 2019 年继续深化消费扶贫在社区落地。2019 年 7 月 28 日，碧桂园服务在社区启动“社区的力量”消费扶贫攻坚战专项行动，发动百万户业主参与消费扶贫，号召业主“带一斤回家”。截至目前，全国 1138 个碧桂园社区参与“攻坚战”中，先后发起“金芒行动”“金桃行动”等，助力广西田东、井冈山等贫困地区农产品销售，半个月左右在碧桂园业主 APP 的销售总额达 70 余万元，充分彰显碧桂园社区在消费扶贫中的力量。

六、行业革新，企业战略升级，开启发展新征程

2018 年，碧桂园服务成功登陆国际资本市场，开启了企业发展的新征程。审时度势，碧桂园服务提出“大物业管理”和“大社区服务”的业务组合战略，通过“服务＋科技”和“服务＋生态”的发展模式，以专业设施设备管理服务和社区整合营销服务为核心，聚焦发展大物业管理业务和大社区服务业务，致力于成为国际领先的科技型综合服务集团。

保利®物业

以人文之光闪耀“大物业时代”

保利物业发展股份有限公司

一、企业现状概况

保利物业发展股份有限公司于 1996 年成立，是中国保利集团旗下保利发展控股集团股份有限公司的全资子公司。立足于保利发展控股集团“一主两翼”战略，保利物业围绕“物业管理、资产管理、公共服务、增值专项服务”等领域，全方位践行“人文社区 · 价值生活”的品牌理念，致力成为万家灯火背后的国家力量。

公司成立发展至今，业务遍及北京、上海、广州、长春等超过 100 个城市，合同面积超过 3.7 亿平方米，在管面积逾 1.9 亿平方米，拥有逾 250 间附属公司及分公司（截至 2019 年 4 月）。管理服务的项目涵盖普通住宅、高端住宅、写字楼、政府办公楼、商业综合体、城镇物业、景区物业、酒店公寓、院校、医院等多种业态。

2018 年企业发展重要里程碑：

- 6 月成功收购了天创物业，成立保利天创。
- 与资阳开发区投资有限公司、井冈山开发区发展有限公司成立合资公

司保利资阳，参与城市管理和服务。

● 在全国400多个项目统一开展了百优行动，通过 100 天，100% 项目参与，评选出系统内 100 个全国标杆、集团示范和区域飞跃项目。

● 9 月 13 日，地产集团在广州举办品牌升级发布会，保利地产正式宣布升位为保利发展控股集团，全力打造“不动产生态发展平台”，保利物业作为重要组成部分，首次向外界展示了物业的星河战略，提出要为客户创造有价值的生活，做美好生活同行者。

● 在上下游产业链先后与细分行业领先的合作方在美居板块、餐饮板块、养老板块、机电板块、体育板块成立了专业运作平台，共同构成了保利物业自身服务系统和资源。

● 在浙江嘉善召开了中国社会治理与协同创新首届镇长论坛。引领发布了公共服务的保利标准，定义了保利物业公共服务模式，成为公共服务领域的“领军者”。开辟保利物业发展新的战场。

二、企业经营状况

保利物业立足于保利发展控股集团“一主两翼”战略，全力打造物业管理、资产运营、公共服务、增值服务等四大专服板块。

2018 年，企业业绩指标创新高，公司荣获中国保利集团先进单位称号，营收利润结构优化，服务质量有了系统提升，市场拓展实现增速提效，品牌美誉再刷新。同时，业务发展取得了新突破：行业地位稳中有进，四大核心业务初现雏形，价值产业正在着手探索。

2018 年公司在稳步向前发展的同时也收获了来自各方的认可。2018 年 5 月，保利物业作为中国物业十大资本企业成功入选《2018 中国物业管理“资本 • 上市 • 并购”调研报告》；6 月，保利物业微信公众号获得中国物业管理微信公众号影响力 TOP50 第二名，《和院书刊》获得中国物业管理刊物（杂志）影响力 TOP50 的第三名，当选 2018 年值得资本市场关注的地产服务商。北京保利垄上获得 2018 年中国物业服务行业示范基地，成都保利康桥获得 2018 年中国物业管理行业示范基地，吉林保利中央公园获得 2018 年中国物业管理行业示范基地，商业物业保利国际广场获得 2018 年中国物业管理行业示范基地，沈阳保利大都会获得 2018 年中国物业管理行业示范基地，天津保利香颂湖获得 2018 年中国物业管理行业示范基地；8 月，保利物业被中国物业管理行业协会评选为改革开放 40 年物业样本企业；10 月，保利物业荣获 2018 物业服务企业综合实力 TOP10；11 月，保利物业荣获 2018 年度中国城市公共服务创新运营和 2018 年度“人文社区价值运营商”两项大奖；12 月，保利物业天津公司天津体育学院项目荣获“高校物业管理优秀标杆项目”，保利天创公司湖南商学院项目荣获“高校物业管理优秀项目”。

三、品牌理念及优势

（一）品牌理念

保利物业品牌理念是“人文社区价值生活”——努力营造人文社区的生活味、人情味、文化味，同时努力与业主、客户、合作伙伴、员工共同创造一个“N 维价值空间”，倡导更有品质、更具价值的幸福生活。

（二）竞争优势

作为物管行业第一梯队成员，保利物业受益于中国物业管理行业市场规模不断扩张和政府支持力度逐步增强的红利，规模持续发展壮大。第一，与母公司中国领先的地产开发商保利发展控股集团的良好合作，为保利物业带来持续确定的增长机会。第二，依托央企品牌，保利物业拥有“央央合作”“央地合作”优势，迅速扩大管理面积，展现了突出的

市场化外拓能力。第三，作为行业内质量管理的先行者，保利物业持续保持有质量的服务水平，并全方位打造多元化增值服务。第四，保利物业专注于实施流程标准化、服务专业化、管理数字化及操作机械化，成功带来降本增效。第五，保利物业拥有进取、务实、奉献的专业管理团队，辅以人力资源体系，为企业高效运行保驾护航。

四、标准化工作推进情况

（一）住宅业务板块

基于行业内首个提出分级服务品牌（亲情和院/东方礼遇），保利物业首创了“4＋1＋N”SOP式标准服务流程，建立了一项适用全项目运行的《住宅项目运营书》标准模板，在全国主要城市成功打造了一批样板项目，并形成了从线上信息化到线下客户、第三方机构、线下自检的多层次、立体化过程管控机制，配套建立了《项目业绩考核》及《标杆项目考评标准》的结果检验程序，有力保障了公司住宅业务从1到N快速扩张的高标准输出。

（二）企业业务板块

基于现有的商业及写字楼的管理经验，保利物业整合保利系统内外拥有的多重资源，为商业和写字楼内的企业客户提供全生命周期的商办物业运营服务。成功塑造了以天幕塔为代表的标杆样板，具备了多类型商办业务快速复制的管控能力。

（三）公共业务板块

保利物业具有行业内领先的乡村振兴、特色小镇实践经验，并成功发布了《保利公共服务标准蓝皮书》，从团队、样板、标准、体系四个维度确保了公共服务业务的质量稳定。

（四）增值业务板块

依托保利住宅、商业、写字楼物业，保利物业针对业主、租户、开发商提供多元化的增值服务，构建了餐饮、美居、教育等系列专业细分品牌；同时，保利物业也建立了《保利物业前介产品标准化手册》，实现品牌和标准的双轮有效输出。

五、智慧科技运用状况

（一）降本增效成果显现

保利物业专注于实施数字化、智能化信息系统的管理，持续优化运作流程，提升效率，提升客户体验。我们致力于通过信息技术升级来加强企业竞争力，降低运营成本及减少对人力劳动的依赖。

紧随着行业信息化发展趋势，保利物业自主开发的综合智能管理系统将面向业主、住户及其他客户以及业务伙伴的服务平台及与物业管理运营及智能办公有关的内部系统相结合。截至2019年4月30日，保利物业在中国取得了26项软件著作权，其主要与项目数字化及运营智能化管理有关。

保利物业以务实的态度，聚焦于为物业管理服务核心痛点提供解决方案，提升了管理效率，提高了客户满意度：

1. 在业主及住户层面，通过对基础物业服务的优化，例如智能通行、在线缴费、报修等，为业主的生活带来便利；

2. 在现场项目运营层面，项目经理及现场员工可实时关注到服务状态数据，根据 ERP 系统的预警信息快速调整、纠正服务偏差，定期对物业管理质量进行检查评价，以此评估、改进服务。通过 ERP 系统的巡查功能，所有员工都是质量管理员，根据责任划分，开展巡查工作，发现质量问题时通过系统快速协调资源解决；

3. 在总部管理和监督层面，保利物业通过 ERP 系统实时监控所有项目的服务状态，对系统显示的各层级预警信息进行处理，对异常数据进行分析，及时指导、督促相关员工按照服务标准提供相符合的服务。保利物业还会根据系统数据反映出的情况进行实地检查，现场督促附属公司与分公司严格执行管控要求，保证信息一致、项目服务的规范性，大大提高监管效率。

近年来，在行业整体面临物价普遍上涨、劳动用工成本持续上升之际，保利物业通过集约化和科技手段的广泛运用，强化成本管控，有效控制了项目运营成本。

（二）构建物联网、集中一体化管理

保利物业将通过长期而持续的信息技术自主研发与联合开发，构建数字化、标准化、智能化的“人、财、事、物”的连接系统，优化质量管理，降低运营成本，提高营收能力。

未来，保利物业将重点持续投入物联网应用建设，包括进一步加大物联网信息平台的研发投入，开发涉及安全管理、消防管理、公共设施管理相关的智能化产品与服务，如结合 5G ＋ 4K 高清视频摄像枪监控水、电、消防等公共设施的运行状态，实现视频联动及自动识别与巡检；新增智能门禁及人脸识别系统，增强小区出入安全并降低管理难度；推进其他自动化运维设计包括停车场或其他社区设施，减低对人力的依赖，实现社区数字一体化管理。

六、社会责任

（一）星火班精准扶贫

保利物业为积极响应国家号召，践行精准扶贫，于 2018 年 8 月与河曲县、五台县的扶贫开发中心分别签订了“教育＋就业”精准扶贫合作项目协议。在此背景下，以保利物业为承办方，依托山西建筑职业技术学院硬件及师资力量开设保利星火班。保利星火班定向招收五台县、河曲县各 40 名 18 ～ 26 岁不上大学或高考落榜的贫困子女，采取包食宿、包学费的方式，进行中短期技能教育培训，培养物业服务、安保安防、水电维修、护理看护等人才。学员结业后，安排进入保利物业公司实习，并择优进入保利物业系统就业，实现“职教一人、就业一个、脱贫一家”的扶贫工作目标。截至目前已有 63 名学员拿到毕业证书，踏入保利物业的工作岗位。

（二）韶关技术扶贫

为积极回应中物协和广东物协指示，践行央企社会责任，2018 年 5 月 8 日，保利物业与韶关物业协会启动结对帮扶合作，通过提供“产、技、学、智、研”五位一体的帮扶计划，输出保利物业服务标准与经验，实现技术扶贫目标。结对帮扶计划启动至今，已举行 3 场大规模的参观与讲座，参与人次累计突破 1000 人，覆盖超 95% 的韶关物业企业。

（三）和院志愿服务队

自 2008 年起，广州首支专注社区服务，以社区命名注册的志愿者服务组织——广州保利花园志

愿队就在保利社区诞生。在保利物业“亲情和院”理念的指引下，保利社区里的公益活动蓬勃开展。2017年，保利物业全面推动志愿服务工作，率先在全国保利社区成立和院志愿服务队，开启了在全国范围管辖的社区里成立志愿公益组织的先河。目前已发展了11支和院志愿服务城市支队、30多支项目分队，覆盖安徽、吉林、上海、天津、重庆、北京、广州等11个区域已有超过4000名志愿者。十年始终坚守初心，通过在保利社区传递爱心，温暖了整个和院，并创造了巨大的社会效应。2018年，一方面，针对社区长者打造的志愿服务项目“乐8时光”将温暖传播到各个社区长者，通过探访慰问、家居改造、长者培训等活动，提高长者健康、居家安全等意识，提升长者自信心与价值感，全方位满足长者各项生活所需；另一方面，和院志愿者走出社区，走向社会，陆续启动“爱心书记漂流”“共享绿色生活”“探访弱势群体”“爱心助学”等公益活动，给予社会上有需要关爱的群体带来更多力所能及的帮助和精神上的关爱。

七、未来发展目标、发展战略

保利物业秉承“务实、卓越”的理念及质量的服务，持续深耕市场，进一步巩固行业领先地位，把人文理念及服务带到每家每户。为此，保利物业制定了以下策略以期实现企业目标：第一，通过多渠道继续扩大企业的管理规模，增加营收，巩固企业的行业领先地位；第二，持续提供高质量的多元化增值服务，提高增值服务的渗透率；第三，加大加强投入物联网应用，结合科技构建智能管理系统；第四，进一步完善企业的人力资源培训及激励体系，以支持业务的可持续发展。

保利物业提出“以人为本，物业兴国”的全新战略，将以全域化物业，服务960万平方公里的恢弘天地；以覆盖全业态的物业管理，服务中国人生活的方方面面；以不息的脚步，努力建设以全国国民为服务对象的全民物业；以不懈的创新精神，构建以物联网，人联网，价值联网发展融合的全技术物业；以“人文社区，价值生活”的品牌理念，打造全价值物业服务企业，努力成为行业跨越的创造者、城市发展的服务者、国家进步的同行者，以人文服务深度践行“美好生活同行”。

恒大金碧物业，您首选的物业品牌

金碧物业有限公司

一、企业现状概况

金碧物业有限公司（以下简称恒大金碧物业）是世界 500 强企业恒大集团的下属公司，成立于 1997 年，国家一级资质物业服务企业，员工近 7 万人，并拥有一支本科率超 90% 的高素质、高学历、年轻化管理团队，在管项目遍布全国 280 多个城市、拥有超 1200 个项目，合约管理面积约 5 亿平方米，管理业态涵盖中高档住宅、甲级写字楼、旅游综合体、城市综合体、学校及会所运动中心等。

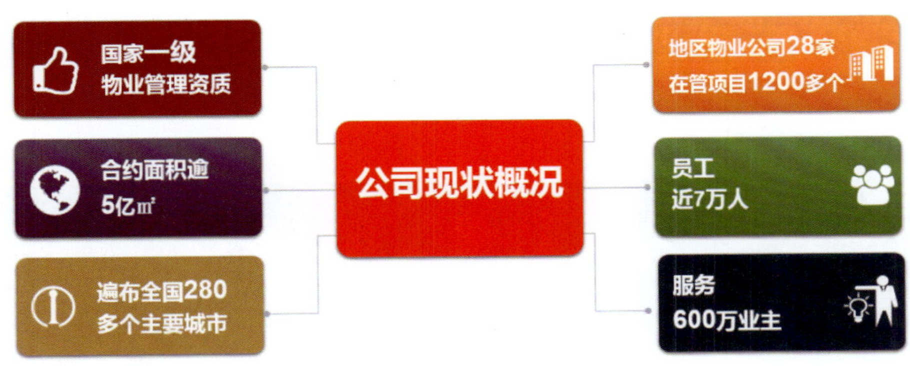

恒大金碧物业始终秉承“贴心服务，真诚相伴”服务理念，以业主需求为导向、以业主满意为目标，坚持“规模化发展、标准化运营、专业化服务、智能化管理”，致力打造中国最具居住价值、人文价值的幸福社区。

二、企业经营状况

2018 年度恒大金碧物业继续领跑行业，在管项目面积同比增长 34.93%，经营收入，同比增长 33.87%，其中多种经营收入占营业总收入比例达 46.14%。

三、物业服务特色及优势

目前，恒大金碧物业已形成科学完善的服务体系，开展物业管理基础核心业务，建立标准化体系，狠抓整体服务意识和服务质量，实现业主满意度和品牌美誉度双提升，确保企业持续性发展；并通过会所经营、社区配套招商、社区文化等系统举措，极大提升社区产品附加值，进一步完善服务体系。

（一）提升服务品质，实现高效服务

1. 精品物业管理，铸就领航标杆

多年专业沉淀，恒大金碧物业以其科学完善的服务体系，“精品物业管理标准”，全天候的物业服务，让每位业主都能享受无微不至的关怀和照顾。同时，不断引入更先进的管理理念，打造金碧特色服务模式，在基础服务多个方面均有出色表现，并形成三大服务特色——特色的保安队伍、特色的对客服务、特色的社区文化。

创立至今，恒大金碧物业卓有成效的物业服务获得了社会各界的认可，先后荣膺中国物业服务综合实力十强企业、中国房地产开发企业500强首选物业管理公司十强、中国物业服务专业化运营领先品牌等多项荣誉，超300个项目获得优秀示范小区等称号，成为全国物业管理行业的领航标杆。

2. 金牌管家服务，细节营造感动

恒大金碧物业始终贯彻“急业主所急，想业主所想，全心全意为业主服务”的质量方针，为每位业主量身定制超五星级水准的物管贴心服务，全面提升业主生活品质。

公司强调由物业管理上升到文化管理，实现传

统家居理念与现代生活方式高度融合的“文化社区”的管理目标，提供 24 小时英式管家服务，营造出了“沟通无限、理解万岁、真诚服务面对面”的人性化管理氛围，让业主真实感受到人性化的服务理念。恒大金碧物业的每一位员工，无论走到社区哪一个位置，随意捕捉到的，都是如阳光一般灿烂的微笑，细心、周到、无微不至。

3. 特色品牌活动，共享社区文化

恒大金碧物业 2018 年度全国累计开展超 7300 场社区文化活动，活动参与人数破 100 万。其中“友邻友爱”计划是恒大金碧物业着力打造的极具企业特色的社区文化活动品牌，包含悦动恒大节、印象恒大节、孝悌恒大节、暖冬恒大节四大系列活动，旨在传递“贴心服务，真诚相伴”的服务理念，营造健康、活力、文明、互助的社区氛围，打造中国最具居住价值、人文价值的幸福社区。

（二）特色服务模式，确保生活无忧

历经多年实践，恒大金碧物业秉承“贴心服务，真诚相伴”，探索出了一系列具有金碧特色的管理模式。

1. 优化社区标准商业配套，提升社区附加值

为充分满足业主购物、娱乐、社交、休憩的全方位需求，增强区域内商业氛围，恒大金碧物业响应集团要求大幅升级“社区标准商业配套”，采取独立商业街或裙楼底商形式，规划欧式风格社区标准商业配套，布局开放式的商业群落，聚焦百万业主所需，打造精品社区商业，涵盖餐饮配套、生活配套、服务配套三大配套服务。

交楼入住即享一站式服务，为业主无缝开启便捷生活，引领社区周边商业发展，目前已与全国近 700 家知名商家达成合作协议，让每一位业主在家门口即可悦享高品质生活，也为业户资产的保值增值持续护航，极大增强了区域内商业氛围，提升楼盘品质及产品附加值。

2. 匠心打造铂金会所，彰显雅韵生活品质

社区会所采用多元化的设计理念，以业主需求为本，融入现代消费特点、生活方式及发展潮流，合理布局，精细规划，致力于为业主提供一流硬件

配置、优质服务产品及贴心服务体验。通过专业化服务团队，针对社区内各年龄层次的业主提供舒适的服务体验，提供最专业、最全面、最高端的社区会所体验，真正实现老有所乐、少有所长，各年龄层、拥有各类兴趣爱好的业主都能在社区会所内找到归属感，营造幸福感“家”生活。

会所作为恒大金碧物业打造社区功能配套代表作之一，量身为业主打造专属的奢华生活，目前总计有 581 个会所已投入使用，未来 2 年预计建成投入使用会所 767 个，真正做到为业主和市民打造一个便捷的高规格运动殿堂。

3. 打造智慧社区，引领科技生活

恒大金碧物业着力打造恒大智慧社区，恒大智慧社区是以服务社区业主为中心，依托互联网和物联网应用等先进科学技术，实现业主居家生活、物业服务、社区服务系统、周边商家的互联互通等智能化管理。全面提升小区品质，有效提高出行效率、社区安防、生活便捷、物业服务质量，全方位打造智慧生活场景，成为智能化管理与服务的全新形态社区。

以“恒大智慧家 科技新生活”全新理念，为生活注入科技，为业主提供更安全、更便捷、更高效的社区生活。

4. 实施“红色引擎工程”，打造“红色物业”社区

公司实施“红色引擎工程”，已打造 167 个恒大“红色物业”社区，全面筹建物业党支部，建立物业服务队伍“54321”快速响应机制，并始终坚持“1236”工作机制，提供惠民增值服务。积极履行社会责任，探索社区网格与物业管理片区相融合，试点“三代”服务机制，对周边老旧小区开展保洁、保修和志愿服务等活动，参与街道“四水共治”和文明创建。

四、公司发展前景

时代的发展机遇，行业的迅速成长，为恒大金

碧物业的快速发展提供了良好的生长土壤，“六个坚持”将确保公司持续高速发展。

1. 坚持规模化发展

伴随集团 22 年发展，恒大金碧物业把握行业趋势，企业规模、业绩、品牌等多项指标稳居行业第一阵营，并逐步拉开差距；在管理面积等方面彰显了企业自身强大的发展潜力，且公司每年以 35% 的速度快速增长。

2. 坚持标准化运营

公司已建成标准化管理运营体系，并每年进行优化完善，通过业务条线管理＋ 层级管理，形成总部—地区—项目三级管理模式，实现精细化、科学化、系统化管理，全面把控物业服务质量。

3. 坚持专业化服务

建立星级案场服务标准，为客户创造“一次体会，终生难忘”的服务体验；建立以管家为核心的服务体系，24 小时为业主提供专业化贴心服务。并以“响应快速、服务高效、满意至上”为原则，提供恒大特色房屋维保修服务，为物业增值保值提供保障。

4. 坚持智能化管理

持续建设物业智能化管理平台，提升管理效率，探索业务创新机会，有效降低管理成本，开通多样性智能服务，并积极探索智慧社区新模式管理。

5. 坚持人才强企

机遇与挑战在前，要实现向现代服务业转型，就必须拥有更多高层次、领军型、专业型的复合型人才及更多高技能、高素质、年轻化的员工。校招大学生培养与人才梯队建设始终是恒大金碧物业的核心工作。2019 年与武汉科技大学展开校企合作，以物业中高层管理人才为培养方向，通过校企合作完善的课程体系、专业的行业培训、丰富的实践学习，依托恒大广阔的发展平台，培养极具市场竞争力的复合型高端人才。

6. 坚持行业发声

主动与行业主管单位、标杆企业开展交流学习，积极参与行业权威测评及省市级项目评优，着力打造金碧物业官方公众号运营，持续输出对外优质企业形象，矢志成为客户首选物业标杆品牌。

五、结语

20余年发展与积淀，恒大金碧物业始终秉承“贴心服务，真诚相伴”服务理念，以业主需求为导向，以业主满意为目标，坚持“规模化发展、标准化运营、专业化服务、智能化管理”，致力打造中国最具居住价值、人文价值的幸福社区。

彩惠人生——让生活之美无处不在

彩生活服务集团有限公司

一、企业现状概况

彩生活服务集团（以下简称彩生活）成立于2002年6月18日，总部设立于深圳。2014年6月30日在香港联交所主板上市，股份代码：01778，成为国内社区服务运营第一股。其颠覆传统物业服务模式不仅给行业带来新的思考，也打开“互联网＋社区服务”的风口。上市五年以来，彩生活的资本和规模呈现稳步增长的态势，其曾备受多方质疑的发展模式也得到了行业的极大认可，诸多物管公司争先效仿。

彩生活服务集团突破了行业的传统壁垒，建立了在当今互联网技术、物联网技术、云计算技术这些基础之上的一种全新的物业服务模式——彩生活服务模式。彩生活服务集团将“对物的管理”转变为“对人的服务”，由一家物业服务企业逐步向一家平台企业转型，研发并运营了彩之云社区服务平台。彩之云社区服务平台以社区服务为基础，围绕社区基本服务和配套生活服务，为业主和商家提供对称的信息与交易平台，满足社区业主“衣食住行娱购游”等在内的主要居家生活服务需求。在提供全新的客户体验同时，彩之云以网络技术结合本地服务为主，为业主和住户打造一个一站式的本地生活服务平台。

彩生活已经初步形成了以深圳总部为基地辐射至西北、华北、东北、西南、华南、华东、华中等九大区域的战略布局。彩生活服务集团坚持“把社区服务做到家”的品牌理念，致力于为业主和客户提供家庭的全生命周期呵护，不断扩大公司经营规模，目前服务范围已扩展至香港以及新加坡、柬埔寨等海外市场。

二、企业经营状况

（一）经营业绩

2018年，彩生活继续夯实主营业务，并进行多维度的提升创新，在效率、运营、创新等方面取得了突破性的进展。2018年彩生活营业收入同比大幅增长 121.9%，净利润增幅高达 51.3%；合约服务面积已达到 5.54 亿平方米，平台服务面积达 11.22 亿平方米，业内规模优势明显。

1. 营业收入和净利润

2018 年彩生活规模扩张卓有成效，各项收益均实现较快增长。2018 年，彩生活营业收入达 36.13 亿元，同比增长 121.9%；同期实现净利润 4.85 亿元，同比大幅增长 51.3%。收益增长主要源于总建筑面积的增加，特别是收购万象美，使得服务面积大幅增加。此外增值服务业务发展也促使收益快速增长（图 1）。

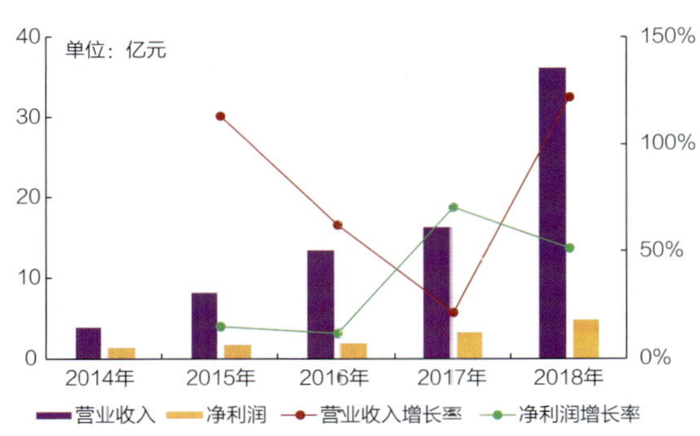

图 1　2014 ～ 2018 年营业收入及净利润

2．物业服务费收入和多种经营收入

2018 年，彩生活物业服务费收入 30.64 亿元，多种经营业务收入 5.50 亿元，同比分别增长 148.9% 和 38.53%。彩生活注重多元化服务在小区业主的拓展。2017 年，彩生活物业多种经营业务收入占营业总收入的 24.4%，多种经营稳健发展（图 2）。

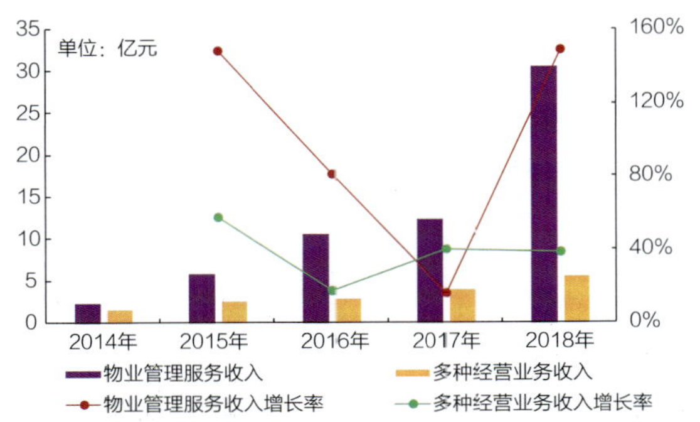

图 2　2014 ～ 2018 年物业管理服务收入及多种经营收入情况

3. 管理项目规模

彩生活自 2014 年上市以来，管理规模不断攀升，2018 年彩生活合约总建筑面积 5.54 亿平方米，合作面积 5.69 亿平方米，总平台服务面积 11.22 亿平方米，进一步巩固了行业内的市场领先地位（图 3）。

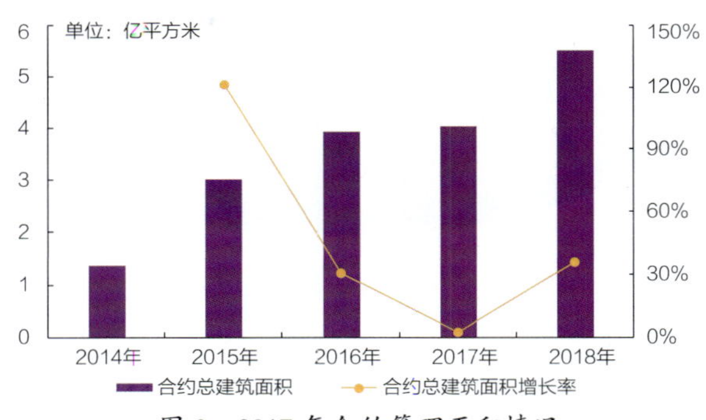

图 3　2017 年合约管理面积情况

（二）服务领域

1. 物业管理服务

主要包括以酬金制或包干制为社区提供服务；为房地产商提供预售服务（即交付前服务）；向其他物业管理公司提供顾问咨询服务。

2. 工程服务

主要包括设备安装服务（包括自动化及其他硬件设备安装服务及节能设备安装服务）；维修及保养服务；透过集团的设备租赁计划提供自动化及其他设备升级服务；提供节能服务。

3. 社区租赁、销售及其他服务

主要包括：提供网上推广服务；提供销售及租赁协助服务；提供其他增值服务。

（三）区域布局

彩生活已经初步形成以深圳总部为基地辐射西北、华北、东北、西南、华南、华东、华中等九大区域的战略布局。截止 2018 年底，彩生活服务集团进驻城市覆盖范围已延伸至内地 268 个城市及我国香港地区、新加坡、柬埔寨等市场，服务的住宅小区达到 2661 个。

三、服务、经营理念及特色、优势

致力彩生活打造“彩之云”服务平台，积极进行平台输出（图 4）。

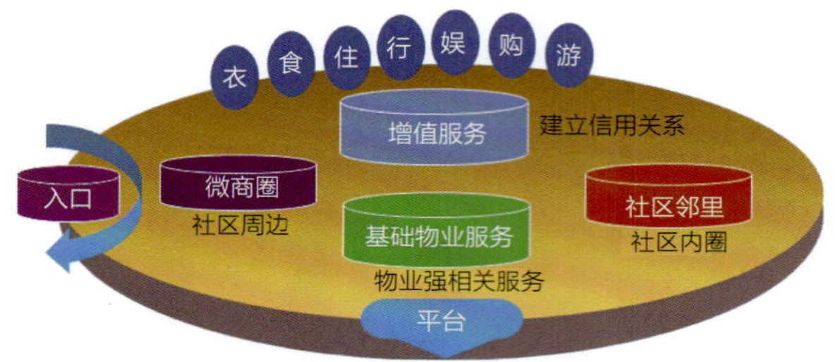

图 4　彩生活“彩之云”平台

彩生活寻求轻资产的扩张方式即平台输出战略。通过将成熟的彩之云平台向行业内的优秀合作伙伴输出，彩生活逐渐为行业赋能，用户规模也突破了合约管理面积的局限。积极打造小区服务的线上平台彩之云，通过围绕社区基本服务和配套生活服务，为业主和商家提供对称的信息与交易平台，满足社区业主“衣食住行娱购游”等在内的主要居家生活服务需求。

截至 2018 年底，彩生活通过平台输出扩张的合作及联盟建筑面积达到 5.69 亿平方米，同比增长 22.5%，加之合约管理总建筑面积 5.54 亿平方米，彩之云的平台服务面积已经达到 11.22 亿平方米。伴随平台服务面积的上升，用户规模优势得到进一步巩固。2018 年，彩之云平台的交易金额达到 94.48 亿元，同比增长 24.1%，带动增值业务收入同比增长 47.5% 至 4.08 亿元，溢利的贡献占比达到 33.6% 盈利质量大幅提升。

四、标准化工作推进情况

2018 年 3 月，彩之云社区平台启动“彩惠人生”，这是聚合社区衣、食、住、行、娱、购、游等供货商和服务商，把商家渠道费用直接让利给社区业主居民，实现 B2F（商家到家庭）无缝对接。

2018 年 6 月，彩生活凭借突出的规模优势、卓越的成长速度、过硬的服务水平以及在智慧社区生态圈社区服务平台建设的引领地位，荣获“2018 中国物业服务企业综合实力 TOP10”。

五、智慧科技运用状况

（一）通过“北斗七星”，实现基础物业管理职能的平台化

经过多年的物业管理经验积累，彩生活不断通过科技化改造，实现高品质的物业管理，并确保服务品质不会随管理半径的增加而下降。利用后台信息技术平台，将基础物业管理中的各类服务职能进行集约化、标准化、自动化，减少监督管理人员干预，进而降低人工成本，实现综合管理效率的提升。

2018 年，彩生活进一步实行订单化战略，拆分基础物业管理的全流程，以包产到户、多劳多得的方式，激励服务提供者的劳动积极性。具体来看，订单化战略目前主要在七大服务板块逐渐落地：E 安全、E 维修（包括 E 电梯）、E 能源、E 清洁、E 绿化、E 缴费、E 投诉。未来，会有更多的服务内容进行订单化改造，通过技术平台赋能，释放更多的劳动力（图 5）。

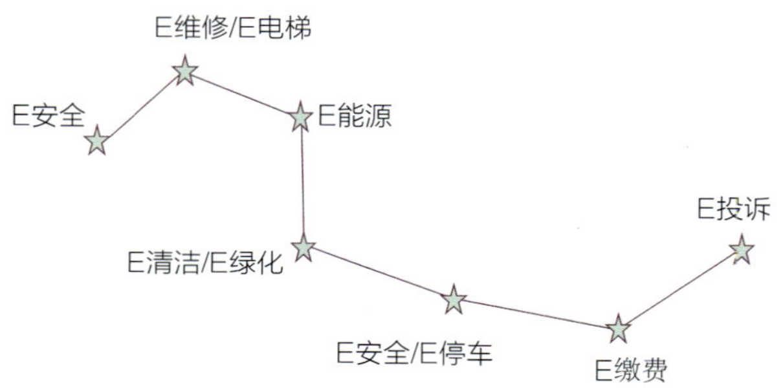

图 5　彩生活北斗七星战略

（二）彩惠人生将“缴费”转为“消费”，激活社区的消费场景

2018 年 3 月，彩生活与第三方合作并推出实现彩生活、供应商、业主三方共赢的“彩惠人生”服务平台。以“刚需”“高频”为基础，将大量家庭日常生活所需商品引入“彩惠人生”平台，帮助供应商节省营销费用，同时通过社区前置仓的设置节省物流等配送成本。供应商将其节省的部分费用和成本向业主返利，帮助业主进行物业费的抵扣与

减免。从“收费”到“消费”，“彩惠人生”初步实现了针对物业管理收费关系的一次创新。另一方面，这一模式将降低业主对于物业管理费的敏感性，降低物业管理费上涨的阻力，有助于彩生活获取物业管理费的定价权（图 6）。

图 6　彩生活“彩惠人生”——构建社区零售新模式

自上线以来，彩惠人生迅速获得了业主的认可。截至 2018 年 12 月 31 日，已有 26 万用户在彩惠人生平台上进行了交易，达成 1.8 百万个订单创造了 7090 万元交易额，冲抵了 3620 万元的物业管理费。同时，彩生活也在这个过程中不断激活社区的消费场景，创新增值业务的发展路径，提升品牌价值。

（三）延伸服务领域，构建智慧社区生态圈

彩之云社区服务平台在社区服务组织与供应上，坚持持续专注、开放的平台战略，通过孵化及价值链重构两条路径，与多家垂直服务供应商开展合作，同时，加速生态圈建设，构建具有区域特色的彩生活社区生态圈联动模式，将更多资源引入社区，提升社区价值。

彩生活以物业管理服务为基础，与业主形成天然连接，发掘业主潜在需求，进而开拓出更加广阔的增值业务空间。不断拓宽生态圈服务的外延，盘活社区商业资源，打造一个能满足业主家庭多样化需求的 B2F 生态圈。截至 2018 年 12 月 31 日，生态圈注册用户突破 2640 万，活跃用户达 140 万，活跃度为 53.0%（图 7）。

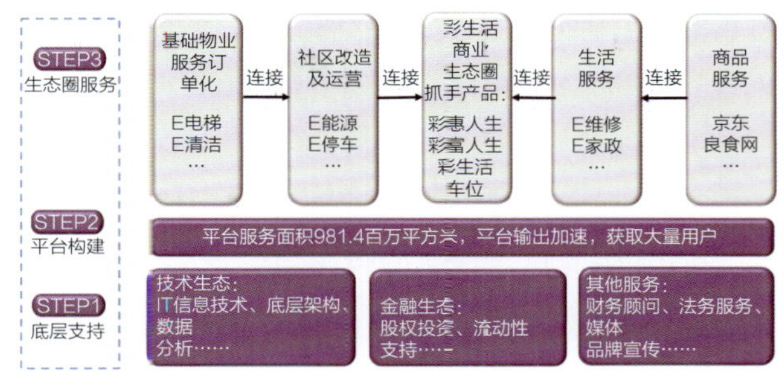

图 7　彩生活生态圈模式

六、社会责任

2018 年开始，彩生活慈善基金会与政府专业的慈善机构引领与带动下，共同推进社区文明建设，在社区里不断植入慈善与公益的项目，引导和打造社区居民向善的氛围。让社区居民文明底线得以提升，社会治安、人与人之间的关系、温度越来越好！

2018 年 3 月 1 日，“中国社区服务运营第一股”彩生活服务集团【HK1778】与深圳市慈善会就共建美好社区平台达成友好合作。双方共同将本着深入贯彻党的十九大精神，按照优势互补的原则，在彩生活社区内更好地推广慈善公益项目，促进社区和谐健康、可持续发展（图 8）。

图 8　彩生活慈善公益项目

2018 年 3 月，彩生活服务集团在全国各项目发起了“一起为了孩子”彩惠人生地球一小时联名

签署活动。呼吁居民关闭照明和家电设备一小时，表现对地球未来的关注，真正地为地球环境保护出一份力。鼓励大家为了我们的孩子，保护地球，一起行动起来。

2018 年 3 月，在“世界水日”之际，彩生活举办了“彩惠人生”世界水日汇流行动，呼吁更多人加入节水护水的队伍，共同维护水环境。

2018 年 5 月，彩生活服务集团【HK1778】举办的社区“公益彩课堂”活动荣获深圳关爱行动“百佳市民满意项目”（图 9）。

图 9 百佳市民满意项目

2018 年 5 月，彩生活服务集团联动旗下所服务的社区中老年居民组成的“彩惠人生 – 夕阳红义工队”，将成为社区里特殊的“监督团”、“宣讲使”、“慰问军”，扎根彩生活社区，参与社区服务监督、公益活动推广，繁荣社区文化，推动“共创美好社区”的落实（图 10）。

2018 年 6 月 2 日，彩生活服务集团正式加入“中国社区扶贫联盟”成为理事单位，并同步启动了与易居乐农的战略合作，共同构建社区精准扶贫模式的同时，推行共创社区美好生活事业的发展。不仅帮助业主吃到了好东西，又帮助了贫困户（图 11）。

图 11 构建社区精准扶贫模式

图 10 彩惠人生——夕阳红义工队

2018 年 6 月，银行、地产、食品行业企业社会责任案例分享会暨罗湖区党建与企业社会责任培力计划发布会在深圳市罗湖区建设银行大厦正式举行。彩生活服务集团助理总裁、彩生活慈善基金会负责人丁杨女士在活动中发表了以“彩生活－同心共创人文社区”为主题的演讲。

2018 年 12 月，彩生活服务集团荣获深圳物业管理行业协会“公益慈善突出贡献爱心企业”。

七、未来发展目标、发展战略

（一）基础物业效率革命

在万象美并入后，加速互联网网化整合，通过彩生活集中管控模式，进一步提升其运营效率；将保安、清洁、维修、绿化、装修、收费等基础物业服务进行互联网订单化管理，提升基础物业服务品质与效率，并推进实时结算机制，调动基层员工积极性，提升客户满意度。

（二）平台输出

服务规模是决定彩生活平台价值的关键因素；以平台输出的方式与行业内优秀的伙伴达成合作，加速平台服务面积的扩张。

（三）生态圈建设

通过独特的“线上＋线下”平台，有效的数据、信息、信用积累，实现高效的生态圈运营；将彩生活生态圈内丰富的产品和服务快速在万象美及其他非彩生活管理的社区进行复制。

（四）核心产品推进

推进“彩惠人生”构建社区新零售，形成物业管理费定价权；“彩富人生”建立物业费减免与投资理财需求的关系；通过“彩生活车位”与开发商建立良好关系，形成“饭票”体系。

力争行业前五，打造百亿物企

雅居乐雅生活服务股份有限公司

一、企业现状概况

（一）企业简介

雅生活成立于1992年，香港联交所上市公司，业务涉及住宅物业服务、高端商写资产管理、公共物业服务、社区商业，下设华东、华南、华北、华中、西南、西北、海南7个区域，业务覆盖全国25个省市自治区，合约总建筑面积为3.2亿平方米。雅生活背靠雅居乐及绿地两大股东，业务高速发展。

27年的深耕细作，雅生活已建立健全完整的服务体系及标准，拥有资深的专业管理人员及员工超30000人，服务业户超80万户，服务业主超200万人，服务项目超1000个，形成了“以爱筑家，呵护你一生”的企业文化。

（二）业绩公告

截至2018年12月31日，雅生活2018年收入约为人民币33.8亿元，同比增长91.8%。集团毛利约为人民币12.99亿元，同比增长118.4%。年度利润为人民币8.1亿元，同比增加170.1%。股东应占利润为人民币8.01亿元，同比增长176.5%。每股基本盈利人民币0.62元。经考虑集团业务发展需要及股东回报后，董事会建议派发2018末期股息每股人民币0.15元（税前）及特

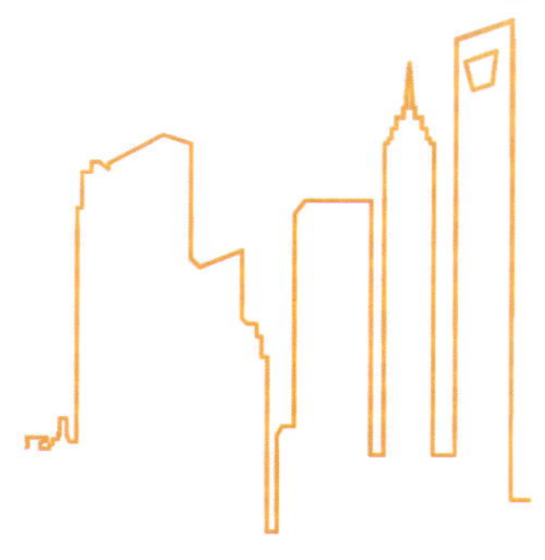

别股息每股人民币 0.15 元（税前）（统称“年度股息”），即年度派息每股人民币 0.30 元，派息比率为 50%。

物业管理服务、外延增值服务及社区增值服务三大业务分别以 34.8%、222.7% 及 183.7% 的增长率保持快速发展。

财务方面，雅生活 2018 年保持稳健，现金流充沛。截至 2018 年 12 月 31 日，集团经营现金流高达人民币 8.8 亿元，拥有现金及现金等价物人民币 48.1 亿，同比增长 446.5%。

（三）发展里程碑

● 2018 年 2 月 9 日，雅生活集团（股票代码：3319.HK）香港联合交易所主板挂牌上市；

● 2018 年 3 月 22 日，雅生活学院举行盛大的揭牌仪式；

● 2018 年，雅生活集团收购南京紫竹物业和深圳京基住宅物业；

● 2018 年 12 月，成立物业服务、资产管理、社区商业三大产业公司；

● 2019 年初，成立公共服务公司；

● 2019 年收购哈尔滨景阳物业、青岛华仁物业、广州粤华物业和兰州城关物业；

● 2019 年 5 月，荣获物业服务企业上市公司五强；

● 2019 年 6 月，荣获“2019 物业服务企业品牌价值 50 强”称号；

● 2019 年 6 月，荣获“蓝筹物业服务企业”。

二、企业经营状况

（一）经营范围

雅生活囊括了物业服务、资产管理、公共服务和社区商业四大板块，着力从主流住宅、高端豪宅、旅游地产的物业品质服务，专业、高端的商业管理，公建类物业服务以及社区商业经营四方面，为大小业主打造美好幸福生活。

（二）企业架构图

（三）高端商写服务情况

雅生活旗下的卓森资产管理公司团队由来自雅居乐、绿地、雅生活三家上市公司的优秀骨干，及国际 5A 商业写字楼管理专家组成，是目前中国高端商写资产管理领域的生力军。目前，卓森已建立成熟的商业写字楼服务标准及管理体系，拥有超过 500 人的专业管理队伍，在管高端商业、写字楼面积近 200 万平方米，合约管理面积超 600 万平方米，服务项目遍及一线城市及其他经发达地区。

（四）政府公建类服务情况

雅生活公共服务公司，以服务公建类物业为主，业务覆盖商业、医院、工业、办公、公众等物业。截至 2018 年 12 月 31 日，在管项目超 400 个，总在管面积超 8000 万平方米。

（五）多种经营服务情况

雅生活社区商业公司依托社区资源，围绕人、房、车、公共资源打造智慧社区，孵化各类社区商业服务产品，切实解决业主痛点、难点需求，全方位构建业主美好生活服务场景。设立社区商业事业部和地产服务事业部，集结了营销、广告、工程咨询、网络科技、家居智能、社区商业等业务舰队，全面推动社区经济稳步发展。

三、服务、经营理念及特色、优势

品牌定位：国内领先、国际一流的生活服务平台

服务理念：呵护你一生

（一）服务特色

1. 豪宅服务专家

自成立以来，雅生活一直专注于奢华豪宅的物业服务创新与管理。历经 27 年的发展，雅生活以港式服务的奢华标准，运用智能科技的创新技术，以及奢华豪宅的丰富经验，缔造一流的管家式服务体验，让业主尽享奢华生活。

2. 高端大盘服务专家

自 1997 年接管中山多个超大盘项目以来，雅生活一直是中国高端大盘物业服务的领跑者。目前，雅生活服务的超百万管理面积的大盘项目有 10 个以上：广州雅居乐花园、剑桥郡，中山雅建花园、凯茵新城，惠州惠阳雅居乐花园，河源雅居乐花园，海南清水湾等。

3. 旅游地产服务专家

雅生活的旅游住宅物业服务规模位列中国物业服务企业第一，旅游地产项目超 20 个，覆盖广东、海南、云南、湖南等多个区域。通过深入探索旅游地产物业细分领域的个性化、精细化、高标准的服务需求和特性，形成了具有雅生活服务特色的旅游地产物业服务体系。

4. 高端商写服务生力军

卓森，为第一而生。在卓森眼中，每一座商业物业都是地标。华中第一高楼、宁夏第一高楼、南宁五象新区第一高楼……这些“第一高楼”案例，见证着卓森的实力，亦令卓森在实现“中国建，中国管”愿景的路上，走得越来越稳健。

5. 公建类服务全覆盖

开创国家机关专业化服务先河。雅生活公共服务公司通过对国家和政府机关物业服务工作的实践和总结，形成了独具特色的管理模式，确立了公建物业实施专业化管理的领先地位。

（二）竞争优势

雅生活有五大核心优势。

1. 双一线地产（雅居乐控股＋绿地控股）背书；

2. 旗下有九大物业品牌（雅居乐物业、绿地物业、紫竹物业、京基住宅物业、华仁物业、景阳物业、粤华物业、城关物业、卓森资产管理）；

3. 四大产业（物业服务、资产管理、公共服务、社区商业）协同发展；

4. 香港联交所主板挂牌上市企业（股票代码：3319.HK）。

（三）业主满意度

雅生活除了提供基础的物业服务，比如保洁、绿化、环境、安防、秩序维护外，还包括满足业主的潜在需求。从品质服务来说，雅生活在基础服务方面有一套标准化的文件出台。在社区增值服务方面，我们雅生活也有乐享荟、科技、营销、广告、工程咨询等专业舰队为业主提供增值服务，全方位满足业主对美好生活的向往。

此外，我们在社区开展了丰富多彩的文化活动，包括社区业主才艺大赛、社区业主运动会、经理接待日、设备房开放日、便民服务日、南国书香节、百家宴、留学考察游、孔子开笔礼等活动，以此拉进和密切与业主的关系。目前，雅生活成立的业主兴趣协会 135 个，客户满意度水平 90.1%，远高于行业 70.5% 的平均水平。

四、标准化工作推进情况

雅生活的标准化体系，从 90 年代就开始一直在做。90 年代末雅生活做标准化体系时，使用了半

年的时间，几乎把所有的标准化文件全员都考了一遍，采取有效的辅导员制度，一一对应地教，做给员工看，让员工反复练习和修改。通过这样若干次的循环，全体员工把所有雅生活标准化的文件都背得滚瓜烂熟，然后再回到岗位实操，和标准化文件比对，才能逐步做到文件和实操的一一对应。

经过多年的努力和实践，雅生活在绿化、安保、清洁、消防等物业服务的方方面面都有标准化文件出台。目前，雅生活主要做的是以下几方面的工作：（1）广东省服务业先进标准体系试点（企业标准）；（2）牵头编制《住宅物业服务规范》（团体标准）；（3）参与《物业服务客户满意度测评》《物业服务安全与应急处置》（国家标准）；（4）企业标准的可视化，如设备房可视化标准、环境管理可视化标准等。

五、智慧科技运用状况

作为雅生活社区商业公司旗下的科技公司，雅天科技负责雅居乐社区的智能化建设与改造，经过 2 年多的时间，主要的智能化系统已经圆满完成落地，包括云门禁、云车场、EBA 设备监控系统、云呼叫中心。充分利用科技手段助力智慧社区建设，发挥了减员增效、增收节支的作用，取得了良好的效果。

雅生活集团雅天科技致力于房地产产业链数字化服务，依托物管经验和科研实力，已经研发上线了可持续发展的、软硬件系统全联通的雅智联超级云平台。

雅智联超级云平台从物业管理场景应用需求出发，聚焦社区整体智慧运营，切实解决物业管理痛点，以成熟的产品服务体系以及定制化的落地实施方案，打造先进信息化平台实现企业减员增效，提供智能化解决方案提高企业服务品质，研发上线集采平台为企业降本节支，创新落地金融保理、小雅快收等增值服务实现企业创收增益。

该平台针对物业升级发展中所面临的管理服务痛点，研发升级了“1 ＋ N”的产品体系，通过“一个平台＋四大 APP 移动终端＋五大智慧互联体系＋五大智慧物联体系”实现“人—机—物”的信息交互，不仅有效解决了以往存在的信息孤岛现象，还联动业主用户、物业人员、平台商家、联盟用户共享平台资源。而这些资源，在物联网链接中还可以应用于智慧城市、智慧园区等不同业态的智慧建设和管理服务实际需要中，实现资源利用的最大化。

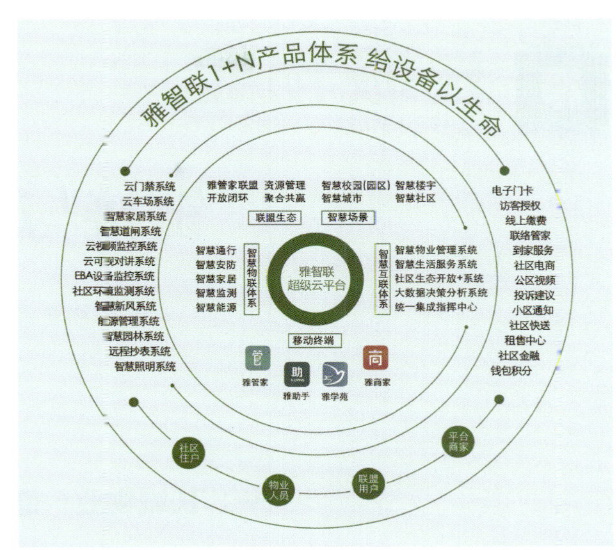

此外，雅智联还推出了“智慧物业整体解决方案”和“智慧社区整体解决方案”，直击目前物业服务企业“增收渠道缺失、运营成本增加、管理手段落后、业主美好生活无法满足”四大主要痛点，从业主智能化体验以及物业现代化管理两大方面着力，助力物业服务企业实现资源价值最大化、降本增效、节支增收等智慧运营。

六、未来发展目标、发展战略

雅生活集团已拥有 27 年物业服务经验，企业始终坚信为业主提供优质服务是物业服务企业的根基。2018 年，雅生活成功登录国际资本市场，开启企业发展新征程，在物业管理行业转型升级的背景下，企业将持续深化改革创新，拥抱资本，拥抱科技，把握市场机遇，充分尊重客户需求和体验，持续提升品牌美誉度，并进一步扩大业务规模，提升盈利能力。力争综合实力跃升至行业前五，到 2020 年达成百亿元营收目标。

链接与利他主义

长城物业集团股份有限公司

一、长城物业：值得托付＝诚意链接＋满意服务

长城物业创立于1987年，秉承“让社区变得更美好”的组织使命，以“成为社区生活方式引领者”为愿景，恪守“值得托付＝诚意链接＋满意服务”的核心价值观。经过30余年的发展，长城物业现已经成为中国最大的现代物业服务集团企业之一。近十年来，长城物业综合实力一直稳居中国物业管理行业前五强，且市场化运营连续12年保持行业第一。长城物业为社区提供服务的员工人数达三万多人，在全国范围内设立了华东、华南、华西、华北、华中、环渤海六大区域公司，物业服务范围覆盖全国31个省、自治区、直辖市的90余个城市、合约项目超过900个，合约管理面积超过1.9亿平方米。所服务的物业类型包括：居住物业（独立式房屋、多层、高层等）、商用物业（写字楼、物流园、工业园、商业综合体、销售案场等）和公建物业（行政办公、教育院校、医疗机构、城市公园、体育场馆、会展中心、交通枢纽等）。

二、三驾马车的社区生态发展模式

长城物业以“三精化”网格管理模式，着力打造“物业服务”、“社区商务”及“楼宇科技”三驾马车的社区生态发展模式，以“科技化＋人性化”的双驱动发展思路，持续创新引领行业转型升级发展。

在物业服务领域，长城物业设立了华东、华南、华西、华北、华中、环渤海六大区域公司，物业服务范围覆盖全国31个省、自治区、直辖市的90余个城市、合约项目超过900个，合约管理面积超过1.9亿平方米。

在增值服务领域，长城物业秉承包容式整合社区资源，共创共享行业社区生态圈价值。集团下属全资子公司——深圳一应社区科技集团有限公司，2016年获得国家高新技术企业称号。公司也是智能硬件国家标准和智慧住区建设评价标准两项国家标准的参编单位和起草人。通过一应云智慧平台，长城

物业将物业管理和社区经营进行深度融合，让“物业管理”和“社区经营”生态化发展产生更有价值的叠加效应。一应云智慧平台嵌入了长城物业 30 余年的实证管理经验，结合新兴的互联网思维、物联网技术与社区生态运营融汇成物业服务企业转型升级的一体化解决方案，通过社区生态的共同繁殖成长，形成相互依存相互促进的外生式发展生态系统，并最终促进物业管理的良性发展和社区生活方式的蝶变式进化。

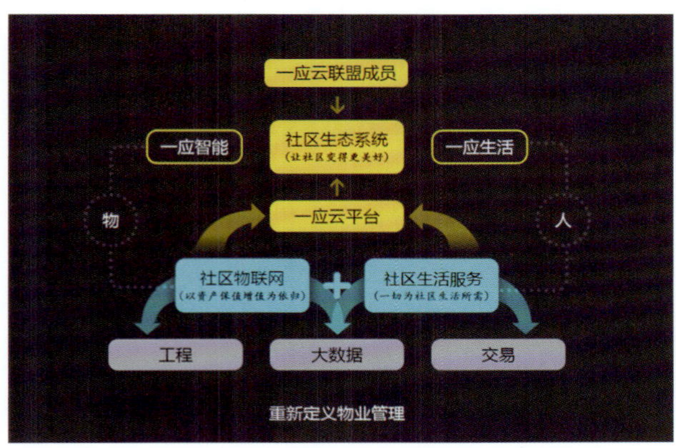

在楼宇科技领域，长城楼宇科技专注于楼宇设备综合服务，拥有近二十年的设施设备运行维护及建筑智能化、建筑防水等建安工程服务经验，能满足智能楼宇系统（BMS）、供配电系统、给排水系统、消防系统、电梯 / 自动扶梯系统（管理及销售）、空调系统、自动人行道等各类设施设备的管理需求。目前从事专业维保、施工团队达 4000 余人，承担 60 万余台设施设备运维任务，其中电梯维护保养数超过 10000 台。

三、市场化道路＋阳光物管模式

三十年河东，三十年河西，长城物业不忘初心，砥砺前行。早在 1987 年，长城物业顺应“深圳模式”，大胆创新，锐意改革，率先在市场的浪潮中淬炼自己，先后拿下“全国第一标”北京回龙观项目以及 2008 年北京奥运会国奥村项目等，奠定了长城物业的“黄金十年”，在全国物业管理行业发展史上留下浓重的一笔。在此之后长城物业在国际大型赛事、展会等相关领域积攒丰富的服务经验，为西安世界园艺博览会、天津达沃斯论坛提供世界级服务。2018 年，长城物业携手富龙控股，再次牵手奥运，为张家口富龙·四季小镇及配套滑雪场等提供物业服务。2018 ～ 2019 年，长城物业连续为首届进博会及第二届进博会提供部分物业服务。众多优秀项目，不断为长城物业名片增加含金量，长城物业始终走在行业市场化道路前列，连续十二年市场化运营全国第一。

从 2002 年开始，长城物业在与长城一花园的合作中摸索建立自己的“酬金制”实现形式——阳光物管模式。2005 年底，长城物业与长城一花园业主委员会签署了《长城一花园物业服务合同》，这是基于长城物业阳光物管模式的服务契约。通过“财务阳光、管理阳光、服务阳光”，充分保障业主对物业服务事务的知情权、决策权和监督权，让更多老百姓享有阳光物业服务。

四、智慧科技，成就美好社区

随着社区商务的快速发展，物业社区成为商家必争之地，行业边界正在模糊。移动互联网及物联网技术的广泛应用，资本的入局，物业管理行业进入前所未有的混沌期与大发展时期。

长城物业利用移动互联网＋社区物联网技术对 IT 系统进行改造升级，在业内首创“一应云智慧社区服务平台”（简称“一应云智慧平台”），并以平台为基础，进行组织重构，在传统物业管理业务基础上，大力开展社区商务业务，这是长城物业新时期发展的重点。2015 年，长城物业联合业内多家优秀物业服务企业共同发起成立“一应云联盟”，倡导“开放、合作、共享”的理念，通过一应云智慧平台及“三精化”的网格管理模式的推广，有效地帮助其他物业服务企业全面升级，努力构建物业和社商“双生态圈”。目前，一应云联盟链接了 580 家物业服务企业，在 160 多个城市中覆盖的物业管理面积超过 12 亿平方米，服务社区超过 8300 个，服务家庭超过 920 万户，是中国物业管理行业最大的行业联盟。基于服务平台和资源，长城物业形成了全生命周期的物业服务产业链和社区生态圈。长城物业也由此转型为社区生态运营商。

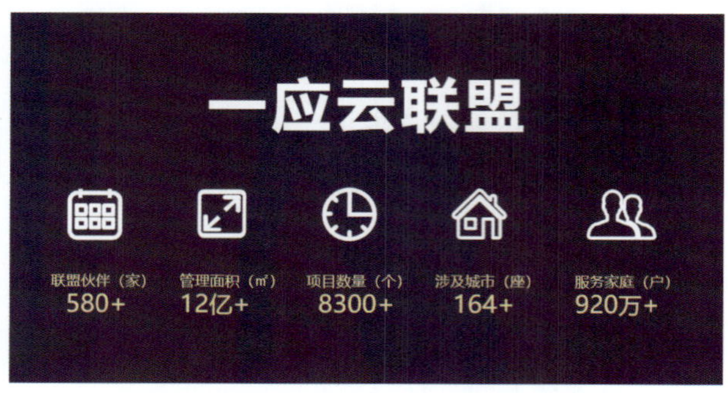

五、绿色生态＋智慧生活＝绿色智慧社区

随着城市化程度越来越高，居民生活水平不断提高，智慧城市建设越发迫在眉睫。社区是智慧城市建设的最终体现，智慧社区是智慧城市的最后一公里，智慧社区建设也是物业管理行业的工作重点之一。2013 年及 2014 年，深圳连续两年将“智慧社区”建设试点工作列为市政府民生实事之一，共计启动了包括长城物业在内等 82 个小区的“智慧社区”建设试点。小区实现了环境美化、节能节水、垃圾分类、智能家居、安防监控等物业服务，让社区居民生活更加智能化、便捷化。2018 年 6 月，长城物业携手中美绿色基金，未来将顺应绿色发展和智慧城市建设的趋势，共同探索绿色智慧社区的发展之路。

绿色智慧社区与长城物业的组织使命“让社区变得更美好”的内涵是高度契合的。长城物业立足社区，选用清洁能源及高效能源体系以及配套的技术节能举措来实现节能降耗，会降低对传统能源体系的依赖，减少环境承载力，这也是国家推行节能降耗的重要组成部分之一。毫无疑问，绿色发展已成为我国“十三五”乃至更长时期经济社会发展的主旋律，长城物业将顺势而为，与祖国同频共振，积极投身绿色发展事业，这是长城物业的战略选择。

六、公益扶贫，建功进博

长城物业积极履行企业社会责任。作为扶贫事业的践行者，2018 年，长城物业联合一应云联盟伙伴积极投射公益扶贫事业，携手东方卫视、易居中国和新浪微博联合出品的《易居乐农——我们在行动》明星公益扶贫助农节目火热播出。节目中，一应云联盟专项扶贫共认购 230 万元特色农产品，其中长城物业认购额 103 万。通过一应生活 APP 平台，长城物业与联盟伙伴帮助贫困山区人民打开当地特色农产品对外销售渠道，从根源上提高当地村民的生产及销售能力，实现家家户户增收，达到真正意义上的脱贫。

2019 年 11 月，长城物业再续与中国国际进口博览会的缘分。自 2018 年首届进博会成功举办以来，虹桥世界中心长城物业团队，以卓越的服务和满意的保障，多次获得进博现场指挥部领导的慰问

和嘉奖。2019 年响应上海物业管理协会“不忘初心，建功进博”的号召，长城物业在园区服务与护航进博方面全面提升部署，提出了“为进博盛会筑服务长城，为长城品牌筑品质标杆。”的高水准服务要求。在园区安防、礼宾接待、停车场管理、设备设施维保、保洁、园艺、商务服务等方面全面提升。

据统计，第二届进博会期间，虹桥世界中心园区长城物业共流动接待了将近 50 个团组外宾，保障 3 万余车次停车服务。其中遇到一些突发状况，也在大家的齐心协力下，圆满完成所有任务。长城物业服务团队始终保持对岗位工作高度的专注意识和高昂的工作热情，连续两届进博服务工作得到了社会各界及行业内外的一致好评，应勇市长对第二届进博会期间各单位服务保障团队给予高度赞赏。

七、利益他人，基业长青

今天，中国从“高速成长”到了“高质量发展”的新常态，商业本质正在升华。把商业变成利益人心的平台。企业又该如何赢得客户的心呢？唯有回归商业本质，去利益他人，开发人心红利，将“文化软实力”转化为“战略硬实力”。

值得托付＝诚意链接＋满意服务，是长城物业的核心价值观。值得托付的背后必然是链接、链接的背后必然是信任，信任的背后必然是诚意，成就同事，成就客户，成就事业伙伴，以“心”的链接融为一体，这是长城物业的立足之本。长城物业自上而下 30000 多名员工将一直践行“主观利他（员工、客户和事业伙伴），顺带利己”的企业文化，以至诚之心构筑社区人彼此之间“心与心”的链接，将“陌生人社区”变成“熟人社区”，让社区变得“安全、完好、整洁、便捷、温馨”。只有这样，长城物业才能实现基业长青，实现成为“百年老店”的梦想。

JINKE 金科服务
美 好 你 的 生 活

用温暖的初心，做有温度的智慧服务

金科物业服务集团有限公司

一、企业现状概况

1998年，金科服务成立。21年来，金科坚持以客户满意为核心，与城市共生共融。经过多年的积累和发展，已成为全国领先的科技型龙头服务企业。金科服务顺势国家智慧城市战略，制定了以“服务＋科技、服务＋金融、服务＋生态”的科技生活服务战略。现在，金科服务已进入北京、重庆、天津、武汉、南京、成都、沈阳、郑州、长沙等179座城市，服务700多个项目，管理面积超过2.8亿平方米，为全国一线高端住宅、商业楼宇、产业园区、政府公建、文旅景区等业态在内的全球数百个合作伙伴，提供智慧服务综合解决方案。

金科坚持有质量的高速成长，连续5年保持中西部市场占有率第一，连续8年业主满意度超过90%，2018年品牌价值达69.02亿元。建设了全国首个服务大数据中心、首个客户云服务中心。除物业服务收入外，社区家庭服务、园区企业服务等增值服务产值超过25亿元，社区金融规模超过50亿元，每

年组织业主出游人次超过 10 万人。“金管家”“金悦家”“金慧家”三大体系，已全面覆盖全国 150 万户中产家庭，服务于 500 万业主。

金科服务秉承“共融、共建、共享”的发展理念，与多级城市政府、企事业单位、城市高新区、企业园区建立长期战略合作伙伴关系，并携手越来越多的世界 500 强、中国 500 强企业，不断开创服务新纪元，实现我们对于美好生活的向往与追求。以客户需求为中心，建立“前介管理、地产咨询、物业服务”三位一体的全生命周期服务价值链。

二、服务领域

金科服务管理形态由单一到多元，目前已涵盖住宅、写字楼、商业、酒店会所、高校、政府部门办公楼、科技产业园等诸多物业类型，业务范围涵盖小区前期规划、秩序维护与清洁服务、园艺绿化设计及养护、设施设备集约化管理、楼宇智能化设计与施工、会所经营、房产经纪、家居装饰、社区资源经营等诸多领域。

（一）金管家体系

1. 前介管理：金科服务从“方案设计阶段、施工图阶段、施工交付阶段”三方面的专业管理，将业主需求植入地产开发，降低地产前期造价成本、物业后期运营成本，从而提升项目整体效率及客户满意度。

2. 地产咨询：通过“示范区标准化＋差异化服务体系”体系，从“案场服务、应急服务、客户增值服务”三方面进行触点设计，为地产提供开盘、运营、客户分级、准客户关怀等多角度服务，助力地产营销，同时让客户体验美好。

3. 物业服务：把服务定义为“心・悦”，强调在服务过程中与业主的“两心相悦”以及居住社区的赏心悦目，围绕“物业服务体系、分阶段服务体系、点评验收管理体系”三大体系，“大管家平台、大社区平台、大运营平台”三大平台，为业主提供“两心相悦”的物业服务。

大管家平台：以降本增效为核心，基于服务品质管控的 SAAS 平台。从接房管理、基础信息维护、验房管理、报事跟进、装修管理、巡检巡更到知识库沉淀，让业主的需求得到快速反馈和解决终端的物业管理赋能平台。

大社区平台：基于智慧社区构建的智慧服务平台。以千万级用户设计平台，以“资产”“健康”“管家”“生活”为服务主线，现已全面接入无人超市、智慧出行、智慧家居、智能生活配套等的“智慧＋”生态体系。

大运营平台：基于全生命周期覆盖、全节点自

动派单、自动跟进监督的系统化管控平台，可全面实现全生命周期的节点控制管理能力。

（二）金悦家体系

以“便利更好、成长更好、健康更好、邻里更好、居家更好”五个更好为导向，为业主提供全方位的家庭生活服务，一站式智慧家居服务、邻里出游服务，安全高效、值得信赖的金融资产服务，多维成长的社区教育服务，24 小时智能问诊的远程医疗服务等，全方位升级社区生活方式。

1. 家居服务：金科家居中心

金科家居中心是金科服务打造的一站式放心家居平台，旨在为业主提供一站式拎包入住服务，从装修、主材、家具、家电、软装到售后服务，通过整合产业链资源，为业主减少更多中间环节，无论是个性选择，还是批量定制，为实现你的美好家居生活梦想而努力。

2. 租赁资产服务：金科租售中心

金科资产管理中心是基于二手房产置换及服务、提供银行认可的资产评估体系以及专业的个人金融理财服务。具有专业租售服务人员，精准地了解业主需求，悉心为业主快速的租售房屋，从而满足业主不动产增值保值的需求。

3. 家庭生活服务：金科生活供应

金科新生活，围绕你的生活需求量身打造的生活产品服务，提供果蔬生鲜、休闲食品、粮油农副、精品礼包、智能产品等购物内容。只需一键下单，直接配送到家。同时，还有专业家政服务平台“金科好阿姨”。平台提供日常保洁（包月清洁、计时小时工等）、家电清洗、窗帘清洗、甲醛治理等服务。只需一键下单，即可享受上门服务。

4. 旅游票务服务：康程国际旅行社

金科拥有专业旅游公司为业主提供一站式邻里出游平台，儿童游学、青年自驾游、老年周边游、金科邻里万人游等形式的邻里出游，社区服务人员全程呵护。截至目前，金科邻居们的足迹已遍布国内外，从厦门、三亚、北京、桂林、中国台湾到韩国、德国、意大利、瑞士、美国、俄罗斯等。

5. 社区金融服务：小金牙金融平台

金科金融资产事业群打造特有的金科社区金融信息服务平台，致力为业主提供安全、高效、值得信赖的互联网金融服务，让业主赚得多、赚得稳、赚得久。住金科好房、享金科服务，让你的生活更美好。

6. 社区教育服务：金科悦读佳教育平台

悦读佳是金科服务旗下专业社区教育品牌，专为社区 0 ～ 7 岁孩子及家庭打造的以绘本剧场、阅读指导、多维成长课程、创意主题课程、儿童兴趣拓展等项目为主要内容的儿童悦读成长平台。通过自主特色研发与优秀项目招商引进相结合的方式，为业主家庭打造便捷、愉悦的亲子互动空间，并整合专业、系统的教育服务资源，以孩子的快乐成长与家庭的亲子和谐为己任，构筑美好未来，让孩子在未来更有竞争力！

（三）金慧家体系

以“社区智慧决策、大数据研究、AI 智能服务”为基石，服务平台已全面实现“数据可视化、管理信息化、服务智能化”。从智慧咨询服务、智慧物业运营、智慧园区运维、智慧城市管理四大方面，参与中国多个城市的智慧化建设，助力国家智慧城市战略的全面落地。

（四）区域布局

20 年的发展，金科服务连续多年都保持着高质量的增长，目前已进入北京、重庆、天津、武汉、南京、成都、沈阳、郑州、长沙等 179 座城市，服务 700 多个项目，管理面积超过 2.8 亿平方米，金科服务依托于自身特有的大数据体系，稳健布局，深耕重点城市，聚焦最核心与最有潜力的成渝经济圈、京津冀、中原城市群到长三角经济带。

其中，在中西部区域，金科服务的管理面积已经超过 9000 万平方米，集中在中西部枢纽中心城市；浙江和郑州成为长三角、环渤海区域面积增长最快的城市，多样化的外拓策略、高质量的服务品质以及专业的管理能力强有力地支撑了金科服务在全国的快速发展。

三、物业服务特色及优势

（一）有温度的社区服务

随着社会发展不断向前，人们在物质需求之外也越来越重视精神和文化生活。打破邻里隔阂，再现睦邻社区已经是全社会的共鸣。

作为行业内“邻里文化”与“人文社区”的首倡者，从 2008 年开始的“邻里万家宴、邻里万人游、邻里艺术节、邻里亲情季、邻里运动季、邻里踏青季”等六大万人邻里平台，到如今每年的大社区志愿者日、福邻社等社区公益平台，11 年来，金科已在全国 700 余个社区举办了数万场邻里活动，已经形成了一个高满意度、高忠诚度的美好生活共同体。数据显示，金科服务进驻的项目的满意度呈逐年增长趋势，即便在房闹频出的 2018 年，金科服务也实现了业主整体满意度、交付期满意度和业主忠诚度的逆势上涨。

（二）完整成熟的管理体系

为了保证业主的美好生活品质，金科服务制定了一套完整的管理作业标准体系。该体系由 40000 余条标准构成，涵盖了服务流程设计、服务沟通、园区数字化管理、安全防护管理、园区环境等十大方面，严格把控社区服务质量。金科还创新组建了“飞行团”——由一群专家组成的专项团队，他们奔走于每个金科服务项目之间，对各项目进行专业支持，以确保金科的每个项目拥有相同的高品质，确保新拓展项目和自有项目具有相同的竞争力。

（三）智慧加持让业主生活无忧

如何将科技运用于物业服务，保障业主的生活品质，金科一直有自己的理解。从 2016 年开始，金科逐渐为其有温度的服务注入“智慧基因”，社区大数据中心、客户云服务中心的科技赋能、申报多达 20 余项智慧科技专利，并在 2019 年初完成了《企业知识产权管理规范》GB/T 29490–2013 标准认证，成为国内第一批完成智慧社区领域知识产权贯标的社区服务商。

金科大数据中心、云服务中心两大系统集软件数据、硬件数据、互联网数据和基础生活数据于一体，为未来智慧化社区管理提供深度决策支撑。通过打通应用层管理端软件的各个数据接口，再将管理层母体软件数据通过数据分析模型进行逐个输出，最终得到以地理位置为属性的人、物、事以及所关联的消费、社交、习惯的综合数据画像，集成在“云车管、云监控、云平台、云数据、云客服、

云消费”为一体的六大云端平台，从而真正意义上做到“人＋云＋端”的社区生态闭环，让服务企业在未来实现真正意义上的商业模式重塑。

以城市的智慧园区运维为例，目前金科服务已经为山西智慧科技城、重庆两江科技健康城、湖南长沙科技新城、山东齐鲁创智园、江苏无锡生命科技园等全国 17 个城市的 30 多个项目提供智慧运营解决方案，极大地提高了产业园区的服务品质和运营效率。

四、结语

城市对物业的需求进一步扩大，服务企业也需要顺势迭代，以更加快速的姿态融进社区生态的星辰大海。以温暖的初心，做有温度的智慧服务，这是金科服务高质量增长的核心所在。

中海物业

美好向新

中海物业集团有限公司

一、企业现状概况

依托30余年的成功实践与国内一流的“专业物业服务团队+集团化运作”的管理模式，中海物业集团有限公司秉持“成为卓越的国际化资产运营服务商”的愿景，2018年全面面向市场，为各类客户提供规范化、精细化、专业化、定制化的服务，为合作伙伴创造更高价值，为行业发展添砖加瓦。

截至2018年12月31日，集团全年营业额为港币4154.7百万元，较2017年增加23.7%，经营溢利上升27.5%至港币558.0百万元。公司拥有人应占溢利增加31.1%至港币402.1百万元。每股基本及摊薄盈利为港币12.23仙（2017年：港币9.33仙）。股东权益平均回报率为40.7%（2017年：36.7%）。

2018年，集团确立了“持续提升客户满意度和经营规模，以改善基础物业管理服务不足之处，并借助物联网平台和移动互联网平台为营销渠道，以提

升非基础服务收入占营业额比重”的整体发展策略，全面面向市场，拓展业务。

年内，集团接获新增或续约之物业管理合约额约达港币 838.3 百万元，于 12 月底，集团管理中物业之总建筑面积较 2017 年年底增加 9.8% 或 12.6 百万平方米至 140.9 百万平方米。其中，透过加强对商业及政府项目的拓展，2018 年新增管理面积达 2.3 百万平方米，包括北京雄安发展新区首个起动项目——雄安市民服务中心、深圳市当代艺术与城市规划馆提供专业设施管理服务；同时集团在港澳地区进一步取得多项大型及地标性的设施管理合约，包括港珠澳大桥口岸、西九龙高铁站等知名地标项目，令集团囊括全港 15 个出入境口岸中的 12 个服务合约；此外，还夺得香港司法机构辖下所有物业的管理合约。

二、企业经营状况

（一）物业管理服务

截至 2018 年 12 月 31 日，物业管理服务收益占总收益之 90.1%（2017 年：92.2%），较 2017 年增加 21.0% 至港币 3745.1 百万元（2017 年：港币 3094.7 百万元）。物业管理服务收益上升主要来自于：① 我们在管面积的上升；②于过往 12 个月，人民币兑港元平均升值的影响。

（二）增值服务

截至 2018 年 12 月 31 日，增值服务分部收益占总收益比例增加至 9.9%（2017 年：7.8%），较 2017 年大幅上升 55.7% 至港币 409.6 百万元（2017 年：港币 263.1 百万元），其中，以兴海物联为首之工程服务子分部收益及以优你互联领军之小区资产及服务营运平台子分部收益分别大幅增加 73.8% 及 44.9% 至港币 170.9 百万元及港币 238.7 百万元（2017 年：分别为港币 98.3 百万元及港币 164.8 百万元）。

三、服务、经营理念及特色、优势

（一）积极进取、稳健负责的经营理念

集团以“拓展幸福空间，服务美好生活”为使命，致力于以“精细、专业、诚信、和谐”的企业精神践行“物有所依，业有所托”的承诺，从而向“成

为卓越的国际化资产运营服务商”不断迈进。

（二）优质可靠的服务质量

集团始终坚持以客户为中心的质量管理，并基于不同建筑及客户需求，建立分级服务产品菜单，打造分级服务品牌，致力于为客户提供专业化、定制化的房地产全价值链服务，为客户营造优质的工作与居住环境。

（三）创新的优你互联与科技物管体系

集团持续投入创新研发，自主研发的建筑物联网运行平台及人工智能技术已在 800 多个项目全面落地应用，助力转型升级、提质增效；同时，推出优你互联 O2O 产品，为客户提供多元服务体验，实现客户生活质量与物业价值的双提升。

（四）强有力的人力资源保障能力

集团构建“工匠体系”，通过系统化、有针对性的人才培养与储备方案，建立起一支适应整体业务需求、结构合理、层次分明的高技能人才队伍。

（五）以小区为导向的公益投入

集团依托与小区的亲密关系，在全国小区持续开展“小业主成长体验营”、“欢乐家庭节”等系列小区活动，推进慈善公益项目，弘扬孝老爱亲、邻里和谐互助的小区文化，关爱社会弱势群体，履行对社会公众的责任。

（六）环境友好的发展模式

集团高度重视营运的环境效应管理，通过建立能效管理绩效考核机制、定期识别重要环境影响因素、开展绿色环保宣传活动等途径，评估并加强管理营运对环境的影响，提升员工及公众对环境保护的重视，践行绿色营运之道。

四、标准化工作推进情况

为进一步提升基础物业服务的质量，集团开展以“树专业典范，建美好家园”为主题的一系列标准化建设工作。

集团制定并实施《样板门岗建设工作指引》《精品中控室建设工作指引》，树立中海物业“样板门岗”和“精品中控室”的服务品牌，进一步提升安管门岗与中控岗的服务质量；以及《清洁类分包管理工作指引》《绿化类分包管理工作指引》，修订原有《小区清洁外包合同》《绿化养护合同》《绿植租摆及养护合同》等清洁、绿化分包管理工作指引，以更为客观公正地评价清洁、绿化分包服务商的服务质量，促进提升项目环境整洁与美观度。

集团在全国项目实施机房标准化管理，推广实体移交验收及整改标准化和设备系统操作培训标准化工作，建立设备维保标准、设备巡查标准和红旗设备考评办法，加强包括设备移交验收、操作培训、维保、巡查等的设备全生命周期运维管理的规范性。

2018 年 7 月，参与物业管理行业三项国家标准(《物业管理术语》《物业服务顾客满意度测评》《物业服务安全与应急处置》）的编制工作，并有幸成为《物业服务安全与应急处置》的编制组长单位。

五、智慧科技运用状况

集团采用“物联网＋小区”及“互联网＋小区”的方式，打造以智慧小区建设为核心的“新型科技物管服务体系”，为企业信息化建设、更优质的服务输出和可持续的小区生态打下了坚实的科技基础。

（一）邻里生活好助手：“优你家”APP 应用

集团为业主打造专属的“优你家”APP 小区服务平台，目前已应用于所有在管住宅项目。“优你家”APP 可提供手机蓝牙开门、在线缴费、公告公示、报事报修、信息查询、管家呼叫等便捷的物业基础服务，及团购活动、家居装修、到家服务、旅游门票等优质、优惠的小区增值服务，全方位满足业主的美好生活需求。同时，“优你家”APP 亦是邻里社交的良好渠道。

（二）在线运维新模式：智慧设备设施管理平台上线

集团建设有智慧设备设施管理平台，重构了设备设施的运维模式。该平台可实现设施设备信息管理、运维管理、操作规范查看、专家资源与知识查询等工作的在线操作，并内嵌运营指标体系，支持自动统计分析行程工作报表，从而推动设施设备管理维护工作效率的提升和规范性的加强，有效改善工作效率、服务效能及客户满意度。

（三）建筑管理智能化：建筑物联网运行平台开发

为提升建筑设施设备管理的智能化程度，集团设立兴海物联科技有限公司开发建筑物联网运行平台，目前已基本完成 1.0 版本的开发，实现基础功能板块（报事管理、信息中心、个人中心功能）、物联监控板块（人行出入、车行出入、云对讲、视频监控功能）、应用管理板块（质量管理、舆情管理）及业务配置板块四大板块功能。

六、社会责任

集团各地区公司积极开展推动文化体育事业发展、扶助贫困地区居民、助力贫困学子教育、关怀社会特殊群体、环境保护等义工项目与捐助活动。2018 年，集团总共开展公益慈善项目 60 个，募集业主捐赠人民币 1,041,197 元，活动参与义工达 13,593 人次，投入义工时间 336,853 小时。

（一）风雨同行，抗击台风“山竹”

2018 年 9 月 16 日，台风“山竹”以 14 级的超强风力在广东沿海一带登陆，17 日凌晨，广东省发出史上最大规模台风预警，珠三角沿海全线红色预警。中海物业 11 城联合抗风，投入人力超过 20,000 名人次，在保障员工生命安全的前提下，高效分发防风用品，疏通排水管道，阻挡暴雨漫灌，清理被吹倒的树干，密切关注台风路径，严阵以待，做好全面的预警工作，确保应急物资器材全部到位，竭力保障客户的生命财产安全。由于集团在“山竹”台风中准备充分、反应及时、预警到位，多个地方军队均送来表扬信及感谢信。

（二）汶川马拉松赛事

2018 年 5 月 13 日，2018 汶川马拉松赛在汶川县映秀镇爱立方鸣枪起跑。为响应生命的号召、迎合“新生”的意义，本次汶川马拉松主题为“生命的赞歌—感恩奋进　康养汶川”。集团派出了 100 名志愿者积极投入到比赛的保障工作中，为赛事的成功举办贡献了力量。

七、未来发展目标、发展战略

经过三十余年努力不懈，集团获取了强大的品牌和市场领导地位。面对城镇化、现代化进程带来的发展机遇，房地产、基建业表现持续强劲，加上政府和物业管理行业的相关政策配套逐步完善和放开，集团坚定信心，谨慎制定如下战略规划，务必达到业务持续增长，确保维持行业龙头的目标——积极对外拓展，实现规模与效益快速增长；巩固服务质量，提升客户满意度，创立行业标准；由基础物业管理向资产管理升级；稳步发展增值业务，形成新的利润增长点；积极利用新科技和信息化手段，提质增效；为集团长远发展提供强而有力的人力资源保障；努力践行社会责任。

展望未来，我们认为行业迎来了蓬勃发展的历史机遇，包括集团之控股股东中国建筑集团在内的十家央企已成为国务院国资委列为创建世界一流示范企业，将为集团带来更多发展机遇。

Gemdale 金地物业

倍速成长，科技铸能

深圳市金地物业管理有限公司

一、企业现状概况

金地物业成立于 1993 年，是金地集团旗下提供物业管理服务、资产和客户资源运营的平台，中国物业管理一级资质企业，中国物业管理协会名誉副会长单位，深圳市物业管理协会副会长单位。

金地物业起步于深圳，在全国华南、华北、华东、华中、西北、东北、东南、西南等区域大中城市落子布局。截至目前，金地物业覆盖 100 余座大中城市，服务近 100 家政府机构、开发商、知名大型企业总部、物业服务企业，管理项目包括中高端住宅、产业园、学校、商写、政府机关等多种业态，线下签约面积近 2 亿平方米，用 SaaS 来进行线上服务的面积则有 3 亿平方米。

金地物业的服务品质在行业内有口皆碑。金地物业 2009—2019 年连续 11 年荣获中国物业服务百强企业；2019 物业服务企业品牌价值 50 强第 2 名；盖洛普客户满意度达 97%；2019 中国房地产 500 强首选物业管理公司 10 强；2018 年物业服务企业综合实力测评 TOP10；2018 中国物业管理企业综合实力 10 强；2018 中国蓝筹物业 30 强；首届国际品牌周“深圳知名品牌”。

公司荣获“2018 中国人才管理典范企业”、“2017、2018 年度中国人力资源管理杰出奖”、第九届人才发展菁英奖创新企业、最佳学习项目、“2016 年度企业人才发展优秀企业”、“最受大学生欢迎企业奖”、“2016 中国年度最佳雇主深圳 TOP10”；当选中国物业管理行业媒体协作网首批轮值主席单位。

二、企业经营状况

“不忘初心、方得始终”。面对纷繁复杂的市场环境，金地物业人贯彻“品质为基”理念，秉持工匠精神，努力践行“精品服务　真情关爱”的服务理念，顺应规模化发展，以市场导向为基础制定不同的服务标准，不断地改进、提升、创新，得到地产开发商、大型机构以及业主的广泛认可，历年满意度调研结果持续领先，多年荣获中国物业服务百强企业服务质量领先企业、中国房地产 500 强首选物管品牌。

在住宅物业服务方面，金地物业在管的项目包括深圳中兴人才公寓、沈阳华府丹郡、南京颐和南园、金华金地天御、北京金地华宸、杭州金地天逸、北京金地名京、深圳金海湾花园以及青岛金地悦峰等项目，金地物业还推出了 26° 管家服务。26° 管家的服务口号是“恰到好处的舒适”，这不仅是金地物业管家服务高于书面标准的自我要求，更是对个性化精准服务体验的“舒适”表达。金地物业始终坚持“客户满意是检验工作的最终标准”，致力于打造有温度的居住社区。

2018 年金地物业进一步加快非住宅业态拓展力度，推出商业服务品牌——金地商服，与香港品质保证局等国际专业机构一起搭建了完善的商业资产管理、各种业态类型的产业园、企业总部服务的管理体系和服务流程标准；2019 年，金地物业先后加入物业管理（高校）企业联盟、物业管理（产业园区）企业联盟，聚焦商业存量物业（资产）的服务，开展以资产管理为主、智慧化物业服务＋企业（总部）服务为辅的业务发展模式。其中资产管理业务涵盖策划咨询、招商运营、智慧平台服务、资本运作等四大类服务板块，为商业物业（资产）的管理运营提供更加综合全面的服务方案。

在管商写项目包括深圳中海油大厦、北京金地中心、深圳金地中心、深圳联想研发中心、深圳中心以及珠海三一南方总部大厦；在管产业园项目包括重庆西永微电园、深圳福田体育公园、深圳金地威新软件科技园、珠海金地动力港、深圳迈瑞光明产业园；在管高校项目包括武汉学院黄家湖校区、湖南大学两山一湖校区、江苏开放大学定淮门校区、南京邮电大学物联网科技校区、西安交通大学创新港；在管金融类商业项目包括中国农业银行以及招商证券；2018 年金地物业正式落地美国，在美国服务的商业项目分布纽约、洛杉矶等 5 大城市。

金地物业旗下智慧享联于 2015 年成立，经过 4 年的发展，金地物业依托物联网、大数据、云技术及人工智能等创新科技，搭建物业云平台和社区物联网。智慧享联具有丰富的信息系统和互联网产品开发经验，为客户提供“互联网＋物业、互联网＋物联网、互联网＋云服务”三套不同的解决方案。

深圳市金地楼宇工程有限公司是金地集团股份有限公司旗下的全资子公司，隶属于金地物业管理集团，金地楼宇提供涵盖居民住宅社区、城市综合体、工业综合园区等多元态的综合解决方案及楼宇设备管理方案。

深圳金地荣尚荟服务有限公司是金地集团旗下专注于高端物业服务和资产运营管理的专业机构，首家拥有国内、国际双重知识产权注册商标的物业资产服务品牌，导入香港品质保证局（HKQAA）管理体系，提供高端物业服务、企业总部服务、公共类不动产服务、公寓运营四大服务模式。

金地物业在全服务产业链建设方面，紧密围绕“资产全生命周期”和“家庭全生命周期”两大主线进行业务布局。

在资产保值升值方面，金地物业围绕“房子”本身，为地产开发商提供前期咨询、销售案场服务和楼宇工程等服务，房屋交付后金地物业为业主提供拎包入住、房屋租售、房屋托管、二次装修、家庭维修等各类资产类服务。

在对“人”的服务方面，金地物业深入研究家庭居家生活需求，通过“线上享家＋线下管家”为业主提供线上商城、社区金融、社区教育、家政服务、汽车后市场服务、社区养老等，打造完整的社区生态服务体系。

三、服务、经营理念及特色、优势

金地物业始终把握客户需求，不断提升企业综合能力，实现客户需求到客户满意的转化，成为最受客户信赖的物业管理服务企业。秉持诚信、规范开放、共赢经营管理理念，以诚信立本，以规范为径，拥开放心态，与客户共赢。践行精品服务，真情关爱的服务理念精品服务为注重细节，力求完美，在适度的范围内做到最好；真情关爱为情感发自内心，关爱体现于每个服务瞬间。坚持用心做事，诚信为人、果敢进取、永怀梦想的核心价值观，用心，源自热爱，全情投入，挑战自我，实现从优秀到卓越的跨越；诚信，就是以诚相待，以信取信，说到做到，务实求真。

金地物业通过线上“享家”＋线下“管家”服务模式，通过专属26°管家服务，提供给客户7×24×365最贴心的服务。项目、片区、城市公司、总部四级项目品质监督模式与内外部检查相结合，历年满意度调研结果持续领先。

2018年金地物业推出商业服务品牌——金地商服，与香港品质保证局等国际专业机构一起搭建了完善的商业资产管理、各种业态类型的产业园、企业总部、高校服务的管理体系和服务流程标准；2018年金地物业正式落地美国，在美国服务的商业项目分布纽约、洛杉矶等5大城市。

除了住宅物业、非住物业两大主营业态，金地物业旗下科技产业、楼宇工程、荣尚荟服务以及全产业链服务蓬勃发展，已成为行业领先的社区服务与资产管理整合运营商。

金地物业服务质量有口皆碑，盖洛普客户满意度达97%，2018收到表扬超10000次。同时获得行业媒体和大众媒体的广泛认可，不仅被《中国物业管理》杂志、《深圳物业管理》杂志、《住宅与房地产》杂志、《观点》杂志等媒体报道，相关动态还被中国网、搜狐网、深圳晚报等媒体报道。

四、标准化工作推进情况

金地管家服务体系是金地物业集团基于客户需求提出的创新服务体系，是围绕管家岗位的系统性管理要求及作业流程的标准。金地物业管家服务体系包含4大体系，分别有品牌文化体系、服务体系、运营体系、成长体系，其中品牌文化体系为26°管家团队文化品牌工作规范，26°管家VI及BI要求；服务体系为管家对客相关业务的服务流程和管理规范；运营体系为三级运营管控，是对管家服务进行计划、组织、实施和控制；成长体系阐述到五星级管家职业发展，搭建管家认证、培训及培养等完善的成长链条。

金地物业管家服务体系自推行以来，已认证1390人，其中二星以上进阶人员256人，覆盖落地项目285个，覆盖率为82.85%，在岗管家人数822人，服务客户39.5万人，2019年一季度管家整体满意度达4.6（五分制），是金地物业对客服务界面的中坚力量。

多元化的体系推广方式和理论联系实际的学习方法，得以有效实施并能达到预期效果的保证。金地物业发布系列《金地物业岗位标准化服务手册》，为金地物业全国一线员工提供可视化的标准操作要求，对金地物业岗位服务标准进行直观诠释，各岗位标准化服务手册统一一线员工现场服务标准，达成住宅物业服务一致性的目标。同时通过模型测算方法论，科学、合理地建立本测算模型，使各物业管理服务中心的岗位人员配置规范化、标准化，提高人均效能，控制运营成本，提高业务运营管理工作效率。

五、智慧科技运用状况

科技物业是大势所趋，金地物业很早就认识到这点，2015年成立智慧享联科技公司进行科技布局。经过4年的发展，金地物业依托物联网、大数据、云技术及人工智能等创新科技，搭建物业云平台和社区物联网，持续构建一个集智慧社区平台、智能家居平台与享家社区服务平台于一体，连接基础物业服务及全产业链创新业务的“智享生态圈”。

金地物业“享”系列互联网平台，是金地物业升级物业管理服务方式、增强客户与物业公司互动性、提升内部管理水平、创新员工学习方式、提高管理效率和效益的重要落地项目。“享”系列互联网平台包括微信服务号“享家”、客户端 APP“享家社区”、员工端 APP“享当家”、享家物业管理平台及移动学习平台“享学”等平台构成。

金地物业旗下“智慧享联”具有丰富的信息系统和互联网产品开发经验，为客户提供“互联网＋物业、互联网＋物联网、互联网＋云服务”三套不同的解决方案。陆续发布了“享系列产品平台、经营共享平台、iEMP 互联网设施设备管理系统、iEPP 智享停车云平台、物业经营全景分析系统、周期性作业系统和电子发票系统”等，并统筹搭建了智慧社区平台（智慧门禁、智慧车场、智慧安防与监控、智慧网络）、智能家居平台与享家社区服务平台等基础物业服务及全产业链服务新业务一起，组成了“智享生态圈”。

2016 ～ 2018 年，金地物业连续 3 年参与了中国物业管理协会主办的物业管理产业博览会上，在现场向多家物业名企、国内外展商展示了进一步构建“智享生态圈”所带来的智慧美好生活，因而备受关注。而在 2019 年 5 月 9 日于宜宾市临港国际会展中心举行的第一届中国国际智能终端产业发展大会上，宜宾市委副书记、市长杜紫平，宜宾市委常委、统战部部长、新兴产业工委主任李学焦等多位领导莅临展会现场，多家地产名企、国内外展商均到场参展。金地物业作为参展企业，在博览会现场展示了进一步构建“智享生态圈”所带来的智慧美好生活，收获好评。

六、社会责任

金地物业在不断发展的过程中，始终坚持弘扬企业正能量，践行企业社会责任的使命感，积极参与扶贫建设工作，2006-2018 年度，金地物业全国各区域累计参与公益活动 22 次，情系灾区，奉献爱心，党员活动扶贫，关爱山区贫困儿童，捐赠图书、电器、文具、免费午餐、爱心衣物等物资累计金额 643921 元。

2018 年 4 月 21 日，金地物业华中物业公司联合广东省麦田教育基金在湖北省恩施利川市建南镇箭竹溪中学全方位资助一个初中班级，成立“麦苗班”，共有 68 名学生。7 月中旬，来自全国各地的麦田志愿者同金地物业部分员工至箭竹溪寻找最需要帮助的孩子，筹备麦苗班。9 月，金地物业麦苗班如期举办开班仪式，从此金地物业和麦苗班孩子们建立起深刻的联系。活动得到了公司同事及社区业主的大力支持。2019 年 1 月，为了让麦苗班的孩子们不再受冻，来自华中地区的热心业主们纷纷向物业管理中心送去保暖手套、衣物与爱心物业，心系“麦苗班”的孩子们。

七、未来发展目标、发展战略

金地物业秉承“精品服务真情关爱”的服务理念，20 多年来坚守初心、秉持匠心，基于对行业外部发展态势的研判以及人民对美好生活的追求，提出未来 5 年的战略方向为“做大、做实、做强”，即把规模做大、把业务做实、把实力做强，转型成为科技型生活服务提供商。

在“互联网＋”时代，金地物业立足服务之本，不断挖掘客户需求，结合前沿科技应用，服务业态方面依托住宅类业态向多业态服务延伸，服务方式依托人性服务向科技服务延伸，服务能力方面依托服务品质向多元化生活服务延伸，为向业主和客户提供优质服务而不懈努力，向“做中国最有价值的国际化企业”的宏伟愿景持续迈进。

中国机构物业领航者

中航物业管理有限公司

一、企业概况

中航物业拥有大型央企背景，招商积余（股票代码 SZ001914）的全资子公司，致力于成为中国卓越的机构物业平台运营商。中航物业经过市场化的洗礼，逐步成为中国物业管理行业的专业力量，是中国物业管理行业首批国家一级资质企业，连续多年在全国物业管理行业排名前列。2013 年荣登深圳市市长质量奖榜单，2015 年成为了全国物业服务标准化技术委员会（SAC/TC560）秘书处承担单位，并凭借领先的综合实力和卓越的管理服务水平，连续多年获评中国特色物业服务（机构物业）领先企业。目前，原母公司中航善达与招商蛇口进行战略重组，中航物业作为新上市公司招商积余的主营业务，背靠招商集团与航空工业两大央企，未来发展空间更加广阔。

中航物业坚持“我们多努力，让您更满意”的服务理念，引入精益六西格玛、平衡计分卡、五常法等管理工具，充分利用现有良好的机构客户资源和业务能力，聚焦机构市场，同时以传统“三保”物业管理业务为基础，重点发展设备设施管理、资产经营以及客户一体化服务承包三项核心业务，并利用互联网技术变革传统集成管理方式，建立以服务标准体系、完善的供应商管理体系、面向客户的一站式便捷服务体系为核心的高效集成服务模式。

中航物业积极参与市场竞争，聚焦高端机构物业项目，实现布局全国。截至 2018 年 12 月，中航物业管理面积 6500 万余平方米，全委托管理项目 600 多个，服务的机构类客户超过 400 万人，流动用户数超过 7500 万人，服务的楼栋超过 3.5 万栋，业务分布于 20 个一级行政区，遍及北京、上海、广州、深圳等全国约 70 个主流城市，管理的项目大多荣获国家、省、市、优秀示范大厦（小区）称号。

2018 年，中航物业营业收入突破 38 亿元，同比增长 26%，利润达到 2.6 亿元，同比增长 35%，各项经营指标再创历史新高。这一年，市场拓展成绩斐然，新签年度合同额突破 10 亿元，年度合同总额突破 18 亿元，新拓展项目达 135 个，新项目类型高度聚焦机构类物业，并在军民融合方面取得了丰硕成果，拓展了多个具有一定规模的军委类项目，项目品质持续保持高位。这一年，中航物业拓展的具有代表性的项目有：广东省国家税务局、中山大学东校区、广州农讲所、中国人寿山东分公司、厦门海峡明珠广场、国防科技大学等多个重大项目，在机构物业领域的影响力持续提升。

二、企业经营状况

（一）物业服务

区分于众多物业服务企业，中航物业聚焦高端机构物业服务，深耕细作，不断发掘服务内涵，延伸服务内容，创新服务方式，在机构物业领域创造了独具特色的服务。比如：政府类物业，提供规范的服务，强化保密意识；博物馆类物业，有解说提供场馆解说服务；体育场馆类服务，有大型活动赛事前中后期的完整周期性服务及保障；总部企业类物业，有厨师岗提供定制餐饮服务；医院类物业，有医辅运送岗提供专业的药品、被服等物品运送服务。以上这些岗位及服务超出了传统物业服务的范畴，可以说是中航物业探索机构物业增值服务的创新之道，是中航物业通过一体化服务将机构客户的行政后勤、不产生增值效益的业务甚至是一些主业都承包过来，为其提供一体化解决方案。2018 年，物业服务约占公司营业收入的 93.9%。

（二）专业服务

中航物业旗下拥有中航保安、楼宇科技、航电科技、中航餐饮、中航智泊、中航资产等专业子公司，分别对应安保服务、楼宇服务、智慧物业平台研发、餐饮服务、智慧停车服务、租售服务。剔除服务中航物业的集成部分，2018 年，以上专业子公司总为中航物业共贡献了 6.1% 的营业收入。

三、服务、经营理念及特色、优势

（一）品牌定位：成为中国卓越的机构物业平台运营商

中航物业专注于机构物业管理领域。我们将持续推进知识和经验等资源管理的应用和价值体现，努力实现从劳动密集型向知识密集型的变革。我们将着力强化和提升资源配置能力和应用控制水平，建立有效的管理机制，实现由服务集成商向平台运营商的转型。我们致力于中航物业品牌战略的推进。通过客户愉悦的服务体验、业主的价值认同、员工和合作伙伴的共同成长经历，建立相互间的信赖基础并进而实现长远的承诺。我们致力于建设“法治化”的企业，遵守行业规则和执行国际标准，倡导企业行为的规范化。

（二）服务理念：我们多努力，让您更满意

中航物业致力为客户提供愉悦的、更高价值的服务体验，把目光放在客户而不是竞争对手身上。我们认识到——如果在市场被淘汰出局，并非被竞争对手淘汰，而一定是被我们的客户所抛弃。我们重视与客户和谐沟通，倾听客户的声音；我们视客户为朋友，培育忠诚客户。我们倡导对物业和客户进行科学、细致、适应的定位、测量与分析，从而设计并实施适宜的个性化服务。客户需求和期望的不断增长是我们持续超越、快速成长的源泉。

（三）竞争优势

1. 客户一体化服务承包能力

利用物联网和互联网技术，不断创新服务模式，通过全方位的服务方案策划能力、独具匠心的专业能力以及优质供应商的整合能力，为客户量身定制服务方案，实现服务个性化、人性化、高效率、低成本，让客户更专注于自己主业，更通过统筹优化资源，成为客户后勤社会化的战略合作伙伴。

2. 以标准化为核心的运营能力

中航物业作为物业管理行业国家标准制定的牵头者，持续打造行业标杆，坚持标准化的战略，用标准支撑中航物业的发展和管理品质的提升，使标准化成为服务品质的“净化器”、管理水平的“助推器”、优质发展的“加速器”，给客户持续带来卓越品质的同时，实现物业价值最大化。

3. 以智慧物业平台为载体的科技应用

随着公司规模的不断扩大，业态和产品的不断丰富，如何针对不同业态提供更加高品质的产品服务，公司决定重塑管理流程，建立先进的线上管控平台——智慧物业 π 平台，从依靠个人能力的管控模式升级为组织能力可复制、可衡量的线上管控模式。通过平台打通物业管理全流程服务数据，以客户为中心，建立端到端的数字化运营体系，让目标的制定更清晰落地；让服务的过程管理更透明可控，更精细地管控服务结果，科学高效地规划服务方案，切实为客户提供精准、高效、实用的产品服务。

四、标准化工作推进情况

随着行业的发展，标准化已经成为一个行业愈加成熟的标志，作为物业管理行业标准化工作的先行者，中航物业不仅在公司内部践行标准化工作，更是将企业标准化经验转化为国家、地方和行业标准化成果，助力行业共同发展，得益于社会各界对中航物业近年来在标准化方面工作成果的认可，中航物业成为全国唯一在国家、行业、地方统筹物业服务标准化工作的企业。

中航物业牵头制定了业内首批三项国家标准，即将改变行业无国标历史；夯实行业标准化理论研究，斩获多项课题大奖；组织《物业管理指南》丛书编撰，举办行业标准化论坛、行业标准化人才培训等工作，实质性推动和提升了物业管理行业对标准化的认识和提升，为行业培养了标准化人才，成为物业管理行业标准化引领者。

课题研究上，2015-2016 连续两年荣获中国物协重点课题一等奖，2018 年分别承担了中国物协重点课题《中国物业管理行业团体标准发展规划》和广东省物协研究课题《广东省物业管理行业团体标准发展研究》。

五、智慧科技运用状况

π 平台是中航物业自行研发的智慧科技应用平台。π 平台立足智慧物业领域，利用先进的移动互联网、物联网和云计算技术相融合，打造全透明化、标准化的智慧物业运营平台。平台建设初衷是赋能物业生态，助力物业实现数字转型。π 平台实现了对物联网、大数据、人工智能等新技术的全面应用，通过构建使能平台助力行业构建智慧物业解决方案。π 平台通过用科技赋能传统物业，打造智慧化服务平台，为客户提供更加精准、便捷、高效的物业服务，实现企业由劳动密集型向数字化、智能化转型，让物业管理变得更加智慧、更加轻松，让对客户的服务也更加高效。通过 π 平台实现企业的内外部运营系统实时打通，构建出一个客户、平台、员工、供应商高效协同、开放、共享的生态圈。

其中，π 平台已进驻北京市机关事务管理局行政副中心。项目应用总面积约 155 平方公里，外围控制区即通州全区约 906 平方公里，进而辐射带动廊坊北三县地区协同发展。通过利用信息化管理技术搭建平台，实现服务线上标准化流程，管理服务全过程闭环可控，数据实现云端共享，管理层级集约高效。同时提升北京市机关事务管理局的服务形象和影响力，保证其在服务的满意度及服务的透明化上将会更进一步，打造亲民、高效、智慧的机关服务形象。

六、社会责任

中航物业始终认为：为使物业更有价值，做一名积极回报社会的企业公民。因为，我们的成长与社会的发展息息相关；我们只有肩负起时代责任和使命并真诚回报社会，才能快速持续地发展；社区因我们更加温馨、城市因我们更加文明、社会因我们更加和谐。

2018 年，中航物业面对最强台风“山竹”来袭，逆风前行，坚守在防风防汛的一线；面对国家重大会议，中航物业肩负责任不负所托，连续 16 年服务全国“两会”，连续 12 年服务深圳高交会，圆满完成上海合作组织青岛峰会以及港珠澳大桥开通仪式等重大会议。

2018 年，中航物业捐赠 15 万元，联合深圳市关爱办、深圳市关爱行动公益基金会承办“小心愿 • 微慈善”公益活动，用于深圳市特困家庭儿童或特殊儿童实现个人小心愿。中航物业还充分利用腾讯公益平台，积极参与“99 公益日”活动，实现公益线上与线下的互联。

七、未来发展目标、发展战略

2018 年至今，有一句话响彻物业管理行业——“永远把人民对美好生活的向往作为奋斗目标”，这是党的十九大向人民做出的庄严承诺。因为，人民的美好生活需要正与我们的物业管理事业息息相关。众所周知，物业管理提供的服务贴近民生，服务质量的好与坏，是人民美好生活的晴雨表。所以，物业管理行业存在的意义，在于它的诗和远方——创造美好生活。

说到物业管理，大家首先联想到的更多是小区、家庭，这是我们最常见的物业管理。然而，中航物业经过近年来的一系列战略调整，将核心业务聚焦于高端机构类市场，服务项目主要包括政府类、企业总部类、商业类、公众类（医院、高校、机场、体育场馆、博物馆）项目，这些项目涉及政府机关单位的管理以及经济、科学、教育、文化、卫生、体育等关乎社会民生的方方面面。这也是外界对中航物业冠以“机构物业大管家”称号的原因，中航物业有幸服务于这些机构项目，让机构办公（服务好人民）更舒心，也将对人民美好生活产生重要的促进作用。

“悦＋”开创物业服务新格局

华润物业科技服务有限公司

一、企业现状概况

（一）企业发展情况简介

华润物业科技开创物业服务新格局，以“科技＋服务”的理念为业主和客户提供专业解决方案。已完成OA、ERP、门户、收费、客服、智慧社区等多套系统的建设及上线，研发并运营全新产品体系——悦＋智慧生活服务平台，涵盖全流程解决方案的品质物业、资产托管、智慧物联、平台创新，从线上到线下，从员工到客户，以智慧服务生活。

截至2018年年底，华润物业科技在全国范围内管理物业项目700余个，遍布北京、上海、深圳、成都、沈阳等76个城市，下设11家中心城市公司，拥有24000精英员工，服务面积超1.35亿平方米，业态涵盖住宅、商业、写字楼、大型公建等多个领域。

（二）企业重要发展里程碑

1. 规模持续增长。2018年，在管物业面积达1.35亿平方米，项目数量700余个。

2. 团队建设年。2018年全面开展各项关键人才培养项目、专题培训，包括TOP领军人才培养计划、A＋物业项目经理培养计划、物业培训师、人才测评师等。针对华润物业科技战略发展中的关键岗位进行系统、高效、全面的赋能。

3. 线上缴费总额累计突破10亿元。“悦＋”收费系统已全面实现物业收费业务线上化、移动化、一体化。2018年12月18日，“悦＋”收费系统线上缴费总额累计突破10亿元。

4. 品质年。搭建物业客户满意度战略体系，组建满意度监测中心形成管控抓手，出台住宅物业服务分级标准，全年住宅物业满意度呈逐步上升趋势，实现品质提升目标。

5. “悦＋”战略品牌发布。2018年5月11日，公司正式发布“悦＋”

战略品牌，同时发布了“悦家”“悦心”两个面向业主端及员工端的 APP。通过将四大战略业务板块重新赋能，形成了完整的产品体系——“悦服务”“悦资产”“悦智慧”“悦生活”。

6. 智慧社区。完成首个“智慧社区”银湖蓝山项目的示范样板建设，涵盖智能云坐席、业主 APP、管家 APP、设备设施管理、智慧停车场、环境监测等多个场景。

7. 基层党组织建设全覆盖。推动落实党的基层组织建设全覆盖，切实加强党组织对公司改革发展的领导作用，以健全组织系统、坚定理想信念、强化廉政建设为主要抓手，全面提升基层党建规范化水平。落实红色物业创建试点，实现基层党建与物业服务的有机融合。

8. 资产经营做大做强。2018 年资产经营业务营业收入突破 2.5 亿元，年均复合增长 64%，资产投资与运营、房屋经纪、公区经营业务成绩突出。

9. 市场拓展稳中求进。2018 全年累计市场化外拓管理面积共计 2015 万平方米，较 2017 年增长 228%。2018 年 10 月 23 日，湖北润联物业管理有限公司在十堰举行授牌仪式，标志着东风公司物业管理业务整体移交华润物业科技，也标志着公司助力华润集团成功完成东风“三供一业”物业业务的无偿划转。

10. EHS 管控防风险。成立 EHS 部门，构建 EHS 综合管理体系。2018 年节能技术改造投入 299 万元，年节省费用 286 万元，开展了 2639 次应急演练，共计 207321 人次参与，并荣获“华润置地 2018 年度 EHS 管理组织建设奖”。

二、企业经营状况

（一）主营业务条线板块

1. “悦服务”——传递品质温度

一直以来，华润物业科技都以“情感悉心服务”为出发点，不断剖析每个家庭的生活需求，通过科技、信息化手段的介入，围绕安全与权益保障、生态宜居、服务到位等物业管理要素，对基础物业服务的品质进行提升，让用户感受到“悦＋”带来的愉悦体验，从而提升服务质量，传递品质温度。

2. “悦资产”——创造预见价值

依托“三轴两翼”生意模式，当前的华润物业科技的业务面已经拓展到资产投资与运营、房屋经纪、房屋装修、公区经营及社区服务五大业务板块。未来的华润物业科技将继续整合华润置地优质资源，充分发挥社区资源优势，借助“线上＋线下”的形式，为客户提供全方位的增值服务。

3. “悦智慧”——科技凝聚智慧

从实际应用的角度出发，“悦＋智慧社区”涵盖有“悦＋收费系统”“悦＋客服系统”、物联网软硬件系统、内控系统、智慧停车场系统等多项体系。能够在保障社区安全稳固、提升物业管理水平、打造业主便捷生活等方面，为社区用户提供强有力的保证。

4. “悦生活”——构筑生活方式

在通过大数据洞察客户需求的背景下，“悦生活”为客户研发出更具“慧心”的服务，从而创造出全新的消费场景，构筑更贴心的生活方式。

（二）多种经营服务情况

华润物业科技资产经营业务，基于主业服务，围绕有形资产及客户需求，全面升级服务品质、专业能力、管理效率及品牌价值。作为“全价值链资产增值服务专家”，资产经营凭借专业化资产服务能力，依托移动互联等信息化平台，创新商业模式，赋予“创造预见价值”的核心理念，为客户提供多元业务组合的资产增值服务。其业务涵盖资产投资与运营、房屋经纪、房屋装修、公区经营及社区服务五大业务版块，并通过线上“悦家”智慧生活 APP 中“悦资产”业务模块的创建与输出，以及线下实体社区门店如华润物业科技经纪中心、装饰中心等的设立，倾力为客户提供线上＋线下的全方位增值服务，以有效资源利用创造最大化客户价值，以平台服务创新升级高品质社区生活，从而实现从物业管理向资产管理角色的转型升级。

（三）其他业务经营情况

其他业务还有设计顾问服务。

1. 全国物业前介对接置地开发部门，对设计中物业方面提出建议，根据项目各阶段做出物业前介评审，主要业务包括产规方案阶段、扩初图纸阶段、施工图阶段、物业前介方案编制、承接查验等工作。

2. 对全国的新项目的建立，采用标准库、数据库、案例库、专题库、专家库、推广库共六库支持，确保完善物业的专业性和后期运营。

目前正负责全国各中心城市项目前介支持，前介项目共计160个，前介总金额约为5690万元/年，前介建筑面积为3470万平方米。

三、服务、经营理念及特色、优势

（一）品牌定位

华润物业科技定位于“平台型泛社区经济服务商”，形成了集品质物业服务、资产托管运营、智慧物联管理、科技平台创新为一体的业务模式。

（二）服务理念

华润物业科技开创物业服务新格局，以“科技+服务”的理念为业主和客户提供专业解决方案。坚持以人为本，将科技注入物业，提高内部管理效率的同时，为业主及客户提供更精准、更专业的服务，以丰富的线下场景为入口，链接高品质服务。

（三）竞争优势

华润物业科技始终把高品质服务视为企业的核心竞争力和发展基石，用科学的管理工具建立以客户为导向的服务体系。在多年品质运营的基础上，华润将科技元素注入物业公司运营，借力互联网和移动通信技术，优化服务流程，提升服务效率，改善顾客体验，形成华润物业科技的智慧管理系统。

（四）业主评价

华润物业科技严格执行华润置地满意度调研规则，建立客户满意度管理体系，日常动态监测物业基础服务与管理要求落地情况，搭建满意度目标激励体系，实行管理下沉和片区责任制，协调项目重难点问题，推动满意度目标实现。

四、标准化工作推进情况

（一）标准化建设概况

2018年，公司以福州橡树湾家园作为该体系的试点项目，在项目内安排体系的对标解读及落地执行。围绕“关键服务”“关键触点”“关键时刻”“特殊户型”“特殊业主”进行物业分级服务。2018年，各中心城市公司采取了一系列措施落实该体系：

上海公司聚焦客户敏感点，围绕“三关两特”即关键服务、关键触点、关键时刻、特殊人群、特殊住宅，突出服务分级落地标准的重点部分，形成

悦服务

传递品质温度

科技与人文相结合，全面提升基础物业服务品质，以情感悉心服务描绘品质生活愿景。

悦资产

创造预见价值

有形资产专业咨询、托管、经纪等增值服务，专业的资产托管实力为客户资产增值保值。

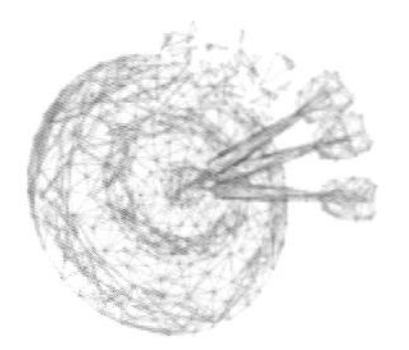

悦智慧

科技凝聚智慧

借助科技手段，为物业前介设计、工程设备管理提供智慧物联解决方案，助推智慧物联高效运营。

悦生活

构筑生活方式

通过大数据洞察客户需求，提供更慧心的服务，创造全新消费场景，全面提升生活品质。

标准动作，从而提高服务品质。

北京公司制定了重点客户分级管理标准，在客户分级、维护标准等不同维度，从售前、售中、售后等全流程提升客户服务标准。

武汉公司根据物业总公司建立的产品体系标准，对所管辖的项目物业服务进行分级定位，并根据分级服务标准不断改善服务质量，确保质价相符。

（二）质量管理

华润物业科技坚持实行全面质量管理战略，从服务方案设计、物业费评估、项目交付、日常运营等各个环节入手，对服务产品质量，特别是其合规性、安全性和适宜性进行严格把控，并重点关注对客户需求的及时响应。2018 年，公司下发《分级服务标准》等规范性文件，在“总部、中心城市公司、项目”三级管控下加强对一线服务情况的关注，实现项目管控质量和服务质量的双重提升。

（三）质量标准方面

公司严格把控服务产品质量，设立了完备的服务产品体系以明确各项分级服务标准。服务产品体系工作启动于 2017 年 7 月，在经历服务模型编制、标准设计、标准试运行及发布前准备阶段后，于 2018 年 8 月正式发布。截至 2018 年年底，服务产品体系在 11 个中心城市公司 61 个项目推广，总体运行状态良好，2019 年完成全部在管项目覆盖。

五、社会责任

（一）企业在本年度社会责任方面做出的探索及取得的成绩

作为华润置地的全资子公司，华润物业科技于 2017 年成立并启动战略转型。2018 年，公司紧扣“团队建设”和“品质建设”两大主题，扎实落地八大管理举措，在品质管理、组织与人才建设、EHS 管控、资产经营、信息化建设、市场拓展、品牌建设等方面发力，取得了营业收入、经营利润、管理规模等重要指标创新高的成绩，用奋斗来的成绩献礼华润 80 华诞。

（二）抢险救灾等应急处理情况

2018 年 9 月 16 日 17 时，台风“山竹”在广东台山海宴镇登陆，登陆时中心附近最大风力 14 级，中心最低气压 955 百帕。台风期间，各项目均第一时间启动防台风暴雨应急救援预案，积极配合政府部门设置应急避难场所，提前转移受台风危害严重地区的人员到急避难场所妥善安置；台风期间，发生多起业主家窗户破裂及物资仓库渗水事件，项目值班人员第一时间组织人员撤离与排水堵漏，确保了人员安全，及时避免物资损失进一步扩大，同时迅速启动灾后恢复工作。

六、未来发展目标、发展战略

从成立伊始，华润物业科技就确立了“平台型泛社区经济服务商”的企业定位，并相信凭借“科技＋服务”的理念，能为业主和客户提供专业解决方案，开创物业服务新格局。为实现业主对高端日常生活、资产与消费、科技互联网及其他个性化需求的满足，华润物业科技基于“智慧服务生活”的品牌主张，构建了“悦＋智慧生活服务平台”。“悦＋”即寓意愉快、幸福以及物业与科技链接的无限可能。

华润物业科技在致力成为中国最值得托付的资产管理者的企业愿景下，将重点布局四大业务板块：品质物业业务、资产托管业务、智慧物联业务、平台创新业务。品质物业业务，是兴业、立业的根本所在；资产托管业务致力于成为“全价值链资产增值服务专家”，最大化实现客户资产的保值与增值；智慧物联业务依托信息化平台，实现客户更满意、社区更安全、管理更透明、员工更高效；平台创新业务将服务延伸至教育、养老、保险、理财等产品，让客户足不出户就能享受“智慧泛社区”的种种红利。

创新蝶变，构建泛物业产业生态圈

鑫苑科技服务集团有限公司

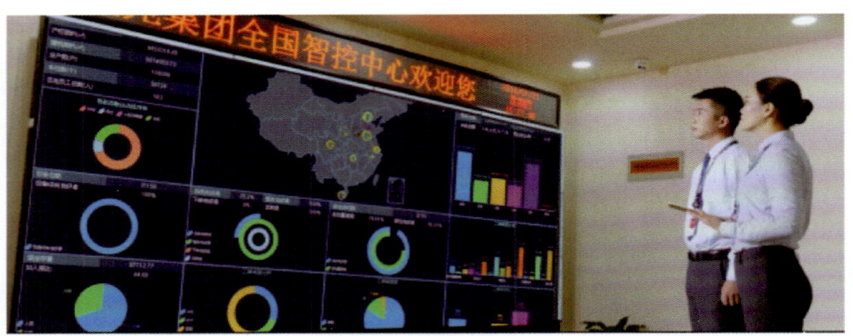

鑫苑科技服务集团有限公司（以下简称“鑫苑物业”）成立于1998年，注册资金5000万元，具有国家一级物业管理企业资质，系中国物业管理协会副会长单位。在北京、上海、天津、成都、三亚、郑州、苏州、济南、西安、河南地市等地成立30余家分公司，覆盖住宅、办公、商业综合体、产业园、文旅、酒店等多种业态。

作为一家经过21年积淀厚重的企业，鑫苑物业立足物业服务本源，以“一主多辅”商业模式为基础，创新构建“一体三翼五驱”多元化产业发展模式，挖掘价值蓝海，以领先的泛物业产业运营商站位，形成了独具特色的发展模式与品牌形象，实现了由区域化到全国化发展、单业态管理到多业态发展、单产业运作到多产业布局，不断创新突破，逐步成长为区域物业管理行业的领军企业，全国物业管理行业的头部企业。

一、快速发展，鑫苑品牌享誉全国

21年来，鑫苑物业抢抓机遇，勇于创新，实现了迅猛发展：2004年，郑州鑫苑名家高分通过住房城乡建设部验收，成为公司首个国优项目；2007年，山东分公司成立，鑫苑物业进入全国化发展实质阶段；2014年，构建“鑫E家”信息化模式，向现代物业转变；2017年，明确“一体三翼五驱”发展模式，推动企业跨越发展。

2018年，鑫苑物业高歌猛进，在持续拓展房地产开发商合作伙伴集群的

同时，通过项目全委托管、顾问服务、联合经营及股权合作等方式积极开拓市场，实现业务的高速发展，管理面积、经营业绩、盈利规模均稳步增长。

在快速发展的过程中，鑫苑物业的管理实力和服务能力受到各界肯定，连续 10 年荣膺中国物业服务百强企业。先后迎来国家级接待共 30 余次。

二、2018～2019 年企业重要发展里程碑

● 2018 年 4 月，鑫苑物业 & 青柠公寓战略品牌发布会举行，鑫苑物业发力存量市场，泛物业产业布局再上新台阶；

● 2018 年 6 月，鑫苑物业荣获“物业管理微信公众号影响力 TOP50”“物业管理刊物影响力 TOP50”；

● 2018 年 7 月，鑫苑物业正式发布 XIN 服务体系 3.0，以业主和员工双轮驱动，推动服务品质的蝶变升级；

● 2018 年 10 月，荣获中国物业管理综合实力 12 强，公司发展模式及业绩载入《2018 年中国物业管理百强企业研究报告》；

● 2019 年 5 月，当选为中国物业管理协会副会长单位，获评“2019 物业服务企业潜力独角兽”，鑫苑物业智慧物业实践及方案入选《2019 智慧物业管理调研报告》；

● 2019 年 6 月，荣获“2019 物业服务企业品牌价值 50 强”“2019 特色物业服务品牌企业”等称号。

三、因势而变，全新战略实现持续跃升

近年来，鑫苑物业围绕“泛物业产业运营商”的战略定位，以大物管、大资管和产业延伸为龙头，系统构建以社区为基点、以城市为服务空间、以多元产业为支柱的泛物业产业生态圈，并以技术资本高效聚集融合，革新产业运营方式，推动企业跨越发展。鑫苑物业致力于向开发商提供全产业链、全生命周期服务，向业主和住户提供全方位生活服务。

在消费升级，社会主要矛盾转化为人民日益增长的美好生活需要和不平衡不充分的发展之间的矛盾的新形势下，鑫苑物业从社区的生活属性出发，创新构建全过程生活服务体系，围绕生活服务、资产打理、社区养老等社区生活需求，形成业主全阶段生活需求一站式服务平台，为业主解决生活后顾之忧，将物业服务向生活服务延伸和升级。

新常态视野下的鑫苑物业，遵循着服务业发展、市场发展和企业发展的规律，通过挖掘新的增长潜力，开拓行业发展空间，实现了商业模式的嬗变与品牌价值的持续增值，不断赋予物业服务新的定义。

四、勤练“内功”，服务体验同步提升

21 年来，鑫苑物业始终坚守“创享智慧城市家园”的企业使命和“六心服务”理念，砥砺深耕、持续探索，在物业管理行业市场竞争中形成了独具特色的服务模式。

以客户满意度作为衡量工作绩效的第一标准，用心体悟业主居住感受，多层次深入挖掘客户需求，不断进行服务升级，形成了具有鑫苑特色的“四全”服务模式和“四享”服务体系，让客户获得物超所值的服务，感受从和谐鑫苑、幸福鑫苑到智慧鑫苑、活力鑫苑的体验升级。

在长期实践的基础上，结合业主不同精神文化生活需求，鑫苑物业打造五大类型的社区文化体系，从不同角度满足业主精神文化需求，提升业主的居住体验感。定期组织丰富多样的社区活动，譬如才艺大赛、家庭节、百家宴、业主运动会等，促进邻里和谐，营造幸福社区氛围。2018 年共举办社区文化活动 1178 余次，参与人数 20 余万人次，受到大河报、搜狐网、今日头条、各省市电视台等媒体广泛报道。

依据市场变化、客群需求升级，鑫苑物业不断实现产品迭代、服务体系升级。2018 年推出 XIN 服务 3.0 体系，聚化高性价比、高满意度、高服务体验的服务特征，围绕业主的服务感知，梳理 108

项业主触点、498 条服务内容，形成了 6S 服务标准以及场景化服务体系，以业主和员工双轮驱动，保证现场高品质、高体验感的服务得以有效执行，实现业主体验和满意度双提升，不负“物有所依、业有所托”的服务承诺。

2014 年，基于完善的内部体系建设和企业影响力，鑫苑物业开始参与行业标准的编写工作。2016 年，鑫苑物业作为全国化标准 6 家指定主编单位之一，组织编撰《中国物业管理商业综合体管理指南》，成为全国物业管理行业标准的制定者。

五、标准精进，助力行业标准提升

鑫苑物业一直重视自身标准化建设，并在发展过程中将自身标准化建设实践与信息化、智慧化相结合，形成基于信息化的标准化建设和封装能力，为行业标准化建设贡献“鑫苑智慧”。

为保证现场物业服务水平的稳定性，持续提升服务质量和企业的市场竞争力，经历从 ISO9001 体系的推行、全国化标准复制、管理体系的升级、基于信息化管理的标准化等阶段，鑫苑物业已建立起一套标准化运营体系。

对于物业现场管理，结合项目的全生命周期运营特点，形成了全生命周期标准化运营体系。在计划管控、品质管控、信息管控等方面，由物业总部对各个产业模块进行运营的整体把控，促进各产业板块协调发展。通过细化 66 个一级节点、145 个二级节点的管理规范，形成全过程标准化管理体系。同时，鑫苑物业建立了项目初始化管理体系、导航机制，确保业务标准体系在现场有效落地，通过标准化的复制确保服务质量的稳定性。

六、科技赋能，智慧物业强化发展动能

鑫苑物业紧抓移动互联网时代的发展机遇，应用现代科技，内部提升服务效率和管理水平，外部聚焦客户智慧化服务设计，将物业管理领域内积淀的丰富管理经验与完善的物业服务标准相结合，打造以物业业务支持系统（BS）、管理支持系统（MS）、战略支持系统（SS）、社区服务系统（CS）为核心的物业一体化信息系统，形成独具特色的“鑫 E 家”信息化范式。

在四大系统基础之上，鑫苑物业构建了智慧物业、智慧居家、智慧社区三大应用场景。通过线上 APP 与线下社区服务中心有效结合，开展智慧生活服务，打造“信息平台、移动终端、智慧产品、智能体验、大数据管理”为基础的智慧服务模式，形成“端＋边＋云”的社区智慧生态建设模型。通过智能服务技术应用，多方位、全方面实现物业管理的降本增效，提升用户社区生活体验。

同时，鑫苑物业以“大数据应用”为核心，持续提升以客户为中心的需求预判与精准服务能力。一方面，以全国 400 客服中心为枢纽，更为快速地解决业主反馈的问题，提升服务效率，通过抓取海量信息，对业主需求进行画像和深度分析，多领域开展延伸服务。另一方面，以智慧社区、智慧家庭系统为生态，对业主智慧生活需求等有效掌控，并依此在智慧医疗、智慧养老等领域持续深耕，为提高业主满意度、促进企业经营收益增长提供支持。

2019 年，全国两会政府工作报告指出，要“坚持创新引领发展”，提升技术创新能力，进一步融合先进制造业和现代服务业；深化“大数据、人工智能等研发应用”，拓宽“互联网＋”应用范畴。鑫苑物业将继续强化科技智慧物业的不断升级，深化现有的基础服务、社区文化、增值服务，通过服务创新、技术创新，稳步提升服务效率和管理水平，致力于为业主提供更全面、深入的服务。

七、践行责任，让社会更美好

鑫苑物业一直在变革中求发展，在发展中守初心，始终秉承“以爱为本，服务社会”的经营理念，以履行社会责任为己任。2018 年，围绕助残助老、关爱环卫工、关爱贫困留守儿童、爱心助农等四大主题，组织数十次公益活动，受到河南电视台、搜狐网、腾讯新闻等知名媒体报道。同时，深入贯彻落实党中央、国务院关于打赢脱贫攻坚战的总体部署，加入扶贫联盟，参与行业精准扶贫事业，在全国各个项目开展贫困地区特色农产品产销对接活动，用行动支持“社区的力量”，全力打赢消费扶贫攻坚战。

此外，鑫苑物业创新构建智慧党建模式，将物业服务与党的群众路线有效结合，建立了“三化一体”大服务型智慧党建结构，即以服务“群众”为主体，以服务的广度、深度、速度为三大着力点，推进精细化服务＋网格化服务＋智慧化服务，在服务的全面性、深入性、高效性与难点问题处理的彻底性等方面，起到对民生幸福的改善作用与社区治理水平的提升作用。鑫苑物业以“党建＋物业”推进社区治理，打造共建、共治、共享的社会治理新格局的理念与实践，为创新基层社会治理、满足新形势下社区发展需要提供了一条可供借鉴的行动路径。

未来，鑫苑物业将继续致力于服务模式与商业模式的延伸和创新，依托智慧物业平台优势，不断加强规模拓展和经营产品开发，全面推行覆盖多个领域、品牌特色鲜明、竞争优势突出的“一体三翼五驱”发展模式，充分发挥物业在建设美好和谐生活中的积极作用，以强大成长力和品牌价值回馈社会！

坚守物业核心价值，建设幸福文化样板

山东省诚信行物业管理有限公司

诚信行物业管理集团成立于 2000 年 9 月，注册资金 1 亿元人民币，是一家融物业管理全过程服务、顾问和增值服务为一体的综合性资产增值服务集成供应商，诚信行自成立伊始，以物业管理为主线，业务范围涉及物业管理、营销策划、招商运营、销售代理、资产运营等房地产产业链各个环节。诚信行现有员工 10000 余人，管理面积超过 10000 万平方米，诚信行创造了大陆服务企业并购香港物业公司的首例，也是中国首家走向国际化的物业服务企业。目前公司在中国香港、韩国、柬埔寨、马来西亚、西班牙、英国、加拿大等国家和地区已经陆续开展业务。立足本土，多元迈进，将打造百年物业品牌的梦想延续海外，已经成为诚信行物业矢志不移的追求，诚信行作为世界物业的中国面孔，正在改变世界对中国服务的认识。

一、做世界一流的资产增值服务集成供应商

“让物业管理行业成为受人尊重的行业，让诚信行成为受人尊重的企业”。

这是诚信行物业创始人王宏杰做物业管理的初衷，也是诚信行 19 年来的坚守。

诚信行物业在 2000 年成立之时，就不是一个传统的“四保”传统物业公司，2000 年成立之初，诚信行就确定“一流的房地产增值服务集成供应商”市场定位，19 年的发展过程中，诚信行始终围绕“资产的保值增值”为主线，进行管理和服务。

（一）对物业管理核心价值的提供与坚守

“通过对物业公共部位、公共设施设备，进行巡视巡查维护保养和管理，同时对物业使用人在公共空间的行为进行约束和规范，从而实现业主资产的保值增值”是诚信行物业管理的核心价值观。

诚信行是在行业内较早成立工程部及引入总工的物业管理公司，诚信行所服务的诸多项目，都是从前期介入开始，为合作伙伴提供前期介入服务，诚信行通过近 20 年来积累的独有早介“缺陷库”，在房地产开发各个阶段，优化开发设计，通过对能源管理的前期介入，工程设计中节能设备的选择与安装，物业服务过程中公共照明系统、机电设备、供水系统、水电计量表具等进行节能改造，预见、预防、预备的管理体系，专业的电梯维保公司、消防维保公司、工程管理公司、智能泊车公司，基于物联网的消防设备管控体系，通过加装智慧化的设施设备让管理更智慧。无论从物业管理的实用性，资产风险的规避，运营成本的节约，设计缺陷的规避，乃至合作伙伴品牌价值的塑造，都为合作伙伴的资产未来提供了有效的建议。同时，在管理服务过程中，诚信行坚持物业管理的核心价值，在资产交付等诸多环节，严格按照房地产类相关行业标准进行交接和验收，为资产持有方及诸多小业主把好关、守住门。日常运营管理中，不论是包干制的社区，商务字楼还是由合作方对日常成本买单的物业，诚信行都坚持从房屋使用寿命、设施设备良好运行、能源节约等角度出发进行管理。

诚信行从物业管理的本质出发，对物业管理全生命周期进行管理，诚信行擅长从项目前期规划、建设、设施设备的选型的前期介入咨询，到项目的营销策划、招商运营、物业管理、建筑物维护、设施设备管理、能源改造等各环节进行管理和把控，确保客户资产的保值增值。

过程中，诚信行在一定时间内甚至遭受委屈和不理解，但长久下来，都受到了合作伙伴的认可和赞誉，并奠定了诚信行的专业品牌价值的基础，为诚信行带来了长久的合作伙伴和市场。

（二）开启诚信行全面资产运营时代

诚信行 2000 年接管的第一个项目烟台幸福三村，以提供传统物业管理为基础，并承包了社区的停车场、商业用房的招商与运营，为诚信行资产运营开启了明天。

2001 年 7 月，诚信行整体租赁并投资 100 万元打造了诚信行历史上第一个诚信商务楼，诚信商务楼由诚信行提供物业及运营一体化的管理。诚信商务楼作为诚信行全面资产管理第一单，也打开了诚信行物业及运营一体化的全面资产管理之路。

截至目前，诚信行资产运营已经升级为第三代产品，资产运营涉及商业综合体、五星级商务写字楼、产业园区、酒店、留学生公寓、联合办公等不同类型产品，为不同客户群体提供不同的产品和打包服务。服务内容包括办公空间，硬件配套，产业政策，办公服务，物业服务等一系列服务内容。

二、做幸福文化的建设者

（一）家人文化建设

诚信行作为山东成长起来的企业，是中国儒家文化的代表企业，诚信行从成立之初，就提出中国自古以来倡导的家人文化，家人文化是诚信行所有文化的核心，诚信行员工与员工之间亲如兄弟姐妹、员工与客户之间也是一个大家庭，员工像亲人一样服务客户，客户对待员工也如同家人般给予尊重。

《易经》把宇宙看做一个大家庭，自 2010 年开始走出去开始，诚信行将家人文化的内涵不断扩大，提出在地球任何一个地方，有诚信行的地方就有家。

诚信行始终相信人性是相通的，对于已经完成的并购和新建立的“一带一路”国家的分、子公司，各国同事之间经常在努力适应另一方的需求，虽然可能方式方法不对，可能理解错误，但彼此的这种初心让很多的问题迎刃而解。在不断的实践过程中，诚信行从小处着手，全力推动落实家人文化的落地，努力通过更多细节，关心员工、公正对待、反复沟通、充分信任的做法让彼此理解，认可不同，着眼共同的目标，求大同，存小异。如定期组织国内外同事之间的相互交流学习，邀请海外员工到国内总部参加集团组织的各类活动，包括公司年会、行业论坛、登泰山等各种活动，拉近彼此的距离。同时，诚信行提倡大家用“共同的语言”，通过内部开设学习班形式，让更多中国同事学习提高英语水平，在海外公司建立中文学习班，用相同的思维去沟通和表达，彼此相融相通，让诚信行迈过了一道道文化多元、语言多元、宗教多元的坎。

（二）幸福生活模式打造

诚信行在 18 年的发展过程中，围绕对人和对物两个层面，打造专属于诚信行核心竞争力的服务体系，也是对幸福生活模式的打造。

诚信行从客户需求和体验出发，打通并逐步完善物业增值服务平台，通过自有开发，鼓励内部创业，产业合作等模式，诚信行逐步建立和完善了诚信行社区、产业园、商务写字楼等不同类型项目的增值服务体系，在做好基础物业服务同时，打造平台式的物业增值服务集成供应商，从而拉高产品价值，让服务更有温度，让客户更有体验。

在写字楼物业管理及全面资产运营层面，建立了秘书服务、财务服务、法律服务、人力资源等八大商务写字楼增值服务平台体系。在社区物业管理层面，建立了医疗、教育、养老、健康、安全、智慧等八大社区增值服务平台体系等。

基于增值服务体系的需要，诞生了诚信行旗下益高健身、百事无忧家政、惠和仁德养老、精彩影城、爱克森科技等增值服务品牌，进一步完善了产品产业链，与诚信行物业共同构筑诚信行幸福生活典范。

（三）幸福生活模式传播

诚信行在走向“一带一路”国家的过程中发现，“一带一路”国家物业管理行业前期规划设计有待提高、对物业管理的价值认知不足、专业化程度不够等普遍性问题，导致资产无法正常使用，资产闲置、运营不佳等问题，而这些是经济快速发展所不可避免的，中国物业管理行业也遇到了同样的问题，而经过 30 多年的发展，这些已成为中国物业管理的历史与经验，基于幸福生活建设者这样的认知，为了让这些国家的物业管理少走弯路与错路，在“一带一路”建设中，诚信行致力于将已经打造的幸福生活模式带到这些国家，但是不是简单地复制和强加，是要基于对“一带一路”国家原有文化基础上的学习、尊重、理解上的融合，缔造和传播具有本土特色的幸福生活样板模式。

三、做中国本土成长的第一家国际化物业管理公司

（一）谨慎迈出第一步

38 年前，中国的物业管理从香港进入深圳，开启了中国物业管理的篇章。同时香港作为连接东西方文化的桥头堡，收购香港品牌物业公司，通过整合和品牌规划，促进自身内地品牌形象提升和服务质量的提高，并从香港走向全世界，是诚信行当时收购香港公司的初衷。诚信行先是组织企业高管赴香港考察交流学习，随后通过香港的同行寻找合适的标的，并在 2011 年当年寻找到一家 1993 年成立的一家物业公司，因为是第一家海外并购公司，诚信行格外谨慎，从前期的尽职调查到并购完成，整个过程持续了近 2 年的时间。

（二）双管齐下，各有侧重

诚信行完成对香港公司的并购和融合之后，继续前行，但也同时确定了两个不同的方向，发达国家主要通过并购中型物业或产业链上下游企业，新兴国家主要通过直接设立分、子公司或与当地合作伙伴合资设立公司，开发当地市场，双管齐下。

（三）多元化经营，打造核心价值链

诚信行在走向海外的过程中，对产品选择有清晰准确的定位，选择的产品都与诚信行现有业务和资源、发展策略、资金及运营上能够产生协同效应，所有的并购标的都是与诚信行战略目标相匹配，同时又有精准的产品线，能够进一步提升诚信行的核心竞争力，既相通又不完全相同，与诚信行的优势业务相结合，并在一定区域和专业上拥有影响力，并购之后能够通过与诚信行的连接，提升市场规模和品牌价值。比如：诚信行在加拿大收购的学生公寓管理公司，属于诚信行核心竞争力产品中资产运营的一个分支，但又有特定的客户群体和产品线，与诚信行物业和资产运营业务相辅相成。

四、做物业管理平台的联通者

诚信行在走出去的过程中，虽然取得了一定的成绩，但同时也积累了大量的经验教训，单个企业走出去的力量有限，物业管理行业人才、国际化视野缺乏，单个物业服务企业走出去抗风险能力薄弱，唯有抱团出海，才能赢得未来；

“一带一路”倡议的实施为对物业服务企业国际化提供了新的发展机遇。我国的物业服务企业应该紧抓此次机遇，将中国物业管理输出，为沿线国家的物业管理发展贡献中国智慧，开创国际市场的一片天地。对于中国物业管理行业来说，跨境发展也是全面提高我国物业管理水平的好机遇，海外的探索之路也是不断学习、吸收和借鉴国际经验的过程，诚信行作为中国本土成长第一家走出去的物业管理公司，愿意与更多的上下游企业一起，共同走向海外。

2017 年 10 月，诚信行物业发起由全国物业服务企业、上下游企业及单位组成的“一带一路资产管理联盟”，推动建立以政府为主导、联盟为主体、联盟成员企业共参与的立体格局，致力于为中国资本出海保驾护航。

经过近两年的努力推动，联盟确定于 2019 年 11 月正式启动，并陆续展开各项工作，致力于行业资源整合、国际化人才培养、联盟企业信息共享、

海外政策咨询、海内外政策扶持、国际交流与合作、课题研究等方面，全力推动中国物业管理国际化水平的建设和提升，改善中国物业管理行业的国际地位和品牌形象，使独具中国特色的物业成为中国全球化的又一张名片。

五、履行行业及社会责任

（一）行业责任履行

诚信行物业作为中国物业管理协会名誉副会长单位，在前进的道路上，始终不忘履行行业责任，贡献企业应有的力量。

自 2016 年行业博览会开始，诚信行作为重要参展商与协会一起，向物业同行及社会各界展示行业风采，并分别举办了分论坛，为同行带来了精神的饕餮盛宴，受到了物业服务企业及上下游产业的一致认同。

2017 年，诚信行受中央党校赵磊教授邀请，将诚信行走向海外的经验教训进行了梳理并发表在商务印书馆的《“一带一路”年度报告》，为中国物业管理行业的“一带一路”工作进行了铺垫。

2018 年，诚信行主动承担中国物业管理协会下达的年度课题任务《“一带一路”与国际化物业管理》，投入了大量的人力、物力进行理论和实践的研究，并取得了优异的成绩，为中国物业管理行业对一带一路的研究及发展奠定了基础。

（二）社会责任承担

精准扶贫，教育支持，抗震救灾，关爱特殊群体……在公益的道路上，诚信行从未停止脚步。

2018 年，诚信行特别企划小诚“绿丝带”公益计划，策划并参与了“地球一小时”主题活动、“全民禁毒，为爱奔跑——全民马拉松活动”等，并加入中欧邓飞基金筹划的“e 农计划”－通过诚信行智慧物业“e 农诚商”电商平台，立足销售乡村优质农产品与旅游资源，提升农民收入，进而帮助中国乡村自我造血与可持续发展，同时捐助非洲坦桑尼亚“国际免费午餐”项目。在这一年，小诚人的爱不仅播种在中国需要的地方，更在世界的舞台上发芽，真正践行了诚信行“在地球任何一个地方，有诚信行的地方就有家”的品牌价值。

科技赋能，助力商住产一体化发展

重庆天骄爱生活服务股份有限公司

重庆天骄爱生活服务股份有限公司（以下简称为“天骄爱生活”）前身为协信天骄物业，1999年正式成立，伴随协信集团商、住、产一体化发展，经过20年的积累和沉淀，现已构建住宅物业服务、商业物业服务、产业物业服务、公建物业服务、资产经营及管理、设施设备管理、大数据七大平台体系，形成物业服务全生命周期闭环生态圈。

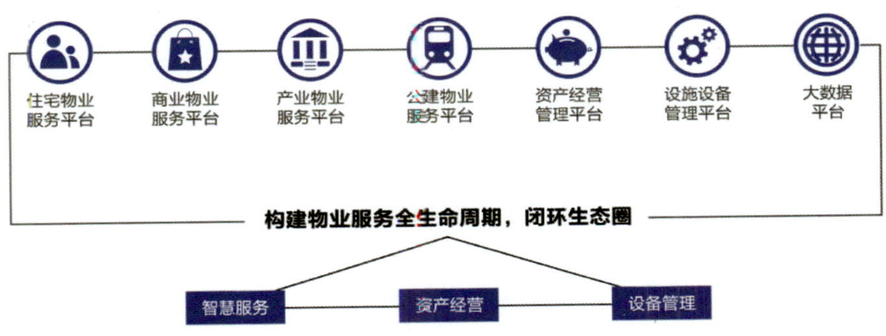

2018年，天骄爱生活荣膺中国物业百强企业TOP16的殊荣，2019年，荣膺中国物业服务企业潜力独角兽，物业服务企业品牌价值TOP10，中国特色物业服务领先企业——商住产一体化的荣誉，接管物业类型涵盖城市综合体、产业园区、物流园区、购物中心、商务写字楼、公共设施、高档公寓、住宅、别墅等。

天骄爱生活深耕巴山渝水，目前已构建重庆、上海、山东三大核心区域，在西南、华东、华北、华中、华南等地区实现全国深度布局。

天骄爱生活传承协信基因，依托七大运营服务平台，整合平台资源，构建物业服务全生命周期闭环生态圈。将商业、产业融合，形成覆盖商住产三种业态的全息服务闭环，探索生活新边界。

经过多年的开发运用和持续创新，天骄爱生活已经形成了较为完善的物业运营管理系统、客户服务管理系统、资产经营管理系统、设施设备管理系统等平台，实现物业管控智能化及社区经营集约化能力。这不仅最大限度地满足了业主对物业服务准确性、安全性和及时性的需求，也帮助天骄爱生活实现了低

成本和高效运营。

在商业物业板块，天骄爱生活运用设施设备管理系统集成一站式服务，运行实时监控，降低运维成本，安全降耗，科技赋能商业物业。借助商业物业服务平台，天骄爱生活精细化运营管理，组件化场景配置，通过自我衍生及外部导入服务资源，适应不同商业个性化业务需求，提供特色服务，用数据驱动发展，实现多方受益，让资产释放价值。

在产业物业板块，天骄爱生活依托启迪协信丰富的资源，针对个人客户搭建智慧生活服务体系及平台，提供全时段生活解决方案；针对企业客户，以公共运营服务平台为依托，提供精准、贴心的企业服务，打造企业全生命周期在线智慧服务平台，为产业园提供智能化、智慧化、信息化整体解决方案，提供从基础物业需求、到招商运营管理的全方位服务，实现产业资源对接，完成从物业服务商到物业运营商的转型升级。

在住宅物业板块，天骄爱生活统一部署以“家”文化建设为抓手，坚持全心全意为业主服务，开展了以物业服务品质提升、公共配套设施优化升级为主题的“暖心行动”，并以信息化为支撑，加强业

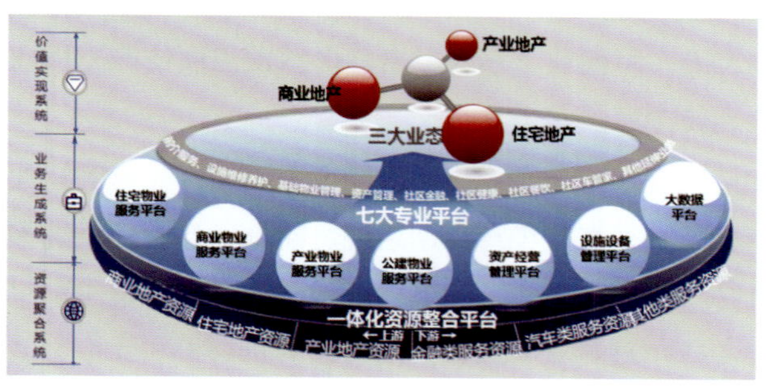

务数据赋能，为业主提供全方位云服务，提高服务效率。

秉承商住产一体化发展战略，天骄爱生活逐步构建起涵盖智慧社区、智慧园区、智慧商业、资产经营的互联平台，通过数字化，支撑天骄爱生活“接、管、营”业务，提升内部“人、财、事”管理效率，构建共赢生态，创新商业模式。

天骄爱生活不断探索社区经济与服务经济新模式，通过“战略＋企业＋商家”模式整合物业基础服务、公共服务、邻里互动及各类社区 O2O 垂直资源，面向全国中高端社区推出小 A 智慧物业平台，结合线下服务体验打造全新的社区生活服务场景，为业主提供全方位增值服务，构建起“业主、物业、服务商”有机融合、共生共荣的社区生态圈。

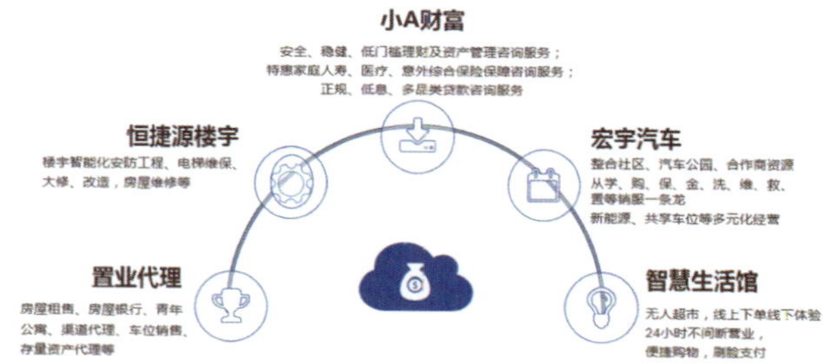

借助信息化的手段，天骄爱生活建成全国集成指挥中心，通过集约化和可视化的管控，实现集团—区域—项目的一键式管控，为物业品质保驾护航。此外，承载了物业服务、家政服务、生活服务、特许服务和邻里管理五大服务体系的小 A 帮 APP 移动终端，实现了报事报修、物业缴费、门禁卡、车牌识别等基础功能，以及家政服务、房屋租售、线上购物等智慧服务，为业主提供更优质、便捷、多

元的居住体验。

天骄爱生活以“为您，到永久”为品牌理念，打造具有匠人精神的绅士、淑女的品牌个性。从企业品牌战略高度思考，深入挖掘目标族群的深层次需求，建构品牌与目标客户的情感价值联系，形成独特的品牌优势。

除了重大节日和季节性活动外，天骄爱生活还会根据社区具体情况举行特色文娱活动，以系列活动建立生活的仪式感，由此打造温馨和谐的天骄式幸福社区。

2019 年，天骄爱生活举办 20 周年感恩信赖系列活动，以“有人偷偷对你好”为主题，举办“趣 • 童画”“爱 • 骄说”“梦 • 未来”“兜 • 很美”“粽 • 情义”“孝 • 当先”6 大主题系列活动，持续 120 天，7 省 20 余城市联动，近 30 万业主参与，覆盖商、住、产多元化业态，举办近 100 场活动，影响广泛，深受业主好评。

面对日益激烈的行业环境，天骄爱生活不断挖掘自身内核价值，在人才培养、品质提升、创新经营、信息化建设、扩大规模等方面不断突破，并以开放的心态和魄力，构建与商家、开发商、业主利益共享的社区生态，实现转型升级，打造趋势之下，全息生活服务商。

在智能化不断投入的基础上，基于协信商住产一体化的资源，天骄爱生活积极进行各个业态的增量挖掘和探索，提出“全息生活服务运营商”的发展愿景，也为实现更大范围内资源闭环流通提供了新想象空间。

天骄爱生活坚持“温情永恒，关爱一生”的服务理念，以“业主第一，深耕服务，长效共赢，品牌是金”为核心价值观，将依托社区用户大数据及行业高速发展带来的机遇，引入上下游产业链龙头企业，通过合作共赢，价值升级，业务蜕变，开创智慧社区、智慧生活的新篇章。

让河南人民都过上好生活

河南建业新生活服务有限公司

一、企业现状概况

（一）企业简介

河南建业新生活服务有限公司（以下简称“建业新生活”）秉承“让河南人民都过上好生活”的企业愿景，致力于打造河南人民新型生活方式服务平台。

业务覆盖生活服务、资产管理服务、物业管理与增值服务三大版块，拥有一个会员权益平台“建业＋”，为全省 4000 万商业客流、100 万业主、15 万学生及家长、10 万员工及家属和 9000 余名君邻会会员提供时间、区域、功能无盲点的生活服务。

践行建业集团“根植中原，造福百姓”的核心价值观，秉承一切以客户为中心的企业理念，肩负“让生活更美好”的企业使命，建业新生活紧紧围绕河南人民的消费升级和需求多元，助力建业集团向新型生活方式服务商转型，推动社会全面进步和人民美好生活的实现。

（二）企业重要发展里程碑

2018 年 1 月，建业新生活旗下建业大食堂入选“河南省餐饮与饭店行业协会副会长单位”。

2018 年 9 月，旗下鄢陵建业绿色基地被评为国家 4A 级旅游景区。

2018 年 10 月，旗下建业物业荣登中国物业管理协会评选的“物业服务企业综合实力 TOP100 榜单”15 强。

2018 年 12 月，旗下鄢陵建业绿色基地、鹤壁建业绿色基地评为农业产业化省重点龙头企业。

2019 年 1 月，创意 2019 品牌年会，建业君邻会荣获“中原锐品牌”称号。

2019 年 2 月，旗下建业旅游荣获“2018 中原旅游地产创新营销奖”。

2019 年 3 月，旗下艾欧科技通过河南省科技厅“高新技术企业”认定。

2019 年 5 月，建业新生活荣获“2019 物业服务企业潜力独角兽”。

2019 年 6 月，建业＋，加出新生活——建业大服务体系发布，建业＋ APP 全新上线。

2019 年 6 月，建业新生活当选“中国物业管理协会名誉副会长单位”，并荣获“2019 物业服务企业品牌价值 50 强”“新型生活方式服务商·2019 特色物业服务品牌企业”。

二、企业经营状况

（一）经营范围

建业新生活业务覆盖生活服务、资产管理服务、物业管理与增值服务三大版块，涵盖物业管理、优选生活、智慧社区、品质居住、定制旅游、奢享酒店、商业管理、农业发展、文旅运营、高端会员组织等多元业务。

（二）基础物业服务情况

建业新生活布局河南省、市、县、镇、村五级市场，综合服务面积近 1 亿平方米，在管物业项目数百个，贴心服务 20 万户家庭。

旗下物业管理公司（以下简称“建业物业”）成立于 1994 年，公司秉承“追求卓越、坚忍图成”的企业精神，坚持“物业管理、尽善尽美”的质量方针，专业提供全方位的物业基础服务、社区增值服务、案场服务、咨询服务等。

建业物业迄今已布局河南省、市、县、镇、村五级市场，服务涵盖住宅、商业、写字楼、学校、特色小镇、公建项目等物业类型。

（三）企业架构图

（四）多种经营服务情况

1. 社区增值服务

建业物业提供社区增值服务，如俱乐部会所、家务管理与清洁、汽车清洁与充电、社区团购、全包式装修等增值服务。另有铂金管家团队，为住户提供定制服务。

2. 非业主增值服务

在物业开发商运营的各阶段提供咨询与建议、提供物业视察服务。同时也提供顾问咨询、新房代理、品牌推广、房屋租售、分销旅居等服务。

3. 智能社区解决方案

2015 年，建业新生活成立科技公司，向物业开发商提供智能社区解决方案，向业主提供智能家居，集创新研发、顾问咨询、方案设计、安装施工

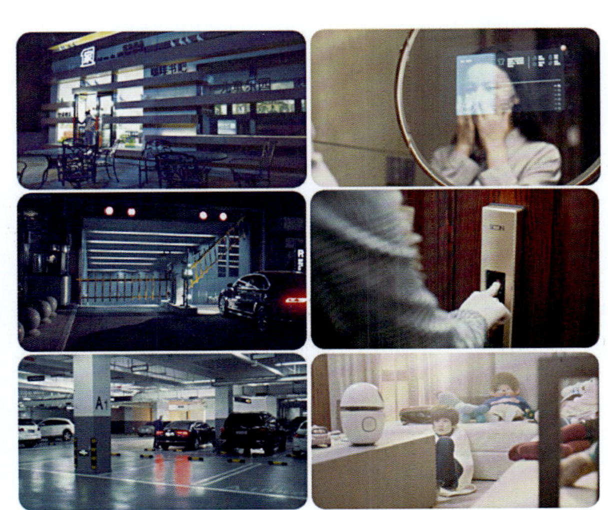

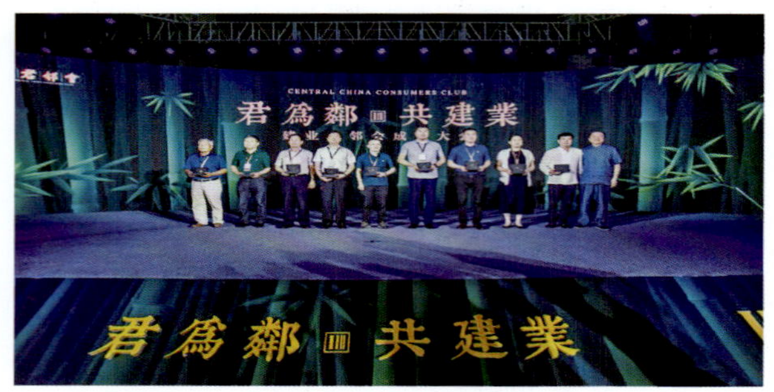

和运营维护于一体，为用户提供更安全、更健康、更舒适、更便捷、更绿色的“5M 新型生活方式”。

4. 君邻会

建业君邻会，以建业品牌信用为纽带，以打造新型邻里关系为目标，以建业内外部优质资源为价值支撑，以打造生活共享、智慧共融、商务合作、投资共赢的共享平台为追求，邀请各界建业客户共同组成的线上、线下会员制社群组织，是建业客户共享新型生活方式服务平台。

（五）其他业务经营情况

1. 生活服务版块

生活服务版块——建业＋平台

依托建业＋大服务体系，专为河南用户打造的本地体验式服务的会员权益平台。平台优选线上线下消费场景，为会员提供时间、地域、功能无盲点的生活服务。截至 2019 年 8 月底，平台注册用户突破 177.5 万人。

生活服务版块——定制旅游服务

建业旅游致力于“做专业化的定制旅游服务者”，为客户提供专业化、个性化、定制化的旅游服务，提供建业＋体验、休闲度假、商旅差旅、教育旅游、体育旅游、入境地接等定制旅游服务。

生活服务版块——建业大食堂

以弘扬中华传统饮食文化，发掘、保护及传承中原传统名吃、小吃为企业使命，建业大食堂致力于打造极具中原乡土特色的“中原传统美食民俗文化体验地”“舌尖上的河南，河南人的待客厅”。

2. 资产管理版块

资产管理版块——酒店管理

建业新生活旗下酒店管理运营板块，拥有奢华精选、生活方式、主题特色、服务公寓四条品牌线，已与万豪、洲际、雅高合作，目前管理运营五家国际品牌酒店和两家自营品牌酒店——鄢陵建业花满地温泉酒店及郑州建业天筑国际公寓，诠释着纯粹中原礼遇与崭新国际风尚。

资产管理版块——商业管理

建业新生活旗下专业商业资产运管板块，依托建业品牌优势，集建业大服务体系优势资源为一体，全面整合建业所辖项目商业资源，塑造“凯旋广场”“凯旋汇”和“百城天地”3 个自有商业品牌，培植建业新生活商管公司别具风格的核心竞争力，成为具备领先商业运营运能力的知名不动产企业。

资产管理版块——文旅综合体运营

建业新生活旗下文化旅游综合体运营管理板块，针对文化旅游项目提供现场及场外的管理、运营及监督服务，以监控及确保项目的平稳运营，同时也对文化旅游项目提供管理及运营建议等咨询服务。另提供田园观光综合体管理服务，以农业＋品牌为延展，以轻资产模式从事田园综合体项目的策划定位、产业规划、涉农产业运营管理等咨询与服务。

三、服务、经营理念及特色、优势

（一）品牌定位：新型生活方式服务平台

（二）服务理念：一切以客户为中心

（三）服务特色

1. 1.0 基础物业服务，满足居住环境、生活安全等需求；

2. 2.0 增值服务，依托社区服务站、建业＋APP，提供业主线上＋线下全维生活需求；

3. 3.0 定制服务，依托君邻会、“建业＋”幸福生态系统，打造新型邻里关系。

（四）竞争优势

品牌优势：全国物业百强榜排名第 13 位，作为行业标杆领跑者，品牌美誉度较高。

客户优势：省域化发展已具规模，服务河南 100 万名业主。

管理优势：深耕河南 20 余年，积累了丰富的管理经验，拥有专业化作业体系和成熟的管理体系。

智慧物业：智慧物业水平不断提升，已完成物业管理信息化布局，智慧服务应用已见成效。

团队优势：高效、务实、坚韧的管理团队，赋能企业快速发展。

“建业＋”平台优势：依托“建业＋”幸福生态系统，形成独特的服务内容和服务形式。

（五）业主评价满意度情况

独有的省域化战略和企业品牌理念，决定了企业在河南物管市场的绝对品牌优势。越来越多的购房者因看好建业物业的品质服务选择置业建业，极高的客户忠诚度也为建业地产维持了较高的复购率。

四、标准化工作推进情况

1998 年，建业物业内部质量体系通过英国摩迪国际有限公司（AOQC）ISO 9002 国际标准第三方认证，成为省内首批采用国际质量标准进行管理的物业公司。

目前建业物业已建立 ISO 9001（质量）、ISO 14001（环境）、OHSAS 18001（职业健康安全）三标一体的国际管理体系。

五、智慧科技运用状况

以科技之力颠覆传统，以智慧之力推动企业转型升级。建业物业建立“互联网＋物业”全新物业智慧服务体系，重组管控模式，降低人力配置，推进组织迭代，激发组织活力，利用科技赋能和资本赋能，实现服务升级。

截至 2018 年年底，智慧科技为建业地产超 100 个项目提供社区智能化服务；打通智慧社区建设最后环节，成长为集售前、售中和售后的全流程智能化服务提供商，在轻资产、外拓项目上也得到了一定的认可和口碑。

六、社会责任

（一）积极投身社会公益事业

多年来，建业新生活坚持以企业公民的角色

投身公益事业。定期探望孤寡老人、举办少儿公益舞蹈课堂、金婚盛典、爱心助农、组织社会善心捐赠……建业新生活一直前行，为传递公益正能量而贡献企业的一分力量。

（二）主动参与制定和执行更严格的企业标准

建业物业于 1998 年导入 ISO9002 质量管理体系，狠抓秩序维护、保洁、绿化、维修等基础服务，铸就高端品牌，获得业主一致赞誉。目前，建业物业已建立 ISO9001（质量）、ISO14001（环境）、OHSAS18001（职业健康安全）三标一体的国际管理体系。

2005 年建业物业被国家建设部认定为一级资质物业管理企业。2017 年被评为 3A 信用最高信用等级企业。2018 年 4 月，建业物业参与市协会《物业管理规范操作丛书》的编写。

（三）积极参加行业活动

建业新生活积极参与行业内各项活动，为行业发展做出贡献。2018 年 5 月，在郑州市物业管理协会举办的行业大比武活动中，建业物业礼兵、客服代表队双双勇夺一等奖；2018 年中国技能大赛——“金融街物业杯”第二届全国物业管理行业职业技能竞赛决赛中，建业物业卫开祥荣获电工职业技能组全国第 5 名。

（四）引领行业发展

截至 2018 年年底，建业物业共创国家级示范/优秀小区 5 个、省级示范/优秀小区 61 个，郑州市样板小区 29 个，五星级住宅小区 5 个。2018 年 10 月 15 日，建业物业荣登中国物业管理协会评选的“物业服务企业综合实力 TOP100 榜单”15 强。

（五）行业影响力突出

在河南省十八市物业协会，建业物业内部 15 人担任当地协会副会长以上职务。此外建业新生活旗下酒店管理公司荣膺河南省旅游协会副会长单位；旗下现代农业公司组织举办 2018 届中国红掌产业联盟论坛会议，引领并推动中国花卉产业发展……建业新生活多元业务正在为行业发展贡献才智，推动行业发展。

目前建业新生活在新增专利数、责任采购比率、参与地方公共政策的发展及实施等方面仍存在一定不足，也将进一步履行更多社会责任。

七、未来发展目标、发展战略

客户生活需求的不断升级和日益丰富多元，就是企业战略转型致力的方向，就是照亮建业人循道途中那束不灭的光。建业新生活构建的大服务体系正逐步完善，涵盖物业管理、优选生活、智慧社区、品质居住、定制旅游、奢享酒店、商业管理、农业发展、文旅运营、高端会员组织等多维度幸福图景，正在中原大地上徐徐展开。

YIDA亿达服务

中国领先的产业园区综合解决方案供应商

亿达物业服务集团有限公司

一、企业现状

从一家依附于房地产母公司的配套企业，成长为一家综合运营能力、资源优化整合能力、科技创新应用能力“三优”的现代型物业服务企业，今天的亿达物业服务集团自我定位为“中国领先的产业园区综合解决方案供应商”。核心竞争能力的打造和差异化经营是亿达服务集团通往成功的公式，更是赖以生存的先决条件。

成立于1996年的亿达物业服务集团，是亿达中国全资控股子公司。作为全国物业百强企业，亿达服务集团是东北地区规模最大、最具影响力的物业服务，是中国物业管理协会副会长单位、辽宁省房地产行业协会副会长单位、大连市物业管理协会会长单位。

亿达服务集团总部位于上海，在武汉、长沙、合肥、重庆、成都、绵阳、苏州、杭州、郑州、济南、吉林、沈阳、大连等地设立城市公司，涵盖不同类型的服务模式。公司通过二十几年不断积极探索，目前在管物业涵盖产业园区物业、写字楼物业、政府机构物业、院校物业、商业物业、居住类别墅、住宅、公寓等全业态物业服务类型，直接为近百万业主提供各种类型的物业服务，全国在管项目近1000个，服务面积超过1亿平方米，员工总数近万人。

纵观近年来产业地产的发展，首先，很明显的趋势是：产业转移促进区域经济持续转型升级——随着区域城市产业转移加速，城市在产业选择上更具主

动性，产业地产商积极布局具备产业投资机会的区域，尤其是成渝城市群、长江中游城市群等核心城市外围区域，亿达服务母公司亿达中国亦在这些区域积极布局各项轻重资产项目。

与此同时，各龙头企业纷纷跨界牵手，地产内外部合作共谋双赢。在房地产调控总基调不放松的背景下，2017 年房企积极布局产业地产，主动与科技、服务行业等知名企业合作，扩展上下游产业链，这些信号无一不在向物业管理行业传递积极的信息——产业园区物业将从末端服务，逐渐转型来到前端，从招商管理乃至配套解决方案就启动介入，共同分享更大的蛋糕。

二、企业经营状况

（一）经营范围

针对日益专业化的产业园区综合服务，亿达服务集团成立了专为产业物业量身定制的亿达科技产业服务有限公司，它是亿达服务集团加速向城市综合服务商转型过程中，以服务中国产业园区创新发展构建产业生态体系而成立的专业机构，致力于成为中国领先的产业园区综合解决方案供应商。

企业本身资源丰富，借助母公司亿达中国在全国产业园区项目布局，亿达服务拥有更广的渠道及品牌影响力。同时，亿达服务业态布局全面，产业依托稳定，并且对现有的经营取得了良好效益，获得了客户的充分认可。

在紧随亿达中国产业开发布局、做好内部园区服务承接的同时，亿达服务集团积极寻找外部市场发展机会，秉承“往前走＋往里进”的发展思路，拓宽服务领域、拓展服务内容，会同易达云图，借助信息化平台及物联网大数据，全面分析服务对象数量、服务需求、能耗费用等，为全产业链园区运营提供支持，并在此基础上，逐步形成标准化的运营模式。

（二）全周期服务情况

1. IS 投资者服务

往前走，即面向 IS（InvestorServices，即投资者服务），我们基于投资者资产的全生命周期运营及管理，做资产保值增值的捍卫者。

（1）配套解决方案。有标准化的运营体系，为客户提供配套规划设计、配套建设咨询、配套租售以及配套运营监管等服务，为投资者提供园区配套业务从规划到运营监管的全周期服务。

（2）招商管理。组建了专业的市场营销、招商团队，并拥有成熟的招商渠道，形成了标准化的运作模式，从市场分析、客户定位、渠道建设、品牌推广、市场活动、销售租赁等多维度帮助投资者进行招商管理，解决客户缺乏项目整体策划、定位和市场推广能力的痛点。

（3）物业运营管理。对服务的产业项目，绝不仅仅做单纯的基础物业管理，而是对资产的全生命周期管理，举例来说，针对每一个产业项目，在前期向园区客户提报管理方案时，我们会设计出针对该方案定制版的《管理手册》，并在接手项目后的 3 个月内，进一步调整、完善，形成一套逐渐成熟的管理体系，从而制定物业运营标准，并可以对物业运营成本进行精准监控。

（4）专业化增值服务。为投资者提供全面周到的企业服务增值项，通过几十年的运营经验，形成标准化的服务模式，可根据投资者的实际需求选择增项、复制模式，企业入住孵化、人才中心、培训中心、政策咨询、项目申报、民生服务等专业化增值服务，一站式提升园区综合运营能力水平。

可以说，面向投资者，我们是其资产的全生命周期管家，通过标准化运营及管理，捍卫资产的保值增值。

2. OS 企业客户 / 租户服务

往里进，即面向 OS（OccupierServices，即企业客户 / 租户服务），我们针对企业客户的实际需求提供全面定制化解决方案。

产业园区的多样性、科技性、专业性决定了为其提供的服务也更具专属性，所以，产业物业不同于住宅物业，对其标准化的制定更加定制化。

同时，为满足产业项目内各企业客户的高需求，园区楼宇设施密度远远高于住宅，工程人员配比远远高于住宅服务标准，举例来说，亿达服务产业工程维修的响应速度在 3 ～ 5 分钟内，中小维修及时率基本不过夜。这样高效的物业管理服务保证了企业客户可以更加高效地进行工作，将宝贵的时间、精力投入企业经营中。

（三）多种经营服务情况

沈建忠会长曾指出，物业服务企业服务的对象和服务场景，本身就是巨大的资源，多元经营服务应在主营物业服务的基础上后来居上。而物业管理的规模经济在于增值服务的发展。所以，物业服务企业要把人才、资本、技术及市场等要素和资源有效组织起来，不断升级创新商业模式和服务模式，逐步完善社区服务生态布局，提升业主体验。

亿达服务集团多元经济服务主要体现在园区民生配套服务方面，集团积极结合智能信息技术，打造亿食百味智慧餐厅、亿达优选新零售线下便利店等配套设施，面向 OS 提供园区配套服务解决方案。

举例来讲，位于大连软件园天地园区的亿食百味智慧餐厅作为东北首家园区智慧餐厅，集成一系列智能化、自动化的应用设备，并应用在预定、充值、结算、就餐等各环节，对餐厅实施智能化布控，实现自动结算、自助充值、易付快取等功能，节省餐厅人工，降低运营成本，打造智能化、现代化的园区餐厅。通过“智盘”系统取代人工结算，3 秒钟即可刷脸结账，让员工就餐排队时间从十几分钟压缩至一到两分钟，2000 余平方米的就餐空间为园区 8000 余名 IBM 公司的企业员工提供舒适的就餐体验，解决园区远离市区、周边缺乏生活配套服务的痛点，真正做到关心“企业人”，赢得了企业

客户的好评，并通过打造标准化可复制的商业模式，实现物业服务企业商业模式的创新。

而亿达优选新零售便利店，其“小而美”的购物环境、“精且全”的商品种类、标准化的门店运营体系，将物业服务企业的自有品牌打造成产业园区新零售标杆。亿达优选线下零售店区别于无品牌便利店，在同质化、上下游控制能力、品控能力、议价能力等多方面具有压倒性优势。与此同时，较国外新零售品牌，亿达优选选址更优化，价格更亲民，品类更丰富，服务更加“接地气”，受到了园区企业员工的欢迎。

亿达服务集团将通过复制标准化成熟运营模式，加速布局全国产业园区新零售市场。未来，还将积极布局各项园区配套民生服务，解决“企业人”的服务痛点，扩张企业多元经济板块的版图，创新商业模式和服务模式，为客户提供更优质的服务体验。

三、服务、经营理念及特色、优势

（一）品牌定位：产业园区综合解决方案供应商

（二）服务理念：亿达服务，为了你的一切

（三）服务特色：智慧物业打造智慧园区

科技在几何级增长，时代在超高速更迭，那些追求稳定的企业，只能在稳定中死去。为应对时代的飞速发展，亿达服务集团积极推进24小时呼叫中心、E控中心、易达云图等智慧平台建设，整合各项服务数据，以移动互联、物联技术为基础，借助大数据、云计算等手段，打造集供方管理、服务集成、评价跟踪为一体的、线上线下相结合的服务平台，为客户提供360度全方位服务，提高满意度和服务黏性，提升服务管理运营效率与品牌价值。

其中，借助易达云图这一智慧园区全场景解决方案，亿达服务连接空间、企业与服务，以“服务产业、提升管理”为核心，基于大数据分析与物联网技术，建立集楼宇资源管理、客户管理、合约管理、财务管理为一体的园区管控体系，并组建专业技术团队打造一站式无忧服务，有效提升园区运营管理效率与园区综合竞争力。

借助产业服务共享平台，园区场景化服务打破园区基础服务壁垒，建立服务闭环管理体系，变被动为主动，全面提升园区基础服务满意度；产业集成服务围绕企业发展不同阶段，整合优质产业服务资源，建立完善跟踪评价机制，服务企业发展，建立服务生态，提供信息对接、服务跟踪等一体化解决方案服务，构建楼宇、客户、服务三位一体的产业生态圈。

（四）客户满意度

客户评价亿达服务集团品牌“具有辨识度”“城市品牌”“身为业主很自豪”“放心品牌”“值得信赖”“有温度的物业”“暖心又贴心”“有实力”“住在亿达服务，工作在亿达服务”；每月开展客户满意线上调查，每季度开展入户满意度调查，平均满意度在99%以上，项目续约率100%，产业物业服务费收费率100%。

四、标准化工作推进情况

亿达服务集团针对每一个产业项目，在前期向园区客户提报管理方案时，会设计出针对该方案定制版的《管理手册》，并在接手项目后的3个月内，进一步调整、完善，形成一套逐渐成熟的管理体系，从而制定物业运营标准，并可以对物业运营成本进行精准监控。

通过标准化的建设，在拥有完整管理体系的基础上，可以实现对于物业运营成本的监控，进一步提升效率，降低能耗，节约管理成本，将更多资源投入设备运维技术提升及园区服务品质提升，进一步优化资产的全生命周期保值。

五、智慧科技运用情况

标准化的建设离不开智能信息技术，在此时代背景下，亿达服务集团积极推进24小时呼叫中心、E控中心、易达云图等智慧平台建设，整合各项服务数据，以移动互联、物联技术为基础，借助大数据、云计算等手段，打造集供方管理、服务集成、评价跟踪为一体的、线上线下相结合的服务平台。

其中，借助易达云图这一智慧园区全场景解决方案，亿达服务连接空间、企业与服务，以“服务产业、提升管理”为核心，基于大数据分析与物联网技术，建立集楼宇资源管理、客户管理、合约管理、财务管理为一体的园区管控体系，并组建专业技术团队打造一站式无忧服务，有效提升园区运营管理效率与园区综合竞争力。

借助产业服务共享平台，园区场景化服务打破园区基础服务壁垒，建立服务闭环管理体系，变被

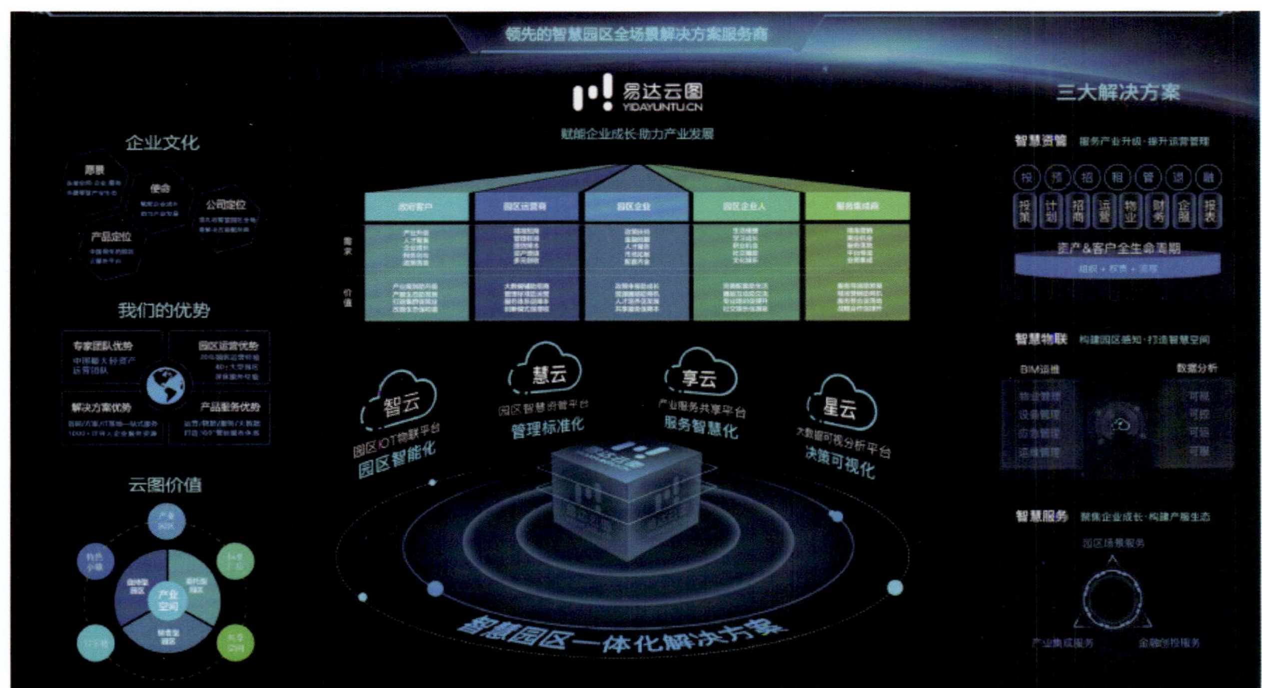

动为主动，全面提升园区基础服务满意度；产业集成服务围绕企业发展不同阶段，整合优质产业服务资源，建立完善跟踪评价机制，服务企业发展，建立服务生态，提供信息对接、服务跟踪等一体化解决方案服务，构建楼宇、客户、服务三位一体的产业生态圈。

六、未来发展目标、发展战略

二十余年的发展前行，亿达服务集团从一家单纯服务于房地产母公司的物业服务企业，发展为集提供产业园区物业服务、办公物业服务、高端住宅物业服务等物业管理服务与社区新零售、社区养老、社区教育、智慧餐饮、租售中心、高端家政等社区经济服务为一体的新型物业服务企业。以为客户提供专业化综合服务为目标，以为投资者提供全生命周期资产保值服务为己任，以推动中国产业园区物业发展为企业愿景，亿达服务集团，致力于成为中国领先的产业园区综合解决方案供应商。

美好幸福生活从“佳”开始

佳兆业美好集团有限公司

一、企业现状概况

（一）企业发展情况简介

佳兆业美好集团有限公司（简称佳兆业美好）成立于1999年，总部位于深圳，于2018年12月在香港联交所成功上市，股票代码：2168.HK。佳兆业美好的业务涉及物业管理服务、交付前及顾问服务、社区增值服务、智能解决方案服务等领域。

截至2018年年底，佳兆业美好总物业管理面积达3219万平方米，涉及105个住宅小区以及27个非住宅小区，目前，佳兆业美好实现多业态运营管理，涵盖住宅、商业物业、写字楼、表演场地和体育馆、政府建筑物、公共设施及工业园区等业态，为全国逾16万个物业单位提供服务。

作为具备国家物业服务一级资质企业，佳兆业美好已通过IS09001质量管理体系认证，连续多年荣获中国物业管理协会颁发的“中国物业服务百强企业”荣誉称号，2018年综合实力测评位列第12位，凝聚着社会各界对佳兆业美好品牌的充分信赖。

佳兆业美好以客户需求为中心，坚持“简单、高效、谦逊、拼搏”的文化理念，以“服务·美丽中国”为发展愿景，发挥自身品牌、管理、地缘的优势，稳步延展物业服务内容，定位于中国领先的综合物业管理服务供应商。

（二）2018～2019年企业重要发展里程碑

2018年1月：与中国银行青岛分行合作，成为其供应商，并签订市南支行办公楼和四个营业点的服务协议，实现金融系统业态零突破；

2018年3月：正式推出“K生活”及“K服务”移动端APP，为客户提供更切合所需的综合一站式服务；

2018年5月，做为十大平台样本企业正式入选《2018年中国物业管理资本·上市·并购调研报告》；

2018年6月：签订遵义市中央公园城智能化项目管理协议，佳兆业美好的

附属公司深圳市佳科智能工程有限公司（简称“佳科智能”）成功布局贵州市场；

2018 年 6 月：签约郑州市五云山四个特色小镇项目，既是华中区域外拓市场的重大突破，也是公司智能解决方案服务在养生特色小镇项目业态的重大突破；

2018 年 6 月：荣获“物业管理行业微信公众号影响力 TOP50”第 10 名；

2018 年 6 月：与台州高速公路房地产开发有限公司签订战略合作协议，成为其开发项目首选物业合作方，同时将借助其资源逐步介入高速公路服务区综合服务运营；

2018 年 7 月：成功签约北部战区某部队项目，实现首个军事公建类物业外拓项目的新突破；

2018 年 10 月：佳科智能与泰禾医疗中心签订智能化工程战略合作协议，为后续承接医院类物业项目打下基础；

2018 年 10 月：荣获“2018 中国物业服务企业综合实力测评 TOP100”，名列第 12 名；

2018 年 12 月：成功在香港联交所主板挂牌上市，正式登陆国际资本市场；

2019 年 5 月：荣获 2019 物业服务企业上市公司十强单位；

2019 年 7 月：更名为“佳兆业美好集团有限公司”；

2019 年 9 月：荣获 2019 年广东省物业服务企业综合实力 TOP11。

二、企业现状概况

（一）基础物业服务情况

佳兆业美好的物业管理服务主要包括：以酬金制或包干制为在管小区提供物业管理服务——目前，佳兆业美好的服务业态涵盖中至高端住宅及非住宅物业，包括商业物业、写字楼、表演场地和体育馆、政府建筑物、公共设施及工业园等。

住宅物业：住宅面积多为百万平方米级别，片区引进优质教育医疗资源，有效改善区域综合环境，树立新的人居标准，带动片区整体发展，提升整个片区的形象和竞争力。例如：深圳 • 桂芳园、上海 • 珊瑚湾、惠州 • 东江新城、营口 • 龙湾、长沙 • 水岸新都。

商业物业：打造片区最大型商业配套，包括商业、公寓、酒店、城市综合体等业态，拉动周边地区繁荣，带动区域经济发展。例如：深圳 • 大鹏佳兆业广场、深圳 • 布吉佳兆业广场、大连 • 佳兆业广场。

写字楼物业：高效利用城市中心区稀缺土地资源，提升区域辐射力和市场影响力，改善城市形象，提升片区的城市品位。例如：惠州 • 佳兆业中心、广州 • 白石化大厦。

产业园：推进园区精神文明建设，营造良好投资环境，提供优美、整洁、舒适、安全的服务环境，全力为企业排忧解难，给企业营造家的感觉。例如：衡阳 • 远大工业园。

市政公共物业：贯彻政治任务重、社会反响大、公众聚集度高、应急疏散与消防安全级别高、自身形象特别、保密性强的服务性质，以科学管理、精细服务保障高标准管理服务工作，不断创新，发挥自身优势持续提升服务管理水平。例如：广西 • 柳东企业总部大楼。

文体物业：包括运动场馆、主题公园、航运码头等业态，联合国内外具有各类专业方向的运营团队，打造集合体育、文化、创意、教育、旅游的产

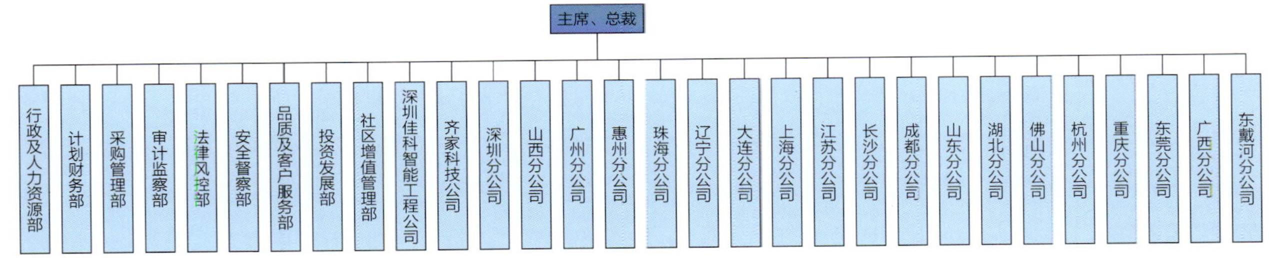

业群。例如：深圳·大运体育中心，佛山·高明体育中心等地标级项目。

（二）多种经营服务情况

社区增值服务：佳兆业美好切合业主和住户的生活及日常所需，量身打造全面的产品及服务，为业主及住户提供更便捷的生活方式，优化业主及住户的生活品质。公司整合线上及线下渠道，提供包括居家购物、家庭服务、社区金融、邻里社交、房屋租赁、新房购买、二手房交易、房产托管、海外房产、车位租售、社区教育培训服务等。

（三）其他业务经营情况

智能解决方案服务：佳兆业美好立足于物联网管理，通过人工智能、互联网、AI等技术应用，涉及智能楼宇、智能家居、路网监控、个人健康与数字生活等诸多领域及新型技术的集成应用，为社区提供一个安全、舒适、便利的现代化、智慧化生活环境。

交付前及顾问服务方面：凭借物业管理专业知识向市场提供多项交付前及顾问服务，以解决物业开发项目各阶段产生的问题。在物业开发项目初期派遣驻场员工，向物业开发商就物业建筑工地、预售示范单位及物业销售场地提供为客户提供从“车场引导、礼宾接待、大厅服务、样板房服务”到销售后期配合的一整套流程服务；同时，向其他物业服务公司提供物业管理顾问服务。

三、服务、经营理念及特色、优势

佳兆业美好追求完善的物业服务体系，致力于打造理想化的社区生态，以此成为客户心中的“资产运营专家，贴心生活助手”。战略上以客户需求为中心，发挥自身品牌、管理、地缘的优势，稳步延展物业服务内容。致力于颠覆传统小区物业管理仅对“人和物”的浅服务，以信息流、物流、系统工程等为基础，形成完整的服务链，与员工、客户、合作伙伴的根本利益相一致，变革物业管理行业，开创新型活力无限的服务时代。

品牌优势：二十载如一，赋予物业新的内涵与价值。

“智慧”物业优势：佳兆业美好集团通过建立差异化的物业思维和运行体系，促进物业管理从“质”量到“智”慧的飞跃。为打造新时期理想化的社区生态，率先实施产业变革，以大数据＋智能化解决方案开启全场景服务新篇章，倾力打造物业服务智慧化集成平台。

人才优势：近20年来，佳兆业美好为夯实企业可持续发展的基础，将人才团队和管理体系的建设作为重中之重。广泛吸收拥有各种知识和才能的专业人才，为员工提供既有激励性又富有挑战性的工作环境，贯穿员工整个职业生涯过程的学习、晋升机会，为员工营造良好的工作氛围和发展空间。

业主评价满意情况：佳兆业美好集团每年都将委托第三方满意度调查机构开展客户满意度调研，获取客户对佳兆业美好物业服务详实的数据，以更好地提升服务品质。在2018年佳兆业美好满意度调研分析报告中，满意率指标为91%。

四、标准化工作推进情况

2018年，佳兆业美好响应中国物协“品质提升年”的号召，以从零开始的心态锻造高端优质的物业服务。通过梳理完善各业态服务标准，建立全业态全生命周期管理体系；重塑品质绩效架构，强化对分公司品质业务管控考核；制定一线员工工作手册、关键岗位工作清单，实现业务技能系统化、可视化教学和清单式管理；创建“优秀标杆项目”，内立标杆，外树品牌，以点带面提升区域现场品质；完善业务骨干认证，储备优秀管理人才；开展“三听三视”专项活动，倾听客户声音，检视管理缺陷，解决客户痛点，全面提升客户满意度。

五、智慧科技运用状况

佳兆业美好集团通过旗下专业公司——佳科智能，向开发商及物业公司提供智能解决方案服务，包括楼宇自控系统、客流量统计系统、安防监控系统、可视对讲系统、无线对讲系统、智能停车系统、智能卡应用系统等。

（一）推出 K 生活服务平台，开启社区服务新模式

2018 年 3 月，佳兆业美好旗下齐家科技公司开发的“小区管家”APP 进一步推出了全新升级后的“K 生活”APP 以及“K 会员”权益体系。业主及住户在“K 生活”平台注册并认证身份后，可以通过移动端在线浏览最新的物业通知公告、报事报修、查询物业管理费账单并缴费、办理门禁手机通行业务、办理停车卡并缴纳停车费用等；同时，公司与优质供应商合作，通过“K 生活”平台为业主及住户提供综合性的日常生活产品及服务，包括生鲜食品、家居用品、家政服务等。“K 会员”权益体系精选各地优质产品及服务供应商，向会员提供当地、当季的专属折扣优惠。

（二）打造智能化集中管理系统 K 服务，实现集约化、高效管控

佳兆业美好利用大数据平台，在深圳总部设立了中央信息控制中心，打造包含电话中心、视像监控指挥系统及其他数据整合的控制平台，高效管控全国的运营情况。通过中央信息控制中心，公司可实时取得多维度数据，包括有关社区的基本信息、物业费收取情况、客户服务反馈以及附属公司之间的设施及设备维护。同时，在云端技术及大数据分析的支持下，各营运平台之间可以实现数据互换，为管理层提供大数据计算结果，从而帮助其做出决策。

六、社会责任

萤火虫公益计划是佳兆业美好由 2012 年持续推行的社会公益活动，寓意萤火虫的微微荧光能够照亮需要光明和温暖的人士，让他们感受到社会和企业的关爱。从计划开始，佳兆业美好已组织了近 500 多场微公益行动，向贫困山区的小朋友们送去衣物、御寒物资、日用品等；向环卫工人送早餐、保温杯和耳罩，为其清扫街道；组织业主前往福利院和敬老院关爱小朋友及慰问老人；协同社会慈善组织进行义捐、献血等。

一直以来佳兆业美好以“服务·美丽中国”为发展愿景，深信作为小区的一分子，有责任和义务参与社区公益和其他各种公益活动中，促进社会福祉，营造和谐的社会氛围。2018 年组织了 210 次总共 641 小时的公益志愿活动，多达 3,237 位活动志愿者参与。

七、未来发展目标、发展战略

展望未来，佳兆业美好将继续把握市场机遇，利用丰富的管理经验及发展成熟的服务模式，实施全业态拓展战略，并重点发展非住宅类优势项目，分散收入来源，努力实现管理规模及盈利能力双重突破，扩大市场影响力和市场份额。社区增值服务方面，以“打造全息生活社区价值生态链”为目标，基于客户需求，以“人、房、车及财”等为重点，构建社区生活服务场景，为客户提供更为便捷、优质的服务，驱动公司业务多元化发展，培育新的利润增长点，变革业务的盈利结构。

20 年风雨磨炼，艰苦创业，佳兆业美好始终坚持“爱拼才会赢”的精神，敢于追梦，敢为人先。20 岁，风华正茂，佳兆业美好满怀激情，前进的脚步铿锵有力，坚定不移；未来，佳兆业美好将继续带着创造美好生活的初心，以奋进之姿再出发，筑梦启航，迎接下一个 20 年。

让更多人享受美好生活

时代邻里控股有限公司

时代邻里控股有限公司（简称“时代邻里”）作为中国物业服务企业综合实力测评 TOP100 企业，时代邻里始终坚持“让更多人享受美好生活”的企业使命以及“品质让客户惊喜，服务让客户感动”的经营理念，深耕粤港澳大湾区并布局全国市场，凭借区位优势、极具前瞻性的企业发展战略定位以及领先的行业经验，积极承接物业项目，快速扩张企业业务版图。

自 1998 年在广东省广州市首个物业管理项目开展以来，时代邻里一直致力于为客户提供优质的物业管理服务，现已发展成一家集物业管理服务、非业主增值服务、社区增值服务、电梯服务、智能化工程、市政环卫为一体的中国领先物业服务企业，旗下拥有众多专业公司，包括时代物业、东康物业、万宁物业、邻里邦网络科技、邻里智能化工程及骏安电梯等。一直以来，时代邻里专注物业服务品质的提升，并不断对现有物业管理服务进行创新。通过向不同客户提供多种多样的增值服务及其他专业服务，将服务组合多元化，为提高客户忠诚度、提升品牌知名度及增强企业盈利能力奠定坚实基础。

历经 20 年快速发展，时代邻里专业化的服务和创新模式不断赢得行业认可和客户信赖，并以大湾区作为最重要的战略核心区域，扩张至大湾区以外的中国其他一线、新一线、二线城市、新兴经济发达城市及具有高增长潜力、人

文化场馆项目
广州星海音乐厅

学校项目
华南师范大学南海校区

工业园项目
广西国家电投

文化场馆项目
广州博物馆

住宅项目
长沙时代倾城

佛山市物业管理示范住宅小区
佛山时代悦园小区

口众多、高消费水平的城市。截至目前，时代邻里在管项目数百个，管理面积逾数千万平方米，专业服务人员近万人，为客户提供专业优质的物业服务，业务范围涵盖广州、佛山、东莞、长沙、郴州、钦州、唐山等十余个城市，服务项目覆盖住宅小区、工业园、商业物业、写字楼、多功能综合体、政府大楼、公共设施、机场、教育机构以及市政环卫项目。

凭借 20 年的卓越管理经验、行业领先的社区经营模式，时代邻里于 2018 年作为业内优秀平台企业代表，入选由《中国物业管理》杂志发布的《2018 中国物业管理“资本·上市·并购”调研报告》。同时于中国物业管理协会主办的 2019 物业服务企业品牌发展论坛中，荣获“2019 物业服务企业品牌价值 50 强”荣誉，并入选为 2019“美好生活”物业品牌集群企业。同时，时代邻里众多在管项目获得住房城乡建设部、各级物协授予的物业管理示范小区称号，并获“广东省物业管理行业贡献奖”“广东省物业管理行业协会优秀会员奖”“广州市物业管理行业协会优秀副会长单位”“广州市物业管理行业守合同履承诺示范单位”“中国物业服务百强服务质量领先企业”“广东省物业管理行业协会最佳会员”“广东省物业管理企业突出贡献奖”等多项殊荣。在深耕服务的同时，时代邻里更以优质的物业服务管理和突出的运营模式，连续多年上榜中国物业管理协会“物业服务企业综合实力测评 TOP100”。

一、品质让客户惊喜服务让客户感动

人民群众对于美好生活的向往，是对于入住房屋后的诸多生活细节的追求，从单纯的物业管理到生活服务全面拓展，精致美好的社区生活始终源于专业的物业服务管理。多年来，时代邻里始终坚持以客户满意为目标，秉承“品质让客户惊喜服务让客户感动”的经营理念，将人性化、个性化的服务渗透到每一个服务节点。

二、让社区充满温度以贴心服务暖人心

服务品质提升一直是物业管理行业长盛不衰的话题，如何在品质提升方面做得更细致、更有新意，便成了我们需要常常思考并最终付诸行动的任务。时代邻里拥有逾 20 年的物业管理经验，注重将服务深入到每一个环节，追求更极致的细节服务。时代邻里始终坚持以客户个性化发展需求为轴心，在基础服务的标准下提炼出郁金香、向日葵、金百合三种不同类别的服务模式，以管家服务为核心为业主量身定制美好生活的服务解决方案，致力将每一项服务做到最好。

三、郁金香客户基础服务

时代邻里以服务为初心，为客户提供基本的优

质物业管理服务（公共设施及公共区域的安保、清洁、园艺、维修及保养），满足客户日常居住基本需求，满足客户的日常需求。

四、向日葵客户专属服务

除基本物业管理服务外，时代邻里向业主及住户提供全天候优质“一站式”管家服务。通过指定区域管家，解决客户需求，并通过 24 小时全天开通的专属服务热线与客户沟通。透过向日葵模式，旨在通过各种增值服务建立和谐社区。

五、金百合高端定制服务

金百合是时代邻里为高端项目开发定制的服务模式，旨在为客户提供超出预期的服务体验。通过现场服务团队收集而建立的客户数据库，根据客户需求和偏好提供定制化服务，包括组织定制私人活动、健身与休闲活动及家政服务，涵盖客户对衣、食、住、行的广泛需求。透过金百合模式，我们旨在为客户提供一流品质和卓越的体验。

六、积极探索智能科技引领智慧社区生活

除高品质的物业服务之外，时代邻里还向不同的客户提供丰富的增值服务及专业服务等多元化服务组合，满足客户的多方面需求。随着物联网的发展与普及，时代邻里积极探索转型升级路径，致力于通过现代化科技为业主及居民提供更加便捷可靠的服务。通过利用如物联网、云计算及人工智能等多种先进技术与传统物业管理进行深度融合，致力于为客户提供个性化、智能化的一站式物业服务解决方案，为客户提供更多增值服务组合，提高运营效率及提升服务质量。

七、智慧管控终端模式——全国集成管控平台

全国集成管控平台集成了四大中心（标准化中心、数据中心、运营中心和指挥中心）和 9 个模块（OQC 质量及工单管理、远程设施设备管理、客户服务管理、远程视频管理、财务及预算管控、邻里邦运营管理、智慧云车场、智能门禁管控及人事组织管理）。目前全国集成管控平台应用多种先进技术，如物联网、云计算及人工智能计算，通过不断升级优化全国集成管控平台，采用现代化技术手段和智慧终端设备等实现业务操作自动化，以使人为失误减少到最低并应用一致的服务程序和标准，减少对人工劳动诸如保安等的依赖性，为提高服务品质及节约成本方面发挥重要作用。

八、线上服务平台——邻里邦 APP

时代邻里充分发挥互联网优势，通过邻里邦 APP 为广大客户提供优质的用户体验，用户可享受各种社区产品及服务，包括特色管家服务、社区购物、社区公告、账单支付服务、家电维修及保养以及社区活动组织服务，让业主只需通过手机中邻里邦一站式服务平台，便可轻松拥有贴心服务和便捷生活。未来，时代邻里将不断升级邻里邦移动应用及提供更加多元化的社区增值服务，满足客户日益增长的服务需求。

九、大管家模式全面提升服务品质

随着中国经济的高速发展，以往被动的物业服务已无法满足业主需求，物业服务管理也从过去的公共基础服务，逐渐转向更多元化、个性化、人性化服务需求延伸。为此，时代邻里继续深化现有管

家服务模式改革，升级时代邻里大管家服务模式，旨在精细化现有物业品质服务，着力提升现场服务品质感及客户体验感，及时捕捉客户潜在需求。同时，以管家服务为核心，为业主提供更加高效、便捷的贴心服务，提升客户满意度的同时，体现出物业品质服务延伸及增值的价值导向。

时代邻里通过全新服务理念，将管家设置为网格区域管理第一责任人，赋予管家更多的管理权限，注重提升管家自身综合素质和管理才能。同时，大管家服务模式采取有效的激励措施、科学的管理体系等机制，充分调动管家工作积极性、激发管家竞争意识，营造“树标杆、勇争先”氛围。在展现热情、积极、高效、有温度的时代邻里管家形象的同时，强化“物业管家”团队建设，打造一支专业技术过硬、综合能力过强独具时代邻里特色的管家团队。

大管家系统智能平台上线，让时代邻里进入移动互联网时代的新征程，通过“一键式”报修、快速信息查询、缴费等个性化的高品质物业服务功能，充分发挥“互联网＋智慧社区服务”的积极作用，大大缩短诉求信息传递环节、提升管家工作效率和服务质量，取得物业服务效能和服务品质的双提升。

十、坚持社区文化活动树立幸福和谐品牌形象

时代邻里作为社区的服务者，一直致力于打造有温度的居住社区，通过开展社区文化活动为社区居民提供一个温暖有趣的“公共平台”，让人们走出自己的小圈子和更多人交流。

时代邻里通过积极调动社区资源组织活动，举办亲子运动会、邻里百家宴、社区乐趣集、涂鸦节、植树节、幸福 1 ＋ 1 温馨家庭节、平常艺术节等形式丰富的社区活动，给业主提供相聚的平台，拉近社区业主间的距离，也加强了与物业的互动，以润物细无声和长期潜移默化的影响，使业主之间达到文化认同，形成健康、阳光、和谐的居住观和行为方式，共建美好生活。截至目前，时代邻里每年为业主举办上千场社区文化活动，社区活跃业主团体数百个，通过社区活动建立的美好生活已成为时代社区中一道靓丽独特的风景。

从传统物业服务到智慧社区打造，时代邻里“让更多人享受美好生活”的企业使命始终如一。历经 20 年发展与积淀，时代邻里已发展成中国知名物业管理服务品牌企业，在物业管理行业中奠定了坚实的地位，时代邻里式物业管理服务已然成为高品质物业服务代名词。

但无论走多远，时代邻里都不曾忘记为何而出发，一如既往地以匠心锤炼服务品质，积极践行社会责任，营造有温度的美好生活社区，全方位满足客户对美好生活的向往。在未来，时代邻里仍将以品质服务为基础，树立高标准高要求，不断输出优质的物业服务和生活服务，提升业主生活品质，将更美好的居住体验带给更多的城市与家庭。

共建幸福城市，做产业新城服务的引领者

幸福基业物业服务有限公司

一、企业概况

幸福基业物业服务有限公司成立于1999年，是华夏幸福基业股份有限公司的全资子公司，注册资金5000万元。公司为国家一级资质物业服务企业，中国物业管理协会常务理事单位，中国物业服务百强企业榜第13名，同时高居中国产业园区物业管理优秀企业榜首。

截至2018年年底，公司管理布局13省40市72区域，服务产业新城50余座，主要业态包括住宅、写字楼、商业、学校、产业园、市政配套等，服务23万户业主，120余家产业园区，1100余家企业，在管面积达16169万平方米，营业收入22.51亿元，利润2.07亿元，在职员工1.5万余人。

幸福基业物业品牌价值与行业地位提升，荣获“中国物业服务百强企业榜”第13名、“中国物业服务百强企业经营绩效TOP10”“中国产业园区物业管理优秀企业”榜首、“中国物业服务行业示范基地——固安产业新城”“中国物业服务行业示范基地——嘉善产业新城”“中国物业服务专业化运营领先品牌企业”“华北物业服务领先品牌”。

二、企业经营情况

（一）经营业绩

2018年，在秉持业务、经营双管理导向，管理规模持续扩张及成本管控政策有效执行的背景下，幸福基业物业运营能力持续增强，营业收入及净利

润均保持良好增长态势，其中营业收入同比增长32%。物业管理规模不断扩大，在管项目建筑面积同比上涨34%；在营业收入、净利润方面，2018年幸福基业物业实现营业收入22.51亿元，较2017年同比增长32%；全年实现净利润2.07亿元，同比增长2%；在物业服务费收入、多种经营收入方面，2018年幸福基业物业服务费收入17.67亿元，同比增长49%。管理项目规模方面，幸福基业物业保持稳步增长态势。2018年，幸福基业物业在管项目数量达539个，同比增长20%；在管总建筑面积约16169万平方米，较2017年上涨34%。

（二）服务情况

幸福基业物业主要服务范围涵盖住宅、写字楼、商业、市政配套以及产业园区的物业管理等服务。

住宅物业服务作为幸福基业物业核心业务之一，凭借规范化管理和专业化服务，先后荣获“全国物业管理示范住宅小区”“河北省物业管理优秀住宅小区”“河北省园林式住宅小区”等30余项荣誉。

市政物业服务作为幸福基业物业另一项核心业务模式，主要通过智能管理平台和实时监测体系实现城市的智慧运行，并依照“绿、美、亮、净、序、专”服务标准体系，为产业新城提供城市综合保障服务，使服务成为展现产业新城形象的“城市名片”。

三、经营理念与服务特色

（一）品牌定位及经营理念

幸福基业物业紧随华夏幸福产业新城运营商的定位，从城市角度对内外部客户提供基础生活、综合保障、公建设施等服务，公司以“文化引领发展，为内外部客户提供服务，不断追求卓越，创造价值”为使命，以“追求卓越，成为受人尊敬的企业”为目标，以“谋划紧跟产业新城发展节奏的组织发展战略，研究创新多种业态的业务管理标准，整合城市运营管理资源”为核心策略，建立以客户为中心的品质文化，用全新的理念和实践诠释自身的价值，致力成为全球“产业新城服务”引领者，致力于推动民生建设、维护社会和谐、促进城市可持续发展。

（二）服务特色与竞争优势

幸福基业物业作为城市物业服务的开拓者，一方面，打破传统的各类城市运营功能单独运行的壁垒，互相依存，实现各业态的服务升级与资源整合，推动城市功能提升。另一方面，积极协助地区产业聚集和升级，推动区域经济蓬勃发展。

为紧跟物业管理发展形势，实现企业目标，幸福基业物业建立一整套管理体系，实行规范化管理、标准化服务。同时，为更好支撑集团业务发展，幸福基业物业积极尝试将科技融入服务，依托移动互联、大数据、云计算等全新技术，整合城市运营资源，建立起集城市生产、城市运营、城市决策三位一体的城市智能管理运营平台，开创“智能化、可视化、数字化”的物业服务新模式，为城市管理者提供直观、全面、高效的管理工具。

为支撑公司业务发展，幸福基业物业将优秀人才视作立足之本，建立了“用前景吸引人才、用制度培养人才、用激励留住人才”的用人理念。在事业构建、薪酬福利、工作环境等方面为员工提供巨大空间。幸福基业物业关注员工身心健康，推出幸福健身、幸福洗衣、幸福班车、萌妈工作室等举措，提高员工满意度和幸福感，使员工成长与公司发展有机结合，建设“以人才促发展”的伟大企业。

四、标准化工作推进情况

标准化运营是企业发展战略的基础和重要组成

部分，幸福基业物业坚持规范化运作，实行规范化管理和标准化服务。完善并升级企业标准化管理体系，进一步保障公司“三标一体”管理体系文件的完整性、适宜性、有效性。对公司级体系文件进行全面梳理，并对文件的适宜性进行了全面提升修订。幸福基业物业标准化管理体系的建立，明确规定每一个岗位的工作职能、每一类工作的操作步骤、各种问题的处理方法，让每一个员工工作都有章可循，全面提高企业的管理水平和服务质量。

2018 年，为进一步促进岗位标准作业流程的推广应用，幸福基业物业创新性地制作完成了涉及住宅、市政、工程的作业标准化图集，这也是行业内首次以图集的形式来制定作业标准。图集包含了 8 类专业模块的 1000 余个作业触点，以现场作业结果标准化为指导，既明确具体场景中物品摆放的位置，又对作业人员的动作、频次、用语等过程进行了说明，帮助基层员工快速掌握执行标准与成果要求，从而提高员工作业水平，保证现场品质。

五、智慧科技运用情况

随着幸福基业物业业务规模的不断扩大，为更好地支撑集团业务，在标准化管理的基础上，幸福基业物业搭建了“幸福 e 管家”平台，这是一个基于流程化、标准化、质量控制、风险控制、绩效运营控制的信息共享平台，通过系统串联，进行数据对接，形成统一的大数据共享和分析的综合物业管理虚拟平台，分为“业主移动端”、“员工移动端”及“员工 PC 端”三种呈现形式。

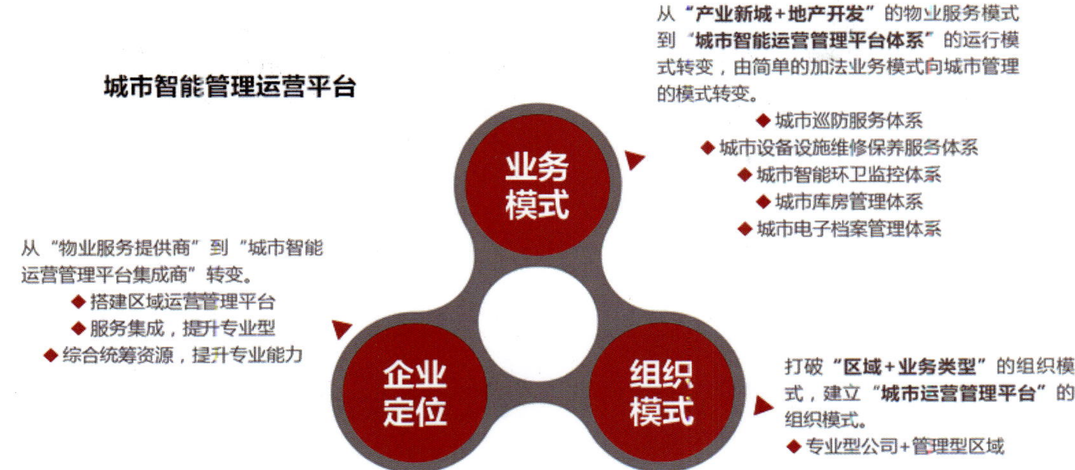

城市智能管理运营平台
业务模式
企业定位
组织模式
从“产业新城+地产开发”的物业服务模式到“城市智能运营管理平台体系”的运行模式转变，由简单的加法业务模式向城市管理的模式转变。
◆城市巡防服务体系
◆城市设备设施维修保养服务体系
◆城市智能环卫监控体系
◆城市库房管理体系
◆城市电子档案管理体系
从“物业服务提供商”到“城市智能运营管理平台集成商”转变。
◆搭建区域运营管理平台
◆服务集成，提升专业型
◆综合统筹资源，提升专业能力
打破“区域+业务类型”的组织模式，建立“城市运营管理平台”的组织模式。
◆专业型公司+管理型区域

（一）城市巡防服务体系

该体系的建立，将城市管理区域划分成若干网格状单元，设定辖区的巡防责任人对所分管的单元实施全时段监控，从而对管理空间实现单位区域内定人定责，搭建以点联网的区域动态巡防响应管理平台。产业新城任意区域发生紧急事件时，指挥中心通过全区域的无线覆盖以及 GIS 地图，通过移动定位设备，第一时间发现事件发生地点，根据问题归属，立刻派遣相关专业部门到现场处理。

（二）城市设备设施维修保养服务体系

该体系将区域内不同资源集成到统一的平台上，为客户提供规范的维修流程化服务，建立完整的报修、调度、维修、回访业务模型；确保对客户服务的效率和质量；使计划性工作得到有效控制，提高了项目服务相应速度及维修效果；创新服务链，带动城市管理产业升级，达到国际先进水平。

（三）城市智能监控中心

该监控中心包括车辆人员在线监测平台、远程视频监控平台、现场品质核查平台 3 个基础业务平台，实时对道路作业车辆、人员作业轨迹、突发事件处理监督检查，对车辆、人员实时调度，实现管理的精细化、智能化。

（四）城市库房管理体系

该体系集合了电商、超市及库房的职能，通过整合供应商资源，由目前的“C2C”模式，转换成“B2C”模式，从物资申请、领用到后期维保，实现全生命周期的管理，使物料资源合理分配与充分利用、资源共享。

（五）城市电子档案智能管理体系

为适应现代化城市规划、建设、管理的需要，集中保管城市建设档案，幸福基业物业建设了城市档案室，以新型技术终端为主要载体，集合了城市建筑物、构筑物、管网、设施档案、功能完善、日常运行提供必要的资料保障，提升到“城市记忆工程”的高度，开创了中国产业新城档案电子化新时代。

目前，城市运营智能管理平台已在固安产业新城、香河产业新城等多个产业新城落成启用，实现实时数据监控，整合供水、供热、污水处理、环卫、交通等多个子系统，通过监控调度，及时合理分配人员及物资通过精细化和动态化的方式提升城市服务效能和管理模式，增强城市综合竞争力和品牌影响力。

六、社会责任落实情况

幸福基业物业积极践行企业的社会责任，协助地区产业集聚和升级，推动区域经济蓬勃发展。

为了提升产业新城居民的生活舒适感和愉悦感，幸福基业物业在道路景观、城市绿地养护等方面都有严格的标准，推动新城绿色发展生活方式。同时配合政府开展市政环保工作，如城市垃圾分类、污水处理等，确保城市日常环境保护工作正常运营。

在公益扶贫方面，幸福基业物业连续三年对青海省囊谦县小学生进行义捐助学活动，保障同学们日常的学习和生活供应，当地师生纷纷亲笔致信对我司表达敬意。此外，作为劳动密集型企业，幸福物业积极履行吸纳就业的社会职责，尤其在对残障人士的就业上，公司已招聘残障人士 13 人，解决其实际困难。

2018 年，台风“山竹”袭击江门，造成路面积水严重，车辆行人寸步难行，幸福基业物业的员工不惧危险，逆风而行，坚守在防汛的一线，处理道路积水，低洼防洪，保证新城人民的生命财产安全。

此外，在 2018 年 5 月，幸福基业物业还为固安 2018 全球科技成果转化大会暨第六届中国 OLED 产业发展论坛提供服务保障工作，确保现场品质，保障活动顺利举办，获得地方政府高度认可。

七、未来发展展望

伴随国家城镇化的快速推进及物业管理转型升级的大形势，高质量发展的要求提升了物业管理行业的整体服务水平，新一代信息技术的广泛应用催生了新的企业发展模式。幸福基业物业将把握行业发展新格局，跟随华夏幸福产业新城运营商的定位，深入探索研究城市物业服务模式，打造城市物业服务标杆，引领中国城市运营服务蓬勃发展！

zhenro 正荣物业

双轮驱动，内外兼修，做国内领先的综合性物业管理服务提供商

正荣物业服务有限公司

一、企业现状概况

正荣物业成立于2000年，2016年将总部迁至上海，历经19年发展，正荣物业始终致力于高品质物业服务的创新与升级，秉持“服务为你，陪伴由心”的理念，目前已成为一家业务覆盖全国五大主要城市群的综合性物业管理服务提供商，并不断以创新服务产品体系为触点构筑幸福社区，跨界融合发展，提供更多优质多元的美好选择，为物业服务与客户的温暖连接提供更多可能。

正荣物业目前已在上海、福建、天津、江苏、浙江、江西、湖北、湖南、河南、安徽、陕西、山东、四川等地设有六十多家分子公司。

依托正荣集团物业开发的雄厚实力，正荣物业在快速发展优势住宅基础物业服务的同时，于近年来不断创新，大力承接外部项目，管理的业态种类涵盖改善型中高端住宅、写字楼、商业、酒店公寓、政府机关、高校、医院等。

二、企业经营状况

1. 基础物业服务情况

夯实基础，用服务创造价值

对在管项目，公司均采取系列举措保障服务合同约定良好履行。对于正荣地产开发项目，根据产品系和服务费提供分级服务，共48个正荣物业服务触点，对应6大服务项：宾客接待服务、管家服务、安全秩序服务、工程维修服务、景观环境服务、社区配套服务。

2. 多种经营服务情况

持续探索增值服务及差异化服务，提升服务品质及客户满意度

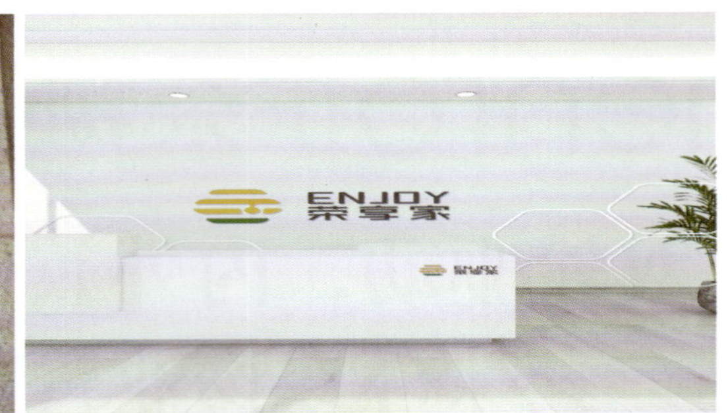

针对住宅项目，根据项目所属的不同阶段提供交付期的拎包入住业务；交付后逐步开展商品团购、家政、洗车、邮包驿站、旅游等生活服务业务。

针对非住宅项目，计划为商办项目提供二手家具租赁、绿植租赁、共享办公室租赁、午餐、下午茶配送等服务；为公建项目大客户量身定制食堂餐饮、快递收发配送、桶装水配送等增值服务。

随着正荣物业管理项目越来越多元化，增值服务内容也将逐渐实现差异化、定制化，满足不同类型客户的需求，进一步提升客户满意度的同时提升多样化经营的利润规模及盈利能力。

3. 其他业务经营情况

2018 年底 2019 年初，江苏苏铁物业成为正荣物业的一员，开启正荣物业在校园物业管理领域的全新征程，通过双方优势互补，将全面促进服务管理效能的优化升级，打造正荣物业相关多元化业务发展的新局面，进一步加快正荣物业多元化业务的布局与进程。此次成功收购苏铁物业也标志着正荣物业多元化市拓战略的进一步落地，自身独立市场开拓的综合能力也再上台阶。

三、服务、经营理念及特色、优势

1. 品牌定位

公司致力于成为国内领先的综合性物业管理服务提供商，以“服务为你，陪伴由心”为服务理念，凭借高质量的服务及创新能力，于业内建立起良好声誉，并获得物业管理行业内的多项奖项及殊荣。

2. 经营理念 & 竞争优势

正荣物业紧跟国民经济及国家战略发展方向，全面布局中国六大国家级城市群，包括上海、江苏、浙江、安徽、江西、福建、河南、湖北、湖南、天津、山东、四川、重庆、陕西等省会及核心城市。

3. 双轮驱动，内外兼修，业务均衡发展

正荣物业已构筑住宅＋非住宅双轮驱动型的业务发展体系及市场拓展发展路线，企业规模不断扩大，形成均好型发展态势。

管理的住宅物业主要为改善型、中高端住宅。项目平均物业费较周边项目略高，且住户的客群消费能力亦较强。同时，随着原有住宅物业管理服务口碑的稳步成长，品牌效应逐步显现，已全面进军非住宅领域，目前涵盖的业态包括写字楼、商业、酒店公寓、移动（电信）大楼、工业园区、政府机关、高校、医院等。

4. 高效的运营管理，推动企业高速成长

正荣物业不断了解和满足客户需求，不断完善组织管理体系、品质管控体系、制度保障体系等管理手段，构建高品质管理及运营管控体系，持续挖掘客户需求，丰富服务内容，改善服务方式，提升服务品质。正荣物业始终把精细化管理、标准化管理作为工作实践的重要方法和手段，使管理目标

清晰而明确，通过人力资源、能耗、物料等环节管控与标准化，有效提升成本管控能力及管理优化能力。

经验丰富的管理团队，高素质人才团队培养机制。管理团队在物业管理行业拥有丰富的行业经验。执行董事和主要高级管理人员平均拥有多年物业管理经验，同时，公司始终高度重视人才引进及培养工作，追求打造精英化团队和专业化管理能力，本科及以上比例显著高于行业平均水准。

高度重视人才储备及组织发展，利用内外部招聘形式，设置内部人才推荐办法，鼓励内部员工利用自身人脉推荐人才；对于外部招聘而言，设置相应的招聘考核计划，针对管培生的招募，面向全国知名高校开展校园见面会。

在人才管理和培训体系方面正荣物业有“荣之星”管培生体系和“荣之将”管理培训两大平台；为适应市场化发展的行业趋势和战略布局，正荣物业正着力打造多层次、多类别的培训能力，开展市场团队与业务团队的培训“星火计划”“领军计划”，充分保障人才的自给性。通过考核体系制度的运行，实行优胜劣汰，保持团队的精英化，使人才标准及素质在行业内属于高分位水平。

5. 业主评价满意情况

领先的服务品质，致力于持续提升业主满意度

正荣物业致力于持续提升服务品质，将业主满意度作为公司核心管理指标，建立了多层次服务品质评判体系：第一是建立完善规范的细化考核标准体系，包括经营指标、客户满意指标、创新业务指标；第二要提升服务的专业性，加强对于业主的研究，描绘业主客群画像，探索业主需求；第三重视满意度调研，坚持做业主满意度调研，通过和第三方调研公司的合作进行月度、半年度和年度调研，来提升整体满意度水平。

2018 年起制定了满意度提升计划，提升基础服务品质，着重提升客户关系建设，将报事投诉纳入工单系统，提升响应效率，打造幸福归家路、落实敲门行动、开发丰富多彩的社区活动，增加客户黏性，持续提升满意度。

四、标准化工作推进情况

基于“标准建设年”的年度主题，正荣物业不断优化运营管理及成本管控机制。

正荣物业不断了解和满足客户需求，不断完善组织管理体系、品质管控体系、制度保障体系等管理手段，构建高品质管理及运营管控体系，持续挖掘客户需求，丰富服务内容，改善服务方式，提升服务品质。正荣物业始终把精细化管理、标准化管理作为工作实践的重要方法和手段，使管理目标清晰而明确，通过人力资源、能耗、物料等环节管控与标准化，有效提升成本管控能力及管理优化能力。

效能优势，在业绩导向的制度保障下，人均效能、组织效能都处于行业领先水平。

五、智慧科技运用状况

为进一步提升运营效率，加强智能化服务体系建设，正荣物业不断升级打造“荣智慧”服务平台信息化系统，深挖业主需求，发展线上服务平台。通过智能化投入，开发一些高科技管理技术降低运营成本，打造新型智慧社区，实现人力密集型企业到科技密集型企业转变，减少人员在公司服务管理中的重要性，如通过公司服务 APP，实现远程缴费功能，减少上门收费岗位设置，如实行车辆道闸技改，减少门岗人员设置，如接入政府监控管理，减少监控室人员设置等等。

六、社会责任

正荣物业以传承集团“幸福文化”为出发点，始终积极参与CSR层面建设。除了打造公益嘉年华，少年行公益夏令营等特色品牌活动之外，定期组织社区举办公益活动和便民服务，让公益参与渐渐在社区层面遍地开花。今年 7 月，正荣物业积极响应国家消费扶贫的号召，参与“社区的力量”消费扶贫攻坚战，通过线上平台助力扶贫，并荣获“上海市首批参战企业”荣誉称号。

七、未来发展目标、发展战略

1. 继续打造城市及社区服务的综合型物业服务品牌，扩大业务规模，丰富在管物业组合。

快速提升在管面积。依托于六大区域，继续深耕、布局重点城市。

探索新型服务模式。探索外拓项目多种合作模式：单项目拓展，合资合作等。

拓展纵深业务。通过收并购优质标的公司，双方通过合作可形成行业标准，扩大品牌影响力。

在做好现有业态物业服务的基础上，深入挖掘市场机会，深耕公建、高校、工业园区等领域，择机进入医院机场等细分物业领域。

2. 持续探索增值服务及差异化服务，提升服务品质及客户满意度。

针对住宅项目，根据项目所属的不同阶段提供交付期的拎包入住业务及交付后的各类生活服务业务。

针对非住宅项目，计划为商办项目提供租赁、午餐、下午茶配送等服务；为公建项目大客户量身定制食堂餐饮等增值服务。

随着正荣物业管理项目越来越多元化，增值服务内容也将逐渐实现差异化、定制化，满足不同类型客户的需求，进一步提升客户满意度的同时提升多样化经营的利润规模及盈利能力。

3. 进一步提升运营效率，加强智能化服务体系建设。

升级荣智慧信息化系统，深挖业主需求，发展线上服务平台。

通过智能化投入，开发高科技管理技术降低运营成本，打造新型智慧社区，实现人力密集型企业到科技密集型企业转变，降低人员在公司服务管理中的重要性。

南都物業
NACITY SERVICE

城市空间运营商与生活场景服务商

南都物业服务集团股份有限公司

南都物业服务集团股份有限公司（股票简称：南都物业；股票代码：603506）成立于1994年，是中国首家登陆A股的物业服务企业，现为中国物业管理协会名誉副会长单位，杭州市物业管理协会常务副会长单位。

集团以“创百年卓越服务企业”为愿景，以“让生活更美好”为使命，致力于打造以物业管理服务为基础，涵盖案场服务、顾问咨询服务及增值服务等高附加值服务的一站式物业服务体系。

成立25年来，南都物业上下坚守初心，坚持“客户第一、诚信、专业、协作、激情、敬业和创新”的核心价值观，坚持“传递幸福传递爱”的服务理念，深入业主工作、生活的各类场景，满足业主多元化的物业服务需求，并实现业主资产保值增值。

发展至今，其业务版图已覆盖长三角、渤海湾、珠三角和内陆省会等国内主要城市群，并成功在杭州、上海、北京、深圳、成都、重庆、苏州、南京、宁波、郑州、武汉、西安、青岛等一二线城市开展业务。签约及中标项目500余个，面积6000余万平方米，服务业态涵盖住宅、写字楼、商业综合体、产业园区、学校、医院、工厂、特色小镇、政府公建项目等多种物业类型，服务业主约30万户。集团先后获得中国物业管理协会、上海易居房地产研究院中国房地产测评中心颁发的“2019物业服务企业上市公司10强”、中国物业管理协会颁发的“2019物业服务企业品牌价值50强”、入选2019“美好生活”物业品牌集群；入围国内权威财经媒体《经济观察报》发起的中国蓝筹物业服务企业评选；在证券时报举办的“第十三届中国上市公司价值评选”中获得“中国上市公司IPO新星奖”。

2018年，南都物业坚守初心、顺势而上，取得经营规模、服务能力、品

牌价值等多方面的突破，在上市元年向广大投资者和社会公众交出了一份满意的答卷。

主营业务板块继续沿着“3 + X”市场拓展路线，深入挖掘中南部、西北部区域资源，成功打开深圳、芜湖、榆林、乌鲁木齐等地市场。2018年6月，南都物业完成江苏金枫物业服务有限责任公司70%股权收购，进一步夯实了其在江浙沪地区的市场根基，并增加了场馆、城市道路、河道水系等服务产品。2018年，南都物业总签约项目数比上年同期增长57.45%，总签约面积增长42.67%。

商办服务领域，南都物业主动迎接新零售时代的到来，在阿里西溪园区三期亲橙里购物中心项目上创新服务。除全面覆盖开业基础筹备、装修管控、各类技术对接、设施设备管理等服务，更深挖客户需求，向前端作延伸，承接了该项目的招商运营、营销策划、运营管理等工作，为推进和拓展商业管理业务奠定了良好的基础。

多元化经营板块，南都物业深刻洞察消费升级带来的服务升级趋势，陆续将围绕业主需求开展的服务产品专业化，先后成立“乐勤”系列公司，打造“清洁”“维修”“装饰”领域专业服务产品。乐勤清洁，秉承多年商办、园区清洁服务经验，为各类办公楼宇、商业综合体、园区提供标准化、精细化清洁服务产品。乐勤楼宇，专业从事智能化设施改造，集约化实现社区、园区各类设施设备安全运行，并能快速响应各类业主的入室维修服务需求。乐勤装饰，基于地产行业发展与智慧化住宅发展趋势，整合装饰行业上下游资源，承接园区、中高端住宅等装修装饰业务，实现业主空间规划、智能家居与便捷生活的完美融合。

在行业及资本市场热议的社区商业领域，南都物业认为物业服务方更多的是担当业主需求与资源供应的联接角色。因此，集团旗下悦都科技推出“悦生活”服务平台，结合各群体需求或节日庆典氛围需要，搜寻原厂或原产地商品资源，并经一道道严选流程上架。业主在享受便捷服务与质优价美商品的同时，还可以通过分享真实体验、成功推广商品获得额外收益。社区商业不再是单向的推广销售，而是更有趣的互动体验。

随着房地产行业转入存量经营的白银时代，南都物业把握存量市场发展机遇，于2016年设立全资子公司浙江大悦商业经营管理有限公司（以下简称“大悦商业”），将物业服务与租赁服务相结合，以存量物业为核心，以社区为入口，以“产品＋互联网＋社群”为手段，以服务式公寓、服务式酒店、城市商业为核心，打造“群岛”主流产品，满足不同层面的人群需求。大悦商业在杭州陆续推出的6个项目，不仅是杭州市住房租赁试点工作领导小组办公室确立的首批住房租赁试点企业，同时还获得了“深受市民喜爱公寓品牌”“市民最喜爱品牌长租公寓”等荣誉。2018年，大悦商业承接轻奢艺术酒店项目的改造与运营，目前首家酒店“群岛·西溪艺术酒店”已成功开业，存量时代资产运营的新模式开启。

这些经营成果标志着南都物业服务集团已跨出传统物业服务圈，将对美好生活的理解扩展至城市空间和服务前端，进一步升华物业服务的内涵。

勤拓业务的同时，南都物业也不忘修炼内功。集团早年便通过了ISO9001、ISO14001和ISO45001三项管理体系认证，并率先提出“南都

管家”服务产品，为高端业主提供定制化服务。2018 年，集团管家服务体系升级，专业、细致、贴心的管家服务将输送向更多的业主。

除了标准化、定制化服务外，智能化服务也是南都物业品质服务的亮点之一。面向住宅用户的服务 APP“悦嘉家”于 2015 年开发完成，实现邮包智收智取、在线缴费、智能人行门禁、报修报事、访客通行、网上购物、邻居圈交流等丰富功能。相继推出的园区用户端 APP“悦园区”，除物业服务基础功能外，还实现了园区新闻、政策信息、法律服务、创业沙龙、园区指引、企业招聘、租售服务、装修申请、场地预订、车位申请、职场圈子等服务；物业员工使用的“悦服务”APP，实现工单流转、车辆管控、巡检管理、邻居圈互动、满意度查看与员工福利社等功能。

自 2016 年起，集团加快推进社区智能化改造，逐步上线智能化车辆管理系统、智能化人行门禁系统、设施设备远程监控系统及运维管理系统，并已在部分项目试点服务机器人进行清洁、巡逻服务。

服务品质的综合提升促使南都物业在年度第三方满意度调查中，获得服务满意度、服务满意率的双高，尤其是社区文化、秩序管理、安全管控、公共设施设备维护方面的管理工作得到了业主的高度评价。集团服务的多个项目，在各级优秀物业服务项目的评选中，获得省、市级“物业管理示范住宅小区”“五星项目”“优秀物业项目”等荣誉称号。

除了业主工作、生活的服务提供者这一角色外，物业服务企业也是城市管理网络的重要组成单元，肩负着社会平安、稳定、和谐的责任。南都物业多年来不负社会公众所托，牢守社区安全管理底线，并主动担起社会责任，积极投身社会公益、扶贫事业。集团已连续 3 年发起“传递微笑 • 益起爱”系列小黄人公益活动，组织集团员工、社区业主共同参与，捐助贫困学生、见义勇为者及重大疾病患者；对于集团在职人员，设立“南都乐基金”，用于捐助身患大病的员工或其家属，提供困难员工子女教育资金。除了捐助方式外，集团还主动联系社区街道，提供合适岗位用于缓解退伍军人、残疾人就业困难问题；对口贵州、河南等贫困地区农民，利用悦生活平台推广地方农产品，帮助农户改善收入。

南都物业认为，美好生活不能是社区围墙内的，而应在城市的每个角落，让每个人都能感受到。虽然，自“房住不炒”的定调出台，市场将目光纷纷投向了现金流稳定、高频且刚性消费属性的物业管理行业。社区商业经营概念提出后，物业管理行业更是被市场和资本推向了快速发展的轨道。预判未来的物业管理行业：

1. 上市热度持续，行业洗牌或将到来

继彩生活登陆港股、南都物业主板上市后，不少房产企业加快推进物业公司拆分上市进程。资本市场带来的经营活力，推动头部企业加速收并购业务以达到扩张地域、完善服务品类、扩大经营规模的主要手段之一。

2. 行业集中度提高，龙头企业隐现

据行业统计数据显示，2018 年百强企业管理面积均值达 3718.13 万平方米，同比增长 17.52%，市场份额进一步提高至 38.85%，较 2017 年增长 6.43 个百分点。

3. 非住宅管理面积提升，物业品类多元化

社会总体消费水平的提升，迎来各类商业项目

的开发高峰，而物流、科技、旅游、产业的迅速发展也诞生出一批产业园区、特色小镇的建设潮。存量物业中写字楼、公建场馆、学校医院等的物业服务需求旺盛，物业公司多元扩张格局形成。从观点指数研究院监测的 20 家典型物业服务企业管理项目看，非住宅物业已占据 67.27% 的比重。其中，商办、学校、公建项目占比均超过 10%，产业园区、政府机构项目占比均接近 10%。

4. 增值服务、技术投入，助力企业盈利能力增强

一直以来，受制于人工成本的增加，作为劳动密集型行业的物业服务利润备受挤压，开源、降本成为众多物业公司发展的共识。

开源方面主要是增值服务业务的拓展，包括围绕业主生活及物业资产开展的房屋经纪、空间运营、社区零售、家政服务、社区金融、社区教育、社区养老、社区医疗等；以及面对开发商提供的工程服务、案场服务、营销策划、咨询服务等。

节流方面，则是通过技术创新，实现营业成本的合理下降。一方面，物业服务企业积极引入成熟机械设备代替人工；另一方面，尝试科技化、智能化改造，提升管控效率。如各物业公司开发的物业服务 APP、FM 设施设备管理系统与 EBA 设施设备监管系统等，实现了项目运营管理及共享服务的贯穿打通，提升了客户体验感。

南都物业在行业发展的大潮中，不忘初心，回归本质，围绕规模、品质和科技赋能三个点稳健发展：

1. 扩大市场规模，突出品类优势，拓展全国市场

集团继续沿着“3 + X”的市场拓展策略，立足江浙沪，深耕长三角，开拓中西部，走向全中国。充分发挥南都物业商办服务、金枫物业环卫服务、采林物业院校服务等品类服务特色，实现区域间赋能、全品类发展的格局。同时，寻求价值观趋同的品类特色或地域领先物业公司，通过股权合作、管理输出、品质监管、资源共享，共同推进全国化发展进程。

2. 归本朔源，以规范管理、殷勤服务立足行业

让业主生活更美好，是南都物业一切业务设计与管理实施的起源。集团以业主画像及生活轨迹为服务产品设计基础，持续迭代管家服务体系，提供更贴心、更细致的生活服务；更新悦嘉家、悦园区 APP 功能，提供更便捷、更通达的咨询、报事报修服务，快速响应客户；通过“乐勤”系列专业公司服务能力提升、悦都科技公司“悦生活”平台构建、大悦商业管理公司资产运营能力增强及与其他专业机构的服务合作，不断满足业主日益增长的多元化服务需求。

3. 科技驱动，赋能管理

关注 AI、5G 技术发展，引入成熟技术或产品，对原有智能化设施设备进行升级改善；构建云 – 边 – 端智能管理网，去除物理空间阻隔，实现万物互联互动；深化大数据运用，形成业务动态分析，提升管理效能。

南都物业将继续沿着“纵向延伸城市服务全链横向涵盖客户价值需求”的发展道路，以资本与科技双轮驱动集团发展，助力城市服务管理，助力业主美好生活。

美好生活服务向上

厦门联发（集团）物业服务有限公司

一、企业现状概况

联发物业是联发集团全资子公司，是国家一级资质企业，获得 ISO9001 国际质量保证体系认证、环境管理体系（GB/T 2400）、职业健康安全管理体系（GB/T 2800）认证。联发物业深耕华夏七大发展区域，布局全国二十城。（厦门、漳州、泉州、莆田、南昌、桂林、南宁、重庆、天津、武汉、柳州、扬州、苏州、南京、镇江、赣州、九江、江门、杭州、鄂州），服务业态高档住宅、别墅、写字楼、高等院校、文创园区、工业园区、销售案场。近年来服务项目已获 4 次国优，16 次省优，23 次市优及多项其他荣誉。

本年度重要发展里程碑：

1. 顺利通过 ISO14001 环境管理体系及 OHSAS18001 职业健康安全管理体系认证，实现公司“三体系”认证。

2. 武汉九都国际小区荣获“2013 年度武汉市物业管理示范住宅小区”，南宁联发尚筑荣获“2017 年度全区城市物业管理优秀住宅小区”称号。

3. 成功进驻甲级 5A 写字楼汇盈大厦、天津生态城第二社区中心，并与汇盈商业管理达成战略合作协议，市场外拓实现新突破。

二、企业经营状况

1. 基础物业服务情况

做好基础服务永远是公司工作的重中之重。基础服务一直是联发物业提升服务品质的重点，公司以“三十六个服务触点”为抓手，系统地提升了各个服务细节。2018 年，为夯实服务触点落地，联发物业提出“七项统一行动”，要求全员利用晨会、周会、专项培训、每周联合质检、每月大扫除和绿化补种等统一行动，对照“服务触点”，定期查缺补漏并及时整改。

在组织保障上，联发物业抽调公司最有经验，最优秀的一批项目负责人，

组建总部的品控中心，搭建起多维度、全方位立体管控渠道。2018年，品质中心推出了“明察+暗访”结合的督查措施，更好地促进“服务触点”的持续落地。2018年，在服务品质提升取得较显著成效的情况下，联发物业再次提出聚焦客户满意度的“品质夯实年”计划。通过2年的聚焦服务品质，联发物业服务的稳定性和可复制性得到明显提升。

2. 多种经营服务情况

2016年4月，为了解决业主居住中的各种需求，厦门联客荟社区服务有限公司——联发物业旗下生活服务平台正式成立。以“便捷、优享、信赖”为服务信念，为联发业主提供各类生活服务，致力于提高业主居住生活品质。打造五个家服务体系之“房管家、帮到家、宅配家、玩享家、公益家”，将服务范围扩大到业主的居住休闲体验，四大核心业务提供从房屋租售、家政服务、团购旅游等涵盖几乎生活所需；定期社区便民服务，解决业主“最后一公里”需求；并搭建“生活家”线上平台，为业主提供全方位服务体验。

公司通过主动与业主沟通交流、微信平台的信息收集、线上线下问卷调查等方式收集业主的需求，并对需求进行市场分析，用于指导多种经营项目的开发；根据服务需求调查结果，联客荟对服务项目进行策划，确定业务模式，寻找合适的合作方，制定业务流程及业务指导书，进行业务培训及宣传推广；定期对多种经营的服务效果进行评估，通过微信公众号线上问卷调查、微信平台评论互动区等对服务效果进行评估，用于提升服务质量，开发新的服务项目，不断提高客户满意度。

2018年，公司选择绿城物业作为对标多种经营收入的标杆企业，与绿城展开交流、学习、合作探讨，共同提升多种经营发展。2018年6月，公司联客荟与绿城签订战略合作协议。

三、服务、经营理念及特色、优势

品牌定位：城市美好生活服务商

服务理念：和你亲密相伴

经营理念：让客户满意、让开发商放心、让员工自豪

服务特色：三大服务特色体系——悠享服务（四项服务前置、五个家衍生服务体系、七项统一行动、八大沟通渠道、三十六个服务触点、全生命周期管理）、智慧生活（智慧社区、智慧物管、大数据平台）、人文社区（邻里共建、文化守望、成长关爱、便民服务、人本空间）

竞争优势：

1. 品质管控力：36个服务触点、7大关键节点、5级质检、3级专项督导，通过对每个细节的管控，成就一级服务品质。建立覆盖从物业前期介入、入住后的基础物业服务、物业衍生服务等物业全生命周期完善的服务标准与服务管理体系。

2. 人才源动力：内部搭建五级人才培养体系，储备优秀人才，建立稳健的人才梯队。同时拥有专业、稳定、忠诚的核心骨干员工和中高层管理团队，为企业稳定发展保驾护航。

3. 品牌影响力：依托集团大型国企背景，重合同、守信用，重品牌建设，物业品牌知名度高、美誉度好，区域物业标杆，有较强区域优势。从参与地方物业工作、发展战略合作伙伴、到作为区域行业标杆代表发言……联发物业致力于成为拥有客户信任、伙伴信任、行业信任、社会信任的物业品牌。

4. 科技驱动力：搭建信息化网络及平台，拥抱智慧时代，建设智慧门禁、线上领券系统、树铭牌系统、移动交验房系统、鹰眼平台、400呼叫中心、CRM客服系统、PMS物管系统等，以科技为驱动力，让业主住得安心、放心、舒心。

业主评价满意情况：2018年，共有13个城市，70个项目（住宅57、写字楼5、租赁8）参与客户满意度调查，其中非住宅客户满意度96%，住宅客户满意度88%，项目续约率100%。

四、标准化工作推进情况

（一）品质标准制定

1. 通过推行质量、环境和职业健康安全管理体系，构建服务基础标准体系。

2. 根据物业相关法律法规，结合公司品质管理要求制定《综合、工程、维序和环境品质督导标准》《物业服务品质督导管理办法》《神秘客暗访标准》《质量奖惩管理制度》《夜间查岗制度》等，明确物业服务质量的检查内容和方法。

3. 梳理建立《物业服务客户触点》，坚守服务触点，提升客户感知度。

4. 根据物业服务周期性和阶段性特征，各类重要节点工作的全景计划标准。

（二）标准实施

1. 各部门按照质量、环境和职业健康安全管理体系标准要求自我学习、实施。

2. 品质管控中心组织标准宣讲团，指导各部门落实服务标准。

（三）品质检查

1. 构建以总部+分子公司+服务中心的三级品质督导。

2. 结合行业发展需求及阶段性工作重点，根据已确定的作业标准要求对项目日常服务、管理等进行抽样核查,以促进巩固服务质量、反馈标准、制定改进。

3. 神秘客户暗访检查：过程服务为物业管理行业特性，从服务体验感知角度出发，通过跨区域物业人员与专业人员相结合，以客户消费实践体验项目物业服务过程，审视物业日常服务工作过程不足之处，并进行作业修定。

4. 透过第三方及服务中心的满意度调查，提升服务品质。

（四）物业前期介入

为了对接地产公司的快速拓展需求，前期技术部推出《联发·前瞻》《前期介入工作标准流程》《产品标准化》等，将物业前期介入标准及后期评估成果纳入房地产产品研发标准范畴，真正体现物业前期介入的价值。通过对全业态全生命周期标准化体系建设，系统解决服务过程的标准化问题，确保了联发物业服务品质的可靠性和稳定性。

五、智慧科技运用状况

联发物业信息化规划分为“管理一体化”“服务一体化”“数据一体化”“物联网一体化”及“环境一体化”。

（一）管理一体化

联发物业信息系统一览

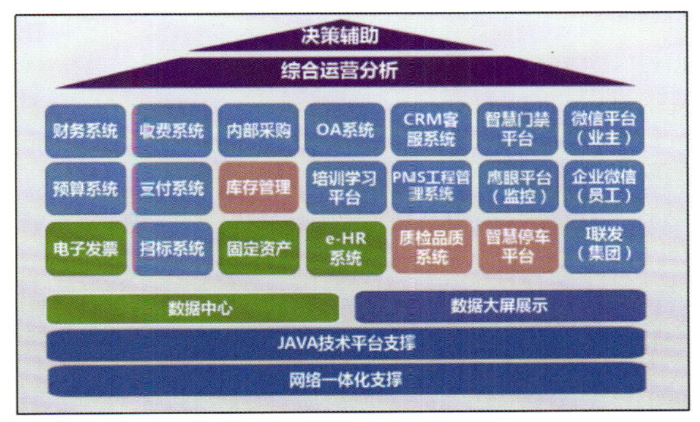

（二）服务一体化

1. “联发物业”微信公众号平台：联发业主的随身小助手

目前公众号累计注册人数56746，绑定数36841，住宅绑定率（住宅绑定实际数/已交房户数）达到71.85%，标杆社区五缘湾一号绑定率达到200%，该数据同比行业内应用情况良好；功能涵盖“社区通知公告”“在线楼管”“线上缴费”“报事保修”“智慧门禁”“线上商城”“人文社区－成长课堂”。另外会定期和不定期举办对业主进行关怀返利等活动，如中秋博饼线上领券、预缴费返现抢红包等。

2. 联发 CRM 大客服体系

联发集团 CRM 大客服体系 2013 年开始建设，2016 年建设完毕，内容包含① CRM 客服系统（含“移动客服”及“微信业主端报事”）；② 移动交验房系统；③ 400 呼叫中心（含 400 系统）。

3. 企业微信——“联发物业内部员工的移动门户”

目前上线功能：新闻公告、联发 e 家、学习平台、文件盘、智慧门禁（内部）、开票信息、内部采购平台、鹰眼平台、票券核销、工程系统

（三）数据一体化

数据大屏

数据大屏展示的信息，是数据平台对接了我司目前应用的包括财务、收费、客服、培训、微信平台、商城、智慧门禁等十余个系统，对关键指标进行抽取、统一口径、数据治理、分析，最终实现数据可视化。

（四）物联网一体化

1. 智慧门禁

把好社区安全第一道关，采用智慧门禁守卫社区环境，无需携带门卡，支持二维码、网络开门、人脸识别等智慧门禁设备，安全保障高；住宅项目上线应用 5 城市 12 个项目，写字楼项目上线应用 3 城市 5 栋写字楼；搭建顶层门禁平台，目前共对接 6 家主流的门禁供应商，达到“跨厂商跨应用”的系统先进性。

2. 鹰眼平台（远程监控）

建立联发物业远程监控统一平台，将所有在管的摄像头均统一接入；摄像头分类为“关键岗位”和“公共部位”两类，对关键岗位开通脱岗、睡岗自动识别抓拍功能；建设完毕后，可选择将部分公共部位的摄像头通过微信平台开放给业主，方便业主查看。

六、企业品牌与社会责任

（一）社区精准扶贫参与情况

提报“社区的力量”消费扶贫攻坚战专项行动参战书，参战项目数 66 个。

（二）公益事件、纳税、捐赠情况

公司延承联发集团的企业文化，不断履行企业的社会责任，积极参加社区文化教育事业、支持行业发展等一系列的社会公益活动；并根据企业实际围绕企业战略目标确定公益支持重点领域；支援社区教育和建设、行业发展等，建立公益支持管理机制，每年制定公益事业支持计划，如下：

1. 社区文化事业：首先，联发物业每年都会针对广大业主举办各节日活动，传承中华民族文化，如新年游园会、中秋博饼文化节、母亲节、端午粽子节等。在此之外，联发更加关注儿童群体，全力打造成长关爱系列，开办联发成长课堂活动，如国风营、暑期特训营、浪花计划、成长森呼吸等等；其次，联发物业重视发挥党群联动，推进社区和谐有序，在 2019 年 3 月，各分公司组织党员、志愿者成立“联小雾爱心行动队”积极履行社会公益责任，传递联发正能量；最后，联发物业针对垃圾分类这一热门话题先行先试，厦门联发・欣悦园从宣传、技术、管理等三个层面有效推进垃圾分类标准化，实现居民对垃圾分类知晓率 100%、垃圾投放参与率 100% 以及垃圾投放合

格率 99%。伴随着联发物业人的不断努力，联发物业打造充满人情味的人文社区的梦想正在一步步实现。

2. 支持行业发展，通过人员支持、经费支持等方式促进行业精英交流、标准建设等工作。

3. 例行组织员工进行爱心捐款，例行组织员工进行献血活动，鼓励员工为社会做出自己的贡献。

（三）其他社会责任表现

1. 发挥物业管理行业特点，与服务项目所在地的省市质监局、消防大队等建立合作关系，将涉及电梯、消防、二次供水等业主人身及财产安全方面的知识、技能进行公益宣传。

2. 高度重视物业服务和运营对环境的影响，实施 ISO14001 环境管理体系及 OHSAS18001 职业健康管理体系，根据物业管理行业特点，通过前期物业介入房产设计开发从源头有效降低能源消耗、物业常规服务过程中垃圾分类、公共水、电资源节约、绿化、保洁、消杀工作到位、环保宣传，积极参与当地物业管理行业立法工作，实现物业服务与小区环境协调发展。

七、未来发展目标、发展战略

（一）企业发展展望

行业快递更迭、洗牌大潮开始启动，企业发展路径差异化；大型企业强者愈强，中型企业创新求变，小型企业另觅出路。联发物业作为物业百强企业之一，要不断发挥自身规模优势与品牌优势，走强者之路。

（二）企业发展战略方向

1. 总体战略：“一区域＋三转型主题”的战略发展方向和举措。

一区域：依托集团进入的区域和城市进行规模扩张

三转型主题：从地产配套企业逐渐转型为市场化物业服务企业，并为进入资本市场奠定基础；大幅度提高信息化运用，提升人均产值，建立客户数据库存；衍生服务形成核心业务模块，打造与主业相互促进的关系。

2. 发展策略：以集团地产进入城市形成区域布局，有质量的、较快速地稳健增长；衍生服务专业化，逐步孵化专业子公司；以园区、商业做差异化重点外拓。

定义家庭幸福新生态，集聚发展新动能

上海高地物业管理有限公司

上海高地物业管理有限公司是复星蜂巢旗下专业从事物业综合服务的全资子公司，自2006年成立以来，秉承“成为拥有资源整合能力的物业综合服务提供商”的企业愿景，致力于为家庭客户，制造健康、快乐、富足的幸福生态系统。

2017年，高地通过出色的整合能力和完善的管理体系，持续推动业务能力提升，强化团队系统能力建设，从而顺利通过了ISO9001、ISO14001、OHSAS18001管理体系的贯标认证。这不仅是对高地服务质量的保证，更为高地增强市场竞争力和生命力提供了有力保障。

高地作为复星成员企业，是复星全产业链链条中的重要一环，承载了复星产品与服务延伸的重要使命。高地秉承复星“让全球每个家庭生活更幸福”的企业使命，为加速打造全球领先的智慧城市运营服务商，率先实现品牌优化升级，由“高地物业”升级为“高地城市服务产业集团”。高地立足客户角度，用行家的眼光、专业的行动，努力为客户开创超越期望的价值。

一、企业现状：蓄发展动能，聚力发展布局

（一）经营业绩

2018年，高地管理项目总建筑面积继续保持较快增长，管理面积突破4000万平方米，同比增长28.4%，物业管理规模进一步扩大；公司业绩规模稳步增长，在保持物业基础服务收入提升的同时，多种经营收入在逐年增长。

2018年，公司业绩规模不断攀升，近5年营收、净利润年均复合增长率分别为45.48%、47.24%。公司物业规模逐年扩大，盈利能力也在不断增强。

从收入结构来看，2018年物业服务费收入占比81.78%，为主要收入来源。其中，住宅物业费收入占物业服务费收入的57.82%，占比最大。另外，其他物业类型收入也有不同程度的增长。

（二）管理规模

2018年，高地的在管项目总建筑面积为4065.19万平方米，增长幅度达

28.49%。从管理项目数量来看，2018 年高地在管项目数量为 144 个，全年增加了 20 个新项目，其中住宅物业增加了 8 个、商业物业管理项目增加了 3 个项目。从项目结构看，住宅物业仍为高地的主要在管物业类型，项目数量占比达 68.75%。

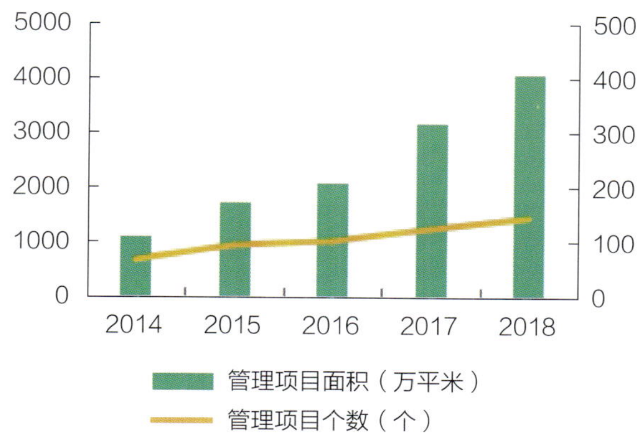

（三）服务领域

高地经过十余年的发展，积累了丰富的项目管理和客户服务经验，形成了涵盖精品住宅、高端写字楼、商业综合体、产业园区、公众物业、重点景区、养老项目、酒店公寓的多元化物业服务模式。高地依托复星的各类丰富资源，致力于打造物业综合服务平台，以专业的团队和丰富的经验，为业主提供最安全、美好的居住环境。

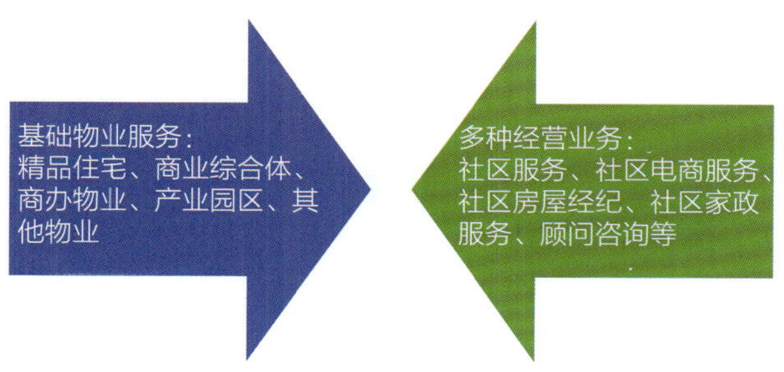

基础物业服务：高地的管理业态中，住宅物业占比仍是最高，非住宅物业占比正逐年提高，高地在实现从住宅管理向综合业态管理的转变上已卓见成效，高地在成为具有资源整合能力的物业综合服务提供商的道路上又迈近了一步。

多种经营业务：多种经营的物业服务由业主增值服务和非业主增值服务构成，对业主的增值服务收入占比接近 70%，其中电商服务收入、社区空间运营收入和社区房屋经纪收入为主要组成部分，占业主增值服务收入的比例分别为 40%、33%、25%。

（四）城市布局

自 2006 年成立以来，高地伴随着复星规模扩张，城市布局得到不断扩充，目前业务已覆盖上海、北京、天津、重庆、南京、武汉、成都、无锡、杭州、宁波、长沙、长春、太原、大同、西安、海南、泉州、台州、苏州、南通、余姚、烟台、合肥、哈尔滨、大连等 36 个城市，拥有 140 余个项目，服务超过 16 万户业主，形成了涵盖精品住宅、高端公寓、甲级写字楼、商业综合体、产业园区、综合物流园、公众物业（学校、政府办公楼）、旅游景区、养老产业园、特色主题小镇等多元服务业态，管理面积超过 4000 万平方米。

二、管理升级：强化发展动能，培育竞争优势

（一）管理体系建设

高地具有出色的资源整合能力和完善的管理体系，通过夯实基础服务，稳步提高管理水平和服务品质，持续推动业务升级，强化团队能力的建设，并对社区物业服务模式及表现力进行努力探索。每年高地会通过第三方客户满意度调研，充分了解客户需求，改善整体服务品质。

高地通过体系标准化、品控管理、信息管理等方式完善条线系统能力。

标准建设：完善各条线规章制度，历年来陆续发布了 26 项规范及操作指引，内容覆盖项目前期定位、现场服务、后期管理、职能管理等全方位内容。

品控管理：开展了城市公司之间相互对标学习，通过现场服务品质及管理职能的学习，对公司完善品控管理能力建设进行了系统探讨和全面梳理，为今后各公司的全面提升打下了坚实的基础。

信息管理：强化内部信息传递的及时性和扁平

化；开展月度考评，按季度公布各城市公司得分。

高地以客户满意为核心，通过满意度调查及整改，持续提升物业服务满意度。高地各城市公司拟定了有针对性的服务提升年度工作计划，聘请第三方机构进行满意度调查，根据报告反馈的不满意项进行全面整改，并跟进监督复查，完成闭合。此外，各城市公司通过入户访问、电话访问等形式，全面组织开展了内部客户满意度调研，通过内部自查发现薄弱环节，并落实整改措施。

（二）人才培养体系

高地始终秉持“以人为本”的人才理念，积极营造尊重、理解、诚信、友好的氛围，尊重人的知识和才能、选用、开发机制，为人才提供成长平台，使人才成为企业持续发展的有力支撑，实现企业和人才共同成长、共同发展。育人是用人的基础，高地根据不同类别、不同层次人才的特点，不断完善和创新人才培养机制，把理论培训与实践锻炼相结合，建立广覆盖、多层次、开放式的人才培养体系，逐步建立起符合集团型企业环境的人才培养新模式。

三、新服务：整合资源，布局全服务生态链

在产业深度变革的历史性机遇下，高地创新服务模式，致力于为业主带来家庭美满、健康富足、快乐无忧的社区生活。

蜂巢服务体系是高度集成的多功能物业管理体系，是高地对现有服务进行全面升级以及整合内外部资源之后，以业主、住户为中心，用极具灵活性和适应性的模块化体系，创造出多种多样的服务组合模式，让客户感受到社区的“温度”。

蜂巢悦享服务：在社区中物业服务企业的身份就是管家，蜂巢管家作为蜂巢服务的载体，成为连接社区每一位业主的桥梁和纽带，通过蜂巢管家和业主的沟通、融合与业主的关系，极力地完成业主的需求，蜂巢悦享服务是对高地各项基础服务的升级。

蜂巢乐享社群：蜂巢服务体系的核心是社群，

通过对业主的分析，根据业主的兴趣爱好、社交喜好、消费习惯、对物业评价等多维度进行综合评估，推荐服务和产品。应对不同社群，设计策划相应的社群活动，最大限度地满足不同社群群体的需要，提升业主在社区的幸福指数。

蜂巢智联运营：高地智联运营的主体是 GIMI 数据集成中心。通过 GIMI 智能管理集成进行在线监管、协同办公等丰富、便捷的服务，最大限度为客户打造高度智能化的生活服务生态闭环。科技让服务的物理空间的阻隔被打破，万物互联，自主运行，智能管控，实现人与人、人与物、物与物环环相连。

蜂巢智造生活：消费升级后懒人经济、共享经济快速发展，以现代化手段为主要生活方式的主流人群，希望得到更简单便捷的交流方式和信息的及时传达，高地以高地生活 APP3.0 作为钥匙，开启高地智能化服务的进程。高地生活 APP 汇聚了高地自有资源和复星资源，物业 APP 是线上场景，它不是个高频工具，因此更加更注重体验感。

蜂巢社区生态：是蜂巢服务体系的战略核心，高地赋能社区更多的功能，赋能社区空间更多的价值，在社区中增加新零售的消费形态，无论大小的社区都有全新的功能叠加，从而达成社区资产的增值。

蜂巢有乐体验：以线下的蜂巢社区服务生活体验中心，和线上的高地生活 APP 为触点，接入复星的各类 M 端资源，这个 M 端资源的合集称之为“有叻平台”，其实就是复星的天猫商城，但是这个商城里高地业主可以享受到不同的权益，形成物业服务和生活消费的营销组合。

此外，作为复星 C2M 产业链上最为重要的 C 端，高地将继续融通复星内外所有产业资源，将服务真正覆盖到业主的方方面面。高地与复星保德信共同聚焦健康保险新领域，与复星旅文共同开启快乐旅程，携手德邦证券共同智造家庭富足生活等。金融服务、旅游服务、保险服务、医疗服务、养老服务、养生保健、社区氛围营造城市服务、产业集聚，成为高地新的标签。

在服务客户的过程中高地不断创新服务举措、探索延伸服务与产品，持续增强服务客户的能力，真正联动产业广度与深度，最终实现为客户智造健康、快乐、富足的幸福生态系统的使命。

四、社会责任：践行责任，以公益传递企业形象

（一）凝心聚力，共建美丽家园

2018 年 6 月 26 日，启动以“红色物业”为主基调的全国党建活动，培育基层党建品牌，打造和谐社区，助力美丽家园建设。

高地秉承复星党委的使命与愿景，将党建工作和物业服务融合，以党建赋能物业服务，进一步整合服务资源、集聚服务力量、健全服务机制，在发挥物业服务功能的同时，又发挥政治引领作用，争当物业服务企业非公党建排头兵。与社区在结对共建、双向宣讲、党员志愿服务、党建联建机制、党建联建活动等项目上深化合作，发扬社区正能量，把社区党建做大、做深、做系统，不断总结经验和做法，进一步推动形成“党委牵头、政府监管、市场服务、社会参与、居民自治、法治保障”六位一体、良性互动的住宅小区综合治理格局，实现企业党建与社区党建共频共振。

（二）精准扶贫，传递正能量

2018 年以高地 12 周年为契机，发起全国性公益跑活动；积极参与复星发起的“乡村医生精准扶贫支持计划”，捐出善款 220276 元用于“乡村医生”项目，目前一座以高地命名的爱心卫生室已经投入使用；此外，高地还积极参与了由市行业协会主办的“青春聚力量，圆梦在行动”扶贫公益活动果洛专场活动并成了中国社区扶贫联盟理事单位。公益路上，高地不忘为民初心，勇担企业社会责任。

五、展望未来：守正出新，集聚发展新动能

2019 年高地发展的关键词是“守正·出新”。高地将一如既往地以客户体验为中心，更多地关注人、关注产品，将服务变得更有感情、更有温度，直达客户内心。时代发展迅速，高地会不断进化、突破、升级，在服务的过程中通过科技打造智慧，不断创新服务举措，探索运营新模式，以积极向上的心态寻找更多的机会，加速打造全球领先的智慧城市运营服务商。

筑家·更筑心生活

河南新康桥物业服务有限公司

河南新康桥物业服务有限公司（简称康桥物业）成立于 2002 年，国家一级资质企业，中国物业管理协会理事单位，河南省物业管理协会常务理事单位，郑州市物业管理协会副会长单位。康桥物业以“成为卓越物业服务的创造者”为企业发展愿景，秉承“帮助员工成长，提升物业价值，铸就百年企业”企业使命，提出“感恩、精细、惊喜”核心价值观及“源于星级、持续满意”企业理念，快速推进完成三大体系认证，多次获得国家、省级、市级各类荣誉与行业好评。

康桥物业根植郑州，布局全国，17 年砥砺前行，现已布局全国 5 大区域、40 余座城市，管理面积 5000 余万平方米，管理业态涵盖住宅、商业、写字楼、产业园、高校、医院等多种类型，服务近 50 万户家庭，公司现有员工 5000 余人。

公司主动挖掘客户更深层次的心理需求，创新个性化服务，升级服务标准，完善精细化管理，形成了自身独具特色的管理运营模式。“一主两翼”的发展战略帮助企业快速成长，经营业绩不断增长、客户满意度全面提升，赢得了业主和行业的高度认可。

凭借综合的企业实力、过硬的服务品质，康桥物业荣获“中国物业服务综合实力 TOP100”“中国物业服务百强企业”“物业服务企业品牌价值 50

强”“物业服务企业潜力独角兽”等 200 余项荣誉，自主研发的康桥智慧社区管理平台获得计算机软件著作权登记证书。

这些认可和荣誉背后，是康桥物业人奉行的品质服务信念。而这样的信念，存在于每一位康桥人的思想深处，努力为每一位业主提供安享、健康、美好的生活环境不仅是一份责任，也是一种深入骨髓的信仰。康桥物业人始终秉承“感恩、精细、惊喜”核心价值观，以人为尺度、以心为准则，为客户量身定制最贴心的生活服务，用心极致，满意加惊喜，在业主的惊喜中找到富有的人生。践行“12-12-24-72”心服务标准和“1-3-6-6”惊喜的服务体系，用一种真诚的服务之心，照顾老、中、青全年龄段的顾客，形成了“6 + 6 特色服务”，为业主提供多元化的服务。

一直以来，康桥物业始终坚持推进服务标准化、体系化建设。《服务运营与内控管理制度》文本多次修订、培训、考核，是康桥物业对标准体系落地的重视。《客户服务规范手册》、《安全管理规范手册》、《工程维修规范手册》为康桥物业一线员工提供可视化的标准操作指引，对康桥物业岗位服务标准进行了更直观诠释，便于员工对标准化知识

的内化学习和对标准要求的有效掌握。《康桥物业触点手册》关注顾客需求，关注基础服务，以顾客的视角审视物业服务，合理利用资源，达到顾客满意。标准体系、匠心服务，保证了康桥物业满意度达到了 87%。

高战斗力的优秀人才将为公司保持强劲的生命力和竞争力提供有力的战略性支持，康桥物业致力于开发每位员工的潜能，成立了康桥商学院物管分院，完善公司整个人才梯队建设，针对不同级别的管理人员建立培训的标准。

康桥物业给予业主得不仅仅是高标准、高品质的服务，更是一种有品位的生活方式。康桥“邻礼汇”汇集有创造力的少年派，有活力的年轻一族，有文化修养、退而不休的老年一行，通过“公益季”“童心季”“运动季”“暖心季”四大主题活动，打造“同檐如邻里，交融似乡亲”的互敬互爱、共兴共荣的邻里关系，勾勒“以邻为伴、与邻为善、彼此守望、相互温暖”的社区朝气。同时携手康桥地产先后搭建了康桥论坛、康桥快乐营、康桥义工，用一种充满温情的生活方式，在无形中拉近业主与业主之间的距离，成为城市邻里文化复兴的推动者。

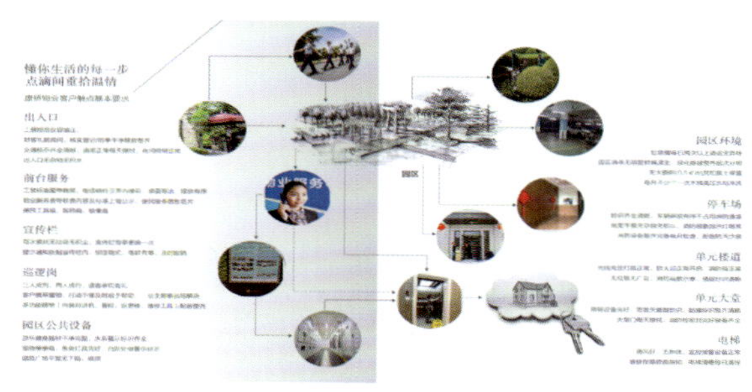

康桥物业创新服务，通过信息化手段提升业务管控的能力和对客服务的效率。建立了经营资源管理系统、呼叫中心集成系统、智慧停车系统、康云优家等软件平台。在硬件实施上，完善设施设备智慧平台、E控天眼监控、手机智能开门系统、非机动车充电系统等，以完善服务流程，提升服务水平，建立守望相助的新型邻里关系，致力于为业主们打造温馨的掌上生活家，形成一个美好的智慧社区生态圈。

康桥物业以完善现代企业管理制度为基本手段，逐步形成以物业管理服务为主，延伸开拓、多业并举、相互支撑、协调发展、实力雄厚的企业集团的战略目标。基于客户和资产两大维度，以客户为导向，提供满足不同需求的增值创新服务，搭建资源整合的大平台，以社区业主规模为核心，产品和运营为手段，客户关系管理为基础，大数据管理为工具，建立康桥社区服务生态圈，包含社区生活、社区金融、案场企划、拎包入住、康家小厨、租售中心等，特色服务包括高考护航、代收包裹、空巢老人拜访、家政服务、爱心雨伞、婚庆礼宾等近20项贴心服务。

在企业发展壮大的同时，康桥物业还将履行社会责任、回馈社会作为重要的使命，尤其在教育、健康等方面做出了卓越的贡献。“热衷社会公益”是康桥“极具社会责任感、有爱心企业”的印证，率先在中原地区成立了首个自组织爱心联盟——康桥义工，从派发保温杯，到关爱烧伤女孩云云捐款，从郑开马拉松到中秋送月饼，从捐赠贫困地区到关爱聋哑儿童，从空巢老人拜访到退伍军人慰问，康桥义工以行动践行社会责任，践行企业梦想，践行中国梦，康桥物业一直在行动！

康桥物业秉承“感恩、精细、惊喜”的核心价值观，致力于用无微不至的服务之心，勾勒生活中的点滴幸福的“小家”生活，以至诚、创新和行动圆满康桥大家庭的居住梦想，构筑幸福家园。展望未来，康桥物业将坚持并深化“一个物业为主体、社区＋、互联网＋为两翼”的发展战略，不断提升核心竞争力，拓展品牌影响力，满足人民对美好生活的各方面需求，促进行业和社会的共同进步。

NEW PEN
新鸥鹏物管家

教育+服务成就行业转型升级样本

重庆新鸥鹏物业管理（集团）有限公司

重庆新鸥鹏物业管理（集团）有限公司（简称新鸥鹏物管家）成立于1998年，系新鸥鹏集团全资子公司，注册资金1.03亿元，具有国家一级物业管理资质，为中国物业管理协会会员单位、重庆市物业管理协会理事单位。

经过20余年的发展，新鸥鹏物管家打造出一支专家级的管理团队，构建精细化的管理和服务体系，担当创新服务领导者推动行业发展。公司现已建立集团化的管控模式，旗下拥有住宅物业公司、商业物业公司、教育物业公司、社区服务公司等多家品牌管理公司，现有员工近5000人，管理区域遍及重庆、成都、济南、滨州、临沂、贵阳、云南等地，管理面积超过3200万平方米，业态涵盖教育、住宅、商业、写字楼、酒店、农业、产业园等多种物业类型。

依托新鸥鹏教育的优势，新鸥鹏物管家确立打造中国文化教育物业服务领先品牌的战略目标，形成社区教育体系和院校服务体系两大核心优势，成就行业转型升级样本。

一、2018，一路高歌

4月，新鸥鹏物管家正式发布好“鹏”友公约；

5月，启动杨尚昆故里景区服务，开启“红色物业”之旅；

6月，迎来了首届“鲲鹏生”，以培养并储备集团未来发展需要的复合型管理人才；

8月，集团工程专业“师带徒”拜师仪式举行，开启“师带徒”人才发展模式；

8月，新鸥鹏物业集团与阿里巴巴集团拉开战略合作序幕，开启“互联网+家”新时代；

8月，整合物业、校园保障、商业、教育城等板块，组建了全新的新鸥鹏教育服务集团；

11月，成功入围山东省政府采购系统，是重庆唯一一家入围山东政府采购系统的物业服务企业；

11 月，中国政府采购网显示，集团成功中标重庆两江新区育才中学等 10 所学校 11 个校区。

2018 年，新鸥鹏物管家在管项目总建面积持续增长。在保证服务品质的前提下，新鸥鹏物管家积极整合企业资源、推出创新服务、拓展其他业务，多种经营业务迎来广阔的发展空间。

近年来，新鸥鹏物管家营业收入、净利润实现了持续、稳健增长，盈利能力持续增强。

二、聚焦院校物业拓展校企携手共育美好未来

依托独有的教育 DNA，新鸥鹏物业的发展一直聚焦于院校物业拓展，旨在打造中国文化教育物业服务领先品牌。始终坚持以院校物业为核心，公建物业、住宅物业为两翼，搭建院校综合服务平台。

新鸥鹏物业涵盖住宅、教育、商业、办公、产业园等多种业态，其中，教育物业项目数量占比 27.5%，这一比例在逐年扩大。2018 年，教育物业营业收入达 3772.21 万元。

2018 年，院校物业开疆拓土，从高原姑苏到蓬莱仙境，都有新鸥鹏物管家的身影。将新鸥鹏“教育＋”服务，延展到更多院校，先后开展了重庆财政学校、巴川量子中学、重庆两江新区金溪初级中学校、重庆市两江育才中学校、重庆两江新区鸳鸯小学校、两江新区花朝小学校、博雅小学、橡树湾小学等项目的物业服务。

三、教育＋服务成就行业转型升级样本

在教育物业上，新鸥鹏物管家的成功案例有：重庆房地产职业学院（沙坪坝区）、工商大学融智学院（巴南区）、西南政法大学（渝北校区）、重庆商务职业学院、丽江师范专科学校、滨州医学院（烟台校区）、新巴川中学（铜梁区）、新巴川国际高中（铜梁区）、潼南巴川中学（潼南区）、江北教师进修学院、德阳教育小镇等。

依托新鸥鹏 K12 教育体系，新鸥鹏物管家服务范围涵盖幼儿园、小学、中学、大学，累积为 50 所＋学校、100 万＋师生、业主提供了个性化服务。“物管家很多，懂教育的很少”，新鸥鹏物管家潜心经营院校物业 10 余年，在构建国内领先的文化教育物业服务标准上积累了深厚底蕴，在人才培养、教育资源、经营能力、文化传承和创新服务等多个方面，已形成明显的行业领先优势。

在重庆，新鸥鹏物业服务的重庆房地产职业学院成为院校物业管理的标杆。依托新鸥鹏与生俱来的教育优势和教育基因，新鸥鹏物管家在“教育＋服务”两大基础上，深入、全面、系统地把握教育物业服务的需求、侧重点、价值提升点，打造从学生入学开始到毕业的全过程、全方位的服务关怀，最终形成集物业服务、教育和商业以及校园保障服务为一体的综合服务平台。

在院校物业服务中心，新鸥鹏物管家聚焦安全服务、工程服务、公寓服务、环境服务、教学服务、活动服务 6 个环节的知识成果和管理标准共 658 项标准，实现精细规范管理。

与此同时，为实现把学生放在不同的情境下，都能获得一致的优良服务，新鸥鹏物管家打造情境关怀行动，关注学生内心。在传统节日，比如端午节，新鸥鹏教育服务的工作人员会开设包粽子课堂，让同学们感受传统文化，春节期间还会为留校学生组织年夜饭；在学生宿舍，新鸥鹏的“宿管妈妈”是学子们最贴心的陪伴。在寒冷的冬季，“宿管妈妈”会熬制姜汤，帮助同学们预防感冒。各院校都有设立“巧手麻麻日”，免费为同学缝补衣服，还指导同学们对废旧衣服进行利用，DIY 成手提袋、玩偶等小物件。“宿管妈妈”还会利用自己的兴趣特长，根据季节变化、重要节日等，定期出主题黑板报，加强和同学的交流……真正实现了从新生报到那一天开始到最后毕业离校，全程提供精细化的人性关

怀服务，这种标准的确立和环节的完善，就是新鸥鹏的“教育＋”软实力。

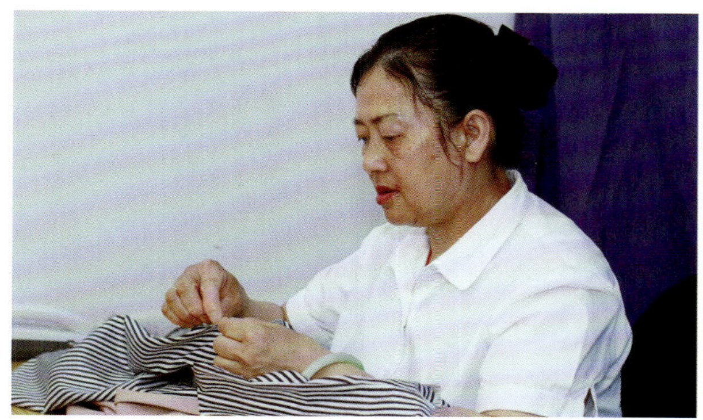

宿管妈妈免费为同学缝补衣服

四、打造中国文化教育物业服务领先品牌

自接触教育物业以来，新鸥鹏物管家就以“中国文化教育物业服务领先品牌”作为企业品牌定位，并确定“新鸥鹏物管家知心管家让您放心在家”的服务理念，以“物业服务专家”＋“知心服务管家”的服务特色，依托新鸥鹏集团独有的教育资源，不断创新服务内涵，最大限度助力业主对美好生活的向往与追求。

在提供物业服务的过程中，新鸥鹏物管家努力让业主体验到一种愉悦、体贴、舒服和尊重，把工作服务转化成亲情服务、快乐服务、贴心服务等具有人情味的心理服务。知心管家，每一个管家都是业主的好助手，让业主时时体会到温馨和放心，坚持三米微笑原则、一见钟情原则、换位思考原则、客户无过错原则、创造超预期服务；环境方面，打造 6S 环境服务标准，18 小时内“隐形人”创造无卫生死角服务，为广大业主、师生创造一个舒适、惬意的校园环境；工程方面，拥有全市第一的专业素养的工程服务团队，从公共区域到院校宿舍，真正做到大事报修预警，小事报修无忧的服务。安全方面，谨遵“安全无小事”的原则，服务范围从硬件到软件，辅以尖端智能体系，时时把社区、校园安全放在首位。

五、借力科技，为物业服务加速

早在 2017 年 8 月份，新鸥鹏教育服务集团就已开启了智慧物业“综合管理平台”，推动了物业管理、社区安防、业主服务三大功能结构板块的早期智慧管理。2018 年年底，新鸥鹏教育服务集团以新鸥鹏·K 城为智慧社区平台服务的试点，成功运行并推广。

新鸥鹏先行实现了物业管理功能板块的高度集成，包括设备监管、环境监管、客户服务等，通过采集、预警、控制、分析，完成对设备、环境、工程等的管控。让房屋装修申请、验房、报事报修等需求在移动端均可一键实现。在社区安防板块，新鸥鹏采用了智能门禁、智能车场、家居安防等智能系统，提供更便捷、更安全的服务。比如采用一体式门禁，支持刷卡、身份证、密码、指纹、人脸识别、虹膜识别等多种身份验证方式，可实现手机开锁。新鸥鹏开发的物业智慧社区平台——“宜邻”APP 也饱受好评，在这里，业主可通过移动端进行物业费、水电气费的缴纳，也可足不出户享受社区保洁、生活消费等“社区物联网”带来的便捷、增值生活服务。

与此同时，新鸥鹏物业在智慧城市建设也取得阶段进展，充分借助物联网、大数据、云计算、人工智能等前沿信息技术，在智能建筑、智能家居、智能安防、智能化公共服务等诸多领域集成服务，成功实现了物业领域的智慧转型。

新鸥鹏智慧物业—宜邻 APP

六、结语：不忘初心砥砺前行

物业服务的质量直接关乎人们追求的高品质美好生活。新鸥鹏物管家从1998年成立至今，二十余年如一日践行着“知心管家，放心在家”的服务理念，以提升业主生活品质为己任，不断设计健康生活；以业主的微笑为最大动力，不断提升服务质量，以业主的依赖为工作标准，不断完善与升华服务内容；通过心与心的服务、面对面的交流，新鸥鹏物管家用真诚与激情坚守着物业服务的本真，以师生和业主为中心，争做新时代美好生活的开创者、建设者。

风雨二十载，新鸥鹏物业秉承工匠精神，专注院校物业服务，坚守着“打造中国文化教育物业服务领先品牌”的初心一路前行。

物业管理行业是推崇美好、推动品质生活的重要行业。在“消费升级”的大浪潮下，对物业服务的要求也不断提高。如今，行业规模在不断扩大，基础服务持续提升，区域差距逐渐缩小，这对新鸥鹏物业而言，既是挑战，也是机遇。

在行业同质化愈发严重的今天，如何突出优势，是新鸥鹏物业目前亟待解决的问题。而解决之道，唯有以差异化发展策略，实现弯道超车。差异化在于新鸥鹏独有的教育DNA，以“文化”“教育”串联新鸥鹏物管家的品牌动作，塑造独有的品牌形象，提升外界对新鸥鹏物管家品牌的认知度，逐步建立行业标准，抢占话语权，最终实现“中国文化教育物业服务领先品牌”的发展目标。

以知心的文化教育服务，凸显新鸥鹏物管家的品牌价值，打造差异化发展的高价值企业。对社会大众，开展专属公益活动，贡献社会责任；对行业，树立文化教育物业服务标准，抢占话语权；对业主，增加服务的文化温度，提升满意度。

为更大限度体现新鸥鹏物管家的教育属性，特搭建学校与社区的“鹏”平台，作为信息交流，同时链接需求方与提供服务方，以满足双方需求的实现，进一步提升业主满意度。

物管家很多，懂教育的却很少。在未来的发展中，新鸥鹏物管家将始终坚持打造中国文化教育物业服务领先品牌的战略目标，用“教育＋服务”，成就行业转型升级样本。

上海中建東孚物業管理有限公司
SHANGHAI CSCEC DONFU PROPERTY SERVICE MANAGMENT CO.,LTD.

服务城市发展，成就美好生活

上海中建东孚物业管理有限公司

一、企业现状概况

上海中建东孚物业管理有限公司，是中国建筑下属中建八局旗下从事住宅物业、商业物业、城市综合体等服务的专业公司，成立于 2010 年 10 月，具有国家物业服务企业壹级资质（建 1[illegible]4092），上海市五星级物业服务企业。

公司借助中建系统内部优势资源，融汇现代物业服务的先进理念，运用创新性的思维不断探寻物业服务新模式，通过高品质物业服务提升业主居住的舒适度和物业附加值，致力于打造具有影响力的物业品牌。

公司持续深耕传统市场，在管社区、商业、销售案场共计 115 个，管理户数从 2016 年 2.01 万户扩大到 11.3 万户。截止 2018 年年底，公司已先后在上海、南京、青岛、济南、西安、杭州、泰州等区域设立了分支机构，所服务的项目涉及高端住宅、保障房、商业及城市综合体、销售案场等。

二、企业重要发展里程碑

2010 年 10 月 26 日，中建楷昕公司成立“山东昕庭物业管理有限公司”；

2015 年 1 月 9 日，山东昕庭物业管理有限公司名称变更为山东中建东孚

物业管理有限公司；

2015 年 5 月 8 日，山东中建东孚物业管理有限公司由山东济南迁址上海，名称变更为上海中建东孚物业管理有限公司；

2017 年公司独立通过国家质量管理、环境管理和职业健康安全三体系认证；

2017 年荣获“中国物业管理最有影响力品牌企业”；

2018 年荣获“五星级物业服务企业”；中国物业管理协会“理事单位”、上海市物业管理协会“副秘书长单位”；

2018 年荣获上海市职工职业道德建设“十佳标兵单位”、“上海市五一劳动奖状”、“中国首届进口博览会服务保障立功竞赛先进集体”；

2018 年荣获《上海市物业管理行业诚信承诺企业》AA 级奖牌。

三、企业经营状况

（一）经营范围

公司以服务为根本，紧跟地产发展，持续完善服务业态，多元化发展，多体系运行，着力打造集客户体验、物业管理、产业配套为基础的“大服务”体系，实现由传统“物业服务商”向“城市综合服务商”的转变。以销售案场、住宅、商业及城市综合体为基础，积极拓展新型城镇化和其他业态，逐步形成“5 ＋ 1”的服务业态，即销售案场、住宅、商业及城市综合体、产业园区、大型公建、主业后勤物业一体化，至“十四五”末，探索形成康养平台配套服务。

（二）企业架构图

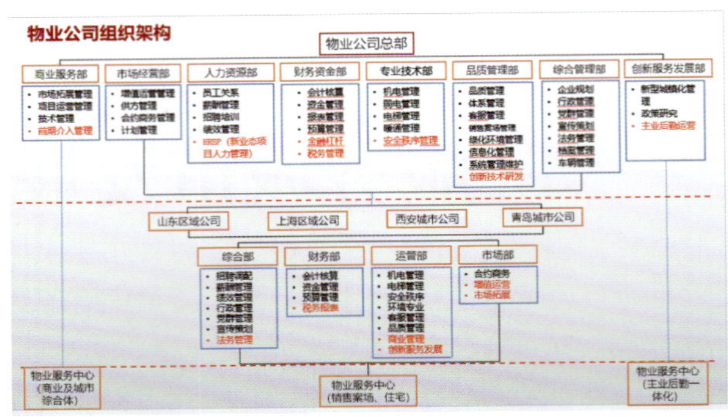

（三）基础物业服务情况

1. 客户服务：实行管家式服务，并利用物业综合管理系统办公，为业主提供更便捷的报事报修和缴费等服务，物业管理效能高，业主体验佳；

2. 秩序维护：构建人防、物防、技防相结合的 24 小时安保系统，规范《安全生产计划》和《应急预案》，确保项目安防指数；

3. 工程维修：通过《维修八步法》，以敬业的态度、过硬的技术、专业的技能，为业主提供公区维护保养及入室维修服务；

4. 保洁服务：引进高科技保洁清洁器械，用高频次、高效能的清洁服务给广大业主创造一个舒适优美的工作和生活环境；

5. 绿化养护：制定《绿化养护技术标准》和《景观绿化亮点打造方案》，规范社区园林绿化管理，为业主营造环境优美的绿色家园；

6. 综合管理：节假日统一策划、布置、宣传、开展活动，拉近物业与业主间、业主与业主间的距离，使社区活动深入人心。

（四）多种经营服务情况

结合业主衣食住行等日常生活需求，整合“孚家政”“孚教育”“孚精装”“孚租售”“孚旅游”“孚零售”“孚保险”“孚养老”等孚系增值运营业务，与智慧社区建设同步，以“互联网＋”为基本手段，搭建以线下实体店为基础，以线上 app 为媒介，线上线下有效结合的“同孚务平台”。

（五）房地产开发全链条服务

公司在房地产规划设计和建设期间提供前期介入服务，从物业运营和业主使用的角度，减少设计和建设缺陷，节约建造成本。营销期间提供销售案场服务，支撑地产楼盘营销。入伙前提供承接查验服务，较少户内和公区设施设备问题，提高交付质量、业主收房满意度和交房率。房屋质保期内提供房屋问题报修服务，作为业主和地产的纽带，促成房屋问题的及时维修。入伙后依托完备的制度、标准、流程和丰富的实战经验，提供温馨舒适安全的装修服务、停车服务、特色增值服务及日常物业服务等，利用先进科技手段打造智能物业、智能社区和绿色社区，持续提高业主满意度，树立地产和物业品牌形象，为房地产开发的全流程保驾护航。

四、服务、经营理念及特色、优势

（一）服务理念：精致服务至诚永远

“精致服务、至诚永远”的服务理念是对中建东孚“拓展幸福空间”企业使命的延伸和传承，和对其特有的工科血统、专业精神、精细标准在服务领域的应用。

“精”——表现为我们对服务流程设计的精心，员工服务技能的精湛和为客户服务过程的精细，让客户在服务中感受愉悦和惊喜。

“诚”——表现为坦诚的态度、真诚的沟通、竭诚的付出。强调服务实施过程中与客户的良性互动以及央企应有的担当和责任。尊重每位客户，敬畏客户的每份资产，实现与客户的和谐共赢。

（二）服务特色

1. 坚持品质导向，创新满意升级

将绿色融入管理，围绕绿色人居要求，推动节能管理、垃圾处理、环境绿化和污染治理，努力建设人与自然和谐共生的社区环境。

2. 运用绿色智慧，塑造管理品牌

依托东孚的工科特色以及绿色地产建筑商形象，结合绿建三星及 LEED 金级建筑运作目标，辅以 BIM ＋ FM 平台的智慧管控手段，不断总结在设备节能、高效管理及绿色运维方面形成的经验以及各类绿色环保设备的管理运作经验，形成了强大的物业核心竞争力。

3. 做好主业支撑，开展后勤服务

为了解决施工现场存在的管理问题，物业公司积极探索工地后勤一体化管理，全面对接八局业务，统一规划，合理布局，方便管理。

4. 开展城市服务，完善管理体系

充分运用市场化机制，发挥自身产业优势和资源整合能力，抓住城镇化发展的特殊机遇期，为新型城镇提供全方位的服务需求，满足各界对新型城镇自然环境、公共秩序、人文景观的高标准要求，

营造宜居宜业，绿色生态的自然环境，在城市服务中心不断完善住房、产业园区、商业、养老、旅游、农业等服务体系，不断提升城镇服务能力。

5. 康养搭建助力，产业链条打通

通过养老产品分析，满足不同层次人员的需求，人民生活水平的提高，根据城镇化后期运营服务需求，打通公司各产业链条的联动，助力康养项目推进。

（三）竞争优势

1. 中建品牌背书，竞争优势明显

借助中建系统内部优势资源所产生的内生式增长动力，融汇现代物业服务的先进理念，运用创新性的思维不断探寻物业服务新模式，通过高品质物业服务提升业主居住的舒适度和物业附加值，致力于打造具有影响力的物业品牌。

2. 强化投资运营，借力转型升级

通过对新型业态、商业模式、运营机制等方面的创新研究，实现投资业务的全面升级，同时搭建运营业务平台，提升运营管理能力，为物业公司的发展提供了更为广阔的空间。

3. "四全"策略落地，溢价空间提升

以"全面创绿、全面创优、全面精装、全面风险管控"的"四全"策略为基础，坚定开展项目绿色运维。深入推进全面风险管理，健全风险管理体系，进一步强化风险、内控、合规等职能与企业日常经营管理的统筹与融合。全面提升管理团队素质及管理服务水平，实现公司品牌、竞争力以及在管项目溢价空间的全面提升。

4. 服务业态增加，智能助力提质

做好传统的销售案场、住宅、商业综合体物业服务的同时，积极拓展商业物业服务范畴（大型超市、酒店、长租公寓、大型停车场等商业业态），实现商业服务边际的延展及完善，并积极探索新型城镇化、产业园区、康养文旅、大型公建、主业后勤物业等业务，完善服务业态。

（四）业主评价满意情况

客户口碑良好，品牌信誉度高。每年由东孚地产牵头，委托第三方机构开展年度客户满意度调研活动，获取详实数据，以更好地提升服务品质。在《2018 年客户满意度调研分析报告》中，中建东孚物业以高达 87 分的客户满意度得分，尽显业主对东孚物业品牌的信赖和认可。

五、智慧科技运用状况

（一）智能创新提升服务品质

通过互联网络和高端设备管理技术，探索和

创新服务管理模式。通过有效整合社区资源、引导用户参与交互、参与平台建设。通过智能硬件替代人工，包括机器人、人脸识别技术、生物识别技术等，提升物业服务企业多元化、智能化、信息化、科技化发展水平，节约运营成本，提高客户服务品质。

（二）打造智慧平台，提升管理效能

持续推进新型办公自动化系统（“OA”系统）、公司物业综合管理平台（“明源系统”）的建设，在平台构建、网络集成、资源整合、开发应用等方面进行新的探索，有效推动工作理念创新、流程优化，促进办公室工作质量、工作效能的同步提升；用新科技赋能管理效率、用互联网重构商业模式，全面推进物业管理介入智慧商圈、智慧社区、智慧城市的建设工作。

（三）移动验房，提高客户收房体验

公司研制了专门针对交付验房的移动验房系统。在验房现场，专业验房师陪同住户，只需在手机页面轻点房间的各个位置平面，就可以轻松完成验房工作。

六、社会责任

（一）筑福行动

关注弱势群体，服务留守儿童，在革命老区，大别山腹地里的安徽金寨县汤家汇中学捐建 100 多平方米的图书阅览室，成为当地首个现代化的图书阅览室。

（二）画筑梦想公益拍卖

承办留守儿童“画筑梦想”原创绘画作品拍卖活动，公益展出、拍卖 280 余幅留守困难儿童绘画作品。

（三）书香绘心公益活动

联手心教育机构，在汤家汇镇中心小学开展“书香绘心”志愿者服务活动，为学校美化校园环境，绘制墙画，让校园充满书香气息，并向汤家汇中心小学捐赠了书籍、绘本、电子设备等。

（四）社区长效助老公益活动

坚持在管项目开展“长效助老”社区公益活动，义务帮扶、照顾社区老人，履行社会责任

七、未来发展目标、发展战略

全面贯彻党的十九大精神，以习近平新时代中国特色社会主义思想为指导，以“服务城市发展，成就美好生活”为使命，立足于“支撑东孚品牌，服务八局发展”，“强管理、提品质、调结构、树品牌”，不断提升多业态服务能力、全方位服务能力、智能化服务能力，树立“大服务”理念，营造“家文化”氛围，打造“同孚务”品牌，成为一个有态度、有温度、有厚度的行业知名企业；不断推进从传统“物业服务商”向“城市综合服务商”的全面转型，成为中建八局运营板块发展的专业支撑，成为中国城市综合服务的创领者。

企业综合排名在全国物业服务企业百强及上海市物业服务企业百强排名逐年上升，保持“物业管理行业第一梯队”，创立企业“同孚务”品牌，在区域市场实现一定的品牌影响力。到 2025 年，实现再造一个东孚物业的目标，以多领域、多平台的独特综合优势，成为“国内知名、行业领先”，具有较强影响力的企业。

多元融合发展服务美好生活

融信物业服务集团

融信物业服务集团成立于2004年，隶属于融信集团，是具有国家一级资质的大型专业化物业管理服务企业，也是中国物业管理协会理事单位、“国际金钥匙物业联盟”单位等。近年来，融信服务以“深耕城市，区域运营”为核心，进行全国化战略布局，在管项目达120余个，主要分布在上海、杭州、福州、闽南、郑州、天津、成都、广州等区域，管理面积近5000万平方米。

经过15年的服务积淀，融信服务紧跟行业发展、精耕服务品质、追求多元化发展。目前，公司服务类型涵盖别墅、公寓、商务写字楼、城市综合体、政府办公楼、银行、学校、产业园、景区公园、医院、市政公共配套等多种物业形态，下辖多个物业管理服务公司及融冠科技、和美环境、海润保安、融邻贸易、融茂房产等多个专业公司，拥有具备自主知识产权的鼎级臻美服务品牌「融御·ROYEEDS」及融智管理平台。

自2016年起，融信服务已全面开放市场合作业务，坚守“正念、同行、进取、共赢”的经营理念，竭诚为客户提供除房地产开发环节以外的全产业链的物业管理和服务。我们深入挖掘服务价值点，将传统物业“对物的管理”转化为“对人的服务”，深耕社区人居需求，促进服务产品与服务体系的优化升级，致力于为客户提供美好生活服务。根据融信集团第三方客户满意度调研结果显示，2018年融信物业服务集团总体满意度达85%，同比2017年提升了16%，达

到行业优良水准。

一直以来，融信服务坚持系统推进服务标准化、体系化工作，包含物业标准化体系搭建、岗位标准化工作手册编制、客户关键触点及流线的服务设计等多种类服务升级举措。2017 年，融信服务倾心打造“融御 · ROYEEDS”鼎级臻美服务品牌，对实施品牌差异化管理，提升管理服务品质具有重要的里程碑意义。2018 年，融信服务推出 A/B/C 三级服务体系，A 级针对融御 · ROYEEDS 品级高端项目、B 级白金管家体系针对自建中高端项目，C 级服务体系针对刚需项目，从容洞悉客户内心需求并不断满足客户的个性化追求。

与此同时，融信服务还积极推进“和美睦邻”社区文化活动，推出“融 Shine 服务季”“睦邻生活季”“和美文化季”“安全无忧季”四大主题活动。针对儿童、老人、青年、时尚男女客户群体，融信服务精心培育“融学堂”“融颐汇”“融悦跑”“融伊行”社团，培养忠诚客户，突显服务价值。

融e居APP（客户端）

融信服务（微信公众号·融e居）

融智管理平台（PC端）

融信服务（小程序·融e居）

融e帮APP（员工端）

在物业管理的技术革命时代背景下，融信服务自主研发“融智”智能管理平台，同步打通PC端、APP客户端、微信公众号、小程序等线上渠道，将线上线下紧密连接到一起，扩大了品牌传播力度及影响力。2018年，社区服务互联网平台“融智管理平台”V3.0版焕新发布，将互联网信息技术与物业服务紧密结合，提供物业管理服务综合解决方案。

凭借过硬的服务品质，融信服务赢得了客户和行业的一致认可。至今，融信服务已获得“2019物业服务企业品牌价值26强”“2018中国物业管理企业综合实力28强”“2017年度中国最佳雇主”等多个荣誉和奖项。

在企业发展壮大的同时，融信服务积极参加公益事业，主动承担社会责任，用脚步丈量公益，用行动传递爱心。2018年7月，融信服务携手浙江省妇女儿童基金会发展“焕新乐园”公益项目，全面启动“以爱融行”公益活动，为浙江省海宁市周边村落12户贫困家庭焕新家园，同时开展持续的陪伴关爱活动，给儿童带来环境和心灵的双重焕新。2019年5月，融信服务参与组建“和美融信、为中国添彩”融信公益队。在“虹心照我去益行——给垃圾－量为心情＋油”主题公益活动中，融信公益队充分发挥了模范带头作用。

自2019年起，融信服务实行“1＋N”发展战略，依托全生活服务系统，提供更智慧便捷的社区服务解决方案，聚焦物业服务，孵化资产管理、信息技术、园区保养、社区经营、养老健康、儿童教育等产业。在物业管理行业发展的利好趋势下，融信服务将全面贯彻“强基铸品、赋能执行”的年度经营主题，持续增强企业综合实力、提升服务品质、提高客户满意度。

政策法规

POLICIES AND REGULATIONS

全国人民代表大会常务委员会关于修改《中华人民共和国建筑法》等八部法律的决定

（2019 年 4 月 23 日第十三届全国人民代表大会常务委员会第十次会议通过）

第十三届全国人民代表大会常务委员会第十次会议决定：

一、对《中华人民共和国建筑法》作出修改

将第八条修改为：“申请领取施工许可证，应当具备下列条件：

“（一）已经办理该建筑工程用地批准手续；

“（二）依法应当办理建设工程规划许可证的，已经取得建设工程规划许可证；

“（三）需要拆迁的，其拆迁进度符合施工要求；

“（四）已经确定建筑施工企业；

“（五）有满足施工需要的资金安排、施工图纸及技术资料；

“（六）有保证工程质量和安全的具体措施。

“建设行政主管部门应当自收到申请之日起七日内，对符合条件的申请颁发施工许可证。”

二、对《中华人民共和国消防法》作出修改

（一）将第十条修改为：“对按照国家工程建设消防技术标准需要进行消防设计的建设工程，实行建设工程消防设计审查验收制度。”

（二）将第十一条修改为：“国务院住房和城乡建设主管部门规定的特殊建设工程，建设单位应当将消防设计文件报送住房和城乡建设主管部门审查，住房和城乡建设主管部门依法对审查的结果负责。

“前款规定以外的其他建设工程，建设单位申请领取施工许可证或者申请批准开工报告时应当提供满足施工需要的消防设计图纸及技术资料。”

（三）将第十二条修改为：“特殊建设工程未经消防设计审查或者审查不合格的，建设单位、施工单位不得施工；其他建设工程，建设单位未提供满足施工需要的消防设计图纸及技术资料的，有关部门不得发放施工许可证或者批准开工报告。”

（四）将第十三条修改为：“国务院住房和城乡建设主管部门规定应当申请消防验收的建设工程竣工，建设单位应当向住房和城乡建设主管部门申请消防验收。

“前款规定以外的其他建设工程，建设单位在验收后应当报住房和城乡建设主管部门备案，住房和城乡

建设主管部门应当进行抽查。

“依法应当进行消防验收的建设工程，未经消防验收或者消防验收不合格的，禁止投入使用；其他建设工程经依法抽查不合格的，应当停止使用。”

（五）将第十四条修改为：“建设工程消防设计审查、消防验收、备案和抽查的具体办法，由国务院住房和城乡建设主管部门规定。”

（六）将第五十六条修改为：“住房和城乡建设主管部门、消防救援机构及其工作人员应当按照法定的职权和程序进行消防设计审查、消防验收、备案抽查和消防安全检查，做到公正、严格、文明、高效。

“住房和城乡建设主管部门、消防救援机构及其工作人员进行消防设计审查、消防验收、备案抽查和消防安全检查等，不得收取费用，不得利用职务谋取利益；不得利用职务为用户、建设单位指定或者变相指定消防产品的品牌、销售单位或者消防技术服务机构、消防设施施工单位。”

（七）将第五十七条、第七十一条第一款中的“公安机关消防机构”修改为“住房和城乡建设主管部门、消防救援机构”；将第七十一条中的“审核”修改为“审查”，删去第二款中的“建设”。

（八）将第五十八条修改为：“违反本法规定，有下列行为之一的，由住房和城乡建设主管部门、消防救援机构按照各自职权责令停止施工、停止使用或者停产停业，并处三万元以上三十万元以下罚款：

“（一）依法应当进行消防设计审查的建设工程，未经依法审查或者审查不合格，擅自施工的；

“（二）依法应当进行消防验收的建设工程，未经消防验收或者消防验收不合格，擅自投入使用的；

“（三）本法第十三条规定的其他建设工程验收后经依法抽查不合格，不停止使用的；

“（四）公众聚集场所未经消防安全检查或者经检查不符合消防安全要求，擅自投入使用、营业的。

“建设单位未依照本法规定在验收后报住房和城乡建设主管部门备案的，由住房和城乡建设主管部门责令改正，处五千元以下罚款。”

（九）将第五十九条中的“责令改正或者停止施工”修改为“由住房和城乡建设主管部门责令改正或者停止施工”。

（十）将第七十条修改为：“本法规定的行政处罚，除应当由公安机关依照《中华人民共和国治安管理处罚法》的有关规定决定的外，由住房和城乡建设主管部门、消防救援机构按照各自职权决定。

“被责令停止施工、停止使用、停产停业的，应当在整改后向作出决定的部门或者机构报告，经检查合格，方可恢复施工、使用、生产、经营。

“当事人逾期不执行停产停业、停止使用、停止施工决定的，由作出决定的部门或者机构强制执行。

“责令停产停业，对经济和社会生活影响较大的，由住房和城乡建设主管部门或者应急管理部门报请本级人民政府依法决定。”

（十一）将第四条、第十七条、第二十四条、第五十五条中的“公安机关消防机构”修改为“消防救援机构”，“公安部门”、“公安机关”、“公安部门消防机构”修改为“应急管理部门”；将第六条第三款中的“公安机关及其消防机构”修改为“应急管理部门及消防救援机构”，第七款中的“公安机关”修改为“公安机关、应急管理”；将第十五条、第二十五条、第二十九条、第四十条、第四十二条、第四十五条、第五十一条、第五十三条、第五十四条、第六十条、第六十二条、第六十四条、第六十五条中的“公安机关消防机构”修改为“消防救援机构”；将第三十六条、第三十七条、第三十八条、第三十九条、第四十六条、第四十九条中的“公安消防队”修改为“国家综合性消防救援队”。

三、对《中华人民共和国电子签名法》作出修改

删去第三条第三款第二项；将第三项改为第二项，修改为：“（二）涉及停止供水、供热、供气等公用事业服务的”。

四、对《中华人民共和国城乡规划法》作出修改

将第三十八条第二款修改为：“以出让方式取得国有土地使用权的建设项目，建设单位在取得建设项目的批准、核准、备案文件和签订国有土地使用权出让合同后，向城市、县人民政府城乡规划主管部门领取建设用地规划许可证。”

五、对《中华人民共和国车船税法》作出修改

第三条增加一项，作为第四项：“（四）悬挂应急救援专用号牌的国家综合性消防救援车辆和国家综合性消防救援专用船舶”。

六、对《中华人民共和国商标法》作出修改

（一）将第四条第一款修改为：“自然人、法人或者其他组织在生产经营活动中，对其商品或者服务需要取得商标专用权的，应当向商标局申请商标注册。不以使用为目的的恶意商标注册申请，应当予以驳回。”

（二）将第十九条第三款修改为：“商标代理机构知道或者应当知道委托人申请注册的商标属于本法第四条、第十五条和第三十二条规定情形的，不得接受其委托。”

（三）将第三十三条修改为：“对初步审定公告的商标，自公告之日起三个月内，在先权利人、利害关系人认为违反本法第十三条第二款和第三款、第十五条、第十六条第一款、第三十条、第三十一条、第三十二条规定的，或者任何人认为违反本法第四条、第十条、第十一条、第十二条、第十九条第四款规定的，可以向商标局提出异议。公告期满无异议的，予以核准注册，发给商标注册证，并予公告。”

（四）将第四十四条第一款修改为：“已经注册的商标，违反本法第四条、第十条、第十一条、第十二条、第十九条第四款规定的，或者是以欺骗手段或者其他不正当手段取得注册的，由商标局宣告该注册商标无效；其他单位或者个人可以请求商标评审委员会宣告该注册商标无效。”

（五）将第六十三条第一款中的“一倍以上三倍以下”修改为“一倍以上五倍以下”；第三款中的“三百万元以下”修改为“五百万元以下”；增加两款分别作为第四款、第五款：“人民法院审理商标纠纷案件，应权利人请求，对属于假冒注册商标的商品，除特殊情况外，责令销毁；对主要用于制造假冒注册商标的商品的材料、工具，责令销毁，且不予补偿；或者在特殊情况下，责令禁止前述材料、工具进入商业渠道，且不予补偿。

“假冒注册商标的商品不得在仅去除假冒注册商标后进入商业渠道。”

（六）将第六十八条第一款第三项修改为：“（三）违反本法第四条、第十九条第三款和第四款规定的”；增加一款作为第四款：“对恶意申请商标注册的，根据情节给予警告、罚款等行政处罚；对恶意提起商标诉

讼的，由人民法院依法给予处罚。”

七、对《中华人民共和国反不正当竞争法》作出修改

（一）将第九条修改为：“经营者不得实施下列侵犯商业秘密的行为：

“（一）以盗窃、贿赂、欺诈、胁迫、电子侵入或者其他不正当手段获取权利人的商业秘密；

“（二）披露、使用或者允许他人使用以前项手段获取的权利人的商业秘密；

“（三）违反保密义务或者违反权利人有关保守商业秘密的要求，披露、使用或者允许他人使用其所掌握的商业秘密；

“（四）教唆、引诱、帮助他人违反保密义务或者违反权利人有关保守商业秘密的要求，获取、披露、使用或者允许他人使用权利人的商业秘密。

“经营者以外的其他自然人、法人和非法人组织实施前款所列违法行为的，视为侵犯商业秘密。

“第三人明知或者应知商业秘密权利人的员工、前员工或者其他单位、个人实施本条第一款所列违法行为，仍获取、披露、使用或者允许他人使用该商业秘密的，视为侵犯商业秘密。

“本法所称的商业秘密，是指不为公众所知悉、具有商业价值并经权利人采取相应保密措施的技术信息、经营信息等商业信息。”

（二）将第十七条修改为：“经营者违反本法规定，给他人造成损害的，应当依法承担民事责任。

“经营者的合法权益受到不正当竞争行为损害的，可以向人民法院提起诉讼。

“因不正当竞争行为受到损害的经营者的赔偿数额，按照其因被侵权所受到的实际损失确定；实际损失难以计算的，按照侵权人因侵权所获得的利益确定。经营者恶意实施侵犯商业秘密行为，情节严重的，可以在按照上述方法确定数额的一倍以上五倍以下确定赔偿数额。赔偿数额还应当包括经营者为制止侵权行为所支付的合理开支。

“经营者违反本法第六条、第九条规定，权利人因被侵权所受到的实际损失、侵权人因侵权所获得的利益难以确定的，由人民法院根据侵权行为的情节判决给予权利人五百万元以下的赔偿。”

（三）将第二十一条修改为：“经营者以及其他自然人、法人和非法人组织违反本法第九条规定侵犯商业秘密的，由监督检查部门责令停止违法行为，没收违法所得，处十万元以上一百万元以下的罚款；情节严重的，处五十万元以上五百万元以下的罚款。”

（四）增加一条，作为第三十二条：“在侵犯商业秘密的民事审判程序中，商业秘密权利人提供初步证据，证明其已经对所主张的商业秘密采取保密措施，且合理表明商业秘密被侵犯，涉嫌侵权人应当证明权利人所主张的商业秘密不属于本法规定的商业秘密。

“商业秘密权利人提供初步证据合理表明商业秘密被侵犯，且提供以下证据之一的，涉嫌侵权人应当证明其不存在侵犯商业秘密的行为：

“（一）有证据表明涉嫌侵权人有渠道或者机会获取商业秘密，且其使用的信息与该商业秘密实质上相同；

“（二）有证据表明商业秘密已经被涉嫌侵权人披露、使用或者有被披露、使用的风险；

“（三）有其他证据表明商业秘密被涉嫌侵权人侵犯。”

八、对《中华人民共和国行政许可法》作出修改

（一）将第五条修改为：“设定和实施行政许可，应当遵循公开、公平、公正、非歧视的原则。

“有关行政许可的规定应当公布；未经公布的，不得作为实施行政许可的依据。行政许可的实施和结果，除涉及国家秘密、商业秘密或者个人隐私的外，应当公开。未经申请人同意，行政机关及其工作人员、参与专家评审等的人员不得披露申请人提交的商业秘密、未披露信息或者保密商务信息，法律另有规定或者涉及国家安全、重大社会公共利益的除外；行政机关依法公开申请人前述信息的，允许申请人在合理期限内提出异议。

“符合法定条件、标准的，申请人有依法取得行政许可的平等权利，行政机关不得歧视任何人。”

（二）第三十一条增加一款，作为第二款：“行政机关及其工作人员不得以转让技术作为取得行政许可的条件；不得在实施行政许可的过程中，直接或者间接地要求转让技术。”

（三）将第七十二条修改为：“行政机关及其工作人员违反本法的规定，有下列情形之一的，由其上级行政机关或者监察机关责令改正；情节严重的，对直接负责的主管人员和其他直接责任人员依法给予行政处分：

“（一）对符合法定条件的行政许可申请不予受理的；

“（二）不在办公场所公示依法应当公示的材料的；

“（三）在受理、审查、决定行政许可过程中，未向申请人、利害关系人履行法定告知义务的；

“（四）申请人提交的申请材料不齐全、不符合法定形式，不一次告知申请人必须补正的全部内容的；

“（五）违法披露申请人提交的商业秘密、未披露信息或者保密商务信息的；

“（六）以转让技术作为取得行政许可的条件，或者在实施行政许可的过程中直接或者间接地要求转让技术的；

“（七）未依法说明不受理行政许可申请或者不予行政许可的理由的；

“（八）依法应当举行听证而不举行听证的。”

《中华人民共和国商标法》的修改条款自 2019 年 11 月 1 日起施行，其他法律的修改条款自本决定公布之日起施行。

《中华人民共和国建筑法》《中华人民共和国消防法》《中华人民共和国电子签名法》《中华人民共和国城乡规划法》《中华人民共和国车船税法》《中华人民共和国商标法》《中华人民共和国反不正当竞争法》《中华人民共和国行政许可法》根据本决定作相应修改，重新公布。

中华人民共和国消防法

（中华人民共和国主席令　第六号）

（1998 年 4 月 29 日第九届全国人民代表大会常务委员会第二次会议通过　2008 年 10 月 28 日第十一届全国人民代表大会常务委员会第五次会议修订　根据 2019 年 4 月 23 日第十三届全国人民代表大会常务委员会第十次会议《关于修改〈中华人民共和国建筑法〉等八部法律的决定》修正）

第一章　总　　则

第一条　为了预防火灾和减少火灾危害，加强应急救援工作，保护人身、财产安全，维护公共安全，制定本法。

第二条　消防工作贯彻预防为主、防消结合的方针，按照政府统一领导、部门依法监管、单位全面负责、公民积极参与的原则，实行消防安全责任制，建立健全社会化的消防工作网络。

第三条　国务院领导全国的消防工作。地方各级人民政府负责本行政区域内的消防工作。

各级人民政府应当将消防工作纳入国民经济和社会发展计划，保障消防工作与经济社会发展相适应。

第四条　国务院应急管理部门对全国的消防工作实施监督管理。县级以上地方人民政府应急管理部门对本行政区域内的消防工作实施监督管理，并由本级人民政府消防救援机构负责实施。军事设施的消防工作，由其主管单位监督管理，消防救援机构协助；矿井地下部分、核电厂、海上石油天然气设施的消防工作，由其主管单位监督管理。

县级以上人民政府其他有关部门在各自的职责范围内，依照本法和其他相关法律、法规的规定做好消防工作。

法律、行政法规对森林、草原的消防工作另有规定的，从其规定。

第五条　任何单位和个人都有维护消防安全、保护消防设施、预防火灾、报告火警的义务。任何单位和成年人都有参加有组织的灭火工作的义务。

第六条　各级人民政府应当组织开展经常性的消防宣传教育，提高公民的消防安全意识。

机关、团体、企业、事业等单位，应当加强对本单位人员的消防宣传教育。

应急管理部门及消防救援机构应当加强消防法律、法规的宣传，并督促、指导、协助有关单位做好消防宣传教育工作。

教育、人力资源行政主管部门和学校、有关职业培训机构应当将消防知识纳入教育、教学、培训的内容。

新闻、广播、电视等有关单位，应当有针对性地面向社会进行消防宣传教育。

工会、共产主义青年团、妇女联合会等团体应当结合各自工作对象的特点，组织开展消防宣传教育。

村民委员会、居民委员会应当协助人民政府以及公安机关、应急管理等部门，加强消防宣传教育。

第七条 国家鼓励、支持消防科学研究和技术创新，推广使用先进的消防和应急救援技术、设备；鼓励、支持社会力量开展消防公益活动。

对在消防工作中有突出贡献的单位和个人，应当按照国家有关规定给予表彰和奖励。

第二章 火灾预防

第八条 地方各级人民政府应当将包括消防安全布局、消防站、消防供水、消防通信、消防车通道、消防装备等内容的消防规划纳入城乡规划，并负责组织实施。

城乡消防安全布局不符合消防安全要求的，应当调整、完善；公共消防设施、消防装备不足或者不适应实际需要的，应当增建、改建、配置或者进行技术改造。

第九条 建设工程的消防设计、施工必须符合国家工程建设消防技术标准。建设、设计、施工、工程监理等单位依法对建设工程的消防设计、施工质量负责。

第十条 对按照国家工程建设消防技术标准需要进行消防设计的建设工程，实行建设工程消防设计审查验收制度。

第十一条 国务院住房和城乡建设主管部门规定的特殊建设工程，建设单位应当将消防设计文件报送住房和城乡建设主管部门审查，住房和城乡建设主管部门依法对审查的结果负责。

前款规定以外的其他建设工程，建设单位申请领取施工许可证或者申请批准开工报告时应当提供满足施工需要的消防设计图纸及技术资料。

第十二条 特殊建设工程未经消防设计审查或者审查不合格的，建设单位、施工单位不得施工；其他建设工程，建设单位未提供满足施工需要的消防设计图纸及技术资料的，有关部门不得发放施工许可证或者批准开工报告。

第十三条 国务院住房和城乡建设主管部门规定应当申请消防验收的建设工程竣工，建设单位应当向住房和城乡建设主管部门申请消防验收。

前款规定以外的其他建设工程，建设单位在验收后应当报住房和城乡建设主管部门备案，住房和城乡建设主管部门应当进行抽查。

依法应当进行消防验收的建设工程，未经消防验收或者消防验收不合格的，禁止投入使用；其他建设工程经依法抽查不合格的，应当停止使用。

第十四条 建设工程消防设计审查、消防验收、备案和抽查的具体办法，由国务院住房和城乡建设主管部门规定。

第十五条 公众聚集场所在投入使用、营业前，建设单位或者使用单位应当向场所所在地的县级以上地方人民政府消防救援机构申请消防安全检查。

消防救援机构应当自受理申请之日起十个工作日内，根据消防技术标准和管理规定，对该场所进行消防安全检查。未经消防安全检查或者经检查不符合消防安全要求的，不得投入使用、营业。

第十六条 机关、团体、企业、事业等单位应当履行下列消防安全职责：

（一）落实消防安全责任制，制定本单位的消防安全制度、消防安全操作规程，制定灭火和应急疏散预案；

（二）按照国家标准、行业标准配置消防设施、器材，设置消防安全标志，并定期组织检验、维修，确保完好有效；

（三）对建筑消防设施每年至少进行一次全面检测，确保完好有效，检测记录应当完整准确，存档备查；

（四）保障疏散通道、安全出口、消防车通道畅通，保证防火防烟分区、防火间距符合消防技术标准；

（五）组织防火检查，及时消除火灾隐患；

（六）组织进行有针对性的消防演练；

（七）法律、法规规定的其他消防安全职责。

单位的主要负责人是本单位的消防安全责任人。

第十七条 县级以上地方人民政府消防救援机构应当将发生火灾可能性较大以及发生火灾可能造成重大的人身伤亡或者财产损失的单位，确定为本行政区域内的消防安全重点单位，并由应急管理部门报本级人民政府备案。

消防安全重点单位除应当履行本法第十六条规定的职责外，还应当履行下列消防安全职责：

（一）确定消防安全管理人，组织实施本单位的消防安全管理工作；

（二）建立消防档案，确定消防安全重点部位，设置防火标志，实行严格管理；

（三）实行每日防火巡查，并建立巡查记录；

（四）对职工进行岗前消防安全培训，定期组织消防安全培训和消防演练。

第十八条 同一建筑物由两个以上单位管理或者使用的，应当明确各方的消防安全责任，并确定责任人对共用的疏散通道、安全出口、建筑消防设施和消防车通道进行统一管理。

住宅区的物业服务企业应当对管理区域内的共用消防设施进行维护管理，提供消防安全防范服务。

第十九条 生产、储存、经营易燃易爆危险品的场所不得与居住场所设置在同一建筑物内，并应当与居住场所保持安全距离。

生产、储存、经营其他物品的场所与居住场所设置在同一建筑物内的，应当符合国家工程建设消防技术标准。

第二十条 举办大型群众性活动，承办人应当依法向公安机关申请安全许可，制定灭火和应急疏散预案并组织演练，明确消防安全责任分工，确定消防安全管理人员，保持消防设施和消防器材配置齐全、完好有效，保证疏散通道、安全出口、疏散指示标志、应急照明和消防车通道符合消防技术标准和管理规定。

第二十一条 禁止在具有火灾、爆炸危险的场所吸烟、使用明火。因施工等特殊情况需要使用明火作业的，应当按照规定事先办理审批手续，采取相应的消防安全措施；作业人员应当遵守消防安全规定。

进行电焊、气焊等具有火灾危险作业的人员和自动消防系统的操作人员，必须持证上岗，并遵守消防安全操作规程。

第二十二条 生产、储存、装卸易燃易爆危险品的工厂、仓库和专用车站、码头的设置，应当符合消防技术标准。易燃易爆气体和液体的充装站、供应站、调压站，应当设置在符合消防安全要求的位置，并符合防火防爆要求。

已经设置的生产、储存、装卸易燃易爆危险品的工厂、仓库和专用车站、码头，易燃易爆气体和液体的充装站、供应站、调压站，不再符合前款规定的，地方人民政府应当组织、协调有关部门、单位限期解决，消除安全隐患。

第二十三条 生产、储存、运输、销售、使用、销毁易燃易爆危险品，必须执行消防技术标准和管理规定。

进入生产、储存易燃易爆危险品的场所，必须执行消防安全规定。禁止非法携带易燃易爆危险品进入公共场所或者乘坐公共交通工具。

储存可燃物资仓库的管理，必须执行消防技术标准和管理规定。

第二十四条 消防产品必须符合国家标准；没有国家标准的，必须符合行业标准。禁止生产、销售或者使用不合格的消防产品以及国家明令淘汰的消防产品。

依法实行强制性产品认证的消防产品，由具有法定资质的认证机构按照国家标准、行业标准的强制性要求认证合格后，方可生产、销售、使用。实行强制性产品认证的消防产品目录，由国务院产品质量监督部门会同国务院应急管理部门制定并公布。

新研制的尚未制定国家标准、行业标准的消防产品，应当按照国务院产品质量监督部门会同国务院应急管理部门规定的办法，经技术鉴定符合消防安全要求的，方可生产、销售、使用。

依照本条规定经强制性产品认证合格或者技术鉴定合格的消防产品，国务院应急管理部门应当予以公布。

第二十五条 产品质量监督部门、工商行政管理部门、消防救援机构应当按照各自职责加强对消防产品质量的监督检查。

第二十六条 建筑构件、建筑材料和室内装修、装饰材料的防火性能必须符合国家标准；没有国家标准的，必须符合行业标准。

人员密集场所室内装修、装饰，应当按照消防技术标准的要求，使用不燃、难燃材料。

第二十七条 电器产品、燃气用具的产品标准，应当符合消防安全的要求。

电器产品、燃气用具的安装、使用及其线路、管路的设计、敷设、维护保养、检测，必须符合消防技术标准和管理规定。

第二十八条 任何单位、个人不得损坏、挪用或者擅自拆除、停用消防设施、器材，不得埋压、圈占、遮挡消火栓或者占用防火间距，不得占用、堵塞、封闭疏散通道、安全出口、消防车通道。人员密集场所的门窗不得设置影响逃生和灭火救援的障碍物。

第二十九条 负责公共消防设施维护管理的单位，应当保持消防供水、消防通信、消防车通道等公共消防设施的完好有效。在修建道路以及停电、停水、截断通信线路时有可能影响消防队灭火救援的，有关单位必须事先通知当地消防救援机构。

第三十条 地方各级人民政府应当加强对农村消防工作的领导，采取措施加强公共消防设施建设，组织建立和督促落实消防安全责任制。

第三十一条 在农业收获季节、森林和草原防火期间、重大节假日期间以及火灾多发季节，地方各级人民政府应当组织开展有针对性的消防宣传教育，采取防火措施，进行消防安全检查。

第三十二条 乡镇人民政府、城市街道办事处应当指导、支持和帮助村民委员会、居民委员会开展群众性的消防工作。村民委员会、居民委员会应当确定消防安全管理人，组织制定防火安全公约，进行防火安全检查。

第三十三条 国家鼓励、引导公众聚集场所和生产、储存、运输、销售易燃易爆危险品的企业投保火灾公众责任保险；鼓励保险公司承保火灾公众责任保险。

第三十四条 消防产品质量认证、消防设施检测、消防安全监测等消防技术服务机构和执业人员，应当依法获得相应的资质、资格；依照法律、行政法规、国家标准、行业标准和执业准则，接受委托提供消防技术服务，并对服务质量负责。

第三章　消防组织

第三十五条　各级人民政府应当加强消防组织建设，根据经济社会发展的需要，建立多种形式的消防组织，加强消防技术人才培养，增强火灾预防、扑救和应急救援的能力。

第三十六条　县级以上地方人民政府应当按照国家规定建立国家综合性消防救援队、专职消防队，并按照国家标准配备消防装备，承担火灾扑救工作。

乡镇人民政府应当根据当地经济发展和消防工作的需要，建立专职消防队、志愿消防队，承担火灾扑救工作。

第三十七条　国家综合性消防救援队、专职消防队按照国家规定承担重大灾害事故和其他以抢救人员生命为主的应急救援工作。

第三十八条　国家综合性消防救援队、专职消防队应当充分发挥火灾扑救和应急救援专业力量的骨干作用；按照国家规定，组织实施专业技能训练，配备并维护保养装备器材，提高火灾扑救和应急救援的能力。

第三十九条　下列单位应当建立单位专职消防队，承担本单位的火灾扑救工作：

（一）大型核设施单位、大型发电厂、民用机场、主要港口；

（二）生产、储存易燃易爆危险品的大型企业；

（三）储备可燃的重要物资的大型仓库、基地；

（四）第一项、第二项、第三项规定以外的火灾危险性较大、距离国家综合性消防救援队较远的其他大型企业；

（五）距离国家综合性消防救援队较远、被列为全国重点文物保护单位的古建筑群的管理单位。

第四十条　专职消防队的建立，应当符合国家有关规定，并报当地消防救援机构验收。

专职消防队的队员依法享受社会保险和福利待遇。

第四十一条　机关、团体、企业、事业等单位以及村民委员会、居民委员会根据需要，建立志愿消防队等多种形式的消防组织，开展群众性自防自救工作。

第四十二条　消防救援机构应当对专职消防队、志愿消防队等消防组织进行业务指导；根据扑救火灾的需要，可以调动指挥专职消防队参加火灾扑救工作。

第四章　灭火救援

第四十三条　县级以上地方人民政府应当组织有关部门针对本行政区域内的火灾特点制定应急预案，建立应急反应和处置机制，为火灾扑救和应急救援工作提供人员、装备等保障。

第四十四条　任何人发现火灾都应当立即报警。任何单位、个人都应当无偿为报警提供便利，不得阻拦报警。严禁谎报火警。

人员密集场所发生火灾，该场所的现场工作人员应当立即组织、引导在场人员疏散。

任何单位发生火灾，必须立即组织力量扑救。邻近单位应当给予支援。

消防队接到火警，必须立即赶赴火灾现场，救助遇险人员，排除险情，扑灭火灾。

第四十五条　消防救援机构统一组织和指挥火灾现场扑救，应当优先保障遇险人员的生命安全。

火灾现场总指挥根据扑救火灾的需要，有权决定下列事项：

（一）使用各种水源；

（二）截断电力、可燃气体和可燃液体的输送，限制用火用电；

（三）划定警戒区，实行局部交通管制；

（四）利用临近建筑物和有关设施；

（五）为了抢救人员和重要物资，防止火势蔓延，拆除或者破损毗邻火灾现场的建筑物、构筑物或者设施等；

（六）调动供水、供电、供气、通信、医疗救护、交通运输、环境保护等有关单位协助灭火救援。

根据扑救火灾的紧急需要，有关地方人民政府应当组织人员、调集所需物资支援灭火。

第四十六条 国家综合性消防救援队、专职消防队参加火灾以外的其他重大灾害事故的应急救援工作，由县级以上人民政府统一领导。

第四十七条 消防车、消防艇前往执行火灾扑救或者应急救援任务，在确保安全的前提下，不受行驶速度、行驶路线、行驶方向和指挥信号的限制，其他车辆、船舶以及行人应当让行，不得穿插超越；收费公路、桥梁免收车辆通行费。交通管理指挥人员应当保证消防车、消防艇迅速通行。

赶赴火灾现场或者应急救援现场的消防人员和调集的消防装备、物资，需要铁路、水路或者航空运输的，有关单位应当优先运输。

第四十八条 消防车、消防艇以及消防器材、装备和设施，不得用于与消防和应急救援工作无关的事项。

第四十九条 国家综合性消防救援队、专职消防队扑救火灾、应急救援，不得收取任何费用。

单位专职消防队、志愿消防队参加扑救外单位火灾所损耗的燃料、灭火剂和器材、装备等，由火灾发生地的人民政府给予补偿。

第五十条 对因参加扑救火灾或者应急救援受伤、致残或者死亡的人员，按照国家有关规定给予医疗、抚恤。

第五十一条 消防救援机构有权根据需要封闭火灾现场，负责调查火灾原因，统计火灾损失。

火灾扑灭后，发生火灾的单位和相关人员应当按照消防救援机构的要求保护现场，接受事故调查，如实提供与火灾有关的情况。

消防救援机构根据火灾现场勘验、调查情况和有关的检验、鉴定意见，及时制作火灾事故认定书，作为处理火灾事故的证据。

第五章 监督检查

第五十二条 地方各级人民政府应当落实消防工作责任制，对本级人民政府有关部门履行消防安全职责的情况进行监督检查。

县级以上地方人民政府有关部门应当根据本系统的特点，有针对性地开展消防安全检查，及时督促整改火灾隐患。

第五十三条 消防救援机构应当对机关、团体、企业、事业等单位遵守消防法律、法规的情况依法进行监督检查。公安派出所可以负责日常消防监督检查、开展消防宣传教育，具体办法由国务院公安部门规定。

消防救援机构、公安派出所的工作人员进行消防监督检查，应当出示证件。

第五十四条 消防救援机构在消防监督检查中发现火灾隐患的，应当通知有关单位或者个人立即采取措施消除隐患；不及时消除隐患可能严重威胁公共安全的，消防救援机构应当依照规定对危险部位或者场所采取临时查封措施。

第五十五条 消防救援机构在消防监督检查中发现城乡消防安全布局、公共消防设施不符合消防安全要求，或者发现本地区存在影响公共安全的重大火灾隐患的，应当由应急管理部门书面报告本级人民政府。

接到报告的人民政府应当及时核实情况，组织或者责成有关部门、单位采取措施，予以整改。

第五十六条 住房和城乡建设主管部门、消防救援机构及其工作人员应当按照法定的职权和程序进行消防设计审查、消防验收、备案抽查和消防安全检查，做到公正、严格、文明、高效。

住房和城乡建设主管部门、消防救援机构及其工作人员进行消防设计审查、消防验收、备案抽查和消防安全检查等，不得收取费用，不得利用职务谋取利益；不得利用职务为用户、建设单位指定或者变相指定消防产品的品牌、销售单位或者消防技术服务机构、消防设施施工单位。

第五十七条 住房和城乡建设主管部门、消防救援机构及其工作人员执行职务，应当自觉接受社会和公民的监督。

任何单位和个人都有权对住房和城乡建设主管部门、消防救援机构及其工作人员在执法中的违法行为进行检举、控告。收到检举、控告的机关，应当按照职责及时查处。

第六章 法 律 责 任

第五十八条 违反本法规定，有下列行为之一的，由住房和城乡建设主管部门、消防救援机构按照各自职权责令停止施工、停止使用或者停产停业，并处三万元以上三十万元以下罚款：

（一）依法应当进行消防设计审查的建设工程，未经依法审查或者审查不合格，擅自施工的；

（二）依法应当进行消防验收的建设工程，未经消防验收或者消防验收不合格，擅自投入使用的；

（三）本法第十三条规定的其他建设工程验收后经依法抽查不合格，不停止使用的；

（四）公众聚集场所未经消防安全检查或者经检查不符合消防安全要求，擅自投入使用、营业的。

建设单位未依照本法规定在验收后报住房和城乡建设主管部门备案的，由住房和城乡建设主管部门责令改正，处五千元以下罚款。

第五十九条 违反本法规定，有下列行为之一的，由住房和城乡建设主管部门责令改正或者停止施工，并处一万元以上十万元以下罚款：

（一）建设单位要求建筑设计单位或者建筑施工企业降低消防技术标准设计、施工的；

（二）建筑设计单位不按照消防技术标准强制性要求进行消防设计的；

（三）建筑施工企业不按照消防设计文件和消防技术标准施工，降低消防施工质量的；

（四）工程监理单位与建设单位或者建筑施工企业串通，弄虚作假，降低消防施工质量的。

第六十条 单位违反本法规定，有下列行为之一的，责令改正，处五千元以上五万元以下罚款：

（一）消防设施、器材或者消防安全标志的配置、设置不符合国家标准、行业标准，或者未保持完好有效的；

（二）损坏、挪用或者擅自拆除、停用消防设施、器材的；

（三）占用、堵塞、封闭疏散通道、安全出口或者有其他妨碍安全疏散行为的；

（四）埋压、圈占、遮挡消火栓或者占用防火间距的；

（五）占用、堵塞、封闭消防车通道，妨碍消防车通行的；

（六）人员密集场所在门窗上设置影响逃生和灭火救援的障碍物的；

（七）对火灾隐患经消防救援机构通知后不及时采取措施消除的。

个人有前款第二项、第三项、第四项、第五项行为之一的，处警告或者五百元以下罚款。

有本条第一款第三项、第四项、第五项、第六项行为，经责令改正拒不改正的，强制执行，所需费用由违法行为人承担。

第六十一条 生产、储存、经营易燃易爆危险品的场所与居住场所设置在同一建筑物内，或者未与居住场所保持安全距离的，责令停产停业，并处五千元以上五万元以下罚款。

生产、储存、经营其他物品的场所与居住场所设置在同一建筑物内，不符合消防技术标准的，依照前款规定处罚。

第六十二条 有下列行为之一的，依照《中华人民共和国治安管理处罚法》的规定处罚：

（一）违反有关消防技术标准和管理规定生产、储存、运输、销售、使用、销毁易燃易爆危险品的；

（二）非法携带易燃易爆危险品进入公共场所或者乘坐公共交通工具的；

（三）谎报火警的；

（四）阻碍消防车、消防艇执行任务的；

（五）阻碍消防救援机构的工作人员依法执行职务的。

第六十三条 违反本法规定，有下列行为之一的，处警告或者五百元以下罚款；情节严重的，处五日以下拘留：

（一）违反消防安全规定进入生产、储存易燃易爆危险品场所的；

（二）违反规定使用明火作业或者在具有火灾、爆炸危险的场所吸烟、使用明火的。

第六十四条 违反本法规定，有下列行为之一，尚不构成犯罪的，处十日以上十五日以下拘留，可以并处五百元以下罚款；情节较轻的，处警告或者五百元以下罚款：

（一）指使或者强令他人违反消防安全规定，冒险作业的；

（二）过失引起火灾的；

（三）在火灾发生后阻拦报警，或者负有报告职责的人员不及时报警的；

（四）扰乱火灾现场秩序，或者拒不执行火灾现场指挥员指挥，影响灭火救援的；

（五）故意破坏或者伪造火灾现场的；

（六）擅自拆封或者使用被消防救援机构查封的场所、部位的。

第六十五条 违反本法规定，生产、销售不合格的消防产品或者国家明令淘汰的消防产品的，由产品质量监督部门或者工商行政管理部门依照《中华人民共和国产品质量法》的规定从重处罚。

人员密集场所使用不合格的消防产品或者国家明令淘汰的消防产品的，责令限期改正；逾期不改正的，处五千元以上五万元以下罚款，并对其直接负责的主管人员和其他直接责任人员处五百元以上二千元以下罚款；情节严重的，责令停产停业。

消防救援机构对于本条第二款规定的情形，除依法对使用者予以处罚外，应当将发现不合格的消防产品和国家明令淘汰的消防产品的情况通报产品质量监督部门、工商行政管理部门。产品质量监督部门、工商行政管理部门应当对生产者、销售者依法及时查处。

第六十六条 电器产品、燃气用具的安装、使用及其线路、管路的设计、敷设、维护保养、检测不符合消防技术标准和管理规定的，责令限期改正；逾期不改正的，责令停止使用，可以并处一千元以上五千元以下罚款。

第六十七条 机关、团体、企业、事业等单位违反本法第十六条、第十七条、第十八条、第二十一条第二款规定的，责令限期改正；逾期不改正的，对其直接负责的主管人员和其他直接责任人员依法给予处分或者给予警告处罚。

第六十八条 人员密集场所发生火灾，该场所的现场工作人员不履行组织、引导在场人员疏散的义务，情节严重，尚不构成犯罪的，处五日以上十日以下拘留。

第六十九条 消防产品质量认证、消防设施检测等消防技术服务机构出具虚假文件的，责令改正，处五万元以上十万元以下罚款，并对直接负责的主管人员和其他直接责任人员处一万元以上五万元以下罚款；有违法所得的，并处没收违法所得；给他人造成损失的，依法承担赔偿责任；情节严重的，由原许可机关依法责令停止执业或者吊销相应资质、资格。

前款规定的机构出具失实文件，给他人造成损失的，依法承担赔偿责任；造成重大损失的，由原许可机关依法责令停止执业或者吊销相应资质、资格。

第七十条 本法规定的行政处罚，除应当由公安机关依照《中华人民共和国治安管理处罚法》的有关规定决定的外，由住房和城乡建设主管部门、消防救援机构按照各自职权决定。

被责令停止施工、停止使用、停产停业的，应当在整改后向作出决定的部门或者机构报告，经检查合格，方可恢复施工、使用、生产、经营。

当事人逾期不执行停产停业、停止使用、停止施工决定的，由作出决定的部门或者机构强制执行。

责令停产停业，对经济和社会生活影响较大的，由住房和城乡建设主管部门或者应急管理部门报请本级人民政府依法决定。

第七十一条 住房和城乡建设主管部门、消防救援机构的工作人员滥用职权、玩忽职守、徇私舞弊，有下列行为之一，尚不构成犯罪的，依法给予处分：

（一）对不符合消防安全要求的消防设计文件、建设工程、场所准予审查合格、消防验收合格、消防安全检查合格的；

（二）无故拖延消防设计审查、消防验收、消防安全检查，不在法定期限内履行职责的；

（三）发现火灾隐患不及时通知有关单位或者个人整改的；

（四）利用职务为用户、建设单位指定或者变相指定消防产品的品牌、销售单位或者消防技术服务机构、消防设施施工单位的；

（五）将消防车、消防艇以及消防器材、装备和设施用于与消防和应急救援无关的事项的；

（六）其他滥用职权、玩忽职守、徇私舞弊的行为。

产品质量监督、工商行政管理等其他有关行政主管部门的工作人员在消防工作中滥用职权、玩忽职守、徇私舞弊，尚不构成犯罪的，依法给予处分。

第七十二条 违反本法规定，构成犯罪的，依法追究刑事责任。

第七章　附　　则

第七十三条 本法下列用语的含义：

（一）消防设施，是指火灾自动报警系统、自动灭火系统、消火栓系统、防烟排烟系统以及应急广播和应急照明、安全疏散设施等。

（二）消防产品，是指专门用于火灾预防、灭火救援和火灾防护、避难、逃生的产品。

（三）公众聚集场所，是指宾馆、饭店、商场、集贸市场、客运车站候车室、客运码头候船厅、民用机场航站楼、体育场馆、会堂以及公共娱乐场所等。

（四）人员密集场所，是指公众聚集场所，医院的门诊楼、病房楼，学校的教学楼、图书馆、食堂和集体宿舍，养老院，福利院，托儿所，幼儿园，公共图书馆的阅览室，公共展览馆、博物馆的展示厅，劳动密集型企业的生产加工车间和员工集体宿舍，旅游、宗教活动场所等。

第七十四条 本法自 2009 年 5 月 1 日起施行。

中共中央办公厅　国务院办公厅印发《关于促进中小企业健康发展的指导意见》

中小企业是国民经济和社会发展的生力军，是扩大就业、改善民生、促进创业创新的重要力量，在稳增长、促改革、调结构、惠民生、防风险中发挥着重要作用。党中央、国务院高度重视中小企业发展，在财税金融、营商环境、公共服务等方面出台一系列政策措施，取得积极成效。同时，随着国际国内市场环境变化，中小企业面临的生产成本上升、融资难融资贵、创新发展能力不足等问题日益突出，必须引起高度重视。为促进中小企业健康发展，现提出如下意见。

一、指导思想

以习近平新时代中国特色社会主义思想为指导，全面贯彻党的十九大和十九届二中、三中全会精神，坚持和完善我国社会主义基本经济制度，坚持“两个毫不动摇”，坚持稳中求进工作总基调，坚持新发展理念，以供给侧结构性改革为主线，以提高发展质量和效益为中心，按照竞争中性原则，打造公平便捷营商环境，进一步激发中小企业活力和发展动力。认真实施中小企业促进法，纾解中小企业困难，稳定和增强企业信心及预期，加大创新支持力度，提升中小企业专业化发展能力和大中小企业融通发展水平，促进中小企业健康发展。

二、营造良好发展环境

（一）进一步放宽市场准入。坚决破除各种不合理门槛和限制，在市场准入、审批许可、招标投标、军民融合发展等方面打造公平竞争环境，提供充足市场空间。不断缩减市场准入负面清单事项，推进“非禁即入”普遍落实，最大程度实现准入便利化。

（二）主动服务中小企业。进一步深化对中小企业的“放管服”改革。继续推进商事制度改革，推动企业注册登记、注销更加便利化。推进环评制度改革，落实环境影响登记表备案制，将项目环评审批时限压缩至法定时限的一半。落实好公平竞争审查制度，营造公平、开放、透明的市场环境，清理废除妨碍统一市场和公平竞争的各种规定和做法。主动服务企业，对企业发展中遇到的困难，要“一企一策”给予帮助。

（三）实行公平统一的市场监管制度。创新监管方式，寓监管于服务之中。避免在安监、环保等领域微观执法和金融机构去杠杆中对中小企业采取简单粗暴的处置措施。深入推进反垄断、反不正当竞争执法，保障中小企业公平参与市场竞争。坚决保护企业及其出资人的财产权和其他合法权益，任何单位和个人不得侵犯中小企业财产及其合法收益。严格禁止各种刁难限制中小企业发展的行为，对违反规定的问责追责。

三、破解融资难融资贵问题

（一）完善中小企业融资政策。进一步落实普惠金融定向降准政策。加大再贴现对小微企业支持力度，重点支持小微企业 500 万元及以下小额票据贴现。将支小再贷款政策适用范围扩大到符合条件的中小银行（含新型互联网银行）。将单户授信 1000 万元及以下的小微企业贷款纳入中期借贷便利的合格担保品范围。

（二）积极拓宽融资渠道。进一步完善债券发行机制，实施民营企业债券融资支持工具，采取出售信用风险缓释凭证、提供信用增进服务等多种方式，支持经营正常、面临暂时流动性紧张的民营企业合理债券融资需求。探索实施民营企业股权融资支持工具，鼓励设立市场化运作的专项基金开展民营企业兼并收购或财务投资。大力发展高收益债券、私募债、双创专项债务融资工具、创业投资基金类债券、创新创业企业专项债券等产品。研究促进中小企业依托应收账款、供应链金融、特许经营权等进行融资。完善知识产权质押融资风险分担补偿机制，发挥知识产权增信增贷作用。引导金融机构对小微企业发放中长期贷款，开发续贷产品。

（三）支持利用资本市场直接融资。加快中小企业首发上市进度，为主业突出、规范运作的中小企业上市提供便利。深化发行、交易、信息披露等改革，支持中小企业在新三板挂牌融资。推进创新创业公司债券试点，完善创新创业可转债转股机制。研究允许挂牌企业发行可转换公司债。落实创业投资基金股份减持比例与投资期限的反向挂钩制度，鼓励支持早期创新创业。鼓励地方知识产权运营基金等专业化基金服务中小企业创新发展。对存在股票质押风险的企业，要按照市场化、法治化原则研究制定相关过渡性机制，根据企业具体情况采取防范化解风险措施。

（四）减轻企业融资负担。鼓励金融机构扩大出口信用保险保单融资和出口退税账户质押融资，满足进出口企业金融服务需求。加快发挥国家融资担保基金作用，引导担保机构逐步取消反担保，降低担保费率。清理规范中小企业融资时强制要求办理的担保、保险、评估、公证等事项，减少融资过程中的附加费用，降低融资成本；相关费用无法减免的，由地方财政根据实际制定鼓励降低取费标准的奖补措施。

（五）建立分类监管考核机制。研究放宽小微企业贷款享受风险资本优惠权重的单户额度限制，进一步释放商业银行投放小微企业贷款的经济资本。修订金融企业绩效评价办法，适当放宽考核指标要求，激励金融机构加大对小微企业的信贷投入。指导银行业金融机构夯实对小微业务的内部激励传导机制，优化信贷资源配置、完善绩效考核方案、适当降低利润考核指标权重，安排专项激励费用；鼓励对小微业务推行内部资金转移价格优惠措施；细化小微企业贷款不良容忍度管理，完善授信尽职免责规定，加大对基层机构发放民营企业、小微企业贷款的激励力度，提高民营企业、小微企业信贷占比；提高信贷风险管控能力、落实规范服务收费政策。

四、完善财税支持政策

（一）改进财税对小微企业融资的支持。落实对小微企业融资担保降费奖补政策，中央财政安排奖补资金，引导地方支持扩大实体经济领域小微企业融资担保业务规模，降低融资担保成本。进一步降低创业担保贷款贴息的政策门槛，中央财政安排资金支持地方给予小微企业创业担保贷款贴息及奖补，同时推进相关统计监测和分析工作。落实金融机构单户授信 1000 万元及以下小微企业和个体工商户贷款利息收入免征增值税政策、贷款损失准备金所得税税前扣除政策。

（二）减轻中小企业税费负担。清理规范涉企收费，加快推进地方涉企行政事业性收费零收费。推进增值税等实质性减税，对小微企业、科技型初创企业实施普惠性税收减免。根据实际情况，降低社会保险费率，支持中小企业吸纳就业。

（三）完善政府采购支持中小企业的政策。各级政府要为中小企业开展政府采购项下融资业务提供便利，依法及时公开政府采购合同等信息。研究修订政府采购促进中小企业发展暂行办法，采取预算预留、消除门槛、评审优惠等手段，落实政府采购促进中小企业发展政策。在政府采购活动中，向专精特新中小企业倾斜。

（四）充分发挥各类基金的引导带动作用。推动国家中小企业发展基金走市场化、公司化和职业经理人的制度建设道路，使其支持种子期、初创期成长型中小企业发展，在促进中小企业转型升级、实现高质量发展中发挥更大作用。大力推进国家级新兴产业发展基金、军民融合产业投资基金的实施和运营，支持战略性新兴产业、军民融合产业领域优质企业融资。

五、提升创新发展能力

（一）完善创新创业环境。加强中央财政对中小企业技术创新的支持。通过国家科技计划加大对中小企业科技创新的支持力度，调整完善科技计划立项、任务部署和组织管理方式，大幅度提高中小企业承担研发任务的比例。鼓励大型企业向中小企业开放共享资源，围绕创新链、产业链打造大中小企业协同发展的创新网络。推动专业化众创空间提升服务能力，实现对创新创业的精准支持。健全科技资源开放共享机制，鼓励科研机构、高等学校搭建网络管理平台，建立高效对接机制，推动大型科研仪器和实验设施向中小企业开放。鼓励中小企业参与共建国家重大科研基础设施。中央财政安排资金支持一批国家级和省级开发区打造大中小企业融通型、专业资本集聚型、科技资源支撑型、高端人才引领型等特色载体。

（二）切实保护知识产权。运用互联网、大数据等手段，通过源头追溯、实时监测、在线识别等强化知识产权保护，加快建立侵权惩罚性赔偿制度，提高违法成本，保护中小企业创新研发成果。组织实施中小企业知识产权战略推进工程，开展专利导航，助推中小企业技术研发布局，推广知识产权辅导、预警、代理、托管等服务。

（三）引导中小企业专精特新发展。支持推动中小企业转型升级，聚焦主业，增强核心竞争力，不断提高发展质量和水平，走专精特新发展道路。研究制定专精特新评价体系，建立动态企业库。以专精特新中小企业为基础，在核心基础零部件（元器件）、关键基础材料、先进基础工艺和产业技术基础等领域，培育一批主营业务突出、竞争力强、成长性好的专精特新“小巨人”企业。实施大中小企业融通发展专项工程，打造一批融通发展典型示范和新模式。围绕要素汇集、能力开放、模式创新、区域合作等领域分别培育一批制造业双创平台试点示范项目，引领制造业融通发展迈上新台阶。

（四）为中小企业提供信息化服务。推进发展“互联网 + 中小企业”，鼓励大型企业及专业服务机构建设面向中小企业的云制造平台和云服务平台，发展适合中小企业智能制造需求的产品、解决方案和工具包，完善中小企业智能制造支撑服务体系。推动中小企业业务系统云化部署，引导有基础、有条件的中小企业推进生产线智能化改造，推动低成本、模块化的智能制造设备和系统在中小企业部署应用。大力推动降低中西部地区中小企业宽带专线接入资费水平。

六、改进服务保障工作

（一）完善公共服务体系。规范中介机构行为，提升会计、律师、资产评估、信息等各方面中介服务质量水平，优先为中小企业提供优质高效的信息咨询、创业辅导、技术支持、投资融资、知识产权、财会税务、法律咨询等服务。加强中小企业公共服务示范平台建设和培育。搭建跨部门的中小企业政策信息互联网发布平台，及时汇集涉及中小企业的法律法规、创新创业、财税金融、权益保护等各类政策和政府服务信息，实现中小企业政策信息一站式服务。建立完善对中小企业的统计调查、监测分析和定期发布制度。

（二）推动信用信息共享。进一步完善小微企业名录，积极推进银商合作。依托国家企业信用信息公示系统和小微企业名录，建立完善小微企业数据库。依托全国公共信用信息共享平台建设全国中小企业融资综合信用服务平台，开发“信易贷”，与商业银行共享注册登记、行政许可、行政处罚、“黑名单”以及纳税、社保、水电煤气、仓储物流等信息，改善银企信息不对称，提高信用状况良好中小企业的信用评分和贷款可得性。

（三）重视培育企业家队伍。继续做好中小企业经营管理领军人才培训，提升中小企业经营管理水平。健全宽容失败的有效保护机制，为企业家成长创造良好环境。完善人才待遇政策保障和分类评价制度。构建亲清政商关系，推动企业家参与制定涉企政策，充分听取企业家意见建议。树立优秀企业家典型，大力弘扬企业家精神。

（四）支持对外合作与交流。优化海关流程、简化办事手续，降低企业通关成本。深化双多边合作，加强在促进政策、贸易投资、科技创新等领域的中小企业交流与合作。支持有条件的地方建设中外中小企业合作区。鼓励中小企业服务机构、协会等探索在条件成熟的国家和地区设立“中小企业中心”。继续办好中国国际中小企业博览会，支持中小企业参加境内外展览展销活动。

七、强化组织领导和统筹协调

（一）加强支持和统筹指导。各级党委和政府要认真贯彻党中央、国务院关于支持中小企业发展的决策部署，积极采取有针对性的措施，在政策、融资、营商环境等方面主动帮助企业解决实际困难。各有关部门要加强对中小企业存在问题的调研，并按照分工要求抓紧出台解决办法，同时对好的经验予以积极推广。加强促进中小企业发展工作组织机构和工作机制建设，充分发挥组织领导、政策协调、指导督促作用，明确部门责任和分工，加强监督检查，推动政策落实。

（二）加强工作督导评估。国务院促进中小企业发展工作领导小组办公室要加强对促进中小企业健康发展工作的督导，委托第三方机构定期开展中小企业发展环境评估并向社会公布。各地方政府根据实际情况组织开展中小企业发展环境评估。

（三）营造良好舆论氛围。大力宣传促进中小企业发展的方针政策与法律法规，强调中小企业在国民经济和社会发展中的重要地位和作用，表彰中小企业发展和服务中小企业工作中涌现出的先进典型，让企业有更多获得感和荣誉感，形成有利于中小企业健康发展的良好社会舆论环境。

优化营商环境条例

（中华人民共和国国务院令第 722 号）

《优化营商环境条例》已经 2019 年 10 月 8 日国务院第 66 次常务会议通过，现予公布，自 2020 年 1 月 1 日起施行。

总　理　　李克强

2019 年 10 月 22 日

优化营商环境条例

第一章　总　　则

第一条　为了持续优化营商环境，不断解放和发展社会生产力，加快建设现代化经济体系，推动高质量发展，制定本条例。

第二条　本条例所称营商环境，是指企业等市场主体在市场经济活动中所涉及的体制机制性因素和条件。

第三条　国家持续深化简政放权、放管结合、优化服务改革，最大限度减少政府对市场资源的直接配置，最大限度减少政府对市场活动的直接干预，加强和规范事中事后监管，着力提升政务服务能力和水平，切实降低制度性交易成本，更大激发市场活力和社会创造力，增强发展动力。

各级人民政府及其部门应当坚持政务公开透明，以公开为常态、不公开为例外，全面推进决策、执行、管理、服务、结果公开。

第四条　优化营商环境应当坚持市场化、法治化、国际化原则，以市场主体需求为导向，以深刻转变政府职能为核心，创新体制机制、强化协同联动、完善法治保障，对标国际先进水平，为各类市场主体投资兴业营造稳定、公平、透明、可预期的良好环境。

第五条　国家加快建立统一开放、竞争有序的现代市场体系，依法促进各类生产要素自由流动，保障各类市场主体公平参与市场竞争。

第六条　国家鼓励、支持、引导非公有制经济发展，激发非公有制经济活力和创造力。

国家进一步扩大对外开放，积极促进外商投资，平等对待内资企业、外商投资企业等各类市场主体。

第七条 各级人民政府应当加强对优化营商环境工作的组织领导，完善优化营商环境的政策措施，建立健全统筹推进、督促落实优化营商环境工作的相关机制，及时协调、解决优化营商环境工作中的重大问题。

县级以上人民政府有关部门应当按照职责分工，做好优化营商环境的相关工作。县级以上地方人民政府根据实际情况，可以明确优化营商环境工作的主管部门。

国家鼓励和支持各地区、各部门结合实际情况，在法治框架内积极探索原创性、差异化的优化营商环境具体措施；对探索中出现失误或者偏差，符合规定条件的，可以予以免责或者减轻责任。

第八条 国家建立和完善以市场主体和社会公众满意度为导向的营商环境评价体系，发挥营商环境评价对优化营商环境的引领和督促作用。

开展营商环境评价，不得影响各地区、各部门正常工作，不得影响市场主体正常生产经营活动或者增加市场主体负担。

任何单位不得利用营商环境评价谋取利益。

第九条 市场主体应当遵守法律法规，恪守社会公德和商业道德，诚实守信、公平竞争，履行安全、质量、劳动者权益保护、消费者权益保护等方面的法定义务，在国际经贸活动中遵循国际通行规则。

第二章 市场主体保护

第十条 国家坚持权利平等、机会平等、规则平等，保障各种所有制经济平等受到法律保护。

第十一条 市场主体依法享有经营自主权。对依法应当由市场主体自主决策的各类事项，任何单位和个人不得干预。

第十二条 国家保障各类市场主体依法平等使用资金、技术、人力资源、土地使用权及其他自然资源等各类生产要素和公共服务资源。

各类市场主体依法平等适用国家支持发展的政策。政府及其有关部门在政府资金安排、土地供应、税费减免、资质许可、标准制定、项目申报、职称评定、人力资源政策等方面，应当依法平等对待各类市场主体，不得制定或者实施歧视性政策措施。

第十三条 招标投标和政府采购应当公开透明、公平公正，依法平等对待各类所有制和不同地区的市场主体，不得以不合理条件或者产品产地来源等进行限制或者排斥。

政府有关部门应当加强招标投标和政府采购监管，依法纠正和查处违法违规行为。

第十四条 国家依法保护市场主体的财产权和其他合法权益，保护企业经营者人身和财产安全。

严禁违反法定权限、条件、程序对市场主体的财产和企业经营者个人财产实施查封、冻结和扣押等行政强制措施；依法确需实施前述行政强制措施的，应当限定在所必需的范围内。

禁止在法律、法规规定之外要求市场主体提供财力、物力或者人力的摊派行为。市场主体有权拒绝任何形式的摊派。

第十五条 国家建立知识产权侵权惩罚性赔偿制度，推动建立知识产权快速协同保护机制，健全知识产权纠纷多元化解决机制和知识产权维权援助机制，加大对知识产权的保护力度。

国家持续深化商标注册、专利申请便利化改革，提高商标注册、专利申请审查效率。

第十六条 国家加大中小投资者权益保护力度，完善中小投资者权益保护机制，保障中小投资者的知情权、参与权，提升中小投资者维护合法权益的便利度。

第十七条 除法律、法规另有规定外，市场主体有权自主决定加入或者退出行业协会商会等社会组织，任何单位和个人不得干预。

除法律、法规另有规定外，任何单位和个人不得强制或者变相强制市场主体参加评比、达标、表彰、培训、考核、考试以及类似活动，不得借前述活动向市场主体收费或者变相收费。

第十八条 国家推动建立全国统一的市场主体维权服务平台，为市场主体提供高效、便捷的维权服务。

第三章 市场环境

第十九条 国家持续深化商事制度改革，统一企业登记业务规范，统一数据标准和平台服务接口，采用统一社会信用代码进行登记管理。

国家推进“证照分离”改革，持续精简涉企经营许可事项，依法采取直接取消审批、审批改为备案、实行告知承诺、优化审批服务等方式，对所有涉企经营许可事项进行分类管理，为企业取得营业执照后开展相关经营活动提供便利。除法律、行政法规规定的特定领域外，涉企经营许可事项不得作为企业登记的前置条件。

政府有关部门应当按照国家有关规定，简化企业从申请设立到具备一般性经营条件所需办理的手续。在国家规定的企业开办时限内，各地区应当确定并公开具体办理时间。

企业申请办理住所等相关变更登记的，有关部门应当依法及时办理，不得限制。除法律、法规、规章另有规定外，企业迁移后其持有的有效许可证件不再重复办理。

第二十条 国家持续放宽市场准入，并实行全国统一的市场准入负面清单制度。市场准入负面清单以外的领域，各类市场主体均可以依法平等进入。

各地区、各部门不得另行制定市场准入性质的负面清单。

第二十一条 政府有关部门应当加大反垄断和反不正当竞争执法力度，有效预防和制止市场经济活动中的垄断行为、不正当竞争行为以及滥用行政权力排除、限制竞争的行为，营造公平竞争的市场环境。

第二十二条 国家建立健全统一开放、竞争有序的人力资源市场体系，打破城乡、地区、行业分割和身份、性别等歧视，促进人力资源有序社会性流动和合理配置。

第二十三条 政府及其有关部门应当完善政策措施、强化创新服务，鼓励和支持市场主体拓展创新空间，持续推进产品、技术、商业模式、管理等创新，充分发挥市场主体在推动科技成果转化中的作用。

第二十四条 政府及其有关部门应当严格落实国家各项减税降费政策，及时研究解决政策落实中的具体问题，确保减税降费政策全面、及时惠及市场主体。

第二十五条 设立政府性基金、涉企行政事业性收费、涉企保证金，应当有法律、行政法规依据或者经国务院批准。对政府性基金、涉企行政事业性收费、涉企保证金以及实行政府定价的经营服务性收费，实行目录清单管理并向社会公开，目录清单之外的前述收费和保证金一律不得执行。推广以金融机构保函替代现金缴纳涉企保证金。

第二十六条 国家鼓励和支持金融机构加大对民营企业、中小企业的支持力度，降低民营企业、中小企业综合融资成本。

金融监督管理部门应当完善对商业银行等金融机构的监管考核和激励机制，鼓励、引导其增加对民营企业、中小企业的信贷投放，并合理增加中长期贷款和信用贷款支持，提高贷款审批效率。

商业银行等金融机构在授信中不得设置不合理条件，不得对民营企业、中小企业设置歧视性要求。商业银行等金融机构应当按照国家有关规定规范收费行为，不得违规向服务对象收取不合理费用。商业银行应当向社会公开开设企业账户的服务标准、资费标准和办理时限。

第二十七条 国家促进多层次资本市场规范健康发展，拓宽市场主体融资渠道，支持符合条件的民营企业、中小企业依法发行股票、债券以及其他融资工具，扩大直接融资规模。

第二十八条 供水、供电、供气、供热等公用企事业单位应当向社会公开服务标准、资费标准等信息，为市场主体提供安全、便捷、稳定和价格合理的服务，不得强迫市场主体接受不合理的服务条件，不得以任何名义收取不合理费用。各地区应当优化报装流程，在国家规定的报装办理时限内确定并公开具体办理时间。

政府有关部门应当加强对公用企事业单位运营的监督管理。

第二十九条 行业协会商会应当依照法律、法规和章程，加强行业自律，及时反映行业诉求，为市场主体提供信息咨询、宣传培训、市场拓展、权益保护、纠纷处理等方面的服务。

国家依法严格规范行业协会商会的收费、评比、认证等行为。

第三十条 国家加强社会信用体系建设，持续推进政务诚信、商务诚信、社会诚信和司法公信建设，提高全社会诚信意识和信用水平，维护信用信息安全，严格保护商业秘密和个人隐私。

第三十一条 地方各级人民政府及其有关部门应当履行向市场主体依法作出的政策承诺以及依法订立的各类合同，不得以行政区划调整、政府换届、机构或者职能调整以及相关责任人更替等为由违约毁约。因国家利益、社会公共利益需要改变政策承诺、合同约定的，应当依照法定权限和程序进行，并依法对市场主体因此受到的损失予以补偿。

第三十二条 国家机关、事业单位不得违约拖欠市场主体的货物、工程、服务等账款，大型企业不得利用优势地位拖欠中小企业账款。

县级以上人民政府及其有关部门应当加大对国家机关、事业单位拖欠市场主体账款的清理力度，并通过加强预算管理、严格责任追究等措施，建立防范和治理国家机关、事业单位拖欠市场主体账款的长效机制。

第三十三条 政府有关部门应当优化市场主体注销办理流程，精简申请材料、压缩办理时间、降低注销成本。对设立后未开展生产经营活动或者无债权债务的市场主体，可以按照简易程序办理注销。对有债权债务的市场主体，在债权债务依法解决后及时办理注销。

县级以上地方人民政府应当根据需要建立企业破产工作协调机制，协调解决企业破产过程中涉及的有关问题。

第四章　政 务 服 务

第三十四条 政府及其有关部门应当进一步增强服务意识，切实转变工作作风，为市场主体提供规范、便利、高效的政务服务。

第三十五条 政府及其有关部门应当推进政务服务标准化，按照减环节、减材料、减时限的要求，编制并向社会公开政务服务事项（包括行政权力事项和公共服务事项，下同）标准化工作流程和办事指南，细化量化政务服务标准，压缩自由裁量权，推进同一事项实行无差别受理、同标准办理。没有法律、法规、规章依据，不得增设政务服务事项的办理条件和环节。

第三十六条 政府及其有关部门办理政务服务事项，应当根据实际情况，推行当场办结、一次办结、限时办结等制度，实现集中办理、就近办理、网上办理、异地可办。需要市场主体补正有关材料、手续的，应当一次性告知需要补正的内容；需要进行现场踏勘、现场核查、技术审查、听证论证的，应当及时安排、限时办结。

法律、法规、规章以及国家有关规定对政务服务事项办理时限有规定的，应当在规定的时限内尽快办结；没有规定的，应当按照合理、高效的原则确定办理时限并按时办结。各地区可以在国家规定的政务服务事项办理时限内进一步压减时间，并应当向社会公开；超过办理时间的，办理单位应当公开说明理由。

地方各级人民政府已设立政务服务大厅的，本行政区域内各类政务服务事项一般应当进驻政务服务大厅统一办理。对政务服务大厅中部门分设的服务窗口，应当创造条件整合为综合窗口，提供一站式服务。

第三十七条 国家加快建设全国一体化在线政务服务平台（以下称一体化在线平台），推动政务服务事项在全国范围内实现“一网通办”。除法律、法规另有规定或者涉及国家秘密等情形外，政务服务事项应当按照国务院确定的步骤，纳入一体化在线平台办理。

国家依托一体化在线平台，推动政务信息系统整合，优化政务流程，促进政务服务跨地区、跨部门、跨层级数据共享和业务协同。政府及其有关部门应当按照国家有关规定，提供数据共享服务，及时将有关政务服务数据上传至一体化在线平台，加强共享数据使用全过程管理，确保共享数据安全。

国家建立电子证照共享服务系统，实现电子证照跨地区、跨部门共享和全国范围内互信互认。各地区、各部门应当加强电子证照的推广应用。

各地区、各部门应当推动政务服务大厅与政务服务平台全面对接融合。市场主体有权自主选择政务服务办理渠道，行政机关不得限定办理渠道。

第三十八条 政府及其有关部门应当通过政府网站、一体化在线平台，集中公布涉及市场主体的法律、法规、规章、行政规范性文件和各类政策措施，并通过多种途径和方式加强宣传解读。

第三十九条 国家严格控制新设行政许可。新设行政许可应当按照行政许可法和国务院的规定严格设定标准，并进行合法性、必要性和合理性审查论证。对通过事中事后监管或者市场机制能够解决以及行政许可法和国务院规定不得设立行政许可的事项，一律不得设立行政许可，严禁以备案、登记、注册、目录、规划、年检、年报、监制、认定、认证、审定以及其他任何形式变相设定或者实施行政许可。

法律、行政法规和国务院决定对相关管理事项已作出规定，但未采取行政许可管理方式的，地方不得就该事项设定行政许可。对相关管理事项尚未制定法律、行政法规的，地方可以依法就该事项设定行政许可。

第四十条 国家实行行政许可清单管理制度，适时调整行政许可清单并向社会公布，清单之外不得违法实施行政许可。

国家大力精简已有行政许可。对已取消的行政许可，行政机关不得继续实施或者变相实施，不得转由行业协会商会或者其他组织实施。

对实行行政许可管理的事项，行政机关应当通过整合实施、下放审批层级等多种方式，优化审批服务，提高审批效率，减轻市场主体负担。符合相关条件和要求的，可以按照有关规定采取告知承诺的方式办理。

第四十一条 县级以上地方人民政府应当深化投资审批制度改革，根据项目性质、投资规模等分类规范投资审批程序，精简审批要件，简化技术审查事项，强化项目决策与用地、规划等建设条件落实的协同，实行与相关审批在线并联办理。

第四十二条 设区的市级以上地方人民政府应当按照国家有关规定，优化工程建设项目（不包括特殊工程和交通、水利、能源等领域的重大工程）审批流程，推行并联审批、多图联审、联合竣工验收等方式，简化审批手续，提高审批效能。

在依法设立的开发区、新区和其他有条件的区域，按照国家有关规定推行区域评估，由设区的市级以上地方人民政府组织对一定区域内压覆重要矿产资源、地质灾害危险性等事项进行统一评估，不再对区域内的市场主体单独提出评估要求。区域评估的费用不得由市场主体承担。

第四十三条 作为办理行政审批条件的中介服务事项（以下称法定行政审批中介服务）应当有法律、法规或者国务院决定依据；没有依据的，不得作为办理行政审批的条件。中介服务机构应当明确办理法定行政审批中介服务的条件、流程、时限、收费标准，并向社会公开。

国家加快推进中介服务机构与行政机关脱钩。行政机关不得为市场主体指定或者变相指定中介服务机构；除法定行政审批中介服务外，不得强制或者变相强制市场主体接受中介服务。行政机关所属事业单位、主管的社会组织及其举办的企业不得开展与本机关所负责行政审批相关的中介服务，法律、行政法规另有规定的除外。

行政机关在行政审批过程中需要委托中介服务机构开展技术性服务的，应当通过竞争性方式选择中介服务机构，并自行承担服务费用，不得转嫁给市场主体承担。

第四十四条 证明事项应当有法律、法规或者国务院决定依据。

设定证明事项，应当坚持确有必要、从严控制的原则。对通过法定证照、法定文书、书面告知承诺、政府部门内部核查和部门间核查、网络核验、合同凭证等能够办理，能够被其他材料涵盖或者替代，以及开具单位无法调查核实的，不得设定证明事项。

政府有关部门应当公布证明事项清单，逐项列明设定依据、索要单位、开具单位、办理指南等。清单之外，政府部门、公用企事业单位和服务机构不得索要证明。各地区、各部门之间应当加强证明的互认共享，避免重复索要证明。

第四十五条 政府及其有关部门应当按照国家促进跨境贸易便利化的有关要求，依法削减进出口环节审批事项，取消不必要的监管要求，优化简化通关流程，提高通关效率，清理规范口岸收费，降低通关成本，推动口岸和国际贸易领域相关业务统一通过国际贸易“单一窗口”办理。

第四十六条 税务机关应当精简办税资料和流程，简并申报缴税次数，公开涉税事项办理时限，压减办税时间，加大推广使用电子发票的力度，逐步实现全程网上办税，持续优化纳税服务。

第四十七条 不动产登记机构应当按照国家有关规定，加强部门协作，实行不动产登记、交易和缴税一窗受理、并行办理，压缩办理时间，降低办理成本。在国家规定的不动产登记时限内，各地区应当确定并公开具体办理时间。

国家推动建立统一的动产和权利担保登记公示系统，逐步实现市场主体在一个平台上办理动产和权利担保登记。纳入统一登记公示系统的动产和权利范围另行规定。

第四十八条 政府及其有关部门应当按照构建亲清新型政商关系的要求，建立畅通有效的政企沟通机制，采取多种方式及时听取市场主体的反映和诉求，了解市场主体生产经营中遇到的困难和问题，并依法帮助其解决。

建立政企沟通机制，应当充分尊重市场主体意愿，增强针对性和有效性，不得干扰市场主体正常生产经营活动，不得增加市场主体负担。

第四十九条 政府及其有关部门应当建立便利、畅通的渠道，受理有关营商环境的投诉和举报。

第五十条 新闻媒体应当及时、准确宣传优化营商环境的措施和成效，为优化营商环境创造良好舆论氛围。

国家鼓励对营商环境进行舆论监督，但禁止捏造虚假信息或者歪曲事实进行不实报道。

第五章 监管执法

第五十一条 政府有关部门应当严格按照法律法规和职责，落实监管责任，明确监管对象和范围、厘清监管事权，依法对市场主体进行监管，实现监管全覆盖。

第五十二条 国家健全公开透明的监管规则和标准体系。国务院有关部门应当分领域制定全国统一、简明易行的监管规则和标准，并向社会公开。

第五十三条 政府及其有关部门应当按照国家关于加快构建以信用为基础的新型监管机制的要求，创新和完善信用监管，强化信用监管的支撑保障，加强信用监管的组织实施，不断提升信用监管效能。

第五十四条 国家推行“双随机、一公开”监管，除直接涉及公共安全和人民群众生命健康等特殊行业、重点领域外，市场监管领域的行政检查应当通过随机抽取检查对象、随机选派执法检查人员、抽查事项及查处结果及时向社会公开的方式进行。针对同一检查对象的多个检查事项，应当尽可能合并或者纳入跨部门联合抽查范围。

对直接涉及公共安全和人民群众生命健康等特殊行业、重点领域，依法依规实行全覆盖的重点监管，并严格规范重点监管的程序；对通过投诉举报、转办交办、数据监测等发现的问题，应当有针对性地进行检查并依法依规处理。

第五十五条 政府及其有关部门应当按照鼓励创新的原则，对新技术、新产业、新业态、新模式等实行包容审慎监管，针对其性质、特点分类制定和实行相应的监管规则和标准，留足发展空间，同时确保质量和安全，不得简单化予以禁止或者不予监管。

第五十六条 政府及其有关部门应当充分运用互联网、大数据等技术手段，依托国家统一建立的在线监管系统，加强监管信息归集共享和关联整合，推行以远程监管、移动监管、预警防控为特征的非现场监管，提升监管的精准化、智能化水平。

第五十七条 国家建立健全跨部门、跨区域行政执法联动响应和协作机制，实现违法线索互联、监管标准互通、处理结果互认。

国家统筹配置行政执法职能和执法资源，在相关领域推行综合行政执法，整合精简执法队伍，减少执法主体和执法层级，提高基层执法能力。

第五十八条 行政执法机关应当按照国家有关规定，全面落实行政执法公示、行政执法全过程记录和重大行政执法决定法制审核制度，实现行政执法信息及时准确公示、行政执法全过程留痕和可回溯管理、重大行政执法决定法制审核全覆盖。

第五十九条 行政执法中应当推广运用说服教育、劝导示范、行政指导等非强制性手段，依法慎重实施行政强制。采用非强制性手段能够达到行政管理目的的，不得实施行政强制；违法行为情节轻微或者社会危害较小的，可以不实施行政强制；确需实施行政强制的，应当尽可能减少对市场主体正常生产经营活动的影响。

开展清理整顿、专项整治等活动，应当严格依法进行，除涉及人民群众生命安全、发生重特大事故或者举办国家重大活动，并报经有权机关批准外，不得在相关区域采取要求相关行业、领域的市场主体普遍停产、停业的措施。

禁止将罚没收入与行政执法机关利益挂钩。

第六十条 国家健全行政执法自由裁量基准制度，合理确定裁量范围、种类和幅度，规范行政执法自由裁量权的行使。

第六章 法治保障

第六十一条 国家根据优化营商环境需要，依照法定权限和程序及时制定或者修改、废止有关法律、法规、规章、行政规范性文件。

优化营商环境的改革措施涉及调整实施现行法律、行政法规等有关规定的，依照法定程序经有权机关授权后，可以先行先试。

第六十二条 制定与市场主体生产经营活动密切相关的行政法规、规章、行政规范性文件，应当按照国务院的规定，充分听取市场主体、行业协会商会的意见。

除依法需要保密外，制定与市场主体生产经营活动密切相关的行政法规、规章、行政规范性文件，应当通过报纸、网络等向社会公开征求意见，并建立健全意见采纳情况反馈机制。向社会公开征求意见的期限一般不少于 30 日。

第六十三条 制定与市场主体生产经营活动密切相关的行政法规、规章、行政规范性文件，应当按照国务院的规定进行公平竞争审查。

制定涉及市场主体权利义务的行政规范性文件，应当按照国务院的规定进行合法性审核。

市场主体认为地方性法规同行政法规相抵触，或者认为规章同法律、行政法规相抵触的，可以向国务院书面提出审查建议，由有关机关按照规定程序处理。

第六十四条 没有法律、法规或者国务院决定和命令依据的，行政规范性文件不得减损市场主体合法权益或者增加其义务，不得设置市场准入和退出条件，不得干预市场主体正常生产经营活动。

涉及市场主体权利义务的行政规范性文件应当按照法定要求和程序予以公布，未经公布的不得作为行政管理依据。

第六十五条 制定与市场主体生产经营活动密切相关的行政法规、规章、行政规范性文件，应当结合实际，确定是否为市场主体留出必要的适应调整期。

政府及其有关部门应当统筹协调、合理把握规章、行政规范性文件等的出台节奏，全面评估政策效果，避免因政策叠加或者相互不协调对市场主体正常生产经营活动造成不利影响。

第六十六条 国家完善调解、仲裁、行政裁决、行政复议、诉讼等有机衔接、相互协调的多元化纠纷解决机制，为市场主体提供高效、便捷的纠纷解决途径。

第六十七条 国家加强法治宣传教育，落实国家机关普法责任制，提高国家工作人员依法履职能力，引导市场主体合法经营、依法维护自身合法权益，不断增强全社会的法治意识，为营造法治化营商环境提供基础性支撑。

第六十八条 政府及其有关部门应当整合律师、公证、司法鉴定、调解、仲裁等公共法律服务资源，加快推进公共法律服务体系建设，全面提升公共法律服务能力和水平，为优化营商环境提供全方位法律服务。

第六十九条 政府和有关部门及其工作人员有下列情形之一的，依法依规追究责任：

（一）违法干预应当由市场主体自主决策的事项；

（二）制定或者实施政策措施不依法平等对待各类市场主体；

（三）违反法定权限、条件、程序对市场主体的财产和企业经营者个人财产实施查封、冻结和扣押等行政强制措施；

（四）在法律、法规规定之外要求市场主体提供财力、物力或者人力；

（五）没有法律、法规依据，强制或者变相强制市场主体参加评比、达标、表彰、培训、考核、考试以及类似活动，或者借前述活动向市场主体收费或者变相收费；

（六）违法设立或者在目录清单之外执行政府性基金、涉企行政事业性收费、涉企保证金；

（七）不履行向市场主体依法作出的政策承诺以及依法订立的各类合同，或者违约拖欠市场主体的货物、工程、服务等账款；

（八）变相设定或者实施行政许可，继续实施或者变相实施已取消的行政许可，或者转由行业协会商会或者其他组织实施已取消的行政许可；

（九）为市场主体指定或者变相指定中介服务机构，或者违法强制市场主体接受中介服务；

（十）制定与市场主体生产经营活动密切相关的行政法规、规章、行政规范性文件时，不按照规定听取市场主体、行业协会商会的意见；

（十一）其他不履行优化营商环境职责或者损害营商环境的情形。

第七十条 公用企事业单位有下列情形之一的，由有关部门责令改正，依法追究法律责任：

（一）不向社会公开服务标准、资费标准、办理时限等信息；

（二）强迫市场主体接受不合理的服务条件；

（三）向市场主体收取不合理费用。

第七十一条 行业协会商会、中介服务机构有下列情形之一的，由有关部门责令改正，依法追究法律责任：

（一）违法开展收费、评比、认证等行为；

（二）违法干预市场主体加入或者退出行业协会商会等社会组织；

（三）没有法律、法规依据，强制或者变相强制市场主体参加评比、达标、表彰、培训、考核、考试以及类似活动，或者借前述活动向市场主体收费或者变相收费；

（四）不向社会公开办理法定行政审批中介服务的条件、流程、时限、收费标准；

（五）违法强制或者变相强制市场主体接受中介服务。

第七章 附 则

第七十二条 本条例自 2020 年 1 月 1 日起施行

国务院办公厅关于推进养老服务发展的意见

（国办发〔2019〕5号）

各省、自治区、直辖市人民政府，国务院各部委、各直属机构：

党中央、国务院高度重视养老服务，党的十八大以来，出台了加快发展养老服务业、全面放开养老服务市场等政策措施，养老服务体系建设取得显著成效。但总的看，养老服务市场活力尚未充分激发，发展不平衡不充分、有效供给不足、服务质量不高等问题依然存在，人民群众养老服务需求尚未有效满足。按照2019年政府工作报告对养老服务工作的部署，为打通“堵点”，消除“痛点”，破除发展障碍，健全市场机制，持续完善居家为基础、社区为依托、机构为补充、医养相结合的养老服务体系，建立健全高龄、失能老年人长期照护服务体系，强化信用为核心、质量为保障、放权与监管并重的服务管理体系，大力推动养老服务供给结构不断优化、社会有效投资明显扩大、养老服务质量持续改善、养老服务消费潜力充分释放，确保到2022年在保障人人享有基本养老服务的基础上，有效满足老年人多样化、多层次养老服务需求，老年人及其子女获得感、幸福感、安全感显著提高，经国务院同意，现提出以下意见。

一、深化放管服改革

（一）建立养老服务综合监管制度。制定“履职照单免责、失职照单问责”的责任清单，制定加强养老服务综合监管的相关政策文件，建立各司其职、各尽其责的跨部门协同监管机制，完善事中事后监管制度。健全“双随机、一公开”工作机制，加大对违规行为的查处惩戒力度，坚持最严谨的标准、最严格的监管、最严厉的处罚、最严肃的问责。市场监管部门要将企业登记基本信息共享至省级共享平台或省级部门间数据接口；民政部门要及时下载养老机构相关信息，加强指导和事中事后监管。加快推进养老服务领域社会信用体系建设，2019年6月底前，建立健全失信联合惩戒机制，对存在严重失信行为的养老服务机构（含养老机构、居家社区养老服务机构，以及经营范围和组织章程中包含养老服务内容的其他企业、事业单位和社会组织）及人员实施联合惩戒。养老服务机构行政许可、行政处罚、抽查检查结果等信息按经营性质分别通过全国信用信息共享平台、国家企业信用信息公示系统记于其名下并依法公示。（民政部、发展改革委、人民银行、市场监管总局按职责分工负责，地方各级人民政府负责）

（二）继续深化公办养老机构改革。充分发挥公办养老机构及公建民营养老机构兜底保障作用，在满足当前和今后一个时期特困人员集中供养需求的前提下，重点为经济困难失能（含失智，下同）老年人、计划生育特殊家庭老年人提供无偿或低收费托养服务。坚持公办养老机构公益属性，确定保障范围，其余床位允许向社会开放，研究制定收费指导标准，收益用于支持兜底保障对象的养老服务。探索具备条件的公办养老机构改制为国有养老服务企业。制定公建民营养老机构管理办法，细化评审标准和遴选规则，加强合同执行情况监管。公建民营养老机构运营方应定期向委托部门报告机构资产情况、运营情况，及时报告突发重大情

况。（民政部、发展改革委、财政部、中央编办、国资委、卫生健康委按职责分工负责，地方各级人民政府负责）

（三）解决养老机构消防审验问题。依照《建筑设计防火规范》，做好养老机构消防审批服务，提高审批效能。对依法申报消防设计审核、消防验收和消防备案的养老机构，主动提供消防技术咨询服务，依法尽快办理。各地要结合实际推行养老服务行业消防安全标准化管理，注重分类引导，明确养老机构建筑耐火等级、楼层设置和平面布置、防火分隔措施、安全疏散和避难设计、建筑消防设施、消防管理机构和人员、微型消防站建设等配置要求，推动养老机构落实消防安全主体责任，开展隐患自查自改，提升自我管理水平。农村敬老院及利用学校、厂房、商业场所等举办的符合消防安全要求的养老机构，因未办理不动产登记、土地规划等手续问题未能通过消防审验的，2019 年 12 月底前，由省级民政部门提请省级人民政府组织有关部门集中研究处置。具备消防安全技术条件的，由相关主管部门出具意见，享受相应扶持政策。（应急部、住房城乡建设部、自然资源部、民政部、市场监管总局按职责分工负责，地方各级人民政府负责）

（四）减轻养老服务税费负担。聚焦减税降费，养老服务机构符合现行政策规定条件的，可享受小微企业等财税优惠政策。研究非营利性养老服务机构企业所得税支持政策。对在社区提供日间照料、康复护理、助餐助行等服务的养老服务机构给予税费减免扶持政策。落实各项行政事业性收费减免政策，落实养老服务机构用电、用水、用气、用热享受居民价格政策，不得以土地、房屋性质等为理由拒绝执行相关价格政策。（财政部、税务总局、发展改革委、市场监管总局按职责分工负责，地方各级人民政府负责）

（五）提升政府投入精准化水平。民政部本级和地方各级政府用于社会福利事业的彩票公益金，要加大倾斜力度，到 2022 年要将不低于 55% 的资金用于支持发展养老服务。接收经济困难的高龄失能老年人的养老机构，不区分经营性质按上述老年人数量同等享受运营补贴，入住的上述老年人按规定享受养老服务补贴。将养老服务纳入政府购买服务指导性目录，全面梳理现行由财政支出安排的各类养老服务项目，以省为单位制定政府购买养老服务标准，重点购买生活照料、康复护理、机构运营、社会工作和人员培养等服务。（财政部、民政部、卫生健康委按职责分工负责，地方各级人民政府负责）

（六）支持养老机构规模化、连锁化发展。支持在养老服务领域着力打造一批具有影响力和竞争力的养老服务商标品牌，对养老服务商标品牌依法加强保护。对已经在其他地方取得营业执照的企业，不得要求其在本地开展经营活动时必须设立子公司。开展城企协同推进养老服务发展行动计划。非营利性养老机构可在其登记管理机关管辖区域内设立多个不具备法人资格的服务网点。（市场监管总局、知识产权局、民政部、发展改革委按职责分工负责，地方各级人民政府负责）

（七）做好养老服务领域信息公开和政策指引。建立养老服务监测分析与发展评价机制，完善养老服务统计分类标准，加强统计监测工作。2019 年 6 月底前，各省级人民政府公布本行政区域现行养老服务扶持政策措施清单、养老服务供需信息或投资指南。制定养老服务机构服务质量信息公开规范，公开养老服务项目清单、服务指南、服务标准等信息。集中清理废除在养老服务机构公建民营、养老设施招投标、政府购买养老服务中涉及地方保护、排斥营利性养老服务机构参与竞争等妨碍统一市场和公平竞争的各种规定和做法。（统计局、发展改革委、民政部、财政部、市场监管总局按职责分工负责，各省级人民政府负责）

二、拓宽养老服务投融资渠道

（八）推动解决养老服务机构融资问题。畅通货币信贷政策传导机制，综合运用多种工具，抓好支小再贷款等政策落实。对符合授信条件但暂时遇到经营困难的民办养老机构，要继续予以资金支持。切实解决养老服务机构融资过程中有关金融机构违规收取手续费、评估费、承诺费、资金管理费等问题，减少融资附加费用，降低融资成本。鼓励商业银行探索向产权明晰的民办养老机构发放资产（设施）抵押贷款和应收账款质押贷款。探索允许营利性养老机构以有偿取得的土地、设施等资产进行抵押融资。大力支持符合条件的市场化、规范化程度高的养老服务企业上市融资。支持商业保险机构举办养老服务机构或参与养老服务机构的建设和运营，适度拓宽保险资金投资建设养老项目资金来源。更好发挥创业担保贷款政策作用，对从事养老服务行业并符合条件的个人和小微企业给予贷款支持，鼓励金融机构参照贷款基础利率，结合风险分担情况，合理确定贷款利率水平。（人民银行、财政部、银保监会、证监会、自然资源部按职责分工负责）

（九）扩大养老服务产业相关企业债券发行规模。根据企业资金回流情况科学设计发行方案，支持合理灵活设置债券期限、选择权及还本付息方式，用于为老年人提供生活照料、康复护理等服务设施设备，以及开发康复辅助器具产品用品项目。鼓励企业发行可续期债券，用于养老机构等投资回收期较长的项目建设。对于项目建成后有稳定现金流的养老服务项目，允许以项目未来收益权为债券发行提供质押担保。允许以建设用地使用权抵押担保方式为债券提供增信。探索发行项目收益票据、项目收益债券支持养老服务产业项目的建设和经营。（发展改革委、人民银行、银保监会、证监会按职责分工负责）

（十）全面落实外资举办养老服务机构国民待遇。境外资本在内地通过公建民营、政府购买服务、政府和社会资本合作等方式参与发展养老服务，同等享受境内资本待遇。境外资本在内地设立的养老机构接收政府兜底保障对象的，同等享受运营补贴等优惠政策。将养老康复产品服务纳入中国国际进口博览会招展范围，探索设立养老、康复展区。（民政部、发展改革委、商务部按职责分工负责）

三、扩大养老服务就业创业

（十一）建立完善养老护理员职业技能等级认定和教育培训制度。2019 年 9 月底前，制定实施养老护理员职业技能标准。加强对养老服务机构负责人、管理人员的岗前培训及定期培训，使其掌握养老服务法律法规、政策和标准。按规定落实养老服务从业人员培训费补贴、职业技能鉴定补贴等政策。鼓励各类院校特别是职业院校（含技工学校）设置养老服务相关专业或开设相关课程，在普通高校开设健康服务与管理、中医养生学、中医康复学等相关专业。推进职业院校（含技工学校）养老服务实训基地建设。按规定落实学生资助政策。（人力资源社会保障部、教育部、财政部、民政部、市场监管总局按职责分工负责，地方各级人民政府负责）

（十二）大力推进养老服务业吸纳就业。结合政府购买基层公共管理和社会服务，在基层特别是街道（乡镇）、社区（村）开发一批为老服务岗位，优先吸纳就业困难人员、建档立卡贫困人口和高校毕业生就业。对养老服务机构招用就业困难人员，签订劳动合同并缴纳社会保险费的，按规定给予社会保险补贴。加强从事养老服务的建档立卡贫困人口职业技能培训和就业指导服务，引导其在养老服务机构就业，吸纳建档立卡贫困人口就业的养老服务机构按规定享受创业就业税收优惠、职业培训补贴等支持政策。对符合小微企业标准的养老服务机构新招用毕业年度高校毕业生，签订 1 年以上劳动合同并缴纳社会保险费的，按规定给予社会保险补贴。落实就业见习补贴政策，对见习期满留用率达到 50% 以上的见习单位，适当提高就业见习补贴标准。（人力资源社会保障部、教育部、财政部、民政部、扶贫办按职责分工负责，地方各级人民政府

负责）

（十三）建立养老服务褒扬机制。研究设立全国养老服务工作先进集体和先进个人评比达标表彰项目。组织开展国家养老护理员技能大赛，对获奖选手按规定授予“全国技术能手”荣誉称号，并晋升相应职业技能等级。开展养老护理员关爱活动，加强对养老护理员先进事迹与奉献精神的社会宣传，让养老护理员的劳动创造和社会价值在全社会得到尊重。（人力资源社会保障部、民政部、卫生健康委、广电总局按职责分工负责）

四、扩大养老服务消费

（十四）建立健全长期照护服务体系。研究建立长期照护服务项目、标准、质量评价等行业规范，完善居家、社区、机构相衔接的专业化长期照护服务体系。完善全国统一的老年人能力评估标准，通过政府购买服务等方式，统一开展老年人能力综合评估，考虑失能、失智、残疾等状况，评估结果作为领取老年人补贴、接受基本养老服务的依据。全面建立经济困难的高龄、失能老年人补贴制度，加强与残疾人两项补贴政策衔接。加快实施长期护理保险制度试点，推动形成符合国情的长期护理保险制度框架。鼓励发展商业性长期护理保险产品，为参保人提供个性化长期照护服务。（民政部、财政部、卫生健康委、市场监管总局、医保局、银保监会、中国残联按职责分工负责）

（十五）发展养老普惠金融。支持商业保险机构在地级以上城市开展老年人住房反向抵押养老保险业务，在房地产交易、抵押登记、公证等机构设立绿色通道，简化办事程序，提升服务效率。支持老年人投保意外伤害保险，鼓励保险公司合理设计产品，科学厘定费率。鼓励商业养老保险机构发展满足长期养老需求的养老保障管理业务。支持银行、信托等金融机构开发养老型理财产品、信托产品等养老金融产品，依法适当放宽对符合信贷条件的老年人申请贷款的年龄限制，提升老年人金融服务的可得性和满意度。扩大养老目标基金管理规模，稳妥推进养老目标证券投资基金注册，可以设置优惠的基金费率，通过差异化费率安排，鼓励投资人长期持有养老目标基金。养老目标基金应当采用成熟稳健的资产配置策略，控制基金下行风险，追求基金资产长期稳健增值。（银保监会、证监会、人民银行、住房城乡建设部、自然资源部按职责分工负责）

（十六）促进老年人消费增长。开展全国老年人产品用品创新设计大赛，制定老年人产品用品目录，建设产学研用协同的成果转化推广平台。出台老年人康复辅助器具配置、租赁、回收和融资租赁办法，推进在养老机构、城乡社区设立康复辅助器具配置服务（租赁）站点。开展系统的营养均衡配餐研究，开发适合老年人群营养健康需求的饮食产品，逐步改善老年人群饮食结构。（民政部、发展改革委、工业和信息化部、科技部、卫生健康委按职责分工负责）

（十七）加强老年人消费权益保护和养老服务领域非法集资整治工作。加大联合执法力度，组织开展对老年人产品和服务消费领域侵权行为的专项整治行动。严厉查处向老年人欺诈销售各类产品和服务的违法行为。广泛开展老年人识骗防骗宣传教育活动，提升老年人抵御欺诈销售的意识和能力。鼓励群众提供养老服务领域非法集资线索，对涉嫌非法集资行为及时调查核实、发布风险提示并依法稳妥处置。对养老机构为弥补设施建设资金不足，通过销售预付费性质“会员卡”等形式进行营销的，按照包容审慎监管原则，明确限制性条件，采取商业银行第三方存管方式确保资金管理使用安全。（市场监管总局、公安部、民政部、卫生健康委、人民银行、银保监会、广电总局按职责分工负责，地方各级人民政府负责）

五、促进养老服务高质量发展

（十八）提升医养结合服务能力。促进现有医疗卫生机构和养老机构合作，发挥互补优势，简化医养结合机构设立流程，实行“一个窗口”办理。对养老机构内设诊所、卫生所（室）、医务室、护理站，取消行政审批，实行备案管理。开展区域卫生规划时要为养老机构举办或内设医疗机构留出空间。医疗保障部门要根据养老机构举办和内设医疗机构特点，将符合条件的按规定纳入医保协议管理范围，完善协议管理规定，依法严格监管。具备法人资格的医疗机构可通过变更登记事项或经营范围开展养老服务。促进农村、社区的医养结合，推进基层医疗卫生机构和医务人员与老年人家庭建立签约服务关系，建立村医参与健康养老服务激励机制。有条件的地区可支持家庭医生出诊为老年人服务。鼓励医护人员到医养结合机构执业，并在职称评定等方面享受同等待遇。（卫生健康委、民政部、中央编办、医保局按职责分工负责）

（十九）推动居家、社区和机构养老融合发展。支持养老机构运营社区养老服务设施，上门为居家老年人提供服务。将失能老年人家庭成员照护培训纳入政府购买养老服务目录，组织养老机构、社会组织、社工机构、红十字会等开展养老照护、应急救护知识和技能培训。大力发展政府扶得起、村里办得起、农民用得上、服务可持续的农村幸福院等互助养老设施。探索“物业服务 + 养老服务”模式，支持物业服务企业开展老年供餐、定期巡访等形式多样的养老服务。打造“三社联动”机制，以社区为平台、养老服务类社会组织为载体、社会工作者为支撑，大力支持志愿养老服务，积极探索互助养老服务。大力培养养老志愿者队伍，加快建立志愿服务记录制度，积极探索“学生社区志愿服务计学分”、“时间银行”等做法，保护志愿者合法权益。（民政部、发展改革委、财政部、卫生健康委、住房城乡建设部、教育部、共青团中央、中国红十字会总会按职责分工负责）

（二十）持续开展养老院服务质量建设专项行动。继续大力推动质量隐患整治工作，对照问题清单逐一挂号销账，确保养老院全部整治过关。加快明确养老机构安全等标准和规范，制定确保养老机构基本服务质量安全的强制性国家标准，推行全国统一的养老服务等级评定与认证制度。健全养老机构食品安全监管机制。扩大养老服务综合责任保险覆盖范围，鼓励居家社区养老服务机构投保雇主责任险和养老责任险。（民政部、卫生健康委、应急部、市场监管总局、银保监会按职责分工负责）

（二十一）实施“互联网 + 养老”行动。持续推动智慧健康养老产业发展，拓展信息技术在养老领域的应用，制定智慧健康养老产品及服务推广目录，开展智慧健康养老应用试点示范。促进人工智能、物联网、云计算、大数据等新一代信息技术和智能硬件等产品在养老服务领域深度应用。在全国建设一批“智慧养老院”，推广物联网和远程智能安防监控技术，实现 24 小时安全自动值守，降低老年人意外风险，改善服务体验。运用互联网和生物识别技术，探索建立老年人补贴远程申报审核机制。加快建设国家养老服务管理信息系统，推进与户籍、医疗、社会保险、社会救助等信息资源对接。加强老年人身份、生物识别等信息安全保护。（工业和信息化部、民政部、发展改革委、卫生健康委按职责分工负责）

（二十二）完善老年人关爱服务体系。建立健全定期巡访独居、空巢、留守老年人工作机制，积极防范和及时发现意外风险。推广“养老服务顾问”模式，发挥供需对接、服务引导等作用。探索通过公开招投标方式，支持有资质的社会组织接受计划生育特殊家庭、孤寡、残疾等特殊老年人委托，依法代为办理入住养老机构、就医等事务。积极组织老年人开展有益身心健康的活动。重视珍惜老年人的知识、技能、经验和优良品德，发挥老年人的专长和作用，鼓励其在自愿和量力的情况下，从事传播文化和科技知识、参与科技开发和应用、兴办社会公益事业等社会活动。（民政部、卫生健康委、人力资源社会保障部按职责分工负责，

地方各级人民政府负责）

（二十三）大力发展老年教育。优先发展社区老年教育，建立健全“县（市、区）—乡镇（街道）—村（居委会）”三级社区老年教育办学网络，方便老年人就近学习。建立全国老年教育公共服务平台，鼓励各类教育机构通过多种形式举办或参与老年教育，推进老年教育资源、课程、师资共享，探索养教结合新模式，为社区、老年教育机构及养老服务机构等提供支持。积极探索部门、行业企业、高校所举办老年大学服务社会的途径和方法。（教育部、卫生健康委、中央组织部、民政部按职责分工负责）

六、促进养老服务基础设施建设

（二十四）实施特困人员供养服务设施（敬老院）改造提升工程。将补齐农村养老基础设施短板、提升特困人员供养服务设施（敬老院）建设标准纳入脱贫攻坚工作和乡村振兴战略。从 2019 年起实施特困人员供养服务设施（敬老院）改造提升工程，积极发挥政府投资引导作用，充分调动社会资源，利用政府和社会资本合作、公建民营等方式，支持特困人员供养服务设施（敬老院）建设、改造升级照护型床位，开辟失能老年人照护单元，确保有意愿入住的特困人员全部实现集中供养。逐步将特困人员供养服务设施（敬老院）转型为区域性养老服务中心。（民政部、发展改革委按职责分工负责，地方各级人民政府负责）

（二十五）实施民办养老机构消防安全达标工程。从 2019 年起，民政部本级和地方各级政府用于社会福利事业的彩票公益金，采取以奖代补等方式，引导和帮助存量民办养老机构按照国家工程建设消防技术标准配置消防设施、器材，针对重大火灾隐患进行整改。对因总建筑面积较小或受条件限制难以设置自动消防系统的建筑，加强物防、技防措施，在服务对象住宿、主要活动场所和康复医疗用房安装独立式感烟火灾探测报警器和局部应用自动喷水灭火系统，配备应急照明设备和灭火器。（财政部、民政部、应急部按职责分工负责）

（二十六）实施老年人居家适老化改造工程。2020 年底前，采取政府补贴等方式，对所有纳入特困供养、建档立卡范围的高龄、失能、残疾老年人家庭，按照《无障碍设计规范》实施适老化改造。有条件的地方可积极引导城乡老年人家庭进行适老化改造，根据老年人社会交往和日常生活需要，结合老旧小区改造等因地制宜实施。（民政部、住房城乡建设部、财政部、卫生健康委、扶贫办、中国残联按职责分工负责，地方各级人民政府负责）

（二十七）落实养老服务设施分区分级规划建设要求。2019 年在全国部署开展养老服务设施规划建设情况监督检查，重点清查整改规划未编制、新建住宅小区与配套养老服务设施“四同步”（同步规划、同步建设、同步验收、同步交付）未落实、社区养老服务设施未达标、已建成养老服务设施未移交或未有效利用等问题。完善“四同步”工作规则，明确民政部门在“四同步”中的职责，对已交付产权人的养老服务设施由民政部门履行监管职责，确保养老服务用途。对存在配套养老服务设施缓建、缩建、停建、不建和建而不交等问题的，在整改到位之前建设单位不得组织竣工验收。按照国家相关标准和规范，将社区居家养老服务设施建设纳入城乡社区配套用房建设范围。对于空置的公租房，可探索允许免费提供给社会力量，供其在社区为老年人开展日间照料、康复护理、助餐助行、老年教育等服务。市、县级政府要制定整合闲置设施改造为养老服务设施的政策措施；整合改造中需要办理不动产登记的，不动产登记机构要依法加快办理登记手续。推进国有企业所属培训中心和疗养机构改革，对具备条件的加快资源整合、集中运营，用于提供养老服务。凡利用建筑面积 1000 平方米以下的独栋建筑或者建筑物内的部分楼层改造为养老服务设施的，在符合国家相关标准的前提下，可不再要求出具近期动迁计划说明、临时改变建筑使用功能说明、环评审批文件或备案回执。对养老服务设施总量不足或规划滞后的，应在城市、镇总体规划编制或修改时予以完善，有条件的地级以上城市应当编制养老服务设施专项规划。（住房城乡建设部、自然资源部、生态环境部、民政部、国资委按职责分工负责，地方各级人民政府负责）

（二十八）完善养老服务设施供地政策。举办非营利性养老服务机构，可凭登记机关发给的社会服务机构登记证书和其他法定材料申请划拨供地，自然资源、民政部门要积极协调落实划拨用地政策。鼓励各地探索利用集体建设用地发展养老服务设施。存量商业服务用地等其他用地用于养老服务设施建设的，允许按照适老化设计要求调整户均面积、租赁期限、车位配比及消防审验等土地和规划要求。（自然资源部、住房城乡建设部、民政部按职责分工负责，地方各级人民政府负责）

国务院建立由民政部牵头的养老服务部际联席会议制度。各地、各有关部门要强化工作责任落实，健全党委领导、政府主导、部门负责、社会参与的养老服务工作机制，加强中央和地方工作衔接。主要负责同志要亲自过问，分管负责同志要抓好落实。将养老服务政策落实情况纳入政府年度绩效考核范围，对落实养老服务政策积极主动、养老服务体系建设成效明显的，在安排财政补助及有关基础设施建设资金、遴选相关试点项目方面给予倾斜支持，进行激励表彰。各地要充实、加强基层养老工作力量，强化区域养老服务资源统筹管理。

国务院办公厅
2019年3月29日

国务院办公厅
关于在制定行政法规规章行政规范性文件过程中充分听取企业和行业协会商会意见的通知

（国办发〔2019〕9号）

各省、自治区、直辖市人民政府，国务院各部委、各直属机构：

近年来，在制定与企业生产经营活动密切相关的行政法规、规章、行政规范性文件过程中，各地区、各部门通过扩大听取意见范围、拓宽听取意见渠道等方式，为企业和行业协会商会参与制度建设创造了条件，取得了积极成效，但听取意见对象覆盖面不广、代表性不足，征求意见事项针对性不强、程序不规范，意见采纳反馈机制不健全等问题还不同程度地存在，未能充分反映企业合理诉求、保障企业合法权益。为深入贯彻习近平新时代中国特色社会主义思想和党的十九大精神，推进政府职能转变和“放管服”改革，保障企业和行业协会商会在制度建设中的知情权、参与权、表达权和监督权，营造法治化、国际化、便利化的营商环境，经国务院同意，现就制定有关行政法规、规章、行政规范性文件过程中充分听取企业和行业协会商会意见通知如下：

一、科学合理选择听取意见对象。在制定有关行政法规、规章、行政规范性文件过程中，各地区、各部门要科学评估拟设立制度对各类企业、行业可能产生的影响及其程度、范围，对企业切身利益或者权利义务有重大影响的，要充分听取有代表性的企业和行业协会商会以及律师协会的意见。有关行政法规、规章、行政规范性文件对不同企业、行业影响存在较大差别的，要注重听取各类有代表性的企业和行业协会商会的意见，特别是民营企业、劳动密集型企业、中小企业等市场主体的意见，综合考虑不同规模企业、行业的发展诉求、承受能力等因素；涉及特定行业、产业的，要有针对性地听取相关行业协会商会的意见；涉及特定地域的，要充分考虑当地经济社会发展水平和产业布局特色，充分听取地方行业协会商会、律师协会的意见。听取企业意见时，要注重听取企业内部不同层级代表特别是职工代表的意见。

二、运用多种方式听取意见。行政法规、规章、行政规范性文件出台前，凡是与企业生产经营活动密切相关的，各地区、各部门都要通过多种方式听取企业和行业协会商会的意见，做好沟通协调，提高企业贯彻落实的积极性。除依法需要保密的外，要通过网络、报纸等媒体向社会公开征求意见，并有针对性地设计有利于企业和行业协会商会参与公开征求意见的各项工作机制；要在政府或者政府部门门户网站上搭建公开征求意见平台，积极探索与知名商业网站、影响力较大的行业协会商会的网站建立链接；要保证公开征求意见的期限，杜绝走形式、走过场。采取召开听证会、座谈会、论证会方式听取意见的，要提供制度设计的背景、目的、适用范围以及对相关人员或群体可能产生的影响等资料，引导企业和行业协会商会围绕主要问题和不同意见，进行充分有效的讨论。采取问卷调查、书面发函方式听取意见的，要围绕直接关系企业切身利益、各方面分歧较大的问题，科学设计问卷、调查提纲等，积极探索委托专业机构进行调查。采取实地走访方式听取意见的，要找准问题、开诚布公、平等交流，认真倾听企业和行业协会商会的意见，深入了解其诉求。对争议较大的事项，可以引入第三方评估，全面充分听取利益相关方的意见。

三、完善意见研究采纳反馈机制。各地区、各部门对企业和行业协会商会提出的意见，要认真分析研究，充分考虑其利益诉求以及该利益诉求对其他相关企业、行业的影响，吸收采纳合理的意见。采纳情况要积极运用政府或者政府部门门户网站、移动客户端、微信公众号、报刊等方式向社会公布，或者通过电话、短信、电子邮件、信函等多种方式向有关单位反馈。对相对集中的意见未予采纳的，要通过适当方式进行反馈和说明。

四、加强制度出台前后的联动协调。制定与企业生产经营活动密切相关的行政法规、规章、行政规范性文件，要结合实际设置合理的缓冲期，增强制度的可预期性，为企业执行制度留有一定的准备时间。要加强新出台规章的备案审查和行政规范性文件的合法性审核，维护法制统一，确保文件合法有效，为企业发展提供制度保障。制度出台后，要注重执行过程中的上下联动，坚持实事求是，避免执行中的简单化和“一刀切”，不能让市场主体无所适从。要注重制度实施效果监测，开展后评估工作，充分听取企业和行业协会商会对有关制度的实施效果评价和完善建议，将后评估结果作为有关制度立改废释的重要依据。

五、注重收集企业对制度建设的诉求信息。拟订行政法规、规章、行政规范性文件制定计划时，要主动及时了解企业所需、困难所在，注重征集企业和行业协会商会的意见，积极研究论证企业和行业发展急需的制度建设项目。要有效发挥人大代表建议、政协委员提案等的作用，充分利用网上政务平台、移动客户端、政务服务中心等线上线下载体，全面了解企业和行业协会商会在制度建设方面的相关诉求。探索在行业协会商会建立基层联系点等制度。加大对有关制度建设意见建议的收集整理力度，增强有关行政法规、规章、行政规范性文件的针对性、有效性、可操作性。

六、加强组织领导和监督检查。各地区、各部门要切实提高政治站位，坚持以人民为中心的发展思想，把在制度建设中充分听取企业和行业协会商会意见作为推进科学立法、民主立法、依法立法，加快建设法治政府，进一步优化营商环境的一项重要工作来抓。要加强组织领导，健全企业和行业协会商会参与制度建设工作机制，完善与企业的常态化联系，主动研究解决有关重大问题，多途径做好宣传工作，鼓励、支持、引导企业和行业协会商会积极有序参与制度建设。要加强综合协调和督促落实，广泛凝聚共识，形成工作合力，不断提高听取企业和行业协会商会意见的实效。要加强监督检查，建立健全行政法规、规章、行政规范性文件动态清理机制，加大规章备案审查和行政规范性文件合法性审核力度，对发现的问题及时纠正，对未按规定听取企业和行业协会商会意见的严格责任追究。

国务院办公厅
2019年3月1日

国务院办公厅
关于印发降低社会保险费率综合方案的通知

（国办发〔2019〕13号）

各省、自治区、直辖市人民政府，国务院各部委、各直属机构：

《降低社会保险费率综合方案》已经国务院同意，现印发给你们，请认真贯彻执行。降低社会保险费率，是减轻企业负担、优化营商环境、完善社会保险制度的重要举措。各地区各有关部门要以习近平新时代中国特色社会主义思想为指导，全面贯彻党的十九大和十九届二中、三中全会精神，坚持稳中求进工作总基调，坚持新发展理念，统筹考虑降低社会保险费率、完善社会保险制度、稳步推进社会保险费征收体制改革，密切协调配合，抓好工作落实，确保企业特别是小微企业社会保险缴费负担有实质性下降，确保职工各项社会保险待遇不受影响、按时足额支付。

国务院办公厅

2019年4月1日

降低社会保险费率综合方案

为贯彻落实党中央、国务院决策部署，降低社会保险（以下简称社保）费率，完善社保制度，稳步推进社保费征收体制改革，制定本方案。

一、降低养老保险单位缴费比例

自2019年5月1日起，降低城镇职工基本养老保险（包括企业和机关事业单位基本养老保险，以下简称养老保险）单位缴费比例。各省、自治区、直辖市及新疆生产建设兵团（以下统称省）养老保险单位缴费比例高于16%的，可降至16%；目前低于16%的，要研究提出过渡办法。各省具体调整或过渡方案于2019年4月15日前报人力资源社会保障部、财政部备案。

二、继续阶段性降低失业保险、工伤保险费率

自 2019 年 5 月 1 日起，实施失业保险总费率 1% 的省，延长阶段性降低失业保险费率的期限至 2020 年 4 月 30 日。自 2019 年 5 月 1 日起，延长阶段性降低工伤保险费率的期限至 2020 年 4 月 30 日，工伤保险基金累计结余可支付月数在 18 至 23 个月的统筹地区可以现行费率为基础下调 20%，累计结余可支付月数在 24 个月以上的统筹地区可以现行费率为基础下调 50%。

三、调整社保缴费基数政策

调整就业人员平均工资计算口径。各省应以本省城镇非私营单位就业人员平均工资和城镇私营单位就业人员平均工资加权计算的全口径城镇单位就业人员平均工资，核定社保个人缴费基数上下限，合理降低部分参保人员和企业的社保缴费基数。调整就业人员平均工资计算口径后，各省要制定基本养老金计发办法的过渡措施，确保退休人员待遇水平平稳衔接。

完善个体工商户和灵活就业人员缴费基数政策。个体工商户和灵活就业人员参加企业职工基本养老保险，可以在本省全口径城镇单位就业人员平均工资的 60% 至 300% 之间选择适当的缴费基数。

四、加快推进养老保险省级统筹

各省要结合降低养老保险单位缴费比例、调整社保缴费基数政策等措施，加快推进企业职工基本养老保险省级统筹，逐步统一养老保险参保缴费、单位及个人缴费基数核定办法等政策，2020 年底前实现企业职工基本养老保险基金省级统收统支。

五、提高养老保险基金中央调剂比例

加大企业职工基本养老保险基金中央调剂力度，2019 年基金中央调剂比例提高至 3.5%，进一步均衡各省之间养老保险基金负担，确保企业离退休人员基本养老金按时足额发放。

六、稳步推进社保费征收体制改革

企业职工基本养老保险和企业职工其他险种缴费，原则上暂按现行征收体制继续征收，稳定缴费方式，“成熟一省、移交一省”；机关事业单位社保费和城乡居民社保费征管职责如期划转。人力资源社会保障、税务、财政、医保部门要抓紧推进信息共享平台建设等各项工作，切实加强信息共享，确保征收工作有序衔接。妥善处理好企业历史欠费问题，在征收体制改革过程中不得自行对企业历史欠费进行集中清缴，不得采取任何增加小微企业实际缴费负担的做法，避免造成企业生产经营困难。同时，合理调整 2019 年社保基金收入预算。

七、建立工作协调机制

国务院建立工作协调机制，统筹协调降低社保费率和社保费征收体制改革相关工作。县级以上地方政府要建立由政府负责人牵头、人力资源社会保障、财政、税务、医保等部门参加的工作协调机制，统筹协调降低社保费率以及征收体制改革过渡期间的工作衔接，提出具体安排，确保各项工作顺利进行。

八、认真做好组织落实工作

各地区各有关部门要加强领导，精心组织实施。人力资源社会保障部、财政部、税务总局、国家医保局要加强指导和监督检查，及时研究解决工作中遇到的问题，确保各项政策措施落到实处。

国务院办公厅
关于印发职业技能提升行动方案
（2019—2021年）的通知

（国办发〔2019〕24号）

各省、自治区、直辖市人民政府，国务院各部委、各直属机构：

《职业技能提升行动方案（2019—2021年）》已经国务院同意，现印发给你们，请认真贯彻执行。

国务院办公厅

2019年5月18日

（此件公开发布）

职业技能提升行动方案
（2019—2021年）

为贯彻落实党中央、国务院决策部署，实施职业技能提升行动，制定以下方案。

一、总体要求和目标任务

（一）总体要求。以习近平新时代中国特色社会主义思想为指导，全面贯彻党的十九大和十九届二中、三中全会精神，把职业技能培训作为保持就业稳定、缓解结构性就业矛盾的关键举措，作为经济转型升级和高质量发展的重要支撑。坚持需求导向，服务经济社会发展，适应人民群众就业创业需要，大力推行终身职业技能培训制度，面向职工、就业重点群体、建档立卡贫困劳动力（以下简称贫困劳动力）等城乡各类劳动者，大规模开展职业技能培训，加快建设知识型、技能型、创新型劳动者大军。

（二）目标任务。2019 年至 2021 年，持续开展职业技能提升行动，提高培训针对性实效性，全面提升劳动者职业技能水平和就业创业能力。三年共开展各类补贴性职业技能培训 5000 万人次以上，其中 2019 年培训 1500 万人次以上；经过努力，到 2021 年底技能劳动者占就业人员总量的比例达到 25% 以上，高技能人才占技能劳动者的比例达到 30% 以上。

二、对职工等重点群体开展有针对性的职业技能培训

（三）大力开展企业职工技能提升和转岗转业培训。企业需制定职工培训计划，开展适应岗位需求和发展需要的技能培训，广泛组织岗前培训、在岗培训、脱产培训，开展岗位练兵、技能竞赛、在线学习等活动，大力开展高技能人才培训，组织实施高技能领军人才和产业紧缺人才境外培训。发挥行业、龙头企业和培训机构作用，引导帮助中小微企业开展职工培训。实施高危行业领域安全技能提升行动计划，化工、矿山等高危行业企业要组织从业人员和各类特种作业人员普遍开展安全技能培训，严格执行从业人员安全技能培训合格后上岗制度。支持帮助困难企业开展转岗转业培训。在全国各类企业全面推行企业新型学徒制、现代学徒制培训，三年培训 100 万新型学徒。推进产教融合、校企合作，实现学校培养与企业用人的有效衔接。鼓励企业与参训职工协商一致灵活调整工作时间，保障职工参训期间应有的工资福利待遇。

（四）对就业重点群体开展职业技能提升培训和创业培训。面向农村转移就业劳动者特别是新生代农民工、城乡未继续升学初高中毕业生（以下称“两后生”）等青年、下岗失业人员、退役军人、就业困难人员（含残疾人），持续实施农民工“春潮行动”、“求学圆梦行动”、新生代农民工职业技能提升计划和返乡创业培训计划以及劳动预备培训、就业技能培训、职业技能提升培训等专项培训，全面提升职业技能和就业创业能力。对有创业愿望的开展创业培训，加强创业培训项目开发、创业担保贷款、后续扶持等服务。围绕乡村振兴战略，实施新型职业农民培育工程和农村实用人才带头人素质提升计划，开展职业农民技能培训。

（五）加大贫困劳动力和贫困家庭子女技能扶贫工作力度。聚焦贫困地区特别是‘三区三州”等深度贫困地区，鼓励通过项目制购买服务等方式为贫困劳动力提供免费职业技能培训，并在培训期间按规定通过就业补助资金给予生活费（含交通费，下同）补贴，不断提高参训贫困人员占贫困劳动力比重。持续推进东西部扶贫协作框架下职业教育、职业技能培训帮扶和贫困村创业致富带头人培训。深入推进技能脱贫千校行动和深度贫困地区技能扶贫行动，对接受技工教育的贫困家庭学生，按规定落实中等职业教育国家助学金和免学费等政策；对子女接受技工教育的贫困家庭，按政策给予补助。

三、激发培训主体积极性，有效增加培训供给

（六）支持企业兴办职业技能培训。支持各类企业特别是规模以上企业或者吸纳就业人数较多的企业设立职工培训中心，鼓励企业与职业院校（含技工院校，下同）共建实训中心、教学工厂等，积极建设培育一批产教融合型企业。企业举办或参与举办职业院校的，各级政府可按规定根据毕业生就业人数或培训实训人数给予支持。支持企业设立高技能人才培训基地和技能大师工作室，企业可通过职工教育经费提供相应的资金支持，政府按规定通过就业补助资金给予补助。支持高危企业集中的地区建设安全生产和技能实训基地。

（七）推动职业院校扩大培训规模。支持职业院校开展补贴性培训，扩大面向职工、就业重点群体和贫困劳动力的培训规模。在院校启动“学历证书 + 若干职业技能等级证书”制度试点工作，按《国务院关于

印发国家职业教育改革实施方案的通知》（国发〔2019〕4号）规定执行。在核定职业院校绩效工资总量时，可向承担职业技能培训工作的单位倾斜。允许职业院校将一定比例的培训收入纳入学校公用经费，学校培训工作量可按一定比例折算成全日制学生培养工作量。职业院校在内部分配时，应向承担职业技能培训工作的一线教师倾斜，保障其合理待遇。

（八）鼓励支持社会培训和评价机构开展职业技能培训和评价工作。不断培育发展壮大社会培训和评价机构，支持培训和评价机构建立同业交流平台，促进行业发展，加强行业自律。民办职业培训和评价机构在政府购买服务、校企合作、实训基地建设等方面与公办同类机构享受同等待遇。

（九）创新培训内容。加强职业技能、通用职业素质和求职能力等综合性培训，将职业道德、职业规范、工匠精神、质量意识、法律意识和相关法律法规、安全环保和健康卫生、就业指导等内容贯穿职业技能培训全过程。坚持需求导向，围绕市场急需紧缺职业开展家政、养老服务、托幼、保安、电商、汽修、电工、妇女手工等就业技能培训；围绕促进创业开展经营管理、品牌建设、市场拓展、风险防控等创业指导培训；围绕经济社会发展开展先进制造业、战略性新兴产业、现代服务业以及循环农业、智慧农业、智能建筑、智慧城市建设等新产业培训；加大人工智能、云计算、大数据等新职业新技能培训力度。

（十）加强职业技能培训基础能力建设。有条件的地区可对企业、院校、培训机构的实训设施设备升级改造予以支持。支持建设产教融合实训基地和公共实训基地，加强职业训练院建设，积极推进职业技能培训资源共建共享。大力推广“工学一体化”、“职业培训包”、“互联网＋”等先进培训方式，鼓励建设互联网培训平台。加强师资建设，职业院校和培训机构实行专兼职教师制度，可按规定自主招聘企业技能人才任教。加快职业技能培训教材开发，规范管理，提高教材质量。完善培训统计工作，实施补贴性培训实名制信息管理，探索建立劳动者职业培训电子档案，实现培训评价信息与就业社保信息联通共享，提供培训就业一体化服务。

四、完善职业培训补贴政策，加强政府引导激励

（十一）落实职业培训补贴政策。对贫困家庭子女、贫困劳动力、“两后生”、农村转移就业劳动者、下岗失业人员和转岗职工、退役军人、残疾人开展免费职业技能培训行动，对高校毕业生和企业职工按规定给予职业培训补贴。对贫困劳动力、就业困难人员、零就业家庭成员、“两后生”中的农村学员和城市低保家庭学员，在培训期间按规定通过就业补助资金同时给予生活费补贴。符合条件的企业职工参加岗前培训、安全技能培训、转岗转业培训或初级工、中级工、高级工、技师、高级技师培训，按规定给予职业培训补贴或参保职工技能提升补贴。职工参加企业新型学徒制培训的，给予企业每人每年4000元以上的职业培训补贴，由企业自主用于学徒培训工作。企业、农民专业合作社和扶贫车间等各类生产经营主体吸纳贫困劳动力就业并开展以工代训，以及参保企业吸纳就业困难人员、零就业家庭成员就业并开展以工代训的，给予一定期限的职业培训补贴，最长不超过6个月。

（十二）支持地方调整完善职业培训补贴政策。符合条件的劳动者在户籍地、常住地、求职就业地参加培训后取得证书（职业资格证书、职业技能等级证书、专项职业能力证书、特种作业操作证书、培训合格证书等）的，按规定给予职业培训补贴，原则上每人每年可享受不超过3次，但同一职业同一等级不可重复享受。省级人力资源社会保障部门、财政部门可在规定的原则下结合实际调整享受职业培训补贴、生活费补贴人员范围和条件要求，可将确有培训需求、不具有按月领取养老金资格的人员纳入政策范围。市（地）以上

人力资源社会保障部门、财政部门可在规定的原则下结合实际确定职业培训补贴标准。县级以上政府可对有关部门各类培训资金和项目进行整合，解决资金渠道和使用管理分散问题。对企业开展培训或者培训机构开展项目制培训的，可先行拨付一定比例的培训补贴资金，具体比例由各省（区、市）根据实际情况确定。各地可对贫困劳动力、去产能失业人员、退役军人等群体开展项目制培训。

（十三）加大资金支持力度。地方各级政府要加大资金支持和筹集整合力度，将一定比例的就业补助资金、地方人才经费和行业产业发展经费中用于职业技能培训的资金，以及从失业保险基金结余中拿出的1000亿元，统筹用于职业技能提升行动。各地拟用于职业技能提升行动的失业保险基金结余在社会保障基金财政专户中单独建立“职业技能提升行动专账”，用于职工等人员职业技能培训，实行分账核算、专款专用，具体筹集办法由财政部、人力资源社会保障部另行制定。企业要按有关规定足额提取和使用职工教育经费，其中60%以上用于一线职工培训，可用于企业“师带徒”津贴补助。落实将企业职工教育经费税前扣除限额提高至工资薪金总额8%的税收政策。推动企业提取职工教育经费开展自主培训与享受政策开展补贴性培训的有机衔接，探索完善相关机制。有条件的地区可安排经费，对职业技能培训教材开发、师资培训、教学改革以及职业技能竞赛等基础工作给予支持，对培训组织动员工作进行奖补。

（十四）强化资金监督管理。要依法加强资金监管，定期向社会公开资金使用情况，加强监督检查和专项审计工作，加强廉政风险防控，保障资金安全和效益。对以虚假培训等套取、骗取资金的依法依纪严惩，对培训工作中出现的失误和问题要区分不同情况对待，保护工作落实层面干事担当的积极性。

五、加强组织领导，强化保障措施

（十五）强化地方政府工作职责。地方各级政府要把职业技能提升行动作为重要民生工程，切实承担主体责任。省级政府要建立职业技能提升行动工作协调机制，形成省级统筹、部门参与、市县实施的工作格局。各省（区、市）要抓紧制定实施方案，出台政策措施，明确任务目标，进行任务分解，建立工作情况季报、年报制度。市县级政府要制定具体贯彻落实措施。鼓励各地将财政补助资金与培训工作绩效挂钩，加大激励力度，促进扩大培训规模，提升培训质量和层次，确保职业技能提升行动有效开展。

（十六）健全工作机制。在国务院就业工作领导小组框架下，健全职业技能提升行动工作协调机制，充分发挥行业主管部门等各方作用，形成工作合力。人力资源社会保障部门承担政策制定、标准开发、资源整合、培训机构管理、质量监管等职责，制定年度工作计划，分解工作任务，抓好督促落实。发展改革部门要统筹推进职业技能培训基础能力建设。教育部门要组织职业院校承担职业技能培训任务。工业和信息化、住房城乡建设等部门要发挥行业主管部门作用，积极参与培训工作。财政部门要确保就业补助资金等及时足额拨付到位。农业农村部门负责职业农民培训。退役军人事务部门负责协调组织退役军人职业技能培训。应急管理、煤矿安监部门负责指导协调化工、矿山等高危行业领域安全技能培训和特种作业人员安全作业培训。国资监管部门要指导国企开展职业技能培训。其他有关部门和单位要共同做好职业技能培训工作。支持鼓励工会、共青团、妇联等群团组织以及行业协会参与职业技能培训工作。

（十七）提高培训管理服务水平。深化职业技能培训工作“放管服”改革。对补贴性职业技能培训实施目录清单管理，公布培训项目目录、培训和评价机构目录，方便劳动者按需选择。地方可采取公开招投标等方式购买培训服务和评价服务。探索实行信用支付等办法，优化培训补贴支付方式。建立培训补贴网上经办服务平台，有条件的地区可对项目制培训探索培训服务和补贴申领告知承诺制，简化流程，减少证明材料，提高服务效率。加强对培训机构和培训质量的监管，健全培训绩效评估体系，积极支持开展第三方评估。

（十八）推进职业技能培训与评价有机衔接。完善技能人才职业资格评价、职业技能等级认定、专项职业能力考核等多元化评价方式，动态调整职业资格目录，动态发布新职业信息，加快国家职业标准制定修订。建立职业技能等级认定制度，为劳动者提供便利的培训与评价服务。从事准入类职业的劳动者必须经培训合格后方可上岗。推动工程领域高技能人才与工程技术人才职业发展贯通。支持企业按规定自主开展职工职业技能等级评价工作，鼓励企业设立首席技师、特级技师等，提升技能人才职业发展空间。

（十九）加强政策解读和舆论宣传。各地区、各有关部门要加大政策宣传力度，提升政策公众知晓度，帮助企业、培训机构和劳动者熟悉了解、用足用好政策，共同促进职业技能培训工作开展。大力弘扬和培育工匠精神，落实提高技术工人待遇的政策措施，加强技能人才激励表彰工作，积极开展各类职业技能竞赛活动，营造技能成才良好环境。

国务院办公厅关于加快推进社会信用体系建设构建以信用为基础的新型监管机制的指导意见

（国办发〔2019〕35号）

各省、自治区、直辖市人民政府，国务院各部委、各直属机构：

为加强社会信用体系建设，深入推进“放管服”改革，进一步发挥信用在创新监管机制、提高监管能力和水平方面的基础性作用，更好激发市场主体活力，推动高质量发展，经国务院同意，现提出如下意见。

一、总体要求

以习近平新时代中国特色社会主义思想为指导，深入贯彻落实党的十九大和十九届二中、三中全会精神，按照依法依规、改革创新、协同共治的基本原则，以加强信用监管为着力点，创新监管理念、监管制度和监管方式，建立健全贯穿市场主体全生命周期，衔接事前、事中、事后全监管环节的新型监管机制，不断提升监管能力和水平，进一步规范市场秩序，优化营商环境，推动高质量发展。

二、创新事前环节信用监管

（一）建立健全信用承诺制度。在办理适用信用承诺制的行政许可事项时，申请人承诺符合审批条件并提交有关材料的，应予即时办理。申请人信用状况较好、部分申报材料不齐备但书面承诺在规定期限内提供的，应先行受理，加快办理进度。书面承诺履约情况记入信用记录，作为事中、事后监管的重要依据，对不履约的申请人，视情节实施惩戒。要加快梳理可开展信用承诺的行政许可事项，制定格式规范的信用承诺书，并依托各级信用门户网站向社会公开。鼓励市场主体主动向社会作出信用承诺。支持行业协会商会建立健全行业内信用承诺制度，加强行业自律。（各地区各部门按职责分别负责）

（二）探索开展经营者准入前诚信教育。充分利用各级各类政务服务窗口，广泛开展市场主体守法诚信教育。为市场主体办理注册、审批、备案等相关业务时，适时开展标准化、规范化、便捷化的法律知识和信用知识教育，提高经营者依法诚信经营意识。开展诚信教育不得收费，也不得作为市场准入的必要条件。（各地区各部门按职责分别负责）

（三）积极拓展信用报告应用。鼓励各类市场主体在生产经营活动中更广泛、主动地应用信用报告。在政府采购、招标投标、行政审批、市场准入、资质审核等事项中，充分发挥公共信用服务机构和第三方信用服务机构出具的信用报告作用。探索建立全国统一的信用报告标准，推动信用报告结果实现异地互认。（发展改革委、人民银行牵头，各地区各部门按职责分别负责）

三、加强事中环节信用监管

（四）全面建立市场主体信用记录。根据权责清单建立信用信息采集目录，在办理注册登记、资质审核、日常监管、公共服务等过程中，及时、准确、全面记录市场主体信用行为，特别是将失信记录建档留痕，做到可查可核可溯。（各地区各部门按职责分别负责）完善法人和非法人组织统一社会信用代码制度，以统一社会信用代码为标识，整合形成完整的市场主体信用记录，并通过“信用中国”网站、国家企业信用信息公示系统或中国政府网及相关部门门户网站等渠道依法依规向社会公开。完成 12315 市场监管投诉举报热线和信息化平台整合工作，大力开展消费投诉公示，促进经营者落实消费维权主体责任。（发展改革委、市场监管总局负责）

（五）建立健全信用信息自愿注册机制。鼓励市场主体在“信用中国”网站或其他渠道上自愿注册资质证照、市场经营、合同履约、社会公益等信用信息，并对信息真实性公开作出信用承诺，授权网站对相关信息进行整合、共享与应用。经验证的自愿注册信息可作为开展信用评价和生成信用报告的重要依据。（发展改革委牵头，各部门按职责分别负责）

（六）深入开展公共信用综合评价。全国信用信息共享平台要加强与相关部门的协同配合，依法依规整合各类信用信息，对市场主体开展全覆盖、标准化、公益性的公共信用综合评价，定期将评价结果推送至相关政府部门、金融机构、行业协会商会参考使用，并依照有关规定向社会公开。推动相关部门利用公共信用综合评价结果，结合部门行业管理数据，建立行业信用评价模型，为信用监管提供更精准的依据。（发展改革委牵头，各部门按职责分别负责）

（七）大力推进信用分级分类监管。在充分掌握信用信息、综合研判信用状况的基础上，以公共信用综合评价结果、行业信用评价结果等为依据，对监管对象进行分级分类，根据信用等级高低采取差异化的监管措施。“双随机、一公开”监管要与信用等级相结合，对信用较好、风险较低的市场主体，可合理降低抽查比例和频次，减少对正常生产经营的影响；对信用风险一般的市场主体，按常规比例和频次抽查；对违法失信、风险较高的市场主体，适当提高抽查比例和频次，依法依规实行严管和惩戒。（各地区各部门按职责分别负责）

四、完善事后环节信用监管

（八）健全失信联合惩戒对象认定机制。有关部门依据在事前、事中监管环节获取并认定的失信记录，依法依规建立健全失信联合惩戒对象名单制度。以相关司法裁判、行政处罚、行政强制等处理结果为依据，按程序将涉及性质恶劣、情节严重、社会危害较大的违法失信行为的市场主体纳入失信联合惩戒对象名单。加快完善相关管理办法，明确认定依据、标准、程序、异议申诉和退出机制。制定管理办法要充分征求社会公众意见，出台的标准及其具体认定程序以适当方式向社会公开。支持有关部门根据监管需要建立重点关注对象名单制度，对存在失信行为但严重程度尚未达到失信联合惩戒对象认定标准的市场主体，可实施与其失信程度相对应的严格监管措施。（各部门按职责分别负责）

（九）督促失信市场主体限期整改。失信市场主体应当在规定期限内认真整改，整改不到位的，按照“谁认定、谁约谈”的原则，由认定部门依法依规启动提示约谈或警示约谈程序，督促失信市场主体履行相关义务、消除不良影响。约谈记录记入失信市场主体信用记录，统一归集后纳入全国信用信息共享平台。大力推进重点领域失信问题专项治理，采取有力有效措施加快推进整改。（各部门按职责分别负责）

（十）深入开展失信联合惩戒。加快构建跨地区、跨行业、跨领域的失信联合惩戒机制，从根本上解决失信行为反复出现、易地出现的问题。依法依规建立联合惩戒措施清单，动态更新并向社会公开，形成行政性、市场性和行业性等惩戒措施多管齐下，社会力量广泛参与的失信联合惩戒大格局。重点实施惩戒力度大、监管效果好的失信惩戒措施，包括依法依规限制失信联合惩戒对象股票发行、招标投标、申请财政性资金项目、享受税收优惠等行政性惩戒措施，限制获得授信、乘坐飞机、乘坐高等级列车和席次等市场性惩戒措施，以及通报批评、公开谴责等行业性惩戒措施。（发展改革委牵头，各地区各部门按职责分别负责）

（十一）坚决依法依规实施市场和行业禁入措施。以食品药品、生态环境、工程质量、安全生产、养老托幼、城市运行安全等与人民群众生命财产安全直接相关的领域为重点，实施严格监管，加大惩戒力度。对拒不履行司法裁判或行政处罚决定、屡犯不改、造成重大损失的市场主体及其相关责任人，坚决依法依规在一定期限内实施市场和行业禁入措施，直至永远逐出市场。（发展改革委牵头，各地区各部门按职责分别负责）

（十二）依法追究违法失信责任。建立健全责任追究机制，对被列入失信联合惩戒对象名单的市场主体，依法依规对其法定代表人或主要负责人、实际控制人进行失信惩戒，并将相关失信行为记入其个人信用记录。机关事业单位、国有企业出现违法失信行为的，要通报上级主管单位和审计部门；工作人员出现违法失信行为的，要通报所在单位及相关纪检监察、组织人事部门。（各地区各部门按职责分别负责）

（十三）探索建立信用修复机制。失信市场主体在规定期限内纠正失信行为、消除不良影响的，可通过作出信用承诺、完成信用整改、通过信用核查、接受专题培训、提交信用报告、参加公益慈善活动等方式开展信用修复。修复完成后，各地区各部门要按程序及时停止公示其失信记录，终止实施联合惩戒措施。加快建立完善协同联动、一网通办机制，为失信市场主体提供高效便捷的信用修复服务。鼓励符合条件的第三方信用服务机构向失信市场主体提供信用报告、信用管理咨询等服务。（发展改革委牵头，各地区各部门按职责分别负责）

五、强化信用监管的支撑保障

（十四）着力提升信用监管信息化建设水平。充分发挥全国信用信息共享平台和国家“互联网 + 监管”系统信息归集共享作用，对政府部门信用信息做到“应归尽归”，推进地方信用信息平台、行业信用信息系统互联互通，畅通政企数据流通机制，形成全面覆盖各地区各部门、各类市场主体的信用信息“一张网”。依托全国信用信息共享平台和国家“互联网 + 监管”系统，将市场主体基础信息、执法监管和处置信息、失信联合惩戒信息等与相关部门业务系统按需共享，在信用监管等过程中加以应用，支撑形成数据同步、措施统一、标准一致的信用监管协同机制。（发展改革委、国务院办公厅牵头，各地区各部门按职责分别负责）

（十五）大力推进信用监管信息公开公示。在行政许可、行政处罚信息集中公示基础上，依托“信用中国”网站、中国政府网或其他渠道，进一步研究推动行政强制、行政确认、行政征收、行政给付、行政裁决、行政补偿、行政奖励和行政监督检查等其他行政行为信息 7 个工作日内上网公开，推动在司法裁判和执行活动中应当公开的失信被执行人、虚假诉讼失信人相关信息通过适当渠道公开，做到“应公开、尽公开”。（各地区各部门按职责分别负责）

（十六）充分发挥“互联网 +”、大数据对信用监管的支撑作用。依托国家“互联网 + 监管”等系统，有效整合公共信用信息、市场信用信息、投诉举报信息和互联网及第三方相关信息，充分运用大数据、人工智能等新一代信息技术，实现信用监管数据可比对、过程可追溯、问题可监测。鼓励各地区各部门结合实际，依法依规与大数据机构合作开发信用信息，及时动态掌握市场主体经营情况及其规律特征。充分利用国家“互联网 + 监管”等系统建立风险预判预警机制，及早发现防范苗头性和跨行业跨区域风险。运用大数据主动发现和识别违法违规线索，有效防范危害公共利益和群众生命财产安全的违法违规行为。鼓励通过物联网、视联网等非接触式监管方式提升执法监管效率，实现监管规范化、精准化、智能化，减少人为因素，实现公正监管，杜绝随意检查、多头监管等问题，实现“进一次门、查多项事”，减少对监管对象的扰动。（国务院办公厅、发展改革委、市场监管总局牵头，各部门按职责分别负责）

（十七）切实加大信用信息安全和市场主体权益保护力度。严肃查处违规泄露、篡改信用信息或利用信用信息谋私等行为。加强信用信息安全基础设施和安全防护能力建设。建立健全信用信息异议投诉制度，对市场主体提出异议的信息，信息提供和采集单位要尽快核实并反馈结果，经核实有误的信息要及时予以更正或撤销。因错误认定失信联合惩戒对象名单、错误采取失信联合惩戒措施损害市场主体合法权益的，有关部门和单位要积极采取措施消除不良影响。（各地区各部门按职责分别负责）

（十八）积极引导行业组织和信用服务机构协同监管。支持有关部门授权的行业协会商会协助开展行业信用建设和信用监管，鼓励行业协会商会建立会员信用记录，开展信用承诺、信用培训、诚信宣传、诚信倡议等，将诚信作为行规行约重要内容，引导本行业增强依法诚信经营意识。推动征信、信用评级、信用保险、信用担保、履约担保、信用管理咨询及培训等信用服务发展，切实发挥第三方信用服务机构在信用信息采集、加工、应用等方面的专业作用。鼓励相关部门与第三方信用服务机构在信用记录归集、信用信息共享、信用大数据分析、信用风险预警、失信案例核查、失信行为跟踪监测等方面开展合作。（发展改革委、民政部、人民银行按职责分别负责）

六、加强信用监管的组织实施

（十九）加强组织领导。各地区各部门要把构建以信用为基础的新型监管机制作为深入推进“放管服”改革的重要举措，摆在更加突出的位置，加强组织领导，细化责任分工，有力有序有效推动落实。完善信用监管的配套制度，并加强与其他“放管服”改革事项的衔接。负有市场监管、行业监管职责的部门要切实承担行业信用建设和信用监管的主体责任，充分发挥行业组织、第三方信用服务机构作用，为公众监督创造有利条件，整合形成全社会共同参与信用监管的强大合力。（发展改革委牵头，各地区各部门按职责分别负责）

（二十）开展试点示范。围绕信用承诺、信用修复、失信联合惩戒、信用大数据开发利用等重点工作，组织开展信用建设和信用监管试点示范。在各地区各部门探索创新的基础上，及时总结、提炼、交流开展信用建设和信用监管的好经验、好做法，在更大范围复制推广。（发展改革委牵头，各地区各部门按职责分别负责）

（二十一）加快建章立制。推动制定社会信用体系建设相关法律，加快研究出台公共信用信息管理条例、统一社会信用代码管理办法等法规。建立健全全国统一的信用监管规则和标准，及时出台相关地方性法规、政府规章或规范性文件，将信用监管中行之有效的做法上升为制度规范。抓紧制定开展信用监管急需的国家标准。（发展改革委、司法部牵头，各地区各部门按职责分别负责）

（二十二）做好宣传解读。各地区各部门要通过各种渠道和形式，深入细致向市场主体做好政策宣传解读工作，让经营者充分理解并积极配合以信用为基础的新型监管措施。加强对基层和一线监管人员的指导和培训。组织新闻媒体广泛报道，积极宣传信用监管措施及其成效，营造良好社会氛围。（发展改革委牵头，各地区各部门按职责分别负责）

国务院办公厅
2019年7月9日

住房和城乡建设部关于在城乡人居环境建设和整治中开展美好环境与幸福生活共同缔造活动的指导意见

建村〔2019〕19号

各省、自治区住房和城乡建设厅，直辖市规划和自然资源委（局）、住房和城乡建设（管）委，新疆生产建设兵团住房和城乡建设局：

为深入学习贯彻习近平新时代中国特色社会主义思想和党的十九大精神，顺应人民群众对美好环境与幸福生活的新期待，不断改善城乡人居环境，提升人民群众的获得感、幸福感、安全感，打造共建共治共享的社会治理格局，现就在城乡人居环境建设和整治中开展美好环境与幸福生活共同缔造活动（以下简称“共同缔造”活动）提出如下意见。

一、充分认识“共同缔造”活动的重大意义

党的十九大强调，坚持以人民为中心，必须坚持人民主体地位，践行全心全意为人民服务的根本宗旨，把党的群众路线贯彻到治国理政全部活动之中，把人民对美好生活的向往作为奋斗目标。随着新时代社会主要矛盾的转化，人民群众的美好生活需要日益广泛，不仅对物质文化生活提出了更高要求，对美好人居环境的要求也日益增长。当前我国城乡人居环境状况很不平衡，一些地区环境脏乱差问题仍然比较突出，人民群众对房前屋后的环境问题不太满意，与全面建成小康社会的要求还有差距。

近年来，福建、广东、辽宁、湖北、青海等省的部分市（县）陆续开展了“共同缔造”活动，基本做法是以城乡社区为基本单元，以改善群众身边、房前屋后人居环境的实事、小事为切入点，以建立和完善全覆盖的社区基层党组织为核心，以构建“纵向到底、横向到边、协商共治”的城乡治理体系、打造共建共治共享的社会治理格局为路径，发动群众“共谋、共建、共管、共评、共享”，最大限度地激发了人民群众的积极性、主动性、创造性，改善了人居环境，凝聚了社区共识，塑造了共同精神，提升了人民群众的获得感、幸福感、安全感。

各级住房和城乡建设主管部门要切实提高政治站位，增强责任感、使命感、紧迫感，顺应人民群众对美好环境与幸福生活的向往，以更大的决心、更明确的目标、更有力的举措补短板、强弱项，努力改善城乡人居环境，不断满足人民日益增长的美好生活需要，让发展成果更多更公平地惠及全体人民。

二、总体要求

（一）指导思想。以习近平新时代中国特色社会主义思想为指导，全面贯彻党的十九大和十九届二中、三中全会精神，坚持以人民为中心的发展思想，坚持新发展理念，以群众身边、房前屋后的人居环境建设和整治为切入点，广泛深入开展“共同缔造”活动，建设“整洁、舒适、安全、美丽”的城乡人居环境，打造共建共治共享的社会治理格局，使人民获得感、幸福感、安全感更加具体、更加充实、更可持续。

（二）基本原则

——坚持社区为基础。把城乡社区作为人居环境建设和整治基本空间单元，着力完善社区配套基础设施和公共服务设施，打造宜居的社区空间环境，营造持久稳定的社区归属感、认同感，增强社区凝聚力。

——坚持群众为主体。践行“一切为了群众、一切依靠群众，从群众中来、到群众中去”的群众路线，注重发挥群众的首创精神，尊重群众意愿，从群众关心的事情做起，从让群众满意的事情做起，激发群众参与，凝聚群众共识。

——坚持共建共治共享。通过决策共谋、发展共建、建设共管、效果共评、成果共享，推进人居环境建设和整治由政府为主向社会多方参与转变，打造新时代共建共治共享的社会治理新格局。

（三）工作目标。到 2020 年，城乡社区人居环境得到明显改善，人民群众的获得感、幸福感、安全感显著增强。到 2022 年，基本实现城乡社区人居环境“整洁、舒适、安全、美丽”目标，初步建立“共同缔造”的长效机制。

三、在城乡人居环境建设和整治中精心组织开展“共同缔造”活动

（四）因地制宜确定实施载体。以城市社区和农村自然村为基本空间单元，充分发挥社区居民的主体作用，根据不同类型社区人居环境中存在的突出问题，因地制宜确定人居环境建设和整治的重点。在城市社区，可在正在开展的老旧小区改造、生活垃圾分类等工作的基础上，解决改善小区绿化和道路环境、房前屋后环境整治、增加公共活动空间、完善配套基础设施和公共服务设施、老旧小区加装电梯和增加停车设施、建筑节能改造等问题。在农村自然村，可结合正在推进的农村人居环境整治工作，从危房改造、改水、改厨、改厕、改圈、美化村容村貌等房前屋后的实事、小事做起。

（五）决策共谋。充分利用现代信息技术，拓宽政府与社区居民交流的渠道，搭建社区居民沟通平台。通过座谈走访、入户调研、工作坊等方式，了解居民需求，发动群众广泛参与。开展多种形式的基层协商，充分发挥社区居民的主体作用，共同确定社区需要解决的人居环境突出问题，共同研究解决方案，激发社区居民参与人居环境建设和整治工作的热情，使社区居民从“要我干”转变为“我要干”，使基层政府和相关部门从传统的决策者、包办者转变为引导者、辅导者和激励者。

（六）发展共建。充分激发社区居民的“主人翁”意识，发动社区居民积极投工投劳整治房前屋后的环境，主动参与老旧小区改造、生活垃圾分类、农村人居环境整治及公共空间的建设和改造，主动配合配套基础设施和公共服务设施建设，珍惜用心用力共建的劳动成果，持续保持社区美好环境。组织协调各方面力量共同参与人居环境建设和整治工作，鼓励党政机关、群团组织、社会组织、社区志愿者队伍、驻区企事业单位、专业社工机构提供人力、物力、智力和财力支持，大力推动规划师、建筑师、工程师进社区，组织在职党员开展共产党员社区奉献日、在职党员义务服务周等活动，共同为人居环境建设贡献力量。

（七）建设共管。鼓励社区居民针对社区环境卫生、公共空间管理、停车管理、生活垃圾分类等内容，通过社区居（村）委会或居民自治组织，共同商议拟订居民公约并监督执行，加强对人居环境建设和整治成果的管理。建立健全绿地认领、公共空间认领、公共设施等维护认领的“爱心积分机制”及志愿者积分机制，以积分评比奖励的形式，激励社区居民、企业、社会组织积极参与人居环境建设成果的维护管理。

（八）效果共评。建立健全城乡人居环境建设和整治项目及“共同缔造”活动开展情况的评价标准和评价机制，组织社区居民对活动实效进行评价和反馈，持续推动各项工作改进。组织评选“共同缔造”典范社区、先进组织和先进个人，激发各方参与“共同缔造”活动的积极性。建立“以奖代补”机制，对社区居民与社区组织参与面广、效果好的人居环境建设和整治项目，通过奖励的形式予以补贴，推动“共同缔造”活动不断向纵深发展。

（九）成果共享。通过发动群众共谋共建共管共评，实现城乡人居环境建设和整治工作人人参与、人人尽力、人人享有，建设“整洁、舒适、安全、美丽”的社区环境，形成和睦的邻里关系和融洽的社区氛围，积极塑造“勤勉自律、互信互助、开放包容、共建共享”的共同精神，让社区居民有更多的获得感、幸福感和安全感，实现政府治理和社会调节、居民自治的良性互动，打造共建共治共享的社会治理格局。

四、加强组织协调，确保“共同缔造”活动取得实效

（十）加强组织领导。各省级住房和城乡建设主管部门要在同级党委和政府的领导下，成立由住房和城乡建设主管部门组织协调、相关部门参与的“共同缔造”活动领导小组，负责研究制定年度工作计划，指导行政区域内市（县、区）建立党委统一领导、党政齐抓共管、住房和城乡建设主管部门协调、有关部门各负其责、全社会积极参与的“共同缔造”活动领导体制和工作机制。每年 3 月底前，各省级住房和城乡建设主管部门要将年度工作计划报我部备案。

（十一）形成部门合力。地方各级住房和城乡建设主管部门要加强与同级组织、民政、财政等部门的沟通，积极争取支持，切实把党的基层组织建设和领导作用落实到城乡社区，将政府的公共服务、社会管理资源和平台下沉到城乡社区，使党和政府工作落到基层、深入群众，同时加强与工会、共青团、妇联、残联等群团组织的合作，形成开展“共同缔造”活动的合力，共同构建“纵向到底、横向到边、协商共治”的城乡治理体系。

（十二）开展试点示范。从 2019 年 3 月起，各省（区、市）在行政区域内每个地级及以上城市选择 3-5 个不同类型的城乡社区开展“共同缔造”活动试点，因地制宜确定城乡人居环境建设和整治的具体切入点，探索创新理念思路、体制机制和方式方法。2020 年，在总结试点经验的基础上，全面推广、系统推进“共同缔造”活动，不断完善体制机制，探索建立长效机制。

（十三）加大培训力度。各省级住房和城乡建设主管部门要加强对住房和城乡建设系统及城乡社区党员干部的培训，帮助他们尽快掌握、灵活运用“共同缔造”的理念和方法，着力在城乡社区党员、乡贤、致富能手、老工人、老教师、老模范、老干部等群体中发掘和培养一批“共同缔造”工作骨干，努力打造一支素质高、能力强、多元化的工作队伍。

（十四）做好宣传引导。地方各级住房和城乡建设主管部门要会同有关部门采取群众喜闻乐见的形式，加大对“共同缔造”活动的宣传力度，及时发现、总结和宣传“共同缔造”活动中涌现出来的鲜活经验以及社区党组织、党员干部和带头人的典型，让“共同缔造”的理念思路深入人心，形成全民关心、支持和参与

活动的氛围。

（十五）强化督促指导。各省（区、市）“共同缔造”活动领导小组要切实加强对市（县、区）活动开展情况的跟踪指导和督促检查，确保各项工作落到实处。我部将以活动覆盖面、各方参与度、群众满意度等为重点，对各省（区、市）“共同缔造”活动开展情况进行评估评价，并向党中央、国务院报告。

中华人民共和国住房和城乡建设部
2019 年 2 月 22 日

（此件主动公开）

住房和城乡建设部等部门关于在全国地级及以上城市全面开展生活垃圾分类工作的通知

建城〔2019〕56号

各省（自治区）住房和城乡建设厅、发展改革委、生态环境厅、商务厅、教育厅、文明办、团委、妇联、机关事务管理局，直辖市城市管理委（城市管理局、绿化市容局）、发展改革委、生态环境局、商务委、教委、文明办、团委、妇联、机关事务管理局，新疆生产建设兵团住房和城乡建设局、发展改革委、环境保护局、商务局、教育局、文明办、团委、妇联、机关事务管理局：

为深入贯彻习近平总书记关于生活垃圾分类工作的系列重要批示指示精神，落实《中共中央国务院关于全面加强生态环境保护坚决打好污染防治攻坚战的意见》《国务院办公厅关于转发国家发展改革委住房城乡建设部生活垃圾分类制度实施方案的通知》（国办发〔2017〕26号），在各直辖市、省会城市、计划单列市等46个重点城市（以下简称46个重点城市）先行先试基础上，决定自2019年起在全国地级及以上城市全面启动生活垃圾分类工作。有关事项通知如下：

一、总体要求

（一）指导思想。以习近平新时代中国特色社会主义思想为指导，全面贯彻习近平生态文明思想，切实落实党中央、国务院关于生活垃圾分类工作的决策部署，坚持党建引领，坚持以社区为着力点，坚持以人民群众为主体，坚持共建共治共享，加快推进以法治为基础、政府推动、全民参与、城乡统筹、因地制宜的生活垃圾分类制度，加快建立分类投放、分类收集、分类运输、分类处理的生活垃圾处理系统，努力提高生活垃圾分类覆盖面，把生活垃圾分类作为开展“美好环境与幸福生活共同缔造”活动的重要内容，加快改善人居环境，不断提升城市品质。

（二）工作目标。到2020年，46个重点城市基本建成生活垃圾分类处理系统。其他地级城市实现公共机构生活垃圾分类全覆盖，至少有1个街道基本建成生活垃圾分类示范片区。到2022年，各地级城市至少有1个区实现生活垃圾分类全覆盖，其他各区至少有1个街道基本建成生活垃圾分类示范片区。到2025年，全国地级及以上城市基本建成生活垃圾分类处理系统。

二、在地级及以上城市全面启动生活垃圾分类工作

（三）做好顶层设计。各地级城市应于 2019 年底前，编制完成生活垃圾分类实施方案，明确生活垃圾分类标准，以及推动生活垃圾分类的目标任务、重点项目、配套政策、具体措施。46 个重点城市要完善既有实施方案，持续抓好落实，确保如期完成既定目标任务。国家生态文明试验区、各地新城新区要对标国际先进水平，制定更高标准、更加严格的实施方案及配套措施，更大力度实施生活垃圾分类制度。长江经济带沿江省市要率先实施生活垃圾分类制度。各地要按照属地化管理原则，通过军地协作，共同推进军队营区生活垃圾分类工作。

（四）公共机构率先示范。各地级及以上城市机关事务管理等主管部门要组织党政机关和学校、科研、文化、出版、广播电视等事业单位，协会、学会、联合会等社团组织，车站、机场、码头、体育场馆、演出场馆等公共场所管理单位，率先实行公共机构生活垃圾分类。指导各国有企业和宾馆、饭店、购物中心、超市、专业市场、农贸市场、农产品批发市场、商铺、商用写字楼等经营场所，比照党政机关积极落实生活垃圾分类要求。

（五）夯实学校教育基础。各地级及以上城市教育等主管部门要依托课堂教学、校园文化、社会实践等平台，切实加强各级各类学校的生活垃圾分类教育。要深入开展垃圾分类进校园、进教材、进课堂等活动，切实以生活垃圾分类为载体，培养一代人良好的文明习惯、公共意识和公民意识。

（六）开展青年志愿活动。各地级及以上城市团委等部门要创造条件，鼓励和引导青少年积极参与生活垃圾分类，树立生态文明价值观，带头践行绿色生活方式，让绿色、低碳、公益成为更多青少年的时尚追求。培育志愿者队伍，引导青少年志愿者深入基层社区，与群众面对面开展生活垃圾分类宣传、引导和服务等实践活动，不断提升志愿活动的专业性，使广大青少年在生活垃圾分类工作中发挥生力军和突击队作用。

（七）动员家庭积极参与。各地级及以上城市妇联等部门，要通过开展形式多样的社会宣传、主题实践等活动，面向广大家庭大力传播生态文明思想和理念，倡导绿色生活方式，普及生活垃圾分类常识，引导家庭成员从自身做起，从点滴做起，自觉成为生活垃圾分类的参与者、践行者、推动者。

（八）开展示范片区建设。各地级及以上城市要以街道为单元，开展生活垃圾分类示范片区建设，实现生活垃圾分类管理主体全覆盖，生活垃圾分类类别全覆盖，生活垃圾分类投放、收集、运输、处理系统全覆盖。以生活垃圾分类示范片区为基础，发挥示范引领作用，以点带面，逐步将生活垃圾分类工作扩大到全市。

三、加快生活垃圾分类系统建设

（九）采取简便易行的分类投放方式。各地级及以上城市要以“有害垃圾、干垃圾、湿垃圾和可回收物”为生活垃圾分类基本类型，确保有害垃圾单独投放，逐步做到干、湿垃圾分开，努力提高可回收物的单独投放比例。鼓励居民在家庭滤出湿垃圾水分，采用专用容器盛放湿垃圾，减少塑料袋使用，逐步实现湿垃圾“无玻璃陶瓷、无金属杂物、无塑料橡胶”。鼓励有条件的地方开展社区生活垃圾定时定点投放。要依靠街道社区党组织，统筹社区居委会、业主委员会、物业公司力量，发动社区党员骨干、热心市民、志愿者等共同参与，宣传和现场引导、监督生活垃圾分类。启动生活垃圾分类的社区，要安排现场引导员，做好生活垃圾分类投放的现场宣传和引导，纠正不规范的投放行为，做好台账记录。

（十）设置环境友好的分类收集站点。实施生活垃圾分类的单位、社区要优化布局，合理设置垃圾箱房、

垃圾桶站等生活垃圾分类收集站点。生活垃圾分类收集容器、箱房、桶站应喷涂统一、规范、清晰的标志和标识，功能完善，干净无味。有关单位、社区应同步公示生活垃圾分类收集点的分布、开放时间，以及各类生活垃圾的收集、运输、处置责任单位、收运频率、收运时间和处置去向等信息。

（十一）分类运输环节防止“先分后混”。分类后的生活垃圾必须实行分类运输，各地级及以上城市要以确保全程分类为目标，建立和完善分类后各类生活垃圾的分类运输系统。要按照区域内各类生活垃圾的产生量，合理确定收运频次、收运时间和运输线路，配足、配齐分类运输车辆。对生活垃圾分类运输车辆，应喷涂统一、规范、清晰的标志和标识，明示所承运的生活垃圾种类。有中转需要的，中转站点应满足分类运输、暂存条件，符合密闭、环保、高效的要求。要加大运输环节管理力度，有物业管理的小区，做好物业部门和环境卫生部门的衔接，防止生活垃圾“先分后混”“混装混运”。要加强有害垃圾运输过程的污染控制，确保环境安全。

（十二）加快提高与前端分类相匹配的处理能力。要加快建立与生活垃圾分类投放、分类收集、分类运输相匹配的分类处理系统，加强生活垃圾处理设施的规划建设，满足生活垃圾分类处理需求。分类收集后的有害垃圾，属于危险废物的，应按照危险废物进行管理，确保环境安全。根据分类后的干垃圾产生量及其趋势，“宜烧则烧”“宜埋则埋”，加快以焚烧为主的生活垃圾处理设施建设，切实做好垃圾焚烧飞灰处理处置工作。采取长期布局和过渡安排相结合的方式，加快湿垃圾处理设施建设和改造，统筹解决餐厨垃圾、农贸市场垃圾等易腐垃圾处理问题，严禁餐厨垃圾直接饲喂生猪。加快生活垃圾清运和再生资源回收利用体系建设，推动再生资源规范化、专业化处理，促进循环利用。鼓励生活垃圾处理产业园区建设，优化技术工艺，统筹各类生活垃圾处理。

四、建立健全工作机制，确保取得实效

（十三）强化省级统筹。各省级住房和城乡建设（环境卫生）、发展改革、生态环境等有关部门要在同级党委和政府的领导下，统筹推进本地区生活垃圾分类工作，督促指导各地级及以上城市落实生活垃圾分类工作主体责任。各省级住房和城乡建设（环境卫生）部门要定期汇总、分析本辖区内各地级及以上城市垃圾分类工作进展情况，及时解决生活垃圾分类推进过程中出现的问题，并于每年 1 月 15 日、7 月 15 日向住房和城乡建设部报送半年工作报告。

（十四）全面系统推进。各地级及以上城市住房和城乡建设（环境卫生）、发展改革、生态环境等有关部门，要积极争取同级党委和政府的支持，建立党委统一领导、党政齐抓共管、全社会积极参与的生活垃圾分类领导体制和工作机制。要探索建立“以块为主、条块结合”的市、区、街道、社区四级联动的生活垃圾分类工作体系，加快形成统一完整、能力适应、协同高效的生活垃圾分类全过程运行系统。要结合实际，适时做好生活垃圾分类管理或生活垃圾全过程管理地方性法规、规章的立法、修订工作。依法依规通过教育、处罚、拒运和纳入社会诚信体系等方式进行约束，逐步提高生活垃圾分类准确率。

（十五）强化宣传发动。各地级及以上城市要加大对生活垃圾分类意义的宣传，普及生活垃圾分类知识。要做好生活垃圾分类的入户宣传和现场引导，切实提高广大人民群众对生活垃圾分类的认识，自觉参与到生活垃圾分类工作中，养成生活垃圾分类习惯。

（十六）强化督促指导。各省级住房和城乡建设（环境卫生）、发展改革、生态环境等有关部门要积极争取同级党委和政府的支持，建立健全生活垃圾分类工作激励、奖惩机制，将生活垃圾分类工作纳入相关考

核内容。住房和城乡建设部将汇总各省（区、市）城市生活垃圾分类工作进展情况，定期向党中央、国务院报告。

中华人民共和国住房和城乡建设部
中华人民共和国国家发展和改革委员会
中华人民共和国生态环境部
中华人民共和国教育部
中华人民共和国商务部
中央精神文明建设指导委员会办公室
中国共产主义青年团中央委员会
中华全国妇女联合会
国家机关事务管理局
2019 年 4 月 26 日
（此件主动公开）

附件

相关用语含义

一、有害垃圾。是指生活垃圾中的有毒有害物质，主要包括：废电池（镉镍电池、氧化汞电池、铅蓄电池等），废荧光灯管（日光灯管、节能灯等），废温度计，废血压计，废药品及其包装物，废油漆、溶剂及其包装物，废杀虫剂、消毒剂及其包装物，废胶片及废相纸等。

二、可回收物。主要包括：废纸，废塑料，废金属，废玻璃，废包装物，废旧纺织物，废弃电器电子产品，废纸塑铝复合包装等。

三、干垃圾。即其他垃圾。由个人在单位和家庭日常生活中产生，除有害垃圾、可回收物、厨余垃圾（或餐厨垃圾）等的生活废弃物。

四、湿垃圾。即厨余垃圾。居民家庭日常生活过程中产生的菜帮、菜叶、瓜果皮壳、剩菜剩饭、废弃食物等易腐性垃圾。

五、餐厨垃圾。相关企业和公共机构在食品加工、饮食服务、单位供餐等活动中，产生的食物残渣、食品加工废料和废弃食用油脂。

六、易腐垃圾。主要包括：餐厨垃圾；厨余垃圾；农贸市场、农产品批发市场产生的蔬菜瓜果垃圾、腐肉、肉碎骨、蛋壳、畜禽产品内脏等。

七、生活垃圾回收利用率。未进入生活垃圾焚烧和填埋设施进行处理的可回收物、易腐垃圾的数量，占生活垃圾总量的比例。

产业结构调整指导目录（2019 年本）

（中华人民共和国国家发展和改革委员会令　第 29 号）

《产业结构调整指导目录（2019 年本）》已经 2019 年 8 月 27 日第 2 次委务会议审议通过，现予公布，自 2020 年 1 月 1 日起施行。《产业结构调整指导目录（2011 年本）（修正）》同时废止。

附件：产业结构调整指导目录（2019 年本）

主　任：何立峰

2019 年 10 月 30 日

产业结构调整指导目录（2019 年本）

第一类　鼓励类

四十二、其他服务业

2、物业服务

（注：原文有删减）

市场监管总局　国家发展改革委关于印发《服务业质量提升专项行动方案》的通知

各省、自治区、直辖市、计划单列市及新疆生产建设兵团市场监督管理部门、发展改革委：

推动服务业高质量发展，是更好满足人民日益增长的美好生活需要、深入推进供给侧结构性改革的重要举措。按照党中央、国务院决策部署，市场监管总局、国家发展改革委决定联合开展服务业质量提升专项行动。现将《服务业质量提升专项行动方案》印发给你们，请认真贯彻实施。有关工作进展情况，请分别于2019年11月底前、2020年11月底前，报送市场监管总局和国家发展改革委。

市场监管总局

国家发展改革委

2018年12月14日

服务业质量提升专项行动方案

为贯彻落实党的十九大精神，深化服务业供给侧结构性改革，推动服务业优质高效发展，促进消费体制机制建设，根据《中共中央 国务院关于开展质量提升行动的指导意见》《中共中央 国务院关于完善促进消费体制机制进一步激发居民消费潜力的若干意见》《国务院关于印发“十三五”市场监管规划的通知》《服务业创新发展大纲（2017-2025年）》等部署要求，市场监管总局、国家发展改革委决定组织开展服务业质量提升专项行动，制定本方案。

一、总体要求

以习近平新时代中国特色社会主义思想为指导，全面贯彻党的十九大和十九届二中、三中全会精神，紧紧围绕统筹推进“五位一体”总体布局和协调推进“四个全面”战略布局，坚持新发展理念，以提高服务业质量和核心竞争力为中心，坚持质量第一、消费引领、市场主导、审慎监管，大力实施质量强国战略，创新服务质量治理，推动生产性服务业向专业化和价值链高端延伸，生活性服务业向精细和高品质转变，不断提升公共服务供给能力和供给质量，实现服务业质量水平整体提升，打造中国服务品牌，更好支撑经济转型升级，更好满足人民日益增长的美好生活需要。

到 2020 年底，通过开展服务业质量提升专项行动，服务业整体竞争力持续增强，服务业质量治理和促进体系更加完善，服务质量监管进一步加强，服务消费环境有效改善，消费产品和服务质量不断提升，消费者满意度显著提高。

二、主要任务

（一）推动服务创新能力建设。鼓励企业开展技术工艺、产业业态和商业模式创新，促进人工智能、生命科学、物联网等新技术在服务领域的转化应用。发挥龙头企业带动作用，开展服务质量共性技术联合开发与推广。鼓励企业依托现有生产能力、基础设施、能源资源等发展平台经济、共享经济，提供基于互联网的个性化、柔性化、分布式服务。引导企业创新服务业融合发展模式，构建线上线下联动服务网络。支持检验检测认证、售后服务和服务质量监测等公共服务平台建设，继续推进服务业综合改革试点，引导检验检测认证机构集聚发展。

（二）激发企业质量提升动力。引导企业树立质量第一的强烈意识，推广应用先进质量管理体系和方法，积极运用新理念和新技术加强服务质量管理。鼓励企业作出优质服务承诺，推动服务质量信息公开，引导服务企业全面、真实、准确、及时公开服务质量信息内容。大力弘扬创新发展、追求卓越的企业家精神，营造尊重和激励企业家干事创业的社会氛围，培育根植质量文化。根据实际情况，对于质量提升效果显著的企业，给予相应的激励政策。

（三）开展服务质量监测。加强服务质量测评指标、模型和方法研究，推进建立服务质量综合评价体系，逐步完善模型统一、方法一致、测评规范、数据归集、结果可比的服务质量监测机制。推进公共服务质量监测结果运用，引导地方政府和有关部门改善公共服务供给结构和质量。针对质量问题集中和人民群众关注重点服务领域加强服务质量监测，动态掌握服务质量状况，实施更有针对性的政策措施。

（四）加强服务质量监管。强化服务业领域市场监管综合执法，探索建立以“双随机、一公开”监管为基本手段、以重点监管为补充、以信用监管为基础的新型服务质量监管机制。积极适应服务经济新业态、新模式特点，坚持包容审慎监管，创新监管模式，为新兴服务产业营造良好发展环境。探索建立跨部门、跨区域执法联动响应和协作机制，加强服务质量问题信息共享和联合执法。

（五）强化售后服务及质量担保。引导企业加强售后服务模式创新，健全服务网络，完善服务体系，不断增强企业售后服务功能。依法督促生产经营者履行首问负责和质量担保责任，及时受理和处理消费者质量投诉，保护消费者合法权益。完善新能源汽车等产品质量担保条款和相关标准，探索开展第三方争议处理机制试点。督促企业建立健全质量追溯体系，履行质量担保、售后服务、缺陷召回等法定义务，依法承担质量损害赔偿责任。加大产品和服务质量保险应用推广力度，保障质量安全事故受害者得到合理、及时的补偿。

（六）加强服务行业信用监管。健全服务企业信用记录，加快构建跨地区、跨部门、跨领域的协同监管和联合惩戒机制，对严重违法失信主体采取行业限制性措施，依法予以限制或禁入。有效整合应用全国信用信息共享平台和国家企业信用信息公示系统等数据资源，推进实施企业信用风险分类监管。对信用风险等级高的市场主体，适当提高抽查检验等监管频次，适时进行消费警示提示。鼓励信用服务机构开展服务领域企业信用评价，充分发挥行业协会商会的行业诚信自律作用。

（七）推动服务标准提高。加快研制新兴服务领域标准，稳步提高服务标准水平。推广和实施质量领先、企业参与、社会认可的服务领域行业标准和团体标准，鼓励企业制定和实施高于国家标准或行业标准的企业标准，增强企业竞争力。深入实施企业标准领跑者制度，全面推进企业服务标准自我声明公开制度实施，完善社会监督机制。

（八）加大服务认证力度。加强服务认证技术和规范研究，完善服务业重点领域认证认可制度。大力推行高端品质认证，在健康、教育、金融、电商等领域探索推进服务认证活动。建立健全社会第三方服务认证认可制度，鼓励企业积极参与服务认证，引导各类服务企业特别是中小型服务企业获得服务认证，帮助更多服务企业提升质量管理水平。

（九）提升服务业从业人员素质。加大服务业各领域专业人才培养力度，扩大应用型、技术技能型人才规模，大力培养复合型人才。强化综合素质和创新能力培养，创新培养培训方式，深化产学教融合、校企合作，实行工学结合的人才培养模式。推行终身职业技能培训制度，完善职业培训补贴制度，畅通技能人才成长路径，推动服务从业人员职业化、专业化发展。推动企业广泛开展质量意识教育、质量素质教育、质量能力教育和质量专业教育，大力弘扬工匠精神，提高员工职业素质。

（十）加强服务领域品牌建设。指导重点行业服务企业实施质量升级计划，导入优秀质量管理模式，对标国内外同行业先进水平，持续开展竞争性绩效对比，改进服务质量水平。强化服务品牌价值评价体系建设，培育具有国际影响力的品牌评价理论研究机构和评价机构。鼓励发展品牌建设中介服务企业，建设一批品牌专业化服务平台，为企业提供更专业的服务。

（十一）推进服务消费环境建设。深入开展放心消费创建活动，广泛开展消费投诉公示工作，针对消费者反映问题较为突出的服务领域，实施质量监测、重点抽查、行政约谈、消费调查、公开曝光、行业规范、培育标杆等一系列措施，破除侵害消费者权益的明规则、潜规则，营造安全放心的服务消费环境。鼓励、引导有柜台或者场地出租的商场、超市，特别是具备一定规模的家具、建材、家电等大型商场，摊位较多的集贸市场、批发市场，网络交易平台、电视购物平台等为销售者、服务者提供经营条件及相关服务的经营者，建立和完善赔偿先付制度。

（十二）推动服务质量社会共治。推进服务质量治理方式变革，创新服务质量治理模式，推进以法治为基础的社会多元治理，构建市场主体规范、行业自律、社会监督、政府监管、消费者参与的服务质量共治格局。强化服务质量社会监督与舆论监督，推广服务领域消费后评价制度，从平台型企业入手建立消费者自主评价机制，确保消费者评价信息真实、公开、易于识别、便于获取 [网监司]。探索培育第三方服务质量监测和评价机构，对企业服务质量进行体验调查和比对分析，引导理性消费选择。

三、工作要求

（一）加强组织协调。各地市场监管部门、发展改革部门要高度重视服务业质量提升工作，加强产业政策与质量提升手段的协调互动，结合本地区开展质量提升行动实施方案有关内容，根据实际情况制定服务质量专项行动计划，落实细化行动措施，稳步推进各项工作开展。

（二）加大工作宣传。做好服务业质量提升专项行动宣传引导工作，充分利用广播、电视、报刊、互联网、自媒体等传播媒介，宣传推广各地服务业质量提升先进经验做法，营造良好的社会舆论范围。

（三）强化督促检查。各地市场监管部门、发展改革部门要与相关部门加强合作，将服务业质量提升专项行动纳入地方党委政府质量提升督促检查中，及时掌握本辖区工作开展情况，确保任务落实到位。

（四）建立长效机制。要及时总结服务业质量提升专项行动工作成效，发掘、总结和推广典型经验。要认真查找工作中存在的问题和不足，不断改进工作模式和方法，修订完善规章制度，推动建立服务业质量提升的长效工作机制。

国家发展改革委　市场监管总局
关于新时代服务业高质量发展的指导意见

（发改产业〔2019〕1602号）

国务院有关部门，各省、自治区、直辖市及计划单列市、新疆生产建设兵团发展改革委、市场监管局：

为深入贯彻党的十九大精神，落实《中共中央、国务院关于推动高质量发展的意见》要求，促进我国服务业高质量发展，国家发展改革委、市场监管总局制定《关于新时代服务业高质量发展的指导意见》。指导意见突出宏观统筹，围绕制约服务业高质量发展的薄弱环节和共性问题部署任务，分行业高质量发展由行业主管部门部署实施。

一、总体思路

（一）指导思想。

以习近平新时代中国特色社会主义思想为指导，全面贯彻党的十九大和十九届二中、三中全会精神，统筹推进“五位一体”总体布局，协调推进“四个全面”战略布局，坚定践行新发展理念，深化服务业供给侧结构性改革，支持传统服务行业改造升级，大力培育服务业新产业、新业态、新模式，加快发展现代服务业，着力提高服务效率和服务品质，持续推进服务领域改革开放，努力构建优质高效、布局优化、竞争力强的服务产业新体系，不断满足产业转型升级需求和人民美好生活需要，为实现经济高质量发展提供重要支撑。

（二）主要原则。

以人为本，优化供给。坚持以人民为中心的发展思想，更多更好满足多层次多样化服务需求，不断增强人民的获得感、幸福感、安全感。优先补足基本公共服务短板，着力增强非基本公共服务市场化供给能力，实现服务付费可得、价格合理、优质安全，以高质量的服务供给催生创造新的服务需求。

市场导向，品牌引领。顺应产业转型升级新趋势，充分发挥市场配置资源的决定性作用，更好发挥政府作用，在公平竞争中提升服务业竞争力。坚持质量至上、标准规范，树立服务品牌意识，发挥品牌对服务业高质量发展的引领带动作用，着力塑造中国服务品牌新形象。

创新驱动，跨界融合。贯彻创新驱动发展战略，推动服务技术、理念、业态和模式创新，增强服务经济发展新动能。促进服务业与农业、制造业及服务业不同领域间的融合发展，形成有利于提升中国制造核心竞争力的服务能力和服务模式，发挥中国服务与中国制造组合效应。

深化改革，扩大开放。深化服务领域改革，破除制约服务业高质量发展的体制机制障碍，优化政策体系和发展环境，最大限度激发发展活力和潜力。推动服务业在更大范围、更宽领域、更深层次扩大开放，深度参与国际分工合作，鼓励服务业企业在全球范围内配置资源、开拓市场。

（三）总体目标。

到 2025 年，服务业增加值规模不断扩大，占 GDP 比重稳步提升，吸纳就业能力持续加强。服务业标准化、规模化、品牌化、网络化和智能化水平显著提升，生产性服务业效率和专业化水平显著提高，生活性服务业满足人民消费新需求能力显著增强，现代服务业和先进制造业深度融合，公共服务领域改革不断深入。服务业发展环境进一步改善，对外开放领域和范围进一步扩大，支撑经济发展、民生改善、社会进步的功能进一步增强，功能突出、错位发展、网络健全的服务业高质量发展新格局初步形成。

二、重点任务

（一）推动服务创新。

加强技术创新和应用，打造一批面向服务领域的关键共性技术平台，推动人工智能、云计算、大数据等新一代信息技术在服务领域深度应用，提升服务业数字化、智能化发展水平，引导传统服务业企业改造升级，增强个性化、多样化、柔性化服务能力。鼓励业态和模式创新，推动智慧物流、服务外包、医养结合、远程医疗、远程教育等新业态加快发展，引导平台经济、共享经济、体验经济等新模式有序发展，鼓励更多社会主体围绕服务业高质量发展开展创新创业创造。推动数据流动和利用的监管立法，健全知识产权侵权惩罚性赔偿制度，建设国家知识产权服务业集聚发展区。

（二）深化产业融合。

加快发展农村服务业，引导农业生产向生产、服务一体化转型，探索建立农业社会化服务综合平台，推动线上线下有机结合；支持利用农村自然生态、历史遗产、地域人文、乡村美食等资源，发展乡村旅游、健康养老、科普教育、文化创意、农村电商等业态，推动农业“接二连三”。打造工业互联网平台，推动制造业龙头企业技术研发、工业设计、采购分销、生产控制、营运管理、售后服务等环节向专业化、高端化跃升；大力发展服务型制造，鼓励有条件的制造业企业向一体化服务总集成总承包商转变；开展先进制造业与现代服务业融合发展试点。以大型服务平台为基础，以大数据和信息技术为支撑，推动生产、服务、消费深度融合；引导各地服务业集聚区升级发展，丰富服务功能，提升产业能级；推进港口、产业、城市融合发展；深入开展服务业综合改革试点。

（三）拓展服务消费。

补齐服务消费短板，激活幸福产业潜在服务消费需求，全面放开养老服务市场，在扩大试点基础上全面建立长期护理保险制度；简化社会办医审批流程，鼓励有实力的社会机构提供以先进医疗技术为特色的医疗服务；加快建立远程医疗服务体系，推动优质资源下沉扩容；支持社会力量兴办托育服务机构。打造中高端服务消费载体，吸引健康体检、整形美容等高端服务消费回流。推动信息服务消费升级、步行街改造提升，支持有条件的地方建设新兴消费体验中心，开展多样化消费体验活动。鼓励企业围绕汽车、家电等产品更新换代和消费升级，完善维修售后等配套服务体系。着力挖掘农村电子商务和旅游消费潜力，优化农村消费市场环境。完善消费者保护机制，打造一批放心企业、放心网站、放心商圈和放心景区。

（四）优化空间布局。

围绕京津冀协同发展、粤港澳大湾区建设、推进海南全面深化改革开放、长江三角洲区域一体化发展等国家战略，建设国际型、国家级的现代服务经济中心，形成服务业高质量发展新高地。推动城市群和都市圈公共服务均等化和要素市场一体化，构建城市群和都市圈服务网络，促进服务业联动发展和协同创新，形成区域服务业发展新枢纽。强化中小城市服务功能，打造一批服务业特色小镇，形成服务周边、带动农村的新支点。完善海洋服务基础设施，积极发展海洋物流、海洋旅游、海洋信息服务、海洋工程咨询、涉海金融、涉海商务等，构建具有国际竞争力的海洋服务体系。

（五）提升就业能力。

大力发展人力资源服务业，培育专业化、国际化人力资源服务机构，加快人力资源服务产业园建设，鼓励发展招聘、人力资源服务外包和管理咨询、高级人才寻访等业态。支持企业和社会力量兴办职业教育，鼓励发展股份制、混合所有制等多元化职业教育集团（联盟），完善职业教育和培训体系。鼓励普通高等学校、职业院校增设服务业相关专业，对接线上线下教育资源，推动开展产教融合型城市和企业建设试点。围绕家政服务、养老服务、托育服务、健康养生、医疗护理等民生领域服务需求，提升从业人员职业技能，增强服务供需对接能力。

（六）建设服务标准。

瞄准国际标准，推动国际国内服务标准接轨，鼓励社会团体和企业制定高于国家标准或行业标准的团体标准、企业标准。完善商贸旅游、社区服务、物业服务、健康服务、养老服务、休闲娱乐、教育培训、体育健身、家政服务、保安服务等传统服务领域标准，加快电子商务、供应链管理、节能环保、知识产权服务、商务服务、检测认证服务、婴幼儿托育服务、信息技术服务等新兴服务领域标准研制。开展服务标准、服务认证示范，推动企业服务标准自我声明公开和监督制度全面实施。

（七）塑造服务品牌。

支持行业协会、第三方机构和地方政府开展服务品牌培育和塑造工作，树立行业标杆和服务典范，选择产业基础良好、市场化程度较高的行业，率先组织培育一批具有国际竞争力的中国服务品牌和具有地方特色的区域服务品牌。研究建立服务品牌培育和评价标准体系，引导服务业企业树立品牌意识，运用品牌培育的标准，健全品牌营运管理体系。加强服务品牌保护力度，依法依规查处侵权假冒服务品牌行为。开展中国服务品牌宣传、推广活动，以“一带一路”建设为重点，推动中国服务走出去。

（八）改进公共服务。

紧密围绕城乡居民优质便利生活需求，统筹规划公园绿地、无障碍通道、公共交通、停车场地、社区卫生中心、村卫生室、村级综合文化服务中心等基础设施建设，合理布局社区养老、托育中心、便利店、洗衣房、售后维修、物流快递等便民服务设施，提升各类公共文化、体育场馆免费或低收费开放服务水平。制定完整社区建设标准，明确社区各类服务设施配置标准和建设要求。推进政务服务“一网通办”、现场办理“最多跑一次”，提高政府服务群众、服务企业水平和能力。加快政务信息系统整合，建立全国统一、多级互联的数据共享交换平台体系。在保障信息安全前提下，建立健全税务、市场监管、社保、海关、医疗机构等领域的信息查询系统，提高标准化、便利化、规范化水平。建立政务服务“好差评”制度，提高柔性化治理、精细化服务水平。

（九）健全质量监管。

推动服务业企业采用先进质量管理模式方法，公开服务质量信息，实施服务质量承诺，开展第三方认证。制定服务质量监测技术指南等规范，加快构建模型统一、方法一致、结果可比的服务质量监测体系。加强服务质量监测评价技术机构布局建设，服务质量监测评价能力和范围基本覆盖到主要服务行业和公共服务领域，定期通报监测结果，督促引导社会各方提高服务质量水平。加快服务质量监管立法，建立健全服务质量监管协同处置机制，及时依法调查处理重大服务质量安全事件，不断完善服务质量治理体系。

（十）扩大对外开放。

稳步扩大金融业开放，加快电信、教育、医疗、文化等领域开放进程，赋予自贸试验区更大改革自主权。积极引进全球优质服务资源，增强服务业领域国际交流与合作，以“一带一路”建设为重点，引导有条件的企业在全球范围配置资源、拓展市场，推动服务业和制造业协同走出去。大力发展服务贸易，巩固提升旅游、建筑、运输等传统服务贸易，拓展中医药等中国特色服务贸易，培育文化创意、数字服务、信息通讯、现代金融、广告服务等新兴服务贸易，扩大研发设计、节能环保、质量管理等高技术服务进出口。

三、政策保障

（一）优化营商环境。

深化服务业“放管服”改革，进一步压缩企业开办时间和服务商标注册周期。深化企业简易注销改革，试点进一步压缩公告时间和拓展适用范围。取消企业名称预先核准，开展扩大企业名称自主申报改革试点。推动“非禁即入”普遍落实，全面实施市场准入负面清单制度。制定加快放宽服务业市场准入的意见。坚决查处垄断协议、滥用市场支配地位和滥用行政权力排除限制竞争的行为。对服务业新产业、新业态、新模式，坚持包容审慎监管原则，在质量监控、消费维权、税收征管等方面实施线上线下一体化管理。推进服务市场信用体系建设，建立市场主体信用记录，健全对失信主体的惩戒机制。探索建立涉及民生安全的重点服务领域从业人员守信联合激励和失信联合惩戒制度，完善服务消费领域信用信息共享共用机制。加强服务环境综合治理，强化服务业价格监管，及时查处消费侵权等问题。

（二）加大融资支持。

进一步完善有关金融政策，引导金融机构在风险可控、商业可持续的前提下创新机制和产品，按照市场化、商业化原则拓展企业融资渠道。鼓励金融机构积极运用互联网技术，打通企业融资“最后一公里”，更好地满足中小企业融资需求。探索通过新技术、新模式，进一步优化中小企业银行账户服务。发展动产融资，依托现有交易市场，合规开展轻资产交易，缓解中小服务业企业融资难题。引导创业投资加大对中小服务业企业的融资支持，支持符合条件的技术先进型服务业企业上市融资，支持科技型企业利用资本市场做大做强。

（三）强化人才支撑。

鼓励服务业从业人员参加职业技能鉴定（或职业技能等级认定、专项职业能力考核），对通过初次职业技能鉴定并取得职业资格证书（或职业技能登记证书、专项职业能力证书）的，按规定给予一次性职业技能鉴定补贴。进一步畅通非公经济组织人员和自由职业者职称申报渠道。实施更加开放的人才引进政策，加大对海外高端服务业人才的引进力度，改革完善人才培养、使用、评价机制。运用股权激励递延纳税等政策，鼓励服务业企业采用股权激励等中长期激励方式引留人才。完善灵活就业人员社会保险政策。

（四）保障用地需求。

优化土地供应调控机制，保障服务业高质量发展用地需求。适应服务业新产业、新业态、新模式特点，创新用地供给方式。实施“退二进三”“退低进高”，对提高自有工业用地容积率用于自营生产性服务业的工业企业，依法按新用途办理相关手续。加强历史建筑的活化利用，有效发挥历史建筑服务功能。

（五）落实财税和价格政策。

落实支持服务业发展的税收优惠政策，做好政策宣传和纳税辅导，确保企业充分享受政策红利。加大政府购买服务力度，扩大购买范围，优化政府购买服务指导性目录，加强购买服务绩效评价。降低一般工商业电价，全面落实工商用电同价政策，推动地方落实国家鼓励类服务业用水与工业同价；在实行峰谷电价的地区，有条件的地方可以开展商业用户选择执行行业平均电价或峰谷分时电价试点。落实社区养老服务机构税费减免、资金支持、水电气热价格优惠等扶持政策。

（六）建立健全统计制度。

健全服务业统计调查制度，建立健全生产性、生活性服务业统计分类，完善统计分类标准和指标体系，提高统计数据及时性和精准度。逐步建立生产性、生活性服务业统计信息定期发布制度，建立健全服务业重点领域统计信息在部门间的共享机制，逐步形成年度、季度信息发布机制。

各地区、各有关部门要强化主体责任，形成工作合力，认真落实指导意见各项任务要求。各地方要加强组织领导，结合实际抓好贯彻落实，切实推动本地区服务业高质量发展，及时向有关部门报告进展情况。各有关部门要按照职责分工，细化制定配套政策，加强对地方工作的督导，推动指导意见有效落实。要充分发挥服务业发展部际联席会议制度作用，细化实化工作任务和完成时限，适时开展服务业高质量发展评估工作，加强对指导意见实施的督促检查，扎实推动服务业高质量发展取得实效。

国家发展改革委
市场监管总局
2019 年 10 月 2 日

国家发展改革委关于印发《绿色生活创建行动总体方案》的通知

（发改环资〔2019〕1696号）

各省、自治区、直辖市人民政府，中央宣传部、中直管理局、教育部、工业和信息化部、公安部、民政部、财政部、生态环境部、住房城乡建设部、交通运输部、商务部、市场监管总局、国管局、全国妇联，中国国家铁路集团有限公司：

《绿色生活创建行动总体方案》已经中央全面深化改革委员会第十次会议审议通过，现印发实施。

国家发展改革委

2019年10月29日

绿色生活创建行动总体方案

为贯彻落实习近平生态文明思想和党的十九大精神，在全社会开展绿色生活创建行动，制定本方案。

一、主要目标

通过开展节约型机关、绿色家庭、绿色学校、绿色社区、绿色出行、绿色商场、绿色建筑等创建行动，广泛宣传推广简约适度、绿色低碳、文明健康的生活理念和生活方式，建立完善绿色生活的相关政策和管理制度，推动绿色消费，促进绿色发展。到2022年，绿色生活创建行动取得显著成效，生态文明理念更加深入人心，绿色生活方式得到普遍推广，通过宣传一批成效突出、特点鲜明的绿色生活优秀典型，形成崇尚绿色生活的社会氛围。

二、基本原则

系统推进。统筹开展七个重点领域的创建行动，在理念、政策、教育、行为等多方面共同发力，形成多方联动、相互促进、相辅相成的推进机制。广泛参与。引导和推动创建对象广泛参与创建行动，整体提升创建领域的绿色化水平，避免创建行动成为仅有少数对象参与的评优选优活动。

突出重点。创建内容不要求面面俱到，要聚焦重点领域和薄弱环节，合理确定创建对象和创建范围，明确重点任务和主要目标。

分类施策。根据各单项创建行动的实际情况，制定各有侧重、体现特点的具体方案，相关目标要充分考虑不同地域的发展阶段和自身特点，既尽力而为，又量力而行。

三、创建内容

（一）节约型机关创建行动。以县级及以上党政机关作为创建对象。健全节约能源资源管理制度，强化能耗、水耗等目标管理。加大政府绿色采购力度，带头采购更多节能、节水、环保、再生等绿色产品，更新公务用车优先采购新能源汽车。推行绿色办公，使用循环再生办公用品，推进无纸化办公。率先全面实施生活垃圾分类制度。到 2022 年，力争 70% 左右的县级及以上党政机关达到创建要求。（国管局、中直管理局牵头负责）

（二）绿色家庭创建行动。以广大城乡家庭作为创建对象。努力提升家庭成员生态文明意识，学习资源环境方面的基本国情、科普知识和法规政策。优先购买使用节能电器、节水器具等绿色产品，减少家庭能源资源消耗。主动践行绿色生活方式，节约用电用水，不浪费粮食，减少使用一次性塑料制品，尽量采用公共交通方式出行，实行生活垃圾减量分类。积极参与野生动植物保护、义务植树、环境监督、环保宣传等绿色公益活动，参与“绿色生活・最美家庭”、“美丽家园”建设等主题活动。到 2022 年，力争全国 60% 以上的城乡家庭初步达到创建要求。（全国妇联牵头负责）

（三）绿色学校创建行动。以大中小学作为创建对象。开展生态文明教育，提升师生生态文明意识，中小学结合课堂教学、专家讲座、实践活动等开展生态文明教育，大学设立生态文明相关专业课程和通识课程，探索编制生态文明教材读本。打造节能环保绿色校园，积极采用节能、节水、环保、再生等绿色产品，提升校园绿化美化、清洁化水平。培育绿色校园文化，组织多种形式的校内外绿色生活主题宣传。推进绿色创新研究，有条件的大学要发挥自身学科优势，加强绿色科技创新和成果转化。到 2022 年，60% 以上的学校达到创建要求，有条件的地方要争取达到 70%。（教育部牵头负责）

（四）绿色社区创建行动。以广大城市社区作为创建对象。建立健全社区人居环境建设和整治制度，促进社区节能节水、绿化环卫、垃圾分类、设施维护等工作有序推进。推进社区基础设施绿色化，完善水、电、气、路等配套基础设施，采用节能照明、节水器具。营造社区宜居环境，优化停车管理，规范管线设置，加强噪声治理，合理布局建设公共绿地，增加公共活动空间和健身设施。提高社区信息化智能化水平，充分利用现有信息平台，整合社区安保、公共设施管理、环境卫生监测等数据信息。培育社区绿色文化，开展绿色生活主题宣传，贯彻共建共治共享理念，发动居民广泛参与。到 2022 年，力争 60% 以上的社区达到创建要求，基本实现社区人居环境整洁、舒适、安全、美丽的目标。（住房城乡建设部牵头负责）

（五）绿色出行创建行动。以直辖市、省会城市、计划单列市、公交都市创建城市及其他城区人口 100 万以上的城市作为创建对象，鼓励周边中小城镇参与创建行动。推动交通基础设施绿色化，优化城市路网配置，提高道路通达性，加强城市公共交通和慢行交通系统建设管理，加快充电基础设施建设。推广节能和新能源车辆，在城市公交、出租汽车、分时租赁等领域形成规模化应用，完善相关政策，依法淘汰高耗能、高排放车辆。提升交通服务水平，实施旅客联程联运，提高公交供给能力和运营速度，提升公交车辆中新能源车和空调车比例，推广电子站牌、一卡通、移动支付等，改善公众出行体验。提升城市交通管理水平，优化交通信息引导，加强停车场管理，鼓励公众降低私家车使用强度，规范交通新业态融合发展。到 2022 年，力争 60% 以上的创建城市绿色出行比例达到 70% 以上，绿色出行服务满意率不低于 80%。（交通运输部牵头负责）

（六）绿色商场创建行动。以大中型商场作为创建对象。完善相关制度，强化能耗水耗管理，提高能源资源利用效率。提升商场设施设备绿色化水平，积极采购使用高能效用电用水设备，淘汰高耗能落后设备，充分利用自然采光和通风。鼓励绿色消费，通过优化布局、强化宣传等方式，积极引导消费者优先采购绿色产品，简化商品包装，减少一次性不可降解塑料制品使用。提升绿色服务水平，加强培训，提升员工节能环保意识，积极参加节能环保公益活动和主题宣传，实行垃圾分类和再生资源回收。到 2022 年，力争 40% 以上的大型商场初步达到创建要求。（商务部牵头负责）

（七）绿色建筑创建行动。以城镇建筑作为创建对象。引导新建建筑和改扩建建筑按照绿色建筑标准设计、建设和运营，提高政府投资公益性建筑和大型公共建筑的绿色建筑星级标准要求。因地制宜实施既有居住建筑节能改造，推动既有公共建筑开展绿色改造。加强技术创新和集成应用，推动可再生能源建筑应用，推广新型绿色建造方式，提高绿色建材应用比例，积极引导超低能耗建筑建设。加强绿色建筑运行管理，定期开展运行评估，积极采用合同能源管理、合同节水管理，引导用户合理控制室内温度。到 2022 年，城镇新建建筑中绿色建筑面积占比达到 60%，既有建筑绿色改造取得积极成效。（住房城乡建设部牵头负责）

四、组织实施

以上牵头部门要按照本方案确定的主要目标、基本原则、创建内容等要求，会同有关部门研究制定单项创建行动方案，于 2019 年年底前印发实施。国家发展改革委要加强对各单项创建行动的统筹协调，组织各单项创建行动牵头部门对工作落实情况和成效开展年度总结评估，及时推广先进经验和典型做法，督促推动相关工作。各地区党委和政府要高度重视，督促指导有关方面切实推进本地区绿色生活创建行动，创建结果向社会公开。各级财政部门要对创建行动给予必要的资金保障。各级宣传部门要组织媒体利用多种渠道和方式，大力宣传推广绿色生活理念和生活方式，营造良好的社会氛围。

关于深入推进医养结合发展的若干意见

（国卫老龄发〔2019〕60号）

各省、自治区、直辖市人民政府，国务院各部委、各直属机构：

党中央、国务院高度重视医养结合工作，党的十八大以来作出一系列重大决策部署，医养结合的政策体系不断完善、服务能力不断提升，人民群众获得感不断增强。但是，当前仍存在医疗卫生与养老服务需进一步衔接、医养结合服务质量有待提高、相关支持政策措施需进一步完善等问题。为贯彻落实党中央、国务院决策部署，深入推进医养结合发展，鼓励社会力量积极参与，进一步完善居家为基础、社区为依托、机构为补充、医养相结合的养老服务体系，更好满足老年人健康养老服务需求，经国务院同意，现提出如下意见：

一、强化医疗卫生与养老服务衔接

（一）深化医养签约合作。制定医养签约服务规范，进一步规范医疗卫生机构和养老机构合作。按照方便就近、互惠互利的原则，鼓励养老机构与周边的医疗卫生机构开展多种形式的签约合作，双方签订合作协议，明确合作内容、方式、费用及双方责任，签约医疗卫生机构要在服务资源、合作机制等方面积极予以支持。各地要为医养签约合作创造良好政策环境，加大支持力度。养老机构也可通过服务外包、委托经营等方式，由医疗卫生机构为入住老年人提供医疗卫生服务。鼓励养老机构与周边的康复医院（康复医疗中心）、护理院（护理中心）、安宁疗护中心等接续性医疗机构紧密对接，建立协作机制。养老机构中具备条件的医疗机构可与签约医疗卫生机构建立双向转诊机制，严格按照医疗卫生机构出入院标准和双向转诊指征，为老年人提供连续、全流程的医疗卫生服务。（国家卫生健康委、民政部、国家中医药局按职责分工负责，地方各级人民政府负责）

（二）合理规划设置有关机构。实施社区医养结合能力提升工程，社区卫生服务机构、乡镇卫生院或社区养老机构、敬老院利用现有资源，内部改扩建一批社区（乡镇）医养结合服务设施，重点为社区（乡镇）失能（含失智，下同）老年人提供集中或居家医养结合服务。城区新建社区卫生服务机构可内部建设社区医养结合服务设施。有条件的基层医疗卫生机构可设置康复、护理、安宁疗护病床和养老床位，因地制宜开展家庭病床服务。发挥中医药在治未病、慢性病管理、疾病治疗和康复中的独特作用，推广中医药适宜技术产品和服务，增强社区中医药医养结合服务能力。

有条件的地方可探索医疗卫生和养老服务资源整合、服务衔接，完善硬件设施，充实人员队伍，重点为失能的特困老年人提供医养结合服务。农村地区可探索乡镇卫生院与敬老院、村卫生室与农村幸福院统筹规划，毗邻建设。（国家卫生健康委、民政部、国家发展改革委、财政部、自然资源部、住房城乡建设部、农业农村部、国家中医药局按职责分工负责，地方各级人民政府负责）

（三）加强医养结合信息化支撑。充分利用现有健康、养老等信息平台，打造覆盖家庭、社区和机构的智慧健康养老服务网络，推动老年人的健康和养老信息共享、深度开发和合理利用。实施智慧健康养老产业发展行动计划，支持研发医疗辅助、家庭照护、安防监控、残障辅助、情感陪护等智能服务机器人，大力发展健康管理、健康检测监测、健康服务、智能康复辅具等智慧健康养老产品和服务。推进面向医养结合机构（指同时具备医疗卫生资质和养老服务能力的医疗卫生机构或养老机构）的远程医疗建设。

完善居民电子健康档案并加强管理，在老年人免费健康体检结束后 1 个月内告知其体检结果及健康指导建议，以历年体检结果为基础，为老年人建立连续性电子健康档案并提供针对性的健康管理服务（含中医药健康管理服务）。（国家卫生健康委、工业和信息化部、民政部、国家中医药局按职责分工负责，地方各级人民政府负责）

二、推进医养结合机构“放管服”改革

（四）简化医养结合机构审批登记。各地要认真贯彻落实国家卫生健康委等部门《关于做好医养结合机构审批登记工作的通知》（国卫办老龄发〔2019〕17 号）要求，优化医养结合机构审批流程和环境。养老机构举办二级及以下医疗机构的（不含急救中心、急救站、临床检验中心、中外合资合作医疗机构、港澳台独资医疗机构），设置审批与执业登记“两证合一”。医疗卫生机构利用现有资源提供养老服务的，涉及建设、消防、食品安全、卫生防疫等有关条件，可依据医疗卫生机构已具备的上述相应资质直接进行登记备案，简化手续。（国家卫生健康委、民政部、国家发展改革委、住房城乡建设部、市场监管总局、国家中医药局按职责分工负责，地方各级人民政府负责）

（五）鼓励社会力量举办医养结合机构。政府对社会办医养结合机构区域总量不作规划限制。按照“非禁即入”原则，不得设置并全面清理取消没有法律法规依据和不合理的前置审批事项，没有法律法规依据不得限制社会办医养结合机构的经营性质。涉及同层级相关行政部门的，当地政务服务机构应当实行“一个窗口”办理，并一次性告知审批事项及流程、受理条件、材料清单、办理时限等内容。支持社会力量通过市场化运作方式举办医养结合机构，并按规定享受税费、投融资、用地等有关优惠政策。各地可采取公建民营、民办公助等方式支持社会力量为老年人提供多层次、多样化医养结合服务，鼓励地方结合实际制定多种优惠支持政策。支持社会办大型医养结合机构走集团化、连锁化发展道路。鼓励保险公司、信托投资公司等金融机构作为投资主体举办医养结合机构。（国家卫生健康委、国家发展改革委、民政部、财政部、自然资源部、住房城乡建设部、人民银行、税务总局、市场监管总局、银保监会、证监会、国家中医药局按职责分工负责，地方各级人民政府负责）

（六）加强医养结合服务监管。医养结合服务的监管由卫生健康行政部门（含中医药主管部门，下同）牵头负责、民政部门配合。医养结合机构中的医疗卫生机构和养老机构分别由卫生健康行政部门和民政部门负责进行行业监管。国家卫生健康委会同民政部等部门制定监管和考核办法，加大对医养结合服务质量考核检查力度，把医疗床位和家庭病床增加等情况纳入考核。研究制定医养结合机构服务指南和管理指南。各医养结合机构要严格执行医疗卫生及养老服务相关法律、法规、规章和标准、规范，建立健全相关规章制度和人员岗位责任制度，严格落实消防安全责任和各项安全制度。（国家卫生健康委、民政部、应急部、国家中医药局按职责分工负责，地方各级人民政府负责）

三、加大政府支持力度

（七）减轻税费负担。落实各项税费优惠政策，经认定为非营利组织的社会办医养结合机构，对其符合条件的非营利性收入免征企业所得税，对其自用的房产、土地，按规定享受房产税、城镇土地使用税优惠政策。符合条件的医养结合机构享受小微企业等财税优惠政策。对在社区提供日间照料、康复护理等服务的机构，符合条件的按规定给予税费减免、资金支持、水电气热价格优惠等扶持。对医养结合机构按规定实行行政事业性收费优惠政策。（财政部、税务总局、国家发展改革委、市场监管总局按职责分工负责，地方各级人民政府负责）

（八）强化投入支持。各地要加大政府购买服务力度，支持符合条件的社会办医养结合机构承接当地公共卫生、基本医疗和基本养老等服务。用于社会福利事业的彩票公益金要适当支持开展医养结合服务。（财政部、国家发展改革委、国家卫生健康委、民政部按职责分工负责，地方各级人民政府负责）

（九）加强土地供应保障。各地在编制国土空间规划时，要统筹考虑医养结合发展，做好用地规划布局，切实保障医养结合机构建设发展用地。非营利性医养结合机构可依法使用国有划拨土地，营利性医养结合机构应当以有偿方式用地。鼓励地方完善社区综合服务设施运维长效机制，对使用综合服务设施开展医养结合服务的，予以无偿或低偿使用。鼓励符合规划用途的农村集体建设用地依法用于医养结合机构建设。

在不改变规划条件的前提下，允许盘活利用城镇现有空闲商业用房、厂房、校舍、办公用房、培训设施及其他设施提供医养结合服务，并适用过渡期政策，五年内继续按原用途和权利类型使用土地；五年期满及涉及转让需办理相关用地手续的，可按新用途、新权利类型、市场价，以协议方式办理用地手续。由非营利性机构使用的，原划拨土地可继续划拨使用。（自然资源部、住房城乡建设部、财政部、农业农村部、国家卫生健康委、民政部按职责分工负责，地方各级人民政府负责）

（十）拓宽投融资渠道。鼓励社会办医养结合机构中的养老机构以股权融资、项目融资等方式筹集开办资金和发展资金。鼓励金融机构根据医养结合特点，创新金融产品和金融服务，拓展多元化投融资渠道，发挥"投、贷、债、租、证"协同作用，加大金融对医养结合领域的支持力度。鼓励地方探索完善抵押贷款政策，拓宽信贷担保物范围。（人民银行、银保监会、证监会、国家发展改革委、自然资源部、国家卫生健康委、民政部按职责分工负责，地方各级人民政府负责）

四、优化保障政策

（十一）完善公立医疗机构开展养老服务的价格政策。收费标准原则上应当以实际服务成本为基础，综合市场供求状况、群众承受能力等因素核定。充分发挥价格的杠杆调节作用，提高公立医疗机构开展养老服务的积极性，具备招标条件的，鼓励通过招标方式确定收费标准。（国家发展改革委、市场监管总局按职责分工负责，地方各级人民政府负责）

（十二）支持开展上门服务。研究出台上门医疗卫生服务的内容、标准、规范，完善上门医疗服务收费政策。建立健全保障机制，适当提高上门服务人员的待遇水平。提供上门服务的机构要投保责任险、医疗意外险、人身意外险等，防范应对执业风险和人身安全风险。建立老年慢性病用药长期处方制度。家庭医生签约服务团队要为签约老年人提供基本医疗、公共卫生等基础性签约服务及个性化服务。（国家卫生健康委、财政部、国家医保局、人力资源社会保障部、国家中医药局按职责分工负责，地方各级人民政府负责）

（十三）加大保险支持和监管力度。将符合条件的医养结合机构中的医疗机构按规定纳入城乡居民基本医疗保险定点范围，正式运营 3 个月后即可提出定点申请，定点评估完成时限不得超过 3 个月时间。对符合规定的转诊住院患者可以连续计算医保起付线，积极推进按病种、按疾病诊断相关分组（DRG）、按床日等多元复合的医保支付方式。鼓励有条件的地方按规定逐步增加纳入基本医疗保险支付范围的医疗康复项目。

厘清医疗卫生服务和养老服务的支付边界，基本医疗保险基金只能用于支付符合基本医疗保障范围的疾病诊治、医疗护理、医疗康复等医疗卫生服务费用，不得用于支付生活照护等养老服务费用。实行长期护理保险制度的地区，失能老年人长期护理费用由长期护理保险按规定支付。加快推进长期护理保险试点。

支持商业保险机构大力发展医养保险，针对老年人风险特征和需求特点，开发专属产品，增加老年人可选择的商业保险品种并按规定报批报备，重点发展老年人疾病保险、医疗保险和意外伤害保险。鼓励深入社区为老年人购买商业保险提供全流程服务。研究引入寿险赔付责任与护理支付责任的转换机制，支持被保险人在生前失能时提前获得保险金给付，用于护理费用支出。加快发展包括商业长期护理保险在内的多种老年护理保险产品，满足老年人护理保障需求。（国家医保局、发展改革委、银保监会按职责分工负责，地方各级人民政府负责）

五、加强队伍建设

（十四）扩大医养结合服务队伍。将医养结合人才队伍建设分别纳入卫生健康和养老服务发展规划。鼓励引导普通高校、职业院校（含技工院校）增设相关专业和课程，加强老年医学、康复、护理、健康管理、社工、老年服务与管理等专业人才培养，扩大相关专业招生规模。统筹现有资源，设立一批医养结合培训基地，探索普通高校、职业院校、科研机构、行业学会协会与医养结合机构协同培养培训模式。各地要制定培训计划，分级分类对相关专业技术人员及服务人员进行专业技能培训和安全常识培训，医养结合机构要优先招聘培训合格的医疗护理员和养老护理员。

充分发挥社会公益组织作用，加大对助老志愿服务项目和组织的培育和支持力度，鼓励志愿服务组织与医养结合机构结对开展服务，通过开展志愿服务给予老年人更多关爱照顾。鼓励医疗机构、养老机构及其他专业机构为老年人家庭成员及家政服务等从业人员提供照护和应急救护培训。（教育部、人力资源社会保障部、国家发展改革委、国家卫生健康委、民政部、共青团中央、全国妇联、中国红十字会按职责分工负责，地方各级人民政府负责）

（十五）支持医务人员从事医养结合服务。实施医师执业地点区域注册制度，支持医务人员到医养结合机构执业。建立医养结合机构医务人员进修轮训机制，提高其服务能力和水平。鼓励退休医务人员到医养结合机构执业。各地要出台支持政策，引导职业院校护理及相关专业毕业生到医养结合机构执业。医养结合机构中的医务人员享有与其他医疗卫生机构同等的职称评定、专业技术人员继续教育等待遇，医养结合机构没有条件为医务人员提供继续教育培训的，各地卫生健康行政部门可统筹安排有条件的单位集中组织培训。（国家卫生健康委、人力资源社会保障部、教育部按职责分工负责，地方各级人民政府负责）

各地、各有关部门要高度重视，加强沟通协调，形成工作合力。各级卫生健康行政部门要会同民政等部门加强监督检查和考核评估。在创建医养结合示范省的基础上，继续开展医养结合试点示范县（市、区）和机构创建，对落实政策积极主动、成绩突出的地区和机构，在安排财政补助方面给予倾斜支持，发挥其示范带动作用，推动全国医养结合工作深入健康发展。

国家卫生健康委　　民政部
国家发展改革委　　教育部
财政部　人力资源社会保障部
自然资源部　住房城乡建设部
市场监管总局　　国家医保局
国家中医药局　　全国老龄办
2019 年 10 月 23 日

市场监管总局
关于印发贯彻实施《深化标准化工作改革方案》重点任务分工（2019—2020年）的通知

（国市监标技〔2019〕88号）

各省、自治区、直辖市人民政府，国务院各有关部门，中央军委装备发展部：

经国务院同意，现将《贯彻实施〈深化标准化工作改革方案〉重点任务分工（2019－2020年）》印发给你们，请认真贯彻执行。

市场监管总局

2019年4月17日

贯彻实施《深化标准化工作改革方案》重点任务分工（2019—2020年）

为贯彻实施《深化标准化工作改革方案》，协同有序推进标准化工作改革，确保第三阶段（2019—2020年）各项重点任务落到实处，现提出如下分工。

一、建立协同、权威的强制性国家标准管理体制。按照强制性标准整合精简结论，加快推进强制性标准整合、修订工作。除法律法规和国务院决定另有规定的领域外，仍需在全国范围内强制的有关行业标准、地方标准尽快整合为强制性国家标准，形成统一的强制性国家标准体系。发布实施《强制性国家标准管理办法》，强化强制性国家标准的管理，加强重要标准协调。建设公开透明、广泛参与的强制性国家标准制修订管理平台，实现标准立项建议、立项公示、征求意见、实施信息反馈等“一站式”服务。建立强制性国家标准实施情况统计分析报告制度。（市场监管总局牵头，各有关部门、各省级人民政府按职责分工负责）

二、形成协调配套、简化高效的推荐性标准管理体制。组织制修订《国家标准管理办法》、《行业标准管理办法》和《地方标准管理办法》，改革完善推荐性标准署名制度。进一步优化标准体系结构，强化标准的整合和修订，强化新技术、新领域标准制定，瞄准国际先进水平升级国家和行业标准，发挥标准的引领作用。加快建成统一的行业标准、地方标准立项协调、备案工作平台，进一步增强推荐性国家标准、行业标准和地方标准的协调性。（市场监管总局牵头，各有关部门、各省级人民政府按职责分工负责）

三、引导规范团体标准健康发展。推进团体标准良好行为评价和第三方评估，合理应用评价评估结果，促进团体标准制定范围更加合理、程序更加规范。进一步健全团体标准相关管理制度，加强团体标准化工作的指导和监管，加大对违法违规制定团体标准的查处力度。深化团体标准试点和应用示范，促进团体标准更好满足市场和创新的需要，多措并举培育一批有国际知名度和影响力的团体标准制定机构。（市场监管总局、民政部牵头，各有关部门、各省级人民政府按职责分工负责）

四、充分释放企业产品和服务标准自我声明公开效应。进一步加强企业产品和服务标准自我声明公开和监督制度的实施，扩大公开标准的企业覆盖面。合理开发应用企业产品和服务标准大数据，支持第三方机构基于公开数据发布企业标准排行榜，引导企业不断提升标准水平进而提升产品和服务质量。加快实施企业标准“领跑者”制度，在消费品等领域推出一批企业标准“领跑者”，强化标准引领，营造“生产看领跑、消费选领跑”的氛围。（市场监管总局牵头，各有关部门、各省级人民政府按职责分工负责）

五、提高标准国际化水平。积极参与国际标准组织治理和重大政策规则制定，持续提升我国在国际组织中的影响力，强化对我国担任国际标准化组织（ISO）常任理事国成员代表、国际电工委员会（IEC）主席和国际电信联盟（ITU）秘书长等国际标准组织领导职务的支撑与服务，更好地发挥在全球治理中的作用。选派更多专家参与国际标准制定、到国际组织任职。健全我国优势产业和创新技术向国际标准转化的机制，做好参与国际标准化活动的组织、管理与服务，提升参与国际标准化活动的质量水平。积极参与 ISO 未来发展战略规划的制定，办好第 83 届 IEC 大会，为国际标准化贡献更多中国智慧和中国方案。抓好《标准联通共建“一带一路”行动计划（2018-2020 年）》各项任务落实，主动对接主要贸易国标准化战略规划，深化与“一带一路”沿线国家标准化交流与合作，通过相互认可、相互采用、联合制定标准等多种形式推动中外标准体系兼容。瞄准国际标准，开展百城千业万企对标达标提升专项行动。结合国际产能和装备制造合作、进出口贸易以及援外重大工程的需求，开展援外培训、中国标准外文版翻译和海外标准化示范区建设，拓展中国标准海外应用范围。（市场监管总局、发展改革委、工业和信息化部牵头，各有关部门、各省级人民政府按职责分工负责）

六、扎实推进标准化军民融合。强化标准化军民融合制度建设，建立国防和军队建设中采用民用标准制度，完善军民通用标准制修订程序，形成军民共商、共建、共享的标准化工作模式。推进实施军民标准通用化工程，加强重点领域军民通用标准制定。推进军民标准化信息资源共享，努力为军队和国防建设提供更加有效的国家标准、行业标准等信息资源服务。依托现有标准化技术组织，汇聚军地专家资源，推动军民技术队伍共建共用。（中央军委装备发展部、市场监管总局、工业和信息化部、国防科工局牵头，各有关部门按职责分工负责）

七、提升标准化科学管理水平。健全科技创新与标准化互动支撑机制，建立健全科技计划研究成果向标准转化的快速通道和长效机制。扩大科技成果转化为技术标准试点工作范围，畅通科技成果转化为技术标准的渠道。加快布局一批国家技术标准创新基地和国家级标准验证检验检测点，逐步建立重要技术标准试验验证和符合性测试机制。建立完善标准化与知识产权的互动机制。（市场监管总局、科技部牵头，各有关部门、各省级人民政府按职责分工负责）

优化标准立项审查评估，严把政府主导制定标准立项关。推进标准制修订过程信息公开，加强标准制修订过程的社会监督。深入推进标准化信息资源整合共享，进一步压减国家标准制修订周期，提升标准制修订效率和质量。实现标准复审、修订机制化、常态化。（市场监管总局、各有关部门、各省级人民政府按职责分工负责）

八、强化标准实施与监督。优化国家标准全文公开系统，全面实现行业标准、地方标准文本向社会免费公开，为广大企业、消费者实施应用标准提供更加便捷高效的服务。创新标准宣传和贯彻推广模式，加强标准普及宣传，促进全社会知标准、用标准、守标准。积极开展标准化试点示范，推动全社会运用标准化方式组织生产、经营、管理和服务，促进标准有效实施。畅通标准实施信息反馈渠道，开展标准实施情况分析处理和监督检查。组织开展重点领域标准制定的监督和标准实施效果评估，依法处理违法制定标准的行为，倒逼标准质量水平的提升。加强标准实施监督执法，依法加大对违反强制性标准行为的监督处罚力度。（市场监管总局、各有关部门、各省级人民政府按职责分工负责）

九、大力实施标准化法。贯彻落实《中华人民共和国标准化法》，深入开展普法宣传，做好解疑释惑，增强社会各界对标准化法的理解，确保法律规定落实落地。（市场监管总局牵头，各有关部门、各省级人民政府按职责分工负责）

全面开展《中华人民共和国标准化法》配套法规规章制度的制修订，加快健全国家标准、行业标准、地方标准、团体标准、企业标准等方面的管理制度，进一步细化和完善法律新设制度，增强法律规定的可操作性，逐步完善《标准化法》配套制度体系。（市场监管总局、各有关部门、各省级人民政府按职责分工负责）

十、深化地方标准化综合改革。大力推广浙江国家标准化综合改革试点工作经验，推进山西、山东、江苏、广东等地标准化综合改革试点，为各地标准化综合改革提供可借鉴的经验、模式。紧贴地方经济社会发展需求，制定具有地域特色、资源禀赋优势的地方标准，以高标准引领提升区域发展质量和水平。稳步推进设区的市开展地方标准制定工作，进一步健全标准化协调推进机制，加强地方标准化工作的统筹协调。加强基层标准化机构和人员队伍建设。（市场监管总局牵头，各有关部门、各省级人民政府按职责分工负责）

十一、加强标准化人才队伍建设。强化标准化教育培训顶层设计，组织编制标准化教育培训系列教材。推进标准化学历教育，支持和鼓励更多高校开设标准化课程、方向或专业。强化干部标准化知识培训，推动标准化课程更多走进各级党校、行政学院、干部学院。拓展标准化职业教育，以信息技术和网络平台为手段开发在线教育课程。探索开展标准化中小学科普教育，提高全社会标准化意识，普及标准化理念。实施《国际标准化人才培训规划（2016-2020 年）》，培养一批懂标准、懂业务、懂外语、懂规则的复合型国际标准化人才。（教育部、人力资源社会保障部、市场监管总局牵头，各有关部门、各省级人民政府按职责分工负责）

十二、加强标准化工作经费保障。各级财政应根据工作需要统筹安排标准化工作经费，积极支持制定强制性标准和基础、通用等方面的重要推荐性标准以及参与国际标准化活动等工作。（财政部、市场监管总局牵头，各有关部门、各省级人民政府按职责分工负责）

关于进一步扶持自主就业退役士兵创业就业有关税收政策的通知

（财税〔2019〕21号）

各省、自治区、直辖市、计划单列市财政厅（局）、退役军人事务厅（局），国家税务总局各省、自治区、直辖市、计划单列市税务局，新疆生产建设兵团财政局：

为进一步扶持自主就业退役士兵创业就业，现将有关税收政策通知如下：

一、自主就业退役士兵从事个体经营的，自办理个体工商户登记当月起，在3年（36个月，下同）内按每户每年12000元为限额依次扣减其当年实际应缴纳的增值税、城市维护建设税、教育费附加、地方教育附加和个人所得税。限额标准最高可上浮20%，各省、自治区、直辖市人民政府可根据本地区实际情况在此幅度内确定具体限额标准。

纳税人年度应缴纳税款小于上述扣减限额的，减免税额以其实际缴纳的税款为限；大于上述扣减限额的，以上述扣减限额为限。纳税人的实际经营期不足1年的，应当按月换算其减免税限额。换算公式为：减免税限额＝年度减免税限额 ÷12× 实际经营月数。城市维护建设税、教育费附加、地方教育附加的计税依据是享受本项税收优惠政策前的增值税应纳税额。

二、企业招用自主就业退役士兵，与其签订1年以上期限劳动合同并依法缴纳社会保险费的，自签订劳动合同并缴纳社会保险当月起，在3年内按实际招用人数予以定额依次扣减增值税、城市维护建设税、教育费附加、地方教育附加和企业所得税优惠。定额标准为每人每年6000元，最高可上浮50%，各省、自治区、直辖市人民政府可根据本地区实际情况在此幅度内确定具体定额标准。

企业按招用人数和签订的劳动合同时间核算企业减免税总额，在核算减免税总额内每月依次扣减增值税、城市维护建设税、教育费附加和地方教育附加。企业实际应缴纳的增值税、城市维护建设税、教育费附加和地方教育附加小于核算减免税总额的，以实际应缴纳的增值税、城市维护建设税、教育费附加和地方教育附加为限；实际应缴纳的增值税、城市维护建设税、教育费附加和地方教育附加大于核算减免税总额的，以核算减免税总额为限。

纳税年度终了，如果企业实际减免的增值税、城市维护建设税、教育费附加和地方教育附加小于核算减免税总额，企业在企业所得税汇算清缴时以差额部分扣减企业所得税。当年扣减不完的，不再结转以后年度扣减。

自主就业退役士兵在企业工作不满1年的，应当按月换算减免税限额。计算公式为：企业核算减免税总额＝Σ 每名自主就业退役士兵本年度在本单位工作月份 ÷12× 具体定额标准。

城市维护建设税、教育费附加、地方教育附加的计税依据是享受本项税收优惠政策前的增值税应纳税额。

三、本通知所称自主就业退役士兵是指依照《退役士兵安置条例》（国务院中央军委令第608号）的规定退出现役并按自主就业方式安置的退役士兵。

本通知所称企业是指属于增值税纳税人或企业所得税纳税人的企业等单位。

四、自主就业退役士兵从事个体经营的，在享受税收优惠政策进行纳税申报时，注明其退役军人身份，并将《中国人民解放军义务兵退出现役证》《中国人民解放军士官退出现役证》或《中国人民武装警察部队义务兵退出现役证》《中国人民武装警察部队士官退出现役证》留存备查。

企业招用自主就业退役士兵享受税收优惠政策的，将以下资料留存备查：1.招用自主就业退役士兵的《中国人民解放军义务兵退出现役证》《中国人民解放军士官退出现役证》或《中国人民武装警察部队义务兵退出现役证》《中国人民武装警察部队士官退出现役证》；2.企业与招用自主就业退役士兵签订的劳动合同（副本），为职工缴纳的社会保险费记录；3.自主就业退役士兵本年度在企业工作时间表（见附件）。

五、企业招用自主就业退役士兵既可以适用本通知规定的税收优惠政策，又可以适用其他扶持就业专项税收优惠政策的，企业可以选择适用最优惠的政策，但不得重复享受。

六、本通知规定的税收政策执行期限为 2019 年 1 月 1 日至 2021 年 12 月 31 日。纳税人在 2021 年 12 月 31 日享受本通知规定税收优惠政策未满 3 年的，可继续享受至 3 年期满为止。《财政部税务总局民政部关于继续实施扶持自主就业退役士兵创业就业有关税收政策的通知》（财税〔2017〕46 号）自 2019 年 1 月 1 日起停止执行。

退役士兵以前年度已享受退役士兵创业就业税收优惠政策满 3 年的，不得再享受本通知规定的税收优惠政策；以前年度享受退役士兵创业就业税收优惠政策未满 3 年且符合本通知规定条件的，可按本通知规定享受优惠至 3 年期满。

各地财政、税务、退役军人事务部门要加强领导、周密部署，把扶持自主就业退役士兵创业就业工作作为一项重要任务，主动做好政策宣传和解释工作，加强部门间的协调配合，确保政策落实到位。同时，要密切关注税收政策的执行情况，对发现的问题及时逐级向财政部、税务总局、退役军人部反映。

附件：自主就业退役士兵本年度在企业工作时间表（样表）

财政部　税务总局　退役军人部

2019 年 2 月 2 日

附件

自主就业退役士兵本年度在企业工作时间表（样表）

企业名称（盖章）：　　　　　　　　　　　　　　　　　　　　年度：

序号	自主就业退役士兵姓名	身份证号码	证件编号	在本企业工作时间（单位：月）	备注

最高人民法院关于依法妥善审理高空抛物、坠物案件的意见

（法发〔2019〕25号）

近年来，高空抛物、坠物事件不断发生，严重危害公共安全，侵害人民群众合法权益，影响社会和谐稳定。为充分发挥司法审判的惩罚、规范和预防功能，依法妥善审理高空抛物、坠物案件，切实维护人民群众"头顶上的安全"，保障人民安居乐业，维护社会公平正义，依据《中华人民共和国刑法》《中华人民共和国侵权责任法》等相关法律，提出如下意见。

一、加强源头治理，监督支持依法行政，有效预防和惩治高空抛物、坠物行为

1. 树立预防和惩治高空抛物、坠物行为的基本理念。人民法院要切实贯彻以人民为中心的发展理念，将预防和惩治高空抛物、坠物行为作为当前和今后一段时期的重要任务，充分发挥司法职能作用，保护人民群众生命财产安全。要积极推动预防和惩治高空抛物、坠物行为的综合治理、协同治理工作，及时排查整治安全隐患，确保人民群众"头顶上的安全"，不断增强人民群众的幸福感、安全感。要努力实现依法制裁、救济损害与维护公共安全、保障人民群众安居乐业的有机统一，促进社会和谐稳定。

2. 积极推动将高空抛物、坠物行为的预防与惩治纳入诉源治理机制建设。切实发挥人民法院在诉源治理中的参与、推动、规范和保障作用，加强与公安、基层组织等的联动，积极推动和助力有关部门完善防范高空抛物、坠物的工作举措，形成有效合力。注重发挥司法建议作用，对在审理高空抛物、坠物案件中发现行政机关、基层组织、物业服务企业等有关单位存在的工作疏漏、隐患风险等问题，及时提出司法建议，督促整改。

3. 充分发挥行政审判促进依法行政的职能作用。注重发挥行政审判对预防和惩治高空抛物、坠物行为的积极作用，切实保护受害人依法申请行政机关履行保护其人身权、财产权等合法权益法定职责的权利，监督行政机关依法行使行政职权、履行相应职责。受害人等行政相对方对行政机关在履职过程中违法行使职权或者不作为提起行政诉讼的，人民法院应当依法及时受理。

二、依法惩处构成犯罪的高空抛物、坠物行为，切实维护人民群众生命财产安全

4. 充分认识高空抛物、坠物行为的社会危害性。高空抛物、坠物行为损害人民群众人身、财产安全，极易造成人身伤亡和财产损失，引发社会矛盾纠纷。人民法院要高度重视高空抛物、坠物行为的现实危害，深刻认识运用刑罚手段惩治情节和后果严重的高空抛物、坠物行为的必要性和重要性，依法惩治此类犯罪行为，有效防范、坚决遏制此类行为发生。

5. 准确认定高空抛物犯罪。对于高空抛物行为，应当根据行为人的动机、抛物场所、抛掷物的情况以及造成的后果等因素，全面考量行为的社会危害程度，准确判断行为性质，正确适用罪名，准确裁量刑罚。

故意从高空抛弃物品，尚未造成严重后果，但足以危害公共安全的，依照刑法第一百一十四条规定的以危险方法危害公共安全罪定罪处罚；致人重伤、死亡或者使公私财产遭受重大损失的，依照刑法第一百一十五条第一款的规定处罚。为伤害、杀害特定人员实施上述行为的，依照故意伤害罪、故意杀人罪定罪处罚。

6. 依法从重惩治高空抛物犯罪。具有下列情形之一的，应当从重处罚，一般不得适用缓刑：（1）多次实施的；（2）经劝阻仍继续实施的；（3）受过刑事处罚或者行政处罚后又实施的；（4）在人员密集场所实施的；（5）其他情节严重的情形。

7. 准确认定高空坠物犯罪。过失导致物品从高空坠落，致人死亡、重伤，符合刑法第二百三十三条、第二百三十五条规定的，依照过失致人死亡罪、过失致人重伤罪定罪处罚。在生产、作业中违反有关安全管理规定，从高空坠落物品，发生重大伤亡事故或者造成其他严重后果的，依照刑法第一百三十四条第一款的规定，以重大责任事故罪定罪处罚。

三、坚持司法为民、公正司法，依法妥善审理高空抛物、坠物民事案件

8. 加强高空抛物、坠物民事案件的审判工作。人民法院在处理高空抛物、坠物民事案件时，要充分认识此类案件中侵权行为给人民群众生命、健康、财产造成的严重损害，把维护人民群众合法权益放在首位。针对此类案件直接侵权人查找难、影响面广、处理难度大等特点，要创新审判方式，坚持多措并举，依法严惩高空抛物行为人，充分保护受害人。

9. 做好诉讼服务与立案释明工作。人民法院对高空抛物、坠物案件，要坚持有案必立、有诉必理，为受害人线上线下立案提供方便。在受理从建筑物中抛掷物品、坠落物品造成他人损害的纠纷案件时，要向当事人释明尽量提供具体明确的侵权人，尽量限缩“可能加害的建筑物使用人”范围，减轻当事人诉累。对侵权人不明又不能依法追加其他责任人的，引导当事人通过多元化纠纷解决机制化解矛盾、补偿损失。

10. 综合运用民事诉讼证据规则。人民法院在适用侵权责任法第八十七条裁判案件时，对能够证明自己不是侵权人的“可能加害的建筑物使用人”，依法予以免责。要加大依职权调查取证力度，积极主动向物业服务企业、周边群众、技术专家等询问查证，加强与公安部门、基层组织等沟通协调，充分运用日常生活经验法则，最大限度查找确定直接侵权人并依法判决其承担侵权责任。

11. 区分坠落物、抛掷物的不同法律适用规则。建筑物及其搁置物、悬挂物发生脱落、坠落造成他人损害的，所有人、管理人或者使用人不能证明自己没有过错的，人民法院应当适用侵权责任法第八十五条的规定，依法判决其承担侵权责任；有其他责任人的，所有人、管理人或者使用人赔偿后向其他责任人主张追偿权的，人民法院应予支持。从建筑物中抛掷物品造成他人损害的，应当尽量查明直接侵权人，并依法判决其承担侵权责任。

12. 依法确定物业服务企业的责任。物业服务企业不履行或者不完全履行物业服务合同约定或者法律法规规定、相关行业规范确定的维修、养护、管理和维护义务，造成建筑物及其搁置物、悬挂物发生脱落、坠落致使他人损害的，人民法院依法判决其承担侵权责任。有其他责任人的，物业服务企业承担责任后，向其他责任人行使追偿权的，人民法院应予支持。物业服务企业隐匿、销毁、篡改或者拒不向人民法院提供相应

证据，导致案件事实难以认定的，应当承担相应的不利后果。

13. 完善相关的审判程序机制。人民法院在审理疑难复杂或社会影响较大的高空抛物、坠物民事案件时，要充分运用人民陪审员、合议庭、主审法官会议等机制，充分发挥院、庭长的监督职责。涉及侵权责任法第八十七条适用的，可以提交院审判委员会讨论决定。

四、注重多元化解，坚持多措并举，不断完善预防和调处高空抛物、坠物纠纷的工作机制

14. 充分发挥多元解纷机制的作用。人民法院应当将高空抛物、坠物民事案件的处理纳入到建设一站式多元解纷机制的整体工作中，加强诉前、诉中调解工作，有效化解矛盾纠纷，努力实现法律效果与社会效果相统一。要根据每一个高空抛物、坠物案件的具体特点，带着对受害人的真挚感情，为当事人解难题、办实事，尽力做好调解工作，力促案结事了人和。

15. 推动完善社会救助工作。要充分运用诉讼费缓减免和司法救助制度，依法及时对经济上确有困难的高空抛物、坠物案件受害人给予救济。通过案件裁判、规则指引积极引导当事人参加社会保险转移风险、分担损失。支持各级政府有关部门探索建立高空抛物事故社会救助基金或者进行试点工作，对受害人损害进行合理分担。

16. 积极完善工作举措。要通过多种形式特别是人民群众喜闻乐见的方式加强法治宣传，持续强化以案释法工作，充分发挥司法裁判规范、指导、评价、引领社会价值的重要作用，大力弘扬社会主义核心价值观，形成良好社会风尚。要深入调研高空抛物、坠物案件的司法适用疑难问题，认真总结审判经验。对审理高空抛物、坠物案件中发现的新情况、新问题，及时层报最高人民法院。

最 高 人 民 法 院
2019 年 10 月 21 日

深圳经济特区物业管理条例

（深圳市第六届人民代表大会常务委员会公告　第158号）

（2007年9月25日深圳市第四届人民代表大会常务委员会第十四次会通过
2019年8月29日深圳市第六届人民代表大会常务委员会第三十五次会议修订）

第一章　总　　则

第一条　为了规范深圳经济特区物业管理活动，维护业主、物业服务企业以及其他当事人的合法权益，根据有关法律、行政法规的基本原则，结合实际，制定本条例。

第二条　深圳经济特区物业管理活动适用本条例。

前款所称物业管理，是指对物业管理区域的建筑物、构筑物及其配套的设施设备和相关场地进行维修、养护、巡查以及其他日常管理，维护环境卫生和相关秩序的活动。

经业主共同决定，可以委托物业服务企业或者其他管理人管理，也可以由业主自行管理。

第三条　物业管理实行业主自治、专业服务与政府监督管理和指导相结合的原则。

第四条　市、区人民政府应当将物业管理纳入现代服务业发展规划和社区治理体系，推动物业管理规范化、市场化。

第五条　业主大会、业主委员会、物业服务企业等在中国共产党社区委员会（以下简称社区党委）的领导下依法依规开展物业管理活动。

业主委员会、物业服务企业应当依照中国共产党章程的规定设立中国共产党的基层组织，开展党的活动。

第六条　市人民政府住房和建设部门负责本市物业管理活动的监督管理和指导工作，履行下列职责：

（一）贯彻执行物业管理法律、法规和相关规定；

（二）研究拟定或者制定物业管理规划、标准、规范和措施；

（三）指导、协调全市物业使用安全监督检查工作；

（四）统筹全市物业专项维修资金管理工作；

（五）建立全市统一的物业管理信息平台；

（六）统筹、协调全市物业管理培训与宣传工作；

（七）法律、法规规定的其他职责。

区人民政府住房和建设部门负责辖区内物业管理的监督管理和指导工作。

市、区住房和建设部门可以委托具有管理公共事务职能的组织对本条第一款第四至六项等相关物业管理活动进行监督管理。

市、区人民政府公安、规划和自然资源、城市管理和综合执法等相关部门按照各自职责，依法开展物业管理相关工作。

街道办事处负责组织、协调业主大会成立以及业主委员会的选举工作，指导、监督业主大会和业主委员会的日常活动，调解物业管理纠纷，并配合住房和建设部门对物业管理活动进行监督管理。

支持社区居民委员会发挥对业主大会、业主委员会、物业服务企业的指导和监督作用。

第七条 倡导绿色、智慧物业管理。鼓励采用新技术、新方法提高物业管理质量和服务水平，营造安全、舒适、文明、和谐、美好的工作和生活环境。

第二章 物业管理区域及共用设施设备

第八条 物业管理区域由市规划和自然资源部门在土地出让合同中予以确定。

确定物业管理区域应当考虑建设用地宗地范围、共用设施设备、建筑物规模、社区建设等因素，遵循相对集中、资源共享、便于管理的原则。

已经形成独立物业管理区域的，不再重新调整，但物业管理区域业主共同决定分割或者合并物业管理区域的除外。

物业管理区域地上以及地下建筑物、设施设备和相关场地不得分割管理。

第九条 建设单位应当在物业管理区域无偿提供符合功能要求的业主委员会办公用房、物业服务办公用房、物业管理设施设备用房等物业管理用房。

业主委员会办公用房、物业服务办公用房、物业管理设施设备用房属于业主共有，应当办理产权登记并具有正常使用功能，任何单位和个人不得将其分割、转让、抵押，不得擅自变更用途。

第十条 业主委员会办公用房建筑面积应当不少于二十平方米。

物业服务办公用房面积按照下列标准提供：

（一）物业管理区域物业总建筑面积未超过二十五万平方米的，按照不少于物业总建筑面积的千分之二提供，并不得少于一百平方米；

（二）物业管理区域物业总建筑面积超过二十五万平方米的，二十五万平方米以内部分，按照该部分面积的千分之二提供；二十五万平方米以外部分，按照该部分面积的千分之一提供。

物业管理设施设备用房面积根据设施设备安装、使用、维护的实际需要提供。

第十一条 物业管理区域的道路属于业主共有，但属于城市公共道路的除外。物业管理区域的绿地属于业主共有，但属于城市公共绿地或者明示属于私人所有的除外。物业管理区域的其他公共场所和公共设施，属于业主共有。

物业管理区域物业的以下部分属于业主共有：

（一）建筑物的基础、承重结构、外墙、屋顶等基本结构部分，通道、楼梯、大堂等公共通行部分，消防、公共照明等附属设施设备，避难层、架空层、设备层或者设备间等；

（二）其他不属于业主专有部分，也不属于市政公用部分或者其他权利人所有的场所及设施设备；

（三）房地产买卖合同约定属于业主共有的物业；

（四）法律、法规规定的其他共有部分。

建设单位申请国有建设用地使用权及房屋所有权首次登记时，应当提出共有物业产权登记申请，由不动产登记机构在不动产登记簿上予以记载。

第十二条 利用物业管理区域共有物业进行经营活动的，应当由业主共同决定，其收益属于业主共有。可能损害特定业主就其专有部分享有的合法权益的，还应当经该业主同意。

第十三条 新建住宅建设项目竣工验收备案之日起三个月内，建设单位应当将附着于物业管理区域共有物业符合国家标准和技术规范的供水、排水、供电、供气、通讯等设施设备移交相关专营单位管理养护，相关专营单位应当接收。

现有住宅物业区域附着于共有物业的供水、供电、供气、通讯等设施设备，符合国家标准和技术规范，经业主共同决定移交的，相关专营单位应当接收，物业服务企业应当配合移交工作。

第三章 业主和业主组织

第一节 业主

第十四条 本条例所称业主，是指物业管理区域不动产权属证书或者不动产登记簿记载的房屋所有权人。

除前款规定外，符合下列条件之一的，可以认定为业主：

（一）尚未登记取得所有权，但基于买卖、赠与、拆迁补偿等旨在转移所有权的法律行为已经合法占有建筑物专有部分的单位或者个人；

（二）因人民法院、仲裁机构的生效法律文书取得建筑物专有部分所有权的单位或者个人；

（三）因继承或者受遗赠取得建筑物专有部分所有权的单位或者个人；

（四）因合法建造取得建筑物专有部分所有权的单位或者个人；

（五）其他符合法律、法规规定的单位或者个人。

第十五条 业主依法享有下列权利：

（一）参加业主大会会议，发表意见，行使投票权；

（二）选举业主委员会、业主监事会或者监事，并依法依规享有被选举权；

（三）监督业主委员会、业主监事会或者监事的工作和物业服务企业履行物业服务合同的情况；

（四）对共有物业和业主共有资金使用管理的知情权和监督权；

（五）就制订或者修改物业管理区域管理规约（以下简称管理规约）、业主大会议事规则、物业服务合同及其他物业管理事项提出意见和建议；

（六）法律、法规规定的其他权利。

第十六条 业主、物业使用人应当依法履行下列义务：

（一）遵守管理规约、业主大会议事规则以及物业管理区域物业使用、公共秩序和环境卫生等方面的规章制度；

（二）执行业主大会、业主委员会依法作出的决定；

（三）按时缴纳物业管理费、物业专项维修资金；

（四）配合物业服务企业或者其他管理人实施物业管理；

（五）法律、法规以及管理规约规定的其他义务。

第十七条 管理规约应当包括下列内容：

（一）共有物业的使用和维护规则；

（二）合理使用物业专有部分的权利和义务；

（三）维护物业管理区域公共秩序的权利和义务；

（四）物业管理区域相关费用的分摊规则；

（五）违反管理规约应当承担的责任。

业主大会议事规则应当就业主大会的议事方式、表决程序、业主委员会的具体职责和会议规则以及依法应当由业主大会议事规则规定的其他事项作出规定。

业主、物业使用人违反管理规约的，业主委员会、物业服务企业应当予以劝阻；不听劝阻的，业主委员会或者物业服务企业可以将相关情况予以公示。

第十八条 业主投票权数、业主人数和业主总人数按照下列方法确定：

（一）业主投票权数按照业主专有部分建筑面积计算，每平方米计算为一票，不足一平方米的按照四舍五入计算；

（二）业主人数按照专有部分的数量计算，一个专有部分按照一人计算；建设单位尚未出售和虽已出售但尚未交付，或者同一业主拥有两个以上专有部分的，均按照一人计算；

（三）业主总人数，按照本款第二项业主人数的总和计算。

一个专有部分有两个以上所有权人的，应当推选一人行使表决权，所代表的业主人数为一人。

业主可以自行投票，也可以委托他人投票。委托他人投票的，应当出具书面委托书，载明委托事项和投票权数。一个受托人最多可以接受三名业主的委托进行投票。

第二节 首次业主大会会议筹备

第十九条 新建物业管理区域物业出售且已经交付使用的建筑面积达到物业总建筑面积百分之二十以上或者首套物业出售并交付使用满一年之日起十五日内，建设单位应当书面报告物业所在地街道办事处，并提供物业出售和物业交付资料、物业测绘文件、已筹集的物业专项维修资金清册等相关资料。

物业管理区域占业主总人数百分之二十以上的业主或者占全体业主所持投票权数百分之二十以上的业主联名，可以向街道办事处书面要求成立首次业主大会会议筹备组（以下简称筹备组）。

街道办事处应当在收到本条第一款规定的书面报告或者本条第二款规定的书面要求后一个月内成立筹备组，也可以根据物业管理区域实际情况主动组织成立筹备组。

第二十条 筹备组由街道办事处、社区党委或者物业管理区域基层党组织、辖区公安派出所、社区居民委员会、建设单位派员和业主代表组成。建设单位未派员参加筹备组的，不影响筹备组的成立。物业服务企业应当协助筹备组开展筹备工作。

筹备组由七至十名成员组成，其中街道办事处代表一名、社区党委或者物业管理区域基层党组织代表一名、业主代表三至五名、辖区公安派出所代表一名、社区居民委员会代表一名、建设单位代表一名，筹备组组长由街道办事处代表担任。

筹备组中的业主代表由街道办事处在民主推荐的基础上从遵纪守法、热心公益的业主中确定并公示，业主代表资格应当符合本条例有关业主委员会委员候选人资格的规定。

筹备组业主代表不得担任首届业主委员会委员。

第二十一条 筹备组应当自成立之日起一个月内组织召开首次筹备工作会议。

筹备组应当自首次筹备工作会议召开之日起六个月内组织召开首次业主大会会议。首次筹备工作会议召开之日起六个月内无法召开首次业主大会会议或者首次业主大会会议未能选举产生业主委员会的，经街道办事处批准，可以延长三个月。

筹备组自物业承接查验工作结束后，自行解散。

第二十二条 筹备组负责下列筹备工作：

（一）确认并公示业主名单、业主人数和总投票权数；

（二）确定首次业主大会会议召开时间、地点、方式和议题；

（三）拟订管理规约草案和业主大会议事规则草案；

（四）确定首次业主大会会议表决规则；

（五）确定业主委员会委员、候补委员候选人产生办法和名单；

（六）制定首届业主委员会选举办法；

（七）首次业主大会会议的其他准备工作。

筹备组成员就筹备工作意见不一致的，由筹备组组长作出决定。筹备组发布的通知或者公告，应当加盖街道办事处公章。

本条第一款所列事项应当在首次业主大会会议召开十五日前予以公示。业主对公示内容有异议的，筹备组应当在首次业主大会会议召开之前研究处理并作出答复。

第三节 业 主 大 会

第二十三条 物业管理区域全体业主组成业主大会。

一个物业管理区域依法成立一个业主大会，并选举产生业主委员会。业主大会通过业主大会会议和业主委员会行使职权。

物业管理区域业主不足十人，经全体业主一致同意并作出书面决定不成立业主大会的，由全体业主共同履行业主大会和业主委员会职责。

第二十四条 首次业主大会会议召开并选举产生业主委员会之日起十五日内，由业主委员会向物业所在地区住房和建设部门办理业主大会备案。

区住房和建设部门受理备案材料后，经审查符合条件的，应当在十个工作日内颁发备案通知书并发放统一社会信用代码证书。业主大会取得备案通知书后，由业主委员会依法申请刻制业主大会、业主委员会相关印章。

第二十五条 除本条例另有规定外，下列事项由业主大会会议作出决定：

（一）制定或者修改管理规约、业主大会议事规则；

（二）选举或者更换业主委员会委员、选举业主委员会候补委员；

（三）审议业主大会年度计划和预算方案；

（四）审议业主委员会工作报告；

（五）制定共有物业和业主共有资金使用与管理办法；

（六）选聘、续聘、解聘物业服务企业；

（七）筹集、管理和使用物业专项维修资金；

（八）申请改建、重建建筑物及其附属设施，改变共有物业用途；

（九）确定或者变更物业管理方式、服务内容、服务标准和收费方案，确定需要由全体业主公摊费用的收取标准；

（十）决定物业管理区域其他有关事项。

前款第一至八项所列事项不得授权业主委员会决定。

管理规约和业主大会议事规则应当自通过之日起三日内予以公示，并由业主委员会保管。

第二十六条 业主大会会议分为定期会议和临时会议，由业主委员会召集，或者由物业所在地街道办事处依法召集。

业主大会会议召集人应当于会议召开十五日前将会议议题及其具体内容、时间、地点、方式等予以公示。

业主大会会议不得就已公示议题以外的事项进行表决。

业主大会会议可以采用书面形式或者通过互联网方式召开。

业主大会会议采用互联网方式表决的，应当通过市住房和建设部门建立的电子投票系统进行。

第二十七条 业主大会定期会议每年至少召开一次。

经业主总人数百分之二十以上业主或者持投票权数百分之二十以上业主提议，或者有业主大会议事规则规定的其他情形时，业主委员会应当召集业主大会临时会议。

召开住宅物业的业主大会会议，应当提前三个工作日书面告知物业所在地社区居民委员会。社区居民委员会应当派员列席会议或者了解会议情况。

业主大会未能及时召开，或者会议未能形成相关决议决定，以及业主就会议议题内容存在重大意见分歧的，业主委员会应当及时向社区党委报告。

第二十八条 业主委员会未按照规定召集业主大会会议的，业主可以请求物业所在地街道办事处责令限期召集；逾期仍未召集的，由物业所在地街道办事处组织召集。

第二十九条 业主大会会议表决采用记名投票的方式进行。

一个专有部分拥有一个表决票或者选举票，每张表决票或者选举票上应当标明该专有部分的投票权数。

第三十条 业主大会会议参会业主人数和参会业主所持投票权数符合法律规定比例的，业主大会会议方为有效。业主大会会议作出决定，应当符合法律规定的参会业主人数比例和参会业主所持投票权数比例。

第三十一条 业主大会会议依法作出的决定，对本物业管理区域全体业主、物业使用人具有约束力。

业主大会会议召集人应当自业主大会会议作出决定之日起三日内将决定予以公示。

第三十二条 业主大会可以设立业主监事会或者监事，监督业主委员会的工作。具体办法由市住房和建设部门另行制定。

第四节 业主委员会

第三十三条 业主委员会由五至十七名委员组成，组成人数为单数，具体人数根据该物业管理区域的实际情况确定。候补委员人数按照不超过委员人数确定。候补委员列席业主委员会会议，不具有表决权。

业主委员会设主任一名，由业主委员会从委员中选举产生。

鼓励和支持符合条件的物业管理区域中国共产党基层组织委员会委员通过规定程序担任业主委员会委员。

业主委员会可以聘请执行秘书和财务人员，负责处理业主委员会日常事务和财务工作。执行秘书、财务人员的工作职责及薪酬标准由业主大会确定。

业主委员会应当向全体业主公开业主委员会主任、委员、执行秘书的联系方式。

第三十四条 业主委员会是业主大会的执行机构，接受业主大会、业主监事会或者监事以及业主的监督。

业主委员会履行下列职责：

（一）召集业主大会会议，向业主大会报告工作；

（二）编制业主大会年度预算、决算方案；

（三）拟订共有物业、业主共有资金使用与管理办法；

（四）组织和监督物业专项维修资金的筹集和使用；

（五）拟订物业服务内容、标准以及收费方案或者需要由全体业主公摊费用的收取标准；

（六）制定档案和印章管理制度，制作和保管会议记录、共有物业档案、会计凭证、会计账簿、财务报表等有关文件及印鉴，并建立相关档案；

（七）督促业主、物业使用人遵守管理规约，催缴拖欠的物业管理费、物业专项维修资金；

（八）调解物业管理纠纷；

（九）法律、法规规定或者业主大会授予的其他职责。

第三十五条 业主委员会委员、候补委员应当为本物业管理区域的自然人业主或者单位业主授权的自然人代表，并符合下列条件：

（一）具有完全民事行为能力；

（二）本人、配偶及其直系亲属未在为本物业管理区域提供物业服务的企业任职；

（三）书面承诺积极、及时、全面履行工作职责。

有下列情形之一的，不得担任业主委员会委员、候补委员：

（一）因故意犯罪被判处刑罚，执行期满未逾五年；

（二）候选人报名日期截止前三年内，因物业管理相关违法行为受到行政处罚；

（三）候选人报名日期截止前三年内欠缴物业管理费或者物业专项维修资金累计达三个月以上；

（四）因违法违纪等原因被国家机关、企业事业单位开除公职或者辞退；

（五）有较为严重的个人不良信用记录或者严重违反社会公德造成恶劣影响；

（六）法律、法规规定其他不宜担任业主委员会委员、候补委员的情形。

第三十六条 业主委员会委员、候补委员候选人由筹备组进行资格审查与确定。十名以上业主联名可以向筹备组推荐候选人，物业所在地社区党委也可以向筹备组推荐候选人。同一业主只能推荐一名候选人。筹备组在确定候选人名单之前应当征得物业所在地社区党委同意。

筹备组确定业主委员会委员、候补委员候选人名单后，应当予以公示。

业主委员会委员实行差额选举，差额比例不得低于百分之二十。

第三十七条 业主委员会委员、候补委员的首轮选举应当获得参会业主所持投票权数过半数和参会业主人数过半数同意。

如果首轮选举未能足额选出委员、候补委员的，则按照不少于尚未选出的委员、候补委员名额的百分之一百二十从尚未当选的候选人中依照首轮选举的得票顺序确定第二轮选举的候选人。第二轮选举的候选人按照该轮选举的得票顺序当选。

得票顺序按照所得投票权数占参会业主总投票权数的比例，与所得投票人数占参会业主人数的比例之和的大小确定，两者之和相等的，所得投票权数较多者排名靠前，所得投票权数相等的，抽签确定排名顺序。

第三十八条 业主委员会委员、候补委员、监事、执行秘书和财务人员不得有下列行为：

（一）阻挠、妨碍业主大会行使职权或者拒不执行业主大会决定；

（二）弄虚作假，隐瞒事实真相，转移、隐匿、篡改、毁弃或者拒绝、拖延提供物业管理有关文件、资料，或者擅自使用业主大会、业主委员会印章；

（三）违反业主大会议事规则或者未经业主大会授权与物业服务企业签订、修改物业服务合同；

（四）侵占、挪用业主共有资金，将业主共有资金借贷给他人或者以业主共有资金为他人提供担保；

（五）收受物业服务企业或者与其履行职务有利害关系的单位或者个人提供的红包礼金、减免收费、停车便利等利益；

（六）违规泄露业主信息；

（七）与本业主大会订立合同或者进行交易；

（八）为在本物业管理区域提供服务的物业服务企业承揽、介绍相关业务或者推荐他人就业；

（九）拒不执行街道办事处、相关主管部门关于本物业管理区域的整改要求或者人民法院有关裁判；

（十）侵害业主合法权益的其他行为。

第三十九条 除任期届满外，业主委员会委员、候补委员有下列情形之一时，其职务自行终止，由业主委员会公示，并向业主大会报告：

（一）不再是本物业管理区域的业主；

（二）丧失民事行为能力；

（三）因犯罪被判处刑罚；

（四）存在本条例第三十八条所列禁止行为且受到行政处罚；

（五）以书面形式向业主大会或者业主委员会提出辞职之日起一个月后。

第四十条 业主委员会委员、候补委员有下列情形之一的，由业主委员会决定中止其职务并予以公示，提请下次业主大会会议决定终止或者恢复其职务：

（一）不履行业主义务、不遵守管理规约，经劝阻后拒不改正；

（二）一年内两次无故缺席或者一年内五次请假缺席业主委员会会议；

（三）本人、配偶及其直系亲属在为本物业管理区域提供物业服务的企业任职；

（四）因违法违纪接受调查且被采取相应强制措施；

（五）其他不适宜担任业主委员会委员、候补委员的情形。

业主委员会未依照前款规定作出中止职务决定的，由街道办事处责令限期作出；逾期未作出的，由街道办事处作出中止相应人员职务的决定并予以公示。

中止业主委员会委员、候补委员职务时，应当允许该委员、候补委员提出申辩并记录归档。

第四十一条 业主委员会委员职务终止后，由业主委员会从候补委员中按照得票顺序依次递补为委员并予以公示，在公示结束之日起十五日内向区住房和建设部门备案。

全部候补委员递补为委员后，业主委员会委员人数低于原有人数百分之五十的，应当告知街道办事处，依照本条例关于业主委员会换届选举的规定重新选举业主委员会。

第四十二条 业主委员会每届任期五年，委员任期与业主委员会任期相同。

业主委员会任期届满六个月前，街道办事处应当成立由业主代表和街道办事处、社区党委或者物业管理区域基层党组织、辖区公安派出所、社区居民委员会派员组成的业主委员会换届小组（以下简称换届小组）。

换届小组具体组成和工作办法由市住房和建设部门参照本条例有关筹备组的规定制定。

第四十三条 业主委员会委员不领取劳动报酬。业主大会可以根据业主委员会委员的工作情况，决定给予其适当津贴。

实行业主委员会主任任期和离任经济责任审计，审计事项由业主大会决定，审计费用从业主共有资金中列支。

第四十四条 业主委员会应当自换届小组成立后三个工作日内，将其保管的有关财务凭证、业主清册、会议纪要等档案资料、印章以及其他属于业主大会所有的财物移交换届小组。业主大会、业主委员会依法需要使用上述物品的，换届小组应当及时提供。

新一届业主委员会选举产生后向区住房和建设部门办理备案。换届小组应当在完成备案后十个工作日内，将其保管的前款物品移交新一届业主委员会，并自行解散。

业主委员会未按照本条第一款规定移交有关物品的，由街道办事处责令限期移交；拒不移交的，辖区公安机关应当予以协助。

第四十五条 物业管理区域分期开发的，可以在分期开发期间成立业主大会，选举产生业主委员会，并为后期开发物业预留业主委员会委员名额。

后期开发物业交付使用后，应当增补业主委员会委员和候补委员，但增补后的业主委员会委员总人数不得超过本条例第三十三条规定的最高人数。

第四十六条 业主可以查阅业主大会、业主委员会、监事会所有会议资料，并有权就物业管理事项向业主委员会、监事会或者监事提出询问，业主委员会、监事会或者监事应当及时予以答复。

业主委员会应当定期将工作情况通报全体业主，并每半年公示业主委员会委员、候补委员、监事缴纳物业专项维修资金、物业管理费、停车费情况以及停车位使用情况。

第四十七条 业主大会、业主委员会的决定应当符合法律、法规和管理规约、业主大会议事规则的规定，且不得作出与本物业管理区域物业管理无关的决定。业主委员会作出的决定违反法律、法规和管理规约、业主大会议事规则的规定，或者作出与本物业管理区域物业管理无关的决定，由签字同意该决定的业主委员会委员承担相应的法律责任。

业主大会、业主委员会作出的决定侵害业主合法权益的，受侵害的业主可以请求人民法院予以撤销；业主大会、业主委员会作出的决定侵害公共利益的，由街道办事处或者区住房和建设部门责令改正，拒不改正的，由街道办事处或者区住房和建设部门予以撤销。

第四十八条 住宅物业管理区域物业出租面积达到一定比例的，应当邀请承租人代表列席业主委员会会议，具体办法由业主大会议事规则确定。

第四章 前期物业管理

第四十九条 物业管理区域依法成立业主大会之前，建设单位应当选聘物业服务企业提供前期物业服务，并按照有关规定拟定临时管理规约。

建设单位选聘物业服务企业提供前期物业服务，应当签订前期物业服务合同，前期物业服务合同期限由建设单位和物业服务企业约定，最长期限不超过二年。

前期物业服务合同期满，尚未成立业主大会，物业服务企业继续按照原合同提供服务的，经物业管理区域占业主总人数百分之五十以上的业主或者占全体业主所持投票权数百分之五十以上的业主联名书面提出更换物业服务企业的，可以由街道办事处通过招投标方式选取物业服务企业提供物业服务。

第五十条 建设单位在办理房地产买卖合同备案时，应当将前期物业服务合同、临时管理规约同时报送备案。

经备案的前期物业服务合同和临时管理规约，应当作为建设单位与物业买受人签订的房地产买卖合同附件。

第五十一条 提供前期物业服务的企业应当自与建设单位签订前期物业服务合同之日起十日内，在与物业管理信息平台共享相关数据的银行（以下简称数据共享银行）设立用于存储业主共有资金的专门账户，作为业主共有资金共管账户。业主大会设立业主共有资金基本账户后十五日内，物业服务企业应当将业主共有资金转入业主共有资金基本账户，并撤销业主共有资金共管账户。

提供前期物业服务企业应当接受筹备组、业主大会对业主共有资金收支情况的监督。

第五十二条 前期物业服务合同期间，住宅物业管理费实行政府指导价。

前期物业管理合同期间的物业管理费和日常收取的专项维修资金由业主承担，共有物业收益属于业主共有，由前期物业服务企业代为收取，并存入业主共有资金共管账户。物业管理费不足以支付保修责任范围之外的共有物业维修、养护费用时，建设单位应当及时补足。

第五十三条 物业承接查验应当自业主大会完成备案之日起三十日内由业主大会与建设单位、物业服务企业共同进行。提供前期物业服务的企业不得擅自代为承接查验。筹备组应当对承接查验过程进行指导和协调。

筹备组依照本条例规定，经街道办事处批准延长三个月仍无法召开首次业主大会并选举产生业主委员会的，由筹备组监督指导提供前期物业服务的企业代为承接查验。

物业承接查验前，业主大会、物业服务企业应当与建设单位签订承接查验协议，对承接查验的基本内容、各方权利义务、存在问题的解决方式及其时限、违约责任等事项作出明确约定。

市住房和建设部门应当组织制定物业承接查验规范，明确承接查验具体标准和程序。

第五十四条 物业承接查验的费用由建设单位承担。业主大会或者筹备组可以聘请专业机构或者技术人员参与承接查验，费用由业主大会或者全体业主承担。

第五十五条 前期物业服务合同期满后，业主共同决定更换物业服务企业的，提供前期物业服务的企业应当在业主委员会要求或者业主共同决定的合理期限内退出物业管理区域，并配合选聘的物业服务企业接管。

第五章 物业服务

第五十六条 一个物业管理区域应当由一个物业服务企业统一提供物业服务，但是业主自行管理的除外。

除业主大会决定继续聘用原物业服务企业之外，住宅物业管理区域业主大会选聘物业服务企业应当公开招标。投标人少于三个的，应当依法重新招标；重新招标后投标人仍少于三个的，经业主大会决定可以协议选聘物业服务企业。

鼓励业主大会通过住房和建设部门建立的招投标平台选聘物业服务企业。

由政府财政性资金支付物业服务费的物业，其管理单位选聘物业服务企业时，相关标准和程序按照政府采购的有关规定执行。

第五十七条 从事物业服务的企业应当具有独立法人资格。物业服务企业应当在物业管理区域设立独立核算的服务机构。

物业服务企业应当按照法律、法规的规定和物业服务合同的约定履行义务。

鼓励和引导物业服务企业参与基层社会治理，履行综合治理相关责任。

第五十八条 业主大会选聘物业服务企业提供物业服务，应当签订物业服务合同，约定物业服务内容、物业服务费标准、合同期限等。

本条例实施前签订的物业服务合同，合同期限延续至本条例实施后的，继续按照合同约定执行；合同到期后，按照本条例的相关规定执行。

物业服务内容约定不明的，参照市住房和建设部门发布的物业服务标准执行。

物业服务企业应当在签订物业服务合同之日起十五日内将物业服务合同副本报物业所在地区住房和建设部门备案。

第五十九条 物业服务费由业主大会与物业服务企业根据服务内容、服务标准、人力成本、物价水平等因素在物业服务合同中约定，按照一定比例或者数额从物业管理费中提取并支付给物业服务企业。

第六十条 物业服务实行项目负责人制度。物业服务企业应当按照物业服务合同约定，指派项目负责人负责物业服务项目的运营和管理。除物业服务合同另有约定外，项目负责人只能在一个物业服务项目任职。

物业服务企业更换项目负责人的，应当及时告知业主委员会并予以公示。

第六十一条 物业服务企业应当将下列信息予以公示：

（一）物业服务企业的营业执照、项目负责人的基本情况、联系方式以及物业服务投诉电话；

（二）物业服务内容、服务标准、收费项目、收费标准、收费方式等；

（三）电梯、消防、监控、人民防空等专项设施设备的日常维修保养单位名称、资质、联系方式、应急处置方案等；

（四）上一年度物业服务合同履行以及物业服务项目收支情况、本年度物业服务项目收支预算；

（五）公共水电费用分摊情况、物业管理费与物业专项维修资金使用情况；

（六）业主进行房屋装饰装修活动的情况。

业主对公示内容有异议的，物业服务企业应当予以答复。

第六十二条 物业服务企业及其工作人员不得有下列行为：

（一）挪用、侵占业主共有资金；

（二）擅自改变物业管理用房等共有物业用途；

（三）违规泄露业主信息；

（四）其他违反相关规定，损害业主利益的行为。

第六十三条 物业服务企业可以根据物业服务合同约定，聘请专业机构承担特种设备维修养护、清洁卫生、园林绿化、工程施工等专项服务。但是，不得将该物业管理区域全部物业服务一并委托给其他单位或者个人。

第六十四条 物业服务企业应当遵守安全生产、公共卫生、治安、消防、防灾管理等有关公共安全法律、法规的规定，制定物业管理区域安全防范应急预案，在相关部门指导下做好物业管理区域的安全管理工作。安全防范应急预案应当报区住房和建设部门备案，区住房和建设部门应当对安全防范应急预案的制定和实施给予必要的指导。

发生安全事故或者其他突发事件时，物业服务企业应当及时采取应急措施，并按照规定向有关行政管理部门或者相关专营单位报告，协助做好相关工作。

第六十五条 物业服务企业应当在物业服务合同终止之日起三十日内与业主大会办理交接，退出物业管理区域。

物业服务合同终止后，物业服务企业不得以业主欠交物业管理费、部分物业权属存在争议或者对业主大会、业主委员会、筹备组以及行政主管部门的决定有异议等为由拒绝办理交接。

物业服务企业应当在办理交接至退出物业管理区域期间，维持正常的物业管理秩序。

第六十六条 物业服务企业办理物业管理交接，应当同时移交下列资金、资料和物品：

（一）业主共有资金共管账户内业主共有资金结余；

（二）业主委员会办公用房、物业服务办公用房、物业管理设施设备用房；

（三）物业承接查验资料；

（四）提供物业服务期间形成的有关物业及设施设备改造、维修、运行、保养的资料；

（五）利用共有物业从事经营活动的相关资料、公共水电分摊费用缴纳记录等资料；

（六）其他应当移交的资金、资料和物品。

物业服务企业拒不移交前款资金、资料和物品或者拒绝退出物业管理区域的，业主委员会或者业主可以向街道办事处和区住房和建设部门报告，并可以向辖区公安机关请求协助；物业服务企业有破坏设施设备、毁坏账册等违法行为的，由公安机关依法处理。

第六十七条 物业服务合同期满前，业主大会或者物业服务企业解除合同，或者物业服务合同期满后，业主大会未与物业服务企业续签合同且未另行选聘物业服务企业的，业主委员会可以提请街道办事处选取物业服务企业提供物业服务。

街道办事处选取物业服务企业应当通过招投标方式。

第六十八条 物业管理区域供水、供电、供气、通讯等相关专营单位应当向最终用户收取有关费用。相关专营单位委托物业服务企业代收代缴有关费用和进行有关设施设备日常维修养护的，应当签订委托协议，明确委托的主要事项和费用支付标准与方式。未签订委托协议的，由相关专营单位自行负责相关工作，法律、法规另有规定的除外。

未经供水、供电、供气等相关专营单位或者业主授权、行政决定或者司法裁决，物业服务企业不得对共有物业或者物业专有部分实施停水、停电、停气。但是，可能对业主利益或者公共安全造成重大损失的紧急情形除外。

第六十九条 业主大会可以决定自行管理本物业管理区域。

业主大会决定自行管理的，应当在区住房和建设部门指导下制定自行管理方案。电梯、消防、人民防空、技术安全防范等涉及人身财产安全以及其他有特定要求的设施设备的维修和养护，应当按照有关规定管理。

第六章 业主共有资金管理

第七十条 业主共有资金包括：

（一）共有物业收益；

（二）物业专项维修资金；

（三）物业管理费；

（四）业主依据管理规约或者业主大会决定分摊的费用；

（五）其他合法收入。

未经业主大会决定或者授权，任何单位和个人不得使用业主共有资金。

业主共有资金监督管理办法由市住房和建设部门另行制定。

第七十一条 除物业专项维修资金外，业主共有资金用于下列支出：

（一）物业服务费；

（二）业主委员会委员津贴、业主大会聘用人员的费用；

（三）经业主大会会议决定的其他年度预算支出；

（四）业主大会会议决定或者依法应当支出的其他费用。

业主共有资金除银行储蓄或者依法购买国债外，不得用于其他投资，不得借贷给他人或者为他人提供担保。

第七十二条 业主大会可以在数据共享银行开设业主共有资金基本账户，也可以继续使用物业服务企业在数据共享银行开设的业主共有资金共管账户。

业主共有资金开户账户单位应当按照国家有关规定建立健全财务管理制度，保证资金安全，并通过物业管理信息平台，向全体业主实时公开业主共有资金基本账户或者共管账户信息。

第七十三条 业主共有资金账户开户单位应当定期与数据共享银行核对业主共有资金账目，并按季度公示下列情况：

（一）业主共有资金缴存及结余情况；

（二）发生列支的项目、费用和分摊情况；

（三）业主拖欠物业管理费、物业专项维修资金和其他分摊费用的情况；

（四）其他有关业主共有资金使用和管理情况。

第七十四条 设立业主监事会或者监事的，业主监事会或者监事应当按季度对业主共有资金收支情况进行核查并公示核查情况。

未设立业主监事会或者监事的，业主大会可以委托专业机构对业主共有资金收支情况进行核查并公示核查情况。

业主对业主共有资金收支情况有异议的，经物业管理区域占业主总人数百分之二十以上的业主或者占全体业主所持投票权数百分之二十以上的业主联名，可以提议业主大会进行审计。提议经业主大会会议表决通过后，由业主大会委托会计师事务所进行审计并公示审计报告，审计费用从业主共有资金中列支。

业主对前款审计报告有异议的，经与前款相同比例的业主联名向物业所在地街道办事处提出书面要求后，由街道办事处组织另行进行审计。

第七章 物业安全管理与使用维护

第一节 物业安全管理

第七十五条 物业服务企业负责物业管理区域共有物业安全检查和维护保养，并承担超过保修期或者合理使用年限后的物业安全管理责任。

业主负责物业专有部分安全检查和维护保养。

业主委员会、物业服务企业对维护保养、改造物业及配置固定设施设备而形成的资料，应当妥善保管并建立电子档案。

第七十六条 建立房屋安全定期检测检验制度。业主大会应当委托专业机构对房屋安全定期进行检测检验，并加强房屋使用安全管理。

鼓励业主、业主大会、物业服务企业购买物业安全、房屋及公共设施维修保险。

第七十七条 业主、物业使用人对其所有或者使用的窗户、阳台、搁置物、悬挂物等可能影响公共安全的物品和设施承担安全管理责任。

物业服务企业应当加强对物业天面、外墙、楼梯间等共有物业的日常巡查。发现业主、物业使用人使用的窗户、阳台、搁置物、悬挂物存在安全隐患的，应当通知业主或者物业使用人及时处理；发现有影响相关专营设施安全情形的，应当及时报告相关专营单位；发现本条例第八十二条第一款第三项所列情形的，依照该条第二款、第三款的规定处理。

物业天面、外墙的清洗、粉刷事项，按照本市有关建筑物和公共设施清洗翻新的相关规定执行，所需费用从业主共有资金中列支。

第七十八条 物业管理区域禁止从建筑物抛掷物品危害他人安全或者破坏环境卫生。

经业主共同决定，物业服务企业可以采取适当的技术措施就前款禁止的行为采集相应证据，但是不得侵犯他人隐私。

第七十九条 物业管理区域禁止下列行为：

（一）损坏或者擅自变动房屋承重结构和主体结构；

（二）将房间或者阳台改为卫生间、厨房，或者将卫生间改在下层住户的卧室、起居室（厅）、书房和厨房的上方；

（三）未经批准擅自改变房屋内部防火分隔，影响消防安全和疏散要求；

（四）破坏或者擅自改变房屋外观；

（五）违法建造建筑物、构筑物；

（六）损坏或者擅自占用、改建共有物业；

（七）损坏或者擅自占用、移装共用设施设备；

（八）擅自建设、接驳排水系统；

（九）法律、法规禁止的其他行为。

物业管理区域发生前款所列行为时，业主、物业使用人有权投诉、举报，物业服务企业、业主委员会应当及时劝阻；劝阻无效的，物业服务企业、业主委员会应当及时报告街道办事处或者有关职能部门；街道办事处或者有关职能部门应当依法及时处理，相关业主、物业使用人应当予以配合。

第八十条 业主或者物业使用人装饰装修物业专有部分，或者进行其他涉及专有部分安装、维修及高空作业等活动的，应当事先告知物业服务企业；物业使用人应当同时提供业主同意装饰装修物业专有部分，或者其他涉及专有部分安装、维修及高空作业的书面意见。

物业服务企业应当将相关禁止行为和其他注意事项书面告知业主或者物业使用人，并按照物业服务合同约定或者管理规约规定进行监督。

第八十一条 物业服务企业从事装饰装修和安装、维修及高空作业监督工作时，业主或者物业使用人应当予以配合。

供水、排水、供电、供气、通讯等相关专营单位因维修养护、改造物业管理区域设施设备或者设置管线等，需要进入物业管理区域或者使用物业专有部分时，物业服务企业、业主委员会和业主等应当予以配合，并不得违规收取费用。

第八十二条 物业管理区域有下列情形时，物业服务企业应当立即采取应急处置措施，保障安全：

（一）供水、排水、供电、供气设施设备发生故障或者其他影响正常使用的情况；

（二）电梯、消防设施发生故障；

（三）外墙墙面存在脱落危险、外墙或者屋顶出现渗漏等情况；

（四）其他危及物业安全的紧急情况。

发生前款第一项情形的，物业服务企业应当及时报告相关专营单位；发生前款第二至四项情形的，物业服务企业应当及时报告业主委员会、街道办事处，并进行应急维修，应急维修费用从业主共有资金账户或者物业专项维修资金专户中支出。

物业存在安全隐患经鉴定属于危险房屋的，按照国家有关危险房屋的规定处理。

第八十三条 应急维修费用从物业专项维修资金专户中支出的，由物业服务企业向区住房和建设部门申请划拨。金额在十万元以下的，物业服务企业持业主委员会的书面意见向区住房和建设部门申请划拨；金额在十万元以上的，物业服务企业还应当出具街道办事处的审核意见或者相关部门整改通知书等资料，以及具有造价咨询资质的专业机构审核的预算报告。应急维修费用具体划拨程序按照物业专项维修资金管理的相关规定执行。物业服务企业先行垫付应急维修费用的，可以在维修工程竣工验收合格以后，向区住房和建设部门出具上述相关文件，办理核销手续。

第八十四条 对住宅物业共有部分进行增设电梯等二次开发、改造的，应当经本幢或者本单元全体业主所持投票权数三分之二以上和业主总人数三分之二以上多数同意，并符合规划、土地、建设、特种设备、环境保护、消防等法律、法规规定和技术规范。

住宅物业共有部分增设电梯免于规划选址、建设用地规划许可和用地审批手续。

第二节 物业使用及专项维修资金

第八十五条 物业管理区域用于停放汽车的车位、车库，应当首先满足本区域内业主的停车需要。

物业服务企业应当将车位、车库的使用情况按月予以公示。公示内容包括可以使用车位、车库的总数，车位、车库使用信息等。

第八十六条 规划和自然资源部门应当在土地出让合同中与建设单位约定物业管理区域的车位、车库权属。

住宅物业的车位、车库约定归建设单位所有的，其所有的车位、车库只能出售、附赠、出租给本物业管理区域的业主。建设单位应当在房屋预售或者现售时，将本物业管理区域用于出售、附赠、出租的车位、车库的数量予以公示，并在房地产买卖合同中明示。

第八十七条 物业管理区域依法配建的人民防空工程平时用于停放汽车的，应当开放使用并保持人民防空功能，按照“谁受益、谁负责”的原则，由人民防空工程停车位使用费收取方负责维修、保养。

第八十八条 一个物业管理区域有两个以上独立产权单位和房屋所有权人的，应当设立物业专项维修资金。物业专项维修资金包括首期归集的专项维修资金和日常收取的专项维修资金。

物业专项维修资金的管理，遵循按幢立账、专户存储、核算到户、专款专用、拨付快捷的原则。

物业专项维修资金具体管理办法，由市住房和建设部门另行制定。

第八十九条 市住房和建设部门应当在数据共享银行设立物业专项维修资金专户，对物业专项维修资金的收取、存储、使用、增值和查询等进行统一监督管理。

第九十条 首期归集的专项维修资金由建设单位按照物业项目建筑安装工程总造价的百分之二，在办理该物业项目不动产首次登记前一次性划入指定的物业专项维修资金专户。市住房和建设部门应当根据物业不同类型，分别制定各类物业建筑安装工程总造价标准，并向社会公布。

市人民政府可以根据本市实际情况，对首期归集的专项维修资金缴纳标准在不超过国家规定的幅度范围内进行适度调整。

第九十一条 业主应当按照规定缴纳日常收取的专项维修资金。业主缴纳日常收取的专项维修资金可以在缴纳物业管理费时一并缴纳；经业主共同决定，也可以用共有物业收益缴纳或者补足。

业主大会决定将物业管理区域日常收取的专项维修资金移交市物业专项维修资金管理机构统一管理的，由业主大会或者物业服务企业按月存入物业专项维修资金专户；业主大会决定不将日常收取的专项维修资金移交市物业专项维修资金管理机构统一管理的，应当存入业主共有资金账户，由业主大会自行依法管理。

日常收取的专项维修资金的缴纳标准由市住房和建设部门会同市发展改革部门制定。

第九十二条 物业专项维修资金用于物业保修期满后共有物业的安全检测鉴定、维修、更新、改造。除本条例第八十二条规定的应急维修情形外，由业主大会根据物业专项维修资金管理的相关规定决定使用。

第九十三条 物业专项维修资金专户的余额低于首期归集的专项维修资金百分之三十的，业主大会应当续筹。

第九十四条 建设单位未按照规定缴清首期归集的专项维修资金的，不动产登记机构不予办理该项目不动产首次登记。

业主未缴清物业专项维修资金的，物业专项维修资金管理机构可以向不动产登记机构提出不予办理转移或者抵押登记的意见，不动产登记机构不予办理转移或者抵押登记。业主缴清物业专项维修资金后，物业专项维修资金管理机构应当及时告知不动产登记机构解除对其房地产登记的限制措施。

物业被依法拍卖的，拍卖机构应当在拍卖前明示该物业的专项维修资金缴纳情况。

物业管理区域由一个独立产权单位申请分割为两个以上独立产权单位的，申请人应当按照首次转移登记时同类物业项目缴纳标准缴清物业专项维修资金，未缴清的，不动产登记机构不予办理不动产转移登记。

第九十五条 建设单位未按照规定缴纳公用设施专用基金或者首期归集的专项维修资金的，由区住房和建设部门予以追缴，业主大会也可以依法追缴。

业主未按照规定缴纳住宅维修基金或者物业专项维修资金的，由业主委员会催缴，也可以由业主委员会委托物业服务企业代为催缴。

第九十六条 业主转让物业并办理转移登记的，其名下的物业专项维修资金余额随物业一并转让，业主无权要求返还物业专项维修资金余额；因拆迁或者其他原因造成物业灭失的，经业主大会或者建设单位申请，应当将物业专项维修资金余额退还业主。

第九十七条 物业共同共有部分的维修、更新、改造需要使用物业专项维修资金的，应当符合法律规定的业主人数比例和业主所持投票权数比例。支出的资金由物业管理区域全体业主按照各自拥有的物业专有部分建筑面积比例共同承担。

物业部分共有部分的维修、更新、改造需要使用物业专项维修资金的，应当经该部分共有物业总建筑面积三分之二以上的业主且占该部分共有物业总人数三分之二以上的业主同意，但不得与业主大会对物业共同共有部分作出的决定相抵触。支出的资金由该共有部分业主按照各自拥有的物业专有部分建筑面积比例共同承担。

第九十八条 除本条例第八十二条规定的情形外，未将日常收取的专项维修资金移交物业专项维修资金管理机构统一管理的物业管理区域，需要使用物业专项维修资金的，应当首先使用未移交的物业专项维修资金。

物业专项维修资金专户余额低于首期归集专项维修资金百分之三十的，只能用于本条例第八十二条所列应急维修事项。

第八章 监督管理

第九十九条 市、区住房和建设部门、街道办事处依法履行本条例规定的职责时，有权进入被检查的物业管理区域和相关单位工作场所实施现场检查，要求被检查单位提供有关文件、资料并对有关情况作出说明。

有关单位和个人应当配合市、区住房和建设部门、街道办事处的监督检查，不得拒绝或者阻碍监督检查人员依法执行职务。

第一百条 市、区住房和建设部门应当建立业主、业主委员会、监事、物业服务企业、物业管理项目负责人、执行秘书信用信息档案，将涉及物业管理的违法行为、行政处罚决定等有关信息进行记录并通过物业管理信息平台予以公布。

第一百零一条 市住房和建设部门可以根据本条例第一百条所列单位和人员的信用信息记录等情况依法实施分类监管，建立相应的激励和惩戒制度。分类监管的具体办法，由市住房和建设部门依照有关规定另行制定。

第一百零二条 公安机关负责依法查处住宅物业管理区域影响公共安全和公共秩序的违法行为，对监控安防、车辆停放等开展监督检查。

消防救援机构负责依法查处物业管理区域的消防违法行为。

第一百零三条 城市管理和综合执法部门负责物业管理区域乱设摊点、占用和损坏绿地、擅自伐移树木、违规养犬、户外广告、垃圾分类、饮食服务业油烟污染等行为的监督检查。

第一百零四条 鼓励物业服务企业加入物业服务行业协会，加强自律管理，规范行业经营行为，促进行业健康发展。

第一百零五条 完善物业管理纠纷处理机制，鼓励通过协商、调解、仲裁等方式解决物业管理纠纷，促进和谐社区建设。

第九章 法律责任

第一百零六条 业主大会有下列情形之一的，由区住房和建设部门给予警告，并责令限期改正；逾期未改正的，对相关责任人处一万元以上三万元以下罚款：

（一）违反本条例第八条第四款规定，将物业管理区域地上以及地下建筑物、设施设备和相关场地进行分割管理；

（二）违反本条例第七十二条第二款规定，未按照国家有关规定建立财务管理制度；

（三）违反本条例第七十三条规定，未定期与数据共享银行核对本物业管理区域业主共有资金账目并按季度公示；

（四）违反本条例第九十三条规定，未续筹物业专项维修资金。

第一百零七条 业主委员会有下列情形之一的，由区住房和建设部门给予警告，并责令限期改正；逾期未改正的，对相关责任人处一万元以上三万元以下罚款：

（一）违反本条例第二十七条规定，逾期未召集业主大会会议；

（二）违反本条例第三十九条规定，未公示终止职务的业主委员会委员、候补委员名单；

（三）违反本条例第四十一条第一款规定，未办理业主委员会候补委员递补备案手续；

（四）违反本条例第四十六条规定，未按照规定将业主大会、业主委员会会议资料提供给业主查阅，或者未定期公示业主委员会委员、候补委员、监事缴纳物业管理费、停车费情况以及停车位使用情况；

（五）违反本条例第八十一条第二款规定，未配合相关专营单位维修养护、改造物业管理区域相关设施设备或者设置管线。

第一百零八条 业主大会、业主委员会违反本条例第七十一条第二款规定，将业主共有资金用于银行储蓄和依法购买国债以外的其他投资、借贷给他人或者为他人提供担保的，由区住房和建设部门责令限期改正；逾期未改正的，对相关责任人处二万元以上五万元以下罚款。

第一百零九条 业主委员会委员、候补委员、监事、执行秘书和财务人员违反本条例第三十八条规定，由区住房和建设部门给予警告，并处一万元以上三万元以下罚款，有违法所得的，没收违法所得。

第一百一十条 建设单位有下列情形之一的，由区住房和建设部门给予警告，并责令限期改正；逾期未改正的，处二万元以上十万元以下罚款：

（一）违反本条例第十三条第一款规定，未及时移交供水、排水、供电、供气、通讯等设施设备；

（二）违反本条例第五十条规定，未将前期物业服务合同、临时管理规约作为房地产买卖合同附件报送备案；

（三）违反本条例第八十六条第二款规定，未将本物业管理区域用于出售、附赠或者出租的车位、车库的数量予以公示，并在房地产买卖合同中明示。

第一百一十一条 建设单位有下列情形之一的，由区住房和建设部门给予警告，并责令限期改正；逾期未改正的，处五万元以上二十万元以下罚款：

（一）违反本条例第八条第四款规定，将物业管理区域地上以及地下建筑物、设施设备和相关场地进行分割管理；

（二）违反本条例第十九条第一款规定，在物业出售且已经交付使用的建筑面积达到物业总建筑面积百分之二十以上或者首套物业出售并交付使用满一年之日起十五日内未书面报告物业所在地街道办事处并提供相关资料；

（三）违反本条例第五十三条规定，拒不履行物业承接查验义务。

第一百一十二条 建设单位违反本条例第九条、第十条规定，未按照要求提供物业管理用房的，由区住房和建设部门责令限期三个月内提供；逾期未提供的，责令建设单位按照本物业管理区域物业市场平均售价和规定的物业管理用房面积支付专款，存入业主共有资金账户，用于购置、租赁物业管理用房，并处二十万元以上五十万元以下罚款。

第一百一十三条 建设单位违反本条例第九十条第一款规定，未缴清首期归集的专项维修资金，由区住房和建设部门责令限期三个月内缴清；逾期未缴清的，以未缴清款项为基数，按照逾期天数每日万分之五的标准处以罚款。

第一百一十四条 物业服务企业有下列情形之一的，由区住房和建设部门给予警告，并责令限期改正；逾期未改正的，处二万元以上五万元以下罚款：

（一）违反本条例第五十一条第一款规定，未设立业主共有资金共管账户，或者未将业主共有资金转入业主共有资金基本账户；

（二）违反本条例第五十七条第一款规定，未在物业管理区域设立独立核算的服务机构；

（三）违反本条例第五十八条第四款规定，未将物业服务合同副本报区住房和建设部门备案；

（四）违反本条例第六十一条第一款第五项规定，未公示公共水电分摊费用情况、物业管理费与物业专项维修资金使用情况；

（五）违反本条例第六十四条第一款规定，未制定物业管理区域安全防范应急预案并报区住房和建设部门备案；

（六）违反本条例第七十二条第二款规定，未按照国家有关规定建立财务管理制度；

（七）违反本条例第七十三条规定，未定期与数据共享银行核对本物业管理区域业主共有资金账目并按季度公示；

（八）违反本条例第七十九条第二款规定，未及时对违法行为予以劝阻、未及时报告街道办事处或者有关职能部门；

（九）违反本条例第八十五条第二款规定，未将车位、车库的使用情况按月予以公示。

第一百一十五条 物业服务企业有下列情形之一的，由区住房和建设部门责令立即改正，给予警告，并处二万元以上五万元以下罚款：

（一）违反本条例第六十八条第二款规定，无正当理由擅自对共有物业或者物业专有部分实施停水、停电、停气；

（二）违反本条例第八十一条第二款规定，未配合相关专营单位维修养护、改造物业管理区域相关设施设备或者设置管线；

（三）违反本条例第八十二条规定，未立即采取应急处置措施、及时报告相关紧急情况和进行应急维修的。

第一百一十六条 物业服务企业违反本条例第五十五条、第六十五条、第六十六条规定，拒不退出物业管理区域并移交相关资料、资金和物品的，由区住房和建设部门责令限期三个月内退出、移交相关资料、资金和物品；逾期仍不退出、移交相关资料、资金和物品的，责令退还逾期所收取的物业服务费，按照逾期天数处以每日二千元罚款，并可以依法申请人民法院强制执行。

第一百一十七条 物业服务企业违反本条例第九十一条第二款规定，逾期未将物业专项维修资金存入专户的，由区住房和建设部门责令限期一个月内改正；逾期未改正的，按照逾期月数每月处一万元罚款。

第一百一十八条 物业服务企业及其工作人员违反本条例第六十二条规定，侵占、挪用业主共有资金的，由区住房和建设部门依法追回，给予警告，并处被侵占或者挪用资金金额两倍的罚款；擅自改变物业管理用房等共有物业用途的，由区住房和建设部门给予警告，并责令限期改正，逾期未改正的，对物业服务企业处五万元以上二十万元以下罚款；违规泄露业主信息的，由区住房和建设部门对物业服务企业处一万元以上三万元以下罚款；有违法所得的，没收违法所得。

第一百一十九条 物业管理区域有下列行为之一的，由有关行政主管部门按照下列规定予以查处：

（一）违反本条例第七十九条第一款第一项规定的，由区住房和建设部门责令限期改正，对违法行为人处五万元以上二十万元以下罚款；

（二）违反本条例第七十九条第一款第二项规定的，由区规划土地监察机构责令限期拆除，并对业主或者物业使用人处一万元以上三万元以下罚款；逾期未拆除的，由区规划土地监察机构依法申请人民法院强制执行；

（三）违反本条例第七十九条第一款第三至五项规定的，由区规划土地监察机构依照有关法律、法规的规定查处；

（四）违反本条例第七十九条第一款第六项规定的，由区住房和建设部门给予警告，并责令限期改正；逾期不改正的，对实施违法行为的个人处一万元以上三万元以下罚款，对实施违法行为的单位处五万元以上二十万元以下罚款；

（五）违反本条例第七十八条第一款、第七十九条第一款第七项、第八项规定的，由相关行政主管部门依法查处。

第一百二十条 相关专营单位违反本条例第十三条、第六十八条第一款规定，拒绝接收移交的供水、排水、供电、供气、通讯等设施设备或者不履行维修养护责任的，由相关专营单位主管部门给予警告，并责令限期改正；逾期不改正的，处二万元以上十万元以下罚款。

第一百二十一条 市、区住房和建设部门、街道办事处、其他相关行政管理部门及其工作人员未依照本条例规定履行相关职责的，按照有关规定追究主要负责人和其他直接责任人的责任。

第一百二十二条 违反本条例规定，给他人造成损失的，依法承担赔偿责任；构成犯罪的，依法追究刑事责任。

第十章 附 则

第一百二十三条 本条例下列用语的含义：

（一）物业，是指各类房屋及其附属的设施设备和相关场地。

（二）物业使用人，是指除业主以外合法使用物业的单位和个人，包括但不限于物业承租人。

（三）物业管理费，是指由业主或者物业使用人缴纳的物业管理预付金，包括支付给物业服务企业的物业服务费和除物业专项维修资金以外其他应当由业主共同支付的管理费用。

（四）公示，是指在物业管理区域显著位置公开张贴并同时在物业管理信息平台发布，时间不少于十日。

（五）物业承接查验，是指承接新建物业前，建设单位、业主大会、物业服务企业在筹备组的指导、协调下，根据国家和本条例有关规定以及三方协议约定，共同对共有物业进行检查和验收的活动。

（六）业主共同决定，是指物业管理区域多数业主就某一事项达成一致意见。成立业主大会的，包括业主大会依法作出的决定和业主委员会根据业主大会授权作出的决定；未成立业主大会的，指占业主总人数和业主投票权数过半数的业主同意作出的决定。

第一百二十四条 未依法成立业主大会和选举产生业主委员会的住宅物业管理区域，可以由区住房和建设部门会同街道办事处，征求该区域业主、物业使用人意见之后，指定物业所在地社区居民委员会负责召集需要业主共同决定事项的会议，并代行本条例规定的选聘、续聘、解聘物业服务企业，筹集、管理和使用物业专项维修资金，调解因物业使用、维护和管理产生的纠纷等业主大会和业主委员会职责。在代行职责过程中违反本条例规定的，由相关责任人承担相应的法律责任。具体办法由市住房和建设部门会同市民政部门制定。

第一百二十五条 原农村城市化社区可以在区人民政府统筹协调下，由原农村集体经济组织继受单位作为责任主体，参照本条例及相关规定，成立物业管理自治机构。物业管理自治机构的职责限于自行组织提供物业服务，或者购买物业服务并处理与物业服务企业履行合同相关的事项。

原农村城市化社区物业管理自治机构成立和运作的具体办法，由区人民政府制定。

第一百二十六条 本条例自 2020 年 3 月 1 日起施行。

重庆市物业管理条例

（重庆市人民代表大会常务委员会公告〔五届〕第74号）

《重庆市物业管理条例条例》已于2019年11月29日经重庆市第五届人民代表大会常务委员会第十三次会议通过，现予公布，自2020年5月1日起施行。

重庆市人民代表大会常务委员会

2019年11月29日

重庆市物业管理条例

（2002年9月25日重庆市第一届人民代表大会常务委员会第四十二次会议通过
2009年5月21日重庆市第三届人民代表大会常务委员会第十次会议第一次修订
2019年11月29日重庆市第五届人民代表大会常务委员会第十三次会议第二次修订）

第一章　总　　则

第一条　为了规范物业管理活动，维护业主、物业使用人和物业服务企业的合法权益，营造文明和谐的生活和工作环境，根据有关法律、行政法规，结合本市实际，制定本条例。

第二条　本市行政区域内的物业管理及相关监督管理活动，适用本条例。

第三条　市、区县（自治县）人民政府应当将物业管理纳入现代服务业发展规划和社会治理体系，建立与物业管理工作相适应的保障机制，完善政策扶持措施，促进物业管理发展与和谐社区建设。

区县（自治县）人民政府应当在街道办事处、乡（镇）人民政府明确承担物业管理活动指导和监督职责的工作机构，配备与工作任务相适应的工作人员，落实工作经费。

第四条　市、区县（自治县）住房城乡建设主管部门负责本行政区域内物业管理活动的监督管理工作。

其他有关部门依据各自职责，负责物业管理相关工作。

街道办事处、乡（镇）人民政府按照规定职责，指导和监督本辖区内物业管理活动。

居（村）民委员会依法协助街道办事处、乡（镇）人民政府开展物业管理相关工作。

第五条 业主大会、业主委员会、物业服务企业等应当在社区党组织的领导下依法依规开展物业管理活动。

建立社区党组织领导下的居（村）民委员会、业主大会、业主委员会和物业服务企业议事协调机制，统筹推进社区治理和物业管理工作。

第六条 物业服务行业协会应当加强行业自律，依法制定和组织实施自律性规范，规范行业经营行为，促进物业服务企业提高服务质量和水平。

物业服务行业协会应当接受住房城乡建设主管部门的指导和监督。

第七条 鼓励采用新技术、新方法，促进互联网与物业管理深度融合，提升物业管理质量和服务水平，推动物业服务向智能、绿色方向发展。

第二章 物业管理区域

第八条 物业管理区域的划分，应当遵循规划在先、自然分割、功能完善、便民利民的原则，根据物业建设项目确定的用地范围，结合物业的共有或者共用设施设备、建筑物规模、物业类型、社区建设等因素划定。

规划自然资源部门审查建设项目设计方案，应当按照有利于实施物业管理的原则，考虑物业管理区域划分的需要，确定相关指标，并征求住房城乡建设主管部门关于物业管理区域划分的意见。

第九条 物业管理区域按照下列规定划定：

（一）新建物业项目，包括分期建设或者两个以上单位共同开发建设的项目，应当按照其建设项目确定的用地范围，划分为一个物业管理区域。

（二）新建物业项目内住宅和非住宅等不同物业类型，具有独立的配套设施设备并能够独立管理的，可以划分为不同的物业管理区域。

（三）原有物业项目内，已分割成两个以上相对封闭区域的，在明确配套设施设备管理、维护责任的情况下，可以划分为不同的物业管理区域。

（四）原有建筑规模较小的相邻物业项目，可以合并为一个物业管理区域。

第十条 新建物业在出售前，建设单位应当根据本条例第八条第一款、第九条的规定划定物业管理区域，并向物业所在地的区县（自治县）住房城乡建设主管部门备案。区县（自治县）住房城乡建设主管部门认为建设单位划定的物业管理区域不符合本条例第八条第一款、第九条规定的，应当自收到备案申请之日起二十日内书面通知建设单位重新划定。

建设单位在销售物业时，应当将经备案确认的物业管理区域在商品房买卖合同中明示。

第十一条 已经交付使用但未划分物业管理区域的，或者需要调整物业管理区域的，由街道办事处、乡（镇）人民政府参照本条例第八条第一款、第九条的规定，征求相关业主意见后，提出物业管理区域划分或者调整的建议方案，经各自专有部分占建筑物总面积过半数的业主且占总人数过半数的业主同意，划定物业管理区域。

物业管理区域的划定方案应当包括物业管理区域划分、物业服务用房划分、设施设备维护管理责任划分、调整后物业管理区域管理等内容。

物业管理区域的划定方案应当报区县（自治县）住房城乡建设主管部门备案，并在相应区域内公告。

物业管理区域内不动产权属登记已经完成，涉及物业服务用房等调整的，相关权利人应当到物业所在地不动产登记机构办理变更登记。

第三章　业主、业主大会及业主委员会

第十二条　业主在物业管理活动中，享有下列权利：

（一）按照物业服务合同的约定，接受物业服务企业提供的服务；

（二）提议召开业主大会会议，并就物业管理的有关事项提出建议；

（三）提出制定和修改管理规约、业主大会议事规则的建议；

（四）参加业主大会会议，行使投票权；

（五）推选业主代表，选举业主委员会、监事委员会，并享有被选举权；

（六）监督业主委员会的工作；

（七）监督物业服务企业履行物业服务合同；

（八）对物业共有部位、共有设施设备和相关场地使用情况享有知情权和监督权；

（九）对物业专项维修资金、公共收益的管理和使用情况享有知情权和监督权；

（十）法律、法规规定的其他权利。

第十三条　业主、物业使用人应当依法履行下列义务：

（一）遵守临时管理规约、管理规约和业主大会议事规则；

（二）遵守物业管理区域内物业共有部位和共有设施设备的使用，公共秩序、公共安全和环境卫生的维护等方面的制度；

（三）执行业主大会的决定和业主大会授权业主委员会作出的决定；

（四）按照国家有关规定交存物业专项维修资金；

（五）按时交纳物业服务费用；

（六）法律、法规规定的其他义务。

业主不得以放弃权利为由不履行业主义务。

第十四条　管理规约应当对有关物业的使用、维护、管理，业主的共同利益、业主的义务，违反管理规约应当承担的责任等事项依法作出约定。

业主大会议事规则应当对业主大会议事方式、表决程序，业主投票权确定办法、业主委员会的组成等事项依法作出约定。

管理规约和业主大会议事规则应当弘扬社会主义核心价值观，不得违反法律、法规，不得违背公序良俗，不得损害国家利益和社会公共利益，不得制定对部分业主显失公平的内容。

第十五条　业主可以依照法定程序设立业主大会，并由业主大会选举产生业主委员会。业主设立业主大会的，应当在街道办事处、乡（镇）人民政府的指导下进行。未设立业主大会的，由全体业主在街道办事处、乡（镇）人民政府以及居（村）民委员会的指导下，共同履行业主大会、业主委员会职责。

业主大会由物业管理区域内全体业主组成，同一个物业管理区域只能设立一个业主大会。业主大会应当代表和维护物业管理区域内全体业主在物业管理活动中的合法权益，决定下列事项：

（一）制定和修改管理规约、业主大会议事规则；

（二）选举、补选或者罢免业主委员会成员；

（三）业主委员会的工作经费、成员工作津贴的来源以及经费管理办法；

（四）撤销或者变更业主委员会的决定；

（五）选聘和解聘物业服务企业，确定物业服务合同的内容；

（六）提出改建、重建建筑物及其附属设施的申请；

（七）依法筹集和使用物业专项维修资金；

（八）物业管理区域内公共收益的管理、使用和分配；

（九）法律、法规或者业主大会议事规则规定的其他职责。

业主大会可以设立监事委员会，负责监督业主委员会的工作，并履行业主大会赋予的其他职责。业主大会设立监事委员会的，业主大会议事规则应当对监事委员会的职责、组成、选举产生、工作规则和成员罢免等事项依法作出约定。

第十六条 一个物业管理区域内，已交付的专有部分面积达到该区域建筑物总面积的百分之五十以上，建设单位应当进行公告，业主可以召开首次业主大会会议，选举产生业主委员会。

占物业管理区域内业主总人数百分之二十以上的业主，可以向物业所在地街道办事处、乡（镇）人民政府书面申请召开首次业主大会会议。

第十七条 街道办事处、乡（镇）人民政府应当自收到书面申请后三十日内通知建设单位或者物业服务企业报送物业建筑面积、物业出售时间、业主清册和联系方式、共有设施设备交接资料等材料，并负责核对材料和指导成立首次业主大会会议筹备组。

建设单位或者物业服务企业应当自收到街道办事处、乡（镇）人民政府通知后十日内报送材料，协助成立筹备组，并在物业管理区域内为筹备组和业主大会的活动提供相应的人力、场地支持。

筹备组成员由业主代表、街道办事处、乡（镇）人民政府、社区党组织、辖区公安派出所、居（村）民委员会和建设单位派员共同组成。其中，业主代表应当符合本条例第二十六条的规定要求，且人数所占比例不低于筹备组总人数的百分之五十。筹备组成员中的业主代表，应当由街道办事处、乡（镇）人民政府组织业主推荐产生，并告知全体业主。筹备组组长由街道办事处、乡（镇）人民政府派员担任。

筹备组成员名单应当自成立之日起三日内予以公示。业主对筹备组成员有异议的，由街道办事处、乡（镇）人民政府协调解决。筹备组成员名单确定后，应当予以公告。

第十八条 筹备组应当做好下列筹备工作：

（一）确定首次业主大会会议召开的时间、地点、形式和内容；

（二）参照市住房城乡建设主管部门制定的示范文本，草拟管理规约和业主大会议事规则；

（三）确认业主身份，确定业主人数、业主专有部分面积，以及业主的投票权数；

（四）制定业主委员会成员产生办法，确定候选人名单；

（五）召开首次业主大会会议的其他准备工作。

业主委员会成员候选人由筹备组推荐，三十名以上业主也可以联名推荐候选人一名。筹备组应当审查候选人资格。

本条第一款第一项至第四项的内容应当在首次业主大会会议召开十五日前予以公示。业主对公示内容提出异议的，筹备组应当予以复核并将复核结果告知提出异议者。

第十九条 筹备组应当自成立之日起三十日内组织召开首次筹备工作会议。

筹备组应当自成立之日起六个月内组织召开首次业主大会会议。业主委员会选举产生之日起，筹备组自行解散。

筹备组成员连续三次无故不参加筹备会议的，其成员资格自动终止。逾期未召开首次业主大会会议的，或者半数以上筹备组成员提出辞职或者成员资格终止的，筹备组自行解散。

筹备组按期组织召开首次业主大会会议但选举产生的业主委员会成员人数低于规定人数下限时，筹备组决定在未当选的候选人中及时补选一次的，筹备组工作期限可以延长一个月。

第二十条　专有部分面积和建筑物总面积，按照下列方法认定：

（一）专有部分面积，按照不动产登记簿记载的面积计算；尚未进行物权登记的，按照测绘机构的实测面积计算；尚未进行实测的，按照房屋买卖合同记载的面积计算。

（二）建筑物总面积，按照前项的统计总和计算。

业主人数和总人数，按照下列方法认定：

（一）业主人数，按照专有部分的数量计算，一个专有部分按照一人计算。但建设单位尚未出售和虽已出售但尚未交付的部分，以及同一买受人拥有一个以上专有部分的，按照一人计算。

（二）总人数，按照前项的统计总和计算。

第二十一条　业主大会会议可以采用集体讨论的形式，也可以采用书面征求意见的形式。

鼓励和引导业主采用业主决策信息系统举行业主大会会议，提倡采用信息化技术手段改进业主大会表决方式。

第二十二条　采用集体讨论形式召开业主大会的，同一物业管理区域内有两幢以上房屋的，可以根据业主大会的决定，以幢、单元、楼层等为单位，推选业主代表参加业主大会会议。推选业主代表参加业主大会会议的，业主代表应当提前就业主大会会议拟讨论的事项征求其所代表的业主的意见。凡需投票表决的，业主赞同、反对或者弃权的意见应当经本人确认后，由业主代表在业主大会会议投票时如实反映。

业主可以书面委托一名代理人参加业主大会会议，每名代理人接受的委托不得多于三人。

第二十三条　业主大会会议参会业主人数和参会业主所持投票权数符合法律规定比例的，业主大会会议方为有效。业主大会会议作出决定，应当符合法律规定的参会业主人数比例和参会业主所持投票权数比例。

业主大会只能就本条例第十五条第二款第九项规定的事项授权业主委员会作出具体决定。

第二十四条　业主大会会议分为定期会议和临时会议。业主大会定期会议应当按照业主大会议事规则的规定召开。有下列情形之一的，业主委员会应当及时组织召开业主大会临时会议：

（一）占总人数百分之二十以上业主以书面形式提议的；

（二）发生重大事故或者紧急事件需要业主大会决定的；

（三）管理规约或者业主大会议事规则规定的其他情形。

召开业主大会会议，业主委员会应当邀请物业所在地街道办事处、乡（镇）人民政府和居（村）民委员会参加。

业主委员会不依法及时组织召开业主大会会议的，街道办事处、乡（镇）人民政府应当责令其限期组织召开。业主委员会逾期未组织召开的，街道办事处、乡（镇）人民政府或者受其委托的居（村）民委员会应当自业主委员会逾期之日起三十日内组织召开。

业主大会对物业管理事项已作出决定的，业主委员会在业主大会决定之日起一年内不得就同一事项组织召开业主大会会议；但是，业主大会决定被依法撤销的除外。

第二十五条 业主委员会是业主大会的执行机构，由五到十一名单数成员组成，每届任期五年，业主委员会成员可以连选连任。业主委员会的具体人数由业主大会议事规则确定。业主委员会主任、副主任在业主委员会成员中推选产生。

住宅小区未依法选举产生业主委员会或者业主委员会已经解散的，居（村）民委员会应当在街道办事处、乡（镇）人民政府的指导下，组织业主讨论决定物业管理事项，或者经业主大会委托暂时代行业主委员会职责。

第二十六条 业主委员会成员应当是本物业管理区域内的自然人业主或者单位业主授权的自然人代表，并符合下列条件：

（一）具有完全民事行为能力；

（二）热心公益事业，责任心强，公正廉洁，具备一定组织协调能力；

（三）遵守管理规约和业主大会议事规则，依法履行业主义务；

（四）本人、配偶以及直系亲属与同一物业管理区域提供物业服务的企业无利害关系；

（五）具备履行职务的健康条件和文化水平；

（六）具有必要的工作时间，业主委员会成员只能在一个物业管理区域内任职；

（七）书面承诺积极、及时、全面履行工作职责；

（八）法律、法规规定的其他条件。

法律、法规和管理规约、业主大会议事规则对业主不得担任业主委员会成员的情形作出规定或者约定的，适用其规定或者约定。

鼓励和支持业主中符合条件的中国共产党党员、公职人员通过法定程序成为业主委员会成员，依法履行职责。设立监事委员会的，鼓励和支持物业所在地居（村）民委员会成员通过法定程序成为监事委员会监事，依法履行监督职责。

第二十七条 业主委员会应当自选举产生之日起三十日内，持下列文件向物业所在地街道办事处、乡（镇）人民政府备案，并予以公示：

（一）业主委员会名称，业主委员会主任、副主任、成员名单和身份证明；

（二）管理规约；

（三）业主大会议事规则；

（四）业主委员会办公场地、联系方式；

（五）业主大会会议表决结果及决议。

公示期内，业主认为业主委员会的产生过程违反程序或者存在弄虚作假等情况的，可以向物业所在地街道办事处、乡（镇）人民政府申请核实。街道办事处、乡（镇）人民政府应当自收到申请之日起三十日内进行核实，根据核实情况作出处理决定，并及时向申请人反馈。

本条第一款第一项至第四项发生变更的，业主委员会应当自变更之日起三十日内重新备案和公示。

第二十八条 业主委员会需要刻制印章的，应当持备案证明到公安机关批准的单位刻制业主委员会印章，并按照管理规约、业主大会议事规则和有关规定使用印章。

业主委员会印章应当标明业主委员会的届数和任期。

第二十九条 业主委员会应当接受业主、业主大会、监事委员会的监督。业主委员会履行下列职责：

（一）执行业主大会的决定和决议；

（二）召集并主持业主大会会议，向业主大会报告工作；

（三）与业主大会选聘的物业服务企业签订、变更或者解除物业服务合同；

（四）监督管理规约的实施；

（五）组织物业专项维修资金的筹集，监督物业专项维修资金的使用；

（六）监督和协助物业服务企业履行物业服务合同，督促业主交纳物业服务费及其他相关费用，协调处理物业服务活动中的相关问题；

（七）制定档案和印章管理等工作制度，制作和保管会议记录、共有财产资料、会计凭证、会计账簿、财务报表等有关文件及印鉴，并建立相关档案；

（八）配合相关部门和街道办事处、乡（镇）人民政府、居（村）民委员会做好物业管理区域内秩序维护、社区建设和公益宣传等工作；

（九）法律、法规规定的其他职责，以及业主大会赋予的其他职责。

业主委员会应当定期接待和听取业主、物业使用人对物业管理和业主委员会日常工作的意见和建议，接受业主查询其所保管的物业管理信息，接受业主和物业使用人的咨询、投诉和监督。

第三十条 业主委员会应当在物业管理区域显著位置和通过业主决策信息系统，向业主公布下列情况和资料：

（一）公布业主委员会成员名单、办公地点、办公电话、工作制度等信息；

（二）及时公示业主大会和业主委员会作出的决定、物业服务企业选聘、物业服务合同等物业管理中的各项决定和重大事项；

（三）每半年公示一次业主委员会工作经费、工作津贴以及物业共有部位的使用、物业专项维修资金和公共收益收支等情况；

（四）公布其他应当向业主公开的情况和资料。

第三十一条 业主委员会会议应当按照业主大会议事规则的规定召开，每季度至少召开一次。三分之一以上委员要求召开时，应当及时组织召开。

业主委员会会议由业主委员会主任召集并主持。业主委员会主任可以书面委托业主委员会副主任召集并主持会议。主任、副主任无正当理由不召集业主委员会会议的，由居（村）民委员会指定一名成员召集并主持业主委员会会议。业主委员会成员不得委托他人参加业主委员会会议。

第三十二条 业主委员会会议应当有过半数成员出席，并邀请物业所在地居（村）民委员会列席。业主委员会作出决定应当经全体成员过半数签字同意，自决定作出之日起三日内予以公示，并于公示首日书面告知物业所在地居（村）民委员会。

第三十三条 业主委员会及其成员应当遵守法律、法规和管理规约，诚实守信、勤勉尽责，不得有下列行为：

（一）以虚列支出、虚报账目等方式挪用、侵占业主的物业专项维修资金、公共收益等共有财产；

（二）索取、收受建设单位、物业服务企业或者有利害关系业主提供的利益或者报酬；

（三）违反物业服务合同和管理规约，拒不交纳物业服务费用、公共水电分摊费用、停车费和物业专项维修资金等费用，或者诱导、鼓动其他业主不交纳相关费用；

（四）利用职务之便接受减免物业服务费、停车费等相关费用，或者向物业服务企业销售商品、承揽业务，获取其他不正当利益；

（五）违规泄露其他业主的信息或者将业主信息用于与物业服务无关的活动；

（六）弄虚作假，隐瞒事实真相，转移、隐匿、篡改、毁弃或者拒绝、拖延提供物业管理有关文件、资料，或者擅自使用业主委员会印章；

（七）拒不执行街道办事处、乡（镇）人民政府、相关主管部门关于本物业管理区域的整改要求或者人民法院有关裁判，或者打击、报复、诽谤、陷害有关投诉人、举报人；

（八）无故连续三次缺席业主委员会会议；

（九）其他损害业主共同利益或者可能影响其公正履行职责的行为。

业主委员会成员违反前款规定的，由街道办事处、乡（镇）人民政府责令暂停履行职责，由业主大会会议决定终止其成员职务。终止业主委员会成员职务时，应当允许该成员提出申辩并记录归档。

第三十四条 业主委员会成员有下列情形之一的，其成员职务自行终止：

（一）不再是业主的；

（二）丧失民事行为能力的；

（三）任职期间被依法追究刑事责任的；

（四）存在本条例第三十三条规定的禁止性行为且受到行政处罚的；

（五）以书面形式向业主大会或者业主委员会提出辞职的；

（六）法律、法规以及管理规约、业主大会议事规则规定的其他情形。

第三十五条 业主委员会成员受业主监督。业主大会有权罢免业主委员会成员。

百分之二十以上业主联名，可以向街道办事处、乡（镇）人民政府书面提出对业主委员会成员的罢免要求。街道办事处、乡（镇）人民政府应当自接到罢免要求之日起三十日内书面通知业主委员会限期召开业主大会会议，由业主大会作出是否予以罢免的决定。业主委员会逾期不组织召开的，由街道办事处、乡（镇）人民政府组织召开。

第三十六条 业主委员会应当将其成员被终止职务或者罢免的情况及时公示。业主委员会未进行公示的，由街道办事处、乡（镇）人民政府责令其公示。

业主委员会成员被终止职务或者被罢免的，其担任的业主委员会主任、副主任职务相应终止。

第三十七条 业主委员会成员集体辞职的，街道办事处、乡（镇）人民政府应当及时组织召开业主大会会议，重新选举业主委员会。

业主委员会成员出现空缺的，应当及时按照业主委员会产生办法完成增补。业主委员会成员人数不足总数的二分之一时，街道办事处、乡（镇）人民政府应当组织召开业主大会会议，重新选举业主委员会。

第三十八条 业主委员会任期届满三个月前，应当书面报告街道办事处、乡（镇）人民政府。街道办事处、乡（镇）人民政府应当自收到报告之日起三十日内成立换届改选筹备组，由换届改选筹备组组织召开业主大会会议，选举新一届业主委员会。换届改选筹备组人员构成依照本条例第十七条第三款、第四款规定执行。

换届改选筹备组组织选举新一届业主委员会未成功的，可以在九十日内补选一次；补选仍未成功的，换届改选筹备组自行解散。自换届改选筹备组解散之日起满六个月后，占总人数百分之二十以上的业主书面申请物业所在地街道办事处、乡（镇）人民政府重新选举业主委员会的，街道办事处、乡（镇）人民政府应当在收到申请后组织召开业主大会会议，重新选举产生新一届业主委员会。

自换届改选筹备组产生至新一届业主委员会选举产生期间，业主委员会不得组织召开业主大会会议对下列事项作出决定：

（一）选聘、解聘物业服务企业；

（二）除管理规约规定情形之外的物业维修、更新、改造等重大事项；

（三）处分业主共有财产；

（四）其他重大事项。

业主委员会任期届满，应当自行解散。业主委员会逾期未自行解散的，由街道办事处、乡（镇）人民政府公告业主委员会解散。

第三十九条 业主委员会成员和监事委员会监事不领取劳动报酬。业主大会可以根据业主委员会成员或者监事委员会监事的工作情况，决定给予其适当津贴。

鼓励业主大会建立业主委员会任中审计和离任审计制度。审计可以委托街道办事处、乡（镇）人民政府组织第三方机构实施，费用可以从物业公共收益中列支。

第四十条 因物业管理区域发生变更等原因导致业主大会或者业主委员会解散的，业主大会、业主委员会应当在物业所在地街道办事处、乡（镇）人民政府的指导监督下，做好业主共有财产清算工作。

第四十一条 业主委员会成员职务终止或者被罢免的，或者业主委员会解散的，应当在十日内移交其保管的有关财务凭证、业主清册、会议纪要等档案资料、印章及其他属于全体业主所有的财物。

业主委员会成员职务终止或者被罢免的，向业主委员会移交。业主委员会解散的，向新一届业主委员会移交；未选举产生新一届业主委员会的，向物业所在地居（村）民委员会移交，由其暂时代管。

未在规定时间内移交的，由物业所在地街道办事处、乡（镇）人民政府责令其七日内移交，物业所在地公安机关应当协助解决。

第四十二条 业主大会、业主委员会作出的决定对全体业主、物业使用人具有约束力。

业主大会、业主委员会作出的决定违反法律、法规，物业所在地街道办事处、乡（镇）人民政府或者住房城乡建设主管部门应当责令限期改正或者撤销其决定，并予以公告。业主大会或者业主委员会作出的决定侵害业主合法权益的，受侵害的业主可以请求人民法院予以撤销。

第四章 前期物业管理

第四十三条 新建物业的建设单位应当在物业销售前，参照市住房城乡建设主管部门制定的临时管理规约示范文本拟订临时管理规约，报物业所在地区县（自治县）住房城乡建设主管部门备案，并抄送街道办事处、乡（镇）人民政府。

临时管理规约应当对有关物业的管理、业主的共同利益、业主的义务、业主的责任等事项依法作出约定。临时管理规约不得侵害物业买受人的合法权益。

首次业主大会通过管理规约后，临时管理规约即行失效。

第四十四条 物业中有住宅项目的，建设单位应当通过公开招标的方式选聘物业服务企业。其中，对于预售项目，建设单位应当在申请房屋预售许可证前选聘物业服务企业；对于现售项目，建设单位应当在物业销售前选聘物业服务企业。一个物业管理区域应当作为一个整体进行招标。

投标人少于三个或者住宅建筑面积少于三万平方米的，经物业所在地区县（自治县）住房城乡建设主管部门批准，建设单位可以采用协议方式选聘物业服务企业。

第四十五条 建设单位应当参照市住房城乡建设主管部门会同市市场监督管理部门制定的前期物业服务合同示范文本与选聘的物业服务企业签订书面前期物业服务合同，并自签订后十五日内报物业所在地区县（自治县）住房城乡建设主管部门备案。

业主委员会或者暂时代行业主委员会职责的物业所在地居（村）民委员会与业主大会决定选聘的物业服务企业依法签订的物业服务合同生效时，前期物业服务合同终止。

第四十六条 建设单位应当在物业销售时公示临时管理规约和前期物业服务合同，并提供给物业买受人，同时予以说明。

物业买受人在与建设单位签订物业买卖合同时，应当对遵守临时管理规约和履行前期物业服务合同予以书面承诺。

第四十七条 前期物业服务费实行政府指导价。价格主管部门应当会同住房城乡建设主管部门根据物业管理服务等级标准等因素，制定和动态调整相应的基准价及其浮动幅度，并定期公布。

建设单位与前期物业服务企业所确定的前期物业服务费应当符合前期物业服务水平，且不得擅自超出政府指导价收费标准。

前期物业服务合同生效之日至物业交付之日发生的物业服务费，由建设单位承担。物业交付之日至前期物业服务合同终止之日发生的物业服务费，由业主按照前期物业服务合同约定的物业服务收费标准承担。

第四十八条 建设单位应当按照国家有关规定和物业买卖合同的约定，移交权属明确、资料完整、质量合格、功能完备、配套齐全的物业。

新建物业的配套建筑及设施设备符合下列条件并经综合验收合格后，建设单位方可办理物业交付手续：

（一）水、电纳入城市管网，安装分户计量装置和控制装置，并对物业服务用房、共有部位、共有设施设备以及同一物业管理区域内非住宅用户配置独立的水、电计量装置；

（二）在城市管道燃气覆盖的区域，完成住宅室内外燃气的敷设且与相应管网连接，并安装分户计量装置和控制装置；

（三）电话通信线、有线电视线和宽带数据传输信息端口敷设到户，安全监控装置及其他安全防范设施设备配置到位；

（四）完成消防和人民防空工程设施建设；

（五）按照规划要求完成教育、养老、医疗卫生、文化体育、环境卫生以及社区管理等用房或者设施建设；

（六）按照规划要求完成小区道路建设，并与城市道路或者公路相连；

（七）按照规划要求完成绿化建设及车库、车位的配置；

（八）建筑物及其配套设施的标志标识完整、清晰；

（九）法律、法规规定的其他条件。

第四十九条 承接新建物业前，物业服务企业和建设单位应当按照国家有关规定和前期物业服务合同的约定，共同对物业共有部位、共有设施设备进行查验。承接查验后，双方应当签订物业承接查验协议，并将其作为前期物业服务合同的补充协议。

物业承接查验应当邀请业主代表以及物业所在地街道办事处、乡（镇）人民政府、住房城乡建设主管部门参加，必要时可以聘请相关专业机构协助进行。

第五十条 物业服务企业应当自物业交接后三十日内，按照市住房城乡建设主管部门制定的示范文本，持下列资料向区县（自治县）住房城乡建设主管部门办理物业承接查验备案：

（一）物业承接查验协议；

（二）建设单位移交资料清单；

（三）查验记录；

（四）交接记录；

（五）其他承接查验有关的文件。

物业交付时，物业服务企业应当将物业承接查验备案情况书面告知业主。物业服务企业应当将物业承接查验资料建档保存。物业承接查验档案属于全体业主所有，业主有权免费查询。

建设单位将不符合交付条件的物业交付使用，或者物业服务企业擅自承接未经查验的物业，因房屋质量、物业共有部位、共有设施设备缺陷给业主造成损害的，应当依法承担赔偿责任。

第五十一条　物业服务用房包括物业服务企业用房和业主委员会用房，应当由建设单位按照不低于房屋总建筑面积千分之三的比例且不少于五十平方米的标准在物业管理区域内无偿配置。业主委员会办公用房从物业服务用房中安排，其面积应当不低于二十平方米，不高于七十平方米。

物业服务用房应当为地面以上的独立成套装修房屋，具备通风采光条件和水、电使用功能；没有配置电梯的物业，物业服务用房所在楼层不得高于二层。

规划自然资源部门在规划许可、竣工验收过程中，应当对物业服务用房建筑面积、位置等进行审查验收。住房城乡建设主管部门在核发商品房预售许可证时，应当对物业服务用房建筑面积、位置进行核查。不动产登记机构在办理不动产所有权登记时，应当在不动产登记簿中注明物业服务用房建筑面积、位置。

物业服务用房和物业管理设施设备用房属于全体业主共有，任何单位和个人不得擅自改变其用途，不得将其分割、转让、抵押。

鼓励在新建住宅小区设置接收邮件、快递的场所或者设施等，提升物业服务水平。

第五十二条　前期物业服务合同签订后、房屋交付使用前，建设单位应当向物业服务企业和物业所在地的街道办事处、乡（镇）人民政府移交物业档案。

物业档案包括下列资料：

（一）竣工总平面图，单体建筑、结构、设备竣工图，配套设施、地下管网工程竣工图等竣工验收资料；

（二）设施设备的安装、使用和维护保养等技术资料；

（三）物业质量保修文件和物业使用说明文件；

（四）物业承接查验协议、查验记录、交接记录及备案证明；

（五）物业管理所必需的业主清册等其他资料。

物业服务企业应当在前期物业服务合同终止时，将物业服务用房、物业档案移交给业主委员会。

第五章　物业管理服务

第五十三条　从事物业服务活动的企业应当依法成立，具有独立法人资格。

法律、法规对物业服务人员从业资格有规定的，适用其规定。

第五十四条　物业服务企业应当做好信用信息和物业项目信息等填报，配合相关部门做好信用信息的核实等工作。

物业服务企业确定或者更换物业项目负责人的，应当于确定或者更换之日通过信用信息平台更新相关信息，书面告知业主委员会、物业所在地街道办事处、乡（镇）人民政府，并予以公告。

物业项目负责人的履职情况记入物业服务信用信息档案。

第五十五条 建立物业服务第三方评估制度。业主、业主大会、建设单位、物业服务企业可以委托评估机构对物业承接和查验、物业服务标准和费用测算、物业专项维修资金使用方案、物业服务质量等进行评估。

评估机构应当依照法律、法规规定和合同约定提供专业服务，出具的评估报告应当真实、客观、全面，评估结果应当向全体业主公布。

第五十六条 一个物业管理区域只能由一个物业服务企业实施物业服务。

鼓励业主大会通过公开招标方式选聘物业服务企业。

第五十七条 业主委员会应当参照市住房城乡建设主管部门会同市市场监督管理部门制定的物业服务合同示范文本与业主大会选聘的物业服务企业签订书面物业服务合同，并移交物业档案。

物业服务合同需经业主大会审议通过。在提交业主大会审议前，业主委员会应当将物业服务合同草案予以公示，充分听取业主意见。

物业服务企业应当自物业服务合同订立或者变更之日起十五日内，报物业所在地区县（自治县）住房城乡建设主管部门备案，并予以公告，同时抄送街道办事处、乡（镇）人民政府。

第五十八条 物业服务合同应当约定下列主要事项：

（一）共有部位、共有设施设备的日常维修、养护、运行和管理；

（二）物业管理区域内安全措施的建立、公共秩序的维护；

（三）共有绿地、花木等的养护与管理；

（四）物业管理区域内环境卫生的维护，生活垃圾分类投放及收集的要求；

（五）物业服务收费标准和交纳时间；

（六）公共收益的管理、使用、分配；

（七）合同期限和违约责任；

（八）其他物业服务内容。

物业服务企业公开作出的服务承诺及制定的服务细则，应当认定为物业服务合同的组成部分。

法律、行政法规另有规定的，适用其规定。

第五十九条 物业服务企业应当依法履行合同，按照国家和本市有关物业管理的服务标准和服务规范提供专业化的服务。

第六十条 物业服务企业不得有下列行为：

（一）违反物业服务合同约定降低物业服务标准。

（二）擅自提高物业服务收费标准。

（三）擅自处分业主共有财产，擅自允许他人利用共有部位、共有设施设备从事广告、宣传、经营等活动。

（四）以业主拖欠物业服务费、不配合管理等理由，中断或者以限时限量等方式变相中断供水、供电、供气。但是，可能对业主利益或者公共安全造成重大损失的紧急情形除外。

（五）法律、法规和管理规约规定的其他行为。

第六十一条 物业服务企业应当在物业管理区域内显著位置以及业主决策信息系统设置公示栏，公开相关服务事项，并可以通过移动通信等方式告知全体业主。

下列事项应当长期公开：

（一）物业服务企业的营业执照复印件、项目负责人的基本情况、联系方式；

（二）物业服务合同以及向业主提供特约服务的收费项目和标准等；

（三）电梯等专业设施设备的日常维修保养合同；

（四）报修服务规范和完成时限承诺。

下列事项应当按照规定及时公开：

（一）物业服务半年履约情况报告；

（二）物业专项维修资金使用情况，包括涉及维修、更新、改造项目的明细；

（三）物业服务满意率及管理服务中薄弱环节的整改情况；

（四）物业管理区域公共收益收支情况，包括与公共收益相关的合同或者协议等；

（五）其他应当公示的信息。

业主、业主委员会对公示内容有异议的，物业服务企业应当及时答复。业主、业主委员会对答复不满意的，可以依照本条例第九十二条规定进行投诉。

第六十二条　行政管理部门不得委托物业服务企业实施行政管理事项。物业服务企业不得以任何方式和理由行使行政管理职责，但是，应当依法协助行政管理部门做好相关工作。

第六十三条　物业服务企业应当建立健全公共秩序维护制度，协助做好物业管理区域内的安全防范工作。未能履行物业服务合同的约定，导致业主人身、财产安全受到损害的，应当依法承担相应的法律责任。

物业服务企业应当在消防车道、消防车操作场地、消防设施设置明显标识和禁止占用提醒；在自身经营范围内对其服务区域的人流干道、消防通道、化粪池、电梯等重点部位和重要设施进行经常性检查；对检查中发现的安全隐患，应当立即处理，并发出警示。

业主要求在物业服务合同约定的内容、标准或者范围以外提供服务的，由业主与物业服务企业另行约定。

第六十四条　物业服务企业应当制订物业管理区域内安全防范应急预案，对突发性自然灾害，公共卫生事件，供水、供电、供气、电梯及消防安全事故，物业安全事故等突发事件的预防和处置进行具体规定，并按照规定对其服务区域的服务对象进行安全宣传、组织应急演练。

发现重大事故隐患或者发生生产安全事故及其他紧急事件时，物业服务企业应当及时采取应急措施，通知相关业主，并按照规定向物业所在地街道办事处、乡（镇）人民政府、专业单位和负有安全监督管理职责的部门报告，协助做好相关工作。

第六十五条　物业服务企业可以委托专业性服务企业完成物业管理区域内机电设备维修养护、清洁卫生、园林绿化等专项服务，但是，不得将该区域内的全部物业服务一并委托给他人或者将全部物业服务肢解后分别转委托给第三人。

鼓励物业服务企业拓展家政服务、信息服务、养老服务、健康服务等其他生活性服务领域。

第六十六条　物业服务合同期限届满三个月前，业主委员会应当组织召开业主大会会议，对续聘或者选聘物业服务企业的方案进行表决，并将决定书面告知物业服务企业。业主大会决定续聘的，业主委员会应当在物业服务合同期限届满一个月前与物业服务企业续签物业服务合同；业主大会决定选聘新的物业服务企业的，原物业服务企业应当自物业服务合同终止之日起十五日内退出物业管理区域，并配合新选聘的物业服务企业接管。

物业服务企业决定不再续签物业服务合同的，应当在物业服务合同期限届满三个月前书面告知业主委员会；没有业主委员会的，应当在合同期限届满三个月前公告，并书面告知物业所在地街道办事处、乡（镇）人民政府、居（村）民委员会。

物业服务合同期限届满，业主大会没有作出选聘或者续聘决定，物业服务企业按照原合同约定继续提供服务的，物业服务合同自动延续至业主大会作出选聘或者续聘决定为止。物业服务合同自动延续期间，原物业服务企业决定不再提供物业服务的，应当按照前款规定提前三个月履行告知义务。

第六十七条 物业服务企业退出物业管理区域，业主、业主大会未选聘出新的物业服务企业，也未约定业主自行管理或者其他管理人管理的，由全体业主在街道办事处、乡（镇）人民政府指导下共同承担管理责任。

经业主委员会或者百分之二十以上业主申请，居（村）民委员会可以在街道办事处、乡（镇）人民政府委托下，组织提供应急管理。应急管理内容仅限于环境卫生、垃圾清运、电梯运行、消防安全等维持业主基本生活服务事项，相关费用由全体业主承担。应急管理期限一般不超过六个月。

应急管理实施前，街道办事处、乡（镇）人民政府应当将服务内容、服务期限、服务费用等相关内容予以公告。

第六十八条 物业服务企业退出物业服务的，应当履行下列义务：

（一）向业主委员会移交物业档案、有关物业及设施设备改造、维修、运行、保养等物业服务相关资料，以及物业服务用房和其他物业共有部位、共有设施设备；无业主委员会的，向街道办事处、乡（镇）人民政府移交。

（二）撤出物业管理区域内的物业服务人员。

（三）结算物业服务费用和预收、代收的物业管理区域公共收益等费用。

（四）结清委托专业性服务企业对设施设备、清洁卫生、园林绿化等开展专项服务的费用。

（五）法律、法规规定的其他事项。

原物业服务企业不得以业主欠交物业服务费用等为由拒绝办理交接。街道办事处、乡（镇）人民政府和住房城乡建设主管部门应当加强对物业服务企业交接工作的监督管理。

第六十九条 物业服务收费项目、标准以及收费方式，由业主和物业服务企业在物业服务合同中约定。

物业服务收费应当遵循合理、公开、费用与服务水平相适应的原则。

物业服务收费管理办法包括未装饰装修和使用的住宅物业收费标准等，由市价格主管部门会同市住房城乡建设主管部门制定。

第七十条 物业服务收费确需调整的，物业服务企业应当与业主委员会协商，并由业主大会决定；未成立业主大会的，由符合法律规定比例的业主表决通过，并将表决结果公告三十日以上。

第七十一条 物业管理区域内，供水、供电、供气、通信、有线电视等专业单位应当向最终用户收取有关费用，最终用户应当按时、足额交纳。其中，属物业专有部分的费用，由业主交纳；属物业服务企业使用的费用，由物业服务企业交纳；属共有部分的费用但未约定纳入物业服务成本、也未约定交纳主体的，由相关业主或者物业使用人据实分摊和交纳。

专业单位不得强制物业服务企业代收有关费用，不得因物业服务企业或者其他管理人拒绝代收而停止提供服务，不得因部分最终用户未履行交费义务停止已交费用户和共有部位的服务。

物业服务企业接受专业单位委托代收有关费用的，可以根据双方约定向委托单位收取代收手续费，但不得向业主收取手续费等额外费用。

物业服务企业退出物业管理区域时已代收费用但未向专业单位交纳的，专业单位应当按照相关约定要求物业服务企业交纳，不得因未交纳费用而停止向用户提供服务。

第七十二条 街道办事处、乡（镇）人民政府、建设单位、物业服务企业、业主委员会及其工作人员应当妥善保存业主信息资料，不得非法收集、利用、加工、传输业主信息，不得非法提供、公开或者出售业主信息。

第六章 物业的使用与维护

第七十三条 业主、物业使用人使用物业，应当自觉遵守法律、法规、管理规约的规定和业主大会、业主委员会的决定，不得损害公共利益和他人合法权益。

物业管理区域内禁止下列行为：

（一）占用地上或者地下空间违法修建建筑物、构筑物；

（二）破坏或者擅自改变房屋外观；

（三）损坏或者擅自变动房屋承重结构、主体结构；

（四）将无防水要求的房间或者阳台改为卫生间、厨房，或者将卫生间、厨房改在下层住户的卧室、起居室（厅）、书房的上方；

（五）存放、铺设超负荷物品；

（六）发出超出规定标准的噪声；

（七）违反安全管理规定存放易燃、易爆、剧毒、放射性等危险物品；

（八）擅自占用居住区绿地，或者擅自移植、砍伐小区内的树木；

（九）损坏、挪用、停用消防设施和器材，占用、堵塞、封闭疏散通道、消防通道、消防车操作场地；

（十）违反法律、法规和管理规约饲养犬只；

（十一）在畜禽禁养区内养殖家畜家禽，或者在畜禽限养区内违规养殖畜禽；

（十二）损坏或者擅自占用、改建物业共有部位、共有设施设备；

（十三）乱丢垃圾、高空抛物；

（十四）法律、法规和管理规约禁止的其他行为。

物业管理区域内发生上述行为时，业主、物业使用人有权投诉、举报，物业服务企业、业主委员会应当及时予以劝阻、制止，并将劝阻、制止情况存档保留；劝阻、制止无效的，物业服务企业、业主委员会应当在物业管理区域内通报，并及时报告有关部门，有关部门应当依法及时处理。因上述行为导致他人合法权益受到侵害的，受害人可以依法向人民法院提起诉讼。

第七十四条 业主、物业使用人应当按照规划自然资源部门批准或者房地产权证载明的用途使用物业，不得擅自改变物业使用性质。确需改变的，除遵守法律、法规以及管理规约外，应当经有利害关系的业主同意。

第七十五条 利用小区住宅开展民宿等住宿服务的，应当符合本条例第七十四条的规定，并具备消防、安全、卫生等必要的条件。

利用小区住宅开展民宿等住宿服务的，应当遵守国家和本市相关管理规定和管理规约的约定，依法向市场监管、文化旅游、公安、商务等部门办理相关手续，并同时告知物业服务企业。

市、区县（自治县）人民政府及相关部门应当根据本地实际，加强对住宅小区内开展民宿等住宿服务活动的管理和监督。具体管理办法由市人民政府制定。

第七十六条 业主、物业使用人对物业进行装饰装修前，应当将装饰装修的时间、范围、方式等书面告知物业服务企业。

物业服务企业应当将告知事项进行登记并将装饰装修中的禁止行为和注意事项提醒业主或者物业使用人以及装饰装修人员，同时公告施工的时间和范围。

物业服务企业对违反装饰装修规定的行为，应当履行发现、劝阻、报告职责，并配合有关部门依法处理。

物业服务企业与业主、物业使用人约定装饰装修保证金的，装饰装修保证金应当存入共有资金账户进行管理，具体管理办法由市住房城乡建设主管部门另行制定。

第七十七条　物业管理区域内规划用于停放机动车的车位（库），应当首先满足业主的需要。

建设单位依法出售车位（库），应当进行公告，不得出售给业主以外的单位或者个人。公告之日起六个月内，属住宅配套车位（库）的，每户业主只能购买一个车位（库），公告之日起满六个月有多余车位（库）的，可以向其他业主出售，每户业主总计购买住宅配套车位（库）不得超过二个；属非住宅配套车位（库）的，每户业主购买的车位（库）数量的比例，不得超过持有房屋面积占总非住宅建筑物面积的比例。经人民法院生效法律文书或者仲裁裁决确认将建设单位的车位（库）权属登记给业主以外的单位或者个人的，其车位（库）的出售、租赁应当首先满足业主的需要。

建设单位应当公开未出售或者未附赠的车位（库），业主要求承租的，建设单位不得拒绝。

车位（库）有空余的，经公示后，可以临时出租给业主以外的单位或者个人，每次租期不得超过六个月。

第七十八条　占用物业管理区域内业主共有的道路或者其他场地用于停放机动车，以及相关收费和管理事项，由业主大会决定。业主大会成立前，前期物业服务合同不得对上述事项进行约定。

公安、消防、抢险、救护、环卫等特种车辆执行公务时在物业管理区域内临时停放，不得收费。

物业管理区域内停放车辆，不得影响其他车辆和行人的正常通行。物业服务企业应当按照物业服务合同的约定，履行车辆停放管理义务，并加强巡查，及时督促违反规定停放的车辆驶离；督促无效的，应当及时报告公安机关，公安机关应当及时依法处理。

第七十九条　物业专有部分出现危害或者可能危害公共安全、公共利益及他人合法权益的情形时，专有部分所有人应当及时修缮或者采取防范措施。经业主委员会或者物业服务企业通知后，在合理期限内仍未修缮或者采取防范措施的，业主委员会或者物业服务企业应当组织修缮或者采取防范措施，其费用由专有部分所有人承担。

物业共有部位、共有设施设备出现危害或者可能危害公共安全、公共利益及他人合法权益的情形时，业主委员会或者物业服务企业应当组织修缮或者采取防范措施。

第八十条　新建物业管理区域内的专业经营设施设备，应当与主体工程同步规划、同步建设、同步交付使用。

新建住宅物业区域内的供水、供电、供气、通信、有线电视等专业经营设施设备竣工验收后，根据有关规定和要求将其移交给专业单位。专业单位应当接收并依法承担物业管理区域内分户终端计量装置或者入户端口以外相关管线和设施设备的维修、养护、更新的责任，有关费用由专业单位承担。

老旧住宅物业管理区域内的专业经营设施设备需要改造的，按照国家规定标准改造验收合格后，业主大会决定移交给专业单位管理的，专业单位应当接收。专业经营设施设备尚在质量保修期内的，其整改费用由建设单位承担。

第八十一条　物业专有部分、共有部分进行维护、更新和改造时，相关业主负有协助的义务。

因共有部分的维护、更新、改造，损害业主专有部分合法权益的，应当及时恢复原状或者赔偿损失。

第八十二条 业主转让或者出租物业时，应当将管理规约内容、物业服务费用标准等事项告知受让人或者承租人，并自物业转让合同或者租赁合同签订之日起十五日内，将物业转让或者出租情况告知业主委员会和物业服务企业。业主转让物业的，应当结清物业服务费。

第八十三条 区县（自治县）住房城乡建设主管部门、街道办事处、乡（镇）人民政府和居（村）民委员会应当加强对公共收益、物业专项维修资金、业主分摊费用、业主委员会工作经费等业主共有资金的监督和管理，共有资金的收支情况接受全体业主的监督。

业主大会成立前，物业专项维修资金由物业所在地区县（自治县）住房城乡建设部门代管，存入银行专户。公共收益应当存入物业专项维修资金账户，并设立单独账目。业主大会成立后，根据业主大会决定，选择代行管理或者自行管理。业主决定自行管理的共有资金，应当存入业主委员会账户，不得以任何个人或者其他组织名义进行管理。业主委员会可以持街道办事处、乡（镇）人民政府出具的业主委员会备案证明到物业所在地的物业专项维修资金专户管理银行开设账户。

业主大会可以委托具有资质的中介机构对共有资金进行财务管理。业主大会或者业主委员会自行管理共有资金的，应当每半年公布一次自行管理账目。

街道办事处、乡（镇）人民政府可以每年组织开展一次对共有资金使用和收支情况的检查，检查情况应当向全体业主公布。

第八十四条 利用物业共有部位、共有设施设备进行经营的，应当符合法律、法规的规定，并在物业服务合同或者管理规约中约定。业主大会成立前，需要利用共有部位、共有设施设备进行经营的，应当在前期物业服务合同或者管理规约中约定下列事项：

（一）可以开展经营的场地范围；

（二）电梯、电梯外大堂等部位设置广告的标准及要求；

（三）不同类型、区域的场地有偿利用的最低收费标准；

（四）物业服务企业管理服务费用的标准，比例不得超过所得收入的百分之三十；

（五）公共收益的财务管理要求；

（六）相关的合同、会计凭证的建档保管、公示及查询办法；

（七）公共收益收支情况的定期公示与审计办法；

（八）对可能影响业主公共利益的经营性活动的禁止性要求。

业主大会成立后，物业服务企业和业主大会可以对前款所列事项重新约定。

第八十五条 公共收益主要用于补充物业专项维修资金，也可以按照业主大会的决定使用。业主大会成立前或者业主大会未对公共收益用途作决定的，公共收益按年度全部纳入物业专项维修资金。按照业主大会决定使用公共收益的，物业专项维修资金余额不足首期交存金额百分之三十时，公共收益应当首先补足物业专项维修资金。

公共收益用于补充物业专项维修资金以外用途的，业主大会应当决定其年度预算方案，主要包括支出项目明细、使用审核、公示及决算办法。未经业主大会同意，公共收益支出金额和范围不得超过预算方案。

物业服务企业、业主委员会应当每半年公布一次公共收益收支情况。物业管理区域百分之二十以上业主书面对公共收益收支提出异议的，可以根据物业服务合同或者管理规约约定或者经业主大会决定后，在街道办事处、乡（镇）人民政府的指导监督下委托有资质的中介机构进行财务审计，也可以申请物业管理联席会议协调处理或者依法向人民法院提起诉讼。

第八十六条 保修期满后物业维修、更新、改造的费用，按照下列规定承担：

（一）专有部分的维修、更新、改造费用，由专有部分业主承担；

（二）部分共有部分的维修、更新、改造费用，由部分共有的业主分担；

（三）全体共有部分的维修、更新、改造费用，由全体业主分担。

因物业服务企业的责任，导致物业共有部分未到维修、更新年限维修、更新的，物业服务企业应当承担与其责任相当的费用。

第八十七条 一个物业管理区域内有两个以上独立产权单位的，应当设立物业专项维修资金。物业专项维修资金属于业主所有，专项用于保修期满后物业共有部位、共有设施设备的中修、大修或者更新、改造，不得挪作他用。

建设单位和业主应当按照国家和本市的规定交存物业专项维修资金。未交存首期物业专项维修资金或者物业专项维修资金余额不足首期交存金额百分之三十的，业主应当按照国家和本市的相关规定、管理规约和业主大会的决定，及时补交或者续筹物业专项维修资金。不动产登记机构在进行不动产权登记时，应当核验物业专项维修资金交存情况。

第八十八条 物业专项维修资金使用申请可以由业主、业主委员会或者物业服务企业提出。

下列费用不得从物业专项维修资金中支出：

（一）物业共有部位、共有设施设备的日常运行、维护和小修费用，由物业服务企业从业主交存的物业服务费中支出；

（二）物业在保修范围和保修期限内发生质量问题需要维修的费用，由建设单位承担；

（三）物业管理区域内供水、供电、供气、通讯、有线电视等相关管线和设施设备的维修、养护费用，由有关单位依法承担；

（四）物业共有部位、共有设施设备属人为损坏的，其维修、更新费用由责任人承担。

第八十九条 物业管理区域共有部位、共有设施设备维修、更新、改造费用情况应当及时进行公示。物业专项维修资金代管单位应当通过业主决策信息系统等方式，定期公布物业专项维修资金的收支情况，方便业主查询账户余额及使用情况。

对于十万元以上物业专项维修资金的使用，应当引入具有资质的第三方机构评审，评审费用从物业专项维修资金增值收益或者公共收益中列支，业主大会决定不聘请评审机构的除外。

第九十条 有下列情形之一，需要使用物业专项维修资金的，业主委员会、物业服务企业或者相关业主经街道办事处、乡（镇）人民政府书面同意，可以向区县（自治县）住房城乡建设主管部门申请适用应急简易程序：

（一）屋面防水损坏造成渗漏，严重影响正常使用的；

（二）电梯故障，无法正常运行的；

（三）高层住宅水泵损坏，导致供水中断的；

（四）楼体外立面有脱落危险，危及人身安全的；

（五）专用排水设施因坍塌、堵塞、爆裂等造成功能障碍的；

（六）消防设施损坏，危及公共消防安全的。

物业服务企业应当将紧急情况下专项维修资金申请、使用情况，及时予以公示。

第九十一条 物业专项维修资金的交存、使用、管理的具体办法，由市人民政府制定。

第九十二条 业主、物业使用人对物业服务企业在物业管理活动中侵害自己合法权益的行为，可以向物业所在地街道办事处、乡（镇）人民政府、区县（自治县）住房城乡建设主管部门投诉，街道办事处、乡（镇）人民政府、区县（自治县）住房城乡建设主管部门应当及时受理，并自受理之日起三十日内将处理结果回复投诉人。属于其他部门职责的，告知投诉人向相关部门投诉。

第七章 监督管理

第九十三条 市住房城乡建设主管部门履行下列职责：

（一）拟定或者制定物业管理相关政策措施和配套规定，以及临时管理规约、管理规约、业主大会议事规则、前期物业服务合同、物业服务合同、承接查验协议等示范文本；

（二）建立健全住宅等不同物业类型的物业服务标准和服务规范，建立物业服务信用信息管理体系，并定期向社会公布；

（三）建立和维护包括业主决策信息系统和信用信息管理系统在内的物业管理信息系统，供业主、业主委员会免费使用；

（四）指导全市物业专项维修资金监督管理工作；

（五）宣传和贯彻执行物业管理有关法律、法规，建立完善业主委员会和物业服务企业的培训制度；

（六）指导和监督区县（自治县）住房城乡建设主管部门开展物业管理活动的监督管理工作；

（七）法律、法规规定的其他职责。

第九十四条 区县（自治县）住房城乡建设主管部门履行下列职责：

（一）贯彻执行物业管理法律、法规和相关规定，负责物业管理区域、物业承接查验、前期物业服务合同、临时管理规约、管理规约、物业服务合同的备案；

（二）指导和监督街道办事处、乡（镇）人民政府依法开展物业管理相关工作、调处物业管理矛盾纠纷；

（三）负责物业服务企业和从业人员的监督管理，开展物业服务质量监督检查，建立物业管理诚信档案并接受查询；

（四）监督管理物业管理招投标活动和物业专项维修资金；

（五）查处违反第七十三条第一款第三项、第四项、第五项、第十二项规定的行为；

（六）宣传物业管理有关法律、法规和政策，定期开展物业管理业务培训；

（七）法律、法规规定的其他职责。

第九十五条 市、区县（自治县）人民政府其他相关部门依据各自职责，负责物业管理区域内下列工作：

（一）规划自然资源部门负责物业规划管理，查处违反第七十三条第一款第一项、第二项规定的行为；

（二）公安机关负责监督检查治安、交通安全、保安服务等活动，查处违反第七十三条第一款第七项、第十项规定的行为；

（三）市场监督管理部门负责监督检查电梯等特种设备使用、物业服务价格公示、违规收费等；

（四）应急管理部门负责监督检查消防安全，查处违反第七十三条第一款第九项规定的行为；

（五）生态环境部门负责监督检查污染环境行为，查处违反第七十三条第一款第六项规定的行为；

（六）城市管理部门负责查处违反第七十三条第一款第八项、第十一项规定的行为。

设立了综合执法机构的，可以由综合执法机构统一查处。

法律、法规对相关部门职责另有规定的，适用其规定。

第九十六条 街道办事处、乡（镇）人民政府履行下列职责：

（一）指导和监督业主大会、业主委员会的组建和换届改选，负责业主委员会备案；

（二）指导和监督业主大会、业主委员会依法履行职责；

（三）指导和监督物业服务企业履行法定义务，对物业服务实施情况开展监督检查；

（四）参加物业承接查验，指导和监督物业服务项目的移交、接管；

（五）建立物业管理矛盾投诉调解机制，调处物业管理纠纷；

（六）管理物业档案，协助开展辖区内物业服务信用信息的采集和核查工作；

（七）法律、法规规定的其他职责。

第九十七条 居（村）民委员会履行下列职责：

（一）协助和配合街道办事处、乡（镇）人民政府做好本条例第九十六条的相关工作；

（二）派员参加业主大会和业主委员会会议，了解物业管理工作情况；

（三）对业主大会、业主委员会和物业服务企业的日常工作进行指导和监督；

（四）法律、法规规定的其他职责。

鼓励在居（村）民委员会设立环境和物业管理委员会，具体指导和监督业主委员会、物业服务企业依法履行职责。

第九十八条 街道办事处、乡（镇）人民政府根据工作需要，召集由区县（自治县）住房城乡建设主管部门、其他有关部门、公安派出所、居（村）民委员会、专业单位、物业服务企业、业主委员会、业主代表、监事委员会、物业管理专家、人民调解委员会等参加的联席会议，协调解决下列问题：

（一）业主委员会不依法履行职责的问题；

（二）业主委员会成立和换届过程中出现的问题；

（三）履行物业服务合同中出现的重大问题；

（四）终止物业服务合同的重大问题；

（五）物业服务企业在退出和交接过程中出现的问题；

（六）需要协调解决的其他物业管理问题。

前款所列问题经人民调解委员会依法调解达成的调解协议，具有法律约束力。

第九十九条 相关部门应当建立违法行为投诉登记制度，并在物业管理区域内显著位置和业主决策信息系统公布联系单位、举报联系方式，依法处理物业管理区域内的违法行为。

任何单位和个人对违反本条例规定的行为，可以向住房城乡建设主管部门、街道办事处、乡（镇）人民政府及其他有关部门投诉举报，有关单位应当及时调查核实，并依法处理。

因行政执法需要进入物业管理区域开展执法工作的，业主、业主委员会、物业服务企业应当提供便利。

第八章　法律责任

第一百条 建设单位有下列行为之一的，由物业所在地区县（自治县）住房城乡建设主管部门予以处罚：

（一）违反本条例第十条、第四十五条、第四十六条，未按照规定备案或者公示的，责令限期改正；逾期未改正的，处五千元以上五万元以下罚款。

（二）违反本条例第十七条，未按照规定报送有关资料的，责令限期改正；逾期未改正的，予以通报，处一万元以上十万元以下罚款。

（三）违反本条例第四十四条，建设单位未通过公开招标方式或者未经批准擅自采用协议方式选聘物业服务企业，责令限期改正，给予警告，可以并处十万元以下罚款。

（四）违反本条例第五十一条，建设单位在物业管理区域内未按照规定配置物业服务用房的，责令限期改正，给予警告，没收违法所得，并处十万元以上五十万元以下罚款。

（五）违反本条例第五十二条，未按照规定移交资料的，责令限期改正；逾期未改正的，予以通报，处一万元以上十万元以下罚款。

（六）违反本条例第七十七条第二款、第三款，违反规定销售车位（库）的，或者对业主要求承租的车位（库）只售不租的，责令限期改正；逾期未改正的，处五万元以上二十五万元以下罚款。

（七）违反本条例第七十七条第四款，将未出售的车位（库）不优先出租给本区域内业主，或者出租给业主以外的单位或者个人期限超过六个月的，责令限期改正；逾期未改正的，处五万元以上十万元以下罚款。

第一百零一条　物业服务企业有下列行为之一的，由物业所在地区县（自治县）住房城乡建设主管部门予以处罚：

（一）违反本条例第十七条，未按照规定报送有关资料的，责令限期改正；逾期未改正的，予以通报，处一万元以上十万元以下罚款。

（二）违反本条例第五十条，未按照规定办理物业承接查验备案的，责令限期改正；逾期未改正的，处一万元以上十万元以下罚款。

（三）违反本条例第五十二条，未按照规定移交资料的，责令限期改正；逾期未改正的，予以通报，处一万元以上十万元以下罚款。

（四）违反本条例第五十四条、第六十一条，未按照规定填报或者公示信息的，责令限期改正；逾期未改正的，处一万元以上三万元以下罚款。

（五）违反本条例第五十七条，未将物业服务合同报送备案的，责令限期改正；逾期未改正的，处五千元以上五万元以下罚款。

（六）违反本条例第六十四条，未制定安全防范应急预案的，责令限期改正；逾期未改正的，处一万元以上十万元以下罚款。

（七）违反本条例第六十六条、第六十八条，擅自停止物业服务的，或者被解聘的物业服务企业拒不退出物业管理区域或者退出时不履行相关义务的，责令限期改正；逾期未改正的，处十万元以上三十万元以下罚款，并在一年内不得参加物业管理招标投标活动。

（八）违反本条例第八十四条、第八十五条，擅自利用物业共有部位、共有设施设备进行广告宣传和经营等活动的，擅自设置或者允许他人设置临时摊点的，责令限期改正，给予警告，并处五万元以上二十万元以下罚款。

第一百零二条　违反本条例第六十条，物业服务企业侵犯或者越权限制业主权利的，由区县（自治县）住房城乡建设主管部门责令限期整改；逾期未整改的，纳入企业信用档案。违反治安管理规定的，由公安机关依法查处；构成犯罪的，依法追究刑事责任。

第一百零三条　业主委员会成员未履行本条例规定相关职责的，由物业所在地街道办事处、乡（镇）人民政府责令限期履行；逾期未履行的，予以通报，并组织召开业主大会会议决定有关事项。

第一百零四条 业主委员会及其成员违反法律、法规或者管理规约的规定，挪用、侵占、擅自处分业主共有财产，或者侵害业主合法权益，给业主造成损害的，应当承担相应的赔偿责任；构成犯罪的，依法追究刑事责任。

第一百零五条 违反物业服务合同约定，业主逾期不交纳物业服务费用的，物业服务企业应当书面催交；逾期仍不交纳的，物业服务企业可以向人民法院起诉，或者按照约定申请仲裁。

第一百零六条 违反本条例第七十三条规定，给他人造成损害的，依法承担民事责任；违反行政管理规定的，由行使监督管理权的有关部门依法查处；构成犯罪的，依法追究刑事责任。

第一百零七条 专业单位违反本条例第八十条，未按照规定接收专业经营设施设备或者未按照规定对专业经营设施设备进行维修、养护、更新的，由物业所在地有关部门责令限期改正；影响房屋交付使用、业主正常生活或者造成人身、财产损害的，依法承担民事责任。

第一百零八条 住房城乡建设主管部门、街道办事处、乡（镇）人民政府或者其他有关部门及其工作人员违反本条例规定，有下列情形之一的，由其所在单位、主管部门、上级机关或者监察机关责令改正；情节严重的，对直接负责的主管人员和其他直接责任人员依法给予处分；给当事人合法权益造成损害的，依法承担赔偿责任；构成犯罪的，依法追究刑事责任：

（一）未按照规定履行监督管理职责的；

（二）违法干预业主依法成立业主大会和业主委员会的；

（三）未按照规定在物业区域内显著位置公布联系方式或者对物业服务活动中的投诉，不及时受理、依法处理的；

（四）发现违法行为或者接到举报后不及时查处的；

（五）截留、挪用、侵占或者违法审核拨付物业专项维修资金的；

（六）其他滥用职权、玩忽职守或者徇私舞弊的行为。

第一百零九条 建设单位、物业服务企业、业主委员会违反本条例有关规定，非法使用、出售、提供、传播业主信息，不及时移交相关资料、印章和财物，或者不按照约定退出物业管理区域，违反治安管理规定的，由公安机关依法查处。

第九章 附　　则

第一百一十条 本条例下列用语的含义：

（一）物业，是指房屋及配套的设施设备和相关场地。

（二）业主，是指房地产权证载明或者其他法定文件确定的物业所有权人。

（三）物业使用人，是指物业的承租人或者其他实际使用物业的人。

（四）前期物业管理，是指物业出售后至业主大会成立之前进行的物业管理。

（五）公示、公告，是指在物业管理区域显著位置公开张贴，有条件的同时在业主决策信息系统发布，时间七日以上。

（六）物业交付之日，是指建设单位在建设工程竣工验收后，根据房屋买卖合同约定向买受人发出书面交付通知，买受人依照该通知接房的时间。买受人收到书面交付通知后，在通知期限内无正当理由拒绝接受的，视为交付。

（七）共有部位，是指根据法律法规、房屋买卖合同和建设工程规划许可证及附件、附图，由物业管理区域内全体业主或者部分业主共有的部位，一般包括：物业的基础、承重墙体、柱、梁、楼板、屋顶以及户外的墙面、门厅、楼梯间、走廊通道等。

（八）共有设施设备，是指根据法律法规、房屋买卖合同和建设工程规划许可证及附件、附图，由物业管理区域内全体业主或者部分业主共有的附属设施设备，一般包括：电梯、天线、照明、消防设施、防雷设施、绿地、道路、路灯、沟渠、池、井、管、公益性文体设施和共有设施设备使用的房屋等。

（九）物业管理区域公共收益，是指利用物业共有部位、共有设施设备经营所得收入扣除管理服务费用后的收益，主要包括公共场地的车位租金收益、公共区域的广告收益、公共区域设立摊位的租金收益以及其他收益。

第一百一十一条 单体物业或者规模较小的物业，经业主或者业主大会决定，由业主对物业实施自行管理。其业主大会、业主委员会及物业使用与维护的相关事项可以参照本条例执行。

业主自行管理的，应当对下列事项作出决定：

（一）自行管理的执行机构、管理人；

（二）自行管理的内容、标准、费用和期限；

（三）聘请专业机构的方案；

（四）其他有关自行管理的内容。

电梯、消防、监控安防等涉及人身、财产安全以及其他有特定要求的设施设备，应当委托专业机构进行维修和养护。

第一百一十二条 本条例自 2020 年 5 月 1 日起施行。

脱贫攻坚

FIGHT AGAINST POVERTY

中共中央　国务院
关于打赢脱贫攻坚战三年行动的指导意见

（2018 年 6 月 15 日）

党的十八大以来，以习近平同志为核心的党中央把脱贫攻坚工作纳入“五位一体”总体布局和“四个全面”战略布局，作为实现第一个百年奋斗目标的重点任务，作出一系列重大部署和安排，全面打响脱贫攻坚战。过去 5 年，我们采取超常规举措，以前所未有的力度推进脱贫攻坚，农村贫困人口显著减少，贫困发生率持续下降，解决区域性整体贫困迈出坚实步伐，贫困地区农民生产生活条件显著改善，贫困群众获得感显著增强，脱贫攻坚取得决定性进展，创造了我国减贫史上的最好成绩。过去 5 年，我们充分发挥政治优势和制度优势，构筑了全社会扶贫的强大合力，建立了中国特色的脱贫攻坚制度体系，为全球减贫事业贡献了中国智慧和中国方案，谱写了人类反贫困史上的辉煌篇章。

党的十九大明确把精准脱贫作为决胜全面建成小康社会必须打好的三大攻坚战之一，作出了新的部署。从脱贫攻坚任务看，未来 3 年，还有 3000 万左右农村贫困人口需要脱贫，其中因病、因残致贫比例居高不下，在剩余 3 年时间内完成脱贫目标，任务十分艰巨。特别是西藏、四省藏区、南疆四地州和四川凉山州、云南怒江州、甘肃临夏州（以下简称“三区三州”）等深度贫困地区，不仅贫困发生率高、贫困程度深，而且基础条件薄弱、致贫原因复杂、发展严重滞后、公共服务不足，脱贫难度更大。从脱贫攻坚工作看，形式主义、官僚主义、弄虚作假、急躁和厌战情绪以及消极腐败现象仍然存在，有的还很严重，影响脱贫攻坚有效推进。必须清醒地把握打赢脱贫攻坚战的困难和挑战，切实增强责任感和紧迫感，一鼓作气、尽锐出战、精准施策，以更有力的行动、更扎实的工作，集中力量攻克贫困的难中之难、坚中之坚，确保坚决打赢脱贫这场对如期全面建成小康社会、实现第一个百年奋斗目标具有决定性意义的攻坚战。

按照党的十九大关于打赢脱贫攻坚战总体部署，根据各地区各部门贯彻落实《中共中央、国务院关于打赢脱贫攻坚战的决定》的进展和实践中存在的突出问题，现就完善顶层设计、强化政策措施、加强统筹协调，推动脱贫攻坚工作更加有效开展，制定以下指导意见。

一、全面把握打赢脱贫攻坚战三年行动的总体要求

（一）指导思想

全面贯彻党的十九大和十九届二中、三中全会精神，以习近平新时代中国特色社会主义思想为指导，充分发挥政治优势和制度优势，坚持精准扶贫精准脱贫基本方略，坚持中央统筹、省负总责、市县抓落实的工作机制，坚持大扶贫工作格局，坚持脱贫攻坚目标和现行扶贫标准，聚焦深度贫困地区和特殊贫困群体，突出问题导向，优化政策供给，下足绣花功夫，着力激发贫困人口内生动力，着力夯实贫困人口稳定脱贫基础，

着力加强扶贫领域作风建设，切实提高贫困人口获得感，确保到2020年贫困地区和贫困群众同全国一道进入全面小康社会，为实施乡村振兴战略打好基础。

（二）任务目标

到2020年，巩固脱贫成果，通过发展生产脱贫一批，易地搬迁脱贫一批，生态补偿脱贫一批，发展教育脱贫一批，社会保障兜底一批，因地制宜综合施策，确保现行标准下农村贫困人口实现脱贫，消除绝对贫困；确保贫困县全部摘帽，解决区域性整体贫困。实现贫困地区农民人均可支配收入增长幅度高于全国平均水平。实现贫困地区基本公共服务主要领域指标接近全国平均水平，主要有：贫困地区具备条件的乡镇和建制村通硬化路，贫困村全部实现通动力电，全面解决贫困人口住房和饮水安全问题，贫困村达到人居环境干净整洁的基本要求，切实解决义务教育学生因贫失学辍学问题，基本养老保险和基本医疗保险、大病保险实现贫困人口全覆盖，最低生活保障实现应保尽保。集中连片特困地区和革命老区、民族地区、边疆地区发展环境明显改善，深度贫困地区如期完成全面脱贫任务。

（三）工作要求

坚持严格执行现行扶贫标准。严格按照“两不愁、三保障”要求，确保贫困人口不愁吃、不愁穿；保障贫困家庭孩子接受九年义务教育，确保有学上、上得起学；保障贫困人口基本医疗需求，确保大病和慢性病得到有效救治和保障；保障贫困人口基本居住条件，确保住上安全住房。要量力而行，既不能降低标准，也不能擅自拔高标准、提不切实际的目标，避免陷入“福利陷阱”，防止产生贫困村和非贫困村、贫困户和非贫困户待遇的“悬崖效应”，留下后遗症。

坚持精准扶贫精准脱贫基本方略。做到扶持对象精准、项目安排精准、资金使用精准、措施到户精准、因村派人（第一书记）精准、脱贫成效精准，因地制宜、从实际出发，解决好扶持谁、谁来扶、怎么扶、如何退问题，做到扶真贫、真扶贫，脱真贫、真脱贫。

坚持把提高脱贫质量放在首位。牢固树立正确政绩观，不急功近利，不好高骛远，更加注重帮扶的长期效果，夯实稳定脱贫、逐步致富的基础。要合理确定脱贫时序，不搞层层加码，不赶时间进度、搞冲刺，不搞拖延耽误，确保脱贫攻坚成果经得起历史和实践检验。

坚持扶贫同扶志扶智相结合。正确处理外部帮扶和贫困群众自身努力的关系，强化脱贫光荣导向，更加注重培养贫困群众依靠自力更生实现脱贫致富的意识，更加注重提高贫困地区和贫困人口自我发展能力。

坚持开发式扶贫和保障性扶贫相统筹。把开发式扶贫作为脱贫基本途径，针对致贫原因和贫困人口结构，加强和完善保障性扶贫措施，造血输血协同，发挥两种方式的综合脱贫效应。

坚持脱贫攻坚与锤炼作风、锻炼队伍相统一。把脱贫攻坚战场作为培养干部的重要阵地，强化基层帮扶力量，密切党同人民群众血肉联系，提高干部干事创业本领，培养了解国情和农村实际的干部队伍。

坚持调动全社会扶贫积极性。充分发挥政府和社会两方面力量作用，强化政府责任，引导市场、社会协同发力，构建专项扶贫、行业扶贫、社会扶贫互为补充的大扶贫格局。

二、集中力量支持深度贫困地区脱贫攻坚

（一）着力改善深度贫困地区发展条件

推进深度贫困地区交通建设攻坚，加快实施深度贫困地区具备条件的建制村通硬化路工程。加快实施深

度贫困地区农村饮水安全巩固提升工程。加快深度贫困地区小型水利工程建设，推进深度贫困地区在建重大水利工程建设进度。推进深度贫困地区农村电网建设攻坚，实现农网动力电全覆盖。加强“三区三州”电网建设，加快解决网架结构薄弱、供电质量偏低等问题。加大深度贫困地区互联网基础设施建设投资力度，加快实现深度贫困地区贫困村网络全覆盖。推进深度贫困地区整合资金、统一规划、统筹实施农村土地综合整治和高标准农田建设。推进西藏、四省藏区、新疆南疆退耕还林还草、退牧还草工程。加快岩溶地区石漠化综合治理、西藏生态安全屏障、青海三江源生态保护、祁连山生态保护和综合治理等重点工程建设。实施贫困村提升工程。

（二）着力解决深度贫困地区群众特殊困难

全面实施“三区三州”健康扶贫攻坚行动，重点做好包虫病、艾滋病、大骨节病、结核病等疾病综合防治。加强禁毒脱贫工作，分级分类落实禁毒脱贫举措。采取特殊措施和手段推动人口较少民族贫困人口精准脱贫。全面落实边民补助、住房保障等守边固边政策，改善抵边一线乡村交通、饮水等条件，启动实施抵边村寨电网升级改造攻坚计划，加快推进边境村镇宽带网络建设。稳妥推进新疆南疆土地清理再分配改革，建立土地经营与贫困户直接挂钩的利益分配机制。

（三）着力加大深度贫困地区政策倾斜力度

中央财政进一步增加对深度贫困地区专项扶贫资金、教育医疗保障等转移支付，加大重点生态功能区转移支付、农村危房改造补助资金、中央预算内投资、车购税收入补助地方资金、县级基本财力保障机制奖补资金等对深度贫困地区的倾斜力度，增加安排深度贫困地区一般债券限额。规范扶贫领域融资，依法发行地方政府债券，加大深度贫困地区扶贫投入。新增金融资金优先满足深度贫困地区，新增金融服务优先布局深度贫困地区，对深度贫困地区发放的精准扶贫贷款实行差异化贷款利率。保障深度贫困地区产业发展、基础设施建设、易地扶贫搬迁、民生发展等用地，对土地利用规划计划指标不足部分由中央协同所在省份解决。深度贫困地区开展城乡建设用地增减挂钩可不受指标规模限制，建立深度贫困地区城乡建设用地增减挂钩节余指标跨省域调剂使用机制。深度贫困地区建设用地涉及农用地转用和土地征收的，依法加快审批。在援藏援疆援青工作中，进一步加大对“三区三州”等深度贫困地区干部选派倾斜支持力度。

三、强化到村到户到人精准帮扶举措

（一）加大产业扶贫力度

深入实施贫困地区特色产业提升工程，因地制宜加快发展对贫困户增收带动作用明显的种植养殖业、林草业、农产品加工业、特色手工业、休闲农业和乡村旅游，积极培育和推广有市场、有品牌、有效益的特色产品。将贫困地区特色农业项目优先列入优势特色农业提质增效行动计划，加大扶持力度，建设一批特色种植养殖基地和良种繁育基地。支持有条件的贫困县创办一二三产业融合发展扶贫产业园。组织国家级龙头企业与贫困县合作创建绿色食品、有机农产品原料标准化基地。实施中药材产业扶贫行动计划，鼓励中医药企业到贫困地区建设中药材基地。多渠道拓宽农产品营销渠道，推动批发市场、电商企业、大型超市等市场主体与贫困村建立长期稳定的产销关系，支持供销、邮政及各类企业把服务网点延伸到贫困村，推广以购代捐的扶贫模式，组织开展贫困地区农产品定向直供直销学校、医院、机关食堂和交易市场活动。加快推进“快递下乡”工程，完善贫困地区农村物流配送体系，加强特色优势农产品生产基地冷链设施建设。推动邮政与快递、交通运输企业在农村地区扩展合作范围、合作领域和服务内容。完善新型农业经营主体与贫困户联动发展的利益联结机制，推广股份合作、订单帮扶、生产托管等有效做法，实现贫困户与现代农业发展有机衔接。建立贫困户产业发展指导员制度，明确到户帮扶干部承担产业发展指导职责，帮助贫困户协调解决生产经营中的问题。鼓励各地通过政府购买服务方式向贫困户提供便利高效的农业社会化服务。实施电商扶贫，优先在贫困县建设农村电子商务服务站点。继续实施电子商务进农村综合示范项目。动员大型电商企业和电商强县对口帮扶贫困县，推进电商扶贫网络频道建设。积极推动贫困地区农村资源变资产、资金变股金、农民变股东改革，制定实施贫困地区集体经济薄弱村发展提升计划，通过盘活集体资源、入股或参股、量化资产收益等渠道增加集体经济收入。在条件适宜地区，以贫困村村级光伏电站建设为重点，有序推进光伏扶贫。支持贫困县整合财政涉农资金发展特色产业。鼓励地方从实际出发利用扶贫资金发展短期难见效、未来能够持续发挥效益的产业。规范和推动资产收益扶贫工作，确保贫困户获得稳定收益。将产业扶贫纳入贫困县扶贫成效考核和党政一把手离任审计，引导各地发展长期稳定的脱贫产业项目。

（二）全力推进就业扶贫

实施就业扶贫行动计划，推动就业意愿、就业技能与就业岗位精准对接，提高劳务组织化程度和就业脱贫覆盖面。鼓励贫困地区发展生态友好型劳动密集型产业，通过岗位补贴、场租补贴、贷款支持等方式，扶持企业在贫困乡村发展一批扶贫车间，吸纳贫困家庭劳动力就近就业。推进贫困县农民工创业园建设，加大创业担保贷款、创业服务力度，推动创业带动就业。鼓励开发多种形式的公益岗位，通过以工代赈、以奖代补、劳务补助等方式，动员更多贫困群众参与小型基础设施、农村人居环境整治等项目建设，吸纳贫困家庭劳动力参与保洁、治安、护路、管水、扶残助残、养老护理等，增加劳务收入。深入推进扶贫劳务协作，加强劳务输出服务工作，在外出劳动力就业较多的城市建立服务机构，提高劳务对接的组织化程度和就业质量。东部地区要组织企业到西部地区建设产业园区，吸纳贫困人口稳定就业。西部地区要组织贫困人口到东部地区就业。实施家政和护工服务劳务对接扶贫行动，打造贫困地区家政和护工服务品牌，完善家政和护工就业保障机制。实施技能脱贫专项行动，统筹整合各类培训资源，组织有就业培训意愿的贫困家庭劳动力参加劳动预备制培训、岗前培训、订单培训和岗位技能提升培训，按规定落实职业培训补贴政策。推进职业教育东西协作行动，实现东西部职业院校结对帮扶全覆盖，深入实施技能脱贫千校行动，支持东部地区职业院校招收对口帮扶的西部地区贫困家庭学生，帮助有在东部地区就业意愿的毕业生实现就业。在人口集中和产业发展需要的贫困地区办好一批中等职业学校（含技工学校），建设一批职业技能实习实训基地。

（三）深入推动易地扶贫搬迁

全面落实国家易地扶贫搬迁政策要求和规范标准，结合推进新型城镇化，进一步提高集中安置比例，稳妥推进分散安置并强化跟踪监管，完善安置区配套基础设施和公共服务设施，严守贫困户住房建设面积和自筹资金底线，统筹各项扶贫和保障措施，确保完成剩余 390 万左右贫困人口搬迁建设任务，确保搬迁一户、稳定脱贫一户。按照以岗定搬、以业定迁原则，加强后续产业发展和转移就业工作，确保贫困搬迁家庭至少 1 个劳动力实现稳定就业。在自然条件和发展环境异常恶劣地区，结合行政村规划布局调整，鼓励实施整村整组搬迁。今后 3 年集中力量完成“十三五”规划的建档立卡贫困人口搬迁任务，确保具备搬迁安置条件的贫困人口应搬尽搬，逐步实施同步搬迁。对目前不具备搬迁安置条件的贫困人口，优先解决其“两不愁、三保障”问题，今后可结合实施乡村振兴战略压茬推进，通过实施生态宜居搬迁和有助于稳定脱贫、逐步致富的其他形式搬迁，继续稳步推进。加强安置区社区管理和服务，切实做好搬迁群众户口迁移、上学就医、社会保障、心理疏导等接续服务工作，引导搬迁群众培养良好生活习惯，尽快融入新环境新社区。强化易地扶贫搬迁督促检查，确保高质量完成易地扶贫搬迁目标任务。

（四）加强生态扶贫

创新生态扶贫机制，加大贫困地区生态保护修复力度，实现生态改善和脱贫双赢。推进生态保护扶贫行动，到 2020 年在有劳动能力的贫困人口中新增选聘生态护林员、草管员岗位 40 万个。加大对贫困地区天然林保护工程建设支持力度。探索天然林、集体公益林托管，推广“合作社 + 管护 + 贫困户”模式，吸纳贫困人口参与管护。建设生态扶贫专业合作社（队），吸纳贫困人口参与防沙治沙、石漠化治理、防护林建设和储备林营造。推进贫困地区低产低效林提质增效工程。加大贫困地区新一轮退耕还林还草支持力度，将新增退耕还林还草任务向贫困地区倾斜，在确保省级耕地保有量和基本农田保护任务前提下，将 25 度以上坡耕地、重要水源地 15 － 25 度坡耕地、陡坡梯田、严重石漠化耕地、严重污染耕地、移民搬迁撂荒耕地纳入新一轮退耕还林还草工程范围，对符合退耕政策的贫困村、贫困户实现全覆盖。结合建立国家公园体制，多渠道筹措资金，对生态核心区内的居民实施生态搬迁，带动贫困群众脱贫。深化贫困地区集体林权制度改革，鼓励贫困人口将林地经营权入股造林合作社，增加贫困人口资产性收入。完善横向生态保护补偿机制，让保护生态的贫困县、贫困村、贫困户更多受益。鼓励纳入碳排放权交易市场的重点排放单位购买贫困地区林业碳汇。

（五）着力实施教育脱贫攻坚行动

以保障义务教育为核心，全面落实教育扶贫政策，进一步降低贫困地区特别是深度贫困地区、民族地区义务教育辍学率，稳步提升贫困地区义务教育质量。强化义务教育控辍保学联保联控责任，在辍学高发区“一县一策”制定工作方案，实施贫困学生台账化精准控辍，确保贫困家庭适龄学生不因贫失学辍学。全面推进贫困地区义务教育薄弱学校改造工作，重点加强乡镇寄宿制学校和乡村小规模学校建设，确保所有义务教育学校达到基本办学条件。实施好农村义务教育学生营养改善计划。在贫困地区优先实施教育信息化 2.0 行动计划，加强学校网络教学环境建设，共享优质教育资源。改善贫困地区乡村教师待遇，落实教师生活补助政策，均衡配置城乡教师资源。加大贫困地区教师特岗计划实施力度，深入推进义务教育阶段教师校长交流轮岗和对口帮扶工作，国培计划、公费师范生培养、中小学教师信息技术应用能力提升工程等重点支持贫困地区。鼓励通过公益捐赠等方式，设立贫困地区优秀教师奖励基金，用于表彰长期扎根基层的优秀乡村教师。健全覆盖各级各类教育的资助政策体系，学生资助政策实现应助尽助。加大贫困地区推广普及国家通用语言文字工作力度。开展民族地区学前儿童学习普通话行动。

（六）深入实施健康扶贫工程

将贫困人口全部纳入城乡居民基本医疗保险、大病保险和医疗救助保障范围。落实贫困人口参加城乡居民基本医疗保险个人缴费财政补贴政策，实施扶贫医疗救助。切实降低贫困人口就医负担，在严格费用管控、确定诊疗方案、确定单病种收费标准、规范转诊和集中定点救治的基础上，对城乡居民基本医疗保险和大病保险支付后自负费用仍有困难的患者，加大医疗救助和其他保障政策的帮扶力度。全面落实农村贫困人口县域内定点医疗机构住院治疗先诊疗后付费，在定点医院设立综合服务窗口，实现各项医疗保障政策“一站式”信息交换和即时结算。在贫困地区加快推进县乡村三级卫生服务标准化建设，确保每个贫困县建好 1 － 2 所县级公立医院（含中医院），加强贫困地区乡镇卫生院和村卫生室能力建设。深入实施医院对口帮扶，全国 963 家三级医院与 832 个贫困县的 1180 家县级医院结对帮扶，为贫困县医院配置远程医疗设施设备，全面建成从三级医院到县医院互联互通的远程医疗服务网络。贫困地区每个乡镇卫生院至少设立 1 个全科医生特岗。支持地方免费培养农村高职（专科）医学生，经助理全科医生培训合格后，补充到贫困地区村卫生室和乡镇卫生院。贫困地区可在现有编制总量内直接面向人才市场选拔录用医技人员，选拔录用时优先考虑当地医疗卫生事业紧缺人才。全面实施贫困地区县乡村医疗卫生机构一体化管理，构建三级联动的医疗服务和健康管理平台，为贫困群众提供基本健康服务。加强对贫困地区慢性病、常见病的防治，开展专项行动，降低因病致贫返贫风险。开展地方病和重大传染病攻坚行动，实施预防、筛查、治疗、康复、管理的全过程综合防治。贫困地区妇女宫颈癌、乳腺癌检查和儿童营养改善、新生儿疾病筛查项目扩大到所有贫困县。开展和规范家庭医生（乡村医生）签约服务，落实签约服务政策，优先为妇幼、老人、残疾人等重点人群开展健康服务和慢性病综合防控，做好高血压、糖尿病、结核病、严重精神障碍等慢性病规范管理。实施贫困地区健康促进三年行动计划。将脱贫攻坚与落实生育政策紧密结合，倡导优生优育，利用基层计划生育服务力量，加强出生缺陷综合防治宣传教育。

（七）加快推进农村危房改造

允许各省（自治区、直辖市）根据国务院主管部门制定的原则，结合各自实际推广简便易行的危房鉴定程序，规范对象认定程序，建立危房台账并实施精准管理，改造一户、销档一户，确保完成建档立卡贫困户等 4 类重点对象危房改造任务。明确农村危房改造基本安全要求，保证正常使用安全和基本使用功能。因地制宜推广农房加固改造，在危房改造任务较重的省份开展农房加固改造示范，结合地方实际推广现代生土农房等改良型传统民居，鼓励通过闲置农房置换或长期租赁等方式，兜底解决特殊贫困群体基本住房安全问题。落实各级补助资金，完善分类分级补助标准。加强补助资金使用管理和监督检查，支付给农户的资金要及时足额直接拨付到户。建立完善危房改造信息公示制度。

（八）强化综合保障性扶贫

统筹各类保障措施，建立以社会保险、社会救助、社会福利制度为主体，以社会帮扶、社工助力为辅助的综合保障体系，为完全丧失劳动能力和部分丧失劳动能力且无法依靠产业就业帮扶脱贫的贫困人口提供兜底保障。完善城乡居民基本养老保险制度，对符合条件的贫困人口由地方政府代缴城乡居民养老保险费。继续实施社会服务兜底工程，加快建设为老年人、残疾人、精神障碍患者等特殊群体提供服务的设施。鼓励各地通过互助养老、设立孝善基金等途径，创新家庭养老方式。加快建立贫困家庭“三留守”关爱服务体系，落实家庭赡养、监护照料法定义务，探索建立信息台账和定期探访制度。完善农村低保制度，健全低保对象认定方法，将完全丧失劳动能力和部分丧失劳动能力且无法依靠产业就业帮扶脱贫的贫困人口纳入低保范围。对地广人稀的贫困地区适度降低国家救灾应急响应启动条件。加大临时救助力度，及时将符合条件的返贫人口纳入救助范围。

（九）开展贫困残疾人脱贫行动

将符合条件的建档立卡贫困残疾人纳入农村低保和城乡医疗救助范围。完善困难残疾人生活补贴和重度残疾人护理补贴制度，有条件的地方逐步扩大政策覆盖面。深入实施“福康工程”等残疾人精准康复服务项目，优先为贫困家庭有康复需求的残疾人提供基本康复服务和辅助器具适配服务。对16周岁以上有长期照料护理需求的贫困重度残疾人，符合特困人员救助供养条件的纳入特困人员救助供养；不符合救助供养条件的，鼓励地方通过政府补贴、购买服务、设立公益岗位、集中托养等多种方式，为贫困重度残疾人提供集中照料或日间照料、邻里照护服务。逐步推进农村贫困重度残疾人家庭无障碍改造。实施第二期特殊教育提升计划，帮助贫困家庭残疾儿童多种形式接受义务教育，加快发展非义务教育阶段特殊教育。资产收益扶贫项目要优先安排贫困残疾人家庭。

（十）开展扶贫扶志行动

加强教育引导，开展扶志教育活动，创办脱贫攻坚“农民夜校”、“讲习所”等，加强思想、文化、道德、法律、感恩教育，弘扬自尊、自爱、自强精神，防止政策养懒汉、助长不劳而获和“等靠要”等不良习气。加大以工代赈实施力度，动员更多贫困群众投工投劳。推广以表现换积分、以积分换物品的“爱心公益超市”等自助式帮扶做法，实现社会爱心捐赠与贫困群众个性化需求的精准对接。鼓励各地总结推广脱贫典型，宣传表彰自强不息、自力更生脱贫致富的先进事迹和先进典型，用身边人身边事示范带动贫困群众。大力开展移风易俗活动，选树一批文明村镇和星级文明户，推广“星级评比”等做法，引导贫困村修订完善村规民约，发挥村民议事会、道德评议会、红白理事会、禁毒禁赌会等群众组织作用，坚持自治、法治、德治相结合，教育引导贫困群众弘扬传统美德、树立文明新风。加强对高额彩礼、薄养厚葬、子女不赡养老人等问题的专项治理。深入推进文化扶贫工作，提升贫困群众的公共文化服务获得感。把扶贫领域诚信纳入国家信用监管体系，将不履行赡养义务、虚报冒领扶贫资金、严重违反公序良俗等行为人列入失信人员名单。

四、加快补齐贫困地区基础设施短板

（一）加快实施交通扶贫行动

在贫困地区加快建成外通内联、通村畅乡、客车到村、安全便捷的交通运输网络。尽快实现具备条件的乡镇、建制村通硬化路。以示范县为载体，推进贫困地区“四好农村路”建设。扩大农村客运覆盖范围，到2020年实现具备条件的建制村通客车目标。加快贫困地区农村公路安全生命防护工程建设，基本完成乡道及以上行政等级公路安全隐患治理。推进窄路基路面农村公路合理加宽改造和危桥改造。改造建设一批贫困乡村旅游路、产业路、资源路，优先改善自然人文、少数民族特色村寨和风情小镇等旅游景点景区交通设施。加大成品油税费改革转移支付用于贫困地区农村公路养护力度。推进国家铁路网、国家高速公路网连接贫困地区项目建设，加快贫困地区普通国省道改造和支线机场、通用机场、内河航道建设。

（二）大力推进水利扶贫行动

加快实施贫困地区农村饮水安全巩固提升工程，落实工程建设和管护责任，强化水源保护和水质保障，因地制宜加强供水工程建设与改造，显著提高农村集中供水率、自来水普及率、供水保证率和水质达标率，到2020年全面解决贫困人口饮水安全问题。加快贫困地区大中型灌区续建配套与节水改造、小型农田水利工程建设，实现灌溉水源、灌排骨干工程与田间工程协调配套。切实加强贫困地区防洪工程建设和运行管理。继续推进贫困地区水土保持和水生态建设工程。

（三）大力实施电力和网络扶贫行动

实施贫困地区农网改造升级，加强电力基础设施建设，建立贫困地区电力普遍服务监测评价体系，引导电网企业做好贫困地区农村电力建设管理和供电服务，到 2020 年实现大电网延伸覆盖至全部县城。大力推进贫困地区农村可再生能源开发利用。

深入实施网络扶贫行动，统筹推进网络覆盖、农村电商、网络扶智、信息服务、网络公益 5 大工程向纵深发展，创新“互联网 +”扶贫模式。完善电信普遍服务补偿机制，引导基础电信企业加大投资力度，实现 90% 以上贫困村宽带网络覆盖。鼓励基础电信企业针对贫困地区和贫困群众推出资费优惠举措，鼓励企业开发有助精准脱贫的移动应用软件、智能终端。

（四）大力推进贫困地区农村人居环境整治

开展贫困地区农村人居环境整治三年行动，因地制宜确定贫困地区村庄人居环境整治目标，重点推进农村生活垃圾治理、卫生厕所改造。开展贫困地区农村生活垃圾治理专项行动，有条件的地方探索建立村庄保洁制度。因地制宜普及不同类型的卫生厕所，同步开展厕所粪污治理。有条件的地方逐步开展生活污水治理。加快推进通村组道路建设，基本解决村内道路泥泞、村民出行不便等问题。

五、加强精准脱贫攻坚行动支撑保障

（一）强化财政投入保障

坚持增加政府扶贫投入与提高资金使用效益并重，健全与脱贫攻坚任务相适应的投入保障机制，支持贫困地区围绕现行脱贫目标，尽快补齐脱贫攻坚短板。加大财政专项扶贫资金和教育、医疗保障等转移支付支持力度。规范扶贫领域融资，增强扶贫投入能力，疏堵并举防范化解扶贫领域融资风险。进一步加强资金整合，赋予贫困县更充分的资源配置权，确保整合资金围绕脱贫攻坚项目精准使用，提高使用效率和效益。全面加强各类扶贫资金项目绩效管理，落实资金使用者的绩效主体责任，明确绩效目标，加强执行监控，强化评价结果运用，提高扶贫资金使用效益。建立县级脱贫攻坚项目库，健全公告公示制度。加强扶贫资金项目常态化监管，强化主管部门监管责任，确保扶贫资金尤其是到户到人的资金落到实处。

（二）加大金融扶贫支持力度

加强扶贫再贷款使用管理，优化运用扶贫再贷款发放贷款定价机制，引导金融机构合理合规增加对带动贫困户就业的企业和贫困户生产经营的信贷投放。加强金融精准扶贫服务。支持国家开发银行和中国农业发展银行进一步发挥好扶贫金融事业部的作用，支持中国农业银行、中国邮政储蓄银行、农村信用社、村镇银行等金融机构增加扶贫信贷投放，推动大中型商业银行完善普惠金融事业部体制机制。创新产业扶贫信贷产品和模式，建立健全金融支持产业发展与带动贫困户脱贫的挂钩机制和扶持政策。规范扶贫小额信贷发放，在风险可控前提下可办理无还本续贷业务，对确因非主观因素不能到期偿还贷款的贫困户可协助其办理贷款展期业务。加强扶贫信贷风险防范，支持贫困地区完善风险补偿机制。推进贫困地区信用体系建设。支持贫困地区金融服务站建设，推广电子支付方式，逐步实现基础金融服务不出村。支持贫困地区开发特色农业险种，开展扶贫小额贷款保证保险等业务，探索发展价格保险、产值保险、“保险 + 期货”等新型险种。扩大贫困地区涉农保险保障范围，开发物流仓储、设施农业、“互联网 +”等险种。鼓励上市公司、证券公司等市场主体依法依规设立或参与市场化运作的贫困地区产业投资基金和扶贫公益基金。贫困地区企业首次公开发行股票、在全国中小企业股份转让系统挂牌、发行公司债券等按规定实行“绿色通道”政策。

（三）加强土地政策支持

支持贫困地区编制村级土地利用规划，挖掘土地优化利用脱贫的潜力。贫困地区建设用地符合土地利用总体规划修改条件的，按规定及时审查批复。新增建设用地计划、增减挂钩节余指标调剂计划、工矿废弃地复垦利用计划向贫困地区倾斜。脱贫攻坚期内，国家每年对集中连片特困地区、国家扶贫开发工作重点县专项安排一定数量新增建设用地计划。贫困地区建设用地增减挂钩节余指标和工矿废弃地复垦利用节余指标，允许在省域内调剂使用。建立土地整治和高标准农田建设等新增耕地指标跨省域调剂机制。贫困地区符合条件的补充和改造耕地项目，优先用于跨省域补充耕地国家统筹，所得收益通过支出预算用于支持脱贫攻坚。优先安排贫困地区土地整治项目和高标准农田建设补助资金，指导和督促贫困地区完善县级土地整治规划。

（四）实施人才和科技扶贫计划

深入实施边远贫困地区、边疆民族地区、革命老区人才支持计划，扩大急需紧缺专业技术人才选派培养规模。贫困地区在县乡公务员考试录用中，从大学生村官、“三支一扶”等人员中定向招录公务员，从贫困地区优秀村干部中招录乡镇公务员。

动员全社会科技力量投入脱贫攻坚主战场，开展科技精准帮扶行动。以县为单位建立产业扶贫技术专家组，各类涉农院校和科研院所组建产业扶贫技术团队，重点为贫困村、贫困户提供技术服务。支持有条件的贫困县建设农业科技园和星创天地等载体，展示和推广农业先进科技成果。在贫困地区全面实施农技推广特聘计划，从农村乡土专家、种养能手等一线服务人员招聘一批特聘农技员，由县级政府聘为贫困村科技扶贫带头人。加强贫困村创业致富带头人培育培养，提升创业项目带贫减贫效果。建立科技特派员与贫困村结对服务关系，实现科技特派员对贫困村科技服务和创业带动全覆盖。

六、动员全社会力量参与脱贫攻坚

（一）加大东西部扶贫协作和对口支援力度

把人才支持、市场对接、劳务协作、资金支持等作为协作重点，深化东西部扶贫协作，推进携手奔小康行动贫困县全覆盖，并向贫困村延伸。强化东西部扶贫协作责任落实，加强组织协调、工作指导和督导检查，建立扶贫协作台账制度，每年对账考核。优化结对协作关系，实化细化县之间、乡镇之间、行政村之间结对帮扶措施，推广“闽宁示范村”模式。突出产业帮扶，鼓励合作建设承接产业转移的基地，引导企业精准结对帮扶。突出劳务协作，有组织地开展人岗对接，提高协作规模和质量。突出人才支援，加大力度推进干部双向挂职、人才双向交流，提高干部人才支持和培训培养精准性。突出资金支持，切实加强资金监管，确保东西部扶贫协作资金精准使用。将帮扶贫困残疾人脱贫纳入东西部扶贫协作范围。

实施好“十三五”对口支援新疆、西藏和四省藏区经济社会发展规划，严格落实中央确定的 80% 以上资金用于保障和改善民生、用于县及县以下基层的要求，进一步聚焦脱贫攻坚的重点和难点，确保更多资金、项目和工作精力投向贫困人口。

（二）深入开展定点扶贫工作

落实定点扶贫工作责任，把定点扶贫县脱贫工作纳入本单位工作重点，加强工作力量，出台具体帮扶措施。定点扶贫单位主要负责同志要承担第一责任人职责，定期研究帮扶工作。强化定点扶贫牵头单位责任。加强对定点扶贫县脱贫攻坚工作指导，督促落实脱贫主体责任。把定点扶贫县作为转变作风、调查研究的基地，通过解剖麻雀，总结定点扶贫县脱贫经验，完善本部门扶贫政策，推动脱贫攻坚工作。选派优秀中青年干部、后备干部到贫困地区挂职，落实艰苦地区挂职干部生活补助政策。

（三）扎实做好军队帮扶工作

加强军地脱贫攻坚工作协调，驻地部队要积极承担帮扶任务，参与扶贫行动，广泛开展扶贫济困活动。接续做好“八一爱民学校”援建工作，组织开展多种形式的结对助学活动。组织军队系统医院对口帮扶贫困县县级医院，深入贫困村送医送药、巡诊治病。帮助革命老区加强红色资源开发，培育壮大红色旅游产业，带动贫困人口脱贫。帮助培育退役军人和民兵预备役人员脱贫致富带头人。

（四）激励各类企业、社会组织扶贫

落实国有企业精准扶贫责任，通过发展产业、对接市场、安置就业等多种方式帮助贫困户脱贫。深入推进“万企帮万村”精准扶贫行动，引导民营企业积极开展产业扶贫、就业扶贫、公益扶贫，鼓励有条件的大型民营企业通过设立扶贫产业投资基金等方式参与脱贫攻坚。持续开展“光彩行”活动，提高精准扶贫成效。

支持社会组织参与脱贫攻坚，加快建立社会组织帮扶项目与贫困地区需求信息对接机制，确保贫困人口发展需求与社会帮扶有效对接。鼓励引导社会各界使用贫困地区产品和服务，推动贫困地区和贫困户融入大市场。实施全国性社会组织参与“三区三州”深度贫困地区脱贫攻坚行动。实施社会工作“专业人才服务三区计划”、“服务机构牵手计划”、“教育对口扶贫计划”，为贫困人口提供生计发展、能力提升、心理支持等专业服务。加强对社会组织扶贫的引导和管理，优化环境、整合力量、创新方式，提高扶贫效能。落实社会扶贫资金所得税税前扣除政策。

（五）大力开展扶贫志愿服务活动

动员组织各类志愿服务团队、社会各界爱心人士开展扶贫志愿服务。实施社会工作专业人才服务贫困地区系列行动计划，支持引导专业社会工作和志愿服务力量积极参与精准扶贫。推进扶贫志愿服务制度化，建立扶贫志愿服务人员库，鼓励国家机关、企事业单位、人民团体、社会组织等组建常态化、专业化服务团队。制定落实扶贫志愿服务支持政策。

七、夯实精准扶贫精准脱贫基础性工作

（一）强化扶贫信息的精准和共享

进一步加强建档立卡工作，提高精准识别质量，完善动态管理机制，做到“脱贫即出、返贫即入”。剔除不合条件的人口，及时纳入符合条件但遗漏在外的贫困人口和返贫人口，确保应扶尽扶。抓紧完善扶贫开发大数据平台，通过端口对接、数据交换等方式，实现户籍、教育、健康、就业、社会保险、住房、银行、农村低保、残疾人等信息与贫困人口建档立卡信息有效对接。完善贫困人口统计监测体系，为脱贫攻坚提供

科学依据。加强贫困人口建档立卡数据和农村贫困统计监测数据衔接，逐步形成指标统一、项目规范的贫困监测体系。强化扶贫开发大数据平台共享使用，拓展扶贫数据系统服务功能，为脱贫攻坚决策和工作指导等提供可靠手段和支撑。建立脱贫成效巩固提升监测机制，对脱贫户实施跟踪和动态监测，及时了解其生产生活情况。按照国家信息安全标准构建扶贫开发信息安全防护体系，确保系统和数据安全。开展建档立卡专项评估检查。

（二）健全贫困退出机制

严格执行贫困退出标准和程序，规范贫困县、贫困村、贫困人口退出组织实施工作。指导地方修订完善扶贫工作考核评估指标和贫困县验收指标，对超出“两不愁、三保障”标准的指标，予以剔除或不作为硬性指标，取消行业部门与扶贫无关的搭车任务。改进贫困县退出专项评估检查，由各省（自治区、直辖市）统一组织，因地制宜制定符合贫困地区实际的检查方案，并对退出贫困县的质量负责。中央结合脱贫攻坚督查巡查工作，对贫困县退出进行抽查。脱贫攻坚期内扶贫政策保持稳定，贫困县、贫困村、贫困户退出后，相关政策保持一段时间。

（三）开展国家脱贫攻坚普查

2020 年至 2021 年年初对脱贫摘帽县进行一次普查，全面了解贫困人口脱贫实现情况。普查工作由国务院统一部署实施，重点围绕脱贫结果的真实性和准确性，调查贫困人口“两不愁、三保障”实现情况、获得帮扶情况、贫困人口参与脱贫攻坚项目情况等。地方各级党委和政府要认真配合做好普查工作。

八、加强和改善党对脱贫攻坚工作的领导

（一）进一步落实脱贫攻坚责任制

强化中央统筹、省负总责、市县抓落实的工作机制。中央统筹，重在做好顶层设计，在政策、资金等方面为地方创造条件，加强脱贫效果监管；省负总责，重在把党中央大政方针转化为实施方案，加强指导和督导，促进工作落实；市县抓落实，重在从当地实际出发推动脱贫攻坚各项政策措施落地生根。各级党委和政府要把打赢脱贫攻坚战作为重大政治任务，增强政治担当、责任担当和行动自觉，层层传导压力，建立落实台账，压实脱贫责任，加大问责问效力度。健全脱贫攻坚工作机制，脱贫攻坚任务重的省（自治区、直辖市）党委和政府每季度至少专题研究一次脱贫攻坚工作，贫困县党委和政府每月至少专题研究一次脱贫攻坚工作。贫困县党政正职每个月至少要有 5 个工作日用于扶贫。实施五级书记遍访贫困对象行动，省（自治区、直辖市）党委书记遍访贫困县，市（地、州、盟）党委书记遍访脱贫攻坚任务重的乡镇，县（市、区、旗）党委书记遍访贫困村，乡镇党委书记和村党组织书记遍访贫困户。以遍访贫困对象行动带头转变作风，接地气、查实情，了解贫困群体实际需求，掌握第一手资料，发现突出矛盾，解决突出问题。

（二）压实中央部门扶贫责任

党中央、国务院各相关部门单位要按照中央脱贫攻坚系列重大决策部署要求制定完善配套政策举措，实化细化三年行动方案，并抓好组织实施工作。国务院扶贫开发领导小组要分解落实各地区脱贫目标任务，实化细化脱贫具体举措，分解到年、落实到人。国务院扶贫开发领导小组成员单位每年向中央报告本部门本单

位脱贫攻坚工作情况。脱贫攻坚期内，国务院扶贫开发领导小组成员以及部门扶贫干部、定点扶贫干部要按政策规定保持稳定，不能胜任的要及时调整。

（三）完善脱贫攻坚考核监督评估机制

进一步完善扶贫考核评估工作，充分体现省负总责原则，切实解决基层疲于迎评迎检问题。改进对省级党委和政府扶贫开发工作成效第三方评估方式，缩小范围，简化程序，精简内容，重点评估“两不愁、三保障”实现情况，提高考核评估质量和水平。改进省市两级对县及县以下扶贫工作考核，原则上每年对县的考核不超过 2 次，加强对县委书记的工作考核，注重发挥考核的正向激励作用。未经省里批准，市级以下不得开展第三方评估。改进约谈省级领导的方式，开展常态化约谈，随时发现问题随时约谈。完善监督机制，国务院扶贫开发领导小组每年组织脱贫攻坚督查巡查，纪检监察机关和审计、扶贫等部门按照职能开展监督工作。充分发挥人大、政协、民主党派监督作用。

（四）建强贫困村党组织

深入推进抓党建促脱贫攻坚，全面强化贫困地区农村基层党组织领导核心地位，切实提升贫困村党组织的组织力。防止封建家族势力、地方黑恶势力、违法违规宗教活动侵蚀基层政权，干扰破坏村务。大力整顿贫困村软弱涣散党组织，以县为单位组织摸排，逐村分析研判，坚决撤换不胜任、不合格、不尽职的村党组织书记。重点从外出务工经商创业人员、大学生村官、本村致富能手中选配，本村没有合适人员的，从县乡机关公职人员中派任。建立健全回引本土大学生、高校培养培训、县乡统筹招聘机制，为每个贫困村储备 1 至 2 名后备干部。加大在贫困村青年农民、外出务工青年中发展党员力度。支持党员创办领办脱贫致富项目，完善贫困村党员结对帮扶机制。全面落实贫困村“两委”联席会议、“四议两公开”和村务监督等工作制度。派强用好第一书记和驻村工作队，从县以上党政机关选派过硬的优秀干部参加驻村帮扶。加强考核和工作指导，对不适应的及时召回调整。派出单位要严格落实项目、资金、责任捆绑要求，加大保障支持力度。强化贫困地区农村基层党建工作责任落实，将抓党建促脱贫攻坚情况作为县乡党委书记抓基层党建工作述职评议考核的重点内容。对不够重视贫困村党组织建设、措施不力的地方，上级党组织要及时约谈提醒相关责任人，后果严重的要问责追责。

（五）培养锻炼过硬的脱贫攻坚干部队伍

保持贫困县党政正职稳定，确需调整的，必须符合中央规定，对于不能胜任的要及时撤换，对于弄虚作假的要坚决问责。实施全国脱贫攻坚全面培训，落实分级培训责任，保证贫困地区主要负责同志和扶贫系统干部轮训一遍。对县级以上领导干部，重点是通过培训提高思想认识，引导树立正确政绩观，掌握精准脱贫方法论，提升研究攻坚问题、解决攻坚难题能力。对基层干部，重点是通过采取案例教学、现场教学等实战培训方法，提高实战能力，增强精准扶贫工作本领。加大对贫困村干部培训力度，每年对村党组织书记集中轮训一次，突出需求导向和实战化训练，着重提高落实党的扶贫政策、团结带领贫困群众脱贫致富的本领。加强对扶贫挂职干部跟踪管理和具体指导，采取“挂包结合”等方式，落实保障支持措施，激励干部人在心在、履职尽责。加强对脱贫一线干部的关爱激励，注重在脱贫攻坚一线考察识别干部，对如期完成任务且表现突出的贫困县党政正职应予以重用，对在脱贫攻坚中工作出色、表现优秀的扶贫干部、基层干部注重提拔使用。对奋战在脱贫攻坚一线的县乡干部要落实好津补贴、周转房等政策，改善工作条件。对在脱贫攻坚中因公牺牲的干部和基层党员的家属及时给予抚恤，长期帮扶慰问。全面落实贫困村干部报酬待遇和正常离任村干部生活补贴。

（六）营造良好舆论氛围

深入宣传习近平总书记关于扶贫工作的重要论述，宣传党中央关于精准扶贫精准脱贫的重大决策部署，宣传脱贫攻坚典型经验，宣传脱贫攻坚取得的伟大成就，为打赢脱贫攻坚战注入强大精神动力。组织广播电视、报刊杂志等媒体推出一批脱贫攻坚重点新闻报道。积极利用网站、微博、微信、移动客户端等新媒体平台开展宣传推广。推出一批反映扶贫脱贫感人事迹的优秀文艺作品，加大扶贫题材文化产品和服务的供给。继续开展全国脱贫攻坚奖和全国脱贫攻坚模范评选表彰，选树脱贫攻坚先进典型。按程序设立脱贫攻坚组织创新奖，鼓励各地从实际出发开展脱贫攻坚工作创新。每年组织报告团，分区域巡回宣讲脱贫先进典型。讲好中国脱贫攻坚故事，反映中国为全球减贫事业作出的重大贡献。加强减贫领域国际交流与合作，帮助受援国建好国际扶贫示范村，为全球减贫事业贡献中国方案。适时对脱贫攻坚精神进行总结。

（七）开展扶贫领域腐败和作风问题专项治理

把作风建设贯穿脱贫攻坚全过程，集中力量解决扶贫领域“四个意识”不强、责任落实不到位、工作措施不精准、资金管理使用不规范、工作作风不扎实、考核评估不严不实等突出问题，确保取得明显成效。改进调查研究，深入基层、深入群众，多层次、多方位、多渠道调查了解实际情况，注重发现并解决问题，力戒“走过场”。注重工作实效，减轻基层工作负担，减少村级填表报数，精简会议文件，让基层干部把精力放在办实事上。严格扶贫资金审计，加强扶贫事务公开。严肃查处贪污挪用、截留私分、虚报冒领、强占掠夺等行为。依纪依法坚决查处贯彻党中央脱贫攻坚决策部署不坚决不到位、弄虚作假问题，主体责任、监督责任和职能部门监管职责不落实问题，坚决纠正脱贫攻坚工作中的形式主义、官僚主义。把扶贫领域腐败和作风问题作为巡视巡察工作重点。中央巡视机构组织开展扶贫领域专项巡视。加强警示教育工作，集中曝光各级纪检监察机关查处的扶贫领域典型案例。

（八）做好脱贫攻坚风险防范工作

防范产业扶贫市场风险，防止产业项目盲目跟风、一刀切导致失败造成损失，各地要对扶贫主导产业面临的技术和市场等风险进行评估，制定防范和处置风险的应对措施。防范扶贫小额贷款还贷风险，纠正户贷企用、违规用款等问题。防范加重地方政府债务风险，防止地方政府以脱贫攻坚名义盲目举债，防止金融机构借支持脱贫攻坚名义违法违规提供融资，坚决遏制地方政府隐性债务增量。

（九）统筹衔接脱贫攻坚与乡村振兴

脱贫攻坚期内，贫困地区乡村振兴主要任务是脱贫攻坚。乡村振兴相关支持政策要优先向贫困地区倾斜，补齐基础设施和基本公共服务短板，以乡村振兴巩固脱贫成果。抓紧研究制定 2020 年后减贫战略。研究推进扶贫开发立法。

国务院办公厅关于深入开展消费扶贫助力打赢脱贫攻坚战的指导意见

（国办发〔2018〕129号）

各省、自治区、直辖市人民政府，国务院各部委、各直属机构：

消费扶贫是社会各界通过消费来自贫困地区和贫困人口的产品与服务，帮助贫困人口增收脱贫的一种扶贫方式，是社会力量参与脱贫攻坚的重要途径。大力实施消费扶贫，有利于动员社会各界扩大贫困地区产品和服务消费，调动贫困人口依靠自身努力实现脱贫致富的积极性，促进贫困人口稳定脱贫和贫困地区产业持续发展。近年来，有关地区和部门在消费扶贫方面积极探索实践，积累了一些有益的经验和做法，需要进一步加强引导和完善政策。为贯彻落实《中共中央 国务院关于打赢脱贫攻坚战三年行动的指导意见》，深入开展消费扶贫，助力打赢脱贫攻坚战，经国务院同意，现提出如下意见。

一、总体要求

以习近平新时代中国特色社会主义思想为指导，全面贯彻党的十九大和十九届二中、三中全会精神，紧紧围绕统筹推进“五位一体”总体布局和协调推进“四个全面”战略布局，深入落实习近平总书记关于扶贫工作的重要论述，按照党中央、国务院决策部署，坚持新发展理念，坚持精准扶贫精准脱贫基本方略，围绕促进贫困人口稳定脱贫和贫困地区长远发展，坚持政府引导、社会参与、市场运作、创新机制，着力激发全社会参与消费扶贫的积极性，着力拓宽贫困地区农产品销售渠道，着力提升贫困地区农产品供应水平和质量，着力推动贫困地区休闲农业和乡村旅游加快发展，在生产、流通、消费各环节打通制约消费扶贫的痛点、难点和堵点，推动贫困地区产品和服务融入全国大市场，为助力打赢脱贫攻坚战、推进实施乡村振兴战略作出积极贡献。

二、动员社会各界扩大贫困地区产品和服务消费

（一）推动各级机关和国有企事业单位等带头参与消费扶贫。将消费扶贫纳入中央单位定点扶贫和地方各级结对帮扶工作内容。鼓励各级机关、国有企事业单位、金融机构、大专院校、城市医疗及养老服务机构等在同等条件下优先采购贫困地区产品，优先从贫困地区聘用工勤人员，引导干部职工自发购买贫困地区产品和到贫困地区旅游。鼓励各级工会按照有关规定组织职工到贫困地区开展工会活动，在同等条件下优先采购贫困地区产品。组织开展贫困地区农产品定向直供直销机关、学校、医院和企事业单位食堂活动。结合军队帮扶工作，鼓励有关部队特别是驻贫困地区部队积极参与消费扶贫。（扶贫办、中央统战部、中央和国家机关工委、教育部、卫生健康委、人民银行、国资委、国管局、中央军委政治工作部、全国总工会等和各省级人民政府负责）

（二）推动东西部地区建立消费扶贫协作机制。将消费扶贫纳入东西部扶贫协作和对口支援政策框架。帮扶省市要组织引导本地区农产品批发市场、商贸流通企业和机关、学校、医院、企事业单位等与贫困地区建立长期稳定的供销关系。受帮扶省市要主动对接帮扶省市农产品需求，依托当地特色资源禀赋，调整优化农业产业结构，提升农产品质量、扩大供给规模，积极吸引企业投资兴办农产品深加工企业，推动贫困地区农产品就地加工，带动贫困人口增收脱贫。建立和完善东西部地区劳务精准对接机制，积极购买贫困地区劳务，帮助贫困劳动力就业。（扶贫办、发展改革委、人力资源社会保障部、商务部等和各有关省级人民政府负责）

（三）动员民营企业等社会力量参与消费扶贫。将消费扶贫纳入“万企帮万村”精准扶贫行动，鼓励民营企业采取“以购代捐”、“以买代帮”等方式采购贫困地区产品和服务，帮助贫困人口增收脱贫。发挥行业协会、商会、慈善机构等社会组织作用，组织动员爱心企业、爱心人士等社会力量参与消费扶贫。依托“中国农民丰收节”、中国社会扶贫网等平台，针对贫困地区策划相关活动，推动参与消费扶贫各类主体的需求与贫困地区特色产品供给信息精准对接，推广乡村特色美食和美景。在国家扶贫日前后积极开展消费扶贫活动，发出倡议，引导全社会参与。（全国工商联、发展改革委、民政部、农业农村部、扶贫办、全国总工会、共青团中央、全国妇联等和各省级人民政府负责）

三、大力拓宽贫困地区农产品流通和销售渠道

（四）打通供应链条。支持大中城市和贫困地区引导和扶持一批消费扶贫示范企业，重点开展流通基础设施建设、供应链服务、生产基地建设。发挥示范企业引领作用，带动产地和消费地以骨干企业为平台，以县乡村三级物流配送体系为载体，形成农产品从田间到餐桌的全链条联动。（商务部、发展改革委、农业农村部等和各有关省级人民政府负责）

（五）拓展销售途径。支持贫困地区完善网络基础设施和公共服务平台，为农村电商经营者提供产品开发、包装设计、网店运营、产品追溯、人才培训等专业服务，不断提高贫困人口使用网络和用户终端等能力。扩大电子商务进农村综合示范覆盖面。在有条件的贫困地区设立电商产业孵化园，培育规模化电商企业。鼓励大型电商企业为贫困地区设立扶贫专卖店、电商扶贫馆和扶贫频道，并给予流量等支持。依托粮食、肉类等储备制度，探索优先收储贫困地区符合条件的农产品，在贫困地区建设农产品收储基地。鼓励大中城市与贫困地区联合举办形式多样的农产品产销对接活动，建立长期稳定的产销关系。支持贫困地区参加农博会、农贸会、展销会，专设消费扶贫展区，集中推介、展示、销售特色农产品。指导贫困地区供销合作组织与农产品加工、流通企业建立长期稳定的产销联系，积极开展购销活动。鼓励贫困地区在景区景点、宾馆饭店、游客集散中心、高速公路服务区开设农产品销售专区，集中销售特色优势农产品。建立贫困地区农产品滞销预警机制，制定应急处置预案，组织大型电商企业、商贸流通企业和农产品批发市场到贫困地区集中采购滞销农产品。（商务部、扶贫办、发展改革委、工业和信息化部、财政部、交通运输部、农业农村部、文化和旅游部、粮食和储备局、供销合作总社等和各有关省级人民政府负责）

（六）加快流通服务网点建设。鼓励贫困地区因地制宜新建或改建一批产地仓、气调库、冷藏冷冻保鲜库等设施，以租赁、共享等方式降低参与消费扶贫企业的运营成本。鼓励供销合作社、邮政和大型电商企业、商贸流通企业、农产品批发市场等，整合产地物流设施资源，推动产地仓升级，增强仓储、分拣、包装、初加工、运输等综合服务能力，探索建立从产地到餐桌的冷链物流服务体系。深入实施快递下乡工程，完善贫困地区快递服务网络，支持快递企业与农业、供销、商贸企业加强合作。（商务部、发展改革委、交通运输

部、邮政局、供销合作总社等和各有关省级人民政府负责）

四、全面提升贫困地区农产品供给水平和质量

（七）加快农产品标准化体系建设。以优质、安全、绿色为导向，加强贫困地区农产品原产地保护，支持开展标准化生产示范。鼓励和引导农业院校、科研院所、龙头企业依托贫困地区资源禀赋，培育和研发适合不同贫困地区的农产品品种，因地制宜推广先进适用种养技术。开辟贫困地区绿色食品、有机食品、地理标志农产品认证或登记的绿色通道，鼓励贫困地区制定特色农产品地方标准，开展标准化生产。在贫困地区推广食用农产品安全控制规范和技术规程，推广应用国家农产品质量安全追溯平台，扩大贫困地区特色农产品质量安全追溯覆盖面。加强贫困地区农产品质量安全监管，强化产地与消费地监管信息共享、协调对接。（农业农村部、科技部、市场监管总局等和各有关省级人民政府负责）

（八）提升农产品规模化供给水平。支持贫困地区深入挖掘特色农产品品种资源，优化农产品品种和区域布局，做大做强产业规模。鼓励龙头企业、农产品批发市场、电商企业、大型超市采取“农户 + 合作社 + 企业”等模式，在贫困地区建立生产基地，大力发展订单农业，提高农产品供给的规模化组织化水平，增强农产品持续供给能力。落实农产品产地初加工补助政策，扶持贫困地区提升农产品储藏保鲜、分拣分级等能力，提高贫困地区农产品初加工率。引导农产品加工企业向贫困地区县域、重点乡镇、易地扶贫搬迁集中安置点和产业园区集聚。（农业农村部、财政部、商务部等和各有关省级人民政府负责）

（九）打造区域性特色农产品品牌。指导贫困地区以省、地级市或集中连片特殊困难地区为单元统一制定区域性扶贫产品标识，采取共享共用共推等方式，合力打造区域性特色农产品品牌，提高贫困地区特色农产品的辨识度。组织各类媒体通过新闻报道、公益广告等多种方式，运用新媒体平台资源，广泛宣传贫困地区发展特色农产品的经验做法，推介农产品品牌。依托全国“质量月”、“中国品牌日”等专项活动，鼓励贫困地区开展特色农产品、民族手工艺品等品牌展示和推介。加强对贫困地区农产品生产、加工、流通企业和相关合作社的信用监管，对市场主体实行守信激励、失信惩戒。（中央宣传部、农业农村部、商务部、发展改革委、人民银行、市场监管总局等和各有关省级人民政府负责）

五、大力促进贫困地区休闲农业和乡村旅游提质升级

（十）加大基础设施建设力度。改造提升贫困地区休闲农业和乡村旅游道路、通村公路、景区景点连接线通行能力，提升交通通达性和游客便利度。结合推进农村人居环境整治，提升休闲农业、乡村旅游基础设施和公共服务设施水平，对从事休闲农业和乡村旅游的贫困户实施改厨、改厕、改客房、整理院落“三改一整”工程，优化消费环境。加大对休闲农业和乡村旅游基础设施建设的用地倾斜。依托贫困地区自然生态、民俗文化、农耕文化等资源禀赋，扶持建设一批设施齐备、特色突出的美丽休闲乡村（镇）和乡村旅游精品景区等，满足消费者多样化需求。（农业农村部、文化和旅游部、住房城乡建设部、发展改革委、自然资源部、交通运输部等和各有关省级人民政府负责）

（十一）提升服务能力。依托东西部扶贫协作和对口支援、中央单位定点扶贫等机制，动员相关科研机构和高等院校，通过“请进来”、“走出去”等方式，帮助贫困地区培训休闲农业和乡村旅游人才，提供营销、服务、管理指导。支持贫困人口参加相关专业技能和业务培训，提升服务规范化和标准化水平。鼓励贫

困地区组建休闲农业和乡村旅游协会、产业及区域品牌联盟等组织，形成经营主体自我管理、自我监督、自我服务的管理服务体系。（农业农村部、文化和旅游部、人力资源社会保障部、市场监管总局、扶贫办、发展改革委等和各有关省级人民政府负责）

（十二）做好规划设计。加强对贫困地区休闲农业和乡村旅游资源调查，深入挖掘贫困地区自然生态、历史文化、地域特色文化、民族民俗文化、传统农耕文化等资源，因地制宜明确重点发展方向和区域。动员旅游规划设计单位开展扶贫公益行动，为贫困地区编制休闲农业和乡村旅游规划，鼓励旅游院校和旅游企业为贫困地区提供旅游线路设计、产品开发、品牌宣传等指导。（农业农村部、文化和旅游部等和各有关省级人民政府负责）

（十三）加强宣传推介。支持贫困地区组织开展休闲农业和乡村旅游相关主题活动。组织各类媒体安排版面时段，运用新媒体平台，分时分类免费向社会推介贫困地区精品景点线路。大力发展“乡村旅游 + 互联网”模式，依托电商企业等载体，开展多种形式的旅游扶贫公益宣传，集中推介一批贫困地区休闲农业和乡村旅游精品目的地。（农业农村部、文化和旅游部、中央宣传部、广电总局、商务部等和各有关省级人民政府负责）

六、保障措施

（十四）加强组织领导。发展改革委、扶贫办、农业农村部、商务部、文化和旅游部、供销合作总社、财政部等部门要加强对消费扶贫工作的统筹协调，制定实施方案，细化实化相关政策举措。各省（区、市）人民政府要高度重视本地区消费扶贫工作，根据产地、消费地的不同定位，明确目标任务，制定配套政策，建立工作机制，积极推动消费扶贫深入开展。及时总结和宣传推广消费扶贫工作中涌现出来的经验做法、先进典型，营造全社会参与消费扶贫的良好氛围。（发展改革委、扶贫办、农业农村部、商务部、文化和旅游部、供销合作总社、财政部等和各省级人民政府负责）

（十五）完善利益机制。完善公司、合作社、致富带头人与贫困人口的利益联结机制，提高贫困人口在农产品销售和休闲农业、乡村旅游中的参与度，切实保障贫困人口分享收益。发挥消费扶贫对集体经济和贫困人口增收的辐射带动作用，扶持村集体经济组织发展壮大，增强贫困人口与市场的对接能力。（农业农村部、文化和旅游部、扶贫办、财政部等和各有关省级人民政府负责）

（十六）加大政策激励。统筹相关政策资源和资金项目，以供应链建设为重点，支持开展消费扶贫示范。对在贫困地区从事农产品加工、仓储物流和休闲农业、乡村旅游的企业，在金融、土地等方面给予政策倾斜。对参与消费扶贫有突出贡献的企业、社会组织和个人，采取适当方式给予奖励激励。探索建立消费扶贫台账，重点统计购买建档立卡贫困村、贫困户和带贫成效突出企业、合作社的产品相关数据，并作为政策支持、评先评优等重要依据。（发展改革委、财政部、自然资源部、农业农村部、商务部、文化和旅游部、人民银行、扶贫办等和各省级人民政府负责）

（十七）强化督促落实。加强对消费扶贫工作的督促指导，及时跟踪进展情况，协调解决工作推进中的困难和问题。将消费扶贫工作开展情况作为考核中央单位定点扶贫、东西部扶贫协作和对口支援工作的重要内容。将消费扶贫纳入年度脱贫攻坚工作计划，积极探索创新方式方法，加大工作力度，推动消费扶贫各项任务和政策落到实处。（发展改革委、扶贫办、农业农村部、商务部、文化和旅游部、供销合作总社、财政部等和各有关省级人民政府负责）

国 务 院 办 公 厅
2018 年 12 月 30 日

关于企业扶贫捐赠所得税税前扣除政策的公告

（财政部　税务总局　国务院扶贫办公告 2019 年第 49 号）

为支持脱贫攻坚，现就企业扶贫捐赠支出的所得税税前扣除政策公告如下：

一、自 2019 年 1 月 1 日至 2022 年 12 月 31 日，企业通过公益性社会组织或者县级（含县级）以上人民政府及其组成部门和直属机构，用于目标脱贫地区的扶贫捐赠支出，准予在计算企业所得税应纳税所得额时据实扣除。在政策执行期限内，目标脱贫地区实现脱贫的，可继续适用上述政策。

“目标脱贫地区”包括 832 个国家扶贫开发工作重点县、集中连片特困地区县（新疆阿克苏地区 6 县 1 市享受片区政策）和建档立卡贫困村。

二、企业同时发生扶贫捐赠支出和其他公益性捐赠支出，在计算公益性捐赠支出年度扣除限额时，符合上述条件的扶贫捐赠支出不计算在内。

三、企业在 2015 年 1 月 1 日至 2018 年 12 月 31 日期间已发生的符合上述条件的扶贫捐赠支出，尚未在计算企业所得税应纳税所得额时扣除的部分，可执行上述企业所得税政策。

特此公告。

财政部　税务总局　国务院扶贫办

2019 年 4 月 2 日

关于扶贫货物捐赠免征增值税政策的公告

（财政部　税务总局　国务院扶贫办公告 2019 年第 55 号）

为支持脱贫攻坚，现就扶贫货物捐赠免征增值税政策公告如下：

一、自 2019 年 1 月 1 日至 2022 年 12 月 31 日，对单位或者个体工商户将自产、委托加工或购买的货物通过公益性社会组织、县级及以上人民政府及其组成部门和直属机构，或直接无偿捐赠给目标脱贫地区的单位和个人，免征增值税。在政策执行期限内，目标脱贫地区实现脱贫的，可继续适用上述政策。

“目标脱贫地区”包括 832 个国家扶贫开发工作重点县、集中连片特困地区县（新疆阿克苏地区 6 县 1 市享受片区政策）和建档立卡贫困村。

二、在 2015 年 1 月 1 日至 2018 年 12 月 31 日期间已发生的符合上述条件的扶贫货物捐赠，可追溯执行上述增值税政策。

三、在本公告发布之前已征收入库的按上述规定应予免征的增值税税款，可抵减纳税人以后月份应缴纳的增值税税款或者办理税款退库。已向购买方开具增值税专用发票的，应将专用发票追回后方可办理免税。无法追回专用发票的，不予免税。

四、各地扶贫办公室与税务部门要加强沟通，明确当地“目标脱贫地区”具体范围，确保政策落实落地。

特此公告。

财政部　税务总局　国务院扶贫办

2019 年 4 月 10 日

关于运用政府采购政策支持脱贫攻坚的通知

（财库〔2019〕27号）

各中央预算单位，各省、自治区、直辖市、计划单列市财政厅（局）、扶贫办（局），新疆生产建设兵团财政局、扶贫办：

为深入贯彻党的十九大精神和习近平总书记关于扶贫工作的重要论述，认真落实党中央、国务院关于打赢脱贫攻坚战的各项决策部署，进一步做好运用政府采购政策支持脱贫攻坚工作，现就有关事项通知如下：

一、充分认识运用好政府采购政策支持打赢脱贫攻坚战的重要性

党的十八大以来，以习近平同志为核心的党中央作出坚决打赢脱贫攻坚战的决定，推动脱贫攻坚战取得决定性进展。党的十九大提出将精准脱贫作为全面建成小康社会的三大攻坚战之一。打赢打好脱贫攻坚战，对如期全面建成小康社会，实现第一个一百年奋斗目标具有十分重要的意义。运用好政府采购这一财政调控手段支持打赢脱贫攻坚战，优先采购贫困地区农副产品和物业服务，是贯彻习近平总书记关于脱贫攻坚的新理念新思想新战略，落实《国务院办公厅关于深入开展消费扶贫助力打赢脱贫攻坚战的指导意见》（国办发〔2018〕129号）的具体措施，有助于帮助贫困人口增收脱贫，调动贫困人口依靠自身努力实现脱贫致富的积极性，促进贫困人口稳定脱贫和贫困地区产业持续发展。各级财政部门、扶贫办及各级预算单位要切实提高政治站位，充分认识运用政府采购政策支持脱贫攻坚的重要意义，增强执行政策的自觉性和紧迫性，确保取得政策实效。

二、鼓励采用优先采购、预留采购份额方式采购贫困地区农副产品

各级预算单位采购农副产品的，同等条件下应优先采购贫困地区农副产品。各主管预算单位要做好统筹协调，确定并预留本部门各预算单位食堂采购农副产品总额的一定比例定向采购贫困地区农副产品。各级预算单位要按照积极稳妥的原则确定预留比例，购买贫困地区农副产品时要遵循就近、经济的原则，在确保完成既定预留比例的基础上，鼓励更多采购贫困地区农副产品，注重扶贫实际效果。

贫困地区农副产品是指832个国家级贫困县域内注册的企业、农民专业合作社、家庭农场等出产的农副产品。

三、鼓励优先采购聘用建档立卡贫困人员物业公司提供的物业服务

各级预算单位使用财政性资金采购物业服务的，有条件的应当优先采购注册地在832个国家级贫困县域内，且聘用建档立卡贫困人员物业公司提供的物业服务。对注册地在832个国家级贫困县域内，且聘用

建档立卡贫困人员达到公司员工（含服务外包用工）30% 以上的物业公司，各级预算单位可根据符合条件的物业公司数量等具体情况，按规定履行有关变更采购方式报批程序后，采用竞争性谈判、竞争性磋商、单一来源等非公开招标采购方式，采购有关物业公司提供的物业服务。

各级预算单位要按照注重实效、切实可行的原则确定采购贫困地区物业服务的需求。按上述政策优先采购有关物业公司物业服务的，除按规定在政府采购指定媒体公开项目采购信息外，还应公开物业公司注册所在县扶贫部门出具的聘用建档立卡贫困人员具体数量的证明，确保支持政策落到实处，接受社会监督。

四、建立健全保障措施

财政部、国务院扶贫办会同有关部门制定优先采购贫困地区农副产品的实施方案，搭建贫困地区农副产品网络销售平台，提供高效便捷的贫困地区农副产品产销渠道，有序开展相关工作。各级扶贫办（局）要会同本级有关部门加强贫困地区农副产品货源组织，建立长期稳定的供给体系。

各主管预算单位应于 2019 年底前将本部门各预算单位预留采购贫困地区农副产品的具体比例情况（详见附件），报同级财政部门和扶贫部门备案。2020 年起，各级财政部门和扶贫部门将定期统计和通报采购贫困地区农副产品情况，将采购贫困地区物业服务情况作为政府采购政策执行情况专项统计纳入政府采购信息统计范围，加强对各单位政策执行情况的督导。

附件：预算单位采购贫困地区农副产品预留份额情况表

财政部国务院扶贫办

2019 年 5 月 27 日

附件

预算单位采购贫困地区农副产品预留份额情况表

填报单位：

序号	单位名称	预算级次	统一社会信用代码	年度农副产品预算采购额	拟预留比例	联系人	联系电话

关于进一步支持和促进重点群体创业就业有关税收政策的通知

（财税〔2019〕22号）

各省、自治区、直辖市、计划单列市财政厅（局）、人力资源社会保障厅（局）、扶贫办，国家税务总局各省、自治区、直辖市、计划单列市税务局，新疆生产建设兵团财政局、人力资源社会保障局、扶贫办：

为进一步支持和促进重点群体创业就业，现将有关税收政策通知如下：

一、建档立卡贫困人口、持《就业创业证》（注明“自主创业税收政策”或“毕业年度内自主创业税收政策”）或《就业失业登记证》（注明“自主创业税收政策”）的人员，从事个体经营的，自办理个体工商户登记当月起，在3年（36个月，下同）内按每户每年12000元为限额依次扣减其当年实际应缴纳的增值税、城市维护建设税、教育费附加、地方教育附加和个人所得税。限额标准最高可上浮20%，各省、自治区、直辖市人民政府可根据本地区实际情况在此幅度内确定具体限额标准。

纳税人年度应缴纳税款小于上述扣减限额的，减免税额以其实际缴纳的税款为限；大于上述扣减限额的，以上述扣减限额为限。

上述人员具体包括：1.纳入全国扶贫开发信息系统的建档立卡贫困人口；2.在人力资源社会保障部门公共就业服务机构登记失业半年以上的人员；3.零就业家庭、享受城市居民最低生活保障家庭劳动年龄内的登记失业人员；4.毕业年度内高校毕业生。高校毕业生是指实施高等学历教育的普通高等学校、成人高等学校应届毕业的学生；毕业年度是指毕业所在自然年，即1月1日至12月31日。

二、企业招用建档立卡贫困人口，以及在人力资源社会保障部门公共就业服务机构登记失业半年以上且持《就业创业证》或《就业失业登记证》（注明“企业吸纳税收政策”）的人员，与其签订1年以上期限劳动合同并依法缴纳社会保险费的，自签订劳动合同并缴纳社会保险当月起，在3年内按实际招用人数予以定额依次扣减增值税、城市维护建设税、教育费附加、地方教育附加和企业所得税优惠。定额标准为每人每年6000元，最高可上浮30%，各省、自治区、直辖市人民政府可根据本地区实际情况在此幅度内确定具体定额标准。城市维护建设税、教育费附加、地方教育附加的计税依据是享受本项税收优惠政策前的增值税应纳税额。

按上述标准计算的税收扣减额应在企业当年实际应缴纳的增值税、城市维护建设税、教育费附加、地方教育附加和企业所得税税额中扣减，当年扣减不完的，不得结转下年使用。

本通知所称企业是指属于增值税纳税人或企业所得税纳税人的企业等单位。

三、国务院扶贫办在每年1月15日前将建档立卡贫困人口名单及相关信息提供给人力资源社会保障部、税务总局，税务总局将相关信息转发给各省、自治区、直辖市税务部门。人力资源社会保障部门依托全国扶贫开发信息系统核实建档立卡贫困人口身份信息。

四、企业招用就业人员既可以适用本通知规定的税收优惠政策，又可以适用其他扶持就业专项税收优惠政策的，企业可以选择适用最优惠的政策，但不得重复享受。

五、本通知规定的税收政策执行期限为 2019 年 1 月 1 日至 2021 年 12 月 31 日。纳税人在 2021 年 12 月 31 日享受本通知规定税收优惠政策未满 3 年的，可继续享受至 3 年期满为止。《财政部 税务总局 人力资源社会保障部关于继续实施支持和促进重点群体创业就业有关税收政策的通知》（财税〔2017〕49 号）自 2019 年 1 月 1 日起停止执行。

本通知所述人员，以前年度已享受重点群体创业就业税收优惠政策满 3 年的，不得再享受本通知规定的税收优惠政策；以前年度享受重点群体创业就业税收优惠政策未满 3 年且符合本通知规定条件的，可按本通知规定享受优惠至 3 年期满。

各地财政、税务、人力资源社会保障部门、扶贫办要加强领导、周密部署，把大力支持和促进重点群体创业就业工作作为一项重要任务，主动做好政策宣传和解释工作，加强部门间的协调配合，确保政策落实到位。同时，要密切关注税收政策的执行情况，对发现的问题及时逐级向财政部、税务总局、人力资源社会保障部、国务院扶贫办反映。

财政部　税务总局

人力资源社会保障部　国务院扶贫办

2019 年 2 月 2 日

动员全社会力量共同参与消费扶贫的倡议

消费扶贫是社会各界通过消费来自贫困地区和贫困群众的产品与服务，帮助他们增收脱贫的重要方式，是社会力量广泛参与扶贫、助力打赢脱贫攻坚战的重要途径和举措。为深入贯彻习近平总书记在解决“两不愁三保障”突出问题座谈会上关于“组织消费扶贫”的重要指示精神，响应党中央和国务院关于深入开展消费扶贫助力打赢脱贫攻坚战的号召，推动社会各界积极履行社会责任，促进贫困群众稳定增收，我们共同发出如下倡议：

各级党政机关、国有企事业单位、群团组织、金融机构、大专院校、医疗单位等，是消费扶贫的关键力量，在消费扶贫中起着重要的引领带动作用，要进一步提高政治站位，切实加强组织领导，深入挖掘自身潜力，不断创新政策举措，将消费扶贫纳入中央单位定点扶贫和地方各级结对帮扶工作重要内容，在同等条件下持续扩大对贫困地区产品和服务消费。有关部队特别是驻贫困地区部队，要结合军队帮扶工作，积极主动参与消费扶贫。

东部等发达省市是消费最旺盛、最活跃的地区，是推动消费扶贫工作的重要力量，要进一步发挥好东西部扶贫协作和对口支援等政策机制作用。东部等帮扶省市要利用技术、产业、资本、市场等优势，引导企业到贫困地区建设生产基地、兴办农产品深加工企业，积极购买受援地产品和服务，组织到受援地旅游，与受援地建立长期稳定的产销衔接关系和劳务对接机制。受援地要加快调整优化农业产业结构，提升农产品质量、扩大供给规模、提升品牌效应，满足高品质、个性化、多样化需求。

广大民营企业、社会组织和个人是消费扶贫的重要支撑，对扩大消费扶贫规模、确保消费扶贫可持续具有重要作用。广大民营企业应切实履行社会责任，依托“万企帮万村”精准扶贫行动，帮助贫困地区做大做强特色优势产业，持续扩大对贫困地区产品和服务的采购规模。社会组织应发挥在各自领域的影响力，组织动员各类力量参与消费扶贫，积极为贫困地区出谋划策。作为中华民族大家庭中的一员，每位公民都应大力传承发扬扶贫济困的传统美德，为购买来自贫困地区的农产品贡献一分力量，为帮助贫困群众稳定脱贫奉献一片真情。

涓涓细流，足以汇成江河；绵力齐聚，定能众志成城。我们坚信，在全社会的积极参与下，消费扶贫一定能够在助力打赢脱贫攻坚战中发挥更加重要的作用，广大贫困群众也一定能够早日稳定脱贫、增收致富，与全国人民一道迈入小康社会，一起共享国家改革发展成果。

国家发展改革委　国务院扶贫办　中央和国家机关工委　教育部

财政部　农业农村部　商务部　文化和旅游部

国务院国资委　中央军委政治工作部　全国总工会　共青团中央

全国妇联　全国工商联　中华全国供销合作总社

2019 年 11 月 8 日

关于开展“社区的力量”消费扶贫攻坚战专项行动的通知

（中物协函〔2019〕13号）

各会员单位：

消费扶贫是社会各界通过消费来自贫困地区和贫困人口的产品与服务，帮助贫困人口增收脱贫的一种扶贫方式，是社会力量参与脱贫攻坚的重要途径。为深入贯彻落实党中央、国务院关于打赢脱贫攻坚战的总体部署，根据《国务院办公厅关于深入开展消费扶贫 助力打赢脱贫攻坚战的指导意见》（国办发〔2018〕129号）和民政部“全国性社会组织参与脱贫攻坚再动员会”的有关要求，结合物业管理行业实际，经研究，中国物业管理协会决定开展“社区的力量”消费扶贫攻坚战专项行动，现将行动有关事项安排如下。

一、组织机构

主办单位：中国物业管理协会、中国扶贫志愿服务促进会

承办单位：中国社区扶贫联盟、易居乐农

支持单位：各地方物业管理协会、中国社会扶贫网、全国物业管理行业媒体协作网、新浪微博、乐居财经等

二、总体要求

（一）指导思想

以习近平新时代中国特色社会主义思想为指导，全面贯彻党的十九大和十九届二中、三中全会精神，深入落实习近平总书记关于扶贫工作的重要指示批示，按照党中央、国务院决策部署，坚持精准扶贫精准脱贫基本方略，以打通贫困地区和城市社区前后一公里为主要着力点，将公益助农与社区服务高度融合，整合利用物业服务企业资源优势，为前端贫困县域的好产品和好生态打开销路，为终端业主消费提供优质农产品，拓展贫困地区农产品销售新途径，促进贫困人口稳定脱贫和贫困地区产业发展，为助力打赢脱贫攻坚战作出更大贡献。

（二）基本原则

发挥优势，突出重点。发挥物业服务企业对所管项目和业主需求相对比较了解的天然地利、人和优势，

快速建立起贫困地区农产品与城市消费的便捷通道。根据广大业主消费的不同需求，培育贫困地区适销对路的产品，重点开辟面对业主终端的新消费途径。

资源对接，形成合力。参与专项行动的地方物业管理协会和物业服务企业可积极联系本地区、本单位的定点扶贫和对口支援县域，结合消费扶贫攻坚战专项行动的内容，提供扶贫资源，对接扶贫项目，共同做好消费扶贫的工作合力。

多措并举，多方参与。在物业管理区域内，开展形式多样的贫困地区农产品产销对接活动，引导社会各方力量发挥主动性，动员地方物业管理协会、物业服务企业、广大业主等主体广泛参与，壮大消费扶贫队伍，营造人人皆愿为、人人皆可为、人人皆能为的良好氛围。

精准施策，注重实效。聚焦贫困地区和建档立卡贫困户，创新可持续的帮扶方式，实施精准帮扶举措，帮助销售贫困地区农产品，使贫困户增加收入，做到扶真贫、真扶贫，脱真贫、真脱贫。

（三）主要目标

到 2020 年，专项行动参战单位与相关贫困地区建立长期稳定的农产品产销对接关系，带动贫困地区打造出一批农产品品牌，整合动员超过 10000 个社区加入、动员超过 100 万户家庭参与，通过 1000 款定制研发产品的社区消费，直接帮扶 10 万建档立卡贫困户、间接帮扶 100 万建档立卡贫困户，服务脱贫攻坚的能力和水平显著提升。

三、行动理念

行动理念：“带一斤回家”

专项行动旨在通过物业服务企业的广泛参与和动员，借助城市社区的渠道资源，打通前后一公里，让贫困地区优质的农产品从产地直接到餐桌。调动物业服务项目业主、社区家庭、合作伙伴的公益心，每家每户用“带一斤回家”这个最简单的行为，来帮扶那些贫困地区最需要帮助的人。

四、参战方式

（一）公益宣传

物业服务企业充分发挥好零距离服务业主和社区空间管理的优势，利用好物业服务企业网站、公众微信号、官方微博、微信群等线上宣传渠道；使用好公告栏、宣传栏、电梯广告、入口横幅、物业服务中心等线下宣传渠道。在社区终端，按照专项活动的整体宣传推广策划部署，进行定期、定量、定时的宣传，以期达成让更多业主全面的了解专项行动、让更多业主认同“带一斤回家”的理念，让更多业主便捷的参与到扶贫行动中，让更多业主的日常消费转变为公益爱心，为待脱贫的困难家庭带去一份希望。

（二）平台参与

物业服务企业利用好自身的线上服务 APP/ 微商城等平台，开设“带一斤回家”贫困地区农产品专区，结合“社区的力量”消费扶贫攻坚战专项行动总体部署及社区年度服务计划，进行运营推广，让业主实现便捷参与、便捷购买。

线上专区有条件的企业可安排专人，依据专项行动统一要求进行“社区的力量”专区运营；线上不成熟的企业，可委托承办单位技术组进行研发，开通物业专属店铺并由承办单位电商组托管运营。

（三）团购参与

物业服务企业应发挥服务业主的优势，调动业主参与积极性，动员社区内已形成的不同业主社团组织，代理、销售和团购“社区的力量”指定贫困地区农产品。

根据物业服务企业实际需求（如员工福利、食堂集采等）、节庆日关怀（如三八妇女节、五一劳动节等）以及社区业主节等重要活动时间节点，优先对“社区的力量”专项行动指定贫困地区农产品进行集采团购。

广泛动员物业服务产业链企业，房屋中介、仓储物流、儿童教育等合作伙伴，进行集采团购。

（四）县域活动参与

由物业服务企业和遴选出的业主代表共同组成体验团，到贫困县域进行考察、体验、选品，一方面真实体验贫困户生活，另一方面深度选择贫困农产品，可与团购参与相结合，将所选产品由承办单位产品组及设计组策划，进行定制式研发，最终形成“xx 物业优选产品”。同时与被考察贫困县形成深度合作，定期组织社区小朋友的冬、夏令营，参与农耕活动，形成社区支持贫困地区农业发展的融合模式。

鼓励物业服务企业与承办单位县域组配合，由被考察县域人社局、教育局牵头，组织定向的用工培训与招聘工作，在企业用工所需的秩序维护员、保洁、维修、绿化等一线岗位优先录用贫困户，探索建立物业服务企业与贫困地区劳务输出的精准对接机制。

（五）社区活动参与

物业服务企业可在举办年度社区活动的基础上（如传统节庆日、业主文化节等），配合社区宣传，开辟“带一斤回家”活动专区，让社区业主零距离体验农特产品。试吃产品由易居乐农提供，企业需要提前四周提报活动申请，并于活动结束后提交活动结案报告。

物业服务企业可以利用物业服务中心、自营社区门店，社区便利店、二手房门店等合作伙伴场地优势，摆放开设“带一斤回家”贫困县农特产品专柜，与社区宣传推广、社区活动相结合，让业主不出小区即可体验到来自原产地的优质农产品。

（六）市集活动

在全国组织开展 100 场大型市集活动，活动由中国物业管理协会指导，地方物业管理协会主办，易居乐农等相关单位承办。各地物业协会根据年度工作安排，选择合适活动场地和时间，每年举办不少于两次市集活动。动员物业服务企业积极配合，鼓励业主参与消费扶贫市集活动，体验农特产品，用实际行动助力脱贫攻坚。

五、总体进度

2019 年 4 月	各地方物业管理协会参战报名
2019 年 5 月初	召开专项行动誓师大会
2019 年 5 月	专项行动部分城市项目试点
	召开物业管理行业动员大会
2019 年 5-8 月	专项行动全国巡讲
	第一阶段攻坚战广泛参与
2019 年 8 月底	专项行动第一阶段成果总结
2019 年 9-11 月	第二阶段攻坚战重点攻坚
2019 年 12 月	专项行动第二阶段成果总结
2020 年 1-9 月	第三阶段攻坚战持续攻坚
2020 年 10 月	专项行动总结大会
	发布《中国社区消费扶贫白皮书》

六、保障措施

（一）加强组织领导

中国物业管理协会成立专项行动领导小组。由中国物协秘书处、各地方物业管理协会和易居乐农等单位相关负责人共同组成。

中国物协秘书处将专项行动纳入年度重点工作计划，安排专人负责消费扶贫攻坚战专项行动的统筹协调，全面调动各方资源，制定总体实施方案，细化实化相关专项行动举措，明确具体时间表、路线图和责任分工，组织全国专项行动巡讲和各阶段总结提升工作。

各地方物业管理协会成立专项行动办公室。负责开展本地区消费扶贫攻坚战专项行动，明确专门负责人和联系人做好组织协调工作，主动对接当地政府扶贫工作计划和部署，做好与专项行动内容的紧密结合，组织好地方专项行动的宣讲工作，广泛宣传动员会员单位参与，配合推动消费扶贫攻坚战的深入开展。每月向专项行动领导小组报送工作进展情况。

中国社区扶贫联盟、易居乐农成立服务团队，分县域组、产品组、设计组、社区组、电商组、宣传组、测评组、技术组等专属小组，从选品、研发，到供应、保障，再到消费、客服在内的全流程，为专项行动提供专业力量的服务。每周定期向专项行动领导小组汇报工作进展情况。

（二）抓好工作落实

各物业服务企业应对消费扶贫攻坚战给予高度重视，将专项行动纳入企业年度重点工作计划，设置专项行动扶贫负责人和扶贫专员。根据专项行动规划、进度安排和企业工作实际，制定操作性强的工作方案，并安排落实各管理项目参与消费扶贫专项行动的组织实施工作。

中国社区扶贫联盟会员单位为第一批参战单位，参加5月初在北京召开的“社区的力量”消费扶贫攻坚战专项行动誓师大会。各物业服务企业可在专项行动期间随时参战，自愿加入中国社区扶贫联盟。

（三）及时总结提升

各地方物业管理协会应加强与专项行动领导小组沟通，及时了解掌握本地区消费扶贫专项行动的工作进展情况，进行跟踪指导，协调解决工作推进中的实际问题，认真总结提炼专项行动中的经验做法和工作成果。

中国社区扶贫联盟、易居乐农要及时发现各参战单位在专项行动实施过程中遇到的问题和困难，第一时间提出可行的解决方案，并归纳形成规范、简洁、可操作的业务指导手册，提升专项行动的工作效率和效果。

（四）加强宣传推介

创新宣传形式，拓宽宣传渠道。全国物业管理媒体协作网组织行业内各类媒体安排版面时段，运用新媒体平台，分时分类免费向业主推介贫困地区特色产品，开展多种形式的消费扶贫公益宣传。组织社会相关媒体及时总结和宣传推广专项行动中涌现出来的经验做法、先进典型和模范人物，营造全社会参与消费扶贫的浓厚氛围。

（五）加大激励措施

探索建立消费扶贫台账，重点统计购买建档立卡贫困村、贫困户和带贫成效突出企业、消费农产品的相关数据，作为企业参与测评研究工作和各阶段总结的重要依据。中国物业管理协会将与中国扶贫志愿服务促进会共同对参与消费扶贫专项行动作出突出贡献的地方物业管理协会、业主代表、物业服务企业和员工等单位和个人，给予相应的奖励激励。

七、注意事项

（一）各参战地方物业管理协会请于2019年4月26日前反馈《“社区的力量”消费扶贫攻坚战专项行动参战书》（协会版）至协会秘书处邮箱 wuyifan@ecpmi.org.cn。确认“社区的力量”消费扶贫攻坚战专项行动领导小组成员名单，于5月初参加在北京召开的专项行动誓师大会。

（二）各参战物业服务企业请填写《“社区的力量”消费扶贫攻坚战专项行动参战书》（企业版）和《“社区的力量”消费扶贫攻坚战专项行动参战项目列表》发送至中国社区扶贫联盟各区域联系人。

（三）“中国社会扶贫网”官网、“中国物业管理协会”微信公众号和官网、“中国社区扶贫联盟”微信公众号开辟专项行动专栏，随时报道“社区的力量”消费扶贫攻坚战专项行动情况，请关注获取最新动态。

八、联系方式

（一）中国物业管理协会秘书处

联系人：刘寅坤、吴一帆　010-88083321、88083221

邮　箱：wuyifan@ecpmi.org.cn

（二）中国社区扶贫联盟秘书处

1. 执行负责人：杨　姗

2. 协会事务联系人：李亚青　18666825157

邮　箱：liyaqing@ted-group.cn

3. 华南联系人：谢家润　18578478630

邮　箱：xiejiarun@ted-group.cn

4. 华北、东北联系人：林中鹤　15914014123

邮　箱：linzhonghe@ted-group.cn

5. 华中联系人：许嘉悦　13723444667

邮　箱：xujiayue@ted-group.cn

6. 华东联系人：施晓婕　15921902603

邮　箱：shixiaojie@ted-group.cn

7. 西北、西南联系人：庄媛媛　18502819779

邮　箱：zhuangyuanyuan@ted-group.cn

附件：（略）

2019 年 4 月 12 日

关于公布“社区的力量”消费扶贫攻坚战专项行动领导小组名单的通知

（中物协函〔2019〕20号）

各会员单位：

为加强对“社区的力量”消费扶贫攻坚战专项行动工作的领导，根据《关于开展“社区的力量”消费扶贫攻坚战专项行动的通知》（中物协函〔2019〕13号），中国物业管理协会决定成立“社区的力量”消费扶贫攻坚战专项行动领导小组（以下简称“领导小组”），现将有关事项通知如下：

一、组成人员

组　　长：沈建忠　中国物业管理协会会长
　　　　　王家华　中国扶贫志愿服务促进会副会长
　　　　　周　忻　易居中国董事局主席
执行组长：王　鹏　中国物业管理协会副会长兼秘书长
常务副组长：朱旭东　易居中国创始合伙人、易居乐农创始人兼董事长
　　　　　周昱刚　中国扶贫志愿服务促进会副秘书长
副 组 长：刘寅坤　中国物业管理协会行业发展研究部主任
　　　　　李洪杰　中国扶贫志愿服务促进会项目部副主任
　　　　　陈光耀　易居乐农董事总经理
　　　　　杨　姗　中国社区扶贫联盟副秘书长
成　　员：（各地方专项行动办公室负责人持续更新）
　　　　　宋宝程　北京物业管理行业协会副会长兼秘书长
　　　　　潘国强　上海市物业管理行业协会秘书长
　　　　　何　伟　重庆市物业管理协会秘书长
　　　　　高炳连　河北省物业管理行业协会会长
　　　　　刘　明　石家庄市物业管理协会会长
　　　　　郭海申　唐山市物业服务行业协会会长
　　　　　卢丹宇　内蒙古自治区物业管理协会会长
　　　　　胡　刚　辽宁省房地产行业协会会长
　　　　　安俊峰　辽宁省物业管理行业协会副会长兼秘书长
　　　　　陈忠杰　沈阳市物业管理协会会长
　　　　　鲍世有　大连市物业管理协会秘书长

张　锋　吉林省房地产业协会物业管理专业委员会主任
吴铁军　长春市物业管理协会秘书长
陈建军　黑龙江省房地产业协会物业管理专业委员会主任
张洪全　哈尔滨市物业管理协会会长
杨　辉　连云港市物业管理协会会长
周华宝　无锡市物业管理协会秘书长
李海荣　浙江省房地产业协会物业管理专业委员会主任
王　宁　杭州市物业管理协会副会长兼秘书长
屠赛利　宁波市物业管理协会会长
凌　宁　安徽省物业管理协会会长
程纯洁　合肥市物业管理协会会长
邹　乐　芜湖市物业管理协会会长
赵　峥　福建省物业管理协会会长
黄嘉辉　厦门市物业管理协会会长
万良文　江西省物业管理行业协会秘书长
孙　莉　山东省房地产业协会秘书长
吴洪杰　济南市物业管理行业协会会长
李大康　河南省物业管理协会会长
王春强　许昌市物业管理协会会长
张　毅　武汉市物业管理协会会长
宋　泷　湖南省房地产业协会常务副会长兼秘书长
刘裕纯　长沙市物业管理协会秘书长
王　丽　广州市物业管理行业协会秘书长
曹　阳　深圳市物业管理行业协会会长
曾　师　珠海市物业管理行业协会会长
巫庆敏　成都市物业管理协会常务副会长兼秘书长
吴子瑜　南充市物业管理协会会长
张仪姬　云南省房地产业协会物业管理分会会长
杨民召　甘肃省物业管理行业协会会长
张　勇　兰州市物业管理行业协会会长
丁秋花　青海省物业管理协会会长
刘昌盛　银川市物业管理协会会长

二、工作机构和职责

领导小组办公室设在易居乐农，办公室主任由朱旭东兼任，办公室副主任由副组长兼任。办公室每周日向领导小组执行组长汇报周工作总结和计划。每月向领导小组组长汇报月度工作进展情况。

领导小组成员因工作变动需要调整的，由所在单位向中国物协秘书处提出，报领导小组组长审批。

2019 年 5 月 15 日

民政部社会组织管理局关于中国物业管理协会参与脱贫攻坚有关工作情况的通报

按：社会组织是我国社会主义现代化建设的重要力量，是联系爱心企业、爱心人士等社会帮扶资源与农村贫困人口的重要纽带，是动员组织社会力量参与脱贫攻坚的重要载体，是构建专项扶贫、行业扶贫、社会扶贫“三位一体”大扶贫格局的重要组成部分。中国物业管理协会结合行业实际，将消费扶贫工作列为协会年度重点工作，联合中国扶贫志愿服务促进会开展了“社区的力量”消费扶贫攻坚战专项行动。专项行动以打通贫困地区和城市社区前后一公里为主要着力点，将公益助农与社区服务高度融合，整合利用物业服务企业资源优势，拓展贫困地区农产品销售新途径，促进贫困人口稳定脱贫和贫困地区产业发展，阶段性成效明显。现将有关情况予以通报，希望各社会组织向中国物业管理协会学习，结合自身专长，积极参与脱贫攻坚，也希望中国物业管理协会再接再厉，为全面打赢脱贫攻坚战作出新的更大贡献。

“社区的力量”消费扶贫攻坚战专项行动有关工作情况

为贯彻落实《国务院办公厅关于深入开展消费扶贫助力打赢脱贫攻坚战的指导意见》和民政部“全国性社会组织参与脱贫攻坚再动员会”会议精神，中国物业管理协会结合行业实际，将消费扶贫工作列为协会年度重点工作，联合中国扶贫志愿服务促进会开展了“社区的力量”消费扶贫攻坚战专项行动（以下简称专项行动），阶段性成效明显。

一、专项行动基本情况

专项行动以“带一斤回家”为行动理念。旨在通过物业服务企业的广泛参与和动员，借助城市社区的渠道资源，打通前后一公里，让贫困地区优质的农产品从产地直接到餐桌。调动物业服务项目业主、社区家庭、合作伙伴的公益心，每家每户用“带一斤回家”这个最简单的行为，来帮扶那些贫困地区最需要帮助的人。

专项行动帮扶的100多个国家级贫困县分布于全国17个省级行政区内，代表产品有西藏青稞、牦牛，新疆大枣、核桃，贵州金秋梨，陕西大荔的冬枣，湖北竹溪的土豆，河北阳原的小米，广西桂七的芒果，山西代县的杂粮等580多种，并在不断持续更新中。

扶贫专项行动从2019年4月正式启动，到2020年10月结束。行动共分为三个阶段：2019年5-8月为攻坚战第一阶段，主要任务是广泛动员物业服务企业参战；9-12月为攻坚战第二阶段，主要任务是各参战物业服务企业社区开展消费扶贫工作和“带一斤回家”业主消费扶贫理念的灌输，12月底进行年度阶段性工作总结；2020年1-9月为攻坚战第三阶段，主要任务是持续攻坚扩大消费扶贫成果，2020年10月召开专项行动总结大会，发布《中国社区消费扶贫白皮书》。

二、专项行动第一阶段工作情况

4月12日，中国物业管理协会下发《关于开展“社区的力量”消费扶贫攻坚战专项行动的通知》。5月26日，在中国物业管理协会第五次会员代表大会期间，组织召开了“社区的力量”消费扶贫攻坚战专项行动动员大会，下发《关于公布“社区的力量”消费扶贫攻坚战专项行动领导小组名单的通知》，明确组成人员和工作机构职责。王鹏副会长兼秘书长在大会上作了全行业动员和工作部署，国务院扶贫办开发指导司副司长张洪波出席会议并讲话。6月15日，“社区的力量”消费扶贫攻坚战专项行动推进会在国务院扶贫办举行，社会扶贫司曲天军司长指出，消费扶贫要从社区开始，要动员更多的社区参与其中，将社区市场和贫困地区农产品有效对接起来，探索创新消费扶贫的新模式、新路径、新经验。随后，“社区的力量”消费扶贫攻坚战“一斤市集”在各地方协会的承办下，相继在石家庄、重庆、成都、上海等地启动。

7月4日，“一斤市集”成都站在蓝光空港国际城广场隆重启动。“蓝光嘉宝物业加入扶贫攻坚战认购70万元”、“悦华置地服务的100个社区以实际行动帮助困难群众走出困境”……集市上，成都物业服务企业代表们情绪高昂，纷纷举牌表达参战意愿。在成都市物业管理协会的前期动员组织下，共有25家成都物业服务企业明确表示参战，服务社区达590余个。

7月28日，“社区的力量”消费扶贫攻坚战专项行动・碧桂园社区启动会，在广东顺德碧桂园正苑举行。活动上，由社区业主、志愿者、碧桂园员工和扶贫干部等组成的十名代表宣读了倡议书。社区业主及志愿者们用多种“明星水果”，烹制出芒果糯米饭、芒果西米露、黄桃蛋挞等美食，供现场参与者品尝，让社区居民们“足不出户”就可以品尝到原产地直发的优质农产品，从而带动消费。碧桂园服务集团联动社区业主一起，短短半个月就为广西田东县贫困户卖出50000多斤香芒。

8月4日，上海市物业管理行业消费扶贫活动正式启动，“社区的力量”一斤市集上海站同时拉开帷幕。活动设一个主会场，两个分会场，近20个子会场。市集活动现场热闹非凡，五莲白桃、贝贝南瓜、鹦哥绿豆、板栗红薯、浦江红心猕猴桃、湖北高山土豆等六大当季明星产品高调入沪，并迅速以高颜值、高品质吸引无数居民围观。大家纷纷线下试吃，线上选购下单，以实际行动大力支持“社区的力量”。当日，社区的力量消费扶贫攻坚战专项行动社区、物业、城市荣耀榜前三均为上海及上海物业服务企业，销售斤数突破13万斤。

三、专项行动第一阶段工作成果及第二阶段工作计划

专项行动启动以来，已经在行业上下初步形成社区消费扶贫的共识，并取得了阶段性的工作成果。截至

目前，报名参战地方物业协会 43 家，参战物业服务企业 438 家，参战社区 25228 个。分别在北京、深圳、石家庄、重庆、成都、上海、宁波、广州、合肥、大连等 10 多个城市开展了 150 余场社区活动。“社区的力量”战报系统是专项行动消费情况对社会的公示平台，上线后已开通企业 391 家，开通社区 6676 个；8 月份总销售金额 400 万元，销售斤数 55 万斤，周复购率 12%。4-8 月累计销售斤数 80 万斤，消费产品超过万斤的物业服务企业 28 家，超过 1000 斤物业服务企业 92 家；合肥市、上海市、和广州市分别以 45 万斤、18 万斤和 6.86 万斤位列城市前三名；销量最好的产品为板栗红薯、蟹田稻大米、鹦哥绿豆，销售斤数分别为 26605 斤、19850 斤、13385 斤，复购率分别为 30.4%、27.7%、52.7%。同时，还针对每种扶贫产品积极建立起消费扶贫公示台账，将消费扶贫成果切实体现在帮助建档立卡贫困村、贫困户的增收上。实时动态更新、实时帮扶效果展示，接受社会监督，让爱心落到实处。

第二阶段，中国物业管理协会将与中国扶贫志愿服务促进会联合下发《关于开展“全国消费扶贫系列活动之‘社区的力量’消费扶贫月”活动的通知》，活动将在国务院扶贫办社会扶贫司的指导下，开展“社区的力量”消费扶贫月活动，并计划 9 月 20 日在深圳市召开“一斤市集”暨消费扶贫月启动活动。活动将邀请国务院扶贫办领导走进社区与业主深入交流，指导社区消费扶贫工作，以动员更广泛的地区和物业服务企业开展消费扶贫工作，与社区宣传推广、社区活动相结合，将“带一斤回家”的消费扶贫理念深入业主心中，让业主不出小区即可体验到来自原产地的优质农产品，引导和动员广大业主参与消费扶贫工作，进一步扩大专项行动影响力。

参与脱贫攻坚，既是社会组织的重要责任，又是社会组织服务国家、服务社会、服务群众、服务行业的重要体现，更是社会组织发展壮大的重要舞台和现实途径。下一步，中国物业管理协会将在产品挖掘、平台对接、数据沉淀、产品追溯、资源共享、台账建立、业务协同、宣传推介等方面，不断创新工作方式方法，探索出更高效、更符合物业管理行业特点的精准扶贫途径，为打赢脱贫攻坚战贡献作出新的更大贡献！

卷首语

PREFACE

汇聚行业力量助推精准扶贫

文 _ 沈建忠

腊八一过，春味渐浓。中国社区扶贫联盟却还在为贫困地区贫困农户的脱贫致富谋划一件大事，几番筹备，发起了社区助农年货大集，联盟理事单位在上海、北京、广州、西安四大城市百余家社区同步开展线下社区活动。业主在社区里可以体验年货市集的精彩热闹，选购来自贫困县域的助农产品，感受来自全国各地的年货风俗。这样一来，城市社区和贫困县域都可以过一个好年，共同分享节日喜悦。这是物业管理全行业开展精准扶贫活动亮点之一，也是物业服务企业落实《中共中央国务院关于打赢脱贫攻坚战三年行动的指导意见》的具体行动。

精准扶贫工作可以说是刚刚过去的2018年物业管理行业最有意义且具有开创性的工作，并将注定成为2019年全行业继续发力且更有挑战性的工作。中国物业管理协会指导中国社区扶贫联盟开展工作，发动协会会员单位，整合利用社区平台资源，为前端贫困县域的好产品和好生态打开销路，打通最后一公里的终端业主消费，尽力去构建一个产销链接的闭环，希望通过消费扶贫切实帮助到贫困乡县增收脱贫。

物业服务企业参与消费扶贫工作有着天然的地利、人和优势，对业主需求也相对比较了解，更容易建立起贫困地区农特产品与城市消费的便捷通道。将公益助农与社区服务高度融合，一方面为业主带来更优质的农副产品；另一方面使消费者的公益行为能够精准地帮助到贫困地区，也能在消费者端做大量的宣传，启发消费者的公益心，以形成必要的社会氛围，并提升企业的品牌价值和公信力。更重要的是激发贫困群众自主创业的内生动力，为脱贫攻坚工作注入了新动能，开辟了新的路径。

经过近一年的探索，中国物业管理协会会员单位对联盟的发展壮大以及精准扶贫事业贡献了很大的力量，已经有52家物业服务企业以理事身份，32家物业服务企业以会员身份加入联盟。各企业积极响应配合联盟开展扶贫活动，目前签约合作社区超过30000家，每周在一二线城市的大型社区免费提供场地、组织开展各类消费扶贫活动超1000场，仅社区活动现场销售额累计近千万元，覆盖全国九大城市圈，直接或间接带动贫困户增收超5000户。

这其中也出现了“长城物业24小时内帮助河北省阳原县售出30吨滞销白萝卜、碧桂园服务一周内在全国百余个城市售完31000箱积压小国光苹果”的优秀记录，体现了物业服务企业优质服务背后的品牌感召力和业主消费者参与公益事业的热情。长城物业、彩生活、碧桂园服务、绿城服务等品牌企业也在企业线上社区服务平台同步打开了销售渠道。绿城服务等企业还与贫困县的人力资源和社会保障局签订了用工扶贫合作协议，在符合行业标准和公司规定的前提下，尽可能提供就业上岗便利，促进贫困人口增收，努力实现“一人就业，全家脱贫”。以上这些在本期杂志的专题聚焦栏目里都有具体的实践经历和感悟分享。我们可以从中感受到他们在这份事业中收获的感动、成就感和公信力。

尽管行业精准扶贫工作在2018年取得了阶段性的成绩，但是如何更好地解决供需两端的对接，我们需要做的还有很多。一是，2019年要发动更多的行业企业参与进来，并保证吸引消费者能持续地参与进来，不断扩大规模，以购买力驱动市场良性发展，这直接关系到消费扶贫的直接效果。要实现这一点，除了在消费者一侧，还必须在供给侧下功夫，特别需要围绕产品品质、产品开发、服务体系建设与提升发力，包括解决产品追溯、数据沉淀、服务保障、资源共享、业务协同等问题，还有较长的路要走，以保障到达消费者的产品和服务符合绿色环保要求。二是，进行一些资产收益扶贫和旅游扶贫探索。尝试在一些自然禀赋优越的贫困县打造“资产性收益扶贫”共享农庄项目，组织我们的业主消费群体去游玩和消费，通过旅游消费扶贫带动贫困地区的景观改造、文化传承、文明素质提升和村民收益，让贫困地区的土地、劳动力、资产、自然风光等要素活起来，让资源变资产、资金变股金、农民变股东，让绿水青山变金山银山，也就是习总书记指出的“生态文明和发展经济相得益彰的脱贫致富路径”。我们的扶贫工作不应该只是几次的行为，要系统性地助力贫困主体内在能力的培育和提升，这就更需要对我们的扶贫事业有一种长远的认识和运营安排。

扶贫不是负担，是责任，是使命，更是物业管理行业的机遇，是企业重塑形象和转型升级的机会，是多方共赢的事业。一方面，以市场端的真实消费需求，带动供给侧的产业扶贫，彰显爱心和先富帮后富的初心，必然有助于重塑良好的社会形象，得到社会的认可和支持。另一方面，公益助农和就业扶贫对于物业服务企业开展社区经济和满足人力资源需求也将产生重要的作用，就业扶贫还可以考虑在经济下行的情况下，承接建档立卡贫困失业人员。这些工作不仅能彰显我们的价值观，更是企业可持续发展的契机。

根据中国物业管理协会发布的《2018 年物业管理行业发展报告》显示，2017 年全国物业服务企业共 11.8 万家，服务着 5 亿名业主，从业人员约 904.7 万人，每年直接或间接提供就业岗位达数十万个。这意味着物业管理行业有着巨大的空间和机会去打通城市消费与农村生产的通路，去满足业主对价廉物美产品的品质需求，去为贫困县域的人力资源提供培训帮扶和就业岗位，让社区更好地为扶贫助农提供支撑。

“中国社区扶贫联盟创造了中国扶贫开发史上消费扶贫的崭新模式。中国物业管理协会是唯一一个以行业协会的力量推动消费扶贫实现精准的协会。”国务院扶贫办督查专员、开发指导司司长海波在中国社区扶贫联盟第一届理事会上对物业管理行业的精准扶贫工作给予了高度的评价。让贫困人口、贫困地区同全国一道进入全面小康社会，实现乡村振兴，是我们党的庄严承诺。近期，国务院办公厅又专门印发《关于深入开展消费扶贫助力打赢脱贫攻坚战的指导意见》，该意见指出，消费扶贫是社会各界通过消费来自贫困地区和贫困人口的产品与服务，帮助贫困人口增收脱贫的一种扶贫方式，是社会力量参与脱贫攻坚的重要途径。大力实施消费扶贫，有利于动员社会各界扩大贫困地区产品和服务消费，助力贫困地区打赢脱贫攻坚战。按照文件要求积极参与精准扶贫，践行乡村振兴战略既是物业管理行业的担当，也是企业转型升级战略上的探索，希望有更多的物业服务企业可以加入中国社区扶贫联盟中来，将社区（群）“1 + 1”精准扶贫模式推广到更多的贫困地区，把扶贫和扶志、扶智结合起来，共同推进精准扶贫事业，真心扶，真情扶，用心扶，用情扶，共同探索可造血、可复制、可持续的精准扶贫模式，真正有效地帮助贫困地区减贫、脱贫、不返贫。帮助别人就是成就我们自己，让我们共同在全面小康伟大进程中写下我们应有的一笔！

标准助推物业管理行业高质量发展

文 _ 沈建忠

今年是行业的“标准建设年”，推动行业全面标准化的提升是中国物业管理协会年度工作的重中之重。标准是构建行业互联互通最基础的必要条件，也是企业规模化、模块化、平台化发展，建立现代化管理的重要技术依据。华为的5G技术之所以让美国不舒服，主要是华为利用标准的游戏规则进行技术创新，掌握了市场的制高点。最近，有媒体报道5G标准第二次投票将要启幕。我们看到伴随5G技术发展，其背后标准之争惨烈，甚至已经成为大国经济博弈的筹码。这种“产业未动、标准先行”的方式，也在一定程度上印证了标准对于企业和产业发展的引领与带动作用。

从物业管理行业发展战略层面上看，随着产业与资本、技术的深度融合，产业集中度提升，企业协同合作深化，多元化服务形式不断丰富，迫切需要解决行业“方言”与“普通话”之间的矛盾。所以，年初中国物业管理协会的会长工作会议一致讨论通过，将2019年定义为行业的“标准建设年”，将关注力集中放到标准化建设上，希望通过加快推动行业标准体系建设，解决行业的规范发展、创新发展和规模化发展的一些问题，促进行业高质量发展和产业升级。

这几年，中国物业管理协会一直在积极推进标准化基础建设。2015年底开始，协会成立了标准化工作委员会来推动标准化工作，大量基础性工作得以落地，包括发布《中国物业管理协会团体标准管理办法》和首项团体标准《物业服务示范项目服务规范》T/CPMI001-2017，参与了《绿色建筑运行维护技术规范》行业标准、《物业服务安全与应急处置》等三项国家标准的编撰工作；主持开展《停车场信息联网通用技术规范》《写字楼物业服务规范》《产业园区物业服务规范》《高校物业服务规范》《医院物业服务规范》等团体标准的起草、审查和后续认证工作。

行业内的大多数物业服务企业也都十分重视标准化工作，在企业标准方面积累了丰富的经验，取得了很多成果。如中航物业一直致力于打造“以标准化为核心的运营能力”，积极参与行业标准化建设，并通过标准E化、服务认证等促进标准有效实施，取得了良好的社会效应和品牌效应，其服务的人民大会堂等许多国家部委物业高端项目赢得了客户高度认可，在机构类客户中形成了比较强的品牌影响力和核心竞争力，公司规模快速扩大。

长城物业、彩生活服务等企业在创新与标准的转化中也做出了大量的探索，近几年通过标准化建设，致力于企业平台化转型，将公司运营、物业服务、人力资源、财务管理、操作规范、服务标准等自内而外的管理服务完全嵌入IT系统之中，打造“一应云”智慧平台和“彩惠人生”社区生活服务平台，基于服务平台和资源，形成了全生命周期的物业服务产业链和社区生态圈。

碧桂园服务、绿城服务等企业这几年着力以标准化助推社区服务发展，整合物业服务、生活服务、资产服务以及智慧物联科技领域的一些成果，研制智慧社区建设运营服务标准，建立自动化、集中化、标准化的管理体系，为客户提供功能齐全、管理科学、操作便捷的智能化服务。

2019年行业“标准建设年”，我们有几大工作方向：

一是在行业内形成对标准价值与作用的共识。标准决定质量，只有高标准才有高质量。要在行业内统一思想，引导企业和行业从业人员将“标准化"管理思路融入物业管理日常工作中，促进大家懂标准、学标准、用标准，不断提升行业标准意识，最大限度发挥标准对行业规范化、专业化提升的价值。

二是完善行业标准体系。做好顶层设计规划，运用系统管理的原理和方法，进行全面梳理和分析，识别行业发展中相互关联、相互作用的标准化要素，搭建形成有机整体。紧密结合行业互联网平台转型、人才梯队建设、信用管理等需求，并将智慧、安全、绿色等变化因素纳入体系管理，加强标准化战略规划，促进行业协同发展。

三是做好物业服务标准的有效供给。标准供给是标准化工作的前提。要加强标准化科研能力，组织好团体标准的立项、编制、审查、批准发布、出版发行和管理等，稳步推进团体标准研制工作，协助会员单位起草企业标准，充分发挥团体标准和企业标准在制修订、应用实施等方面的灵活性，尽快出台一批行业急需和对行业发展有重要影响的标准，并培育一批优秀的标准化企业，树立标准化标杆，形成协会引导、市场驱动、企业参与、协同推进的标准化建设格局。

四是强化标准实施落地，发挥标准对服务质量的支撑作用。深入推动已发布标准的贯标培训工作，强化标准实施落地，最大限度促进行业专业化和标准化。充分发挥标准化在创新驱动中的基础性、战略性和引领性作用，尤其是在创新萌芽之时，能够借助标准迅速落地，提高质量，规范市场，转化为生产力，推动行业全要素生产率提升，为行业资源配置和集中度提升夯实基础。

全国物业服务标准化技术委员会和中国物业管理协会标准化工作委员会是行业标准化建设的主力军。两个委员会的委员，既有来自主管部门的，也有来自行业协会和专业院校的，更多的则是来自物业管理一线企业，这些委员都在标准化方面具备相当丰富的工作经验并取得了一定成绩，在推动物业管理行业发展的过程中，希望可以积极承担任务，主动担当起责任，以标准全面提升和落地实施，推动产业升级。

企业标准化工作是行业标准化工作的基础和重点，也是企业高质量发展强有力的支撑和重要保障。中国物业管理协会发布的 2018 年综合实力测评 TOP 企业，都是标准化体系健全、标准工作做得非常扎实的企业。无疑，做好标准化，将有利于企业形成品牌影响力和核心竞争力，有利于企业提升服务质量、规模扩张、创新发展、提高管理效率，有利于企业在市场竞争中占据制高点。

企业的标准化工作并不是孤立存在的，优秀企业的标准化水平在一定程度上代表着行业的标准化水平，并与行业整体的标准化发展互相关联。标准化起步较早、经验丰富的物业服务企业在主题年活动中，要积极利用和发挥企业标准方面的优势和特点，加大工作力度。协会也会采取多种方式，组织动员、鼓励和支持各物业服务企业积极参加企业标准化建设方面的活动，争取在主题年实现大的突破，推出一批更具先进性、科学性、合理性的企业标准，也希望标准建设年可以涌现和培育一批企业标准领跑者。一方面，将企业优秀实践经验贡献给业界；另一方面，引入和借鉴先进标准进行应用，将相关的标准改进、推广和应用，输出自己的方法论和产业实践，赋能业界更多合作伙伴，推动行业发展。

最后，希望"标准建设年"工作在大家共同努力下取得实效，筑牢高质量发展根基。

城市治理中的物业管理专业价值

文 _ 沈建忠

记得我在住房城乡建设部房地产市场监管司工作期间，曾经因为房地产调控政策解读，被安排上过央视的《焦点访谈》。知道这个节目家喻户晓，有深度、锐度，贴近百姓生活，一直受到党和国家领导人以及老百姓的重视和广泛关注，也正因如此，对《焦点访谈》多了一份敬重。所以，当看到 3 月 24 日的《焦点访谈》把话题聚焦在了《老小区来了新物业》时，作为物业人的自豪感油然而生。这期节目讲的是北京朝阳区八里庄街道一批老旧社区引入专业化物业管理后呈现的崭新面貌和业主们的切身感受，节目播出后引起了社会的强烈反响，也再次让公众对于物业服务企业参与城市基层治理的专业价值和作用有了更深的认识。

2019 年两会《政府工作报告》中特别提到了社会柔性治理、老旧小区改造、社区养老等工作，国家层面不仅把满足人民的美好生活需要作为了公共议题，更作为了政府的施政重点。物业服务企业作为社区专业服务的提供者，这两年在各地政府的指导和组织下，成了社区治理的重要参与者和协助者，优质的物业管理服务，不仅参与补齐社区治理的短板，而且能够助力社区治理的完善，是良好社区治理的助推器。诚如《焦点访谈》所强调的，专业的有温度和厚度的综合物业管理，解决了老百姓积忧多年的堵心事、烦心事，看起来是小事，但影响到居民最基本的生活质量和幸福感，而让老百姓高兴，就能充分调动他们维护和建设好幸福社区的积极性，这是一本很好的民生账、民心账。

各地正在探索的党委领导、政府负责、社会协同、公众参与、法治保障的城市基层治理体制，让我们看到了共建共治共享理念已经在社区治理实践中得到了很好的体现，也给物业服务企业如何处理好与政府、协会、企业、业主、街道居委会等各方关系，如何协同工作提供了宝贵的经验。在这个过程中，物业服务企业要善于抓住机会，实实在在，不怕麻烦，创新管理，精准施策。依托社区治理的大势和平台，一方面争取最大限度分享相关的政策红利；另一方面借助此次机遇和多方面的力量，解决发展中的难点问题。

一是，以基层党组织建设为核心，建立健全社区共建共治共享机制

习近平总书记在上海就加强城市管理和社区治理进行调研时强调，“党建工作的难点在基层，亮点也在基层。”“城市治理的‘最后一公里’就在社区。社区是党委和政府联系群众、服务群众的神经末梢”。

以党建为引领，体现了中国特色。武汉等城市在“红色引擎工程”中，抓住物业管理这个服务群众最前线的“牛鼻子”做文章，通过组建公益性物业服务企业、加强旧有物业服务企业党建工作、选聘大学生投身红色物业等方式，建立了以基层党组织为核心，街道和社区、物业服务企业、社会组织等共同治理、有序运行的格局，把物业服务队伍打造成党联系服务群众的工作队。

杭州市出台《业主大会和业主委员会指导规则》。业主大会和业主委员会在党的领导下开展物业管理活动，尤其是鼓励党员积极参与业主委员会工作，通过党建工作解决业主委员会监督和管理问题，保证业主委员会依法履职、依法维权，构建了街道社区党组织领导下的居委会、业委会和物业服务企业联动服务机制。比如曾经闹得满城风雨的金都华庭业委会“罢免风波”，在临时党支部带领下，顺利化解了小区遗留下来长达 4 年的业委会问题，推动业委会工作进入了正常运行轨道。

所以，物业服务企业要落实开展企业党建工作，要与街道社区党组织、居委会、业委会等相关党组织和部门的党建工作相联动，充分发挥党的政治优势和组织优势，将党的理论和党的精神细化落实到服务中去，发挥好党支部的坚强堡垒和党员的先进模范带头作用，体现物业服务企业坚持党的领导、推动基层党建和城市发展的政治意识和社会责任。

二是，从政策环境为物业管理行业参与社区治理提供激励机制和政策支持，提高物业服务企业参与社区治理的积极性

我们不主张靠政策红利、政策补贴来维持企业的生存。但是政策的导向作用非常关键。近两年，像上海《建设美丽家园三年行动计划》，江苏省委、省政府《关于加强城市社区治理与服务的意见》，成都市委、市政府《关于深入推进城乡社区发展治理建设高品质和谐宜居生活社区的意见》等文件，都是从政策入手，推动顶层制度体系的完善，明确各相关主体在住宅小区综合治理中的工作职责和任务要求，进一步完善了社区的综合治理体制，带来了显著的变化。

《焦点访谈》里有一个细节，八里庄街道工委书记张福来介绍，“在物业服务企业进驻老小区之前，八里庄街道提前规范出了物业服务企业办公用房，并且已经拆除了一批占用公共空间的违法建筑，进行了内部道路和小区环境的整治，降低了物业入驻的改造压力。”街道还为物业服务企业开设便民超市、老年餐厅等便民经营活动提供了支持。这些工作确实是做到了物业人心里去了，有些工作物业服务企业自己主导来做难免面临很大的阻力和压力，很多时候物业服务企业无力承担超越能力的社会责任，用其他项目的收益来补贴也不是长久之计，特别需要类似的支持政策和措施。像老旧住宅加装电梯的工程，如果完全靠业主代表大会讨论通过后使用维修资金来改造，是一件难上加难的事情。有的地方出台政策，每部电梯补贴一定金额，几个方面调动积极性就很容易做成这件事。

很多企业在参与社区治理工作中也分享到了实实在在的政策红利。比如参与武汉红色物业工作的企业，结合“百万大学生留汉创业就业工程”，选聘了一批思想政治素质好、学历层次高、年轻有活力的党员大学毕业生，充实到企业中，提升了企业开展党建工作和经营发展的能力，分享到了人才红利。获评武汉市委市政府“红色物业五星级企业”的 34 家企业每家还获得了 25 万元政府扶持基金。

三是，共建共治共享的社会治理格局下，物业服务企业要摆正位置，善于借力，当好服务者、参与者的角色，有所为有所不为

各地开展社区治理的成功探索，我认为最重要的是，让企业不再感到参与其中是一种负担，而且像《焦点访谈》所说的“这是一种成功的喜悦”。这些工作不仅仅给企业带来口碑效应，有利于品牌建设和打造核心竞争力，更能帮助物业服务企业协调各方面工作关系，凝聚和借助多方力量，切实解决业委会依法履职、垃圾分类宣传引导、维修资金使用、加装电梯、物业费调价等工作难题。物业服务企业只有与社区各方深度融合、协同作战，着力于基本服务功能的完善，积极构建并提升更为人性化、差异化、人文化服务体系，加快打造以科技创新为核心的智能化服务平台，让物业服务更简单、更有价值，才能赢得主动权。

当然，物业服务作为企业要厘清责任边界，既要有作为，又不能乱作为，摆正位子才能顺势而为，用行动诠释物业人是建设美丽家园过程中，值得信赖，也是最靠谱的主力军之一。

社区是城市最基本的细胞，只有每一个社区都美好、幸福了，我们的时代才会是美好的。物业管理行业不仅在社区治理探索中努力扮演好服务者、参与者的角色，更让人欣慰的是，万科物业、保利物业、碧桂园服务等一批先行者的视野从关注物业、关注社区，延展到城乡良性治理的大问题上，纷纷响应国家城市治理工作和乡村振兴战略，探索城市公共服务、乡镇公共服务，通过购买服务等方式承担起了社会公共服务的职能，整合专业资源提升城乡公共服务质量、利用科技手段提升城乡管理效率，从硬件与软件着手推动城市的环境、经济、文明协同发展和可持续发展。

这些探索展示了行业创新发展的新理念，也表达了物业服务企业参与社会治理的决心和信心。相信长此以往，物业服务的专业价值在业主的日常生活中、在城乡的发展建设中、在公共口碑和议题中将会拥有越来越乐观的未来。

被捧红的退休故宫院长留给我们的启示

文＿沈建忠

前不久，故宫博物院的单霁翔院长退休的消息刷屏了网络，各大媒体也不惜版面把各种赞誉和好评送给了这位在任7年的故宫“看门人”。在如潮的评论中，大家推崇的不仅是他流传甚广的金句和大刀阔斧的管理变革，而且惊叹于他用魔术般的手法让一个古老又神秘的故宫焕发出新的活力和生命。在他收获的一众年轻粉丝中，更多的是感谢这位年近花甲的老人把故宫从一个可望不可即的奢侈品变成了一个平易近人的奢侈品，让他们年轻一代感受到穿越千年跨越万里的中国历史文化经典与伟大所散发出的沁人芳香。最近不断有朋友去故宫参观，他们回来后一致的感觉是故宫变宽敞了、变方便了、更耐看了。

从人们对单院长的热爱中，不难感悟到这是一个有能力、有魄力、有情怀、有口才，甚至有点“狡猾”的改革者、管理者。也不难发现，作为成功者，他的人格魅力中的一些特殊元素。“立志崇实 担当”，这是任正非老先生送给自己的母校都匀一中的校训。冯仑曾经评价，大凡成功人士骨子里其实流淌的就是这些基因。我认为这六个字用在单院长身上再好不过了。2012年上任伊始，单院长就立志要把一个壮美的紫禁城交给下一个600年，要让所有到故宫的人有尊严地参观，要把无与伦比的故宫文物以更温情动人、触手可及的方式融入大众视野中。

那个时候离第一个600年还有不到8年的时间，那时观众参观故宫用在排队购票、安检、上厕所的时间就有两三个小时，99%的文物还封存在仓库里，整个故宫开放面积不足30%，还有相当数量的易燃的临时建筑，非故宫单位需要拆除和搬迁，单院长的管理革命就是在这样一种反差中进行的。立下宏愿让他有了义无反顾的勇气，也有了运用权力、智慧、关系去解决问题和困难的动力。使命感会让人一直在兴奋的状态中运转，单院长崇尚实干，从他巡查故宫9000多间房间起，他就意识到立志再好，理想再丰满，故宫管理革命必须脚踏实地，必须付出更艰辛的努力，付出比别人更大的代价，才能收获更多。故宫的变革是从一个烟头、一根野草、一块墙皮开始的，厕所改造、全网购票、环境整治、文物修复等，貌似简单却需要强大的执行力和意志力。

在越来越严密的融媒体时代聚焦下，在传统价值观与新兴市场的商业氛围碰撞中夹缝求生，凸显了故宫改革的不易和不容试错的严肃性，作为故宫的掌门人，必须要有担当，这正是单院长崇尚务实的高明之处。作为故宫博物院第六任院长，他的内心充满厚重的历史责任感，让他有想把故宫当成家，想呵护每一个角落的冲动。他的可贵之处就在于把坚持作为一种信念，在认定的道理上较劲较真，持之以恒，旁人眼中的“轴”成就了他从优秀到卓越、从质疑到喝彩的改革历程。

我关注到单霁翔，主要源于这几年他的一些公开演讲，包括前一段时间看到万科大宝专门写了一篇故宫管理的启示的文章，我在几次讲话中，还专门引用了文章中的一些话。故宫管理与物业管理有异曲同工之处，自然对单院长主导的变革带来的变化和各种评论格外地留意，其中很多的理念和观点对物业管理行业的转型升级有参考和借鉴价值，在此归纳有三点。

启示一：管理的艺术和艺术的管理

管理这个词，从它诞生起，就不断有人从理论和实践的角度去追寻它的真谛，原住房城乡建设部房地产司陈伟同志为此还专门写了一本书《物业管理的本质》。有人说“管理就是一门艺术”，也有人说“必须用艺术的手段去进行管理”，可见管理至今仍然是一个公说公有理、婆说婆有理的难题。要感谢单院长，他的管理实践就如一位网民所说的，其实很简单“举头拔野草，低头捡烟头”。没有高超的技巧，也没有深邃的理论，只有饱含人文关怀的对故宫深沉的爱。故宫管理变革的实践中，我觉得管理的艺术与艺术的管理拿捏得恰到好处，令人赞叹。仅举两例。安全管理是任何管理问题中优先考虑的，所以长期以来，故宫和大多数的博物馆一样，认为文物展示越少越安全，开放区域越小越安全，安检排长队、不让拍照、不能安装电灯，这些理所当然地成为规则，没有人质疑。把文物锁起来、隔起来，让观众触摸不到已经成为惯用的管理手段，故宫却在反思中巧妙地打破了这些禁锢。故宫怕火，那就用 LED 冷光源照明；允许拍照不用闪光灯即可，观众把照片分享出去，故宫还多了一批义务宣传员；安检拆除栏杆，引入智能化设备……实践证明，换一种思路，管理的艺术有时候就是捅破一张窗户纸那么容易。

效率和效益是管理的目的，也是管理中需要考虑的问题。故宫的管理同样涉及这个问题，因为故宫运营需要大量的资金，但是国家财政只能补贴 54%，其余资金要靠自己解决。所以故宫曾经是一个无处不收费的地方，厕所一年收费 500 万元，还设置了环保鞋等冠冕堂皇的收费项目。但是今天这些收费都取消了，反而收入增加了，因为故宫换了一种活法。单院长走了两条路线：一方面，都说“会哭的孩子有奶吃”，每次领导视察，单院长都带他们去故宫条件最差的地方看，争取经费补贴。他邀请有拨款权的财政部和文化部将会议地点设在故宫，却借机把会议变成了故宫的现场会；另一方面，故宫也自己“造血”，比如开发文创产品，不仅在故宫的特定地点和新媒体平台销售，还放到电商平台上运营。由于这些文创产品融合了故宫博大精深的文化价值，接地气不低俗，温暖亲民，深得消费者喜爱，很多产品成为爆款，全年收入已经突破了 15 亿元，产品种类超过 1.1 万个。你看，用一些艺术手段，管理效果完全不一样。

故宫管理的艺术和艺术的管理，既不神秘也不深奥，关键在于用心。物业管理中的安全与效益也是管理中的重点和难点。安全感是业主幸福指数的重要基础。这几年大多数物业服务企业在安全管理上采取了非常人性化和科技化的方式。很多小区已经实行了无感应门禁和车辆出入。有的采取了智能化管理，提高了业主的满意度。但不得不说，也有一些企业为了安全管理的方便设置了很多障碍，比如我曾经到上海的一个地标性建筑去办事，大堂内的访客服务中心排起长队，因为要人工身份证登记。还有一些小区为了解决车辆乱停放的问题，设置了很多隔离桩，本来好好的小区门口变得特别不方便。物业费调整是难点，有的企业就在增收上做文章，名为增值服务，但与业主的需求不匹配，业主并不满意。我认为故宫“管理革命”的精髓，就是单院长常说的“以服务对象观众方便为中心”，我们很多时候的管理思维是“以自己管理方便为中心”，这样一来就往往会设置很多人们不舒服、不方便的措施。所以，物业管理的管理艺术与艺术管理值得创新探索。

启示二：客户为中心的被动与主动

最近在中国绿公司年会上，马云讲，加入 WTO，中国是被全球化的，是美国和欧洲各国为主导，跨国企业为主导；但是“一带一路”是我们主动的全球化，是中国启动的新一轮的全球化，“一带一路”是要解决全球化不完善的体系，让每个人、每个国家中小企业都有机遇。郭广昌讲，以客户为中心是商业的常识，但常常被忽略。因为很多时候在管理者的潜意识中，以客户视角解决问题，就是解决客户提出的诉求，解决客户的抱怨和痛点，仅此而已。而我们看到的故宫管理革命是始于此而不止于此，是被动到主动。商业背后的逻辑，是要敏锐地捕捉到、感悟到甚至引导客户的需求。这个逻辑对于管理者而言，就是他的热爱、专业。有热爱才能真正站在客户的视角，发现别人发现不了的东西。有专业才能在发现问题时，找到解决问题的真正砝码。乔布斯当年推出智能手机，就是引导消费，客户有需求但并未意识到。而取消键盘，实现真正的智能手机是需要专业知识的。同样的，故宫管理变革中，单院长因为热爱，因为专业，开设文物医院，文物修复就能科学诊断后科学治疗；因为专业，从女观众排队上厕所的现象中发现了男女比例不合理的问题，从而利用大数据，利用现有条件对厕所进行了重新改造。实际上，绝大多数公共场合男女厕所都是 1 ∶ 1 配备的。连设计师也没有感觉到会有什么不妥。借助互联网与数字化技术，举办网络展览，打造数字化故宫；上城楼参观，近距离接触文物……相信观众中没有人会提出这些要求，但有了就是惊喜的体验，给观众带来更好的服务价值。

故宫每年参观人数都以百万计持续增长，早些年旺季的时候时常出现“挤得看不见地面，只能看前面人的后脑勺”的现象。后来单院长改变了思维，不采取每天接待 8 万游客的强制性限流，也没有规定特定时间的特定参观人群，而是淡季给予旅行团更多优惠政策，精心策划具有吸引力的展览活动，并设置大量的教师、医务人员、环卫工人、公交司乘人员、大学生免费体验日，一系列方式引导游客自主地选择参观时间，通过游客分流，削峰填谷，有效实现了淡季不淡、旺季不挤、全年时间游客均匀分布的状态。同时故宫开放面积从 30% 扩大到 80%、开放故宫藏品、大量增加游览路线，既让人们的参观变得从容不迫、更有深度和尊严，也疏散了人流，提升了参观体验，减少了安全隐患。

这种“以服务对象观众方便为中心”的思路和方式贯穿整个故宫改革，无论是针对文物的尊严式保护修葺，还是针对参观者进行的人性化体验增进，让游览更有尊严，都取得了成效。

物业管理中，提升服务质量，满足业主多样化个性化需求，这也是一个从被动走向主动的过程。如果仅仅停留在业主反映什么我响应什么、业主诉求什么我满足什么的工作状态，必然疲于应付。现实中，确实有这样的企业，客服中心只知道接听业主电话，结果项目被炒了鱿鱼还抱怨人家。值得欣慰的是，在为业主提供精细化、专业化的秩序维护、保洁、家政、维修等基础服务的同时，很多企业都在积极想方设法整合各类服务资源为业主提供增值服务。物业服务企业只要有激情加上专业，就能从客户视角发现新的需求，带给业主更多的惊喜。今天物业管理行业接受技术和资本赋能、创新转型，让物业服务更简单、更有价值，体现了物业管理行业新时代、新物业主动服务的新思维，主动满足和引导客户的合理化需求、给业主更好的体验、更多的满意、加惊喜，已经成为很多企业的价值追求。

启示三：传统服务业与现代互联网技术的融合

2019 年 3 月，故宫与华为签署战略合作协议，将在打造 5G 应用示范、建设故宫智慧院区、举办人工智能大赛等方面开展合作。

积极拥抱科技也是故宫的一个标签。为了安全保障，故宫每天晚上会安排 700 多人用接触器检查固定点位的方式进行拉网式的清查，每个门窗每个犄角旮旯都要检测一遍，这才保障了故宫每日的安全。如果“5G 智慧故宫”建成，博物院内每一件文物出入库、修复、运输、展览的全流程将进行随时随地的监控，能够邀请世界各地的文物医生和考古学家远程开展文物修复的会诊或考古调查，每个观众的偏好与参观情况都能得到记录，每个观众都能清楚地了解故宫内展览、服务点的情况。科技让管理更简单、更有价值，这些举措和我们物业管理行业正在探索的科技赋能何其地相似。

也是有了数字技术和科技手段的加盟，故宫才变得这么时尚，才有了网络展览和数字故宫，网友可以通过虚拟现实随意进出故宫宫殿，才有了恶搞皇帝、鳌拜卖萌、数字文保、爆款 APP 等喜闻乐见的形式和载体，与观众有了更多互动融合的机会。与时俱进的数字化技术与充满创意的产品，也大大扩展了故宫的边界，让故宫从游客千万级的博物馆，成为游客亿万级的博物馆。

故宫的实例让我们看到传统服务业分享科技红利的巨大潜力。马云曾经警告，数字化时代不与科技结合，后果很严重。物业管理行业要向现代服务业转型升级，实现管理人性化、资源数据化、数据场景化、网络化、智能化，都离不开科技的力量。这几年物业管理行业积极探索与科技的深度融合，努力分享科技红利，已经无限拉伸物业服务企业管理的边界，物业服务领域逐步从住宅小区管理、保障性住房管理的生活性服务，向生产性服务转变。现在已经有一部分物业服务企业顺应大势技术求新，积极分享技术红利，实现物业管理成本、效率、用户体验的全面升级。在整个物业管理行业产业链，专业公司必然会越来越多，物业服务企业要像故宫一样，以开放的心态，主动借力，勇于拥抱技术，实现与合作伙伴、与服务者的和谐共享与合作共赢，由过去的此消彼长，逐渐变为相得益彰。物业管理全产业链上下才能在更为智能、更简单、更有效率的商业模式和服务模式下，更充分挖掘出服务的潜能。

单霁翔就像一个成功的企业家，这个企业家既能从一个烟头、一个厕所、一块墙皮管起，也能解放思想带领团队大刀阔斧地进行市场化改革，故宫以前所未有的姿态成为文化大 IP 的历程，是物业管理这样的传统行业创新转型可以参考的成功范本。希望我们的企业也能像故宫“反思对待观众和对待文物的态度”一样，以客户需求为导向，解放思想，科技赋能，突破“循规蹈矩”的管理和活动方式，来一场“走心”的创新与改革。

成就鼓舞人心，使命催人奋进
——写在中国物业管理协会第五次会员代表大会召开之际

文 _ 沈建忠

2019 年 5 月 26 日，中国物业管理协会第五次会员代表大会在北京召开，这次会议在行业内外引起了广泛关注，大家在祝福的同时，也对协会第四届理事会工作给予了高度的评价。

很多代表谈道，中国物协第四届理事会任期内四年是物业管理行业发展史上承前启后、极其关键的四年。这四年里，在国民经济从高速增长向中高速增长换档的新常态下，物业管理行业开始由传统服务业向现代服务业全面转型升级，一批行业领先物业服务企业纷纷登陆资本市场，通过上市融资实现了规模扩张，带动了行业整体实力的持续提升。在大家眼里，物业管理行业从理念到模式、从技术到管理，正发生一场深刻的变革，行业的春天展现出勃勃生机和无限发展潜力。

曾参与四届理事会领导班子工作的一些成员，以他们的经历和体会在专稿中写道“中国物协第四届理事会瞄准经济结构调整的大方向，把握经济发展规律的大逻辑，洞悉客户需求、释放服务价值。”“站在全行业的高度，上通下达，内引外联，做了大量繁琐细致的工作，所取得的成绩有目共睹。”

“中国物协第四届理事会开展了大量开创性和创新性的工作，为行业注入新思维、新活力，在传统物业的转型升级以及科技的引入上都为整个行业注入了新鲜的血液，插上了科技的翅膀，为推动物业管理从传统服务业向现代服务业转型升级做出了重要贡献，也为物业管理行业的发展开创了新的华章。”

“中国物协解放思想，变革创新，做了大量的开创性工作，一个个大手笔让协会的影响力、凝聚力和号召力进一步提升，极大地推动了全国物业管理行业的持续健康发展。创新办会、民主办会、协同办会是本届理事会最为明显的特征。”

“在中国物协的带领下，默默无闻的物业管理行业走上舞台，‘被看见’，行业的价值也被发现，成为社会上的明星行业。中国物协也成为凝聚行业力量和推动行业发展的中枢，取得了将铭记史册的卓越成绩。”

大家特别对协会第四届理事会工作报告中提到的坚持党建引领深有感悟，“党建工作要融入行业发展的方方面面”，协会秘书处同事们回忆起 2018 年在国家博物馆参观庆祝改革开放 40 周年大型展览的场景，当看到红色物业作为社会治理的重要模式展出时，他们惊讶、骄傲，久久驻足。2019 年，中组部、住房城乡建设部组织调研组对行业内开展的红色物业进行了专题调研，是对行业坚持党建引领的充分肯定。

协会第四届理事会任期内开展的各项工作，一直保持较高的政治站位，始终将党的建设摆在统领地位，大力宣传国家战略，反复强调物业服务企业履行社会责任的重要性，引导更多的企业积极履行社会责任。党建引领、抗击台风暴雪、精准扶贫、绿色发展、乡村振兴、社会治理等，这些行业发展关键热词满满刷屏的背后，是物业服务企业的饮水思源，也是物业人的责任和担当。

谈到行业这几年的变化，大家一致认为思想的解放、观念的转变是根本。思路决定出路，选择比努力更重要，有了开阔的思维和视野，才能变革创新，开拓性地工作，物业管理行业才能拥抱互联网，与资本、技术、人才等资源深度融合，才能以开放包容的姿态去调整人才结构，提升科技含量，整合资源，提高产业集中度，行业才有出路。正如一位网友在留言中说的“第四届理事会任期的这四年，创新发展是主旋律，尤其是以品牌活动为契机，解放思想，推动行业创新发展。”

协会力求高质量办好各类论坛，搭建观点交流和思想碰撞的平台。其中最引人注目的当推一年一届的“创新发展论坛”，大家表示“让物业管理行业的同行聆听勇立潮头的时代专家们的声音，从宏观经济到微观经济，从房地产到物业管理全产业链的分析、解剖，享受一次次思想启迪。让物业人跳出行业看行业。每一届的发展论坛，主论坛因专家的到来而人气爆棚自不必说，分论坛的丰富多彩，让大家也是各取所需，流连忘返。”而协会持续开展的公益巡讲活动，为更多的中小企业分享最新管理模式和技术成果的同时，提供了新的发展思路。

中国物协每年的会长工作会议和全国物业管理协会工作交流会，代表们也是赞许有加。对引导行业发展、促进各地交流、分享先进经验，起到了重大作用。大家在中国物协的组织下，畅谈行业热点、难点，共商发展大计。这些好的经验不仅为各地行业发展提供了很好的借鉴，更让我们看到了全国物业管理行业呈现出的百花齐放、百家争鸣的欣欣向荣的气象。从某种意义上说，中国物协搭建的不仅是一个交流平台，更是在为推动行业发展而倾心竭力。

协会创办的博览会成为行业创新发展、交流合作的良好平台。为行业供需双方创造了更多合作发展的空间与机会，更给外界了解物业管理行业提供了一扇窗口。

“博览会的成功举办，不仅展示了物业管理行业的良好形象和发展成就，更对促进行业改革开放和行业内外的交流合作起到了重要作用。很多物业服务企业都可以在博览会这个平台上找到与行业其他企业之间的共融点、互补点，相互借力，形成合力，融合发展，抱团取暖，实现共同发展。”

“博览会给了我们这样的企业展示的机会”，一位企业老总在网络上感言，“通过在物博会上展示的过程，深刻体会到了新技术、新产品、新思想和新理念的巨大力量。行业的交流和分享促进了各个中小企业的资源、技术的跨区域流动与重新组合配置，促进了最新理念和思想的推广普及和效率的提高，为经济转型和产业升级作出了贡献。”

协会全力举办的全国物业管理行业职业技能竞赛，对提升行业职业技能和服务品质，弘扬工匠精神，起到了巨大作用。两次参与组织技能竞赛的企业老总如是说。“全国物业管理行业职业技能竞赛在全国范围内开展，各地方协会积极响应，在层层选拔优秀选手的过程中，掀起了物业管理行业从业者‘比、学、赶、帮、超’，弘扬工匠精神，钻研业务技能的高潮。让优秀的一线员工从默默无闻的幕后走到台前，让全行业为匠心之美而点赞，有力地在行业弘扬了工匠精神。”

“中国物协搭建的这一行业技能交流平台，让职业技能人才脱颖而出，得以重用，获得更多的精神鼓励和价值回报，物业人的职业自信心和行业归属感也在潜移默化中增强，更好地激发了物业人的创造力和工作激情，为全面推动行业高质量发展做出贡献。”

协会每年确定年度发展主题，从诚信建设、服务质量提升到标准建设年，体现了行业不忘初心、服务为本的理念，让物业服务对象有更多的获得感、安全感和幸福感。来自西部的一位代表认为，不容否认的事实是，这几年品质物业、科技物业、智慧物业等概念，已经成为行业发展的高频词。而在主动式服务、多样化及标准化服务体系下，创新发展模式，努力分享更多科技、资本和人才红利成为企业共识。

一些企业很有感触地谈到，因为借助科技的力量，有能力打造全方位的智慧物业服务体系，从规模、品质、运营、技术等方面建设平台型企业，为业主提供了更加便捷、智慧、人性化和有价值的服务。在横向地多元化发展和纵向地产业化延伸方面有了底气，提升了企业的核心竞争力，在提升客户满意度、忠诚度、企业盈利能力和新的利益增长点的同时，也收获了资本市场更多的青睐。

谈到对新一届理事会的期许，一名网民留言认为，王鹏副会长兼秘书长代表协会所作的《中国物业管理协会发展规划（2019—2023 年）》为新时代的物业管理确定了坐标，为加快行业发展进程添加了动力，体现了协会发展的前瞻性、战略性和系统性。一些代表建言，协会要建设成为具有良好公信力、影响力和权威性的全国性行业协会，必须继续加强党建引领，继承务实、开放、服务、创新的好作风，要在提升行业集中度、提升行业科技含量方面持续发力，在引导行业服务社会、参与精准扶贫等方面，协会要有担当、主动作为，切实承担社会责任。对五年规划中提出的“五个坚持”“五个发展”，大家表示，这是协会全面落实“创新、协调、绿色、开放、共享”发展理念的具体体现，要作为行业共同的工作准则和行动纲领贯彻始终，为此协会要在加强诚信自律、深化标准化建设、加强理论研究、优化行业发展环境、构建行业多层次人才队伍等方面研究落实推进措施，汇聚行业智慧，明确各重点任务和各项工作分解与落实，集中力量解决行业发展中的瓶颈问题和热点难点问题，为行业发展创造良好的政策和市场环境。

以上是我为准备本期卷首语，在翻阅大家对中国物协第五次会员代表大会评论及留言时所作的部分辑录。作为中国物协第四届理事会的会长，我有幸和团队一起见证和推动行业的每一次进步，每一项变革。整个过程中看到那么多行业同仁发自内心的感受和评价，深受感染，十分激动。诚如一位我所尊敬的企业负责人所言，中国物业管理行业在最好的时代迎来和把握住了最好的创新发展的历史性机遇，我为自己是其中的参与者、见证者而感到特别欣慰。我也和大家一样，为行业的很多新变化、新举措、新气象、新成就而鼓舞和骄傲。

如今，在大家的信任和支持下，我再次当选为中国物业管理协会会长，深感责任重大，任务艰巨。过去，成就鼓舞人心，未来，使命催人奋进。我和团队将把这次大会当作新的起点，提高政治站位，抓住行业发展机遇期，继续为物业管理行业的春天鼓与呼，争取交出一份满意的答卷。新物业时代，每一个逐梦奋斗的日子都值得铭记。

努力构建物业管理行业舆论大格局

文 _ 沈建忠

我们现在处于新物业时代、新媒体时代，行业的宣传舆论工作尤为重要，行业媒体工作者肩负着重要的使命，社会需要物业管理行业正能量的声音，行业创新发展、转型升级需要舆论引导，需要信息、经验、思想、观念的良性互动。这些都离不开行业媒体的力量。必须用开放的思维、创新的精神，举全行业之力，加快聚合行业媒体的有限资源，努力打造行业舆论大格局，全面提升行业媒体的影响力，这是摆在行业面前一项重要紧迫且具有战略意义的大事。

第一，站位要高

行业媒体必须要讲政治、讲党性。习近平总书记对于新闻舆论工作提出的要求是融媒体时代所有媒体从业者的责任和使命，也是行业必须坚持的舆论导向和基本原则。行业媒体必须坚持团结稳定，以鼓励发展、正面宣传为主，弘扬主旋律、传播正能量、守望公平正义，这样才能凝聚行业共识，增强行业发展的信心。行业媒体必须切实增强“四个意识”，做出表率，在重大舆情面前，要保持清醒的头脑和政治定力，在事关大是大非的政治原则上，要敢于亮剑、善于发声、回应关切、批驳错误、澄清事实，真正做到守土有责，提升行业媒体的公信力、吸引力、影响力、传播力。当前，全党正在开展“不忘初心、牢记使命”的主题教育活动，行业媒体要发挥积极作用，多一些有高度、有深度、有温度的宣传，讲好身边党建引领、红色物业、行业发展的故事，传播行业里好经验、好作风、好现象，为主题活动营造积极向上的舆论氛围。

第二，定位要准

行业媒体处在融媒体时代的中间层次，包括《中国物业管理》杂志与其他大多数的行业媒体，肩负宣传党和国家大政方针，反映行业内外心声、树立行业形象、弘扬行业精神、传播行业经验、提供信息服务的重任。行业媒体是凝聚行业内生动力，增强行业归属感和自信心，提升行业形象和价值的重要阵地，也是核心价值所在。企业媒体更是企业文化的布道者、企业形象的推动者、企业品牌的宣传者、企业发展的见证者。上海复旦新闻学院近期召开了一个融媒体时代企业媒体如何定位的座谈会，会议认为处在中间层次媒体的主要问题是缺乏传播的吸引力，缺乏互动的活力和推力，值得我们深思。所以，行业媒体应该聚焦在如何讲好行业故事、如何发好行业声音、如何阐述好行业特色三个方面。讲好故事就是要以客户为导向传递企业的文化、品牌的价值。发好声音就是要用接地气、人性化、人格化的语言，让受众发出共鸣、产生互动。阐述好特色就是要多角度、全方位树立新形象，就是要根据用户的需求和期望提供有专业价值的信息服务，让受众拓展认知、解疑释惑，建立起用户对产品和服务的好感与信任。

第三，内容要好

“内容为王”是媒体生存的不二法则。但是，现在往往听到很多抱怨，例如行业媒体做内容的空间太小，有很大的局限性，等等。所以，内容要好不仅是要解决内容渠道的问题，更重要的是要解决思想认识问题。

首先，成功的行业媒体，应该具备两种精神：敬业精神和工匠精神。如果把工作作为一份差事、一份养家糊口的工作，那么内容只能是缺乏特色的；而把行业媒体作为一份事业，才有责任和担当，才会发现行业媒体同样有广阔的天地，会不断地发现行业中的闪光点和亮点，会觉得每天发生在身边的这些故事都很有趣，都很有感染力、很有意义，才能用负责、敬畏的心态去做好内容，才能真正意识到所从事的这项工作，所提供的信息服务的价值。融媒体时代新技术很多，为媒体发展提供了科技支撑，但信息服务在融媒体时代最大的特点是人格化、互动化，内容上要赋予鲜活的情感，要挖掘背后的故事，要成为爆品，引起读者的共鸣共振，这非常考验媒体从业者的功底和能力。我们不能保证每篇信息、文章都具备深刻的洞察力、穿透力，都有 1 万＋、10 万＋以上点击量，但是作为媒体人要将提供高质量的信息服务作为目标和要求，要用工匠精神去打磨好每一个向社会提供的内容和服务，这就要求媒体从业者要苦练基本功。

其次，要有合作共赢的理念。要做到内容好，光靠单打独斗是不行的，融媒体时代信息共享已经成为一种潮流，即使再有影响力的媒体也要靠大量的外来信息资源做依托。像“八种情况可以拒缴物业费”这样的假新闻为什么瞬间的点击量会突破千万，甚至很多主流媒体都转发了？是因为不少媒体有转发的资源共享机制，只要社会关注度高的主流媒体发出来的新闻，瞬间就自动可以转发。如果把行业里的媒体力量真正汇聚起来，劲往一处使、心往一处想，既有分工又有合作，形成优势互补，将会产生不可小觑的效果和效益。物业管理行业拥有 5 亿人的服务群体，这就是信息、内容的聚宝盆，哪一位专家、新闻工作者、网络大 V 不住在我们服务的小区里？试想一下如果我们能跟他们建立某种关联，传递服务的温度从而产生美好体验感，让这些人为我们的服务提供有价值的评价或分享，也是不难做到的事情。

最后，做内容要有底线思维。融媒体时代随着获取信息的多元化，人们对信息内容、信息服务的诉求也越来越呈现个性化的趋势，同样的内容有人认可也有人反对，仁者见仁、智者见智。但是仍然有一些基本的常识、共识或者底线是需要把握的，就像白岩松讲过的一句话“要捍卫常识”。好的内容、好的信息一定是真实的、质朴的、触及人心灵的。在遇到重大突发事件或关键时刻时，也要发出关键的声音，内容必须是及时的、透明的、权威的、策略的。媒体宣传也要讲策略，在告知民众真实信息的同时，避免引起社会的恐慌性情绪。比如现在新闻界已经形成共识，在报道地震等自然灾害的时候，不再把最血腥的场面展示给观众。物业服务企业的媒体也有做得非常好的，比如秩序维护员在处理电动车进楼时，经常遭业主反对，难免发生一些冲突，过去媒体的处理方式是提倡承受委屈，而我们的媒体把这段真实的视频放到网上，呼吁民众应该尊重秩序维护员这份职业。这就获得了很多肯定和赞赏。

第四，机制要新

机制要新主要有两层意思：一是融媒体时代，要用新思维构建行业媒体的新格局，来适应行业蓬勃发展的新局面，解决信息孤岛等问题；二是要用创新的精神去开创行业媒体发展的新路子，要把单一的信息传播向智慧信息服务转变。当前，大部分企业宣传工作依靠的是“三个一”，即一网、一号、一刊，“三个一”的融合是宣传工作的基础，要尽力打造好“三合一”工程，理顺体制机制，形成统一的信息平台。相对而言，公众号也好，内刊也好，在内部进行融合是比较容易的，因为有共同的关切点、利益诉求以及服务对象，更容易连接起来。但目前企业宣传普遍的问题出在投入少、人员少，缺乏激励机制以及晋升机制。每年中国物协组织的媒体影响力测评活动就是要让行业媒体人榜上有名，建议上榜的行业媒体人的所在单位应该给予上榜者物质上的鼓励，让行业媒体良性运作起来。

机制方面的另一个重要问题是如何强化行业媒体协作网的作用。融媒体的“融”字不仅包含了各种媒体之间的融合，也包括了行业内外媒体资源的融合，政策法规宣传、物业专业服务与媒体的融合。目前，国家正在大力推进的县级融媒体中心建设，其核心就是进行体制机制的改革创新，包括五个方面的着力点——整合资源、整合机制、优化流程、组织实施、争取支持，等等。目的就是要解决散、懒的问题，提升媒体应有的作用。这点与行业媒体发展有共通之处，行业媒体是我们手中可以调度拥有自主权的传播工具和主流舆论阵地，也是综合服务平台和行业资讯集聚中心，我们有共同的使命、价值理念、服务对象、行业特征，因此要以合作共赢的理念，加强资源整合，打通行业内外的信息壁垒，为行业的春天鼓与呼。

行业媒体协作网要建立协作机制，以新中国成立七十周年纪念、主题年宣传、社区扶贫、技能大赛等一系列重要的活动作为主线，形成舆论的合力，提升对外宣传的影响力。要建立健全重大舆情应急处置方案，降低负面新闻对行业的不良影响。协作网应该建立开放的行业多媒体的数据库，实现全行业媒体资源的共享融通，凝聚行业内外媒体力量，构建物业管理行业舆论大格局，共同打造行业品牌。

（本文节选自中国物业管理协会沈建忠会长在2019物业服务企业品牌发展论坛暨全国物业管理行业媒体工作交流会上的讲话）

对物业管理专业价值的再认识

文 _ 沈建忠

读陈伟同志的文章《物业管理的专业价值》时，我还在住房城乡建设部房地产市场监管司工作。印象深刻的是，文章从四个维度谈到了物业管理的专业价值。而那句经典的名句："专业创造价值，以物业设施管理为基础，以物业资产管理为方向，以客户关系管理为目标，以客户行为管理为手段，四大专业价值构筑的物业管理核心竞争力，是物业管理行业在竞争性服务市场立于不败之地的四根支柱"，也成了我后来任职中国物业管理协会会长后挥之不去的对物业专业价值的信条之一。

这篇文章发表后的 2014 年，还发生了两件重要的事情：一是彩生活上市；一是国家发展改革委发布了 2755 号文件，即《关于放开部分服务收费价格意见的通知》。其中文件中（六）和（七）放开了非保障性住房物业服务收费和住宅小区停车服务价格。文件强调价格放开的目的是贯彻落实党的改革开放精神，使市场在资源配置中起决定性作用，促进相关服务行业发展。似乎，一连串的利好消息预示了物业管理行业春天的到来，取其谐音，我也很自然地把我的微信名字改为了"钟吾野的春天"。

5 年过去了，物业管理行业与资本、技术深度融合，在质量提升、标准化建设、诚信建设以及业务外延内拓等方面，开展得如火如荼。一些物业服务企业转型成为城市综合服务供应商，也有些将服务的触角延伸到了乡镇和海外市场。一些企业已经上市或正在上市的路上。碧桂园服务的市值已逼近 500 亿元。然而，成绩斐然的同时，一些瓶颈问题似乎依然像大山一样横亘在行业发展路上，原来乐观的物业费市场价格调整机制似乎依然像坚冰那样难以松动。很显然，这些现象的背后是物业管理的专业价值和专业地位还没有被社会完全认同和接纳。让人感到春风拂面的同时，还有一丝丝寒冬的冷意。

2019 年 5 月，中国物业管理协会顺利换届。而就在这前后，有人给我推送了两篇文章。其中一篇博文是由一位名叫北京塞冬的业主写的，题目为"当小区难以挽回地走向衰败"。他向我们揭示了当前有相当一部分小区因为物业费调整的困境而导致的一系列问题，而问题无解的结果是小区陷入了恶性循环的境地，正在突破正常运营即安全使用的底线。曾经的富人社区已经跌入价格洼地。大多数 20 年左右的小区，已经破败得不成样子，并且难以逆转。笔者曾试图与一帮理智的业主来挽救颓势，花费了大量的精力和时间，想通过提高物业费，聘请品牌公司入驻，让小区回归到良性循环的正确方向。他们明白，好的小区物业管理需要与之相应的经费和专业人员去维护。小区维护好了就是豪宅，维护不好就是贫民窟。但结果发现只要有一部分业主反对，就是一条走不通的死胡同，在现有体制框架下，少数人对物业专业价值的偏见与傲慢，形成劣币驱逐良币的利益之战，唯一能做的就是无奈地逃离，不停地以更大代价换房。

另一篇其实是一段视频，是北京电视台《向前一步》栏目组 6 月 9 日播出的《物业费上涨的质价之争》的内容。这是一档涉及公共利益的有影响力的社会民生节目，每周五晚在黄金时段播出。主持人说物业费这期节目是迄今为止做得最难的一期。节目讲的是北京万科服务的一个小区因为物业费调价引发的矛盾。2500 多户居民中，107 户居民因为每平方米涨了 6 角钱的物业费而拒交，其中 7 户被告上法庭。奇怪的是，参加录制的大都是不同意涨价的业主，即不足 5% 的人，而同意涨价的 95% 以上的业主反而顾虑重重，不敢出镜。拒交物业费的业主理由五花八门，多数认为涨价使自己的利益受到了侵害。也有人表示，买万科的房子就是冲着低物业费而来的。而另一些人则担心物业费涨价开了头，以后就会涨不停。这个节目的最后除一人外，其他多数人都理解了调价的合理性和正当性。这是因为有社区工作者、律师、特聘评论员、记者、编导多方做工作的结果，加上物业服务公司的诚意和规范操作。这让我意识到，一个几千人的社区，在人人都有利益诉求的情况下，要达成共识是一件多么困难的事情。而之所以困难是因为对物业管理的专业价值还没有形成共识。所以我们有责任和义务理性客观揭示物业服务的价值和意义所在。我谈几点思考和认识。

一、物业管理专业价值渗透在每一个服务环节和每一个管理流程中

润物细无声，习总书记讲，要用绣花功夫抓好城市精细化管理。物业管理的绣花功底，并非一朝一夕练就的，也不是随便招个员工就能解决的。我曾经参加过一个论坛，会上放了一些对比照片，两个同时期建设的楼盘，若干年以后，因为物业管理的差异变得完全不同。专业价值就体现在管理服务的细枝末节上，体现在让您感受到满意＋惊喜、有温度的服务上，一个为客户创造价值的物业服务公司，一定拥有职业技能和专业素质良好的团队，一定拥有市场大数据，拥有技术创新、市场经验方面的优势，他们带给客户的是物业全生命周期的完整的解决方案、智慧高效的服务体验、优化可靠的管理流程。每一个资产的增值，每一台设备完好率的提升，在日常的服务中也许摸不着、看不见。但是滴水穿石、日积月累，最终会给客户带来的是看得见的回报价值，摸得着的小区形象，更好的服务体验，更多的幸福感和获得感。吴晓波曾举过一个例子，柳女士为了省 1 平方米 1 元的物业费，结果 5 年后房价损失了 100 万元，直后悔不该省那一点物业费。

二、物业管理专业价值在重大突发事故的处置中最能集中体现

关键时刻方显出英雄本色。突发事故面前，时间就是生命。黄金时间人命关天，专业不专业的处置带来的后果完全不一样。人的生命是无价的。所以，当新疆暴乱、天津 8・12 爆炸事件、汶川地震、深圳山竹台风等重大事件或灾害突发时，训练有素的物业服务企业才能做到临危不惧、第一时间出现在事故的现场，专业、果断、有序地处置，挽救了无数条生命，将财产损失降低到了最低，被称为行业的“战狼”精神。专业力量所带来的价值已经无法用金钱去衡量。我曾经举过我所经历的两个案例，都是因为物业服务公司及时处置而避免了人员财产的重大伤亡和损失。一件事是住房城乡建设部大院一户居民家里发生了天然气爆燃事故，由于物业服务公司安保人员的应急处置得当，虽然整幢楼报废了，但没有造成人员伤亡；另一件事是有位少数民族的老太太到住房城乡建设部上访，身上带着汽油瓶准备自焚，也是由于物业保安及时采取适当措施，避免了一起重大事故，也避免了一起容易引起国际负面影响的事件发生。

其实在处置重大突发事故的背后，其专业价值更重要的是体现在预防重大事故发生所采取的专业措施上。很多物业服务项目，常年安全无事故，大家在全年宁静的环境中无忧无虑地学习和生活。物业服务企业专业的安全解决方案发挥了重要作用。广州一个标志性的建筑，每天迎接来自世界各地的访客成千上万。肩负着反恐、安防、设备设施安全运行的重大责任，训练有素的团队加上科学的安防系统是必要条件，这就是专业价值的意义所在。

三、物业管理专业价值体现在企业的品牌价值、核心竞争力上

前段时间刚在重庆召开的品牌发展论坛，物业服务企业感受到了服务品牌对于企业形象和价值的再造影响力。而品牌价值的核心就是专业。若干年前，曾听海尔总裁张瑞敏的演讲。其中一个观点至

今依然印象深刻。他说很多海外的名牌商品，其实都是中国制造的，同样一双中国制造的皮鞋，贴着国外的商标和贴着国内的商标，差价是非常大的。原因就是包含了知识产权，也包含了客户对这个品牌的信任度和忠诚度。好的品牌除了质量保证外，在售后服务等方面也可以得到保证。知识产权这几年我们才真正领悟他们的价值，每年为知识产权的付费达到几百亿元。每年因为知识产权被告上法庭的也不少，为此也付出了不少学费。知识产权为什么有商业价值，同时受到专利保护？是因为企业在形成知识产权过程中，需要承担巨大的投入和风险成本，承担试错失败的成本，所以产品和服务的价格差异就在这些无形的价值上。物业服务企业所打造的服务体系和商业模式，是有投入的，是经过多年的打磨逐渐形成的，也是知识产权的一部分。现在很多企业提出做城市服务供应商，做幸福社区的综合服务商，做出战略调整，也是多年历练才有的底气。做到真正了解客户需求和市场趋势，去提供更有针对性、更能满足客户需求、更能够给客户带来价值的最优化的解决方案。所以，物业管理其实是有专业含金量的技术活儿，提高服务质量不仅需要现场员工的职业素养技能，还要有整合资源的能力，把产业链上的供应商、服务商、利益相关方用好的商业模式整合在一起，形成生态圈，产生核聚变。这就是专业所塑造的品牌、核心竞争力所带来的价值。现实中，往往与业主讨论物业费价格时，有些企业不自信，简单地只算人员配置、岗位服务工时的成本加上税费、合理利润率与业主讨价还价。

但有的品牌企业往往理直气壮，强调服务提升生活品质，可以给客户创造价值，因为在服务产品与服务体系等方面经过几十年的品牌积淀和积累、迭代，注入了更多的智慧和科技的元素，持续丰富服务的内容，改善服务方式，提升服务品质，从而可以让业主获得更好的服务体验。

专业水准其实就是硬功夫，是经过多少年苦练、积累和付出的代价换来的。最近刚刚召开的品牌发展论坛发布了品牌价值测评 TOP100 榜，前十的企业品牌价值都达到了几十亿元。

四、物业管理专业价值比拼的是企业的人才队伍素质

都说 21 世纪是知识经济时代，是人才竞争最激烈的时代，在《华为基本法》里有一句话叫作“认真负责、管理有效的员工是华为最大的财富。”因为这样的员工可以持续不断地为客户创造价值。杭州有个叫景城花园的小区，曾经以为物业管理就是看看门、扫扫地，聘了 16 个人自己管，结果 6 年过去了，小区破败得不成样子，只好重新把物业服务公司请回来，由专业的人管理，小区房价飙升了 50 万。今天，人们可以习惯 10 万年薪与 100 万年薪差异的存在，习惯足球场上几千万甚至上亿身价运动员的存在。对于华为人均 70 万的年薪大家也能认同。但到了物业服务企业，一个项目经理的年薪 10 万元的话，一些业主就接受不了。高素质的项目经理能够帮助小区物业服务高效运作，遇到突发事件能够果断合理处置；而一个窝囊的项目经理，带来的可能是无尽的烦恼和负面效应。人才所体现的智力、创意、技能、知识等是考量企业专业价值的最基本因素。而物业管理行业在向现代物业服务业转型的过程中，也将拥有越来越多高层次、领军型、专业型的复合型人才，以及拥有越来越多高技能、高素质的一线员工。社会应以宽容、鼓励、开放的态度，对待物业服务企业在吸引、培养人才方面采取的激励措施和薪酬制度。

前几天，我曾写过一篇关于故宫博物院退休院长的文章，同样的故宫，在不同的人的管理下，效果完全不一样。其实这其中就有我们物业人的功劳，中航大北物业员工，他们是服务故宫高大围墙内的普通工作人员，但也是非常专业的引导者、靠谱的值岗人，高质量服务的背后，是有专业技能的高素质人员作保障的，赢得了故宫方面的赞许，也为行业赢得了一份尊重。

以上四个方面，让我们感悟到物业管理专业创造价值、服务创造幸福的伟大使命。但在现实中，

这一价值理念并未完全反映在物业费价格链上，诚如央广记者在 7 月 1 日国务院新闻办例行政策吹风会提问时所言，居民对物业及其他一些服务收费不认可，是很多问题无法顺利解决的原因之一。所以，要突破物业服务专业价值与物业费倒挂的魔咒，关键要解决认识上的问题，其次必须有制度保障。

对于认识方面的误区。首先要摒弃福利服务的思维，物业服务作为一种市场化的专业行为，就要按照市场规则定价。其次物业管理涉及准公共利益，管理规约作为对全体业主共同利益和行为准则有约束力的基本法，个体的业主必须无条件承担相应的责任和义务，拒交物业费是严重的失信行为。

对于制度保障方面的工作。要以问题为导向，搞好顶层设计，规范各方行为，平衡各方利益。

由于物业费定价机制是以小区业主群体意志为基础，几百人、几千人的小区，业主不可能百分百地认同一个价值尺度。要做到少数服从多数、个人利益服从公共利益，意味着需要有一套新的制度保障体系。首先，对小区内的公共区域和设施设备的服务要有一个等级标准，包括大中修的标准、房屋及设备设施完好程度标准。制度说话，达不到标准要处罚，避免各自从自己利益出发，各吹各的号，提高业主决策的效率和透明度。其次，少数服从多数的原则确定的服务费价格要从制度上保证全体业主共同执行。不管你如何反对，再有意见，交费是天经地义的事情，如果有意见，可以通过司法救济的途径去解决。

对服务的质量也应当有一套独立的评价体系，要有基本的服务标准及相应的价格标准作为制度保障，由独立第三方进行评价。前期物业服务合同因为是建设单位主导，应有不同的服务标准及相应的管控价格作为制度保证。

最后，想强调的一点，在物业费价格与价值倒挂的当今，物业服务企业做好自己是非常重要的。企业的价值主张应该是为业主创造独特的价值为导向，让管理更加简单有效，让服务更有价值、体验更愉悦。针对业主痛点提出针对性的解决方案。加快与资本、技术的融合，创新商业模式，提升资源整合能力，提高企业的科技水平，加快人才结构的调整，提高人才素质，唯有此，才能在各自的利益诉求的基础上相向而行，价值体现和价值创造才能在利益相关方的合力下得到更好的效果。

绿城服务的“关键突破”

文 _ 沈建忠

早就计划给绿城服务写卷首语，迟迟未动笔的原因是绿城服务作为行业内的标杆企业，又是上市公司，行业专家及媒体的研究和报道相当多，企业服务品质特色、经验及那些能吸引人眼球的经典故事早已经被旁征博引，对大家都熟悉的绿城服务要再写点什么，对我来说确实有难度。近几年因为工作的关系，也多次到访绿城服务，自信对这家公司有一定的了解。记忆犹新的是有一次参加绿城服务的活动，绿城集团创始人宋卫平先生谈到对绿城服务员工的评价。他说，在集团内这绝对属于收入不算多的一群人，却是对服务有信仰和情怀、每天展现着阳光和笑脸的群体。物业人的这种精神状态让他很感动也很感慨。这让我领悟绿城服务之所以成为有社会影响力的企业，与他坚持的企业文化和价值观导向以及人性化管理方式是关联的。但每次重新审视时，依然会觉得我对绿城服务的认识和了解还很肤浅。作为一家一切以用户需求为导向、坚持服务创造价值理念、踏实做事、不断成长与进化的企业，也许没有秘密，但对其成功背后的真正逻辑不一定看得透、学得来。

2019 年是新中国成立七十周年，各大媒体都在做“壮丽 70 年 奋斗新时代”专题。其中，央视新闻播出的《重走长征路》节目在国内外引起了强烈反响。长征经历了四渡赤水、巧渡金沙江、飞夺泸定桥、懋功会师、遵义会议等几次重要突破，最终实现了三大主力军的会师，实现了北上抗日，建立陕甘革命根据地和战略转移。长征的胜利是人类历史上的伟大奇迹，向世界展示了中国工农红军的坚强意志和优良作风。而在新中国建设的新长征中，也是因为几次重要的突破，包括“两个凡是”的突破，市场经济姓资姓社思想大讨论、农村包产到户、建立经济特区、小平南方谈话、深化改革开放、构建中国特色社会主义市场经济体系等，每一次的突破都带来了思想的进一步解放，赢得了宝贵的发展机遇和空间，中国才得以从站起来、到富起来、到强起来，实现欣欣向荣和激荡巨变，用事实证明了社会主义集中力量办大事的制度优越性。

由此联想到物业管理行业从传统服务业向现代服务业的转型升级，不也是行业的一次长征吗！绿城服务发展之路，则是行业长征过程中取得成功发展的一个缩影。而绿城服务关键的几次重要突破，如同当年的长征星星之火，是物业管理行业经历跨越式发展，从一个项目、一个地区开始探索发展到城市普遍推行物业服务，从最初的住宅小区延展到生活生产的各个领域，从备受质疑到行业地位的确立，从无人问津到资本热捧的真实写照。

站在这样的历史节点，再来复盘成就绿城服务品牌和标杆地位的五大突破，感觉意义非凡，很有厚重感。

突破一：坚定市场化

“买不起绿城的房子，能够买到有绿城物业服务的房子也满足了。”

江浙一带的企业，向来市场嗅觉灵敏。2001 年绿城服务便走上了市场化的道路。我记忆里，当时绿城开发的商品房产品已在杭州渐成翘楚，为其配套的绿城服务也崭露头角，刚刚从房产完全脱钩。为了商品房产品与服务资源的叠加效应放大，绿城服务走向市场一开始是不被集团开发部门支持的。

然而，绿城服务的经营班子不满足于眼前的温饱。他们看见了这个行业更大的发展空间，顶住重重压力，在杭州接下了首个非绿城开发的楼盘，并实现了很好的服务效果。此后，很多刚入杭州的开发商，主动与其洽谈物业进驻，以实现服务溢价与销售拉动。当时杭州便流行一句话：买不起绿城的房子，能够买到有绿城物业服务的房子也满足了。这些赞誉给了绿城服务很大信心，也坚定了他们市场化的信仰。

较同类型企业，市场化的突破让绿城服务率先开始在人才、技术、标准等资源方面做了规划和储备。十多年后，当初的一批管理员在市场的熏陶下，大多成为集团高管或一方悍将，也让绿城服务在市场竞争和转型升级中有了更大的优势。

绿城服务 2019 年中期报显示，截至 2019 年 6 月 30 日，绿城服务业务已覆盖全国 29 个省级区域、137 个城市，与近千个房地产商或政府机构拥有合作关系。绿城服务不仅是住宅的专业管家，其城市综合服务的项目占比已超过总服务面积的 20%。接管、咨询及代管的合同数目逾 2000 个，总合同服务面积约 3.91 亿平方米。“在管 1.84 亿平方米，储备 2.07 亿平方米”，而且连续五年是储备大于在管。让更为成熟的技术和更为优质的服务发挥普世价值，这是绿城服务作为行业龙头的担当，也是作为行业变革先行者的实力体现。

所以，相较于绿城房产专注于住宅的开发，物业服务拥有的商业体量和资源实属可贵。这些年的市场拓展，也为绿城服务接受科技和资本赋能，进行生活服务商转型、生态型发展奠定了基础。

突破二：向生活进发

“房子只是生活的容器，生活和服务才是核心。”

多次到访绿城服务，听说集团创始人宋卫平先生非常爱讲“买椟还珠”的故事，他把这个故事的意义作了很好的延伸：房子只是生活的容器，生活和服务才是核心。

早在 2007 年，绿城服务便主动做了一次突破，全面实施园区生活服务体系，在绿城服务的高净值人群中，开展健康养老、文化教育、居家生活等三个维度的服务。这是由对“物”的服务到对“物”与“人”的服务并重的转变。这种转变需要专业公司的搭建与投入，对于市场化的公司而言不仅需要勇气，还需要实实在在的基础服务能力向生活服务能力和商业设计能力的转化。

他们在园区中设立的健康小屋，对业主中的老年人群提供基础的健康守护，利用园区闲置空间建立的四点半学校，面向孩子开展了丰富的教育成长类活动，为日后绿城服务布局的社区养老、托幼服务打下专业基础。凡此种种的探索下，绿城生活服务发展了相对独立的园区服务集团。早些年，他们由给业主家“送水”这一简单举动，切进居家生活，现在，虽然保安员之肩仍以服务名义为业主扛水，而另一个接入小区供应链的“绿闪电”小哥的肩头，已变为一袋从东北精选直配的大米，第一年尝试，已有近 4000 万元的销售量。现在，又开出了生鲜店，最快 15 分钟便可将业主小程序下单的生鲜产品送到家中。这个以“绿橙生鲜”命名的服务，辐射周边三公里，三公里范围的住宅被称之为“橙区房”。

产品连接服务、房子连接生活、万物连接美好，这也是绿城的美好生活观，不仅构筑房子，更构筑生活。

突破三：信息化战略

绿城服务之所以能够成为各种风口的嵌入接口，正是源于自身先行一步的信息化基础设施以及数字驱动服务的风向意识。

2019 年 8 月，超强台风“利奇马”从浙江沿海登陆，整个长三角区域均处风暴眼中，这里恰是绿城服务项目最密集的优势区。绿城服务按照公司《防台防汛防雷应急预案》标准，启用了高清监控的“鹰眼”系统监测各个风侵点，通过传感设备，关键部位的积水与异动处，都在后台或手机上弹出，给风雨中奔忙的员工提供了精确方向，人的勇毅与科技的智慧结合，将这数十年一遇的强势台风影响，在其所服务的区域内减至最小，未出现人身伤害与重大财物损毁。

避风于房中的业主，通过幸福绿城 APP 等纷纷表达感动，写下表扬，甚至阿里巴巴集团内部公号发文，向绿城服务一位匍匐积水中、手掏疏通 100 余个下水道的保安队长致敬。这实力的背后是物业人的敬业与贡献，也要归功于绿城服务在科技创新、信息化方面的突破。绿城服务总部的数据大屏，从一个城市，到一个区域、到一个项目、甚至到一个项目上设备的巡检状况，都有数据的动态监测与显示，背后也有算力在支撑。

2019 年，“未来社区”概念在浙江率先提出，绿城服务第一时间加入了“未来社区”战略的项目组，并跟阿里等一起列入副理事长单位，参与布局三化（人本化、生态化、科技化）九场景（未来创业、未来服务、未来治理、未来邻里、未来教育、未来健康、未来交通、未来建筑、未来能源）的集成系统。绿城服务之所以能够成为各种风口的嵌入接口，正是源于自身先行一步的信息化基础设施以及数字驱动服务的风向意识。

据我了解，绿城服务自 2014 年开始，每年投入信息化改造与应用约 5000 万元。而当初，整个公司的纯利润也只是在 2 亿元上下，1 年投入利润的 1/4 来拥抱科技，足以看出绿城服务的魄力与决心。

2018 年 12 月以来，绿城服务相继与支付宝、中国电信、海康威视等头部科技、通信公司签署战略合作，这些公司看中了绿城服务的高净值人群资源，更重要的是这些年在智慧园区上的投入，已经让其有了相当健全的科技基础设施。此后，绿城服务布局新业态，依照信息化战略，都将把科技融入业态中。

这些信息化建设，为生活服务赋能，让效率更高、体验感更强。更难能可贵的是，由于绿城服务起步早，又将社区服务经验融入其中，开启了物联网意义上的革新与重建。

突破四：上市的推动

听说绿城服务 2019 年定下了 1 个亿的拓展目标。3 年来，绿城服务挟上市之势能，不断激发公司在市场竞争中保持强状态的能量。

对于绿城服务来说，运营过程中现金流充沛，加之服务质量保障，市场拓展能力加持，不去上市融资，发展壮大之路也不会太艰难。

选择上市，绿城服务领导层并非是全票决策，也有一定阻力。最终选择在 2016 年夏天，英国脱欧事件影响股市波动时段如期上市，上市后表现一直较为稳健。最近的半年报显示，绿城服务上市 3 年后，各项业绩依然持续稳健增长。在少许并购量之下，市场拓展扩容提速，实现较大体量下的较快增长率（每年在 30% 左右），每年以超过 5000 万平方米的速度拓展项目。

与此同时，我还看到，绿城服务并没在并购物业公司上花多少钱，却在园区服务上，出现了几次有标志意义的投资行为，一是联合阿里系收购新零售企业，一是赴澳并购优质幼儿园股权。这两个动作之后，绿城服务在园区生活配置方面，有了两个动力引擎。尽管暂未在财务维度实现拉动，但这些意义深远。能够承接国家政策关切的培育点，为未来打开了空间与想象力。

还有一点必须提及的是，绿城服务上市后，其人才结构也全方位发生了可喜变化。2019 年春节前夕，我参加他们美好生活服务学院成立大会，其二级学院中，有管家、信息、工程、园区生活等多个专业学院。当时，我在会上说，这是一件值得我们行业骄傲的事情。因为美好生活是当前中国从站起来到富起来、强起来的一种向往和追求，也是国家强化供给侧结构性改革、解决不平衡不充分矛盾的重点和难点，而绿城服务把它作为一种担当和使命，不仅表达了绿城服务的一以贯之的情怀，也是作为领军企业的责任和奉献。围绕美好生活研究与实践，一大批人才聚集到绿城服务。我在他们新一批的大学生招生名册上看到，像双一流、985、211 工程的大学本科生、研究生，甚至像美国的康奈尔大学、韩国庆熙大学等世界级的名校毕业生，占了很大一部分。这在以前，是不可想象的。招聘名校毕业生，并非是一个噱头，而是一家上市公司在现代化多元发展过程中的自主的、必需的选择。而这对于大学毕业生来说，也是务实而恰当的决定。

这或许就是资本的神奇之处，让处在转型关口上的绿城服务这样的企业产生虹吸效应，吸引大量的人才资源及市场资源，更有底气去进行技术创新，更有实力进行战略扩张和业务扩张，做大做强，让服务升级，让客户、用户得到更好的体验、更好的价值。

突破五：生态型发展

绿城服务在生态型战略构架中，向生活服务供给与资产增值服务生态链布局，其核心逻辑是以物业服务为中心，构建一个具有极强业务延展性的资产与生活服务平台。

2019 年春天，绿城服务对发展战略进行修编，战略方向定位在“幸福生活服务商”的愿景下，向科技化、平台化、生态型升级，构建了技术系统（云平台）、服务系统（一体化服务平台）、社交系统（幸福里园区共治平台）三大系统。定格于生态型发展，我认为，这一概念用在绿城服务身上，并非是应景之辞，而是其在战略层面的又一次突破。

时至今日，伴随着行业的分化和市场变化，美好生活需要的供给实践成为社会发展的强大共识，绿城服务在生态型战略构架中，向生活服务供给与资产增值服务生态链布局，其核心逻辑是以物业服务为中心，构建一个具有极强业务延展性的资产与生活服务平台。

我了解到，对此，绿城服务进行了众多创新尝试：成立了绿城产业科技服务有限公司，全面开启产业服务领域，输出产业运营服务体系，实现了物业服务在新旧动能上的转换。这个公司设立在杭州海创园，与阿里巴巴一路之隔，开创的“云助”平台，让中小公司一进驻产业园区便自带科技流量，成为服务赋能的获益者。由杭州、浙江出发，向全国铺展与引领，从小切口打开大局面，打造从安居到乐业的服务全覆盖。

生态之中的平台思维，让绿城服务找到了更好解决园区和谐有序问题的创新举措。在以往业主志愿组织、睦邻社组建的基础上，开始推行“绿城幸福里”，推广服务的“时间银行”，为未来享受服务而积分，倡导人人是服务者、人人是被服务者的美好氛围。像绿城服务参与中国社区扶贫联盟，携 600 个小区参战“社区的力量”消费扶贫活动，这 600 小区均有“幸福里”组织，均有线上线下的对接平台，其发动效果与执行效率非常高。

写这篇文章的时候，翻阅大量资料，我看到了一系列数字，深深被触动。仅 2018 年绿城服务创造了 76509 个工作岗位，绿城服务的 4898 名工程师，养护着 32929 台 / 套电梯、消防系统等园区内重要的设施设备，于无声之中守护业主的安心生活；11177 名生活合伙人，处理了 661.87 万条工单，代收了 1895 万件快递、提供了 3066 万件商品，更为 21789 名红叶长者建立了健康档案，为 14182 名“小海豚”提供了游泳培训。而服务的享受者——业主家人为绿城服务打出了 89.9 的分数，让绿城服务连续 9 年位列全国物业服务业主满意度第一名。

幸福生活无止境，服务也无止境。用宋卫平先生的话说，绿城的园区要打造成为一个个“飘落的天堂”。业主对美好生活的各种期待，需要在园区里得到安放。有句话叫作“天下重杭州”，相信总部位于杭州的绿城服务，经历了重重的突破和转型，能够继续把握发展中的“关键时刻”，持续精进，不仅成为一座城市的标签，不仅成为行业的标杆，也成为更多、更广泛业主与客户的标配，成为美好生活的标配。

同心共筑中国梦 合力共创新时代

文 _ 沈建忠

新中国七十周年华诞，国旗飘飘，山河同庆。此刻的天安门广场旗展云飞，再过几小时举行的盛大阅兵式和群众游行，将展现中华民族最好的精神风貌，展现中国共产党领导下中国和平崛起七十年巨变带来的辉煌。此刻的物业人也在以行业特别的方式庆祝国庆，他们需要付出比平时更多的精力和心血查隐患、保平安。相当多从业人员要坚守在岗位，为业主和客户提供 24 小时服务，祖国因为有你而更安全、更温馨、更喜庆。在这庄严的时刻，中国物业管理协会向所有辛勤付出的物业人和家人道一声：你们辛苦了！向你们致敬！

70 年光阴，中国以“惊人一跃”实现历史性跨越——从百业待兴到世界经济增长的动力之源、稳定之锚，中国在世界经济史上浓墨重彩地描绘出举世震惊的“中国速度”和“中国智慧”。这是无可比拟的中国速度。新中国成立 70 年，从一穷二白到世界第二大经济体，我们用几十年时间走完发达国家几百年走过的工业化历程。从区区 600 亿元到经济总量超 90 万亿元。从温饱不足到迈向全面小康，从站起来、富起来到强起来，中华民族的发展进程中，无数梦想在希望的田野上竞相绽放。“中国奇迹”让世界“在中国看到未来”。

这是万众一心的中国智慧。新中国成立 70 年，我们坚持走中国特色社会主义道路，从经济特区到功能区、从自由贸易试验区到社会主义示范区，一系列变革向世界传递了改革开放的强烈信念，展现了中国人民在探索中砥砺前行，在克服困难中发展壮大，在应对挑战中超越自我的不屈不挠精神。“中国智慧”给世界共同发展带来了新动力。

回望新中国 70 年奋斗历程，我们深深感恩于这个伟大的时代，物业管理行业伴随着改革开放的春风，搭乘“中国号”蓬勃发展的快车，与国家发展、社会进步、民生幸福同步，从无到有、从小到大、从大到优，是中国速度和中国智慧的缩影。

1981 年内地第一家物业服务企业在深圳成立，至今历经不过 38 年的发展，全国物业服务企业已超过 12 万家，从业人员近 1000 万人，每年约新增就业岗位近 100 万个，物业管理总面积达到 279 亿平方米，经营收入 7000 多亿元。物业服务从深圳的一个点覆盖到全国城镇，服务内容从单一的住宅扩展到不动产的所有领域。蓬勃发展的同时，不仅改善了人居和工作环境，促进了城市管理水平的提高，还对解决就业、维护社会和谐、扩大住房消费、拉动经济增长、推动城市治理、参与精准扶贫、助力乡村振兴、提升居民美好生活体验发挥了重要作用，为经济社会发展做出了重要贡献。

物业管理行业也在产业创新、制度创新、服务创新、技术创新上不断发力，探索适合中国国情的物业管理体制和道路，展现了中国智慧和中国自信。今天在加速提升行业集中度，与现代互联网技术、资本市场融合与探索的新时代进程中，物业管理行业顺应大势，加大科技创新力度，分享现代技术成果红利，加速向现代服务业转型升级。在创新中发展，在融合中求变，智能化服务效率和智慧化管理水平稳步提升，全行业从供给侧方面全面提升服务质量和效益，更好满足人民日益增长的美好生活需要，展现了前所未有的行业魅力和行业活力。

相信，经过国庆洗礼的物业人会用百倍的努力，继续书写物业管理行业的光荣与梦想！

让我们在这个特殊的日子，祝福伟大的祖国，祝福我们热爱的行业，祝福我们每一个人。

数字经济下的物业服务创新

文 _ 沈建忠

10 月，乌镇再次全球瞩目，世界互联网大会在这里召开，各路英才云集，各种黑科技、新应用、高精尖新产品首次展示，5G＋数字化、区块链技术、智能化沉浸式体验，让人们感受到这座千年名镇数字化转型的独特魅力。在这里，最前沿的思想观点与历史沉淀的东方文化交融，传统产业与现代科技碰撞，现代信息技术装备的博览中心与古老青石黛瓦的民居小巷相映成趣，展现了互联网技术推动下的数字经济所塑造的现代清明上河图。

而就在前不久，在深圳举办的中国国际物业管理产业博览会上，大量的智能化、数字化技术成果和场景化体验应用，让人们真切体会到数字经济给传统物业管理行业带来的价值。马云讲的 DT 时代已经来临，数据已经像石油、电力一样，成为不可或缺的生产要素，成为创新发展和经济增长的新能源、新动力。今天，新技术获得数据、处理数据的能力已经大大地超出了人们的想象，许多科幻中的不可能正在变为可能，数字经济下的物业服务创新所带来的变化也已经远远超出了人们的想象。全新的数据价值链正在对所有行业带来革命性的影响。

物业管理行业领军型企业积极使用大数据、互联网，云计算、AI 等新一代信息技术与物业服务创新相结合，着力打造智能化运营和数字化创新两大数字核心能力，在行业中形成新的优势。物业管理创新发展论坛传递的信息还表明，在国家战略和产业政策的支持和引导下，物业管理行业数字化转型，以其高成长性、广覆盖性、强渗透性以及跨界融合为特征，正在突破时空局限与产业局限，颠覆传统商业模式和资源利用方式，衍生出新的服务模式和体系，走上高质量发展高速路，构建核心竞争力。数据和连接、协同、智能化等要素碰撞在一起，行业竞争格局切换的速度已经超出了人们的预期，证明数字化时代不仅是加速的量变，不是简单的智能化、信息化，更是底层商业逻辑和战略思维的改变，数字化技术的进化使资源聚合的成本越来越低、越来越方便，也使得像物业服务这样的传统产业更容易融合数据等新的要素，更精准地捕捉和研究用户动态数据，以此满足客户的多样化、便利性、及时性、舒适性的需求，为企业创造新的价值。正如联合国秘书长古特雷斯在《2019 年数字经济报告》中所言，数字革命以前所未有的速度和规模改变了社会，改变了我们的生活，带来了巨大的机遇和严峻的挑战。数字技术的进化，在短时间内创造了巨大的财富。

综合第六届世界互联网大会发布的《中国互联网发展报告 2019》及其他官方数据，数字经济已经成为中国经济增长的新引擎，已经从跟跑者的角色转换成了领跑者。2018 年中国数字经济规模已经达到了 31.3 万亿元，占国内生产总值的 34.8%，其中产业数字化规模 24.9 万亿元，表明数字化经济与实体化经济融合不断深化（产业数字化是指利用互联网新技术、新应用对传统产业进行全方位、全角度、全链条的改造，推动互联网、大数据、人工智能同实体经济高度融合，释放数字对经济发展的放大叠加递增作用）。数字经济也催生出大量新业态、新职业、共享经济等数字经济新模式拉动灵活就业人数快速增加，就业岗位已占全国就业人数的 24.6%，中国企业数字化转型平均指数为 45。埃森哲《2019 中国企业数字转型指数研究报告》研究表明，数字化程度每提升 10%，就为人均 GDP 贡献 0.5% ～ 6.2%。在数字经济时代，中国正在并将继续对全球增长贡献中国智慧，为全球经济社会转型发展提供中国经验和中国方案，推动全球经济更高质量，更加公平发展。

数据还显示，中国网民规模为8.54亿人，互联网普及率为61.2%，光纤接入用户规模达3.96亿户，均居全球首位，中美在全球数字经济发展中保持领先，两国拥有区块链技术专利的75%，全球互联网支出的50%，云计算市场的75%，全球70家最大数字企业市值的90%，表明中国在下一轮以5G、区块链技术为代表的移动互联网技术浪潮中将继续扮演重要的角色。

近期频频展现的5G技术带来的数字化互动多领域多场景应用，让人们对5G将带来的数字经济未来更加期待。依靠在5G技术上的领先优势，未来中国将建立500万个5G基站，总投资1.25万元。届时5G大宽带、广连接、低延时的优势将充分发挥。加速产业间智能互联，全面加速产业数字化价值链的重塑，预计2020—2025年，我国5G商用直接带动的经济总产值将超过10万亿元。

5G将为各种跨界融合和跨行业应用技术提供强有力的支撑。有分析认为，到2020年将有超过500亿台机器和设备进行互联，超过2000亿个互联网传感器产生海量数据。越来越多的设备将在无屏、移动、远程状态下使用。加上近期大热的区块链技术、新一代互联网技术创新正在推动人类社会进入全面感知、可靠传输、智能处理、精准决策的智能时代。所以，百度创始人李彦宏认为，数字经济正进化到以人工智能为核心驱动力的智能经济新阶段。

透过乌镇首发首秀的一批5G新技术、新应用、新业态等前沿科技成果，物业管理行业未来的智慧服务也更加值得期待，智能导览、巡展机器人、无人驾驶汽车、刷脸闪付等，完全可以嫁接到物业智慧服务场景中。专家指出，5G技术可以让产业效率在物联之间的速度增加20倍，在产业之间的成本可能会降到70%。

在互联网技术更迭浪潮一浪高过一浪，数字经济蓬勃发展的大趋势下，物业管理行业要有紧迫感和使命感，在加快推进数字化、网络化、智能化工作中形成合力，打破信息壁垒和孤岛，形成协同共享、开放普惠的产业生态新格局，构筑行业智能化发展新优势。

一是要以用户为中心，做好技术与服务融合工作。陈春花教授阐述她对过去一些企业的观察和研究经验时，特别强调，数字经济时代必须做的调整，就是以客户为中心。互联网时代，用户是企业最大的价值所在，要以提高用户满意度为目标，利用数字科技探索数字经济模式下的高质量服务、产业升级、技术发展、商业模式创新发展，实现真正意义上科技与服务融合基础上的专业价值，为业主带来更多的幸福感、安全感、获得感。

二是要加快物业管理行业的互联互通，在产业数字化基础上加快提升产业集中度。数字经济的优势在于规模化、平台赋能，竞争的逻辑变成了竞合。所以共建共生、共享共赢必然成为主流的市场生态，现代科技对产业变革、技术革新起关键作用的是集成创新和融合应用。物业服务企业要从自我为中心走向开放共享，加快链接和融合，才能真正实现乘数效应。

要构建标准化的数据结构，实现信息基础设施的共建共用。要明白今天成长最好的公司，它的效率更多地来自协同的效率。协同已经成为产业数字化和产业价值变化最大的公约数，协同最难的、最需要解决的是思想解放。主要取决于能不能用开放的心态，去与产业链、价值链上的企业形成合作伙伴，集合要素资源，同更多有共同价值观的企业相向而行，让一棵大树变成一片森林，组合成利益共同体，创新共同体、命运共同体；取决于能不能在生态圈联盟中建立起互信、互惠、互利、共生、共享、共赢、强连接的商业模式和价值取向。生态圈联盟的平台赋能，也为众多的中小企业参与分享市场、价值链信息、物流资金、科技红利提供了绝佳的机会。每个企业只要用心去寻求链接和协同，就很容易突破现有的业务局限，进一步缩小信息不对称和能力不匹配的问题。就会得到更多的成长机会和发展空间。正如马云所言，数字时代的全球化，是为中小企业群体打造的。智能互联、开放合作跨越了行业壁垒、地域、文化和时空上的差异。

三是下大力气解决人才短板问题。最近，习近平总书记在政治局集体学习区块链技术时特别强调，要加强人才队伍建设，建立完善的人才培养体系，打造多种形式的高层次人才培养平台，培养一批领军人物和高水平创新团队。数字经济下的创新说到底是人才竞争，根据埃森哲的调查，目前很多企业在数字化转型中面临的最大挑战是如何培养和留住适应数字化创新的人才。美国通用公司前总裁伊梅尔特也指出，数字经济的发展需要非常规的经济思维和政策分析支持。数字化转型比实施其他任何的变革都要艰难。物业服务企业想要更多依靠智能化运营获取利润，更多依靠数字化创新增强核心竞争力，就必须突破现有的人才瓶颈，从人力红利回归到人才红利，个体价值回归到团队价值。

相信数字化时代的物业服务创新，一定会让物业服务更简单、更高效、更有价值。

社会治理大格局下的物业管理

文_沈建忠

三月份我写过一篇卷首语《城市治理中的物业管理专业价值》。谈的是近两年物业服务企业作为社区专业服务的供应商，在各地政府的指导和组织下，在社会基层治理探索中扮演好服务者、参与者角色的话题，引起了行业内的共鸣。一些企业经过几年的实践探索，也有了不少好的经验和做法。

最近，中国物业管理协会组织了“党的十九届四中全会精神宣讲报告会”，党中央把“坚持和完善中国特色社会主义制度、推进国家治理体系和治理能力现代化”提升到了战略高度，进行了全面部署，提出了总体要求，指出要“坚持和完善共建共治共享的社会治理制度”“建设人人有责、人人尽责、人人享有的社会治理共同体。”“推动社会治理和服务重心向基层下移”这些新决策新部署既有总体性的战略设计，又融合了基层实践创新，体现了时代需要。

物业服务企业在参与基层社会治理方面具有精细化服务和专业化管理的优势。一方面，物业服务企业长期与政府、协会、企业、业主、街道居委会等各方交流、协同工作，形成了顺畅的渠道，积累了宝贵的经验；另一方面，物业服务企业与社区居民联系紧密，为广大业主创造美好的生活环境。提供优质智慧的专业服务，努力当好服务商的角色，成为政府解决最后一公里群众烦心事、操心事、堵心事的好帮手，邻里乡亲的好管家。从我接触的万科物业、中海物业、保利物业、碧桂园服务、美泰物业等企业的成功案例看，在落实党中央提出的共建共治共享工作中，通过建立政府主导、物业及相关方面参与的社区协同机制，有利于推行公共服务市场化、社会化，有利于夯实为民办实事的工作机制，有利于缓解行政压力，减少政府财政支出，有利于整合资源，发挥物业服务企业在产业服务、智慧平台、信息化管理等方面的优势，形成联动效应。有效解决社区治理中“看见的人管不着，管的着的人看不见”的痛点，提升老百姓的幸福感、安全感、获得感。

物业服务企业如何更好地融合到共建共治共享的社会治理大格局中，如何发挥更大的作用，四中全会给出了方向，也带给我们新的感悟和思考。

一、党建引领，创新物业服务企业社区协同共治工作机制

党的十九届四中全会对我国社会治理体系的概括非常完备，即党委领导、政府负责、民主协商、社会协同、公众参与、法治保障、科技支撑。

党的领导是中国特色社会主义最本质的特征，是中国特色社会主义制度的最大优势，是有效推进社区治理的根本政治保证，也是行稳致远的根本保证。社区是党和政府联系、服务群众的“最后一公里”。以党建引领推进多元主体共同参与基层社会治理，有利于兼顾各方利益，调动各方积极性，推动社区治理创新发展。北京、上海、杭州、重庆、合肥、成都、河北等地区都积累了不错的经验。通过扩大党的组织覆盖和工作覆盖，以党建引领物业管理、引领业委会治理，推行社区“两委”班子交叉任职，建立街道社区党组织领导下的各类组织联动服务机制，明确各级监管职责，实现社区治理良性互动，增强基层党组织组织群众、宣传群众、凝聚群众、服务群众的能力。物业管理行业要在党的全面领导下，找准在新时代社区治理中社会化、法制化、智能化、专业化的角色定位，履行好社会责任，

以全域化、多元化、个性化的物业服务和综合服务，为社区治理创新发展奉献行业智慧和力量。

二、贯彻以人民为中心的发展思想

坚持以人民为中心是习近平新时代中国特色社会主义思想的基本方略之一。进入新时代，我国社会主要矛盾已经转化为人民日益增长的美好生活需要和不平衡不充分的发展之间的矛盾，这不仅表现在对物质文化生活提出了更高的要求，更体现在民主、法治、安全、环境等方面，有了更高的诉求。共建共治共享的社会治理制度，就是围绕增进民生福祉这个根本目的，利用我国集中力量办大事的制度优势，汇聚各方力量，打造社会治理共同体，聚焦最大公约数，形成最大同心圆，解决好老百姓切身利益的大事难事。推动人民生活质量不断提高，社会秩序更加安定，人与自然更加和谐共生，真正让改革发展成果惠及人民群众。

作为党建引领下社区治理联动机制的重要一员，物业管理行业承担着光荣而特殊的使命。以客户为中心的服务理念，是我们以人民为中心发展思想的具体体现，也是做好各项服务工作不变的初心。要以实现维护人民根本利益为目标，以群众满意为根本标准，提升服务效率和水平。在基层公共服务制度体系建设以及其他普惠性、基础性、兜底性社区治理体系建设中，做一个优秀的服务商。比如保利物业在参与西塘镇项目服务中，坚持在顺民意、惠民生上下功夫，为景区建立网格化、专业化的服务体系，可以及时响应每一个游客提出的诉求，同时为西塘景区的环境管理、消防安全、食品卫生、工商、街道等不同管理部门提供一体化解决方案，服务升级带来的是水清街净的环境和舒适的居民感受，游客的体验感不断提高，景区也从国家 4A 级升级到了国家 5A 级。

三、科技助推社会治理创新

科技支撑也是十九届四中全会提出的社会治理体系中新增的内容。从具体的治理手段来看，科技助推社会治理创新是大势所趋。当前社会治理正从条块分割、孤岛林立，向条块融合、数据开放深化，向用数据说话、用数据决策、用数据管理、用数据创新的方向转变。

物业服务企业这些年在科技转型方面做了很多探索，已经有一部分物业服务企业顺应大势技术求新，积极分享技术红利，实现物业管理成本、效率、用户体验的全面升级，作为社区群众的直接服务者，在科技助推社会治理创新方面也具有一定的优势。物业服务企业今后要更多地解放思想，以开放的心态去整合资源，协同各方通过科技的力量加快治理模式创新，为群众提供更加精细化、精准化服务，提升治理的力度与温度。

四、争取相应的政策支持和激励机制

物业服务企业参与基层社会治理，很多时候无力承担超越能力的社会责任，用其他项目的收益来补贴也不是长久之计，也包括物业服务企业长期以来面临的物业费调价难、部分工作权责不清等制约行业发展的问题，特别需要支持政策和引导措施。企业可以将社区治理中需要解决的问题列出来，制定长期整改计划，反映给所属街道的党组织，明确所需政策、资金等诉求，由街道再向上层组织反映，逐级向上，争取相应的政策支持和激励机制。近两年已经有些地区从政策入手，推动顶层制度体系的完善，明确各相关主体在住宅小区综合治理中的工作职责和任务要求，进一步完善了社区的综合治理体制，带来了显著的变化。利用好这一点，将会有力促进物业管理行业制度的变革，长此以往，物业服务企业在参与社区治理工作中也可以分享到实实在在的政策红利。物业管理行业的专业价值也将得到越来越广泛的认可。

五、宣传好行业在基层社会治理中的作用和价值

物业管理是关乎人民群众安居乐业的工作，关乎人民群众的获得感、幸福感、安全感。要大力挖掘物业管理行业参与基层社会治理的实践案例、特

殊贡献和典型人物，宣传行业在基层社会治理中的作用和价值，讲好行业故事、传播行业声音，并向相关主管部门汇报行业的贡献以及行业发展面临的难点和痛点，促进物业费调价、行业法治改革等制约行业发展问题的解决。

我们很欣喜地看到，一批先行者的视野已经从关注社区治理，延展到城乡良法善治的大问题上，纷纷响应国家城市治理工作和乡村振兴战略，探索城市公共服务、乡镇公共服务，通过购买服务等方式承担起了社会公共服务的职能，整合专业资源提升城乡公共服务质量、利用科技手段提升城乡管理效率，从硬件与软件着手推动城市的环境、经济、文明协同发展和可持续发展。相信在“推进国家治理体系和治理能力现代化”这项伟大的事业中，物业管理行业将探索出更多创新成果，为中国之治添光加彩。

万众一心加油干 我们都是追梦人

文 _ 沈建忠

新年的钟声已经敲响，历史的地平线上跃动着新的曙光。你好，2020；新年快乐，亲爱的朋友！有你真好，千百万此刻仍在坚守岗位的物业人！

回望过去的一年，我们倍感骄傲与自豪。2019年是新中国成立70周年，中国特色社会主义事业取得新的伟大成就，全面建成小康社会取得新的重大进展，我们为共和国70年的辉煌成就喝彩，被爱国主义的硬核力量震撼，为经济社会高质量发展新航程所鼓舞；党的十九届四中全会胜利召开，为新时代坚持和完善中国特色社会主义制度、推进国家治理体系和治理能力现代化指明了前进方向。

物业管理行业在变革的时代也迎来了新的发展机遇。全行业深入开展“不忘初心、牢记使命”主题教育，把人民群众对美好生活的向往化作锐意进取的生动实践和脚踏实地的务实行动；行业标准建设工作取得长足发展，标准化体系架构初步显现；品牌企业争相上市，资本风潮涌动不息，赋予行业无尽的想象；物业管理行业数字化转型，正在突破时空局限与产业局限，颠覆传统商业模式和资源利用方式，衍生出新的服务模式和体系；物业服务企业在各地政府的指导和组织下，在社会基层治理探索中扮演好服务者、参与者的角色。以万科物业、绿城服务、保利物业、碧桂园服务等为代表的行业先行者，已经将企业视野延伸到城乡良性治理的新领域，承担起了更多的社会责任。“社区的力量”消费扶贫攻坚战专项行动将贫困地区农特产品直接带入城市社区，以实际行动助力广大贫困群众的脱贫致富和幸福生活。物业多元化、专业化服务正彰显更多的价值。

成就鼓舞人心，使命催人奋进，2020年，万众一心加油干，我们都是追梦人。

2020年，是全面建成小康社会和“十三五”规划收官之年。物业管理行业要把加强党的政治建设摆在更加突出的位置，始终坚持以习近平新时代中国特色社会主义思想为指导，全面贯彻党的十九届四中全会精神，以供给侧结构性改革为主线，围绕“能力建设年”主题，切实提高贯彻新发展理念的能力水平，抓重点、补短板、强弱项，推动物业管理行业高质量发展。

2020年，我们要继续坚持党建引领，巩固深化主题教育成果。继续发挥党建与业务深度融合的积极效应，坚持把抓好党建工作作为促进业务发展的出发点和落脚点，探索创新工作方式方法，发挥基层党组织的指导和引领作用，以党建促发展，以发展强党建。

2020年，我们要以创新为动力，不断提升产业集中度，提高科技含量和人员素质，加快向现代服务业转型升级，以共享理念加快资源整合，以协同精神汇聚行业智慧，充分分享数字化时代科技红利，加快产业升级和结构调整，推动行业做大做强做优，让物业服务更简单，更有价值。

2020年，我们要以民生为导向，以城市更新和老旧住宅区改造为契机，拓宽物业服务领域，创新商业模式和服务，增强多层次、多样化、高品质的供给能力，更好实现社会效益和经济效益相统一，转变物业管理发展方式，提升物业管理发展质量和水平。

2020年，我们要以国家治理能力建设为契机，积极践行推动社会治理和服务重心向基层下移，把更多资源下沉到基层，推进“美好环境与幸福生活共同缔造”活动，发挥物业管理在促进城市管理、治安防范、市政养护、社区养老、精神文明建设等领域的作用。

2020年，我们要以问题为导向，着力解决行业区域发展不平衡不充分的问题，针对物业管理基础薄弱地区和中小物业服务企业，采用“送教上门”“公益讲堂”“对标学习”等形式，搭建薄弱地区与发达地区，标杆龙头企业与中小企业的交流沟通学习平台，促进物业管理区域协同和行业统筹发展。

2020年，我们要以制度建设为抓手，推进行业良性发展机制，提升行业形象和地位。要加强行业研究，为行业发展提供战略性、前瞻性指引，切实提升贯彻新发展理念的能力水平。要在基础服务上下功夫，加快标准化体系建设，提升服务技能，提高设施设备保养水平。要努力做好舆论引导工作，讲好行业故事，切实扭转社会对物业管理行业评价不高，认知度较低的困境，为建立物业收费价格良性机制等各项制度建设创造良好的舆论环境。

物业管理行业自创立以来的近40年改革发展历程，是千万物业人接续奋斗的成果。行业美好的明天依然需要千万物业人万众一心，继往开来。这是中华民族大发展大作为的时代，是每一个奋斗者都能够梦想成真的时代，让我们只争朝夕，不负韶华，投身追梦新时代。

发展成就

DEVELOPMENT ACHIEVEMENTS

“壮丽 70 年，奋斗新时代”
物业管理成就展

风展红旗如画
——写给“壮丽 70 年，奋斗新时代”物业管理成就展

新中国已经走过 70 年光辉历程，站在新的历史节点，回望物业管理行业令人振奋的峥嵘岁月，是沉淀在时间长河里的沧桑巨变，是开拓者用心血谱写的五彩画卷，见证了一个时代的光荣与梦想。

为展示我国物业管理行业改革发展的创新实践和宝贵经验，弘扬物业管理从业人员风雨无阻、砥砺前行的奋斗精神，中国物业管理协会组织开展了“壮丽 70 年，奋斗新时代”主题宣传活动，并在 2019 中国国际物业管理产业博览会上特别推出了“‘壮丽 70 年，奋斗新时代’物业管理成就展”，讲述物业管理行业与伟大祖国同成长、共命运的故事，奏响物业管理人爱国、强国、报国的共鸣共振。

春风猎猎，红旗如画。

物业管理的春天

物业管理行业赶上了一个好时代。

历经近 40 年的发展，在中国共产党坚强领导下，随着与科技、资本的融合，整个物业管理行业转型发展凸显新的变化：

科技的大量应用，让物业服务更简单，更有价值，无限拉伸管理的边界：物业服务领域逐步从住宅小区管理的生活性服务向生产性服务转变，从雄安新区到粤港澳大湾区，从 G20、APEC、进博会等国际级高端会议，到 2022 年即将举办的冬奥会都有物业服务支撑。物业服务的专业价值在业主的日常生活中、在城乡的发展建设中、在公共口碑和议题中将会拥有越来越乐观的未来。

一大批物业服务企业上市，并凭借资本的力量迅速升级转型。越来越多的物业服务企业响应城市治理工作和乡村振兴战略，纷纷探索城市和乡镇公共服务，通过购买服务等方式承担起社会公共服务的职能，不断探索行业发展新路径，寻求更广阔的发展空间！

新时代新物业值得我们为之自豪和奋斗，值得我们为之摇旗呐喊。春华秋实，相信物业管理行业的明天一定会更好！

中国物业管理协会会长 

物业管理行业情况介绍

伴随着改革开放的浪潮，物业管理走过了不平凡的发展历程：1981 年，内地第一家物业服务企业在深圳诞生，从深圳的这一点星火开始，历经近 40 年的改革发展，物业管理已经成为一个营收 9066.1 亿元级的市场，在管物业面积 279.3 亿平方米，物业服务企业 23.4 万家、从业人员 636.9 万人。

从经济贡献看，物业管理行业营业收入近万亿，年复合增长率为 15.88%；从社会贡献看，从业人员已占到第三产业从业人员的 3.02%，每年直接或间接提供就业岗位高达 150 万人（包括大学毕业生、农民工、建档立卡贫困户等）。行业在改善人居工作环境、维护社区和谐稳定、解决城乡就业问题、推进社会建设等方面，发挥了重要的作用。

物业管理还是社会公共服务的重要力量，近年来，在居住类物业之外，物业管理服务范围已逐渐扩展到机场、高铁站、医院、学校、产业园区、大桥、公路、场馆、公建，以及在大型社会活动中提供专业服务，如奥运、世博、G20、APEC 等。

新时代，物业管理行业将以习近平新时代中国特色社会主义思想为指导，全面贯彻党的十九大和十九届二中、三中全会精神，全面落实创新、协调、绿色、开放、共享的发展理念，抓住发展红利期，逐步走出自己的创新发展之路，不断谱写行业发展的崭新篇章。

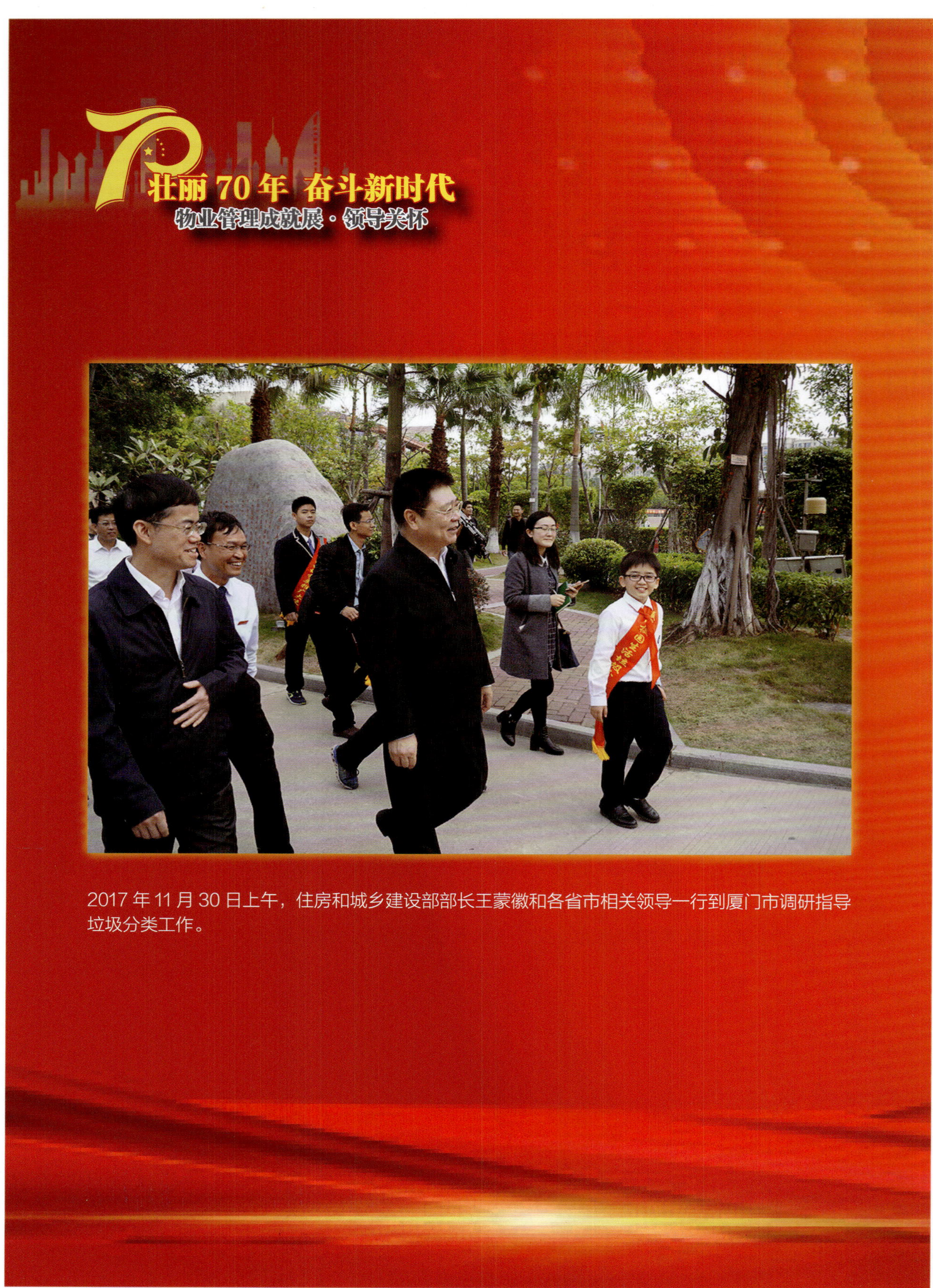

2017年11月30日上午，住房和城乡建设部部长王蒙徽和各省市相关领导一行到厦门市调研指导垃圾分类工作。

2019 年 7 月 23 日至 24 日，住房和城乡建设部党组成员、副部长倪虹，广东省政协副主席、住房和城乡建设厅厅长张少康，深圳市委常委、市政府党组成员杨洪等，在深圳调研物业管理相关情况。

2017年10月11日上午，首届国际物业管理产业博览会在深圳启幕，开幕式上，中国物业管理协会沈建忠会长和深圳市委常委、市政府党组成员杨洪点燃主火炬。

2018年10月15日，第二届国际物业管理产业博览会在深圳隆重开幕，深圳市委常委、市政府党组成员杨洪出席了开幕式。

70 年来，中国为什么能创造伟大奇迹？归根结底是因为有中国共产党的坚强领导。坚持中国共产党的领导是实现中华民族伟大复兴的根本保证。

物业管理行业作为新兴行业，38 年能够取得跨越式发展，归根结底也是因为坚持党对一切工作的绝对领导。作为一个与人民群众生活、工作息息相关的行业，全行业始终将党的建设摆在统领地位，把党的建设作为推动行业发展、突破行业难点的关键，着力实现党建工作与行业、企业发展协同推进，推动行业的高质量发展。

壮丽70年 奋斗新时代

物业管理成就展·党建引领

以党建为引领，携手踏向“新征程”

新时代 新征程

2018年3月29日，十九大党代表，圆方集团党委书记、总裁薛荣在中国物业管理协会理事会上宣讲十九大精神。

2019年3月21日，中国物业管理协会在昆明召开“党建引领 协同发展”2019年全国物业管理协会工作座谈会暨行业协会党建工作座谈会。

以党建为引领，共同缔造“和美家园”

“红色物业”作为城市基层党建案例在“伟大的变革——庆祝改革开放 40 周年大型展览”中展出

推进“红色物业”融入社区治理

深度关注 · 贯彻十九大精神 切实提升组织力

湖北武汉打造城市基层党建新格局

“红色引擎”让党组织一呼百应

夯实党在城市的执政根基

打造高素质基层骨干队伍

把党的服务延伸到千家万户

《人民日报》点赞武汉“红色物业”

壮丽70年 奋斗新时代

物业管理成就展·党建引领

以党建为引领，推动党的组织和党的工作“全覆盖”

深圳市物业管理行业协会在深圳市社会组织党委指导下成立了深圳市物业管理行业党委、纪委

成都市物业管理协会“物业诵 颂歌献给党”红色经典诵读会

以党建为引领，提升“生产力”和“向心力”

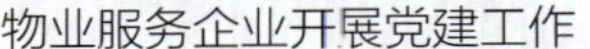

物业服务企业开展党建工作

重庆助友创美物业管理有限公司荣获全国两新党建金雁奖

1981 年

内地第一家物业服务企业
——深圳市物业管理有限公司成立，标志着内地物业管理行业的诞生。

1991 年

3 月 22 日，第一个业主委员会组织——深圳万科天景花园业主共管委员会正式成立。万科物业开创了“业主自治与专业服务相结合”的共管模式。

1994 年

4 月 1 日，建设部颁发《城市新建住宅小区管理办法》，明确提出新建住宅小区全面引入物业管理，推动物业管理在全国的发展。

中华人民共和国建设部令

第 33 号

《城市新建住宅小区管理办法》已于一九九四年三月十一日经第五次部常务会议通过，现予发布，自一九九四年四月一日起施行。

部　长　侯捷

一九九四年三月二十三日

·1·

1995 年

8 月，建设部在青岛召开全国第一次物业管理工作会。时任建设部副部长李振东作了《为创建具有中国特色的物业管理体制而奋斗》的报告，时任建设部部长侯捷作了重要讲话。

1997 年

6 月，全国第二次物业管理工作会在大连召开，时任建设部部长侯捷作了《大力推进物业管理，创造优美居住环境，为社会主义精神文明建设和物质文明建设作出新贡献》的报告，时任建设部副部长李振东对推动全国物业管理工作作了部署。

1999 年

5 月，全国第三次物业管理工作会在深圳召开，时任建设部副部长宋春华作了《培育和规范物业管理市场，推动物业管理工作健康发展》的报告，时任建设部部长俞正声作了重要讲话。

**三次全国物业管理工作会议的召开，
确立了物业管理行业的发展方向，
促进了物业管理行业在全国范围的快速发展。**

2003 年

6 月，国务院颁布《物业管理条例》，奠定了物业管理规范发展的制度基础。

2007 年

10 月 1 日，《中华人民共和国物权法》正式实施，确定了物业管理的民事法律基础。

时任中国物业管理协会会长谢家瑾参加国务院征求对政府工作报告的专家座谈会。

2009 年

3 月，时任国务院总理温家宝在《政府工作报告》中明确提出：“大力发展社区商业、物业、家政等便民消费”。物业管理首次被写入《政府工作报告》。

中国物业管理协会文件

中物协[2010]1 号

关于认真贯彻《政府工作报告》精神
大力发展物业服务的若干意见

2007 年

9 月，国家发展改革委员会、建设部联合印发

《物业服务定价成本监审办法（试行）》

2007 年

12 月，建设部、财政部联合颁布

《住宅专项维修资金管理办法》

2009 年

12 月，住房和城乡建设部印发

《业主大会和业主委员会指导规则》

2010 年

10 月，住房和城乡建设部印发

《物业承接查验办法》

2014 年

12 月 17 日，国家放开非保障性住房物业服务价格，印发

《国家发展改革委关于放开部分服务价格意见的通知》

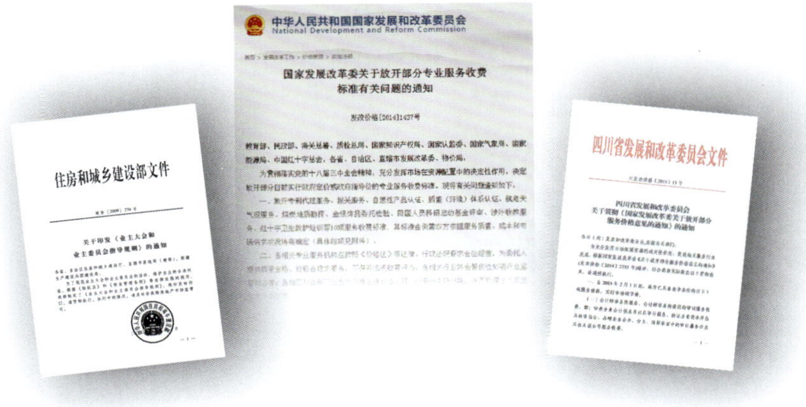
住房和城乡建设部文件

关于印发《业主大会和业主委员会指导规则》的通知

中华人民共和国国家发展和改革委员会
National Development and Reform Commission

国家发展改革委关于放开部分专业服务收费标准有关问题的通知

四川省发展和改革委员会文件

10月，中国物业管理协会成立大会在北京召开。时任建设部副部长宋春华同志出任名誉会长，时任房地产业司司长谢家瑾同志当选首任会长。

6月26日，中国物业管理协会第三次会员代表大会在北京召开。

5月26日，中国物业管理协会第五届会员代表大会在北京召开，沈建忠同志当选为会长，王鹏同志当选为副会长兼秘书长；十九大党代表，圆方集团党委书记、总裁薛荣同志当选为中国物业管理协会监事会监事长。

中国物业管理协会第二次会员代表大会

2006年

8月18日，中国物业管理协会第二次会员代表大会在北京召开。

10月28日，中国物业管理协会第四次会员代表大会在北京召开，谢家瑾同志当选为名誉会长，沈建忠同志当选为会长，王鹏同志当选为秘书长。

2015 年

11 月 23 日，全国物业服务标准化技术委员会在深圳举行成立大会。11 月 24 日，中国物业管理协会标准化工作委员会成立。

2017 年

10 月，由中国物业管理协会统筹编著，中国物协标准化工作委员会组织撰写的《物业管理指南》系列丛书发布，丛书为行业首部物业管理各业态管理指南，涵盖 基础、住宅、写字楼、产业园、商业综合体、高校、医院七个系列。

2019 年是行业的“标准建设年”

全国物业服务标准化技术委员会正在推进三个国家标准的颁布实施，包括：一项强制性标准——《物业服务安全与应急处置》；两项推荐性标准——《物业管理述语》《物业服务顾客满意度测评》。中国物协标准化工作委员会主持开展了《停车场信息联网通用技术规范》《写字楼物业服务规范》《产业园区物业服务规范》《旅游地产物业服务规范》《医院物业服务规范》等团体标准的起草、审查和后续认证贯标工作，推动了行业团体标准体系建设工作。

2018 年

10 月 15 日，国家开放大学现代物业服务与不动产管理学院正式挂牌。将深入开展行业证书、岗位技能培训证书等非学历教育与学历教育之间、线上与线下学习方式之间、正规与非正规学习经历之间的不同类型学习成果认证、积累与转换工作，搭建中国物业管理行业终身学习立交桥。

2014年

6月30日，彩生活服务集团有限公司在香港主板上市（股票代码 01778.HK），成为中国内地物业服务企业第一股。

2018年

2月1日，南都物业服务股份有限公司成功登陆A股市场，正式在上海证券交易所挂牌上市，成为国内首家登陆A股的物业服务企业。

截至2019年8月31日，内地物业服务企业共有14家在港股上市，1家在A股主板上市，另有多家企业在香港交易所和沪深交易所递交申请资料。

壮丽 70 年 奋斗新时代
物业管理成就展 · 发展展望

中国物业管理协会发展规划
（2019—2023 年）

指导思想

- 以习近平新时代中国特色社会主义思想为指导
- 全面贯彻党的十九大和十九届二中、三中全会精神
- **全面落实创新、协调、绿色、开放、共享的发展理念**

工作原则

- 坚持服务为本、协同发展
- 坚持质量至上、优质发展
- 坚持创新驱动、融合发展
- 坚持生态文明、绿色发展
- 坚持重点突破、特色发展

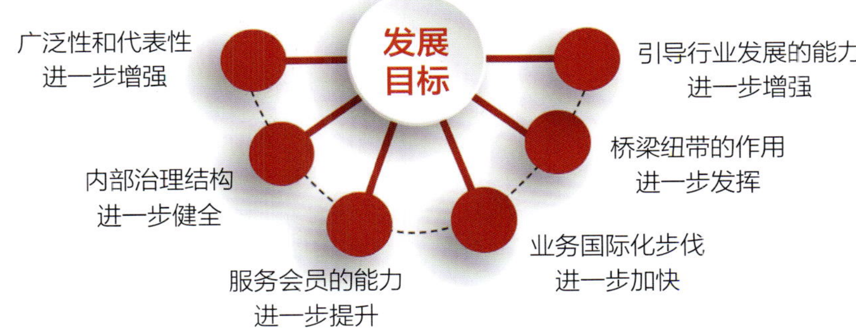
发展目标
广泛性和代表性进一步增强
引导行业发展的能力进一步增强
桥梁纽带的作用进一步发挥
内部治理结构进一步健全
业务国际化步伐进一步加快
服务会员的能力进一步提升

重点任务

- 积极承担社会责任，行业形象和价值再升级
- 搭建专业服务平台，将传统服务做成精品项目
- 提升高质量人才供给，构建行业多层次人才队伍
- 把握舆论导向，优化行业发展环境
- 深化标准化建设，推动行业高质量发展
- 开展理论研究，提升行业建言献策能力
- 建立会员动态管理，提升服务的广度和深度
- 加强诚信自律，促进行业公平规范发展

推进措施

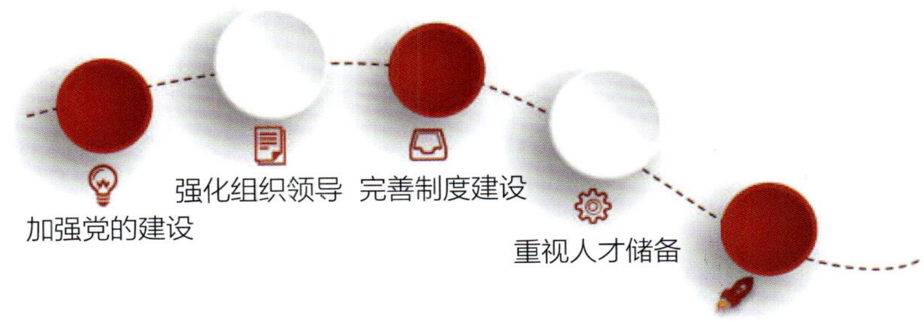
加强党的建设
强化组织领导
完善制度建设
重视人才储备
加快数字化建设

2003年

4月，非典来袭，严重威胁着人民群众的生命安全。物业管理行业投入到抗击非典的战斗中，涌现出许多可歌可泣的感人故事和英雄人物！（图为时任国家副主席曾庆红出席广州粤华物业抗击非典表彰大会）

2008年

5月，四川汶川等地发生地震。物业管理全行业积极行动起来：在灾区的物业服务企业积极开展灾后重建，为灾区样板房送去物业服务，中国物业管理协会组织房屋安全检测专家深入灾区开展工作（图1），并动员全国各地的物业服务企业捐助救援物资，全行业开展了各种形式的赈灾活动（图2为万科物业员工在灾后参与地震救援）。

图1

图2

当冬季遭遇暴雪灾害时，物业人始终奋斗在抗击暴雪第一线，用行动守护温馨家园。

2018 年

台风“山竹”致使广东、广西、海南、湖南、贵州 5 省近 300 万人受灾，直接经济损失 52 亿元。在抗击“山竹”的过程中，物业人众志成城，始终奋战在一线抢险救灾，逆风而行守卫家园 。

2008年 北京奥运会召开，物业服务企业在奥运期间作出了积极的贡献，确保了奥运会的顺利进行。

2010年 5-10月，上海世博会圆满举行。直接承担世博会园区和主要场馆物业服务保障任务的物业服务企业超过20家，服务人员总数达1.3万人。

2011年 8月，世界大学生运动会在深圳举行，深圳市物业服务企业积极参与并圆满完成承担的后勤保障和场馆管理工作。

2016 年

9 月，G20 峰会在杭州举行。作为 G20 峰会重要的服务角色之一，杭州市物业服务企业在世界级的公共服务舞台中，得到了一次高分值的检验，也彰显了物业服务的匠心和价值。

2018 年

11 月，首届中国国际进口博览会在上海国家会展中心隆重举办，吸引了全球 130 多个国家和地区的 3000 多家企业参展，每日超 25 万人次入场观展。此次进博会上，共有 22 家物业服务企业、超过 10000 名物业人投身相关保障服务工作，用精细化服务塑造了物业管理的品牌和形象。

国务院扶贫办党组成员、副主任洪天云和社会扶贫司司长曲天军出席“社区的力量”消费扶贫攻坚战专项行动。

中国物业管理协会和中国扶贫志愿服务促进会共同发起“社区的力量”消费扶贫攻坚战专项行动，在各地物业管理协会和物业服务企业的积极参与和大力支持下，以“带一斤回家”为理念，倡导消费扶贫从社区开始。

“社区的力量”消费扶贫攻坚战专项行动推进会在国务院扶贫办召开。

中国物业管理协会品牌活动成效显著

举办行业技能竞赛，创新人才选拔新机制

2017-2018 年，中国物业管理协会组织举办了两届全国物业管理行业职业技能竞赛，向全行业发出技能立身、技能强业的倡议，营造崇尚技能、崇尚工匠精神的时代风尚，引起了全社会的广泛关注。

创办博览会，开展供给侧结构性改革新实践

2016-2018 年，成功举办三届年度物业管理产业博览会。2016 年博览会展览面积 1.5 万平方米，1.5 万人次专业观众参观；2017 年展出面积达 2.5 万平方米，观展人数 3.8 万人次；2018 年展出面积 1.5 万平方米，累计观展人数达 4 万人次。促成了产业链上下游供需双方的有效合作，有效推动了物业管理行业向现代服务业转型升级。

中国物业管理协会品牌活动成效显著

召开论坛会议，践行行业改革创新新思想

目前已连续举办了四届中国物业管理创新发展年度论坛及配套约 50 场分论坛。创新发展论坛和协会年度理事会邀请姚景源、樊纲、王健林、王石、任志强、吴晓波等国内外专家学者、知名企业家出席会议并做专题演讲，给行业持续带来新思想、开阔新视野。

举办公益讲堂，服务中小型物业服务企业

“公益讲堂”活动是中国物协 2015 年启动的一项长期系列活动。截至 2019 年 9 月，已分别在河南、陕西、海南、广西、云南、山东、贵州、甘肃、黑龙江、吉林等地举办了多期，是助推企业特别是中小型物业服务企业发展的一个有益尝试，所到之处几乎是场场爆满。

行业发展新局面

截至 2018 年年底，我国物业管理行业营业收入已达到 **9066.1** 亿元，管理规模高达 **279.3** 亿平方米，物业服务企业超过 **23.4** 万家，物业管理从业人员数量约 **636.9** 万人。

2008 ~ 2018 年物业管理行业经营收入（单位：亿元）

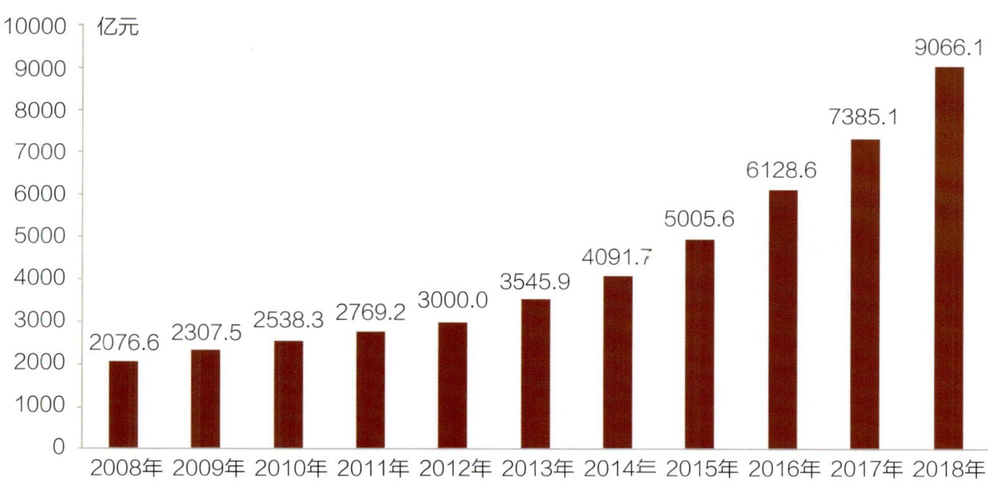

2008 ~ 2018 年全国物业管理行业管理规模（单位：亿平方米）

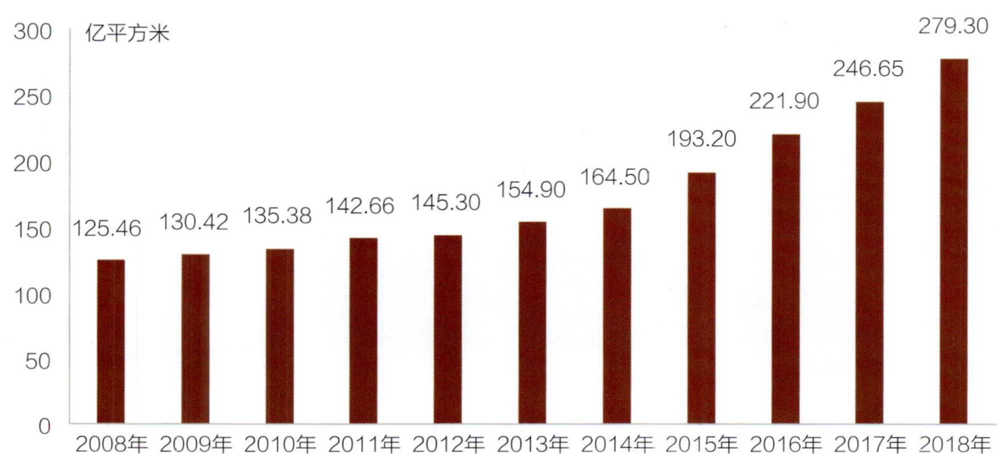

北京物业管理行业协会

北京物业管理行业协会（简称北京物协）在国家加大供给侧结构调整、减政放权、推动互联网 +、营改增、减税降费等一系列措施相继释放的背景下，始终坚持“政治站位、业务引领”，紧紧把握“立足于企业，立约于政府，立信于社会”的宗旨，规范企业经营行为，促进行业自律；提升行业从业人员的素质，提高服务质量；以首都城市管理，服务社会民生为目标开展工作。曾获 4A 级社会组织、“先进基层党组织”等荣誉称号；近三年，北京物协受托完成省级以上课题 7 个，获得二等奖 1 个，三等奖 2 个；协会自 2016 年相继成立 7 个专业工作委员会，自身机构不断健全，制度规范不断完善落实，服务会员的深度和广度不断加强，政府认可度、行业公信度和社会认知度不断提升。

天津市物业管理协会

天津市物业管理协会（简称天津市物协）带领全体会员企业在倡导行业自律、维护行业形象、规范行业建设、促进行业发展方面履职尽责。强化党组织建设突出党员模范带头作用，保证行业发展正确政治方向；建立了较为系统完备的协会章程等配套的制度体系；根据行业特点组建了讲奉献、能干事的八个专业委员会，开展新课题分析与研究。在现任会长林谷春的带领下，深入全市行政区的物业管理部门全覆盖式走访调研，倾听需求帮促发展；倡导完善行业自律公约的签署与落地，践行“八大”行动落实有声；联合当地主流媒体开展“津城最美物业人”行业评选活动；增进与兄弟协会间互通互助，组织友好协会研讨交流，实现协同发展共享共赢。

上海市物业管理行业协会

上海市物业管理行业协会成立于1994年12月，目前第六届理事会共有会员单位1608个，下设5个专业委员会和17个工作委员会，秘书处工作人员18人。协会始终秉承“服务企业，规范行业，发展产业”的宗旨，为上海物业管理行业的繁荣和健康发展做出贡献。一是坚持党建引领，建立行业党建工作指导委员会，在全市16个区建立了行业党建分会；二是强化行业自律，着力建立行业规范。先后制定了涉及不同物业业态的7个地方标准。推进了行业诚信体系建设，929家会员单位成为诚信承诺企业，占总数的62%。开展星级企业测评，共447家企业获评星级企业；三是以创文明行业为载体，组织开展各类行业人才培训。广泛开展“五比五赛”为内容的立功竞赛活动；四是增进合作交流，展现社会责任。积极参与精准扶贫、消费扶贫等各类社会公益活动，展示行业良好形象。

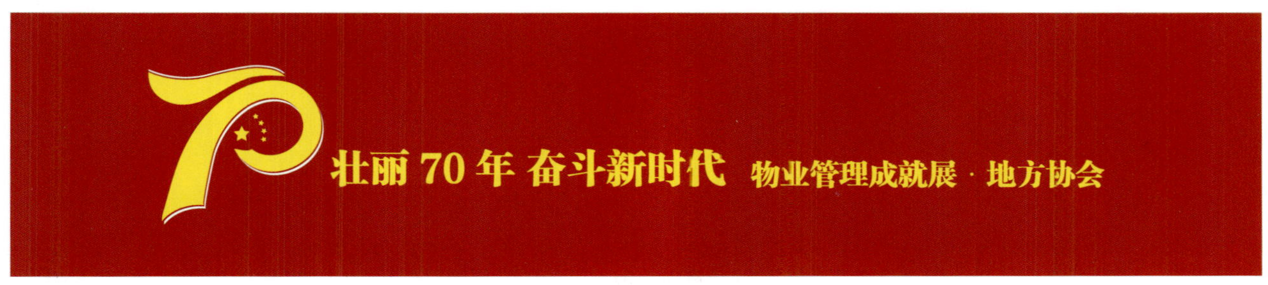

重庆市物业管理协会

随着《重庆市物业管理条例》《重庆市物业专项维修资金管理办法》等政策法规相继出台，重庆物业管理政策法规体系日趋完善，开放性和包容性日益凸显，呈现出良好发展态势。

重庆市物业管理协会以多元化活动助力了行业进程。党建活动精彩纷呈，积极参与“不忘初心、牢记使命”主题教育，培养和提升行业党员的党性原则；积极推进“行业专项扶贫”工作，践行行业的社会责任；开展两大主题活动，“服务业主，共建和谐”和“小区智管、小区细管、小区众管”，提升了行业综合服务水平；开展智能物业小区建设，制定《智能物业小区评价指标体系》，引导企业通过综合运用大数据、云计算、物联网、人工智能等新技术，提高服务质量和效率。

山西省房地产业协会物业管理分会

山西省房地产业协会成立于 2000 年，于 2018 年 12 月第四次会员代表大会上成立了物业管理分会。协会大力推进物业服务标准化，主编了《住宅物业服务标准》《工业园区物业服务标准》《写字楼物业服务标准》。组建山西省物业管理行业专家库，为全省物业管理行业发展提供智力支持。为推进行业诚信建设，制定了《物业服务企业自律公约》和《物业服务企业从业人员职业道德准则》。为了提升物业管理的水平，坚持组织公益性的职业技能培训工作，先后组织法律法规、职业技能、设施设备、消防安全、礼宾接待、物业经理等专业培训。开展了全省物业管理行业技能大赛，制定了优秀物业服务企业和项目的考验标准，推进全省物业管理行业的发展。

内蒙古自治区物业管理协会

近年来，内蒙古自治区物业管理协会助推开展了大量卓有成效的工作：一是出台《居住物业服务标准》等四个标准；二是开展物业管理活动年、物业管理服务规范年、服务质量提升年活动；三是加强老旧小区改造，提高物业管理覆盖面；四是开展全区物业管理创优达标活动；五是举办全区物业管理服务技能大赛并参加全国决赛；六是建立开通内蒙古自治区物业管理协会网站和微信公众号；七是成立内蒙古自治区物业管理协会专家委员会；八是组织编撰《内蒙古自治区物业管理行业发展报告》；九是修订实施新的《内蒙古自治区物业管理条例》；十是开展条例宣贯、企业动力、信用体系建设、标准化、消防操作员等培训；十一是组织开展全区物业管理示范项目和优秀物业服务企业参观交流学习活动。

壮丽70年 奋斗新时代 物业管理成就展·地方协会

辽宁省物业管理行业协会

辽宁省物业管理行业协会宗旨是推动辽沈地区物业管理行业和物业服务企业的快速发展，努力为辽宁经济与社会发展做出贡献。协会以党建为抓手、全力打造“红色物业”管理新模式，使物业服务向更深层次开拓发展空间。在辽沈物业管理行业内率先实施物业管理的增效、提质，把最新的物业科技成果和行业标准引入辽沈地区物业管理日常工作当中。

协会把党建引领思想与物业服务相融合，为物业管理行业注入强大的“红色基因”，形成辽沈物业管理行业发展的新合力。通过储备行业人才、汇聚行业智慧，把更多的创新服务成果更快、更好地转化物业服务实践。通过扎实有效的工作，助力辽宁智慧型城市的建设，助推辽宁社会经济的快速发展。

沈阳市物业服务行业协会

沈阳市物业服务行业协会成立以来先后参与组织行业立法，建言献策，向市政协递交 3 个物业提案，参与起草《沈阳市物业管理条例》《辽宁省物业管理条例》。协会外树形象：积极参加中国物协、省内外等行业活动；协会内强素质：开展行业培训和评选等活动；整合资源，一年内打造两次全国性的高端论坛，提高沈阳市物业服务行业协会在行业的影响力。通过“走出去、请进来”的方式，先后开展了“三城联创”誓师大会、法律公益大讲堂、“新引擎、新路径、新作为”物业管理行业发展论坛，组织专家培训和考试，提升行业服务水平和质量；通过一系列活动打造绿色园区，营造红色家园，创造沈阳物业的良好发展环境！

黑龙江省房地产业协会物业管理专业委员会

近年来，为推动行业创新发展，打好资源牌，降低物业服务企业经营风险，黑龙江省房协物专委开展了大量工作：一是“物业管理行业联合保险”，集中全省物业资源与保险公司合作，节约保费，用70%的保费享受100%的理赔，向中国物协申报的关于“物业管理行业联合保险助力解决物业发展困局”课题项目，已列入《中国物业管理协会2019年度物业管理课题研究计划》；二是建立行业标准，组织考察团赴外省进行考察学习，为黑龙江省下一步出台物业管理条例、物业服务标准、物业服务定额等工作提供参考和借鉴；三是为物业管理行业正面发声，与黑龙江广播电视台展开长期合作，联合策划了系列访谈节目，2019年7月29日-8月8日期间，特邀行业大咖进行了物业管理行业连续九期嘉宾访谈节目。

江苏省房地产业协会

江苏省房地产业协会不断创新工作思路、创新工作机制、创新服务形式、创新协会治理，深入开展行业调查研究，在市场分析、政策解读、发布行业发展报告、举办高峰论坛、树立行业典型、弘扬工匠精神等方面，做了大量扎实有效的工作。

2018 年 6 月，江苏省房协党总支成立，并开展了“双联双创”活动，为开展全省协会工作提供了有力的政治保障。积极组织“广夏奖”评选及“综合实力 50 强企业”排名活动，树行业典型，培育了一大批优秀企业。在全行业大力弘扬工匠精神，通过竞赛促进职工技能水平的提高和高技能人才队伍建设。2019 年 9 月 11 日，协会隆重举办了庆祝中华人民共和国成立 70 周年文艺汇演，歌颂祖国美好，祝愿伟大祖国。

合肥市物业管理协会

合肥市物业管理协会（简称合肥市物协）成立发展20年来，坚持服务政府、服务会员、服务行业、服务社会，秉承“质朴、务实、朝气、开放、严谨、敬业”办会宗旨，先后获“全国物业管理行业优秀地方协会”“合肥市社科界先进学会”“5A级社会组织”等荣誉称号。协会微信公众号荣获全国物业管理行业微信公众号影响力行业协会类排名第一，协会会刊《合肥物业管理》荣获全国物业管理行业刊物影响力地方行业协会类排名第二。协会自2017年换届改选以来，成立了12个专委会，独创了协会→专委会→会员单位的独特工作模式，协会工作步入良性发展阶段，凝聚力和影响力不断加强，会员覆盖率不断提升。合肥市物协致力于践行行业的社会责任，唱响“合肥物业”名片。

福建省物业管理协会

福建省物业管理协会自 2005 年成立以来，在强化党建引领、推动立法建设、深入调查研究、树立行业形象、弘扬工匠精神、加强行业培训、扩大行业交流、维护行业合法权益等方面做了大量卓有成效的工作。

协会纵深推进《福建省物业管理条例》贯彻实施，积极搭建闽粤港澳台物业管理行业交流合作平台。同时，积极开展物业管理行业技能竞赛以及“八闽物业人”感动人物评选活动，弘扬工匠精神，树立行业典型，助力行业高品质发展。发布协会会歌《逐梦同行》，凝聚行业向心力，提高从业人员对行业的认同感、归属感以及自豪感。

福建省物业管理协会以坚定的信心、坚强的毅力、真抓实干的精神，在改革创新中挖掘潜能。未来，福建省物业管理行业定能战胜各种风险挑战，乘风破浪，行稳致远！

山东省物业管理分会

近年来，山东省按照“山东物业，走在前列”的目标定位，积极开展文明行业创建活动。做好“四个一批”，全力打造绿色物业、智慧物业、品质物业、集群物业、和谐物业。推进物业管理信息化，积极探索“互联网＋物业”或“物业＋互联网”新模式，拓展物业服务新业态，提高物业服务智慧化。

山东省物业管理分会成立两年来，积极开展各项活动，在联系企业、连接市场、服务行业、服务政府等方面发挥优势，以“服务会员企业、加强诚信建设、争创文明行业、促进行业发展”为根本任务，以开展物业管理行业文明行业创建活动试点工作为持续动力，带领广大会员企业共同推进全省行业文明、健康发展。

壮丽 70 年 奋斗新时代 物业管理成就展 · 地方协会

河南省物业管理协会

瑰丽物业，出彩河南！河南省物业管理协会应时而起，遵心而动，秉承"服务会员 服务行业 服务社会 服务政府"理念，履行联络、协调和服务职责，开展上蔡县上岗村产业扶贫、爱心帮扶等系列助困活动，加强行业政策法规宣贯，促进会员观摩交流提升，组织行业职业技能竞赛并在全国物业管理行业职业技能竞赛上荣获佳绩，开展《河南省居住物业服务等级及成本测算》等课题调研并协助《河南省物业管理区域管理办法》等规范性文件制定，探索搭建行业供需精准对接桥梁，推进"互联网＋物业"全新物业智慧服务体系构建，为河南省物业管理行业规范化、标准化以及创新化发展营造了良好环境。

武汉市物业管理协会

武汉市物业管理协会贯彻落实“红色引擎工程”推动基层治理体系和治理能力的总体要求和目标，全面推动“红色物业”拓面提质工作，引领物业管理行业蓬勃发展。成立“中国共产党武汉市物业管理行业委员会”，贯彻落实“党建引领共治”要求，大力推进物业管理行业党建工作；推进老旧小区“红色物业”全覆盖，将推进“红色物业”作为“抓党建，促民生”的重点工作，全市2074个老旧小区“红色物业”服务已覆盖2029个，覆盖率97.83%；老旧小区中有516个小区建立党组织，1171个小区委派党建指导员，覆盖率81.34%。开展首批“物业管理”专业高级经济师职称评定，发挥职称的激励和导向作用，调动物业服务企业人才服务全市经济社会发展和促进创新驱动发展的积极性和创造性。

广东省物业管理行业协会

广东省物业管理行业协会（简称广东省物协）秉承“敢为人先、务实进取、开放兼容、敬业奉献”的广东精神，不断锐意进取、开拓创新，逐渐健全协会的组织架构，完善职能。截至 2019 年 8 月 31 日，广东省物协会员单位发展到 927 家，第五届理事会单位 248 家，其中执行会长 4 家、副会长 40 家、常务理事 38 家、理事 166 家。广东省物协是第一家颁布物业管理行业自律管理办法、第一家发布全省物业服务企业综合实力测评研究报告和行业发展大事记的协会。

活动组织方面，广东省物协积极践行党建引领，全面落实党的十九大精神；开展“物业服务专题培训”为主题的免费“送教上门”系列讲座，提升从业人员素质，推动行业健康发展；深化对外交流与合作，提升行业形象和地位；加强制度建设，不断强化行业自律发展；加快行业服务标准制定，促进行业规范有序发展。

深圳市物业管理行业协会

1993 年 6 月 28 日，全国第一家物业管理协会——深圳市物业管理行业协会（简称深圳物协）成立。服务会员企业、服务行业发展是深圳市物业管理行业协会一直坚守的承诺。这些年来，在高额消防培训、营改增、物业费定调价、保安统一服装、政府采购物业管理招投标、路外停车场调节费以及老旧楼宇电气强制检测等问题上，深圳物协积极与相关部门交涉，发出行业声音，维护企业权益。深圳物协每年还通过组织考察交流和培训、讲座等形式，为会员企业搭建交流学习平台，提升企业管理水平，并协助政府主管部门制定相关行业技术标准，提供政策性建议。

2018 年 11 月，深圳市物业管理行业党委获批成立，标志着深圳物业管理在党的领导下进入了新的阶段。未来，深圳物协将继续以激情满怀的劲头、锐意进取的作为，为社会担责任，为行业图发展，为会员谋福利。

广州市物业管理行业协会

广州作为中国物业管理最早起源地之一，书写着革故鼎新、气象万千的物业管理传奇。1995年，广州市物业管理行业协会（简称广州市物协）成立。自2012年起，中共广州市物业管理行业协会支部、中共广州市物业服务行业党委相继成立，以党建引领各项工作规范有序开展。广州物协相继成立党群、标准化、信用管理、政策法规、智能化与安全、供应商评价、资产评估、物业管理纠纷调解、宣传工作共9个工作委员会，充分发挥专业优势，实现管理与服务的持续提升。

作为全国物业的先行者、时代使命的践行者，广州市物协以踏实、实干精神开启全面建设社会主义现代化国家的新征程，努力把城市变为宜居之城、幸福之家，引领广州市物业管理行业向更加专业化、规范化的方向不断前行。

广西房地产业协会

广西房地产业协会成立于 1988 年，是由全区各地房地产业协会、物业管理协会、房地产中介行业协会和从事房地产开发经营、物业管理、房地产交易与权属管理、房地产测绘、房地产经纪、房地产咨询、房地产评估、白蚁防治、房屋征收、住宅产业化和住宅性能认定、房地产金融与法律服务、房屋专项资金管理、房屋安全鉴定等企事业单位及关联单位、专业人士自愿参加组成，依法登记取得社会团体法人资格的全区性、行业性、非营利性社会组织。

海南省物业管理协会

近年来，海南省物业管理行业助力海南国际旅游岛和自由贸易区（港）建设，取得了有目共睹的成就。并将继续坚持“创新、协调、绿色、开放、共享”的发展理念，积极主动融入海南自由贸易区（港）建设，奋力开拓行业发展新局面。

海南省物业管理协会多措并举，开展讲座、培训、论坛、沙龙、研讨会等数十次，4500 余人参与；组织优秀企业共同承建融入“椰风海韵”地域特色的“海南展馆”，亮相“首届国际物业管理产业博览会”；举办以“物业匠心魂、技逐海南梦”为主题的“海南省物业管理行业职业技能竞赛”；制订符合海南实际情况的“海南省物业服务优秀项目”评选标准，引导行业由高速转向高质发展；举办省内优秀项目交流考察活动，助推行业标准化建设。

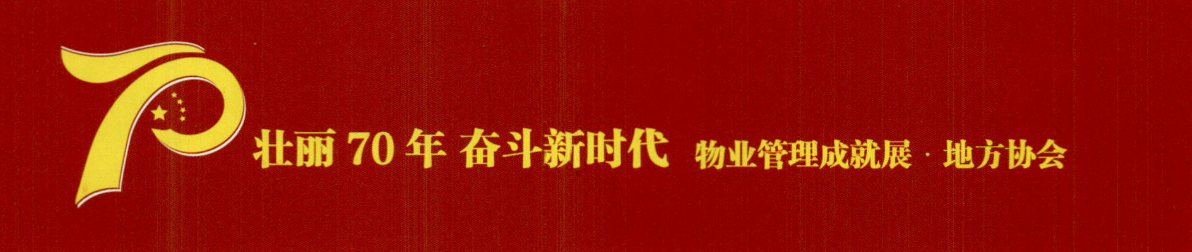

成都市物业管理协会

2018年以来，成都印发了《关于全面提升物业服务管理水平 建设高品质和谐宜居生活社区的实施意见》，深入实施物业服务管理“党建引领共治、美好家园共建、品质提升共享、创新发展共进、失信惩戒共鉴”五项举措。成都市物业管理协会紧跟城乡社区发展治理和国际化社区建设步伐，积极培育社区生活性服务业、大力发展新经济形态，实现成都物管行业营商环境持续改善、全国影响力持续提升。截至目前，共培育年产值上亿企业31家，全国百强企业13家。成都物协也先后被评为“成都市促进民营经济发展先进单位”“全国5A级社会组织”。

贵州省物业管理协会

在贵州省物业管理协会的推动下，贵州物业管理市场化程度日益成熟。2016 年，贵州省星级物业管理示范项目考评办法出台。全省共有 46 个省级物业管理星级服务示范项目，5 个国家级优秀物业管理项目。2018 年，《贵州省住宅物业管理服务导则》出台。《服务导则》明晰了住宅物业公共服务的具体内容，对维护双方的合法权益起到了重要作用。2018 年，为提高物业设施设备管理的专业化和标准化水平，贵州省物业管理项目设施设备管理标准出台。

2019 年，《贵州省物业管理项目设备设施管理标准》及《红旗设备房考评标准》出台。协会共组织省内外同行交流、考察学习 500 余人次，组织各层次专业人员培训 2000 余人次。

陕西省物业管理协会

陕西省物业管理协会（简称陕西省物协）在标准规范建设年的主题下立足“服务企业、规范行业”，在提高城市管理水平，提高人民群众生活和工作质量、维护社区和谐以及促进就业方面发挥着越来越重要的作用。

陕西省物协树立服务品质标杆，完成“物业管理示范项目”的创建工作，组织项目经理培训班，开展行业调查和专题研究，发布年度行业调查报告，完成物业管理文件汇编、案例汇编，建立和完善行业自律机制，颁布《会员诚信自律公约》，举办职业技能竞赛，强化职业技能，参与行业法规、政策标准、和规划的调研、起草、修改及其他工作，及时向政府反映企业诉求，为推动行业的发展建言献策。

兰州市物业管理行业协会

兰州市物业管理行业协会于 2002 年成立，现任会长为张勇先生。协会积极实施“走出去”战略，目前与全国 22 个省、市签署了战略合作协议，于 2018 年 10 月参展物业博览会。兰州市物协自 2017 年换届以来，创新性地建立了党总支、工会以及行业妇联，完善组织体系建设，提高会员自身素质。贴近行业热点和需求，开拓性在行业诚信体系建设、生活垃圾分类、物业社区循环经济等新鲜领域进行探索，先后参与、发起了全市物业服务企业信用等级测评、物业春晚、千人培训大课堂、物业管理行业公益大讲堂、全市首届“365 天 · 最可爱物业人”评选活动“100 个幸福小区”示范性评选活动等，成效显著，促进了兰州物业服务社会化、专业化、市场化和规范化建设。

服务行业，服务社会；思路高歌，同心筑梦！

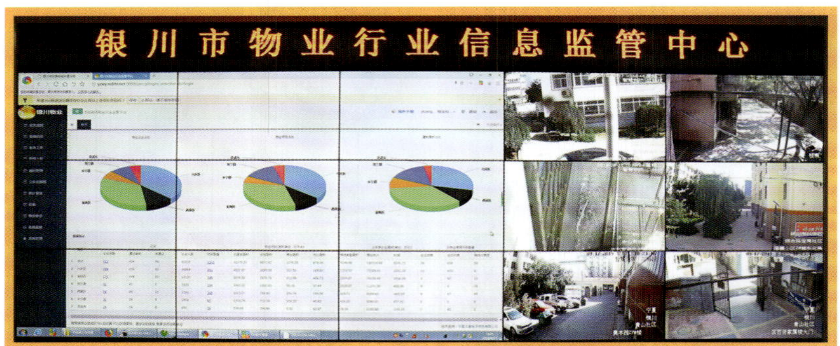

银川市物业管理协会

银川市物业管理协会成立于2008年，前身为“银川市物业供热协会”，2016年4月，经市住建局、市民政局批准，银川市物业管理协会正式成立，目前会员176家。

银川市物业管理行业全面实施诚信体系建设，建成银川市信用监管平台，将全市物业服务企业、项目经理纳入信用平台实施信用等级动态监管。协会结合自身特色，通过与八省市物业管理行业协会签订联盟合作协议，建立信息资源共享平台，在资源和优势互补的前提下，实现互惠互利；承办由中国物业管理协会主办的全国物业承接查验与设施设备管理专业岗位师资培训班，使本地物业从业人员承接查验技能得到有效提升，不断提升物业服务专业化水平，助推物业管理行业发展迈向新台阶。

新疆维吾尔自治区房地产业协会

新疆维吾尔自治区房地产业协会坚持“服务会员上水平、服务行业有推动、服务政府有作为”的宗旨，开展了全区物业管理行业经验交流及公益讲堂活动、首届新疆物业管理产业融合发展高峰论坛等行业活动，并多次在全疆范围内举办《新疆维吾尔自治区物业管理条例》宣贯班，成立了新疆房地产业协会物业管理专业委员会。近年来，自治区先后出台了《新疆维吾尔自治区物业管理条例》《前期物业服务合同（示范文本）》《物业服务合同（示范文本）》《新疆维吾尔自治区物业服务企业信用管理办法》《关于贯彻落实＜自治区物业管理条例＞开展物业管理试点工作的指导意见》等系列政策法规，为行业平稳健康发展奠定坚实基础。

香港物业管理师学会

20世纪50-60年代，伴随着房地产的快速发展，香港物业管理起步发展；从70年代中期开始，政府鼓励业主成立具有法人资格的业主立案法团；至20世纪80、90年代，香港物业管理行业蓬勃发展，同时，内地房地产行业也快速起步，为香港物业管理模式和物业服务人才北上揭开了序幕。香港已于2016年5月通过《物业管理服务条例》，计划于明年年初实施行业注册。

香港物业管理师学会于2010年正式成立（原名为“大中华物业管理学会”），宗旨是在大中华地区推广物业管理行业，加强物业管理交流。

港珠澳大桥

服务单位：中航物业管理有限公司
　　　　　中海物业集团有限公司

三峡水利枢纽

服务单位：长江三峡实业有限公司

上海洋山深水港四期

服务单位：上海上实物业　管理有限公司

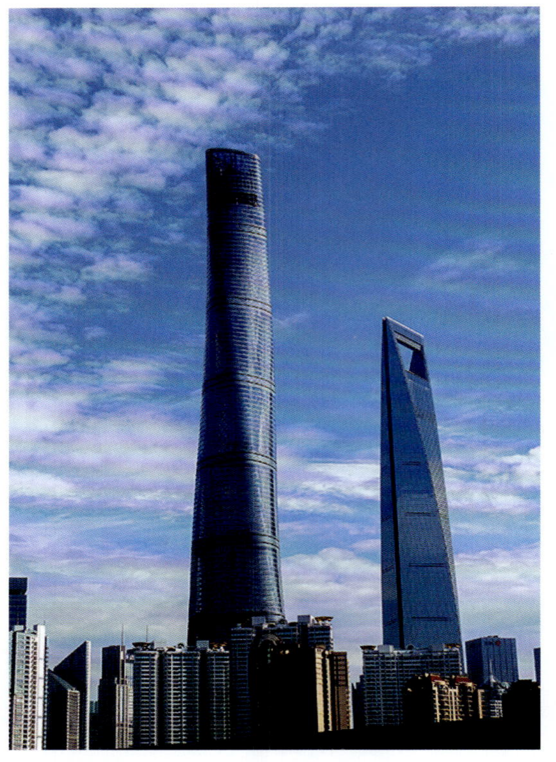

上海中心大厦

服务单位：上海中心大厦世邦魏理仕物业管理有限公司

中国国际贸易中心

服务单位：国贸物业酒店管理有限公司

北京大兴国际机场

服务单位：重庆新大正物业集团股份有限公司
北京首都机场物业管理有限公司
郑州圆方集团
碧桂园智慧物业服务集团股份有限公司 等

G20 峰会主会场
（杭州国际博览中心）

服务单位：浙江开元物业管理股份有限公司

苏宁总部基地

服务单位：苏宁银河物业

华为 东莞南方工厂

服务单位：深圳市卓越物业管理
股份有限公司

中华艺术宫（上海世博会中国馆）

服务单位：上海明华物业管理有限公司

故宫博物院

服务单位：北京中航大北物业管理有限公司

雅居乐海南清水湾

服务单位：雅居乐雅生活服务股份有限公司

加拿大 YUL

服务单位：山东省诚信行物业管理有限公司

雄安新区管理委员会
雄安市民服务中心

服务单位：中海物业集团有限公司

国家图书馆

服务单位：中航物业管理有限公司

东湖丽苑

服务单位：深圳市物业管理有限公司

国奥村

服务单位：长城物业集团股份有限公司

武汉东湖绿道

服务单位：武汉地产集团东方物业管理有限公司

中国铁路沈阳铁路局大连客运段

服务单位：亿达物业服务集团有限公司

泰达国际心血管病医院

服务单位：深圳明喆物业集团

北大国际医院

服务单位：北京斯马特物业管理有限公司

西塘小镇

服务单位：保利物业发展股份有限公司

潼湖科技小镇

服务单位：碧桂园智慧物业服务集团股份有限公司

大事记

MEMORABILIA

行业发展大事记
2019 年 1 月～ 2019 年 12 月

序号	时间	内　容
1	1 月 10 日	中国物业管理协会会长工作会议将 2019 年定义为行业的“标准建设年”。
2	2 月 1 日	习近平总书记在前门东区草厂四条胡同物业服务站亲切看望慰问物业员工。
3	2 月 18 日	北京出台首个街道工作纲领性文件《关于加强新时代街道工作的意见》，赋予街道社区对业主委员会和物业服务企业更大的监管权限。
4	3 月 1 日	国务院办公厅发布《关于在制定行政法规规章行政规范性文件过程中充分听取企业和行业协会商会意见的通知》，就制定有关行政法规、规章、行政规范性文件过程中充分听取企业和行业协会商会意见做出明确要求。
5	3 月 5 日	《2019 年国务院政府工作报告》对社区养老、社会治理、老旧小区改造、精准扶贫、稳定就业等与物业管理行业息息相关的工作提出具体要求。
6	3 月 15 日	滨江服务（03316.HK）正式在港交所主板挂牌上市，发行定价 6.96 港元。
7	3 月 18 日	奥园健康（03662.HK）正式在港交所主板挂牌上市，发行定价 3.66 港元。
8	3 月 21 日	“2019 年度全国物业管理协会工作座谈会暨行业协会党建工作座谈会”在昆明市召开，会议主题为“党建引领 协同发展”。
9	3 月 22 日	国家开放大学授牌中国物业管理协会现代物业服务与不动产管理学院。
10	3 月	《2018 中国物业管理行业年鉴》首次正式出版发行，是见证行业发展最权威、最具影响力的参考文献。
11	4 月 1 日	《生产安全事故应急条例》开始施行，对生产安全事故应急体制、应急准备、现场应急救援及相应法律责任等内容提出规范和要求。

续表

序号	时间	内　容
12	4 月 8 日	中共中央办公厅、国务院办公厅印发《关于促进中小企业健康发展的指导意见》，从营造良好发展环境、破解融资难融资贵问题、完善财税支持政策、提升创新发展能力、改进服务保障工作等方面促进中小企业健康发展。
13	4 月 16 日	国务院印发《关于推进养老服务发展的意见》，支持探索“物业服务＋养老服务”模式。
14	4 月 19 日	中国证券监督管理委员会发布资产证券化的监管问答，明确规定物业服务费不得作为资产证券化产品的基础资产现金流来源。
15	4 月 23 日	第十三届全国人民代表大会常务委员会第十次会议，表决通过《中华人民共和国建筑法》《中华人民共和国消防法》等八部法律的修改。
16	5 月 1 日	中共中央办公厅印发《关于加强和改进城市基层党的建设工作的意见》，指出要建立党建引领下的社区居民委员会、业主委员会、物业服务企业协调运行机制。
17	5 月 1 日	国务院安委会办公室、国家减灾委办公室、应急管理部联合印发《关于加强应急基础信息管理的通知》，要求加强应急基础信息管理，推进信息共享共用，对强化灾害事故风险和隐患监管，提升安全生产和综合防灾减灾救灾水平。
18	5 月 23 日	中国物业管理协会和上海易居房地产研究院中国房地产测评中心联合发布《2019 物业服务企业上市公司测评研究报告》。
19	5 月 26 日	中国物业管理协会第五次会员代表大会在北京召开，会议选举产生了中国物业管理协会第五届理事会，沈建忠同志当选为会长，王鹏同志当选为副会长兼秘书长，薛荣同志当选为监事会监事长。
20	5 月 26 日	中国物业管理协会发布《中国物业管理协会发展规划（2019—2023 年）》。
21	6 月 15 日	“社区的力量”消费扶贫攻坚战专项行动推进会在国务院扶贫办举行，社会扶贫司曲天军司长指出，消费扶贫要从社区开始。
22	6 月 20 日	物业服务企业品牌发展论坛暨全国物业管理行业媒体工作交流会在重庆召开，会议发布《2019 物业服务企业品牌价值测评报告》《2018 物业管理行业舆情监测报告》《2019 物业管理媒体影响力测评报告》。
23	7 月 1 日	《上海市生活垃圾管理条例》正式开始实施，上海市开始步入垃圾分类强制时代。
24	7 月 8 日	杭州市人民政府办公厅印发《杭州市加强住宅小区物业综合管理三年行动计划（2019—2021 年）》，提出了完善体制机制、打造品质住宅小区、规范物业服务、加强业委会监督等重点工作任务。

续表

序号	时间	内　容
25	7月9日	人力资源社会保障部发布《关于授予职业技能竞赛优秀选手全国技术能手荣誉的决定》，"金融街物业杯"第二届全国物业管理行业职业技能竞赛物业管理员组前三名选手沈会娜、吕志强、刘亚楠和白蚁防治工组前三名选手方国珍、牛立志、宋跃辉荣获"全国技术能手"称号。
26	7月10日	住房和城乡建设部发布《关于授予马超等377名优秀选手全国住房和城乡建设行业技术能手称号的决定》，中国物业管理协会主办的全国物业管理行业职业技能竞赛中获奖的131位选手荣获"全国住房和城乡建设行业技术能手"荣誉称号。
27	7月12日	和泓服务0.6093.HK正式在港交所主板挂牌上市，发行定价1.28港元。
28	7月16日	中国物业管理协会法律政策工作委员会成立，李书剑当选为委员会主任委员。
29	7月17日	住房和城乡建设部倪虹副部长一行莅临中国物业管理协会，开展"不忘初心、牢记使命"主题调研。
30	7月25日	广东省发展改革委、广东省住房城乡建设厅出台《关于进一步规范物业服务收费的通知》，进一步规范物业服务收费，政府指导价范围内调物业费不需备案。
31	7月25日	中共江苏省委组织部发布《关于以党建引领推进物业管理行业建设的通知》，要求充分发挥党的政治优势和组织优势，进一步提高党组织领导下的物业服务管理和社区治理水平。
32	7月29日	国家开放大学物业管理专业（专升本）获教育部批准，成为首个面向物业管理行业的继续教育本科专业。
33	8月12日	国务院办公厅发布《关于印发全国深化"放管服"改革优化营商环境电视电话会议重点任务分工方案的通知》，部署深化"放管服"改革实施落地，加快打造市场化法治化国际化营商环境。
34	8月15日	《杭州市生活垃圾管理条例》开始实施，明确杭州生活垃圾"四分法"。
35	8月20日	中国物业管理协会在长春市召开"加强标准化建设 助力高质量发展"大型公益讲堂暨年度会员交流活动。
36	8月27日	国务院印发《关于加快发展流通促进商业消费的意见》，提出打造"互联网＋社区"公共服务平台。
37	8月30日	合肥市审议通过《关于调整合肥市区普通住宅小区前期物业公共服务费标准的通知》，普通住宅小区前期物业公共服务费标准实行政府指导价管理。
38	9月3日	《深圳经济特区物业管理条例》（修订版）正式公布。
39	9月17日	财政部、住房和城乡建设部公布修订后的《中央财政城镇保障性安居工程专项资金管理办法》，新《办法》首次将老旧小区改造纳入支持范围。

续表

序号	时间	内容
40	9月25日	雅生活（3319.HK）公告宣布，收购中民物业60%股权，固定对价为人民币15.6亿元，收购新中民物业60%股权，可变对价最高总额将不超过人民币5亿元。
41	10月11日	鑫苑服务（1895.HK）正式在港交所主板挂牌上市，发行定价2.08港元。
42	10月15日	中国物业管理协会、上海易居房地产研究院中国房地产测评中心联合发布《2019物业服务企业发展指数测评报告》。
43	10月15日	2019中国国际物业管理产业博览会在深圳举办，推出了“‘壮丽70年，奋斗新时代’物业管理成就展”，向新中国成立70周年献礼。
44	10月15-17日	第五届中国物业管理创新发展论坛在深圳举办，论坛以“数字经济下的物业服务创新”为主题，由1场主论坛和13场分论坛组成。
45	10月16日	中国物业管理协会产业发展研究委员会成立，曹阳当选为委员会主任委员。
46	10月18日	蓝光嘉宝服务（02606.HK）正式在港交所主板挂牌上市，发行定价37港元。
47	10月21日	国家发展改革委和市场监管总局印发《关于新时代服务业高质量发展的指导意见》，强调要完善物业服务等传统服务领域标准。
48	11月6日	国家发展改革委修订发布《产业结构调整指导目录（2019年本）》，物业服务等内容被列入鼓励类目。
49	11月6日	银城生活服务01922.HK正式在港交所主板挂牌上市，发行定价2.18港元。
50	11月21日	中国物业管理协会在郑州市举办党的十九届四中全会精神宣讲报告会。
51	12月1日	中国物业管理协会团体标准《停车场信息联网通用技术规范》（T/CPMI002-2018）入选工业和信息化部《2019年团体标准应用示范项目》。
52	12月1日	《生活垃圾分类标志》（GB/T19095-2019）开始施行。
53	12月3日	新大正（002968）正式在深圳证券交易所挂牌上市，发行定价26.76元。
54	12月7日	中国物业管理协会产学研专业委员会成立，艾白露当选为委员会主任委员。
55	12月12日	万科物业与戴德梁行签约，合资成立资产服务公司，进一步强化战略合作。
56	12月12日	应急管理部消防救援局印发《关于进一步明确消防车通道管理若干措施的通知》，明确消防车通道的标识设置、管理责任，管理行政处罚和强制措施，以及将违法行为纳入信用体系等内容。

续表

序号	时间	内　　容
57	12 月 16 日	山东省物业管理协会成立，王宏杰、刘德明、王增连、李华山当选为轮值会长。
58	12 月 16 日	招商局积余产业运营服务股份有限公司（原名“中航善达股份有限公司”）变更公司证券简称、证券代码，由中航善达（000043）变更为招商积余（001914）。
59	12 月 17 日	住房和城乡建设部公开征求《物业管理术语》和《物业服务客户满意度测评》两项物业管理国家标准意见。
60	12 月 17 日	退役军人事务部就业创业司与保利物业发展股份有限公司、万科物业发展股份有限公司在京签署退役军人就业合作协议。
61	12 月 19 日	上海市住建委、房管局等 10 部门联合印发《关于进一步做好本市既有多层住宅加装电梯的若干意见》，取消一票否决、政府最高补贴 28 万元。
62	12 月 19 日	黑龙江省物业管理协会成立，陈建军当选为会长。
63	12 月 19 日	保利物业（6049.HK）、时代邻里（9928.HK）正式在港交所主板挂牌上市，保利物业发行定价 35.1 港元，时代邻里发行定价 5.15 港元。
64	12 月 23 日	全国住房和城乡建设工作会议在京召开，会议全面总结 2019 年住房和城乡建设工作，分析面临的形势和问题，提出 2020 年工作总体要求，对重点工作任务作出部署。
65	12 月 26 日	中国物业管理协会第五届常务理事会第二次全体会议将 2020 年定义为行业的“能力建设年”。
66	12 月 28 日	《中华人民共和国民法典（草案）》面向社会公开征求意见。
67	12 月 29 日	绿城服务（2869.HK）引入龙湖集团（0960.HK）作为公司长期投资者，龙湖集团将持有绿城服务约 10% 的权益。
68	12 月 30 日	国务院常务会议决定分步取消水平评价类技能人员职业资格，推行社会化职业技能等级认定。
69	12 月 30 日	宝龙 09909.HK 正式在港交所主板挂牌上市，发行定价 9.5 港元。
70	6–12 月	物业管理行业各单位各级党组织积极开展“不忘初心、牢记使命”主题教育，推动党员深入学习贯彻习近平新时代中国特色社会主义思想，全面把握“守初心、担使命、找差距、抓落实”的总要求，扎实做好各项服务工作。
71	3–12 月	以“带一斤回家，消费扶贫从社区开始”为理念的“社区的力量”消费扶贫攻坚战专项行动，相继在石家庄、重庆、成都、上海、深圳、杭州、合肥、广东等地启动。

接待处 Reception
WUHAN 2019
Military Glory · World Peace
创军人荣耀 筑世界和平

华润物业科技

华润物业科技的业态涵盖

高端住宅
商业
写字楼
大型城市公建

等多个领域

700+ 700余个管理物业项目

76 遍布北京、上海、深圳、成都、沈阳等76个城市

11 下设11家中心城市公司

24000 余名精英员工

1.35亿 服务面积超1.35亿平方米

华润置地
CR LAND
悦+
智慧服务生活

定见美好 肇启未来

潜心笃行二十一载 2020鑫苑物业再塑新章

SERVICE EXCELLENCE

21th 鑫苑物业坚持“追求进步、超越自我”的企业精神

深耕高端住宅，一步步拓宽服务边界，着力构建泛物业产业生态圈

2019年，成功在港交所上市，吹响跨越发展新号角

2020年，将继续秉持对服务与科技的执著

向城市服务延伸 创享智慧城市家园

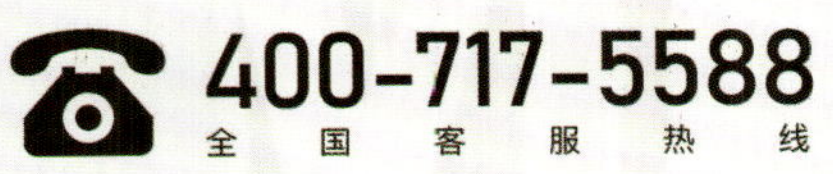

400-717-5588
全国客服热线

建业新生活
CENTRAL CHINA NEW LIFE

CENTRAL

让河南人民都过上好生活

NEW

LIFE

河南建业新生活服务有限公司(以下简称“建业新生活”)，秉承“让河南人民都过上好生活”的企业愿景，致力于打造新型生活方式服务平台。业务覆盖生活服务、资产管理服务、物业管理与增值服务三大板块，为全省4000万商业客流、100万业主、15万学生及家长、10万员工及家属和10000余名君邻会会员提供时间、区域、功能无盲点的生活服务。

2019年，建业新生活旗下物业板块跃居物业百强榜13强，持续引领中原人居服务新高度。

物业管理
营销代理
定制旅游
智慧社区
商业管理
建业
君邻会
田园
综合体
酒店管理
老友記
文旅运营
建业
大食堂
建业凯旋广场
JIAN YE KAI XUAN PLAZA

新城悦服务集团有限公司（1755.HK），创立于1996年，成长于常州，发展于长三角，是专业从事物业管理与服务的综合性服务企业，2018年11月6日正式于香港交易所主板挂牌上市。

新城悦服务积极探索“一核两增”战略，深化以“服务提供者、社区运营者、资源链接者、资产管理者”四位一体的品牌角色定义，全面强化优质服务带给客户及员工的喜悦感及满足感。以期建立自身的服务型生态，从而实现“卓悦成就幸福社区”的企业愿景。

联发物业

LIANFA REAL ESTATE SERVICE

联发集团

联发物业隶属于联发集团，自1994年成立以来，一直致力于提升内部经营的范化和客户服务的专业化标准，拥有一支专业过硬、经验丰富、求真务实、不创新、积极进取的优秀团队，把细致、专业、人性化的核心理念，化作热情为户服务的和风细雨，尽心为业主营造更美好的居住体验和更大的增值空间，延了联发集团“创造品质生活”的理念。联发物业管理服务面积超3900万平方，服务项目114个，物业类型涵盖高档公寓、别墅、写字楼、高等院校、工业区，服务区域包括厦门、漳州、莆田、南昌、桂林、南宁、重庆、天津、武、扬州及鄂州等多个城市，近年来服务项目已获4次国优、16次省优、24次市及其他多项荣誉，成为行业内的佼佼者。

发展历程

994年
生成立：联发集团有限公司全资子公司
e Creation And The Establishment

1995年
多元发展：承接住宅、商业等新业态
The Diversified Development

2002年
布局全国：扎根厦门，深耕华夏七大区域
The Layout Of The Country

2010年
载誉前行：荣登中国物业服务百强企业榜
Moving Forward With The Honor

2016年
转型升级：成立厦门联客荟社区服务有限公司
The Transformation And Upgrading

2018年
成长跨越：开启市场外拓新纪元
The Growth And The Leap

企业荣誉资质

- 2019物业服务企业综合实力500强
- 中国物业管理企业品牌价值50强
- 中国物业服务社会责任感企业
- 福建省物业管理协会副会长单位
- 厦门市物业管理协会副会长单位
- 中国物业管理协会理事单位
- 中国物业服务优秀品牌企业
- 中国物业服务领先品牌企业
- 国家一级物业管理资质
- 厦门市房地产中介行业协会会员
- 1999年通过ISO9001国际质量保证体系认证
- 国家示范项目4个
- 省级示范项目16个
- 市级示范项目30个

康桥物业 | 筑家·更筑心生活 CREATE HOME · CREATE A NEW LIFE

470000余户
业主精心之选

河南新康桥物业服务有限公司（简称康桥物业）成立于2002年，国家一级资质企业，中国物业管理协会常务理事单位，河南省物业管理协会副秘书长单位，郑州市物业管理协会副会长单位。

康桥物业，立足中原，深耕全国，业态涉及住宅、商业、写字楼、产业园、医院、高校等领域。始终坚持“以人为本”，做业主理想生活的实践者，凭借优秀的服务品质得到了业主、行业的认可，先后摘得“2019年物业服务企业潜力独角兽”、“2019物业服务企业综合实力500强”第71名等荣誉。

康桥以国家城市群发展战略为导向，坚持全国化布局之路，目前业务遍布五大城市群，旗下拥有河南康桥嘉和物业服务有限公司、河南康桥祝福物业服务有限公司、濮阳市君阳物业服务有限公司、浙江蓝盛物业服务有限公司四家控股公司，并设置了惠州、肇庆、廊坊、鄂州、无锡、西安等21家分公司。

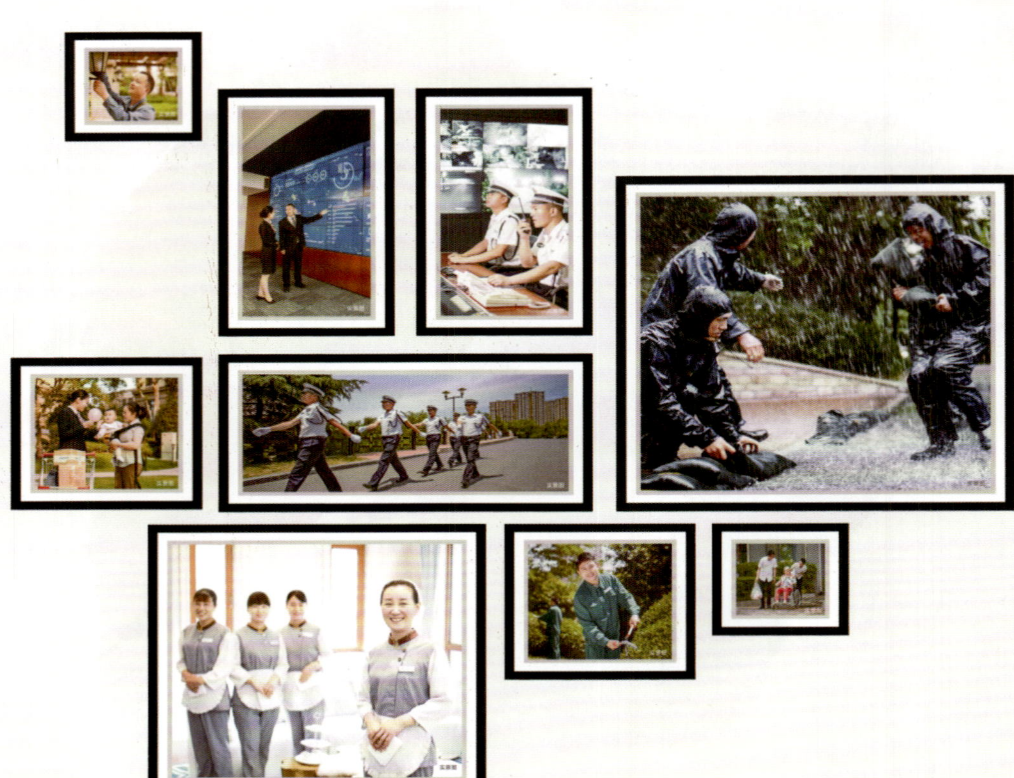

17年企业沉淀
6大城市群 30余个地区 6种业态
120余个在管项目及案场
4700万m^2管理规模

47万户、百万业主
5000名在职员工
200余项荣誉

4年行业TOP100
3大控股
21个分公司

康桥竞争力——5+物业

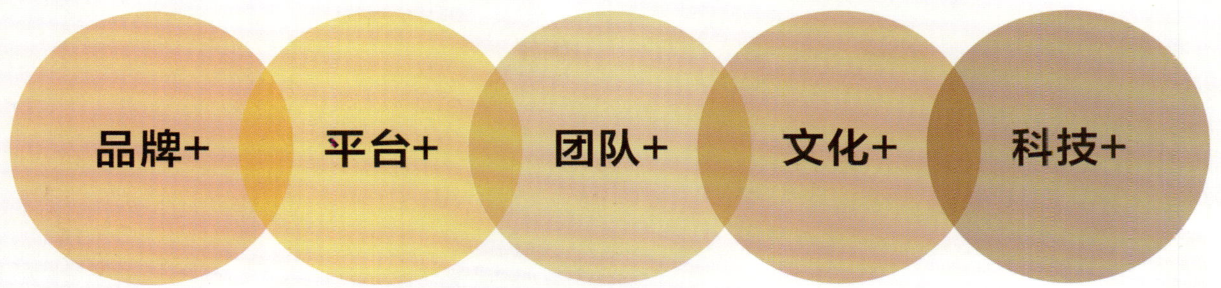

品牌+	平台+	团队+	文化+	科技+
品质先行	五大好服务	专业—四大基础模块　标准化	操心文化　匠心品质	互联网
品牌保障	标准化平台	专注—源于星级　持续满意	四个人人　人人有责	物联网
立足中原	区域化管理	专心—以业主为本　以服务为纲	地产赋能　助力甲方	E控中心
面向全国	可持续发展	专行—目标既定　全力以赴	筑家　更筑心生活	研发中心

◆ 47余万业主信任　◆ 60多家合作甲方满意　◆ 用科技让服务更多元　◆ 用服务让生活更美好！

康桥邻礼汇 温暖社区服务

“同檐如邻里，交融似乡亲”、“以邻为伴、与邻为善；彼此守望、相互温暖”、“群英荟萃、蓬勃的向上的社区朝气”

打造“是家 · 更是家人“的文化，铸造”四季”社区活动，构建康桥邻礼汇。

康桥物业，为业主提供的不仅仅是生活的载体，更是一种内心幸福的生活方式和体验。迄今为止，已经开展了康桥快乐营、康桥乒乓球赛、助力高考、婚礼迎宾服务、焕新家园、免费义诊等一系列的贴心服务和文化活动。让业主在舒适居住的同时，也让他们在其中发现生活的不同意义。

康桥发展战略

展望未来，康桥物业将继续深化“以物业服务为核心，以社区+、互联网+为两翼”的发展战略，不断提升核心竞争力，继续为实现“成为卓越物业服务的创造者”愿景而不懈努力，为城市新邻里情注入鲜活动力，重新定义城市美好生活。

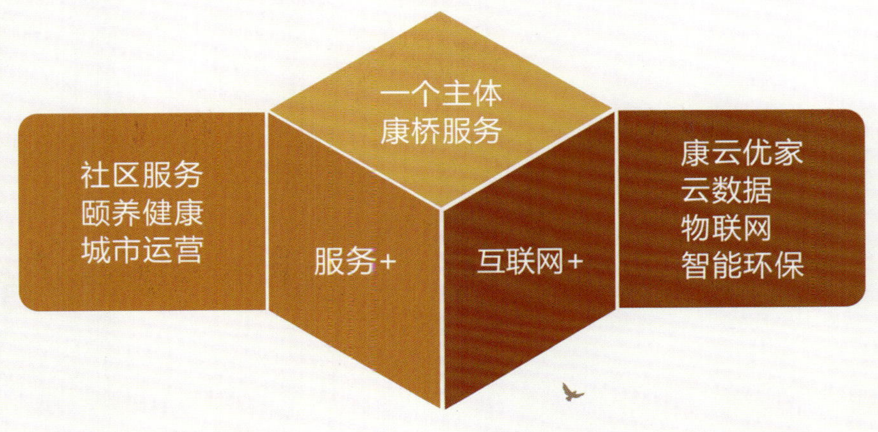

蓝光嘉宝服务 2606.HK

西部物业港股第一股
资本+科技 双轮驱动

▸ 用心服务生活 ◂

2019年10月，蓝光嘉宝服务于香港成功上市，迈入“资本+科技”双轮驱动新赛道。

2020年，嘉宝20载。温暖生活，奋进嘉宝。做更好的自己，服务更多客户。紧握机遇，努力成就高市值、高成长性、数字科技化平台特征的全国优秀现代服务业企业！

天骄爱生活
Tianjiao Joyful Life
“你生活中的安全与舒适
我们比你更在意”
#有人，偷偷对你好#
为您，到永久

新希望服务
Newhope Service

NEW HOPE
SERVICE

新希望服务

新希望服务，继承新希望集团阳光、正向、规范、创新的优质基因，以“每天，让幸福发生”为使命，以客户信赖为基础，围绕社区守护、幸福办公和轻松生活，打造以人为本的服务生态，做值得托付幸福的服务生态运营商。

发展20余载，布局14个城市，新希望服务在持续提升传统物业服务品质外，深度洞察客户需求，充分嫁接集团全民生产业链的资源优势，为客户提供租售、美餐、美居、新零售、云间整理、广告活动策划等增值服务，为客户居家、办公的碎片化需求提供系统服务方案。

每天，让幸福发生
Happiness, make it everyday

新海派物业·城市理想生活的推动者

景瑞以工匠精神专注做事，服务客户；以客户需求为出发点，以人为本；以运营者的道路为探索，共同求索。为客户创造价值，传递正能量与温度。从基础服务到营造理想生活，从客户满意到理想价值的追求，共同描绘理想的生活画卷。

公司简介

云南澜沧江物业服务有限公司（以下简称“公司”）成立于2004年10月，实缴注册资本金5000万元，总部位于云南昆明，是云南澜沧江实业有限公司的全资子公司。2007年11月，公司成为云南省物业管理协会理事单位。2010年6月，公司成为中国物业管理协会理事单位。2011年10月，公司被中国物业管理协会评为“物业管理改革发展三十周年·综合实力排名入围企业”。2012年3月，公司成为中国物业管理协会常务理事单位。2013年9月，公司成为《中国物业管理》杂志协办单位；同年10月，公司被中国物业管理协会评为“物业管理综合实力TOP200企业”。2014年11月，公司成为云南省云南省房地产业协会物业管理分会常务理事单位。2017年7月，经国家住房和城乡建设部核准，公司取得物业服务企业壹级资质；10月，公司通过质量、环境、职业健康安全管理体系认证；11月，公司成为云南省房地产业协会物业管理分会副会长单位。2019年6月，公司被中国物业管理协会、上海易居房地产研究院、中国房地产测评中心评为“2019特色物业服务品牌企业（大型水电站工业园区服务）”；10月，被评为“2019年产业园区物业服务领先企业”“2019物业服务企业综合实力500强”。

公司证书

2019 产业园区物业服务领先企业
2019 Leading Companies in Industrial Park Property Service
云南澜沧江物业服务有限公司
二〇一九年十月

2019 物业服务企业综合实力 500 强
2019 Top 500 Property Management Companies
云南澜沧江物业服务有限公司
二〇一九年十月

2019 特色物业服务品牌企业
2019 Featured Brand of Property Management Service
大型水电站工业区服务
云南澜沧江物业服务有限公司
二〇一九年六月